C000268914

1 MONTH OF
FREE
READING

at
www.ForgottenBooks.com

By purchasing this book you are eligible for one month membership to ForgottenBooks.com, giving you unlimited access to our entire collection of over 1,000,000 titles via our web site and mobile apps.

To claim your free month visit: www.forgottenbooks.com/free1304809

* Offer is valid for 45 days from date of purchase. Terms and conditions apply.

ISBN 978-0-428-71524-3
PIBN 11304809

This book is a reproduction of an important historical work. Forgotten Books uses
state-of-the-art technology to digitally reconstruct the work, preserving the original format
whilst repairing imperfections present in the aged copy. In rare cases, an imperfection in
the original, such as a blemish or missing page, may be replicated in our edition. We do,
however, repair the vast majority of imperfections successfully; any imperfections that
remain are intentionally left to preserve the state of such historical works.

Forgotten Books is a registered trademark of FB &c Ltd.
Copyright © 2018 FB &c Ltd.
FB &c Ltd, Dalton House, 60 Windsor Avenue, London, SW19 2RR.
Company number 08720141. Registered in England and Wales.

For support please visit www.forgottenbooks.com

NOUVEAU
DICTIONNAIRE
HISTORIQUE,
OU
HISTOIRE ABRÉGÉE

De tous les HOMMES qui fe font fait un nom par le
Génie, les Talens, les Vertus, les Erreurs, &c. depuis
le commencement du Monde jufqu'à nos jours ;

Avec des Tables Chronologiques pour réduire en Corps d'Hiſtoire
les Articles répandus dans ce Dictionnaire.

PAR UNE SOCIÉTÉ DE GENS DE LETTRES.

QUATRIÉME ÉDITION, enrichie d'augmentations
nombreufes & intéreffantes, & purgée de toutes
les fautes qui défiguroient les précédentes.

Mihi Galba, Otho, Vitellius, nec beneficio, nec injuriá cogniti.
TACIT. Hiſt. lib. I. §. I.

TOME SIXIÉME.

A   C A E N,

Chez G. LE ROY, Imprimeur du Roi, Hôtel de la Monnoie,
rue Notre-Dame.

A PARIS, chez LE JAY, Libraire, rue S. Jacques.
A ROUEN, chez P. MACHUEL, Libraire, rue Ganterie.

M. DCC. LXXIX.
Avec Approbation & Privilége du Roi.

LIBRARY

JAN 22 1970

UNIVERSITY OF TORONTO

CT
142
C48
1779
t.6

NOUVEAU
DICTIONNAIRE
HISTORIQUE.

R

RABACHE, (Etienne) docteur de Sorbonne, de l'ordre des Auguſtins, naquit à Vauves, dans le dioceſe de Chartres, en 1556. Il fit à Bourges la réforme des religieux de ſon ordre,. & l'établiſſement de la congrégation de S. Guillaume, en 1594. Ce pieux réformateur finit ſa vie, à Angers, en 1616, à 60 ans.

ι RABAN-MAUR, (Magnence) naquit à Fuldes, en 788, de la meilleure nobleſſe du pays. Sés parens l'offrirent, à l'âge de dix ans, au monaſtére de Fuldes, où il fut inſtruit dans la vertu & dans les lettres. On l'envoya enſuite à Tours, pour y étudier ſous le fameux Alcuin. De retour à Fuldes, il en fut élu abbé, & réconcilia Louis le Débonnaire avec ſes enfans. Raban écrivit une lettre pour conſoler ce prince, que l'on avoit dépoſé injuſtement, & publia un Traité ſur le reſpeЄt .que doivent avoir les enfans envers leur pere, & les ſujets envers leur prince. Devenu archevêque de Mayence en 847, il écrivit contre Goteſcalc. Ce moine étant venu l'an 848 à Mayence, preſenta à Raban ſa profeſſion de foi touchant la prédeſtination, avec un autre petit écrit, où l'archevêque étoit accuſé d'erreur ſur cette matière. Raban n'y répondit qu'en faiſant condamner la doЄtrine du moine dans un concile, & le renvoya enſuite à Hincmar archevêque de Reims, dans le dioceſe duquel il avoit été ordonné. (Voyeӡ GOTESCALC.) Les partiſans de Goteſcalc diſent qu'il auroit été moins coupable aux yeux de Raban, s'il n'y avoit rien eu de perſonnel entre eux, & ſi le religieux avoit ménagé davantage l'archevêque. Raban mourut dans ſa terre de Winſel, en 856, à 68 ans. Il légua ſes livres aux abbayes de Fuldes & de S. Alban.

Tome VI.

A

On a de lui beaucoup d'ouvrages, recueillis à Cologne en 1627, 6 tomes in-fol. qui se relient en 3 vol. Ils contiennent, I. Des *Commentaires sur l'Ecriture*, qui ne sont presque que de simples extraits des écrits des Peres : c'étoit la manière des théologiens de son tems. II. Un *Traité de l'Institution des Clercs*. III. Un *Traité du Calendrier Ecclésiastique*. Il y enseigne la manière de discerner les années bissextiles & de marquer les indictions. IV. Un *Livre* sur la vue de Dieu, la pureté du cœur, & la manière de faire pénitence. V. Un ouvrage plein d'idées bizarres, intitulé : *De universo, sive Etymologiarum opus*. VI. Des *Homélies*. VII. Un *Martyrologe*, &c. Le *Traité des vices & des vertus*, qu'on lui attribue, est d'*Halitgarius*, évêque d'Orléans. On trouve dans le *Thesaurus* de *Martenne*, dans les *Miscellanea* de *Baluze*, & dans les *Œuvres* du P. *Sirmond*, quelques *Traités* qui ne sont point dans le Recueil de ses *Œuvres. Raban* se mêloit aussi de poësie : témoin son bizarre *Poëme* en l'honneur de la Ste.-Croix, qui est dans le Recueil de ses ouvrages, & dont il y a une assez belle édition particulière à Augsbourg, 1605, in-fol. ; mais ses productions en ce genre valent encore moins que sa prose, incorrecte, pesante & sans élégance.

RABARDEAU, (Michel) Jésuite, mort en 1649, à 77 ans, est connu par son *Optatus Gallus benignâ manu sectus*, Paris, 1641, in-4°.

RABEL, (Jean) peintre François, né à Fleuri dans le XVIᵉ siécle. Il étoit, selon les auteurs de son tems, un des premiers de sa profession ; & ce qui sortoit de son pinceau étoit recherché avec avidité. Il excelloit dans les por-traits. C'étoit aussi un bel-esprit.

RABELAIS, (François) né à Chinon en Touraine, d'un aubergiste ou d'un apothicaire, entra chez les Cordeliers de Fontenaile-Comte dans le bas Poitou, & fut élevé aux ordres sacrés. Né avec une imagination vive & une mémoire heureuse, il se consacra à la chaire & y réussit. Son couvent étoit dépourvu de livres ; il employa les honoraires de ses sermons à se faire une petite bibliothèque. Sa réputation commençoit à se former, lorsqu'une aventure scandaleuse le fit renfermer dans une prison monastique, d'où il eut le bonheur de s'échapér. Des personnes de la première qualité, à qui son esprit enjoué avoit plu, secondérent le penchant qui le portoit à sortir de son cloitre. *Clément VII* lui accorda, à leur sollicitation, la permission de passer dans l'ordre de S. Benoit. *Rabelais*, ennemi de toute sorte de joug, quitta tout-à-fait l'habit religieux, & alla étudier en médecine à Montpellier, où il prit le bonnet de docteur. Son mérite lui procura une chaire dans cette faculté en 1531. Le chancelier *Duprat*, ayant fait abolir, peu de tems après, les privilèges de cette université par arrêt du parlement ; *Rabelais* eut l'adresse de le faire révoquer. Député auprès de ce ministre, il se servit, pour avoir audience, d'un tour assez singulier, s'il est vrai. Il s'adressa au suisse, auquel il parla latin. Celui-ci ayant fait venir un homme qui parloit cette langue, *Rabelais* lui parla grec. Un autre qui entendoit le grec ayant paru, il lui parla hébreu. On ajoûte qu'il se servit encore de plusieurs autres langues ; & que le chancelier, charmé de son esprit, rétablit à sa considération tous les privilèges

de . l'université de Montpellier.
Cette faculté, animée de la plus
vive reconnoissance , le regarda
dès-lors moins comme un confrere, que comme un protecteur. Tous
les jeunes médecins, qui prennent
le bonnet de docteur dans cette
université, sont encore aujourd'hui
revêtus de sa robe ; & lorsqu'on
la donne à quelques ignorans, on
se rappelle la fable de l'*Ane couvert
de la peau du Lion*. *Rabelais* quitta
bientôt Montpellier pour passer à
Lyon. Il y exerça pendant quelque tems la médecine ; mais *Jean
du Bellai* l'ayant invité à le suivre dans son ambassade de Rome,
il partit pour l'Italie. Ses saillies
& ses bouffonneries amusérent
beaucoup le pape & les cardinaux,
& lui méritèrent une bulle d'ab-
solution de son apostasie, & une
autre bulle de translation dans
l'abbaye de St. Maur-des-fossés,
dont on alloit faire un chapitre.
De cordelier devenu bénédictin ,
de bénédictin chanoine , de chanoine il devint curé. On lui donna la cure de Meudon en 1545 ,
& il fut à la fois le pasteur & le
médecin de sa paroisse. Ce fut vers
ce tems - là qu'il mit la derniére
main à son *Pentagruel* : satyre dans
laquelle les moines sont couverts
de ridicule. Ils en furent choqués ,
& ils vinrent à bout de la faire
censurer par la Sorbonne & condamner par le parlement. Ces anathêmes ne firent qu'accréditer le
livre de *Rabelais* ; & ceux auxquels
il paroissoit auparavant fade & insipide , le trouvèrent vif & piquant. L'auteur fut recherché comme le bel-esprit le plus ingénieux,
& comme le bouffon le plus agréable. On est bien éloigné de penser ainsi aujourd'hui. Dans son
extravagant & inintelligible livre,
il a répandu à la vérité une extrê-

me gaieté, mais une plus grande
impertinence. Il a prodigué l'érudition , les obscénités & l'ennui.
Un bon conte de deux pages est
acheté par des volumes de sottises.
On a dit de son livre , ce qu'il
disoit lui-même des Loix commen-
tées & embrouillées par les juris-
consultes , que *c'étoit une belle robe
bordée d'ordure*. Il n'y a que quelques personnes d'un goût bizarre ,
qui se piquent d'entendre & d'estimer tout cet ouvrage. Les gens
de goût rient de quelques - unes
des plaisanteries de ce *Polichinelle*
médecin , & méprisent le livre &
l'auteur. On est fâché qu'un homme qui avoit tant d'esprit , en ait
fait un si misérable usage. C'est un
philosophe ivre, qui n'a écrit que
dans le tems de son ivresse. *Rabelais* étoit meilleur à voir qu'à lire.
Un port noble & majestueux , un
visage régulièrement beau , une
physionomie spirituelle, des yeux
pleins de feu & de douceur, un
son de voix gracieux, une expression vive & facile, une imagination inépuisable dans les sujets
plaisans ; tout cela en faisoit un
homme d'une société délicieuse.
Il passa sa vie dans les plaisirs ; &
mourut (dit-on) en plaisantant,
en 1553 , à 70 ans. *Rabelais* étoit
un homme estimable, par la réunion des qualités qui forment
l'homme d'esprit & le savant. Langues anciennes , langues modernes , grammaire, poésie, philosophie, astronomie, jurisprudence,
médecine ; il avoit orné sa mémoire de toutes les richesses de
son tems. Il est vrai que ces richesses ressembloient beaucoup à
l'indigence... On conte de lui plusieurs anecdotes, aussi fausses &
aussi extravagantes que son histoire de *Gargantua*. On dit , par
exemple, que le cardinal du *Bellay*

l'ayant mené à Rome , & ce cardinal ayant baisé le pied droit du
pape & ensuite la bouche , *Rabelais* dit qu'*il vouloit lui baiser le
derriére , & qu'il falloit que le Saint
Pere commençât par le laver.* Il y a
des choses, que le respeĉt du lieu,
de la bienséance & de la personne rend impossibles. Cette histo-
riette ne peut avoir été imaginée
que par des gens de la lie du peuple dans un cabaret... Sa prétendue *Requête au Pape* est du même
genre. On suppose qu'il pria sa
Sainteté de l'excommunier, afin
qu'il ne fût pas brûlé : parce que,
disoit-il, son hôtesse voulant faire
brûler un fagot, & n'en pouvant
venir à bout, avoit dit que *ce fagot
étoit excommunié de la gueule du Pape...* L'aventure qu'on lui suppose
à Lyon , est aussi fausse & aussi
peu vrai-semblable. On prétend ,
que n'ayant ni de quoi payer son
auberge, ni de quoi faire le voyage de Paris, il fit écrire par le
fils de l'hôtesse ces étiquettes sur
de petits sachets : *Poison pour faire
mourir le Roi : Poison pour faire mourir la Reine* , &c. Il usa, dit-on, de
ce stratagême, pour être conduit &
nourri jusqu'à Paris sans qu'il lui
en coûtât rien, & pour faire rire
le roi ; mais une telle turlupina-
de, loin de faire rire, auroit pu
faire pleurer celui qui en étoit
l'auteur... Les Œuvres de *Rabelais*,
dont les *Elzevirs* donnèrent une
édition sans notes en 1663, en 2
vol. in-12, furent recueillies en
Hollande en 5 vol. in-8°, 1715,
avec des figures & un commentaire par le *Duchat.* En 1741, *Bernard* , libraire à Amsterdam , en
donna une belle édition in-4°, 3
vol. avec des figures gravées par
le fameux *Picart.* On a encore de
Rabelais , des *Lettres* in-8°. sur lesquelles M. de *Sainte-Marthe* a fait

des notes ; & quelques *Ecrits de
Médecine.* On a gravé 120 Estampes en bois, sous le titre de *Son-
ges drolatiques de Pentagruel,* 1565,
in-8°. On donna en 1752, sous le
titre d'*Œuvres choisies de M. François* Rabelais , *Gargantua,* le *Pentagruel,* &c. dont on a retranché les
endroits licencieux. On trouve à
la fin une Vie de *Rabelais.* Cette
édition, en 3 petits vol. in-12, est
due aux soins de l'abbé *Perau.*

RABIRIUS, célèbre architeĉte,
vivoit sous l'empire de *Domitien :*
prince cruel, qui ne s'est pas moins
rendu fameux par ses fureurs, que
par sa passion extraordinaire pour
les bâtimens. Ce fut *Rabirius* qui
construisit le palais de cet empereur dont on voit encore des res-
tes. Ce superbe édifice étoit d'une
architecture excellente... Il est différent du poëte *Caius* RABIRIUS,
qui fit sous *Auguste* un *Poème* sur
la guerre qui éclata entre cet empereur & *Marc-Antoine. Maittaire*
en rapporte quelques fragmens
dans son *Corpus Poetarum.*

RABUSSON, (Dom Paul) né
en 1634, à Ganat, ville du Bourbonnois , entra dans l'ordre de
Cluni en 1655, & y occupa différentes places. Les deux chapitres de 1676 & 1678, le chargérent de composer le fameux *Bréviaire* de son ordre, qui a servi de
modèle à tant d'autres. On lui associa *Claude* de *Vert* , de l'ancienne
observance, qui ne se chargea que
des rubriques. D. *Rabusson* engagea *Santeul* de S. Viĉtor à consacrer à des Poësies plus dignes d'un
Chrétien , le talent qu'il avoit
pour ce genre d'écrire ; & le poëte
fit, à sa sollicitation, ces belles
Hymnes, dont le *Tourneux* & *Rabusson* lui fournissoient les pensées.
Dom *Rabusson* fut élu, en 1693,
supérieur général de la réforme ;

& pendant près de 8 ans qu'il gouverna de fuite, il fit régner dans Cluni la paix & toutes les vertus religieufes. Les cardinaux de *Bouillon* & de *Noailles* faifoient beaucoup de cas de fon mérite. Il mourut en 1717, à 83 ans.

I. RABUTIN, (François de Buſſi) gentilhomme de la compagnie du duc de *Nevers*, d'une des plus anciennes & des plus illuſtres familles de Bourgogne, eſt cèlèbre par fes *Mémoires Militaires*, qu'il fit imprimer à Paris en 1574, fous ce titre : *Commentaires fur le fait des Guerres en la Gaule Belgique entre Henri III & Charles-Quint*, in-8°. Le ſtyle en eſt ſimple, ainſi que la narration, & il y règne un grand air de fincérité. Il vivoit fous les règnes d'*Henri II* & de *Charles IX*, qui eurent en lui un fujet fidèle & un guerrier habile.

II. RABUTIN, (Roger comte de Buſſi) né à Epiry en Nivernois l'an 1618, petit-fils du précédent, fervit dès l'âge de 12 ans, dans le régiment de fon pere. Sa valeur parut avec éclat dans plufieurs fiéges & batailles. Elle lui mérita les places de meſtre-de-camp de la cavalerie légère, de lieutenant-général des armées du roi, de lieutenant-général du Nivernois. Le comte de *Buſſi* mêloit les lauriers d'*Apollon* à ceux de *Mars*. Reçu à l'académie Françoife en 1665, il y prononça une harangue pleine d'efprit & de fanfaronades. Il couroit alors fous fon nom une *Hiſtoire* manuſcrite *des Amours* de deux dames puiſſantes à la cour, (d'*O-lonne* & de *Châtillon*.) Ce manúfcrit, intitulé : *Hiſtoire amoureufe des Gaules*, faifoit beaucoup de bruit. Aux graces du ſtyle, à la délicateſſe des penſées, à la vivacité des faillies, l'auteur avoit ſçu joindre des portraits peints avec

autant d'art que de vérité, de plufieurs perfonnes de la cour, & un ton de dépravation qui n'étoit pas ce qui plaifoit le moins. Les perfonnes intéreſſées portérent leur plainte au roi, qui, déja mécontent de *Buſſi*, faifit avidement l'occaſion de le punir. Il fut mis à la Baſtille. Les *Amours des Gaules* furent le prétexte de fa détention; mais la véritable caufe étoit cette *Chanfon* où le roi étoit trop compromis, &dont on renouvella alors le fouvenir pour perdre *Buſſi* à qui on l'imputoit :

Que Deo-Datus *eſt heureux!* &c.

L'*Hiſtoire amoureufe des Gaules* n'étoit pas le feul ouvrage de *Buſſi*. Il avoit encore fait un petit *Livre*, relié proprement en forme d'Heures; au lieu des images qu'on met dans les livres de piété, il avoit mis dans le fien les portraits en miniature de quelques hommes de la cour, dont les femmes étoient foupçonnées de galanterie. Au bas de chaque portrait, il avoit accommodé au fujet un petit difcours en forme de prière. C'eſt à cet ouvrage que *Boileau* fait alluſion dans ce vers :

Me mettre au rang des Saints qu'a célébrés Buſſi.

Une maladie occaſionnée par fa prifon, lui procura fa liberté; mais avant que de l'obtenir, il fallut qu'il donnât la démiſſion de fa charge, & qu'il écrivît une lettre de fatisfaction aux victimes de fa méchanceté. Le comte de *Buſſi* ne fortit de la Baſtille, que pour aller en exil dans une de fes terres. Il fatigua pendant tout ce tems-là *Louis XIV* par une foule de *Lettres*, qui décèlent, fi ce n'eſt une ame fauſſe, une ame au moins petite & foible. Il proteftoit au roi une tendreffe qu'il n'avoit pas, & il fe donnoit des éloges qu'on croyoit beaucoup plus fincéres, que les proteftations d'attachement dont il fatiguoit le monarque. Ses véritables fentimens éclatèrent en 1674. *Defpréaux* fit fa belle Epitre fur le paffage du Rhin, qui immortalifa le poëte & le héros. *Buffi*, l'imprudent *Buffi*, craignant d'être oublié, fit des remarques fanglantes fur cet ouvrage. Il relevoit fur-tout cet endroit, où le pànégyrifte du prince lui difoit que s'il continuoit à prendre tant de villes, il n'y auroit plus moyen de le fuivre, & qu'il faudroit aller l'attendre aux bords de l'Helleffpont. Il plaifanta fur ce dernier mot, & mit au bout : *Tarare pon pon.* Le ridicule qu'il vouloit jetter fur la belle Epître de *Defpréaux*, parvint au poëte, qui fe prépara à la vengeance. Le comte le fut, & fit promptement négocier la paix. *Defpréaux* & lui s'écrivirent des lettres pleines de témoignages d'eftime & d'amitié. Le comte de *Buffi*, après 17 ans de follicitations, obtint enfin la permiffion de retourner à la cour ; mais le roi, évitant de le regarder, il fe retira dans fes terres, partageant fon tems entre les plaifirs de la campagne & ceux de la littérature. Il mourut à Autun en 1693, à 75 ans. Il faut avouer qu'il avoit de l'efprit, mais plus d'amour-propre encore ; & il ne fe fervit guères de fon efprit que pour fe faire des ennemis. Comme courtifan, comme guerrier, comme écrivain, comme homme à bonnes fortunes, il croyoit n'avoir point d'égal. Il fe flattoit de l'emporter en courage fur le maréchal de *Turenne*, & en génie fur *Pafcal.* On prétend que lorfqu'il étoit à la Baftille, le Pe-

re *Nouet* Jéfuite, fon confeffeur, l'engagea à répondre aux Provinciales, & qu'il ne craignit pas de fe charger de ce travail effrayant ; mais il fut bientôt obligé de l'abandonner. On a de lui, I. *Difcours à fes Enfans, fur le bon ufage des adverfités, & fur les divers événemens de fa vie* ; à Paris, in-12, 1694. On y trouve des réflexions utiles, mais communes. II. Ses *Mémoires*, en 2 vol. in-4°. à Paris, 1693, réimprimés à Amfterdam en 3 vol. in-4°. avec plufieurs piéces curieufes. Pour quelques faits vrais & intéreffans, on y trouve cent particularités dont on ne fe foucie pas ; le ftyle en fait le principal mérite : il eft léger, pur & élégant. III. Des *Lettres*, en 7 vol. in-12, plufieurs fois réimprimées. Elles ont eu dans leur tems beaucoup de réputation ; mais on y fent trop qu'elles ont été faites pour être publiques ; & quoiqu'écrites avec nobleffe & avec correction, elles ne plaifent guères aux perfonnes d'un goût véritablement délicat, qui préfèrent le naturel à toutes ces graces contraintes. IV. *Hiftoire abrégée de Louis le Grand*, in-12, à Paris 1699. Ce n'eft prefque qu'un panégyrique, & il révolte d'autant plus, que l'auteur écrivoit certainement contre fa penfée. V. Des *Poéfies*, répandues dans fes Lettres & dans différens recueils ; elles font plutôt d'un bel-efprit que d'un poëte. On n'eftime guères que fes *Maximes d'amour*, & fes *Epigrammes* imitées de *Martial.* Les *Amours des Gaules* ont été imprimées en Hollande avec d'autres hiftoriettes du tems, en 2 vol. in-12 ; & à Paris, fous le titre de Hollande, en 5 petits vol. in-12.

RACAN, (Honorat de Bueil, marquis de) né en Touraine à la Roche-Racan, l'an 1589, fut l'un

des premiers membres de l'académie Françoife. A l'âge de 16 ans
il entra page de la chambre du roi,
fous *Bellegarde*, qui avoit pris *Malherbe* dans fa maifon par l'ordre
d'*Henri IV*. *Racan*, coufin-germain
de madame de *Bellegarde*, eut occafion de voir ce grand maître en
poëfie, & il fe forma fous lui. Le
jeune *Racan* quitta la cour pour
porter les armes ; mais il ne fit que
2 ou 3 campagnes, & il revint à
Paris après le fiège de Calais. Ce
fut alors qu'il confulta *Malherbe*
fur le genre de vie qu'il devoit
embraffer. Le poëte, pour toute
réponfe, fe contenta de lui réciter la *Fable du Meûnier*, *de fon fils
& de l'Ane* : fable ingénieufe, in-
ventée par *le Pogge* & imitée par
la Fontaine. Le marquis de *Racan*
fe décida pour le mariage. Quoiqu'il n'eût point étudié, & qu'il
eût une fi grande incapacité pour
la langue latine, qu'il ne put jamais apprendre par cœur le *Con-
fiteor*, la nature fuppléa en lui à
l'étude. Ses *Bergeries* font recommandables dans le genre paftoral.
Ses Stances qui commencent ainfi :
Tyrcis, il faut penfer à faire la retraite,
&c. paffent pour fon chef-d'œuvre.
Son principal mérite eft d'exprimer avec grace ces petits détails,
fi difficiles à rendre dans notre
langue : il les rend ordinairement
avec affez d'élégance ; mais fon
ftyle manque de force & de nerf.
Il réuffit beaucoup mieux dans la
poëfie fimple & naturelle que dans
la poëfie fublime. Ses ouvrages
furent recueillis fous ce titre :
*Œuvres & Poëfies Chrétiennes de M.
Honorat de Bueil*, *Chevalier*, *Seigneur de* Racan, *tirées des Pfeaumes
& de quelques Cantiques du vieux &
du nouveau Teftament*, à Paris, in-8°.
en 1660. *Couftelier*, libraire à Paris, donna en 1724, en 2 vol. in-

12, une nouvelle édition des Œuvres de *Racan*... Pour mettre le lecteur à portée de juger du ftyle
de ce poëte, nous choifirons la
traduction qu'il a faite de cette
fameufe ftrophe d'*Horace* : *Pallida
mors* ; & nous y joindrons la verfion du même morceau par *Malherbe*. Voici la traduction de *Racan*:

Les loix de la Mort font fatales,
Auffi-bien aux Maifons Royales
Qu'aux taudis couverts de rofeaux.
*Tous nos jours font fujets aux Par-
    ques* ;
Ceux des Bergers & des Monarques
Sont coupés des mêmes cifeaux.

Celle de *Malherbe* eft plus connue :

*Le Pauvre, en fa cabane où le chau-
    me le couvre*,
Eft fujet à fes loix ;
*Et la Garde qui veille aux barriéres
    du Louvre*,
N'en défend pas nos Rois.

Malherbe lui trouvoit du génie
pour la poëfie. *Racan* lui difoit un
jour, que *Théophile* qui étoit en
prifon, accufé de plufieurs crimes,
ne lui paroiffoit coupable que d'un
feul : c'étoit d'avoir fait fort mal
le métier de poëte dont il fe mêloit. *S'il meurt pour cela*, repartit
Malherbe, *vous ne devez pas avoir
peur* ; *car on ne vous prendra pas
affurément pour un de fes complices*...
Racan mourut à la Roche-Racan
en 1670, à 81 ans.

I. RACHEL, feconde fille de
Laban, époufa le patriarche *Jacob*,
l'an 1752 avant J. C. Elle en eut
Jofeph & *Benjamin*. *Rachel* mourut
en accouchant de celui-ci. Elle fut
enterrée fur le chemin qui conduit à *Ephrata*, où *Jacob* lui éleva
un monument qui a fubfifté pen-

dant plufieurs fiécles. On montre encore aujourd'hui une efpèce de dôme foutenu fur 4 piliers quarrés qui forment autant d'arcades, & l'on prétend que c'eſt le tombeau érigé à *Rachel* par *Jacob*. Mais comme ce monument eſt encore tout entier, il eſt difficile de croire que cefoit lemême que lepatriarçhe confacra à la mém. de fon époufe.

II. RACHEL, (Joachim) né en baffe Saxe, poete Allemand, recteur de l'école de Norden, s'eſt attaché pàrticulièrement à la Poëfie fatyrique dans le fiécle dernier. Il n'a point écrit avec la même pureté & la même délicateffe que *Defpréaux*; mais il eſt plus véhément, & par-tout il fe montre l'ennemi implacable du vice & des ridicules. Son énergie lui a fait donner le nom de *Lucile Allemand*.

I. RACINE, (Jean) né à la Ferté-Milon en 1639, d'une famille noble, fut élevé à Port-royal des Champs, & il en fut l'élève le plus illuftre. *Marie des Moulins*, fa grand'mere, s'étoit retirée dans cettê folitude fi célèbre & fi perfécutée. Son goût dominant étoit pour les Poëtes tragiques. Il alloit fouvent fe perdre dans les bois de l'abbaye, un *Euripide* à la main: il cherchoit dès-lors à l'imiter. Il cachoit des livres, pour les dévorer à des heures indues. Le facriftain *Claude Lancelot*, fon maître dans l'étude de la langue grecque, lui brûla confécutivement trois exemplaires des *Amours de Théagène & de Chariclée*, roman grec, qu'il apprit par cœur à la 3ᵉ lecture. Après avoir fait fes humanités à Port-royal, & fa philofophie au collège d'Harcourt, il débuta dans le monde par une *Ode* fur le mariage du roi. Cette pièce, intitulée *la Nymphe de la Seine*, lui valut une gratification de cent louis

& une penfion de 600 livres. Le miniftre *Colbert* obtint pour lui l'une & l'autre de ces graces. Ce fuccès le détermina à la poëfie, Envain un de fes oncles, chanoine-régulier & vicaire-général d'Ufez, l'appella dans cette ville pour lui réfigner un riche bénéfice; la voix du talent l'appelloit à Paris. Il s'y retira vers 1664, époque de fa première pièce de théâtre. *La Thébaïde* ou *les Freres ennemis*, (c'eſt le titre de cette tragédie) ne parut à la vérité qu'un coup d'effai aux bons juges; mais ce coup d'effai annonçoit un maître. Le monologue de *Jocafte* dans le 3ᵉ acte, l'entre-vue des deux freres dans le 4ᵉ, & le récit des combats dans le dernier, furent un augure heureux de fon génie. Il traita cette pièce dans le goût de *Corneille*; mais né pour fervir lui même de modèle, il quitta bientôt cette manière qui n'étoit pas la fienne. La lecture des Romans avoit tourné les efprits du côté de la tendreffe, & ce fut de ce côté-là auffi qu'il tourna fon génie... Il donna fon *Alexandre* en 1666. Cette trag. improuvée par *Corneille*, qui dit à l'auteur qu'*il avoit du talent pour la Poefie, mais non pas pour le Théâtre*, charma tout Paris. Les connoiffeurs la jugèrent plus févérement. L'amour qui domine dans cette piéce, n'a rien de tragique. *Alexandre* y eſt prefque éclipfé par *Porus*; & la verfification, quoique fupérieure à celle de la *Thébaïde*, offre bien de la négligence. *Racine* portoit alors l'habit eccléfiaftique, & ce fut à-peuprès vers ce tems-là qu'il obtint le prieuré d'Epinay; mais il n'en jouit pas long-tems. Ce bénéfice lui fut difputé; il n'en retira pour tout fruit qu'un procès, *que ni lui ni fes Juges n'entendirent jamais*: auffi abandonna-t-il & le bénéfice & le procès. Il eut bientôt un autre procès qui fit plus de bruit. Le visionnaire *Defmarets de S.-Sorlin*, poëte, prophète, & fou fous ce double titre, fe fignala par des rêveries réfutées par *Nicole*. Ce célèbre écrivain, dans la 1ʳᵉ de fes *Lettres* contre cet infenfé, traita les poëtes dramatiques d'*empoifonneurs, non des corps, mais des ames*. *Racine* prit ce trait pour lui ; il lança d'abord une lettre contre fes anciens maîtres. Elle étoit pleine d'efprit & de graces. Les Jéfuites la mettoient à côté des *Lettres Provinciales*, & ce n'étoit pas peu la louer. *Nicole* négligea de répondre ; mais *Barbier* d'*Aucour* & *Dubois* le firent pour lui. *Racine* leur répliqua par une Lettre non moins ingénieufe & auffi pleine de fel que la 1ʳᵉ. *Boileau*, à qui il la montra avant que de la rendre publique, lui dit en ami fage : *Cette Lettre fera honneur à votre efprit, mais n'en fera pas à votre cœur. Vous attaquez des Hommes d'un très-grand mérite, à qui vous devez une partie de ce que vous êtes.* Cette réponfe fit impreffion fur *Racine*, qui fupprima fa 2ᵉ Lettre, & retira tous les exemplaires de la 1ʳᵉ.... *Alexandre* fut fuivi d'*Andromaque*, jouée en 1668 ; cette piéce coûta la vie au célèbre *Montfleuri*, qui y repréfentoit le rolle d'*Orefte*. A peine *Racine* avoit-il 30 ans ; mais fon ouvrage annonçoit un homme confommé dans l'art du théâtre. La terreur & la pitié font l'ame de cette tragédie ; elle feroit admirable, fi le défefpoir d'*Orefte*, les emportemens d'*Hermione*, les incertitudes de *Pyrrhus* n'en terniffoient la beauté. Aucun perfonnage épifodique ; l'intérêt n'eft point partagé, & le lecteur n'y eft pas refroidi. On y admira fur-tout le ftyle noble fans enflure,

fimple fans baffeffe... *Andromaque* avoit annoncé à la France un grand-homme ; fa comédie des *Plaideurs*, jouée la même année, annonça un très-bel efprit. On vit dans cette piéce des traits véritablement comiques, du ridicule fin & faillant, des plaifanteries pleines de fel & de goût. Ce qui flatta fur-tout le Parterre, ce furent des allufions. On reconnut, dans le *Juge* qui veut toujours juger, un préfident fi paffionné pour fa profeffion, qu'il l'exerçoit dans fon domeftique. La difpute entre la *Comteffe* & *Chicaneau*, s'étoit réellement paffée, entre la comteffe de *Criffé* & un fameux plaideur, chez *Boileau* le greffier. Le difcours de l'*Intimé*, qui dans la caufe du chapon commence par un exorde d'une *Oraifon de Cicéron*, fut pris fur le difcours d'un avocat, qui s'étoit fervi du même exorde dans la querelle d'un pâtiffier contre un boulanger... Les *Plaideurs* étoient une imitation des *Guêpes* d'*Ariftophane*. Mais *Racine* ne dut qu'à lui-même fon *Britannicus*, qui parut en 1670. Il fe furpaffa dans cette piéce. Nourri de la lecture de *Tacite*, il fut communiquer la force de cet hiftorien à fa verfification & à fes caractéres. Ils font tous également bien développés, également bien peints. *Néron* eft un monftre naiffant, qui paffe par une gradation infenfible de la vertu au crime, & du crime aux forfaits. *Agrippine*, mere de *Néron*, eft digne de fon fils. *Burrhus* eft un fage au milieu d'une cour corrompue. *Junie* intéreffe ; mais l'auteur lui fait trop d'honneur, en la peignant comme une fille vertueufe.... *Bérénice*, jouée l'année d'après, foutint la gloire du poëte aux yeux du public, & l'affoiblit aux yeux des gens de goût. Ce n'eft qu'une *Paftorale héroïque;* elle manque de ce fublime & de ce terrible, les deux grands refforts de la tragédie. Elle eft conduite avec art & avec une certaine vivacité; les fentimens en font délicats, la verfification élégante, noble, harmonieufe: mais encore une fois, ce n'eft point une *Tragédie,* en prenant ce mot dans la rigueur du terme. *Titus* n'éft point un héros Romain; c'eft un courtifan de Verfailles. Tout roule fur ces trois mots de *Suétone : Invitus invitam dimifit.* Ce fut *Henriette d'Angleterre* qui engagea *Racine* & *Corneille* à travailler fur ce fujet. Elle vouloit jouir nonfeulement du plaifir de voir lutter deux rivaux illuftres; mais elle avoit encore en vue le frein qu'elle même avoit mis à fon propre penchant pour *Louis XIV...* Racine prit un effor plus élevé en 1672, dans *Bajaʒet* : l'amour y domine encore à la vérité; mais il y eft peint avec plus d'énergie. L'intérêt croit d'aéte en aéte, tous font pleins & liés. Il y a des traits frappans; plufieurs morceaux refpirent la vigueur tragique. La 1ᵉ fcêne eft un modèle d'expofition, & celles qui la fuivent font des modèles de ftyle... *Mithridate,* joué en 1673, eft plus dans le goût du grand *Corneille,* quoique l'amour foit encore le principal refort de cette épithalame magnifique, & que cet amour y faffe faire des chofes affez petites. *Mithridate* s'y fert d'un artifice de comédie, pour furprendre une jeune perfonne & lui faire dire fon fecret. Un homme d'efprit a très-bien remarqué que l'intrigue de cette piéce eft auffi propre à la comédie qu'à la tragédie. Otez les grands noms de *Monarque,* de *Guerrier* & de *Conquérant, Mithridate* n'eft qu'un vieillard amoureux d'une jeune fille.

Ses deux fils en font amoureux auffi, & il fe fert d'une rufe affez baffe pour découvrir celui des deux qui eft aimé. C'eft précifément l'intrigue de l'*Avare. Harpagon* & le *Roi* de Pont font deux vieillards amoureux; l'un & l'autre ont leur fils pour rival; l'un & l'autre fe fervent du même artifice pour découvrir l'intelligence qui eft entre leur fils & leur maîtreffe; & les deux piéces finiffent par le mariage du jeune-homme. Ce qu'on a dit de *Mithridate,* on pouvoit le dire de *Britannicus. Néron* dans cette piéce eft un jeune-homme impétueux, qui devient amoureux tout d'un coup; qui dans le moment veut fe féparer d'avec fa femme, & fe cache derrière une tapifferie pour écouter les difcours de fa maîtreffe. Cette fureur de mettre de l'amour par-tout, a dégradé prefque tous les héros de *Racine. Titus* dans fa *Bérénice* a un caraétére mou & efféminé. *Alexandre le Grand,* dans la piéce qui porte fon nom, n'eft occupé que de l'amour d'une petite *Cléophile,* dont le fpeétateur ne fait pas beaucoup de cas. *Mithridate* eft beaucoup mieux peint. On le voit tel qu'il étoit, refpirant la vengeance & l'ambition, plein de courage, grand dans la profpérité, plus grand dans l'adverfité, violent, emporté, jaloux, cruel; mais le portrait n'en auroit paru que plus reffemblant & plus frappant, fi le roi n'avoit pas foupiré... *Iphigénie* ne parut que 2 ans après *Mithridate,* en 1675; elle fit verfer des larmes plus qu'aucune piéce de *Racine.* Les événemens y font préparés avec art, & enchainés avec adreffe. Elle laiffe dans le cœur cette trifteffe majeftueufe, l'ame de la tragédie. L'amour d'*Achille* eft moins une foibleffe qu'un devoir, parce qu'il a

tous les caractéres de la tendreſſe
conjugale. *Le Clerc*, indigne rival
d'un grand-homme, oſa donner
une *Iphigénie* dans le même tems
que celle de *Racine*; mais la ſienne
mourut en naiſſant, & celle du
Sophocle François vivra autant que
le théâtre.... Il y avoit une faction
violente contre *Racine*, & ce poëte
la redoutoit. Il fit long-tems myſtére de ſa *Phèdre*. Dès que la cabale
acharnée contre lui l'eut pénétré,
elle invita *Pradon*, le rimailleur
Pradon, à traiter le même ſujet. Ce
verſificateur goûta cette idée & l'é-
xécuta; en moins de 3 mois ſa piéce
fut achevée. On joua celle de *Ra-
-cine* le 1ᵉʳ Janvier 1677; &, deux
jours après, celle de *Pradon*, qui,
grace à ſes protecteurs & à leurs
indignes manœuvres, fut jugée
la meilleure. Les chefs de cette
cabale s'aſſembloient à l'hôtel de
Bouillon. Madame *des Houliéres*,
le duc de *Nevers* & d'autres perſonnes de mérite, ne craignirent
pas d'y entrer. Les connoiſſeurs ſe
taiſoient & admiroient. Le grand
Arnaud, auſſi bon juge en littérature qu'en théologie, ne trouva à
reprendre que l'amour d'*Hippolyte*;
& l'auteur lui répondit: *Qu'auroient
penſé les petits-maîtres, s'il avoit
été ennemi de toutes les femmes?* Les
deux *Phèdres* de *Racine* & de *Pradon* ſont d'après celle d'*Euripide*.
L'imitation eſt à peu près, ſemblable: même contexture, mêmes perſonnages, mêmes ſituations, même fonds d'intérêt, de ſentiment
& de penſées. Chez *Pradon* comme
chez *Racine*, *Phèdre* eſt amoureuſe
d'*Hippolyte*. *Théſée* eſt abſent dans
les premiers actes: on le croit retenu aux enfers avec *Pirithoüs*.
Hippolyte aime *Aricie* & veut la fuir;
il fait l'aveu de ſa paſſion à ſon
amante, & reçoit avec horreur
la déclaration de *Phèdre*; il meurt
du même genre de mort, & ſon

gouverneur fait un récit. La différence du plan de chaque piéce
eſt peut-être à l'avantage de la
Phèdre de *Pradon*; mais quelle verſification barbare! Pour avoir une
Phèdre parfaite, il falloit le plan
de *Pradon* & les vers de *Racine*.
C'eſt lorſque ces deux auteurs ſe
rencontrent le plus pour le fonds
des choſes, qu'on remarque mieux
combien ils diffèrent pour la maniére de les rendre. L'un eſt le
Rubens de la poëſie, & l'autre n'eſt
qu'un plat barbouilleur. Lorſque
Phèdre, ce triomphe de la verſification Françoiſe après *Athalie*, fut
imprimée, ſes ennemis firent de
nouveaux efforts. Ils ſe hâtérent
de donner une édition fautive;
on gâta des ſcènes entières; on
eut l'indignité de ſubſtituer aux
vers les plus heureux, des vers
plats & ridicules. *Racine*, dégoûté
par ces énormités de la carrière
du théâtre, ſemée de tant d'épines, réſolut de ſe faire Chartreux.
Son directeur, en apprenant le deſſein qu'il avoit pris de renoncer
au monde & à la comédie, lui
conſeilla de s'arracher à ces deux
objets ſi ſéduiſans, plutôt par un
mariage chrétien, que par une entiére retraite. Il épouſa, quelques
mois après, la fille d'un tréſorier-
de-France d'Amiens. Son épouſe,
également belle & vertueuſe, fixa
ſon cœur, & lui fit goûter les
délices de l'hymen; délices pures,
ſans repentirs & ſans remors. Ce
fut alors qu'il ſe réconcilia avec
les ſolitaires de Port-royal, qui
n'avoient pas voulu le voir depuis qu'il s'étoit conſacré au théâtre. La même année de ſon mariage, en 1677, *Racine* fut chargé
d'écrire l'Hiſtoire de *Louis XIV*,
conjointement avec *Boileau*. Au
retour de la derniére campagne
de cette année, le roi dit à ces
deux hiſtoriens: *Je ſuis fâché que*

vous ne soyez pas.venus avec moi ;
vous auriez vu la guerre, & votre voya-
ge n'eût pas été long.-- *Racine* lui répondit : *Votre Majesté ne nous .a pas*
donné le tems de nous faire faire nos
habits. ... La religion avoit enlevé
Racine à la poësie ; la.religion l'y
ramena. Mad^e. de *Maintenon* le pria
.de faire une piéce sainte, qui pût
être jouée à Saint-Cyr : il fit *Esther.*
Imitateur des anciens qui mêloient
dans leurs piéces les événemens
de leur tems, il fit entrer dans la
sienne le tableau de la cour & des
spectateurs. On retrouvoit mad^e.
de *Montespan* sous le nom de *Vasthi*
& d'*Aman.*L'élévation d'*Esther* étoit,
celle de mad^e. de *Maintenon.* Cette
piéce fut représentée en présence
de toute la cour [par les demoi-
selles de Saint-Cyr, en 1689 ; &
toutes ces allusions ne contribuérent pas peu à la faire applaudir.
Mais quand *Esther* fut imprimée, le
charme se dissipa. Elle parut froide à la lecture ; beaucoup de vers
foibles, parmi un grand nombre
d'excellens ; l'action n'est point
théâtrale : enfin les beaux-esprits
de Paris déprimèrent tous les endroits qui avoient eu le suffrage
de la cour. Mille louis de gratification consolérent *Racine* de ces
critiques. Il eut ordre de composer
une autre piéce ; il trouva dans le
IVe livre des *Rois* une action intéressante, & assez de matière pour
se passer d'amour, d'épisodes & de
confidens. Il répara la simplicité
de l'intrigue par l'élégance de la
poësie, par la noblesse des caractères, par la vérité des sentimens,
par de grandes leçons données aux
rois, aux ministres & aux courtisans, par l'usage heureux des
sublimes traits de l'Ecriture. *Atha-*
lie (c'est le nom de cette piéce)
fut jouée en 1691 ; & cette tragédie,
le chef-d'œuvre de la scéne Fran-

çoise, fut reçue avec froideur à
la représentation & à la lecture.
On disoit que *c'étoit un sujet de dé-*
votion, propre à amuser des enfans...
Racine, entiérement dégoûté du
théâtre, ne travailla plus qu'à l'Histoire du roi ; mais soit qu'il crai-
gnît d'être accusé d'ingratitude, s'il
étoit vrai, & de reconnoissance ;
s'il n'étoit satyrique, il ne poussa
pas bien loin cet ouvrage, qui périt dans un incendie. *Vallincour,*
possesseur de ce manuscrit, le
voyant près d'être consumé, donna 20 louis à un Savoyard pour
l'aller chercher au travers des flammes ; mais au lieu du manuscrit,
on lui apporta un recueil des Gazettes de France. *Racine* jouissoit
alors de tous les agrémens que
peut avoir un bel-esprit à la cour.
Il étoit gentil-homme ordinaire
du roi, qui le traitoit en favori,
& qui le faisoit coucher dans sa
chambre pendant ses maladies. Ce
monarque aimoit à l'entendre parler, lire, déclamer. Tout s'animoit
dans sa bouche, tout prenoit une
ame, une vie. Sa faveur ne dura
pas, & sa disgrace hâta sa mort.
Mad^e de *Maintenon,* touchée de la
misére du peuple, demanda à *Ra-*
cine un *Mémoire* sur ce sujet intéressant. Le roi le vit entre les
mains de cette dame, & fâché de
ce que son historien approfondis-
soit les défauts de son administration, il lui défendit de le revoir,
en lui disant : *Parce qu'il est Poëte,*
veut-il être Ministre ? Des idées tristes, une fièvre violente, une maladie dangereuse, furent la suite
de ces paroles. *Racine* mourut en
1699, à 60 ans., d'un petit abscès
dans le foie. Ce grand-homme étoit
d'une taille médiocre ; sa figure
étoit agréable, son air ouvert, sa
physionomie douce & vive. Il
avoit la politesse d'un courtisan

& les faillies d'un bel-efprit. Son caractére étoit aimable, mais il paffoit pour faux ; & avec une douceur apparente, il étoit naturellement très-cauftique. Il peignit dans fes *Tragédies* plus d'un perfonnage d'après nature, & le célèbre acteur *Baron* a dit plus d'une fois, « que c'étoit d'après foi-même qu'il avoit fait *Narciffe* dans la tragédie de *Britannicus*. » Plufieurs *Epigrammes*, un grand nombre de *Couplets* & de *Vers fatyriques* qu'on brûla à fa mort, prouvent la vérité de ce que répondit *Defpréaux* à ceux qui le trouvoient trop malin : *Racine*, difoit-il, *l'eft bien plus que moi*. Sa malignité vint fouvent de fon amour-propre, trop fenfible à la critique & aux éloges. *Racine*, voulant détourner fon fils ainé de la poëfie, lui avouoit que « la plus » mauvaife critique lui avoit caufé »plus de chagrin que les plusgrands » applaudiffemens ne lui avoient » fait de plaifir. » *Ne crois pas*, luidifoit-il, *que ce foient mes Piéces qui m'attirent les careffes des Grands. Corneille fait des vers cent fois plus beaux que les miens, & cependant perfonne ne le regarde. On ne l'aime que dans la bouche de fes Acteurs ; au lieu que, fans fatiguer les Gens-du-monde du récit de mes Ouvrages, dont je ne leur parle jamais, je les entretiens de chofes qui leur plaifent. Mon talent avec eux n'eft pas de leur faire fentir que j'ai de l'efprit, mais de leur apprendre qu'ils en ont.* Malgré cette fineffe politique, *Racine* paffoit à la cour pour un homme qui avoit envie d'être courtifan, mais qui ne favoit pas l'être. Le roi, le voyant un jour à la promenade avec M. de *Cavoye* : *Voilà*, dit-il, *deux hommes que je vois fouvent enfemble ; j'en devine la raifon : Cavoye avec* Racine *fe croit bel-efprit ;* Racine *avec* Cavoye *fe croit courtifan.* Les défauts

de ce poëte furent effacés en partie par de grandes qualités. La religion réprima tous fes penchans. *La raifon*, difoit *Boileau* à ce fujet, *conduit ordinairement les autres à la foi ; mais c'eft la foi qui a conduit* Racine *à la raifon*. Il eut fur la fin de fes jours une piété tendre, une probité auftère. Il étoit bon pere, bon époux, bon parent, bon ami. Mais confidérons-le à préfent par les endroits qui l'immortalifent. Voyons dans cet écrivain, rival des tragiques Grecs pour l'intelligence des paffions, une élégance toujours foutenue, une correction admirable, la vérité la plus frappante ; point, ou prefque point de déclamation ; par-tout le langage du cœur & du fentiment, l'art de la verfification, l'harmonie & les graces de la poëfie portées au plus haut dégré. C'eft le poëte, après *Virgile*, qui a le mieux entendu cette partie des vers ; & en cela, mais peut-être en cela feul, il eft fupérieur à *Corneille*. On ne trouve pas chez lui, comme dans ce Pere de notre théâtre, ces antithèfes affectées, ces négligences baffes, ces licences continuelles, cette obfcurité, cette emphafe, & enfin ces phrafes fynonymes où la même penfée eft plus remaniée que la divifion d'un Sermon. Nous remarquons ces défauts de *Corneille*, pour fervir de correctif au parallèle que *Fontenelle* fait de ce poëte avec *Racine* : parallèle ingénieux, mais quelquefois trop favorable à l'auteur de *Cinna*... Outre les *Tragédies* de *Racine*, nous avons de lui, I. Des *Cantiques*, qu'il fit à l'ufage de Saint-Cyr. Ils font pleins d'onction & de douceur. On en exécuta un devant le roi, qui, à ces vers:

Mon Dieu, quelle guerre cruelle!

Je trouve deux hommes en moi ;
L'un veut que, plein d'amour pour toi,
Je te sois sans cesse fidèle :
L'autre, à tes volontés rebelle,
Me soulève contre ta loi :

dit à Mad°. de *Maintenon : Ah ! Ma-*
dame, voilà deux hommes que je con-
nois bien. II. L'*Histoire de Port-Royal,*
1767, 2 parties in-12 : le style de
cet ouvrage est coulant & historique, mais quelquefois négligé.
III. Une *Idylle sur la Paix*, pleine
de grandes images & de peintures
riantes. IV. Quelques *Epigrammes*,
dignes de *Marot*. V. Des *Lettres* &
quelques opuscules, publiés par son
fils dans ses *Mémoires de la vie de
Jean Racine*, 1747, 2 vol. in-12.
On trouve les différens ouvrages
de *Racine* dans l'édition de ses Œuvres publiée en 1768, en 7 vol.
in-8°. par M. *Luneau de Boisger-
main* qui l'a ornée de remarques.
Les éditions de Londres 1723, 2
vol. in-4°. & de Paris, 1765, 3 vol.
in-4°. sont très-belles, mais moins
complettes. *Boileau* orna le portrait de son illustre ami, de ces
quatre vers :

*Du Théâtre François l'honneur & la
merveille,*
Il fut ressusciter Sophocle *en ses
Ecrits,*
*Et, dans l'art d'enchanter les cœurs &
les esprits,*
Surpasser Euripide *& balancer* Cor-
neille:

L'abbé d'*Olivet*, donna des *Remarques de Grammaire sur Racine*, avec
une *Lettre critique sur la Rime*, adressée à M. le président *Bouhier*, in-
12, à Paris 1738. L'année suivante,
l'abbé *des Fontaines* oppofa à cet
écrit : *Racine vengé*, ou *Examen des
Remarques grammaticales de M. l'Abbé d'Olivet sur les Œuvres de Racine*,
à Avignon, (Paris) in-12. Ces deux

écrits méritent d'être lus. Celui de
l'abbé d'*Olivet* a été réimprimé en
1766. Mad°. de *Romanet*, veuve de
Racine, dont il avoit eu 2 fils & 3 filles, mourut à Paris au mois de Novembre 1732.

II. R A C I N E, (Louis) fils du
précédent, naquit à Paris en 1692.
Ayant perdu son pere de bonne-
heure, il demanda des avis à *Boileau*, qui lui conseilla de ne pas
s'appliquer à la poësie ; mais son
penchant pour les Mufes l'entraîna. Il donna, en 1720, le Poëme
de la *Grace*, écrit avec affez de
pureté, & dans lequel on trouve
plusieurs vers heureux. Il le compofa chez les Peres de l'Oratoire
de N. D. des Vertus, où il s'étoit
retiré après avoir embraffé l'état
eccléfiaftique ; les chagrins que
son pere avoit effuyés à la cour,
lui faifoient redouter ce féjour ;
mais le chancelier d'*Aguesseau* réuffit pendant son exil à Frefnes, à
le réconcilier avec le monde qu'il
avoit quitté. Il se fit des protecteurs, qui contribuèrent à sa fortune. Le cardinal de *Fleury*, qui
avoit connu son pere, lui procura
un emploi dans les finances ; & il
coula dès-lors des jours tranquilles & fortunés, avec une épouse
qui faifoit son bonheur. Un fils
unique, fruit de leur union, jeune-homme qui donnoit de grandes
efpérances, périt malheureufement
dans l'inondation de Cadix, en
1755. Son pere, vivement affligé
de cette perte, ne traîna plus qu'une
vie trifte, & mourut dans de grands
fentimens de religion, en 1763, à
71 ans. L'académie des infcriptions
le comptoit parmi fes membres. Ce poëte faifoit honneur à
l'humanité ; bon citoyen, bon
époux, pere tendre, fidèle à l'a-
mitié, reconnoiffant envers fes
bienfaiteurs. La candeur régnoit

dans fon caractére & la politeffe dans fes manières, malgré les diftractions auxquelles il étoit fujet. Pénétré de la vérité du Chriftianifme, il en rempliffoit les devoirs avec exactitude. On a de lui des *Œuvres diverfes*, en 6 vol. in-12. On trouve dans ce recueil, I. Son *Poëme* fur la *Religion*, imprimé féparément in-8° & in-12 : cet ouvrage offre les graces de la vérité & de la poëfie. Il n'y a point de chant qui ne renferme des traits excellens & un grand nombre de vers admirables ; mais il ne fe foutient pas, & il y règne une monotonie qui le rend quelquefois languiffant. II. Son *Poëme* fur la *Grace*, qu'on trouve à la fuite du précédent. III. Des *Odes*, recommandables par la richeffe des rimes, la nobleffe des penfées, & la jufteffe des expreffions. Quoiqu'elles foient fur le vrai ton de ce genre, on fouhaiteroit d'y rencontrer plus fouvent le feu de *Rouffeau*. IV. Des *Epítres* qui renferment quelques réflexions judicieufes. Sa poëfie eft élégante ; mais il n'y a aucun trait bien frapant, & elle manque en général de chaleur & de coloris. V. Des *Réflexions fur la Poéfie*, qu'on a lues avec plaifir, quoiqu'il n'y ait rien d'abfolument neuf, & de bien profond. VI. *Les Mémoires fur la vie de Jean Racine*, imprimés féparément en 2 vol. in-12. Ils font curieux & intéreffans pour ceux qui aiment l'hiftoire littéraire. S'il y a quelques minuties, on doit le pardonner à un fils qui parle de fon pere, & d'un pere fi illuftre. Nous avons encore de cet auteur deux ouvrages médiocres : I. *Remarques fur les Tragédies de Jean Racine*, en 3 vol. in-12. C'eft une critique volumineufe ; on a reproché à l'auteur de manquer d'élévation, d'ufage du théâ-

tre, & de connoiffance du cœur humain. Il y a pourtant quelques réflexions judicieufes. II. Une *Traduction du Paradis perdu de Milton*, en 3 vol. in-8°. chargée de notes. Elle eft en quelques endroits plus fidelle que celle de M. *Dupré de S.-Maur* ; mais on n'y fent point comme dans celle-ci l'enthoufiafme de l'*Homére* Anglois. Le traducteur écrit trop languiffamment, pour ne pas affoiblir les traits fublimes de ce chantre de nos premiers Peres. On peut voir dans les Journaux le parallèle de ces deux verfions ; il n'eft point à l'avantage de *Racine*.

III. RACINE, (Bonaventure), né à Chauny en 1708, de parens vertueux, fut élevé par fa mere dans la piété. Il vint achever fes études à Paris, au collège *Maxarin*, & s'y rendit habile dans les langues latine, grecque & hébraïque. *La Croix-Caftries*, archevêque d'Alby, l'appella en 1729, pour rétablir le collège de Rabaftens, dont les habitans demandoient la reftauration. L'abbé *Racine* y ranima le goût des lettres & l'amour de la vertu. Les Jéfuites, jaloux de fes fuccès, l'obligérent de fe retirer à Montpellier auprès de *Colbert*, qui le chargea de la direction du collège de Lunel. Il en fortit fecrettement peu de tems après, pour éviter des ordres rigoureux. Il paffa à la Chaife-Dieu, pour y voir l'évêque de Senez ; puis à Clermont, où il s'entretint avec la fameufe nièce de *Pafcal* ; & vint à Paris. Il s'y chargea de l'éducation de quelques jeunes-gens au collège d'Harcourt. Il fut encore obligé d'en fortir en 1734, par ordre du cardinal de *Fleury*. Ces perfécutions & fes talens lui donnérent un grand relief auprès de ceux qui penfoient comme lui. *Cay-*

lus, évêque d'Auxerre, le nomma à un canonicat de sa cathédrale, & lui conféra tous les ordres sacrés. Mais ces nouveaux titres n'apportérent aucun changement dans la manière de vivre de cet écrivain, entiérement consacré à la priére & à l'étude. Il mourut à Paris, épuisé par le travail, en 1755, à 47 ans. L'abbé *Racine* fut recommandable par la pureté de ses mœurs, par la bonté de son caraſtére ; & dans son parti, par la vivacité de son zèle. Ardent & inflexible dans ce qu'il croyoit vrai, il le soutenoit avec une espèce de fanatisme. Il possédoit l'Ecriture & les Peres, & sur-tout l'histoire ecclésiastique. On a de lui, I. *Quatre Ecrits* sur la dispute qui s'étoit élevée touchant la *crainte* & la *confiance*. Ils plurent à tous les contendans, à cause de la modération avec laquelle ils sont composés. II. Un *Abrégé de l'Histoire Ecclésiastique*, en 13 vol. in-12. Cet ouvrage a eu le plus grand succès, sur-tout auprès de ceux qui n'aiment pas les Jésuites & la Bulle. L'auteur se proposoit de pousser cet *Abrégé* au moins jusqu'en 1750 ; mais la mort ne lui en a pas donné le tems, & les 2 vol. qu'on a publiés depuis, formant le 14ᵉ & 15ᵉ vol. de l'édition in-12, ne sont pas dignes de lui. Cette Histoire est écrite avec beaucoup de netteté, d'ordre & de simplicité. C'est l'abrégé le mieux fait de *Fleury* & de son continuateur. On doit sur-tout des éloges aux 9 premiers volumes ; les 4 suivans ont moins satisfait les juges impartiaux. L'auteur y paroît trop attaché aux intérêts des solitaires de Port-Royal & de leurs partisans, & trop acharné contre leurs ennemis. Il croit dire la vérité ; mais il la dit d'un ton d'enthousiasme,

qui prévient contre lui. Ses détails sur les querelles du Jansénisme & sur les aſteurs de ces querelles ; ont paru trop longs. De simples religieux occuperont 50 pages, tandis que des Saints reconnus par l'Eglise, & les martyrs, les évêques, les solitaires, qui ont illustré la religion Chrétienne dans les premiers tems, sont peints avec beaucoup moins d'étendue. On en a publié une nouvelle édition à Paris, en 13 vol. in-4°. On a détaché les résumés & les réflexions, qu'on trouve à la fin de chaque siécle, & on les a fait imprimer en 2 vol. in-12.

RACOCÈS, Perse vertueux, se rendit célèbre par une aſtion qui ne paroît pas aussi louable aux modernes qu'elle l'a paru aux anciens. De 7 enfans qu'il avoit, le dernier de tous, nommé *Cartomès*, ne répondit pas aux soins qu'on avoit pris de son éducation. Il demanda sa mort à *Artaxercès*. Le roi lui ayant dit avec étonnement : *Quoi, vous pourrez voir mourir votre fils !--Oui, Sire*, répondit-il. *Quand un arbre de mon jardin a de mauvaises branches, je les coupe ; & l'arbre, bien loin d'en être endommagé, en devient plus beau. Il en sera de même de ma famille, quand celui-ci, qui la déshonore, en sera retranché.* Cette réponse plut à *Artaxercès*, qui voulut que *Racocès* fût du nombre des juges royaux. Il pardonna en même tems à *Cartomès*, & se contenta de le menacer du plus rigoureux supplice, s'il donnoit lieu à de nouvelles plaintes.

RACONIS, (Charles-François d'Abra de) né en 1580, au château de Raconis, dans le diocèse de Chartres, professa la philosophie au collège du Plessis, & la théologie à celui de Navarre. La régu-

régularité de ſes mœurs, jointe au ſuccès de ſes ſermons & de ſes ouvrages de controverſe, lui méritérent l'évêché de Lavaur en 1637. Il mourut en 1646, après avoir publié pluſieurs écrits : I. *Traité pour ſe trouver en conférence avec les Hérétiques*, in-12. Paris, 1618. II. *Théologie Latine*, en pluſ. vol. in-8°. III. *La Vie & la mort de Madame de Luxembourg, Ducheſſe de Mercœur*, in-12, à Paris, 1625. IV. *Réponſe* à la Tradition de l'Egliſe d'*Arnaud*, &c.

RADEGONDE, (Sainte) fille de *Berthaire* roi de Thuringe, naquit en 519. Elle fut élevée dans le Paganiſme juſqu'à l'âge de 10 ans, que le roi *Clotaire I* l'emmena & la fit inſtruire dans la religion Chrétienne. *Radegonde* joignoit aux charmes de la vertu, ceux de la figure. *Clotaire* l'épouſa, & lui permit, 6 ans après, de ſe faire religieuſe. Elle prit le voile à Noyon, de la main de *S. Médard*. Elle fixa enſuite ſa demeure à Poitiers, où elle mourut ſaintement, le 13 Août 587, à 68 ans, dans l'abbaye de Ste Croix qu'elle avoit fait bâtir. Nous avons ſon *Teſtament* dans le Recueil des conciles; & ſa *Vie*, Poitiers, 1527, in-4°. traduite du latin par *Jean Bouchet*: il y en a une plus moderne, par le P. de *Monteil*, à Rodez, 1627, in-12.

RADEMAKER, (Abraham) peintre Hollandois, né à Amſterdam, excella dans les payſages. Ses deſſins ſont d'un effet très - piquant, rares & des plus précieux. Il mourut à Harlem en 1735, âgé de 60 ans.

RADERUS, (Matthieu) Jéſuite, du Tirol, mort en 1634 à 74 ans, ſe ſignala par ſon ſavoir, ſes vertus & ſes ouvrages. C'eſt lui qui publia, en 1615, la *Chronique d'A-*lexandrie, in-4°. On a encore de lui, I. *Viridarium Sanctorum*, en 5 vol. in-8°. où l'on deſireroit plus de critique. II. Des *Notes* ſur pluſieurs auteurs claſſiques. III. Une bonne édition de *S. Jean Climaque*, in-fol. IV. *Bavaria ſancta & Bavaria pia*, 4 vol. in-fol.

RADZIWIL, (Nicolas) IVᵉ du nom, Palatin de Wilna, grand-maréchal & chancelier de Lithuanie, voyagea dans la plupart des pays de l'Europe. Les graces de ſon eſprit & ſes talens lui acquirent à ſon retour l'eſtime & l'amitié de *Sigiſmond-Auguſte*, roi de Pologne, qui le fit capitaine de ſes gardes. Il commanda 3 fois les armées Polonoiſes dans la Livonie, & ſoumit cette province à la Pologne, après avoir remporté une victoire complette ſur les Allemands. L'archevêque de Riga & le grand-maître des chevaliers de Livonie y furent faits priſonniers. Quelque tems après, ayant embraſſé publiquement la religion Proteſtante, à la ſollicitation de ſa femme, il fit prêcher des miniſtres dans Wilna, & les chargea de traduire la Bible en langue Polonoiſe. *Radziwil* fit imprimer cette traduction à ſes dépens en 1563, in-fol. : elle eſt très-rare. Envain le nonce du pape lui reprocha ſon apoſtaſie; le Palatin, opiniâtre dans ſes ſentimens, ſe contenta de lui répondre : *Vous êtes vous-même hérétique, & vous accuſez les autres d'héréſie*. Il mourut en 1567, laiſſant 4 fils, qui dans la ſuite ſe firent Catholiques.

RAGOTZKI, (François-Léopold) prince de Tranſilvanie, fut mis en priſon à Neuſtadt en Avril 1701, accuſé d'avoir voulu ſoulever la Hongrie contre l'empereur. Il trouva le moyen de ſe ſauver, déguiſé en dragon, le 7

B

Novembre de la même année, à 2 heures après midi. Il passa en Pologne, & alla joindre à Varsovie le comte de *Bercheni*, l'un des mécontens de Hongrie. Le 29 du même mois, on afficha dans la ville de Vienne des placards, par lesquels ce prince étoit proscrit, avec promesse de dix mille florins à ceux qui le livreroient vivant entre les mains des officiers de l'empereur, & de six mille à ceux qui apporteroient sa tête. Cette proscription le détermina à se faire chef des mécontens de Hongrie. Le conseil de l'empereur le condamna en 1703 à avoir la tête tranchée, le dégrada de ses titres, & le priva de tous ses biens. Deux mois après, il prit le fort de Katto, & passa au fil de l'épée les Impériaux, qui n'avoient point fait de quartier aux Hongrois. Ayant fait la guerre avec succès, les états de Hongrie le déclarérent protecteur du royaume, en attendant l'élection d'un nouveau roi, & le proclamérent prince de Transilvanie, en Août 1704. Les affaires ayant changé de face en 1713, & la Hongrie ayant fait sa paix avec l'empereur, *Ragotzki* vint en France & passa de-là à Constantinople. Il y a toujours demeuré depuis, estimé de la cour Ottomane, & aimé de tous ceux qui connoissoient ses grandes qualités. Il étoit retiré à Rodosto, lieu situé sur les bords de la mer de Marmara, entre les Dardanelles & Constantinople, à 25 lieues de cette ville, lorsqu'il mourut le 8 Avril 1735, âgé d'environ 56 ans. Voyez ses *Mémoires* dans les Révolutions de Hongrie, la Haye 1739, 2 vol. in-4°. ou 6 vol. in-12. On a donné sous son nom en 1751, un ouvrage intitulé : *Testament politique & moral du prince Ragotzki* ; mais on doute

qu'il soit véritablement de lui.

RAGUEAU, (François) professeur en droit dans l'université de Bourges, distingué par sa science, est auteur d'un *Commentaire* fort étendu sur les Coutumes de Berry, 1615, in-fol. *Lauriére* fit réimprimer en 1704, en 2 vol. in-4°. un autre livre du même auteur, intitulé : *Indice des droits Royaux. Ragueau* mourut en 1605.

RAGUEL, pere de *Sara*, proche parent & ami de *Tobie* le pere, demeuroit à Ecbatane où il possédoit de grands biens. *Raguel* avoit donné sa fille à 7 maris successivement, que le Démon avoit tués. Mais ayant consenti, quoiqu'avec peine, de la marier au jeune *Tobie*, le Seigneur conserva ce dernier époux. *Raguel*, après l'avoir retenu 15 jours chez lui dans les festins, lui donna la moitié de ses biens, en lui assûrant le reste après sa mort, & le renvoya.

RAGUENET, (François) natif de Rouen, embrassa l'état ecclésiastique, & s'appliqua à l'étude des belles-lettres & de l'histoire. Il remporta le prix de l'éloquence à l'académie Françoise, en 1689. Son *Discours* rouloit sur le mérite & la dignité du martyre. Ce petit succès l'encouragea, & il commença à jouer un rôle dans la république des lettres. Il donna, en 1704, un *Parallèle des Italiens & des François* en ce qui regarde la *Musique* & les *Opéra*, qui occasionna une guerre littéraire. La musique des Italiens est, suivant lui, fort supérieure à la nôtre à tous égards : 1°. Par rapport à la langue, dont tous les mots, toutes les syllabes se prononcent distinctement : 2°. Par rapport au génie des compositeurs, à l'enchantement des symphonies, à la ressource des *Castrati*, à l'invention des machines. *Frenufe*, écrivain agréable & facile, réfuta ce Parallèle, que l'abbé *Raguenet* défendit. *Frenufe* écrivit de nouveau, & cette querelle finit comme toutes celles de ce genre, par le dégoût des parties belligérantes & le mépris du public. L'abbé *Raguenet* mourut en 1722, après avoir publié plusieurs ouvrages ; les principaux font : I. *Les Monumens de Rome*, ou *Defcription des plus beaux ouvrages de Peinture, de Sculpture & d'Architecture de Rome, avec des obfervations* ; Paris 1700 & 1702 ; in-12. Ce petit ouvrage valut à fon auteur des lettres de *Citoyen Romain*, dont il prit le titre depuis ce tems-là. II. *L'Hiftoire d'Olivier Cromwel* ; in-4°. 1671 : fupérieure pour le fonds au roman de *Gregorio Leti* ; mais écrite un peu féchement. III. *Hiftoire de l'Ancien Teftament*, in-12. IV. *Hiftoire du Vicomte de Turenne*, in-12. C'eft une froide relation, en ftyle de Gazette, de toutes les actions militaires de ce général, qui n'y eft peint que comme un héros, & non comme un homme ; cet ouvrage a été cependant imprimé plufieurs fois. On lui attribue le *Voyage romanefque de Jacques Sadeur dans la Terre Auftrale* ; mais il n'en eft tout au plus que le traducteur. Ce livre eft de *Gabriel Frogny*, Cordelier apoftat.

RAGUSE, *Voyez* JEAN DE RAGUSE, n° LXX.

RAHAB, habitante de Jéricho, reçut chez elle & cacha les efpions que *Jofué* envoyoit pour reconnoître la ville. Le texte Hébreu porte *Zonah*, qui fignifie femme de mauvaife vie, *meretrix* ; ou hôtellière, *hofpita*. Cette différente fignification du même mot a donné lieu à plufieurs interprètes de juftifier *Rahab*, & de la regarder

fimplement comme une femme qui logeoit chez elle des étrangers. Ils ajoûtent d'ailleurs, qu'il n'eft guéres probable que *Salmon*, prince de la tribu de Juda, eût voulu époufer *Rahab*, fi elle eût été accufée d'avoir fait un métier infâme ; ni que les efpions fe fuffent retirés chez une courtifane, dont les défordres auroient dû leur infpirer de l'horreur. Mais les autres, en plus grand nombre, fe fondant fur l'autorité des Septante, fur S. Paul & S. Jacques, & fur tous les Peres, foutiennent que le mot Hébreu fignifie une femme débauchée. *Jofué* l'excepta, avec toute fa maifon, de l'anathême qu'il prononça contre tout le refte de la ville. *Rahab* époufa *Salmon*, prince de Juda, de qui elle eut *Booz*. Ce dernier fut pere d'*Obed*, & celui-ci d'*Ifaï*, de qui naquit *David*. Ainfi J. C. a voulu defcendre de cette Cananéenne.

I. RAIMOND VI, comte de Touloufe, dit *le Vieux*, fils de *Raimond V*, d'une famille illuftre par fon ancienneté & par fa valeur, fut dépouillé de fes états dans la croifade contre les Albigeois. Ce prince étoit foupçonné de favorifer ces hérétiques. Le pape *Innocent III* ordonna, en 1208, à tous les fidèles de fe croifer contre lui. Il obtient envain fon abfolution : *Simon* de *Montfort*, qui s'étoit emparé d'une partie de fes états, continue de les dévafter. Plufieurs villes furent mifes en cendre, & un grand nombre de familles expirérent par le fer & par les flammes. L'infortuné *Raimond*, après avoir porté avec des peines incroyables le fardeau d'une guerre cruelle, fut privé du comté de Touloufe en 1215, par les conciles de Montpellier & de Latran, qui en donnérent l'inveftiture à

fon ennemi *Simon* de *Montfort*. Le
comte de Touloufe ayant recouvré une partie de fes états, mourut en 1222, dans la 66ᵉ année de
fon âge. Comme il n'avoit point été
abfous d'une nouvelle excommunication, fon fils ne put jamais lui
faire accorder la fépulture. Les
hiftoriens de la Croifade contre
les Albigeois, font un portrait très-
défavantageux de *Raimond V. I* :
mais on ne peut lui refufer des
talens & du courage ; & l'on doit
avoir peu d'égard à un tableau peint
par une main ennemie.

II. RAIMOND VII, comte de
Touloufe, fils du précédent, fuccéda à fes états & à fes querelles. Il combattit vivement *Amauri*
de *Montfort*, fils du célèbre *Simon*,
& le força à fe retirer en France.
Cependant la croifade fubfiftoit,
contre lui, & il fut excommunié
en 1226. Enfin, après avoir foutenu
une longue guerre, il fit la paix
avec les papes, & paffa le refte
de fa vie à faire des pèlerinages,
ou à combattre les prétentions des
inquifiteurs nouvellement établis
dans le Languedoc. En 1247, *S.
Louis* l'engagea de fe croifer pour
la Terre-fainte ; mais le pape *Innocent IV*, qui vouloit l'oppofer
aux partifans de l'empereur. *Frederic
II*, l'empêcha de faire ce voyage.
Il mourut 2 ans après en 1249, à
Milhaud en Rouergue, âgé de 52
ans. *Alphonfe*, comte de Poitou,
frere de *S. Louis*, ayant époufé la
fille & l'héritière de ce malheureux prince, & n'en ayant point
eu d'enfans, tous les états de *Raimond VII* furent réunis à la couronne de France en 1361 par *Philippe III*.

III. RAIMOND DE PEGNA-
FORT, (Saint) naquit au château
de Pegnafort en Catalogne, l'an
1175. Après avoir fait fes études

à Barcelone, il alla les perfectionner dans l'univerfité de Bologne, & y enfeigna le droit-canon
avec réputation. De chanoine de
Barcelone, il entra dans l'ordre
de S. Dominique, qu'il illuftra par
fes vertus & fon favoir. Le pape
Grégoire IX l'employa à la compilation des *Décrétales*, & voulut
l'élever à l'archevêché de Tarra-
gone, qu'il refufa. Ce pontife vouloit le retenir à fa cour ; mais le
faint homme préféra fa folitude
de Barcelone à tous les avantages
qu'on lui faifoit efpérer. Il s'occupoit, dans le filence & dans la
retraite, à l'étude & à la priére,
lorfqu'il fut élu général de fon
ordre en 1238 : dignité dont il fe
démit 2 ans après. Il contribua
beaucoup, par fon zèle & par fes
confeils, à l'établiffement de l'ordre
de la Mercy. Ce fut auffi par fon
crédit que l'Inquifition fut établie
dans le royaume d'Arragon & dans
le Languedoc. Les papes lui permirent de pourvoir aux offices de
ce tribunal, & il le fit avec beaucoup de fageffe. *Raimond* mourut
à Barcelone, en 1275, dans la
100ᵉ année de fon âge. Le pape
Clément VIII le canonifa en 1601.
On peut voir le tableau de fes
vertus dans l'*Hiftoire des Hommes
illuftres de l'Ordre de S. Dominique*,
par le Pere *Touron*, qui a donné
une vie très-exacte & très-circonftanciée de Saint. On a de lui :
I. La *Collection des Décrétales*, qui
forme le fecond volume du *Droit-
Canon*. Ce recueil eft en cinq livres. L'auteur a joint divers décrets des conciles aux conftitutions
des papes. II. Une *Somme des Cas
de confcience*, très-eftimée autrefois. La meilleure édition eft celle
du Pere *Laget*, in-fol. Lyon, 1728,
avec de favantes notes.

IV. RAIMOND, (Pierre) *Lou*

Prou, c'est-à-dire *le Preux* & *le Vaillant*, né à Toulouse, suivit l'empereur *Fréderic* dans l'expédition de la Terre-sainte, où il se signala par ses vers Provençaux & par ses exploits. Ce poëte mourut en 1225, pendant la guerre des comtes de Provence contre les Albigeois : guerre qui servit à faire briller son courage. Il avoit fait un *Poëme* contre les erreurs des Ariens ; & *un autre* où il blâmoit les rois & les empereurs, d'avoir laissé prendre trop de pouvoir aux ecclésiastiques. *Pétrarque* en faisoit cas, & le prenoit quelquefois pour modèle.

RAIMOND-LULLE, *Voyez* LULLE.

RAIMOND - MARTIN, *Voyez* MARTIN, n°. XII.

RAIMONDI, graveur, *Voyez* MARC-ANTOINE RAIMONDI.

RAINALDI, (Oderic) vivoit dans le dernier siécle. Il entra chez les Philippiens ou Prêtres de l'Oratoire, & s'appliqua au même genre d'étude que son confrere *Baronius* ; mais il s'en faut bien que sa *Continuation des Annales* de ce cardinal soit aussi estimée. Il est crédule, exagérateur, diffus, & mauvais écrivain. On en a cependant imprimé un *Abrégé* en 1667, in-fol. *Rainaldi* mourut vers 1670. Sa Continuation, imprimée à Rome in-fol. 1646-1677, en 9 vol. s'étend depuis 1199 jusqu'à l'an 1567.

RAINIE, (Gabriel de la) *Voyez* NICOLAS (Gabriel) n° XVI.

RAINIER, Dominicain de Pise, vice-chancelier de l'église Romaine, & évêque de Maguelone, mort en 1249, est auteur d'un Dictionnaire théologique, qu'il a intitulé *Pantheologia*. La meilleure édition de cet ouvrage est celle de Lyon, 1655, 3 vol. in-fol. avec les additions du Pere *Nicolaï* Dominicain,

RALEIGH, *Voy*. RAWLEGH.

RAMAZZINI, (Bernardin) né à Carpi, en 1633. Après avoir exercé la médecine avec succès à Rome & à Carpi, il alla là pratiquer & la professer à Modène, puis à Padoue, où il mourut en 1714, à 81 ans. Son savoir lui avoit mérité des places dans plusieurs académies. Il n'en étoit pas moins timide ; la hardiesse étant moins une suite de la science, qu'un effet du tempérament. Son humeur étoit douce ; & quoique sérieux & réservé avec ceux qu'il ne connoissoit pas, il étoit fort gai avec ses amis. Ses grandes lectures rendoient sa conversation fort utile. On a de lui, I. Une *Dissertation* latine *sur les Maladies des Artisans*. II. Un *Traité* latin *de la Conservation de la santé des Princes* ; & plusieurs autres savans ouvrages de médecine & de physique, dont le recueil a été imprimé à Londres en 1716, in-4°. Un de ses principes étoit, que pour conserver la santé, *il falloit varier ses occupations & ses exercices*. Sa Vie est à la tête de ses Œuvres.

RAMBAM. *Voyez* MAIMONIDE.

I. RAMBOUILLET, (Catherine de Vivonne, femme de Charles d'ANGENNES, marquis de) qu'elle avoit épousé en 1600, fut une dame aussi distinguée par son esprit que par ses vertus. Un grand nombre de gens de lettres fréquentoient son hôtel, qui devint une petite académie. On y jugeoit la prose & les vers, & ce n'étoit pas toujours le goût qui présidoit à ces jugemens. Des écrivains subalternes, protégés par mad*e* de *Rambouillet*, ayant voulu être les émules de nos grands génies, cette rivalité ne contribua pas peu à décrier les décisions de ce tribunal, d'ailleurs respectable par les qualités perfonnelles de celle qui y préfidoit. Elle mourut en 1665, laiffant 3 filles religieufes, & une 4°, *Julie-Lucie* d'Angennes, mariée au duc de *Montaufier*, & qui fut dame-d'honneur de la reine *Marie Thérèfe* & gouvernante du grand Dauphin. Elle mourut en 1671 à 64 ans, & eut la vertu & l'efprit de fa mere. Le marquis de *Rambouillet* étoit mort à Paris en 1652, chevalier des ordres du roi, confeiller d'état & maréchal de camp. Il avoit été envoyé l'an 1627 en ambaffade à Turin, pour moyenner la paix entre le roi d'Efpagne & le duc de Savoie. *Voyez* SAINTE-MAURE.

II. RAMBOUILLET, *Voyez* AN-GENNES, n° I.

RAMBOUTS, (Théodore) peintre d'Anvers, mort en 1642, excelloit dans le petit. On admire dans fes ouvrages, la légèreté & la fineffe de la touche. Ses figures font bien deffinées & plaifantes. Il a repréfenté des *preneurs de tabac*, des *buveurs*, &c.

RAMBURES, (David Sire de) chambellan du roi, & grand-maî-tre des Arbalêtriers de France en 1411, de l'illuftre & ancienne mai-fon de *Rambures* en Picardie, ren-dit des fervices fignalés au roi *Jean*, à *Charles V* & *Charles VI*. Il fut tué à la bataille d'Azincourt, avec trois de fes fils, en 1415.

RAMEAU, (Jean-Philippe) na-quit à Dijon le 25 Septembre 1683. Après avoir appris les premiers élémens de la mufique, il fuivit les Opéra ambulans de province. A l'âge de 17 ou 18 ans, il com-mença fes effais en mufique; & comme ils étoient déja au-deffus de la portée de fon fiécle, ils ne réuffirent pas, quoique exécutés dans Avignon, qui étoit alors en réputation à cet égard. Le dépit

le fit fortir de cette ville; & après avoir parcouru une partie de l'I-talie & de la France, il interro-gea l'inftrument le plus propre à lui rendre raifon de fes idées fur la mufique, le clavecin. L'étude qu'il fit de cet inftrument le ren-dit habile dans fon jeu, & prefque le rival du célèbre *Marchand*. Il s'arrêta quelque tems à Dijon fa patrie, & y toucha l'orgue de la Ste-Chapelle. Il demeura beaucoup plus long-tems à Clermont, où on lui confia celui de la Cathédrale. La réputation qu'il s'y étoit faite, y entraîna *Marchand*, qui voulut l'entendre. *Rameau*, dit ce célèbre muficien, *a plus de main que moi, mais j'ai plus de tête que lui*. Ce dif-cours rapporté à *Rameau*, l'enga-gea à rendre la pareille à *Marchand*. Il fit le voyage de Paris dans cette vue, & n'eut pas de peine à re-connoître la fupériorité de ce maî-tre. Devenu fon difciple, il apprit fous lui les principes les plus lu-mineux de l'harmonie, & prefque toute la magie de fon art. Quelque tems après il concourut pour l'or-gue de S. Paul, & fut vaincu par le fameux *Daquin*. Dès ce moment il abandonna un genre dans lequel il ne pouvoit pas primer, pour s'ouvrir une carrière nouvelle en mufique. C'eft à fes méditations que nous devons la *Démonftration du principe de l'Harmonie*, vol. in-4°: ouvrage univerfellement efti-mé, qui porte fur un principe fim-ple & unique, mais très-lumineux, la Baffe fondamentale. Cette idée fi naturelle, dont cet auteur a fait un grand ufage dans fon *Code de la Mufique*, imprimé au Louvre, eft la preuve du génie de *Rameau*, & lui mérite avec raifon le titre de *Newton de l'harmonie*. Dès que fa théorie lui eut fait un nom, il voulut s'immortalifer encore par la pratique de ce même art, fur lequel il avoit répandu de fi grandes lumières. C'étoit *Newton* faifant des télefcopes. Par fes foins on vit au théâtre de l'Opéra un fpectacle & même un orcheftre nouveau. Son premier opéra fut *Hippolyte & Aricie*, qu'il donna en 1733. A la première repréfentation de cette piéce, le prince de *Conti* demanda à *Campra* ce qu'il en penfoit. Ce muficien répondit : *Monfeigneur, il y a affez de mufique dans cet Opéra pour en faire dix.* Dans une autre occafion, le même muficien, charmé de ce genre nouveau de mufique, s'étoit écrié : *Voici un homme qui nous éclipfera tous.* Les ennemis de *Rameau* furent forcés de convenir de fa fupériorité. *Monteclair*, un des plus ardens antagoniftes du nouveau muficien, dont il décrioit la perfonne & les ouvrages, ne put s'empêcher à la fortie d'une des repréfentations des *Indes Galantes*, d'aller lui témoigner le plaifir qu'il avoit éprouvé à un paffage de cet opéra, qu'il lui cita. *Rameau*, qui le voyoit auffi mal-adroit dans fes louanges qu'il l'avoit été dans fes critiques, lui dit : *L'endroit que vous louez, Monfieur, eft cependant contre les règles ; car il y a trois quintes de fuite :* ce qui, pour les compofiteurs bornés, eft une faute grave, que *Monteclair* avoit fouvent reprochée à *Rameau.* Le public de Paris rendit un jour une juftice éclatante à fes talens. C'étoit à une repréfentation de *Dardanus.* On l'apperçut à l'amphithéâtre : on fe retourna de fon côté, & on battit des mains pendant un quart-d'heure. Après l'opéra les applaudiffemens le fuivirent jufques fur l'efcalier. Cet événement eft d'autant plus remarquable, que *Rameau* évitoit le plus qu'il pouvoit les regards du pu-

blic. Lorfqu'il affiftoit aux repréfentations de fes opéra, il fe plaçoit prefque toujours dans une petite loge, s'y cachoit de fon mieux, & même s'y tenoit couché. Il avoua un jour à un de fes amis, « qu'il fuyoit les complimens, » parce qu'ils l'embarraffoient, & » qu'il ne favoit qu'y répondre. » *Rameau* étoit compofiteur de la mufique du cabinet du roi, qui lui accorda des lettres de nobleffe en 1764. Il étoit défigné pour être décoré de l'ordre de *St.-Michel*, lorfqu'il mourût le 12 Septembre de la même année. Il fut inhumé le lendemain à St. Euftache où eft le tombeau du célèbre *Lulli.* Il étoit marié, & fon union avec une époufe chérie le rendit heureux & contribua à la pureté de fes mœurs. *Rameau* étoit d'une taille fort au-deffus de la médiocre, mais d'une maigreur finguliére. Les traits de fon vifage étoient grands, bien prononcés, & annonçoient la fermeté de fon caractére. Ses yeux étinceloient du feu dont fon ame étoit embrâfée. Si ce feu paroiffoit quelquefois affoupi, il fe ranimoit à la plus légère occafion ; & *Rameau* portoit dans la fociété le même enthoufiafme qui lui faifoit enfanter tant de morceaux fublimes. Le grand *Corneille* étoit naturellement mélancholique ; il avoit l'humeur brufque, & quelquefois dure en apparence ; il avoit l'ame fière & indépendante : nulle foupleffe, nul manège. En fubftituant au nom de *Corneille* celui de *Rameau*, on aura le véritable portrait de ce célèbre muficien. L'un & l'autre auroient cru s'avilir en follicitant des graces ; & quoiqu'on accufât *Rameau* d'aimer l'argent, cette paffion ne put jamais l'engager à plier, pour quelque motif que ce fût. Il n'impofa filence à fes ennemis & à fes rivaux, que par fes talens. On prétendit d'abord *que fa mufique étoit inexécutable* ; il s'obftina, & le fuccès prouva que fon obftination étoit raifonnable. Alors on fe retrancha·à dire *que fes ouvrages n'étoient merveilleux que par la difficulté* ; mais le fentiment & l'expérience difent qu'ils le font en effet par les grandes beautés qu'ils renferment : beautés d'autant plus réelles, qu'elles font indépendantes de l'illufion des décorations & de la poëfie. Il a configné fes principes dans deux ouvrages favans, mais un peu obfcurs. L'un eft intitulé : *Démonftration du principe de l'Harmonie*, in-4° ; l'autre : *Code de Mufique*, 1760, 2 v. in-4°... *Quinault* avoit dit, *qu'il falloit que le Poëte fût le très-humble ferviteur du Muficien.*--*Qu'on me donne la Gazette d'Hollande*, dit Rameau, *& je la mettrai en mufique.* Il difoit vrai, s'il en faut juger par certains mauvais poëmes qu'il a mis au théâtre de l'Opéra, qui ont eu le plus grand fuccès. Quoiqu'il ait couru la même carrière que *Lulli*, il y a beaucoup de différence entr'eux. Ils fe reffemblent feulement en ce qu'ils font tous deux créateurs d'un fpectacle nouveau. Les opéra de *Rameau* diffèrent autant de ceux de *Lulli*, que celui-ci diffère de *Perrin*. *Lulli* plus fimple parle au cœur, a dit un homme d'efprit ; *Rameau* peint à l'efprit & à l'oreille, & quand il veut attendrir, il parle au cœur comme lui. L'un eft plus populaire, plus uniforme ; l'autre plus favant, plus harmonieux & plus mâle. *Lulli*, quoiqu'en général plus efféminé, a quelquefois été grand ; & *Rameau* quoique en général fublime, majeftueux & terrible, a facrifié aux graces & à la volupté. Outre plufieurs recueils de Piéces de cla-

vecin admirées pour l'harmonie, on doit à *Rameau* plufieurs Opéra : *Hippolyte & Aricie*, les *Indes galantes*, *Caftor & Pollux*, les *Fêtes d'Hébé*, *Dardanus*, *Platée*, les *Fêtes de Polymnie*, le *Temple de la Gloire*, les *Fêtes de l'Hymen*, *Zaïs*, *Pigmalion*, *Naïs*, *Zoroaftre*, la *Guirlande*, *Acante & Cephife*, *Daphnis & Eglé*, *Lifis & Délie*, les *Sybarites*, la *Naiffance d'Ofiris*, *Anacréon*, les *Surprifes de l'Amour*, & les *Paladins*.

RAMELLI, (Auguftin) ingénieur & machinifte Italien du XVIᵉ fiécle, allia l'étude des beaux-arts avec le bruit des armes. Il vint en France, & fut penfionné par *Henri III*. On admire quelquesunes de fes machines, & on s'en eft fervi quelquefois avec utilité. Le recueil où il les a raffemblées, fut imprimé à Paris, en italien & en françois, in-fol. 1588, fous ce titre : *Le diverfe ed artificiofe Machine del Auguftino Ramelli.* Plufieurs croient que tout n'eft pas de lui, & qu'il a profité des inventions des autres. Quoi qu'il en foit, les curieux des inventions de méchanique recherchent beaucoup cet ouvrage rare & curieux, & enrichi de 195 figures.

RAMESSÈS, roi de la baffe Egypte, quand *Jacob* y alla avec fa famille, l'an 1706 avant J. C. On trouve dans les anciens auteurs, plufieurs autres rois d'Egypte nommés *Ramefsès*. On croit que c'eft l'un de ces princes qui fit élever à Thèbes en Egypte, dans le temple du Soleil, un magnifique obélifque dé 132 pieds de haut, que l'empereur *Conftantin* fit tranfporter à Alexandrie en 334, & que *Conftance* fon fils fit élever à Rome 18 ans après. Les Goths faccagérent cette ville l'an 409 ; ils renverférent cet obélifque, qui fut rompu en 3 morceaux, & de-

meura entoncé fous terre jufqu'au
tems de *Sixte V* : ce pape fit dreffer
ce bel ouvrage dans la place de
S. Jean de Latran. Il eft chargé de
quantité d'hiéroglyphes. Cette maniére d'écrire étoit propre aux
Egyptiens , qui figuroient , par
exemple, la vigilance par l'œil,
l'imprudence par la mouche, l'inf-
tabilité & l'éclat des richeffes par
la queue du paon, la prudence par
le ferpent, la promptitude par l'é-
pervier, &c, &c, &c.

I. RAMSAY , (Charles-Louis)
gentilhomme Ecoffois. Il eft auteur
d'un ouvrage latin intitulé : *Tacheo-
graphia*, ou l'*Art d'écrire auffi vite
qu'on parle*, dédié à *Louis XIV.* Il
a été traduit en françois & publié
dans ces deux langues à Paris en
1681, in-12. L'auteur fubftitue aux
lettres romaines des traits plus fimples, repréfentés en fix tables. La
I⁰ contient les 22 lettres ; la II⁰
205 confonantes doubles & triples ;
la III⁰ eft une maniére de fuppléer
aux voyelles par la pofition des
traits ; la IV⁰ & la V⁰ abrégent les
diphthongues & les triphthongues;
la derniére donne l'exemple des
mots écrits fuivant les principes
de l'auteur. Il eût pu mettre pour
épigraphe à fon ouvrage, ce diftique fi connu de *Martial* :

*Currant verba licet , manus eft velo-
cior illis* ;
*Vix dum lingua fuum , dextra peregit
opus.*

(Voy. Tiro , n° 1.)

II. RAMSAY , (André-Michel
de) chevalier-baronet en Ecoffe,
& chevalier de S. Lazare en France , docteur de l'univerfité d'Oxford, naquit à Daire en Ecoffe en
1686 , d'une branche cadette de
l'ancienne maifon de *Ramfay.* Il
eut dès fa plus tendre jeuneffe un
goût décidé pour les fciences, fur-
tout pour les mathématiques &
pour la théologie. Il apperçut bientôt la fauffeté de la religion Anglicane. Après avoir long - tems
flotté fur la vafte mer des opinions
philofophiques , il confulta les
théologiens d'Angleterre & de
Hollande, & ne fut pas moins embarraffé. Il ne trouva la vérité que
dans les lumiéres de l'illuftre *Fénelon*, archevêque de Cambrai, qui
le fixa dans la religion Catholique
en 1709. Ce grand maître eut, jufqu'à fa mort, une eftime auffi tendre que fincére pour fon difciple.
Ramfay ne tarda pas à fe faire connoître en France & dans les pays
étrangers, par des ouvrages qui ,
fans être d'une grande étendue ,
annonçoient d'heureufes difpofitions. Le roi d'Angleterre, *Jacques
III*, l'appella à Rome en 1724,
pour lui confier une partie de
l'éducation des princes fes enfans ;
mais des brouilleries de cour l'o-
bligérent de revenir en France.
On lui confia l'éducation du duc
de *Château-Thierry*, & enfuite celle
du prince de *Turenne.* Il s'en acquitta avec fuccès, & mourut à S.
Germain-en-Laye en 1743, à 57
ans. *Ramfay* étoit un homme eftimable ; mais il prêtoit beaucoup
à la plaifanterie, par fes airs em-
pefés, par fon affectation à faire
parade de fcience & d'efprit dans
la fociété, par les fadeurs dont il
accabloit les femmes ; en un mot
c'étoit un pédant Ecoffois, & non
un de nos littérateurs à la mode.
Ses ouvrages font : I. L'*Hiftoire de
la Vie & des Ouvrages de M. de Fénelon, Archevêque de Cambrai*, in-
12. Elle fait aimer ce digne évêque ; mais elle n'eft pas toujours
impartiale. II. *Effai fur le Gouvernement civil*, in-12. III. Le *Pfycho-
mètre, ou Réflexions fur les différens*

caractéres de l'esprit, par un Milord. LV. Les *Voyages de Cyrus*, 1730, in-4°, & 2 vol. in-12 : écrits avec assez d'élégance, mais trop chargés d'érudition & de réfléxions. L'auteur y a copié *Bossuet*, *Fénelon* & d'autres écrivains, sans les citer. V. *Plan d'éducation*, par l'auteur des Voyages de *Cyrus*, en anglois. VI. Plusieurs petites *Piéces de Poésie*, en anglois. VII. L'*Histoire du Maréchal de Turenne*, Paris 1735, 2 vol. in-4°. & Hollande, 4 vol. in-12. Il y a de l'ordre, de la précision, de l'élégance dans cet ouvrage : on y voit des portraits bien dessinés & des parallèles ingénieux. Mais ses réflexions ont un air affecté & sont assez mal enchâssées. La vie civile du héros y paroît moins que sa vie guerriére ; & c'est un défaut dans l'Histoire d'un homme, qui étoit aussi connu par les vertus sociales que par les qualités militaires. VIII. Un ouvrage posthume, imprimé en anglois à Glascow, sous ce titre : *Principes Philosophiques de la Religion naturelle & révélée, développés & expliqués dans l'ordre géométrique.* IX. Un *Discours* sur le Poëme épique, dans lequel l'auteur adopte le systême de *la Motte* sur la versification. On le trouve à la tête du *Télémaque*.

RAMUS, ou LA RAMÉE, (Pierre) naquit à Cuth, village de Vermandois, vers 1502. Ses ancêtres étoient nobles ; mais les malheurs de la guerre réduisirent son aieul à faire & à vendre du charbon pour subsister. Dans son enfance, *Ramus* fut attaqué deux fois de la peste. A l'âge de 8 ans il vint à Paris, d'où la misére le chassa. Il y revint une seconde fois, & ce second voyage ne fut pas plus heureux. Enfin dans le 3ᵉ il fut reçu domestique dans le collège de Na-

varre. Il employoit le jour aux devoirs de son état, & la nuit à l'étude. Il acquit assez de connoissances pour aspirer au dégré de maître-ès-arts. Il prit pour sujet de sa thèse, que *tout ce qu'Aristote avoit enseigné, n'étoit que faussetés & chiméres.* On fut révolté de cette proposition ; mais on fut charmé de la force avec laquelle il réfuta ses adversaires. Il en eut bientôt un grand nombre. L'université, pour venger *Aristote*, intenta contre *Ramus* un procès criminel : elle l'accusa d'énerver la philosophie, en décréditant le philosophe Grec. L'affaire fut portée au grand-conseil, qui lui défendit d'enseigner. L'arrêt fut rendu en 1543, & peu s'en fallut qu'on ne l'envoyât aux galères. Il fut bafoué, joué sur les théâtres, & il souffrit tout sans murmurer. Cependant *Ramus* profita l'année d'après de l'occasion de la peste qui ravageoit Paris, pour recommencer ses leçons. Les collèges étoient fermés ; les écoliers allèrent l'entendre par désœuvrement. La faculté de théologie présenta requête au parlement, pour l'exclure du collège de Presle ; mais le parlement le maintint dans son emploi. Les chaires d'éloquence & de philosophie ayant vaqué au collège-royal, *Ramus* les obtint en 1551, par la protection du cardinal de *Lorraine*. Il professa tranquillement dans cette nouvelle place, réforma ce qu'il trouva de défectueux dans *Aristote*, corrigea *Euclide*, & composa une *Grammaire* pour les langues latine & françoise. On prononçoit alors en latin le *Q* comme le *K*, de façon qu'on disoit *Kiskis*, *Kankan*, pour *Quisquis*, *Quamquam* ; il eut bien des obstacles à surmonter pour réformer cette prononciation. « La lettre » Q, (disoit un mauvais plaisant à ce fujet) » fait plus de *Kan-kan* » que toutes les autres lettres en- » femble. » *Ramus* réforma beau- coup d'autres abus, fit diminuer les frais des études & des grades, fixa les honoraires des profeffeurs & leur nombre, & fit établir dans les facultés de théologie & de médecine des leçons ordinaires fai- tes par les docteurs. Il propofa, mais en vain, de bannir des écoles tout ce qui étoit difpute & argu- mentation en théologie & en phi- lofophie. Enfin il fe rendit fi agréa- ble à l'univerfité, que ce corps le choifit plufieurs fois pour le dé- puter au roi. *Ramus* étoit Protef- tant. Après l'enregiftrement de l'édit qui permettoit le libre exer- cice de la religion, il brifa les images du collège de Prefle, difant qu'*il n'avoit pas befoin d'auditeurs fourds & muets.* Il déclama contre le difcours de l'univerfité oppo- fante à l'enregiftrement de l'édit, & défavoua le recteur : cet éclat lui fit tort. La guerre civile l'o- bligea de quitter Paris ; l'univerfité le deftitua & déclara fa place va- cante. Le roi lui donna un afyle à Fontainebleau ; tandis qu'il s'y appliquoit à la géométrie & à l'af- tronomie, fes ennemis pilloient fa bibliothèque à Paris, & dévaftoient fon collège. Ils le pourfuivirent dans fon afyle ; il fut forcé de fe fauver, & ne fut rétabli dans fa charge de principal du collège de Prefle & dans fa chaire, qu'après la mort du duc de *Guife*, en 1563. Ayant paffé avec d'autres profef- feurs à l'armée du prince de *Condé*, il fut interdit de fes fonctions par le parlement. Il étoit fi éloquent, que, les Reiftres du Prince & ceux de l'amiral de *Coligni* refufant d'o- béir faute de payement, *Ramus* les harangua & les remit fous l'obéif- fance. Rétabli dans fes emplois, à

la paix, il fonda une chaire de ma- thématiques, qu'il dota du fruit de fes épargnes. Il s'abfenta pendant quelque tems pour aller vifiter les univerfités d'Allemagne, & fes ho- noraires lui furent continués. Il fut bien reçu par-tout, & plufieurs puiffances cherchèrent à fe l'atta- cher. Il avoit demandé la chaire de théologie de Genève ; *Théodore de Bèze* écrivit contre lui, & l'em- pêcha de l'obtenir : *Ramus*, dit-on, avoit projeté une réforme dans le Calvinifme. De retour à Paris, en 1571, il refufa d'aller en Po- logne, pour prévenir les Polonois par fon éloquence en faveur du duc d'*Anjou*, qui fut élu l'année fuivante : il répondit aux offres qu'on lui faifoit, que *l'éloquence ne devoit pas être mercénaire.* Comme *Ramus* fuivoit publiquement les opinions du Proteftantifme, il fut compris dans le maffacre de la St- Barthélemi en 1572. Il étoit au col- lège de Prefle ; dès la première émotion, il fut fe cacher dans une cave, où il demeura deux jours. *Charpentier*, un de fes ennemis, l'y découvrit & l'en fit arracher. *Ra- mus* lui demanda la vie ; *Charpentier* confent à la lui vendre, & après avoir exigé tout fon argent, il le livre aux affaffins qui étoient à fes gages. Il fut égorgé & jetté par les fenêtres. Les écoliers, excités par les profeffeurs jaloux char- més de fa mort, répandirent fes entrailles dans les rues, traînérent fon cadavre jufqu'à la place Mau- bert en le frappant de verges, & le jettérent dans la rivière. Ses difciples le retirèrent, & l'expo- férent dans un petit batteau, où tout Paris le vint voir. Il étoit âgé de 69 ans, qu'il paffa dans le plus auftère célibat. Il n'eut jamais d'autre lit que la paille, & ne but de vin que dans fa vieilleffe, par ordre des médecins. Un excès qu'il avoit fait de cette boisson dans sa jeunesse, lui en donna une aversion extraordinaire pour le reste de sa vie. Il distribuoit ses revenus à ceux de ses écoliers qui en avoient besoin. On a de lui : I. Deux livres d'*Arithmétique*, & 27 de *Géométrie*, fort au-dessous de sa réputation. II. Un traité *De militiâ Cæsaris*, 1559, in-8°. III. Un autre *De moribus veterum Gallorum*, 1559 & 1562, in-8°. IV. *Grammaire Grecque*, 1560, in-8°. IV. *Grammaire Latine*, 1559 & 1564, in-8°. VI. *Grammaire Françoise*, 1571, in-8°. & un grand nombre d'autres ouvrages. *Voyez* OSSAT (d').

RAMUSIO *ou* RANNUSIO, (Jean-baptiste) secrétaire du conseil des *Dix* de la république de Venise, sa patrie, mort à Padoue en 1557 à 72 ans, est auteur, I. D'un traité *De Nili incremento*. II. D'un recueil de *Voyages maritimes* en 3 vol. in-fol., enrichis de préfaces, de dissertations & de notes. Cette collection est en italien. Pour l'avoir complette, il faut que le 1er volume soit de 1574, le 2e de 1565, & le 3e de 1554, à Venise. *Ramusio* servit sa république avec autant de zèle que d'intelligence pendant 43 ans.

RANC, (Jean) peintre, né à Montpellier en 1674, mort à Madrid en 1735, étoit élève de *Rigaud*, dont il avoit épousé la nièce. Ce peintre se fit une grande réputation par son talent pour le portrait. Il fut reçu à l'académie de peinture en 1703, & nommé en 1724 premier peintre du roi d'Espagne. *La Motte* fait usage dans ses *Fables* d'une aventure assez singuliére de ce peintre. *Ranc* avoit fait le portrait d'une personne, que ses amis peu connoisseurs trouvèrent manquer de ressemblance.

Le peintre, piqué de leurs mauvaises critiques, prépare une toile, y fait un trou, & prie celui qu'il avoit peint d'y placer sa tête. Les censeurs en arrivant ne manquérent point de blâmer le tableau. *Vous vous trompez, Messieurs*, leur répondit alors la tête, *car c'est moi-même*.

RANCÉ, (Dom Armand-Jean le Bouthillier de) né à Paris en 1626, étoit neveu de *Claude* le *Bouthillier* de *Chavigni*, secrétaire d'état, & surintendant des finances. Il fit paroître, dès son enfance, de si heureuses dispositions pour les belles-lettres, que, dès l'âge de 12 à 13 ans, à l'aide de son précepteur, il publia une nouvelle édition des Poësies d'*Anacréon*, en Grec, avec des notes, 1639, in-8°. Il devint chanoine de Notre-Dame de Paris, & obtint plusieurs abbayes. Des belles-lettres il passa à la théologie, & prit ses dégrés en Sorbonne avec la plus grande distinction. Il fut reçu docteur en 1654. Le cours de ses études fini, il entra dans le monde, & s'y livra à toutes ses passions, & sur-tout à celle de l'amour. On veut même qu'elle ait occasionné sa conversion. On dit que l'abbé de *Rancé*, au retour d'un voyage, allant voir sa maîtresse dont il ignoroit la mort, monta par un escalier dérobé, & qu'étant entré dans l'appartement, il trouva sa tête dans un plat : on l'avoit séparée du corps, parce que le cercueil de plomb, qu'on avoit fait faire, étoit trop petit. (Voyez les *Véritables Motifs de la conversion de l'abbé de* Rancé, *par Daniel de la Roque*; Cologne 1685, in-12.) D'autres prétendent, que son aversion pour le monde fut causée par la mort ou par les disgraces de quelques-uns de ses amis, ou bien par le bonheur d'être forti fans aucun mal de plufieurs grands périls : les balles d'un fufil , qui dévoient naturellement le percer, donnèrent dans le fer de fa gibeciére. Il y a apparence que tous ces motifs réunis , contribuérent à fon changement de vie. Du moment qu'il le projetta, il ne parut plus à la cour. Retiré dans fa terre de Veret auprès de Tours, il confulta les évêques d'Aleth, de Pamiers & de Comminges. Leurs avis furent différens ; celui du dernier fut d'embraffer l'état monaftique. Le cloître ne lui plaifoit point alors ; mais après de mûres réflexions, il fe détermina à y entrer. Il vendit fa terre de Veret 300 mille livres, pour les donner à l'Hôtel-Dieu de Paris ; & ne conferva de tous fes bénéfices que le prieuré de Boulogne de l'ordre de Grammont ; & fon abbaye de la Trappe de l'ordre de Cîteaux. Les religieux de ce monaftére y vivoient dans le plus grand déréglement. L'abbé de *Rancé*, tout rempli de fes projets de retraite , demande au roi & obtient un brevet pour pouvoir y établir la réforme. Il prend enfuite l'habit régulier dans l'abbaye de Perfeigne, eft admis au noviciat en 1663 , & fait profeffion l'année d'après , âgé de 38 ans. La cour de Rome lui ayant accordé des expéditions pour rétablir la règle dans fon abbaye , il prêcha fi vivement fes religieux, que la plupart embrafférent la nouvelle réforme. L'abbé de *Rancé* eût voulu faire dans tous les monaftères de l'ordre de Cîteaux , ce qu'il avoit fait dans le fien ; mais fes foins furent inutiles. N'ayant pas pu étendre la réforme, il s'appliqua à lui faire jetter de profondes racines à la Trappe. Ce monaftére reprit en effet une nou-

velle vie. Continuellement confacrés au travail des mains, à la prière & aux auftérités les plus effrayantes, les religieux retracérent l'image des anciens folitaires de la Thébaïde. Le réformateur les priva des amufemens les plus permis. L'étude leur fut interdite ; la lecture de l'Ecriture-fainte & de quelques Traités de morale, voilà toute la fcience qu'il difoit leur convenir. Pour appuyer fon idée, il publia fon *Traité de la fainteté & des devoirs de l'état Monaftique :* ouvrage qui caufa une difpute entre l'auftére réformateur,& le doux & favant *Mabillon* : (*Voyez* l'article de celui-ci.) Cette guerre ayant été calmée, il fallut qu'il en foutînt une autre avec les partifans du grand *Arnauld.* Il écrivit, fur la mort de cet homme illuftre, une lettre à l'abbé *Nicaife* , dans laquelle il fe permettoit des réflexions qui déplurent. *Enfin,* difoit-il, *voilà* M. Arnauld *mort ; après avoir pouffé fa carrière auffi loin qu'il a pu , il a fallu qu'elle fe foit terminée. Quoi qu'on dife , voilà bien des queftions finies. Son érudition & fon autorité étoient d'un grand poids pour le parti heureux qui n'en a point d'autre que celui de* J. C. Ces quatre lignes produifirent vingt brochures ; mais l'abbé de *Rancé*, juftifia fa lettre , en difant qu'elle portoit moins fur *Arnauld* que fur l'abbé *Nicaife*, qu'il vouloit tirer par ces réflexions de fa vie diffipée. L'abbé de la Trappe , accablé d'infirmités, crut devoir fe démettre de fon abbaye. Le roi lui laiffa le choix du fujet, & il nomma Dom *Zozime*, qui mourut peu de tems après. Dom *Gervaife*, qui lui fuccéda, mit le trouble dans la maifon de la Trappe. Il infpiroit aux religieux un nouvel efprit, oppofé à celui de l'ancien abbé, qui ayant trouvé le moyen d'obtenir une démiſſion, la fit remettre entre les mains du roi. Le nouvel abbé, ſurpris & irrité, courut à la cour, noircit l'abbé de *Rancé*, l'accuſa de Janſéniſme, decaprice, de hauteur ; mais malgré toutes ſes manœuvres, Dom *Jacques de la Cour* obtint ſa place. La paix ayant été rendue à la Trappe, le pieux réformateur mourut tranquille, le 26 Octobre 1700. Il expira couché ſur la cendre & ſur la paille, en préſence de l'évêque de Seèz & de toute ſa communauté. L'abbé de *Rancé* poſſédoit de grandes qualités, un zèle ardent, une piété éclairée, une facilité extrême à s'énoncer & à écrire. Son ſtyle eſt noble, pur, élégant ; mais il n'eſt pas aſſez précis. Il ne prend que la fleur des ſujets, & il eſt beaucoup moins profond que *Nicole* & *Bourdaloue*. L'ambition avoit été ſa grande paſſion avant ſon changement de vie : il tourna ce feu qui le dévoroit, du côté de Dieu ; mais il ne put pas ſe détacher entiérement de ſes anciens amis. Il dirigeoit un grand nombre de perſonnes de qualité, & les lettres qu'il écrivoit continuellement en réponſe aux leurs, occupérent une partie de ſa vie. On a dit « qu'il s'étoit diſpenſé, » comme légiſlateur, de la loi, » qui force ceux qui vivent dans » le tombeau de la Trappe, d'i- » gnôrer ce qui ſe paſſe ſur la » terre ; » mais on peut dire, pour l'excuſer, que ſa place l'obligeoit à ces relations, & qu'il s'en ſervit ſouvent pour ramener les perſonnes du monde dans la voie du ſalut. On a de lui : I. Une *Traduction* françoiſe des Œuvres de *St. Dorothée*. II. *Explication ſur la Règle de S. Benoît*, in-12. III. *Abrégé des obligations des Chrétiens*. IV. *Réfle-*

xions morales ſur les quatre Evangiles, 4 vol. in-12 ; & des *Conférences* ſur le même ſujet, auſſi en 4 vol. V. *Inſtructions & Maximes*, in-12. VI. *Conduite Chrétienne*, compoſée pour Mᵈᵉ *de Guiſe*, in-12. VII. Un grand nombre de *Lettres Spirituelles*, en 2 vol. in-12. VIII. Pluſieurs *Ecrits* au ſujet des études monaſtiques. IX. *Relations de la vie & de la mort de quelques Religieux de la Trappe*, en 4 vol. in-12, auxquelles on en a enſuite ajoûté 2. X. *Les Conſtitutions & les Réglemens de l'Abbaye de la Trappe*, 1701, 2 vol. in-12. XI. *De la ſainteté des devoirs de l'état Monaſtique*, 1683, 2 vol. in-4° ; avec des *Eclairciſſemens* ſur ce livre, 1685, in-4°... *Voyez* les *Vies* de l'abbé de *Rancé*, compoſées par *Maupeou*, par *Marſollier*, & par Dom *le Nain*. Conſultez auſſi l'*Apologie de Rancé* par Dom *Gervaiſe*, contre ce qu'en dit Dom *Vincent Thuillier*, dans ſon *Hiſtoire* de la conteſtation excitée au ſujet des études monaſtiques, au tome 1ᵉʳ. des Œuvres poſthumes des PP. DD. *Thierri Ruinart* & *Jean Mabillon*. Il y a d'excellentes réflexions dans cette Apologie, mais trop de hauteur & de vivacité.

I. RANCHIN, (Etienne) né vers 1500, mort en 1583 à Montpellier, où il profeſſoit le droit, ſe fit un nom parmi les juriſconſultes de ſon tems, par ſes ouvrages ſur la juriſprudence. Le principal eſt *Miſcellanea deciſionum Juris*, traduits en françois, à Genève 1709. in-fol.

II. RANCHIN, (Guillaume) parent du précédent, étoit avocat du roi à la côur des aides de Toulouſe. On a de lui : *Reviſion du Concile de Trente*, in-8°. Ce livre, imprimé en 1600, a fait jetter des ſoupçons ſur ſa catholicité ; pluſieurs ont même aſſûré que *Ranchin* étoit réellement Proteſtant. Il eſt certain que l'auteur a été trop loin, & que dans les nullités qu'il trouve dans ce concile œcuménique, il a emprunté le langage des novateurs de ce tems-là. Ce qu'il dit au ſujet des griefs que la France avoit contre cette célèbre aſſemblée, a paru moins fort & plus raiſonnable à pluſieurs théologiens François.

III. RANCHIN, (Henri de) conſeiller à la cour des comptes de Montpellier, de la même famille que les précédens, eſt auteur d'une aſſez mauvaiſe *Traduction des Pſeaumes* en vers François, 1697, in-12... Un autre RANCHIN, conſeiller à la chambre de l'édit, & originaire de Montpellier, eſt connu par quelques *Poëſies* écrites d'un ſtyle foible, mais facile. Ce triolet ſi répandu :

Le premier jour du mois de Mai
Fut le plus beau jour de ma vie...

eſt de lui. On lui attribue encore ces jolies Stances d'un *Pére à ſon fils,* où néanmoins l'antithèſe domine trop, peut-être par la faute du ſujet :

Philis, mes beaux jours ſont paſſés,
Et mon fils n'eſt qu'à ſon aurore, &c.

RANCONET, (Aimar de) fils d'un avocat de Bordeaux, ſe rendit très-habile dans le droit Romain, dans la vraie philoſophie, dans les mathématiques & dans les antiquités. Il devint conſeiller au parlement de Bordeaux, & enſuite préſident à celui de Paris, où il s'acquit la plus haute réputation, par ſa ſcience & par ſa capacité dans les affaires. Le préſident de *Ranconet* écrivoit bien en Grec & en Latin ; &, ſi l'on en croit *Pithou,* ce fut lui qui compoſa le *Dictionnaire* qui porte le nom de *Charles* Etienne. *Pithou* ajoûte, que

le cardinal de *Lorraine* ayant fait aſſembler le parlement de Paris, pour avoir ſon avis ſur la punition des hérétiques, *Ranconet* y porta les Œuvres de *Sulpice Sévére,* & y lut l'endroit où il eſt parlé de *Priſcillien* dans la Vie de *S. Martin* de Tours. Cet acte de bon citoyen ayant déplu au cardinal, *Ranconet* fut renfermé à la Baſtille, où il mourut de douleur en 1559, âgé de plus de 60 ans. Tous les maux à la fois l'avoient aſſailli & avoient rempli ſes jours d'amertume : la miſére le réduiſit à être ſimple correcteur des *Etienne* ; il vit mourir ſa fille ſur le fumier, exécuter ſon fils, & ſa femme fut écraſée par le tonnerre. On a de lui le *Tréſor de la Langue Françoiſe,* tant ancienne que moderne, qui ſervit beaucoup à *Nicot* & à *Monet* pour la compoſition de leurs *Dictionnaires.*

RANDAN, *Voyez* ROCHEFOUCAULD.... & FOIX, n° I.

RANDOLPH, (Thomas) poëte Anglois, natif de la province de Northampton, mort en 1634, eſt auteur de diverſes *Poëſies,* qui ne lui ont mérité que la ſeconde ou troiſiéme place ſur le Parnaſſe Britannique.

RANGOUSE, (N.) auteur François, ſous le règne de *Louis XIV,* compoſa un *Recueil de Lettres,* qu'il fit imprimer ſans chiffres. Le relieur de ce livre mettoit celle que l'auteur vouloit la première ; & par ce moyen, tous ceux à qui il donnoit ce volume, ſe voyant à la tête, en étoient plus reconnoiſſans. « Les Lettres » du bon-homme *Rangouſe,* (dit *Sorel*) » peuvent être appellées, » à bon droit, *Lettres dorées* : puiſ- » qu'il ſe vantoit de n'en com- » poſer aucune, à moins de vingt » ou trente piſtoles ». C'étoit vendre bien cher une très-mauvaise marchandise. Cet insipide recueil fut imprimé à Paris en 1648, in-8°. sous le titre de : *Lettres Panégyriques aux Héros de la France*. L'abbé de *Marolles* & d'autres auteurs sembl. se trouvent au nombre de ceux que *Rangouse* loue avec profusion. Il falloit de tels héros à un pareil panégyriste.

RANNEQUIN, (N.) célèbre machiniste de Liége, s'est immortalisé par la fameuse machine de Marly. Il s'agissoit de donner de l'eau à Marly & à Versailles, & il falloit pour cela faire monter l'eau au sommet d'une montagne élevée de 502 pieds au-dessus du lit de la rivière. C'est à quoi parvint *Rannequin*, par une machine composée de 14 roues, qui ont toutes pour objet de faire agir deux pompes qui forcent l'eau à se rendre sur une tour élevée au sommet de la montagne. Cette machine donne 5258 tonneaux d'eau en 24 heures. On dit qu'elle a coûté plus de 8 millions. Elle commença à agir en 1682.

RANS, (Bertrand de) imposteur célèbre, étoit un hermite natif de la ville de Reims. Il vécut longtems fort religieusement dans la forêt de Parthenai, & dans celle de Glacon, près de Tournai. Las de sa solitude, il voulut se faire passer pour *Baudouin I*, empereur de Constantinople, comte de Flandres & de Hainaut. C'étoit environ 20 ans après la mort de ce prince, que le roi des Bulgares avoit pris dans une bataille l'an 1205, & qu'il avoit fait mourir en prison l'année suivante. *Bertrand* de *Rans* parut en Flandres pour jouer son personnage. *Jeanne*, fille aînée de l'empereur *Baudouin*, comtesse de Flandres & de Hainaut, refusant de le recevoir, ordonna à son conseil

de l'interroger. Cet imposteur, après avoir écouté attentivement toutes les remontrances qu'on lui fit, répondit, avec une fierté étudiée : « Qu'ayant été fait prisonnier » en Bulgarie, il y avoit été re- » tenu près de 20 ans, sous une » garde qu'il ne pouvoit tromper, » ni corrompre; mais qu'ensuite on » s'étoit relâché de la rigueur avec » laquelle on l'observoit; qu'il s'é- » toit évadé; qu'en chemin il avoit » été repris par d'autres Barbares, » qui l'avoient mené en Asie sans » le connoître; que pendant une » trève entre les Chrétiens & les » Barbares d'Asie, des marchands » Allemands à qui il s'étoit fait » connoître, l'avoient racheté; & » qu'ainsi il avoit eu le bonheur » de revenir chez lui. » La comtesse de Flandres envoya en Grèce *Jean* évêque de Mételin, & *Albert* religieux de l'ordre de S. Benoît, qui étoient Grecs, pour s'informer de la vérité. Ces envoyés apprirent sur les lieux, que l'empereur *Baudouin* avoit été mis à mort dans la prison de Ternove en Bulgarie. Cependant une bonne partie de la noblesse de Flandres ; reconnut l'imposteur pour son souverain, pour son comte, & pour l'empereur d'Orient. Son attentat eut un succès si heureux, que la comtesse *Jeanne* fut obligée d'implorer le secours de *Louis VIII* roi de France, contre cet usurpateur. Enfin elle eut le bonheur de le faire saisir, & après lui avoir fait subir la question, dans laquelle il avoua tout, elle le fit promener par toutes les villes de Flandres & de Hainaut, pour détromper le peuple. Ce misérable fut ensuite pendu publiquement à Lille en Flandres.

RANTZAW, (Josias comte de) maréchal de France, gouverneur

de

de Dunkerque, lieutenant-général des armées du roi en Flandres, étoit de l'illuftre maifon de Rantzaw dans le duché de Holftein. Il porta les armes dans l'armée Suédoife, & il étoit à la tête d'un régiment de cavalerie & d'infanterie au fiége d'Andernai. Il commandoit l'aile gauche de l'armée du prince de *Birkelfed*, au combat de Pakenau, contre le duc de *Lorraine*, en Août 1633, & il fe trouva au fiége de Briffac au mois d'Octobre fuivant. Deux ans après il vint en France avec *Oxenftiern*, chancelier de Suède, & fut retenu par le roi *Louis XIII*, qui le fit maréchal - de - camp, & colonel de deux régimens. Il alla fervir l'an 1636, au fiége de Dole, où il perdit un œil d'un coup de moufquet; & il défendit vaillamment S. Jean-de-Lône en Bourgogne, contre le général *Galas*, qu'il obligea de lever le fiége. En 1640, il fervit à celui d'Arras, y perdit une jambe & fut eftropié d'une main. L'année fuivante il fe trouva au fiége d'Aire, & fut fait prifonnier au combat d'Honnecourt en 1642. Sa valeur fe fignala encore au fiége de Gravelines en 1645, & il reçut le bâton de maréchal de France le 16 Juillet, par la faveur du cardinal *Mazarin*. L'affûrance qu'il avoit donnée d'abjurer le Luthéranifme, contribua beaucoup à fon élévation : il fe fit Catholique la même année. Il fervit les années fuivantes en Flandres, & fut arrêté le 27 Février 1649, fous quelques foupçons qu'on eut de fa fidélité. Mais s'en étant juftifié, il fortit de prifon le 22 Janvier 1650, & mourut d'hydropifie le 4 Septembre fuivant, fans laiffer d'enfans. Il étoit d'une belle figure & d'une taille avantageufe. Il avoit beaucoup d'efprit & d'éloquence, & poffédoit les principales langues de l'Europe. Sa valeur étoit admirable dans les grandes actions; mais elle dédaignoit, pour ainfi dire, les petits périls; & il paroiffoit nonchâlant dans les occafions ordinaires de la guerre. Il aimoit le vin à l'excès, & cette paffion déshonorante lui fit manquer quelques projets, & le livra à des emportemens qui auroient pu lui être funeftes. Quoiqu'il eût été affez bien récompenfé, il fe plaignoit du miniftére, qui à fon tour fe plaignoit de lui. On dit qu'à fa mort, il n'avoit qu'un œil, qu'une oreille, qu'un bras, qu'une jambe, qu'un de tout ce que les hommes ont double, par les ravages que la guerre avoit faits fur fon corps. Ce qui donna lieu de lui faire cette épitaphe :

Du corps du grand RANTZAW *tu n'as*
   qu'une des parts ;
L'autre moitié refta dans les plaines
   de Mars.
Il difperfa par-tout fes membres & fa
   gloire.
Tout abattu qu'il fut, il demeura vain-
   queur ;
Son fang fut en cent lieux le prix de
   fa victoire,
Et Mars ne lui laiffa rien d'entier que
   le cœur.

I. RAOUL I, duc de Normandie, *Voyez* ROLLON.

II. RAOUL ARDENT, prêtre du diocèfe de Poitiers, fut nommé *Ardent*, à caufe de la vivacité de fon efprit & de l'ardeur de fon zèle. Il fuivit *Guillaume IX*, comte de Poitiers, à la croifade de 1101. On a de lui des *Homélies* latines, 1586, in-8°; traduites en françois, 1575, en 2 vol. in-8°. On croit qu'il mourut dans la Paleftine.

III. RAOUL DE CAEN, furnom qu'il tient du lieu de fa naiffance en Normandie, eſt célèbre par ſon *Hiſtoire de Tancrède*, l'un des chefs de la 1ʳᵉ croiſade. Il traite hautement de ſupercherie & d'impoſture, la découverte de la *Sainte Lance* que *Raimond d'Agiles*, autre hiſtorien de cette croiſade, tâche de faire paſſer pour un événement inconteſtable. *Raoul* mourut vers 1115.

RAOUX, (Jean) peintre, né à Montpellier en 1677, mort à Paris en 1734, fut reçu à l'académie en 1717. *Bon Boüllongne* lui donna les premières inſtructions de ſon art, & ſon ſéjour en Italie le perfectionna. Il trouva, à ſon retour en France, un *Mécène* dans le grand-prieur de *Vendôme*, qui le logea dans ſon palais du Temple, où l'on voit quelques ouvrages de ce maître. *Raoux* étoit bon coloriſte; il a peint avec ſuccès le portrait, l'hiſtoire, & ſouvent des morceaux de caprice.

RAPHAEL-SANZIO, né à Urbin l'an 1483, le jour du Vendredi-ſaint, eſt, de tous les peintres, celui qui a réuni le plus de parties. Son pere, peintre fort médiocre, l'occupa d'abord à peindre ſur la faïance, & le mit enſuite chez *le Perugin*. L'élève devint bientôt égal au maître; il puiſa la beauté & les richeſſes de ſon art, dans les chef-d'œuvres des grands peintres. A Florence, il étudia les fameux cartons de *Léonard de Vinci* & de *Michel-Ange*; & à Rome, il ſut s'introduire dans la chapelle que *Michel-Ange* peignoit. Cette étude lui fit quitter la manière qu'il tenoit du *Perugin*, pour ne plus prendre que celle de la belle nature. Le pape *Jules II* fit travailler *Raphaël* dans le Vatican, ſur la recommandation de *Bramante*, célèbre architecte, & ſon parent. Son premier ouvrage pour le pape,

fut l'*Ecole d'Athènes*. Sa réputation s'accrut par les autres morceaux qu'il peignit au Vatican, ou que ſes diſciples firent ſur ſes deſſins. Enfin il ſe ſurpaſſa lui-même dans ſon tableau de *la Transfiguration*, qu'on regarde comme le chef-d'œuvre de ce peintre, j'ai preſque dit de la peinture. On le voit à Rome dans l'égliſe de S. Pierre *in Montorio*. Ce grand-homme mourut en 1520, à 37 ans, le même jour qu'il étoit né, épuiſé par la paſſion qu'il avoit pour les femmes, & mal gouverné par les médecins à qui il avoit celé la cauſe de ſon mal. Il refuſa de ſe marier avec la nièce du cardinal de Ste. Bibiane, parce qu'il ſe flattoit de le devenir, ſuivant la promeſſe que *Léon X* lui en avoit faite. Un génie heureux, une imagination féconde, une compoſition ſimple, un beau choix, beaucoup de correction dans le deſſin, de grace & de nobleſſe dans les figures, de fineſſe dans les penſées, de naturel & d'expreſſion dans les attitudes; tels ſont les traits auxquels on peut reconnoître la plupart de ſes ouvrages. Pour le coloris, il eſt au-deſſous du *Titien*, & le pinceau du *Corrége* eſt ſans doute plus moëlleux que le ſien. Les *Deſſins* de ce grand maître, qu'il faiſoit la plupart au crayon rouge, ſont très-recherchés, pour la hardieſſe de ſa main, & les contours coulans de ſes figures. On a beaucoup gravé d'après lui. On compte parmi ſes diſciples, *Jules Romain*, *Jean Fr. Penni*, qu'il fit ſes héritiers; *Pellegrin de Modéne*, *Perrin del Vaga*, *Polydore de Caravage*, &c.

RAPHAEL-D'AREZZO; *ou* DE REGGIO, mort en 1580, étoit fils d'un payſan qui l'occupoit à garder des oies; mais ſa forte inclination pour la peinture l'entraîna

à Rome, où il fe mit fous la difcipline de *Fréderic Zuccharo*. On fait
cas de plufieurs morceaux de lui,
qui font dans le Vatican, à Ste.
Marie-majeure, & dans plufieurs
autres lieux de Rome.

RAPHELEN *ou* RAULENGHIEN,
(François) né à Lanoy près Lille
en 1539, vint de bonne heure à
Paris, où il apprit le Grec & l'Hébreu. Les guerres civiles l'obligérent enfuite de paſſer en Angleterre, où il enfeigna le Grec à
Cambridge. De retour dans les
Pays-Bas, il époufa, en 1565, la
fille du célèbre imprimeur *Chriſtophe Plantin*. Il le fervit pour la
correction de fes livres, qu'il en-
richiſſoit de notes & de préfaces,
& travailla fur-tout à la *Bible Polyglotte* d'Anvers, imprimée en
1671, par ordre de *Philippe II* roi
d'Efpagne. *Raphelen* alla s'établir
en 1585 à Leyde, où *Plantin* avoit
une imprimerie. Il y travailla avec
fon aſſiduité ordinaire, & mérita
par fon érudition, d'être élu profeſſeur en Hébreu & en Arabe dans
l'univerfité de cette ville. Ce favant mourut d'une maladie de langueur, caufée par la perte de fa
femme, en 1597, à 58 ans. Ses
principaux ouvrages font : I. Des
Obfervations & des *Corrections* fur
la Paraphrafe Chaldaïque. II. Une
Grammaire Hébraique. III. Un *Lexicon Arabe*, 1613, in-4°. IV. Un *Dictionnaire Chaldaïque*, qu'on trouve
dans l'*Apparat* de la Polygl. d'Anvers, & d'autres ouvrages. Un de
fes fils, de même nom que lui, a
auſſi publié des *Notes* fur les Tragédies de *Séneque*. Il étoit digne
de fon pere par fon érudition.

I. RAPIN, (Nicolas) né vers 1540
à Fontenai-le-Comte en Poitou,
fut vice-fénéchal de cette ville,
& vint enfuite à Paris, où le roi
Henri III lui donna la charge de
grand-prévôt de la connetablie. *Rapin*, fidèle à ce prince, ne voulut
point fe prêter aux fureurs des
Ligueurs, qui le chaſſérent de Paris. *Henri I V* le rétablit dans fa
charge ; mais fon grand âge l'o-
bligea de fe retirer en fa patrie,
où il avoit fait bâtir une jolie maifon, qui fut l'afyle des Mufes. Le
fouvenir des illuftres amis qu'il
avoit à Paris, lui fit fouhaiter de
les voir encore une fois avant que
de mourir. Il mourut à Poitiers en
1608, à 68 ans. *Rapin* a tenté de
bannir la rime des vers françois,
& de les conftruire à la manière
des Grecs & des Latins fur la
feule mefure des pieds ; mais cette fingularité, contraire au génie
de notre langue, n'a point été au-
torifée. Ses *Œuvres Latines* furent
imprimées en 1610, in-4°. Ce font
des *Epigrammes*, des *Odes*, des *Elégies*, &c. Ses vers font pleins d'é-
légance, & l'on en trouve une
bonne partie dans le 3ᵉ tome des
Délices des Poëtes Latins de France.
On eftime particuliérement fes
Epigrammes, à caufe de leur fel, &
du tour aifé qu'il leur a donné.
Parmi fes vers françois, ceux qui
lui ont fait le plus d'honneur, font
les *Plaifirs du Gentilhomme-Champêtre*,
imprimés en 1583 in-12, & *la Püce
de Mlle Defroches* : tout le refte ne
mérite pas d'être cité. *Rapin* travailla à la *Satyre Ménippée*, & quelques auteurs lui attribuent tous
les vers de cette pièce ; d'autres
difent qu'il fut aidé par *Paſſerat*. Les
poëtes de fon tems confacrérent
des éloges funèbres à fa mémoire.

II. RAPIN, (René) Jéfuite, né à
Tours en 1621, mort à Paris en
1687, eft célèbre par fon talent
pour la poëfie latine. Il s'y étoit
confacré de bonne - heure, & il
enfeigna pendant neuf ans les belles-lettres avec un fuccès diftin-

gué. A un génie heureux, à un goût sûr, il joignoit une probité exacte, un cœur droit, un caractéré aimable & des mœurs douces. Il étoit naturellement honnête ; & il s'étoit encore poli dans le commerce des grands. Parmi ses différentes Poësies latines , l'on distingue le *Poëme des Jardins*. C'est son chef-d'œuvre ; il est digne du siécle d'*Auguste*, dit l'abbé *des Fontaines*, pour l'élégance & la pureté du langage , pour l'esprit & les graces qui y régnent. L'agrément des descriptions y fait disparoître la sécheresse des préceptes, & l'imagination du poëte fait délasser le lecteur par des fables, qui ,'quoique trop fréquentes , sont presque toujours riantes & bien choisies. Plusieurs critiques ont prétendu que le P. *Rapin* n'étoit que le pére adoptif de cet ouvrage charmant, & qu'on le trouvoit dans un ancien manuscrit Lombard , qu'un prince de Naples conservoit dans sa bibliothèque. Mais quels garans donne-t-on d'une anecdote aussi singuliére ? Des ouïs-dire sans fondement.... On ne fait pas moins de cas des *Eglogues* sacrées du Pere *Rapin*, que de son Poëme. Si celui-ci est digne des *Géorgiques* de *Virgile* , celles-là méritent un rang distingué auprès des *Bucoliques*. Quoique le Pere *Rapin* fût bon poëte, il n'étoit pas entêté de la poësie. *Du Perrier* & *Santeul* pariérent un jour à qui feroit mieux des vers latins. *Ménage* n'ayant pas voulu être leur juge, ils convinrent de s'en rapporter au P. *Rapin*. Ils le trouvèrent qui sortoit de l'églife. Ce Jésuite, après leur avoir reproché vivement leur vanité, leur dit que les vers ne valoient rien, rentra dans l'églife d'où il sortoit , & jetta dans le tronc l'argent qu'ils lui avoient consigné.

On a encore du Pere Rapin des *Œuvres diverses*, Amsterdam 1709 , 3 vol. in-12. On y trouve ; I. Des *Réflexions* sur l'Eloquence, sur la Poësie, sur l'Histoire & sur la Philosophie. II. Les *Comparaisons* de *Virgile* & d'*Homére* ; de *Démosthène* & de *Cicéron* ; de *Platon* & d'*Aristote* ; de *Thucydide* & de *Tite-Live* : celle-ci & la pénult. sont moins estimées que les premiéres. III. Plusieurs ouvrages de piété, dont le dernier est intitulé : *La Vie des Prédestinés* , &c... Le recueil de ses Œuvres offre des réflexions judicieuses , des jugemens fains, des idées & des vues : son style ne manque ni d'élégance , ni de précision ; mais on y souhaiteroit plus de variété, plus de douceur, plus de grace. Ces qualités se font sur-tout desirer dans ses *Parallèles* des auteurs anciens. Le P. *Rapin* publioit alternativement des ouvrages de littérature & de piété : cette variation fit dire à l'abbé de *la Chambre* , que *ce Jésuite servoit Dieu & le Monde par sémestre*. La meilleure édition de ses *Poësies Latines*, est celle de Cramoisy en 3 vol. in-12 , 1681. On y trouve les Eglogues, les IV livres des Jardins, & les Poësies diverses.

III. RAPIN DE THOYRAS, (Paul) né à Castres en 1661, d'une ancienne famille originaire de Savoie, se fit recevoir avocat. La profession qu'il faifoit du Calvinisme étant un obstacle à son avancement dans la magistrature , il résolut de suivre le métier des armes ; mais sa famille n'y voulut point consentir. La révocation de l'édit de Nantes en 1685 , & la mort de son pere arrivée 2 mois auparavant, le déterminèrent à passer en Angleterre , où il arriva en 1686. Peu de tems après il repassa en Hollande , & entra dans une compagnie de cadets François, qui étoit à Utrecht. Il suivit le prince d'Orange en Angleterre en 1688 ; & l'année suiv., Milord *Kingston* lui donna l'enseigne colonelle de son régiment, avec lequel il alla en Irlande. Il fut ensuite lieutenant, puis capitaine dans le même régiment, & se trouva à plusieurs siéges & combats, où il ne fut pas un spectateur oisif. *Rapin* céda sa compagnie, en 1693, à l'un de ses freres, pour être gouverneur de milord *Portland*. Il suivit ce jeune seigneur en Hollande, en France, en Allemagne, en Italie & ailleurs. Il se fit des amis dans les différens pays qu'il parcourut. Quoique naturellement sérieux, il n'étoit pas ennemi d'une joie innocente & modérée. Lorsqu'il eut fini l'éducation du duc de *Portland*, il se retira à la Haie, où il se livra tout entier à l'étude des fortifications & de l'histoire. Il se transporta en 1707, avec sa famille, à Wezel. Ce fut alors qu'il travailla à son *Histoire d'Angleterre.* L'ouvrage qu'il publia sous ce nom, a eu un grand succès, & il le mérite à bien des égards. Mais on voit clairement que c'est en partie le chagrin, l'aigreur & la haine qui lui ont mis la plume à la main, & qu'il s'est orgueilleusement flatté de faire repentir sa patrie de l'avoir contraint à s'exiler. Tous nos rois, selon cet historien, ont été des princes injustes, toujours occupés à dépouiller leurs grands vassaux de leurs possessions, & ne se faisant aucun scrupule d'enfreindre les traités les plus solemnels, dès qu'ils entre-voyoient quelque avantage à les violer. Ses réflexions sur le caractére de la nation en général, ne sont pas moins outrageantes & moins odieuses. A ce défaut près, son *Histoire* est la plus

complette, quoiqu'elle soit défectueuse à bien des égards. Il a avancé un grand nombre de faits sans les vérifier. Il n'étoit pas Anglois, & il écrivoit dans un pays étranger, sur la foi des livres qui trompent presque toujours. Son style est naturel, assez net, quelquefois brillant. Sa narration est vive ; ses portraits ont du coloris & de la force, mais ils sont peu réfléchis. Cet historien mourut à Wesel en 1725. Il sçavoit le Grec, le Latin, l'Anglois, l'Italien, l'Espagnol ; & il s'étoit fort appliqué aux mathématiques, surtout aux fortifications. Les gens du monde le regardoient comme un homme d'honneur, les beaux-esprits comme un bon écrivain, & les Calvinistes comme un Protestant zélé. Ses ouvrages sont : I. Son *Histoire d'Angleterre*, imprimée à la Haye en 1725 & -- 26, en 9 vol. in-4° ; & réimprimée à Trevoux en 1728, en 10 aussi in-4°. On ajoûta à cette édition des extraits de *Rymer*. On y joint ordinairement une Continuation en 3 vol. in-4°. & les Remarques, de *Tindall* en 2. On en fit un *Abrégé* en 10 vol. in-12, à la Haye, 1730. La meilleure édition de la grande Histoire, est celle de M. *le Févre de St-Marc*, en 16 vol. in-4°, 1749. II. Une bonne *Dissertation sur les Wighs & les Thoris*, imprimée à la Haye en 1717, in-8°. *Rapin de Thoyras* étoit arriére-petit-fils de *Philibert* RAPIN, maître-d'hôtel du prince de *Condé*, qui ayant été envoyé au parlement de Toulouse pour y porter de la part du roi l'édit de pacification en 1558, y fut arrêté par ordre de cette cour, qui lui fit son procès en 3 jours, & le fit décapiter le 13 Avril de cette année, comme un des principaux auteurs de la conjuration de Touloufe en 1562, malgré l'amniftie que le roi lui avoit accordée.

RAPINE, (Claude) Céleftin, né au diocèfe d'Auxerre, & conventuel à Paris, fut envoyé en Italie pour réformer quelques monaftéres de fon ordre. Le fuccès avec lequel il s'acquitta de cette commiffion, le fit choifir par le chapitre général pour corriger les *Conftitutions* de fon ordre fuivant les ordonnances des chapitres précédens. Ses principaux ouvrages font : I. *De ftudiis Philofophiæ & Theologiæ.* II. *De ftudiis Monachorum.* Le P. *Mabillon* en a fait ufage dans fon *Traité des études monaftiques.* Ce pieux & fçavant religieux mourut en 1493.

RASARIO, (Jean-baptifte) médecin, natif de Valdugia dans le Novarois, enfeigna avec réputation à Venife & à Milan, fut de l'académie de gli *Affidati* de Padoue, &. mourut d'une fièvre maligne en 1578, à plus de 60 ans. Quoiqu'il eût paffé toute fa vie dans le célibat, il ne fut jamais foupçonné d'avoir recherché les plaifirs du mariage. Naturellement généreux, il traitoit les malades gratuitement & nourriffoit les néceffiteux comme s'il eût été leur pere. On a de lui des *Traduflions* latines de *Galien* & d'*Oribafe,* &c.

RASCAS, (Bernard) gentilhomme Limofin, & felon quelques auteurs, parent des papes *Clément VI* & *Innocent VI*, fe rendit célèbre dans le XIVᵉ fiécle par fon efprit, par fa capacité dans la jurifprudence, & par fes *Poëfies Provençales.*

RASCHI, *Voyez* JARCHI.

RASIS *ou* RHASÈS, fameux médecin Arabe au Xᵉ fiécle, connu auffi fous le nom d'*Almanfor* ou *le Grand.* C'étoit le *Galien* des Arabes. Il opéroit avec fermeté, & il jugeoit avec circonfpeftion. Il

ne ceffa jamais de lire ou d'écrire, jufqu'à un âge avancé qu'il devint aveugle. Il fut tué peu de tems après, vers l'an 935. Ses *Traités fur les maladies des Enfans,* font encore eftimés. *Rafis* eft le premier qui ait écrit de la petite vérole. *Robert Etienne* donna en 1548, en Grec, le traité de ce médecin fur cette maladie funefte. On en a fait depuis à Londres une édition en Arabe & en Latin, 1767, in-8°. Ses autres ouvrages fe trouvent avec le *Trallien,* 1548, in-fol. Il tira fon nom de *Rhasès* ou *Arafi,* de la ville de Ray en Perfe, célèbre par fon académie, où il naquit vers l'an 860. Après s'être fignalé par plufieurs guérifons, il eut la direftion de divers hôpitaux & la place de médecin du calife *Moklader Billah.* Il étoit Mahométan.

RASSICOD, (Etienne) avocat au parlement de Paris, né à la Ferté-fous-Jouare en Brie, fe livra tout entier pendant plufieurs années à l'étude des poëtes & des hiftoriens les plus excellens, Grecs, Latins & François. Il s'attacha enfuite à *Caumartin,* & s'appliqua à l'étude du droit. Ses protefteurs lui procurérent une place de cenfeur royal, & une autre au *Journal des Sçavans.* Les infirmités, fuite ordinaire des grandes applications, accablérent fa vieilleffe, & l'emportérent en 1718, à 73 ans. Sa capacité, fa droiture & fa candeur le rendirent cher à fes confrères & au public. La connoiffance qu'il avoit des langues & des belles lettres, auroient été de grands fecours pour l'éloquence du barreau ; mais la délicateffe de fon tempérament l'obligea à fe renfermer dans fon cabinet, c'eft-à-dire, à écrire & à confulter. On a de lui un ouvrage intitulé : *Notes fur le Concile de Trente,* avec une differtation, fur la réception & l'autorité de ce concile en France; 1706, in-8°. Cet ouvrage, très-utile, renferme des éclaircissemens fur les points les plus importans de la discipline ecclésiastique, & il est écrit avec beaucoup de netteté.

RASTIGNAC, *Voyez* CHAT DE RASTIGNAC.

RATBERT, *Voyez* PASCHASE RATBERT.

RATHERE ou RATHIER, moine de l'abbaye de Lobbes, obtint l'évêché de Verone, dont il fut dépossédé quelque tems après. Il fut ensuite élu évêque de Liége; mais l'Italie lui plaisant plus que l'Allemagne, il fut rétabli par le crédit de l'empereur *Othon* fur le siége de Verone. S'étant brouillé avec son clergé, il fut obligé de se retirer. Il vint alors en France, y acheta des terres, & y eut les abbayes de *S. Amand*, d'*Aumont* & d'*Aunai*. Il mourut à Namur en 974. On a de lui: I. Des *Apologies*, des *Ordonnances Synodales*, des *Lettres* & des *Sermons*, qui se trouvent dans le tome 2ᵉ du Spicilége de Dom *Luc d'Achery*. II. Six livres de Discours (*Præloquiorum*), dans le tome IX de l'*Amplissima Collectio* des Peres *Martenne* & *Durand*.

RATRAMNE, moine de l'abbaye de Corbie, florissoit dans le IXᵉ siécle. Il étoit contemporain d'*Hincmar*, contre lequel il publia 2 *Livres fur la Prédestination*, dans lesquels il montre que la doctrine de *S. Augustin* fur la Grace est la seule doctrine Catholique. On les trouve dans les *Vindiciæ prædestinationis*, 1650, 2 vol. in-4°. On a encore de lui plusieurs autres traités: I. *De l'enfantement de Jesus-Christ*, dans le Spicilége de *d'Achery*. II. *De l'Ame*. III. Un *Traité contre les Grecs*, en 4 livres, dans lequel il justifie les Latins. IV. Un *Traité du Corps & du Sang de Jesus-Christ*, contre *Paschase Ratbert*. Le docteur *Boileau* le publia en 1686, in-12, avec une traduction françoise & des notes. Le traducteur l'orna en même tems d'une Préface, dans laquelle il démontre contre les Calvinistes, que le traité de *Ratramne* n'est nullement favorable à leurs opinions; comme ils le prétendent ordinairement. *Ratramne* entreprend d'y prouver deux choses: la 1ʳᵉ, que le Corps & le Sang de Jesus-Christ qui font reçus dans l'Eglise par la bouche des Fidèles, font des figures, si on les considére par l'apparence visible & extérieure du pain & du vin; quoiqu'ils soient véritablement le Corps & le Sang de Jesus-Christ par la puissance du Verbe Divin: la 2ᵉ, que le Corps de Jesus-Christ dans l'Eucharistie est différent, non en soi & quant à la substance, mais quant à la maniére d'être, du Corps de J. C. tel qu'il étoit fur la terre; & tel qu'il est dans le Ciel, fans voile & fans figures. Le *Traité* du Corps & du Sang de J. C. fut imprimé en latin avec une *Défense*, en 1712, in-12. On trouve dans les *Ecrivains ecclésiastiques* d'*Oudin*, article *RATRAMNE*, une *Lettre* curieuse de celui-ci *fur les Cynocéphales*, ou fur les hommes qui ont une tête de chien.

RAVAILLAC, (François) fils d'un praticien d'Angoulême, dont il suivit quelque tems la profession, prit ensuite l'habit chez les Feuillans. Ses idées noires, ses visions & ses extravagances, le firent chasser du cloître 6 semaines après. Accusé d'un meurtre, fans pouvoir en être convaincu, il échappa au châtiment qu'il méritoit, & redevint folliciteur de procès. Il en perdit un en son nom pour une succession. Ce malheur le réduisit à une telle miſére, qu'il fut obligé, pour ſubſiſter, de faire le métier de maître d'école à Angoulême. Les excès, les libelles & les ſermons des Ligueurs avoient dérangé ſon imagination dès ſa premiére jeuneſſe, & lui avoient inſpiré une grande averſion pour *Henri IV*: Quelques prédicateurs, trompettes du fanatiſme & du parricide, enſeignoient alors qu'il étoit permis de tuer tous ceux qui mettent la religion Catholique en danger, ou qui font la guerre au pape. *Ravaillac*, né avec un caractére ſombre & une humeur atrabilaire, ſaiſit avidement ces principes abominables. Au ſeul nom de Huguenot il entroit en fureur. La dure néceſſité où il ſe vit réduit, la perte de ſon procès, les triſtes réflexions qu'il fit ſur ſon empriſonnement & ſur ſon expulſion du cloître, irritérent de plus en plus ſa bile. Il prit la réſolution exécrable d'aſſaſſiner *Henri IV*, que ſon imagination échaufée lui faiſoit regarder comme un fauteur de l'héréſie, qui alloit faire la guerre au papé. Affermi dans ſon deſſein, il l'exécuta le 14 Mai 1610. Un embarras de charettes avoit arrêté le caroſſe du roi au milieu de la rue de la Feronnerie, qui étoit alors fort étroite. *Ravaillac* monte ſur une des roues de derriére, & avançant le corps dans le caroſſe, au moment que ce prince étoit tourné vers le duc d'*Epernon* aſſis à ſon côté, pour lui parler à l'oreille, il lui donne dans la poitrine deux coups de poignard. Le ſecond lui coupa l'artère du poumon, & fit ſortir le ſang avec tant d'impétuoſité, que ce grand roi fut étouffé en un inſtant, ſans proférer une ſeule parole. Le monſtre eût pu ſe ſauver ſans être reconnu; mais étant demeuré à la même place,

tenant à la main le couteau encore dégouttant de ſang, le duc d'*Epernon* le fit arrêter. On le conduiſit d'abord à l'hôtel de Retz, & enſuite à la Conciergerie. Son procès ayant été dreſſé, il fut tiré à quatre chevaux & écartelé à la place de Grève, le 27 Mai 1610, âgé d'environ 32 ans, après avoir conſtamment perſiſté à dire dans tous ſes interrogatoires, qu'*il n'avoit point de Complices*. Les deux docteurs de Sorbonne qui l'aſſiſtérent à la mort, *Fileſac* & *Gamache*, ne purent rien arracher de lui, parce qu'apparemment il n'avoit rien à dire. Le ſcélérat, prêt à expirer, demanda l'abſolution à *Fileſac*, qui inſiſta à la lui refuſer, à moins qu'il ne voulût déclarer ſes complices & ſes fauteurs. *Ravaillac* lui répondit qu'il n'en avoit point; & le confeſſeur ayant répliqué qu'il ne pouvoit l'abſoudre, il demanda qu'on lui donnât l'abſolution ſous condition, c'eſt-à-dire, au cas qu'il dît la vérité. Alors *Fileſac* lui dit: *Je le veux bien; mais ſi vous mentez, au lieu d'abſolution, je vous prononce votre damnation... Pierre de l'Etoile*, à qui nous devons ces faits, aſſure que le monſtre ajoûta: *Je la reçois & je l'accepte à cette condition*. On n'entrera point dans des détails & dans un amas de circonſtances que perſonne n'ignore, ſur le caractére des perſonnes auxquelles on a attribué ce déteſtable parricide. On dira ſeulement qu'il eſt très-difficile de décider ſi, parmi ces perſonnes, il y en eut quelqu'une qui trempa dans cet horrible forfait. Le duc de *Sully* aſſure que le cri public déſigne aſſez ceux qui ont armé le bras du monſtre. Mais on répond, que les *Mémoires* de ce miniſtre furent compoſés par ſes ſecrétaires, dans le tems qu'il étoit difgracié par *Marie* de *Médicis*. Il n'eſt pas étrange qu'on y laiſſe échapper quelques ſoupçons ſur cette princeſſe, que la mort d'*Henri IV* rendoit maîtreſſe du royaume, & ſur le duc d'*Epernon* qui avoit ſervi à la faire déclarer régente. Les conjectures odieuſes que les autres hiſtoriens ont recueillies ſans examen, paroiſſent détruites d'une manière victorieuſe par les réflexions ſuivantes. Elles ſont d'un homme qui a ſoigneuſement examiné ces faits : « *Méȥerai*, » plus hardi que judicieux, forti- » fie ces ſoupçons ; & celui qui » vient de faire imprimer le VIᵉ » tome des *Mémoires* de *Condé*, fait » ſes efforts pour donner au mi- » ſérable *Ravaillac* les complices » les plus reſpectables. N'y a-t-il » donc pas aſſez de crimes ſur la » terre ? Faut-il encore en cher- » cher où il n'y en a point ? On » accuſe à la fois le P. *Alagòna*, » Jéſuite, oncle du duc de *Lèrme*, » tout le conſeil Eſpagnol, la rei- » ne *Marie* de *Médicis*, la maîtreſſe » d'*Henri IV* madᵉ de *Verneuil*, & » le duc d'*Epernon*. Choiſiſſez donc : » ſi la maîtreſſe eſt coupable, il » n'y a pas d'apparence que l'é- » pouſe le ſoit : ſi le conſeil d'Eſ- » pagne a mis dans Naples le cou- » teau à la main de *Ravaillac*, ce » n'eſt donc pas le duc d'*Epernon* » qui l'a ſéduit dans Paris, lui que » *Ravaillac* appelloit *Catholique à* » *gros grain*, comme il eſt prouvé » au procès ; lui qui d'ailleurs » empêcha qu'on ne tuât *Ravail-* » *lac*, à l'inſtant qu'on le reconnut » tenant ſon couteau ſanglant, & » qui vouloit qu'on le réſervât à » la queſtion & au ſupplice. Il y » a des preuves, (dit *Méȥerai*,) que » des prêtres avoient mené *Ra-* » *vaillac* juſqu'à Naples. Je répons » qu'il n'y a aucune preuve. Con-

» ſultez le procès criminel de ce » monſtre, vous y trouverez tout » le contraire. Je ſais que les dé- » poſitions vagues d'un nommé » *du Jardin* & d'une d'*Eſcomans*, » ne ſont pas des allégations à » oppoſer aux aveux que fit *Ra-* » *vaillac* dans les tortures. Rien » n'eſt plus ſimple, plus ingénu, » moins embarraſſé, moins incon- » ſtant ; rien par conſéquent de » plus vrai que toutes ſes répon- » ſes. Quel intérêt auroit-il eu à » cacher les noms de ceux qui l'au- » roient abuſé ? Je conçois bien » qu'un ſcélérat, aſſocié à d'autres » ſcélérats de ſa troupe, cèle d'a- » bord ſes complices. Les brigands » s'en font un point d'honneur : » car il y a de ce qu'on appelle » honneur juſques dans le crime ; » cependant ils avouent tout à la » fin. Comment donc un jeune- » homme qu'on auroit ſéduit, un » fanatique à qui on auroit fait » accroire qu'il ſeroit protégé, » ne décéleroit-il pas ſes ſéduc- » teurs ? Comment, dans l'horreur » des tortures, n'accuſeroit-il pas » les impoſteurs qui l'ont rendu » le plus malheureux des hommes ? » N'eſt-ce pas-là le premier mou- » vement du cœur humain ? *Ra-* » *vaillac* perſiſte toujours à dire » dans ſes interrogatoires : *J'ai cru* » *bien faire en tuant un Roi qui vou-* » *loit faire la guerre au Pape ; j'ai* » *eu des viſions, des révélations ; j'ai* » *cru ſervir Dieu. Je reconnois que* » *je me ſuis trompé, & que je ſuis* » *coupable d'un crime horrible ; je n'y* » *ai jamais été excité par* PERSONNE. » Voilà la ſubſtance de toutes ſes » réponſes. Il avoue que, le jour » de l'aſſaſſinat, il avoit été dé- » votement à la meſſe : il avoue » qu'il avoit voulu pluſieurs fois » parler au roi, pour le détour- » ner de faire la guerre en faveur

» des princes hérétiques : il avoue
» que le deſſein de tuer le roi l'a
» déja tenté deux fois ; qu'il y a
» réſiſté ; qu'il a quitté Paris pour
» ſe rendre le crime impoſſible ;
» qu'il y eſt retourné, vaincu par
» ſon fanatiſme. Il ſigne l'un de
» ſes interrogatoires, *François Ra-*
» *vaillac* :

> *Que toujours dans mon cœur*
> *Jeſus ſoit le vainqueur.*

» Qui ne reconnoît, qui ne voit,
» à ces deux vers dont il accom-
» pagna ſa ſignature, un malheu-
» reux dévot, dont le cerveau éga-
» ré étoit empoiſonné de tous les
» venins de la Ligue ? Ses compli-
» ces étoient la ſuperſtition & la
» fureur qui animérent *Jean Châtel,*
» *Pierre Barriére*, *Jacq. Clément*; c'é-
» toit l'eſprit de *Poltrot*, qui aſſaſ-
» ſina le duc de *Guiſe*; c'étoient
» les maximes de *Balthaʒar Gérard,*
» aſſaſſin du grand prince d'*Oran-*
» *ge*... Il me paroît enfin bien
» prouvé par l'eſprit de ſuperſti-
» tion, de fureur & d'ignorance
» qui dominoit, & par la connoiſ-
» ſance du cœur humain, & par
» les interrogatoires de *Ravaillac*,
» qu'il n'eut aucun complice. Il
» faut ſur-tout s'en tenir à ſes con-
» feſſions faites à la mort de-
» vant les jugés. Ces confeſ-
» ſions prouvent expreſſément
» que *Jean Châtel* avoit commis ſon
» parricide dans l'eſpérance d'ê-
» tre moins damné, & *Ravaillac*
» dans l'eſpérance d'être ſauvé. »

RAVANEL, chef des Cami-
ſards, avoit encore plus de bra-
voure que de fanatiſme. Sçachant que ſa tête étoit miſe à
prix, il eut la hardieſſe de venir
trouver le maréchal de *Villars*, &
lui demanda les mille écus de récompenſe en ſe découvrant. Le
maréchal lui pardonna, & lui fit

compter la ſomme. Mais l'année
ſuivante ayant été reconnu pour
le chef d'une conſpiration en Languedoc, il fut brûlé vif en Juin 1705.

RAVAUD, *Voyeʒ* IV. REMI.

RAVISIUS TEXTOR, *Voyeʒ* TI-
XIER.

RAVIUS ou RAVE, (Chrétien)
né à Berlin en 1613, voyagea en
Orient, où il apprit les langues
Turque, Perſane & Arabe, & d'où
il rapporta des manuſcr. précieux.
De retour en Europe, il profeſſa
les langues Orientales à Utrecht,
d'abord ſans appointemens, & enſuite avec une penſion de 600 florins que la ville lui décerna. *Ra-*
vius fut un des ſçavans de la cour
de la reine *Chriſtine* de Suède. Enfin il profeſſa les langues Orientales à Kiell, puis à Francfort ſur
le Mein, où il mourut en 1677,
à 64 ans. On a de lui: I. Un *Plan*
d'Orthographe &d'Etymologies HÉBRAÏ-
ques. II. Une *Grammaire Hébraïque,*
Chaldaïque, Syriaque, Arabe, Sama-
ritaine & Angloiſe; Londres 1640,
in-8°. III. Une *Traduction* latine de
l'Arabe d'*Apollonius de Perge*... Il
ne faut pas le confondre avec *Jean*
RAVIUS ſon fils, bibliothécaire de
l'électeur de Brandebourg, qui a
laiſſé des Commentaires ſur *Corne-*
lius-Nepos, des *Aphoriſmes militaires,*
& d'autres écrits Latins.

RAULENGHIEN, *Voyeʒ* RA-
PHELEN.

I. RAULIN, (Jean) naquit à
Toul. Après avoir pris ſes dégrés
dans l'univerſité de Paris, il prêcha
dans cette capitale avec beaucoup
de ſuccès. Il étoit entré dans l'ordre de Cluni en 1497, & il mourut en 1514 à 71 ans. En 1541 on
recueillit ſes *Sermons*, in-8°. Ils
peuvent ſervir tout au plus à donner une idée du mauvais goût qui
régnoit en France dans le XV° ſiécle. Il prouve dans un de ſes ſer-

mons la néceffité du jeûne par ces deux comparaifons : *Un caroffe va plus vite quand il eft vuide : Un navire qui n'eft pas trop chargé, obéit mieux à la rame.* Il fe rendit plus recommandable par fa' régularité, que par les ouvrages moraux qu'il donna au public : ils font dignes de l'oubli où on les laiffe. On a encore de lui des *Lettres*, Paris 1521, in-4°, peu communes. Ses ouvrages furent recueillis à Anvers, 1612, en 6 vol. in-4°.

II. RAULIN, (Jean-Facond) Efpagnol de nation, mérite d'être diftingué du précédent. Celui-ci a fleuri dans le XVIII° fiécle, & nous a laiffé une *Hiftoire Eccléfiaftique du Malabar*, imprimée à Rome, in-4°. Elle eft pleine de particularités curieufes.

RAWLEGH, (Walter) né à Budley en Devonshire, d'une famille noble & ancienne, eut beaucoup de part aux expéditions maritimes du règne de la reine *Elizabeth*. C'étoit un génie élevé, audacieux & romanefque. Il alla dans l'Amérique méridionale en 1584, s'y rendit maître du pays de Mocofa, & y introduifit la première colonie Angloife. Pour faire fa cour à *Elizabeth*, il donna à ce pays le nom de *Virginie*. Cette princeffe, fenfible à fes fervices & à fes attentions, le choifit, en 1592, pour commander la flotte deftinée à s'oppofer aux progrès des Efpagnols dans l'Amérique. *Rawlegh* fe mit en mer avec 15 vaiffeaux de guerre. Il caufa de grandes pertes aux Efpagnols, & leur enleva une caraque eftimée deux millions de livres fterlings. La reine le reçut à fon retour comme un homme diftingué ; elle le nomma capitaine de fa garde, & lui fit époufer une de fes dames-d'honneur. *Rawlegh* fe rembarqua en 1595, alla attaquer les Efpagnols dans l'ifle de la Trinité,

brûla la ville de St-Jofeph, & fit prifonnier le gouverneur. Il s'avança enfuite fur la riviére d'Orenoque ; mais n'ayant pu aborder dans la Guyane, il réduifit en cendres la ville de Comana. Revenu de fes voyages, il fit préfent à la reine des ftatues d'or qu'il y avoit trouvées, & lui fit une defcription fi avantageufe de ces pays, qu'en 1597 il fut envoyé avec la grande flotte, deftinée à enlever les galions des Efpagnols. *Rawlegh* fit paroître beaucoup de valeur dans cette expédition, & cette valeur augmenta l'affection & l'eftime de la reine *Elizabeth*. *Jacques I* eut moins de confidération pour lui. Les jaloux de ce grand capitaine, l'accuférent auprès du monarque, d'avoir voulu mettre fur le trône *Arbelle Stuart*, dame du fang royal, & il fut condamné à perdre la tête ; mais le roi fe contenta de le faire renfermer à la tour de Londres, où il demeura 13 ans. *Rawlegh* profita de cette retraite pour compofer une *Hiftoire du Monde*. Enfin ce héros fut mis en liberté en 1616, pour aller fur la Caftille d'or & fur les côtes de la Guyane. Mais fon expédition n'ayant pas été heureufe, il eut la tête tranchée à Weftminfter, en exécution de l'ancien arrêt qui n'avoit pas été annullé, & à la follicitat. de l'ambaffadeur d'Efpagne, l'an 1618. Les Anglois regardent cette action comme une des principales taches du règne du trop foible *Jacques I*. La patrie perdit un défenfeur, & la république des lettres un ornement. On a de lui : I. Son *Hiftoire du Monde*, en anglois, in-8°, 1614. L'auteur ne publia que la 1°° partie ; elle ne fut pas recherchée d'abord, & il jetta au feu la feconde. Cet ouvrage eft fçavant, mais trop confus. II. Une *Relation* de fon prem. voyage à l'Amérique, ou la *Décou verte de la Guyane*, en latin, Nurem-berg, 1599, in-4°. Il y a des chofes curieufes.

RAY, (Jean) né dans le comté d'Effex en 1628, étudia à Cambridge, & fut membre du collége de la Trinité. Après avoir pris les dégrés académiques, il fut ordonné prêtre de l'Eglife Anglicane ; mais fon oppofition aux fentimens des Epifcopaux, l'empêcha d'obtenir des bénéfices. L'étude de la nature le confola de la privation des biens eccléfiaftiques. Il avoit tout ce qu'il falloit pour l'approfondir : un efprit actif, un zèle ardent, un courage infatigable. Il parcourut l'Ecoffe, la Hollande, l'Allemagne, l'Italie, la France & plufieurs autres pays, dans lefquels il fit des recherches laborieufes. La fociété royale de Londres s'empreffa de le poffeder en 1667, & le perdit en 1706. Il étoit âgé pour lors de 78 ans. Ray paffa fa vie en philofophe, & la finit de même. Sa modeftie, fon affabilité, lui firent des amis illuftres. Il n'étoit point comme certains favans, avare de fes recherches ; il les communiquoit avec un plaifir infini. Il joignoit aux connoiffances d'un naturalifte, celles d'un littérateur & d'un théologien. Il a tant écrit, que fes ennemis lui reprochérent fa fécondité comme un vice. Ses ouvrages, dans lefquels on trouve beaucoup de folidité, de fagacité & d'érudition, font : I. Une *Hiftoire des Plantes*, en 3 vol. in-fol. 1686 & années fuiv. Le 3e, imprimé en 1704, eft le moins commun. II. Une *Nouvelle Méthode des Plantes* ; Londres, 1682, in-8° ; & Tubinge fous le nom de Londres, 1733, in-8°. III. Un *Catalogue des Plantes d'Angleterre & des Ifles adjacentes*, Londres 1677, in-8° avec un Supplément en 1688 ; & divers autres ouvra-

ges de Botanique. Son fyftême différe beaucoup de celui de *Tournefort*. Celui-ci ne diftribue les plantes qu'en 22 genres, au lieu que *Ray* en compte 28... IV. Un *Catalogue des Plantes* des environs de Cambridge, 1660, in-8°. avec un Appendix de 1663, & un de 1685. V. *Stirpium Britannicarum extra Britannias nafcentium Sylloge*, Londres 1696, in-8°. VI. *Synopfis methodica Animalium quadrupedum & Serpentini generis*, Londres 1724, in-8°. VII. *Synopfis methodica Avium & Pifcium*, Londres 1613, in-8°. VII. *Hiftoria Infectorum*, cum *Appendice* Martini Lifteri *de Scarabæis Britannicis*, 1710, in-4°. IX. *Methodus Infectorum*, in-8°. X. *Dictionariolum trilingue fecundùm locos communes*. Tous les ouvrages précédens font en latin. Les principaux de ceux qu'il a écrits en anglois, font : I. *L'exiftence & la fageffe de Dieu, manifeftées dans les œuvres de la Création*. Ce livre a été traduit en françois, 1714, in-8°. II. Trois *Differtations* fur le chaos & la création du monde, le déluge & l'embrafement futur du monde, dont la plus ample édition eft celle de Londres, en 1713, in-8°. III. Une *Exhortation à la piété*, le feul fondement du bonheur préfent & futur. Ce difcours eft contre *Bayle*, qui nioit qu'une république compofée de Chrétiens qui obferveroient exactement les préceptes de J. C., pût fe foutenir. IV. Divers *Difcours* fur différentes matières théologiques, imprimés à Londres en 1692, in-8°. V. Un *Recueil de Lettres Philofoph.* 1718, in-8°, qui ne font pas dans leur totalité un recueil précieux.

I. RAYNAUD, (Théophile) né à Sofpello, au comté de Nice, en 1583, entra dans la fociété des Jéfuites en 1602, & y paffa toute fa vie, quoique traverfé par fes

confréres, & follicité d'en fortir
par les étrangers. Quelques auteurs
l'ont cru François, parce qu'il a
toujours vécu en France. Après
avoir enfeigné les belles-lettres &
la théologie dans différentes maifons de fa compagnie, il mourut
dans celle de Lyon en 1663, à
80 ans. Cet auteur avoit l'efprit
pénétrant, une imagination vive
& une mémoire prodigieufe. Il
avoit embraffé tous les genres ;
mais on reconnoît à fa façon d'é-
crire, qu'il avoit trop négligé les
auteurs de la belle Latinité. Imitateur de différens ftyles, il n'a pu
plaire par cette variété qu'à des
efprits bizarres. Lorfqu'il a voulu
s'en faire un propre, c'eft celui
de *Tacite* qu'il a rencontré. Il paroit très-fouvent obfcur, parce
qu'il affecte de fe fervir de termes
recherchés & de mots tirés du grec.
Il vouloit être original dans fa
diction comme dans fes penfées.
Ayant fait un chapitre fur la bonté
de JESUS-CHRIST, il l'intitula :
Chriftus bonus, bona, bonum. Quoiqu'il parût l'homme le plus doux
dans le commerce de la vie, il étoit
très-mordant la plume à la main.
Malgré fes défauts, fon érudition
immenfe, & une forte de fingularité dans les fujets qu'il a choifis, ainfi que dans la manière de les
traiter, feront toujours rechercher
fes ouvrages. On en diftingue
deux ; l'un intitulé : *Erothemata de
bonis & malis Libris*, c'eft-à-dire,
*Queftions fur les bons & fur les mau-
vais Livres* ; l'autre, *Symbola An-
toniana*, Rome, 1648, in-8°. relatif au *Feu-St-Antoine*. On trouve
dans les autres plufieurs queftions
qui font d'une originalité fans
exemple. Dans fon livre intitulé,
Trinitas Patriarcharum, il demande
fort férieufement : « S'il eft per-
» mis à un Chartreux d'ufer de

» lavemens compofés de jus de
» viande, ou de topiques de la
» chair même ? » Le Jéfuite, fondé
fur la règle de *St Bruno*, leur interdit abfolument ces fortes de remèdes, fi ce n'eft que, manquant
de tous les autres alimens, ils fe
trouvent forcés, pour vivre, de
prendre en lavemens ces jus nu-
tritifs, ou d'appliquer fur le nom-
bril ces fortes d'emplâtres. Le même favant, dans fon Traité qui a
pour titre, *Laus Brevitatis*, paffe
en revue une grande quantité de
nez ; celui de la *Sainte Vierge* n'y
eft pas oublié. Selon le P. *Raynaud*,
il étoit long & aquilin, ce qui eft
une marque de bonté & de dignité ;
& comme *Jefus-Chrift* reffembloit
parfaitement à fa mere, il en conclud qu'il devoit avoir un grand
nez. Parmi les fatyres qui font
forties de fa plume, il n'y en a
point de plus vive que celle qu'il
publia contre les Dominicains,
fous le nom de *Petrus à Valle claufa*.
Il s'y déchaîne contre les horribles
blafphémateurs (c'eft ainfi qu'il les
appelle,) qui ont été mettre la
Vierge parmi les fignes du Zodiaque. Les parlemens d'Aix & de
Touloufe le condamnérent au feu,
comme rempli de propofitions diffamatoires & facriléges contre
l'honneur de la *Sainte Vierge*, de
St Thomas d'Aquin, de *Ste Catherine* de Sienne, & des Freres Prêcheurs. Les Carmes traitérent ce
Jéf. bien différemment. Il avoit fait
un livre en faveur du Scapulaire,
& ils lui firent rendre des honneurs funèbres dans tous les couvens de l'ordre. Toutes fes Œuvres,
imprimées à Lyon 1665, en 20
vol. in-fol., n'eurent pas d'abord
beaucoup de débit, & *Boiffat* fon
imprimeur mourut à l'hôpital. La
plupart des livres du P. *Raynaud*
avoient déja été imprimés fépa-

rément, & il avoit eu la mortification d'en voir mettre quelques-
uns à l'*Index*. Ceux-ci font prefque
tous dans le tome 20ᵉ, intitulé :
Apopompæus, & imprimés avec la
fufcription mafquée de Cracovie.
Voyez HURTODO.

II. RAYNAULD *ou* RAYNOLD,
(Jean) Anglois, vivoit vers la fin
du ˈXVIᵉ fiécle. Il s'appliqua à la
controverfe & attaqua vivement
l'Eglife Romaine. Ses ouvrages lui
firent un nom dans fon parti, &
fervirent à lui procurer différentes places, parce qu'en Angleterre
même, la multitude eft trop peu
philofophe pour méprifer les déclamateurs fatyriques. On ne connoît guéres de lui qu'une Satyre
véhémente, imprimée à Oxford,
in-4ᵒ, 1596, fous ce titre : *De Romanæ Ecclefiæ idololatriá*. Selon ce
fanatique imbécille, les Catholiques
adorent les Saints, leurs reliques
& leurs images, l'eau, le ˈfel,
l'huile, le pain, &c. Cet ouvrage
fit une fi grande fortune parmi les
Réformés, qu'on le réimprima à Genève en 1598, in-8ᵒ.

RAZILLY, (Marie de) morte
à Paris en 1707, âgée de 83 ans,
étoit d'une famille ancienne & noble de la province de Touraine.
La poëfie faifoit fon plus cher amufement; fon goût pour les vers
alexandrins, qu'elle compofoit
prefque toujours fur des fujets héroïques, lui fit donner le furnom
de *Calliope*. Nous avons de cette
demoifelle quelques *Piéces de Vers*,
répandues dans différens Recueils,
entr'autres fon *Placet au Roi*, de plus
de 120 vers, en 1667. *Louis XIV*
lui accorda une penfion de 2000
livres.

I. RÉAL, (Céfar Vichard de
St-) fils d'un confeiller au fénat de
Chambéri, fa patrie, vint à Paris
de bonne heure. Les agrémens &
la vivacité de fon efprit le firent
rechercher. De retour dans fa patrie
en 1675, *Charles - Emmanuel II* le
chargea d'écrire l'Hiftoire d'*Emmanuel I*, fon aïeul; mais on ignore
s'il s'exécuta ce projet. La duchefte
de *Mazarin* s'étant réfugiée en Savoie, goûta l'abbé de *St-Réal*, &
l'emmena avec elle en Angleterre.
Ce voyage ayant dérangé fes études, il vint jouir de la tranquillité à Paris. Il y vécut en philofophe jufqu'en 1692, qu'il fe rendit
à Chambéri, où il mourut vers la
fin de cette année. Cet écrivain
avoit une imagination vive, une
mémoire ornée, un efprit profond;
mais fon goût n'étoit pas toujours
fûr. Le fameux romancier *Varillas*,
auprès duquel il vécut quelque
tems, l'accufa de lui avoir enlevé
fes papiers; mais cette impofture
n'altéra point l'idée que le public
avoit de fa probité. On lui reprochoit feulement d'être d'une fenfibilité puérile pour la critique, vif &
impétueux à l'excès dans la difpute.
Ses Ouvrages parurent en 1745,
à Paris, *Nyon*, 3 vol. in-4ᵒ, & 6
vol. in-12. Les principaux font :
I. Sept *Difcours fur l'ufage de l'Hiftoire*; pleins de réflexions judicieufes, mais écrites fans précifion. II.
*Hiftoire de la Conjuration que les Ef-
pagnols formérent en 1618 contre la
République de Venife*. Ce morceau
eft romanefque à quelques égards;
mais le fonds en paroît vrai. Le
ftyle eft comparable à celui de
Sallufte. On voit que l'auteur l'a-
voit pris pour modèle, & peut-
être l'a-t-il égalé. Il y règne un
fens admirable dans les réflexions,
un coloris vigoureux dans les portraits, & un choix heureux dans
les faits. III. *Don Carlos*, nouvelle
hiftorique, affez bien écrite. IV.
La *Vie de JESUS-CHRIST*, qui montre beaucoup moins de talent dans

l'auteur pour le facré, que pour le profane. V. *Difcours de remerciment*, prononcé *le 13 Mai 1680*, à l'académie de Turin, dont il avoit été reçu membre dans un voyage qu'il fit cette année en cette ville. VI. *Relation de l'Apoftafie de Genève*. Cet ouvrage, curieux & intéreffant, eft une nouvelle édition du livre intitulé : *Levain du Calvinifme*, compofé par *Jeanne de Juffie*, religieufe de Ste Claire à Genève. L'abbé de *St-Réal* en retoucha le ftyle, & le publia fous un autre titre. VII. *Céfarion*, ou divers Entretiens curieux. VIII. *Difcours fur la Valeur*, adreffé à l'électeur de Bavière en 1688. C'eft une des meilleures piéces de *St-Réal*. IX. *Traité de la Critique*. X. *Traduction des Lettres de Cicéron à Atticus*, 2 vol. in-12. Cette traduction ne contient que les 2 prem. livres des Epîtres à *Atticus*, avec la 2ᵉ lettre du 1ᵉʳ livre à *Quintus*. XI. Plufieurs *Lettres*. Son ftyle eft plus dur que fort, & plus élégant que correct. En 1757, l'abbé *Perau* donna une nouvelle & jolie édition de toutes les Œuvres de cet auteur, en 8 petits vol. in-12. Ce n'eft qu'une réimpreffion de celle qu'il avoit donnée en 1745. M. de *Neuvillé* a donné l'*Efprit de St-Réal*, in-12.

II. REAL, (Gafpar de) feigneur de Curban & grand-fénéchal de Forcalquier, né à Sifteron en 1682, & mort à Paris en 1752, fe diftingua par fes talens pour la politique. Plufieurs princes & plufieurs ambaffadeurs lui donnèrent des marques d'eftime. On a de lui un traité complet de la *Science du Gouvernement* : *ouvrage de Morale, de Droit & de Politique, qui contient les principes du commandement & de l'obéiffance, où l'on réduit toutes les matiéres du Gouvernement en un corps unique, entier dans chacune de fes* parties; *& où l'on explique les droits & les devoirs des Souverains, ceux des fujets, ceux de tous les hommes en quelque fituation qu'ils fe trouvent;* en 8 vol. in-4°. à Paris, chez les libraires affociés, 1762, --63, & --64. L'auteur de ce livre, diffus, mais affez bien écrit, y fait un tableau de tous les gouvernemens. Il a puifé dans l'hiftoire ancienne & moderne, & dans tous les auteurs qui ont le plus folidement écrit fur la légiflation & la politique, les principes qu'il établit. Son ouvrage offre de l'érudition & des réflexions fages; quelques philofophes du tems ne l'ont pas trouvé affez penfé.

REAUMUR, (René-Antoine Ferchault, fleur de) né à la Rochelle en 1683, d'une famille de robe, quitta l'étude du droit, pour s'appliquer aux mathématiques, à la phyfique & à l'hiftoire naturelle. Paris eft le centre des talens & des connoiffances; le jeune naturalifte s'y rendit en 1703, & dès 1708 il fut jugé digne d'être membre de l'académie des fciences. Depuis ce moment, il fe livra tout entier à l'étude de l'hiftoire naturelle, & il en embraffa tous les genres. Ses Mémoires, fes obfervations, fes recherches & fes découvertes fur la formation des coquilles, fur les araignées, fur les filières, les moules, les puces marines, &c. lui firent de bonne heure un nom célèbre. Ce fut lui qui découvrit, en Languedoc, des mines de *Turquoifes*. Il découvrit auffi la matiére dont on fe fert pour donner la couleur aux pierres fauffes. Ces découvertes, de pure curiofité phyfique, furent fuivies de plufieurs autres, plus utiles au bien général de la fociété. *Réaumur* recherchoit les moyens de donner au fer ce qui lui manquoit pour être acier :

secret absolument ignoré en France. Après un nombre infini de tentatives, il parvint au but qu'il s'étoit proposé: à convertir le fer-forgé, en acier, de telle qualité qu'il le vouloit, & même à adoucir le fer-fondu. Il donna le détail de ses procédés dans un ouvrage intitulé: L'*Art de convertir le Fer-forgé en Acier*, & l'*Art d'adoucir le Fer-fondu*, & *de faire des Ouvrages de Fer-fondu aussi finis que de Fer-forgé*, un vol. in-4°, 1722. Le duc d'*Orléans*, régent, crut devoir récompenser ces services rendus à l'état, par une pension de 12000 liv. ; mais *Réaumur*, aussi bon citoyen qu'habile naturaliste, ne l'accepta qu'en demandant qu'elle fût mise sous le nom de l'académie, qui en jouiroit après sa mort. Ce fut à ses soins qu'on dut les manufactures de Fer-blanc établies en France ; on ne le tiroit autrefois que de l'étranger. La patrie lui fut encore redevable de l'art de faire de la Porcelaine. Ses premiers essais en ce genre réussirent parfaitement. Il contrefit même la porcelaine de *Saxe*, & transporta par ce moyen dans le royaume un art utile & une nouvelle branche de commerce. Un autre travail intéressant pour la physique, est la construction d'un nouveau *Thermomètre*, au moyen duquel on peut conserver toujours & dans toutes les expériences, des dégrés égaux de chaud ou de froid. Ce *Thermomètre* porte son nom, & forme à sa gloire le monument le plus durable. L'illustre observateur composa ensuite l'*Histoire des Riviéres Auriféres de France*, & donna le détail de cet art si simple qu'on emploie à retirer les paillettes d'or que les eaux roulent dans leur sable. Une tentative qu'on croyoit d'abord beaucoup plus importante, fut de nous donner l'art de faire

éclorre & d'élever les poulets & les oiseaux, comme il se pratique en Egypte, sans faire couver des œufs ; mais cette tentative fut infructueuse, & dans la pratique il n'a jamais été dédommagé de ses peines & de ses dépenses. Une collection d'oiseaux desséchés qu'il avoit trouvé le secret de se procurer & de conserver, lui donna lieu de faire des expériences singuliéres sur la maniére dont les oiseaux font la digestion de leur nourriture. Dans le cours de ses observations, il fit des remarques sur l'art avec lequel les différentes espèces d'oiseaux savent construire leurs nids. Il en fit part à l'académie en 1756, & ç'a été le dernier ouvrage qu'il lui a communiqué. Il mourut en sa terre de la Bermondiére dans le Maine, où il étoit allé passer les vacances, le 17 Octobre 1757, âgé d'environ 75 ans, des suites d'une chute. *Réaumur* étoit un physicien plus pratique encore que spéculatif ; observateur infatigable, dont tout arrêtoit l'attention, tout excitoit l'activité, tout appliquoit l'intelligence. Voué par goût au bien public & à l'étude de la nature, il a passé sa vie à la contempler, à l'interroger, à la suivre dans ses moindres opérations. Ses ouvrages font assez connoître l'étendue de son esprit. Il est peut-être trop diffus ; mais ce défaut est une nécessité dans les ouvrages d'observation, & il a traité sa matière avec autant de soin que de clarté & d'agrément. Les qualités de son cœur le rendoient encore plus estimable. La douceur de son caractére, sa bonté, sa bienfaisance, la pureté de ses mœurs, & son exactitude à remplir les devoirs de la religion, en faisoient un citoyen aussi respectable qu'aimable. Il a laissé laiffé à l'académie des fciences fes manufcrits & fon cabinet d'hiftoire naturelle. Ses ouvrages font : I. Un très-grand nombre de *Mémoires* & d'*Obfervations* fur différens points d'hiftoire naturelle. Ils font imprimés dans la collection de l'académie. II. *L'Hiftoire naturelle des Infectes*, en 6 vol. in-4°. On y trouve l'hiftoire des *Chenilles*, des *Teignes*, des *Galle - Infectes*, des *Mouches à deux ailes* & des *Coufins*, des *Mouches à quatre ailes*, & fur-tout des *Abeilles*, des autres *Mouches* qui font du miel, des *Guêpes*, du *Formicaleo*, des *Demoifelles*; & de ces *Mouches Éphéméres*, qui, après avoir été poiffons pendant 3 ans, ne vivent que peu d'heures fous la forme de mouches ; enfin, de ces infectes finguliers & merveilleux que nous appellons *Polypes*.

REBOULET, (Simon) né à Avignon le 9 Juin 1687, mort dans la même ville en 1752, fit de bonnes études chez les Jéfuites de fa patrie. Il prit du goût pour cet état, l'embraffa, & fut obligé de le quitter par défaut de fanté. Il tourna alors fes études du côté de la jurifprudence, fe fit paffer avocat dans l'univerfité d'Avignon & fréquenta affidûment le barreau. Il rempliffoit les fonctions d'avocat & de juge avec applaudiffement, lorfque des vomiffemens de fang réitérés l'obligérent d'abandonner l'une & l'autre. Il époufa en 1718 une femme vertueufe, qui fit fon bonheur. Peu de tems avant fa mort, l'univerfité dont il étoit membre, l'honora de la charge de primicier. Une étude plus ou moins férieufe l'occupa toute fa vie ; celle de l'hiftoire lui fervoit de délaffement. Les ouvrages que nous avons de lui en ce genre, font : I. *L'Hiftoire des Filles de l'Enfance*, 2 vol. in-12, 1734. Son

anciens confrères lui en fournirent les mémoires. Beaucoup de perfonnes ont dit qu'il n'étoit pas l'auteur de cette Hiftoire ; puifque, dit-on, le manufcrit avoit été vu à Paris avant qu'il fût imprimé. La feconde partie de cette allégation peut être vraie ; mais nous pouvons affûrer que la premiére eft abfolument fauffe. Cet ouvrage eft un peu trop fatyrique & trop minutieux, quoiqu'écrit avec art & d'une maniére intéreffante. Le parlement de Touloufe le condamna au feu. II. *Mémoires du Chevalier de Forbin*, 2 vol. in-12; ils font pleins de faits curieux, dont quelques-uns font hazardés. III. *Hiftoire de Louis XIV*, en 3 vol. in-4°. & en 9 vol. in-12. Les faits y font expofés avec affez d'exactitude & de vérité ; mais quelquefois avec trop de féchereffe. En beaucoup d'endroits elle reffemble à une Gazette. Il y en a de plus ornés, & en général cette Hiftoire fe fait lire avec plus de plaifir que celle de *Larrei* & de *la Martiniére*. On y trouve quelques faits altérés, parce que l'auteur écrit fouvent d'après les Mémoires publiés en Hoilande fur *Louïs XIV*. IV. *Hiftoire de Clément XI*, 2 vol. in-4°, fupprimée à la prière du roi de Sardaigne, dont le pere y étoit maltraité. Ce prince avoit perfécuté les Jéfuites ; & l'ex-Jéfuite *Reboulet* ne pouvoit le peindre qu'avec des couleurs défagréables. Cette Hiftoire eft écrite d'ailleurs avec netteté & dans un affez grand détail.

REBUFFE, (Pierre) né à Baillargues, à 2 lieues de Montpellier, en 1487, enfeigna le droit avec beaucoup de réputation à Montpellier, à Touloufe, à Cahors, à Bourges, & enfin à Paris. Son mérite engagea le pape *Paul*

III à lui offrir une place d'auditeur de rote à Rome. On voulut auffi lui faire accepter une charge de confeiller, puis de préfident au grand-confeil, & fucceffivement une de confeiller aux parlemens de Rouen, de Touloufe, de Bordeaux & de Paris; mais il préféra le repos à toutes les places. Son amour pour la vertu l'ayant engagé dans l'état eccléfiaftique en 1547, il fut élevé au facerdoce à l'âge de 60 ans. Cet habile homme mourut 10 ans après, à Paris, en 1557. Il poffédoit le Latin, le Grec, l'Hébreu. Sa modeftie relevoit fon favoir. On a recueilli fes ouvrages en 6 vol. in-fol. 1609 & années fuiv. Les principaux font: I. *Praxis Beneficiorum.* II. Un *Traité* fur la bulle *In cœna Domini.* III. Des *Notes* fur les *Règles de la Chancellerie.* IV. Des *Commentaires* fur les édits & les ordonnances de nos rois, &c. Tous ces écrits font en latin & fort favans.

RECAREDE I, roi des Vifigoths en Efpagne, fuccéda à *Leuvigilde* fon pere en 586. Il remporta quelques avantages fur *Gontran* près de Carcaffonne, abjura l'Arianifme à l'exemple d'*Hermenigilde* fon frere, & fit embraffer la religion Catholique à fes fujets. Ce n'eft pas le feul fervice qu'il leur rendit; il en fut le bienfaiteur & le pere. Ce bon prince mourut en 601.

I. RECHENBERG, (Adam) théologien Proteftant, né à Meffein dans la haute Saxe en 1642, fut profeffeur en langues, en hiftoire, puis en théologie à Leipfick, où il mourut en 1721, après avoir été marié 4 fois. On a de lui: I. Quelques *Livres de Controverfe.* II. Des éditions d'*Athénagore*, des *Epitres de Roland Defmarêts*, de l'*Obftetrix animorum* du fameux doc-

teur *Richer*, Leipfick 1708, in-12; & de l'*Hiftoriæ nummariæ Scriptores*, ibid. 1692, 2 vol. in-4°. III. *Fundamenta Religionis prudentûm*, dans le *Syntagma differtationum philologicarum*, à Rotterdam, 1699, in-8°. Ces ouvrages font remarquables par leur érudition.

II. RECHENBERG, (Charles-Othon) fils du précédent, né à Leipfick en 1689, devint profeffeur en droit l'an 1711, & fut décoré du titre de confeiller. Ses ouvrages font: I. *Inftitutiones Jurifprudentiæ naturalis.* II. *Inftitutiones Juris publici.* III. *Regulæ Juris privati.* Il avoit travaillé au Journal de Leipfick. Ce favant mourut en 1751.

REDI, (François) né à Arezzo en 1626 d'une famille noble, devint premier médecin des grands-ducs de Tofcane, *Ferdinand II* & *Côme III.* Il travailla beaucoup au Dictionnaire de la *Crufca*, dont il étoit membre; mais il fe fignala fur-tout par fes recherches dans la phyfique & dans l'hiftoire naturelle. L'académie des *Arcades* de Rome, & celle des *Gelati* de Bologne, fe l'affociérent. Cet habile naturalifte fut trouvé mort dans fon lit, le 1er Mars 1697, à 71 ans. Quoiqu'il fût fujet à plufieurs maladies, entr'autres à l'épilepfie, il ne voulut jamais abandonner l'étude. Il aimoit beaucoup lés favans, & favorifoit les jeunes-gens qui vouloient le devenir. On a de lui: I. Des *Poëfies* Italiennes. Son *Bacco in Tofcana* eft un poëme agréable, qu'il a accompagné de notes favantes. II. D'excellens ouvrages de philofophie & d'hiftoire naturelle. On imprima à Venife en 1712, le recueil de fes Œuvres en 6 vol. in-8°; & à Naples en 1741, 6 vol. in-4°.

REDICULUS, Dieu en l'honneur de qui on bâtit une chapelle dans l'endroit d'où *Annibal*, lorsqu'il approchoit de Rome pour en faire le siége, retourna sur ses pas. Le nom de ce Dieu est pris du mot *redire*, retourner.

REESENDE, *Voyez* RESENDE.

REGILIEN, (*Quintus Nonius Regillianus*) Dace d'origine, & parent, à ce qu'on croit, du roi *Décebale* vaincu par *Trajan*, s'éleva sous *Valérien* aux premiers emplois militaires. Il commanda en chef dans l'Illyrie sous *Gallien*, & remporta en 260 des victoires signalées dans la haute Mœsie. Les peuples, mécontens de *Gallien*, l'élurent empereur. On prétend qu'il dut en partie son élévation au nom qu'il portoit. Ce nom, auquel celui de *Roi* est renfermé, parut d'un augure favorable à des officiers qui soupoient ensemble, & le lendemain ils le revêtirent de la pourpre. *Régilien* se préparoit à marcher contre les Sarmates, lorsqu'il fut tué par ses soldats, de concert avec les peuples d'Illyrie, qui craignoient d'éprouver de nouveau la cruauté de *Gallien*. Sa mort dut arriver à la fin d'Août 263. Ce prince avoit du courage & de grandes qualités.

REGILLO, *Voyez* PORDENON.

REGINALD, (Antoine) religieux Dominicain, mort à Toulouse en 1676, se distingua par ses ouvrages. Les principaux sont : I. Un petit *Traité théologique sur la célèbre distinction du sens composé* & du *sens divisé.* II. Un gros volume *De mente Concilii Tridentini, circa Gratiam per se efficacem*, in-fol. 1706. Il s'y montre un des plus ardens défenseurs de la doctrine de *S. Thomas* & de *S. Augustin.*

REGINON, abbé de Prum, de l'ordre de S. Benoît, mort l'an 915, a mérité par son savoir que son nom fût consacré dans les fastes de l'Eglise. On a de lui : I. Une *Chronique*, utile pour l'histoire de son tems. On la trouve dans les Historiens d'Allemagne de *Pistorius*. II. Un recueil de canons & de réglemens ecclésiastiques, intitulé : *De Disciplinis Ecclesiasticis, & de Religione Christiana.* Il composa cet ouvrage à la persuasion de *Ratbode*, archevêque de Trèves, dans la ville duquel il s'étoit retiré, après avoir été obligé de quitter son abbaye en 899. *Baluze* a donné en 1671, in-8°. une excellente édition de ce recueil, avec des notes pleines d'érudition.

REGIO-MONTAN, *Voyez* MULLER.

I. REGIS, (Pierre-Silvain) né à la Salvetat de-Blanquefort, dans le comté d'Agenois, en 1632, vint achever ses études à Paris; & fut disciple de *Rohault.* Il alla ensuite à Toulouse, où il établit des conférences publiques sur la nouvelle philosophie. Le jeune philosophe parloit avec une facilité agréable, & avoit sur-tout le don de mettre les matières abstraites à la portée de ses auditeurs. L'ancienne philosophie fit bientôt place à la nouvelle; & les Toulousains, touchés des instructions & des lumiéres que *Régis* leur avoit apportées, lui firent une pension: événement presque incroyable dans nos mœurs, (dit *Fontenelle*) & qui semble appartenir à l'ancienne Grèce. Le marquis de *Vardes*, alors exilé en Languedoc, passa de Toulouse à Montpellier en 1671. *Régis*, qui avoit en lui un disciple zélé, l'y accompagna, & y fit des conférences qui obtinrent tous les suffrages. Les grands talens doivent tous se rendre dans la capitale; *Régis* y vint en 1680, & y eut les mêmes applaudissemens qu'à Montpellier & à Touloufe. Ses conférences plurent tant, qu'on y voyoit tous les jours le plus agréable acteur du théâtre Italien, qui, hors de-là, cachoit fous un mafque l'efprit férieux d'un philofophe. Ses fuccès eurent un éclat qui lui devint funefte. L'archevêque de Paris, par déférence pour la philofophie d'*Ariftote*, lui fit défendre d'enfeigner celle de *Defcartes*. Après avoir foutenu plufieurs combats pour le philofophe François, il entra dans l'académie des fciences en 1699. Les perfonnes du premier rang, l'archevêque de Paris, M. le Prince, divers feigneurs étrangers, lui donnèrent des marques de l'eftime la plus fignalée. Il mourut en 1707 chez le duc de *Rohan*, qui lui avoit donné un appartement dans fon hôtel. Les mœurs de *Régis* étoient telles que l'étude de la philofophie peut les former, quand elle ne trouve pas trop de réfiftance du côté de la nature. Il négligea la fortune autant que d'autres la recherchent. Son favoir ne l'avoit pas rendu dédaigneux pour les ignorans, & il l'étoit d'autant moins à leur égard, qu'il favoir davantage. Ses ouvrages font: I. *Syftême de Philofophie*, contenant la Logique, la Metaphyfique, & la Morale, en 1690, 3 vol. in-4°. C'eft une compilation judicieufe de différentes idées de *Defcartes*, que l'auteur a développées & liées; mais ces idées n'étant plus à la mode, cet ouvrage ne peut être aujourd'hui que d'un très-petit ufage. II. Un livre intitulé: *Ufage de la Raifon & de la Foi*, in-4°. III. Une *Réponfe* au livre de *Huet*, intitulé: *Cenfura Philofophiæ Cartefianæ*, in-12. IV. Une autre *Réponfe* aux Réflexions critiques de *du Hamel*, 1691, in-12. V. Des *Ecrits* contre le P. *Malebranche*, pour montrer que la grandeur apparente d'un objet, dépend uniquement de la grandeur de fon image tracée fur la rétine. VI. Une *Differtation* fur cette queftion: *Si le plaifir nous rend actuellement heureux?* 1694, in-4°.

II. REGIS, (Pierre) né à Montpellier en 1656, docteur en médecine dans l'univerfité de cette ville, fe rendit de bonne heure à Paris. Il s'y acquit l'eftime de *du Verney*, de *Lémery*, de *Pelliffon*, de *Defpréaux*, de *Perrault*, de *Ménage*, &c. De retour à Montpellier, il y pratiqua la médecine avec fuccès jufqu'en 1685, que la révocation de l'édit de Nantes l'obligea de fe retirer avec fa famille à Amfterdam. Il y mourut d'un abfcès dans l'eftomac, en 1726, à 70 ans. Naturellement doux & complaifant, il adopta le fyftême de la tolérance, & il l'étendit à prefque toutes les fectes. Sans ambition & fans paffions, il trouva dans l'étude de la médecine tous fes plaifirs. Ses ouvrages font: I. Une *Edition* des Œuvres pofthumes du favant *Malpighi*, 1698, in-4°. II. Des *Obfervations fur la Pefte de Provence*, en 1721, in-12. III. Il retoucha tous les articles de *Médecine* & de *Botanique* du Dictionnaire de *Furetière*, de l'édition de *Bafnage* fleur de *Beauval*.

I. REGIUS ou LE ROY, (Urbain) né à Langenargen, fur le lac de Conftance, étudia à Ingolftad, & y enfeigna avec fuccès. Plufieurs gentilshommes lui confièrent la conduite de leurs enfans, fans en excepter le foin qui regardoit la dépenfe; mais ces jeunes-gens s'endettérent. Comme *Regius* étoit leur caution, il fit une efpèce de banqueroute, & fut obligé de s'enrôler. Son profeffeur *Eckius* le dégagea & le réconcilia avec les

Mufes. Il reçut à Ingolftad la couronne d'orateur & de poète, de la main même de l'empereur *Maximilien*. Quelque tems après, il fut fait profeffeur de rhétorique & de poéfie. Son penchant pour le Luthéranifme l'obligea de fe retirer à Ausbourg, où il fonda une Eglife Proteftante. Il fut quelque tems Zuinglien ; mais enfuite il devint zélé Luthérien. *Regius* s'attacha en 1530 au duc de *Brunfwick*, qui le fit furintendant des Eglifes de Lunebourg. Il mourut à Zell en 1541. Ses *Ouvrages* ont été imprimés en 3 vol. in-fol. Les deux premiers font confacrés aux écrits latins, & le dernier aux écrits allemands. Il y a de l'érudition dans les uns & dans les autres, mais peu de juftefle & de modération. Il laiffa 13 enfans.

II. REGIUS, *ou* DU ROI, (Henri) né à Utrecht en 1598, fe rendit habile dans la médecine, & en devint profeffeur à Utrecht. Sa paffion pour le Cartéfianifme lui fufcita de fâcheufes affaires de la part de *Voëtius* & des autres ennemis de *Defcartes*, qui manquérent de lui faire perdre fa chaire. Si *Regius* fut l'un des premiers martyrs du Cartéfianifme, il en fut auffi l'un des premiers déferteurs. *Defcartes* ayant refufé d'approuver quelques fentimens particuliers de fon difciple, celui-ci renonça aux opinions de fon maître. *Regius* finit fa carrière en 1679. Ses principaux ouvrages font : I. *Phyfiologia*, à Utrecht, 1641, in-4°. II. *Fundamenta Phyfices*, 1661, in-4°. On accufa *Regius* d'avoir dérobé à *Defcartes* une copie de fon *Traité des Animaux*, & de l'avoir enfuite prefque toute inféréé dans cet ouvrage. III. *Philofophia naturalis*, 1661, in-4°. qui a été traduite en françois, Utrecht, 1686,

in-4°. IV. *Praxis medica*, &c. le meilleur de fes écrits, 1657, in-4°.

REGNARD, (Jean-François) naquit à Paris d'une bonne famille en 1647. Sa paffion pour les voyages fe déclara prefque dès fon enfance. Il parcourut d'abord l'Italie ; à fon retour s'étant embarqué à Gênes, fur un bâtiment Anglois qui alloit à Marfeille, ce bâtiment fut pris par 2 vaiffeaux Algériens, & tout l'équipage fut conduit à Alger. *Regnard* avoit du talent pour la cuifine, art qu'il avoit exercé pour fatisfaire fon amour pour la bonne chere. Il fut fait cuifinier du maître dont il étoit devenu l'efclave. Il s'en fit aimer ; mais fa bonne mine & fes manières prévenantes lui gagnérent auffi le cœur des femmes favorites de fon maître. Il écouta leur paffion, fut découvert & livré à la juftice. Il alloit être puni felon les loix, qui veulent qu'*un Chrétien trouvé avec une Mahométane, expie fon crime par le feu, ou fe faffe Mahométan*. Le conful de la nation Françoife, qui avoit reçu depuis peu une fomme confidérable pour le racheter, s'en fervit pour l'arracher au fupplice & à l'efclavage. *Regnard*, devenu libre, retourna en France, emportant avec lui la chaîne dont il avoit été d'abord attaché. Le 26 Avril 1681, il partit de nouveau de Paris pour vifiter la Flandre & la Hollande, d'où il paffa en Danemark & enfuite en Suède. Le roi de Suède lui confeilla de voir la Laponie. Notre voyageur s'embarqua donc à Stockholm avec deux autres François, & paffa jufqu'à Torno ou Torneo, qui eft la derniére ville du côté du Nord, fituée à l'extrémité du golfe de Bofthnie. Il remonta le fleuve Torno, & pénétra jufqu'à la Mer Glaciale. S'étant arrêté lorfqu'il ne put aller plus loin , il grava ces 4 vers fur une pierre & fur une piéce de' bois :

Gallia nos genuit , vidit nos Africa ;
Gangem
Haufimus , Europamque oculis luf-
travimus omnem :
Cafibus & variis adi terrâque mari-
que ,
Sifimus hîc tandem nobis ubi defuit
orbis.

On les a traduits ainfi en François :

Nés Françòis , éprouvés par cent
périls divers ,
Du Gange & du Zaïr nous avons
vu les fources ,
Pàrcouru l'Europe & les Mers ;
Voici lé .terme de nos courfes ,
Et nous nous arrétons où finit l'U-
nivers.

De retour à Stockholm, il en partit le 3 Octobre 1683 , pour aller en Pologne. Après avoir vifité les principales villes de cé royaume, il paffa à Vienne , d'où il revint à Paris après un voyage de 3 années. Enfin , laffé de ces courfes , *Regnard* fe retira dans une terre proche de Dourdan , à 11 lieues de Paris. C'eft-là qu'il goûtoit les délices d'une vie fenfuelle & délicate , dans la compagnie de perfonnes choifies & dans les charmes de l'étude. Ce philofophe voluptueux , cet homme fi gai mourut de chagrin en 1709, à 62 ans. On prétend même qu'il avança fes jours. La meilleure édition de fes *Œuvres* eft celle de Paris , 1772 , 4 vol. in-12. Le 1ᵉʳ volume contient la relation de fes voyages en Flandres , en Hollande , en Suède , en Danemarck , en Laponie , en Pologne & en Allemagne. Il n'y a que la relation de fon voyage en Laponie , qui mérite de l'at-

tention ; le refte eft fort peu de chofe. L'auteur n'avoit compofé ces relations que pour s'amufer ; il ne comptoit pas les publier. Le fecond volume renferme les piéces fuivantes : *La Provençale , œuvre pofthume.* C'eft une hiftoriette , où *Regnard* fait le récit des aventures qu'il eut dans le voyage fur mer où il fut pris & mené à Alger ; elle contient quelques particularités de fa vie. On trouve enfuite fes Piéces de théâtre, qui l'ont mis dans la' claffe des plus excellens poëtes comiques. « Qui » ne fe plaît point aux comédies » de *Regnard*, (dit M. de *Voltaire*,) » n'eft point digne d'admirer *Moliére*. » Les piéces confervées au théâtre François, font : I. Le *Joueur;* piéce excellente , où l'on remarque , plus que dans les autres comédies du même auteur, le comique d'obfervation & de caractére. *Du Frefni*, qui donna prefque en même tems que lui le *Chevalier Joueur*, l'accufa d'avoir profité de la lecture de fon manufcrit ; & l'on dît fort plaifamment, « qu'il fe pouvoit que » tous deux fuffent un peu voleurs, » mais que *Regnard* étoit le bon » larron. » Ce poëte connoiffoit le caractére qu'il avoit tracé. Il étoit joueur , & joueur heureux. On prétend qu'il avoit gagné au jeu une partie de fa fortune dans un voyage d'Italie. II. Les *Menechmes :* imitation de *Plaute* , fupérieure à fon original. III. *Démocrite amoureux :* piéce qui feroit un peu froide , fans quelques fcènes qui font vraiment comiques. IV. Le *Diftrait*, qui n'eft qu'une fuite d'incidens plus ou moins plaifans : auffi la piéce eft en général d'un effet médiocre. V. Les *Folies amoureufes* , pleines de faillies & de gaieté. VI. Le *Retour imprévu* , une des plus jolies petites piéces que nous ayons.

VII. La *Sérénade*, très-inférieure à la précédente. VIII. Le *Légataire*, le chef-d'œuvre de la gaieté comique, & peut-être celui de *Regnard*; car le *Joueur* eſt un peu défiguré par deux rôles de charge, la Comteſſe & le Marquis. La petite comédie, *Attendeʒ - moi ſous l'Orme*, eſt attribuée à *du Freſny*. *Regnard* a auſſi travaillé pour le théâtre Italien, & a donné à l'Opéra le *Carnaval de Veniſe*, mis en muſique par *Campra*. La gaieté eſt le caractère dominant des Comédies de *Regnard*; il excelle dans le comique noble, ainſi que dans le familier; mais la bonne morale y eſt quelquefois bleſſée. Sa verſification n'eſt pas toujours correcte; mais elle plaît par ſa légéreté & par la vivacité du dialogue.

REGNAULDIN, (Thomas) ſculpteur, natif de Moulins, mourut à Paris en 1706, âgé de 79 ans. Il étoit de l'académie royale de peinture & de ſculpture. Cet illuſtre artiſte a fait pluſieurs morceaux eſtimés. On voit de lui, dans les Jardins de Verſailles, l'*Automne* & *Fauſtine*; & aux Tuileries, le beau groupe repréſentant l'*Enlèvement de Cybelle par Saturne*, ſous la figure du *Tems*.

REGNAULT, (Noël) Jéſuite, né à Arras en 1683, mourut à Paris en 1762. L'étude de la philoſophie ancienne & moderne remplit ſes ſoins & ſa vie, après les devoirs de la piété. Quoiqu'il eût conſacré un tems conſidérable à la phyſique, il ne s'eſt pas fait une réputation étendue dans cette partie. On a de lui: I. *Entretiens Phyſiques*, d'abord en 3 vol. in-12, enſuite en 5. Les jeunes écoliers qui véulent ſavoir un peu plus de phyſique qu'on n'en apprend communément dans les collèges, trouveront dans cet ouvrage de quoi ſe ſatisfaire. II. *Origine ancienne de la Phyſique nouvelle*, 3 vol. in-12. L'auteur dans cet ouvrage enlève à pluſieurs grands phyſiciens la gloire de beaucoup de découvertes phyſiques. III. *Entretiens Mathématiques*, in-12, 3 vol. 1747. IV. *Logique en forme d'Entretiens*, in-12, 1742. Elle n'a pas eu autant de ſuccès que ſes *Entretiens Phyſiques*.

REGNAUT, *Voyeʒ* GUISE (Dom Claude) n° VI.

I. REGNIER, (Mathurin) poëte François, né à Chartres le 21 Décembre 1573, mort à Rouen le 22 Octobre 1613. Il marqua dès ſa jeuneſſe ſon penchant pour la ſatyre. Son pere le châtia pluſieurs fois pour le lui faire perdre; punitions, priéres, tout fut inutile. Ce malheureux talent lui fit des amis illuſtres. Le cardinal *François de Joyeuſe* le mena à Rome avec lui, & il fit une ſeconde fois ce voyage avec l'ambaſſadeur *Philippe de Béthune*. Ses protecteurs lui procurèrent pluſieurs bénéfices, & une penſion de 2000 livres ſur une abbaye. Il dévoluta en même tems un canonicat de l'égliſe de Chartres, & ne ſe ſervit de tous ces biens ſacrés que pour ſatisfaire ſon goût effréné pour le plaiſir. Vieux à 30 ans, il mourut à 40, entiérement uſé par les débauches. On prétend que ſa fin fut chrétienne. Ce n'eſt pas du moins ce que prouve ſon épitaphe:

J'ai vécu ſans nul penſement,
Me laiſſant aller doucement
A la bonne loi naturelle;
Et je m'étonne fort pourquoi
La mort daigna ſonger à moi,
Qui ne ſongeai jamais à elle.

On trouve dans le recueil de ſes Œuvres 16 *Satyres*, 3 *Epîtres*, 5 *Elé-*

D iv

gies, des *Stances*, des *Odes*, &c. Les meilleures éditions de ces différentes piéces, font: celle de Londres, en 1733, in-4°; & celle de Rouen, in-8°, 1729, avec des remarques curieufes. On en a 2 autres plus portatives; l'une d'*Elzevir*, 1652, in-12; & l'autre de Paris, 1746, in-12. Ses Satyres font ce qui mérite le plus d'attention dans ce recueil. Imitateur de *Perfe* & de *Juvenal*, *Regnier* verfe fon fiel fur tous ceux qui lui déplaifent, & fouvent avec une licence brutale. Il a cependant quelques vers heureux & originaux, quelques faillies fines, quelques bons-mots piquans, quelques expreffions naives. Le coloris de fes tableaux eft vigoureux; mais fon ftyle eft le plus fouvent incorrect, fes plaifanteries baffes; la pudeur y eft bleffée en plus d'un endroit, & c'eft avec raifon que *Boileau* a dit que fes difcours *fe reffentoient des lieux que fréquentoit l'Auteur*.

II. REGNIER-DESMARAIS, ou plutôt DESMARETS, (François-Séraphin) naquit à Paris en 1632, d'une famille noble, originaire de Saintonge. Il fit fa philofophie avec diftinction dans le collège de Montaigu. Ce fut pendant fon cours qu'il traduifit en vers burlefques la *Batrachomyomachie* d'*Homére*, ouvrage qui parut un prodige dans un jeune-homme de 15 ans. Le duc de *Crequi*, charmé de fon efprit, le mena avec lui à Rome en 1662. Le féjour de l'Italie lui fut utile; il apprit la langue Italienne, dans laquelle il fit des vers dignes de *Pétrarque*. L'académie de la *Crufca* de Florence, prit une de fes Odes pour une production de l'amant de la belle *Laure*; & lorfque cette fociété fut défabufée, elle ne fe vengea de fon erreur,

qu'en accordant une place à celui qui l'avoit caufée. Ce fut en 1667 qu'on lui fit cet honneur, & 3 ans après l'académie Françoife fe l'affocia. *Mézerai*, fecrétaire de cette compagnie, étant mort en 1684, fa place fut donnée à l'abbé *Regnier*. Il fe fignala dans les démêlés de l'académie contre *Furetiére*, & compofa tous les Mémoires qui ont paru au nom de ce corps. L'abbé *Regnier* eut plufieurs bénéfices, entr'autres l'abbaye de St-Laon de Thouars. On prétend qu'il auroit été évêque, fans fa traduction d'une fcène voluptueufe du *Paftor fido*. Cet illuftre écrivain mourut à Paris en 1713, à 81 ans. Ses talens étoient relevés par une probité, une droiture, & un amour du vrai, généralement reconnus. Son amitié faifoit honneur à ceux qu'il appelloit fes vrais amis, parce qu'il ne la leur donnoit, que quand il reconnoiffoit en eux les qualités qui formoient fon caractére. Nous avons de lui: I. Une *Grammaire Françoife*, imprimée en 1676, en 2 vol. in-12. La meilleure édition eft celle de 1710, in-4°. On trouve dans cet ouvrage, un peu diffus, le fonds de ce qu'on a dit de mieux fur la langue. II. Une *Traduction* en vers italiens des *Odes d'Anacréon*, in-8°, qu'il dédia en 1692 à l'académie de la *Crufca*. La fimplicité & le naturel y font joints à l'élégance & à la nobleffe. III. Des *Poéfies Françoifes, Latines, Italiennes & Efpagnoles*, réunies en 1768, en 2 vol. in-12. Ses vers françois offrent de la variété, de la gaieté, des moralités heureufement exprimées; mais fon ftyle eft plus noble que vif, & plus pur que brillant. Les vers italiens & efpagnols ont plus de coloris & plus de grace. Les Poéfies françoifes ont été augmentées dans les éditions de 1716 & 1750, 2 vol. in-12. IV. Une *Traduction* de la *Perfection Chrétienne* de *Rodriguès*, entreprise à la prière des Jésuites, & plusieurs fois réimprimée en 3 vol. in-4°. & en 4 vol. in-8°. Cette version, écrite avec moins de nerf que celle de Port-royal, est d'un style plus pur & plus coulant. V. Une *Traduction* des 2 livres de la Divination de *Cicéron*, 1710, in-12. VI. Une autre *Version* des livres de cet auteur *De finibus bonorum & malorum*, avec de bonnes remarques, in-12. VII. L'*Histoire des démêlés de la France avec la Cour de Rome*, au sujet de l'affaire des Corses, 1767, in-4°: ouvrage assez intéressant pour les piéces justificatives qu'il renferme, mais qui prouve que l'auteur n'étoit pas né pour écrire l'histoire. L'abbé *Regnier* passe pour un de nos meilleurs écrivains. Son style est également éloigné de la maigreur & de l'enflure, de la négligence & du fard. On y souhaiteroit seulement plus de force & de précision.

REGULUS, (Marcus Attilius) consul Romain avec *Julius Libo*, l'an 267 avant J. C., réduisit les Salentins, se rendit maitre de Brindes leur capitale. Consul une 2ᵉ fois avec *Manlius Vulso*, ils furent vainqueurs d'*Amilcar* & d'*Hannon*, dans un combat naval donné près d'Héraclée sur la côte de Sicile ; ils leur prirent 64 galères, & en coulèrent à fond plus de 30. *Regulus*, resté en Afrique après cette victoire sur mer, gagna une bataille sur terre, suivie de la reddition de plus de 200 places, & surtout de Tunis, ville à 3 ou 4 lieues de Carthage. Les Carthaginois demandèrent la paix ; mais *Regulus* ne voulut pas la leur donner. *Xantippe*, officier Spartiate, arrivé à Carthage avec un renfort de trou-

pes Grecques, promit de l'y forcer. Il y eut un combat entre lui & le consul. Il tailla en piéces 30,000 Romains, fit 15000 prisonniers, & prit *Regulus*, qui fut emmené à Carthage avec les compagnons de son infortune. On l'envoya bientôt à Rome sous le serment d'un prompt retour, pour y annoncer les conditions de la paix & proposer l'échange des prisonniers ; mais loin de le solliciter, ce grand-homme persuada au contraire au sénat de le rejetter avec fermeté, & retourna dégager sa parole & se livrer aux tortures qu'on lui paroit. Les Carthaginois irrités inventérent pour lui de nouveaux supplices. On lui coupa les paupiéres, & on l'exposa plusieurs jours aux ardeurs du soleil ; on l'enferma ensuite dans un tonneau garni de pointes de fer, l'an 251 avant J. C. La femme de *Regulus* ayant appris cet excès de cruauté, obtint du sénat les plus considérables prisonniers Carthaginois, les fit aussi mettre dans une armoire étroite hérissée de pointes de cloux & les y laissa 5 jours sans nourriture. Ils y périrent tous, hormis un nommé *Amilcar*, qui ayant soutenu ce tourment, fut délivré & traité avec douceur, afin qu'il pût survivre à ses blessures. L'héroïsme de ce Romain a été célébré au siécle dernier, dans une des moins mauvaises tragédies de l'Anti-Racinien *Pradon* ; & de nos jours, par M. *Dorat* : la piéce du poëte moderne offre un tableau attendrissant des combats de ce grand-homme, aux prises d'un côté avec la tendresse conjugale & la nature en pleurs ; de l'autre, avec l'amour de la patrie & la religion du serment, qui l'emportent. La famille des *Attiliens* a produit plusieurs autres personnages illustres.

REIDANUS, (Everhard) de Deventer, bourguemestre à Arnheim, & député des Etats-généraux, mort en 1602, à 53 ans, est auteur d'une bonne *Histoire de Flandres*, depuis 1566 jusqu'en 1601. Il y a assez d'exactitude dans les faits, mais on y souhaiteroit plus d'impartialité. Elle fut traduite en latin par *Denys Vossius*, Leyde 1633, in-fol.

REIHING, (Jacques) né à Ausbourg en 1579, entra chez les Jésuites, & enseigna les humanités, la philosophie & la théologie à Ingolstad avec réputation. Il combattit avec zèle, pendant plusieurs années, les erreurs de *Luther*; mais ennuyé du célibat, il se retira à la cour de Wittemberg, se fit Luthérien & se maria. On lui donna une chaire de théologie à Tubinge, & la direction du collège. Il mourut en 1628, méprisé des deux partis, qui ne voyoient en lui qu'un homme sans foi, qui avoit abandonné sa religion pour une femme. On a de lui plusieurs ouvrages de controverse, dont la doctrine est différente, selon les différens tems dans lesquels il les écrivit.

REINBECK, (Jean-Gustave) né à Zell en 1682, mort à Berlin en 1741, âgé de 58 ans, fut d'abord pasteur des églises de Werder & de la Villeneuve. Il devint ensuite premier pasteur, prévôt de S. Pierre, inspecteur du collège de Cologne, conseiller du consistoire, & confesseur de la reine & de la princesse royale de Prusse. C'étoit un théologien modéré & laborieux. Nous avons de lui : I. *Tractatus de Redemptione*, à Halle, in-8°. II. *La nature du Mariage, & la réjection du Concubinage*, in-4°, en allemand, contre *Chr. Thomasius*, qui avoit écrit en faveur de

ce dernier état. III. *Considérations sur les vérités divines contenues dans la Confession d'Ausbourg*, en allemand, 4 vol. in-4° : ouvrage regardé comme fort important par ceux de sa communion. IV. Plusieurs volumes de *Sermons*, dont quelques-uns ont été traduits en françois. On n'y remarque ni l'orateur éloquent, ni l'homme de goût. V. Plusieurs *Traités de Métaphysique* sur l'optimisme, la nature & l'immortalité de l'ame, en allemand. On y trouve quelques idées neuves.

REINECCIUS, (Reinier) de Steinheim, dans le diocèse de Paderborn, enseigna les belles-lettres dans les universités de Francfort & de Helmstad jusqu'à sa mort, arrivée en 1595. On a de lui : I. Un Traité de la méthode de lire & d'étudier l'histoire : *Methodus legendi Historiam*, Helmstad 1583, in-fol. Ce n'est qu'une compilation assez mal digérée. II. *Historia Julia*, in-fol. 1594, 1595 & 1597, 3 vol. : ouvrage savant pour les recherches des anciennes familles, & rare, surtout de l'édition que nous citons. III. *Chronicon Hierosolymitanum*, in-4°, peu commun. IV. *Historia Orientalis*, in-4° : livre rempli d'une érudition profonde, &c. &c. Peu d'écrivains ont écrit aussi savamment que *Reineccius*, sur l'origine des anciens peuples.

REINESIUS, (Thomas) né à Gotha en 1587, devint bourguemestre d'Altembourg & conseiller de l'électeur de Saxe. Il se retira ensuite à Leipsick, où il pratiqua la médecine, & où il mourut en 1667, à 80 ans. On a de lui : I. *Syntagma inscriptionum antiquarum* : compilation utile, en 2 vol. infol. Leipsick, 1682 ; c'est un supplément au grand recueil de *Gruter*. II. Six livres de *diverses Leçons*,

1640, in-4°. III. Des *Lettres*, 2 vol. in-4°, 1667-1670; & un grand nombre d'autres ouvrages en latin. Ce fut l'un des favans qui eurent part aux libéralités de *Louis XIV*.

REINIE (Gabriel NICOLAS, feigneur de la) né à Limoges d'une famille ancienne, fut envoyé à Bordeaux pour faire fes études. Il s'y établit & devint préfident au préfidial de cette ville, jufqu'aux troubles arrivés en Guienne l'an 1650. Le duc d'*Epernon*, gouverneur de la province, le préfenta à *Louis XIV*, qui le fit maître des requêtes en 1661. On créa pour lui, en 1667, une charge de lieutenant-général de police de la ville de Paris. C'eft aux foins infatigables de ce digne magiftrat, que nous fommes redevables des beaux réglemens de police qui s'obfervent dans la capitale ; l'établiffement du Guet, la défenfe aux gens de livrée de porter des cannes & des épées, les lanternes, &c. font des monumens de fon zèle actif & patriotique. *Louis XIV*, pour le récompenfer, le fit confeiller d'état en 1680. *La Reinie* mourut en 1709 à 85 ans, univerfellement regretté pour fa vigilance, fon intégrité, fon amour pour le bon ordre, fes foins pour la fûreté publique, & fur tout pour fon équité & fon défintéreffement.

REINOLD, ou REINHOLD, (Erafme) aftronôme, de Salfed dans la Thuringe, eft auteur de quelques *Ouvrages de Mathématiques*. Il mourut en 1553; en prononçant le vers fuivant :

Vixi, & quem dederas curfum mihi, *Chrifte, peregi.*

I. REISK, (Jean) recteur du collège de Wolfembuttel, mort en 1701 à 60 ans, a publié un grand nombre d'ouvrages plus favans que méthodiques. I. Sur la *Corne d'Ammon*. II. Sur les *Oracles des Sybilles*, & les autres anciens Oracles. III. Sur l'*Affuerus d'Efther*. IV. Sur la *Maladie de Job*. V. Sur les *Images de J. C.* & fur la langue qu'il parloit. VI. Sur les *Gloffopètres*. VII. Une édition du *Chronicon Sarracenicum & Turcicum* de *Wolfgang Drechter*, avec des *Notes* & un *Appendix*.

II. REISK (Jean-Jacques) favant Allemand, docteur en mèdecine, profeffeur d'Arabe dans l'univerfité de Leipfick, mourut en 1774 à 58 ans. Il a laiffé d'excellentes éditions : I. *Oratores Græci*, 12 vol. in-8°. II. *Denys d'Halicarnaffe*, 7 vol. in-8°. III. Les *Œuvres de Plutarque*, 7 vol. in-8°. Il a auffi traduit en latin l'*Hiftoire des Arabes d'Abulféda*.

RELAND, (Adrien) né à Ryp, village de Nord-Hollande, en 1676, d'un miniftre de ce village, fit paroître dès fon enfance, des talens extraordinaires pour les belles-lettres & pour les fciences. Dès l'âge d'onze ans il eut fini fes claffes. La chaire de philofophie de Hardewick ayant vaqué, il y fut nommé, quoiqu'il n'eût que 24 ans. Il la quitta enfuite pour une place de profeffeur en langues Orientales & en antiquités eccléfiaftiques à Utrecht. Il jouiffoit d'une réputation fans tache, lorfque la petite verole l'emporta en 1719, à 43 ans. Ce favant n'étoit pas moins eftimable par les qualités de fon cœur, que par celles de fon efprit. Il gagnoit l'amitié de ceux qu'il fréquentoit, par la douceur de fon caractére, par la fûreté de fon commerce, & par fa modeftie & fa candeur. Il étoit affable, officieux, prévenant, & faifoit les délices des honnêtes gens. Ses principaux ouvrages font : I. Une *Def-*

cription de la Palestine, très-favante & très-exacte. L'auteur confidére cette province dans les différens états où elle a été. Il publia cet ouvrage fous le titre de : *Palæstina monumentis veteribus illuftrata*, Utrecht 1714, 2 vol. in-4°. II. Cinq *Differtations fur les Médailles* des anciens Hébreux ; & plufieurs autres *Differtations* fur différens fujets curieux & intéreffans, 1706-1708, 3 vol. in-12. III. Une *Introduction à la Grammaire Hébraique*, 1710 in-8°. IV. *Antiquitates facræ veterum Hebræorum*, 1717. Cet ouvrage, écrit avec méthode, renferme beaucoup de favoir & de recherches. V. *De religione Mahumetaná*, traduit en françois par *Durand*. La feconde édition, qui eft la plus eftimée, eft de 1717 in-8°. Il eft divifé en deux livres, dont le 1ᵉʳ contient un abrégé de la croyance des Mahométans, traduit d'un manufcrit Arabe ; & le 2ᵉ, les accufations & les reproches qu'on-leur fait fans aucun fondement. VI. *Petri RELANDI Fafti confulares*, Utrecht 1715, in-8° : *Adrien* ne fut que l'éditeur de cet ouvrage favant & exact, compofé par *Pierre Reland* fon frere.

REMBRANT, (Van-Ryn) peintre & graveur, fils d'un meunier, naquit en 1606 dans un village fitué fur le bras du Rhin qui paffe à Leyde. Un petit tableau qu'il fit pendant fon apprentiffage, & qu'un connoiffeur paya cent florins, le mit en réputation dans les plus grandes villes de la Hollande. Il fut fur-tout employé dans les portraits ; nous en avons de lui un grand nombre. Ses fujets d'hiftoire font plus rares. Il mettoit ordinairement des fonds noirs dans fes tableaux, pour ne point tomber dans des défauts de perfpective, dont il ne voulut jamais fe donner

la peine d'apprendre les principes. On lui reproche auffi beaucoup d'incorrection. Il avoit une grande collection des meilleurs deffins des peintres Italiens, & des gravures de leurs plus beaux ouvrages ; mais c'eft une richeffe dont il ne fit jamais aucun ufage pour fon art. Ses défauts ne l'empêchérent pas d'être compté parmi les plus célèbres artiftes. Ce peintre poffédoit, dans un dégré éminent, l'intelligence du clair-obfcur. Il eft égal au *Titien* pour la fraîcheur & la vérité de fes carnations. Ses tableaux, à les regarder de près, font raboteux ; mais ils font, de loin, un effet merveilleux. Toutes les couleurs font en harmonie ; fa manière eft fuave, & fes figures femblent être de relief. Ses compofitions font très-expreffives; fes demi-figures, & fur-tout fes têtes de vieillards, font frappantes. Enfin il donnoit aux parties du vifage, un caractére de vie & de vérité qu'on ne peut trop admirer. Les *Eftampes*, en grand nombre, que *Rembrant* a gravées, font dans un goût fingulier. Elles font recherchées des connoiffeurs, & fort chéres, particulièrement les bonnes épreuves. Ce n'eft qu'un affemblage de coups, irréguliers & égratignés, mais qui produifent un effet très-piquant. La plus confidérable eft la piéce de *Cent francs*, ainfi appellée, parce qu'il la vendoit ce prix-là ; le fujet de cette piéce eft *Notre-Seigneur guériffant les Malades*. On a auffi gravé d'après lui. *Rembrant* a fait quelques *Payfages*, excellens pour l'effet. Il mourut à Amfterdam en 1688. Ce peintre étoit d'une avarice extrême. Semblable à certains auteurs qui vendent 5 ou 6 fois le même manufcrit, il ufoit de toutes fortes de rufes, pour vendre fort cher

& plusieurs fois les mêmes estampes. Tantôt il les faisoit débiter par son fils, comme si celui-ci les avoit dérobées. Tantôt il feignoit de vouloir quitter la Hollande. Il les vendoit lorsque la planche étoit à moitié terminée, en tiroit un nouveau prix après qu'elle étoit finie ; enfin il la faisoit paroitre une 3ᵉ fois en la retouchant.

I. REMI, (Saint) né dans les Gaules d'une famille illustre, fut encore plus distingué par ses lumiéres & ses vertus, que par sa naissance. Ses grandes qualités le firent mettre sur le siégé pontifical de Reims, à 24 ans. Il eut beau résister au peuple, il fallut qu'il sortit de sa solitude. Ce fut lui qui baptisa le roi *Clovis*, qu'il instruisit des maximes du Christianisme conjointement avec *S. Godard* de Rouen. On ne sait en quel tems il mourut ; mais il est certain qu'il ne vivoit plus en 535. Nous avons sous son nom quelques *Lettres* dans la Bibliothèque des PP. Plusieurs savans doutent qu'elles soient de lui.

II. REMI, (Saint) grand-aumônier de l'empereur *Lothaire*, succéda à *Amolon* dans l'archevêché de Lyon en 854. On croit que ce fut lui qui fit, au nom de cette église, la *Réponse aux III Lettres* d'*Hincmar* de Reims, de *Pardule* de Laon, & de *Raban* de Mayence. Il présida au concile de Valence en 855, se trouva à celui de Langres & à celui de Savonnières près de Toul, en 859, & se signala dans toutes ces assemblées par un zèle peu commun. Cet illustre prélat termina sa vie glorieuse en 875, après avoir fait diverses fondations. Outre la *Réponse* dont nous avons parlé, & dans laquelle il soutient avec zèle la doctrine de *S. Augustin* sur la grace & sur la

prédestination ; nous avons de lui : *Traité de la condamnation de tous les Hommes par* Adam, *& de la délivrance de quelques-uns par* JESUS-CHRIST. On trouve ce *Traité*, ainsi que la *Réponse*, dans la Bibliothèque des PP. & dans *Vindiciæ Prædestinationis*, 1650, 2 vol. in-4°.

III. REMI D'AUXERRE, ainsi appellé parce qu'il étoit moine de S. Germain d'Auxerre, mourut vers l'an 908. Il eut pour maître *Heric* ou *Henri*. Ses études, suivant l'usage de ce tems, embrassérent les sciences profanes & les sciences divines : on croyoit alors ce que plusieurs pensent aujourd'hui, que ces sciences bien étudiées, se prêtent de mutuels secours. Il enseigna dans l'université de Paris, & s'y acquit quelque réputation. On a de lui un *Traité des Offices divins*, & quelques autres ouvrages fort superficiels & presque entièrement ignorés. *Remi*, pour avoir suivi le goût de son siécle de tout étudier, n'approfondit rien, ainsi que la plûpart des docteurs de ce tems-là. Son *Commentaire sur les Pseaumes*, Cologne, 1536, in-fol. & dans la Bibl. des Peres, est sa meilleure production.

IV. REMI, (Abraham) *Remmius*, dont le nom étoit RAVAUD, né en 1600, mort en 1646, professa l'éloquence au collège-royal: *Remi*, village du Beauvaisis sa patrie, lui donna son surnom. Il est regardé comme un des meilleurs poëtes Latins de son tems. Ses productions virent le jour en 1646, in-12 : on y remarque de l'esprit, une imagination vive, de l'invention, & une facilité peu commune. Il a fait un Poéme épique sur *Louis XIII*, divisé en 4 livres, sous le titre de *Borbonias*, in-8°, 1627. Son *Masonium*, ou Recueil de vers sur le château de Maisons, près Saint-

Germain, eſt ce que cet auteur a
fait de mieux. Ce beau vers contre les ergoteurs logiciens, eſt de
lui : *Gens ratione furens, & mentem
paſta chimæris.*

. REMIGIO FIORENTINO, Dominicain, & littérateur Italien du
XVIᵉ ſiécle, ſe fit connoître par
pluſieurs ouvrages, dont les principaux ſont des traductions : d'*Ammien Marcellin*, de *Cornelius Nepos*,
& de l'*Hiſtoire de Sicile* de *Fazello*.
Il eſt auſſi auteur des *Réflexions ſur
l'Hiſtoire de Guichardin*, & ſur quelques autres hiſtoriens, imprimées
à Veniſe en 1582 in-4°, & aſſez
eſtimées ; & de *Poëſies Italiennes*
fort médiocres. *Remigio* paſſa preſque toute ſa vie à Veniſe ; ſon nom
de famille étoit NANNINI. Il mourut à Florence ſa patrie en 1580,
à 62 ans.

I. REMOND DE ST - MARD,
(Touſſaint) de Paris, proche parent de *Remond de Montmort*, qui
a écrit ſur les jeux de hazard, fit
ſes humanités & ſa philoſophie
avec ſuccès dans l'univerſité de
Paris. Il ne voulut s'engager ni
dans les charges, ni dans le mariage, & prit le parti de vivre en
philoſophe. Il mena une vie exemte de toute contrainte, & partagea
ſon tems entre la culture des belles-lettres, & la ſociété des gens
d'eſprit. Ses écrits ſe ſentent de
ſon caractére indolent & pareſſeux,
auſſi-bien. que de ſon attrait pour
une philoſophie qui exclud toute
ſévérité. Il ſe fit connoître d'abord
par ſes *Dialogues des Dieux*, écrits
avec eſprit & avec grace ; il y
cache des idées fines ſous des expreſſions familières. Mais il ne
fait qu'effleurer la ſurface des objets, ainſi que dans ſes autres ouvrages ; & il faut moins y chercher la morale évangélique, que
celle d'*Epicure*. Ses autres ouvra-

ges ſont : I. *Lettres galantes & philoſophiques*, accompagnées de l'*Hiſtoire de Mademoiſelle de* * * *. On y
trouve des paradoxès ; mais l'auteur les ſoutient avec eſprit. Son
ton n'eſt pas aſſez épiſtolaire ; il
veut paroître profond, & il n'eſt
très - ſouvent qu'obſcur. II. Trois
*Lettres ſur la naiſſance, les progrès
& la décadence du Goût* ; elles ſont
écrites avec plus de feu que tout
le reſte ; elles ont même un petit
ton ſatyrique, qui n'eſt point du
tout déſagréable aux eſprits malins, c'eſt-à-dire au plus grand
nombre. III. Différens *Traités* ſur
la poëſie en général, & ſur les
différens genres de poëſie. On y
ſent un homme qui avoit médité
ſon ſujet, & qui avoit lu avec réflexion les anciens poëtes de Rome, & nos meilleurs poëtes François ; mais il eſt rare qu'il en juge
ſainement. IV. Un petit *Poëme* intitulé *la Sageſſe*. Ce poëme, d'une
philoſophie très-voluptueuſe, parut d'abord en 1712, & on le réimprima dans un Recueil en 1715,
ſous le nom du marquis de *la Fare*
qui n'en étoit point l'auteur. C'é-
toit un vol que l'on faiſoit à *St-
Mard*. Il repréſente la Sageſſe comme une divinité auſſi voluptueu-
ſe, & plus ſéduiſante, que *Vénus*.
V. Une *Lettre ſur le Goût & le Génie,
& ſur l'utilité dont peuvent être les
règles*. Ces différens écrits ont été
recueillis en 1743, à Paris, ſous
le titre de la Haye, en 3 vol. in-
12 ; & depuis en 1750, 5 vol. in-
12, petit format. L'auteur mourut
à Paris en 1757, à 75 ans. Sa ſanté
avoit toujours été extrêmement
délicate, & il étoit ſujet à pluſieurs infirmités. Il dut ſa longue
vie à ſon caractère modéré & à
une gaieté douce. C'étoit un homme d'une ſociété aimable ; il parloit comme il écrivoit, d'une ma-

nière précieuse. Il s'étoit formé fur *Fontenelle*, quoiqu'il le regardât comme le corrupteur du goût, & qu'il ne cefsât de lancer contre lui quelques traits dans fes livres & dans fa converfation.

II. REMOND DE MONTMORT, *Voyez* MONTMORT.

III. REMOND, *Voyez* FLORIMOND DE REMOND.

REMUS, frere de *Romulus*. Quelques-uns prétendent, que ne pouvant s'accorder avec fon frere, il s'exila, & paffa dans les Gaules, où il fonda la ville de Reims : d'autres difent que fon frere le tua, pour fe venger de ce qu'il avoit fauté par mépris le foffé récemment tracé des murs de Rome, ou plutôt pour régner feul ; mais tous ces faits font fort incertains.

RENAU D'ELISAGARAY, (Bernard) né dans le Béarn en 1652, d'une famille ancienne de Navarre, fut placé, dès fon enfance, auprès de *Colbert* du *Terron*, intendant de Rochefort. On lui fit apprendre les mathématiques ; il y réuffit, & devint de bonne heure l'ami intime du Pere *Malebranche*. La marine étoit fon étude favorite. Quand il y fut affez inftruit, *du Terron* le fit connoître à *Seignelai*, qui devint fon protecteur. Il lui procura, en 1679, une place auprès du comte de *Vermandois*, amiral de France, qui lui donna une penfion de mille écus. *Louis XIV*, voulant réduire à des principes uniformes la conftruction des vaiffeaux, fit venir à la cour les plus habiles conftructeurs. Après quelques difcuffions, on fe borna à deux méthodes ; l'une de *Renau*, & l'autre de *du Quefne*, qui eut la magnanimité de donner la préférence à celle de fon rival. *Renau* jouit de fon triomphe en préfence de *Louis XIV*, qui lui ordonna

d'aller à Breft & dans les autres ports pour inftruire les conftructeurs. Il mit leurs enfans en état de faire, à l'âge de 15 à 20 ans, les plus gros vaiffeaux, qui demandoient auparavant une expérience de 20 ou 30 ans. En 1680, *Louis XIV* réfolut de fe venger d'Alger ; *Renau* propofa de le bombarder. Jufqu'alors il n'étoit venu dans l'efprit de perfonne, que des mortiers puffent n'être pas placés à terre, & fe paffer d'une affiette folide. Il promit de faire des galiotes à bombes : on fe moqua de lui dans le confeil ; mais *Louis XIV* voulut qu'on effayât cette volonté funefte, qui eut un heureux effet. Après la mort de l'amiral, il alla en Flandre trouver *Vauban*, qui le mit en état de conduire les fiéges de Cadaquiers en Catalogne, de Philisbourg, de Manheim & de Franckendal. Le roi, pour récompenfer fes fervices, lui donna une commiffion de capitaine de vaiffeau, un ordre pour avoir entrée & voix délibérative dans les confeils des généraux, une infpection générale fur la marine, & l'autorité d'enfeigner aux officiers toutes les nouvelles pratiques dont il étoit l'inventeur, avec 12000 livres de penfion. Cet habile homme fut demandé par le grand-maître de Malte, pour défendre cette ifle ; mais le fiége n'ayant pas eu lieu, *Renau* revint en France. Il fut fait à fon retour confeiller de marine, & grand-croix de l'ordre de St Louis. Sa mort, arrivée en 1719, fut celle d'un religieux de la Trappe. Perfuadé de la religion par fa philofophie, il regardoit fon corps comme un voile qui lui cachoit la vérité éternelle, & la mort comme un paffage des plus profondes ténèbres à une lumière parfaite. La valeur, la probité, le

défintéreffement, l'envie d'être utile, foit au public, foit aux particuliers ; toutes ces qualités
étoient chez lui au plus haut dégré, & elles étoient foutenues par
une piété auffi tendre que conftante. Il avoit été reçu honoraire
de l'académie des fciences en 1699.
On a de lui la *Théorie de la manœuvre des Vaiffeaux*, 1689, in-8° ;
& plufieurs *Lettres* pour répondre
aux difficultés de *Huyghens* & *Ber-
noulli* contre fa théorie. C'étoit
un homme qui lifoit peu, mais qui
méditòit beaucoup, & ce qui eft
plus fingulier, qui méditoit beaucoup plus au milieu des compagnies où il fe trouvoit fréquem-
ment, que dans la folitude où on
le trouvoit peu. Il étoit de très-
petite taille, & prefque nain : on
l'appelloit ordinairement *le Petit
Renau.*

RENAUD, *Voyez* AIMON.

RENAUDIE, (Jean de Barri,
fieur de là) *dit* de la *Foreſt*, fecond
chef de la conjuration que les Huguenots firent, en 1560, contre
les princes de la maifon de *Guife*,
étoit d'une noble & ancienne famille de Périgord. Il avoit été condamné au banniffement pour le crime de faux. Il paffa le tems de fon
exil à Genève & à Laufanne, &
s'infinua dans l'efprit de plufieurs
François, retirés en Suiffe à caufe
de la religion. Depuis il forma les
mêmes cabales en France, où il ne
fut connu d'abord que de ceux de
fon parti. *La Renaudie* avoit de l'efprit, de la hardieffe, & étoit vindicatif. Il fouhaitoit effacer l'infamie de fon banniffement par quelque action éclatante. Dans cette
vue, il offrit fon fervice à ceux
de la conjuration formée par les
Proteſtans. Il fe chargea d'aller dans
les provinces, & de gagner par lui-
même & par fes amis, ceux qu'il

avoit déja connus, & leur donna
jour au 1ᵉʳ Février pour s'affembler à Nantes. L'affemblée fe tint,
& on réfolut d'exécuter la conjuration à Amboife, où étoit la cour ;
mais ce deffein ayant été découvert, par un avocat chez qui il
étoit logé, (*Voy.* AVENELLES,) *la
Renaudie*, qui s'avançoit avec des
troupes, fut tué, le 16 Mars 1559
vieux ſtyle, 1560 *nouv. ſt.*... dans la
forêt de Château - Renard, près
d'Amboife, où fon corps fut porté.
Il y fut pendu fur le pont à un gi-
bet, ayant fur le front un écriteau
avec ces paroles : *Chef des Rebelles.*
Un de fes domeſtiques nommé *la
Bigne*, qui fut pris dans la même
occafion, expliqua divers mémoires écrits en chiffres, & découvrit
tout le fecret de la conjuration.

I. RENAUDOT, (Théophraſte)
médecin de Loudun, s'établit à
Paris en 1623. Il fut le premier qui
commença, en 1631, à faire imprimer ces nouvelles publiques, fi
connues fous le nom de *Gazettes*.
Il y avoit long-tems qu'on avoit
imaginé de pareilles feuilles à Venife, & on les avoit appellées *Gazettes*, parce que l'on payoit pour
les lire *una Gazetta*, petite pièce
de monnoie. *Renaudot*, grand nou-
velliſte, ramaffoit de tous côtés
des nouvelles pour amufer fes malades. Il fe vit bientôt plus à la
mode qu'aucun de fes confreres ;
mais comme toute une ville n'eſt
pas malade, ou ne s'imagine pas
l'être, il penfa qu'il pourroit fe faire un revenu plus confidérable en
donnant chaque femaine des feuilles volantes, qui contiendroient
les nouvelles de divers pays. Ce
fut l'origine de la *Gazette* de France. *Louis XIII* lui donna un privilége, qui fut confirmé par *Louis
XIV*, pour lui & pour fa famille.
Ce médecin gazettier mourut à Paris

ris en .1653. Il aimoit beaucoup l'argent, & quoique ses malades & les lecteurs de ses Gazettes lui en procuraffent beaucoup, on prétend qu'il prêtoit sur gages. On a de lui, outre ses Gazettes : I. Une Suite du *Mercure François*, depuis 1635 jusqu'en 1643. Comme il ne donna dans ce recueil que la seule relation des faits, sans y joindre les piéces justificatives, ainsi qu'avoit fait *Richer*, il fut obligé de le discontinuer. Il n'a donné que les 6 derniers volumes de cet ouvrage, qui est en 25 in-8°. Les siens sont les moins estimés & cependant les plus rares. II. Un *Abrégé de la Vie & de la Mort* de *Henri* de *Bourbon*, prince de Condé, 1646, in-4°. III. *La Vie & la Mort du Maréchal de Gassion*, 1647, in-4°. IV. La *Vie de Michel Mazarin*, cardinal, frere du premier ministre de ce nom, 1648, in-4°.

II. RENAUDOT, (Eusèbe) petitfils du précédent, est plus célèbre que son grand-pere. Il naquit à Paris en 1646. Après avoir fait ses humanités au collége des Jésuites & sa philosophie au collège d'Harcourt, il entra chez les Peres de l'Oratoire ; mais il n'y demeura que peu de mois. Il continua cependant de porter l'habit ecclésiastique, afin d'être moins détourné dans ses études, par les visites des oisifs du grand monde ; mais il ne songea jamais à entrer dans les ordres. Il se consacra d'abord aux langues Orientales, & il étudia ensuite les autres langues : on prétend qu'il en possédoit jusqu'à 17. Son dessein étoit de faire servir ses connoissances à puiser dans les sources primitives les vérités de la religion. Le grand *Colbert* avoit conçu le dessein de rétablir en France les impressions en langues Orientales. Il s'adressa à l'ab-

bé *Renaudot*, comme à l'homme le plus capable de seconder ses vues ; mais la mort de ce grand ministre priva la patrie de ce nouveau service qu'il vouloit lui rendre. Le cardinal de *Noailles*, un des protecteurs de notre savant, le mena avec lui à Rome en 1700, & le fit entrer dans le conclave. Son mérite lui attira les distinctions les plus flatteuses. Le pape *Clément* XI l'honora de plusieurs audiences particuliéres, voulut lui donner des bénéfices, & ne put lui faire accepter que le petit prieuré de Frossay en Bretagne. Il l'engagea de rester encore 7 à 8 mois à Rome, après le départ du cardinal, pour jouir plus long-tems de ses lumières. Le grand-duc de Florence, auprès de qui il passa un mois, le logea dans son palais, le combla de présens, & lui donna des felouques pour le ramener à Marseille. L'académie de Florence, l'académie Françoise, celle des inscriptions, le jugèrent digne d'elles. Ce fut à son retour en France qu'il publia la plûpart des ouvrages qui ont illustré sa plume. Ce savant mourut en 1720, à 74 ans, après avoir légué sa nombreuse bibliothèque aux Bénédictins de S. Germain-des-Prés. L'abbé *Renaudot* avoit un esprit net, un jugement solide, une mémoire prodigieuse. Sa conversation étoit amusante, soit par la variété dont il l'assaisonnoit, soit par le naturel & la chaleur avec laquelle il racontoit une infinité d'anecdotes, qui n'étoient connues que de lui. Homme de cabinet & homme du monde tout ensemble, il se livroit à l'étude par goût, & se prêtoit à la société par politesse. Attentif à garder les bienséances, ami fidèle & généreux, libéral & même prodigue envers les pauvres,

E

irréprochable dans fes mœurs, infenfible à tout autre plaifir qu'à celui de converfer avec les favans ; il fut le modèle de l'honnête-homme & du parfait Chrétien. Sa fcience n'étoit point un tréfor caché ; il étoit toujours prêt à en faire part : & on fait l'hommage de reconnoiffance que les auteurs de la *Perpétuité de la Foi*, (*Arnauld & Nicole*,) lui ont rendu. Ses principaux ouvrages font : I. Deux vol. in-4°, en 1711 & 1713, pour fervir de continuation au livre de la *Perpétuité de la Foi*. II. *Hiftoria Patriarcharum Alexandrinorum, Jacobitarum*, &c. à Paris, 1713, in-4°. III. Un *Recueil* d'anciennes *Liturgies Orientales*, 2 vol. in-4°, Paris, 1716, avec des differtations très-favantes. IV. Deux anciennes *Relations des Indes & de la Chine*, avec des obfervations, 1718, in-8°, à Paris. Cet ouvrage, traduit de l'Arabe, renferme les voyages de deux Mahométans du IX° fiécle. V. *Défenfe de la Perpétuité de la Foi*, in-8°, contre le livre d'*Aymon*. VI. Plufieurs *Differtations*, dans les *Mémoires* de l'académie des Infcriptions. VII. *Défenfe de fon Hiftoire des Patriarches d'Alexandrie*, in-12. VIII. Une *Traduction* latine de la *Vie de S. Athanafe*, écrite en Arabe. Elle a été inférée dans l'édition des *Œuvres* de ce Pere par Dom de *Montfaucon*, &c. IX. Plufieurs ouvrages manufcrits. Le ftyle de ces diverfes productions eft affez noble : mais il manque de légéreté & d'agrément.

RENÉ, comte d'Anjou & de Provence, arriére-petit-fils du roi *Jean*, né à Angers en 1408, defcendoit de la feconde branche d'*Anjou*, appellée au trône de Naples par la reine *Jeanne I*. Ayant époufé en 1420 *Ifabelle* de Lorraine, fille & héritiére de *Charles II*, il ne put recueillir l'héritage de fon beau-pere. *Antoine* comte de Vaudemont, qui le lui difputa les armes à la main, le chaffa de Lorraine, le fit prifonnier, & le força de donner fa fille *Ifabelle* en mariage à fon fils *Ferri de Vaudemont*, dont les defcendans régnérent dans cette province. *Louis* roi de Naples, fon frere, & la reine *Jeanne II* qui l'avoit fait fon héritier, étant morts, il fe rendit en 1435 dans le royaume de Naples ; il n'y fut pas plus heureux qu'en Lorraine. *Jean* de *Calabre* fon fils entreprit non moins inutilement la conquête du royaume d'Arragon, qui appartenoit légitimement à *René* par fa mere *Yolande*. Le comté d'Anjou n'ayant eu que des revers à la guerre, fe retira en Provence, où il cultiva les arts de la paix. Il fit des vers & peignit, comme un prince pouvoit peindre dans un fiécle & dans un pays alors à demi barbare. On voit un de fes tableaux aux Céleftins d'Avignon. Le fujet en eft hideux : c'eft le fquelette de fa maitreffe à moitié rongé des vers, avec le cercueil d'où elle fort. Affûrément on ne dira pas qu'il l'ait flattée. Son génie fingulier & bizarre lui faifoit aimer les cérémonies extraordinaires. Il eft le premier auteur de la fameufe proceffion d'Aix, où l'on voit un porteur de chaife repréfentant la reine de Saba ; des Apôtres armés de fufils, qui fe battent contre des Diables ; un lieutenant-d'amour, & d'autres indécences bien déplacées dans une folemnité fi augufte. *René* mourut à Aix en 1480. On lui a attribué l'*Abufé en cour*, qu'on imprima dans un recueil d'anciennes *Poëfies* fans date, mais fort ancien, in-fol. & depuis à Vienne 1484, in-fol. On a encore de lui *les Cérémonies obfervées à la réception d'un*

Chevalier : manuſcrit enrichi de belles miniatures. *Jeanne* de *Laval*, qu'il épouſa en ſecondes noces, lui donna des enfans qui moururent avant lui. Il fut ſurnommé *le Bon*; mais cette bonté tenoit beaucoup de la foibleſſe & de la puſillanimité. Dans le tems qu'il étoit à Angers, il inſtitua en 1438 l'ordre du *Croiſſant*.

RENEAULME, (Paul-Alexandre de) chanoine-régulier de Ste Genevïéve de Paris, d'une famille noble, originaire de Suiſſe, fut d'abord prieur de Marchenoir, & enſuite de Theuvy, où il mourut d'hydropiſie en 1749. C'étoit un homme plein de vertu, & ſur-tout très-charitable. Il connoiſſoit la botanique, & ſervoit de médecin aux pauvres de ſon canton. Il s'étoit formé une des plus belles bibliothèques qu'un particulier puiſſe ſe procurer. En 1740 il publia un *Projet de Bibliothèque univerſelle, pour raſſembler dans un même corps d'ouvrage, par ordre alphabétique & chronologique, le nom de tous les Auteurs qui ont écrit en quelque langue que ce ſoit ; le titre de leurs Ouvrages, tant manuſcrits qu'imprimés, ſuffiſamment étendu pour en donner une idée en forme d'analyſe ; le nombre des Editions, des Traduΰions, &c. ; un précis des faits eſſentiels de la Vie des Auteurs*, &c. Une ſanté languiſſante dans les dernïéres années de ſa vie, l'ont empêché d'exécuter cet ouvrage immenſe. Tous ſes manuſcrits, ainſi que ſa bibliothèque, ont paſſé à la maiſon des chanoines-réguliers de S. Jean à Chartres.

RENÉE DE FRANCE, ducheſſe de Ferrare, née à Blois en 1510, du roi *Louis XII* & de la reine *Anne* de Bretagne, avoit été accordée en 1515 à *Charles* d'Autriche, depuis empereur, & fut demandée quelques années après par *Henri*

VIII roi d'Angleterre. Ces projets n'eurent point de ſuite, pour quelques raiſons d'état ; & la princeſſe fut mariée par *François I*, à *Hercule d'Eſt*, II du nom, duc de Ferrare. C'étoit une femme 'pleine d'eſprit & d'ardeur' pour l'étude. Elle ne ſe contenta pas de ſavoir l'hiſtoire, les langues, les mathématiques, & même l'aſtrologie ; elle voulut auſſi étudier les queſtions les plus difficiles de la théologie, & cette étude l'engagea inſenſiblement dans l'héréſie. *Brantôme dit, que ſe reſſentant peut-être des mauvais tours que les Papes* Jules *&* Léon *avoient faits au Roi ſon pere en tant de ſortes, elle renia leur puiſſance, & ſe ſépara de leur obéiſſance, ne pouvant faire pis étant femme...* Calvin, ayant été obligé de quitter la France & de paſſer en Italie, diſpoſa facilement l'eſprit de cette princeſſe à ſuivre ſes opinions; & *Marot*, qui lui ſervit de ſecrétaire, la confirma dans cette croyance. Après la mort du duc ſon époux, en 1559, elle revint en France, & y donna des marques de ſon courage & de ſa fermeté d'eſprit. Le duc de *Guiſe* la fit ſommer de rendre quelques factieux qui s'étoient réfugiés dans le château de Montargis, où elle s'étoit retirée pendant les guerres de la religion. Elle lui répondit fièrement « qu'eli » le ne les livreroit point, & que » s'il attaquoit le château, elle ſe » mettroit la première ſur la brè- » che, pour voir s'il auroit la har- » dieſſe de tuer la fille d'un roi. » Elle parla fortement pour le prince de *Condé*, lorſqu'il fut mis en priſon ; mais leur amitié ne dura pas. Elle ſe brouilla avec lui, parce qu'elle déſapprouva la guerre des Prétendus-Réformés. Elle mourut dans l'héréſie, en 1575, dans le château de Montargis, âgée de 65 ans, après avoir orné la ville de plusieurs beaux édifices.

RENOMMÉE, Divinité poëtique, messagére de *Jupiter*. Elle se plaçoit sur les plus hauts lieux, pour publier les bonnes & mauvaises nouvelles. Les poëtes la représentent sous la figure d'une jeune fille, avec des ailes remplies d'yeux & d'oreilles, autant de bouches & de langues, sonnant de la trompette, & ayant sa robe retroussée.

RESCIUS, (Staniflas) chanoine de Warmie en Pologne, fut envoyé, par *Etienne Battori*, ambassadeur à Rome. Nous avons de lui : I. *De rebus in electione Regis Poloniæ gestis ad discessum ejus*, Rome 1573, in-4°. II. *Dissidium Evangelicorum Magistrorum ac Ministrorum*, Cologne 1592, in-8°. III. *De atheismis & phalarismis Evangelicorum.* Ce traité, qui n'est pas commun, fut imprimé en 1596, in-4° à Naples, où l'auteur mourut 2 ans après, en 1598.

RESENDE ou REESENDE, *Resendius*, (André ou Louis-André de) né à Evora en 1498, entra jeune dans l'ordre de S. Dominique, & étudia avec succès à Alcala, à Salamanque, à Paris & à Louvain. Le roi de Portugal, *Jean III*, lui confia l'éducation des princes ses freres, & ayant obtenu du pape la permission de lui faire quitter l'habit de religieux, il lui donna un canonicat d'Evora. *Resende* ne fut pas moins laborieux sous l'habit de chanoine, que sous celui de Dominicain. Il ouvrit une école de littérature, cultiva la musique & la poësie, & prêcha avec applaudissement. Il mourut en 1573 à 75 ans. On a de lui un grand nombre d'ouvrages. La plûpart ont été recueillis à Cologne l'an 1600, en 2 vol. Les principaux sont : I. *De Antiquitatibus Lusitaniæ*,

à Evora, 1593, in-fol. curieux & rare. II. *Deliciæ Lusitano-Hispanicæ*, 1613, in-8°; bon & recherché. III. Un vol. in-4° de *Poësies latines*. IV. *De vitâ aulicâ*, in-4°. V. Une Grammaire, sous ce titre : *De Verborum conjugatione*, &c. On voit par ces différens ouvrages qu'il étoit très-versé dans les langues grecque, latine & hébraïque, & dans les antiquités sacrées & profanes. Ses Poësies valent moins que ses ouvrages d'érudition... Il y a eu un autre RESENDE, (Garcias de) auteur de l'*Histoire de Jean II*, en Portugais, in-fol.

RESENIUS (Pierre) professeur en morale & en jurisprudence à Copénhague étoit un savant profond & un bon citoyen, qui devint prévôt des marchands de cette ville, & conseiller-d'état. Ses ouvrages sont relatifs à l'histoire & au droit-public d'Allemagne. On a de lui : I. *Jus Aulicum Norwegicum*, 1673, in-4°. II. Un *Dictionnaire Islandois*, 1683, in-4°. III. Deux *Edda* des Islandois, 1665, in-4°. M. *Mallet* en a donné la traduction dans son *Introduction à l'Histoire de Danemarck*, Copenhague 1756, in-4°. *Resenius* poussa sa carriére jusqu'à 83 ans, & mourut en 1588.

RESNEL DU BELLAY, (Jean-François du) né à Rouen en 1692, fit voir dès sa jeunesse beaucoup d'esprit & de talent pour la poësie. Dès qu'il se fut montré à Paris, il trouva des amis ardens, & il méritoit bien certainement d'en avoir. On lui procura l'abbaye de Fontaine, & une place à l'académie Françoise & à celle des belles-lettres. L'abbé *du Resnel* a un rang marqué sur le Parnasse, par ses traductions des *Essais sur la Critique & sur l'Homme*, de *Pope*, in-12. Ces versions sont précédées d'une Préface très-bien écrite. Il a prêté dans ses vers beaucoup de force & de grace à des sujets arides. On y trouve de très-beaux morceaux, quoiqu'il y ait quelques vers profaïques & languïssans. On prétend que *Pope* étoit assez mécontent de son traducteur ; on n'en voit pas trop la raison, car le copiste a souvent embelli son original. L'abbé *du Resnel* s'étoit aussi adonné à la chaire, & nous avons de lui un *Panégyrique de S. Louis*. Cet illustre académicien mourut à Paris en 1761, à 69 ans.

RESSONS, (Jean-baptiste Deschiens de) né à Châlons en Champagne, d'une bonne famille, mourut à Paris en 1735. Son goût le porta en sa jeunesse à prendre le parti des armes. Il servit dans l'artillerie, & fit de si rapides progrès dans les mathématiques, qu'il fut bientôt digne d'être admis dans l'académie des sciences. C'est à ses méditations qu'on doit un assez bon nombre de *Mémoires* dont il enrichit le recueil de cette savante compagnie.

RESTAUT, (Pierre) naquit à Beauvais en 1694, d'un marchand de drap de cette ville, qui le fit élever avec soin. Il se distingua dans le cours de ses classes, par la sagacité de son esprit & par la sagesse de sa conduite. Des familles très-distinguées dans la magistrature le choisirent pour présider à l'éducation de leurs enfans. S'étant fait recevoir avocat au parlement, il fut pourvu en 1740 d'une charge d'avocat au conseil du roi. Le chancelier d'*Aguesseau*, instruit de ses lumières & de sa probité, l'assûra qu'il desireroit de trouver souvent de pareils sujets pour cette compagnie. Il mourut à Paris en 1764, à 70 ans. Les sciences, les belles-lettres & les beaux-arts étoient les seuls délassemens

des travaux de sa profession. Tout le monde connoît ses *Principes généraux & raisonnés de la Grammaire Françoise*, in-12. Il y a eu une foule d'éditions de cette Grammaire, aussi estimable par la clarté du style que par la justesse des principes. Les gens de lettres la liroient avec plus de plaisir, si elle n'étoit pas par demandes & par réponses : cette forme occasionne des répétitions & donne de l'ennui. *Restaut* a revu le *Traité de l'Orthographe en forme de Dictionnaire*, imprimé à Poitiers en 1775, in-8°. On a encore de lui un *Abrégé* de sa Grammaire, in-12; & la traduction de la *Monarchie des Solipses*, 1721, in-12. *Voyez* INCHOFER.

RESTOUT, (Jean) peintre ordinaire du roi, des académies de Caen & de Rouen sa patrie, naquit en 1692. Fils, petit-fils de peintres, & neveu de *Jouvenet*, il hérita de ses peres & de son oncle le goût pour ce bel art, & la nature y ajoûta un génie plus vaste. Son excellent tableau d'*Alphée qui se sauve dans les bras de Diane*, le fit aggréger à l'académie de peinture en 1720. Parmi plusieurs autres morceaux qui illustrérent son talent, on cite le tableau du *Triomphe de Bacchus*, fait pour le roi de Prusse, qui l'apprécia en homme de goût & le paya en monarque. Un des tableaux de cet excellent peintre, représentant *la Destruction du Palais d'Armide*, fit une impression assez plaisante sur un Suisse, qui étant dans le vin se passionna pour ce magnifique palais, à-peu-près comme Don *Quichotte* pour Don *Galiferos* & la belle *Melisandre*. Le Suisse prend son sabre, & en donne de grands coups aux Démons destructeurs de cet édifice. *Restout* mourut en 1768, directeur de l'académie de peinture, laissant

de la fille de *Hallé* , un fils qui
tâche de le remplacer. Il avoit une
piété éclairée & solide, des connoissances & de l'esprit. Comme
peintre, il se distingua par une composition noble & mâle. Il entendoit supérieurement ces balance-
mens & ces oppositions que les
grands maîtres font des masses,
des formes, des ombres &des lumiéres. On lui a reproché un coloris un peu jaune , défaut qu'il
tenoit apparemment de *Jouvenet*,
dont il avoit été le disciple.

I. RETZ (Albert de GONDY ,
dit le Maréchal de) étoit fils d'*Antoine* de *Gondy*, maître-d'hôtel de
Henri II, qui avoit suivi *Catherine*
de *Médicis* en France. Sa famille
établie à Florence y brilloit depuis
les premiers tems de la république.
Albert fut employé dans les négociations & dans les armées. On
prétend qu'il fut un des conseillers
du malheureux projet de la *S. Barthélemi*, dont il alla excuser le massacre auprès de la reine *Elizabeth*.
Il s'empara de Belle-Isle , qu'il fortifia ; fut gouverneur de Provence,
que les factions l'obligérent de quitter. *Charles IX* le fit maréchal de
France en 1574 ; *Henri III* le fit
duc & pair. Il mourut en 1602,
regardé comme un courtisan habile & un médiocre général , qui
n'avoit eu le bâton que par faveur.
C'est lui qui avoit conseillé à *Henri III* de s'unir avec le roi de Navarre contre les entreprises de la
Ligue. Son frere (*Pierre* de *Gondy*)
fut évêque de Langres, puis de
Paris. Le pape *Sixte V* l'éleva au
cardinalat en 1587. Il se déclara
avec fermeté contre les Ligueurs,
& mourut à Paris le 17 Février,
1616, à 84 ans. Son neveu, le cardinal *Henri* de *Gondy*, lui succéda.
Il mourut à Béziers, où il avoit
suivi *Louis XIII* qui marchoit par

son conseil contre les Huguenots,
le 3 Août 1622, & eut pour successeur, *Jean-François de Gondy* son
frere, 1er archev. de Paris , prélat
vertueux, mort en 1654, à 70 ans.
C'est à ce dernier que succéda le
cardinal de *Retz* qui suit. La postérité du maréchal de *Retz*, finit
en son arriére-petite-fille , *Paule-
Françoise-Marguerite* de *Gondy*, qui
épousa le duc de *Lesdiguiéres* dont
elle resta veuve en 1681, & des-
cendit au tombeau en 1716, à 61
ans. Elle n'eut qu'un fils, qui mourut sans postérité en 1703.

II. RETZ, (Jean-François-Paul
de GONDY, cardinal de) naquit à
Montmirel en Brie, l'an 1614. Son
pere *Emmanuel* de *Gondy*, étoit général des galères & chevalier des
ordres du roi. On lui donna pour
précepteur le fameux *Vincent de
Paul*. Il fit ses études particuliéres
avec succès & ses études publiques,
avec distinction , prit le bonnet de
docteur de Sorbonne en 1643, &
fut nommé la même année coadjuteur de l'archevêché de Paris.
L'abbé de *Gondy* sentoit beaucoup
de dégoût pour son état : son génie
& son goût étoient décidés pour les
armes. Il se battit plusieurs fois en
duel, même en sollicitant les plus
hautes dignités de l'Eglise. Devenu
coadjuteur, il se gêna pendant quelque tems pour se gagner le clergé
& le peuple. Mais dès que le cardinal *Mazarin* eut été mis à la tête
du ministére , il se montra tel qu'il
étoit. Il précipita le parlement
dans les cabales, & le peuple dans
les séditions. Il leva un régiment
qu'on nommoit le *Régiment de Corinthe*, parce qu'il étoit archevêque
titulaire de Corinthe. On le vit
prendre séance au parlement avec
un poignard dans sa poche, dont
on appercevoit la poignée. Ce fut
alors qu'un plaisant dit : *Voilà le*

Bréviaire de notre Archevêque. L'ambition lui fit souffler le feu de la guerre civile ; l'ambition lui fit faire la paix. Il se réunit sècrettement avec la cour, pour avoir un chapeau de cardinal. *Louis XIV.* le nomma à la pourpre en 1651. Le nouveau cardinal ne cabala pas moins. Il fut arrêté au Louvre, conduit à Vincennes, & de-là dans le château de Nantes, d'où il se sauva. Après avoir erré pendant long-tems en Italie, en Hollande, en Flandre & en Angleterre, il revint en France l'an 1661, fit sa paix avec la cour en se démettant de son archevêché, & obtint en dédommagement l'abbaye de St-Denys. Il avoit vécu jusqu'alors avec une magnificence extraordinaire. Il prit le parti de la retraite pour payer ses dettes, ne se réservant que 20 mille livres de rente. Il remboursa à ses créanciers plus de 1110 mille écus, & se vit en état, à la fin de ses jours, de faire des pensions à ses amis. Il mourut le 24 Août 1679, en *Atticus*, après avoir vécu long-tems en *Catilina*. En 1675, il avoit renvoyé au pape *Clément X* son chapeau de cardinal, dans la pensée de se détacher entièrement du monde ; mais ce pontife lui ordonna de le garder jusqu'à sa mort. « On a de la peine, (dit le président *Hénault*,) » à comprendre, » comment un homme qui passa » sa vie à cabaler, n'eut jamais » de véritable objet. Il aimoit l'in-» trigue pour intriguer ; esprit » hardi, délié, vaste & un peu » romanesque ; sachant tirer parti » de l'autorité que son état lui » donnoit sur le peuple, & fai-» sant servir la religion à sa poli-». tique ; cherchant quelquefois à » se faire un mérite de ce qu'il ne » devoit qu'au hazard, & ajustant » souvent après coup les moyens » aux événemens. Il fit la guerre » au roi ; mais le personnage de » rebelle étoit ce qui le flattoit » le plus dans sa rébellion. Ma-» gnifique, bel-esprit, turbulent, » ayant plus de saillies que de » suite, plus de chimères que de » vues : déplacé dans une monar-» chie, & n'ayant pas ce qu'il fal-» loit pour être républicain, parce » qu'il n'étoit ni sujet fidèle, ni » bon citoyen : aussi vain, plus » hardi & moins honnête-homme » que *Cicéron* ; enfin plus d'esprit, » moins grand & moins méchant » que *Catilina.* » Le cardinal de *Retz* disoit à ses principaux domestiques : *Vous êtes deux ou trois à qui je n'ai pu me dérober ; mais j'ai si bien établi ma réputation, & par vous-mêmes, qu'il vous seroit impossible de me nuire, quand vous le voudriez...* Il ne mentoit pas ; son historien rapporte qu'il s'étoit battu avec un de ses écuyers, qui l'avoit accablé de coups, sans qu'une aventure si humiliante pour un homme de ce caractère & de ce rang, eût pu lui abbattre le cœur ou faire aucun tort à sa gloire. Ce qui est étonnant, c'est que cet homme audacieux & bouillant, devint, sur la fin de sa vie, doux, paisible, sans intrigue, & l'amour de tous les honnêtes-gens de son tems ; comme si toute son ambition d'autrefois n'avoit été qu'une débauche d'esprit, & des tours de jeunesse dont on se corrige avec l'âge. Il nous reste de lui plusieurs ouvrages : ses *Mémoires* sont le plus agréable à lire. Ils virent le jour pour la 1re fois en 1717 ; on les réimprima à Amsterdam, en 1731, en 4 vol. in-12. Cette édition passe pour la plus belle. Il y en a eu une autre en 1751, en 4 petits vol. in-12, qui ne lui est guères inférieure. Ces Mémoires font écrits, dit l'auteur du *Siécle de Louis XIV*, avec un air de grandeur, une impétuofité de génie &une inégalité, qui font l'image de fa conduite ; il les compofa dans fa retraite, avec l'impartialité d'un philofophe, mais d'un philofophe qui ne l'a pas toujours été. Il ne s'y ménage point, & il n'y ménage pas davantage les autres. On y trouve les portraits de tous ceux qui jouérent un rôle dans les intrigues de la Fronde. Ces portraits, fouvént très-naturels, font quelquefois gâtés par un refte d'aigreur & d'enthoufiafine, & trop chargés d'antithèfes. Le cardinal de *Retz* y parloit de fes galanteries ; ce qui prouve que fa retraite fut plus philofophique que chrétienne. Des religieufes auxquelles il prêta fon manufcrit, rayèrent tout ce qui regardoit ces foibleffes, qu'on appelle des conquêtes. On a encore de lui, *la Conjuration du Comte de Fiefque*; ouvrage compofé à l'âge de 17 ans, & traduit en partie de l'Italien de *Mafcardi*.

REUCHLIN, (Jean) naquit à Pforzheim, village d'Allemagne près de Spire en 1455. On le connoît auffi fous le nom de *Fumée* & de *Kapnion*, parce que *Reuch* en allemand, & *Kapnion* en grec, fignifient *Fumée*. Il étudia en Allemagne, en Hollande, en France & en Italie. Il brilla par la connoiffance des langues Latine, Grecque & Hébraique. Lorfqu'il étoit à Rome, il connut *Argyropile* & étudia fous lui. Ce grand-homme ayant prié *Reuchlin* d'interpréter un paffage de *Thucydide*, il le fit d'une façon fi élégante & avec une prononciation fi nette, qu'*Argyropile* dît en foupirant : *Græcia noftra exilio tranfvolavit Alpes*. Il enfeigna enfuite le Grec à Orléans & à Poitiers : puis il retourna en Allemagne, où il s'attacha à *Ebérard*, prince de Souabe. *Reuchlin* fut nommé triumvir de la *Ligue de Souabe*, pour l'empereur & les électeurs ; & fut envoyé quelque tems après à Infpruck, vers l'empereur *Maximilien*. Ses derniers jours furent empoifonnés par un démêlé qu'il eut avec les théologiens de Cologne. Ces théologiens avoient obtenu un édit de l'empereur pour faire brûler tous les livres des Juifs. Ceux-ci ayant follicité la révocation de cet édit, *Reuchlin* fut confulté fur cette affaire. Il diftingua deux fortes de livres chez les defcendans de *Jacob* ; les indifférens, qui traitent de divers fujets; & ceux qui font compofés directement côntre la religion Chrétienne. Il fut d'avis qu'on laiffât les premiers, qui pouvoient avoir leur utilité, & qu'on fupprimât les derniers. Cet avis fage, digne d'un philofophe, fouleva les théologiens imbécilles de Cologne. Ils auroient voulu lui faire fubir le même fort qu'aux livres des Juifs; mais l'empereur ne voulut pas fe prêter à leur fainte colére. *Reuchlin* fe retira enfuite à Ingolftad, où fes amis lui procurèrent une penfion de 200 écus d'or, pour enfeigner le Grec & l'Hébreu. Ses ennemis voulurent l'envelopper dans l'affaire de *Luther*, mais ils n'y purent réuffir. Il perfifta à demeurer dans la communion Catholique, & il mourut en 1522, à 67 ans, épuifé par des études pénibles & conftantes. Il n'eft point le premier des Chrétiens qui fe foit appliqué à l'étude des livres Juifs, puifque *Raimond Martin*, favant Dominicain du XIIIe fiécle, étoit profondément verfé dans la langue Hébraïque. *Reuchlin* avoit cependant beaucoup d'érudition, & il écrivoit avec chaleur. L'Allemagne n'avoit alors que ce feul homme qu'elle pût oppofer aux favans d'Italie. Il ne leur cédoit en rien pour la beauté du ftyle, & les furpaffoit en favoir. On a de lui un grand nombre d'ouvrages, imprimés en Allemagne, parmi lefquels on diftingue fon traité *De arte cabaliftica*, 1517, in-fol. & dans *Artis cabaliftica Scriptores*, 1587, in-fol. Ce favant avoit eu de vives difputes avec les Dominicains; & c'eft fans doute ce qui lui a fait attribuer les Lettres connues fous le titre de *Littera obfcurorum Virorum*. On y raille amèrement les théologiens fcolaftiques, en imitant leur ftyle; mais il n'eft pas fûr que cet ouvrage foit de *Reuchlin*, & on l'attribue avec plus de raifon à *Ulric* de *Hutten*. La *Vie de Reuchlin* a été écrite par *Mainas*, 1587, in-8°.

REYHER, (Samuel) né à Schleufingen, dans le comté de Henneberg, le 19 Avril 1635, mort en 1714, à Kiel, où il profeffa les mathématiques & enfuite la jurifprudence; étoit confeiller du duc de Saxe-Gotha, & membre de la fociété royale des fciences de Berlin. Il a traduit en allemand les ouvrages d'*Euclide*. On a encore de lui en latin, un livre favant intitulé: *Mathefis Biblica*; & une *Differtation* fort curieufe fur les infcriptions de la Croix de J. C. & fur l'heure de fon crucifiement, &c. &c.

REYNA, (Caffiodore) a traduit toute la *Bible* en efpagnol fur les originaux. Cette traduction Calvinifte eft devenue fi rare, que *Gaffarel*, qui la vendit à *Carcavi*, pour la bibliothèque du roi, lui fit accroire que c'étoit une ancienne Bible des Juifs. Mais outre que le nouveau Teftament y eft traduit auffi-bien que le vieux, on connoît aifément par la figure de l'ours qui eft à la 1re page du livre, qu'elle a été imprimée à Bafle, & que l'auteur a caché fon nom fous ces deux lettres C. R. qu'on voit à la fin du difcours latin qui eft au commencement. Elle eft intitulée: *La Biblia, que es los facros libros del viejo y nuevo Teftamento, tranfladada en Efpanol*; 1569, in-4°. L'interprète a mis un long difcours en Efpagnol à la tête de fon ouvrage, pour prouver qu'on doit traduire les livres facrés en langue vulgaire.

REYNCE *ou* REINCE, (Nicolas) fecrétaire du cardinal du *Bellay*, mérita la confiance de cette éminence, par une intégrité à toute épreuve, & par le fecret le plus inviolable. L'empereur *Charles-Quint* difoit un jour au pape *Jule III*, que « *Reynce* étoit celui qui lui » avoit fait le plus de peine en » Italie, dans le tems que le car-» dinal du *Bellay* étoit ambaffadeur » de France à la cour de Rome. » Un tel reproche, fupérieur à toutes les louanges, & qui en étoit lui-même une très-délicate, étoit dû à *Reynce*: il avoit réfufé 5000 ducats que ce prince lui fit offrir fecrettement, pour donner copie de quelques points de l'inftruction de l'ambaffadeur fon maître. Cet homme eftimable a laiffé une verfion des *Mémoires de Comines* en Italien.

REYNEAU, (Charles-René) né à Briffac en 1656, entra dans l'Oratoire à Paris, âgé de 20 ans, pour y prendre le goût de la bonne littérature. Après avoir profeffé la philofophie à Toulon & à Pézénas, il fut appellé à Angers en 1683, pour y remplir la chaire de mathématiques. Il fut fi goûté, que l'académie d'Angers, qui jufques-là ne s'étoit affocié aucun membre de congrégation, lui ouvrit fes portes en 1694. L'académie des fciences de Paris lui fit le même honneur en 1716, & le perdit en 1728. Sa vie, dit *Fontenelle*, a été la plus simple & la plus uniforme. L'étude, la priére, deux ouvrages de mathématiques, en font tous les événemens. Il se tenoit fort à l'écart de toute affaire, encore plus de toute intrigue ; & il comptoit pour beaucoup cet avantage, si précieux & si peu recherché, *de n'être de rien*. Il ne recevoit guéres de visite, que de ceux avec qui il ne perdoit pas son tems. Aussi avoit-il peu de liaisons, peu de commerce ; & si ses plaisirs étoient moins grands, ses peines étoient moindres. Ses principaux ouvrages font : I. *L'Analyse démontrée*, 1736, 2 vol. in-4°. II. La *Science du Calcul*, avec une suite, 1739 ; 2 vol. in-4°. Ces deux ouvrages font très-estimés. III. La *Logique*, ou *l'Art de raisonner juste*, in-12.

REYNIE, (La) *Voyez* REINIE.

REYS, (Antoine dos) littérateur Portugais, né à Pernes, à 3 lieües de Santaren, en 1690, se fit Oratorien à Lisbonne. Il s'y distingua par ses prédications, & devint ensuite historiographe de sa congrégation, qualificateur du saint-office, consulteur de la bulle de la croisade, examinateur synodal du patriarche de Lisbonne, & des trois ordres militaires de Portugal, chronologiste de ce royaume en langue latine, censeur & académicien de l'académie d'histoire Portugaise. Il refusa plusieurs évêchés, & mourut à Lisbonne en 1738. On a de lui un grand nombre d'ouvrages imprimés & manuscrits. Les principaux de ceux du premier genre font : I. Des *Poësies Latines*, élégantes. On estime sur-tout ses *Epigrammes*, dans lesquelles il a conservé toute la décence de son état. II. La *Vie de Ferdinand de Ménèze*, en latin. III. Une *Introduction* au

Recueil des meilleurs Poëtes Portugais, in-8°. IV. Une édition du *Corpus illustrium Poëtarum Lusitanorum qui latinè scripserunt*, en 7 vol. in-4°. &c. *Reys* avoit des connoissances très-étendues. Il savoit les langues anciennes & modernes, & sa critique étoit assez exacte.

RHADAMANTHE, roi de Lycie, fils de *Jupiter* & d'*Europe*, fut nommé par le sort, pour être juge des enfers, avec *Eaque* & *Minos*. On dit que ce prince rendit ses sujets si heureux pendant son règne, qu'ils le déifiérent après sa mort.

RHADAMISTE, fils de *Pharasmanes* roi d'Ibérie, feignant d'être mal avec son pere, se retira auprès de son oncle *Mithridate*, roi d'Arménie, dont il épousa la fille, appellée *Zénobie*. Dans la suite, il leva une puissante armée contre *Mithridate* ; & l'ayant attiré à une conférence, il le fit étouffer par trahison. Son crime ne demeura pas impuni ; car ayant été vaincu par *Artaban* roi des Parthes, il fut contraint de prendre la fuite, après avoir poignardé lui-même sa femme (*Voy. Zénobie*), l'an 52 de J.C. Son pere *Pharasmanes* le fit ensuite mourir comme un traître. *Crébillon* a tiré de ce trait d'histoire le sujet d'une de ses meilleures tragédies.

RHASES, *Voyez* RASIS.

RHEA-SYLVIA, ou ILIA, reine d'Albe, & fille de *Numitor*, fut enfermée avec les Vestales, par *Amulius* son oncle, qui ne vouloit point de concurrens au trône. Mais un jour étant allée puiser de l'eau dans le Tibre, dont un bras passoit alors à travers le jardin des Vestales, elle s'endormit sur le bord, & rêva qu'elle étoit avec le Dieu *Mars*. Elle devint mere de *Remus* & de *Romulus*.

RHENANUS, (Beatus) naquit

à Scheleſtat en 1485, d'où il vint à Paris, enſuite à Strasbourg, puis à Baſle, où il contracta une étroite amitié avec *Eraſme*, & où il fut correcteur de l'imprimerie de *Froben*. C'étoit un homme d'honneur, doux, modeſte, ſobre, économe, également eſtimé des Catholiques & des Proteſtans, dont il ne voulut jamais embraſſer les dogmes, quoiqu'il eût pour eux de l'indulgence. Ce fut lui qui publia le premier les 2 livres de l'Hiſtoire de *Velleius Paterculus*. On a encore de lui : I. La *Préface* qui eſt à la tête des Œuvres d'*Eraſme*. II. Des *Notes* ſur *Tertullien*, ſur *Pline* le Naturaliſte, ſur *Tite-Live* & ſur *Corneille Tacite*. III. Une Hiſtoire d'Allemagne, ſous le titre de *Res Germanicæ*, 1693, in-4°. qui paſſe pour ſon chef-d'œuvre. IV. *Illyrici Provinciarum, utrique imperio, cùm Romano, tùm Conſtantinopolitano, ſervientis Deſcriptio* : dans la *Notitia dignitatum imperii Romani*, à Paris, 1602, in-8° : ouvrage ſavant, ainſi que tous ceux qui ſont ſortis de ſa plume. *Rhenanus* mourut à Straſbourg en 1547, à 62 ans.

RHENFERD, (Jacques) né à Mulheim en 1654, profeſſa avec réputation pendant près de 30 ans, les langues Orientales & la philoſophie ſacrée à Franeker. Il mourut dans cette ville en 1712, à 58 ans. On a de lui, un grand nombre de *Traités* & de *Diſſertations* curieuſes, imprimées à Utrecht en 1712, 1 vol. in-4°. Il aimoit à traiter des ſujets ſinguliers, & il ſe piquoit de ne dire que des choſes nouvelles, ou pour mieux dire, à ne compiler que ſur des matieres qui n'avoient pas été traitées.

RHODIGINUS, (*Ludovicus-Cælius*) né à Rovigo dans l'état de Veniſe en 1450, ſe rendit habile dans le Latin & dans le Grec.

Après avoir profeſſé à Milan, il alla enſeigner à Padoue, où il mourut en 1525, à 75 ans. Son principal ouvrage eſt *Antiquæ lectiones*, Bâle 1566, & Francfort 1666, in-fol. *Jules-Céſar Scaliger* lui donne des louanges, qui paroîtroient moins ſuſpectes, ſi *Rhodiginus* n'avoit pas été ſon maître. Son nom de famille étoit *Ricchieri*.

I. RHODIUS, (Ambroiſe) né à Kemberg près de Wittemberg l'an 1577, alla en Danemarck, & s'acquit l'eſtime de *Tycho-Brahé* & de *Keppler*. Il exerça enſuite la médecine à Anſlo en Norwége, & devint profeſſeur de phyſique & de mathématique dans le collège de cette ville ; mais, s'étant mêlé des affaires publiques très mal-à-propos, il fut mis en priſon, où l'on croit qu'il mourut en 1633. Ses ouvrages ſont : I. *Diſputationes de Scorbuto*. II. Une *Optique*, avec un *Traité des Crépuſcules*, en latin, Wittemberg 1611, in-8°. III. *De tranſmigratione animarum Pythagoricâ, quomodo eadem concipi & defendi poſſit*. Cet ouvrage renferme pluſieurs paradoxes.

II. RHODIUS, (Jean) célèbre medecin, né à Copenhague vers l'an 1587, ſe rendit à Padoue en 1614. Le ſéjour de cette ville lui plut tellement, qu'il s'y fixa. Uniquement jaloux de ſa liberté, il lui ſacrifia toutes les places. Il refuſa en 1631 une chaire de profeſſeur en botanique, avec la direction du jardin des plantes, & une autre de phyſique à Copenhague. Il étoit boiteux ; mais ce défaut corporel étoit compenſé par les lumières & la ſagacité de ſon eſprit. On a de *Rhodius* : I. *Notæ in* Scribonium Largum *de compoſitione Medicamentorum*, Padoue 1655, in-4°. II. Trois *Centuries d'Obſervations médicinales*, Padoue 1657, in-8°. III. Un *Traité des*

Bains artificiels, 1659, in-8° ; & un grand nombre d'autres ouvrages en latin, remplis d'érudition. Ce favant médecin mourut à Padoue en 1659, à 72 ans.

RHODOPE, native de Thrace, fut efclave avec *Efope. Charax* marchand de Mitylène ; frere de *Sapho*, l'acheta de *Xanthus*, & lui donna la liberté. Elle en profita pour faire l'infâme métier de courtifane à Naucratis, où elle acquit de fi grands biens, que quelques hifto-riens crédules ont prétendu qu'elle en fit bâtir une des Pyramides d'E-gypte. L'aventure de fon fouliér ne mérite pas plus de foi : *Voyez* PSAMMITIQUE.

RHOÉ, (Thomas) né dans le comté d'Effex, mort en 1644 à 64 ans, fut ambaffadeur au Mogol, à Conftantinople, dans le Nord ; chancelier de l'ordre de la Jarrè-tiére, & confeiller du confeil-pri-vé du roi. Il s'illuftra par fon patriotifme & fes lumières. On a de lui : I. Un *Voyäge au Mogol* dans *Purchas.* & *Thevenot*: II. *Relation de la mort du Sultan Ofman*, en anglois, 1622, in-4°.

RHOTENAMER, (Jean) pein-tre, né à Munich en 1564. Le fé-jour qu'il fit en Italie, développa fon goût. Il fe fixa quelque tems à Venife, où il deffina d'après le *Tintoret*. On admire fur-tout un tableau que ce peintre fit par l'or-dre de l'empereur *Rodolphe II* ; le fujet étoit le Banquet des Dieux. Il peignit auffi, pour *Ferdinand* duc de Mantoue, le Bal des Nymphes, ouvrage très-eftimé. *Rhotenamer* s'é-toit fait une maniére, qui tenoit du goût Flamand & du goût Vé-nitien. Il eft gracieux dans fes airs de tête, fon coloris eft brillant, fes ouvrages font très-finis. On lui reproche de manquer quelque-fois de correction. Lorfqu'il y avoit

quelques payfages à faire dans fes tableaux, on les envoyoit à *Breu-gel* de Velours, ou à *Pául Brill*, pour fuppléer à cette partie que *Rhotenamer* n'entendoit point. On voit à Ausbourg plufieurs grands morceaux de ce peintre ; on y ad-mire, entr'autres, fon tableau de *Tous les Saints*. Nous ignorons l'an-née de fa mort.

RIBADENEIRA, (Pierre) Jéfuite de Tolède en Efpagne, fut reçu par *S. Ignace* au nombre de fes dif-ciples en 1540, avant même que fa compagnie eût été confirmée par le faint-fiége. Il vint étudier à Pa-ris en 1542, paffa de-là à Padoue, d'où il fut envoyé à Palerme pour y enfeigner la rhétorique, & fe fit par-tout des amis illuftres. Après avoir travaillé à la propagation de la fociété dans les Pays-Bas, en France & en Efpagne, il mourut à Madrid en 1611, à 84 ans. C'é-toit un homme d'un zèle infati-gable, mais d'une crédulité puérile. M. *Servien*, qui avoit fait l'anagram-me de fon nom, l'appelloit : *Petrus de Badineria*. Il eft principalement connu en France par fes *Fleurs des Vies des Saints*, imprimées à Madrid, in-fol. en 1616, & tradui-tes en françois par différens écri-vains. Les faux miracles, les pro-phéties abfurdes, les vifions ridi-cules y font prodiguées. La reli-gion, loin d'être honorée par cet ouvrage, feroit avilie, fi elle pou-voit l'être. Il eft d'ailleurs écrit purement en Efpagnol. Ses autres ouvrages font : I. Les *Vies de St Ignace*, de St François de Borgia, des Peres *Lainez* & *Salmeron*, Cologne 1604, in-8° ; qui ont les mêmes défauts que fes Vies des Saints. II. Un *Traité du Schifme d'Angleterre*, in-8°. 1594. III. Un autre intit. *le Prin-ce*, dans lequel les rois font traités d'une maniére peu honorable. On le traduifit d'efpagnol en latin, à Anvers, 1603, in-fol. IV. La *Bibliothèque des Ecrivains Jéfuites*, in-8°, à Lyon, en 1609. Ce livre contient un dénombrement affez curieux des provinces, des membres & des favans de la fociété. On y trouve auffi une lifte de fes martyrs. V. Un *Traité de la Tribulation*.

RIBAS, (Jean de la) prédicateur de l'ordre de St Dominique, naquit à Cordoue & y mourut en 1687, à 75 ans, après avoir enfeigné long-tems la philofophie & la théologie avec réputation. C'eft lui qui eft auteur du fameux livre, intitulé *Teatro Jefuitico*, Coimbre 1654, in-4°. & non pas Dom *Ildefonfe* de *S. Thomas*, Dominicain & évêque de Malaga, auquel on en avoit d'abord fait honneur. C'eft un recueil intéreffant pour les ennemis des Jéfuites. On a encore du Pere de *Ribas* plufieurs écrits contre la fociété. Un des plus célèbres eft fon ouvrage intitulé : *Baragan Botero*, qui plaifoit tellement à *Philippe IV* roi d'Efpagne, qu'il fe le faifoit lire après dîné pour fe récréer.

RIBEIRA, *Voyez* ESPAGNOLET.

RIBEIRO, (Jean Pinto) jurifconfulte Portugais, mort en 1694, fe fit un nom parmi fes compatriotes par fa fcience dans le droit ; & un mérite auprès de fes fouverains , par les ouvrages qu'il mit au jour, pour les défendre de l'imputation d'ufurpateurs que l'Efpagne leur faifoit. Ses *Œuvres* ont été recueillies & imprimées , in-fol. à Lisbonne en 1729. Elles font précieufes aux Portugais, qui y trouvent une ample juftification de la fameufe révolution de 1640.

I. RIBERA, (François de) Jéfuite, né à Villacaftin , dans le territoire de Ségovie en Efpagne, étudia dans l'univerfité de Sala-

manque, & y apprit les langues & la théologie. Il entra prêtre chez les Jéfuites , à l'âge de 30 ans, en 1570. Il enfeigna avec fuccès à Salamanque, où il mourut en 1591 , à 54 ans, aimé & eftimé. On a de lui : I. Des *Commentaires* fur les XII petits Prophètes , à Cologne 1599, in-fol. II. -- fur l'Evangile de *S. Jean*, Lyon 1623, in-f. III. -- fur l'Ep. aux Hébreux, Cologne 1600, in-8°. IV. -- fur l'Apocalypfe, Anvers 1603, in-8°. V. Un *Traité du Temple*, avec le précédent. VI. La *Vie de Ste Thérèfe*, Cologne 1620, in-8°.

II. RIBERA, (Anaftafe-Pantaléon de) poëte Efpagnol du XVIIe fiécle, naquit à Madrid. L'enjouement de fon caractére, & fes faillies ingénieufes, le firent aimer à la cour du roi *Philippe IV*. Ses *Poéfies* , imprimées à Sarragoce en 1640, & Madrid 1648, font dans un genre burlefque. On remarque dans plufieurs un tour agréable , & de bonnes plaifanteries. Il peut être nommé le *Scarron* de l'Efpagne.

RICARD, (Jean-Marie) avocat au parlement de Paris, né à Beauvais en 1622, étoit un des premiers du palais pour la confultation & pour les arbitrages. Il fut choifi pour confeil par les premiéres maifons du royaume , & mourut en 1678, à 56 ans. On a de lui : I. Un *Traité des Subftitutions*. II. Un *Commentaire fur la Coutume de Senlis*. III. Un excellent *Traité des Donations* , dont la meilleure édition eft celle de 1754 en 2 vol. in-fol. avec le précédent. *Denys Simon* , confeiller au préfidial de Beauvais , a fait des additions aux ouvrages de cet avocat , un de ceux qui ont le mieux écrit & qui ont le plus mal plaidé.

RICAUT, (Paul) chevalier Anglois , fut d'abord fecrétaire du

comte *Winchelfea*, ambaffadeur extraordinaire de *Charles II* auprès
du fultan *Mahomet IV*. Il fut enfuite conful de la nation Angloife
à Smyrne, pendant 11 ans; & dans
ces poftes différens, il fut très-utile
aux négocians de fa nation établis
en Turquie. De retour en Angleterre, le comte de *Clarendon* le
nomma en 1685 fon premier fecrétaire, pour les provinces de
Leinfter & de Gonnaught en Irlande. Le roi *Jacques II* l'honora du
titre de confeiller-privé pour l'Irlande, & de juge de l'amirauté.
Après la révolution qui chaffa le
monarque du trône, il fit fa cour
à *Guillaume III*, & en obtint le
caractére de réfident d'Angleterre
dans les villes anféatiques de Hambourg, Lubeck, Brême, &c. Il
retourna en Angleterre en 1700,
& y mourut la même année. Nous
avons de lui : I. *Hiftoire de l'état
préfent de l'Empire Ottoman*, en anglois, à Londres; un des ouvrages qui nous fait le mieux connoître l'état de cet empire. Il fut
d'abord traduit en françois par
Briot, dont la traduction parut à
Paris en 1750, in-4°. & in-12.
Cette verfion eft bonne: l'in-4°,
qui eft rare & magnifique, eft orné
de belles figures gravées par *le
Clerc*. *Befpier* traduifit depuis le
même ouvrage en 2 vol. in-12,
& accompagna fa verfion de remarques curieufes, qui le font rechercher. II. Une *Hiftoire des Turcs*
dans le XVIIe fiécle, in-12, 3 vol.
traduite par *Briot* : ouvrage exact.
III. L'*Etat préfent des Eglifes de la
Grèce & de l'Arménie*, &c. en 1678,
in-12, traduit par *Rozamond*.

RICCATI, (Vincent) Jéfuite,
né à Caftel-Franco, dans le territoire de Trévife, profeffa les mathématiques à Bologne jufqu'à la
fuppreffion de l'ordre en 1773. A
cette époque il fe retira dans fa
patrie, où il mourut d'une colique
en 1775, à 68 ans. On a de lui
plufieurs ouvrages de mathématiques : le plus recherché eft fon
Traité du Calcul intégral, 3 vol. in-
4°. Il travailla long-tems fur le
cours des Fleuves. La république
de Venife fit frapper en fon honneur une médaille d'or en 1774,
de la valeur de mille livres.

I. RICCI, (Matthieu) Jéfuite,
né à Macerata en 1552, paffa aux
Indes, acheva fa théologie à Goa
en 1578, & y enfeigna la rhétorique. Ses fupérieurs l'ayant deftiné aux miffions de la Chine, il
apprit la langue du pays, & ne
négligea point les mathématiques,
qu'il avoit étudiées à Rome fous
le favant *Clavius*. Après bien des
traverfes, il arriva à Pekin, & y
fut reçu avec diftinction par l'empereur. *Ricci* n'oublia rien pour
lui plaire. Ce prince lui ayant demandé une *Carte* géographique, il
la difpofa de façon que la Chine
fe trouva placée au milieu du monde. Pour que les miniftres de la
religion Chrétienne ne choquaf-
fent point les Chinois, il plia la
févérité de l'Evangile aux maximes & aux pratiques du Paganifme. Ce fut par cette rufe qu'il obtint de faire bâtir une Eglife. Cet
Apôtre politique mourut à Pekin
en 1610, à 58 ans. Il laiffa des
Mémoires curieux fur la Chine,
dont le Pere *Trigaut* s'eft fervi
pour écrire l'Hiftoire de ce vafte
empire. Le Pere d'*Orléans*, Jéfuite, qui a donné en 1693 la *Vie de
Ricci*, rapporte que ce Pere compofa pour les Chinois un petit Catéchifme, *où il ne mit prefque*, dit-il,
*que les points de la Morale & de la
Religion les plus conformes à la Religion Chrétienne*.

II. RICCI, (Jofeph) natif de

Brefce, & clerc-régulier de Somafque., eſt connu par deux ouvrages médiocres écrits en latin, & imprimés à Vénife, in-4°, 2 vol. L'un eſt l'*Hiſtoire de la Guerre d'Allemagne*, depuis 1618 juſqu'en 1648, que l'on appelle communément la *Guerre de 30 ans*. Le ſecond eſt l'*Hiſtoire des Guerres d'Italie*, depuis 1613 juſqu'en 1653. Ces Hiſtoires ſont des compilations, écrites d'une manière languiſſante ; mais on y trouve des particularités curieuſes. Les retranchemens des traits ſatyriques qu'on obligea l'auteur de faire dans la ſeconde, la rendirent moins agréable aux eſprits malins.

III. RICCI, (Michel-Ange) cardinal, né à Rome en 1619, aima les mathématiques & y fit de grands progrès, comme le prouve ſon traité *De maximis & minimis...* Innocent XI lui donna le chapeau en 1681 ; mais il ne jouit pas longtems de ſa dignité, étant mort le 21 Mai 1682. Ses vertus, ſes lumiéres, ſon amour pour la vérité & ſon zèle, le rendirent digne des éloges & de l'eſtime des ſouverains pontifes.

IV. RICCI, (Sébaſtien) peintre, né à Belluno, dans les états de Venife, en 1659, mourut à Venife en 1734. Les princes de l'Europe ont preſque tous occupé ſon pinceau. *Ricci* fut appéllé en Angleterre par la reine ; il paſſa par Paris, y ſéjourna quelque tems, & ſe fit recevoir à l'académie de peinture. Après avoir ſatisfait à Londres à tout ce qu'on exigeoit de lui, il revint à Venife & s'y fixa. Ce peintre avoit des idées nobles & élevées ; ſon imagination étoit vive & abondante ; ſon coloris eſt vigoureux, quoique ſouvent trop noir ; ſes ordonnances ſont frappantes, ſa touche eſt fa-

cile. Il entreprenoit pluſieurs ouvrages à la fois, & préférant la fortune à la réputation, il a ſouvent négligé de conſulter la nature. Ses deſſins ſont touchés avec eſprit & pleins de feu. Il y a pluſieurs morceaux gravés d'après lui.

V. RICCI, (Laurent) Jéſuite Italien, parvint aux premiéres places de ſa compagnie & enfin à celle de général. Le plus grand événement de ſon généralat, fut la deſtrúction de ſon ordre. Les Jéſuites ayant été chaſſés de Portugal en 1759 ; cette expulſion réveilla la haine. qu'on leur portoit en France. Ils avoient été preſque toujours puiſſans & déteſtés. Les parlemens ſe diſpoſant à imiter le roi de Portugal, *Louis XV* fit propoſer de réformer, dans les Jéſuites de ſon royaume, ce qui pouvoit choquer la nation. On prétend que *Ricci*, qui avoit déja eu l'imprudence de rendre à Rome de mauvais offices à un ambaſſadeur de France, & dont le génie avoit plus de hauteur que de ſoupleſſe, répondit : *Sint ut ſunt, aut non ſint.* Le roi laiſſa alors agir les parlemens, & la ſociété fut bientôt anéantie non ſeulement en France, mais en Eſpagne, à Naples, à Parme & à Malte. Les ſouverains de la maiſon de Bourbon ſe réunirent pour en demander l'extinction totale au pape *Clément XIV*. Ce pontife, après avoir examiné mûrement cette grande affaire pendant 3 ans, ſigna enfin le bref qui ſupprimoit à jamais la *Compagnie de Jeſus*, en date du 21 Juillet 1775. On transféra, par ordre du S. Pere, l'ex-général *Ricci*, accompagné de ſes aſſiſtans & de pluſieurs autres Jéſuites, au château St-Ange, après lui avoir fait ſigner une lettre circulaire à tous les miſſionnaires de ſon ordre pour leur en apprendre la suppreffion. Ainfi fut détruite cette fociété, cimentée par la religion, par la politique, par la protection des fouverains, par fon étendue même & par fes richeffes. Ce fut après ce grand événement que *Pafquin* dît, en parlant du pape : *Et divites dimifit inanes*... *Ricci* mourut dans fa prifon en 1775, à l'âge de 7... ans. Il figna, peu de tems avant fa mort, une efpèce de *Mémoire* qu'on rendit public fuivant fes intentions. Il y proteftoit, 1°. Que la *Compagnie de Jefus* n'avoit donné aucun lieu à fa fuppreffion, & qu'il le déclaroit, en qualité de fupérieur bien informé de ce qui fe paffe dans fon corps : 2°. Qu'en fon particulier, il ne croyoit pas avoir mérité l'emprifonnement & les duretés qui avoient fuivi l'extinction de fon ordre : 3°. Enfin qu'il pardonnoit fincérement à tous ceux qui l'avoient tourmenté & affligé, d'abord par les affronts faits à fes confrères, & enfuite par les atteintes portées à fa propre réputation. Ce Mémoire parut aux ennemis de la fociété un acte d'humilité Jéfuitique ; les autres n'y virent que le langage d'un vieillard malheureux, perfuadé de fon innocence & de celle de fon ordre. (*Voyez* LAINEZ).

RICCIARELLI, peintre, *Voyez* VOLTERRE.

RICCIO, *Voyez* RIZZO.

RICCIOLI, (Jean-baptifte) Jéfuite, né à Ferrare en 1598, profeffa avec fuccès la théologie à Parme & à Bologne. Il fe fit un nom par fes connoiffances aftronomiques & mathématiques. Ses principaux ouvrages font : I. *Geographiæ & Hydrographiæ Libri XII*, Bologne 1661, & Venife 1672. Ce livre peut fervir à ceux qui veulent travailler à fond fur la géographie ; mais il faut prendre garde, en le lifant, aux inexactitudes dont il eft rempli. II. *Chronologia reformata*, Bologne 1669, in-fol. : livre où l'on trouve beaucoup de chofes communes, avec quelques-unes d'utiles. Ces deux ouvrages, fur-tout le premier, font affez rares. III. *Aftronomia vetus*, Bologne 1651, 2 vol. in-fol. IV. *Aftronomia reformata*, 1665, in-fol. Dans ces divers ouvrages, il expofe tous les travaux des Aftronomes qui avoient paru jufqu'à fon tems, & il les rectifie. Le P. *Riccioli* fit auffi des expériences curieufes fur la chute des corps, de concert avec le P. *Grimaldi* fon confrère, qui le feconda dans tous fes travaux. Il mourut en 1671.

RICCOBONI, (Louis) né à Modène, fe confacra au théâtre, fous le nom de *Lelio*. Après avoir joué avec fuccès en Italie, il vint en France, où il fe diftingua comme auteur & comme comédien. Il paffa pour le meilleur acteur du théâtre Italien de Paris, qu'il abandonna enfuite par principe de religion. Sa mort, arrivée en 1753 à 79 ans, excita les regrets des gens de bien. Ses mœurs n'étoient point celles de la profeffion qu'il avoit embraffée, & fon caractére étoit aimable. Nous avons de lui le *Recueil des Comédies* qu'il avoit compofées pour le théâtre Italien. Il y en a quelques-unes qui réuffirent dans le tems. Mais on fait beaucoup plus de cas de fes *Penfées fur la Déclamation*, in-8°. & de fon *Difcours fur la réformation du Théâtre*, 1743, in-12 ; ouvrage rempli de réflexions judicieufes. On le trouva trop févère, & peut-être ne l'étoit-il pas encore affez. Nous avons auffi de lui de bonnes *Obfervations fur la Comédie & fur le génie*

génie de Molière, 1736, in-12 ; des *Réflexions historiques & critiques sur les Théâtres de l'Europe*, 1738, in-8° ; & l'*Histoire du Théâtre Italien*, publiée en 1730 & 1731, en 2 vol. in-8°. *Voyez* RICOBONI.

· I. RICHARD I, roi d'Angleterre, surnommé *Cœur-de-Lion*, monta sur le trône, après la mort de *Henri II* son pere, l'an 1189. Il étoit devenu l'aîné par la mort de son frere *Henri*, dit *le Jeune*, en 1183. La fureur épidémique des Croisades agitoit alors toute l'Europe. *Richard* y prit part comme tous les autres, & se croisa avec *Philippe-Auguste* en 1190. La division s'étant mise dans leurs armées, *Philippe* retourna en France. *Richard* demeurant maître du champ d'honneur, mais non de cette multitude de Croisés, plus divisés entr'eux que ne l'avoient été les deux rois, déploya vainement le courage le plus héroïque. *Saladin*, qui revenoit vainqueur de la Mésopotamie, livra bataille aux Croisés près de Césarée : *Richard* eut la gloire de le désarmer ; mais ce fut presque tout ce qu'il gagna dans cette expédition mémorable. Les fatigues, les maladies, les petits combats ruinèrent entiérement les Croisés. *Richard* s'en retourna, à la vérité, avec plus de gloire que *Philippe-Auguste*, mais d'une maniére bien moins prudente. Il parut en 1192 avec un seul vaisseau, & ce navire ayant fait naufrage sur les côtes de Venise, il traversa déguisé la moitié de l'Allemagne. Il avoit offensé au siége d'Acre, par ses hauteurs, *Léopold* duc d'Autriche, sur les terres duquel il eut l'imprudence de passer. Ce duc le chargea de chaînes, & le livra au barbare & lâche empereur *Henri VI*, qui le garda en prison comme un enne-

Tome VI.

mi qu'il auroit pris en guerre, & qui exigea, *dit-on*, 250 mille marcs d'argent pour sa rançon. *Richard*, de retour dans son royaume l'an 1194, le trouva déchiré par la faction que *Jean* son frere y avoit formée : il la dissipa, & tourna ensuite ses armes contre *Philippe-Auguste* ; mais les succès de cette guerre ne furent pas décisifs. En 1199 il apprit qu'il y avoit un trésor renfermé dans Chalus, place du Limousin ; il alla l'attaquer, & y reçut une blessure dont il mourut le 6 Avril de la même année, à 42 ans. Ce prince avoit un orgueil qui lui faisoit regarder ses rois ses égaux comme ses sujets, & ses sujets comme des esclaves. Son avarice ne respectoit ni la religion, ni la pauvreté ; & sa lubricité ne connoissoit ni bornes ni bienséances. Un pieux ecclésiastique lui représentant qu'il devoit se défaire incessamment de trois méchantes filles qu'il entretenoit, *l'ambition*, *l'avarice* & la *luxure* ; Richard ne fit que tourner ses exhortations en ridicule. *Vous avez entendu*, dit-il à ses courtisans, *ce que m'a dit cet hypocrite. Eh bien, je veux suivre ses avis : je donne mon ambition aux* Templiers, *mon avarice aux* Moines *& ma luxure aux* Prélats... Ce prince fut brave, mais féroce ; entreprenant, mais inquiet ; ferme, mais opiniâtre ; passionné pour la gloire des armes, mais jaloux de tous ceux qui pouvoient la lui disputer. *Richard* étoit comte de Poitou & duc de Normandie.

II. RICHARD II, roi d'Angleterre, fils d'*Edouard* prince de Galles, succéda à son aïeul *Edouard III*, en 1377. Il étoit encore extrémement jeune. Après avoir éprouvé divers troubles dans sa minorité, il calma ces orages, pour

F

porter la guerre contre les François & contre les Ecoffois. Il la'
fit aux uns & aux autres avec affez
de bonheur ; mais cette profpérité
ne fe foutint pas. *Jean* duc de Lancaftre , *Edouard* duc d'Yorck, &
Thomas duc de Glocefter, tous trois
freres de fon pere, étoient très-
mécontens de l'adminiftration de
leur neveu. Le dernier confpira
contre lui en 1397, & périt à Calais , où il fut étranglé dans fa
prifon. Le comte d'*Arundel* eut la
tête tranchée, & celui de *Warvick* fut condamné à un exil perpétuel. Quelque tems après, *Henri*
comte de Derbi, fils du duc de
Lancaftre , voulant défendre la
mémoire de fon oncle, fe vit banni
du royaume, où il fut rappellé par
quelques féditieux. Le comte de
Northumberland, qui étoit dans fes
intérêts, arrêta en 1399 le roi à
Flint dans la principauté de Galles , & le remit entre les mains
de *Henri*, depuis peu duc de Lancaftre, qui l'enferma dans une prifon. La nation fe déclara pour lui.
Richard II demanda feulement
qu'on lui laifsât la vie, & une penfion pour fubfifter. Un parlement
affemblé le dépofa juridiquement.
Richard, enfermé dans la Tour, remit au duc de *Lancaftre* les marques de la royauté, avec un écrit
figné de fa main, par lequel il fe
reconnoiffoit indigne de régner.
Il l'étoit en effet, puifqu'il s'abaif-
foit à le dire. Le parlement d'Angleterre ordonna en même tems,
que fi quelqu'un entreprenoit de
le délivrer, dès-lors *Richard II*
feroit digne de mort. Au premier
mouvement qui fe fit en fa faveur,
huit fcélérats l'allèrent affaffiner
dans fa prifon, à Pont-fract, où
il avoit été transféré de la Tour
de Londres. Il défendit fa vie mieux
qu'il n'avoit défendu fon trône ;

il arracha la hache d'armes à un
des meurtriers, & il en tua quatre
avant que de fuccomber. Enfin il
expira fous les coups én 1400,
à 33 ans. Ainfi périt ce malheureux prince, qui n'eut ni les vertus d'un Chrétien, ni les qualités
d'un honnête homme, ni les talens d'un grand roi. Il manqua également d'efprit, de cœur & de
mœurs. Son règne fut celui des
femmes, des favoris & des miniftres.

III. RICHARD III, roi d'Angleterre, auparavant duc de Glocefter & frere d'*Edouard IV*, fit
mourir *Edouard V* & *Richard* duc
d'Yorck, fes neveux, héritiers légitimes du trône, & fe fit proclamer roi en 1483. Il ne jouit que
2 ans & demi de fon ufurpation,
& pendant ce court efpace il affembla un parlement, dans lequel
il ofa faire examiner fon droit à
la couronne. Il y a des tems où
les hommes font lâches, à proportion que leurs maitres font
cruels. Ce parlement déclara, que
la mere de *Richard III* avoit été
adultère ; que ni *Edouard IV*, ni
fes autres freres, n'étoient légitimes ; que le feul qui le fût, étoit
Richard ; qu'ainfi la couronne lui
appartenoit, à l'exclufion des deux
jeunes princes (étranglés dans la
Tour, mais fur la mort defquels
on ne s'expliquoit pas). Il parut
bientôt un vengeur de ces infor-
tunés. Le duc de *Buckingham* s'é-
leva contre *Richard III* ; mais il
fut arrêté & décapité. *Henri* comte
de Richemont, le feul rejetton qui
reftât de la *Rofe rouge*, parut après
lui, & fut plus heureux. Tout le
pays de Galles, dont ce jeune
prince étoit originaire, s'arma en
fa faveur. *Richard III* & *Richemont*
combattirent à Bofworth, le 22
Août 1485. *Richard*, au fort de la

bataille, mit la couronne en tête, croyant avertir par-là ses soldats qu'ils combattoient pour leur roi contre un rebelle ; mais le lord *Stanley*, un de ses généraux, qui voyoit depuis long-tems avec horreur cette couronne usurpée par tant de meurtres, trahit son indigne maître, & passa avec un corps de troupes du côté de *Richemont*. *Richard* avoit de la valeur ; c'étoit sa seule qualité. Quand il vit la bataille désespérée, il se jetta en furieux au milieu de ses ennemis, & y reçut une mort plus glorieuse qu'il ne méritoit. Cette journée mit fin aux désolations dont la *Rose rouge* & la *Rose blanche* avoient rempli l'Angleterre. Le comte de *Richemont*, couronné sous le nom de *Henri VII*, réunit par son mariage les droits des maisons de Lancastre & d'York. *Richard III* fut le dernier roi de la race des princes d'*Yorck*, ou *Plantagenet*. Ce monarque avoit de l'esprit, de la valeur, de l'ambition ; il étoit d'une dissimulation profonde, d'un secret impénétrable, d'une fermeté aussi supérieure aux revers qu'incapable d'inconstance. Mais ces qualités furent absolument effacées par ses crimes, les plus grands que l'Angleterre eût encore vus, tout accoutumée qu'elle y étoit.

IV. RICHARD I, surnommé *Sans-Peur*, petit-fils de *Rollon* premier duc de Normandie, succéda l'an 942 à son pere *Guillaume Longue-épée* à l'âge de dix ans. Echapé, par l'heureuse adresse d'*Osmond* son gouverneur, des mains du roi *Louis d'Outremer*, qui le retenoit comme dans une prison à Laon, il se vit à la veille d'être dépouillé de ses états ; mais *Aigrold* roi de Danemarck, & *Hugues* le *Blanc* comte de Paris, appellés à son secours, battirent les troupes Françoises,

& firent *Louis IV* prisonnier, *Othon I* roi de Germanie, & *Thibaut* comte de Blois, armés contre ce jeune prince, n'eurent pas un meilleur succès : ils furent défaits : le pays Chartrain fut pillé, & sa capitale brûlée. Après la mort de *Louis* roi de France, le duc *Richard* fut un de ceux qui contribuérent le plus à placer la couronne sur la tête de *Hugues-Capet*, son beau-frere. Il mourut en 996, à Fécamp, dont il avoit fait bâtir l'église, très-regretté pour la douceur de son gouvernement.

V. RICHARD II, dit *le Bon*, fils & successeur de *Richard I* duc de Normandie, régna jusqu'en 1027, époque de sa mort. Le commencement de son règne fut troublé par le soulèvement du peuple, opprimé par l'orgueilleuse ambition de la noblesse de son état. Il eut depuis à combattre plusieurs princes puissans : *Guillaume* comte de *Hiesmes*, son frere naturel, qui refusoit de lui rendre hommage : le roi d'Angleterre, qui étant descendu en Normandie, ramena à peine la moitié de ses gens dans son isle : enfin *Eudes*, comte de Chartres & de Blois, jaloux de sa puissance. Celui-ci donna bientôt toute satisfaction au duc de Normandie, à la vue des troupes que *Lagman* & *Olaüs*, rois de Suède & de Danemarck, avoient amenées à son secours. *Richard II* eut pour successeur *Richard III* son fils, qui mourut un an après, non sans soupçon de poison.

VI. RICHARD DE St-VICTOR, théologien Ecossois, vint étudier à Paris, où il se fit chanoine-régulier dans l'abbaye de St-Victor. Il fut prieur de ce monastère, & y mourut en 1173, respecté pour ses vertus autant que pour ses lumiéres. On a de lui un grand nombre d'ouvrages, dans lefquels il raifonne avec jufteffe & avec méthode. La meilleure édition de fes Œuvres eft celle de 1650, à Rouen, 2 vol. in-fol.

VII. RICHARD D'ARMACH, théologien Irlandois, étudia à Oxford, devint chancelier de cette univerfité, puis archidiacre de Litchfield, & enfin archevêque d'Armach en Irlande, l'an 1347. Il foutint avec zèle la jurifdiction des évêques & des curés contre les religieux mendians. Ce théologien finit fa carrière en 1359, avec la réputation d'un homme fort dans le raifonnement, & verfé dans la lecture de l'Ecriture-fainte & des Peres. Ses principaux ouvrages font : I. Plufieurs Sermons. II. Un écrit intitulé : Defenfio Curatorum adverfùs Mendicantes, Paris 1496, in-8°. III. Un autre De audientia Confeffionum. IV. Un Traité curieux, in-8°. Paris 1512, contre les erreurs des Arméniens. L'auteur n'en eft pourtant pas exempt lui-même : il incline quelquefois vers celles que Wiclef foutenoit en ce 'tems.

VIII. RICHARD, (Martin) peintre, natif d'Anvers, mourut en 1636, âgé de 45 ans. Il fe fentit du goût pour le payfage, & fit toutes les études néceffaires pour y réuffir. On eftimoit fes tableaux qu'il ornoit de belles fabriques. Le célèbre Vandyck faifoit en particulier beaucoup de cas de ce maître, '& voulut avoir fon portrait. Un jour que Richard s'approcha des fortifications de Namur, pour les deffiner, il fut arrêté comme efpion ; mais il fe fit connoître, & obtint fa liberté. Ce qu'il y a de fingulier dans ce peintre, c'eft qu'il vint au monde avec le bras gauche feulement. Son frere David Richard s'appliqua auffi

à la peinture, mais non pas avec autant de fuccès.

IX. RICHARD, (Jean) bachelier en théologie, né à Paris, fut nommé à la cure de Triel, diocèfe de Rouen. Après y avoir travaillé avec zèle pendant 18 ans, il fut arrêté & mis dans les prifons de l'officialité de Rouen, pour avoir écrit contre la fignature du Formulaire. Il mourut à Paris en 1686, à l'âge de 65 ans. Il avoit permuté, 13 ans auparavant, fa cure pour le prieuré d'Avoie près Chevreufe. Richard étoit un homme vertueux, mais opiniâtre. Il poffédoit l'Ecriture & les Peres. On a de lui plufieurs ouvrages qui furent lûs dans le tems, mais qui ont été effacés par d'autres beaucoup meilleurs. I. L'Agneau Pafcal; ou Explication des cérémonies que les Juifs obfervent dans la manducation de l'Agneau de Pâque, appliquées dans un fens fpirituel à la manducation de l'Agneau Divin dans l'Eucharistie, in-8°, 1686. II. Pratiques de piété pour honorer Jefus-Chrift dans l'Euchariftie, in-12, 1683. III. Sentimens d'Erafme, conformes à ceux de l'Eglife Catholique, fur tous les points controverfés. IV. Aphorifmes de controverfe, &c.

X. RICHARD, (René) fils d'un notaire de Saumur, naquit en 1654. Il entra de bonne heure dans la congrégation de l'Oratoire, d'où il fortit enfuite, après avoir été employé dans les Miffions faites par ordre du roi dans les diocèfes de Luçon & de la Rochelle. Il obtint un canonicat de Ste Opportune à Paris, & il mourut doyen de ce chapitre en 1727. Il avoit eu le titre d'hiftoriographe de France. L'abbé Richard étoit un homme fingulier, & la fingularité de fon caractére a paffé dans

ſes écrits. Les principaux ſont :
I. *Parallèle du Cardinal de* Richelieu *& du Cardinal* Mazarin ; Paris
1704, in-12 ; réimprimé en 1716.
Cet ouvrage pèche, en bien des
endroits, contre la vérité de l'hiſtoire. L'auteur n'avoit ni l'eſprit
aſſez profond, ni le jugement aſ-
fez ſolide , ni une aſſez grande
connoiſſance des affaires , pour
faire des parallèles juſtes. Il avoit
promis cependant de comparer les
deux derniers confeſſeurs de *Louis
XIV*, la *Chaiſe* & le *Tellier;* les
deux archevêques de Paris, *Harlai*
& *Noailles ;* & quelques-uns des
miniſtres de *Louis XIV.* Il eſt heureux pour lui que ces ouvrages
n'aient pas vu le jour. II. *Maximes Chrétiennes ,* & le *Choix d'un
bon Directeur,* ouvrages compoſés
pour les Demoiſelles de St - Cyr.
III. *Vie de Jean-Antoine* le Vacher,
Prêtre , Inſtituteur des *Sœurs de
l'Union Chrétienne,* in-12. IV. *Hiſtoire de la Vie du Pere* Joſeph *du
Tremblay*, Capucin, employé par
Louis XIII dans les affaires d'état,
in-12. L'abbé *Richard* peint dans
cet ouvrage le Pere *Joſeph* comme
un Saint, tel qu'il auroit dû être;
mais peu de tems après il en donna le vrai portrait, & le repréſenta tel qu'il étoit, dans le livre
intitulé : *Le véritable Pere Joſeph ,
Capucin,* contenant l'Hiſtoire anecdote du cardinal de *Richelieu ,* à
St-Jean de Maurienne, (Rouen)
1704, in-12 ; réimprimé en 1750,
2 vol. in-12. Et pour ſe mieux
déguiſer , il fit une Critique de
cette Hiſtoire , ſous le titre de :
Réponſe au livre intitulé *Le véritable Pere Joſeph ,* in-12, avec le
précédent. V. *Diſſertation ſur l'In-
dult,* in-8°. VI. *Traité des Penſions
Royales ,* in-12.
XI. RICHARD , (Jean) né à
Verdun en Lorraine, ſe fit rece-

voir avocat à Orléans ; mais ce
fut plutôt pour avoir un titre , que
pour en exercer les fonctions.
Quoique laique & marié , il choiſit un genre d'occupation que l'on
prend très-rarement dans cet état.
Il ſe fit auteur & marchand de
ſermons. Il prêcha toute ſa vie de
ſon cabinet, ou du moins il eut
le plaiſir de s'entendre prêcher.
On a de lui : I. Des *Diſcours moraux*, en 5 vol. in - 12, *en forme
de Sermons ;* qui furent bientôt ſui-
vis de 5 autres *en forme de Prônes ,*
& de 2 autres ſur les *Myſtéres* de
Notre-Seigneur & ſur les *Fêtes* de
la Vierge. II. *Eloges Hiſtoriques des
Saints ,* 1716, 4 vol. in-12. III.
Dictionnaire Moral, ou *la Science
univerſelle de la Chaire,* en 6 vol.
in-8°. On trouve dans cet ouvrage , par ordre alphabétique , ce
que les prédicateurs François,
Eſpagnols , Italiens, Allemands ,
ont dit de plus curieux & de plus
ſolide ſur les différens ſujets. IV.
Il eſt l'éditeur des Sermons de
Fromentiére, des *Prônes de Joly ,*
des Diſcours de l'abbé *Boileau.* La
vieilleſſe ne fut pas pour lui un
tems de repos ; il travailla juſqu'à
ſa mort, arrivée en 1719, à 81
ans. Si nous jugeons de ſes talens
par ſes ouvrages, on peut dire
qu'il avoit plus de goût que de
diſpoſitions pour l'éloquence de
la chaire. Ses Diſcours ſont ſolides ; mais ils manquent de chaleur
& de pathétique.

RICHARDOT, (François) na-
quit en Franche-Comté, & ſe fit
religieux Auguſtin dans le couvent
de Champlite. Il devint enſuite profeſſeur dans l'univerſité de Beſan-
çon , & ſuccéda au cardinal de
Granvelle dans l'évêché d'Arras,
en 1561. Il préferva ſon dioceſe
des erreurs des Proteſtans, parut
avec éclat au concile de Trente,

& eut beaucoup de part à l'érection de l'univerfité de Douai. Sa mort, arrivée en 1574 à 67 ans, fut digne des vertus qui avoient illuftré fa vie. On a de lui : I. Des *Ordonnances Synodales*. II. Un *Traité de Controverfe*, & d'autres ouvrages... *Jean* RICHARDOT, fon neveu, fut préfident du confeil d'Arras, puis du confeil-privé à Bruxelles. Il fe fignala par fa fidélité & par fa capacité dans plufieurs négociations importantes ; & fur-tout dans l'ambaffade que l'archiduc *Albert* envoya, au nom du roi d'Efpagne, à Vervins. Cet habile négociateur mourut en 1609.

I. RICHARDSON, (Jean) théologien Anglican, natif de Chefter, devint évêque d'Ardach en Irlande, & mourut en 1653. On a de lui des *Obfervations choifies* fur l'ancien Teftament, in-fol. en anglois, qui pèchent fouvent contre leur titre.

II. RICHARDSON, (N.) célèbre romancier Anglois, né en 16... mort en 17... eft auffi connu en France qu'en Angleterre. Les particularités de fa vie font ignorées ; on fait feulement que, né avec un génie contemplatif, il étudia les hommes & fçut les pénétrer. Il aimoit la folitude, & il ne fe répandoit guéres dans le monde, que pour l'obferver. Il étoit fort taciturne, & l'on prétend qu'il paffa plufieurs années dans la fociété fans parler. Ses principaux ouvrages font : I. *Pamela*, ou la *Vertu récompenfée*, traduit en françois, en 4 vol. in-12. Ce roman, le premier fondement de la réputation de *Richardfon*, n'offre que des événemens fimples, mais intéreffans, qui peuvent fervir à former les mœurs, autant qu'à toucher l'ame. II. *Lettres de Mifs Clariffe Harlowe*, traduites en fran-

çois par l'abbé *Prevôt*, en 13 parties in-12. C'eft le chef-d'œuvre de l'auteur. Il fuppofe un grand fonds de morale, de fentimens & d'obfervations ; mais les lecteurs François lui reprochent des longueurs. Il eft vrai que ces détails, qu'on trouve trop longs, font vrais, & pris dans la nature; qu'ils font fortir les paffions, & qu'ils montrent des caractéres dont la plupart font nouveaux pour nous. III. *Hiftoire de Sir Charles Grandiffon*, traduite encore en françois par l'abbé *Prevôt*, 8 parties in-12. C'eft, fur un fonds tout différent, la même variété de caractéres, la même force d'événemens & de conduite que dans *Clariffe* ; mais ce font auffi les mêmes défauts, du moins pour ceux qui n'aiment point qu'on allonge le récit des peines, des foins, des mouvemens qui agitent les perfonnages d'un roman. Quant à ceux qui s'intéreffent à ces détails, ils trouveront un grand peintre dans *Richardfon*.

RICHEBOURG, *V.* BOURDOT.

RICHELET, (Céfar - Pierre) naquit en 1631, à Cheminon en Champagne, diocèfe de Châlons-fur-Marne. La langue Franç. fut fon étude principale. L'abbé d'*Aubignac* l'admit dans fon académie en 1665. (*V.* HEDELIN.) *Richelet* habitoit la capitale depuis 1660, & il s'y fit recevoir avocat. Il quitta enfuite Paris, & parcourut différentes villes de province. Son penchant pour la fatyre lui fit des ennemis par-tout. On prétend que, lorfqu'il étoit à Grenoble, des gens mécontens de fon efprit inquiet & brouillon, l'invitérent un jour à fouper chez un traiteur. Au fortir de table, fous prétexte de l'accompagner, ils le conduifirent à coups de cannes jufqu'à la porte

de France. L'officier qui ce jour-
là étoit de garde, avoit le mot;
on baiſſa le pont-levis, & lorſque
Richelet eut paſſé, on le releva:
de manière qu'il fut obligé de
faire 5 quarts de lieue pour gagner une maiſon, n'y ayant point
alors de fauxbourg de ce côté-là.
Il ſe retira tout furieux à Lyon,
où il donna une nouvelle édition
de ſon *Dictionnaire*, dans laquelle
il dit « que les Normands feroient
» les plus méchantes gens du mon-
» de, s'il n'y avoit pas de Dauphi-
» nois. » Ce ſatyrique mourut à Paris en 1698, à 67 ans. Nous avons
de lui : I. *Dictionnaire François,
contenant l'explication des mots, pluſieurs nouvelles remarques ſur la Langue Françoiſe, les expreſſions propres,
figurées &, burleſques*, &c. La 1ʳᵉ
édition de cet ouvrage eſt de Genève 1680, in-4°. (*Voyez* FABRE.)
& la dernière eſt de Lyon 1759,
en 3 vol. in-fol. On la doit à l'abbé
Goujet, qui a donné en même tems
un *Abrégé* de ce Dictionnaire, en
un vol. in-8° ; réimprimé avec
des augmentations en 2 vol. par
les ſoins de l'abbé de *Wailli*. On
a beaucoup blâmé l'orthographe de
Richelet ; mais on a réprouvé avec
encore plus de raiſon les inutilités & les groſſiéretés malignes
dont ſon ouvrage fourmille. L'é-
dition publiée par l'abbé *Goujet* eſt
purgée des principales. Quelques
curieux bizarres lui préfèrent la
1ʳᵉ, à cauſe des méchancetés qu'elle renferme. II. *Dictionnaire des
Rimes*. La meilleure édition de cet
ouvrage, qui ne fera jamais un
poëte, eſt celle de M. *Berthelin*,
en 1760, in-8°. L'éditeur l'a augmenté, & mis dans un nouvel ordre. III. *Les plus belles Lettres des
meilleurs Auteurs François*, avec des
notes. La meilleure édition de ce
recueil très-médiocre, eſt celle de

Bruzen de la *Martinière* en 1737,
en 2 vol. in-12. IV. *Hiſtoire de
la Floride*, écrite en Eſpagnol par
Garcias-Laſſo de la *Vega*, traduite
en françois, pluſieurs fois réimprimée. La dernière édition eſt
celle de Leyde en 1731, in-8°,
en 4 vol. avec figures. V. Quelques autres *Ouvrages*, aſſez mal
écrits, quoique l'auteur eût fait
un Dictionnaire de la langue Françoiſe.

RICHELIEU, *Voyez* PLESSIS-
RICHELIEU, & VIGNEROD.

RICHEMONT, (le Connétable
de) *Voyez* ARTUS le Juſticier, &
CHARLES VII.

RICHEOME, (Louis) Jéſuite,
né à Digne en Provence, joua
un rôle important dans ſon ordre.
Après avoir été 2 fois provincial,
il devint aſſiſtant-général de France en 1598. Il mourut à Bordeaux
en 1625, à 87 ans, avec une
grande réputation de piété. On a
de lui pluſieurs *Traités de controverſe*, & des *Ecrits Aſcétiques &
théologiques*, imprimés à Paris en
2 vol. in-fol.

I. RICHER, (Edmond) né à
Chource, diocèſe de Langres, en
1560, vint achever ſes études à
Paris, & y fit ſa licence avec diſtinction. Né avec un génie impétueux, il fut entraîné dans le
parti de la Ligue. Il eut la hardieſſe, dans une de ſes thèſes,
d'approuver l'action de *Jacques Clément ;* mais il revint bientôt de ſon
erreur. Il prit le bonnet de docteur en 1590, & devint enſuite
grand-maître du collège du cardinal *le Moine ;* puis ſyndic de la
faculté de théologie de Paris, le
2 Janvier 1608. Son zèle pour
les anciennes maximes de ce corps,
éclata dans pluſieurs occaſions. Il
s'éleva avec force, en 1611, contre la thèſe d'un Dominicain, qui

F iv

foutenoit l'infaillibilité du Pape ,
& fa fupériorité fur le concile.
Il publia la même année, in-4°,
un petit écrit intitulé : *De la Puif-*
fance eccléfiaftique & politique, pour
établir les principes fur lefquels
il prétendoit que la doctrine de
l'Eglife de France & de la Sorbonne , touchant l'autorité 'du
Concile géneral & du Pape, étoit
fondée. Ce petit livre fouleva contre lui le nonce & quelques docteurs. On voulut le faire dépofer
du fyndicat, & faire anathématifer fon livre, par la faculté de
théologie; mais le parlement empêcha que la faculté ne fe défho-
norât par cette cenfure. Cependant le cardinal *du Perron*, affembla à Paris 8 évêques de fa province en 1612, & leur fit faire
ce que la Sorbonne n'avoit pas
fait. *Richer* interjetta appel comme
d'abus, de cette cenfure, au parlement, & y fut reçu appellant ;
mais la chofe en demeura là. Son
livre, profcrit à Rome, le fut encore par l'archevêque d'Aix & par
3 évêques de fa province, le 24
Mai de la même année. On vit
alors paroître de tous côtés une
foule d'écrits pour le réfuter ; &
Richer reçut un ordre exprès de
la cour de ne point écrire pour
fa défenfe. Enfin l'animofité contre lui alla fi loin, que fes ennemis obtinrent du roi & de la reine-régente, des lettres de juffion
adreffées à la faculté pour élire
un autre fyndic. *Richer* fit fes proteftations, lut un écrit pour fa
défenfe, & fe retira. On élut enfuite un autre fyndic en 1612 ; &
depuis ce tems, les fyndics de la
faculté ont été élus de 2 ans en
2 ans, au lieu qu'ils étoient perpé-
tuels auparavant. *Richer* ceffa
d'aller aux affemblées de la faculté , & fe renferma dans la foli-

tude, uniquement appliqué à l'é-
tude. Mais fes ennemis lui ayant
fufcité plufieurs autres traverfes,
il fut enlevé & mis dans les prifons de St-Victor. Il auroit même été livré au pape, fi le parlement & le chancelier de France
ne l'euffent empêché, fur les plaintes de l'univerfité. Il donna en
1620 une déclaration, à la follicitation de la cour de Rome,
par laquelle il proteftoit qu'il
étoit prêt de rendre raifon des
propofitions de fon livre *De la*
Puiffance eccléfiaftique & politique,
& de les expliquer en un fens
orthodoxe. Il en donna même une
feconde ; mais tout cela ne fatisfit point fes adverfaires. Enfin il
fe vit obligé de faire réimprimer
fon livre en 1629, avec les preuves des propofitions qu'il y avoit
avancées, & les deux déclarations
qu'il avoit données. Le cardinal
de *Richelieu* l'obligea d'en donner
une 3e, qu'il figna dans la chambre du Pere *Jofeph*. Les partifans
de *Richer* racontent l'hiftoire de
cette rétractation, d'une manière
finguliére, fi elle eft vraie. Voici
ce qu'en dit l'abbé *Racine*. « Le
» cardinal de *Richelieu* réfolut d'ob-
» tenir de *Richer* par la force, ce
» qu'il favoit bien qu'il ne pour-
» roit avoir par la raifon. *Duval*
» fut chargé d'amener *Richer* chez
» le Pere *Jofeph*, Capucin, pour y
» dîner. Après qu'on fut levé de
» table, le Capucin fit entrer *Ri-*
» *cher* dans une chambre avec *Du-*
» *val*, & un notaire apoftolique
» envoyé par le pape : on propofa
» la queftion de l'autorité du fou-
» verain pontife. *Richer*, qui ne
» favoit pas que l'inconnu devant
» qui il parloit étoit un Italien &
» un notaire apoftolique, expofa
» fes fentimens avec modération
» & clarté. Tout d'un coup le P.

» *Joseph* tira un papier , qui con-
» tenoit une rétractation toute
» dreffée. Il interrompit *Richer* en
» le lui montrant ; & , d'un ton de
» voix qu'il éleva extraordinaire-
» ment, pour fervir de fignal à des
· » gens apoftés & cachés , il lui
» dit : *C'eft aujourd'hui qu'il faut mou-*
» *rir , ou rétracter votre livre.* A ces
» mots , on vit fortir de l'anti-
» chambre deux affaffins , qui fe
» jettérent fur ce vénérable vieil-
» lard , & qui le faififfant chacun
» par un bras , lui préfentérent le
» poignard , l'un par devant , l'au-
» tre par derriére , tandis que le
» P. *Joseph* lui mit le papier fous
» la main & lui fit figner ce qu'il
» voulut , fans lui donner le tems ,
» ni de fe reconnoitre , ni de lire
» le papier. » On prétend que cette violence inouie , dont le fonds
& les circonftances ne paroiffent
guéres vraifemblables , avança fa
mort , arrivée en 1630 , à 72 ans.
Richer étoit un homme , qui à l'obftination des gens de fon état , joignoit une inflexibilité d'efprit particuliére. Vieilli fur les bancs , au
milieu de la chicane , endurci dès
l'enfance à la mifére , il brava la
cour , parce qu'il ne lui demandoit
rien & qu'il pouvoit fe paffer de
tout. Sa mémoire eft encore chere
aux ames élevées & républicaines.
Elle le feroit autant aux bons citoyens , s'il avoit fu modérer fon
zèle ; mais il ne connut jamais les
ménagemens , & fon efprit fut auffi
opiniâtre que fes mœurs étoient
auftéres. Nous avons de lui un
grand nombre d'ouvrages , dans
lefquels il montre beaucoup de
critique , de difcernement , & de
hardieffe à fronder les préjugés
de l'école. Les principaux font :
I. *Vindiciæ doctrinæ majorum , de auc-*
toritate Ecclefiæ in rebus fidei & mo-
rum , Colo̧niæ, 1683 , in-4°. II. *De*

poteftate *Ecclefiæ in rebus temporali-*
bus , 1692 , in-4°. III. Une *Apolo-*
gie de Gerfon , avec une édition des
Œuvres de ce célèbre chancelier
de l'univerfité de Paris ; & dans
l'édition du traité de la *Puiffance*
eccléfiaftique , &c. de Cologne 1701,
2 vol. in-4°. IV. Une *Hiftoire des*
Conciles généraux , en latin, 3 vol.
in-4°. V. Une ample *Défenfe* de
fa doctrine & de fa conduite : on
la trouve dans l'ouvrage qui fut
la fource de fes perfécutions , édit.
de Cologne. VI. L'*Hiftoire de fon*
Syndicat , publiée en 1753 , in-8°.
VII. *Obftetrix animorum ,* Leipfick
1693 , in-4°. & quelques autres
livres de Grammaire. VIII. *De*
optimo Académiæ ftatu , in-8°. IX.
Plufieurs manufcrits , dont le plus
confidérable confifte en de grands
Mémoires fur l'Hiftoire de la faculté
de théologie de Paris.

II. RICHER ; (Jean) libraire de
Paris , mort en 1655 , fut le premier rédacteur du *Mercure François.*
C'eft un Recueil de piéces rares
& de relations qui ont paru , depuis 1605 jufqu'en 1643 , non feulement en France , mais dans le
refte de l'Europe & dans toutes
les parties du monde , tant fur les
affaires d'état , que fur celles des
particuliers. *Théophrafte Renaudot*
rédigea , depuis l'an 1635 jufqu'en
1643 , ce recueil intéreffant ; mais
il n'avoit ni le difcernement ni
l'exactitude du premier compilateur. Il ne donnoit pas d'ailleurs
les piéces juftificatives , qui avoient
fait rechercher les volumes précédens. Au refte , *Jean Richer* ne
rédigea que le 1er tome ; *Etienne*
Richer fit les autres , jufqu'en 1635.

III. RICHER , (Henri) né en
1685 à Longueil , dans le pays de
Caux , fut deftiné par fes parens
au barreau ; mais les progrès qu'il
y fit , tenoient plutôt de la facilité

de fon efprit, que de fon goût
pour la jurifprudence. Un attrait
plus puiffant le tournoit vers la
littérature & la poëfie. Il vint à
Paris, & fe livra entiérement à fon
goût. Il y mourut en 1748, à 63
ans. Ce qui diftinguoit *Richer* étoit
une mémoire prodigieufe, qui lui
rappelloit à l'inftant les noms, les
dates & les faits. Nous avons de
lui : I. Une *Traduction* en vers des
Eglogues de *Virgile*, 1717, in-12,
& réimprimée en 1736, avec une
Vie de ce poëte qui eft affez bien
faite. Sa verfion eft fidelle, mais
elle eft foible & fans coloris. II.
Un *Recueil de Fables*, dont la derniére édition eft de 1748, in-12.
Quoiqu'elles n'aient ni la fineffe
& l'enjouement de celles de *la Fontaine*, ni le badinage ingénieux &
philofophique de celles de *la Motte*,
elles ont été reçues avec applaudiffement. En général, l'invention
n'en eft pas heureufe; la morale n'y
eft ni vive, ni frappante ; le ftyle en eft froid & fans imagination :
mais elles font recommandables
par la fimplicité & la correction
du langage, par la variété des
peintures & par l'agrément des
images. III. Les 8 premières *Héroïdes* d'*Ovide* mifes en vers françois,
1743, in-12. L'auteur a joint à
fa verfion quelques autres Poëfies.
IV. La *Vie de Mécénas* en 1746,
in-12, avec des notes : on y trouve des recherches & de l'érudition. V. Deux *Tragédies : Sabinus*,
piéce conduite avec art & pleine
d'intérêt, mais dont la verfification manque de chaleur & de vie ;
& *Coriolan*, qui n'a pas été repréfenté.

IV. RICHER D'AUBE, (Fran-
çois) né à Rouen, avoit été intendant de Caen & de Soiffons. Il
étoit neveu, à la mode de Bretagne, de *Fontanelle* avec qui il

demeuroit. S'il avoit de l'efprit &
des connoiffances, c'étoit un tour
d'efprit abfolument différent de
celui de fon oncle, à qui il reffembloit encore moins par le caractére. Il étoit haut, dur, colére, contredifant, pédant ; bon-
homme néanmoins, officieux même & généreux. Nous avons de
lui un livre intitulé : *Effai fur les
principes du Droit & de la Morale*,
Paris 1743, in-4°. Ce favant mourut à Paris en Octobre 1752, à
63 ans.

RICIUS, (Paul) Juif converti,
floriffoit au XVIe fiécle. Il étoit
Allemand, & enfeigna la philofophie à Pavie avec beaucoup de
réputation. L'emper. *Maximilien* le
mit au nombre de fes médecins ;
mais ce ne fut pas de ce côté-là
qu'il fe diftingua. Il dut fa principale gloire à fon érudition. Quoiqu'on ait donné de grands éloges
à fa politeffe & à fa modération,
il fe fit plufieurs adverfaires, entr'autres *Jean Eckius*. Le fujet de
leur difpute étoit : *Si les Cieux
étoient animés ?... Ricius*, qui tenoit
pour l'affirmative, avança à ce fujet des fentimens qui le firent paffer pour un efprit fingulier. On
a de lui un grand nombre d'ouvrages contre les Juifs & fur d'autres matières. I. *De cœlefti Agri-
culturâ*, Bâle 1587, in-fol. *Erafme*
en parle avec éloge dans une de
fes Epîtres. II. *Talmudica Commen-
tariola*, Ausbourg 1519, in-4°. III.
*De LXXIII Mofaicæ Sanctionis Edic-
tis*, Ausbourg 1515, in-4°. IV.
Une *Harangue* pour animer les Allemands à entreprendre la guerre
contre fes anciens confrères ; production indigne d'un philofophe
& d'un Chrétien.

RICOBONI, (Antoine) *Rico-
bonus*, né à Rovigo en 1541, étudia les belles-lettres fous *Paul*

Manuce, fous *Sigonius* & fous *Mu-ret*, & les enfeigna dans fa patrie avec réputation. Appellé à Padoue pour y être profeffeur d'éloquence, il s'en acquitta avec fuccès pendant 30 ans, & y mourut en 1599. On a de lui : I. Des *Commentaires hiftoriques*, avec des fragmens des anciens hiftoriens. II. Des *Commentaires* fur les *Oraifons* & fur quelques autres ouvrages de *Cicéron*. III. Une *Rhétorique*, 1595, in-8°. IV. Des *Commentaires* fur la *Rhétorique*, fur la *Poëtique* & fur la *Morale* d'*Ariftote*, in-4°. V. L'*Hiftoire de l'Univerfité de Padoue*, Paris, 1592, in-4°. & quelques autres ouvrages. Ils font tous écrits affez purement en latin.

RICOBONI, *Voyez* RICCOBONI.

I. RIDLEY, (Nicolas) né dans le Northumberland près de Cambridge, fut élevé, fous le règne d'*Edouard VI*, à l'évêché de Rochefter, puis à celui de Londres. Mais à l'avènement de la reine *Marie* à la couronne, on lui fit un crime de fon attachement au Proteftantifme, dont il étoit un des plus fermes foutiens. Il fut dépofé & brûlé à Oxford, le 16 Octobre 1555. On a de lui un traité *De Cœná Dominicá*, & quelques autres livres contre la religion Catholique.

II. RIDLEY, (Thomas) jurifconfulte, né à Eli en Angleterre, mort en 1628, eft auteur d'une *Idée des Loix Civiles & Eccléfiaftiques* : ouvrage favant.

RIDOLFI, (Charles) auteur Vénitien du XVI° fiécle, à qui l'on doit une *Vie* en italien de *Jacques Robufti*, dit *Tintoret*. Cet ouvrage eft eftimé. Nous avons encore de lui une *Hiftoire des Peintres Vénitiens*, réimprimée avec des portraits à Venife en 1648, en 2 v. in-4° : c'eft la meilleure édition.

RIDOLFO-FIORAVENTI, *Voyez* ALBERTI, n° v.

RIENZI, *Voyez* GABRINO.

I. RIEUX, (Jean de) maréchal de France, fit fes premiéres armes dans l'armée Angloife, par le fecours de laquelle *Pierre le Cruel*, roi de Caftille, reconquit une partie de fon royaume. Il s'attacha depuis à la France, & fervit glorieufement fous *Charles VI*. Nommé maréchal de France en 1397, il défit les Anglois qui ravageoient la Bretagne en 1404. Des intrigues de cour le firent fufpendre des fonctions de fa charge en 1411, fans cependant en être deftitué, comme le difent la plupart des écrivains ; mais il fut rétabli l'année d'après. Las des viciffitudes de la vie de courtifan, & accablé du poids des années, il fe démit de fa dignité, le 12 Août 1417, en faveur de fon fils qui fuit ; & fe retira dans fes terres, où il mourut le 7 Septembre de la même année, âgé de 75 ans.

II. RIEUX, (Pierre de) feigneur de Rochefort, fils du précédent, fut fait maréchal de France en 1417, à la place de fon pere. Deftitué en 1418 par la faction Bourguignonne, il fe jetta dans le parti du dauphin, (depuis *Charles VII*) qu'il fervit avec fuccès. Il défendit la ville de St-Denys contre les Anglois en 1435, reprit fur eux Dieppe, & leur fit lever en 1437 le fiége de Harfleur. Mais comme il revenoit triomphant de cette expédition à Paris, *Guillaume Flavi*, capitaine de Compiègne, dévoué aux Anglois, l'arrêta, & le tint dans une dure prifon en cette ville, où il mourut de mifére l'an 1439.

III. RIEUX, (Jean de) petit-neveu du précédent, né en 1447, fuivit *François* duc de Bretagne, l'an 1464, dans la guerre du *Bien public*. Il fut fait maréchal de Bretagne en 1470, & lieutenant-général des armées du duché en 1472. Les favoris du duc *François* le forcèrent à se joindre aux mécontens en 1484 ; mais étant rentré dans le devoir, ce prince le nomma tuteur de sa fille *Anne de Bretagne*. Egalement propre à combattre & à négocier, il conclut le mariage de la princesse avec *Charles VIII*. Il suivit ce monarque à la guerre de Naples, où il donna des preuves signalées de sa valeur. *Louis XII* l'envoya depuis commander en Roussillon : il y mourut en 1518 à 71 ans, d'une maladie qu'il avoit contractée au siége de Salces. Sa postérité subsiste avec honneur.

RIGAUD, (Hyacinthe) peintre, né à Perpignan en 1663, a été nommé, avec justice, le *Vandyck* de la France. Aucun peintre ne l'a surpassé pour le portrait. Les souverains, les grands & les seigneurs étrangers, les célèbres artistes & les savans, ont emprunté le pinceau de ce grand-homme, pour faire revivre leurs traits après leur mort. La ville de Perpignan, sa patrie, qui jouit depuis 1479 du privilège de nommer tous les ans un *Noble*, voulut donner à son citoyen une marque éclatante de son estime, en le nommant. *Louis XV* ajoûta à cet honneur, en lui donnant de nouvelles lettres de noblesse, le cordon de St-Michel & des pensions. *Rigaud* parvint aussi à la place de directeur de l'académie de peinture, qui le perdit en 1743, à 80 ans. Ce maître a composé quelques tableaux d'histoire, mais en petit nombre. Il consultoit toujours la nature avec discernement & avec choix ; il a peint les étoffes avec un art

qui va jusqu'à séduire le spectateur. Ses couleurs & ses teintes sont d'une vivacité & d'une fraîcheur admirables ; ses ouvrages sont finis sans être peinés. Ses *Portraits* frappent pour la ressemblance. Il a sur-tout excellé à peindre les mains, qui sont d'une beauté au-delà de toute expression. On lui reproche d'avoir mis trop de fracas dans ses draperies, ce qui détourne l'attention due à la tête du portrait ; & l'on remarque dans plusieurs tableaux de ses derniers tems, des contours secs, & un ton de couleur qui tire sur le violet. Un hazard singulier fut l'occasion de son mariage. Une dame avoit envoyé son domestique pour avertir un peintre de venir mettre son plancher en couleur. On s'adressa à *Rigaud*, qui, charmé de cette méprise dont il voulut s'amuser, promit de se rendre à l'heure & dans la maison qu'on lui indiqua. Il y fut en effet ; mais la dame voyant un homme de bonne mine, superbement habillé, s'excusa sur la sottise de son laquais, plaisanta, & fit beaucoup d'accueil à *Rigaud*. Celui-ci ne demeura point insensible ; il vint revoir cette dame ; les deux parties se plurent : enfin le mariage se fit, & fut des plus heureux. On a beaucoup gravé d'après cet artiste.

RIGAULT, (Nicolas) né à Paris en 1577 d'un pere médecin, fit ses études avec beaucoup de distinction chez les Jésuites, qui tentérent inutilement de le faire entrer dans leur société. Son *Funus Parasiticum*, piéce satyrique contre les parasites, plut tellement au président *de Thou*, qu'il l'associa à ses études. Ce magistrat lui confia ensuite l'éducation de ses fils. *Rigault* embrassa d'abord la profession d'avocat, mais il l'exerça sans fuccès. L'étude des belles-lettres lui fit négliger le barreau, pour lequel il avoit d'ailleurs auffi peu de talént que de goût. Le favant *Cafaubon*, chargé de mettre en ordre la bibliothèque du roi, s'étant retiré en Angleterre, *Rigault*, qui avoit eu part à fes travaux, le remplaça. Le roi, content de fes fervices, le nomma procureur-général de la chambre fouveraine de Nanci, enfuite confeiller au parlement de Metz, enfin intendant de cette province. Il mourut à Toul en 1654, à 77 ans. La bonté de fon caractére généreux & bienfaifant, fon application à l'étudé, fa modeftie, contribuérent autant à fa réputation, que fes ouvrages. Les principaux font : I. Des *Editions* de *St. Cyprien*, 1648, in-fol. & de *Tertullien*, 1664, in-fol. enrichies d'obfervations, de corrections & de notes fort utiles. Il prétendit prouver dans une de fes remarques fur *Tertullien*, que « les » laiques ont droit de confacrer » l'Euchariftie, en cas de néceffi- » té, lorfqu'ils ne peuvent recou- » rir aux miniftres ordinaires de » l'Eglife ». Le favant l'*Aubefpine* lui prouva la fauffeté de cette affertion, & *Rigault* fe rétracta. Il avoit d'autres fentimens peu favorables à la croyance de l'Eglife Romaine ; & il remarquoit avec trop de foin dans les anciens, tout ce qui pouvoit paroître contraire à cette croyance. II. Quelques *Traductions* d'Auteurs Grecs, fans élégance & fans correction. Ces auteurs font : *Onofandre*, (*De Imperatoris inftitutione*) 1600, in-4°... *Artemidore*, (*De divinatione per fomnia*) 1603, in-4°. III. Des *Notes* & des *Corrections* fur plufieurs Auteurs grecs & latins : fur *Phèdre*, fur *Julien*, fur les Ecrivains *De re Agraria*, à Amfterdam 1674, in-4°.

IV. Une continuation de l'*Hiftoire du Préf. de Thou*, en 3 livres, indigne de cet illuftre hiftorien, du moins pour l'élégance du ftyle. On n'a pas laiffé de les traduire en françois, & de les inférer dans le XV° vol. de la verfion de cette Hiftoire, impr. en 1744. V. *De Verbis quæ in Novellis Conftitutionibus poft Juftinianum occurrunt*, *Gloffarium*, en 1601, in-4°. VI. *De la prélation & retenue féodale*, en 1612, in-4°. VII. *Diatriba de Satyra Juvenalis*, dans l'édition de ce poëte, donnée par *Robert Etienne*, à Paris, en 1616, in-12. VIII. *De lege Venditionis dicta*, *Obfervatio duplex*, à Toul en 1643 & 1644, in-4°. IX. *Funus Parafiticum*, 1601, in-4°. X. *Auctores finium regundorum*, Paris, 1614, in-4°. XI. *Obfervatio ad Conftitutionem regiam anni 1643*. XII. *De modo fœnori propofito*, en 1645. XIII. *Obfervatio de pabulis fundis*, &c. à Toul, en 1651, in-4°.

RIGORD ou RIGOLD, né dans la Gothie, (aujourd'hui le Languedoc,) étoit médecin, hiftoriographe du roi de France, & le moindre des clercs de l'abbaye de St-Denys. Ce font les titres qu'il fe donne à la tête de fon ouvrage. Il a écrit en latin la *Vie de Philippe-Augufte* dont il fut médecin. Ce livre, qui comprend l'intervalle de 1169 à 1209, fous ce titre : *Gefta Philippi-Augufti Francorum regis* ; fe trouve dans la collection de *Duchefne*, tome III. Il eft eftimé, parce que l'auteur a été témoin de la plûpart des faits qu'il raconte. Le ftyle en eft affez clair, & le Latin n'en eft pas mauvais. Il y a des particularités curieufes, mais trop de louanges ; & quoique communément les médecins ne foient pas crédules, il ne laiffe pas d'y avoir dans l'ouvrage de celui-ci, parmi bien des chofes vraies & décrites exactement, des contes dignes du peuple. Il dit, par exemple, que *depuis que la vraie Croix eut été prise par les Turcs*, *les enfans n'avoient plus que 20 ou 23 dents, au lieu qu'ils en avoient 30 ou 32 auparavant.*

RIMINI, *Voyez* GREGOIRE D'ARIMINI, n° XX.

RINUCCINI, (Octavio) poëte Italien de Florence, vint en France à la suite de la reine *Marie de Médicis*. Il est l'inventeur des *Opéra* , c'est-à-dire, de la manière de représenter en musique les comédies, les tragédies, & les autres piéces dramatiques:(usage inconnu aux anciens, si l'on veut, à considérer l'état où l'Opéra est maintenant; mais usage qu'ils connoissoient du moins en partie, si l'on fait attention à leurs chœurs dans les tragédies & à leur mélopée, qui approchoient de nos Opéra modernes, & qui ont bien pu en faire naître l'idée.) D'autres écrivains attribuent cet établissement à un gentilhomme Romain, nommé *Emilio del Cavalero*, qui avoit donné un Opéra dès 1590. Quoi qu'il en soit, toute l'Italie applaudit à trois piéces de *Rinuccini* : *Daphné*, *Euridice* & *Ariadne.* Les libéralités du grand-duc de Toscane contribuérent beaucoup à l'éclat de sa réputation. Il attira à Florence les plus excellens musiciens de toute l'Italie, & il n'épargna rien pour les machines & les autres décorations du théâtre. *Octavio* n'étoit pas moins bon poète, qu'excellent machiniste ; il composoit ses vers avec beaucoup d'exactitude, & leur donnoit toute la netteté possible. Il mourut en 1621, à Florence; & ses Œuvres furent publiées en 1622, dans la même ville, in-8°. par les soins de *Pierre-François Rinuccini* son fils.

I. RIOLAN, (Jean) médecin de la faculté de Paris, né à Amiens, & mort en 1605, fut un des plus zèlés défenseurs de la doctrine d'*Hippocrate* contre les chymistes. On a de lui divers ouvrages de *Médecine* & d'*Anatomie*, recueillis en 1610, Paris, in-fol. Ce médecin avoit une vaste littérature ; il écrivoit & il parloit avec une facilité admirables. Ses livres font encore consultés aujourd'hui. Les curieux recherchent sa *Gigantologie* ou *Discours sur les Géans* , Paris 1618, in-8°. *Nic. Habicot* répondit à cet ouvrage par son *Anti-Gigantologie* , in-8°, même année.

II. RIOLAN, (Jean) fils du précédent, fut aussi docteur de la faculté de Paris, & mourut en 1657, à 77 ans. Il fut professeur royal en anatomie & en botanique, & ensuite médecin de *Marie de Médicis*, mere de *Louis XIII.* Nous avons de *Riolan* un grand nombre d'Ecrits *sur l'Anatomie* , science où il fit plusieurs découvertes très-utiles. Ils eurent beaucoup de cours dans leur tems.

RIPAMONTE, (Joseph) né à Tignone, dans l'état de Milan, nommé historiographe du roi d'Espagne, fut prêtre du collège Ambrosien. Son ouvrage le plus connu est une *Histoire de l'Eglise de Milan*, 1617 & suiv. 4 vol. in-4°, en latin, qui est estimée à cause des recherches, quoiqu'elle manque quelquefois de critique. L'auteur ne mourut que vers le milieu du dernier siécle.

RIPPERDA, (Jean-Guillaume baron de) d'une famille noble dans la province de Groningue, servit quelque tems les Etats-généraux en qualité de colonel d'infanterie. Il étoit revêtu de ce grade, lorsqu'il fut nommé en 1715 ambassadeur de Hollande à la cour d'Espagńe. Son eſprit adroit & inſinuant ayant plu à *Philippe V₁*, il ſe fixa à la cour de Madrid & y parvint bientôt au faîte de la grandeur. L'an 1725 , il conclut à Luxembourg un traité de paix & de commerce entre l'empereur & le roi Catholique. De retour à Madrid , on le fit duc & grand-d'Eſpagne ; on lui confia le détail de la guerre, de la marine, des finances. Enfin il eut le pouvoir de premier miniſtre, ſans en avoir le titre ; mais on ne tarda pas de s'appercevoir qu'on l'avoit chargé d'un fardeau au-deſſus de ſes forces. Le roi d'Eſpagne fut obligé de l'éloigner de la cour & des affaires en 1726. Cette diſgrace acheva de lui faire perdre la tête, déja affoiblie par ſon élévation rapide. Il fut chercher un aſyle chez l'ambaſſadeur Anglois *Sthanhope*, d'où on le fit enlever pour le faire enfermer dans le château de Ségovie. Il y reſta juſqu'au 2 Septembre 1728 , qu'il trouva le moyen de s'évader en Portugal. De-là il paſſa en Angleterre , & enſuite en Hollande, où il connut l'ambaſſadeur de Maroc, qui l'engagea de ſe rendre auprès de *Muley Abdallah*, ſon ſouverain. Il y fut reçu avec diſtinction , & acquit un crédit auſſi grand que celui qu'il avoit eu en Eſpagne: Le duc de *Ripperda* paſſa d'abord quelque tems à Maroc , ſans penſer à changer de religion ; mais deux raiſons l'engagérent à prendre le turban. La 1ʳᵉ fut la crainte que les courtiſans ne profitaſſent de la profeſſion qu'il faiſoit du Chriſtianiſme, pour le perdre ; & la 2ᵉ fut l'envie de jouir de tous les droits du pays. Il ſe fit donc circoncire, & prit le nom d'*Oſman*. Ses envieux vinrent à bout de le faire diſgracier ; mais après 2 mois

de priſon, il fut remis en liberté, avec défenſe de paroître à la cour qu'il n'y fût appellé. Pour rentrer en grace, il affecta un grand zèle pour la religion Mahométane ; & cependant il méditoit un nouveau ſyſtême de religion, qu'il comptoit bien faire goûter au peuple. Il propoſa d'abord ſes idées comme de ſimples doutes ; & la manière dont elles furent reçues, lui perſuada qu'elles pouvoient s'accréditer. Sa principale ruſe conſiſtoit à flatter également les Mahométans & les Juifs qui ſont en grand nombre à Maroc. Il parloit de *Mahomet* avec plus d'éloge que les Muſulmans mêmes. Il louoit *Moïſe* , *Elie* , *David* , & même la perſonne de *Jeſus-Chriſt*. Mais il prétendoit que les Chrétiens, les Mahométans & les Juifs avoient été juſqu'alors dans une erreur preſque égale ; les premiers en attribuant trop à *Jeſus-Chriſt* ; les ſeconds à *Mahomet* ; & les derniers en n'attribuant rien à l'un ni à l'autre. Selon ſon ſyſtême , le Meſſie eſt encore à venir. *Elie* , *David*, les Prophètes, *S. Jean-Baptiſte*, n'étoient qu'autant de précurſeurs qui ſervoient à l'annoncer. Il expliquoit ; en faveur de ſon ſyſtême , divers paſſages de l'Evangile & de la loi Muſulmane. Le Mémoire , que nous abrégeons, prétend qu'il étoit écouté ſans contradiction ; que les foibles & les amateurs de la nouveauté ſe laiſſoient perſuader ; que les eſprits-forts rioient de ſes diſcours, & que le roi prenoit lui-même plaiſir à le faire quelquefois raiſonner ſur ſes principes. Quoi qu'il en ſoit de la vérité de ce récit, il faut bien que ſon crédit n'eût pas des appuis bien ſolides, puiſqu'il fut renverſé, & que *Ripperda* fut obligé de quitter Maroc en 1734,

également méprifé des Mahométans & des Chrétiens. Il mourut
à Tetuan en 1737.

RIQUET *ou* RIQUETY, (Pierre-
Paul de) baron de Bon-repos, étoit
né à Beziers d'une noble & ancienne famille originaire de Florence, établie depuis plufieurs fiécles en Provence, & divifée en
deux branches, connues l'une fous
le nom de *Riquet* comte de Caraman, l'autre fous le nom de *Riquety* marquis de Mirabeau, de laquelle eft forti M. le marquis de
Mirabeau, auteur de l'*Ami des Hommes*... *Pierre-Paul* de RIQUET, qui
fait le fujet de cet article, forma
l'utile projet du grand canal de
Languedoc pour la communication
des deux Mers, & il eut la gloire
de l'exécuter avec fuccès. Mais il
n'en vit pas faire le premier effai ;
car il mourut à Touloufe en 1680.
Cet effai ne fe fit qu'au mois de
Mai de l'année fuivante, par les
foins de fes deux fils, *Jean-Mat-
thias* de *Riquet*, mort préfident-à-
mortier au parlement de Touloufe
en 1714, & *Pierre-Paul* de *Riquet*,
comte de Caraman, mort lieutenant-général des armées du roi,
le 25 Mars 1730. Ce canal, par
lequel la Méditerranée communique avec l'Océan, eft le plus grand
& le plus beau que nous ayons
en France. Il fut propofé fous
François I, fous *Henri IV*, fous
Louis XIII ; mais ce monument,
digne des Romains, ne put être
exécuté que fous *Louis XIV*. *Riquet* en eut tout l'honneur. La voute de l'endroit appellée *Malpas*,
qui eft une montagne de roche
dure, percée pour faire un paffage aux eaux, eft un ouvrage qui
feul l'auroit immortalifé. Ce canal
a 74 lieues de longueur.

RIST, (Jean) né à Pinneberg
en 1607, fut pafteur à Wedel fur

l'Elbe, comte Palatin impérial &
confeiller eccléfiaftique du duc de
Meckelbourg, & mourut en 1667,
après avoir fondé la fociété du
Cygne. Ses principales œuvres poëtiques font : I. *Hortus Poëticus*. II.
Theatrum Poeticum. III. *Parnaffus
Poëticus*. IV. *Vindiciæ linguæ Germanicæ*. V. *Mufa Teutonica*. VI. Un
Poëme allemand, intitulé : *Galathée
& Florabelle*, &c. *Rift* ne fera jamais mis fur le Parnaffe, ni à la
première place, ni à la dernière.

RITTANGELIUS, (Jean-Etien-
ne) de Forcheim au diocèfe, de
Bamberg, de Catholique-Romain
étoit devenu Juif, & de Juif il fe
fit Luthérien, fuivant quelques
auteurs. On a de lui des *Notes* fur
le livre intitulé *Jeʒirah*, (*Voyeʒ* I.
ABRAHAM) où il foutient que la
Paraphrafe Chaldaïque fournit des
argumens contre les Juifs & contre les Antitrinitaires. Cette propofition fut attaquée par un Socinien, qui fe cacha fous le nom
d'*Irenopolita*. *Rittangelius* fe défendit par un traité qu'il intitula :
Libra veritatis ; 1698, & qu'il dédia à *Jean-Cafimir* roi de Pologne.
Il mourut vers 1652, profeffeur
en langues Orientales dans l'académie de Konigsberg. Nous avons
de lui : I. Un traité *De veritate Religionis Chriftianæ*, Franeker 1699.
II. Des *Lettres*. III. Une *Traduction*
allemande des *Priéres* que les Juifs
font dans leurs fynagogues, le
1er jour de chaque année ; & d'autres écrits.

I. RITTERSHUYS, (Con-
rad) *Rittershufius*, jurifconfulte de
Brunfwick, né en 1590, eft auteur
& éditeur d'un grand nombre d'ouvrages, dans lefquels on remarque
beaucoup de critique & d'érudition. Il mourut à Altorf l'an 1613,
où il étoit profeffeur en droit, &
eftimé de bons citoyens.

II.

II. RITTERSHUYS, (Nicolas) fils du précédent, né à Altorf en 1597, s'appliqua à l'étude de l'Hiſtoire, des généalogies, des mathématiques, de la littérature Grecque & Latine, & mourut en 1670, profeſſeur du droit féodal. On a de lui un ouvrage intitulé : *Genealogiæ Imperatorum*, *Regum*, *Ducum*, *Comitum*, *&c.* à Tubinge, 1664, 7 tomes in-fol. Recueil quelquefois inexact, mais qui peut être utile.

RIVALZ, (Antoine) peintre, mort à Toulouſe en 1735, âgé de 68 ans. Son pere, *Jean-Pierre Rivalz*, peintre & architecte de l'hôtel-de ville de Toulouſe, fut ſon maitre. *Antoine* vint à Paris, & partit enſuite pour l'Italie. Il remporta le premier prix de peinture de l'académie de St Luc, à Rome. Le cardinal *Albani*, depuis *Clément XI*, le couronna. Ce maitre fut rappellé à Toulouſe, où il remplit avec diſtinction les places de ſon pere. *Antoine* auroit un nom plus illuſtre, s'il eût demeuré dans la capitale. Il avoit une touche ferme, un pinceau vigoureux ; ſon deſſin eſt correct, ſes compoſitions ingénieuſes. Ses principaux ouvrages ſont dans ſa patrie. Il a gravé quelques planches. *Barthélemi Rivalz*, ſon couſin, a auſſi gravé d'après lui. Le chevalier *Rivalz*, ſon fils, ſoutient par ſes talens un nom diſtingué dans la peinture.

RIVAULT, ('David) fleur de *Flurance*, né à Laval vers 1571, fut élevé auprès de *Guy* cômte de Laval ; devint ſous-précepteur, puis précepteur du roi *Louis XIII* ; & mourut à Tours en 1616, à 45 ans. *Malherbe* & pluſieurs autres écrivains célèbres ont parlé de *Rivault* avec eſtime, & cela n'eſt pas étonnant : il étoit bien à la cour.

Il nous reſte de lui quelques ouvrages, qui ne juſtifient que foiblement leurs éloges. Les principaux ſont : I. Des *Elémens d'Artillerie*, 1608, in-8°, qui ſont rares & aſſez curieux. II. *Les Etats, èsquels il eſt diſcouru du Prince, du Noble & du Tiers-état, conformément à notre tems*, 1596, in-12. III. Une édition d'*Archimède*, in-4°. IV. *L'Art d'embellir*, tiré du ſens de ce ſacré paradoxe : La ſageſſe de la perſonne embellit ſa face ; *étendu à toutes ſortes de beautés, & ès moyens de faire que le corps retire en effet ſon embelliſſement des belles quàlités de l'ame* ; 1608, in-12.

RIVERI, (Cl.-Fr.-Felix *Boullanger de*) *Voy.* BOULANGER, n°. III.

I. RIVET, (André) miniſtre Calviniſte, né à St-Maixent en Poitou l'an 1572, s'acquit une très-grande réputation dans le parti des Calviniſtes, fut chargé de leurs affaires les plus importantes, & préſida à pluſieurs de leurs ſynodes. Il devint profeſſeur de théologie dans l'univerſité de Leyde, & mourut à Breda en 1651, à 78 ans. On a de lui : I. Un traité intitulé : *Criticus Sacer*, à Dordrecht, 1619, in-8°. trop chargé d'érudition. II. *Commentaires* ſur pluſieurs livres de l'Ecriture. III. Divers *Traités* de controverſe ; & d'autres ouvrages, recueillis en 3 vol. in-fol.

II. RIVET, (Guillaume) frere du précédent, fut comme lui miniſtre en France. Il eſt auteur d'un *Traité de la Juſtification*, & d'un autre *de la Liberté eccléſiaſtique contr l'autorité du Pape*, Genève 1625, in-8° : tous livres de peu d'uſage pour nos bibliothèques modernes.

III. RIVET DE LA GRANGE, (Dom Antoine) de la même famille que les précédens, mais d'une branche Catholique, naquit à Confolens, petite ville du Poitou, en 1683. On l'envoya étudier en philofophie à Poitiers, fous les Jacobins. Pendant qu'il demeuroit en cette ville, il fut renverfé de cheval à une partie de chaffe, & traîné affez loin le pié engagé dansl'étrier. Cet accident le détermina à fe faire Bénédictin. Il en prit l'habit à Marmoutier en 1704, & y fit fes vœux en 1705. Ses fupérieurs, inftruits de fon ardeur pour l'étude, l'appellérent à Paris l'année fuivante, pour travailler avec quelques autres religieux à l'*Hiftoire des Hommes illuftres de l'Ordre de St Benoît.* Il ramaffa une grande quantité de matériaux relatifs à cet objet; mais cette entreprife échoua. Le favant auteur fe livra alors entièrement à l'*Hiftoire Littéraire de la France,* dont il avoit déja conçu le deffein, & qui l'a occupé tout le refte de fa vie. Il s'affocia dans ce travail trois de fes confrères, Dom *Jofeph Duclou*, Dom *Maurice Poncet* & D. *Jean Colomb* : tous trois bons critiques, exacts & laborieux, & liés à l'architecte dont ils étoient les manœuvres, par l'amitié la plus étroite. La tranquillité de fa vie fut troublée par fon attachement à la mémoire & à la caufe d'*Arnauld* & de *Quefnel*. Il fit imprimer en 1723, à Amfterdam, in-4°, *Le Nécrologe de Port-Royal des Champs.* La publication de cet ouvrage, jointe à la vivacité de fon oppofition à la bulle *Unigenitus*, dont il avoit appellé, indifpofa fes fupérieurs. On l'obligea de fe retirer cette même année dans l'abbaye de St Vincent du Mans. Il y travailla avec affiduité pendant plus de 30 ans à l'*Hiftoire Littéraire de la France*. Il en fit paroître le 1er volume in-4° en 1733, & finiffoit le IXe, qui renferme les premières années du XIIe fiécle, lorfqu'il mourut en 1749, à 66

ans, accablé par le travail, par fes auftérités & par l'obfervation rigoureufe de fa règle. Dom *Taillandier*, fon confrère, a fait fon éloge à la tête du IXe vol. de l'*Hiftoire Littéraire*, qui a été pouffée jufqu'au XIIe. Cette Hiftoire a été comparée aux *Mémoires* du favant *Tillemont*, pour l'exactitude des citations & l'étendue des recherches. Le but de l'auteur eft d'expofer les principales circonftances de la vie des gens-de-lettres, de tracer le portrait de leur efprit & de leur cœur; de faire connoître leurs talens, leurs ouvrages & les différentes éditions qu'on en a fait, d'en fixer le mérite, d'apprécier le jugement des critiques; enfin de faire un favant tableau de la littérature de chaque fiécle. Ce plan a été entièrement rempli. On fouhaiteroit feulement que les auteurs euffent mis plus d'élégance, plus de correction & plus de légéreté dans le ftyle; qu'ils fe fuffent moins appefantis fur des écrivains inconnus; enfin qu'ils euffent donné une lifte moins longue des écrits perdus, fur-tout lorfque ces écrits ne regardent pas l'hiftoire. L'énumération en paroît auffi inutile, que les calculs du profit qu'auroit pu faire un marchand, s'il n'avoit point perdu fon vaiffeau.

I. RIVIERE, (Poncet de) chevalier, bailli de Montferrant, maire de Bordeaux, fut confeiller & chambellan du roi *Louis XI*, & commandant des Francs-Archers d'ordonnance de fa garde. Il commanda avec fuccès l'avant-garde à la bataille de Montlhery, contre le comte de *Charolois*, en 1464. On croit qu'il étoit de l'ancienne maifon des vicomtes de *Rivière*, feigneurs de Labatut. Il fit honneur à fa famille par les qualités qui forment le grand-homme dans la guerre & dans la paix.

II. RIVIERE, (Lazare) professeur de médecine dans l'université de Montpellier, sa patrie, obtint cette place en 1620, & mourut vers 1655, âgé de 66 ans. Nous avons de lui une excellente Pratique de médecine, (*Praxis Medica*,) & plusieurs autres ouvrages, recueillis en un vol. in-fol. Cette collection est souvent consultée. Les principes de son tems y sont expliqués avec netteté. Il est vrai qu'il suit *Sennert* pas à pas, & que souvent il en transcrit des pages entières sans le citer ; mais ce qu'il écrit de lui-même, prouve qu'il pouvoit se passer de secours étrangers.

III. RIVIERE, (Henri-François de la) fils d'un gentilhomme ordinaire de la chambre du roi, naquit à Paris, & prit le parti des armes. Il se trouva, en 1664, au siége de Gigeri en Barbarie, avec le duc de *Beaufort*, dont il étoit aide-de-camp. Après s'être distingué dans plusieurs occasions, il se retira dans une terre qu'il avoit auprès de celle qu'habitoit pour lors le comte de *Buffi-Rabutin*. Ce comte avoit avec lui *Françoise-Louise* de *Rabutin*, sa fille, veuve du marquis de *Coligni-Langeac*. La *Riviére* sut lui plaire, & l'épousa à l'insçu de son pere en 1681. Le comte, devenu furieux à cette nouvelle, songea aussi-tôt à faire rompre le mariage, & engagea sa fille à se déclarer elle-même contre son époux. Ce procès occasionna plusieurs libelles & *Factums*, où le beau-pere & le gendre dévoilèrent mutuellement leurs infamies. *La Riviére* peignit *Buffi* à peu-près tel qu'il étoit, méchant, fanfaron, plein d'estime pour lui même & de mépris pour les autres.

Après la décision du procès, ils demeurérent tranquilles ; mais malgré l'arrêt en faveur de *la Riviére*, la marquise de *Rabutin* ne voulut pas habiter avec lui. Ce refus parut d'autant plus étrange, qu'elle lui avoit témoigné son amour en héroïne de roman, jusqu'à signer de son propre sang la promesse de mariage. Cette femme avoit de la beauté, des graces, de l'esprit, de grands biens. *La Riviére* tâcha de la ramener ; mais n'ayant pu y réussir, il se retira à l'institution de l'Oratoire à Paris, où il mena une vie exemplaire & édifiante, & où il mourut en 1734, à 94 ans. Ses principaux ouvrages sont : I. *Des Lettres*, en 2 vol. in-12, à Paris, en 1752 ; avec un *Abrégé de la Vie* de l'auteur, & la *Relation* de son Procès. Ces Lettres, pleines d'esprit & de saillies, sont écrites avec la légèreté & la délicatesse d'un homme qui a fréquenté le grand monde ; mais on y sent aussi le bel-esprit précieux & maniéré, & l'on n'y apprend presque rien. II. *Vie du Chevalier de Reynel*, 1706, in-8°. III. *Vie de M. de Courville*, 1719, in-18. IV. Son *Factum* contre *Buffi* est avec ses Lettres : on y trouve aussi la *Version* d'une Epitre d'*Héloïse* à *Abailard*.

RIVIERE, (l'Abbé de la) *Voyez* I. BARBIER.

RIVIERE, (La) *Voy.* I. BAILLI.

I. RIVINUS, (André) dont le vrai nom étoit *Barchmann*, né à Hall en Saxe, mourut l'an 1656, après avoir donné au public des *Dissertations* sur diverses matières de littérature, & des *Editions* de quelques auteurs anciens, qu'il accompagna de notes. Son *Commentaire* sur le *Pervigilium Veneris*, qu'on trouve dans l'édition de la Haye 1712, in-8°. ne fait pas l'éloge de ses mœurs.

II. RIVINUS, (*Augustus-Quirinus*), de Leipsick, professeur de médecine & de botanique, mourut en 1722, âgé de 70 ans, avec la réputation d'un médecin habile & d'un botaniste distingué. On a de lui : I. *Introductio in rem herbariam*, Lipsiæ 1690, in-fol. II. *Ordo Plantarum quæ sunt flore irregulari monopetalo*, 1690; *tetrapetalo*, 1691; *pentapetalo*, 1659, in-fol.

I. RIVIUS, (Jean) Luthérien Allemand, natif d'Altendorn, fut conseiller de *Georges* duc de Saxe, puis précepteur d'*Auguste*, qui fut dans la suite électeur. Il mourut étant recteur du collège de Meissein, en 1553, à 53 ans. On a de lui des ouvrages de controverse, & un traité de morale sous ce titre : *De stultitia mortalium in procrastina correctione vitæ*, à Basle, 1547, in-8°. Il y a quelques réflexions judicieuses, mais triviales.

II. RIVIUS, (Jean) religieux Augustin de Louvain, & fils de l'imprimeur *Gerard Rivius*, fut prieur & provincial dans son ordre, & mourut vers 1650. On a de lui : I. Une *Vie de St Augustin*, qui a beaucoup servi à *Tillemont*. *Rivius* l'a puisée dans les écrits de ce Pere & dans les auteurs contemporains. II. Un *Traité des Ecrivains* de son ordre. III. Des *Panégyriques*.

RIUPEROUX, (Théodore de) né à Montauban en 1664, d'un avocat du roi de cette ville, porta d'abord le petit collet, & le P. de *la Chaise* lui fit donner un canonicat à Forcalquier. Il quitta ensuite l'état ecclésiastique, & obtint une charge de commissaire des guerres. Il mourut à Paris en 1706, à 42 ans, laissant IV *Tragédies*, dont les vers sont faciles & coulans, mais sans force & sans chaleur. I. *Annibal*, 1688. II. *Valerien*, 1690.

III. *Agrippa*, ou *la Mort d'Auguste*, 1696. IV. *Hypermnestre*, 1704. Cette derniére piéce se jouoit encore, quoiqu'écrite avec assez de langueur, avant que M. le *Mierre* eût mis la sienne au théâtre : on y remarque, dans la 3e scène du IIIe acte, une bonne situation; mais c'est presque tout. On a aussi de *Riup.* quelq. petites piéces de vers, telles qu'une *Epître*, le *Portrait du Sage*, &c. répandues dans différens recueils. Il étoit secrétaire du marquis de *Crequi*. Ce seigneur devant jouer avec le roi, avoit conservé mille louis pour cette occasion, qu'il mit en dépôt entre les mains de son secrétaire, afin de n'être point tenté de les dissiper ailleurs. *Riuperoux* les alla jouer, & les perdit.

RIZZO ou RICCIO, (David) né à Turin en Piémont; étoit fils d'un joueur d'instrument qui lui aprit la musique. Il avoit la voix assez belle & chantoit de bonne grace. Il plut au comte de *Moretto*, ambassadeur de Savoye en Ecosse, qui le mena avec lui. *Marie Stuart* regnoit alors dans ce royaume. Le musicien la charma par ses talens, qui ne se bornoient pas à celui de la musique. Cette princesse se servit de lui dans les négociations les plus importantes. *Henri Stuart-Darnlei*, ayant épousé *Marie Stuart*, sa cousine, voulut se faire déclarer roi, comme mari de la reine. Cette princesse, fatiguée de ses importunités & conduite par *Rizzo*, l'envoya à la campagne. *Darnlei*, irrité contre ce favori, résolut de s'en défaire. Il communiqua son dessein à quelques-uns de ses amis, qui lui promirent de le servir. Quelques jours après, la reine étant à souper dans son cabinet, n'avoit auprès d'elle que la comtesse d'*Argile* & *David Rizzo*, qui lui parloit de

-quelque affaire ; le duc de *Rothfai* y entra avec *Retwein*, armé, & fuivi de 5 personnes. *Rizzo* ayant été entraîné par les conjurés dans la chambre voifine , y fut tué, en 1566. La reine vengea cette mort fur quelques-uns des affaffins , qui furent exécutés publiquement.

ROA, (Martin) Jéfuite Efpágnol, né à Cordoue , mourut en 1657 ; après avoir exercé les premiéres charges de fa province. Il a fait un livre intitulé : *Stato dell' Anime di Purgatorio , del Beati in Cielo* , &c. à Venife , 1672 , in-12 : ouvrage plus fingulier, qu'utile.

ROALDÈS ; (François) d'une noble famille de la petite. ville de Marfillac en Rouergue , profeffa le droit avec une grande réputation à Cahors & à Valence , devint enfuite profeffeur en droit à Toulouse , où il mourut en 1589, à 70 ans , du chagrin que lui caufa la mort tragique du préfident *Duranti.* On a de *Roaldès* : I. *Annotātiones in notitiam utramque , tum Orientis , tum Occidentis.* II. Un *Difcours des chofes mémorables de la ville de Cahors.* III. Quelques autres ouvrages , qui n'ont pas été imprimés.

ROBBE, (Jacques) ingénieur & géographe du roi , né à Soiffons en 1643, fut maire perpétuel de St-Dénys en France , avocat au parlement de Paris , & mourut à Soiffons en 1721. C'étoit un homme d'un efprit cultivé , & favant dans les langues. On a de lui la comédie de *la Rapiniére*, qu'il donna fous le nom de *Barquebois.* Il eft plus connu par les livres fuivans. I. *Méthode pour apprendre facilement la Géographie*, en 2 vol. in-12 : affez bon ouvrage , quoiqu'il y ait quelques inexactitudes. II. *Emblème fur la Paix*, préfentée au roi le 29 Mars 1679.

dans cette journée. L'allégc _____ fme eft ingénieu. & la vie. Hom____

I. ROBERT DE COURTENAY , empereur François d'Orient , fuccéda à fon pere *Pierre de Courténay* fur là fin de l'an 1220. Il s'adreffa au pape pour prêcher une croifade contre *Vatace*, qui , après s'être fait déclarer empereur à Nicée, avoit fait de rapides conquêtes fur les François , & refferré leur empire jufques dans le territoire de Conftantinople. Le pape arma , par des indulgences, plufieurs Chrétiens pour fon fecours. Ils pâffent en Orient , fous la conduite de *Guillaume* de *Montferrat* ; mais ce général meurt. Ils retournérent en Europe , & *Robert* fut obligé de demander la paix à *Vatace. Robert*, époufa la fille d'un chevalier d'Artois ; elle avoit été promife à un gentilhomme Bourguignon , qui outré de voir qu'on lui préférât un empereur , enleva l'impératrice & fa mere , fit jetter celle-ci dans la mer , coupa le nez & les lèvres à la fille , & la laiffa fur le rivage. *Robert* en mourut de douleur , l'an 1228. Ce prince n'avoit aucun talent militaire : les divifions de fes ennemis l'appelloient aux conquêtes ; mais fon indolence & fon goût pour les plaifirs le retinrent toujours. Il donna lieu , par fa négligence , à l'établiffement de deux nouveaux empires ; outre l'empire de Nicée ; celui de Trébifonde , & celui de Theffalonique... *Voy.* COURTENAY.

II. ROBERT, *ou* RUPERT, dît *le Bref* & *le Débonnaire*, électeur Palatin, fils de *Robert* le *Ténace*, naquit en 1352, & fut élu empereur d'Allemagne en 1400 , après la dépofition du barbare *Wenceflas*. Pour gagner les Allemands , il voulut rendre à l'empire le Milanès , que *Wenceflas* en avoit détaché ; mais

G iij

fes eñ...*VINUS*, (*Augufti*...) Son attachement pour le prof... e *Grégoire* XII, aliéna entiérement les efprits des princes d'Allemagne. Ils formérent contre lui une confédération ; mais la mort de cet empereur, arrivée en 1410, rompit leurs mefures. Il partagea fes états entre fes 4 fils, qui font les tiges des différentes branches de la maifon Palatine. *Robert* acheva d'établir la fouveraineté des princes d'Allemagne. Les empereurs avoient confervé le droit de haute-juftice dans les terres de plufieurs feigneurs ; mais il leur céda ce droit par des privilèges.

III. **ROBERT**, roi de France, furnommé le *Sage* & le *Dévot*, parvint à la couronne en 996, après la mort d'*Hugues Capet*, fon pere. Il fut facré à Orléans, où il étoit né; puis à Reims, après l'emprifonnement de *Charles* de *Lorraine*. Il avoit époufé *Berthe* fa coufine, fille de *Conrad* roi de Bourgogne ; mais *Grégoire V* déclara nul ce mariage, & excommunia le monarque. Les hiftoriens difent que cet anathème fit en France tant d'effet, que tous les courtifans du roi & fes propres domeftiques fe féparérent de lui. Il ne lui en refta que deux, qui, pleins d'horreur pour tout ce qu'il avoit touché, paffoient par le feu jufqu'aux plats où il avoit mangé, & jufqu'aux vafes où il avoit bu. Le cardinal *Pierre Damien* rapporte, qu'en punition de cet incefte prétendu, la reine accoucha d'un monftre, qui avoit la tête & le cou d'un canard. On ajoûte que *Robert* fut fi frappé de cette efpèce de prodige, qu'il fe fépara de fa femme. Il contraéta un fecond mariage avec *Conftance*, fille de *Guillaume* comte d'Arles & de Provence ; mais l'humeur altiére de cette princeffe auroit

bouleverfé le royaume, fi la fageffe du roi ne l'eût empêchée de fe mêler du gouvernement de l'état. *Henri* duc de Bourgogne, frere de *Hugues Capet*, mort en 1002 fans enfans légitimes, laiffa fon duché au roi de France, fon neveu. *Robert* inveftit de ce duché *Henri*, fon fecond fils, qui depuis étant devenu roi, le céda à *Robert*, fon cadet. (*Voy.* HENRI I, n° IX.) Le duc *Robert* fut chef de la 1ʳᵉ branche royale des *Ducs de Bourgogne*, qui dura jufqu'en 1361. Ce duché fut alors réuni à la couronne par le roi *Jean*, qui le donna à fon 4ᵉ fils, *Philippe* le *Hardi*, chef de la 2ᵉ maifon de Bourgogne, qui finit en la perfonne de *Charles* le *Téméraire*, tué en 1477. Le roi *Robert* mérita par fa fageffe qu'on lui offrit l'empire & le royaume d'Italie ; mais il les refufa, & après avoir fait couronner à Reims fon fecond fils *Henri I*, il mourut en 1031, âgé de 60 ans, à Melun. *Robert* étoit un prince favant, mais de la fcience de fon tems. *Helgaud*, moine de Fleuri, raconte dans la *Vie* de ce prince, que pour empêcher que fes fujets ne tombaffent dans le parjure, & n'encouruffent les peines qui en font la fuite, il les faifoit jurer fur un reliquaire dont on avoit ôté les reliques : comme fi l'intention ne faifoit pas le parjure ! mais alors on ne raifonnoit pas mieux. *Robert* bâtit un grand nombre d'églifes, & fit reftituer au clergé les dixmes & les biens dont les feigneurs laiques s'étoient emparés. La déprédation étoit telle, que les féculiers poffédoient les biens eccléfiaftiques à titre héréditaire ; ils les partageoient à leurs enfans ; ils donnoient même les cures pour la dot de leurs filles, ou la légitime de leurs fils. *Robert* cultiva les fciences, & les protégea. On a de lui plufieurs *Hymnes*, que l'on chante encore dans l'Eglife. Son règne fut heureux & tranquille.

IV. ROBERT DE FRANCE, 2ᵉ fils de *Louis VIII*, & frere de *St Louis*, qui érigea en fa faveur l'Artois en comté-pairie l'an 1237. C'étoit dans le tems de la funefte querelle entre le pape *Grégoire IX* & l'empereur *Fréderic II*. Grégoire offrit à *St Louis* l'empire pour *Robert*; mais les feigneurs François, affemblés pour délibérer fur cette propofition, furent d'avis de la rejetter. Ils répondirent au pape: *Que le Comte Robert fe tenoit affez honoré d'être frere d'un Roi, qui furpaffoit en dignité, en forces, en biens, en nobleffe, tous les autres Potentats du monde....* Robert fuivit *St Louis* en Egypte, & ce fut lui qui engagea, avec plus de bravoure que de prudence, la bataille de la Maffoure, le 9 Février 1250. Comme il pourfuivoit les fuyards à travers cette petite ville, il y fut affommé des pierres, bûches, & autres chofes que l'on jettoit par les fenêtres. C'étoit un prince intrépide, mais trop fougueux, trop opiniâtre, trop querelleur.

V. ROBERT II, comte d'*Artois*, fils du précédent, furnommé le *Bon* & le *Noble*, fut de l'expédition d'Afrique en 1270. Il châtia les rebelles de Navarre en 1276. Il mena un puiffant fecours après les Vêpres Siciliennes à *Charles I* roi de Naples, & fut régent de ce royaume pendant la captivité de *Charles II*. Il défit les Arragonois en Sicile l'an 1289, les Anglois proche Bayonne en 1296, les Flamands à Furnes en 1298. Mais l'an 1302, ayant voulu imprudemment forcer les mêmes Flamands retranchés près de Courtrai, il reçut 30 coups de pique,

& perdit dans cette journée la réputation & la vie. Homme vaillant, mais emporté & violent, il n'étoit bon que pour un coup de main. *Mahaud*, fa fille, hérita du comté d'Artois, & le porta en mariage à *Othon* comte de Bourgogne, dont elle eut deux filles: *Jeanne*, femme de *Philippe* le Long; & *Blanche*, femme de *Charles* le Bel. Cependant *Philippe*, fils de *Robert II*, avoit un fils, *Robert III*, qui difputa le comté d'Artois à fa tante *Mahaud*. Mais il perdit fon procès, par 2 Arrêts rendus en 1302 & 1318. Il voulut faire revivre ce procès en 1329, fous *Philippe de Valois*, à la faveur de prétendus nouveaux titres qui fe trouvèrent faux. *Robert* fut condamné pour la 3ᵉ fois, & banni du royaume en 1331. Ayant trouvé un azyle auprès d'*Edouard III* roi d'Angleterre, il l'engagea à fe déclarer roi de France: fource des guerres longues & cruelles qui affligérent ce royaume. *Robert* fut bleffé au fiége de Vannes en 1342, & mourut de fa bleffure en Angleterre. *Jean*, fils de *Robert*, eut le comté d'Eu, fut prifonnier à la bataille de Poitiers en 1356, & termina fa carrière en 1387. Son fils *Philippe II* fut connétable de France, fit la guerre en Afrique & en Hongrie, & mourut prifonnier des Turcs en 1397. Il eut un fils, nommé *Charles*, mort en 1472 fans poftérité.

VI. ROBERT d'ANJOU, dit *le Sage*, 3ᵉ fils de *Charles* le Boiteux, fuccéda à fon pere dans le royaume de Naples en 1309, par la protection des papes & par la volonté des peuples, à l'exclufion de *Charobert*, fils de fon frere aîné. Il fut un grand roi, jufte, fage, vaillant. Il régna 33 ans 8 mois, & mourut le 19 Janv. 1343, âgé de 64 ans. *Philippe de Valois* s'abftint de livrer bataille en

1339°, fur les avis réitérés que lui donna ce prince, grand ami de la France par inclination & par intérêt, *Robert* détestoit là guerre entre les princes Chrétiens, & il avoit d'ailleurs étudié la fcience des astres moins pour en connoître le cours, que pour apprendre par cette fcience chimérique les myftéres de l'avenir. Il croyoit avoir lu, dans le grand livre du ciel, un malheur extrême pour la France, fi *Philippe* hazardoit une bataille contre les Anglois.

VII. ROBERT I, dit *le Magnifique*, duc de Normandie, 2º fils de *Richard II*, fuccéda l'an 1028 à fon frere *Richard III*, mort (dit-on) du poifon qu'il lui avoit fait donner. Il eut à réprimer dans les commencemens les fréquentes révoltes de plufieurs de fes grands vaffaux. Il rétablit dans fes états *Baudouin IV* comte de Flandres, que fon propre fils en avoit injuftement dépouillé. Il força *Canut* roi de Danemarck, qui s'étoit emparé de ceux d'Angleterre, à lespartager avec fes coufins *Alfrède* & *Edouard*. L'an 1035 il entreprit nuds pieds le voyage de la Terre-fainte; à fon retour il mourut empoifonné à Nicée en Bithynie, laiffant pour fucceffeur *Guillaume*, fon fils naturel, depuis roi d'Angleterre, qu'il avoit fait reconnoître avant fon départ dans une affemblée des états de Normandie.

VIII. ROBERT, dit *Coute-cuiffe*, fils aîné de *Guillaume le Conquérant*, fut établi l'an 1087 duc de Normandie par fon pere, qui donna la couronne d'Angleterre à fon autre fils *Guillaume le Roux* : (*Voy.* ce mot.) Ce fut un des plus vaillans princes de fon fiécle dans les combats, & un des plus foibles hommes dans la conduite. A la Croifade de 1096, il fit des prodi-

ges de valeur ; l'armée Chrétienne lui dut, en grande partie, les batailles qu'elle gagna fur les Infidèles, notamment celle qui fuivit la prife d'Antioche l'an 1098, où ils perdirent cent mille cavaliers. Après la prife de Jérufalem, à l'affaut de laquelle il monta un des premiers fuivi de fes feigneurs, il revint en Europe, trouva le trône d'Angleterre occupé par *Henri* fon jeune frere après la mort de *Guillaume* le *Roux*, & tenta en vain de le recouvrer. Livré à l'indolence & aux plaifirs, il fe laiffa gouverner par fes courtifans, & perdit le duché de Normandie avec la liberté, ayant été pris l'an 1106 à la bataille de Tinchebrai par fon frere *Henri*, qui l'enferma dans une prifon en Angleterre, où il mourut en 1134.

IX. ROBERT DE BRUS, roi d'Ecoffe, monta fur le trône en 1306, après l'expulfion de *Jean Bailleul* ou *Baillol*, qui avoit ufurpé la couronne d'Ecoffe, par le fecours d'*Edouard I* roi d'Angleterre. Il fecoua le joug des Anglois, les chaffa de fon pays, & rendit l'Ecoffe très-puiffante & très-floriffante. C'étoit un prince chéri de fon peuple, quoiqu'il aimât la guerre ; mais il ne la fit que pour tirer fa nation de l'efclavage, & pour la rendre heureufe. Il mourut en 1329, à 55 ans. Etant près d'expirer, il conjura *Jacques Douglas*, un de fes courtifans, de porter fon cœur dans la Terre-fainte. Il laiffa pour fucceffeur, *David II*, âgé de 5 ans ; & une fille, qui porta le fceptre d'Ecoffe dans la maifon de *Stuart*.

X. ROBERT DE BAVIERE, prince Palatin du Rhin, duc de Cumberland, fils de *Fréderic*, prince électeur Palatin du Rhin, & d'*Elizabeth*, fille de *Jacques I* roi

d'Angleterre & d'Ecoſſe ; ſe ſignala d'abord en Hollande, puis paſſa
en Angleterre l'an 1642. Le roi
Charles I, ſon oncle, le fit chevalier de la Jarretière, & lui donna
le commandement de ſon armée.
Le prince *Robert* remporta d'abord
de grands avantages ſur les Par-
lementaires ; mais il fut enſuite
obligé de ſe retirer en France.
Charles II, ayant remonté ſur le
trône de ſes peres, le fit membre
de ſon conſeil-privé en 1662, &
lui donna le commandement de ſa
flotte contre les Hollandois en
1664. Le prince *Robert* défit, l'année ſuivante, la flotte Hollandoiſe,
& fut fait amiral d'Angleterre en
1673. Il ſe montra digne de cet
emploi par ſon intelligence & par
ſa valeur. Ce prince, mort en
1682, s'appliquoit aux ſciences,
entr'autres à la chymie.

XI. ROBERT IV, comte d'*A-
lençon*, eſt peu connu dans l'hiſtoire ; mais il mérite une place
dans celle de France, parce qu'en
lui finit la poſtérité maſculine des
comtes d'Alençon. Après ſa mort,
arrivée en 1319, ſa ſœur *Alix* donna le comté à *Philippe-Auguſte* en
1220. S. *Louis* en inveſtit enſuiteſon
fils *Pierre*, qui mourut ſans enfans
au retour de l'expédition d'Afrique
en 1283. *Charles de Valois*, frere
de *Philippe VI* dit de *Valois*, deſ-
cendant comme lui de *Philippe III*
dit le *Hardi*, fut duc d'Alençon,
& mourut en 1346. *Jean II*, ſon
arrière-petit-fils, ayant favoriſé
le Dauphin contre ſon pere *Charles VII*, fut condamné à mort en
1456, ſous prétexte d'intelligence
avec les Anglois. La peine de mort
fut commuée en une priſon perpétuelle. En 1461, *Louis XI* parvenu à la couronne, l'en délivra.
Ce duc s'engagea encore avec les
Anglois, & fut jugé à mort en

1474. *Louis XI* commua encore la
peine en une priſon perpétuelle,
où il reſta 17 mois. Il venoit d'ê-
tre remis en liberté, lorſqu'il termina ſa carriére en 1476. Son fils
René fut auſſi condamné en 1482
à paſſer ſa vie en priſon, pour
avoir voulu vendre ſon duché au
duc de *Bourgogne*. *Charles VIII* l'en
fit ſortir en 1483, & il vécut juſqu'en 1492. Son fils *Charles*, mort de
honte en 1525, pour avoir fui à
la bat. de Pavie, n'eut point de poſtérité, & ſon duché fut réuni à
la couronne. Le duché fut donné
au dernier des fils de *Henri II*: (*Voy.*
FRANÇOIS DE FRANCE.) La mort
de ce prince qui ne laiſſa point
de lignage, fit encore réuïir Alençon au domaine. Cette ville fut
depuis une partie de l'appanage
de *Gaſton*, fils d'*Henri IV*, duc
d'Orléans. Il paſſa en 1660 à *Iſa-
belle* d'*Orléans*, ſa ſeconde fille,
mariée à *Joſeph* de *Lorraine* duc de
Guiſe. Après la mort de cette princeſſe en 1696, le duché fut encore réuni à la couronne ; & par
lettres-patentes, le nom en fut donné au fils de *Charles* duc de Berri,
petit-fils de *Louis XIV*, lequel mourut en 1713.

XII. ROBERT, 2ᵉ fils de *Richard
III* duc de Normandie, eut en appanage l'an 989 le comté d'Evreux.
Promu en même tems à l'archevêché de Rouen, dans cet âge où
les paſſions ont plus d'empire, il
ſe livra ſans retenue à la diſſolu-
tion. Il ne rougit pas d'épouſer,
en ſa qualité de comte, une femme
nommée *Herlève*, dont il eut trois
fils. Ce fut lui qui baptiſa en 1004
Olaüs roi de Norvège, appellé au
ſecours du duc *Richard II* contre
la France. Ce comte-archevêque,
dans ſa vieilleſſe, revint de ſes
égaremens, & mourut en bon paſteur l'an 1037. Sa poſtérité con-

ferva le comté d'Evreux-jufqu'à *Amauri V*, qui le céda en 1200 à *Philippe-Augufte*. Le roi *Philippe III*, dit le *Hardi*, le donna à fon fils puiné *Louis*, mort en 1319. Celui-ci fut pere de *Philippe*, qui devint roi de Navarre par fa femme *Jeanne*, fille de *Louis X*, & mourut en 1343. De leur union fortit *Charles II* roi de Navarre, dont le fils *Charles III* mourut fans poftérité mafculine, en 1425. L'an 1404 il avoit cédé ce comté au roi de France *Charles VI*. Il fervit d'appanage à *François* duc d'Alençon, fils de *Henri II*, en 1569. Mais ce prince étant mort fans enfans en 1584, il fut réuni à la couronne. Enfin il a été donné à la maifon de *Bouillon* en échange de Sédan... *Voyez* l'*Hiftoire généalogique de France* par le P. *Anfelme*, & l'*Abrégé chronologique des grands Fiefs*; in-8°.

ROBERT DE GENÈVE, *Voyez* GENEVE.

XIII. ROBERT, (St) 1er abbé de la Chaife-Dieu, mort le 17 Avril 1067, donna à fes religieux l'exemple de toutes les vertus... Il eft différent de *S. ROBERT*, abbé de Molefme, 1er auteur de l'ordre de Cîteaux en 1098, mort le 21 Mars 1108, à 84 ans, fut canonifé en 1222 par *Honorius III*.

XIV. ROBERT DUMONT, né à Thorigni en Normandie, & abbé du Mont St-Michel au diocèfe d'Avranches, fut employé dans plufieurs affaires importantes par *Henri II* roi d'Angleterre. Ses occupations ne l'empêchérent pas de compofer un grand nombre d'ouvrages, dont il ne nous refte que la Continuation de la *Chronique de Sigebert*, & un *Traité des Abbayes de Normandie*, que D. d'*Acheri* a donné à la fin des Œuvres de *Guibert* de Nogent. Il mourut l'an 1186.

ROBERT D'ARBRISSEL, *Voyez* ARBRISSEL.

ROBERT SORBON, *Voyez* SORBONNE.

XV. ROBERT GROSSE-TESTE, en latin *Capito*, naquit en Angleterre dans le pays de Suffolck, de parens pauvres. Ses talens lui méritèrent l'archidiaconé de Leicefter, & en 1235 l'évêché de Lincoln. Il s'oppofa fortement aux entreprifes de la cour de Rome & des moines, fur la jurifdiction des ordinaires; & eut un démêlé confidérable avec *Innocent IV*, fur une difpenfe que ce pape avoit accordée pour un canonicat de l'églife de Lincoln. Il mourut en 1253. Ses écrits, encore plus que fon zèle à défendre la jurifdiction épifcopale contre les moines & contre *Innocent IV*, ont confervé fon nom. Sans parler de fon *Abrégé de la Sphére*, de fes *Commentaires fur les Analytiques d'Ariftote*, ni de quelques-unes de fes *Lettres*, renfermées dans le recueil de *Brown*, intitulé : *Fafciculus rerum expetendarum*; nous citerons feulement fon ouvrage fur les *Obfervations légales*, réimprimé à Londres dans le dernier fiécle; & fon *Teftamentum XII Prophetarum*, Haganoæ, 1532, in-8°, très-rare. Dans fes autres écrits, il reprend avec liberté, & peut-être avec trop d'amertume, les vices & les déréglemens des eccléfiaftiques. Ce prélat aimoit les lettres & les protégeoit.

XVI. ROBERT, (Claude) né à Bar-fur-Aube, vers 1564, devint précepteur d'*André Fremiot*, depuis archevêque de Bourges, avec lequel il voyagea en Italie, en Allemagne & dans les Pays-Bas. Les cardinaux *Baronius*, d'*Offat* & *Bellarmin* lui donnèrent des marques de leur eftime. De retour en France, il fut nommé ar...

ehidiacre & grand-vicaire de Châlons-fur-Saône. Ce favant mourut en 1636. Le plus important de fes ouvrages eſt le grand recueil intitulé : *Gallia Chriſtiana* , qu'il publia en 1625, en 1 vol. in-fol. MM. de *Ste-Marthe* augmentérent dans la fuite cet ouvrage utile , infiniment moins inexact que dans les premières éditions, depuis que les Bénédiĉtins de la congrégation de St Maur en ont donné une nouvelle, qui eſt en 12 vol. in-fol. & qui n'eſt pas achevée.

XVII. ROBERT , muſicien François , mort vers l'an 1686 , étoit maître de la muſique de la chapelle du roi. Nous avons de lui pluſieurs *Motets* à grands chœurs, qui prouvent combien il étoit favant dans fon art ; mais on ne trouve point dans fes ouvrages, les agrémens que les muſiciens qui l'ont ſuivi ont ſu répandre dans leurs compoſitions.

XVIII. ROBERT, (Nicolas) peintre d'Orléans au ſiécle dernier, excellent deſſinateur d'animaux & d'inſeĉtes , fit pour *Gaſton* de France une belle ſuite de *Miniatures* en ce genre, qu'on voit au cabinet des eſtampes du roi. Il travailla auſſi aux 319 planches des *Plantes* de l'académie des Sciences de Paris.

ROBERTSON , (Guillaume) théologien Anglois , dont on a un *Diĉtionnaire Hébreu* , Londres 1680; & un *Lexicon* Grec, Cambridge 1695. Ces deux ouvrages font in-4° , & jouiſſent de l'eſtime des ſavans.

ROBERVAL, (Gilles Perſonne, ſieur de) naquit en 1602 à Roberval , paroiſſe du diocèſe de Beauvais. Il devint profeſſeur de mathématiques au collège de *Maître Gervais* à Paris ; il diſputa enſuite la chaire de *Ramus* , & l'emporta. La conformité des goûts le lia avec *Gaſſendi* & *Morin.* Il ſuccéda à ce

dernier dans la chaire de mathématiques au collège-royal , fans quitter néanmoins celle de *Ramus.* Il fit des expériences ſur le vuide, inventa deux nouvelles ſortes de *Balances* , dont l'une eſt propre à peſer l'air , & lui mérita d'être de l'académie des Sciences. Ses principaux ouvrages font : I. Un *Traité de Méchanique* dans l'*Harmonie* du P. *Merſenne.* II. Une édition d'*Ariſtarcus Samius* , &c. Ils furent recherchés dans leur tems. Ce ſavant eſtimable mourut en 1675 , à 73 ans. Sa préſomption l'engagea dans quelques diſputes avec *Déſcartes* , dont il ne ſortit pas à fon avantage. Il eut l'injuſtice de lui conteſter la gloire de fes inventions analytiques, & voulut déprimer ſon ſavoir géométrique. *Déſcartes* en vrai philoſophe ſe contenta de lui propoſer un problême , dont il ne trouva la ſolution qu'avec une extrême difficulté , & après de longues méditations.

ROBOAM, roi de Juda, ſuccéda à *Salomon* ſon pere l'an 975 avant J. C. A peine fut-il monté ſur le trône, que *Jéroboam* , à la tête du peuple, alla le prier de décharger ſes ſujets des impôts immenſes dont ſon pere les avoit accablés. *Roboam* , livré à de jeunes courtiſans , ne lui répondit qu'en menaçant le peuple d'un traitement encore plus fâcheux. Cette dureté fit ſoulever dix tribus, qui ſe ſéparérent de *Roboam* , & qui choiſirent pour leur roi *Jéroboam.* Telle fut l'origine du royaume d'Iſraël. *Roboam* , auquel il n'étoit reſté que 2 tribus , fut enſuite attaqué par *Séſach* roi d'Egypte. Ce prince, ſuivi d'une armée innombrable, entra dans le pays, & prit en peu de tems toutes les places de défenſe. Jéruſalem, où le roi s'étoit retiré avec les principaux de sa cour, alloit être assiégée. Pour leur ôter toute espérance, Dieu envoya le prophète *Séméias*, qui leur déclara de sa part, que puisqu'ils l'avoient abandonné, il les abandonnoit aussi au pouvoir de *Sésach.* Cette menace, les toucha; ils s'humiliérent sous la main de Dieu, & reconnurent la justice de ses jugemens. Le Seigneur; fléchi par cette humiliation, adoucit la rigueur de l'arrêt porté par sa justice. *Sésach* se retira de Jérusalem, après avoir enlevé les trésors du temple du Seigneur & ceux du palais du roi. *Roboam* continua à vivre dans l'iniquité. Il mourut l'an 958 avant J. C. après avoir regné 17 ans, laissant le royaume à *Ahia*, un de ses fils.

ROBOREUS, *Voyez* ROVERE.

ROBORTELLO, (François) d'Udine, enseigna avec réputation la rhétorique & la philosophie morale à Lucques, à Pise, à Bologne & à Padoue, où il mourut en 1567, à 51 ans. On a de lui: I. Un *Traité d'Histoire*, 1543, in-8°. très-superficiel. II. Des *Commentaires* sur plusieurs des Poëtes Grecs & Latins. III. *De vita & victu populi Romani sub Imperatoribus*, 1559, in-fol. livre savant & curieux. IV. Un grand nombre d'autres *Ecrits*, dans lesquels il fait souvent paroître une aigreur indigne d'un homme de lettres: *Baptiste Egnace*, qu'il avoit outragé, s'en vengea par un coup de poignard, qui le blessa dangereusement.

ROBUSTI, *Voy.* I. TINTORET.

ROCABERTI, (Jean-Thomas de) né vers 1624 à Péselade, sur les frontières du Roussillon & de la Catalogne, d'une maison illustre, entra jeune dans l'ordre de St Dominique. Il devint provincial d'Arragon en 1666, général

de son ordre en 1670, archevêque de Valence en 1676, & grand-inquisiteur de la foi en 1695. Il s'acquit l'estime du roi Catholique, qui le fit 2 fois viceroi de Valence. Il employa le tems que lui laissoient ses places, à composer plusieurs ouvrages. Les principaux sont: I. Un traité indigeste, *De Romani Pontificis auctoritate*, en 3 vol. in-fol. estimé des Ultramontains. II. *Bibliotheca Pontificia.* C'est un énorme *Recueil* de tous les Traités composés par différens auteurs en faveur de l'autorité & de l'infaillibilité du pape, impr. à Rome en 1700 & années suiv. en 21 vol. in-fol. Le parl. de Paris en défendit le débit dans le royaume. III. Un livre intitulé: *Aliment spirituel,* &c. Il mourut vers 1699.

ROCCA (Ange): *Cet article a été déja employé sous le mot* ANGE; *mais comme il est inexact & très-incomplet, nous le remettrons ici à sa vraie place, & tel qu'il doit être...* ROCCA, né en 1545 à Rocca-Contrata dans la Marche d'Ancone, mort à Rome en 1620, fut chargé par *Sixte V* de veiller à l'impression de la *Bible*, des *Conciles* & des *Peres*, qu'il faisoit faire dans l'imprimerie apostolique. Il fit diverses remarques sur l'Ecriture-sainte & sur les Peres; mais on ne lit plus ses *Commentaires*. Il s'y sert indifféremment des bons & des mauvais auteurs, de monumens authentiques & de piéces douteuses. Il écrit nettement, mais sans élévation. Ses différens Ouvrages parurent à Rome en 1719, 2 vol. in-fol. Les littérateurs font quelque cas de la *Bibliotheca Vaticana illustrata* de cet auteur, quoique fort inexacte. Son *Thesaurus pontificiarum antiquitatum, necnon rituum ac cæremoniarum*, 2 vol. in-fol. Rome 1745, est un recueil curieux.

ROCH, (St) né à Montpellier d'une famille noble, perdit son pere & sa mere à l'âge de 20 ans. Il alla à Rome en pélerinage, il y guérit un grand nombre de personnes affligées de la peste ; & à son retour il s'arrêta à Plaisance, affligée de cette maladie. *Roch* en fut frappé lui-même , & contraint de sortir de la ville, pour ne pas infecter les autres. Il se retira dans une forêt, où le chien d'un gentilhomme voisin, nommé *Gothard*, lui apportoit tous les jours un pain. Guéri de la contagion, il retourna à Montpellier & y mourut en 1327. Cet article est composé d'après les traditions populaires , & ces traditions sont fondées sur des légendes pleines d'absurdités & de mensonges. On peut & l'on doit invoquer *St Roch* , mais on ne croit pas qu'il soit nécessaire pour le salut, de croire tout ce qu'on a dit de son chien.

I. ROCHE, (Jean de la) né dans le diocèse de Nantes, entra dans la congrégation de l'Oratoire. Son talent pour la prédication se manifesta de bonne heure. Il remplit avec succès les principales chaires de la province & de la capitale. Cet orateur mourut en 1711, dans sa 55ᵉ année. On a de lui, un *Avent*, un *Carême*, & des *Mystéres*, en 6 vol. in-12 ; & 2 vol. in-12 de *Panégyriques*. C'est principalement dans ce dernier genre qu'il excelloit. Ses Panégyriques de *St Augustin* & de *St Louis* furent applaudis , lorsqu'il les débita , & plaisent encore lorsqu'on les lit. Ses *Sermons* sont solides , & l'Evangile n'y est pas défiguré par le vernis de nos orateurs à la mode. Ils sont écrits avec noblesse & avec élégance.

II. ROCHE, (Antoine-Martin) ex-Oratorien , né dans le diocèse de Meaux , fut un exemple de mortification & de vertu. Lorsqu'il eut quitté l'Oratoire, par esprit de modération & de paix dans les tems orageux de la Bulle, il se retira chez une pieuse veuve à Paris, où il vécut aussi solitaire que dans les forêts; il termina sa sainte carrière en 1755 , avant la 50ᵉ année de son âge. On a de lui un *Traité de la nature de l'ame & de l'origine de ses connoissances*, contre le système de *Locke* & de ses partisans, en 2 gros vol. in-12, qui ont paru en 1759. Cet ouvrage solide & bien écrit mérite d'être lu.

III. ROCHE, (Jacques-Fontaine de la) prêtre du diocèse de Poitiers , également fanatique & vertueux, mort en 1761, vécut à Paris dans une obscurité prudente. Il eut, depuis 1731 , la principale part aux feuilles qui paroissent toutes les semaines, sous le titre de *Nouvelles Ecclésiastiques*. Il avoit été pourvu d'une cure dans le diocèse de Tours ; mais il quitta la houlette pastorale en 1728, pour prendre la plume périodique.

ROCHEBLAVE , (Henri de) prédicateur de la religion Prétendue-Réformée , né en 1665 , fut ministre à Schaffhouse en Suisse, dès l'âge de 20 ans. Il passa ensuite en Angleterre , & devint ministre de l'Eglise Françoise de Dublin , où il mourut en 1709. On a de lui un volume de *Sermons* , écrits avec plus de solidité que d'éloquence.

ROCHEBLOND, (Charles HOTMAN , *dit* la) bourgeois de Paris, fut l'auteur de la faction connue sous le nom des *Seize*, parce qu'ils avoient distribué à seize d'entre eux les 16 quartiers de Paris. Elle se forma en 1589 , pendant la Ligue. Le but de cette association séditieuse étoit de s'oppofer aux deffeins du roi *Henri III*, lequel favorifoit, difoit-on, les Huguenots, & d'empêcher que le roi de Navarre ne fuccédât à la couronne de France. La *Rocheblond* eut d'abord une conférence fecrette avec 2 curés, l'un de *St. Severin*, & l'autre de *St. Benoît* à Paris. Peu de jours après, ces curés unis à 2 docteurs, en attirérent 8 autres à leur parti; & ce furent-là comme les 12 faux Apôtres, & les fondateurs de la Ligue de Paris, qui fut bientôt compofée d'une foule de fanatiques de tout état. Pour garder quelque ordre dans cette confpiration, ils en choifirent *Seize* d'entre eux, auxquels on diftribua les 16 quartiers de la ville de Paris, afin d'y obferver ce qui fe feroit & d'y exécuter tous les ordres de leur confeil. Cette faction fe joignit à la grande Ligue, commencée à Péronne; mais elle eut auffi fes intérêts particuliers, & ne feconda pas toujours les intentions du duc de *Guife*, ni celles du duc de *Mayenne*, à qui elle préféra le roi d'Efpagne.

ROCHECHANDIEU, *Voy.* CHANDIEU.

I. ROCHECHOUART, (René de) baron de Mortemart &. feigneur de Vivonne, étoit d'une des plus anciennes familles du royaume, à laquelle la terre de Rochechouart en Poitou avoit donné fon nom. Il fervit dès l'âge de 15 ans au fiége de Perpignan, & s'y fignala par fa valeur. Il fe trouva enfuite à la défenfe de Metz en 1552, & après avoir acquis beaucoup de gloire dans diverfes occafions importantes, il mourut en 1587, à 61 ans, laiffant plufieurs enfans de *Jeanne de Saulx*, fille du maréchal de *Tavannes*. L'aîné, *Gabriel* de *Rochechouart*, mort en 1643, à 68 ans, fut le pere de *Gabriel* de *Rochechouart*, duc de Mortemart, pair de France, & premier gentilhomme de la chambre, qui mourut en 1675. C'étoit un feigneur plein d'ambition & d'efprit.

II. ROCHECHOUART, (Franç. de) chev. de *Jars*; *Voyez* II. JARS.

III. ROCHECHOUART, (Louis-Victor) duc de Mortemart & de Vivonne, prince de Tonnai-Charente, fils de *Gabriel* duc de Mortemart, né en 1636, fervit de maréchal-de-camp à la prife de Gigeri en Afrique l'an 1664, à celle de Douai en Flandre en 1667, & au fiége de Lille l'année d'après. Sa valeur le fit choifir pour conduire les galères du roi au fecours de Candie, où il fut en qualité de *Général de la Ste-Eglife*, titre dont le pape *Clément IX* l'honora. Ce pontife, pénétré de reconnoiffance pour les fervices qu'il avoit rendus à cette occafion, lui permit de porter dans l'écuffon de fes armes, lui & fa poftérité, le *Gonfanon* de l'Eglife. Il ne fe diftingua pas moins dans la guerre de Hollande en 1672, où il reçut une bleffure dangereufe. Le bâton de maréchal de France, le gouvernement de Champagne & de Brie, & la place de général des galères, furent les récompenfes de fon courage, & le fruit de la faveur de la marquife de *Montefpan* fa fœur. Devenu viceroi de Meffine, il s'y fit aimer & refpecter. Ce feigneur mourut en 1688, avec la réputation d'un des plus beaux-efprits de la cour. Il faifoit des vers; mais il n'en refte aucun de lui, qui mérite d'être retenu. On fe fouvient plus volontiers de fes bons-mots. *Louis XIV* lui demandant ce que la lecture faifoit à l'efprit? *Ce que vos perdrix font* à *mes joues* ; il faut remarquer qu'il avoit les couleurs extrêmement vives. Le même prince le raillant fur fa groffeur extraordinaire, devant le duc d'*Aumont* auffi gros que lui : *Vous groffiffez à vue d'œil*, lui dit-il ; *vous ne faites point d'exercice.* -- *Ah!* Sire, *c'eft une médifance*, repliqua *Vivonne* ; *il n'y a point de jour que je ne faffe au moins trois fois le tour de mon coufin d'Aumont.* On en rapporteroit beaucoup d'autres ; mais ce qui eft faillie dans le feu d'une converfation libre, devient, fouvent platitude lorfqu'on le répète.

IV. ROCHECHOUART, (Marie-Magdelène-Gabrielle de) fœur du précédent, abbeffe de Fontevrault, morte en 1704 à 59 ans, laiffa un grand nombre d'ouvrages manufcrits, qui donnoient une idée avantageufe de fon favoir & de fa piété. Elle avoit un efprit fécond, une mémoire heureufe & un génie propre à tout. Elle fe délaffoit de la lecture des philofophes, par celle des poëtes. *Homére*, *Virgile*, *Platon*, *Cicéron* lui étoient familiers, ainfi que les langues dans lefquelles ils ont écrit, & quelques-unes des modernes.

V. ROCHECHOUART, (Françoife-Athenaïs de) fœur de la précédente, fut d'abord connue fous le nom de Mlle de *Tonnay-Charente*. Sa beauté la rendit encore moins célèbre, que le caractére de fon efprit, plaifant, agréable & naturel. Recherchée par les plus grands feigneurs, elle fut mariée au marquis de *Montefpan*, qui lui facrifia des partis confidérables, & qui ne fit qu'une ingrate. La ducheffe de la *Valliére*, maitreffe de *Louis XIV*, l'admit dans fa fociété, & le roi ne la regarda d'abord que comme une aimable étourdie. Elle agaçoit fans ceffe

ce monarque, qui difoit en fe mocquant à Mad de *la Valliére* : *Elle voudroit bien que je l'aimaffe, mais je n'en ferai rien.* Il ne tint pas parole, & il fut bientôt épris de fes charmes. La marquife de *Montefpan* régna avec empire. Elle aima le roi par accès, & encore plus l'argent. Ses fantaifies engagèrent ce prince dans des dépenfes exceffives & inutiles. Elle domina long-tems fur le cœur de ce monarque ; mais fon humeur impérieufe & bizarre l'en chaffa peu à peu. Elle avoit fupplanté *la Valliére*, & elle fut fupplantée à fon tour, d'abord par la ducheffe de *Fontanges*, puis par la marquife de *Maintenon*. *Louis XIV* lui ordonna de quitter la cour vers 1680 ; & elle mourut en 1707, âgée de 66 ans, à Bourbon, où elle avoit été prendre les bains. Elle avoit ordonné par fon teftament que fes entrailles feroient portées à la communauté de *St. Jofeph*. Elles jettoient une fi grande puanteur, à caufe de la chaleur de la faifon, que le porteur revint fur fes pas, & alla les remettre aux Capucins de Bourbon. Le P. Gardien, infecté de cette odeur, lès fit jetter, dit-on, aux chiens. Quand on apprit à la cour ce qu'étoient devenues lès entrailles de Mad de *Montefpan*, un de fes amis dit : *Efce qu'elle en avoit?* Quoiqu'elle eût naturellement beaucoup de fierté & de hauteur, fon caractére étoit auffi rufé que fon efprit étoit fin. Lorfqu'elle tentoit d'engager *Louis XIV* dans fes filets, elle tâcha de donner le change à la reine, dont elle étoit dame-d'honneur. Pour lui infpirer une haute opinion de fa vertu, elle communioit tous les 8 jours en fa préfence. Elle vifitoit les hôpitaux, & faifoit plufieurs de ces bonnes œuvres d'éclat, qui trompent fi fouvent les hommes. Son crédit fut tel pendant quelque tems, que, dans la promotion des maréchaux de France de 1679, elle fouilla dans les poches du roi pour y prendre la lifte ; n'ayant pas vu le nom du duc de *Vivonne* fon frere, elle éclata en reproches, & le roi ne la calma qu'en lui donnant le bâton.

ROCHE-FLAVIN, (Bernard de la) né l'an 1552 à St-Cernin en Rouergue, fut d'abord confeiller à Touloufe, puis au parlement de Paris. Son favoir lui procura la place de premier préfident en la chambre des requêtes au parlement de Touloufe, puis celle de confeiller-d'état. Il mourut en 1627, à 76 ans. On a de lui : I. Un excellent *Recueil des Arrêts notables* du parlement de Touloufe, imprimé en cette ville, 1720, in-4°. On y trouve : I. Un *Traité des Droits Seigneuriaux*, très-confulté. II. Un *Traité des Parlemens*, 1617, in-fol. &c. plein de recherches & peu commun.

ROCHEFORT, *Voyez* I. GARLANDE... *Voyez* MONTLHERI... *Voy*. RIEUX, n° II.

I. ROCHEFORT, (Gui de) feigneur de Pleuvaut, d'une maifon originaire de Bourgogne, s'appliqua à l'étude des belles-lettres, & fe fignala à la guerre & dans le confeil de *Charles* duc de Bourgogne, qui le fit fon confeiller & fon chambellan. Ses fervices n'empêchérent pas qu'on ne lui rendît de mauvais offices auprès de ce prince. *Louis XI*, lui ayant fait des offres avantageufes, il vint fervir ce monarque, qui le fit premier préfident au parlement de Dijon en 1482. *Charles VIII*, fon fils, l'appella auprès de fa perfonne, & l'honora de la charge de chancelier en 1497. Il mourut

en 1507, après avoir foutenu la dignité de la couronne, d'une maniére qui rend fa mémoire immortelle. C'eft lui qui fit créer le grand-confeil en 1497... *Guillaume* de ROCHEFORT, fon frere, chancelier de France comme lui, mais moins célébre, étoit mort en 1492. Il détourna *Charles VIII* de dépouiller *Anne* de Brétagne, & lui perfuada de l'époufer, pour réunir plus fûrement & plus honorablement cette province à la couronne.

II. ROCHEFORT, (Henri Louis d'Aloigni de) fe fignala dans la guerre contre les Efpagnols ; & après la paix des Pyrénées, il fuivit *la Feuillade* en Hongrie, & n'y montra pas moins de valeur. De retour en France, il fervit avec diftinction, & parvint à la dignité de maréchal de France en 1676. Il mourut la même année. Il étoit capitaine des Gardes-du-corps, & gouverneur de Lorraine. Son fils, mort en 1701 fans alliance, laiffa une fœur héritiére, mariée d'abord au marquis de *Nangis*, de la maifon de *Brichanteau*, & enfuite au comte de *Blanzac*, de la maifon de la *Rochefoucauld*.

I. ROCHEFOUCAULD, (François comte de la) d'une maifon illuftre, qui ne le céde qu'à celle des fouverains, fut chambellan des rois *Charles VIII* & *Louis XII*. Il fit admirer à la cour fon caractére bienfaifant, généreux, droit & fincére. Il tint en 1494, fur les fonts baptifmaux, *François I*. Ce prince, ayant obtenu le fceptre, conferva beaucoup de confidération pour fon parrein. Il le fit fon chambellan ordinaire ; il érigea en 1515 la baronnie de la Rochefoucauld en comté. Ce monarque obferve, dans les lettres d'érection, que *c'étoit en mémoire des grands*

grands, vertueux, très-bons & très-recommandables services qu'icelui François son très-cher & amé cousin &
parrein avoit faits à ses prédécesseurs
à la Couronne de France & à lui. Le
comte de *la Rochefoucauld* mourut
en 1517, laissant une mémoire
illustre & un nom respecté. C'est
depuis lui que tous les aînés de
sa famille ont pris le nom de *François*... Son fils *François II* du nom,
comte de *la Rochefoucauld*, soutint
dignement la réputation de son
pere. Il épousa en 1528 *Anne de
Polignac*, veuve du comte de *Sancerre*, tué à la bataille de Pavie
en 1525. Cette dame unissoit à
toute la simplicité de la vertu,
l'éclat de la représentation la plus
brillante. Elle reçut en 1539, dans
son château de Vertueil, l'empereur *Charles-Quint*. Ce prince fut
tellement frappé de la dignité de
ses manières, qu'il dit hautement,
suivant un historien François, *n'a-
voir jamais entré en maison qui mieux
sentit sa grande vertu, honnêteté &
seigneurie que celle-là*... *François* de
la *ROCHEFOUCAULD*, Vᵉ du nom,
né en 1588, mort en 1650, seigneur distingué par sa valeur &
sa probité, obtint de *Louis XIII* les
récompenses dues à son mérite.
Ce prince le nomma chevalier de
ses ordres en 1619, & érigea en
1622 le comté de la Rochefoucauld en duché-pairie. Il fut pere
de *François VI*, duc de *la Rochefoucauld*, dont nous célébrerons,
dans un article séparé, l'esprit &
les vertus.

II. ROCHEFOUCAULD,
(François de la) né en 1558, de
Charles de *La Rochefoucauld*, de la
même famille que le précédent,
se fit connoître très-avantageuse-
ment dès son enfance. Le roi *Henri
III* l'éleva, en 1585, à l'évêché
de Clermont, qu'il gouverna avec

beaucoup de sagesse. Le pape *Paul
V*, instruit de son zèle pour faire
recevoir le concile de Trente en
France, & pour détruire l'hérésie, lui envoya le chapeau de cardinal en 1607. *Louis XIII*, voulant l'avoir plus près de sa personne, lui fit quitter l'évêché de
Clermont pour celui de Senlis en
1613. Ce prélat travailla beaucoup
pour la réforme des ordres de *St.
Augustin* & de *St. Benoît*, & il eut
le bonheur d'introduire la réforme dans son abbaye de Ste Gène-
viève-du-Mont. Il mourut en 1645,
à 87 ans. Cet homme illustre avoit
des défauts ; mais ils ont été séparés par sa piété, par l'innocence
de ses mœurs, & par de grandes
vertus. Les Jansénistes lui ont reproché d'avoir fait de grands biens
aux Jésuites, & d'avoir agi avec
trop de chaleur dans les querelles
excitées par le docteur *Richer. Voy.*
sa *Vie*, 1646, in-4°. par le P. *la
Moriniére*, chanoine régulier. Il
étoit frere d'*Alex.* de *la Rochefoucauld:* Voy. BROSSIER.

III. ROCHEFOUCAULD,
(François duc de la) prince de
Marsillac, fils de *François*, 1ᵉʳ duc
de *la Rochefoucauld*, naquit en 1613.
Sa valeur & son esprit le mirent
au premier rang des seigneurs de
la cour, qui mêloient les lauriers
de *Mars* à ceux d'*Apollon*. Il fut
lié avec la fameuse duchesse de
Longueville ; & ce fut en partie par
l'instigation de cette princesse, qu'il
entra dans les querelles de la Fronde. Il se signala dans cette guerre,
& sur-tout au combat de *St-Antoine*, où il reçut un coup de mousquet, qui lui fit perdre quelque
tems la vue. C'est alors qu'il dit
ces vers si connus, tirés de la
tragédie d'*Alcyonée* :

Pour mériter son cœur, pour plaire

H

à ses beaux yeux,
J'ai fait la guerre aux Rois ; je
l'aurois faite aux Dieux.

On sait qu'après sa rupture avec mad⁰ de *Longueville*, il parodia ainsi ces vers :

Pour ce cœur inconstant, qu'enfin
je connois mieux,
J'ai fait la guerre aux Rois ; j'en
ai perdu les yeux.

Après que ces querelles furent assoupies, le duc de *la Rochefoucauld* ne songea plus qu'à jouir des doux plaisirs de l'amitié & de la littérature. Sa maison étoit le rendez-vous de tout ce que Paris & Versailles avoient d'ingénieux. Les *Racine*, les *Boileau*, les *Sévigné*, les *la Fayette*, trouvoient dans sa conversation, des agrémens qu'ils cherchoient vainement ailleurs. La goutte le tourmenta sur la fin de ses jours. Il supporta les douleurs de cette maladie cruelle avec la constance d'un philosophe, & il mourut à Paris en 1680, à 68 ans, avec les sentimens d'un Chrétien. On trouve à la fin des lettres de mad⁰ de *Maintenon*, un portrait bien peint du duc de *la Rochefoucauld*. « Il avoit une » physionomie heureuse, l'air » grand, beaucoup d'esprit, & peu » de savoir. Il étoit intriguant, » souple, prévoyant ; je n'ai pas » connu d'ami plus solide, plus » ouvert, ni de meilleur conseil. » Il aimoit à régner. La bravoure » personnelle lui paroissoit une » folie, & à peine s'en cachoit- » il ; il étoit pourtant fort brave. » Il conserva jusqu'à la mort la » vivacité de son esprit, qui étoit » toujours fort agréable, quoique » naturellement sérieux. » On a de lui : I. Des *Mémoires de la Ré-*

gence d'*Anne d'Autriche*, Amsterdam, (Trevoux) 1713, 2 vol. in-12 ; écrits avec l'énergie de *Tacite*. C'est un tableau fidèle de ces tems orageux, peint par un peintre qui avoit été lui-même acteur. II. Des *Réflexions* & des *Maximes*, réimprimées plusieurs fois en un petit vol. in-12. Quoiqu'il n'y ait presque qu'une vérité dans ce livre, qui est que l'*amour-propre est le mobile de tout*, cependant cette pensée se présente sous tant d'aspects variés, qu'elle est presque toujours piquante. Ce petit recueil, écrit avec cette finesse & cette délicatesse qui donne tant de prix au style, accoutuma à penser, & à renfermer ses pensées dans un tour vif & précis. Les prétendus gens de goût l'accusèrent de donner dans l'affectation & dans une subtilité vicieuse ; mais ces gens de goût avoient bien peu d'esprit. Le reproche que lui a fait l'abbé *Trublet*, de fatiguer par le changement des matières, par le peu d'ordre qui règne dans ses réflexions, & par l'uniformité du style, paroît mieux fondé. Mais on a remédié en partie à ces inconvéniens, du moins à celui du défaut de méthode, en rangeant sous certains titres, dans les dernières éditions, les pensées de l'illustre auteur, qui ont rapport à un même objet. Pour connoître combien valoit le duc de *la Rochefoucauld*, il n'y a qu'à consulter les *Lettres* de mad⁰ de *Sévigné*.

IV. ROCHEFOUCAULD, (Frédéric-Jérôme de Roye, de la) de l'illustre maison des comtes de *Rouci-Rochefoucauld*, étoit fils de *François de Roye de la Rochefoucauld*, second du nom, lieutenant-général & commandant de la gendarmerie de France. Un naturel heureux, un caractère doux, u 1 esprit conciliant, un grand sens; telles furent les qualités qui distinguérent de bonne heure l'abbé de *la Rochefoucauld*, & qui lui méritérent l'archevêché de Bourges en 1729. Il se montra dans ce poste tout ce qu'il avoit paru dès sa plus tendre jeunesse, ami de la vertu, de la paix, & sur-tout des indigens, qui avoient besoin de sa générosité. Elu coadjuteur de l'abbaye de Cluny, en 1738, il en devint abbé titulaire par la mort du cardinal d'*Auvergne*, en 1747. Ce fut cette même année qu'il fut honoré de la pourpre Romaine. Il fut envoyé l'année d'après ambassadeur de France à Rome; & il fut à la fois se faire aimer des Italiens, & soutenir la gloire du nom François. De retour à Paris, il y fut accueilli comme il le méritoit. Le roi le nomma à l'abbaye de S. Vandrille en 1755, & le chargea en même tems du ministére de la feuille des bénéfices. Le cardinal de *la Rochefoucauld*, habile à connoître les bons sujets, ne le fut pas moins à les placer. Rien n'égala son attention à ne choisir pour les siéges épiscopaux que des ecclésiastiques éclairés, dont l'esprit sage pût modérer le zèle. Si la France est moins déchirée par les guerres du Jansénisme & du Molinisme, c'est à lui en partie qu'elle le doit. Ce fut cet esprit de modération qui fit jetter les yeux sur lui pour présider aux assemblées du Clergé de 1750 & 1755. On sait avec quel zèle il se servit de sa droiture & de ses lumières, pour rétablir la paix dans l'Eglise Gallicane. Ce zèle lui mérita de plus en plus la confiance de *Louis XV*, qui le regardoit, moins comme son ministre, que comme son *ami*: terme dont on ne se sert, qu'après ce

monarque, qui savoit également gagner les cœurs & en connoître le prix. Ce prince éleva le cardinal de *la Rochefoucauld* en 1756, à la place de son grand-aumônier. Il n'en jouit pas long-tems; une fluxion de poitrine l'enleva à l'Eglise & à la patrie en 1757. Les malheureux dont il étoit le consolateur, & les indigens dont il étoit le pere, le pleurérent amérement. Son cœur généreux & bienfaisant s'ouvroit de lui-même à la pitié, & des libéralités abondantes suivoient à l'instant les sentimens de compassion que l'indigence lui inspiroit. Ses autres qualités égaloient sa bienfaisance, & il fut le modèle des hommes ainsi que celui des évêques. « Ses prê- » tres » (disent MM. les grands-vicaires de Bourges dans leur *Mandement* sur la mort de leur digne archevêque;) » ses prêtres étoient » plutôt conduits par ses princi- » pes, que gouvernés par son au- » torité. Il étoit leur conseil, leur » ami, leur protecteur. Si l'éclat » de ses dignités intimidoit quel- » ques-uns de ses diocésains, il les » rassûroit par la douceur & la » bonté de son accueil. Il démê- » loit, dans leurs regards, leurs pen- » sées & leurs peines. Il leur épar- » gnoit souvent l'embarras de s'ex- » pliquer. Son cœur alloit au-de- » vant de leurs besoins. Sensible » à l'amitié, il en goûtoit les dou- » ceurs & en remplissoit les de- » voirs. Tendre & reconnoissant, » il n'oublioit que les offenses. » Son ame, exempte de toute pré- » vention, n'étoit accessible qu'aux » lumières de la religion & de la » raison. Il cherchoit la vérité, » savoit la trouver, & l'exprimer » avec cette candeur noble, cette » simplicité sublime qui respi- » roient dans sa figure & dans son

H ij

» ame » Ses vertus ne font point perdues pour le public. Le cardinal de *la Rochefoucauld* vit encore ; il est tout entier dans M. l'archevêque de Rouen, aussi cardinal.

V. ROCHEFOUCAULD, (Alexandre-Nicolas de la) marquis de Surgéres, né en 1709, mort le 29 Avril 1760, se fit un nom par la délicatesse de son esprit, & par les agrémens de son caractére. Il prit le parti des armes, & eut les vertus guerrières ainsi que les qualités sociales. On a de lui : I. Une comédie intitulée , *Ecole du Monde*; bien écrite, & pleine de traits auxquels le célèbre auteur des *Maximes* auroit applaudi. II. Un Abrégé de *Cassandre*, roman ennuyeux, qu'il a trouvé l'art de rendre agréable, 3 vol. in-12. III. Un Abrégé de *Pharamond*, 4 vol. in-12, dans le goût du précédent.

ROCHEMAILLET, (Gabriel-Michel de la) avocat de Paris, né à Angers en 1562 & mort en 1642, a donné de bonnes éditions de *Fontanon*, du *Coutumier Général*, &c. & a fait un *Théâtre Géographique de la France*, Paris 1632, in-fol.

ROCHERS, *Voyez* ANDIER des Rochers.

ROCHES, (Madame & Mademoiselle des) de Poitiers. Il ne faut point séparer ces dames illustres, que le sang, le goût de l'étude, l'inclination avoient unies, & que la mort ne put désunir. Mad.ᵉ des Roches, devenue veuve après 15 ans de mariage, s'attacha à cultiver l'éducation de sa fille, qui devint sa rivale en esprit & son amie la plus tendre. Celle-ci, recherchée par un grand nombre de beaux-esprits, refusa constamment de se marier par tendresse pour sa mere. Elles désiroient de ne pas se survivre ; elles furent emportées le même jour, par la peste qui désoloit Poitiers, en 1587. Mad.ᵉ *des Roches* s'appelloit *Magdelène Neveu*, & étoit mariée à *Fredenoit*, seigneur *des Roches* ; sa fille se nommoit *Catherine des Roches*. Elles composoient des ouvrages en prose & en vers, dont la derniére édition est celle de Rouen 1604, in-12, & avoient une grande connoissance des langues & des sciences. (*Voyez* PASQUIER.) Au reste les *Poesies* de la mere & de la fille pouvoient être bonnes pour leur tems & leur pays ; aujourd'hui la lecture en est fort insipide.

ROCHESTER, (Jean Wilmot, comte de) poète Anglois, né dans le comté d'Oxford en 1648. Un gouverneur habile cultiva ses talens avec tant de succès, que ce seigneur, à l'âge de 12 ans, célébra en vers le rétablissement de *Charles II*. Il voyagea en France & en Italie, prit ensuite le parti des armes, & servit avec distinction sa patrie. Enfin il s'adonna tout entier à son goût pour les plaisirs & pour l'étude. Cette alternative fatiguante ruina sa santé, & le fit mourir à la fleur de son âge, en 1680. (*Voyez* la relation de sa mort par *Burnet*, traduite en françois in-8°.) Le comte de *Rochester* s'étoit attiré les faveurs de son roi par son zèle ; il mérita son indignation par ses *Satyres*, publiées à Londres en 1714, in-12. C'est le genre dans lequel il a principalement travaillé. Les passions y donnent souvent le ton, plus que le goût & le génie. Ses poësies sont la plupart obscènes ; mais il en est qui méritent d'être lues, par les traits sublimes, les pensées hardies, les images vives, qu'elles renferment. Plufieurs de fes *Satyres* ont été traduites en françois.

ROCHESTER, (l'Evêque de) *Voyez* ATTERBURY.

RODOGUNE ou RHODOGUNE, fille de *Phraates* roi des Parthes, fut mariée à *Demetrius Nicanor*, que *Phraates* tenoit prifonnier ; ce qui caufa de grands malheurs, par la jaloufie de *Cléopâtre* : (*Voyez* CLÉOPATRE, n° I.) Il y a eu d'autres princeffes de ce nom.

I. RODOLPHE, comte de Rein-felden, duc de Suabe, époux de *Mathilde*, fœur de l'empereur *Henri IV* ; fut élu roi de Germanie l'an 1077, par les rebelles que le pape *Grégoire VII* avoit foulevés contre l'empereur fon beau-frere. La fortune fut douteufe pendant quelque tems, en fe déclarant tantôt pour un parti, & tantôt pour l'autre. Mais enfin elle abandonna totalement *Rodolphe*, l'an 1080, à la bataille de Wolcksheim : ce prince y périt, & en mourant il témoigna un grand regret de fa rebellion. Il ne laiffa qu'une fille, qui époufa *Bertholde* duc de Zeringhen.

II. RODOLPHE I, DE HAS-POURG, empereur d'Allemagne, furnommé *le Clément*, étoit fils d'*Albert* comte d'Hafpourg, château fitué entre Bafle & Zurich. Il fut élu empereur au mois d'Octobre 1273, & ne voulut point aller à Rome pour fe faire couronner, difant *qu'aucun de fes prédéceffeurs n'en étoit jamais revenu, qu'après avoir perdu de fes droits ou de fon autorité*. Il fit cependant un traité en 1278 avec le pape *Nicolas III*, par lequel il s'engagea à défendre les biens & les privilèges de l'Eglife Romaine. Son règne fut troublé par la guerre contre *Ottocare*, roi de Bohême, fur lequel il remporta une victoire fignalée. Le vaincu fut obligé de céder au vainqueur l'Autriche, la Stirie & la Carniòle. Il confentit de faire un hommage-lige à l'empereur, dans une ifle au milieu du Danube, fous un pavillon dont les rideaux devoient être fermés, pour lui épargner une mortification publique. *Ottocare* s'y rendit, couvert d'or & de pierreries. *Rodolphe*, par un fafte fupérieur, le reçut avec l'habit le plus fimple. Au milieu de la cérémonie les rideaux du pavillon tombent, & font voir aux yeux du peuple & des armées qui bordoient le Danube, le fuperbe *Ottocare* à genoux, tenant fes mains jointes entre les mains de fon vainqueur. Quelques écrivains ont traité cela de conte ; mais ce fait eft accrédité, & il importe peu qu'il foit vrai ou faux. La femme d'*Ottocare*, indignée de cet hommage, engagea fon époux à recommencer la guerre. L'empereur marche contre lui, & lui ôte la victoire & la vie le 26 Août 1278. Pour mettre le comble à la gloire de *Rodolphe*, il eût fallu s'établir en Italie, après s'être affûré l'Allemagne ; mais le tems étoit paffé. Il fe contenta de vendre la liberté aux villes d'Italie qui voulurent bien l'acheter. Florence donna 40,000 ducats d'or, Lucques 12000, Gênes & Bologne 6000. Cette liberté confiftoit dans le droit de nommer des magiftrats, de fe gouverner fuivant leurs loix municipales, de battre monnoie, d'entretenir des troupes. *Rodolphe* mourut à Gemersheim près de Spire, en 1291, à 73 ans, avec la réputation d'un des plus braves guerriers & des plus grands politiques de fon fiécle. Il y a un *Recueil* de *CXL Lettres* de cet empereur. On

conferve précieufement ce manufcrit dans la bibliothèque impériale
à Vienne.

III. RODOLPHE II, fils de
l'emp. *Maximilien II*, né en 1552,
roi de Hongrie en 1572, roi de
Bohême en 1575, élu roi des Romains à Ratisbonne le 27 Octobre de la même année, prit les
rênes de l'empire en 1576, après
la mort de fon pere, & les tint
d'une main foible. La grande paffion de fes prédéceffeurs étoit d'a-
maffer de l'argent, & celle de *Rodolphe* fut de vouloir faire de l'or.
Toute fa gloire fe borna à la réputation d'avoir été un grand dif-
tillateur, un aftronome paffable,
un affez bon écuyer, & un fort
mauvais empereur. La Hongrie entiére fut envahie par les Turcs en
1598, fans qu'on pût les en empêcher. Les revenus publics étoient
fi mal adminiftrés, qu'on fut obligé d'établir des troncs à toutes
les portes des Eglifes, non pour
faire la guerre, (comme le dit M.
de *Voltaire*,) mais pour fecourir
dans les hôpitaux les malades &
les bleffés qui l'avoient faite. *Rodolphe* envoya une armée en Hongrie, qui n'arriva qu'après la prife
d'Agria & de plufieurs autres places importantes. Le duc de *Mercœur*, accompagné d'un grand nombre de François, rétablit en 1600
les affaires de ce royaume. L'empereur eut d'autres chagrins à effuyer. Son frere *Matthias* fe révolta, & il fut obligé de lui céder les royaumes de Hongrie &
de Bohême. Les divifions de fa
maifon, jointes au vif reffentiment que lui cauférent les électeurs, par la demande qu'ils lui
firent de choifir un fucceffeur à
l'empire; tout cela hâta fa mort,
arrivée en 1612, à 60 ans. *Ticho-
Brahé*, qui fe mêloit de prédire,

lui avoit confeillé de fe méfier de
fes plus proches parens : confeii
bien indigne de ce grand philofophe ! Auffi *Rodolphe* ne les laiffoit
point approcher de fa perfonne ;
il en ufoit de même envers les
étrangers : ceux qui vouloient le
voir, étoient obligés de fe déguifer en palfreniers, pour l'attendre dans fon écurie, quand il venoit voir fes chevaux. Ce prince
ne fe maria jamais : il devoit époufer l'infante *Ifabelle*, fille de *Philippe II* ; mais l'irréfolution qui
formoit fon caractère, lui fit manquer ce mariage, ainfi que cinq
autres. Il eut plufieurs maîtreffes
& quelques enfans naturels.

RODON, (David de) Calvi-
nifte du Dauphiné, enfeigna la
philofophie à Die, puis à Orange
& à Nîmes, fut banni du royaume
en 1663, & mourut à Genève
vers 1670. C'étoit un homme turbulent, plein de fubtilités & d'i-
dées bizarres. On a de lui : I. Un
ouvrage raré qu'il publia fous ce
titre : L'*Impofture de la prétendue
Confeffion de foi de St Cyrille*, Paris 1629, in-8°. II. Un livre peu
commun intitulé : *De Suppofito*,
Amfterdam 1682, in-12, dans lequel il entreprend de juftifier *Neftorius*, & accufe *St Cyrille* de confondre les deux natures en J. C.
III. Un traité de controverfe, intit. : Le *Tombeau de la Meffe*, Francfort 1655, in-8° ; c'eft ce traité
qui le fit bannir. IV. *Difputatio
de libertate & Atomis*, Nîmes 1662,
in-8°, affez rare. V. Divers autres
ouvrages, imprimés en partie à Genève 1668, 2 vol. in-4°. Quoique
ce recueil ne foit pas commun, il
n'eft pas beaucoup recherché.

RODRIGUE, *Voyez* SANCIO.

I. RODRIGUEZ, (Alfonfe)
Jéfuite de Valladolid, enfeigna
long-tems la théologie morale,

& fut enfuite recteur de Monteroi en Galice. Il mourut à Séville, le 21 Février 1616, à 90 ans, en odeur de fainteté. Ce pieux Jéfuite eft principalement connu par fon traité de la *Perfection chrétienne*, traduit en françois par les folitaires de Port-royal, en 2 vol. in-4°. & par l'abbé *Regnier Defmarais*, 3 vol. in-4°, 4 in-8°, & 6 in-12. Cet ouvrage, excellent en fon genre, feroit encore meilleur, fi l'auteur ne l'eût rempli de plufieurs hiftoires qui ne paroiffent pas trop bien appuyées. On peut auffi lui reprocher un peu de prolixité. L'abbé *Tricalet* en a donné un *Abrégé* en 2 vol. in-12.

II. RODRIGUEZ, (Simon) Jéfuite Portugais, de Vouffella, fut difciple de *St Ignace* de *Loyola*, & refufa l'évêché de Conimbre. Il fut fait précepteur de Don *Juan*, alla prêcher au Bréfil, & devint provincial des Jéfuites Portugais. Il fut auffi provincial d'Arragon, & mourut à Lisbonne en 1579, avec de grands fentimens de religion.

III. RODRIGUEZ, (Emmanuel) religieux Francifcain, d'Eftremos en Portugal, mourut à Salamanque en 1619, à 68 ans. On a de lui : I. Une *Somme des Cas de confcience*, 1595, 2 vol. in-4°. II. *Queftions réguliéres & canoniques*, 1609, 4 vol. in-fol. III. Un recueil des *Priviléges des Réguliers*, Anvers 1623, in-fol. & plufieurs autres ouvrages qui n'ont plus de cours.

ROELL, (Herman - Alexandre) né en 1653 dans la terre de Doëlberg, dont fon pere étoit feigneur, dans le comté de la Marck en Weftphalie, devint en 1704 profeffeur de théologie à Utrecht, & mourut à Amfterdam en 1718, à 66 ans. Il poffédoit les langues, la philofophie & la théologie. On

a de lui : I. Un *Difcours* & de favantes *Differtations Philofophiques* fur la religion naturelle & les idées innées, Franeker 1700, in-8°. II. Des *Thèfes*, 1689, in-4°. & plufieurs autres ouvrages peu connus.

ROEMER, (Olaüs) né à Arhus dans le Jutland en 1644, fe rendit très-habile dans les mathématiques, l'algèbre & l'aftronomie. *Picard*, de l'académie des fciences de Paris, ayant été envoyé en 1671 par *Louis XIV*, pour faire des obfervations dans le Nord, conçut tant d'eftime pour le jeune aftronome, qu'il l'engagea à venir avec lui en France. *Roëmer* fut préfenté au roi, qui le chargea d'enfeigner les mathématiques au *Grand Dauphin* ; & lui donna une penfion. L'académie des fciences fe l'affocia en 1672, & n'eut qu'à fe féliciter d'avoir un tel membre. Pendant dix ans qu'il demeura à Paris, & qu'il travailla aux obfervations aftronomiques avec *Picard* & *Caffini*, il fit des découvertes dans ces différentes parties des mathématiques. De retour en Danemarck, il devint mathématicien du roi *Chriftiern V*, & profeffeur d'aftronomie avec des appointemens confidérables. Ce prince le chargea auffi de perfectionner la monnoie & l'architecture, de régler les poids & les mefures, & de mefurer les grands chemins dans toute l'étendue du Danemarck. *Roëmer* s'acquitta de ces commiffions avec autant d'intelligence que de zèle. Ses fervices lui méritérent les places de confeiller de la chancellerie, & d'affeffeur du tribunal fuprême de la juftice. Enfin il devint bourguemeftre de Copenhague, & confeiller - d'état fous le roi *Fréderic IV*. Pierre Horrebow fon difciple, & profeffeur d'aftronomie à Copenhague, y fit

H iv

imprimer en 1735, in-4°, diverses *Observations* de *Roëmer*, avec la *Méthode d'observer* du même, sous le titre de *Basis Astronomiæ*. *Roëmer* mourut en 1710, avec une réputation étendue.

ROGAT, (*Rogatus*,) évêque Donatiste d'Afrique, se fit chef d'un nouveau parti dans la Mauritanie Césarienne, aujourd'hui le royaume d'Alger, vers l'an 372. Il donna à ceux qui le suivirent le nom de *Rogatistes*. Ils étoient autant opposés aux autres Donatistes, qu'aux Catholiques; & les Donatistes n'avoient pas moins de haine contre eux, que contre les Catholiques même. Ils les firent persécuter par *Firmus Maurus*, roi de Mauritanie. L'évêque de Césarée, qui étoit Rogatiste, lui livra lui-même sa ville. On a accusé *Rogat* d'avoir suivi les sentimens particuliers de *Donat* de Carthage, touchant l'inégalité des trois Personnes Divines. Sa secte dura quelque tems en Afrique, & il eut pour successeur *Vincent Victor*.

ROGER, 1er roi de Sicile, né l'an 1097, étoit petit-fils de *Tancrède* de *Hauteville* en Normandie. Le comte *Roger* son pere le laissa en mourant sous la tutelle d'*Adelaide* sa mere. Dès que ce prince fut en âge de gouverner son état, il ne songea plus qu'à étendre les bornes du comté de Sicile dont il avoit hérité de son pere. Il s'empara de la Pouille, après la mort du duc *Guillaume* son oncle. Le pape *Honoré II*, effrayé de ses progrès, tenta de l'arrêter par les armes & par les excommunications. *Roger* dissipa les troupes qu'on lui opposoit, contraignit le pape à lui donner l'investiture de la Pouille, de la Calabre & de Naples, & *Robert* comte de Capoue à se reconnoître son vassal. L'an 1130,

il embrassa le parti de l'anti-pape *Anaclet*; & celui-ci, en reconnoissance, lui accorda le titre de roi de Sicile avec la suzeraineté sur la principauté de Capoue & le duché de Naples. Les princes ses voisins appellérent à leur secours l'empereur *Lothaire*, qui enleva à ce nouveau roi une partie de ses conquêtes; mais à peine eut-il repris le chemin de l'Allemagne, que *Roger* s'en ressaisit avec la même facilité qu'elles lui avoient été ôtées. Il fit prisonnier *Innocent II* avec toute sa suite; & ce pape n'obtint sa liberté, qu'en accordant au roi & à ses descendans le royaume de Sicile, le duché de Pouille & la principauté de Capoue, comme fiefs-liges du saint-siége. L'an 1146, il tourna ses armes contre *Manuel*, empereur des Grecs, prit Corfou, pilla Cephalonie, le Négrepont, Corinthe, Athènes, s'avança jusqu'aux faubourgs de Constantinople, & revint chargé d'un immense butin. Ces expéditions furent suivies de la prise de Tripoli, & d'autres places sur les côtes d'Afrique, & de la défaite d'une partie de la flotte de l'empereur Grec. Enfin, après avoir assûré la paix dans ses états, s'être fait respecter de ses sujets & craindre des ennemis, ce prince illustre mourut l'an 1154, âgé de 58 ans. Il avoit fait graver ce vers sur son épée:

Appulus & Calaber, Siculus mihi
　servit & Afer.

ROHAN, (Anne & Catherine de) *Voyez* PARTHENAY.

I. ROHAN, (Pierre de) chevalier de Gié & maréchal de France, plus connu sous le nom de *Maréchal de Gié*, étoit fils de *Louis* de *Rohan*, d'une des plus anciennes & des plus illustres maisons du royaume, originaire de Bretagne. *Louis XI* récompenſa ſa valeur par le bâton de maréchal de France en 1475. Il fut un des 4 ſeigneurs qui gouvernèrent l'état pendant la maladie de ce prince à Chinon, en 1484. Deux ans après il s'oppoſa aux entrepriſes de l'archiduc d'Autriche ſur la Picardie. Il commanda l'avant-garde à la bataille de Fornoue en 1495, où il ſe ſignala. Sa faveur ſe ſoutint ſous *Louis XII*, qui le fit chef de ſon conſeil, & général de ſon armée en Italie. La reine *Anne de Bretagne* le perdit dans l'eſprit de ce prince. Le maréchal lui avoit déplu, en faiſant arrêter ſes équipages qu'elle vouloit renvoyer à Nantes, pendant une maladie dangereuſe dont le roi fut attaqué. Cette princeſſe engagea ſon époux à lui faire faire ſon procès par le parlement de Toulouſe, qui paſſoit alors pour le plus ſévére du royaume. Quelques efforts que fît cette femme vindicative pour faire flétrir *Rohan*, il ne fut condamné qu'à un exil de la cour & à une privation des fonctions de ſa charge pendant 5 ans. Cette affaire ne fit honneur, ni au roi, ni à la reine : on blâma *Anne* de s'être acharnée à perdre un homme de bien, & *Louis XII* de s'être prêté au reſſentiment de cette princeſſe. *Rohan* mourut en 1513, entièrement déſabuſé des grands & de la grandeur.

II. ROHAN, (Henri duc de) pair de France, prince de Léon, naquit au château de Blein en Bretagne l'an 1579. *Henri IV*, ſous les yeux duquel il donna des marques diſtinguées de bravoure au ſiége d'Amiens à l'âge de 16 ans, l'aima avec tendreſſe. Après la mort de ce monarque il devint chef des Calviniſtes en France, & chef auſſi redoutable par ſon génie que par

ſon épée. Il ſoutint, au nom de ce parti, trois guerres contre *Louis XIII*. La 1re, terminée à l'avantage des Proteſtans, s'alluma lorſque ce prince voulut rétablir la religion Romaine dans le Béarn ; la 2e, à l'occaſion du blocus que le cardinal de *Richelieu* mit devant la Rochelle ; & la 3e, lorſque cette place fut aſſiégée pour la ſeconde fois. On ſait les événemens de cette guerre ; la Rochelle ſe rendit : (*Voyez* les art. de LOUIS XIII & de PLESSIS-RICHELIEU.) Le duc de *Rohan*, s'appercevant, après la priſe de cette place, que les villes de ſon parti cherchoient à faire des accommodemens avec la cour, réuſſit à leur procurer une paix générale en 1629, à des conditions plus avantageuſes. Le ſeul ſacrifice un peu conſidérable que les Huguenots furent obligés de faire, fut celui de leurs fortifications ; ce qui les mit hors d'état de recommencer la guerre. Quelques eſprits chagrins, mécontens de voir tomber leurs forte

reſſes, accuſérent leur général de les avoir vendus. Ce grand-homme, indigné d'une ſi odieuſe ingratitude, préſenta ſa poitrine à ces enragés, en diſant : *Frapez, frapez ; je veux bien mourir de votre main, après avoir hazardé ma vie pour votre ſervice*. La paix de 1629 ayant éteint le feu de la guerre civile, le duc de *Rohan*, inutile à ſon parti & déſagréable à la cour, ſe retira à Veniſe. Cette république le choiſit pour ſon généraliſſime contre les Impériaux. *Louis XIII* l'enleva aux Vénitiens pour l'envoyer ambaſſadeur en Suiſſe & chez les Griſons. Il vouloit aider ces peuples à faire entrer ſous leur obéiſſance la Valteline, dont les Eſpagnols & les Impériaux ſoutenoient la révolte. *Rohan*, déclaré général. des Grisons par les trois Ligues, vint à bout par plusieurs victoires de chasser entièrement les troupes Allemandes & Espagnoles de la Valteline, en 1633. La France ne paroissant pas devoir retirer ses troupes, les Grisons se soulevérent; & le duc de *Rohan*, mécontent de la cour, fit un traité particulier avec eux en 1637. Ce héros, craignant le ressentiment du cardinal de *Richelieu*, se retira à Genève, d'où il alla joindre le duc de *Saxe-Weimar*, son ami, qui voulut lui donner le commandement de son armée, prête à combattre celle des Impériaux près de Rheinfeld. Le duc de *Rohan* refusa cet honneur, & s'étant mis à la tête du régiment de Nassau, il enfonça les ennemis; mais il fut blessé le 28 Février 1638, & mourut de ses blessures le 13 Avril suivant, dans sa 59ᵉ année. Il fut enterré le 27 Mai dans l'église de St Pierre de Genève, où on lui a dressé un magnifique tombeau de marbre, avec une épitaphe qui comprend les plus belles actions de sa vie. Sa femme, *Marguerite* de *Bethune*, fille du grand *Sully*, qu'il avoit épousée en 1605, étoit Protestante comme lui, & se rendit célèbre par son courage. Elle défendit Castres contre le maréchal de *Thémines* en 1625, & partagea les fatigues d'un époux dont elle captiva tous les sentimens. Elle mourut à Paris le 22 Octobre 1660. Le duc de *Rohan* fut un des plus grands capitaines de son siécle; comparable aux princes d'*Orange*, capable comme eux de fonder une république; plus zèlé qu'eux encore pour sa religion, ou du moins paroissant l'être; homme vigilant, infatigable, ne se permettant aucun des plaisirs qui détournent des affaires, & fait pour être chef de

parti : poste toujours glissant, où l'on a également à craindre ses ennemis & ses amis. C'est ainsi que le peint M. de *Voltaire*, qui a fait ces vers heureux sur cet homme illustre :

Avec tous les talens le Ciel l'avoit
  fait naître :
Il agit en héros ; en sage il écri-
  vit.
Il fut même grand-homme en com-
  battant son Maître,
Et plus grand lorsqu'il le servit.

Les qualités militaires étoient relevées en lui par une douceur extrême dans le caractére, par des manières affables & gracieuses, par une générosité qui a peu d'exemples. On ne remarquoit en lui ni ambition, ni hauteur, ni vue d'intérêt; il avoit coutume de dire que *la gloire & l'amour du bien public ne campent jamais où l'intérêt particulier commande.* Le duc de *Rohan* avoit eu dessein d'acheter l'isle de Chypre, pour y introduire les familles Protestantes de France & d'Allemagne. Le grand-Seigneur devoit la lui céder moyennant 200,000 écus, & un tribut annuel de 60,000 liv. ; mais la mort du patriarche *Cyrille*, auquel il avoit confié cette affaire, la fit échouer. Nous avons de ce grand capitaine plusieurs ouvrages intéressans : I. *Les Intérêts des Princes*, livre imprimé à Cologne en 1666, in-12, dans lequel il approfondit les intérêts publics de toutes les cours de l'Europe. II. *Le Parfait Capitaine*, ou l'*Abrégé des guerres des Commentaires* de *César*, in-12. Il fait voir que la Tactique des anciens peut fournir beaucoup de lumières pour la Tactique des modernes. III. Un *Traité de la corruption de la Milice ancienne.* IV. Un *Traité du Gou-*

vernement des Treize Cantons. V. Des
Mémoires, dont les plus amples
éditions font en 2 vol. in-12. Ils
contiennent ce qui s'eft paffé en
France depuis 1610 jufqu'en 1629.
VI. Recueil de quelques Difcours politiques fur les affaires d'Etat, depuis 1612 jufqu'en 1629, in-8°,
à Paris, 1644 - 1693 - 1755 ; avec
les Mémoires & Lettres de Henri
Duc de Rohan, fur la guerre de la
Valteline, 3 vol. in-12, à Genève,
(Paris) 1757. C'eft la 1ʳᵉ édition
qu'on ait donnée de ces curieux
Mémoires. On en eft redevable
aux foins de M. le baron de Zur-
lauben, qui les a tirés de différens
manufcrits authentiques. Il a orné
cette édition de notes géographiques, hiftoriques & généalogiques ; & d'une Préface, qui contient une Vie abrégée, mais intéreffante du duc de Rohan, auteur
des Mémoires. Nous avons la Vie
du même duc, compofée par l'abbé Pérau. Elle occupe les tomes
XXI & XXII de l'Hiftoire des Hommes Illuftres de France. Quelque
ennui que doivent caufer des détails de guerres finies depuis plus
de 140 ans, les Mémoires du duc
de Rohan font encore quelque plaifir. Il narre agréablement, avec
affez de précifion, & d'un ton qui
lui concilie la croyance de fon
lecteur. III. ROHAN, (Benjamin de)
feigneur de Soubife, frere du précédent, porta les armes en Hollande fous le prince Maurice de
Naffau, & foutint le fiége de St-
Jean d'Angeli, en 1621, contre
l'armée que Louis XIII commandoit en perfonne. Cette place fe
rendit. Rohan promit d'être fidèle,
& il reprit les armes 6 mois après.
Il s'empara de tout le bas Poitou
en 1622, & après différens fuccès
il fut chaffé en 1626 de l'ifle de

Rhé, dont il s'étoit emparé, enfuite de celle d'Oleron, & fut contraint de fe retirer en Angleterre.
Il négocia avec chaleur, pour obtenir des fecours aux Rochellois ;
& lorfque malgré ces fecours cette
ville eut été foumife, il ne voulut pas revenir en France. Il fe
fixa en Angleterre, où il mourut
fans poftérité en 1641. Rohan n'a-
voit ni la bravoure, ni la probité
de fon frere ; il donna quelques
preuves de lâcheté, & ne fe fit
pas un fcrupule de violer fa foi
dans plufieurs occafions.
ROHAN, (Marie de) ducheffe
de Chevreufe, Voy. CHEVREUSE.
IV. ROHAN, (Marie-Eléonore
de) fille de Hercule de Rohan-Gué-
mené, duc de Montbazon, prit
l'habit de religieufe de l'ordre de
St Benoît dans le couvent de Montargis, en 1645. Elle devint enfuite abbeffe de la Trinité de Caen,
puis de Malnoue près de Paris. Les
religieufes du monaftére de St Jofeph, à Paris, ayant adopté en
1669 l'office & la règle de St Benoît, madᵉ de Rohan fe chargea de
la conduite de cette maifon. Elle
y donna des Conftitutions, qui font
un excellent Commentaire de la
Règle de St Benoît. Cette illuftre
abbeffe mourut dans ce monaftére
en 1681, à 53 ans. La religion,
la droite raifon, la douceur, formoient fon caractére. On a d'elle
quelques ouvrages eftimables. Les
principaux font : I. La Morale du
Sage, in-12 ; c'eft une paraphrafe
des Proverbes, de l'Eccléfiaftique
& de la Sageffe. II. Paraphrafe des
Pfeaumes de la Pénitence, imprimée
plufieurs fois avec l'ouvrage précédent. III. Plufieurs Exhortations
aux vêtures & aux proceffions des
filles qu'elle recevoit. IV. Des
Portraits, écrits avec affez de délicateffe.

V. ROHAN, (Armand-Gaston de) né en 1674, docteur de Sorbonne, évêque de Strasbourg, obtint le chapeau de cardinal en 1712. Il fut ensuite grand-aumônier de France en 1713, commandeur de l'ordre du St-Esprit, & proviseur de Sorbonne. Il eut part à toutes les affaires ecclésiastiques de son tems, & fit paroître beaucoup de zèle pour la bulle *Unigenitus*. L'académie Françoise & celle des Sciences se l'associérent, & le perdirent en 1749. C'étoit un prélat magnifique, & il ne se signala pas moins, par sa générosité que par la douceur de son caractére, par son affabilité, & par les autres qualités qui rendent les hommes aimables dans la société. On a sous son nom des *Lettres*, des *Mandemens*, des *Instructions Pastorales*, & le *Rituel* de Strasbourg... *Armand* de ROHAN, son neveu, né en 1717, connu sous le nom d'*Abbé de Ventadour* & de *Cardinal de Soubise*, fut prieur de Sorbonne, recteur de l'université de Paris, à laquelle il fit révoquer l'appel de la bulle *Unigenitus*, docteur de la maison & société de Sorbonne, évêque de Strasbourg, abbé de la Chaise-Dieu, grand-aumônier de France, cardinal, commandeur des ordres du roi, & l'un des *Quarante* de l'académie Françoise. Il mourut à Saverne en 1756, après s'être distingué par son luxe & sa magnificence.

ROHAN, (le chevalier *Louis* de) *Voyez* TRUAUMONT.

ROHAULT, (Jacques) né en 1620 d'un marchand d'Amiens, fut envoyé à Paris pour y faire sa philosophie. Son esprit pénétra tous les systèmes des philosophes anciens & modernes; mais il s'attacha sur-tout à ceux de *Descartes. Clerselier*, partisan de ce phi-

losophe, fut si enchanté de lui avoir trouvé un défenseur dans *Rohault*, qu'il lui donna sa fille en mariage. Il l'engagea à lire tous les ouvrages de *Descartes*, & à les enrichir de ses réflexions. Ce travail produisit la *Physique* que nous avons de lui, & qu'il enseigna 10 ou 12 ans à Paris avant que de la donner au public. Ce philosophe mourut en 1675, à 55 ans. *Rohault* étoit tout à lui-même & à ses livres. Il ne sépara jamais la philosophie de la religion, & concilia l'une & l'autre dans ses écrits & dans ses mœurs. Ses principaux ouvr. sont: I. Un *Traité de Physique*, in-4°. ou 2 vol. in-12. II. Des *Elémens de Mathématiques*. III. Un *Traité de Méchanique*, dans ses *Œuvres posthumes*, 2 vol. in-12. IV. Des *Entretiens sur la Philosophie*, & d'autres ouvrages qui ont été fort utiles autrefois.

ROLLE, (Michel) né à Ambert en Auvergne l'an 1652, mourut à Paris en 1719. Son inclination pour les mathématiques l'attira dans cette ville. Il fréquenta les maîtres dans cette science, & le devint bientôt lui-même. Ces maîtres voulurent l'avoir pour compagnon, & l'aggrégérent dans leur corps, l'académie des Sciences. Son mérite, sa conduite paisible & régulière, la douceur de sa société & sa probité exacte, furent ses seuls solliciteurs. Il a laissé un *Traité d'Algèbre*, 1690, in-4°, qui mérita l'attention des mathématiciens; & une *Méthode* pour résoudre les questions indéterminées de l'Algèbre, 1699.

ROLLENHAGUEN, Allemand, né en 1542, mort en 1609, est auteur d'un Poëme épique, intitulé *Froschmaußer*, dans le goût de la *Batrachomyomachie* d'Homére. Ce poëme, estimé des Allemands , feroit difficilement goûté des autres nations. On a encore de lui des *Comédies* , des *Tragédies* , &c.

ROLLI, (Paul) né à Rome en 1687 d'un architecte, fut disciple du célèbre *Gravina*, qui lui inspira le goût des lettres & de la poésie. Un savant seigneur Anglois (le lord *Sembuck*) l'ayant emmené à Londres , l'attacha à la famille royale, en qualité de maître de langue Toscane. *Rolli* demeura en Angleterre jusqu'à la mort de la reine *Caroline*, sa protectrice, & celle des lettres. Il revint l'an 1747 en Italie, & mourut en 1767, laissant un cabinet très-curieux , & une bibliothèque riche & bien choisie. Ses principales productions poëtiques virent le jour à Londres en 1735, in-8°. Ce font des *Odes* non rimées, des *Elégies* , des *Chansons*, & des *Hendeca-syllabes* dans la manière de *Catulle*, qu'on estime beaucoup. On a encore de lui un recueil d'*Epigrammes*, imprimées à Florence en 1776, in-8°, & précédées de sa Vie par l'abbé *Fondini*. On peut dire de ce recueil ce que *Martial* disoit du sien : peu de bon, & beaucoup de médiocre ou de mauvais. *Rolli* passe cependant pour un des bons poëtes Italiens de ce siécle. Pendant le séjour de cet écrivain à Londres, il procura dans cette ville des *Editions* de quelques auteurs de son pays. Les principales font, celle des Satyres de l'*Ariofte*; des Œuvres burlesques du *Berni* , du *Varchi*, &c. 2 vol. in-8°, estimées; du *Décaméron* de *Bocace*, 1725 , in-4° & in-fol. dans laquelle il a exactement copié la fameuse & précieuse édition donnée par les *Juntes* en 1527; & enfin du beau *Lucrèce de Marchetti*, qui, après avoir couru manuscrit, fut imprimé à Londres, in-8°, en 1717, par les soins de *Rolli*. Cette

édition est belle ; mais elle passe pour dangereuse. On a encore de lui le *Paradis perdu* de *Milton* en vers Italiens, Londres 1735, in-fol. & les Odes d'*Anacréon* , aussi en vers Italiens, Londres, 1739, in-8°.

ROLLIN, (Charles) né à Paris en 1661, d'un coutelier, fut reçu maître dès son enfance. Un Bénédictin des Blancs-Manteaux, dont il servoit la messe, ayant reconnu dans ce jeune-homme des dispositions heureuses, lui obtint une bourse pour faire ses études au collège du Plessis. *Charles Gobinet* en étoit alors principal ; il devint le protecteur de *Rollin*, qui fut gagner l'amitié de son bienfaiteur par son caractére, & son estime par ses talens. Après avoir fait ses humanités & sa philosophie au collège du Plessis, il fit 3 années de théologie en Sorbonne ; mais il ne poussa pas plus loin cette étude, & il n'a jamais été que tonsuré. Le célèbre *Herfan*, son professeur d'humanités, lui destinoit sa place. *Rollin* lui succéda effectivement en seconde en 1683, en rhétorique en 1687, & à la chaire d'éloquence au collège-royal en 1688. A la fin de 1694, il fut fait recteur : place qu'on lui laissa pendant 2 ans pour honorer son mérite. L'université prit une nouvelle face: *Rollin* y ranima l'étude du Grec ; il substitua les exercices académiques aux tragédies; il introduisit l'usage, toujours observé depuis, de faire apprendre par cœur l'Ecriture-sainte aux écoliers. L'abbé *Vittement*, coadjuteur de la principalité du collège de Beauvais, ayant été appellé à la cour, fit donner cette place à *Rollin*, qui gouverna ce collège jusqu'en 1712. Ce fut dans cette année qu'il se retira, pour se consacrer à la composition des ouvrages qui ont illustré sa mémoire. L'université le choisit une seconde fois pour recteur en 1720. L'académie des belles-lettres le possédoit depuis 1701. Ces deux compagnies le perdirent en 1741, à 80 ans. On a orné son portrait de ces quatre vers :

A cet air vif & doux , à ce sage
*   maintien ,*
Sans peine de Rollin *on reconnoît*
*   l'image :*
Mais , crois-moi , cher Lecteur , mé-
*   dite son ouvrage ,*
Pour connoître son cœur & pour for-
*   mer le tien.*

Rollin étoit principalement estimable par la douceur de son caractère, par sa modération, par sa candeur, par la simplicité de son ame. Au lieu de rougir de sa naissance, il étoit le premier à en parler. *C'est de l'antre des Cyclopes*, disoit-il dans une Epigramme latine à un de ses amis, en lui envoyant un couteau, *que j'ai pris mon vol vers le Parnasse.* Ce n'est pas qu'il n'eût en même tems une sorte de vanité, sur-tout par rapport à ses ouvrages, dont les éloges emphatiques de ses partisans lui avoient donné une haute opinion. Il disoit naïvement ce qu'il en pensoit ; & ses jugemens, quoique trop favorables, étoient moins l'effet de la présomption, que de la franchise de son caractère. C'étoit un de ces hommes qui sont vains sans orgueil. Rollin parloit bien ; mais il avoit plus de facilité d'écrire que de parler, & on trouvoit plus de plaisir à le lire qu'à l'entendre. Son nom passa dans tous les pays de l'Europe. Plusieurs princes cherchèrent à avoir des relations avec lui. Le duc de *Cumberland*, & le prince royal (aujourd'hui roi de Prusse.,)

étoient au rang de ses admirateurs. Ce monarque l'honora de plusieurs lettres, dans l'une desquelles il lui disoit : *Des hommes tels que vous marchent à côté des Souverains.* Quant au mérite littéraire de cet auteur, on l'a trop exalté de son tems, & on le déprécie trop aujourd'hui. Peut-être que, si l'on n'en avoit pas fait un colosse, nos philosophes d'à-présent seroient portés à le trouver moins petit. Nous jugerons cet écrivain, en jugeant ses ouvrages d'après des personnes impartiales. Les principaux sont : I. Une *Edition de Quintilien*, en 2 vol. in-12, à l'usage des écoles, avec des notes, & une préface très-instructive sur l'utilité de ce livre, tant pour former l'orateur que l'honnête-homme. L'éditeur a eu attention de retrancher de son ouvrage quantité d'endroits qu'il a trouvés obscurs & inutiles. II. *Traité de la manière d'enseigner & d'étudier les Belles-Lettres par rapport à l'esprit & au cœur*, en 4 vol. in-12, plusieurs fois réimprimé. Cet ouvrage est recommandable par les sentimens de religion qu'il respire, par le zèle du bien public, par le choix des plus beaux traits des écrivains Grecs & Latins, par la noblesse & l'élégance du style ; mais il y a peu d'ordre, peu de profondeur, peu de finesse. Après qu'on a lu un certain nombre de pages, tout vous échappe. On sait seulem. que l'auteur a dit des choses communes avec agrément, & a parlé en orateur sur des matières qui demandoient à être traitées en philosophe. On ne peut presque rien réduire en principes. Connoit-on bien, par exemple, les trois genres d'éloquence, le simple, le tempéré, le sublime ; lorsqu'on a lu que l'*un ressemble à une table frugale*, l'autre *à une belle rivière bor-*

ále de vertes forêts, le 3ᵉ à un foudre & à un fleuve impétueux qui renverſe tout ce qui lui réſiſte? (Voyez
GIBERT.) III. L'*Hiſtoire ancienne
des Egyptiens, des Carthaginois, des
Aſſyriens, des Babyloniens*, &c. en
13 vol. in-12, publiée depuis 1730
juſqu'en 1738. Il y a des morceaux
très - bien traités dans cet ouvrage. C'eſt toujours le même
goût pour le bien public, & le
même amour pour la vertu ; mais
on s'eſt plaint que la chronologie
n'eſt ni exacte, ni ſuivie ; qu'il y
a beaucoup d'inexactitudes dans
les faits ; que l'auteur n'a pas aſſez examiné les exagérations des
anciens hiſtoriens ; que les récits
les plus graves ſont ſouvent in-
terrompus par des minuties ; que
ſon ſtyle n'eſt pas égal, & cette inégalité vient de ce que l'auteur a emprunté de nos écrivains modernes
des 40 & 50 pages de ſuite. Rien
de plus noble & de plus épuré que
ſes réflexions ; mais elles ſont répandues avec trop peu d'économie, & n'ont point ce tour vif &
laconique, qui les fait lire avec
tant de plaiſir dans les hiſtoriens
de l'antiquité. On apperçoit auſſi
beaucoup de négligences dans la
diction, par rapport à l'uſage gram-
matical & au diſcernement des expreſſions, qu'il ne choiſiſſoit pas
toujours avec aſſez de goût, quoiqu'en général il écrivît bien. IV.
L'*Hiſtoire Romaine depuis la fondation de Rome juſqu'à la bataille d'Actium.* La mort l'empêcha d'achever
cet ouvrage, que M. *Crevier*, ſon
diſciple, a continué depuis le 9ᵉ
volume. L'*Hiſtoire Romaine* eut
moins de ſuccès que l'*Hiſtoire ancienne.* On trouva que c'étoit plutôt un Diſcours moral & hiſtorique, qu'une Hiſtoire en forme.
L'auteur ne fait qu'indiquer pluſieurs événemens conſidérables ;

tandis qu'il s'étend avec une ſorte
de prolixité ſur ceux qui lui four-
niſſent un champ libre pour mo-
raliſer. Le plus grand avantage de
ce livre, eſt qu'on y trouve les
plus beaux morceaux de *Tite-Live*,
rendus aſſez élégamment en françois. V. La *Traduction* latine de pluſ.
Ecrits théologiques ſur les querelles du tems. L'auteur étoit un des
plus zèlés partiſans du diacre *Paris*;
& avant la clôture du cimetière
de St Médard, on avoit vu ſouvent cet homme illuſtre prier à
genoux au pied de ſon tombeau :
c'eſt ce qu'il avoue lui-même dans
ſes Lettres. VI. *Opuſcules, contenant
diverſes Lettres*, ſes *Harangues, Diſcours, Complimens*, &c. Paris 1771,
2 vol. in-12. Ce recueil eſt précieux, par les bonnes pièces qu'il
renferme, & par l'idée avantageuſe qu'on y prend de la ſolide probité, de la ſaine raiſon & du zèle
de l'auteur pour les progrès de
la vertu & pour la conſervation
du goût. L'abbé *Tailhié* a donné
un Abrégé de l'*Hiſtoire ancienne*,
imprimée avec des figures à Lau-
ſanne & à Genève, en 5 vol. in-
12. L'*Hiſtoire ancienne*, l'*Hiſtoire
Romaine*, & le *Traité des Etudes*,
ont été réimprimés in - 4°. Ces
trois ouvrages forment enſemble
16 vol., dont 2 pour le *Traité des
études*, 6 pour l'*Hiſt. ancienne*, &
8 pour l'*Hiſt. Rom.* C'eſt la plus
belle édition.

ROLLON, RAOUL ou HA-
ROUL, 1ᵉʳ duc de Normandie, étoit
un des principaux chefs de ces
Danois ou Normands qui firent
tant de courſes & de ravages en
France dans les ixᵉ & xᵉ ſiécles.
Le roi *Charles* le Simple, pour
avoir la paix avec eux, conclut
à St Clair-ſur-Epté, en 912, un
traité, par lequel il donna à *Rollon* leur chef, ſa fille *Giſle* ou *Gi-*

felle en mariage, avec la partie de la Neuftrie, appellée depuis de leur nom Normandie, à condition qu'il en feroit hommage ; & qu'il embrafferoit la religion Chrétienne. *Rollon* y confentit, fut baptifé, & prit le nom de *Robert*, parcequ, dans la cérémonie, *Robert* duc de France & de Paris lui fervit de parrein. Mais lorfqu'il fallut rendre l'hommage, dont une des formalités étoit de baifer le pied du roi, le fier *Rollon* dédaigna de le faire en perfonne. L'officier qui le fit pour lui, leva fi haut le pied du monarque, qu'il le fit tomber en arriére. La France étoit alors dans une fi trifte fituation, qu'on feignit de prendre cette infolence pour une mal-adreffe, dont il ne falloit que rire. Le nouveau duc de Normandie montra autant d'équité fur le trône, qu'il avoit fait éclater de courage dans les combats. Son nom feul prononcé faifoit la loi, & obligeoit de fe préfenter devant les juges. C'eft l'origine du fameux cri de *Haro*, qui eft encore aujourd'hui en ufage dans la Normandie. On rapporte auffi à ce prince l'inftitution de l'*Echiquier*, ou Parlement ambulatoire, qui fut rendu fédentaire à Rouen l'an 1499. Epuifé de fatigue & d'années, *Rollon* abdiqua en 927 en faveur de *Guillaume* fon fils, & vécut encore 5 ans après, fuivant *Guillaume* de Jumiége. C'eft donc une erreur vifible dans *Ordric Vital*, de placer fa mort, comme il fait, en 917.

ROLLWINCK, (Wernerus de Laët), Chartreux de Cologne, mort en 1502 à 77 ans, eft auteur de *Chronica five Fafciculus temporum*, Lovanii 1476, in-fol. plus rare qu'utile.

ROMAGNESI, fils de *Cinthio* comédien Italien, & comédien lui

même, joüoit affez bien tous les rôles, & excelloit dans ceux d'*Ivrogne*, de *Suiffe* & d'*Allemand*. Il fut auteur en même tems qu'acteur. On a recueilli fes meilleures piéces en 2 vol. in-8°. 1774; & les autres fe trouvent dans le *Nouveau Théâtre Italien*. Comme il étoit né avec un efprit fin, plaifant & jufte, les premières offrent du vrai comique, & les autres des bouffonneries affez divertiffantes. Peut-être que, fi fes ouvrages étoient en plus petit nombre, ils feroient plus foignés. Il m. en 1742.

I. ROMAIN, (St) iffu de la race des rois de France, fut nommé à l'archevêché de Rouen en 626. Sa vertu & fa naiffance lui acquirent l'eftime des peuples. Il mourut en 639. L'églife de Rouen eft dans l'ufage de délivrer tous les ans un criminel le jour de l'Afcenfion. Ce droit, dont elle joüit de tems immémorial, eft fondé, dit-on, fur le privilège qui lui fut accordé par un de nos rois, en mémoire de ce que St *Romain* avoit délivré les environs de Rouen d'un horrible dragon, qui dévoroit les hommes & les beftiaux.

II. ROMAIN, pape après *Etienne VI* en 897, caffa la procédure de fon prédéceffeur contre *Formofe*, & mourut vers la fin de la même année où il avoit été élu. On a de lui une *Epitre*.

III. ROMAIN I, furnommé *Lecapène*, empereur d'Orient, né en Armenie d'une famille peu diftinguée, porta les armes avec fuccès & fauva la vie à l'empereur *Bafile* dans une bataille contre les Sarrafins. Ce fut-là l'origine de fa fortune. *Conftantin X* lui donna fa fille en mariage, & le déclara fon collègue à l'empire en 919. Bientôt *Romain* eut tout le pouvoir, & *Conftantin* n'eut que le fecond rang

rang. Né avec de grands talens, il cimenta la paix avec les Bulgares, tailla en piéces les Moscovites qui s'étoient jettés sur la Thrace, & obligea les Turcs à laisser l'empire en repos. A ces qualités guerrières il joignit l'humanité ; il [soulagea ses peuples, & dans un tems de disette il eut toujours quelques pauvres à sa table. *Romain* voulut rendre par son testament à *Constantin 'X* son beaupere le premier rang dont il l'avoit privé : *Etienne*, l'un des fils de *Romain*, fâché de cet arrangement, le fit arrêter & conduire dans un monastére, où il finit ses jours en 948.

IV. ROMAIN II, dit *le Jeune*, fils de *Constantin Porphyrogenète*, succéda en 959 à son pere, après l'avoir (dit-on) empoisonné. Il chassa du palais sa mere *Hélène*, & ses sœurs, qui furent obligées de se prostituer pour trouver de quoi vivre. Les Sarrasins menaçant de tous côtés l'empire, *Nicéphore Phocas*, grand capit. fut envoyé contre ceux de l'isle de Crète en 961, & il se seroit rendu maître de toute l'isle, s'il n'avoit été obligé d'aller descendre à Lep contre d'autres barbares de la même nation. Il les vainquit dans deux journées consécutives, tandis que le lâche *Romain* se livroit à des débauches dont il mourut en 963, après un règne de 3 ans & quelques mois.

V. ROMAIN III, surnommé *Argyre*, fils de *Léon* général des armées impériales, parvint à l'empire par son mariage avec *Zoé*, fille de *Constantin le Jeune*. Il commença de régner en Novembre 1028. Il déshonora le trône par son indolence, & vit tranquillement les Sarrasins s'emparer de la Syrie. *Zoé* profita de sa nonchâlance. Devenue amoureuse de *Mi-*

Tome VI.

chel trésorier de l'empire, elle résolut de lui mettre sur la tête la couronne impériale. Elle empoisonna *Romain*, & comme le poison étoit trop lent, elle le fit étrangler dans un bain en Avril 1034, après un règne de 5 ans & quelques mois.

VI. ROMAIN IV, dit *Diogènes*, étoit un des plus braves officiers & l'homme le mieux fait de l'empire. Il régna en 1068, après *Constantin Ducas*, qui laissa 3 fils sous la tutelle de l'impératrice *Eudoxie*. Cette princesse lui avoit promis de ne pas se remarier ; mais ne pouvant porter le double fardeau du trône & du veuvage, elle donna la main à *Romain IV*. Les Turcs faisoient des ravages sur les terres de l'empire ; il marcha contre eux & les vainquit. Mais en 1071 il tomba entre les mains d'*Asan*, chef des infidèles. Ce général lui ayant demandé comment il l'auroit traité s'il avoit été son prisonnier ? *Romain* lui répondit : *Je vous aurois fait percer de coups.*--*Je n'imiterai point*, repliqua Asan, *une cruauté si contraire à ce que J. C. votre législateur vous ordonne* ; & il le renvoya avec beaucoup d'honnêteté. A son retour à Constantinople, il fallut disputer son trône contre *Michel*, fils de *Constantin Ducas*, lequel avoit été reconnu empereur pendant sa captivité. On en vint aux armes : *Romain* fut vaincu & on lui creva les yeux. Il mourut des suites de ce supplice en Octobre 1071, après 3 ans & 8 mois de règne. *Romain* avoit le talent de gouverner & de combattre ; mais la fortune ne le favorisa point.

VII. ROMAIN, (Jules) peintre, dont le nom de famille étoit *Giulio Pippi*, né à Rome en 1492, étoit le disciple bien-aimé de *Raphael*, qui le fit son héritier. *Jules*

I

Romain fut long-tems occupé à peindre d'après les deſſins de ſon illuſtre maître, qu'il rendoit avec beaucoup de préciſion & d'élégance. Tant que *Jules* ne fut qu'imitateur, il ſe montra un peintre ſage, doux, gracieux ; mais ſe livrant tout-à-coup à l'eſſor de ſon génie, il étonna par la hardieſſe de ſon ſtyle, par ſon grand goût de deſſin, par le feu de ſes compoſitions, par la grandeur de ſes penſées poëtiques, par la fierté & le terrible de ſes expreſſions. On lui reproche d'avoir trop négligé l'étude de la nature, pour ſe livrer à celle de l'antique, de ne point entendre le jet des draperies ; de ne pas varier ſes airs de tête ; d'avoir un coloris qui donne dans la brique & dans le noir, ſans intelligence du clair-obſcur : mais aucun maître ne mit dans ſes tableaux plus d'eſprit, de génie & d'érudition. *Jules* étoit encore excellent architecte ; pluſieurs palais, qu'on admire dans l'Italie, furent élevés ſuivant les plans qu'il en donna. Ce célèbre artiſte fut fort occupé par le duc *Fréderic Gonzague* de Mantoue. Ce prince le combla de bienfaits ; & ſa protection lui fut très-utile contre les recherches qu'on faiſoit de lui, pour les xx *Deſſins* qu'il avoit compoſés d'un pareil nomb. d'*Eſtampes* très-diſſolues, que grava *Marc-Antoine*, & que *Pierre Aretin* accompagna de Sonnets non moins condamnables. Tout l'orage tomba ſur le graveur, qui fut mis en priſon, & qui auroit perdu la vie, ſans la protection du cardinal de *Médicis*. Les *Deſſins* que *Jules* a lavés au biſtre, ſont très-eſtimés ; on y remarque beaucoup de correction & d'eſprit. Il n'y a pas moins de liberté & de hardieſſe dans les traits qu'il faiſoit toujours à la plume, de fierté

& de nobleſſe dans ſes airs de tête ; mais il ne faut point rechercher, dans ſes deſſins, des contours coulans, ni des draperies riches & d'un bon goût. On a beaucoup gravé d'après ce grand maître. Il mourut à Mantoue en 1546.

ROMAIN DE HOOGUE, *Voyez* HOOGUE.

ROMAIN, (François) ou *le Frere Romain*, architecte : *Voyez* FRANÇOIS ROMAIN, n° xv.

ROMANELLI, (Jean-François) peintre, né à Viterbe en 1617, entra dans l'école de *Pietro* de *Cortone*. Les cardinaux *Barberin* & *Filomarino* le recommandérent à ſa Sainteté, qui l'employa à pluſieurs ouvrages conſidérables. *Romanelli* fut élu prince de l'académie de St Luc. Le cardinal *Barberin* ayant été obligé de ſe retirer en France, propoſa ce peintre au cardinal *Mazarin*, qui le fit auſſi-tôt venir, & lui donna occaſion de faire éclater ſes talens. Le roi le créa chevalier de St Michel, & lui fit de grands préſens. L'amour de ſa patrie & les ſollicitations de ſa famille avoient rappellé *Romanelli* deux fois à Viterbe, lieu de ſa naiſſance ; enfin il ſe préparoit à revenir dans ce royaume, lorſque la mort l'enleva à la fleur de ſon âge, en 1662. Ce peintre étoit d'une humeur enjouée. Le roi, la reine, & les principaux ſeigneurs de la cour l'honoroient quelquefois de leur préſence, autant pour l'entendre parler, que pour le voir peindre. Il étoit grand deſſinateur, bon coloriſte ; il avoit des penſées nobles & élevées, qu'il rendoit avec une touche facile ; ſes airs de tête ſont gracieux : il ne lui a manqué que plus de feu dans ſes compoſitions. Il a fait peu de tableaux de chevalet.

ROMBOUTS, (Théodore) peintre, né à Anvers en 1597, posſédoit très-bien la partie du coloris ; mais trop prévenu en ſa faveur, il oppoſa toujours ſes ouvrages à ceux du célèbre *Rubens,* ſon contemporain & ſon compatriote. Ce parallèle, qu'il auroit dû prudemment éviter, aggrandit, en quelque ſorte, les défauts, & diminua les beautés de ſes tableaux. Après avoir peint des ſujets graves & majeſtueux, il ſe délaſſoit à repréſenter des aſſemblées de charlatans, de buveurs, de muſiciens, &c. On a peu gravé d'après lui. Il mourut à Anvers en 1637.

ROME, (Eſprit-Jean de) fleur d'*Ardène*, né à Marſeille en 1687, fit ſes premiéres études à Nanci, & enſuite dans une terre proche de Lyon, où ſes parens s'étoient retirés. De retour en Provence, il ſe maria en 1711. S'étant rendu à Paris quelque tems après, il y forma des liaiſons avec pluſieurs écrivains de la capitale ; *Fontenelle*, *Racine*, *Danchet*, *Dubos*. Après avoir fait un aſſez long ſéjour dans cette patrie des ſciences & du bon goût, il ſe retira à Marſeille, où il mourut en 1748. M. *Guis* lui fit une épitaphe honorable : *Les Graces,* y diſoit-il, *formérent ſon génie ; la Sageſſe forma ſon cœur.* Sa phyſionomie annonçoit de l'eſprit & de la douceur, & ſembloit répondre de ſa probité. Naturellement ſérieux, il parloit peu & ne s'ouvroit qu'à ſes amis ; mais quand il ſe répandoit dans leur ſein, rien n'égaloit les charmes de ſa converſation. On a publié, en 1767, ſes *Œuvres poſthumes*, en 4 vol. petit in-12, parmi leſquelles on doit diſtinguer ſes *Fables*, & le Diſcours judicieux dont il les a accompagnées. S'il n'a pas la naïve-

té de *la Fontaine*, on ne peut lui refuſer beaucoup d'aménité, des images riantes, un goût de philoſophie champêtre, & des tableaux agréables de la nature. On trouve encore dans ce recueil des *Diſcours* & des *Odes*, qui furent couronnés par diverſes académies. Il étoit membre de celle de Marſeille. La plùpart des autres piéces de ce recueil, auroient pu reſter dans le porte-feuille de l'éditeur.

ROMILLON, (Elizabeth) de Lille au Comtat Venaiſſin, perdit ſon mari & ſes enfans dans un âge peu avancé. Il ne lui reſta de ſon mariage qu'une fille, nommée *Françoiſe*, née en 1573, qui ſe joignit à elle pour établir des religieuſes, ſous la règle du Tiers-Ordre de *St François*. Elle mourut en 1619, ſans avoir eu la conſolation de voir perfectionner cet établiſſement. Sa fille, *Françoiſe de Barthelier*, y mit la derniére main. Elle donna des Conſtitutions à ſes Filles, & les nomma *Religieuſes de Ste Eliſabeth*. Après avoir fondé pluſieurs couvens de cet ordre, elle retourna à celui de Paris, où elle mourut en odeur de ſainteté. l'an 1645.

ROMUALD, (St) fondateur & premier abbé de l'ordre des Camaldules, naquit à Ravenne vers 952, d'une famille ducale. Séduit par les attraits de la volupté, il ſe livra à tous les charmes trompeurs du monde. La grace le toucha enfin, & il ſe renferma dans un monaſtère, dont les moines peu réguliers, gênés par ſa vertu, voulurent le précipiter du haut d'une terraſſe. Il fut obligé de ſe retirer auprès d'un hermite, nommé *Marin*, qui demeuroit aux environs de Veniſe. Ce ſolitaire récitoit tous les jours le Pſeautier,

& comme *Romuald* favoit à peine lire, *Marin* lui donnoit des coups de baguette fur la tête, du côté gauche. Le jeune folitaire, après l'avoir long-tems fouffert, lui dit enfin *de le´ frapper du côté droit*, *parce qu'il n'entendoit prefque plus de l'oreille gauche*. Le vieillard admira fa patience, & le traita avec plus de douceur. *Romuald* bâtit plufieurs monaftéres, &-envoya des religieux prêcher l'Evangile aux-Infidèles de Hongrie. Il partit lui-même pour cette miffion ; mais il fut arrêté en chemin par une langueur, qui l'empêcha d'aller plus ·loin. *St·Romuald* fonda, l'an 1012, le monaftére de Camaldoli en Tofcane : c'oft de-là que fon ordre a pris le nom de Camaldule. Le faint fondateur rendit fon ame à Dieu en 1027, à 75 ans, près de Val-de-Caftro. Ses vertus lui avoient acquis une grande confidération. L'empereur *Henri II* l'appella à fa cour en 1022; mais le pieux ·folitaire, après lui avoir donné de fages confeils, retourna dans fa chére retraite.

ROMULUS, fondateur & 1ᵉʳ roi de Rome, étoit frere de *Remus*, & fils de *Rhea Sylvia*, fille de *Numitor* roi d'Albe. Ce dernier prince ayant été détrôné par fon frere *Amulius*, fa fille fut mife au nombre des Veftales. On croyoit l'empêcher d'avoir dés enfans : mais elle fe trouva bientôt enceinte; & pour couvrir fon déshonneur, lorfqu'elle eut accouché de deux jumeaux, elle publia qu'ils étoient le fruit d'un commerce avec le Dieu *Mars*. *Amulius* les fit expofer fur le Tibre, où *Fauftule*, intendant des bergers du roi, les trouva, & les fit élever par *Laurentia* fon époufe. C'étoit une femme à qui fa lubricité avoit mérité le nom de *Louve*. De-là, la

fable qu'ils avoient été allaités par l'animal qui porte ce nom. Dès que les deux freres fe virent en état de combattre, ils raffemblérent des voleurs & des brigands, tuérent *Amulius*, & rétablirent *Numitor* dans le royaume d'Albe. *Romulus* fonda enfuite la ville de Rome, vers l'an 752 avant J. C. Comme fes fujets manquoient de femmes, il célébra une grande folemnité, pendant laquelle il fit enlever les filles des Sabins & de plufieurs autres peuples. Les nations voifines coururent aux armes pour fe venger de cette infulte ; mais elles furent vaincues & contraintes de faire la paix. *Romulus* établit enfuite un Sénat, fit de bonnes loix, & difparut en faifant la revue de fon armée, près du marais de Caprée, pendant un grand orage ; foit qu'il eût été tué par le tonnerre ; foit que les fénateurs, qui commençoient à haïr & à redouter fa puiffance, l'euffent mis à mort : c'étoit vers l'an 715 avant J. C. Le fondateur de Rome avoit fait faire le dénombrement de tous les citoyens de cette ville, quelque tems auparavant. Il ne s'y trouva que 3000 hommes de pied, & environ 300 cavaliers. Tel fut le berceau de l'empire Romain. Mais *Jacques Gronovius*, publia en 1684 une *Differtation*, dans laquelle il entreprend de prouver que l'origine de *Romulus*, fa naiffance, fon éducation & l'enlèvement des Sabines, ne font qu'un pur roman, inventé par un Grec nommé *Dioclès*. Cette opinion paroît affez vraifemblable. Les fables embelliffent, ou plutôt déshonorent toûjours les commencemens des empires ; & quoiqu'un hiftorien fage ne les croie pas, il eft obligé de les rapporter, parce qu'il eft jugé très-fouvent par les fots. *Romulus* eut les honneurs divins après fa mort. *Voyez* QUIRINUS.

RONDEL, (Jacques de) écrivain Proteftant, enseigna longtems les belles-lettres à Sedan, où il fe lia d'amitié avec le fameux *Bayle*, qui faifoit cas de fon favoir & de fa probité & qui lui adreffa fon projet du Dictionnaire. L'académie de cette ville ayant été détruite en 1681, il fe retira à Maftricht, où il fut profeffeur en belles-lettres, & où il mourut fort âgé, en 1715. On a de lui : I. Une *Vie d'Epicure*, Paris, 1679, in-12, qui fait honneur à fon érudition. II. Un *Difcours* fur le chapitre de *Théophrafte* qui traite *de la Superfition*, à Amfterdam 1685, in-12, &c. &c.

RONDELET, (Guillaume) né à Montpellier en 1507, y profeffa la médecine avec réputation. C'eft à fa follicitation que le roi fit bâtir le *Théâtre Anatomique* de fa patrie. Il s'appliquoit à l'anatomie avec tant d'ardeur, qu'il fit lui-même l'ouverture du corps d'un de fes enfans : opération digne d'un Cannibale ! Ce pere dénaturé mourut à Réalmont, dans l'Albigeois, en 1566, pour avoir trop mangé de figues. Il avoit l'efprit vif & pénétrant, & étoit très-appliqué. Il paffoit une partie de la nuit à lire & à écrire. On a de lui : I. Un *Traité des Poiffons*, en Latin 1554, 2 vol. in-fol. & en François 1558 in-fol. Ce n'eft qu'une compilation mal digérée. II. Plufieurs autres *Ouvrages de Médecine*, Genève 1628, in-8°. Ils ne répondent point à la réputation qu'il s'étoit acquife. C'eft lui que *Rabelais* a joué fous le nom de *Rondibilis*. Ce médecin étoit prodigue, & quoiqu'il eût des appointemens confidérables, il ne

laiffa guéres à fes héritiers que fes productions, très-petite fucceffion à laquelle ils pouvoient renoncer. Sa *Vie* fe trouve dans les Œuvres de *Laurent Joubert* fon élève.

RONSARD, (Pierre de) né au château de la Poiffonniére dans le Vendômois, en 1524, d'une famille noble, fut élevé à Paris au collège de Navarre. Les fciences ne lui offrant que des épines, il quitta ce collège, & devint page du duc d'*Orléans*, qui le donna à *Jacques Stuart*, roi d'Ecoffe, marié à *Magdelène* de France. *Ronfard* demeura en Ecoffe auprès de ce prince plus de 2 ans, & revint enfuite en France, où il fut employé par le duc d'*Orléans* dans diverfes négociations. Il accompagna *Lazare Baif* à la diète de Spire. Ce favant lui ayant infpiré du goût pour les belles-lettres, il apprit le Grec fous *Dorat*, avec le fils de *Baif*. On dit que *Ronfard* étudioit jufqu'à 2 heures après minuit, & qu'en fe couchant il réveilloit *Baif* qui prenoit fa place. Les Mufes eurent des charmes infinis à fes yeux ; il les cultiva, & avec un tel fuccès, qu'on l'appella le PRINCE DES POÉTES de fon tems. *Henri II*, *François II*, *Charles IX* & *Henri III*, le comblèrent de bienfaits & de faveurs. *Ronfard* ayant mérité le premier prix des Jeux Floraux, on regarda la récompenfe qui étoit promife, comme au-deffous du mérite de l'ouvrage & de la réputation du poète. La ville de Touloufe fit donc faire une *Minerve* d'argent maffif, & d'un prix confidérable, qu'elle lui envoya. Le préfent fut accompagné d'un décret, qui déclaroit *Ronfard* LE POETE FRANÇOIS par excellence. *Marie Stuart*, reine d'Ecoffe, auffi fenfible à fon mérite que les Touloufains, lui donna un buffet fort riche, où il y avoit un vafe en forme de Rofier, repréfentant le Mont-Parnaffe, au haut duquel étoit un *Pégafe*, avec cette infcription :

· *A* Ronsard, *l'Apollon de la fource des Mufes.*

On peut juger, par ces deux traits, de la réputation dont ce poëte a joui, & qu'il foutint jufqu'au tems de *Malherbe.* Il y a de l'invention & du génie dans fes ouvrages ; mais fon affectation à mettre partout de l'érudition, & à former des mots tirés du Grec, du Latin, des différens patois de France, a rendu fa verfification dure, & fouv. inintelligible.

Ronfard, dit Defpréaux, *par une l'autre methode,*

· *Féglant tout, brouilla tout, fit un Art à fa mode ;*

Et toutefois long-tems eut un heureux deftin ;

· *Mais fa Mufe, en François parlant Grec & Latin,*

Vit dans l'âge fuivant, par un retour grotefque,

Tomber de fes grands mots le fafte pédantefque.

Ce poëte a fait des *Hymnes,* des *Odes,* un Poëme intitulé la *Franciade,* des *Eglogues,* des *Epigrammes,* des *Sonnets,* &c. Dans ces ouvrages, il n'y a rien d'heureux, rien de naturel. Il prend l'enflure pour de la verve ; il veut *pindarifer,* fuivant fes expreffions, c'eftà-dire, prendre l'effor de *Pindare,* & il fe perd dans les nues. *Ronfard* mourut à S. Cofme-les-Tours, l'un de fes bénéfices, en 1585, à 61 ans. L'homme étoit encore plus ridicule en lui, que le poëte ; il étoit finguliérement vain. Il ne parloit que de fa maifon, de fes prétendues alliances avec des têtes couronnées. Il étoit né la même année de la défaite de *François I*

devant Pavie ; *comme fi le Ciel, difoit-il, avoit voulu par-là dédommager la France de fes pertes.* Il ne finiffoit point fur le récit de fes bonnes fortunes. Toutes les femmes le recherchoient ; mais il né difoit point que quelques-unes lui donnérent des faveurs cuifantes. Les *Poefies* de *Ronfard* parurent en 1567, à Paris, en 6 vol. in-4°. & en 1604, 10 vol. in-12.

I. ROQUE, (Gilles-André de la) fleur de la *Lontiére,* gentilhomme Normand, né dans le village de Cormelles près de Caen, en 1597, mort à Paris en 1687, à 90 ans, s'eft fait un nom par plufieurs ouvrages fur les généalogies & fur le blafon. Les principaux font : I. Un *Traité* curieux *de la Nobleffe,* & fes diverfes efpèces, in-4°, Rouen, 1754. II.*Traité du Ban,* in-12, qui eft bon. III. La *Généalogie de la Maifon d'Harcourt,* in-fol. 4 vol. 1662 ; curieufe par le grand nombre de titres qu'il rapporte. IV. *Traité des Noms & Surnoms,* in-12, fuperficiel. V. *Hiftoire* Généalogique *des Maifons nobles de Normandie,* à Caen, 1654, in-fol. L'auteur avoit une mémoire prodigieufe ; il connoiffoit toutes les fraudes généalogiques dont on s'étoit fervi pour illuftrer certaines familles, & il fe faifoit un plaifir de les dévoiler.

II. ROQUE, (Antoine de la) poète François, né à Marfeille en 1672, mort à Paris en 1744, chevalier de l'ordre militaire de St Louis, fut chargé, durant 23 années, de la compofition du *Mercure.* Il s'en acquitta avec diftinction, fur-tout dans la partie des beaux-arts, pour lefquels il a toujours eu beaucoup d'amour & de goût. On peut même le mettre au rang de plus célèbres amateurs foit par rapport à fes connoiffanees, foit à caufe de la riche collection qu'il avoit formée. *Jean de la Roque*, fon frere, membre de l'academie des belles-lettres de Marfeille, mort en 1745 à Paris, à 84 ans, avoit fait plufieurs voyages dans le Levant. Il travailla au *Mercure* avec fon frere, dont il partageoit le goût & les talens. L'un & l'autre font connus par des ouvrages. On a du premier les paroles de deux Opéra, *Médée & Jafon*, & *Théonoé*, tragédies, dont la mufique eft de *Salomon*... Et du fecond : I. *Voyage de l'Arabie Heureufe*, in-12. II. *Voyage de la Paleftine*, in-12. III. *Voyage de Syrie & du Mont-Liban*, avec un Abrégé de la *Vie de du Chafteuil*, in-12. Il avoit auffi promis de donner fon *Voyage Littéraire de Normandie* : il n'a point paru ; mais il en a donné la fubftance dans *VIII Lettres*, publiées dans le *Mercure de France*... *Voy.* ROQUES.

ROQUE, *Voyez* LARROQUE.

I. ROQUELAURE, (Antoine de) baron de Roquelaure en Armagnac, d'une maifon noble & ancienne, fut deftiné à l'état eccléfiaftique, qu'il quitta, à la mort de l'aîné de fes deux freres, pour l'état militaire. *Jeanne d'Albret*, reine de Navarre, qui l'honoroit de fon eftime, l'engagea dans le parti du prince fon fils, qui le fit lieutenant de la compagnie de fes Gardes. Ce prince voyant fuir fes gens au combat de Fontaine-Françoife, lui ordonne de courir après eux pour les ramener. *Je m'en garderai bien*, répondit ce rufé courtifan, *on croiroit que je fuis tout comme eux ; je ne vous quitterai point, & je mourrai à vos côtés.* Le roi de Navarre, devenu roi de France fous le nom de *Henri IV*, récompenfa fes fervices & fa fidélité par la place de grand-maître de fa garderobe en 1589, par le collier du

St Efprit en 1595, & par divers gouvernemens, dont le plus confidérable étoit celui de la Guienne. *Louis XIII* ajoûta à ces bienfaits le bâton de maréchal de France en 1614. *Roquelaure* ne s'endormit pas fur fes lauriers. Il remit dans le devoir Nérac, Clairac, & quelques autres places ; & mourut fubitement à Leiftoure en 1625, dans fa 82ᵉ année. C'étoit un courtifan fin & adroit, qui ne confultoit guères que la politique, même dans les affaires de religion. Un miniftre Huguenot exhortant *Henri IV* à ne point changer de communion : *Malheureux que tu es,* lui dît-il ! *mets dans une balance, d'un côté la Couronne de France, de l'autre les Pfeaumes de Marot, & vois qui des deux l'emportera.*

II. ROQUELAURE, (Gafton-Jean-baptifte marquis, puis duc de) fils du précédent, fe fignala dans divers fiéges & combats, fut bleffé & fait prifonnier au combat de la Marfée en 1641, & à la bataille de Honnecourt en 1642. Il fervit de maréchal de camp au fiége de Gravelines en 1644, & à celui de Courtrai en 1646. Il devint enfuite lieutenant-général des armées du roi, & fut bleffé au fiége de Bordeaux. Le roi, auffi content de fes fervices que charmé de fes plaifanteries, le fit duc & pair de France en 1652, chevalier de fes ordres en 1661, & goûverneur de la Guienne en 1676. Ce feigneur mourut en 1683, à 68 ans. C'eft à lui que le peuple attribue une foule de bons-mots & de bouffonneries auffi plates que ridicules. On en a fait un recueil, fous le titre de *Momus François*, in-16, qui eft merveilleux pour amufer les laquais.

III. ROQUELAURE, (Antoine Gafton-Jean-baptifte duc de) fils

I iv

du précédent , mort à Paris en
1738 à 82 ans, commanda en chef
en Languedoc , & mérita d'être
élevé à la dignité de maréchal de
France en 1724. Sa maiſon fut éteinte par ſa mort ; n'ayant laiſſé que
deux filles, la princeſſe de *Pons*,
& la princeſſe de *Léon.*

ROQUES, (Pierre) né à la
Caune, petite ville du haut Languedoc , l'an 1685 , de parens Calviniſtes, devint en 1710 miniſtre
de l'Egliſe Françoiſe à Bâle , où
il s'acquit l'eſtime des honnêtes-
gens par ſa probité & par ſes écrits.
Il y mourut en 1748. On a de lui
un très-grand nombre d'ouvrages
faits avec ordre, & pleins d'une
érudition profonde , mais écrits
d'un ſtyle un peu négligé. Les principaux ſont : I. *Le Tableau de la
conduite du Chrétien.* II. *Le Paſteur
évangélique,* in-4° : ouvrage eſtimé
des Proteſtans, & traduit en diverſes langues. III. *Les Elémens
des vérités hiſtoriques , dogmatiques &
morales , que les Ecrits ſacrés renferment.* IV. *Le vrai Piétiſme.* V. Des
Sermons, pleins d'une morale exactes, mais dont l'éloquence eſt peu
pathétique. VI. *Les Devoirs des Sujets.* VII. *Traité des Tribunaux de
Judicature.* VIII. Une *Edition ,* augmentée , du Dictionnaire de *Moreri ;* à Bâle, en 1731 , 6 vol. in-
fol. IX. La 1ʳᵉ *Continuation* des Diſcours de *Saurin* ſur la Bible. X. La
nouvelle *Edition* de la Bible de
Martin, en 2 vol. in-4°. XI. Diverſes *Piéces* dans le *Journal Helvétique* & dans la *Bibliothèque Germanique.* Ce miniſtre faiſoit honneur à la Suiſſe , par les qualités
de ſon cœur, autant que par ſes
connoiſſances. Il étoit franc , ſincére, officieux , ami tendre , bon
parent. La beauté de ſon ame ſe
peignoit ſur ſa phyſionomie , qui
étoit très-heureuſe.

ROQUESANNE, (Jean) ſectateur
des Huſſites, & chef des Calixtains,
fut député en 1432, avec pluſ. de
ſes diſciples , au concile de Bâle,
où l'on condamna les erreurs de
Jean Hus, dont il étoit partiſan.
Il montra de la docilité aux déciſions du concile , ſouſcrivit & fit
ſouſcrire ſes compagnons aux décrets de cette aſſemblée , ſous la
condition qu'on leur permettroit
la communion ſous les deux eſpèces; le concile y conſentit, & même
le récompenſa en le déſignant pour
archevêq. de Prague. De retour en
cette ville , il affecta tant de vanité
& de précipitation à exercer le droit
qu'on lui avoit relâché , que l'empᵣ
qui en fut choqué lui fit refuſer les
bulles du ſaint-ſiége. Il s'exila lui-
même de dépit, & recommença à ſe-
mer le trouble & ſes erreurs dans la
Bohême , juſqu'à ſa mort.

RORARIUS , (Jérôme) de Por-
denone en Italie, nonce du pape *Clément VII* à la cour de *Ferdinand* roi
d'Hongrie, s'eſt fait un nom par un
traité intit. *Quòd animalia bruta ratione utantur meliùs homine ,* Amſterdam
1666, in-12. Il entreprend d'y prouver , non ſeulement que les bêtes
ſont des animaux raiſonnables ;
mais qu'elles ſe ſervent de la raiſon mieux que l'homme. Ses preuves ne ſont que des lieux - communs. Son livre n'eſt pas mal
écrit ; & l'on y trouve pluſieurs
faits ſinguliers, ſur l'induſtrie des
bêtes & la malice des hommes. Il
avoit compoſé auparavant un *Plaidoyer pour les Rats,* imprimé dans le
pays des Griſons en 1648. On pouvoit l'appeller l'*Avocat des Bêtes.*

I. ROSA ALBA (Carriera,) *Voy.*
CARRIERA.

II. ROSA, (Salvator) peintre,
graveur & poëte , né à Reneſſa
près de Naples en 1615 , connut
la miſére, & ſe vit d'abord réduit

à expofer fes tableaux dans les places publiques. *Lanfranc*, qui remarqua du talent dans fes ouvrages, en acheta plufieurs, & l'encouragea. *Salvator*, flaté du fuffrage de ce grand maître, fe porta avec plus d'ardeur à l'étude. Il a principalement excellé à peindre des combats, des marines, des payfages, des fujets de caprice, des animaux & des figures de foldats. Sa touche eft facile & très-fpirituelle ; fon payfage, & fur-tout le feuiller de fes arbres eft d'un goût exquis. Il peignoit avec une telle rapidité, que fouvent il commençoit & finiffoit un tableau en un jour. Lorfqu'il avoit befoin de quelque attitude, il fe préfentoit devant un grand miroir, & la deffinoit d'après lui. On remarque dans fes ouvrages un génie bizarre, des figures gigantefques, & quelques incorrections. On a plufieurs morceaux gravés de fa main, qui font d'une touche admirable. *Salvator* uniffoit le talent de la poëfie à celui de la peinture. Il a compofé des *Satyres*, (Amfterdam 1719, in-8°, & 1770 auffi in-8°,) dans lefquelles il y a de la fineffe & des faillies. Sa maifon étoit devenue une académie, où les gens de bon goût & d'efprit fe raffembloient & jouoient même la comédie. On fait fon aventure avec le connétable *Colonne*. Ce feigneur paya un tableau de *Salvator* avec une bourfe pleine d'or ; le peintre lui envoya un fecond tableau, & le connétable une bourfe plus confidérable. *Salvator* fit un nouvel ouvrage, & fut récompenfé de même ; un 4ᵉ tableau lui mérita un nouveau préfent : enfin au 5ᵉ, le connétable ne voulut plus continuer un jeu qui l'épuifoit. Il envoya deux bourfes à *Salvator*, & lui fit dire qu'*il lui cédoit l'hon-*

neur du combat. Ce maître conferva, jufqu'à la mort, fon humeur enjouée ; fa dernière parole fut une plaifanterie. Il m. à Rome en 1673.

ROSALIE, (Ange de STE-) *Voyez* ANGE, n° IV.

ROSCIUS, (Quintus) Gaulois de nation, & contemporain du fam. *Efope*, fut le plus célèbre acteur de fon fiécle pour la comédie. *Cicéron*, fon ami & fon admirateur, a parlé de fes talens avec enthoufiafme. Cet orateur dit qu'*il plaifoit tant fur le théâtre, qu'il n'auroit jamais dû en defcendre ; & qu'il avoit tant de vertus & de probité, qu'il n'auroit jamais dû y monter.* Il prit fa défenfe contre *Fannius*, & c'eft à cette occafion qu'il fit fon beau Difcours *pro Rofcio*. *Pifon* & *Sylla* ne lui marquoient ni moins d'amitié, ni moins d'eftime, que *Cicéron*. *Rofcius* infpiroit ces fentimens, par la pureté de fes mœurs, par fon humanité, par fa candeur, par fon caractère obligeant, & par fa libéralité. La république lui faifoit une penfion de 20,000 écus, & quoiqu'on fût dix ans de fuite fans la lui payer, il ne ceffa pas de repréfenter. Le comédien *Efope*, avoit, felon Pline, 125,000 ducats de rente, c'eft-à-dire environ 150,000 livres. *Rofcius* auroit pu fe procurer un bien autre revenu, s'il eût voulu tirer parti de fon talent, puifque *Cicéron* dit formellement dans fa harangue pour cet acteur, qu'*il pouvoit gagner tous les ans près d'un million 650,000 liv.* C'eft à tort qu'on a avancé qu'il étoit le premier qui fe fût fervi du mafque : il eft vrai qu'il avoit les yeux un peu de travers ; mais cette difformité ne l'empêchoit pas d'avoir très-bonne grace en déclamant. Ce comédien illuftre mourut vers l'an 61 avant J. C. Il avoit compofé un *Paral-*

l'Ile des Mouvemens du Théâtre & de ceux de l'Eloquence ; mais cet ouvr. n'est point parvenu jusqu'à nous.

ROSCOMMON, (Wentworth Dillon, comte de) d'une ancienne & illustre maison d'Irlande, fit une partie de ses études à Caen, sous la direction du savant *Bochart*. De retour en Angleterre, il passa plusieurs années à la cour ; mais s'y étant fait une affaire , il fut obligé de se retirer en Irlande. Le duc d'*Ormond*, viceroi du pays, le fit capitaine de ses Gardes. Sa passion pour le jeu l'ayant retenu fort tard dans un lieu assez dangereux , il fut attaqué par trois voleurs : il se défendit vaillamment ; mais le nombre l'auroit emporté, s'il n'eût été secouru par un pauvre officier réformé, qui l'aida à sortir de cet embarras. Le comte, pénétré de reconnoissance pour son libérateur, se démit en sa faveur de sa charge de capitaine des Gardes. Cet officier étant mort 3 ans après, le viceroi, qui avoit admiré la générosité du comte, le fit rentrer dans son emploi. *Roscommon* reparut à la cour d'Angleterre, & y devint écuyer de la duchesse d'*Yorck*, qui lui fit épouser la fille du comte de *Burlington*. Les charmes de son esprit & de son caractère , lui concilièrent l'amitié de *Dryden* & des autres grands-hommes d'Angleterre. Il mourut en 1684, avec la réputation d'un homme qui avoit mêlé les fleurs de la poésie avec les fruits de l'érudition. Il connoissoit parfaitement les monumens antiques, & il avoit puisé cette connoissance dans un voyage en Italie. On disoit de lui & du duc de *Buckingham*, que « celui-ci faisoit vanité de n'être pas savant » & que « l'autre l'étoit sans en tirer vanité. » Ses ouvrages sont :

I. Une *Traduction* en vers anglois, de l'*Art Poétique* d'*Horace*. II. Un Poëme intitulé : *Essai sur la manière de traduire en vers*. Ces deux ouvrages ont été imprimés avec les *Poésies de Rochester*, Londres 1731, in-12. *Pope*, dans son *Essai sur la Critique*, parle de lui avec éloge :

Tel étoit Roscommon , *Auteur dont la naissance,*
Egaloit la bonté , l'esprit & la science.
Des Grecs & des Latins partisan déclaré ,
Il aimoit leurs Ecrits, mais en Juge éclairé.
Injuste pour lui seul, pour tout autre équitable ,
Toujours au vrai mérite on le vit favorable.

I. ROSE, (Guillaume) prédicateur de *Henri III*, évêque de Senlis, & le plus fameux Ligueur qui fût en France, mort en 1602, étala dans ses sermons & dans ses écrits le fanatisme & l'esprit de révolte. On lui fit faire amende-honorable, le 25 Septembre 1598, à la grand'chambre, avec ses habits épiscopaux, qu'il ne voulut pas quitter. On lui attribue : *De justa Reipublicæ Christianæ in Reges impios auctoritate* , Parisiis 1590, in-8°. C'est ce prélat furieux que les auteurs de la *Satyre Ménippée*, mirent à la tête de la prétendue procession de la Ligue. *Voyez* le *Dictionn. histor. & critique* publié en 1771, sous le nom de *Bonnegarde*.

II. ROSE, (Ste) religieuse du Tiers-ordre de St Dominique, née à Lima dans le Pérou, fut la *Ste Thérèse* du Nouveau Monde. Elle fut tantôt consolée par des ravissemens, tantôt éprouvée par des peines intérieures. Sa mortification fut extrême ; elle répandoit du fiel ou de l'absinthe sur ce qu'elle mangeoit. Elle mourut en 1617, âgée de 31 ans.

ROSEN, (Conrad de) comte de Bolweiller en Alface, d'une ancienne maifon originaire de Livonie, après avoir été 3 ans cadet dans les gardes de la reine Chriftine, paffa incognito en France, & fervit d'abord fimple cavalier dans le régiment de Brinon. Son mérite & fa naiffance ayant été bientôt connus, il fut élevé de grade en grade, & obtint le bâton de maréchal de France en 1703. Jacques II le fit général de fes troupes. Il mourut en 1715, à 87 ans, après s'être diftingué dans toutes les guerres où il fut employé. C'étoit un homme de tête & d'une bravoure reconnue. On conte de lui, qu'étant à Metz, il reçut ordre de faire changer de garnifon au régiment de fon nom. Il ordonne à fon lieutenant-colonel de partir ; mais les officiers le refufent, fous prétexte qu'il leur eft dû quelque contribution de corps. Le lieutenant-colonel va avertir le comte de Rofen. Il arrive, voit le régiment en bataille, ordonne au premier capitaine de partir ; & fur fon refus, il lui caffe la tête. Il donne le même ordre au fecond, qui lui obéit fur le champ, & tous les autres officiers fuivent fon exemple... Le maréchal de Rofen favoit récompenfer les bons foldats, comme punir les mutins, & il emporta dans le tombeau l'eftime & l'amitié des troupes.

ROSIER, (Hugues Sureau du) Hugo Suræus Rofarius, Proteftant, né à Rofoi en Picardie, exerça le miniftére à Orléans, avec un zèle plein d'emportement. Il publia en 1563 à Lyon, la Défenfe civile & militaire des Innocens & de l'Eglife de Chrift. Ce libelle, plein de l'efprit de fédition & de fana-

tifme, faillit à le perdre. Il fut contraint d'abjurer pendant le maffacre de la St Barthélemi en 1572, pour racheter fa vie. Employé à exhorter le roi de Navarre, le prince de Condé & plufieurs grands feigneurs, de fe réunir à la communion Romaine, il le fit avec tant de fuccès, que la cour l'envoya au pays Meffin, avec le Pere Maldonat, pour y convertir les hérétiques ; mais il s'y pervertit lui-même de nouveau, par les conférences particuliéres qu'il y eut avec les miniftres. Il fe retira enfuite à Heidelberg, & fut également méprifé des Catholiques & des Proteftans. Il fe vit obligé, pour vivre, d'accepter une place de correcteur d'Imprimerie à Francfort, chez André Vechel. Il mourut de la pefte dans cette derniére ville, avec toute fa famille. On a de lui plufieurs Ouvrages de Controverfe ; il y foutient des opinions finguliéres avec beaucoup de chaleur.

ROSIERES, (François de) archidiacre de Toul, mort en 1607, prétendit prouver que la France appartenoit à la maifon de Lorraine, dans fes Stemmata Lotharingiæ ac Barri Ducum, 1580, in-fol. Il fit amende-honorable en préfence de Henri III, fut enfermé à la Baftille ; & il lui fallut toute la protection de la maifon de Guife, pour échapper à un plus grand châtiment.

ROSIMOND, Voyez Mesnil (Jean-Bapt. du).

ROSIN, (Jean) antiquaire, né à Eifenach en Thuringe en 1551, mort de la pefte à Afcherfleben, en 1626, à 75 ans, eft connu par fon traité des Antiquités Romaines, en latin. La meilleure édition de ce favant ouvrage eft celle de 1701, in-4°, à Utrecht. C'eft une fource abondante, dans laquelle plufieurs auteurs ont puifé fans le dire.

ROSNI, *Voyez* SULLY.

ROSSELLI, (Matthieu) peintre, naquit à Florence en 1578, & mourut dans la même ville en 1660. Il s'eft particulièrement attaché à la *Peinture à frefque*; genre dans lequel un travail raifonné, beaucoup de patience, un deffin pur, & un coloris d'une grande fraîcheur, l'ont fait exceller. Ses ouvrages fe reffentent, pour l'ordinaire, de fon caractére tranquille. Ses couleurs locales ne font pas dans le vrai ton de la nature; mais il y a mis un accord qui plaît, & fes compofitions gagnent à être détaillées.

ROSSET, (François de) laborieux traducteur François du XVIIe fiécle, fe fervit des connoiffances qu'il avoit des langues Italienne & Efpagnole, pour faire paffer dans la nôtre quelques ouvrages écrits dans les premières. Nous ne citerons pas fes *Verfions* de *Roland le furieux* & de *Don Quichotte*; celles qui font venues après, les ont entiérement effacées. Nous parlerons encore moins de fes *Hiftoires tragiques arrivées de notre tems*: elles ne peuvent être recherchées que par ceux qui veulent favoir jufqu'où l'efprit humain peut pouffer l'excès de la crédulité. Ceux qui ont la manie des Romans ne nous pardonneroient pas, peut-être, d'avoir omis d'indiquer deux livres qu'ils recherchent: I. Le roman des *Chevaliers de la Gloire*, Paris 1613, in-4°. II. L'*Admirable Hiftoire du Chevalier du Soleil*, traduite du Caftillan par cet auteur & par *Louis Douel*, imprimée à Paris en 1620, & années fuiv. en 8 vol. in-8°.

I. ROSSI, (Jean-Victor) *Janus Nitius Erithræus*, noble Romain,

mort en 1647, feptuagénaire, avoit été domeftique du cardinal *Perreti*. Après la mort de ce prélat, il fe confacra tout entier à l'étude, mettant fon unique plaifir à converfer avec les gens de lettres. On a de lui un grand nombre d'écrits; les plus confidérables font: I. *Pinacotheca imaginum illuftrium Virorum*; ouvrage plufieurs fois réimprimé, in-8°, & dans lequel on trouve bien des fingularités. On lui reproche de n'y pas diftribuer avec difcernement la louange & le blâme. II. *Epiftolæ*, in-8°. III. *Dialogi*, in-8°. IV. *Exempla virtutum & vitiorum*, in-8°. Ce recueil eut les fuffrages du public. Le nom de *Nitius Erithræus*, que l'auteur avoit pris, fignifie en grec la même chofe que *Vittorio Roffi* en Italien. Cet écrivain avoit des fentimens d'honneur & de la philofophie; mais il fe prévenoit facilement pour ou contre, & fa bile s'enflammoit aifément contre le vice & le ridicule. Son humeur critique nuifit à fa fortune, autant que l'indifférence du cardinal *Perreti* pour les talens & les fervices de ceux qui lui étoient attachés.

II. ROSSI, (Jean-Antoine) *Rubeus*, jurifconfulte d'Alexandrie de la Paille, mort à Padoue, où il étoit profeffeur en droit, en 1544, à 56 ans, laiffa divers ouvrages ignorés aujourd'hui.

ROSSI, *Voyez* SALVIATI (François de) ... & PROPERTIA.

I. ROSSIGNOL, (Antoine) maître des comptes, naquit à Alby le 1er jour de l'année 1590, & fit dès fon enfance de grands progrès dans les mathématiques. Il parvint par la connoiffance exacte de cette fcience, & fur-tout par la force de fon génie, à deviner toutes fortes de chiffres, fans en avoir prefque trouvé un feul pendant toute fa vie, qui lui ait été impénétrable. En 1626, au fiége de Réalmont, ville de Languedoc, occupée par les Proteftans, il déchiffra fur le champ la lettre qu'écrivoient les affiégés à leurs freres de Montauban, pour leur demander de la poudre. Cette découverte ayant été communiquée à la ville, elle fe rendit le jour même. Le cardinal de *Richelieu*, inftruit de fon talent, l'appella au fiège de la Rochelle, où il le fervit de maniére à mériter les plus grandes récompenfes. *Louis XIII* & *Louis XIV* répandirent leurs bienfaits fur ce citoyen utile. Le premier le recommanda en mourant à la reine; & le fecond lui fit une penfion confidérable, & lui donna des marques de l'eftime la plus particulière. Ce monarque alla voir fa belle maifon de Juvifi: *Roffignol* le reçut avec un empreffement fi vif & une joie fi marquée, que le roi, craignant qu'il ne s'en trouvât mal, ordonna à fon fils, qui le fuivoit, de fe rendre auprès de fon pere pour veiller fur fa fanté. Ce vieillard refpectable mourut peu de tems après, à 83 ans, après avoir fervi l'état pendant 56 années avec un zèle ardent & une fidélité inviolable.

II. ROSSIGNOL, fameux maître-écrivain de Paris, mort d'un excès de travail, dans un âge peu avancé, en 1736, fut employé, du tems de la Régence, à écrire les *Billets de banque*. On a gravé d'après ce maître, un des premiers & peut-être le premier dans fon art. Il a été du moins le plus grand peintre en écriture qu'il y ait eu en France. Maître de fes moindres mouvemens, fa marche étoit toujours réglée; fes enfembles étoient

d'une fageffe, d'une fimplicité, d'une grace, qu'il eft plus aifé de fentir que de décrire. Les Anglois ont enlévé une grande partie des piéces de *Roffignol*, pour lefquelles les François, trop indifférens pour le bel art d'écrire, ne marquoient pas affez d'empreffement.

ROSSO, (Le) nommé ordinairement *Maître Roux*, peintre, naquit à Florence en 1496. Son génie & l'étude des ouvrages de *Michel-Ange* & du *Parmefan*, lui tinrent lieu de maître. C'eft en France qu'eft la plus grande partie de fes ouvrages. *François I*, qui l'avoit appellé auprès de lui, le nomma furintendant des ouvrages de Fontainebleau. La grande galerie de ce château a été conftruite fur fes deffins, & embellie par les morceaux de peinture, par les frifes & les riches ornemens de ftuc qu'il y fit. Le roi, charmé de fes ouvrages, le combla de bienfaits, & lui donna un canonicat de la Ste-Chapelle. Ce peintre ayant accufé injuftement *Pellegrin*, fon ami, de lui avoir volé une grande fomme d'argent, & ayant été caufe des tourmens qu'il avoit foufferts à la queftion, il ne put fupporter le chagrin que cet événement lui caufa; & pourfuivi d'ailleurs en réparation par l'accufé, il prit un poifon violent qui le fit mourir le même jour, à Fontainebleau, en 1541. Maître *Roux* mettoit beaucoup de génie dans fes compofitions; il réuffiffoit parfaitement à exprimer les paffions de l'ame. Il donnoit un beau caractére à fes têtes de vieillards, & beaucoup d'agrément aux figures de femmes qu'il repréfentoit; il poffédoit bien le clair-obfcur. Mais fa façon de deffiner, quoique favante, avoit quelque chofe de fauvage & même de féroce. Il travailloit de caprice, confultoit peu la nature, paroiffoit aimer ce qui avoit un caractére bizarre & extraordinaire. Maître *Roux* n'étoit point borné à un feul talent; il étoit encore bon architecte, & cultivoit la poëfie & la mufique.

ROSWEIDE, (Héribert) Jéfuite, né à Utrecht en 1569, enfeigna la philofophie & la théologie à Douai & à Anvers avec réputation, & mourut dans cette derniére ville en 1629. La connoiffance des antiquités eccléfiaftiques brille dans tout ce que nous avons de lui. Ses ouvrages font : I. Une *Edition* de *St Paulin*, avec des notes. II. Une *Hiftoire des Vies des Peres du Défert*, Anvers 1628, in-folio, eftimée. III. Une *Edition* du *Martyrologe d'Adon*. IV. *Fafti Sanctorum*, in-8°. L'auteur y donne le projet de l'immenfe compilation des Bollandiftes.

ROTA, (Berardino) poëte de Naples, d'une famille noble & ancienne, mort en 1575 à 66 ans, excita des regrets univerfels. On a de lui divers ouvrages en vers, affez eftimés, à Naples, 1726, 2 vol. in-8°.

ROTGANS, (Luc) né à Amfterdam en 1645, fe livra à la poëfie Hollandoife, dans laquelle il furpaffa tous les poëtes qui l'avoient précédé. Il prit le parti des armes dans la guerre de Hollande en 1672 ; mais après 2 ans de fervice, il fe retira dans une belle maifon de campagne qu'il avoit fur le Veght, où, loin du tumulte des armes, il goûta les charmes de la poëfie. Ce littérateur mourut de la petite vérole en 1710, à 66 ans. On a de lui : I. La *Vie de Guillaume III, Roi d'Angleterre*, Poeme épique en 8 livres, eftimé des Hollandois ; mais qui ne fera jamais mis par les autres nations au rang des ouvrages d'*Homére*, de *Virgile*, ni même de *Lucain*. II. D'autres *Poefies* Hollandoifes, imprimées à Leuvarden en 1715, in-4°. *Rotgans*, *Vondel* & *Antonides*, font les trois plus célèbres poëtes du Parnaffe Hollandois.

ROTHARIC, roi des Lombards, mort en 652 âgé de 47 ans, donna, le premier, des Loix écrites à fes fujets, en 643. Ses fucceffeurs l'imitèrent ; & de leurs édits fe forma infenfiblement un volume, qu'on appella les *Loix Lombardes*. Ces Loix, publiées par *Lindenbrog*, devinrent célèbres dans toute l'Europe, par leur équité, leur clarté & leur précifion. *Rotharic* étoit Arien ; mais il aimoit la juftice, la rendoit avec foin, & étoit auffi fage que brave.

ROTHELIN, (Charles d'Orléans de) né à Paris en 1691, d'*Henri d'Orléans*, marquis de Rothelin, accompagna le cardinal de *Polignac* à Rome, & vifita les principales villes d'Italie. Son goût pour les antiquités & pour la littérature, lui fit raffembler un riche cabinet de médailles antiques, & former une nombreufe bibliothèque. Il fe faifoit un plaifir d'encourager & de favorifer les hommes de lettres, & il leur faifoit part de fes livres & de fes lumières. Il facrifia tout, même la croffe, au plaifir de cultiver les lettres en paix. Les langues vivantes & les langues mortes lui étoient familières. Cet illuftre littérateur mourut en 1744, dans fa 53e année. Il étoit de l'académie Françoife, & honoraire de celle des Infcriptions. Le cardinal de *Polignac* lui ayant laiffé en mourant fon *Anti-Lucrèce* encore imparfait, l'abbé de *Rothelin* le mit dans l'état où nous le voyons. Le *Catalogue* de fa riche bibliothèque, dreffé par *Gabriel Martin*, est un des plus recherchés par les bibliographes.

ROTROU, (Jean de) naquit à Dreux en 1609. Il acheta la charge de lieutenant - particulier au bailliage de cette ville, qu'il exerça jusqu'à sa mort, arrivée en 1650. Il fut enlevé par la maladie épidémique qui défoloit alors sa patrie. En vain ses amis de Paris le pressèrent de quitter ce lieu empesté, il leur répondit que sa conscience ne le lui permettoit pas, & qu'étant le seul qui pût maintenir le bon ordre dans ces circonstances malheureuses, il seroit un mauvais citoyen s'il disparoissoit. Le cardinal de *Richelieu*, qui lui faisoit une pension de 600 livres, ne put jamais le porter à se joindre à la foule d'insectes qu'il avoit ligués contre le *Cid*. *Corneille* fut toujours à ses yeux un grand-homme, & il rechercha vivement son amitié. Ce refus ne lui enleva pas l'estime du cardinal, qui l'employa à la composition de la *Pièce* appellée *des cinq Auteurs*. *Rotrou* étoit joueur, & par conséquent exposé à manquer souvent d'argent. On rapporte un moyen assez singulier qu'il avoit trouvé pour s'empêcher de dissiper trop tôt ce qu'il avoit. Lorsque les comédiens lui apportoient un présent pour le remercier d'une de ses pièces, il jettoit les louis sur un tas de fagots qu'il tenoit enfermés : quand il avoit besoin d'argent, il étoit obligé de secouer ces fagots ; mais ne pouvant prendre tout à la fois, il avoit toujours quelque chose en réserve. *Rotrou* se distingua de la foule des rimailleurs de son tems, par son génie véritablement tragique, par l'élévation de ses sentimens, par l'heureux contraste des caractéres, par la force du style. Il ne lui

manquoit que la correction du langage & la régularité des plans. Ce poete travailloit avec une facilité extrême ; il composa 37 *Piéces de théâtre*, tant Tragédies que Comédies. Celles que l'on connoit sont : I. *Chosroès*, tragédie, l'une de ses meilleures pièces, retouchée par d'*Ussé*, & remise ainsi au théâtre en 1704 ; elle fut imprimée avec l'ancien texte à côté, la même année, un vol. in-12. II. *Florimonde* ; c'est sa derniére pièce, qui fut représentée en 1654. III. *Antigone* est une de ses meilleures tragédies ; elle n'est pourtant pas dans les règles du théâtre, il fait mourir les deux freres d'*Antigone*, *Ethéocle* & *Polinice*, enfans de *Jocaste*, dès le commencement du 3ᵉ acte. IV. *Wenceslas*, tragédie, remise au théâtre par M. *Marmontel* qui l'a retouchée, se joue encore avec succès. On trouve quelques-unes de ses pièces dans le *Théâtre François*, Paris 1737, 12 vol. in-12.

ROUAULT, *Voy.* GAMACHE.

ROUELLE, (Guillaume-François) né en 1703 à Matthieu près de Caen, lieu natal du pere du fameux *Marot*, mourut à Paris en 1770. Il étoit apothicaire dans cette capitale, démonstrateur en chymie au jardin royal des plantes, membre de plusieurs académies étrangères & de celle des Sciences de Paris. Il forma divers élèves en chymie : science dont il étendit les bornes & qu'il aimoit avec passion. Les Mémoires de l'académie des sciences renferment divers écrits de lui ; & il a laissé en manuscrit des *Leçons de Chymie*. Sa société étoit douce & agréable, & son caractére franc & décidé.

I. ROVERE, (François-Marie de la) neveu du pape *Jules II*, fut très-cher à son oncle, jaloux du luftre & de l'aggrandiffement de fa maifon. Ce pontife fit époufer à fon frere la fille du duc d'Urbin ; & fit adopter fon fils *François-Marie* par le dernier duc d'Urbin, de la maifon de Montefeltre. *François-Marie*, politique & guerrier comme fon oncle, fe fignala par des talens ; mais ayant excité la haine & l'envie, il fut empoifonné en 1538, à 48 ans, Son époufe *Eléonore-Hippolyte* de *Gonzague*, princeffe vertueufe, adorée de fon époux qu'elle aimoit tendrement, participa à toutes les traverfes que *Léon X*, ennemi perfonnel des *Rovère*, lui fit effuyer. Elle mourut en 1570, avec le chagrin de voir fon fils *Guidobaldo* dépouillé de l'état de Camerino, par *Paul III*, qui en enrichit fes neveux. *Guidobaldo* avoit eu cet état par fon mariage avec l'héritiére de la maifon de *Cibo*. Comme fon pere s'étoit acquis un nom par les armes, & qu'il partageoit fa gloire & fon courage, il fut capitaine des armées de *Philippe II* en Italie. Il mourut en 1574. Son petit-fils *Fréderic Ubaldo*, mort en 1623, ne laiffa qu'une fille : *Victoire*, mariée à *Ferdinand* de *Médicis*, grand-duc de Tofcane. Cette princeffe mourut en 1694, à 72 ans ; mais elle ne lui porta pas en dot le duché d'Urbin, qui retourna au faint-fiège. Les hiftoriens varient beaucoup fur l'origine des *la Rovère.* Onuphre *Panvini* fait remonter leur ancienneté jufqu'en 700 ; mais *Fregofe*, mieux inftruit, dit que *Sixte IV*, le premier pape de cette famille, devoit le jour à un pêcheur. *Bernard Juftiniani* de Venife, en le haranguant, ne craignit point de lui dire qu'il falloit confidérer non fa naiffance, mais fon mérite, qui l'avoit élevé fur le trône pontifical. Ce qu'il y a

de fûr, c'eft qu'il n'étoit pas de l'illuftre maifon des *la Rovère* de Turin. (*Voyez* le premier livre de l'*Hiftoire* du préfid. *de Thou.*)

II. ROVERE, (Jérôme de la) *ou* DU ROUVRE, en latin *Ruvereus* ou *Roboreus*, étoit de la famille des *la Rovère* de Turin, où il étoit né. Il fut évêque de Toulon en 1559, enfuite archevêque de Turin, & enfin il obtint la pourpre Romaine en 1564. Dès l'âge de 10 ans, on imprima à Pavie en 1540 un Recueil de fes *Poéfies Latines*, qui, étant devenues fort rares, fut réimprimé à Ratisbonne en 1683, in-8°. Ses vers refpirent la facilité & l'imagination d'un homme heureufement né pour la poëfie. Il faut lui paffer quelques piéces de galanterie, en faveur de fon extrême jeuneffe. Il mourut au conclave où *Clément VIII* fut élu pape, le 26 Février 1592, à 62 ans.

I. ROUILLÉ, (Guillaume le) jurifconfulte célèbre, naquit à Alençon en 1494, de *Louis* le *Rouillé*, feigneur de Hertré & de Rozé. Il exerça pendant quelque tems la profeffion d'avocat dans fa patrie. Son mérite l'ayant fait connoître avantageufement de *Fr. d'Alençon*, ducheffe de Vendôme, cette princeffe lui donna la place de lieutenant-général de Beaumont-le-Vicomte, petite ville de fon apanage. Le roi & la reine de Navarre, (*Charles d'Albret* & *Marguerite de Valois*,) le gratifièrent par la fuite d'une charge de confeiller à l'échiquier d'Alençon ; ils lui donnèrent auffi une place dans leur confeil. Nous ignorons l'année de fa mort. *Le Rouillé* eft auteur de plufieurs ouvrages de jurifprudence qui ont eu autrefois beaucoup de réputation ; il publia entr'autres un *Commentaire fur la Coutume de Normandie* en 1534, in-

in-fol. & réimprimé en 1539, qui fut si bien accueilli, & donna une si haute idée de l'auteur, que le parlement de Normandie voulut le voir, & le fit prier de venir à Rouen : invitation honorable, à laquelle il ne manqua pas de se rendre; On a encore de lui un ouvrage d'un autre genre, intitulé : Le *Recueil de l'antique préexcellence de la Gaule & des Gaulois*, imprimé à Poitiers en 1546, in-8°, réimprimé à Paris en 1551 ; & une pièce de vers qui a pour titre : *Les Rossignols du Parc d'Alençon*, à l'occasion de l'arrivée de la reine de Navarre en cette ville l'an 1544.

II. ROUILLÉ, (Pierre-Julien) Jésuite, né à Tours en 1681, professa successivement la théologie, les humanités, la philosophie, & montra un génie propre à plusieurs sciences. Ses supérieurs l'associérent à la composition de l'*Histoire Romaine* du P. Catrou, en 21 vol. in-4° : compilation boursouflée, à laquelle le Pere *Rouillé* ne contribua que pour les *Dissertations* & les bonnes *Notes* dont cet ouvrage est rempli. Il eut aussi quelque part à la révision & à l'édition des *Révolutions d'Espagne*, que le P. d'Orléans avoit laissées imparfaites. Il avoit travaillé au Journal de Trévoux depuis 1733 jusqu'en 1737. La II*e Lettre* de l'examen du *Poeme* de *Racine* sur la Grace, est de lui. Ce savant Jésuite mourut à Paris en 1740, âgé de 59 ans, aimé & estimé.

ROULLET, (Jean-Louis) graveur, né en 1645 à Arles en Provence, fit le voyage d'Italie, où ses talens lui donnèrent accès auprès des artistes & des curieux. *Ciro-Ferri*, peintre célèbre, s'attacha à cet illustre graveur, & lui procura plusieurs occasions de se

signaler. *Roullet* quitta Rome pour parcourir les plus grandes villes d'Italie, & dans tous ces endroits il trouva à exercer son burin. L'amour de la patrie le fit revenir en France, où ses talens ne furent point oisifs & sans récompense. On estime ses ouvrages, sur-tout pour la correction du dessin, pour la pureté & l'élégance de son burin. La fortune se présenta plusieurs fois à lui ; mais il refusa constamment ses faveurs, qui auroient gêné sa liberté. Il mourut à Paris en 1699.

ROULLIARD, (Sebastien) avocat Parisien, fut plus connu dans la république des lettres que dans le barreau. On a de lui quelques écrits mal digérés, mais savans & singuliers. Les principaux sont : I. *Traité de la virilité d'un homme ne sans testicules*, 1600, in-8°. II. *Histoire de l'Eglise de Chartres*, in-8°. III. La *Magnifique Doxologie du Fétu*, in-8°. IV. *Les Gymnopodes*, ou *De la nudité des pieds*, in-4°. V. *Li Hungs en Santerre*, in-4°. VI. *Histoire de Melun*, in-4°. VII. *Priviléges de la Ste-Chapelle de Paris*, in-8°. VIII. *Le lumbrisage de Nicodème Aubier, Scribe, soi-disant le v.e Evangéliste, & Noble de quatre races.* IX. *Des Poésies* assez plates. *Roulliard* mourut en 1639. C'étoit un assez mauvais écrivain en vers & en prose.

I. ROUSSEAU, (Jacques) peintre, né à Paris en 1630, se distingua par son grand art à peindre l'architecture, & à tromper la vue par l'illusion de la perspective. *Louis XIV*, informé de ses rares talens, sut les mettre à profit. Ce monarque le chargea des décorations de la salle des machines à St Germain-en-Laye, où l'on représentoit les *Opéra* du célèbre *Lully*. Cet excellent artiste fut encore employé dans plusieurs maisons royales, & l'on voit de ses ouvrages dans quelques maisons de riches particuliers ; mais ses Perspectives, destinées pour l'ordinaire à décorer une cour, un jardin, ont beaucoup souffert de l'injure de l'air ; cependant ce qui a été conservé, suffit pour faire admirer la béauté de son génie, l'éclat & l'intelligence de son coloris. Milord *Montaigu*, renommé par son amour pour les beaux-arts, associa *Rousseau* au travail de *la Fosse* & de *Monnoyer*, pour embellir son hôtel à Londres. Ce maître a aussi excellé à toucher le paysage. Il mourut à Londres en 1693.

II. ROUSSEAU (Jean-baptiste) fils d'un cordonnier de Paris, naquit en 1669 suivant les uns, & en 1671 suivant les autres. Son pere lui procura une excellente éducation dans les meilleurs collèges de la capitale. Le jeune *Rousseau* s'y fit un nom par de petites *Piéces* de poésie, pleines d'esprit & d'imagination. Il avoit à peine 20 ans, qu'il étoit déja recherché par les personnes du plus haut rang & du goût le plus délicat. Dès 1688, il fut reçu en qualité de page chez *Bonrepeaux*, ambassadeur de France en Danemarck. Le maréchal de *Tallard* le choisit ensuite pour son secrétaire, lorsqu'il passa en Angleterre. Ce fut à Londres qu'il lia une amitié étroite avec *St-Évremont*, philosophe aimable & ingénieux, qui sentit tout le mérite du jeune poète. *Rouillé*, directeur des finances, le prit ensuite auprès de lui. Le poëte le suivoit partout, vivant tranquille au milieu de la grandeur, cultivant les Muses à la cour, & négligeant la fortune dans le sein des finances. En vain *Chamillart* lui offrit une direction des fermes-générales en province ; il ne voulut jamais l'accepter. Il étoit au comble de la gloire, lorsqu'une affaire fâcheuse le précipita dans les inquiétudes les plus cuisantes. Le café de la *Laurent* étoit alors le rendez-vous littéraire & politique des oisifs de Paris. *La Motte* & *Rousseau* étoient les chefs de ce Parnasse, lorsque l'opéra d'*Hesione* vit le jour en 1708; *Rousseau* fit, sur un air du prologue de cet opéra, cinq *Couplets* contre les auteurs des paroles, de la musique & du ballet. Ces premiers couplets, qu'on croit être incontestablement de ce poëte, furent suivis d'une foule d'autres, où tout ce que le talent inspiré par la haine, par la vengeance & par la débauche, peut enfanter de plus monstrueux, se trouve réuni. Versailles, Paris, furent inondés de ces horreurs. Les tribunaux, fatigués par les plaintes des personnes outragées, recherchérent l'auteur de ces infamies. Tout le monde nomma *Rousseau* ; on crut y reconnoître sa verve. Ses Epigrammes infâmes, qu'il appelloit les *Gloria Patri* de ses Pseaumes, plusieurs Couplets malins contre diverses personnes, ses Contes libres, son penchant à la médisance, sembloient déposer contre lui, aux yeux de ses adversaires. On rapprocha les circonstances ; on rappella les différens propos qu'on lui avoit entendu tenir. On observa que les victimes immolées dans les *Couplets*, étoient précisément les personnes qu'il haïssoit le plus. Malgré ces présomptions, il étoit impossible qu'on portât un jugement certain sur cette funeste affaire, parce que d'un autre côté on savoit que *Rousseau* avoit des ennemis violens, qu'il devoit autant à l'envie qu'inspiroient ses talens, qu'à son esprit ſatyrique. Ce poëte n'eût jamais été condamné, s'il ſe fût borné à nier qu'il étoit l'aureur des *Couplets*. Mais non content de vouloir paroître innocent, il voulut que le géomètre *Saurin* fût coupable du crime dont on l'accuſoit. *Guillaume Arnould*, jeune ſavetier, eſprit foible, fut (dit-on) l'inſtrument que *Rouſſeau* mit en œuvre pour accabler ſon ennemi. Ce miſérable dépoſa que *Saurin* lui avoit remis les couplets, & les avoit donnés à un petit décroteur pour les faire paſſer en d'autres mains. Le procès porté au Châtelet paſſa au Parlement, & le coup dont *Rouſſeau* vouloit accabler le géomètre, retomba ſur ſa tête. *Saurin* fit valoir le contraſte de ſes mœurs & de celles de ſon ennemi. Il l'attaqua comme ſuborneur de témoins, en particulier de ce *Guillaume Arnould*, auquel il avoit donné de l'argent. Les preuves de cette ſubornation parurent évidentes, & le ſuborneur fut banni à perpétuité du royaume. Cet arrêt, rendu le 7 Avril 1712, fut affiché à la Grève. *Rouſſeau* ſe retira en Suiſſe, où le comte *du Luc*, ambaſſadeur de France auprès du corps Helvétique, lui rendit la vie douce & agréable. A la paix de Bade, conclue en 1714, le prince *Eugène* demanda *Rouſſeau* au comte, qui l'avoit mené avec lui, & ce ſeigneur n'oſa pas le lui refuſer. Le poete François paſſa à Vienne avec le prince, auprès duquel il demeura près de 3 ans. La malheureuſe affaire du comte de *Bonneval* lui attira une diſgrace, que ſes partiſans & ſes adverſaires ont attribuée à des cauſes bien différentes. *Rouſſeau*, obligé de quitter la cour de Vienne, ſe retira à Bruxelles. Ce fut dans cette ville que commencèrent ſes brouil-

leries avec M. de *Voltaire*. *Rouſſeau* avoit connu ce poëte naiſſant, au collège de *Louis le Grand*, & avoit admiré ſa facilité pour la poëſie. Le jeune *Arouet* cultiva une connoiſſance qui pouvoit lui être ſi utile ; il lui faiſoit hommage de tous ſes ouvrages. *Rouſſeau*, flatté de ces déférences, le peignoit *comme un homme deſtiné à faire un jour la gloire de ſon ſiécle*. L'auteur de la *Henriade* ne ceſſa de le conſulter ſur ſes eſſais, & leur amitié fut de jour en jour plus vive. Ils ſe voient malheureuſement à Bruxelles ; & la haine la plus amère entre dans le cœur de l'un & de l'autre. Quelle en fut l'origine ? Ce fut, ſuivant *Rouſſeau* & ſes partiſans, la lecture qu'il lui entendit faire de l'*Epître à Julie*, aujourd'hui à *Uranie*. Cet ouvrage lui fit horreur ; il lui en marqua ſon indignation. Le jeune-homme, piqué de ces reproches, tint des diſcours indignes contre celui qui les lui avoit faits. Voilà ce que dit *Rouſſeau*. Mais ſes adverſaires & les amis du poëte qu'il décrie, le ſoupçonnérent peut-être témérairement d'employer des perſonnalités, parce qu'il ſe croyoit offuſqué par la gloire de ſon rival. Ce qu'il y a de plus ſingulier, c'eſt que ces deux hommes célèbres aient voulu inſpirer au public un mépris qu'ils n'avoient pas l'un pour l'autre, & anéantir dans leur cœur une eſtime qu'ils ſe ſentoient malgré eux. Dans quelque conſidération que *Rouſſeau* fût à Bruxelles, il ne pouvoit oublier Paris. Le duc d'*Orléans*, régent du royaume, ſollicité par le grand-prieur de *Vendôme* & le baron de *Breteuil*, lui accorda des lettres de rappel. Mais le poëte, avant que d'en profiter, demanda qu'on revît ſon procès ; il vouloit être rappellé, non à titre de grace,

K ij

mais par un jugement folemnel. Sa demande fut rejettée. Pour fe confoler de cette nouvelle cruauté du fort, il fe mit à voyager. En 1721 il paffa en Angleterre, où il fit imprimer à Londres le *Recueil de fes Œuvres*, en 2 vol. in-4°. Cette édition, publiée en 1723, lui valut environ dix mille écus. Il les plaça fur la *Compagnie d'Oftende* ; mais les affaires de cette compagnie s'étant dérangées, les actionnaires perdirent leurs fonds. Cet illuftre infortuné, parvenu à un âge où les biens de la fortune font les plus néceffaires, ne fubfifta plus que des fecours de quelques amis. La généreufe amitié de *Boutet*, notaire à Paris, prévint dans tous les tems fes befoins. Il trouva une reffource encore plus grande dans le duc d'*Aremberg*, qui lui donna fa table à Bruxelles. Ce feigneur ayant été obligé en 1733 d'aller à l'armée en Allemagne, lui affûra une penfion de 1500 livres; mais *Rouffeau* eut encore le malheur de perdre les bonnes-graces de fon illuftre bienfaiteur. Il eut l'imprudence de publier dans un Journal, que M. de *Voltaire* l'avoit accufé, auprès du duc d'*Aremberg*, d'être l'auteur des *Couplets* pour lefquels il avoit été banni de France. M. de *Voltaire*, qui auroit dû dédaigner cette imputation, aima mieux s'en plaindre à ce prince, qui priva *Rouffeau* de fes bienfaits. La ville de Bruxelles devint pour lui, après cette difgrace, un féjour infupportable. Le comte *du Luc* & M. de *Sénoçan*, receveur général du clergé, inftruits de fes chagrins, le firent venir fecrettement à Paris, dans l'efpérance d'avancer la fin de fon banniffement. *Rouffeau* y fit un féjour de 3 mois ; mais fes protecteurs n'ayant pas pu lui obtenir un fauf-conduit pour un

an, il retourna à Bruxelles le 3 Février 1740, & y mourut le 17 Mars 1741, dans de grands fentimens de religion. Avant que de recevoir le Viatique, il protefta qu'il n'étoit point l'auteur des horribles *Couplets* qui avoient empoifonné fa vie. Cette proteftation eft, aux yeux de bien des gens, une démonftration complette de fon innocence. Eft-il probable, difent-ils, que *Rouffeau* en ait voulu impofer dans ces derniers mömens où la vérité fe fait jour ? Ce qu'il y a d'étrange, c'eft que ceux qu'il chargeoit d'avoir fait les Couplets, ont protefté toute leur vie, comme lui, qu'ils n'en étoient pas les auteurs. Que croire donc après cela ? *Piron* a fait cette épitaphe à l'*Horace* François :

Ci gît l'illuftre & malheureux ROUSSEAU ;
Le Brabant fut fa tombe & Paris
    fon berceau.
Voici l'abrégé de fa vie,
Qui fut trop longue de moitié :
Il fut trente ans digne d'envie,
Et trente ans digne de pitié.

Il eft plus facile de peindre dans *Rouffeau* le poëte, que l'homme. Quelques perfonnes l'ont repréfenté comme impie, inquiet, capricieux, impudent, vindicatif, envieux, flatteur, fatyrique. D'autres l'ont peint comme un homme plein de candeur & de franchife, comme un ami fidèle & reconnoiffant, comme un Chrétien pénétré de fa religion. Il eft difficile de fe décider entre deux portraits fi différens. Ceux qui voudront connoître plus particulièrement ce grand-homme, pourront confulter le Dictionnaire de M. *Chaufepié*, écrivain auffi exact qu'impartial, qui tâche de donner une idée juſte de ſon caractére. Il paroît, par ce qu'il en dit, que *Rouſſeau* ne peut être lavé ſur l'accuſation intentée contre lui d'avoir attaqué ſes bienfaiteurs. Nous croyons qu'on peut le juſtifier plus facilement contre ceux qui l'accuſérent d'avoir renié ſon pere. La plus grande nobleſſe d'un poëte, eſt de deſcendre d'*Homére*, de *Pindare*, de *Virgile*. Et quel beſoin auroit eu *Rouſſeau* de cacher l'obſcurité de ſa naiſſance ? elle relevoit ſon mérite. M. *Séguy*, attaché à M. le prince de la *Tour-Taſſis*, a donné une belle édition de ſes *Œuvres*, conformément aux intentions que le poëte lui avoit marquées. Cette édition publiée en 1743, à Paris, en 3 vol. in-4°, & en 4 vol. in-12, ne contient que ce que l'auteur a avoué ; elle renferme : I. Quatre livres d'*Odes*, dont le premier eſt d'*Odes ſacrées*, tirées des Pſeaumes. *Rouſſeau* (dit *Fréron*) réunit en lui *Pindare*, *Horace*, *Anacréon* & *Malherbe*. Quel feu ! quel génie ! quels éclairs d'imagination ! quelle rapidité de pinceau ! quelle abondance de traits frapans ! quelle foule de brillantes comparaiſons ! quelle richeſſe de rimes ! quelle heureuſe verſification ! mais ſur-tout quelle expreſſion inimitable ! Ses vers ſont achevés, autant que les vers françois peuvent l'être. II. Deux liv. d'*Epîtres* en vers. Quoiqu'elles ne manquent pas de beautés, il y règne un fonds de miſanthropie qui les dépare. *Rouſſeau* parle trop ſouvent de ſes ennemis & de ſes malheurs ; il y étale des principes qui portent moins ſur la vérité, que ſur les différentes paſſions qui l'animoient. La coiére le jette dans le paradoxe. Si je le trouve égal à *Horace* dans ſes Odes, il lui eſt bien inférieur dans ſes Epîtres. Il

y a beaucoup plus de philoſophie dans celles du poëte Romain. Quoi de plus ridicule d'ailleurs, que cette recherche d'expreſſions Marotiques, & de termes moins énergiques qu'extraordinaires ? Combien de copies déteſtables a faites un tel original ! III. Des *Cantates*. Il eſt le créateur de ce Poeme, dans lequel il n'a point eu d'égal. Les ſiennes reſpirent cette poëſie d'expreſſion, ce ſtyle pittoreſque, ces tours heureux, ces graces légères qui forment le véritable caractére de ce genre. Il eſt tantôt vif & impétueux, tantôt doux & touchant ; ſuivant les paſſions qui animent les perſonnages qu'il fait parler. IV. Des *Allégories*, dont pluſieurs ſont heureuſes ; mais dont quelques-unes paroiſſent forcées. V. Des *Epigrammes*, qui l'ont mis au-deſſus de *Martial* & de *Marot*. On a eu ſoin de retrancher de cette édition celles que la licence & la débauche lui avoient inſpirées. Celles-ci portent, à la vérité, l'empreinte du génie comme les autres ; mais de telles productions ne peuvent que déshonorer l'eſprit d'un poëte, & corrompre le cœur de ſes lecteurs. VI. Un livre de *Poéſies diverſes*, qui manquent quelquefois de légèreté & de délicateſſe. VII. Quatre *Comédies* en vers : *le Flatteur*, dont le caractére eſt très-bien repréſenté ; *les Aïeux chimériques*, piéce qui eut beaucoup moins de ſuccès, quoiqu'elle offre d'aſſez bonnes tirades ; *le Capricieux*, & *la Dupe de ſoi-même*, piéces d'un trèsfoible mérite. VIII. Deux *Comédies* en proſe ; le *Café* & la *Ceinture magique*, qui ne valent pas mieux. Le théâtre n'étoit pas ſon talent principal, & il avoit l'eſprit plus propre à la ſatyre qu'à la comédie, au genre de *Boileau*

qu'à celui de *Moliére.* IX. Un recueil de *Lettres* en profe. On n'a
choifi dans cette édition que les
plus intéreffantes. Il y en a un
recueil plus confidérable, en 5
vol. Ce recueil a fait tout à la
fois tort & honneur à fa mémoire. *Roùffeau* y dit le *pour* & le
contre fur les mêmes perfonnes.
Il paroît trop porté à déchirer
ceux qui lui déplaifent. A cela
près, on voit en lui un homme
d'un caractére ferme & d'une
ame élevée, qui ne veut devoir
fon retour dans fa patrie qu'à fa
pleine juftification. On y trouve
d'ailleurs quelques anecdotes, &
des jugemens exacts fur plufieurs
écrivains. Un libraire de Hollande a publié un ouvrage qui lui
feroit plus de tort, fi les auteurs
devoient répondre dès fotifes qu'on
met fous leurs noms : c'eft fon
Porte-feuille. Il y a, à la vérité,
dans ce miférable recueil plufieurs
piéces qui font de *Roùffeau* ; mais
il faut moins l'en blâmer, que ceux
qui ont tiré ces ouvrages de l'oubli, auquel ce grand poëte les
avoit condamnés. On a donné en
1741 à Paris, une fort jolie édition de fes *Œuvres choifies,* en 1
vol. in-12, petit format.

III. ROUSSEAU, (Jean-Jacques)
né à Genève en 1712 d'un horloger, quitta de bonne heure fa
patrie, fe fit Catholique & voyagea en Italie. Son caractére étoit
dès-lors, comme il l'avoua lui-même, *une orgueilleufe mifanthropie &
une certaine aigreur contre les riches &
les heureux du monde.* Après diverfes aventures, il vint en France, &
fut fecrétaire de M. de *Montaigu,*
ambaffadeur à Venife en 1743. Il
avoit près de 40 ans & étoit encore très-peu connu, lorfque fon
Difcours contre les Sciences, couronné en 1750 par l'académie de

Dijon, le tira de fon obfcurité.
On n'a jamais foutenu un paradoxe avec plus d'éloquence : ce
paradoxe n'étoit pas nouveau ;
mais l'auteur lui donna les graces
de la nouveauté, en employant
toutes les reffources du favoir &
du génie. Plufieurs adverfaires fe
préfentérent pour attaquer fon
opinion ; *Roùffeau* fe défendit, &
de difpute en difpute il fe trouvà
engagé dans la redoutable carriére des lettres, prefque fans y
avoir penfé. Son *Difcours fur les
caufes de l'inégalité parmi les Hommes & fur l'origine des Sociétés,* plein
de maximes hardies & d'idées bizarres, fut fait pour prouver que les
hommes font égaux ; qu'ils étoient
nés pour vivre ifolés ; & qu'ils
ont perverti l'ordre de la nature
en fe raffemblant. L'auteur, pané-
gyrifte éternel de l'homme fauvage, déprime trop l'homme focial.
Mais fi fon fyftême eft faux, les
couleurs dont il l'embellit font bien
brillantes. Ce *Difcours,* & fur-tout
la *Dédicace* de ce Difcours à la république de Genève, font des chef-
d'œuvres d'une éloquence dont
les anciens feuls nous avoient
donné l'idée. Sa *Lettre à M. d'Alembert* fur le projet d'établir un théâtre à Genève, publiée en 1757,
renferme, à côté de quelques paradoxes, les vérités les plus importantes & les mieux développées. Cette Lettre, fi intéreffante
pour les mœurs en général &
pour la république de Genève en
particulier, fut la première fource
de la haine que *Voltaire* lui voua,
& des injures dont il ne ceffa de
l'accabler. Ce qu'on trouvoit de
fingulier, c'eft que cet ennemi des
fpectacles avoit fait imprimer une
Comédie ; & qu'il avoit donné au
théâtre une Paftorale dont il fit la
poëfie & la mufique, l'une & l'autre

remplies de fentimens & de graces. Le *Devin du Village* (c'eft le titre de cette Paftorale) refpire la naiveté & la fimplicité champêtres. Tout y eft agréable, intéreffant, & fort fupérieur aux lieux-communs doucereux & infipides de nos petits drames à la mode. L'auteur avoit cultivé la mufique dès fon enfance ; il avoit, pour ce bel art, autant de goût que de talent. Son *Dictionnaire de Mufique*, à quelques inexactitudes près , eft un des meilleurs ouvrages que nous poffedions en ce genre ; & les articles qui ont rapport à la littérature, font traités avec l'agrément d'un très-bel efprit & la jufteffe d'un homme de goût. Le ton intéreffant & tendre qui règne dans le *Devin du Village*, anime plufieurs Lettres de *la Nouvelle Héloïfe*,1761, 6 parties in-12. Ce roman épiftolaire, dont l'intrigue eft mal conduite & l'ordonnance mauvaife, eft, comme prefque toutes les productions du génie, plein de beautés & de défauts. On defireroit plus de vérité dans les caractéres , & plus de précifion dans les détails. Les perfonnages fe reffemblent prefque tous, & leur ton eft guindé & exagéré. Quelques-unes de fes Lettres font admirables, par la force, par la chaleur de l'expreffion , par cette effervefcence de fentimens , par ce défordre d'idées qui caractérifent une paffion portée à fon comble. Mais pourquoi une Lettre touchante eft-elle fi fouvent fuivie d'une digreffion froide, ou d'une critique infipide , ou d'un paradoxe révoltant? Pourquoi fe fent-on glacer tout-à-coup, après avoir été pénétré de tous les feux du fentiment? C'eft qu'aucun des perfonnages n'eft véritablement intéreffant. Celui de *St-Preux* eft foible & fouvent forcé : *Julie* eft

un affemblage de tendreffe & de piété , de grandeur d'ame & de coquetterie , de naturel & de pédantifme : *Volmar* eft un homme violent & prefque hors de la nature. Enfin l'auteur a beau vouloir varier fon ton & prendre celui de fes perfonnages ; on fent que c'eft un effort, qu'il ne foutient pas long-tems, & tout effort gêne l'auteur & refroidit le lecteur... *Emile* fit encore plus de bruit que *la Nouvelle Heloife*. On fait que ce roman moral, publié en 1762 en 4 vol. in-12, roule principalement fur l'éducation. *Rouffeau* veut qu'on fuive en tout la nature ; & fi fon fyftême s'éloigne en quelques endroits des idées reçues, il mérite à plufieurs égards d'être mis en pratique, & il l'a été avec quelques modifications néceffaires. Les préceptes de l'auteur font exprimés avec cette force & cette nobleffe d'un cœur rempli des grandes vérités de la morale. Tout ce qu'il dit contre le luxe , contre les fpectacles , contre les vices & les préjugés de fon fiécle, eft digne tout à la fois de *Platon* & de *Tacite*. Son ftyle eft à lui. Il paroit pourtant quelquefois , par une forte de rudeffe & d'âpreté affectée , chercher à fe rapprocher de celui de *Montaigne* dont il eft grand admirateur, & dont il a rajeuni plufieurs fentimens & plufieurs expreffions. Ce qu'il y a de déplorable , c'eft qu'en voulant élever un jeune-homme Chrétien , il a rempli fon 3ᵉ vol. d'objections contre le Chriftianifme. Il fait, à la vérité, un éloge fublime de l'Evangile , & un portrait touchant de fon divin auteur ; mais les miracles, les prophéties qui établiffent fa miffion, font attaqués fans ménagement. L'auteur, n'admettant que la reli-

K vj

gion naturelle, pèse tout à la balance de la raison, & cette raison trompeuse le jette dans des écarts, qui furent funestes à son repos. Il habitoit depuis 1754 une petite maison de campagne près de Montmorenci : solitude qu'il devoit à la générosité d'un fermier-général. Sans adopter en tout la façon de vivre trop dure des anciens Cyniques, il s'étoit retranché tout ce que peut fournir ce luxe recherché qui est la suite des richesses & qui en pervertit l'usage. Il auroit été heureux dans cette retraite, s'il avoit pu oublier ce public qu'il affectoit de dédaigner ; mais le desir d'une grande réputation aiguillonnoit son amour-propre, & c'est ce desir qui lui fit glisser dans son *Emile* tant de choses dangereuses. Le parlement de Paris condamna ce livre en 1762,& poursuivit criminellement l'auteur, qui fut obligé de prendre la fuite à la hâte. Il dirigea ses pas vers sa patrie, qui lui ferma ses portes. Proscrit dans la ville qui lui avoit donné le jour, il chercha un asyle en Suisse, & le trouva dans la principauté de Neuf-Châtel. Son premier soin fut de défendre son *Emile* contre le *Mandement* de M. l'archevêque de Paris qui avoit anathématisé ce livre. Il publia en 1763 une *Lettre*, où toutes ses erreurs sont reproduites avec la parure de l'éloquence la plus vive & l'art le plus insidieux. Les *Lettres de la Montagne* virent le jour bientôt après ; mais ce livre bien moins éloquent, & surchargé de discussions ennuyeuses sur les magistrats & les pasteurs de Genève, irrita les ministres Protestans, sans le réconcilier avec les ministres de l'Eglise Romaine. *Rousseau* avoit abandonné solemnellement cette

dernière religion en 1753 ; & ce qu'il y a d'étrange, c'est qu'il étoit résolu alors de venir vivre, en France dans un pays Catholique. Les pasteurs Protestans ne lui furent aucun gré de ce changement ; & la protection du roi de Prusse à qui appartient la principauté de Neuf-Châtel, ne put le soustraire aux tracasseries que le pasteur de Moutiers-Travers, village où il s'étoit retiré, lui suscita. Il prit le parti de passer en Angleterre, & il se brouilla bientôt avec le célèbre *Hume*, qui l'avoit amené avec lui dans cette Isle. Nous n'entrerons pas dans le détail de cette fameuse querelle ; il se peut que le philosophe Anglois eût dans ses politesses un ton un peu rebutant ; mais il y a apparence que tous ses torts se bornèrent là. La santé délicate de *Rousseau*, une imagination forte & sombre, une sensibilité trop exigeante, un caractère ombrageux, joints à la vanité philosophique, purent lui donner le change sur quelques procédés innocens de son bienfaiteur, & le rendre ingrat, sans qu'il soupçonnât l'être. Quoi qu'il en soit, le philosophe de Genève revint en France. En passant à Amiens, il vit M. *Gresset*, qui le fonda sur ses malheurs & sur ses disputes ; il se contenta de lui répondre : *Vous avez eu l'art de faire parler un Perroquet, mais vous ne sauriez faire parler un Ours.* Ses protecteurs obtinrent qu'il demeureroit à Paris, à condition qu'il n'écriroit ni sur les matières de la religion, ni sur celles du gouvernement : il tint parole, car il n'écrivit pas du tout. Il se contenta de vivre en philosophe paisible, borné à la société de quelques amis sûrs, fuyant celle des grands, paroissant détrompé de toutes les illusions , & n'affichant ni la philosophie , ni le bel-esprit. Cet homme célèbre mourut d'apoplexie à Ermenonville, terre de M. le marquis de *Girardin* à 10 lieues de Paris , le 2 Juillet 1778. Son caractère, ainsi que ses opinions , étoit certainement original ; mais la nature ne lui en avoit donné que le germe, & l'art avoit beaucoup contribué à le lui rendre encore plus singulier. Il n'aimoit à ressembler à personne, & comme cette façon de penser & de vivre extraordinaire, lui avoit fait un nom, il manifesta peut-être un peu trop une sorte de bizarrerie , soit dans sa conduite , soit dans ses écrits. Semblable à l'ancien *Diogène*, il alloit la simplicité des mœurs avec tout l'orgueil du génie. Il tâchoit sur-tout de se rendre intéressant par la peinture de ses malheurs & de sa pauvreté, quoique ses infortunes fussent moins grandes qu'il ne le disoit & ne le sentoit, & quoiqu'il eût des ressources assûrées contre l'indigence. Il étoit d'ailleurs charitable , bienfaisant, sobre, juste, se contentant du pur nécessaire, & refusant les moyens qui lui auroient procuré ou des richesses ou des places. On ne peut l'accuser, comme tant d'autres sophistes, d'avoir souvent répété avec une emphase étudiée le mot de *vertu* , sans en inspirer le sentiment. Quand il parle des devoirs de l'homme, des principes essentiels à notre bonheur, du respect que nous nous devons à nous-mêmes, & de ce que nous devons à nos semblables ; c'est avec une abondance , un charme, une force qui ne sauroit venir que du cœur. Il s'étoit nourri de bonne heure de la lecture des anciens auteurs Grecs & Romains ;

& les vertus républicaines qui y font peintes , le transportent au-delà des bornes de la simple estime. Dominé par son imagination , il admiroit tout dans les anciens, & ne voyoit dans ses contemporains que des esprits affoiblis & des corps dégénérés. Ses idées sur la politique étoient presque aussi extraordinaires que ses paradoxes sur la religion. Son *Contrat social*, que *Voltaire* appelloit le *Contrat insocial*, est plein de contradictions , d'erreurs & de traits dignes d'un pinceau Cynique ; il est d'ailleurs obscur, mal digéré, & peu digne de sa plume brillante. On a encore de lui quelques autres petits ouvrages, qu'on trouve dans le recueil de ses *Œuvres*, publié en 14 vol. in-8°. On a recueilli les vérités les plus utiles & les plus importantes de cette collection dans ses *Pensées*, vol. in-12, où l'on a fait disparoître le sophiste hardi & l'auteur impie pour n'offrir que l'écrivain éloquent & le moraliste penseur. *Rousseau* avoit, dit-on, dans son porte-feuille d'autres écrits, & entr'autres des *Mémoires de sa vie*, que l'on présume être remplis de traits singuliers & hardis ; & le public, avide de toutes les productions de cet écrivain, ne peut les recevoir qu'avec la plus grande satisfaction.

I. ROUSSEL, (Michel) canoniste Normand du XVIIe siécle, se fit estimer des François par sa science dans le droit, & par la défense qu'il prit des libertés de l'Eglise de France dans son *Histoire de la Jurisdiction du Pape:* Il mérita aussi l'estime de tous les gens sages par son *Anti-Mariana*, où il plaide la cause des Souverains contre cet Espagnol fanatique. Ces matières ont été traitées cependant, avec plus de profondeur ; par les canoniftes qui l'ont fuivi ; mais *Rouffel* a le mérite d'avoir été un des prémiers à s'élever contre cet auteur féditieux.

II. ROUSSEL, (Guillaume) Bénédiétin de la congrégation de St Maur, de Conches en Normandie, fit profeffion en 1680. Son efprit & fon talent pour la chaire lui promettoient un fort heureux dans la capitale ; mais plus ami du repos que de la gloire, il fe retira à Reims, & mourut à Argenteuil en 1717, à 59 ans. On a de lui : I. Une bonne *Traduétion* françoife des Lettres de *St Jérôme*, réimprimée en 1713, en 3 vol. in-8°. II. Un *Eloge* du P. *Mabillon*, en profe quarrée. III. Il avoit entrepris l'*Hiftoire Littéraire de France* ; mais à peine en avoit-il tracé le plan, & recueilli quelques Mémoires à ce fujet, que Dieu l'appella à lui. Son projet fut dignement rempli par Dom *Rivet*.

ROUSSEVILLE, (N.) fut procureur du roi de la commiffion pour la recherche de la nobleffe de Picardie. Il dreffa le *Nobiliaire* de cette province en 417 feuilles, imprimées depuis 1708 jufqu'en 1717. Chaque famille occupe une grande feuille, forme d'*Atlas*. Comme il eft rare de les trouver toutes raffemblées, cette colleétion coûte fort cher lorfqu'elle eft complette.

I. ROWE, (Nicolas) poète Anglois, né l'an 1673, mort à Londres en 1718, s'étoit rendu habile dans les langues. L'étude du droit l'occupa quelque tems, & lui fit un nom ; enfin la poëfie eut pour lui des charmes auxquels il ne put réfifter, & il s'y adonna entiérement. On a de cet auteur une *Traduétion* eftimée de *Lucain*, des *Comédies* & des *Tragédies*. La plus connue eft *Tamerlan*. On y trouve de grandes beautés de détail, & des fcènes traitées avec art & av. beaucoup de force. Ses *Œuvres* parurent à Londres en 1733, 3 vol. in-12.

II. ROWE, (Thomas) de la même famille que le précédent, né à Londres en 1687, mort en 1715, s'acquit de la réputation par fes *Poéfies Angloifes*, entr'autres par quelques imitations d'*Horace* & de *Tibulle*. Il avoit entrepris de donner la *Vie* des grands-hommes de l'antiquité, omis par *Plutarque*. Cet auteur en avoit déja compofé 8, lorfqu'il mourut : nous n'avons que celles d'*Enée*, de *Tullus-Hoftilius*, d'*Ariftomène*, de *Tarquin l'Ancien*, de *Lucius-Junius-Brutus*, de *Gélon*, de *Cyrus* & de *Jafon*. On y trouve peu de chofes intéreffantes, du moins pour le commun des leéteurs, qui veulent que les ouvrages hiftoriques foient auffi amufans qu'inftruétifs. L'abbé *Bellenger* les a traduites d'Anglois en François, & les a fait imprimer en 1734, à la fuite de la nouvelle édition des Vies de *Plutarque* par *Dacier*.

III. ROWE, (Elizabeth) femme du précédent, étoit fille aînée de *Gaultier Singer*, gentilhomme Anglois. Elle naquit à Ilchefter, dans la province de Sommerfet en 1674, & mourut à Frome en 1737, où elle s'étoit retirée après la mort de fon mari. Cette dame auffi fpirituelle que vertueufe, montra beaucoup de difpofition & de goût pour les beaux-arts. Elle réuffiffoit dans la mufique & le deffin ; mais l'étude des langues, & en particulier de la poëfie, eut pour elle plus d'attraits, & a fait fa principale occupation. On admire dans fes compofitions un génie élevé, des images fortes, des fentimens nobles, une imagination brillante, enfin beaucoup d'amour pour la vertu. On a d'elle : I. L'*Hiftoire de Joseph*, en vers Anglois. II. *L'A-mitié après la mort.* III. Des *Lettres morales & amusantes*, & d'autres ouvrages mêlés de prose & de vers.

ROUVRE, *Voy.* II. ROVERE.

ROUX, *Voyez* ROSSO.,

ROUX, (Augustin) de l'académie de Bordeaux sa patrie, docteur en médecine dans l'université de cette ville, & docteur-régent de cette faculté à Paris, naquit en 1726, & mourut en 1776. Son caractère doux & honnête lui avoit fait des amis, & ses connoissances en médecine & en littérature lui procurèrent des protecteurs. Il continua le *Journal de Médecine*, commencé par *Vander-Monde*, depuis le mois de Juillet 1754 jusqu'en Juin 1776. On a encore de lui : I. *Recherches sur les moyens de refroidir les Liqueurs*, 1758, in-12. II. La *Traduction* de *l'Essai sur l'Eau de chaux* de *With*, 1767, in-12. III. *Annales Typographiques*, depuis 1757 jusqu'en 1762. Ce journal étoit bien fait & utile.

ROUXEL, *Voyez* GRANCEI.

ROXANE, fille d'*Oxyarte*, prince Persan, étoit un prodige de beauté. *Alexandre* l'épousa après la défaite de *Darius*, & en mourant l'an 324 avant J. C. il la laissa grosse d'un fils, qu'on nomma *le jeune Alexandre. Cassandre* fit mourir l'enfant & la mere.

ROXELANE, sultane favorite de *Soliman II*, empereur des Turcs, joignit à une grande beauté beaucoup d'esprit & encore plus d'ambition. *Soliman* avoit pour fils aîné *Mustapha*, sorti d'une autre femme que *Roxelane*, qui étoit mere de *Selim II* & de plusieurs autres enfans. C'étoit un obstacle à l'envie qu'avoit cette femme ambitieuse d'élever ses fils sur le trône. Elle feignit une passion extrême de bâtir une mosquée & un hô-pital pour les étrangers. Le sultan étoit trop épris d'elle pour lui refuser son consentement; mais le muphti, gagné à force de présens, ayant déclaré que ce pieux dessein ne pouvoit être exécuté par la sultane tant qu'elle seroit esclave, elle affecta une si grande mélancolie, que *Soliman*, craignant de la perdre, l'affranchit & l'épousa dans les formes. Alors l'adroite *Roxelane*, devenue femme de ce prince, agit avec tant d'artifice, qu'elle fit périr *Mustapha* l'an 1553, & ouvrit par cet attentat le chemin du trône à *Selim* son fils aîné. Elle avoit contribué, en 1546, à la mort du grand-visir *Ibrahim*. Elle mourut en 1561. (Voyez l'*Histoire des Favoris & des Favorites*, 2 vol. in-12.) Son caractère a été développé sur nos théâtres : aux Italiens, par M. *Favart*, dans *Soliman II*, comédie : aux François, dans les tragédies de *Mustapha & Zéangir*, de Mrs *Belin* & *Chamfort*, représentées avec succès, l'une en 1705 & l'autre en 1777.

I. ROY, (Louis le) *Regius*, né à Coutances en Normandie, mort en 1577, avoit succédé en 1570 au célèbre *Lambin*, dans la chaire de professeur en langue Grecque au collège-royal à Paris. C'étoit un homme d'une impétuosité de caractère insupportable. Il écrivoit assez bien en latin. Ses ouvrages sont : I. *La Vie de Guillaume Budé*, en latin élégant, Paris 1577, in-4°. II. La *Traduction* françoise du *Timée* de *Platon*, in-4°, & de plusieurs autres ouvrages grecs. III. Des *Lettres*, 1560, in-4°, &c.

II. ROY, (Pierre le) aumônier du jeune cardinal de *Bourbon*, & chanoine de Rouen, publia, en 1593, *la Vertu du Catholicon d'Es-pagne.* Cet écrit passa pour ingénieux lorsqu'il parut, & il n'a

pas encore perdu cette réputation.
Il fit naître l'idée de tous les
autres écrits qui composent la
fameuse *Satyre Ménippée*, en 3
vol. in-8°.

ROY, (Le) *Voyez* GOMBER-
VILLE & LOBINEAU.

III. ROY, (Guillaume le) né
à Caën, en Normandie; l'an 1610,
fut envoyé de bonne heure à Paris, où il fit ses études: Il embrassa ensuite l'état ecclésiastique,
& fut élevé au sacerdoce. Son
amour pour la retraite lui fit acheter en 1654 une maison de campagne, où il se retiroit fréquem-
ment pour s'occuper à la lecture
de l'Ecriture, des Peres, des Conciles & de l'histoire de l'Eglise.
Ayant permuté son canonicat de
Notre-Dame de Paris avec l'abbaye de Haute-Fontaine, il y
vécut dans la retraite, la prière
& le travail jusqu'à sa mort, arrivée en 1684, à 74 ans. Il étoit
ami intime des *Arnauld*, des *Nicole*, des *Pont-Château*. On a de
lui: I. Des *Instructions recueillies
des Sermons de St Augustin sur les
Pseaumes*, en 7 vol. in-12. II. La
Solitude Chrétienne, en 3 vol. in-
12. III. Un grand nombre de *Lettres*, de *Traductions*, & d'autres
ouvrages, écrits d'un style noble
& ferme, mais un peu monotone.

IV. ROY, (Jacques le) baron
du S. Empire, né à Bruxelles,
mourut à Lyon en 1719 à 86 ans.
Il s'est beaucoup occupé de l'Histoire de son pays, & ses travaux
nous ont procuré les ouvrages
suivans: I. *Notitia Marchionatûs
sancti Imperii*, 1678, in-fol. avec
figures. II. *Topographia Brabantiæ*,
1692, in-fol. III. *Castella & Præ-
toria nobilium*, 1696, in-fol. IV.
Le Théâtre profane du Brabant, 1730,
2 vol. in-fol. avec figures.

V. ROY, (N. le) ouvrier &
correcteur d'imprimerie à Poitiers vers le milieu de ce siécle,
mérite ici un article pour son
Traité de l'Orthographe Françoise,
revu par M. *Restaud*, dont la derniére édition est de 1775 in-8°.
C'étoit un homme sans ambition
& sans intrigue, qui ne s'occupoit que de l'arrangement de ses
caractéres & des travaux du cabinet, qu'il entremêloit singuliérement. Pour ne pas interrompre
les fonctions manuelles de sa profession, d'où dépendoit sa subsistan-
ce, il consumoit ses veilles aux
recherches & à la composition de
son ouvrage. Ce livre eut le succès qu'il méritoit; des personnes
en place voulurent, dit-on, faire
obtenir une imprimerie à son auteur, & il les remercia, en quoi
il se montra peu sage. Il exerçoit
encore son art en 1742 depuis
plus de 20 ans, comme il le dit
page 100 de l'édition de cette année; & il mourut depuis dans la
médiocrité qu'il avoit préférée à
la fortune. Le *Dictionnaire* de *le
Roy* tient un rang distingué parmi
ceux de son genre, tant pour l'é-
rudition puisée dans les bonnes
sources qu'offre cette nomencla-
ture, complette sans être trop vo-
lumineuse, que pour la justesse
des principes, & le ton d'impartialité qui y règne. (*Art. fourni.*)

VI. ROY, (Julien le) né à
Tours en 1686, fit paroître dès
son enfance tant de goût pour les
méchaniques, que dès l'âge de
13 ans il faisoit de lui-même de
petits ouvrages d'horlogerie. A
l'âge de 17 ans il se rendit à Paris, où son talent fut employé,
& où il fut admis dans le corps des
horlogers en 1713. Les Anglois
étoient nos maîtres alors dans
ce bel art; mais *Julien le Roy* les

égala bientôt par ses inventions & par la perfection où il porta les montres. *Graham*, le plus fameux horloger d'Angleterre, rendit justice à l'horloger François. Le célèbre *Voltaire*, parlant un jour à Mr *le Roi*, le fils, de son illustre pere, lui dît : *Le Maréchal de Saxe & votre pere ont battu les Anglois.* Cet artiste mourut à Paris en 1759, laissant quatre fils très-bien élevés & dignes de lui. On peut voir le détail de ses inventions & de ses découvertes en horlogerie, dans les *Etrennes Chronométriques* pour l'année 1760, de Mr *le Roy*, son fils aîné, horloger du roi. Le pere n'étoit pas seulement distingué comme artiste, il l'étoit comme bon citoyen. Il se faisoit un plaisir de cultiver les talens naissans de ses ouvriers, & les aidoit par ses bienfaits autant que par ses lumiéres.

VII. ROY, (Pierre-Charles) Parisien, eut dès sa jeunesse le talent de la poësie. Les premiers essais de sa Muse naissante annoncérent un heureux avenir. Il se consacra à l'Opéra, & il travailla en concurrence avec *la Mothe* & *Danchet*. Il a donné plusieurs ouvrages en ce genre. Les principaux sont : *Philomèle*, *Bradamante*, *Hippodamie*, *Créuse*, *Callirhoé*, *Ariane & Théfée*, *Sémiramis*, les *Elémens*, les *Stratagémes de l'Amour*, le *Ballet des Sens*, les *Graces*, le *Ballet de la Paix*, le *Temple de Gnide*, les *Augustales*, la *Félicité*, les *Quatre parties du Monde*, l'*Année Galante*, les *Fêtes de Thétis*, & le *Bal Militaire*. Il y a bien à bien louer dans ces différens ouvrages, & encore plus à critiquer. Les *Elémens* & *Callirhoé* sont les seuls qui paroissent devoir rester au théâtre. La versification de *Roy* est ingénieuse,

mais quelquefois prosaïque & séche. L'auteur avoit plus de goût que de génie. Il avoit composé un grand nombre de ces *Brevets de Calote*, dont il existe une collection qu'on ne lit plus. Ce poëte, non content d'avoir déchiré plusieurs membres de l'académie Françoise en particulier, attaqua le corps entier par une allégorie satyrique, connue sous le nom de *Coche*. Cette satyre lui ferma pour toujours les portes de l'académie. Le célèbre *Rameau* préféroit aux poëmes de *Roy*, ceux de *Cahuzac*, dont les talens étoient inférieurs, mais qui avoit peut-être plus de docilité pour se prêter aux caprices du musicien. Cette préférence anima la verve du poète *Roy* contre *Rameau*. Il enfanta cette allégorie sanglante, où l'*Orphée* de notre musique est désigné sous le nom de *Marsyas*. Cet écrivain fut conseiller au Châtelet, élève de l'académie des Inscriptions, trésorier de la chancellerie de la cour des Aides de Clermont, & chevalier de l'ordre de *St Michel*. Il mourut en 1763, dans un âge avancé, sans emporter beaucoup de regrets. Son penchant à la satyre lui avoit fait des ennemis de la plûpart des gens-de-lettres. Outre ses Opéra, on a encore de lui un *Recueil de Poësies* & d'autres ouvrages, en 2 vol. in-8°. Tout n'y est pas bon ; mais il y a de tems en tems des vers heureux & des pensées tournées avec délicatesse. On connoît son *Poëme* sur la maladie du roi, qui fit naître cette jolie épigramme :

Notre Monarque, après sa maladie,

Etoit à Metz attaqué d'insomnie :
Ah, que de gens l'auroient guéri d'abord!

Roy, *le Poëte*, à *Paris verfifie.*
La Piéce arrive, on *la lit*, le
Roi dort...
De St Michel *la Mufe foit bénie!*

I. ROYE, (Guy de) fils de
Matthieu feigneur de *Roye*, grand-
maître des Arbalêtriers de France, d'une illuftre maifon originaire de Picardie, fut d'abord
chanoine de Noyon, puis doyen
de Saint-Quentin, & vécut à la
cour des Papes d'Avignon avec
beaucoup d'agrément. Il s'attacha
enfuite au parti de *Clément VII* &
de *Pierre de Lune*, autrement *Benoît XIII.* Ce fut par leur crédit
qu'il devint fucceffivement évêque
de Verdun, de Caftres & de Dol,
archevêque de Tours, puis de
Sens, & enfin archevêque de Reims
en 1391. Il fonda le collège de
Reims à Paris en 1399, tint un
concile provincial en 1407, &
partit 2 ans après pour fe trouver
au concile de Pife. Arrivé à Vol-
tri, bourg à 5 lieues de Gênes,
un homme de fa fuite prit querelle avec un habitant de ce bourg,
& le tua. Ce meurtre excita une
fédition. *Roye* voulut defcendre de
fa chambre pour appaifer ce tumulte ; en defcendant, il fut
frapé d'un trait d'arbalête par un
des habitans, & mourut de cette
bleffure le 8 Juin 1409. Il laiffa
un livre intitulé : *Doctrinale Sa-
pientiæ*, traduit par un religieux de
Cluny fous le titre de *Doctrinal
de la Sapience*, in-4°. en lettres
gothiques. Le traducteur y ajoûta
des exemples & des hiftoriettes,
contées avec naïveté. Le nom de
Guy de Roye doit refter dans la
mémoire des hommes qui chérif-
fent les vertus épifcopales.

II. ROYE, (François de) profeffeur de jurifprudence à Angers,
fa patrie, mourut en 1686. Son

livre *De jure Patronatûs*, Angers,
1667, in-4°. & celui *De miffis Do-
minicis eorumque officio & poteftate*,
1672, in-4°. prouvent beaucoup
de recherches & de favoir. *Roye*
fe diftingua non-feulement comme écrivain ; mais il contribua
par fon zèle à faire fleurir l'univerfité d'Angers.

ROYER, (Jofeph - Nicolas-
Pancrace) muficien célèbre, né
en Savoye, vint s'établir à Paris
vers l'an 1725. Il y acquit beaucoup de réputation par fon goût
pour le chant, & par fon habileté à toucher de l'orgue & du
claveffin. Ce fut un homme poli
& d'un caractère aimable, qui lui
procura de belles connoiffances à
Paris & même à la cour. Il obtint la furvivance de maître de
la mufique des enfans de France,
dont il devint titulaire en 1746.
Il eut l'année fuiv. la direction du
concert fpirituel ; en 1754 il obtint la charge de compofiteur de
mufique de la chambre du roi, &
la même année la place d'infpecteur général de l'Opéra. Il étoit
prêt à jouir d'une fortune avantageufe, lorfque la mort termina
fes jours à Paris le 11 Janvier
1755, dans la 50° année de fon
âge. *Royer* avoit un caractére honnête. Il eft auteur d'un grand nombre de Pièces de claveffin, eftimées. On n'en a gravé jufqu'à
préfent qu'un livre : il a laiffé en
manufcrit de quoi en former un
fecond, & même un 3°. Les Opéra
dont il a compofé la mufique font
Pyrrhus, *Zaide*, le *Pouvoir de l'A-
mour*, *Amafis*, *Prométhée*.

RUAR, (Martin) Socinien
Allemand, de Krempen, aima
mieux perdre fon patrimoine, que
de renoncer à fa fecte. Il devint
recteur du collège de Cracovie,
puis miniftre des Sociniens de

Dantzick. Il se signala dans son parti par quelques ouvrages. On a de lui : I. Des *Notes* sur le *Catéchisme* des Eglises Sociniennes de Pologne, imprimé avec ce Catéchisme. II. Deux volumes in-12 de *Lettres*, qui sont curieuses. *Ruar* mourut en 1657, à 70 ans. Il avoit des connoissances, mais encore plus d'entêtement.

RUBEN, fils aîné de *Jacob* & de *Lia*. Pendant que *Jacob* étoit dans la terre de Chanaan, auprès de la tour du troupeau, *Ruben* déshonora son lit, & abusa de *Bala* sa concubine. Lorsque ses freres résolurent de se défaire de *Joseph*, *Ruben* touché de compassion les en détourna, en leur persuadant de le jetter plutôt dans une citerne ; il avoit dessein de l'en tirer secrettement pour le rendre à son pere. *Jacob*, au lit de la mort, adressant la parole à *Ruben* son fils aîné, lui reprocha son crime & lui dit, que » parce qu'il avoit souillé le lit de » son pere, il ne croîtroit point » en autorité. » La tribu de *Ruben* éprouva les suites de cette imprécation. Elle ne fut jamais bien considérable, ni nombreuse dans Israël. Elle eut son partage au-delà du Jourdain, entre les torrens d'Arnon & de Jazer, les monts Galaad & le Jourdain. *Ruben* mourut l'an 1626 avant J. C. a 124 ans.

I. RUBENS, (Philippe) originaire d'Anvers, frere du peintre dont nous parlerons dans l'article suivant, & né à Cologne en 1574 d'une famille noble, devint sécrétaire & bibliothécaire du cardinal *Ascagne Colonne*, puis secrétaire de la ville d'Anvers, où il mourut en 1611, à 38 ans. Ce n'est pas lui, mais *Albert RUBENS*, fils du peintre, qui a donné un traité *De re Vestiaria & lato Clavo*, & un *Commentaire* sur les médailles de *Charles* duc d'*Arschot*. Ces ouvrages sont savans. *Philippe* est connu par un traité intitulé : *Antiquorum rituum emendationes*, Anvers, 1608, in-4°.

II. RUBENS, (Pierre - Paul) peintre célèbre, naquit à Cologne en 1577. Son pere le mit page chez la comtesse de *Lalain* ; mais son goût le porta à la peinture : il partit pour l'Italie, après avoir pris des leçons d'*Octavio Van-Veen*. Le duc de *Mantoue*, informé de son rare mérite, lui donna un logement dans son palais. Ce fut dans ce séjour que *Rubens* fit une étude particulière des ouvrages de *Jules Romain*. Les tableaux du *Titien*, de *Paul Veronèse* & du *Tintoret*, l'appellérent à Venise. L'étude qu'il fit des chef-d'œuvres de ces grands maîtres, changea son goût qui tenoit de celui du *Caravage*, pour en prendre un qui lui fût propre. Ce célèbre artiste se rendit ensuite à Rome, & de-là à Gènes. Enfin il fut rappellé en Flandres, par la nouvelle qu'il reçut que sa mere étoit dangereusement malade. Ce fut vers ce tems-là que *Marie de Médicis* le fit venir à Paris pour peindre la galerie de son palais du Luxembourg. *Rubens* fit les tableaux à Anvers, & revint en 1625 dans cette capitale pour les mettre en place. Il devoit y avoir une galerie parallèle, représentant l'histoire de *Henri IV* : *Rubens* en avoit même déja commencé plusieurs tableaux ; mais la disgrace de la reine en empêcha l'exécution. *Rubens* avoit plus d'une sorte de mérite, qui le faisoit rechercher des grands, vrais estimateurs des talens. Le duc de *Buckingham* lui ayant fait connoître tout le chagrin que lui causoit la mésintelligence des couronnes d'Angleterre & d'Espagne, il le chargea de communiquer fes deffeins à l'infante *Ifabelle*, pour lors veuve de l'archiduc *Albert*. *Rubens* montra, en cette occafion, qu'il y a des génies qui ne font jamais déplacés. Il fut un excellent négociateur ; & la princeffe crut devoir l'envoyer au roi d'Efpagne, *Philippe IV*, avec commiffion de propofer des moyens de paix & de recevoir fes inftructions. Le roi fut frappé de fon mérite, le fit chevalier, & lui donna la charge de fecrétaire de fon confeil-privé. *Rubens* revint à Bruxelles, rendre compte à l'infante de ce qu'il avoit fait ; il paffa enfuite en Angleterre, avec les commiffions du roi Catholique : enfin la paix fut conclue, au defir des deux Puiffances. Le roi d'Angleterre, *Charles I*, le fit auffi chevalier ; il illuftra fes armes, en y ajoûtant un canton chargé d'un lion, & tira en plein parlement l'épée qu'il avoit à fon côté, pour la donner à *Rubens* ; il lui fit encore préfent du diamant qu'il avoit à fon doigt, & d'un cordon auffi enrichi de diamans. *Rubens* retourna de nouveau en Efpagne, où il fut honoré de la Clef-d'or, créé gentilhomme de la chambre du roi, nommé fecrétaire du confeil d'état dans les Pays-Bas. Enfin comblé d'honneurs & de biens, il revint à Anvers, où il époufa *Hélène Forment*, célèbre par l'éclat de fa beauté. Il partageoit fon tems entre les affaires & la peinture. Ce peintre vécut toujours comme une perfonne de la première confidération ; il réuniffoit en lui tous les avantages qui peuvent rendre recommandable. Sa figure & fes manières étoient nobles, fa converfation brillante, fon logement magnifique & enrichi de ce que l'art offre de plus précieux en tout

genre. Il reçut la vifite de plufieurs princes fouverains, & les étrangers venoient le voir comme un homme rare. Il travailloit avec une telle facilité, que, la peinture ne l'occupant pas tout entier, il fe faifoit lire les ouvrages des plus célèbres auteurs, fur-tout des poëtes. Son génie le rendoit également propre pour tout ce qui peut entrer dans la compofition d'un tableau. Il inventoit facilement ; & s'il falloit recommencer un même fujet plufieurs fois, fon imagination lui fourniffoit auffi-tôt des ordonnances d'une nouvelle magnificence. Ses attitudes font naturelles & variées, fes airs de tête font d'une beauté finguliére. Il y a dans fes idées une abondance, & dans fes expreffions une vivacité, furprenantes. On ne peut trop admirer fon intelligence du clair-obfcur ; aucun peintre n'a mis autant d'éclat dans fes tableaux, & ne leur a donné, en mêmetems, plus de force, plus d'harmonie & de vérité. Son pinceau eft moëlleux, fes touches faciles & légères, fes carnations fraîches, & fes draperies jettées avec beaucoup d'art. Il s'étoit fait des principes certains & lumineux, qui l'ont guidé dans tous fes ouvrages. On lui a reproché cependant quelque incorrection dans fes figures, & un goût de deffin lourd & qui tient du caractére Flamand. L'étonnante rapidité avec laquelle il peignoit, peut l'avoir fait tomber dans ces imperfections, dont les ouvrages qu'il a travaillés avec foin, font exemts. Ses deffins font d'un grand goût, d'une touche favante ; la belle couleur & l'intelligence du tout enfemble s'y font remarquer. Ses peintures font en grand nombre : les principales font à Bruxelles, lès, à Anvers, à Gand, en Espagne, à Londres, à Paris. On a beaucoup gravé d'après ce maître. Le Catalogue de ses ouvrages se trouve à Paris chez *Briasson* & *Jombert*. On a de lui un *Traité de la Peinture*, Anvers 1622 ; & *L'Architecture Italienne*, Amsterd. 1754, in-fol. Parmi ses disciples, les plus distingués sont *Van-Dyck*, *Diepenbeck*, Jacques *Jordans*, David *Teniers*, Juste *Van-Mol*, *Van-Thulden*, &c.

RUBEUS, *Voyez* II. ROSSI.

RUBRUQUIS, (Guillaume) fameux Cordelier, envoyé par le roi St *Louis* vers *Sartach*, prince Tartare, en 1252, servit ce monarque avec zèle, pour obtenir la permission d'annoncer l'Evangile dans ses états. Mais cette députation ne produisit d'autre fruit, que deux vestes de peaux que le prince barbare envoya au roi très-chrétien le remercier de sa bonne volonté.

I. RUCCELLAI, (Jean) d'une des premiéres familles de Florence, naquit dans cette ville en 1475. Il embrassa de bonne heure l'état ecclésiastique, parut avec distinction à la cour de Rome, & fut envoyé nonce en France par *Léon X*, son parent. *François I* lui marqua beaucoup de bienveillance ; mais le pape s'étant ligué avec l'empereur *Charles - Quint* contre ce prince, *Ruccellai* fut obligé de retourner en Italie. Au moment de son départ il apprit la mort de *Léon X*, & cette triste nouvelle lui fit perdre l'espérance de la pourpre Romaine, que sa nonciature lui auroit apparemment procurée. *Clément VII* le nomma gouverneur du château St-Ange : place destinée à des prélats d'un mérite éprouvé & d'une fidélité sans reproche ; mais il n'obtint jamais le chapeau si désiré. On croit qu'il mourut curé d'une petite paroisse dans le diocèse de Lucques ; on ignore l'année précise de sa mort. *Ruccellai* cultiva avec succès les Muses Italiennes. On a de lui : I. La *Rosemonde*, in-8°. 1525 ; tragédie représentée devant le pape *Léon X*, lorsqu'il passa en 1512 à Florence & qu'il visita l'auteur dans sa maison de campagne. Elle a été plusieurs fois réimprimée, & on y trouve des beautés, qui doivent faire pardonner quelques imperfections bien excusables dans la renaissance du théâtre en Italie. II. Les *Abeilles*, 1539, in-8° : poëme en vers non rimés, qui prouve de l'imagination & du style ; a Florence, 1590, in-8°. III. *Oreste*, tragédie long-tems manuscrite, & publiée par le marquis *Scipion Maffei* dans le 1er vol. du *Théâtre Italien*, à Vérone, 1723, in-8.

II. RUCCELLAI, (Bernard) en latin *Oricellarius*, Florentin, qui vivoit sur la fin du xve siécle, étoit allié des *Médicis*, & fut élevé aux plus belles charges de sa patrie. Il connoissoit parfaitement les finesses de la langue Latine, & l'écrivoit avec une grande pureté ; mais personne ; pas même *Erasme*, ne put jamais l'engager à la parler. Le P. *Mabillon* l'accuse d'avoir écrit avec trop de partialité sur l'expédition du roi *Charles VIII*, en Italie, dans son *Bellum Italicum*, Londres 1733, in-4°. A ce défaut près, ses ouvrages sont estimés.

III. RUCCELLAI, (l'Abbé) gentilhomme Florentin de la même famille que le précédent ; étoit fils d'un partisan, qui avoit entretenu une correspondance continuelle avec *Zamet*, *Bandini* ; *Cedami*, & plusieurs autres gens-d'affaires de cette nation, établis en France, son pere avoit beaucoup de crédit à la cour ; il lui procura pour plus de 30,000 liv. de bénéfices, & lui donnoit chaque année une pareille fomme. Il ne fut pas plutôt engagé dans l'état eccléfiaftique, qu'il porta fes vœux aux premières dignités de la cour de Rome, & acheta une charge de clerc de la chambre du pape. Il avoit de la littérature, & il s'énonçoit facilement & agréablement. Le pape *Paul V.* le confultoit fouvent fur les affaires les plus difficiles. Cette confiance lui attira tant d'affaires & tant d'ennemis, qu'il fut enfin obligé de quitter Rome & de paffer en France. Le maréchal d'*Ancre* l'introduifit à la cour ; il s'y fit aimer & rechercher, moins à caufe de la beauté de fon efprit, que de fa grande dépenfe, ou pour mieux dire, de fes profufions. On vit fervir à fa table des baffins de vermeil, tout chargés d'effences, de parfums, de gants, d'éventails pour les convives. Sa délicateffe en toutes chofes alloit à l'excès. Il ne buvoit que de l'eau, mais d'une eau qu'il faifoit aller chercher bien loin, & choifir, pour ainfi dire, goutte à goutte. Un rien le bleffoit ; le foleil, le ferein, le chaud, le froid, ou la moindre intempérie de l'air, altéroient fa conftitution. Ce fut lui qui apporta la mode des vapeurs en France, & qui fut le premier modèle de cette efpèce fi baffe & fi vaine, connue fous le nom de *Petits-Maîtres*. L'abbé *Ruccellai* mourut du pourpre à Montpellier le 22 Octobre 1628. Il avoit, au milieu de fes petiteffes, d'excellentes qualités. Il étoit généreux & reconnoiffant. Ce fut lui qui fit embaumer à fes frais & tranfporter à Maillé en Anjou le corps du connétable de *Luynes*, mort fi abandonné & fi pillé par

fes gens, qu'ils ne laifférent pas un drap pour l'enfévelir.

I. RUDBECK, (Olaüs) né à Arofen dans le Weftermanland en 1630, d'une famille noble, fut profeffeur de médecine à Upfal, où il mourut en 1702, dans fa 73ᵉ année. Ses principaux ouvrages font : I. *Exercitatio Anatomica*, in-4°. à Leyde. Il y publie la découverte anatomique des *vaiffeaux lymphatiques*. Il prétend que cette découverte lui appartient, & que *Thomas Bartholin* la lui a dérobée. Ce qu'il y a de fûr, c'eft que le docteur *Jolife* avoit apperçu en Angleterre ces vaiffeaux dans le même tems. Il y a apparence que la gloire de cette découverte leur appartient à chacun en particulier. II. *Atlantica, five Manheim, vera Japheti pofterorum fedes ac patria,* 1679, 1689 & 1698, 3 vol. in-fol. Il devoit y avoir un 1vᵉ tom. qui eft refté manufcrit. On y joint pour 1vᵉ tome un Atlas de 43 Cartes, avec deux Tables chronologiques ; le portrait de *Rudbeck* eft à la tête. Ce livre peu commun eft rempli d'érudition, mais d'une érudition accablante, & l'auteur y foutient les paradoxes les plus étonnans. Il prétend que la Suède, fa patrie, a été la demeure des anciennes Divinités du Paganifme & de nos premiers peres ; qu'elle eft la véritable *Atlantide* de *Platon* ; & que c'eft de la Suède que les Anglois, les Danois, les Grecs, les Romains & tous les autres peuples font fortis. III. *Leges Waft-Gothicæ*, Upfaliæ, in-fol. rare. IV. Une *Defcription des Plantes*, gravées en bois, 1701 & 1702, 2 vol. in-fol. il devoit y en avoir 12. V. Un *Traité* fur la Comète de 1667.

II. RUDBECK, (Olaüs) fils du précédent, non moins favant que fon pere, a donné: I. *Laponia illuf-trata*, 1701, in-4°. II. *Differtation fur l'oifeau* Selai *de la Bible*, 1705, in-4°. III. *Specimen linguæ Gothicæ*, 1717, in-4°.

I. RUE, (Charles de la) né à Paris en 1643, entra chez les Jé-fuites, & y devint profeffeur d'hu-manités & de rhétorique. Son ta-lent pour la poëfie brilla avec éclat dès fa jeuneffe. Il fe fignala en 1667, par un *Poëme* latin fur les conquêtes de *Louis XIV*, que le grand *Corneille* mit en vers fran-çois. Ce poète, en préfentant la traduction au roi, fit un éloge de l'original & du jeune poëte, qui infpira beaucoup d'eftime à ce monarque. Le P. de *la Rue* deman-da inftamment la permiffion d'aller prêcher l'Evangile dans les mif-fions du Canada; mais il fut re-fufé. Ses fupérieurs le deftinoient à la chaire ; il remplit avec app-laudiffement celles de la capi-tale & de la cour. Il auroit peut-être donné dans l'efprit, fans le propos que lui tint un courtifan : *Mon Pere*, lui dit-il, *continuez à prêcher comme vous faites ; nous vous écouterons toujours avec plai-fir, tant que vous nous préfenterez la raifon ; mais point d'efprit. Tel de nous en mettra plus dans un couplet de Chanfon, que la plûpart des Pré-dicateurs dans tout un Carême.* Le P. de *la Rue* étoit le prédicateur de fon fiécle qui débitoit le mieux; c'étoit le vrai *Baron* de la chaire, fi on ofe fe fervir de cette expref-fion. Croiroit-on qu'avec un talent fi diftingué pour la déclamation, il fut d'avis d'affranchir les prédica-teurs de l'efclavage d'apprendre par cœur ? Il penfoit qu'il valoit autant lire un fermon que de le prêcher. Cette méthode ne nui-roit point, felon lui, à la viva-cité de l'action. Le prédicateur,

raffûré par fon cahier, n'en ré-citeroit qu'avec plus de chaleur. Il ne perdroit pas un tems confi-dérable à apprendre un difcours. Il ne rifqueroit pas de compro-mettre fa réputation devant la multitude, qui regarde comme un très-grand ridicule, un moment d'abfence de mémoire. Cet illuf-tre Jéfuite fut employé dans les miffions des Cevennes. Il eut le bonheur de faire embraffer la reli-gion Catholique à plufieurs Pro-teftans, & de la faire refpecter aux autres. Il mourut à Paris en 1725, à 82 ans. Le P. de *la Rue* étoit auffi aimable dans la fociété, qu'ef-frayant dans la chaire. Sa conver-fation étoit belle, riche, féconde. Son goût pour tous les arts lui donnoit la facilité de parler de tout à propos. Il plaifoit aux grands par fon efprit, & aux pe-tits par fon affabilité. Au milieu du tumulte du monde, il favoit fe préparer à la folitude du cabinet & à la retraite du cloître. On a de lui : I. Des *Panégyriques* & des *Oraifons funèbres*, 3 vol. in-12 ; & des *Sermons* de morale, qui for-ment un Avent & un Carême, en 4 vol. in-8°, Paris : on les a réimpri-mées en 4 vol. in-12. L'ingénieu-fe diftribution, le jufte rapport des différentes parties, la véhé-mence du ftyle & les graces de la facilité, brillent dans fes ouvra-ges. Il anime tout; mais fon ima-gination le rend quelquefois plus poëte que prédicateur. Ce défaut fe fait moins fentir dans fon Avent que dans fon Carême. Son chef-d'œuvre eft le Sermon des *Cala-mités publiques*. Parmi fes Oraifons funèbres, celle du Maréchal de *Luxembourg* eft ce qu'il a fait de plus beau dans ce genre. II. Des *Piéces* de théâtre. Ses Tragédies latines, intitulées *Lyfimachus* &

L ij

Cyrus, & celles de *Lyſimachus* & de *Sylla* en vers françois, méritérent l'approbation de *P. Corneille.* Les comédiens de l'Hôtel de Bourgogne ſe préparoient ſecrettement a jouer cette derniére piéce, qu'on trouve dans la *Grammaire Françoiſe* de ſon confrère *Buffier*; mais le P. de *la Rue* en étant informé, les arrêta par ſon crédit. On lui attribue encore l'*Andrienne* & l'*Homme à bonnes fortunes*, comédies publiées ſous le nom de *Baron*, ſon ami. III. Quatre livres de *Poeſies Latines*; a Paris, en 1680, in-12; & a Anvers, en 1693. Les freres *Barbou* en ont donné une nouvelle édition depuis quelques années. Ces Poeſies ſont pleines de délicateſſe & de ſentiment, & l'auteur mérite un rang diſtingué ſur le Parnaſſe Latin. IV. Une *Edition* de *Virgile*, avec des notes claires & préciſes, à l'uſage du Dauphin, en un vol. in-4°. & en 4 vol. in-12.

II. RUE, (Dom Charles de la) Bénédictin de la congrégation de St Maur, né à Corbie en Picardie l'an 1684, fut l'élève du célèbre *Montfaucon*, & ſon rival pour la littérature grecque. Il ſe fit un nom par ſa nouvelle *Edition* d'*Origène*. Il en donna les 2 prem. volumes, & il étoit prêt de publier le 3e, lorſqu'il mourut à Paris en 1739, à 55 ans. Dom *Vincent* de la RUE, ſon neveu, acheva cette édition, qui eſt en 4 vol. in-fol. Il avoit partagé les travaux de ſon oncle & mérité ſon eſtime. Il mourut en 1762.

RUELLE, (Jean) de Soiſſons, chanoine de l'égliſe de Paris, & médecin de *François I*, mort en 1537, à 63 ans, ſignala ſon ſavoir par deux ouvrages recherchés encore aujourd'hui: I. *De naturâ Stirpium*, Paris 1536, in-fol. II. *Ve-*

terinariæ Medicinæ Scriptores Græci, Paris 1530, in-fol.

RUFFI, (Antoine de) conſeiller dans la ſénéchauſſee de Marſeille, ſa patrie, s'acquitta de ſa charge avec une intégrité ſinguliére. N'ayant pas aſſez examiné la cauſe d'un plaideur, dont il étoit le rapporteur, il lui fit remettre tout ce qu'il avoit perdu par la perte de ſon procès: trait qu'on attribue auſſi au fameux *des Barreaux*. Ses vertus, autant que ſon ſavoir, lui obtinrent une place de conſeiller-d'état en 1654. Il mourut en 1689, à 82 ans. On a de lui: I. Une *Hiſtoire de Marſeille*, dont la meilleure édition eſt celle de 1695, en 2 vol. in-fol. Cet ouvrage, qui ſuppoſe une lecture immenſe, ne va que juſqu'en 1610; mais on y trouve tout ce qu'on peut dire ſur cette ville juſqu'à ce ce tems-la. II. La *Vie de Gaſpar de Simiane*, connu ſous le nom de *Chevalier de la Coſte*, Aix 1655, in-12. III. Une *Hiſtoire des Comtes de Provence*, in-fol. 1655; ouvrage auſſi exact que ſavant. IV. Une *Hiſtoire curieuſe des Généraux des Gatées*, dans le P. *Anſelme*. Le ſtyle n'eſt pas le plus grand mérite de ſes ouvrages; le ſien eſt ſec & décharné. Il avoit plus de mémoire que d'imagination. L'*Hiſtoire de Marſeille*, donnée par *Antoine* de *Ruffi* en 1643, n'étoit d'abord qu'en un vol. in-folio. Ce fut ſon fils qui y ajoûta un 2e vol. lorſqu'il fit reparoitre cet ouvrage. Celui-ci, nommé *Louis-Antoine* de *RUFFI*, né en 1657 à Marſeille comme ſon pere, ſe diſtingua par ſon érudition & ſa profonde connoiſſance des antiquités de ſon pays, dont il a fait des Recueils tant imprimés que manuſcrits. Il mourut en 1724, âgé de 67 ans.

I. RUFIN, (*T. Vinius*) favor

de *Galba*, *Voy.* l'art. de cet emper.

II. RUFIN, né de parens obfcurs, à Elu (aujou d'hui *Eaufe*,) capitale de l'Armagnac, reçut de la nature un efprit elevé, fouple, poli, propre à fe faire aimer des princes. Il fe rendit à Conftantinople à la cour de *Théodofe*, & il lui plut. Il ménagea fi bien ce commencement de fortune, qu'il parvint en peu de tems à des emplois confidérables. L'empereur lui donna la charge de grand-maitre de fon palais, le fit entrer dans tous fes confeils, l'honora de fon amitié & de fa confiance, & le fit enfin conful avec fon fils *Arcadius*. *Rufin* fe maintint comme il s'etoit avancé, par fon adreffe plutôt que par fa vertu. C'étoit aflez pour être fon ennemi, d'avoir un mérite extraordinaire. Il s'enrichit des dépouilles de ceux qu'il avoit opprimés par fes calomnies, & fe fit baptifer avec un grand fafte en 394. Après la mort de *Théodofe*, ce miniftre ambitieux, jaloux du crédit de *Stilicon* fupérieur au fien, réfolut de fe mettre fur le trône. Il appella les Goths & d'autres barbares dans l'empire, afin que pendant cette défolation il pût s'en faifir, ou le partager avec eux; mais il fut puni de fa perfidie. L'armée, excitée par un capitaine Goth nommé *Gaynas*, que *Stilicon* avoit gagné, tua *Rufin* en 397. Sa tête fut portée au bout d'une lance, pour l'expofer aux opprobres de la populace irritée contre ce miniftre lâche, avare & infolent. Un foldat, ayant coupé une de fes mains, & voyant que les nerfs qui font mouvoir les articles des doigts, étoient pendans, s'avifa d'aller demander l'aumône au nom de *Rufin*, ouvrant & fermant cette main fanglante, felon ce qu'on lui donnoit. Le poete *Claudien* fe figna-

la contre ce malheureux miniftre, par une invective remplie de traits fort piquans; mais il attendit, en bon politique, qu'il eût été la victime de fa perfidie & de fa révolte.

III. RUFIN, prêtre de Paleftine, vint en 399 a Rome, où il eut pour difciple *Péiage*. On trouve fa *Profeffion de foi* dans les Differtations du P. *Garnier* fur *Marius Mercator*.

IV. RUFIN, naquit à Concorde, petite ville d'Italie, vers le milieu du IVᵉ fiecle. Il cultiva fon efprit par l'étude des belles-lettres & fur-tout de l'éloquence. Le defir de s'y rendre habile le fit venir a Aquilée, ville fi célèbre alors, qu'on l'appelloit communément la *feconde Rome*. Après s'être rendu habile dans les lettres humaines, il penfa aux moyens d'acquérir la fcience des Saints, & fe retira dans un monaftére d'Aquilée. St *Jérôme* revenant de Rome paffa par cette ville, & fe lia par une amitié étroite avec *Rufin*; mais il lui dit adieu, pour parcourir les provinces de France & d'Allemagne, d'où il fe retira en Orient. *Rufin*, inconfolable de la féparation de fon ami, réfolut de quitter Aquilée pour l'aller chercher. Il s'embarqua pour l'Egypte, & il vifita les folitaires qui en habitoient les déferts. Ayant entendu parler de la vertu & de la charité de Ste *Mélanie l'ancienne*, il eut la confolation de la voir a Alexandrie, où il alla pour écouter le célèbre *Didyme*. La pieté que *Mélanie* remarqua dans *Rufin*, l'engagea à lui donner fa confiance, qu'elle lui continua pendant tout le tems qu'ils reftèrent en Orient, c'eft-a-dire, environ 30 ans. Les Ariens, qui dominoient fous le règne de *Valens*, firent fouffrir à

Rufin une cruelle perfécution. Il fut mis dans un cachot, chargé de chaînes, tourmenté par la faim & par la foif, & enfuite relégué dans les lieux les plus affreux de la Paleftine. *Mélanie*, qui employoit fes richeffes à foulager les confeffeurs qui étoient ou en prifon ou exilés, racheta *Rufin* avec plufieurs autres, & fe retira avec lui en Paleftine. *St Jérôme*, croyant que *Rufin* iroit auffi-tôt après à Jérufalem, écrivit à un de fes amis qui y demeuroit, pour le féliciter du bonheur qu'il alloit avoir de poffeder un homme d'un fi grand mérite. *Vous verrez*, dit-il, *briller en la perfonne de Rufin des caractéres de fainteté, au lieu que je ne fuis que pouffiére. C'eft affez pour moi de foutenir avec mes foibles yeux l'éclat de fes vertus. Il vient de fe purifier encore dans le creufet de la perfécution, & il eft maintenant plus blanc que la neige, tandis que je fuis fouillé de toutes fortes de péchés.* *Rufin*, étant arrivé en Paleftine, employa fon bien à bâtir un monaftére fur le Mont des Oliviers, où il affembla en peu de tems un grand nombre de folitaires. Il les animoit à la vertu par fes exhortations ; & outre ce travail, il étoit encore fouvent appellé par les premiers pafteurs pour inftruire les peuples : car il avoit été élevé au facerdoce. Il convertit un grand nombre de pécheurs, réunit à l'Eglife plus de 400 folitaires qui avoient pris part au fchifme d'Antioche, & engagea plufieurs Macédoniens & plufieurs Ariens à renoncer à leurs erreurs. Son féjour en Egypte lui ayant donné la facilité d'apprendre la langue grecque, il traduifit en latin divers ouvrages grecs. Son attachement au parti d'*Origène* le brouilla avec *St Jérôme*, qui non-

feulement rétracta tous les éloges qu'il lui avoit donnés, mais qui l'accabla d'injures. Leurs divifions, pouffées jufqu'aux dernières extrémités, furent un grand fcandale pour les foibles. *Théophile*, ami de l'un & de l'autre, les raccommoda ; mais cette réconciliation ne fut pas de longue durée. *Rufin* ayant publié à Rome une traduction des *Principes* d'*Origène*, il loua malicieufement *St Jérôme* de fon eftime pour ce Pere Grec. Ce fut l'occafion d'une nouvelle rupture. *St Jérôme* fe plaignit hautement de *Rufin*, qu'il traita d'hérétique & de prédéceffeur de *Pélage* ; & *Rufin* s'éleva avec encore plus de hauteur contre *St Jérôme*. Il fit une Apologie éloquente, dans laquelle il déclara qu'il n'avoit prétendu être que fimple traducteur d'*Origène*, fans être le garant de fes erreurs. Le pape *Anaftafe*, auquel il envoya cet ouvrage, ne fut pas fatisfait, & condamna l'auteur. *Rufin*, n'ofant paroître à Rome après cet anathême, fe retira en Sicile, où il mourut vers l'an 410. On a de lui : I. Une *Traduction* des Œuvres de l'Hiftorien *Jofephe*. II. Celle de plufieurs écrits d'*Origène*. III. Une *Verfion* latine de dix Difcours de *St Grégoire* de Nazianze, & de 8 de *St Bafile*. Quand on compare fa traduction avec le texte grec, on voit combien il fe donnoit de liberté en traduifant. IV. *St Chromace* d'Aquilée l'avoit engagé à traduire l'*Hiftoire Eccléfiaftique* d'*Eufebe*. Ce travail fut achevé en moins de 2 ans. Il fit plufieurs additions dans le corps de l'ouvrage d'*Eufebe*, & le continua depuis la 20ᵉ année de *Conftantin*, jufqu'à la mort du grand *Théodofe*. Il y a plufieurs endroits qui paroiffent écrits avec peu de foin, & des faits que *Rufin* femble n'avoir rapportés que fur des bruits populaires : il en a omis d'autres très-importans ; mais on doit lui favoir gré d'avoir le premier compofé une Hiftoire fuivie, d'un tems où il s'étoit paffé tant de chofes remarquables. V. Un *Ecrit* pour la défenfe d'*Origène*. VI. Deux *Apologies* contre *St Jérôme*. VII. Des *Commentaires* fur les bénédictions de *Jacob*, fur *Ofée*, *Joel* & *Amos*. VIII. Plufieurs *Vies* des Peres du défert. IX. Une *Explication du Symbole*, qui a toujours été eftimée. Ses Ouvrages ont été imprimés à Paris, en 1580, in-fol. par les foins de *Laurent* de *la Barre*. Voyez fa *Vie*, en 2 vol. in-12, par Dom *Gervais*.

RUFUS, médecin d'Ephèfe, fe fit une haute réputation fous l'emp. *Trajan*. Du gr. nombre de fes écrits cités par *Suidas*, il ne nous refte qu'un petit *Traité des noms Grecs des parties du Corps*, Venife 1552, in-4°. Un autre des *Maladies des Reins & de la Veffie*, Paris 1554, in-8° ; & quelques *Fragmens* fur les médicamens purgatifs. *Guillaume Rinch* les a recueillis & commentés, Londres, 1726, in-4°.

RUGGERI, (Côme) aftrologue Florentin, vint en France dans le tems que *Catherine de Médicis* y gouvernoit. Ses horofcopes & fes intrigues lui obtinrent l'abbaye de St Mahé en baffe-Bretagne. Accufé en 1574 d'avoir confpiré contre la vie du roi *Charles IX*, il fut condamné feulement aux galères, d'où la reine-mere le tira de tems après. Il commença à publier des *Almanachs* en 1604, efpèce d'ouvrage qui s'eft étrangement multiplié en France. Cet aftronome mourut en 1615. Son corps fut traîné à la voirie, parce qu'il avoit eu l'impiété de déclarer qu'il mouroit en Athée.

L'Athéifme étoit la folie de fon tems, comme le Déifme eft celle du nôtre.

RUINART, (Dom Thierry) né à Reims le 10 Juin 1657, entra fort jeune dans la congrégation de St Maur, & fit profeffion en 1675. Il s'appliqua enfuite avec tant de fuccès à l'étude des Peres & des auteurs eccléfiaftiques, qu'en 1682 le P. *Mabillon* le choifit pour l'aider dans fes travaux. Dom *Ruinart* fut un digne élève d'un tel maître. Il avoit le même caractére de fimplicité & de modeftie, le même efprit de régularité, un grand jugement, une exactitude fcrupuleufe, une critique faine, un ftyle net. Tels font les caractéres qui ont diftingué fes ouvrages, de tant d'autres compilations. Les principaux font : I. Les *Actes fincéres des Martyrs*, en latin, à Paris, in-4°, 1689. Il a enrichi ce livre de remarques favantes & d'une Préface judicieufe. Il s'y s'attache particulièrement à réfuter *Dodwel*, qui avoit avancé dans une de fes *Differtations* fur *St Cyprien*, « qu'il n'y avoit eu que » peu de Martyrs dans l'Eglife. » Ce recueil a été réimprimé plufieurs fois depuis in-fol. avec des augmentations des éditeurs. La plûpart de celles qui fe trouvent dans l'édit. d'Hollande, 1713, in-fol. font de Dom *Ruinart*, qui a (dit-on) été aidé dans ce travail par Dom *Placide Porcheron*. Il a été auffi traduit en françois avec la préface, par l'abbé *Drouet* de *Maupertuy*, & publié pour la 1re fois en 1708, à Paris, en 2 vol. in-8°. II. L'*Hiftoire de la perfécution des Vandales*, compofée en latin par *Victor*, évêque de Vitte en Afrique, 1694, in-4°. Dom *Ruinart* orna cette édition d'un Commentaire hiftorique latin, d'un grand nombre

L iv

de remarques auffi favantes que folides, & de quelques monumens qui ont rapport à cette hiftoire. III. Une nouvelle *Edition* des Ouvrages de *St Grégoire* de Tours, avec une excellente Préface, 1699, in-fol. : elle commence à devenir rare. IV. Abrégé de la *Vie* du P. *Mabillon*, 1709, in-12. V. Une longue *Vie* latine du pape *Urbain II*, imprimée par les foins de Dom *Vincent Thuillier* dans les Œuvres diverfes de *Mabillon*, 3 vol, in-4°. Dom *Ruinart* mourut en 1709, dans l'abbaye de Hautvilliers en Champagne.

RUISCH, *Voyez* RUYSCH.

RUISDAAL, (Jacob) peintre, né à Harlem en 1640, mort dans la même ville en 1681, eft mis au rang des plus célèbres payfagiftes. Ses tableaux font d'un effet piquant. Il a repréfenté, dans la plûpart, de belles fabriques, des marines, des chutes d'eau, ou des tempêtes. Ses fites font agréables, fa touche légère, fon coloris vigoureux. Les connoiffeurs font auffi beaucoup de cas de fes deffins. Cet artifte avoit coutume de faire peindre fes figures par *Van-Oftade*, *Van-Velde*, ou *Wauvermans*. On a gravé d'après lui. Il a auffi gravé quelques petits morceaux. *Salomon* fon frere, mort à Harlem en 1670, s'eft pareillement diftingué par fes payfages.

I. RULLAND, (Martin) médecin, de Freifingen en Bavière, fut profeffeur de médecine à Lawingen en Souabe. On a de lui : I. Un *Traité du Mal de Hongrie*, Francfort 1600, in-8°. II. Un petit livre *De la Scarification & des Ventoufes, & des Maladies qu'on peut guérir par leur moyen*; Bâle 1596, in-8°. III. Un autre *de l'origine de l'Ame*, Bâle 1628, in-8°. Ce médecin étoit bon praticien & favant homme

de cabinet. Il mourut en 1602, à 70 ans.

II. RULLAND, (Martin) fils du précédent, né à Lawingen en 1569, médecin de l'empereur, mourut à Prague, du mal de Hongrie, l'an 1611. Il eft auteur, I. D'une *Hydriatica Dilingæ*, 1598, in-8°. C'eft un Traité curieux des eaux médicinales. II. De l'*Hiftoire de la* Dent d'or, *& du jugement qu'on en doit porter*, 1597, in-8°. III. Enfin, d'un *Traité* fur le mal dont il mourut.

RULMAN, (Aulné) *Voy*. l'art. FLECHIER, à la fin.

RUMPHIUS, (George-Evrard) né en 1627, docteur en médecine dans l'univerfité d'Hanau, & de l'académie des *Curieux de la Nature*, devint conful & ancien marchand à Amboine, l'une des ifles Moluques, où il étoit allé s'établir. La botanique eut pour lui un attrait fingulier, & quoiqu'il n'eût jamais pris de leçons dans cette fcience, il s'y rendit très-habile par fes propres recherches. Une chofe étonnante, c'eft que malgré le malheur qu'il eut de devenir aveugle à l'âge de 43 ans, il favoit parfaitement diftinguer au goût & au toucher la nature & la forme d'une plante d'avec une autre. Il réunit en 12 livres ce qu'il avoit ramaffé de plantes, & les dédia, en 1690, au confeil de la compagnie des Indes. Ce recueil parut avec un Supplément, par les foins de *Jean Burman*, en 6 vol. fous le titre d'*Herbarium Amboinenfe*, en 1755. On a encore de lui : *Imagines Pifcium teftaceorum*, Leyde 1711 & 1739 in-fol. : la 1re édition eft recherchée pour les figures. *Rumphius* avoit compofé une *Hiftoire politique d'Amboine*, qui n'a pas été mife au jour : on en conferve 2 exempl. l'un dans cette iſle d'Aſie, l'autre au dépôt de la compagnie des Indes à Amſterdam.

RUNGIUS, (David) Luthérien, né en Poméranie l'an 564, mort en 1604, profeſſa la théologie à Wittemberg avec beaucoup de réputation, & aſſiſta au colloque de Ratisbonne en 1601. On a de lui des *Commentaires* ſur la Genèſe, l'Exode, le Lévitique, les deux Epîtres aux Corinthiens, l'Epître de *St Jacques*, &c.

I. RUPERT, (St) évêque de Vormes, d'une famille illuſtre, alliée à la maiſon royale de France, prêcha la foi dans la Bavière, ſur la fin du vii° ſiécle, & y convertit *Théodon* duc de Bavière, qu'il baptiſa avec un grand nombre de perſonnes. Quelque tems après il fixa ſon ſiège épiſcopal à Jevave, ville qu'on appelle aujourd'hui *Saltzbourg*. Il mourut le 25 Mars 718.

II. RUPERT, né dans le territoire d'Ypres, embraſſa la règle de St Benoît, & n'épargna ni veilles ni application pour s'avancer dans l'intelligence de l'Ecriture-ſainte. Son ſavoir & ſa piété lui acquirent une ſi grande réputation, que *Fréderic*, archevêque de Cologne, le tira de ſon cloître pour le faire abbé de Deutſch. Il mourut en 1135, à 44 ans. Tous ſes Ouvrages ont été imprimés à Paris en 1638, en 2 vol. in-fol. & à Veniſe 4 vol. in-fol. 1748 à 1752. On y trouve : I. Des *Commentaires ſur l'Ecriture-ſainte*, dans leſquels il ſe propoſe de rapporter tout ce qu'elle renferme, aux œuvres des trois perſonnes de la SteTrinité.On lui reproche d'avoir donné dans des allégories bizarres, & d'avoir parlé peu correctement de l'Euchariſtie dans cet ouvrage. II. Un *Traité des Offices divins*, qui eſt curieux & utile. III.

Un *de la Trinité*, & pluſieurs autres.

III. RUPERT, (Chriſtophe-Adam) né à Altorf en 1610, y fut pendant 9 ans profeſſeur en hiſtoire, & y mourut en 1647. On a de lui : I. Des *Commentaires* ſur *Florus*, *Velleius-Paterculus*, *Salluſte*, *Valére-Maxime*, &c. II. *Mercurius epiſtolicus & oratorius*. III. *Orator hiſtoricus*, &c.

IV. RUPERT, *Voy.* II. ROBERT... & ROBERT de Baviere, n° x.

RUSBROCH, *ou* RUSBROECH, (Jean) prieur des chanoines réguliers de St Auguſtin, au monaſtére de Val-Vert près de Bruxelles, prit ſon nom du lieu de ſa naiſſance, village ſur la Sambre, dans le Brabant. Il mourut en 1381, à 88 ans, honoré des titres pompeux de *très-excellent Contemplatif* & de *Docteur divin*. Il les mérita par ſon génie méditatif, & par ſon goût pour la ſpiritualité. Il enfanta un grand nombre d'ouvrages myſtiques, pleins de viſions & d'idées ſinguliéres. La meilleure édition de ſes Œuvres, traduites de flamand en latin, par *Laurent Surius* Chartreux, eſt celle de Cologne, 1692, in-4°. On y trouve ſa *Vie*, compoſée par *Henri de Pomére* ; ſa piété n'y paroît pas toujours bien réglée.

RUSCA, (Antoine) théologal de Milan, mort en 1645, fut placé par ſon mérite, avec *Collius*, *Viceromes* & *Ferrari*, dans la bibliothèque Ambroſienne, par le fondateur de ce monument célèbre, *Fréderic Borromée*. Dans la diſtribution des matiéres que ce cardinal donna à traiter aux divers ſavans qu'il occupoit, celle de l'Enfer tomba à *Ruſca*. Il remplit ſa tàche avec beaucoup d'érudition, dans un vol. in-4°, diviſé en 5 liv. Ce volume, imprimé à Milan en 1611, fous ce titre : *De Inferno , & flatu Dæmonum , ante mundi exitium* , eft favant , curieux & peu commun.

RUSHWORTH, (Jean) d'une bonne famille de Northumberland, né vers l'an 1607, devint en 1643 fecrétaire de *Thomas Fairfax*, général des troupes du parlem. & eut divers autres emplois; mais après la diffolution du dernier parlement, il vécut obfcurément à Weftminfter, & mourut en 1690, à 83 ans, en prifon, où il avoit été renfermé pour fes dettes. On a de lui des *Recueils hiftoriques* de tout ce qui fe paffa dans le parlement, depuis 1618 jufqu'en 1644, en 6 vol. in-f.

RUSSEL , (Jean) comte de *Bedford* , entra fort avant dans la faveur de *Henri VIII*, par fon courage dans les armes, & par fon habileté dans les affaires. Il accompagna ce roi à la prife de Terouanne & de Tournai , contribua à celle de Morlaix en Bretagne , & combattit à la bataille de Pavie pour *Charles-Quint*. Il fut employé enfuite dans diverfes négociations auprès de cet empereur, en France , à Rome & en Lorraine. *Henri VIII* le nomma chevalier de l'ordre de la Jarretière, & confeiller du prince fon fils. *Edouard VI* étant monté fur le trône, envoya, la 2ᵉ année de fon règne , *Ruffel* contre les rebelles de Dévon, qu'il défit au pont de Fennyton, fecourut Excefter , tua 600 des rebelles , en prit 4000 prifonniers, & mérita par fes fervices d'être créé comte de Bedford. Il mourut l'an 1555.

RUST, (Georges) fut élevé au collège de Chrift à Cambridge, & devint enfuite doyen de Connor , puis évêque de Dromore en Irlande , & mourut jeune l'an 1670. On a de lui quelques ouvrages fur des matières eccléfiafti-

ques, genre dans lequel il étoit fort favant.

RUSTICI , (Jean-François) fculpteur Florentin , vint en 1528 à Paris, où *François I* l'employa à des ouvrages confidérables. Il avoit fait connoître dès l'enfance les talens qu'il avoit reçus de la nature, par le plaifir qu'il prenoit à faire de lui-même de petites figures de terre. *André Verrochio* lui montra les principes de fon art. *Léonard de Vinci* , qui étoit alors dans la même école , lui donna une vive émulation : ce qui contribue ordinairement beaucoup à perfectionner les talens. Ses ftatues font la plûpart en bronze. Parmi fes ouvrages, on fait fur-tout mention d'une *Leda*, d'une *Europe*, d'un *Neptune*, d'un *Vulcain*, & d'un *Homme à cheval* d'une hauteur extraordinaire. On croit qu'il mourut en France , & qu'il ne voulut plus retourner dans fa patrie à caufe des troubles qui l'agitoient.

RUTGERS , (Janus) littérateur du XVIIᵉ fiécle , né à Dordrecht, mort à la Haye en 1625 , à 36 ans , eft connu : I. Par des *Poéfies* Latines , imprimées avec celles d'*Heinfius* ; Elzevir , 1553 , in-12. & 1618 , in-8°. II. Par les *Notes* dont il a éclairci plufieurs auteurs anciens , tels que *Virgile*, *Horace*, &c. III. Par fes *Variæ Lectiones*, 1618 , in-4°. Il avoit été confeiller de *Guftave-Adolphe* roi de Suède.

I. RUTH , femme Moabite, qui époufa *Mahalon* , un des enfans de *Noëmi* & d'*Elimélech*, & enfuite *Booz* , vers l'an 1254 avant J. C. Elle fut mere d'*Obed* , pere d'*Ifaï* & aïeul de *David*. Le livre de *Ruth* qui contient l'Hiftoire de cette fainte femme , eft placé entre le livre des Juges & le 1ᵉʳ des Rois , comme une fuite de celui fa, & une introduction à celui-ci. On ne sait pas précisément en quel tems est arrivée cette histoire ; elle ne peut avoir été écrite que sous *David*, dont l'auteur parle à la fin de son livre ; & il y a apparence qu'elle est du même qui a écrit le 1ᵉʳ livre des Rois. A ne considérer que le style dont ce morceau est écrit , il peut passer pour un des plus beaux qu'il y ait dans l'Ecriture. Les actions, les sentimens , les mœurs , tout y est peint au naturel, & avec une simplicité si naïve, qu'on ne peut le lire jamais sans en être touché.

II. RUTH D'ANS,(Paul-Ernest) né à Verviers , ville du pays de Liège, en 1653 , d'une famille ancienne, vint à Paris , & s'attacha à *Arnauld*, qui fut depuis son conseil & son ami. Il assista à la mort de ce célèbre docteur en 1694, & il apporta son cœur à Port-Royal des Champs. *Ruth d'Ans* ayant été exilé dans les Pays-Bas par une lettre de cachet en 1704, *Précipiano*, archevêque de Malines, l'accusa d'hérésie. Il alla à Rome pour se laver auprès du pape *Innocent XII*, qui le reçut favorablement , le fit protonotaire apostolique , & voulut qu'il prît le bonnet de docteur en théologie au collège de la Sapience à Rome. Cet écrivain mourut à Bruxelles en 1728 , aumônier de la duchesse de Bavière , chanoine de Ste Gudule à Bruxelles, & doyen de l'église cathédrale de Tournai. C'est lui qui a composé le Xᵉ & le XIᵉ volumes de l'*Année Chrétienne* de *le Tourneux*. Il est encore auteur de quelques autres ouvrages peu connus.

RUTILIE , célèbre dame Romaine , étoit sœur de *Publius-Rufus*, qui souffrit si constamment l'injustice de son exil ; & femme de *Marcus-Aurelius Cotta* , consul l'an 74 avant J. C. Elle eut un fils , aussi recommandable par son esprit que par ses vertus. Elle l'aima tendrement, & lui ayant été enlevé par la mort à la fleur de son âge, elle en supporta la perte avec beaucoup de courage. C'étoit un modèle de toutes les qualités qui honorent son sexe. *Senèque* l'a proposée pour exemple dans le livre qu'il écrivit pendant son exil pour consoler sa mere.

I. RUTILIUS - RUFUS , (*Publius*) consul Romain, l'an 105 avant J. C. s'attira l'inimitié des chevaliers Romains par son amour pour la justice. Ayant été accusé de péculat & banni de Rome , il se retira en Asie , & demeura presque toujours à Smyrne. Sur son passage d'Italie en Asie, toutes les villes s'empressèrent à l'envi de lui dépêcher des ambassadeurs , chargés de lui offrir une retraite sûre & honorable. Son exil eut l'air d'un triomphe. Un des envoyés de la ville de Smyrne, qui l'avoit honoré du droit de bourgeoisie, lui ayant dit pour le consoler, que Rome étoit menacée d'une guerre civile , & qu'elle se verroit forcée de rappeller tous ses exilés : *Quel mal vous ai-je fait, lui répliqua Rutilius , pour souhaiter un retour qui me seroit plus fâcheux que mon exil? J'aime mieux que ma Patrie rougisse de l'un , que de la voir s'affliger de l'autre.* Il tint parole. *Sylla* voulut le rappeller ; mais *Rutilius* refusa de revenir dans son ingrate patrie. Il employa le tems de son exil à l'étude. Il composa l'*Histoire de Rome* en grec, celle de sa *Vie* en latin , & plusieurs autres ouvrages. C'étoit un homme laborieux, savant, d'une converfation agréable, & habile juriconfulte : c'eft ainfi que le peint *Ciceron*. Il fe piquoit d'une probité exacte. Ayant refufé d'accorder une chofe injufte a un de fes amis, celui-ci lui dit avec indignation : *Qu'ai-je befoin de ton amitié, fi tu ne veux point faire ce que je te demande?* -- Et, répondit Rutilius, *qu'ai-je befoin de la tienne, s'il faut que je faffe quelque chofe contre l'honnêteté pour l'amour de toi ?*

II.* RUTILIUS (*Claudius* Numatianus Gallus) : c'eft fous ce nom que nous avions mis précédemment l'article que nous plaçons maintenant fous celui de *Lachantius*, en fuivant l'*Hiftoire littéraire de France*, par D. *Rivet*.

III. RUTILIUS, (*Claudius Rutilius Numatianus Gallus*) fils de *Lachantius*, né a Touloufe, à ce qu'on croit, ne fe rendit pas moins célèbre que fon pere, par fon efprit, fa politeffe & fes grandes qualités. Il floriffoit dans le v.* fiécle. Il parvint aux premières dignités de Rome ; mais quelque agrément qu'il trouvàt dans la capitale du monde, il vola en 416 au fecours de fa patrie affligée, & tâcha de réparer, par fa préfence, fon crédit & fon autorité, les maux que les Barbares venoient d'y caufer. On a de lui un *Itinéraire* en vers élégiaques. On l'a imprimé à Amfterdam, en 1687, in-12, avec les notes de plufieurs favans; & dans les *Poetæ Latini minores*, Leyde, 1731, 2 vol. in-12. M. *le Franc* l'a traduit en François avec des remarques. Ce qui nous refte de ce poete, fait connoitre la bonté de fon efprit, l'étendue de fon favoir ; mais il ne donne que des lumiéres très-médiocres fur la géographie.

RUVIGNY, (Henri marquis de)

étoit agent général de la nobleffe Proteftante en France, lor qu'à la révocation de l'edit de Nantes, il paffa en Angleterre, où il fe fit naturalifer, & prit le titre de comte de *Gallowai*, qu'il porta toujours depuis. Après la mort du maréchal de *Schomberg*, il fut fait colonel du regiment de cavalerie légere, qui n'avoit été compofé que de religionnaires François fous le règne du roi *Guillaume*. Ce prince lui donna le commandement des troupes Angloifes en Piemont, avec le caractère d'ambaffadeur plénipotentiaire auprès du duc de Savoie, avant qu'il eût fait fa paix particulière en 1696. La reine *Anne* le fit auffi généraliffime de fes troupes en Portugal, pendant la guerre de la fucceffion d'Efpagne. Il perdit l'an 1707 la bataille d'Almanfa en Efpagne, & l'an 1709 celle de Gudina en Portugal. Ces mauvais fuccès le firent rappeller en Angleterre, & on le priva de la qualité de viceroi d'Irlande. Il fut pourtant établi depuis Lord juficier de ce royaume avec le lord *Grafton*, & mourut en 1720 à 73 ans. On vit à la bataille d'Almanfa une fingularité dont on n'avoit pas eu d'exemple auparavant : l'armée Angloife & des alliés, commandée par un général François, (le comte de *Gallowai* ;) & l'armée de France & d'Efpagne fous les ordres d'un général Anglois de nation, (le maréchal duc de *Barwick*.)

I. RUYSCH, (Fréderic) né à la Haye en 1638, prit le bonnet de docteur en médecine à Fratneker. De retour dans fa patrie il exerça fon art avec d'autant plus de fuccès, qu'il étoit plus profond dans la botanique & furtout dans l'anatomie. Lorfque le czar *Pierre* paſſa en Hollande pour la 1ʳᵉ fois en 1698, il rendit viſite à *Ruyſch* , & fut étonné autant qu'enchanté en voyant le cabinet de cet illuſtre anatomiſte. Il baiſa avec tendreſſe le corps d'un petit enfant encore tout aimable, & qui ſembloit lui ſourire. Le monarque ne pouvoit ſortir de ce lieu, ni ſe laſſer d'y recevoir des inſtruc- tions. Il dînoit à la table très-fru- gale de ſon maître, pour paſſer les journées entières avec lui. A ſon 2ᵉ voyage, en 1717, il acheta le cabinet , & l'envoya à Peters- bourg : préſent des plus utiles qu'il pût faire à la Moſcovie. L'académie des ſciences de Paris choiſit *Ruyſch*, en 1737, pour être un de ſes aſſociés étrangers. Il étoit auſſi membre de l'académie Léopoldine des Curieux de la Natu- re , & de la ſociété royale d'An- gleterre. Il eut le malheur , en 1728 , de ſe caſſer l'os de la cuiſſe par une chute ; il ne pouvoit plus guéres marcher ſans être ſoutenu par quelqu'un. Mais il n'en fut pas moins ſain de corps & d'eſprit juſqu'en 1731, qu'il perdit en peu de tems toute ſa vigueur , qui s'étoit maintenue ſans altération ſenſible. Il mourut le 22 Février, âgé de près de 93 ans , & n'ayant eu dans une ſi lon- gue carrière qu'environ un mois d'infirmités. Outre l'édition de la *Deſcription* du Jardin des plantes d'Amſterdam par *Commelin* , 1697 & 1701 , 2 vol. in-fol. ; on a de lui divers ouvrages , recueillis à Amſterdam, 1737, en 4 vol. in-4°. Les principaux ſont : I. *Diluci- datio Valvularum in vaſis lymphaticis & lacteis.* II. *Obſervationum Anato- mico-chirurgicarum Centuria,* a Am- ſterdam, 1691, in-4°. III. *Epiſtolæ problematicæ ſexdecim.* IV. *Reſpon- ſio ad Godefredi Bibdloi libellum*

Vindiciarum adverſariarum Anato- mico-medico-chirurgicarum , Decades tres; a Amſterdam, 1717, in-4°. V. *Theſaurus Animalium primus.* VI. *Theſauri Anatomici decem.* VII. *Mu- ſæum Anatomicum.* VIII. *Curæ poſ- teriores* , ſeu *Theſaurus omnium maxi- mus.* IX. *Reſponſio de Glandulis ad* Cl. Boérhaave. X. *De muſculo in fundo uteri obſervato , & à nemine antehac detecto* , à Amſterdam , 1728 , in-4°.

II. RUYSCH, (Henri) fils du précédent , non moins ſavant que ſon pere, dans l'Hiſtoire naturel- le , dans l'anatomie & dans la botanique, a donné le JONSTHON *de Animalibus* , ſous le titre de *Theatrum Animalium,* 1718 , 2 vol. in-fol. augmenté. *Ruyſch* mourut en 1717 , après avoir exercé la médecine avec autant de ſagacité que de bonheur.

RUYTER , (Michel - Adrien) né à Fleſſingue , ville de Zélande, en 1607 , n'avoit que onze ans , lorſqu'il commença à fréquenter la mer. Il s'y ſignala dans les di- vers emplois qu'il y exerça ſuc- ceſſivement. Après avoir été ma- telot , contre-maître & pilote , il devint capitaine de vaiſſeau. Il repouſſa les Irlandois qui vou- loient ſe rendre maîtres de Du- blin & en chaſſer les Anglois. Huit voyages dans les Indes Oc- cidentales, & deux dans le Bréſil, lui méritèrent en 1641 la place de contre - amiral. Ce fut alors qu'il fut envoyé au ſecours des Portugais contre les Eſpagnols. Il s'avança juſqu'au milieu des ennemis dans le combat, & don- na tant de preuves de bravoure , que le roi de Portugal ne put lui refuſer les plus grands éloges. Il acquit encore plus de gloire devant Salé , ville de Barbarie. Malgré 5 vaiſſeaux corſaires d'Alger, il paſſa ſeul à la rade de cette place. Les Maures de Salé, ſpectateurs de cette belle action, voulurent que *Ruyter* entrât en triomphe dans la ville, monté ſur un cheval ſuperbe, & ſuivi des capitaines corſaires qui marchoient à pied. Une eſcadre de 70 vaiſſeaux fut envoyée, l'an 1653, contre les Anglois, ſous le commandement de l'amiral *Tromp. Ruyter* ſeconda habilement ce général dans trois combats qui furent livrés aux ennemis. Il alla enſuite dans la Méditerranée vers la fin de 1655, & y prit quantité de vaiſſeaux Turcs, parmi leſquels ſe trouva le fameux renégat *Amand de Dias*, qu'il fit pendre. Envoyé en 1659 au ſecours du roi de Danemarck contre les Suédois, il ſoutint ſon ancienne gloire & en acquit une nouvelle. Le monarque Danois l'anoblit lui & ſa famille, & lui donna une penſion. En 1661 il fit échouer un vaiſſeau de Tunis, rompit les fers de 40 eſclaves Chrétiens, fit un traité avec les Tuniſiens, & mit à la raiſon les corſaires d'Alger. Les places de vice-amiral, & de lieutenant-amiral-général furent la récompenſe de ſes exploits. Il mérita cette derniére dignité, la plus haute à laquelle il pût aſpirer, par une victoire ſignalée qu'il remporta contre les flottes de la France & de l'Angleterre. La puiſſance réunie des deux rois n'avoit pu mettre en mer une armée navale plus forte que celle de la république. Les Anglois & les Hollandois combattirent comme des nations accoutumées à ſe diſputer l'empire de l'Océan. Cette bataille donnée en 1672, dans le tems de la conquête de la Hollande, fit un honneur infini à *Ruyter*. Après cette

journée, il fit entrer la flotte marchande des Indes dans le Texel, défendant ainſi & enrichiſſant ſa patrie d'un côté, lorſqu'elle périſſoit de l'autre. Il y eut trois batailles navales l'année ſuivante, entre la flotte Hollandoiſe & les flottes Françoiſe & Angloiſe. L'amiral *Ruyter* fut plus admiré que jamais dans ces trois actions. D'*Eſtrées*, vice-amiral des vaiſſeaux François, écrivit à *Colbert*: *Je voudrois avoir payé de ma vie la gloire que* Ruyter *vient d'acquérir. Ruyter* n'en jouit pas long-tems; il termina ſa carrière devant la ville d'Agouſte en Sicile, l'an 1676, dans un combat qu'il livra aux François: il y reçut une bleſſure mortelle qui l'emporta peu de jours après. Son corps fut porté à Amſterdam, où les Etats-généraux lui firent élever un monument digne de ce grand-homme. Il avoit commencé par être mouſſe, & l'obſcurité de ſa naiſſance ne la rend que plus reſpectable. Le conſeil d'Eſpagne lui donna le titre & les patentes de *Duc*, qui n'arrivérent qu'après ſa mort. Ses enfans refuſérent ce titre, ſi brigué dans nos monarchies, mais qui n'eſt pas préférable à celui de Citoyen. *Louis XIV* eut aſſez de grandeur d'ame pour être affligé de la perte de cet illuſtre marin. On lui repréſenta qu'*il avoit un ennemi dangereux de moins*; il répondit qu'*on ne pouvoit s'empêcher d'être ſenſible à la mort d'un grand-homme.*

RUZANTE, (le)*Voy.* BEOLCO.

RUZÉ, *Voy.* EFFIAT.

RYANTZ, (Gilles de) chevalier-baron de Villeray, dans le Perche, conſeiller du roi en ſes conſeils privé & d'état, préſident au parlement de Paris, étoit d'une maiſon originaire du Dauphiné. Son pere, *Dénys de Ryantz*, avoit été pendant plus de 15 ans avocat gén. enfuite préfident en la même cour. *Gilles* fit fes humanités fous *Adrien Turnèbe*. Après avoir foutenu fes thèfes de droit-public, il voyagea en Allemagne pour fe perfectionner dans cette fcience. De retour à Paris, il fréquenta le barreau & plaida des caufes, fuivant l'ufage de ceux qui afpiroient alors aux grandes places. *Henri II* lui donna l'office de maître - des - requêtes de fon hôtel, & *Henri III* celle de préfident au confeil. Sous *Charles IX*, il avoit été nommé préfident au parlement, à la place de *Briffon* : & en cette qualité il fit des remontrances au roi à Chartres, fur l'aliénation des domaines de la couronne ; puis à Fontainebleau, fur le payement des gages de fa cour. Il mourut le 22 Janvier 1597, âgé d'environ 53 ans. Son goût pour l'étude des auteurs Grecs & pour la Jurifprudence, le rendirent célèbre.

RYCKEL, *Voy.* DENYS le Chartreux, n° VIII.

RYCKIUS, (Théodore) avocat à la Haye, & enfuite profeffeur en hiftoire à Leyde, a donné une édition de *Tacite*, Leyde 1687, 2 vol. in-12, très-eftimée ; de *Stephanus Byzantinus*, 1684, in-fol. On trouve dans ce livre fa Differtation *de primis Italiæ Colonis*, pleine de recherches qui ont été utiles aux hiftoriens & aux géographes. Il mourut en 1690.

I. RYER, (André du) fleur de *Malezais*, né à Marcigny dans le Mâconnois, gentilhomme ordinaire de la chambre du roi, & chevalier du St Sépulchre, féjourna long-tems à Conftantinople, où le roi de France l'avoit envoyé. Il fut conful de la nation Françoife en Egypte, & mourut en France vers le milieu du dernier fiécle. Il poffédoit parfaitement les langues Orientales. On a de

lui : I. Une *Grammaire Turque*, Paris 1630, in-4°. II. Une *Traduction* françoife de l'*Alcoran* ; Elzevir, 1649, in-12 ; Amfterdam 1770, 2 vol. in-12 : elle n'eft ni élégante, ni fidelle. Il a mêlé mal-à-propos les rêveries des commentateurs Mahométans, avec le texte de *Mahomet*. *Galand* nous en a donné une fort fupérieure. III. Une *Verfion* françoife de *Gulifan*, ou *de l'Empire des Rofes*, compofé par *Sadi*, prince des poëtes Turcs & Perfans ; Paris, 1634, in-8°. *Gentius* a traduit le même livre en latin, fous le titre de *Rofarium politicum*. Cette derniére traduction eft préférée à celle de *du Ryer*.

II. RYER, (Pierre du) hiftoriographe de France, né à Paris l'an 1605, reçu à l'académie Françoife en 1646, mort en 1658, fut fecrétaire du roi, puis de *Céfar* duc de *Vendôme*. Un mariage peu avantageux dérangea fa fortune, & il voulut la réparer par fon efprit. Il travailloit à la hâte, pour faire fubfifter fa famille du produit de fes ouvrages. On rapporte que le libraire *Sommanville* lui donnoit un écu par feuille de fes traductions, qui font en très-grand nombre. Le cent des grands vers lui étoit payé quatre francs, & le cent des petits quarante fols. C'eft ce qui fait qu'on a de lui une multitude d'ouvrages, mais tous négligés ; & l'on peut dire de lui : *Magis fami quàm famæ inferviebat.* Il a fait 19 pièces de théâtre. Celles qui lui ont fait le plus d'honneur, font les tragédies d'*Alcyonée*, de *Saül* & de *Scévole*. On dit que la favante *Chriftine*, reine de Suède, ne pouvoit fe laffer d'admirer les beautés d'*Alcyonée*, & qu'elle fe fit lire cette piéce jufqu'à 3 fois dans un jour. La tragédie de *Scévole* paroit préfentement emporter le prix fur toutes les autres ; on la voit encore avec plaisir. Le ftyle de *du Ryer* eft affez coulant ; il écrivoit avec facilité en vers & en profe ; mais la néceffité de fournir aux dépen-fes de fa maifon, ne lui laiffoit pas le tems de mettre la derniére main à fes ouvrages. Son pere *Ifaac du Ryer*, mort vers 1631, avoit fait quelques *Poëfies paftorales*, peu connues.

RYMER, (Thomas) favant Anglois du dernier fiécle, s'appliqua à l'étude du droit-public & de l'hiftoire. Nous devons à fon travail le commencement d'une collection curieufe & d'un grand prix, par la quantité de volumes & la beauté de l'exécution. Il la mit au jour par les ordres de la reine *Anne*, fa fouveraine, & elle fut continuée par *Robert Sanderfon*. Elle contient tous les actes publics, traités, conventions, & lettres miffives des rois d'Angleterre a l'égard de tous les autres fouverains, fous ce titre :

Fœdera, Conventiones, & cujufcumque generis Acta publica, &c. Londres, 1704 & années fuiv. en 17 vol. in-fol. *Sanderfon* l'augmenta de 3 autres vol. en 1726. Ce vafte & utile recueil fut réimprimé l'année d'après à Londres en 20 vol. in-fol. & contrefait avec des augmentations à la Haye 1739, 10 vol. in-fol. d'un plus petit caractére que l'édition originale. Ce livre feroit le fondement d'une bonne Hiftoire d'Angleterre.

RYSSEN, (Léonard) théologien Hollandois du XVII° fiécle, fe fervit des lumières qu'il avoit puifées dans l'étude de la théologie, pour donner divers *Traités* fur les matières qui la concernent. Le meilleur que l'on connoiffe de lui eft contre celui de *Beverland*, où ce dernier renouvella l'erreur ridicule d'*Agrippa* fur le péché originel. Ce traité de *Ryffen* n'eft pas commun ; il eft intitulé : *Jufta Deteftatio Libelli BEVERLANDI, de Peccato originali*, in-8°, 1680.

S.

I. **S** A, *ou* SAA, (Emmanuel) Jéfuite, né à Condé en Portugal, prit l'habit de St Ignace en 1545. Après avoir enfeigné à Coimbre & a Rome, il fe confacra à la chaire, & prêcha avec fuccès dans les principales villes d'Italie. *Pie V.* l'employa à une nouvelle édition de la *Bible*. Il mourut en 1596, dans fa 66° année, à Arone au diocèfe de Milan, où il s'étoit rendu pour fe délaffer de fes travaux. Nous avons dé lui : I. *Scholia in* IV *Evangelia*, Anvers 1596, Lyon 1610, Cologne 1620. II. *Notationes in totam facram Scri-*pturam, Anvers 1598, Cologne 1610. III. *Aphorifmi Confeffariorum*, Barcelone 1609, Paris 1609, Lyon 1612, Anvers 1615, Rouen 1617, Douai 1627. Ses notes fur la Bible font courtes & littérales. On affûre qu'il fut 40 ans à compofer fon livre des *Aphorifmes des Confeffeurs*, quoique ce ne foit qu'un petit vol. in-12. Cependant le maitre du facré Palais en fit retrancher ou corriger plus de 80 endroits, où les principes & les décifions ne s'accordoient pas avec l'Ecriture & avec les règles des mœurs établies dans les écrits moraux des

des Peres de l'Eglife, ou dans les décifions des Conciles.

II. SA DE MIRANDA, (François) chevalier de l'ordre de Chrift en Portugal, né à Coïmbre en 1495, fut d'abord profeffeur en droit de l'univerfité de fa patrie. Il ne s'étoit adonné à la jurifprudence, que par complaifance pour fon pere. Dès qu'il l'eut perdu, il fe livra entièrement à la philofophie morale & à la poëfie. Il voyagea en Efpagne & en Italie, & revint en Portugal avec des connoiffances trèsétendues. Le roi *Jean III* & l'infant *Jean* l'honorérent de leurs bontés ; mais *Sa* n'eut pas le bonheur de les conferver. Il quitta la cour, & fe confina dans une maifon de campagne, où il mena une vie douce jufqu'à fa mort, arrivée en 1558, à 65 ans. Ses ouvrages poétiques confiftent en *Satyres*, en *Comédies*, en *Paftoráles*. Ils ont été imprimés en 1614, à Lifbonne, in-4°. *Sa* de *Miranda* eft le premier poëte de fa nation qui ait eu un nom ; mais il n'en eft ni le plus correct, ni le plus élégant. Plus foigneux de réformer les vices du cœur que de procurer du plaifir à l'efprit, il s'attachoit à mettre en vers des maximes de morale, qui ne prêtoient pas toujours à la poëfie. La fienne offre des leçons utiles.

SAADIAS-GAON, célèbre rabbin, mort en 943 à 50 ans, fut le chef de l'académie des Juifs, établie à Sora, près de Babylone. On a de lui : I. Un traité intitulé *Sepher, Haëmounoth*, dans lequel il traite des principaux articles de la croyance des Juifs. II. Une *Explicacion* du livre *Jeçira*. III. Un *Commentaire* fur *Daniel*; une *Traduction*, en arabe, de l'Ancien-Teftament ; & d'autres ouvrages.

Tome VI.

SAAS, (Jean) né au diocèfe de Rouen, & membre de l'académie de cette ville, mort en 1774, âgé de près de 72 ans. Après avoir été fécrétaire de l'archevêque, & garde de la bibliothèque du chapitre de Rouen, il fut pourvu de la cure de Darnetal en 1741, puis d'un canonicat de la métropole en 1751. Une application conftante à l'étude lui acquit des connoiffances étendues dans la littérature, & le rendit un des plus habiles bibliographes de fon tems. Mais plus jaloux de la gloire des lettres que de la fienne propre, il n'employa jamais plus d'activité que lorfqu'il s'agit d'être utile aux autres, foit par des recherches longues & pénibles, foit par la révifion de leurs ouvrages. Outre des manufcrits intéreffans qu'il a laiffés, il a fait imprimer plufieurs écrits fans nom ou fous des noms empruntés ; entr'autres : I. *Catéchifme de Rouen*. II. *Nouveau, Pouillé de Rouen*, 1738, in-4°. III. *Notice des Manufcrits de l'Eglife de Rouen*, 1746, in-12. IV. *Lettre fur le Catalogue de la Bibliothèque du Roi*, 1749, in-12. V. Plufieurs *Lettres Critiques* fur le Supplément du Moreri 1735, fur l'*Encyclopédie*, fur le Dictionnaire de l'abbé *Ladvocat*. Les derniers éditeurs de ce Lexique, dans leurs additions de 1778, femblent n'avoir affecté de donner un article à l'abbé *Saas*, que pour avoir le trifte plaifir de dénigrer notre *Dictionnaire Hiftorique*, qui excite tant leur jaloufe bile. On pourroit leur faire une rétorfion, en cottant leurs méprifes affez nombreufes fur les faits, les dates & la géographie dans leur nouvelle édition ; mais nous nous contenterons de les renvoyer à leur propre réflexion : qu'*il eft plus aifé de critiquer que de bien faire*.

M

SAAVEDRA, *Voy.* CERVANTES.

SAAVEDRA FAJARDO, (Diego) d'une famille noble du royaume de Murcie en Espagne, fut résident de cette Puissance en Suisse. C'étoit à la fois un bon littérateur & un habile politique, parlant & écrivant purement en Espagnol. Il mourut en 1648, chev. de l'ordre de Santiago, & conseiller du conseil suprême des Indes. On a de lui : I. *L'Idée d'un Prince Politique.* II. *La Couronne Gothique*, &c. Anvers, in-fol. III. *La République Littéraire* : ouvrage de critique, où il y a quelques bonnes plaisanteries. Il a été traduit en françois, à Lausanne, 1770, in-12.

SABADINO DEGLIARIENTI, (Jean) Bolonois, contemporain de *Bocace*, qui fit tant de mauvais imitateurs de ses Contes frivoles. *Sabadino* fut de ce nombre; mais il s'en faut bien qu'il ait atteint la pureté & la naïveté du langage de l'original. Nous avons de lui 70 Nouvelles, ou Contes sales & galans, sous ce titre : *Porretane.* Ce recueil est peu commun, sur-tout en France. Il fut imprimé d'abord à Bologne, in-fol. 1483, & ensuite à Venise en 1504 & 1510. Dans les éditions postérieures on trouve une Nouvelle de plus.

SABÆUS, *Voyez* SABEO.

I. SABAS, hérésiarque, chef des *Messaliens.* Animé d'un desir ardent d'arriver à la perfection évangélique; il prit tous les passages de l'Evangile à la lettre. Il se fit eunuque, vendit ses biens, & en distribua l'argent aux pauvres. *Jesus-Christ* dit à ses disciples : *Ne travaillez point pour la nourriture qui périt, mais pour celle qui demeure à la vie éternelle. Sabas* conclut de ce passage, que le travail étoit un crime, & se fit une loi de demeurer dans la plus rigoureuse oisiveté. Il donna ses

biens aux pauvres, parce que l'Evangile ordonne de renoncer aux richesses; & ne travailloit point pour se nourrir, parce que Dieu défend de travailler pour une nourriture qui périt. L'Ecriture nous représente le Démon comme un lion affamé, qui tourne sans cesse autour de nous; *Sabas* se croyoit sans cesse investi par ces esprits malins. On le voyoit au milieu de la prière s'agiter violemment, s'élancer en l'air, croire sauter par-dessus une armée de Démons, se battre contre eux, faire tous les mouvemens d'un homme qui tire de l'arc : il croyoit décocher des flèches contre les Diables. Les *Messaliens* avoient fait du progrès à Edesse ; ils en furent chassés vers 380 par *Flavien* évêque d'Antioche, & se retirérent dans la Pamphylie. Ils furent condamnés par un concile, & passérent en Arménie, où ils infectérent de leurs erreurs plusieurs monastéres : *Letorius*, évêque de Mélitène les fit brûler dans ces monastéres. Ceux qui échappérent aux flammes, se retirérent chez un autre évêque d'Arménie, qui en eut pitié, & les traita avec la douceur qu'on doit avoir pour des hommes dont le cerveau est blessé.

II. SABAS, (Saint) abbé & supérieur général des monastéres de Palestine, naquit en 439, à Mutalosque, bourg situé dans le territoire de Césarée en Cappadoce. Des querelles domestiques le dégoûtérent du monde; il se confina dans un monastére à une lieue de sa patrie, & il en fut l'ornement. Il défendit avec zèle la foi du concile de Calcédoine, sous le règne d'*Anastase*, & mourut en 531, à 92 ans, plein de vertus & de jours.

SABATEI-SEVI, *V.* ZABATHAI.

SABELLICUS, (*Marcus-Antonius Coccéius*) né à Vicovaro,

fur le Tévérone, vers 1436, d'une
famille honnête, prit le nom de
Sabellicus lorfqu'il fût couronné
poëte. Il alla à Rome fort jeune ;
il s'y appliqua à l'étude avec une
ardeur incroyable fous les plus
favans maîtres, & en particulier
fous *Pomponius-Lætus* & fous *Domitius* de Vérone. Ses talens lui
procurérent la chaire de profeffeur des belles-lettres à Udine,
où il s'acquit une grande réputation. Le fénat de Venife l'enléva
à cette ville en 1484 ; pour lui
confier la bibliothèque de S. Marc ;
mais fes débauches lui cauférent
une maladie dont il mourut en
1506, à 70 ans. Comme il n'avoit
pas fuivi les maximes de fageffe
qu'il étoit dans fes ouvrages hiftoriques, *Latomus* lui fit une épitaphe dans laquelle il difoit :

*Quid juvat humanos fcire atque
evolvere cafus,*
Si fugienda facis & facienda fugis?

On a de lui : I. Une *Hiftoire Univerfelle*, depuis *Adam* jufqu'en 1503,
très inexacte, en un vol. in-fol.
II. L'*Hiftoire de la République de
Venife*, remplie de flatteries baffes & de menfonges révoltans,
in-fol. 1487 ; & dans le Recueil
des Hiftoriens de Venife, 1718,
10 vol. in-4°. *Scaliger* affure que
l'argent des Vénitiens étoit, (à ce
que difoit *Sabellicus* lui-même,) la
fource de fes lumières hiftoriques.
La *Traduction* en vénitien par *Matthieu Vifconti*, eft rare. III. Plufieurs autres ouvrages en vers & en
profe, impr. en 1560, en 4 v. in-f.

SABELLIUS, fameux héréfiarque du IIIe fiécle, né à Ptole-
maïde en Libye, difciple de *Noë-
tus* de Smyrne, étoit auffi entêté
que fon maitre. Il ne mettoit d'autre différence entre les Perfonnes
de la Trinité, que celle qui eft
entre les différentes opérations

d'une même chofe. Lorfqu'il confidéroit Dieu comme faifant des
décrets dans fon confeil éternel,
& réfolvant d'appeller les hommes au falut, il le regardoit comme *Pere*. Lorfque ce même Dieu
defcendoit fur la terre dans le
fein de la Vierge, qu'il fouffroit
& mouroit fur la croix, il l'appelloit *Fils*. Enfin, lorfqu'il confidéroit Dieu comme déployant
fon efficace dans l'ame des pécheurs, il l'appelloit *St - Efprit*.
Selon cette hypothèfe, il n'y
avoit aucune diftinction entre les
Perfonnes Divines. Les titres de
Pere, de *Fils* & de *Saint-Efprit*,
n'étoient que des dénominations
empruntées des actions différentes
que Dieu avoit produites pour
le falut des hommes. Ses erreurs,
anathématifées dans plufieurs conciles, & en particulier dans celui
d'Alexandrie en 261, ne laifférent
pas de fe répandre en Italie & en
Méfopotamie. S. *Denys* d'Alexandrie compofa d'excellens *Traités*
contre *Sabellius*, dont les fectateurs furent appellés *Sabelliens*.

SABEO, (Faufte) né près de
Breffe dans l'état de Venife, de
parens honnêtes, fe fit connoître
dès fa jeuneffe par fon talent pour
la poëfie latine. Un voyage qu'il
fit à Rome dans la maturité de
l'âge, lui infpira le goût des antiquités eccléfiaftiques. Il s'appliqua alors à l'étude des Peres, &
ne regarda plus la poëfie que comme un délaffement. On a de lui
un recueil d'*Epigrammes* latines,
imprimé à Rome en 1556. On en
trouve un grand nombre qui font
pleines de fel. L'ouvrage qui lui
a fait le plus d'honneur, eft l'*E-
dition d'Arnobe*, à Rome, 1542,
in-fol. : elle eft préférée aux éditions poftérieures, quoique plus
amples. *Henri II*, auquel il dédia

M ij

-ses Epigrammes , lui fit préfent d'une chaine d'or. Il mourut âgé de 80 ans, vers l'an 1558.

SABIN, (George) né dans la Marche de Brandebourg en 1508 , fut élevé avec un soin extrême par *Mélanchthon*, qui lui donna sa fille en mariage. Son Poëme intitulé : *Res geftæ Cæfarum Germanicorum*, qu'il mit au jour, âgé feulement de 20 ans, lui concilia des éloges des favans & la protection des princes. Il devint enfuite profeffeur de belles-lettres a Franc-fort-fur-l'Oder , puis recteur de la nouvelle académie de Konisberg, & confeiller de l'électeur de Brandebourg. Ce prince l'employa en diverfes ambaffades, dans lefquelles *Sabin* fit admirer fon éloquence & fa capacité dans les affaires. Il fut ennobli, à la diète de Ratisbonne, par l'emper. *Charles-Quint* , en 1540 ; & mourut à Francfort-fur-l'Oder , en 1560. On a de lui diverfes *Poéfies* latines, 1597 , in-8°. parmi lefquelles on diftingue fes *Elégies*, qui ont quelque mérite.

SABINE, (*Julia Sabina*) femme de l'empereur *Adrien*, étoit petite-nièce de *Trajan* & fille de *Matidia*. L'impératrice *Plotine*, qui favorifoit *Adrien* , la fit époufer à ce prince. Ce mariage fait contre le gré de *Trajan*, fut très-malheureux. *Adrien*, devenu empereur , traita fon époufe comme une efclave. *Sabine* étoit cependant très-belle & très-bien faite ; elle avoit des graces & de la dignité ; fon efprit étoit élevé , fes mœurs graves, & fa vertu ne fe démentit jamais. Mais elle mettoit un peu trop d'aigreur dans les reproches qu'elle faifoit à fon époux : reproches bien pardonnables , puifqu'elle lui avoit apporté l'empire en mariage. *Sabine*, regardant fon mari comme fon tyran,

fe vantoit de n'avoir pas voulu lui donner des enfans, dans la crainte de mettre au monde des monftres plus odieux encore que leur pere. La méfintelligence augmenta tellement , qu'*Adrien* , frappé de la maladie qui le conduifit au tombeau , la contraignit de s'ôter la vie , pour qu'elle n'eût pas le plaifir de lui furvivre. D'autres difent qu'il l'empoifonna l'an 138 de J. C. , après 38 ans de mariage. Satisfait de l'avoir ravie à la terre, il la fit placer dans le ciel. *Moreri* fe trompe dans l'article de *Sabine*, qu'il fait fille de *Marcienne* fœur de *Trajan* ; il auroit dû dire petite-fille de *Marcienne*, & fille de *Matidia* nièce de *Trajan*.

SABINIEN , diacre de l'Eglife Romaine, & nonce de *St Grégoire le Grand* à Conftantinople, auprès de l'emper. *Maurice* , fuccéda à ce pontife le 13 Septembre 604 , & m. le 22 Fév. 606. Il eut une partie des vertus de fon prédéceffeur.

I. SABINUS , intendant d'*Augufte* en Syrie, voulut, après la mort d'*Hérode le Grand*, qu'on lui donnât le tréfor de ce prince. Cette prétention excita une révolte. Les Juifs livrèrent bataille aux Romains , furent repouffés , & le tréfor pillé. Les vaincus s'étant affemblés en plus grand nombre, repouffèrent à leur tour *Sabinus* dans le palais, où ils l'affiégèrent. L'intendant demanda du fecours à *Varus*, gouverneur de Syrie. Les Juifs allèrent au-devant de celui-ci, fe juftifièrent, & fe plaignirent de la conduite de *Sabinus*, qui difparut.

II. SABINUS , (*Julius*) feigneur Gaulois, né dans le pays de Langres, prit le titre de *Céfar* au commencement du règne de *Vefpafien*. Ayant offert la bataille à l'empereur , il fut vaincu & mis en déroute. Pour fe dérober à la pourfuite du vainqueur , il alla dans une de fes maifons de campagne, feignit de vouloir livrer fon corps aux flammes. Il congédia tous fes domeftiques , & ne retint que deux affranchis en qui il·avoit confiance. Enfuite il m't le feu à la maifon , & fe retira dans un foûterrein , inconnu à tout autre qu'à lui & à fes confidens. La nouvelle de fa mort s'étant répandue, la douleur de fa femme *Epponine* fervit à la confirmer. Mais lorfque *Sabinus* apprit par un de fes affranchis que cette tendre époufe avoit deja paffé 3 jours & 3 nuits fans prendre de nourriture , il lui fit favoir le lieu de fa retraite. Elle y vint, le confola dans cette efpèce de tombeau , & y mit au monde deux fils umeaux. Après avoir refté caché ainfi pendant 9 ans , les fréquentes vifites de la femme découvrirent la retraite du mari. Il fut faifi & conduit à Rome chargé de chaînes , avec fa fe mme & fes deux enfans. Envain *Epponine* follicita la compaffion de *Vefpafien* en fe jettant à fes pieds , & lui préfentant fes deux enfans nés dans le foûterrein ; il la fit mourir avec *Sabinus*. L'amour héroique & les infortunes de ces deux époux ont fourni un beau fujet de tragédie à divers poëtes.

· III. SABINUS , foldat Syrien , noir, petit, d'une complexion auffi foible que fa taille, mais d'un courage peu commun, fe fignala au fiége de Jérufalem. Comme il vit que perfonne n'ofoit monter à l'affaut de la tour *Antonine*, malgré les promeffes de *Titus* , il fe préfente avec onze de fes compagnons , prend fon bouclier de la main gauche, & s'en couvrant la tête , le fabre à la main droite, monte à l'affaut & arrive fur la brèche, d'où il mit en fuite tous les ennemis. Mais une pierre qu'il

rencontra le fit tomber. Les Juifs fe jettérent fur lui , fans lui donner le tems de fe relever , & le tuérent. .ɔ

SABINUS , *Voye₹* IV. JULIE...ɔ & AQUILIUS , n° II. · i

SABLÉ, (le marquis de) *Voye₹* III. LAVAL. · jul

SABLIERE , (Antoine de Rambouillet de la) mort à Paris en 1680 , âgé de 65 ans , fe diftingua par un efprit aifé , naturel & déli-cat. Nous n'avons de lui que des *Madrigaux*, publiés in-12 après fa mort par fon fils. Ces petits poëmes lui ont fait beaucoup d'honneur , par la fineffe des penfées, & par la délicate naïveté du·ftyle: on peut les propofer pour mo-dèles en ce genre. Son époufe Heffelin de *la Sabliére*, étoit en liaifon avec les beaux-efprits de fon temps. *La Fontaine* , qui trouva dans fa maifon un afyle paifible. durant près de vingt ans , l'a immortalifée dans fes vers.

SABURANUS , capitaine de la garde Préto:ienne de *Trajan*, ne mérite une place dans l'hiftoire , que parce qu'il donna lieu à une belle parole de cet empereur. En l'inftallant dans fa charge , ce prince lui préfenta l'epée & lui dit : *Reçois cette épée , & emploie-la pour mon, fervice , dans tout ce que je t'ordonnerai de jufte ; mais fers-t-en contre moi , fi je te commande quelque chofe d'injufte.*

· SACCHETTI , (François de Benci) né à Florence en 1335 , paffa fes premières années dans le commerce, & remplit enfuite plufieurs charges dans fa république. Il écrivoit facilement en vers & en profe ; & fes *Nouvelles*, publiées à Florence , 1724, 2 vol. in-8° , prouvent qu'il avoit une partie du génie de fon compatriote *Bacace*. Il mourut en 1408.

· SACCHI, (André) peintre , né à Rome en 1599, fe perfectionna fous l'*Albane*, après que son pere lui eut donné les premiers principes de son art. On retrouve dans ses ouvrages, les graces & la tendresse du coloris qu'on admire dans les tableaux de son illustre maître. Il l'a même surpassé par son goût de dessin ; ses figures ont une expression admirable, ses draperies une belle simplicité ; ses idées sont nobles, & sa touche finie, sans être peinée. Il a réussi sur-tout dans les sujets simples ; & l'on remarque qu'il n'a jamais dessiné une seule fois : sans avoir consulté la nature. Ce peintre avoit une singularité de mœurs, & se permettoit tant de liberté dans sa critique, que les bons peintres, ses contemporains, furent presque tous ses ennemis. Ses desseins sont précieux ; une belle composition, des expressions vives, beaucoup de facilité, les ombres & les clairs bien ménagés, les caractérisent. Les principaux ouvrages de ce grand peintre sont à Rome, où il mourut en 1661.

SACCHI, *Voyez* PLATINE.

SACCHINI, (François) Jésuite, né dans le diocèse de Pérouse, mort à Rome en 1625, à 55 ans, fut professeur de rhétorique à Rome pendant plusieurs années, & secrétaire de son général *Vitelleschi* pendant 7 ans. Ses principaux ouvrages sont : I. La *Continuation* de l'*Histoire de la Société des Jésuites*, en 4 vol. in-fol. Cet ouvrage respire moins l'impartialité d'un historien, que le zèle & l'enthousiasme d'un Jésuite : (*Voyez* JOUVENCI.) II. *De ratione Libros cum profectu legendi*, in-12, à la fin duquel on trouve un discours : *De vitanda Librorum moribus noxiorum lectione*, que le P. *Sacchini* prononça à Rome dans sa classe de rhétorique en 1603. Ces deux Traités

offrent des réflex. sensées & utiles.

SACCO, (Joseph - Pompée) professeur en médecine à Padoue & à Parme, pratiqua & écrivit avec succès. Ses principaux ouvrages sont : I. Un savant traité *De Febribus*, 1695, in-8°. II. *Medicina Theorico-Practica*, 1696, in-fol. III. *Medicina Practica-rationalis*, 1717, in-fol. Il prouva sur lui-même son habileté ; car il poussa sa sa carrière jusqu'à 84 ans. Il mourut en 1718.

I. SACHS, (Jean) de Franstadt en Pologne, secrétaire de la ville de Thorn, puis envoyé de Hollande en sa patrie, est célèbre par un Traité contre *Herman Conringius*, sous le nom de *François Marinius* ; il est intitulé : *De Scopo Reipublicæ Polonicæ*, 1665. Cet auteur mourut à l'âge de 30 ans, comme il se préparoit à passer dans l'isle de Ceilan, par où il voulut commencer ses voyages, qui faisoient toute sa passion.

II. SACHS, (Philippe-Jacques) médecin de Breslau, de l'académie des *Curieux de la Nature*, se fit un nom de son tems par divers ouvrages savans & utiles : I. *Confideratio vitis viniferæ*, Lipsiæ, 1661, in-8°. II. *De Cancris*, 1665, in-8°. III. *Oceanus Macro-microcosmicus*, Vratislaviæ, 1664, in-8°. IV. *De mira lapidum natura*, ibid. *Sachs* prouve la circulation du sang dans cet ouvrage, par la circulation des eaux. Il mourut en 1672, à 44 ans.

SACHSE, (Jean) cordonnier de Nuremberg, puis maître d'école & de chant, mort en 1567 à 81 ans, laissa un grand nombre de Poésies Allemandes, que *Georges Weiler* a fait imprimer. Leur mérite est assez superficiel.

SACKVILLE, *Voyez* DORSET.

SACRATO, (Paul) *Sacratus*, chanoine de Ferrare, sa patrie,

& neveu du cardinal *Sadolet*, fut l'un des meilleurs Cicéroniens du XVIe siécle. On a de lui un vol. in-12 de *Lettres* latines, écrites avec une politeffe un peu affectée.

SACROBOSCO, (Jean de) appellé aussi *Holywood*, d'un bourg d'Angleterre de ce nom, qui étoit le lieu de sa naissance, dans le diocèfe d'Yorck, étudia dans l'univerfité d'Oxford. Il vint à Paris, où il s'acquit un nom célébre par fes talens pour les mathématiques. Il mourut en 1256, laissant deux ouvrages estimables, sur-tout dans son fiécle; l'un, *de Sphæra Mundi*; l'autre, *de Computo Ecclésiastico*. On les trouve réunis dans un vol. in-8°. Paris, 1560.

SACY, *Voy*. IV. MAISTRE (le).

SACY, (Louis de) avocat au parlément de Paris, & l'un des *Quarante* de l'académie Françoife, mort à Paris en 1727, à 73 ans, parut dans le barreau avec un fuccès diftingué. Sa voix étoit touchante, fa phyfionomie heureufe, fa mémoire fidelle. Il avoit tout pour réuffir dans cette profeffion, qu'il exerça avec autant de nobleffe que d'applaudiffement. Il ne laiffa à fes enfans que l'honneur d'avoir eu un fi illuftre pere. Fait pour la fociété, il y étoit aimable, il y étoit utile. Il avoit autant de douceur dans les maniéres que dans les mœurs. On a de lui : I. Une bonne *Traduction* françoife des *Lettres* de *Pline le Jeune*, & du *Panégyrique de Trajan*, en 3 vol. in-12. II. Un *Traité de l'Amitié*, in-12. III. Un *Traité de la Gloire*, in-12. IV. Enfin, un recueil de *Factums*, & d'autres Pièces, en 2 vol. in-4°. Son ftyle eft pur & élégant; il y a beaucoup de fineffe dans fes penfées, & de nobleffe dans fes fentimens. On lui a reproché d'affecter un ton épigram-

matique, & de donner trop dans l'antithèfe; mais ces défauts font pardonnables dans un écrivain qui s'étoit formé fur *Pline*, & qui vivoit avec Mad^e de *Lambert*, & les autres beaux-efprits partifans de ce ftyle délié.

SADEEL, *Voyez* CHANDIEU.

I. SADELER, (Jean) graveur, né à Bruxelles en 1550, apprit d'abord le métier de fondeur & de cifeleur que fon pere exerçoit; mais l'âge développant fes inclinations, il s'attacha au deffin & à la gravure. Il parcourut la Hollande, pour travailler fous les yeux des meilleurs maîtres. Le duc de Bavière fe fit un plaifir de répandre fes bienfaits fur cet artifte. *Sadeler*, animé par la reconnoiffance, fit pour fon protecteur, des ouvrages qui ajoûtérent à fa réputation. Il partit pour l'Italie, & perfectionna fes talens par l'étude qu'il fut à portée de faire des magnifiques morceaux que cette riche contrée renferme. Il préfenta quelques-unes de fes gravures au pape *Clément VIII*; mais fa Sainteté ne lui fit que quelques complimens ftériles. Cet accueil engagea *Jean Sadeler* à fe retirer à Venife, où il mourut peu de tems après fon arrivée. Il eut un fils, nommé *Jufte* ou *Juftin*, dont on a auffi quelques *Eftampes* qui ne font pas fans mérite.

II. SADELER, (Raphaël) graveur, frere de *Jean*, & fon difciple. Sa vue, qu'un travail affidu & la grande application, nécef-faire dans fon art, avoient affoiblie, lui fit quitter quelque tems la gravure. Il s'adonna à la peinture par délaffement; mais fon goût le rappella à fon premier exercice. Il s'y diftingua par la correction du deffin, & par le naturel qu'il répandoit dans fes

M iv

figures. Il accompagna fon frere à Rome, à Venife, & mourut dans cette dernière ville. On ne fait point la date de fa naiffance, ni celle de fa mort. On trouve des *Eftampes* de lui dans un Traité *De opificio mundi*, 1617, in-8°.

III. SADELER, (Gilles) graveur, né à Anvers en 1570, mort à Prague en 1629, neveu & difciple de *Jean* & de *Raphael*, qu'il furpaffa par la correction & la févérité de fon deffin, par le goût & la netteté de fes gravures. Il fit quelque féjour en Italie, où il fe perfectionna par fes études d'après l'antique. Ses talens diftingués le firent defirer en Allemagne par l'empereur *Rodolphe II*, qui lui accorda une penfion annuelle. Les empereurs *Matthias* & *Ferdinand II*, fucceffeurs de *Rodolphe*, continuèrent d'honorer fes talens. Ses *Veftigi della antichita di Roma*, (Rome 1660, in-fol.) font recherchés. Il y a encore eu un *Marc Sadeler*, mais qui femble n'avoir été que l'éditeur des ouvrages de fes parens.

SADEUR, *Voyez* FOIGNY.

SADLER *ou* SADELER, (Jean) d'une ancienne famille de Shropshire en Angleterre, fe livra à l'étude du droit, & eut des emplois confidérables. Il mourut en 1674, à 59 ans, après avoir publié un ouvrage intitulé : *Les Droits du Royaume*.

I. SADOC, fils d'*Achitob*, grandprêtre de la race d'*Eléazar*, qui fut fubftitué à *Achimelech* ou *Abiathar* de la race d'*Ithamar*, mis à mort par les ordres de *Saül*. Le fils de cet *Achimelech* s'étant refugié vers *David*, fut revêtu du facerdoce par ce prince, tandis que *Sadoc* en faifoit les fonctions auprès de *Saül*. Après la mort de ce malheureux roi, *David* ayant confervé cette dignité à ce dernier,

quoiqu'il eût fuivi le parti de *Saul*, il y avoit dans Ifraël deux grands-prêtres. : *Sadoc*, de la famille d'*Eléazar* ; & *Abiathar*, de celle d'*Ithamar*. Le premier demeura toujours depuis fidèle à *David*, lorfqu'*Adonias* voulut fe prévaloir du grand âge de fon pere pour fe faire déclarer roi. *Sadoc* donna l'onction royale a *Salomon* : ce prince le déclara feul fouverain-pontife après la mort de *David*, l'an 1014 avant J. C. & dépouilla de fa dignité *Abiathar*. Il ne faut pas le confondre avec *SADOC II*, grand-prêtre des Juifs, vers l'an 670 avant J. C. du tems du roi *Manaffé*.

II. SADOC, fameux docteur Juif, & chef de la fecte des Saducéens, vivoit près de deux fiècles avant J. C. Il eut pour maître *Antigone*, qui enfeignoit qu'*il falloit pratiquer la vertu pour elle-même, & fans la vue d'aucune récompenfe*. *Sadoc* en tira ces mauvaifes conféquences, qu'il n'y avoit donc ni récompenfes à efpérer, ni peines à craindre dans une autre vie. Cette doctrine impie eut bientôt un grand nombre de fectateurs, qui, fous le nom de *Saducéens*, formèrent une des IV principales fectes des Juifs. Ils nioient la réfurrection & l'immortalité de l'ame, & ils ne reconnoiffoient ni anges, ni efprits. Ils rejettoient auffi toutes les traditions, & ne s'attachoient qu'au texte de l'Ecriture ; mais il eft faux qu'ils niaffent la providence, les prophéties & les miracles, puifqu'ils admettoient les livres de l'Ancien-Teftament, qu'ils pratiquoient la Loi de *Moïfe* & le culte religieux des Juifs. Leurs mœurs, fi l'on en croit l'hiftorien *Jofephe*, étoient fort févères ; & il eft remarquable que J. C. qui les reprend de ne pas entendre l'Ecriture , ne leur fait aucun reproche fur l'article des mœurs, au lieu qu'il en fait beaucoup aux *Pharifiens*. La mauvaife doctrine des *Saducéens* ne les empêcha point d'être élevés aux plus grands emplois , & même à la fouveraine facrificature. Leur fecte fubfifte encore en Afrique & en divers autres lieux.

SADOLET , (Jacques) né à Modène en 1478 , d'un profeffeur en droit à Ferrare, eut fon pere pour précepteur. Après avoir appris fous lui le grec & le latin, il étudia en philofophie fous *Nicolas Léonicène*. Pour multiplier fes connoiffances, il fe rendit à Rome, où le cardinal *Olivier Caraffe* , protecteur des gens de lettres, le prit chez lui. *Léon X*, non moins ardent à rechercher le mérite qu'à l'employer, le choifit pour fon fecrétaire. Sa plume élégante & facile fe prêtoit à toutes les matières : théologie , philofophie, éloquence, poëfie. Il joignoit à un rare favoir , une modération & une modeftie plus rares encore : il fallut que *Léon X* usât de toute fon autorité pour lui faire accepter l'évêché de Carpentras. Après la mort de ce pontife , il fe rendit dans fon diocèfe , & il partagea fon tems entre les travaux de l'épifcopat & les plaifirs de la littérature. *Clément VII* le rappella à Rome ; mais *Sadolet* ne s'y rendit qu'à condition qu'il retourneroit dans fon évêché au bout de trois ans. Il y retourna en effet ; mais *Paul III* le fit revenir bientôt à Rome, & l'envoya nonce en France, pour engager *François I* à faire la paix avec *Charles-Quint*. Le monarque François goûta beaucoup les charmes de fon efprit ; & le pontife Romain , non moins fatisfait de fa négociation , l'honora de la

pourpre en 1536. Cet illuftre cardinal mourut à Rome en 1547 , à 71 ans , également regretté des Catholiques & des Proteftans. Il étoit en commerce avec les favans de l'une & de l'autre religion , eftimant le mérite par-tout il le trouvoit. Il s'attacha dans fa jeuneffe à la poëfie latine avec un fuccès peu commun ; mais il y renonça entiérement fur la fin de fes jours. Son ftyle , en vers & en profe, refpire l'élégance & la pureté des anciens écrivains Romains. Il s'étoit formé fur *Cicéron* ; on pourroit même lui reprocher de s'être trop attaché à l'imiter. De tous ceux qui ont fait revivre dans le XVᵉ fiécle la belle latinité, il eft celui qui a le mieux réuffi. Ses ouvrages ont été recueillis à Vérone en 3 vol. in-4° ; le 1ᵉʳ en 1737, le 2ᵉ en 1738, & le 3ᵉ en 1740. Les principaux écrits de ce recueil font : I. Divers *Difcours* , dont tout le mérite eft dans le ftyle. II. Dix-fept livres d'*Epîtres* , les unes intéreffantes, les autres moins agréables. III. Une interprétation des *Pfeaumes* & des *Epîtres de St Paul* ; & d'autres ouvrages de théologie, écrits avec plus de politeffe que de profondeur. IV. Des *Traités* de morale philofophique , fur l'éducation des enfans , fur les confolations dans les malheurs ; & quelques autres écrits de ce genre , dont on fait cas, quoique fes raifonnemens foient quelquefois trop fubtils & embarraffés. V. Plufieurs *Poèmes* , parmi lefquels fon *Curtius* & fon *Laocoon* tiennent le premier rang. L'auteur copie quelquefois dans fes vers les phrafes de *Virgile* , ainfi que dans fa profe celles de *Cicéron* : mais à travers les efforts d'une imitation fervile , il laiffe échaper de tems en tems des traits de fon efprit. Ses écrits théologiques font d'un ton de douceur & de modération , qui étoit l'expreffion de fon caracté-re. Il ofa même écrire à *Paul III*, « qu'il étoit étonnant qu'on pour-» fuivît avec acharnement les nou-» veaux Hérétiques ; tandis qu'on » laiffoit vivre en paix les Juifs , » dont la haine irréconciliable » contre le nom Chrétien étoit » connue , & qui d'ailleurs jouif-» foient de grandes richeffes , dont » ils dépouilloient les Chrétiens » par leurs concuffions & leurs » ufures!» Pour avoir les ouvrages complets de *Sadolet*, il faut ajoû-ter aux 3 volumes déja cités , fes *Lettres* & celles des favans avec lefquels il étoit en correfpondan-ce, publiées à Rome en 1764 , in-12, 3 vol. ; ainfi qu'un autre re-cueil imprimé en 1759, in-12 , qui contient fes Lettres écrites au nom de *Léon X* , *Clément VII* & *Paul III*; avec un abrégé de la Vie de l'auteur, écrite par *Flore-belli* , fon contemporain.

SAENREDAM , (Jean) célè-bre graveur, vivoit à la fin du xv⁰ fiécle & au commencement du XVI⁰. Les *Eſtampes* de ce maî-tre font très-goûtées des curieux. Il a fur-tout travaillé d'après *Golt-zius*, & il a fu allier la douceur avec la fermeté dans fa touche. On de-fireroit plus de correction dans fes deffins ; mais c'eft un repro-che qu'il doit partager avec la plû-part des peintres qu'il a copiés.

SAENZ , *Voy.* AGUIRRE.

I. SAGE, (David le) de Mont-pellier , mort vers 1650 , eut des mœurs dépravées & quelque ta-lent. Il s'eft fait de la réputation par fes Poëfies Gafconnes. On a de lui un recueil intitulé : Les *Folies du fieur le Sage*, 1650 , in-8⁰. Ce font des *Sonnets* , des *Elégies* , des *Satyres* & *Epigrammes* , dignes du titre de cette collection.

II. SAGE, (Alain-René le) excellent romancier François & bon comique, né à Ruys en Bre-tagne vers l'an 1677 , mourut en 1747 , à Boulogne-fur-mer , chez fon fils chanoine de cette ville. Son premier ouvrage fut une Tra-duction paraphrafée des *Lettres d'Ariſtenète* , auteur Grec, en 2 vol. in-12. Il apprit enfuite l'efpagnol , &. goûta beaucoup les écrivains de cette nation , dont il a donné des traductions , ou plutôt des imitations qui ont eu un grand fuccès. Ses principaux ouvrages en ce genre font : I. *Guzmán d'Al-farache*, en 2 vol. in-12 : ouvrage où l'auteur fait paffer le férieux à travers le frivole qui y domine. II. Le *Bachelier de Salamanque* , en 2 vol. in-12 : roman bien écrit , & femé d'une critique utile des mœurs du fiécle. III. *Gilblas de Santillane* , en 4 vol. in-12. On y trouve des peintures vraies des mœurs des hommes , des chofes ingénieufes & amufantes , , des réflexions judicieufes. Il y a du choix & de l'élégance dans les expreffions, de la netteté & de la gaieté dans les récits. C'eft un tableau fidèle de toutes les con-ditions , & le meilleur Roman mo-ral qu'aucune nation ait produit. IV. *Nouvelles Aventures de Don Quichotte* , en 2 vol. in-12. Ce nouveau *Don Quichotte* ne vaut pas l'ancien ; il y a pourtant quel-ques plaifanteries agréables. V. *Le Diable Boiteux* , in-12, 2 vol. : ouvrage qui renferme des traits propres à égayer l'efprit & à cor-riger les mœurs. (*V.* I. GUEVARA.) Il eut d'abord un fi grand débit , que l'on rapporte que deux fei-gneurs mirent l'épée à la main pour avoir le dernier exemplaire de la 2⁰ édition. V I. *Mélanges amufans de faillies d'efprit & de traits hiſtoriques des plus frappans*, in-12. Ce recueil eſt , ainſi que tous ceux de ce genre, un mélange de bon & de mauvais. VII. *Roland l'amoureux* , 2 vol. in-12. VIII. *Eſtevanille*, ou *le Garçon de bonne humeur* , 2 vol. in-12 : ouvrages dans leſquels on retrouve toujours l'eſprit de l'agréable auteur de *Gilblas*. Le *Sage* s'eſt auſſi rendu célèbre par ſes piéces dramatiques. On voit avec plaiſir, au théâtre François, *Criſpin rival de ſon Maître* , & *Turcaret* , comédies en proſe. *Moliére* n'auroit pas déſavoué pluſieurs ſcènes de ces deux piéces, ainſi qu'un grand nombre de peintures originales du roman de *Gilblas*. L'Opéracomique eſt enrichi d'un grand nombre de ſes ouvrages. Cet auteur avoit peu d'invention ; mais il avoit de l'eſprit, du goût, & l'art d'embellir les idées des autres, & de ſe les rendre propres. On peut le mettre au rang des auteurs qui ont le mieux poſſédé leur langue. Il eut pluſieurs enfans, dont l'aîné s'eſt illuſtré comme acteur ſur le théâtre François, ſous le nom de *Montmenil*.

SAGITTARIUS , (Gaſpard) théologien Luthérien , hiſtorien du duc de Saxe, & profeſſeur en hiſtoire dans l'univerſité de Hall, naquit à Lunebourg en 1643, & mourut en 1694. Les langues ſavantes, l'hiſtoire, les antiquités, lui étoient très-familières. Sa mémoire étoit un vaſte dépôt, où s'étoient raſſemblées les connoiſſances les plus étendues ; mais elles n'y étoient pas toujours dans l'ordre le plus clair. Ses principaux ouvrages ſont : I. Des *Diſſertations* ſur les *Oracles*, ſur les *Souliers* , in-4°. & ſur les *Portes* des anciens, in-8°. II. *La ſucceſſion des Princes d'Orange juſqu'à* Guill. *III*. III. *L'Hiſtoire de la ville d'Harde-*

vic, in-4°: IV. *L'Hiſtoire de St Norbert* , qu'il publia en 1683. V. *Hiſtoria antiqua Noribergæ* , in-4°, ſavante & judicieuſe. VI. *Les Origines des Ducs de Brunſwick* , in-4°. VII. *Hiſtoire de Lubeck* , in-4°. VIII. *Les Antiquités du royaume de Thuringe* , in-4° : ouvrage plein de recherches , ainſi que tous les écrits de cet auteur, dont on peut voir la liſte dans ſa *Vie* compoſée en latin par *Schmidius*, Iène, 1713, in-8°. IX. Une *Hiſtoire* , exacte & curieuſe, *des Marquis & des Electeurs de Brandebourg*, in-4°. & un grand nombre d'autres.

SAGREDO , (Jean) procurateur de St Marc, étoit d'une des plus anciennes familles nobles de Veniſe, & qui a produit de grandshommes. Il fut élu doge de la républ. en 1675 ; mais ſon élection n'ayant pas été agréable au peuple, il ſe démit volontairement. En 1691 il fut provéditeur-général dans les mers du Levant. Il devint enſuite ambaſſadeur dans les plus grandes cours de l'Europe, & il avoit paſſé par divers emplois diſtingués avant que d'être élevé à la dignité de procurateur de St Marc. Cet habile homme publia, en 1677 , in-4°, à Veniſe , une *Hiſtoire* de l'empire Ottoman, ſous ce titre : *Memorie Hiſtoriche di Monarchi Ottomani*. L'auteur commence à l'an 1300 , & continue ſon Hiſtoire juſqu'en 1644, ſous le règne d'*Ibrahim I*, qui monta ſur le trône en 1640. Cet hiſtorien eſt ſage , impartial, & très-inſtruit de la matière qu'il avoit entrepris de traiter. Son ſtyle eſt ſerré ; dans le goût de *Tacite* ; & l'auteur ſème, ſelon les circonſtances, des réflexions ſolides & judicieuſes. Cette Hiſtoire a été traduite en françois par *Laurcat*, & imprimée à Paris en 1724 , en

6 vol. in-12, fous ce titre : *Hiſtoire de l'Empire Ottoman*, *traduite de l'Italien de Sagredo*.

SAGTLVEN, excellent payſagiſte Hollandois, dont les tableaux & les deſſins font recherchés & peu communs. Il vivoit dans le XVIIe ſiécle; nous ignorons l'année de ſa naiſſ. & de ſa mort.

SAINCTES, (Claude de) *Sanctefius*, né dans la Perche, ſe fit chanoine régulier dans l'abbaye de St Cheron près Chartres, en 1540, à l'âge de 15 ans. Le cardinal de *Lorraine* le mit dans le collège de Navarre, où il fit ſes humanités, ſa philoſophie & ſa theologie. Il fut reçu docteur de Sorbonne en 1555, & entra enſuite dans la maiſon du cardinal ſon bienfaiteur, qui l'employa au colloque de Poiſſy en 1561, & le fit envoyer par le roi *Charles IX* au concile de Trente, avec onze autres docteurs. C'eſt lui & *Simon Vigor*, depuis archevêque de Narbonne, qui diſputérent contre deux miniſtres Calviniſtes, chez le duc de *Nevers*, en 1566. Leur triomphe fut complet, & *de Sainctes* fit imprimer, 2 ans après, les *Actes* de cette conférence. Ses écrits, ſes ſermons, & ſon zèle contre les hérétiques, lui méritérent l'évêché d'Evreux en 1575. Il aſſiſta l'année ſuiv. aux Etats de Blois, & au concile de Rouen en 1581. Sa fureur pour la Ligue le jetta, dit-on, dans des travers monſtrueux. Il fut pris dans Louviers par les gens du roi *Henri IV*. On trouva dans ſes papiers, un écrit, où il prétendoit juſtifier l'aſſaſſinat d'*Henri III*, & où il excitoit à commettre le même forfait ſur le roi de Navarre. Ces accuſations, intentées par les Calviniſtes, ne furent pas prouvées démonſtrativement. Il n'en

fut pas moins conduit priſonnier à Caen, où il auroit ſubi le dernier ſupplice, ſi le cardinal de *Bourbon* & quelques autres prélats n'euſſent intercédé pour lui. Il fut donc, à leurs prières, condamné à une priſon perpétuelle, & renfermé dans le château de Crevecœur, au dioceſe de Liſieux, où il mourut de poiſon, dit-on, en 1591. On a de lui un grand nombre d'ouvrages. Le plus conſidérable & le plus rare eſt un *Traité de l'Euchariſtie*, en latin, in-fol. chargé de citations, & qu'on ne lit plus aujourd'hui. Le ſeul de ſes ouvrages qui ſoit recherché à cauſe des choſes curieuſes & intéreſſantes qu'il renferme au ſujet de la Meſſe de l'Egliſe Romaine, eſt intitulé : *Liturgiæ Jacobi Apoſtoli, Baſilii Magni, Joannis Chryſoſtomi*, &c. à Anvers, *Plantin*, 1560, in-8°. On joint ordinairement cet ouvrage au *Traité ſur la Meſſe Latine*, de *Francowitz*, parce qu'ils ont beaucoup de rapport.

SAINT-AMAND, (Marc-Antoine-Gerard de) fils d'un chef-d'eſcadre, naquit à Rouen. Il paſſa ſa vie à voyager & à rimer, deux métiers qui ne mènent pas à la fortune. L'abbé de *Marolles* voulut le fixer, en lui procurant la charge de gentilhomme ordinaire de la reine de Pologne; mais l'humeur inconſtante de *St-Amand* ne pouvoit ſe prêter à ces offres. Il retourna à Paris, où il fut ſiflé. Il ſe montra à la cour, & n'en fut pas mieux reçu. Voici un abrégé de ſa vie, tel qu'on le trouve dans les premières Satyres de *Boileau*. Les traits de ce tableau ne ſont pas très-fins ; mais ils paroiſſent vrais.

St-Amand *n'eut du Ciel que ſa veine en partage :*

L'habit qu'il eut fur lui, fut fon feul
héritage;
Un lit & deux placets compofoient
tout fon bien,
Ou, pour en mieux parler, Saint-
Amand n'avoit rien.
Mais quoi ! las de traîner une vie
importune,
Il engagea ce rien pour chercher la
fortune !
Et tout chargé de vers qu'il devoit met-
tre au jour,
Conduit d'un vain efpoir, il parut à
la Cour.
Qu'arriva-t-il enfin de fa Mufe
abufée ?
Il en revint couvert de honte & de
rifée ;
Et la fiévre, au retour terminant fon
deftin,
Fit par avance en lui ce qu'auroit
fait la faim.

Ce fameux fatyrique ne le traita
pas mieux dans fon *Art Poëtique;*
car en recommandant d'éviter des
détails bas & rempans, où *Saint-*
Amand étoit tombé dans fon *Moïfe*
fauvé, il dit :

N'imitez pas ce fou, qui décrivant
les mers,
Et peignant, au milieu de leurs flots
entr'ouverts,
L'Hébreu fauvé du joug de fes injuf-
tes maîtres,
Met, pour le voir paffer, les poiffons
aux fenêtres :
Peint le petit enfant, « qui va, faute,
» revient,
» Et joyeux à fa mere offre un
» caillou qu'il tient. »

Toutes les productions de *St-*
Amand font pleines des défauts
que *Defpréaux* reproche au *Moïfe*
fauvé. Elles ont été recueillies en
3 vol. in-12. Sa meilleure piéce
eft fon Ode intitulée, *La Soli-*
de; le rafte ne mérite pas d'être

cité. *St-Amand* mourut en 1666,
âgé de 67 ans, du chagrin de ce
que *Louis XIV* n'avoit pu fupporter la lecture de fon Poème de *la*
Lune, dans lequel il louoit ce prince de favoir bien nager. Au refte
ce Poème de *la Lune* étoit très-
peu de chofe ; & on ne pouvoit
que louer l'intention du poëte,
qui vouloit célébrer une divinité fous la protection de laquelle
il avoit paffé fa vie. *Boileau* difoit
de *St-Amand,* qu'il s'étoit formé
du mauvais de *Regnier.*

ST-AMOUR, *Voyez* AMOUR
(Saint-).

ST-ANGEL, *Voy.* BALOUFEAU.

ST-AUBIN, *Voy.* GENDRE, n° II.

SAINT-AULAIRE, (François-
Jofeph de Beaupoil, marquis de)
né dans le Limoufin, porta les
armes pendant fa jeuneffe, & les
quitta dans un âge plus avancé,
pour être tout entier à la fociété
& à la littérature. La ducheffe du
Maine l'appela à fa cour, dont il
fit les délices pendant 40 ans,
par les charmes de fon efprit &
de fa converfation. Ce fut pour
cette princeffe qu'il fit l'impromptu, *La Divinité qui s'amufe,* &c.
" *Anacréon moins vieux fit de moins jo-*
" *lies chofes,* " dit le dern. hiftorien
de *Louis XIV.* C'eft une chofe bien
finguliére, que les vers les plus
delicats qu'on ait de lui, aient
été faits dans le tems qu'il étoit
plus que nonagénaire. Ce poëte
fut reçu à l'académie Françoife en
1706, & mourut à Paris le 17
Décembre 1742, âgé de 98 ans.
Boileau lui refufa fon fuffrage
pour la place d'académicien, d'u-
ne manière affez dure. Il fondoit
fon refus fur la piéce même qui le
fit admettre :

O Mufe légére & facile, &c.

Il répondit à ceux qui lui repréfentoient qu'il falloit avoir des égards pour un homme de cette condition : *Je ne lui difpute pas fes Lettres de noblefle ; mais je lui dif- pute fes titres du Parnaffe.* Un des académiciens ayant repliqué que M. de *St-Aulaire* avoit aufli fes ti- tres du Parnaffe, puifqu'il avoit fait de fort jôlis vers : *Eh bien, Monfieur*, lui ditBoileau, *puifque vous eftimez fes vers, faites-moi l'honneur de méprifer les miens.* Le marquis de *St-Aulaire* répondant dans l'académie Fran- çoife au duc de *la Trimouille*, qui remplaçoit le maréchal d'*Eftrées*, dît ingénieufement : *Il me convient d'arrofer de larmes la refpectable cen- dre que vous venez de couvrir de fleurs. La différence des hommages que nous lui rendons, eft affortie à celle de nos âges.* Les Poëfies de cet *Ana- créon* nonagénaire font répandues dans différens recueils.

ST-BONNET, *Voy.* TOIRAS.

I. SAINT-CYR, (Tannegui du Bouchet, *dit*) gentilhomme Poite- vin, & l'un des plus braves capi- taines des Calviniftes, fous le rè- gne de *Charles IX*, fut un des chefs de la *Confpiration d'Amboife*, & de- vint gouverneur d'Orléans après la bataille de Dreux. Il fut tué à celle de Montcontour en 1569, à 85 ans. « Lorfque la bataille fut perdue (dit l'hiftorien *d'Aubigné*,) »ce vieil- » lard ayant rallié trois cornettes » au bois de Mairé, & reconnu que » par une charge il pouvoit fau- » ver la vie à 1000 hommes; fon » miniftre qui lui avoit aidé à » prendre cette réfolution, l'aver- » tit de faire un mot de harangue. » *A gens de bien courte harangue*, » dît le bon-homme; *Freres & com- » pagnons, voici comme il faut faire.* » Là-deffus couvert à la vieille » Françoife d'armes argentées juf- » qu'aux grèves & folerets, le » vifage découvert, & la barbe » blanche comme neige, âgé de » 85 ans, il donne vingt pas de- » vant fa troupe, mena battant » tous les maréchaux de camp, & » fauva plufieurs vies par fa mort. »

II. SAINT-CYR, (Claude-Odet Giry de) de l'académie Françoife, mort le 13 Janvier 1761, âgé de 67 ans, fe fit connoître par fes vertus. On lui attribue le *Catéchif- me des Cacouacs*, 1758 ; in-12.

ST-CYRAN, *Voy.* VERGER de *Hauranne.*

ST-DIDIER, *Voyez* LIMOJON.

SAINT-EVREMONT, (Char- les de St-Denys, feigneur de) né à St-Denys-le-Guaft, à 3 lieues de Coutances, en 1613, d'une maifon noble & ancienne de baffe- Normandie, dont le nom étoit *Marquetel* ou *Marguaftel*, fit fes études à Paris. Après avoir donné une année au Droit, il prit le parti des armes, & fervit au fiége d'Arras en 1640, comme capitaine d'infanterie. Une politeffe affai- fonnée de tous les agrémens du bel-efprit, une bravoure éprouvée dans les actions générales & dans quelques combats finguliers, le concours brillant des qualités qui ne font pas toujours le partage des gens de guerre, attirèrent à St-Evremont l'eftime des militaires les plus diftingués de fon tems. Le prince de *Condé* fut fi charmé de fa converfation, qu'il lui don- na la lieutenance de fes gardes, afin de l'avoir toujours auprès de lui. St-Evremont ne conferva pas long-tems fa faveur. M. le Prince avoit la foibleffe de plaifanter fur le ridicule des hommes, & n'en étoit que plus fenfible à la raille- rie : St-Evremont ne le ménagea point dans quelques entretiens fe- crets. Le duc d'*Enguien* le fut, & lui ôta la lieutenance de fes gar- des; on dit pourtant que ce prince, naturellement grand, eut la générofité de lui pardonner dans la fuite. Mais une première difgrace ne corrigea point *St - Evremont* de fon humeur cauftique. Il fut mis 3 mois à la Baftille pour quelques plaifanteries faites à table contre lè cardinal *Mazarin*, avec lequel il fe réconcilia bientôt après. La guerre civile s'étant allumée, *St-Evremont* fut fidèle au roi, qui le fit maréchal-de-camp, avec une penfion de 3000 liv. Le Traité des Pyrénées mit fin à toutes ces hoftilités. Cette paix déplut à beaucoup de gens : *St-Evremont* écrivit à cé fujet au maréchal de *Crequi*, & fa lettre étoit la fatyre du Traité. Le roi ayant, dit-on, des fujets fecrets de fe plaindre de lui, prit occafion de cette lettre pour ordonner qu'on le mît à la Baftille. Il en fut prévenu dans la forêt d'Orléans, & fe retira en Angleterre, où *Charles II* l'accueillit comme il le méritoit. Plufieurs perfonnes s'employérent inutilement à obtenir fon rappel. Le philofophe expatrié chercha à adoucir le chagrin de fa difgrace par la lecture, la compofition & l'amitié. La ducheffe de *Mazarin*, s'étant brouillée avec fon mari, quitta la cour de France, voyagea en différens pays, & paffa enfin en Angleterre. *St-Evremont* la vit fouvent, ainfi que plufieurs gens-delettres qui s'affembloient dans fa maifon. C'eft à cette Dame qu'il adreffa une grande partie de fes ouvrages. Ce philofophe mourut en 1703, à 90 ans, & fut enterré dans l'églife de Weftminfter, au milieu des rois & des grandshommes d'Angleterre. Il conferva jufqu'à la fin de fa vie une imagination vive, un jugement folide, & une mémoire heu-

reufe. Il avoit un fonds d'enjouement, qui, au lieu de diminuer dans fa vieilleffe, fembla reprendre de nouvelles forces. Il aimoit la compagnie des jeunesgens ; il fe plaifoit au récit de leurs aventures. L'idée des divertiffemens qu'il n'étoit plus en état de goûter, occupoit agréablement fon efprit. *St-Evremont* étoit très-fenfible au plaifir de la table, & il fe diftingua par fon rafinement fur la bonne chere ; mais il recherchoit moins la fomptuofité & la magnificence, que la délicateffe & la propreté. Il ne fe piquoit point d'une morale rigide ; cependant il avoit toutes les qualités d'un homme d'honneur. Il étoit équitable, généreux, reconnoiffant, plein de douceur & d'humanité. Quant à fes fentimens fur la religion, il a toujours fait profeffion de la religion Romaine, dans laq. il étoit né. Bien des gens cependant l'ont repréfenté comme un efprit-fort, fondés fur ce que, dans fa derniére maladie, il avoit refufé de voir des prêtres. Mais fi on peut juger de fa façon de penfer fur une matiére de cette importance, par fes converfations ordinaires, cette opinion ne paroîtra pas fondée. Il ne lui échappoit jamais rien de licencieux contre la religion, & il ne pouvoit fouffrir qu'on en fît un fujet de plaifanterie. *La feule bienféance*, difoit-il, & *le refpect qu'on doit à fes Concitoyens, ne le permettent. pas.* D'après ces confidérations, l'on pourroit affûrer, que c'eft gratuitement qu'il a paru fous fon nom un livre peu religieux, qui a pour titre: *Elémens de la Religion, dont on cherche de bonne foi l'éclairciffement.* On voit par fes écrits qu'il avoit de l'érudition ; mais c'étoit une érudition polic., & convenable à un homme de fa profeffion & de fa qualité. *St-Evre-mont* aimoit paffionnément la mu-fique, & n'ignoroit pas la compofition. On a de lui plufieurs ouvrages différens, recueillis à Londres 1705, en 3 vol. in-4°; à Amfterdam 1739, & à Paris 1740, 10 vol. in-12; & 1753, 12 vol. petit in-12. Il y a eu une édition contrefaite à Rouen, en 7 volumes in-12, avec la Vie de l'auteur par *des Maifeaux*. Si l'on excepte ce que *St-Evremont* a écrit fur les Grecs & les Romains, fur les chofes qui font d'ufage dans la vie, fur la Paix des Pyrenées, fur la retraite du duc de *Longueville* dans fon gouvernement de Normandie; & fur la converfation du maréchal d'*Hocquincourt* avec le Pere *Canaye*; tout le refte ne mérite guéres d'être lu. Il n'y a ni intérêt ni comique dans fes Comédies. Ses vers, fes poëfies légéres, font plutôt d'un bel-efprit que d'un poëte. Sa profe vaut mieux; elle refpire en certains endroits la profondeur d'un philofophe, la fineffe & la délicateffe d'un homme du monde; mais elle eft trop chargée d'antithèfes & de pointes. Cet auteur n'avoit proprement que de l'efprit; car on ne peut lui accorder ni du génie, ni du fentiment, ni de l'érudition, ni peut-être un vrai talent, fi ce n'eft celui d'écrire. C'eft le jugement qu'en porte le rédacteur de l'*Efprit de St-Evremont*, ouvrage imprimé en 1761, in-12. Cependant fes productions avoient un fuccès fi étonnant, que le libraire *Barbin* payoit des auteurs pour lui faire du *St-Evremont*. Ses Poëfies confiftent principalem. en *Stances*, *Elégies*, *Idylles*, *Epigrames*, *Epitaphes*.

SAINT-FOIX, (Germain-François Poullain de) gentilhomme Breton, né à Rennes en 1703,

mort à Paris en 1776, avoit la vivacité & la bravoure de fon pays. Après avoir porté les armes pendant quelque tems, il vint cultiver les Mufes dans la capitale, & s'ouvrit une nouvelle carriére fur la fcène comique. Il étudia en même tems notre hiftoire, & fes connoiffances en ce genre lui méritérent la place d'hiftorio-graphe de l'ordre du St-Efprit. Sa probité, autant que fes lumières, contribua à lui faire des protecteurs illuftres. Il étoit d'un caractére droit & généreux, mais difficile, exigeant, inquiet, aifé à offenfer. Il ne falloit pas louer en fa préfence, les auteurs qu'il n'aimoit point, & quand ces éloges auroient regardé les premiers écrivains de la nation, il n'auroit pu s'empêcher de témoigner de l'humeur. On a recueilli fes ouvrages en 6 vol. in-8°. Paris, 1778. Les principaux font : I. Les *Lettres Turques*; efpèce de roman épiftolaire dans le goût des *Lettres Perfanes*, écrit d'une manière piquante, & plein de traits de fatyre fins & délicats. II. *Effais Hiftoriques fur Paris*, publiés féparément en 6 vol. in-12 : livre inftructif & agréable, mais fans ordre; & dans lequel l'auteur a fait entrer plufieurs chofes qui n'ont pas rapport à fon titre. Le 6° volume n'a été publié qu'après fa mort. Il offre, comme les précédens, quelques réflexions détachées fur nos ufages & nos mœurs, dont quelques-unes font neuves, & dont plufieurs ne font que des vérités rebattues qui ne méritoient pas d'être redites. Le volume eft terminé par des difcuffions hiftoriques fur le fameux *Mafque de Fer*, que l'auteur conjecture être le duc de *Montmouth* : fes preuves ne font pas démonftrati-ves.

ves. III. *Histoire de l'Ordre du St-Esprit* : compilation de faits & d'anecdotes fur les grands feigneurs honorés du cordon de cet ordre. Cet ouvrage prouve que l'auteur étoit un homme inftruit, judicieux, & capable de recherches. IV. Quatre volumes de *Comédies*. Celles qui ont eu le plus de fuccès font *les Graces*, jolie piéce qui femble infpirée par elles; l'*Oracle*, production d'un efprit fin; le *Sylphe* & les *Hommes*, qui méritent le même éloge. Ce font des tableaux agréables & féduifans; mais il ne faut pas comparer ce petit genre, fondé tout entier fur les preftiges de la féerie, aux comédies de *Moliére*, puifées dans la nature & très-fupérieures à tous les romans dialogués. Le mérite de *St-Foix* a été d'avoir écrit les fiens avec pureté & délicateffe, & d'avoir trouvé quelques fituations neuves dans un genre qu'on regardoit comme épuifé.

I. SAINT-GELAIS, (Octavien de) né à Cognac vers 1466, de *Pierre* de *St-Gelais*, marquis de Montlieu & de Sainte - Aulaye, fit fes études à Paris, embraffa l'état eccléfiaftique, & fe livra à la poéfie & à la galanterie. Ayant été introduit de bonne heure a la cour, il y acquit les bonnes-graces du roi *Charles VIII*, qui le fit nommer par le pape *Alexandre VI* à l'évêché d'Angoulême, en 1494. *Octavien* de *St-Gelais* alla réfider dans fon diocèfe en 1497, & ne s'occupa plus que des fonctions de fon miniftére, & de l'étude de l'Ecriture-fainte & des SS. Peres. Il mourut en 1502, à 36 ans. On a de lui des *Poéfies* & d'autres ouvrages en François. Le *Verfier d'Honneur* fut imprimé féparément, in-8°, in-4° & in-fol. Le *Château de Labour* le fut en 1532,

Tome *VI.*

in-16. Une traduction des fix *Comédies* de *Terence* vit le jour en 1538 in-folio; & les *Héroïdes* d'O-*vide*, auffi traduites, furent inférées dans le *Vergier d'Honneur*. *Melin* de *St-Gelais* étoit fon fils naturel, à ce que prétendent prefque tous les biographes; mais cette opinion n'eft pas univerfellement adoptée.

II. SAINT-GELAIS, (Melin de) poëte Latin & François, né l'an 1491, du précédent, à ce qu'on croit; mort à Paris l'an 1558, abbé de Réclus, aumônier & bibliothécaire du roi, fut furnommé l'*Ovide François*. Il reffemble à ce poëte, par le peu de précifion de fon ftyle : il a autant de facilité, moins de douceur que lui; mais plus de naturel & de naiveté. Quelques phrafes louches, plufieurs termes impropres, des tours obfcurs, rendent la lecture du poëte François beaucoup moins agréable que celle du poëte Latin. Ses talens lui donnèrent accès à la cour. Lorfque *Ronfard* y parut, la crainte de fe voir éclipfé par cette Mufe naiffante, lui fit avoir recours aux procédés les plus indignes. *Henri II* fouhaitant de voir une piéce du jeune poëte, *St-Gelais* fe chargea de lui en faire la lecture. Pour déprifer cette piéce, il tronqua la plûpart des vers, & récita les autres à contre-fens : de forte que la curiofité de ce monarque fut très-mal fatisfaite. *Ronfard*, inftruit de cette indignité, s'arma des traits les plus piquans de la Satyre. *St-Gelais* reconnut fon tort; & fon ennemi paffa, des tranfports de la colére, à ceux de l'amitié. Plufieurs prétendent que c'eft à ce poëte qu'on doit le *Sonnet François*, qu'il fit paffer de l'Italie en France. Il a réuffi dans l'*Epigramme*; on lui a même fait

N

l'honneur de le mettre, dans ce genre, au-deffus de *Marot* & de *du Bellay.* St-*Gelais* aimoit à railler : caractére dangereux, qui lui fit beaucoup d'ennemis. Ses Poëfies font des *Elégies*, des *Epítres*, des *Rondeaux*, des *Quatrains*, des *Chan-fons*, des *Sonnets* & *Epigrammes.* Il a auffi compofé *Sophonisbe*, tragédie en profe. La derniére édition de ces différens ouvrages eft celle de Paris, in-12, en 1719. Elle eft plus ample que les précédentes ; mais il y a peu d'ordre dans la diftribution des piéces, & beaucoup de défauts.

SAINT-GENIEZ, (Jean de) né à Avignon en 1607 d'une famille noble, cultiva de bonne heure les fleurs du Parnaffe Latin. Il vint à Paris, & s'y fit des amis illuftres. De retour à Avignon, il fut élevé au facerdoce, & obtint un canonicat à Orange où il mourut étique en 1663, à 56 ans. On a de lui des *Poëfies* pleines de feu & de génie, & remplies d'excellens vers, quoique le poète laiffe beaucoup à defirer pour la pureté du ftyle. Elles ont été recueillies à Paris, in-4°, fous ce titre : *Joannis San-Genefii Poemata, Parifiis, fumptibus Auguftini Courbé,* 1654. On y trouve : I. Quatre *Idylles* ; dont la 3ᵉ & la 4ᵉ contiennent une défenfe de la poefie. II. Huit *Satyres*, remplies d'excellens avis, & d'une critique judicieufe, fans fiel & fans paffion. III. Sept *Elégies*, toutes fur des fujets utiles. IV. Un livre d'*Epigrammes.* V. Un livre de *Poefies* diverfes.

St-GERAN, *Voyez* GUICHE.

St-GERMAIN, *V.* MOURGUES.

SAINT-GERMAIN, (Louis comte de) d'une famille noble & ancienne d'Alface, entra d'abord chez les Jéfuites, qu'il quitta pour prendre les armes. Il fervit avec diftinction, parvint au grade de lieutenant-général, & fignala fon courage & fon intelligence dans les guerres de 1741 & de 1756. Des mécontentemens l'obligérent de paffer au fervice du roi de Danemarck, où il devint généraliffime des troupes de la couronne, & chevalier de l'ordre de l'éléphant. Les frimats du Nord étant contraires à fa fanté, il repaffa en France, & vécut quelque tems ignoré dans une petite terre, où, comme *Dioclétien*, il cultivoit fon jardin. A l'avénement de *Louis XVI* à la couronne, il fut tiré de fa retraite pour être mis à la tête du département de la guerre. Il fit plufieurs réformes, les unes très-applaudies, les autres très-critiquées ; mais on ne peut que le louer d'avoir aboli la peine de mort contre les déferteurs, augmenté la paye du foldat, réduit la maifon militaire du roi, & corrigé divers abus introduits par le luxe & l'indifcipline. Sa mauvaife fanté l'obligea de quitter le miniftére, & il mourut peu de tems après, le 15 Janvier 1778. C'étoit un homme d'une valeur éprouvée, d'un génie impétueux : il avoit de grandes vues pour l'adminiftration ; mais fon efprit étoit un peu fyftématique ; & fon caractére ardent, inconftant, fouffroit difficilement la contradiction.

St-GILLES, poëte François, *Voyez* GILLES, n° VII.

St-HILAIRE, *Voy.* BON de St-HILAIRE.

SAINT-HYACINTE, (Themifeul de) dont le vrai nom eft *Hyacinthe Cordonnier*, naquit à Orléans le 27 Septembre 1684, de *Jean-Jacques Cordonnier*, fleur de Belair, & d'*Anne-Marie Mathé.* Sa mere étant veuve, fe retira à

Troyes avec son fils. Elle y donnoit des leçons de guitarre, & son fils en donnoit d'Italien. Celui-ci avoit pour élève une pensionnaire de l'abbaye de Notre-Dame ; & ses leçons ayant eu les mêmes suites que celles d'*Abailard* à *Héloïse*, il fut forcé de quitter Troyes, où M. *Bossuet*, évêque de cette ville, l'accueilloit très-bien. Il s'occupoit peu à détromper le public sur l'opinion ridicule qui lui donnoit le grand *Bossuet* pour pere : opinion qu'autorisoient ses liaisons avec le prélat neveu de ce grand-homme, & la multitude de noms sous lesquels il masquoit le sien. Après avoir parcouru une partie de l'Europe, il se fixa à Breda où il épousa une demoiselle de condition. Il mourut dans cette ville en 1746. Nous ignorons les autres aventures de sa vie. M. de *Voltaire*, son ennemi, dit qu'il avoit été *Moine*, *Soldat*, *Libraire*, *Marchand de café*, *& qu'il vivoit du profit du Biribi*. (LETTRES *secrettes*, Lettre 50ᵉ)... *Il n'a guéres vécu à Londres*, dit-il d'ailleurs, *que de mes aumônes & de ses Libelles*. Quoique le ressentiment ne dise pas toujours vrai, il est certain que *St-Hyacinthe* fut un aventurier, qui avoit l'esprit porté à l'intrigue. Nous avons de lui : I. *Le Chef-d'œuvre d'un Inconnu*, Lausanne 1754, en 2 vol. in-8°. & in-12. C'est une critique assez fine des Commentateurs qui prodiguent l'érudition & l'ennui ; mais *elle est trop longue pour une plaisanterie*. Voilà ce que nous disions dans la 1ʳᵉ édition de ce Dictionnaire. L'auteur du *Journal Encyclopédique* a conclu de ces paroles, que nous ne connoissions pas l'ouvrage que nous censurions ; il auroit pu tirer une conséquence toute contraire. Il y a long-tems que nous

possédons le livre de *St-Hyacinthe* ; nous l'avons relu, & en applaudissant à plusieurs détails ingénieux, nous y avons trouvé des longueurs & des redites : *La Déification du Docteur Aristarchus Masso* qui est dans le 2ᵉ volume, mérite encore plus cette censure, quoiqu'elle soit du même auteur. On sçait combien M. de *Voltaire* a marqué de mépris pour cette mauvaise momerie. Il est malheureux pour nous de ne pouvoir adopter le jugement de l'auteur du *Journal Encyclopédique* ; il nous trouvera plus dociles une autre fois. II. *Mathanasiana*, à la Haye, 1740, 2 vol. in-8°. Ce sont des Mémoires littéraires, historiques & critiques. M. l'abbé d'*Artigny* prétend que *St-Hyacinthe* auroit pu nous donner quelque chose de meilleur. III. Plusieurs *Romans* très-médiocres. Celui du prince *Titi* est le seul qu'on lise ; il y a de l'intérêt & de l'esprit.

ST-JEAN, (Jean de) *Voyez* MANOZZI.

ST-IGNACE, *Voyez* HENRI de, n° XXXIII.

SAINT-JULIEN DE BALEURRE, (Pierre de) né aux environs de Tournus d'une famille noble, fut chanoine & doyen de Châlons-sur-Saône. On a de sa plume : I. *De l'Origine des Bourguignons*, 1581, in-fol. II. *Mélanges Historiques*, 1589, in-8°. Ces deux productions offrent des recherches savantes, mais mal digérées ; il en est de même de la suiv. III. *L'Histoire des Antiquités de la ville de Tournus.* Cet écrivain mourut en 1593.

ST-LAZARE, *Voy.* MALINGRE.

ST-LUC, *Voyez* ESPINAY.

SAINT-MARC, (Charles-Hugues *le Febvre* de) né à Paris en 1698, fut tenu sur les fonts de Baptême par le marquis de *Lyon-*

ne, dont fon pere étoit fecrétaire. Sa famille étoit originaire de Picardie, où elle avoit poffédé la terre de St-Marc, près de Moreuil, dont il a toujours confervé le nom. Il étoit neveu par les femmes du favant abbé *Capperonnier*, profeffeur royal en langue grecque; & coufin de M. *Capperonnier*, qui a occupé la même place avec diftinction. *St-Marc* fit fes premières études au collége du Pleffis, avec un fuccès dû fans doute en partie aux foins que l'abbé *Capperonnier* prenoit de fon éducation. Il quitta le Pleffis pour venir au collége Mazarin prendre les leçons de MM. *Morin* & *Gibert* qui pour lors y enfeignoient la rhétorique avec la plus grande célébrité. Ce fut à cette école que fe dévelopa fon goût pour la faine littérature & pour toutes les belles connoiffances. Ses parens & fes protecteurs l'avoient d'abord deftiné à la profeffion des armes. Il fervit pendant quelque tems dans le régiment d'Aunis. Mais en 1718 il s'engagea dans un état bien différent. Il prit le petit collet, & s'attacha particulièrement à l'Hiftoire eccléfiaftique du fiécle dernier. Les matériaux qu'il ramaffa, lui donnèrent lieu de débuter dans la Littérature par le *Supplément au Nécrologe de Port-Royal*, qui parut en 1735. Il travailla encore à l'*Hiftoire de Pavillon*, évêque d'Alet. Après avoir quitté l'habit eccléfiaftique, & vu échouer plufieurs projets fur lefquels il fondoit fa fortune, il fit fucceffivement plufieurs éducations diftinguées, & tous fes élèves reftérent fes amis. Enfin rendu à lui-même, il fe fit diverfes occupations conformes à fon goût. La 1re édition des *Mémoires du Marquis de Feuquiéres* en 1734; la dern. édition de l'*Hiftoire*

d'*Angleterre* par *Rapin Thoyras* en 1749; la nouvelle édition des *Œuvres de Defpréaux*; la *Lettre* fur la tragédie de *Mahomet II*, en 1739; la *Vie de Philippe Hecquet*, célèbre médecin; les éditions d'*Etienne Pavillon*, de *Chaulieu*, de *Chapelle* & de *Bachaumont*, de *Malherbe*, de *St-Pavin* & de *Charleval*, de *Lalane* & de *Montplaifir*, font des fruits de fa vie littéraire. On lui reproche d'avoir chargé ces éditions de beaucoup de piéces & de remarques inutiles. Les 17e & 18e tomes du *Pour & Contre*, & partie du 19e, font encore de lui; & n'ont ni la variété, ni les agrémens des volumes donnés par l'abbé *Prevoft*. Enfin il entreprit l'*Abrégé chronologique de l'Hiftoire d'Italie*, dont le 1er volume parut en 1761, in-8°. & qu'il a continué jufqu'au 6e, qui parut en 1770 après la mort de l'auteur. On promet la continuation réduite à 3 vol.; dont le dern. comprendra la *Table* générale. *St-Marc* aimoit la poéfie françoife, & l'avoit même cultivée. C'eft de lui qu'eft le *Pouvoir de l'Amour*, Ballet en 3 actes avec un Prologue, qu'il fit jouer en 1735. Il étoit affocié à l'académie de la Rochelle. Il mourut prefque fubitement à Paris le 20 Novembre 1769, dans la 71e année de fon âge. Voyez fon *Eloge hiftorique* à la tête du 6e volume de l'*Abrégé chronologique de l'Hiftoire générale d'Italie*. Cette Hiftoire très-favante, & qui fuppofe de grandes recherches, eft d'une lecture un peu fatiguante, foit par rapport à la fingularité de l'orthographe, foit par rapport au grand nombre de colonnes dont elle eft chargée. Le ftyle en eft d'ailleurs un peu pefant & fans coloris.

ST-MARD, *Voyez* REMOND de St-Mard.

St MARTIN de Bologne, peintre, *Voyez* PRIMATICE.

SAINT-PAVIN, (Denys SANGUIN de) de Paris, étoit fils d'un préfident aux enquêtes, homme de mérite, qui fut auffi prévôt des marchands. Il embraffa l'état eccléfiaftique, & n'eut point d'autre paffion que celle des belles-lettres & de la poëfie qu'il cultiva avec foin. Ses talens auroient pu lui procurer les plus hautes dignités de l'Eglife ; mais il facrifia fon ambition à fes plaifirs. L'abbaye de Livri, à laquelle il fut nommé, fut pour lui une retraite voluptueufe, où, loin des courtifans & des grands feigneurs, il faifoit ce qu'il vouloit & difoit ce qu'il penfoit. Il pouffoit la liberté de l'efprit jufques fur les matières les plus refpectables ; c'eft ce qui engagea *Boileau* à mettre fa converfion au nombre des chofes impoffibles.

St-Sorlin *Janféniste*, & St-Pavin *bigot*.

St-Pavin, outré contre le fatyrique, lui répondit par un Sonnet qui finiffoit ainfi :

S'il n'eût mal parlé de perfonne,
On n'eût jamais parlé de lui.

Boileau s'en vengea par l'Epigramme :

Alidor affis dans fa chaife,
Médifant du Ciel à fon aife,
Peut bien médire auffi de moi ;
Je ris de fes difcours frivoles :
On fait fort bien que fes paroles
Ne font pas articles de Foi.

St-Pavin n'en fut pas moins ferme dans fes principes. Il eft faux qu'il fe foit converti au bruit d'une voix effrayante, qu'il avoit cru entendre à la mort du poète *Théophile*, fon maître. Il perfévéra dans fa philofophie anti-chrétienne jufqu'à fa mort, arrivée en 1670, dans un âge avancé. *Ficubet*, maître des requêtes, décora fon tombeau de cette Epitaphe :

Sous ce tombeau gît St-Pavin ;
Donne des larmes à fa fin.
Tu fus de fes amis peut-être ;
Pleure ton fort, pleure le fien.
Tu n'en fus pas : pleuré le tien,
Paffant, d'avoir manqué d'en être.

Nous avons de *St-Pavin* plufieurs *Piéces de Poëfie*, recueillies avec celles de *Charleval*, 1759, in-12. Ce font des *Sonnets*, des *Epitres*, des *Epigrammes*, des *Rondeaux*. On y trouve de l'efprit & de la gaieté ; mais ce n'eft ni l'imagination douce & brillante de *Chaulieu*, ni cette fleur de poëfie que refpirent les aimables productions des *Voltaire* & des *Greffet*. Celles-ci font les filles des *Graces* & d'*Apollon*, & les autres ne le font que du plaifir & de la débauche. Parmi les Epigrammes de *St-Pavin*, on diftingue celle-ci :

Thirfis fait cent Vers en une heure ;
Je vais moins vite, & n'ai pas tort :
Les fiens mourront avant qu'il meure ;
Les miens vivront après ma mort.

Il étoit parent de *Sanguin*, (*Voyez* ce mot.)

St-PAUL, *Voyez* CHARLES, n° XXXVII.

St-PHILIPPE, (le marquis de) *Voyez* BACCALAR.

I. SAINT-PIERRE, (Euftache de) le plus notable bourgeois de Calais, fe fignala par fa générofité héroïque, lorfque cette ville fut affiégée par *Edouard III*, roi d'Angleterre, en 1347. Ce prince, irrité de la longue réfiftance des

assiégés, ne vouloit point les recevoir à composition, si on ne lui
en livroit 6 des principaux pour
en faire ce qu'il lui plairoit. Comme leur conseil ne savoit que résoudre, & qu'ainsi toute la ville
demeuroit exposée à la vengeance du vainqueur ; *Eustache* s'offrit
pour être une des six victimes. A
son exemple, il s'en trouva aussi-
tôt d'autres qui remplirent le nombre, '& s'en allèrent, la corde
au col & nuds en chemise, porter les clefs à *Edouard*. Ce prince
vouloit absolument les faire mourir, il avoit déja fait mander le
bourreau pour l'exécution ; & il
fallut toute la force des larmes &
des prières de la reine son épouse, pour les soustraire à son ressentiment. *De Belloi* a tiré de ce
sujet sa Tragédie intitulée : *Le
Siége de Calais.* « Nos historiens,
(dit M. de *Voltaire*, qui affoiblit
je ne sais pourquoi une si belle
action,) « s'extasient sur la gran-
» deur d'ame des six habitans qui
» se dévouèrent à la mort. Mais
» au fond, ils devoient bien se
» douter que si *Edouard III* vou-
» loit qu'ils eussent la corde au
» cou, ce n'étoit pas pour la faire
» serrer. Il les traita très-humai-
» nement, & leur fit présent à
» chacun de six écus d'or, qu'on
» appelloit *Nobles à la Rose*. S'il
» avoit voulu faire pendre quel-
» qu'un, il auroit été en droit
» peut-être de se venger ainsi de
» *Géofroi* de *Charni*, qui après
» la prise de Calais tenta de cor-
» rompre le gouverneur Anglois
» par l'offre de 20,000 écus, &
» qui fut pris en se présentant
» aux portes avec le chevalier
» *Eustache* de *Ribaumont*, lequel
» en se défendant porta le roi
» *Edouard* par terre. Ce prince
» donna un festin le même jour

» à l'un & à l'autre, & fit pré-
» sent à *Ribaumont* d'une couron-
» ne de perles, qu'il lui posa lui-
» même sur la tête. Il est donc
» injuste d'imaginer qu'il eut ja-
» mais l'intention de faire pendre
» 6 citoyens qui avoient combat-
» tu vaillamment pour leur pa-
» trie. » Mais le récit que nous
avons fait de l'action héroïque de
St-Pierre, d'après les meilleurs historiens, réfute ces réflexions de
M. de V. *Edouard*, revenu à lui-
même, a pu être généreux envers
ceux qu'il vouloit faire périr ;
mais son premier mouvement pouvoit leur être très-funeste ; & c'é-
toit beaucoup de s'exposer volontairement à la colère vindicative
du vainqueur. Les belles actions
sont assez rares dans l'histoire,
pour ne devoir pas exténuer celles qu'on a transmises à la postérité. *Eustache* de *St-Pierre* dans la
suite devint l'homme de confiance & le pensionnaire d'*Edouard* ; &
cette faveur, qu'il lui eût été plus
glorieux de refuser, a fait une
tache à sa mémoire. (*Art de vérif.
les dates*, pag. 554. 2ᵉ col.)

II. SAINT-PIERRE, (Charles
Irenée Castel de) né au château
de St-Pierre-Eglise en Normandie
l'an 1658, embrassa l'état ecclésiastique. Ses protecteurs lui procurèrent la place de premier aumônier de *Madame* & l'abbaye de
la Ste Trinité de Tiron, en 1702.
Dès 1695 il avoit eu une place
à l'académie Françoise. Le cardinal de *Polignac*, instruit de ses
lumières sur la politique, l'emmena avec lui aux conférences
d'Utrecht. Après la mort de *Louis
XIV*, il fut unanimement exclus de
l'académie Françoise, pour avoir
préféré, dans sa *Polisynodie* l'établissement des conseils faits par
le Régent, à la manière de gou-

verner de *Louis XIV.* Ce fut le cardinal de *Polignac* qui fit une brigue pour fon exclufion , & il n'y eut que *Fontenelle* qui s'y refufa ; mais le duc d'*Orléans* ne voulut pas que la place fût remplie. Elle demeura vacante jufqu'à fa mort, arrivée en 1743, à 86 ans. *Boyer*, ancien évêque de Mirepoix, fon confrére, empêcha qu'on ne prononçât à fa mort fon éloge à l'académie : vaines fleurs, qui n'auroient rien ajoûté à fa gloire. L'abbé de *St-Pierre* étoit véritablement philofophe ; il ne ceffa de vivre bien avec ceux mêmes qui l'avoient exclus. Ses mœurs étoient pures, & fa probité d'une exactitude rigoureufe. Naturellement froid & férieux , il n'étoit pas brillant dans la converfation ; mais il fe rendoit juftice & ne s'empreffoit pas de parler. Il craignoit l'ennuyer , & il auroit voulu plaire , non par vanité, (il n'en avoit point ;) mais par juftice & par bienfaifance , deux principes auxquels il rapportoit tout. Pour le trouver agréable, il falloit le mettre fur ce qu'il favoit. Une dame, qui ne le connoiffoit que depuis peu , le trouva plus amufant qu'on ne l'avoit peint. Dans la premiére vifite qu'il lui fit, elle fut enchantée de fon efprit, & elle le remercia, en fortant , du plaifir qu'elle avoit pris à l'entendre. Le modefte philofophe lui répondit avec fon ton & fon air fimple : *Je fuis un inftrument dont vous avez bien joué.* Ses principaux ouvrages fon : I. Son *Projet de PAIX UNIVERSELLE entre les Potentats de l'Europe* en 3 vol. in-12 : Projet dont le fameux *Citoyen de Genève* a fait un extrait. L'abbé de *St-Pierre* pour appuyer fes idées, prêtent que la Diète Européenne qu'il vouloit établir pour pacifier

les différends, avoit été approuvée & rédigée par le Dauphin , duc de *Bourgogne* , & qu'on en avoit trouvé le plan dans les papiers de ce prince. Il fe permettoit cette fiction , pour mieux faire goûter fon Projet. Il a rapporté avec bonne foi la lettre par laquelle le cardinal de *Fleury* répondit. à fes propofitions : « Vous avez oublié , *Monfieur* , » pour article préliminaire , de » commencer par envoyer une » troupe de Miffionnaires, pour » difpofer le cœur & l'efprit des » Princes. » II. *Mémoire pour perfectionner la Police des grands-Chemins.* III. *Mémoire pour perfectionner la Police contra le Duel.* IV. *Mémoire fur les Billets de l'Etat.* V. *Mémoire fur l'établiffement de la Taille proportionnelle,* in-4° : ouvrage très-utile, qui contribua beaucoup à délivrer la France de la tyrannie, de la Taille arbitraire. Il écrivit & il agit en homme d'état fur cette matière. VI. *Mémoire fur les Pauvres Mendians.* VII. *Projet pour réformer l'Orthographe des Langues de l'Europe,* dans lequel il y a beaucoup d'idées bizarres. Il y propofe un fyftême d'orthographe, qu'il fuivoit lui-même, & qui rend la lecture de fes ouvrages fatiguante. VIII. *Réflexions critiques fur les travaux de l'Académie Françoife.* Cet écrit offre des vues utiles. IX. Un très-grand nombre d'autres *Ecrits.* Le Recueil de fes ouvrages forme 18 vol. in-12, imprimés en Hollande en 1744. L'amour du genre humain, les a dictés. On y trouve quelquefois de la vérité, de la raifon , de la juft, teffe, de la netteté ; &, plus fouvent des idées finguliéres , des projets impraticables ; des réflexions trop hardies , & des vérités triviales qu'il ne ceffe de rebat-

tre ; mais au milieu de ces chimères, on voit le bon citoyen :
aussi le cardinal *Dubois* disoit, que
c'étoient *les rêves d'un Homme de
bien*. On n'a pas parlé dans ce catalogue, ni du Traité de l'*Anéan-
tissement futur du Mahométisme*, parce qu'il y a plusieurs traits dans
cet écrit contre cette fausse religion, que l'auteur semble vouloir
faire rejaillir sur la véritable; ni
des *Annales politiques de Louis XIV*,
en 2 vol. in-12 & in-8°, 1757,
dans lequel l'auteur déprime trop
ce monarque. L'abbé de *St-Pierre*
a rassemblé dans cet ouvrage toutes les idées bonnes ou mauvaises
qu'il avoit répandues dans ses autres écrits ; mais la plûpart de ses
réflexions sont écrites grossière-
ment, & ne répondent pas à la
bonté de ses intentions. L'abbé de
St-Pierre faisoit imprimer ses ouvrages à ses dépens, pour les donner à ceux qui étoient en état de
profiter de ses réflexions, ou de
contribuer à la réussite de ses projets. On a publié un bon extrait
des différens écrits de l'abbé de
St-Pierre, sous le titre de : *Rêves
d'un Homme de bien*, in-8°.

SAINT-POL , *Voyez* I. CHA-
TILLON... FRANÇOIS; n° IV... LU-
XEMBOURG... & LOUIS XI.

SAINT-PREUIL , (François de
Jussac d'Embleville, seigneur de)
gouverneur d'Arras & maréchal
de camp, étoit un seigneur plein
de bravoure & de graces. Favorisé par l'amour, il lia une intrigue avec une dame, auprès de
laquelle il eut pour rival *la Meilleraie*, depuis maréchal de France,
qui lui voua une haine éternelle.
St-Preuil fut d'abord capitaine-
aux-gardes. Ce fut lui qui fit prisonnier de guerre le duc de *Montmorenci*, à la fameuse journée de
Castelnaudari. Cette action lui va-

lut la protection du cardinal de
Richelieu & les récompenses de la
cour. Il signala ensuite son courage à Corbie, qu'il défendit en
1636 contre les Espagnols ; & il
facilita en 1640 la prise d'Arras,
dont il fut fait gouverneur. L'année suivante étant allé en parti,
il rencontra la garnison ennemie
qui sortoit de Bapaume, & alloit
à Douai. Il l'attaqua sans la connoître, & le trompette du roi qui la
conduisoit ne s'étant point fait annoncer, il la défit & la pilla ; mais
quoiqu'il eût cessé de combattre
dès qu'il l'eut reconnue, & qu'il
eût fait rendre tout le butin qu'on
avoit enlevé, cette infraction d'u-
ne capitulation servit de prétexte
pour le faire arrêter. Ce récit n'est
pas conforme à ce qu'on lit dans
Ladvocat, & n'est pas moins vrai.
Il y avoit quelque tems que le
maréchal de *la Meilleraie* cherchoit
à aigrir les esprits contre lui. Dès
qu'on fut maître de sa personne,
on l'accusa de concussion, & on
lui reprocha un grand nombre de
violences : entr'autres, d'avoir enlevé une jolie meûnière à son
époux, qui se déclara son accu-
sateur. *St-Preuil* fut conduit à la
citadelle d'Amiens, où des commissaires nommés par la cour lui
firent son procès. Pour se laver
du reproche de concussion, il
produisit une piéce qui prouve
combien le peuple avoit alors à
souffrir de la rapacité des gens
de guerre. La voici : *Brave & généreux St-Preuil, vivez d'industri ;
plumez la poule sans la faire crir ;
faites ce que font beaucoup d'autres
dans leurs gouvernemens. Trancies,
coupes ; tout vous est permis.* A cette
étrange lettre qui lui avoit été
adressée de la cour, il en joignit
d'autres semblables de *Louis XIII* t
& du secrétaire-d'état *de Noyers*,

en réponse à ses représentations sur le peu de moyens qu'il avoit pour soutenir le ton de splendeur que les riches gouverneurs ses prédécesseurs donnoient à sa place. Ces piéces ne lui servirent de rien, parce que des ennemis implacables avoient juré sa perte. Il eut beau se justifier sur l'affaire de Bapaume ; il eut beau prétendre que les fautes commises avant qu'il fût gouverneur d'Arras, étoient censées pardonnées par les provisions de ce gouvernement, & faire voir qu'il avoit été autorisé dans les concussions dont on l'accusoit : il n'en fut pas moins condamné à être décapité. Cette sentence fut exécutée à Amiens le 9 Novembre 1641 ; il étoit dans sa 40ᵉ année. Voyez le Journal du card. de Richelieu ; son Histoire, par le Clerc, 1753, 5 vol. in-12 ; & l'Histoire de Louis XIII, par le Vassor.

St-REAL, Voyez REAL.

St-SAIRE, Voyez BOULAINVILLIERS.

St-SORLIN, Voyez MARETS, n° II.

St-VERAN, Voy. MONTCALM.

SAINT-YVES, (Charles) habile oculiste, né en 1667 à la Viette près Rocroi, entra dans la maison de St-Lazare à Paris en 1686, & s'y appliqua à la médecine des yeux. Ses succès en ce genre l'obligérent de quitter cette maison ; il se retira chez son frere, & eut bientôt une foule de malades. Ne pouvant suffire à les traiter tous, il choisit un jeune-homme, nommé Etienne Léofroi, pour le seconder & le suppléer dans ses opérations. L'adresse & la bonne conduite de cet élève gagnérent son cœur. Il lui permit de porter son nom, le maria avec sa gouvernante, & le fit son légataire universel. Son

Traité des Maladies des Yeux, 1722 in-4°, Amsterdam 1736, in-8°, est très-estimé. St-Yves mourut en 1736. C'étoit un homme simple, d'un caractére droit, & capable de sensibilité. Le Traité de St-Yves fut attaqué par Mauchard, qui fit paroître dans le Mercure une Lettre critique de cet ouvrage, & une Apologie de sa critique.

SAINTE-ALDEGONDE, Voyez MARNIX.

SAINTE-BEUVE, (Jacques de) naquit à Paris en 1613. Après avoir fait ses études & achevé sa théologie, il soutint une expectative avec tant de succès, qu'en considération de cet exercice, la faculté lui accorda la dispense d'âge pour être bachelier. Il fit sa licence avec éclat, & fut reçu docteur en théologie de la faculté de Paris, en 1638. Quelque tems après il fut choisi pour remplir une des chaires de théologie en Sorbonne : place qu'il perdit, pour n'avoir pas voulu souscrire à la censure contre Arnauld. On lui défendit de prêcher en 1656, sous prétexte de Jansénisme ; mais en 1670, l'assemblée du Clergé lui assigna 1600 livres de pension annuelle. Il vécut depuis dans la retraite au milieu de Paris, continuellement appliqué à la lecture & à la priére, ou occupé à répondre aux consultations qui lui étoient faites de toutes parts sur les cas de conscience, de morale ou de discipline. Il étoit consulté par des évêques, des chapitres, des curés, des religieux, des princes, des magistrats. Son frere Jérôme, appellé le Prieur de STE-BEUVE, recueillit après sa mort, (arrivée en 1677, à 64 ans,) ses Décisions, en 3 vol, in-4°. & in-8°. Cette collection précieuse décèle beaucoup de sagesse & de savoir, de

jugement & de droiture. Tout y
eſt fondé ſur l'Ecriture, la Tradition & les Peres. On a encore
de lui deux *Traités* en latin, l'un
de la Confirmation & l'autre *de l'Ex-*
trême-Onction, qu'il fit imprimer en
1686, in-4°.

STE-FOI, *Voyez* JEROME de
Sainte-Foi.

I. SAINTE-MARTHE, (Gau-
cher de) tréſorier de France dans
la généralité de Poitiers, plus
connu ſous le nom de *Scévole* de
Ste-Marthe, naquit en 1536, d'une
famille féconde en perſonnes de
mérite. Il exerça des emplois conſidérables, ſous les règnes de *Henri*
III & de *Henri IV,* qui l'honorérent de leur eſtime ; & fut intendant des finances dans l'armée de
Bretagne, ſous le duc de *Mont-*
penſier. Il ſe ſignala par ſa fidélité
& ſon courage aux Etats de Blois,
en 1588, où *Henri III* l'avoit appellé. Ce prince l'envoya enſuite
en Poitou, pour y déſarmer la
Ligue & le Calviniſme par ſon éloquence, & il eut le bonheur d'y
réuſſir. Auſſi fidèle à *Henri IV* qu'à
Henri III, il fit rentrer la ville
de Poitiers ſous l'obéiſſance de ce
monarque, dont il défendit. enſuite les intérêts dans l'aſſemblée
des notables tenue à Rouen. Après
avoir paſſé ſa vie dans les peines
des emplois publics & dans les
épines des guerres civiles, il alla
mourir tranquillement à Loudun,
en 1623, honoré du titre de *Pere*
de la Patrie. Le fameux *Grandier*
prononça ſon Oraiſon funèbre, &
le Parnaſſe François & Latin ſe
joignit à lui pour jetter des fleurs
ſur ſon tombeau. On a de lui : I.
Des éloges intitulés : *Gallorum*
doctrinâ illuſtrium, qui ſuâ Patrum-
que memoriâ floruêie, Elogia ; Iſena-
ci, 1622, in-8°. *Colletet* les tra-
duiſit aſſez platement en françois,

1644, in-4°. II. Un grand nombre de *Poëſies Latines* ; 3 livres de
la *Pædotrophie,* ou de la maniére
de nourrir & d'élever les enfans
à la mamelle ; 2 livres de *Poeſies*
Lyriques ; 2 de *Sylves* ; un d'*Elé-*
gies ; 2 d'*Epigrammes* ; des *Poeſies*
ſacrées. III. Pluſ. *Piéces de Vers*
François, qui ſont fort au-deſſous
des Latines. Celles-ci eurent tous
les ſuffrages : l'enthouſiaſme alla
même ſi loin, qu'on oſa dire qu'il
avoit imité la majeſté de *Virgile*
dans ſa *Pædotrophie* ; la douceur de
Tibulle & d'*Ovide,* dans ſes *Elé-*
gies ; la gravité de *Stace,* dans ſes
Sylves ; les pointes & le ſel de
Martial, dans ſes *Epigrammes* ; &
dans ſes *Odes,* le génie d'*Horace,*
& même celui de *Pindare* : mais
ces éloges ſont outrés. Tout ce
qu'on peut dire, c'eſt que l'auteur,
ſans avoir l'imagination de *Virgile,*
avoit quelque choſe de la pureté
& de l'élégance de ſon ſtyle. Ses
Œuvres furent recueillies en 1632
& 1633, in-4°. Son Poeme latin
de la *Pædotrophie,* fut imprimé ſéparément avec la *Traduction* franç.
qu'en a donnée ſon petit-fils, *Abel*
de STE-MARTHE, 1698, in-12.
Ce dernier étoit garde de la bibliothèque du roi, & eſt mort en
1706.

II. SAINTE-MARTHE, (Abel
de) fils aîné du précédent, chevalier, ſeigneur d'Eſtrepied, conſeiller-d'état, & garde de la bibliothèque de Fontainebleau, mort en
1652 à 82 ans, avoit un génie
facile & heureux pour la poëſie
Latine ; il eſt cependant inférieur
à ſon pere. Ses Poéſies ſont le
Laurier, la *Loi Salique,* des *Elé-*
gies, des *Odes,* des *Epigrammes,*
des *Poëſies ſacrées,* des *Hymnes* :
elles ont été imprimées in-4°, avec
celles de ſon pere. Il eſt encore
auteur de quelques autres ouvra-

ges moins connus que fes vers. Il laiffa un fils, nommé *Abel* comme lui : (*Voyez* la fin de l'article précédent.)

III. SAINTE-MARTHE, (Gaucher de , plus connu fous le nom de *Scévole* ; & Louis de) freres jumeaux, fils de *Gaucher* de *Ste-Marthe*, naquirent à Loudun le 20 Décembre 1571. Ils fe reffembloient parfaitement de corps & d'efprit ; leur union fut un modèle pour les parens & pour les amis. Ils furent l'un & l'autre hiftoriographes de France , & travaillérent de concert à des ouvrages qui ont rendu leurs noms très-célèbres. *Gaucher* , chevalier, feigneur de Meré-fur-Indre, mourut à Paris en 1650, à 79 ans ; & *Louis*, confeiller du roi, feigneur de Grelay , mourut en 1656, à 85 ans. On a de ces deux hommes illuftres : I. L'*Hiftoire généalogique de la Maifon de France* , 1647, en 2 vol. in-fol. II. *Gallia Chriftiana*, publiée par les fils de *Scévole* de *Ste-Marthe*, en 1666, en 4 vol. in-fol. III. L'*Hiftoire généalogique de la Maifon de Beauvau*, in-fol. &c.

IV. SAINTE-MARTHE, (Claude de) fils de *François* de *Ste-Marthe*, avocat au parlement de Paris, & petit-fils de *Scévole* de *Ste-Marthe*, dont il eft parlé dans l'article précédent, naquit à Paris en 1620. Il embraffa l'état eccléfiaftique, & fe livra tout entier au foulagement & à l'inftruction des pauvres & des affligés. Il fut pendant long-tems directeur des religieufes du Port-royal, emploi qu'il exerça avec beaucoup de zèle ; mais la cour l'ayant arraché à cette folitude , il fe retira à Courbeville en 1679, & y mourut en 1690. On a de lui : I. Une *Lettre* à l'archevêque de Paris ,

Peréfixe, au fujet du Formulaire. II. *Traités de piété*, en 2 vol. in-12. III. Un *Recueil de Lettres*, en 2 vol. in-12, où l'on trouve peint au naturel fon efprit & fon caractére. IV. Un *Mémoire* fort édifiant fur l'utilité des Petites-Ecoles, &c.

V. SAINTE-MARTHE, (Denys de) fils de *François* de *Ste-Marthe* ; feigneur de Chandoifeau , & général des Bénédictins de la congrégation de St-Maur, où il étoit entré en 1667 ; naquit à Paris en 1650, & mourut en 1725, à 75 ans. Il fit honneur à fon corps par la vertu & par fes ouvrages. Les principaux font : I. Un *Traité de la Confeffion auriculaire*. II. *Réponfe aux plaintes des Proteftans* , &c. III. *Entretiens touchant l'entreprife du Prince d'Orange*. IV. Quatre *Lettres* à l'abbé de *Rancé*. V. La *Vie de Caffiodore*, in-12, 1705. VI. L'*Hiftoire de S. Grégoire le Grand*, in-4°. Ces deux ouvrages font favans & curieux. VII. Une *Edition* des Œuvres de *St Grégoire*, 4 vol. in-fol. Il avoit entrepris, à la priére de l'affemblée du Clergé de 1710, une nouvelle édition du *Gallia Chriftiana* , in-fol. & il en fit paroître 3 vol. avant fa mort. Il y en a 12 à préfent.

VI. SAINTE-MARTHE, (Abel-Louis de) général des Peres de l'Oratoire, fe démit de cet emploi en 1696 , & mourut l'année d'après à 77 ans , à St-Paul-au-Bois près de Soiffons. Il laiffa divers ouvrages manufcrits, de théologie & de littérature. Il étoit fils de *Scévole* de *St-Marthe*, mort en 1650. Son frere aîné, *Pierre Scévole* de *STE-MARTHE* , hiftoriographe de France , mort en 1690 , marcha fur les traces de fes ancêtres. Le roi récompenfa fon mérite par une charge de confeiller & de maître - d'hôtel. On a de lui : I. Un livre peu exact, intitulé : *L'Etat de l'Europe*, en 4 vol. in-12. II. Un *Traité historique des Armes de France*, in-12, dans lequel on trouve des recherches. III. *L'Histoire de la Maison de la Trimouille*, 1688, in-12.

SAINTE - MAURE , (Charles de) duc de MONTAUSIER , pair de France , chevalier des ordres du roi , & gouverneur de *Louis*, Dauphin de France , d'une ancienne maison originaire de Touraine , se distingua de bonne heure par sa valeur & par sa prudence. Durant les guerres civiles de la *Fronde* , il maintint dans l'obéissance la Saintonge & l'Angoumois , dont il étoit gouverneur. Son austére probité le fit choisir pour présider à l'éducation du *Dauphin*. Il parla toujours à ce prince en philosophe & en homme vertueux, qui sacrifioit tout à la vérité & à la raison. C'étoit *Platon* à la cour. Lorsqu'il eut cessé de faire les fonctions de gouverneur , il dit au Dauphin : *Monseigneur, si vous êtes honnête-homme, vous m'aimerez ; si vous ne l'êtes pas , vous me haïrez , & je m'en consolerai.* Lorsque ce prince eut pris Philisbourg , le duc lui écrivit cette lettre , digne d'un ancien Romain : *Monseigneur , je ne vous fais pas de compliment sur la prise de Philisbourg ; vous aviez une bonne armée , une excellente artillerie , & Vauban. Je ne vous en fais pas non plus sur les preuves que vous avez données de bravoure & d'intrépidité ; ce sont des vertus héréditaires dans votre Maison. Mais je me réjouis avec vous de ce que vous êtes libéral, généreux , humain , faisant valoir les services d'autrui , & oubliant les vôtres. C'est sur quoi je vous fais mon compliment.* Ce seigneur mourut en 1690 , à 80 ans , regretté des honnêtes-gens dont il étoit le modèle , & des gens des-lettres-dont il étoit le protecteur. On sait que les ennemis de *Moliere* voulurent persuader au duc de *Montausier*, que c'étoit lui que cet auteur jouoit dans le *Misanthrope*. Le duc alla voir la piéce , & dit en sortant , qu'*il auroit bien voulu ressembler au Misanthrope de Moliére*. De son mariage avec *Julie- Lucie d'Angennes* , (dont nous parlons au mot *RAMBOUILLET*,) il n'eut qu'une fille , mariée au duc *d'Usez*. Voyez sa *Vie*, Paris 1731, in-12.

STE-MESME, (le marquis de) *Voy.* IV. HOSPITAL.

SAINTONGE, (Louise-Génev. *Gillot* de) *Voy.* GILLOT, n° IV.

SAINTRAILLES, (Jean Poton de) grand - sénéchal du Limosin, né d'une famille noble de Gascogne , se signala par ses services sous *Charles VI* & *Charles VII*. Il fit prisonnier le fameux *Talbot*, l'an 1529, à la bataille de Patay ; & le comte *d'Arondel* à celle de Gerberoy, en 1435. Il travailla avec ardeur dans toutes les expéditions qui affranchirent la Normandie & la Guienne du joug des Anglois. Il eut le bâton de maréchal de France en 1454. Il en fut destitué en 1461 par *Louis XI*, l'ennemi des meilleurs serviteurs de son pere ; & mourut 2 mois après au château *Trompette* , dont il avoit le gouvernement. Son courage étoit comme son caractére , franc, noble & décidé.

SALADIN , ou SALAHEDDIN , sultan d'Egypte & de Syrie , étoit Curde d'origine. Il alla avec son frere au service de *Noradin*, souverain de la Syrie & de la Mésopotamie. Ils se signalérent tellement par leur valeur, qu'*Adad* , calife des Fatimites en Egypte , ayant demandé du secours à *Nora-*

din, ce prince crut ne pouvoir mettre à la tête de l'armée qu'il envoyoit en Egypte, de plus habiles généraux que ces deux capitaines Curdes. *Saladin* obtint, en arrivant, les charges de vifir & de général de ses armées. *Adad* étant mort quelque tems après, il se fit déclarer souverain de l'Egypte; & *Noradin* ne lui ayant pas longtems furvécu, il se déclara tuteur de son fils. Le commencement de son règne fut marqué par des établissemens utiles. Il réprima la rapacité des Juifs & des Chrétiens, employés dans les fermes des revenus publics & dans les fonctions de notaires. Après avoir donné des loix sages, il conquit la Syrie, l'Arabie, la Perse & la Mésopotamie, & marcha vers Jérusalem qu'il vouloit enlever aux Chrétiens. *Renaud* de *Châtillon* avoit traité avec le dernier mépris les ambassadeurs que le prince Musulman lui avoit envoyés pour redemander quelques prisonniers. *Saladin* jura de venger cette injure, & livra bataille aux Chrétiens, en 1187, auprès de Tibériade, avec une armée de plus de 50,000 hommes. Il eut la gloire de vaincre, & de faire plusieurs illustres prisonniers, parmi lesquels étoit *Gui* de *Lusignan*, roi de Jérusalem. Le monarque captif, qui ne s'attendoit qu'à la mort, fut étonné d'être traité par *Saladin*, comme aujourd'hui les prisonniers de guerre le font par les généraux les plus humains. Le vainqueur lui présenta une coupe de liqueur rafraîchie dans la neige. Le roi, après avoir bu, voulut donner sa coupe à *Renaud* de *Châtillon*; mais *Saladin*, avoit juré de le punir, & montrant qu'il favoit se venger comme pardonner, il lui abbattit la tête d'un

coup de sabre. *Saladin* marcha quelques jours après vers Jérusalem, qui se rendit par capitulation le 2 Octobre de la même année. Sa générosité y éclata de diverses manières; il permit à la femme de *Lusignan* de se retirer où elle voudroit. Il n'exigea aucune rançon des Grecs qui demeuroient dans la ville. Lorsqu'il fit son entrée dans Jérusalem, plusieurs femmes vinrent se jetter à ses pieds, en lui redemandant, les unes leurs maris, les autres leurs enfans ou leurs pères qui étoient dans les fers. Il les leur rendit avec une générosité qui n'avoit pas encore eu d'exemple dans cette partie du monde. *Saladin*, fit laver avec de l'eau-rose, par les mains même des Chrétiens, la mosquée qui avoit été changée en église. Il y plaça une chaire magnifique, à laquelle *Noradin*, soudan d'Alep, avoit travaillé lui-même, & fit graver sur la porte ces paroles: *Le Roi SALADIN, serviteur de Dieu, mit cette Inscription, après que Dieu eut pris Jérusalem par ses mains.* Il établit des écoles Musulmanes. Malgré son attachement à sa religion, il rendit aux Chrétiens Orientaux l'église du *St Sépulchre*; mais il voulut en même tems que les pélerins y vinssent sans armes, & qu'ils payassent certains droits. Il déchargea plusieurs milliers de pauvres de la taxe portée par la capitulation, fournit de ses trésors aux besoins des malades, & paya à ses troupes la rançon de tous les soldats Chrétiens. Cependant le bruit de ses victoires avoit répandu l'épouvante en Europe. Le pape *Clément III* remua la France, l'Angleterre, l'Allemagne, pour armer contre lui. Les Chrétiens qui s'étoient retirés à Tyr, ayant reçu de grands fecours, allèrent affiéger la ville de St-Jean d'Acre, battirent les Mufulmans, & s'emparérent de cette ville, de Céfarée & de Jafa, à la vue de *Saladin*, en 1191. Ils fe difpofoient à mettre le fiége devant Jérufalem ; mais la diffenfion s'étant mife entr'eux, *Richard*, roi d'Angleterre, fut contraint de conclure une trêve de 3 ans & 3 mois avec le fultan, en 1192, par laquelle *Saladin* laiffa jouir les Chrétiens des côtes de la mer depuis Tyr jufqu'à Joppé. Le fultan, ne furvécut pas long-téms à ce traité, étant mort un an après, en 1192, à Damas, âgé de 57 ans, après en avoir régné 24 en Egypte, & environ 19 en Syrie. Il laiffa 17 fils, qui partagérent entr'eux fes états. Ce prince étoit encore plus admirable par fon humanité & par fa probité, que par fa bravoure. Il tenoit luimême fon divan tous les Jeudis, affifté de fes cadhis, foit à la ville, foit à l'armée. Les autres jours de la femaine, il recevoit les placets, les mémoires, les requêtes, & jugeoit les affaires preffées. Toutes les perfonnes, fans diftinction de rang, d'âge, de pays, de religion, trouvoient un libre accès auprès de lui. Son neveu, *Teki-Eddin*, ayant été cité en jugement par un particulier, il le força de comparoître. Un certain *Omar*, marchand d'Ackhlat, ville indépendante de *Saladin*, eut même la hardieffe de préfenter une requête contre ce monarque devant le cadhi de Jérufalem, à l'occafion d'un efclave dont il réclamoit la fucceffion que le fultan avoit recueillie. Le juge étonné avertit *Saladin* des prétentions de cet homme, & lui demanda ce qu'on devoit faire ? *Ce qui eft jufte*, répondit le fultan. Il comparut au

jour nommé, défendit lui-même fa caufe, la gagna ; & loin de punir la témérité de ce marchand, il lui fit donner une groffe fomme d'argent, le récompenfant d'avoir eu affez bonne opinion de fon intégrité, pour ofer réclamer fa juftice dans fon propre tribunal, fans craindre qu'elle y fût violée. Ses fujets connoiffoient fa bonté. Ils ne craignoient pas de l'importuner, à toutes les heures, de leurs querelles particuliéres. Un jour ce prince, après avoir travaillé tout le matin avec fes émirs & fon miniftre, s'étoit écarté de la foule pour prendre quelque repos. Un efclave vint dans cet inftant lui demander audience ; *Saladin* lui dit de revenir le lendemain. *Mon affaire*, répondit l'efclave, *ne fouffre aucun délai* ; & lui jetta fon mémoire prefque fur le vifage. Le fultan ramaffa ce papier fans s'émouvoir, le lut, trouva la demande équitable, & accorda ce qu'on follicitoit... Ayant une idée jufte des grandeurs humaines, il voulut qu'on portât dans fa derniére maladie, au lieu du drapeau qu'on élevoit devant fa porte, le drap qui devoit l'enfévelir. Celui qui tenoit cet étendard de la mort, crioit à haute voix : *Voilà tout ce que SALADIN, vainqueur de l'Orient, emporte de fes conquêtes.* On dit qu'il laiffa par fon teftament des diftributions égales d'aumônes aux pauvres Mahométans, Juifs & Chrétiens : voulant donner à entendre par cette difpofition, que tous les hommes font freres, & que pour les fecourir, il ne faut pas s'informer de ce qu'ils croient, mais de ce qu'ils fouffrent.... M. *Marin*, écrivain auffi connu par la douceur de fes mœurs, que par l'étendue de fes lumiéres & l'élé gancè de fa plume , a donné en 1758·, en 2 vol. in-12 , une *Hif-toire* de ce grand-homme , pleine de recherches intéreffantes, bien faite & bien écrite. Il y fait valoir la vertu généreufe de *Saladin*, avec d'autant plus de plaifir , qu'en traçant le portrait d'un homme bienfaifant , il s'eft peint lui-même fans le favoir.

SALAMIEL , fils de *Surifaddaï* , prince de la tribu de *Siméon*, fortit d'Egypte à la tête de 59300 hommes portant les armes, & fit fon offrande au Tabernacle en fon rang , comme chef de *fa* tribu.

SALARIO DEL GOBBO , (André) peintre de Milan , fut élève de *Léonard de Vinci*. On a de lui plufieurs tableaux qui font très-gracieux. Il vivoit au milieu du XVIᵉ fiécle.

SALAS , *Voy.* BARBADILLO.

SALATHIEL , fils de *Jechonias* & pere de *Zorobabel*, prince des Juifs , qui après la captivité de Babylone , préfida au rétabliffement de la ville & du Temple de Jérufalem. *Salathiel* mourut à Babylone.

SALDEN, (Guillaume) né à Utrecht, exerça le miniftére dans plufieurs Eglifes de Hollande , & enfin dans celle de la Haye , où il mourut en 1694. Ses ouvrages font : I. *Otia Theologica* , in-4°. Ce font des *Differtations* fur différens fujets de l'Ancien & du Nouveau - Teftament. II. *Concionator facer*, in-12. III. *De Libris* , *varioque eorum ufu & abufu* , Amfterdam 1668, in-12. Cet auteur avoit du jugement & du favoir.

SALE , *Voyez* SALLE.

SALE , (George) étoit un des principaux membres de la Société qui a entrepris de nous donner une *Hiftoire Univerfelle* , dont il y a déja une grande partie d'imprimée.

Il mourut à Londres en 1736 , regardé comme un favant du premier ordre. On a de lui une excellente *Traduction* angloife de l'*Alcoran* , imprimée à Londres en 1734 , in-4°. Il a mis à la tête de cette verfion une Introduction curieufe , qui a été traduite en françois , in-8° : on la trouve auffi dans l'édition de l'*Alcoran* en françois, Amfterdam 1770, 2 vol. in-12. Le caractére des écrits de *Sale* , eft celui de la fociété dont il étoit membre ; beaucoup d'érudition , mais peu de goût , peu d'élégance , peu de précifion.

SALÉ , fils d'*Arphaxad* , & pere d'*Heber* ; ou felon les Septante & St Luc qui les a fuivis , fils de *Cainam* , & petit-fils d'*Arphaxad* ; mourut âgé de 433 ans , en 1878 avant J. C.

SALEL , (Hugues) de Cafals dans le Quercy , s'acquit l'éftime du roi *François I* , qui le fit fon valet - de - chambre , & lui donna l'abbaye de St Cheron près de Chartres , avec une penfion. *Salel* fit , par ordre de ce prince , une *Traduction* en vers françois , des douze premiers livres de l'*Iliade* d'*Homére*, 1574, in-8° ; & mourut à St Cheron en 1553 , à 50 ans. On a encore de lui un recueil de *Poëfies* , qui ont été beaucoup plus louées par fes contemporains qu'elles ne méritent. Son ftyle eft embarraffé, loûche & traînant. On peut le mettre au rang des poètes qui doivent être rongés des vers dans les bibliothèques.

SALIAN ou SALLIAN , (Jacques) Jéfuite d'Avignon , enfeigna avec beaucoup de réputation. Il devint recteur du collège de Befançon & mourut à Paris en 1640, dans un âge avancé, après avoir publié plufieurs ouvrages de piété, & des *Annales de l'Ancien*

Teſtament, Paris 1625, 6 vol. in-fol. en Latin, dans leſquelles il a répandu beaucoup d'érudition. C'étoit un homme très-eſtimable & très-eſtimé de ſon tems.

SALIER, (Jacques) religieux Minime, profeſſeur en théologie, provincial & définiteur, mourut à Dijon en 1707, âgé de 92 ans. La théologie ſcholaſtique étoit ſon talent principal. Nous avons de cet auteur : I. *Hiſtoria Scholaſtica de Speciebus Euchariſticis*, in-4°, 3 vol. Lyon 1687, & Dijon 1692 & 1704. II. *Cacocephalus, ſive de Plagiariis opuſculum*, 1694, in-12. III. Des *Penſées ſur l'Ame raiſonnable*, in-8°. Il y a dans tous ces écrits du ſavoir & de la métaphyſique.

SALIEZ, *Voyez* SALVAN.

SALIGNAC, *Voyez* FENELON.

SALINAS ou SALINES, (François de) natif de Burgos, perdit la vûe à l'âge de dix ans. Cet accident ne l'empêcha pas de ſe rendre habile dans les langues Grecque & Latine, dans les mathématiques, dans la muſique. Il mourut en 1590, après avoir reçu des marques d'eſtime de pluſieurs grands ſeigneurs. Il compta auſſi parmi ſes protecteurs le pape *Paul IV*, & le duc d'*Albe*, qui lui fit donner un bénéfice. On a de lui : I. Un excellent *Traité de Muſique*, en latin, Salamanque 1592, in-fol. II. Une Traduction en vers eſpagnols, de quelques *Epigrammes* de *Martial*.

SALINGUERRA, chef de la faction des *Gibelins*, s'empara de la principauté de Ferrare l'an 1195, & devint ſi puiſſant, qu'il mépriſa l'autorité du légat du pape, & du marquis *Azzon d'Eſt*, & qu'il chaſſa de Ferrare tous ceux qui étoient de leur parti. Le marquis d'*Eſt*, voulant s'en venger, leva une armée & aſſiégea Ferrare. *Salinguerra* par-

la de faire la paix, & le laiſſa entrer dans la ville ; mais le marquis d'*Eſt*, s'étant montré un peu trop difficile à accepter les conditions de la paix, en fut honteuſement chaſſé, avec tous ceux qui l'avoient accompagné. Cependant il y entra depuis, & *Salinguerra* chaſſé à ſon tour, mourut priſonnier à Veniſe l'an 1240, âgé de 80 ans.

SALIS, (Ulyſſe de) capitaine, de l'illuſtre maiſon des barons de *Salis* dans le pays des Griſons, né en 1594, ſe ſignala d'abord au ſervice des Vénitiens. Il porta les armes pour ſa patrie dans les troubles de la Valteline ; puis pour la France, en qualité de colonel. Son régiment ayant été réformé, il leva une compagnie entière au régiment des Gardes-Suiſſes, & l'amena au ſervice de *Louis XIII*, pendant le ſiége de la Rochelle. *Salis* acquit beaucoup de gloire à ce ſiége, & en 1629, à l'attaque du Pas-de-Suze. Il leva un nouveau régiment Griſon en 1631, pour le ſecours de ſa patrie, que les Autrichiens vouloient ſubjuguer. Il ſervit à la tête de ce corps avec la plus grande diſtinction, en 1635, ſous le duc de *Rohan*. Etabli, par ce général, gouverneur de toute la Chiavenne, il refuſa les offres avantageuſes du comte de *Serbellonne*, général des Eſpagnols, & remporta le 4 Avril 1635, une victoire complette ſur ces derniers, au Mont-Franceſca. *Salis* fut le dernier des Griſons qui ne voulurent point ſouſcrire au traité, par lequel les Ligues Griſes ſe réconcilioient avec les deux branches de la maiſon d'*Autriche*. Il continua de ſervir la France, fut nommé en 1641 maréchal-de-camp ; ſe ſignala, cette même année, au ſiége de Coni, dont il

devin.

devint gouverneur ; & prit , le 19 Octobre fuivant, le château de Demont. Il mourut dans le pays des Grifons en 1674,à 79 ans. Il y avoit quelque tems que fa mauvaife fanté & le goût de la retraite , l'avoient forcé de quitter le métier bruyant & périlleux de la guerre.

I. SALLE, (Antoine de la) écrivain François, voyagea en Italie, où il contracta le goût des nouvelles romanefques. Il s'attacha à *René d'Anjou*, roi de Sicile & duc de Lorraine, dont il devint fecrétaire. Les lettres qu'il avoit cultivées de bonne heure, furent pour lui un amufement plutôt qu'une occupation. Entraîné par le goût qui régnoit alors, il compofa, en 1459, un roman intitulé : *Hiftoire plaifante & chronique du Petit-Jean de Saintré & de la jeune Dame des Belles - Coufines* ; imprimé en 1517 in-fol. & 1724 3 vol. in-12. Quelques efprits bizarres ont prétendu trouver dans ce roman, des vérités & des allufions hiftoriques. Autrefois il fe vendoit très-cher ; mais aujourd'hui que la philofophie a pris le deffus, cet ouvrage n'eft plus regardé que comme un roman ignoré, qui n'offre que la groffiére ingénuité des tems paffés. On a encore de lui *la Sallade*, Paris, 1527, in-fol.

II. SALLE, (Simon-Philibert de l'Etang de la) confeiller au préfidial de Reims, & ancien député de cette ville à Paris, mourut dans cette capitale le 20 Mars 1765. Nous devons à cet homme eftimable deux ouvrages qui ont eu du cours : I. *Les Prairies artificielles*, petit vol. in-8°, qui a été réimprimé deux fois. II. *Manuel d'Agriculture pour le Laboureur, le Propriétaire & le Gouvernement*, in-8°; ouvrage dicté par l'amour du bien public ; & par une expé-

VI. Tome

rience conftante de 30 années.

III. SALLE , *Voyez* SALE.

SALLENGRE , (Albert-Henri de) confeiller du prince d'*Orange*, né à la Haye en 1694 , fit paroître dès fa jeuneffe les plus heureufes difpofitions pour les belles-lettres, qu'il cultiva toujours avec fuccès. Après avoir étudié l'hiftoire & la philofophie à Leyde , il s'appliqua au droit, & foutint publiquement des *Thèfes contre la coutume de donner la queftion aux Coupables qui s'obftinent à nier leurs crimes*. Il vint à Paris après la paix d'Utrecht, vifita les bibliothèques & les favans, & profita des lumiéres des uns & des richeffes des autres. Il voyagea en Angleterre, & y fut reçu membre de la fociété de Londres en 1719. De retour à la Haye, il fut attaqué de la petite vérole, & en mourut à l'âge de 30 ans le 27 Juillet 1723. Ce jeune favant faifoit refpecter les lettres, par la douceur de fes mœurs & par la bonté de fon caractére. Il étoit poli, obligeant, & fa vafte érudition dans un âge peu avancé n'affoiblit ni fa modeftie, ni fon jugement. Ses principaux ouvrages font : I. L'*Hiftoire de Montmaur*, profeffeur-royal de langue Grecque à Paris, 1717, 2 vol. in-12. C'eft le recueil des Satyres enfantées contre ce fameux paráfite. II. *Mémoires de Littérature*, 1715, 2 vol. in-12, continués depuis par le P. *Defmolets*. III. *Novus Thefaurus Antiquitatum Romanarum*, 1716, 3 vol. in-folio : Recueil conte-nant beaucoup de Piéces fugitives qui avoient échappé aux recherches de *Grævius*, & qui étoient extrêmement rares. IV. L'*Eloge de l'Ivreffe*, 1714, in-12. C'eft une affez mince compilation, & un jeu d'efprit, qui ne doit donner aucune mauvaife idée de fes mœurs. V.

O

Une édit. des *Poësies* de *la Monnoye.*

SALLIER, (Claude) prêtre , garde de la bibliothèque du roi , membre de l'académie Françoise & de celle des Inscriptions , né à Saulieu , diocèse d'Autun , mourut à Paris en 1761, âgé de 75 ans. On a de lui : I. L'*Histoire de St Louis* , par *Joinville* , avec un *Glossaire* , 1761 , in-fol. en société avec *Melot.* II. De savantes *Dissertations* qui décorent les Mémoires de l'académie des belles-lettres. Des recherches utiles & curieuses , soutenues d'une critique exacte ; des réflexions solides , ornées d'un style convenable au sujet : voilà ce qu'on trouve dans les ouvrages de l'abbé *Sallier.* Il a travaillé aussi au *Catalogue* raisonné de la bibliothèque du roi, dont nous avons 10 vol. in-fol. : 4 sur les manuscrits ; 3 , des ouvrages théologiques ; 2, des belles-lettres, un pour la jurisprudence. Quelque satisfait qu'on fût de son érudition, on l'étoit davantage de son caractère & de sa politesse. Tous ceux que la curiosité ou l'envie de s'instruire attiroient dans la bibliothèque du roi , trouvoient en lui un guide officieux & prévenant , qui leur indiquoit les routes de ce dédale avec une complaisance qui charmoit.

SALLO , (Denys de) seigneur de la Coudraye, né à Paris en 1626 , étoit d'une très-ancienne noblesse , originaire de Poitou. Il parut avoir dans sa jeunesse peu de dispositions pour les sciences ; mais son esprit ne tarda pas à s'ouvrir. Après avoir fait ses humanités , il soutint publiquement des thèses de philosophie en grec & en latin. Il passa ensuite à l'étude du droit , & fut reçu conseiller au parlement de Paris en 1652. La littérature l'occupoit alors autant que la jurisprudence. Il lisoit sans cesse & toutes sortes de livres, dont

il faisoit des extraits raisonnés. Son application à l'étude lui causa une maladie , qui le mit hors d'état de marcher pour le reste de ses jours. Ce fut alors qu'il conçut le premier projet du *Journal des Savans,* qu'il donna au public en 1665 , sous le nom du sieur d'*Hedouville* , l'un de ses domestiques. A peine les prem. feuilles de cet ouvr. périodique parurent, que quelques savans firent éclater leur haine contre le journaliste , censeur impartial de leurs plagiats & de leurs inepties. Ils trouvérent un appui dans des Grands , amis de l'ignorance , ou indifférens pour les lettres : ils firent proscrire le Journal au 13e mois. *Sallo* , obligé d'interrompre son travail , en laissa le soin à l'abbé *Gallois* , qui se borna à de simples extraits , sans censurer ni les auteurs ni les ouvrages. L'abbé de *la Roque* , du diocèse d'Alby , lui succéda en 1675 ; & eut lui-même pour successeur le président *Cousin.* Aujourd'hui le soin du Journal est confié à quelques personnes de mérite , nommées par M. le chancelier. Les années 1707 , 1708 & 1709 ont chacune un vol. de Supplément. Il a été imprimé en Hollande , in-12. On y a ajoûté des Observations tirées du *Journal de Trévoux.* Il y a une *Table* en 10 vol. in-4° : on la doit à M. l'abbé *Declaustre* , qui l'a exécutée avec soin & avec intelligence. Toutes les nations de l'Europe se sont empressées d'imiter le dessein de *Sallo* ; & il faudroit un volume pour donner la liste des différens ouvrages qu'on publie en ce genre , dans toutes les parties du monde littéraire. Le pere de tous ces Journaux mourut à Paris en 1669 , à 43 ans, de la douleur d'avoir perdu cent mille écus au jeu. C'est du moins ce que rapporte *Vigneul-Marville* ; mais

l'abbé *Gallois*, fon fucceffeur dans
la compofition du Journal, a traité
ce fait de càlomnie. Son humeur
fatyrique lui fit beaucoup d'ennemis. Ils fermèrent les yeux fur
les agrémens de fon caractére, fur
la générofité de fon cœur, fur la
clarté de fon ftyle, fur la juftefse
de fa critique ; & ne virent en
lui qu'un gazetier amer qui s'éri-
geoit en *Ariftarque*, & qui difoit
du mal de tout le monde dans fes
Feuilles Hebdomadaires.

I. SALLUSTE, (*Crifpus-Salluf-
tius*) hiftorien Latin, étoit natif
d'Amiterne, ville d'Italie, nommée aujourd'hui *San-Vittorino*. Il
fut élevé à Rome, où il parvint
aux premières dignités. Ses mœurs
étoient fi dépravées, qu'il fut noté
d'infamie & dégradé du rang de
fénateur. *Milon* l'ayant furpris en
adultère, il fut fouetté & condamné à une amende. Il confuma
tout fon bien par fes débauches.
Jules-Céfar, dont il avoit embraffé
le parti, le fit rentrer dans l'ordre des fénateurs, & lui donna le
gouvernement de la Numidie, où
il amaffa des richeffes immenfes
par les injuftices les plus criantes.
Il fit bâtir à Rome une maifon
magnifique, & des jardins qu'on
appelle encore aujourd'hui les *Jardins de Sallufte*. Jamais perfonne
ne s'eft élevé plus fortement que
lui contre le luxe, l'avarice & les
autres vices de fon tems ; & jamais perfonne n'eut moins de vertu. Il mourut l'an 35 avant J. C.,
également haï & méprifé. *Sallufte*
avoit compofé une *Hiftoire Romaine*,
qui commençoit à la fondation de
Rome ; mais il ne nous en refte
que des fragmens. Nous avons de
lui deux ouvrages entiers : L'*Hiftoire de la Conjuration de Catilina*,
& celle des *Guerres de Jugurtha, Roi
de Numidie*. Ce font deux chef-

d'œuvres ; *Martial* les goûtoit tant,
qu'il appelloit l'auteur *le premier
des Hiftoriens Romains*. Son ftyle
eft plein de précifion, de force &
d'énergie. Il penfe fortement &
noblement, dit *Rollin*, & il écrit
comme il penfe. On peut le comparer, ajoûte-t-il, à ces fleuves
qui ayant leur lit plus refferré
que les autres, ont auffi leurs
eaux plus profondes. On ne fait
ce qu'on doit admirer davantage
dans cet écrivain, ou les defcriptions, ou les portraits, ou les harangues ; car il réuffit également
dans toutes ces parties. Quelques
auteurs lui reprochent de s'être
fervi trop fouvent d'expreffions
ufées, de mots nouveaux, de métaphores hardies, & de phrafes
purement grecques. Le Pere *Dot-
teville* de l'Oratoire, M. *Bautzée*
de l'académie françoife, & M. l'abbé
Paul, l'ont traduit en françois in-
12. Les plus anciennes éditions du
texte : font celle de Florence,
1470, in-fol. & une autre in-4°.
de la même ville. On cite comme
les meilleures les fuivantes : D'*Elzevir*, 1634, in-12... *Cum notis Variorum*, Amfterdam, 1674 & 1690,
in-8°... *Ad ufum Delphini*, 1679,
in-4°... Cambridge 1710, in-4°...
d'Amfterdam 1742, 2 vol. in-4°.
Celle qui a été donnée par M.
Philippe, 1744 & 1761, à Paris,
in-12, chez *Barbou*, eft fort jolie
& eftimée.

II. SALLUSTE, néveu du précédent, étoit fils de fa fœur. Les
agrémens de fon caractére & de
fon efprit, le mirent en faveur
auprès d'*Augufte* & de *Tibére*. Il
fut l'ami d'*Horace*, qui lui adreffa
la feconde *Ode* de fon 2e livre.

III. SALLUSTE, (*Secundus-Sal-
luftius-Promotus*) capitaine Gaulois,
ami de l'empereur *Julien*, fe diftingua autant par fa valeur & par

fa probité, que par fon hâbileté dans les affaires. *Julien*, déclaré Augufte en 360, le fit préfet des Gaules ; & en 363, il le prit pour collégue dans le confulat. C'étoit un exemple rare, qu'un prince fût conful avec un particulier ; mais *Sallufte* méritoit cette diftinction par fa vertu. Il avoit le talent de donner des avis fans humeur, & fans cet air d'emportement qui révolte autant contre la vérité que contre ceux qui la difent. On ne fait quelle année cet homme refpectable mourut. On lui attribue un *Traité des Dieux & du Monde* ; Rome, 1638, in-12, grec & latin ; Leyde, 1639, in-12 ; & dans les *Opufcula Mythologica Phyfica* de *Th. Gale*, Cambridge, 1671, & Amfterdam, 1688, in-8°. M. *Formey* en a donné une Traduction dans fon *Philofophe Païen*, 1759, 3 vol. in-12.

SALMACIS, *V.* HERMAPHROD.

SALMANASAR, fils de *Teglath-Phalaffar*, fuccéda à fon pere dans le royaume d'Affyrie, l'an 728 avant J. C. Ce prince ayant fubjugué la Syrie, vint dans la Paleftine, & obligea *Ofée*, roi d'Ifraël, à lui payer tribut. *Ofée* lui demeura affujetti pendant 3 ans ; mais fe laffant bientôt de ce joug, il prit des mefures avec *Sua*, roi d'Egypte, pour le fecouer. *Salmanafar* l'ayant appris, vint avec une armée formidable fondre fur Ifraël. *Ofée* s'étant renfermé dans Samarie fa capitale, *Salmanafar* y mit le fiége, qui dura 3 ans. La famine & la mortalité firent périr le plus grand nombre de fes habitans. Le roi d'Affyrie prit la ville, la détruifit jufqu'aux fondemens, paffa tout au fil de l'épée, chargea *Ofée* de chaines, & transféra le refte du peuple en Affyrie, à Hala & à Habor, villes du pays des Mè-

des, près de la riviére de Gozan. Après cette expédition, le roi d'Affyrie entreprit la guerre contre les Tyriens, & s'empara d'abord de prefque toutes les villes de Phénicie. Mais ayant été battu dans un combat naval, il laiffa une partie de fon armée pour refferrer la ville de Tyr, reprit le chemin d'Affyrie & y mourut l'année d'après, 714ᵉ avant J. C.

SALMERON, (Alphonfe) de Tolède, vint a Paris pour y achever fes études. Il s'y joignit à *St-Ignace* de *Loyola*, & fut l'un des premiers difciples de ce célèbre fondateur. *Salmeron* voyagea enfuite en Allemagne, en Pologne, dans les Pays-Bas & en Irlande. Il parut avec éclat au concile de Trente, & contribua beaucoup à l'établiffement du collége de Naples, où il mourut en 1585, à 69 ans. Ce Jéfuite laiffa un nom célèbre, par fon zèle, par fa politique & par fes ouvrages. On a de lui des *Queftions* & des *Differtations* fur les *Evangiles*, fur les *Actes des Apôtres*, & fur les *Epîtres Canoniques*, imprimées en 8 vol. in-fol. 1612 & années fuiv. On n'a jamais écrit avec plus de prolixité ; on n'y trouve ni critique, ni jufteffe, ni difcernement. Son favoir eft étendu, mais mal digéré ; fon ftyle facile, mais verbeux. Il eft plein de propofitions Ultramontaines fur les droits des papes, fur celui de détrôner un prince hérétique, & fur plufieurs autres points auffi importans.

I. SALMON, (François) docteur & bibliothécaire de la maifon & fociété de Sorbonne, né à Paris d'une famille opulente, fe rendit habile dans les langues favantes & fur-tout dans l'Hébreu, & mourut fubitement à Chaillot en 1736, à 59 ans. C'étoit un homme d'une vaſte littérature & d'un caraĉtére aimable. Il fit paroître beaucoup d'affeĉtion envers les jeunes-gens qui aimoient l'étude. Il les animoit par ſon exemple & par ſes conſeils, & ſe faiſoit un plaiſir de leur prêter ſes livres. On a de lui : I. Un *Traité de l'étude des Conciles*, imprimé à Paris en 1724, in-4°. Ce Traité, généralement eſtimé pour l'érudition qu'il renferme, a été traduit en latin par un Allemand, & imprimé en cette langue à Leipſick en 1729. II. Un grand nombre d'autres ouvrages qui ſont demeurés manuſcrits, & dont quelques-uns mériteroient de voir le jour.

II. SALMON, (Jean) ſurnommé MACRINUS ou MACRIN; *Voy.* ce dernier mot.

SALMONÉE, fils d'*Eole* & roi d'Elide, non content des honneurs de la royauté, voulut encore ſe faire rendre ceux dus à la divinité. Pour imiter *Jupiter*, il faiſoit rouler avec rapidité ſon char ſur un pont d'airain, & dans ce fracas ſemblable au bruit du tonnerre, il lançoit de tous côtés des foudres artificicls. Le Dieu dont il uſurpoit la puiſſance, indigné de ſon audace impie, l'écraſa d'un coup du véritable foudre, & le précipita dans les enfers.

SALNOVE, (Robert de) page d'*Henri IV* & de *Louis XIII*, lieutenant de la grande Louveterie, & écuyer de Mad° *Chriſtine*, depuis ducheſſe de Savoie, fut auſſi gentilhomme de la chambre de *Viĉtor-Amedée*, duc de Savoie. Sa *Vénerie Royale*, dédiée à *Louis XIV*, 1655 & 1665, in-4°, eſt un livre curieux & aſſez recherché. L'auteur mourut quelques années après la publication de ſon ouvrage.

I. SALOMÉ : c'eſt le nom que l'on donne à la fille d'*Hérodias*,

qui danſa un jour avec tant de grace devant *Hérode-Antipas*, que ce prince, dans l'ivreſſe de ſa joie, lui promit de lui donner tout ce qu'elle lui demanderoit. *Salomé*, conſeillée par ſa mere, demanda la tête de *Jean-Baptiſte. Voyez* ce dernier mot.

II. SALOMÉ, ſœur d'*Hérode* le *Grand*, non moins cruelle que ſon frere, eut un empire abſolu ſur ſon eſprit. Ce fut par ſes pernicieux conſeils qu'il fit périr *Mariamne* ſa femme qu'il aimoit paſſionnément, & ſes deux fils *Ariſtobule* & *Alexandre* qu'il en avoit eus. *Salomé* étant devenue veuve de deux maris, (*Joſeph* & *Coſtobare*) que ce prince barbare avoit immolés à ſon reſſentiment, elle tenta vainement d'épouſer *Sylleus*, miniſtre d'*Obodas* roi d'Arabie. *Hérode* la maria en 3es noces à *Alexas*. Elle ſurvécut peu au roi ſon frere... Il ne faut pas la confondre avec *Salomé* ſa niéce, qu'*Hérode* avoit eue d'*Elpide* ſa 9e femme.

III. SALOMÉ, (Marie) femme de *Zébédée*, mere de *St Jacques* le Majeur & de *St Jean* l'Evangeliſte, avoit coutume de ſuivre le Sauveur dans ſes voyages & de le ſervir. Elle demanda à *Jéſus-Chriſt* que ſes deux fils, *Jacques* & *Jean*, fuſſent aſſis l'un à ſa droite, & l'autre à ſa gauche, lorſqu'il ſeroit arrivé à ſon royaume. *Salomé* accompagna *Jéſus* au Calvaire, & ne l'abandonna pas même à la croix. Elle fut auſſi du nombre de celles qui achetérent des parfums pour l'embaumer, & qui vinrent pour cet effet le Dimanche dès le matin au Sépulchre. C'eſt tout ce que l'Evangile nous apprend de *Salomé*, & ce que l'on ajoûte de plus eſt apocryphe.

I. SALOMON, fils de *David* & de *Bethſabée*, naquit l'an 1033 avant J. C. Le Seigneur l'aima, & lui fit donner par le prophète Nathan le nom de *Jedidiach*, c'est-à-dire, *aimé de Dieu*. Son pere le fit couronner roi de Juda & d'Israël de son vivant, & il donna dès-lors des preuves d'une sagesse consommée. Après la mort de *David* il s'affermit sur le trône, par la mort d'*Adonias*, de Joab & de *Sémei.* Il épousa quelque tems après la fille de *Pharaon*, roi d'Egypte: c'est à l'occasion de cette alliance que *Salomon* composa le *Cantique des Cantiques*, qui en est comme l'Epithalame. Peu de tems après Dieu lui apparut en songe, & lui ordonna de lui demander tout ce qu'il souhaitoit. *Salomon* le pria de lui donner un cœur docile, disposé à écouter & à suivre les bons conseils. Dieu, touché de la demande de ce jeune prince, lui donna non seulement plus de sagesse qu'à tous les autres hommes; mais le rendit encore le plus riche & le plus magnifique de tous les rois. *Salomon* fit connoître cette sagesse extraordinaire, dans le jugement qu'il rendit pour découvrir quelle étoit la véritable mere d'un enfant que deux femmes se disputoient. Cependant le roi, jouissant d'une paix profonde, résolut de bâtir un Temple au Seigneur & un Palais pour lui. Il fit pour cela alliance avec *Hiram*, roi de Tyr, dont il obtint des cèdres & des sapins, nécessaires pour remplir dignement son projet. Il employa plus de 250,000 hommes à la construction de ce Temple, dont la beauté & la magnificence étoient au-dessus de celle de tous les édifices élevés jusqu'alors à l'Être-suprême. Après 7 ans de travail, l'ouvrage fut achevé, & *Salomon* en fit la dédicace avec solemnité. Tous les anciens d'Israël & tout le peuple furent invités à cette magnifique cérémonie. *Salomon* ayant achevé le Temple, fit bâtir un superbe Palais pour lui & pour ses femmes; les murs de Jérusalem; la place de Mello, qui étoit entre le Palais royal & le Temple; plusieurs villes dans toute l'étendue de ses états, & en fit fortifier beaucoup d'autres. Non content d'embellir le dedans de son royaume, il se fit respecter au-dehors. Il obligea les Amorrhéens, les Héthéens, les Phéréséens, les Hévéens & les Jébuséens à lui payer tribut. Il étendit les frontières de ses états jusqu'à l'Euphrate, & équipa une flotte à Asiongaber, qu'il envoya à Ophir, d'où elle remporta une quantité d'or. Son empire s'étendoit sur tous les royaumes, depuis le fleuve d'Euphrate jusqu'au pays des Philistins, & jusqu'à la frontière d'Egypte. Ses revenus annuels montoient à 666 talens d'or, sans compter les subsides que fournissoient les Israélites, & les droits que payoient les marchandises. Le luxe de sa cour, la somptuosité de sa table, la multitude innombrable de ses officiers, la richesse de leurs habits, la magnificence de son palais, la sagesse de son gouvernement, lui firent un nom célèbre dans les pays étrangers. La reine de *Saba* vint lui rendre hommage, comme au plus sage des hommes & au plus magnifique des rois. *Salomon* ne soutint pas la réputation qu'il s'étoit acquise. Son cœur s'ouvrit à tous les vices. Il eut jusqu'à 700 femmes & 300 concubines. Il bâtit des Temples à *Astarté*, déesse des Sidoniens; à *Moloch*, dieu des Ammonites; à *Chamos*, idole des Moabites. Ses crimes ont donné un juste sujet de douter de son salut.

Quelques SS. Peres croient qu'il fit pénitence de fes défordres avant fa mort; mais l'Ecriture s'exprime clairement fur fa chute, & ne dit point s'il s'eft relevé. Quelques-uns prétendent qu'il compofa l'*Eccléfiafte* pour être un monument éternel de fa converfion ; mais c'en eft un figne fort équivoque : il n'y dit pas ùn mot des égaremens, dont il eût dû faire une réparation publique. Quoi qu'il en foit de cette opinion, Dieu irrité lui fit annoncer qu'il alloit divifer·fon royaume, & qu'il donneroit dix tribus à *Jéroboam*. *Salomon* mourut l'an 975 avant J. C., à 58 ans, après en avoir régné 40. Il nous refte de lui trois ouvrages reçus entre les Livres canoniques : les *Proverbes*, l'*Eccléfiafte*, & le *Cantique des Cantiques*. L'Ecriture marque qu'il avoit auffi compofé 3000 *Paraboles*, & 1500 *Cantiques*, & qu'il avoit fait des *Traités* fur toutes les plantes, depuis le cèdre du Liban jufqu'à l'hyffope, & fur tous les animaux de la terre, les oifeaux, les reptiles & les poiffons ; mais ces ouvrages ne font point parvenus jufqu'à nous. Les autres livres qu'on attribue à *Salomon*, ne font point de lui, & ont été compofés dans des tems poftérieurs. Les plus recherchés des ouvrages publiés fous\ fon nom, font : I. Les *Clavicules de Salomon*, dont on recherche les manufcrits anciens. II. *De Lapide Philofophorum*, dans le Recueil de *Rhenanus*, Francfort, 1625, in-8°. III. *Les Dits de Salomon*, avec les *Réponfes de Marcon*; petit ouvrage licentieux, en rimes françoifes, in-16, fans date, gothique, en 7 feuillets, rare. Indépendamment de ces livres, les Rabbins ont mis la plûpart de leurs revêries fous le nom de ce roi, *lé plus Sage des hommes*.

II. SALOMON-JARCHI, *Voy*. JARCHI.

III. SALOMON BEN VIRGA, rabbin Efpagnol, & favant médecin, au commencement du XVI° fiécle, eft auteur d'un ouvrage curieux, intitulé : *Schebet Juda*. On y trouve une *Hiftoire des Juifs*, depuis la deftruction du Temple de Jérufalem, jufqu'au tems de ce rabbin. *Gentius* en a donné une Traduction latine, imprimée à Amfterdam en 1651, in-4° ; & *Bafnage* en a fait ufage dans fa favante Hiftoire des Juifs.

IV. SALOMON, muficien François en Provence, fut reçu à la mufique de la Chapelle du roi, pour la baffe de viole, dont il jouoit bien. Il mourut à Verfailles en 1731, âgé d'environ 70 ans. Cet homme, fimple à l'extérieur, fembloit n'avoir de talent que pour jouer avec jufteffe & avec précifion ; on a cependant de lui des *Motets* & deux *Opéra*. Lorfqu'il compofa celui de *Médée & Jafon*, qui fut fort goûté, il fe trouva *incognitò* aux premiéres repréfentations, confondu avec les fpectateurs, & vit avec tranquillité applaudir & critiquer fon ouvrage. *Théonoé* eft le·nom de fon autre Opéra.

SALONIN, (*Publius - Licinius-Cornelius - Saloninus*) fils aîné de l'empereur *Gallien* & de *Salonine*, fut fait Céfar par *Valérien* fon aïeul en 255. On l'envoya un an après dans les Gaules avec *Albinus* fon gouverneur, pour y être élevé dans l'art militaire. Son féjour dans ces provinces les maintint dans l'obéiffance jufqu'en 261. *Pofthume* à la tête d'une armée victorieufe s'étant fait déclarer empereur, obligea les habitans de Cologne de lui livrer *Salonin*, qu'il fit mourir.

Ce jeune prince n'avoit qu'environ dix ans.

SALONINE , (*Julia Cornelia*) femme de l'empereur *Gallien*, joignit à une beauté réguliére & à une figure noble, toutes les vertus de fon fexe. Sans fafte, fans orgueil, remplie de zèle pour le bien public, elle procura l'abondance dans Rome, & ne fut occupée que du foin de faire des heureux. Elle favorifa les favans, & fut favante elle-même. Sa philofophie lui fit voir fans dépit les infidélités de *Gallien*, qui d'ailleurs la refpeéta toujours, & qui fe loua plufieurs fois de fes confeils. Née avec un courage héroïque, elle arrachoit fon époux du fein des voluptés, pour le faire combattre contre les tyrans qui déchiroient l'empire. Elle l'accompagnoit dans fes expéditions militaires, & peu s'en fallut qu'elle ne fût faite prifonniére par les Goths, lorfque *Gallien* les chaffa d'Illyrie. S'étant arrêtée au retour auprès de Milan, où le tyran *Auréole* avoit levé l'étendard de la révolte, elle fut enveloppée dans une conjuration formée contre *Gallien*, & elle périt dans la même nuit où fon époux & les princes de fa famille furent mis à mort. Ce fut le 20 Mars 268. *Salonine* avoit obtenu au philofophe *Plotin* la permiffion de bâtir une ville, qui fe gouverneroit felon les loix de la république de *Platon*. Elle devoit s'appeller *Platonopolis ;* mais ce projet n'eut pas un heureux fuccès.

SALONIUS , fils de *St Eucher l'Ancien*, qui fut depuis évêque de Lyon, fut élevé dans le monaftére de Lerins avec fon frere *Veran*, & la Providence les en tira tous deux pour les faire évêques. *Veran* le fut de Vence ; mais on ne fait pas bien quelle églife gou-verna *Salonius :* on conjeéture que ce fut celle de Vienne ou de Genève. Il affifta au concile d'Orange en 441. Nous avons de cet illuftre évêque deux ouvrages : I. Une *Explication* morale *fur les Proverbes*, en forme de dialogue entre les deux freres : II. Un *Commentaire fur l'Eccléfiafte*. L'un & l'autre imprimés à Haguenau 1532, in-4°, & dans la Bibliothèque des Peres.

SALPION, fculpteur d'Athènes. C'eft à lui qu'on attribue ce beau *Vafe antique* qu'on voit à Gayette, ville maritime du royaume de Naples, où il fert pour les fonts du Baptême, dans la grande Eglife. Ce fuperbe morceau de fculpture avoit été conftruit, à ce qu'on penfe, pour contenir l'eau luftrale dans quelque ancien Temple des Païens.

SALVADOR , (André) poëte Italien, fous *Grégoire XV* & *Urbain VIII*, eft un des moins mauvais auteurs qui ajent travaillé pour le théâtre Italien. Les principales de fes piéces font : *Medore*, *Flore*, & *Ste Urfule* ; mais la derniére a remporté le prix fur les deux autres. *Salvador* s'y eft rapproché des bons modèles.

SALVAING, *Voyez* BOISSIEU.

SALVAN DE SALIEZ , (Antoinette de) née à Alby en 1638, de l'académie des *Ricovrati* de Padoue, morte à 92 ans en 1730 dans le lieu de fa naiffance, s'eft diftinguée par fon goût pour les fciences , & en particulier pour la poëfie Françoife. Veuve d'*Antoine de Fontvielle*, feigneur de *Saliez*, viguier d'Albi, elle confacra la liberté que lui donnoit le veuvage, à la culture des lettres & de l'amitié. Elle forma en 1704 une compagnie, qui s'affembloit une fois la femaine, fous le titre de

Société des Chevaliers & *Chevalières de la* BONNE-FOI. Cette dame a fait des *Paraphrases sur les Pseaumes de la Pénitence*, & diverses *Lettres* & *Poësies*, dont une grande partie est imprimée dans la *Nouvelle Pandore*, ou *les Femmes illustres du règne de Louis le Grand*. Nous avons encore de cette Muse, l'*Histoire de la Comtesse d'Isembourg*, 1678, in-12, qui a été traduite en plusieurs langues.

SALVATOR ROSA; *Voy.* RO-SA, n° II.

SALVIANI, (Hippolyte) de Citta-di-Castello, dans l'Ombrie, d'une famille noble, professa & pratiqua la médecine à Rome, & y mourut en 1572 à 59 ans. On a de lui, entr'autres : I. Un *Traité* latin *des Poissons*, Rome 1554, in-fol. recherché des curieux & peu commun. II. Un autre, intitulé *De Crisibus ad Galeni censuram* : on y trouve quelques réflexions judicieuses.

I. SALVIATI, (Bernard) d'une des plus illustres familles de Florence, fut chevalier de Malte & devint prieur de Capoue, puis grand-prieur de Rome, & amiral de son ordre. Il signala son courage dans cette place, & rendit son nom redoutable à l'empire Ottoman. Il ruina entièrement le port de Tripoli; il entra dans le canal de Fagiera, & mit en poudre tous les forts qui s'opposèrent à son passage & à ses armes. Devenu général de l'armée de la Religion, il prit l'isle & la ville de Coron, courut jusqu'au détroit de Gallipoli, brûla l'isle de Scio, & emmena divers esclaves. *Paul Jove* dit que le grand-prieur *Salviati* étoit *constanti compositoque ingenio vir, militiæ maritimæ assuetus...* *Salviati* embrassa ensuite l'état ecclésiastique, & obtint l'évêché de

St-Papoul en France & celui de Clermont en 1561. La reine *Catherine* de *Médicis*, sa parente, le choisit pour son grand-aumônier, & lui procura un chapeau de cardinal, dont le pape *Pie IV* l'honora en 1561. Cet illustre prélat mourut à Rome en 1568. Sa famille a produit plusieurs autres personnes, distinguées par leurs talens & par les dignités éminentes qu'ils ont occupées.

II. SALVIATI, (François) peintre, né à Florence en 1510, mort à Rome en 1563. Son nom de famille étoit *Rossi*. Il s'attacha au cardinal *Salviati*, d'où lui est venu le surnom sous lequel il est connu. Cet artiste donna à Rome, à Florence, à Bologne & à Venise, des preuves de l'excellence de ses talens dans la peinture. Mais son inconstance ne lui permit pas de se fixer long-tems dans le même lieu, ni à de grandes entreprises. D'ailleurs, beaucoup d'estime pour lui même, & un air de mépris pour les autres, nuisirent à sa fortune & à sa réputation. Son esprit inquiet l'amena en France, & l'en fit sortir du tems que le *Primatice* y florissoit. Il étoit bon dessinateur; ses carnations sont d'une belle couleur; ses draperies, légéres & bien jettées, laissent entrevoir le nud qu'elles couvrent. Il inventoit facilement, & mettoit beaucoup d'agrément dans ses idées; mais il peignoit de pratique : l'on desireroit que ses contours fussent plus coulans. Les dessins de *Salviati* sont assez dans le goût du *Palme* : des airs de tête maniérés, des coëffures & des attitudes extraordinaires, les font distinguer.

III. SALVIATI, (Joseph) *Voy.* PORTA.

SALVIEN, (*Salvianus* prêtre

de Marseille, devoit le jour à des parens illustres de Cologne, de Trèves, ou des environs. Il garda la continence avec sa femme *Palladie*, même avant sa prêtrise, & la traita comme si elle eût été sa sœur. Elevé au sacerdoce vers 430, il déplora avec tant de douleur les déréglemens de son tems, qu'on l'appella le *Jérémie du* V^e *siécle*. Ses lumiéres & ses vertus le firent aussi nommer *le Maître des Evêques*. Il mourut à Marseille, vers l'an 484. Il nous reste de lui: I. Un *Traité de la Providence de Dieu*. II. Un autre *contre l'Avarice*. III. Quelques *Epîtres*. Ces ouvrages sont écrits d'un style net, orné, touchant, agréable, mais quelquefois un peu affecté. Le savant *Baluze* en a donné une belle édition, en 1684, in-8°. On estime aussi celles de *Conrad Rittershusius*, 1623, 2 vol. in-8°. & de *Galesinius*, Rome, 1564, in-fol.; mais elles ont été éclipsées par celle du P. *Mareuil*, à Paris, 1734, in-12. Nous en avons une bonne Traduction françoise par le P. *Bonnet* de l'Oratoire, 1700, 2 vol. in-12. Il ne paroît pas par ses écrits que *Salvien* ait été évêque, comme quelques auteurs l'ont prétendu.

SALVINI, (Antoine-Marie) professeur célèbre en langue Grecque à Florence sa patrie, étoit un homme de condition, savant, poli, & extrêmement laborieux. Peu d'écrivains ont plus contribué que lui au rétablissement du bon goût en Italie. Il mourut à Florence en 1729, après avoir rempli une carriére de 76 ans. On a de lui un grand nombre d'ouvrages. Il a traduit en vers Italiens, I. L'*Iliade* & *l'Odyssée d'Homére*, à Florence, 1723, 2 vol. in-8°. II. *Hésiode*, Padoue 1747, in-8°. III. *Théocrite*, à Venise, 1717, in-12. IV. *Ana-* créon, à Florence, 1695, in-12. V. Divers poètes Grecs: tels que le Poème d'*Aratus*; *Musée*; les *Hymnes* d'*Orphée* & de *Callimaque*; *Oppien*; quantité d'*Epigrammes* grecques; le Poème astrologique de *Manethon*; une partie de *Nicandre*; les *Nuées* & le *Plutus* d'*Aristophane*; les *Vers dorés* de *Pythagore*, *Théognis*, & *Phocylide*. VI. Quelques *Satyres* d'*Horace*, avec l'*Art Poétique*. VII. Les 2 premiers livres des *Métamorphoses* d'*Ovide*, & les 6 *Satyres* de *Perse*, auxquelles le savant abbé joignit une traduction du *Traité de la Satyre* par *Casaubon*. VIII. Une partie du livre de *Job*, & dix Lamentations de *Jérémie*. IX. L'*Art Poétique* de *Boileau*, avec une de ses Satyres. X. La Tragédie de *Caton* par *Addisson*. Outre ces traductions, nous avons du même: I. Un vol. in-4° de *Sonnets*. II. Un autre de *Proses sacrées* & de *Proses Toscanes*; Florence 1715, 2 vol. in-4°. III. Cent *Discours Académiques* sur diverses questions proposées par l'académie des *Apatisti*. IV. L'*Oraison funèbre* d'*Antoine Magliabechi*, prononcée dans l'académie de Florence, & imprimée dans la même ville en 1715, in-fol. V. Une traduction en prose de la *Vie de St François de Sales*, par *Marsollier*. L'abbé *Salvini* étoit de l'académie de la Crusca, & il a travaillé plus qu'aucun autre à la perfection du *Dictionnaire* de cette compagnie; Florence 1729, 6 in-fol.

SALVOISON, ou SALVAZON, (Jacques de) gentilhomme Périgordin, après s'être voué dans sa première jeunesse à l'état ecclésiastique, & avoir fait de bonnes études à Toulouse, quitta l'église pour les armes, & commença par servir en qualité de chevau-léger sous M. d'*Essé* au voyage d'Ecosse en 154.... Fait prisonnier par les

Anglois dans un combat, la réputation de favant qu'il s'étoit acquife, (qualité qui étoit alors une efpèce de phénomène dans un homme de guerre,) infpira au roi *Edouard* la curiofité de le voir, & lorfqu'il l'eut entretenu, l'envie de le garder auprès de lui ; mais malgré les offres avantageufes du prince, *Salvoifon* s'excufa fur la fidélité qu'il devoit à fon roi & à fa patrie, & le fupplia de le mettre à rançon. *Edouard*, touché de la nobleffe de ces fentimens, le renvoya fans rançon. De retour en France, il paffa en Piémont pour y fervir fous le maréchal de *Briffac*. Il s'y diftingua furtout par une adreffe finguliére à furprendre des places ; & il avoit en ce genre un génie fi inventif, que les foldats de l'armée de *Briffac* lui croyoient un Efprit familier. Rien entr'autres de mieux imaginé & de plus adroitement concerté, qu'une entreprife qu'il fit fur le château de Milan en 155....; & qui ne manqua que parce que les échelles fe trouvérent trop courtes de quelques pieds. Il avoit eu l'art de conduire de l'armée de Piémont, à travers un pays ennemi, 100 ou 120 foldats deftinés à fon expédition, jufques dans les foffés de ce château, fans être découvert. Il fe retira de même, ayant difpofé fa troupe par pelotons, qui dans leur retour fuivirent différens chemins; & ce ne fut que par un hazard impoffible à prévoir, qu'il fut fait prifonnier à plufieurs lieues de Milan, avec quelques-uns de fes compagnons. Le détail très-curieux de cette entreprife, trop long pour trouver place ici, fe trouve dans l'*Hiftoire des Guerres du Piémont* de *Boivin du Villars*. *Salvoifon* étoit meftre-de-camp de l'infanterie Françoife en Piémont, & gentilhomme de la chambre du roi; lorf-

qu'une mort prématurée, caufée par une pleuréfie, l'enleva en 1558, à l'âge de 37 ans.

SALUS *ou* SANITAS, c'eft-à-dire, *confervation*, *fanté*. Les Romains en avoient fait une Divinité, & lui avoient élevé des temples. On la repréfentoit fous l'emblème d'une femme affife fur un trône, couronnée d'herbes médecinales, tenant une coupe à la main, & ayant auprès d'elle un autel autour duquel un ferpent faifoit plufieurs cercles de fon corps, de forte que fa tête fe relevoit au-deffus de cet autel. Elle avoit (dit-on) pour cortège ordinaire, la *Concorde*, le *Travail*, la *Frugalité*. On l'adoroit auffi fous le nom d'*Hygiée* ou *Hygie*.

SAMARITAINE (La) : C'eft fous ce nom qu'eft connue la femme à qui *JESUS-CHRIST* demanda à boire, comme il paffoit par Sichem, ville de Samarie, en s'en retournant en Galilée. Les difciples de cet Homme-Dieu étant allés dans la ville acheter des provifions, preffé de foif, il s'arrêta auprès d'un puits où il vit une femme qui puifoit de l'eau. Etonnée de ce qu'un Juif ofât lui parler, (car les Juifs fuyoient tout commerce avec les Samaritains, qu'ils regardoient comme hérétiques,) elle en marqua au Sauveur fa furprife. *Jefus-Chrift* en eut pitié, il la prêcha : la touche de fa grace vivifiante, & la convertit à lui.

SAMBLANÇAY, *V.* BEAUNE.

SAMBLICUS, infigne voleur, pilla le temple de *Diane*, dans l'Elide. Il fut arrêté ; & comme il refufoit d'avouer fon crime, on le mit à la torture un an entier, & on lui fit fouffrir de cruels tourmens. D'où eft venu ce proverbe : *Endurer plus de mal que Samblique.*

SAMBUC, (Jean) médecin, né à Tirnau en Hongrie l'an 1531

fréquenta les univerſités d'Allemagne, d'Italie & de France. Il ſe
rendit très-habile dans la médecine, les belles-lettres, la poëſie,
l'hiſtoire & les antiquités. Ses talens le firent jouir de beaucoup
d'agrémens à la cour des empereurs
Maximilien II & *Rodolphe II*, dont
il devint conſeiller & hiſtoriographe. Il mourut d'apoplexie, à Vienne en Aˑ ˑriche, en 1584, à 53 ans.
On a de lui : I. Les *Vies des Empereurs Romains*. II. Des *Traductions*
latines d'*Héſiode*, de *Théophylacte*, &
d'une partie des *Œuvres de Platon*,
de *Xenophon* & *Thucydide*. Elles ſont
plus fiaelles qu'élégantes. III. Des
Commentaires ſur l'Art Poëtique
d'*Horace*, & des *Notes* ſur pluſieurs
auteurs Grecs & Latins. IV. Une
Hiſtoire de Hongrie, depuis *Matthias* juſqu'à *Maximilien II*, dans
les Hiſtoriens d'Allemagne de
Schardius. Elle eſt aſſez exacte ;
mais elle manque quelquefois
d'impartialité. V. *Emblemata*, 1576,
in-16. VI. *Icones Medicorum*, 1603,
in-fol., &c.

SAMPIETRO, *V.* SANPIETRO.

SAMSON, fils de *Manué* de la
tribu de *Dan*, naquit d'une maniére miraculeuſe, d'une mère
qui d'abord étoit ſtérile, vers l'an
1155 avant J. C. L'eſprit de Dieu
parut bientôt en lui, par la force
extraordinaire dont il fut doué. Il
n'avoit que 18 ans, lorqu'étant
allé à Thamnata, il y vit une fille
qui lui plut, & il pria ſon pere de
lui permettre de l'épouſer. *Manué* & ſa femme, après s'être oppo-
ſés à ſon deſſein, allérent avec lui
en faire la demande. Dans la route, *Samſon* qui étoit un peu éloigné d'eux, vit venir à lui un lion
furieux, qu'il ſaiſit quoiqu'il fût
ſans armes, & le mit en piéces.
Il obtint la fille qu'il ſouhaitoit ;
& quelque tems après retournant à

Thamnata pour célébrer ſon mariage, il voulut revoir le corps du
lion qu'il avoit tué, & il y trouva
un eſſain d'abeilles & un rayon de
miel. Il tira de cette découverte
l'énigme ſuivante : *La nourriture
eſt ſortie de celui qui mangeoit, & la
douceur eſt ſortie du fort*. Les habitans de Thamnata, auxq. il la propoſa, s'adreſſérent à la femme de
Samſon, qui, vaincu par ſes larmes, lui apprit le ſens de l'énigme.
Cette femme infidelle l'alla ſur le
champ découvrir aux jeunes-gens,
qui s'en firent honneur auprès du
héros Juif. En même tems *l'Eſprit
du Seigneur le ſaiſit*, & il vint à Aſ-
calon ville des Philiſtins, où il tua
30 hommes, dont il donna les habits à ceux qui avoient expliqué
l'énigme, ainſi qu'il leur avoit promis. Enſuite il ſe retira chez ſon
pere, laiſſant ſa femme dont il étoit
mécontent, & qui fut donnée à
l'un des jeunes-gens qui l'avoient
accompagné dans la cérémonie de
ſes noces. Quand il eut appris ce
nouvel outrage de la part des Philiſtins, il jura qu'il s'en vengeroit
ſur toute la nation. Il prit 300 re-
nards qu'il lia 2 à 2, leur attachant
à chacun un flambeau à la queue,
& les lâcha enſuite au milieu des
bleds des Philiſtins, déja mûrs &
prêts à être coupés ; les bleds étant
conſumés, le feu paſſa aux vignes : il
en fut de même de tout ce qui étoit
dans la campagne. Les Philiſtins,
apprenant que *Samſon* étoit l'auteur de tout ce dégât, brûlérent
ſon beau-pere, ſa femme & ſes parens. Cependant le courageux Iſ-
raëlite tuoit tous les Philiſtins
qu'il rencontroit, & ſe retiroit ſur
un roc très-fort, appellé Etam,
dans la tribu de Juda. Ses ennemis levérent une grande armée, &
entrérent ſur les terres de la tribu
qu'il habitoit, menaçant de tout

mettre à feu & à sang si on ne leur livroit leur vainqueur. Ceux de cette tribu effrayés, prirent *Samson*, le lièrent & le menèrent aux Philistins. Ils le mirent au milieu de leur camp, en dansant autour de lui. *Samson* cassa sur le champ ses cordes, se jetta sur eux, & avec une mâchoire d'âne qu'il rencontra par hazard, en tua mille & mit le reste en fuite. L'ardeur de ce combat lui causa une si grande soif, que si Dieu ne l'eût secouru promptement par une source d'eau claire qu'il fit sortir d'une dent de la mâchoire, il en seroit mort. Les Philistins, n'osant plus attaquer *Samson* ouvertement, cherchèrent à le surprendre. Un jour qu'il étoit allé dans la ville de Gaza qui leur appartenoit, les habitans fermèrent vite les portes, & y mirent des gardes pour l'arrêter. *Samson* se leva sur le milieu de la nuit, enleva les portes avec les gonds & les verroux, malgré la garde qu'on faisoit, & les porta sur une haute montagne vis-à-vis d'Hébron. La force n'avoit pu le terrasser; l'amour le vainquit. *Dalila*, femme Philistine, qu'il aimoit éperdument, ayant tiré de lui le secret de sa force, lui fit couper les cheveux tandis qu'il dormoit, & le livra aux Philistins. On lui creva les yeux, & on l'employa à tourner la meule d'un moulin. Sa force revenant avec ses cheveux; 3000 Philistins assemblés dans le temple de *Dagon*, le firent venir pour se moquer de lui. Mais s'étant approché des deux plus fortes colonnes qui soutenoient le temple, il les ébranla, & le temple par sa chute l'écrasa avec les Philistins, l'an 1117 avant J. C.

SAMSON, *Voy.* SANSON.

SAMUEL, fils d'*Elcana* & d'*Anne*, de la tribu de *Lévi*, fut pro-

phète & juge d'Israël, pendant plusieurs années. *Anne* sa mere étoit stérile depuis long-tems, lorsque, par une faveur singuliére de Dieu, elle conçut & mit au monde cet enfant, vers l'an 1155 avant J. C. Quand elle l'eut sevré, elle le mena à Silo, à la maison du Seigneur, & le présenta à *Héli* pour accomplir le vœu qu'elle avoit fait de le consacrer au service du tabernacle. Cependant les menaces du Seigneur ayant été exécutées sur *Héli* & sur ses enfans, *Samuel* fut établi pour juger le peuple de Dieu : il avoit alors 40 ans. Il fixa sa demeure à Ramatha, lieu de sa naissance ; mais il alloit de tems en tems dans différentes villes, pour y rendre la justice. Ce saint homme étant devenu vieux, établit *Joël* & *Abia* ses fils, pour juges sur Israël. Ils exerçoient cette charge dans Bersabée, ville située à l'extrémité méridionale du pays de Chanaan. Au lieu de marcher sur les traces de leur pere, ils laissèrent corrompre leur équité par l'avarice. Leur gouvernement aliéna les esprits. Les anciens d'Israël allèrent trouver *Samuel* à Ramatha, pour demander un roi, & le prophète de Dieu sacra *Saül*. Ce prince s'étant rendu par sa désobéissance indigne d'être roi, *Samuel* sacra *David* en sa place ; & voyant que Dieu avoit rejetté *Saül* qu'il aimoit, il ne vit plus jamais ce malheureux prince. Il lui apparut long-tems après sa mort, arrivée l'an 1057 avant J. C., à 98 ans, lorsque la Pythonisse évoqua son ombre, & lui prédit qu'il mourroit avec ses enfans dans la bataille qu'il livra aux Philistins sur la montagne de Gelboé. On attribue à ce prophète le livre des *Juges*, celui de *Ruth* & le 1er des *Rois*, du moins les vingt-quatre premiers chapitres de ce dernier , qui ne contiennent rien qu'il n'ait pu écrire, à quelques additions près , lefq. paroiffent y avoir été inférées depuis fa mort. Pour les derniers chapitres , il ne peut les avoir écrits, puifque fa mort y eft marquée. *Samuel* commence la chaine des Prophètes , qui n'a plus été interrompue depuis lui jufqu'à *Zacharie* & *Malachie.*

SANADON , (Noël-Etienne) Jéfuite, né à Rouen en 1676, profeffa avec diftinction les humanités à Caen. Ce fut-là qu'il connut *Huet*, évêque d'Avranches , avec lequel le goût de la littérature & de la poéfie l'unit étroitement. Le Pere *Sanadon* fut chargé enfuite de la rhétorique au collège de Paris , & de l'éducation du prince de *Conty*, après la mort du P. *du Cerceau.* En 1728 il devint bibliothécaire de *Louis* le *Grand* ; place qu'il remplit jufqu'à fa mort , arrivée en 1733 , à 58 ans. La douceur & la pureté de fes mœurs, le firent rechercher & eftimer. Il joignoit aux qualités d'un bon religieux , celles d'un littérateur aimable. On a de lui : I. Des *Poéfies Latines*, 1715 , in-12 ; & réimprimées chez *Barbou*, in-8°, 1754. Le Pere *Sanadon* a fait revivre dans fes vers, le goût des plus célèbres poètes qui ont paru dans le beau fiécle d'*Augufte.* Ses Poéfies n'auroient pas été peut-être défavouées par ces grands maîtres , pour la force & la pureté de l'expreffion , le tour & l'harmonie du vers, le choix & la délicateffe des penfées ; mais elles manquent d'imagination. Il a fait des *Odes* , des *Elégies* , des *Epigrammes* , & d'autres poéfies fur différens fujets. II. Une *Traduction* des Œuvres d'*Horace* , avec des remarques, en 2 vol. in-4°, à Paris , 1727. Les exemplaires qui portent Amfterdam fur le ti-

tre, n'ont pas été corrigés, & font, préférés par les curieux. On la trouve auffi en 8 vol. in-12. Le traducteur écrit avec élégance & avec goût ; mais il n'a pas atteint l'élévation de fon original dans-les *Odes* , ni fon énergie & fa précifion dans les *Epîtres* & dans les *Satyres.* En général , fa verfion eft une paraphrafe qui affoiblit le texte. Plufieurs favans ont blâmé la liberté qu'il a prife , de faire des changemens confidérables dans l'ordre & dans la ftructure même des Odes. On n'a pas moins été choqué de fon orthographe fingulière, & qu'il dit pour en faire l'apologie, n'a pas fatisfait. III. Des *Difcours* , prononcés en différens tems , & dont on a un recueil. Ils prouvent qu'il n'étoit pas moins orateur & poëte.

SANCERRE, (Louis de Champagne , comte de) feigneur de Charenton , &c. maréchal de France en 1368 , & connétable en 1397 , iffu d'une illuftre maifon , rendit de grands fervices au roi *Charles V* , remporta plufieurs avantages fur les Anglois, contribua beaucoup au fuccès de la journée de Rofebecq , & mourut en 1402 , à 60 ans , avec la gloire d'être un des trois plus grands généraux du règne de *Charles V* : les deux autres étoient *du Guefclin* & *Cliffon.* L'abbé *le Gendre* prétend qu'il avoit vieilli dans le fervice fans y briller ; on ne laiffa pas de l'enterrer à St Denys dans la chapelle de *Charles V* , en témoignage de l'eftime que ce prince avoit eue pour lui.

SANCHE I, dit *le Fort* , roi de Caftille, ne put voir fans envie le partage que fon pere *Ferdinand* avoit fait de fes autres états a fes freres & fœurs. Il diffimula pendant quelque tems ; mais après la mort de la reine fa mere , il fit éclater ses desseins ambitieux en 1067. *Garcias* étoit roi de Galice, & *Alphonse* roi de Léon : l'impitoyable *Sanche* détrôna le premier, & contraignit le second à s'enfermer dans un monastére. Après avoir dépouillé ses freres, il entreprit d'enlever à ses sœurs les places qui leur avoient été données pour dot. Il prit la ville de Toro sur la cadette, & tourna ensuite ses armes vers Zamora qui appartenoit à l'aînée. Mais ce prince téméraire & sans frein, au lieu d'un succès qu'il ne méritoit pas, y trouva le terme de ses attentats & de sa vie en 1072, ayant été tué en trahison pendant qu'il en faisoit le siége.

I. SANCHEZ, (François) *Sanctius*, de Las-Brocas en Espagne, fut regardé comme *le Pere de la Langue Latine*, & *le Docteur de tous les Gens de Lettres*. C'étoient les titres dont les exagérateurs l'honoroient dans son pays. On a de lui : I. Un excellent Traité, intitulé : *Minerva, ou De causis linguæ Latinæ*, à Amsterdam 1714, in-4°. MM. de Port-Royal ont beaucoup profité de cet ouvrage dans leur *Méthode de la langue Latine* : (Voy. II. GARCIAS, & II. LANCELOT). II. *L'Art de parler, & de la manière d'interpréter les Auteurs.* III. Plusieurs autres savans ouvrages sur la Grammaire. *Sanchez* mourut en 1600, à 77 ans... Il doit être distingué d'un autre *François* SANCHEZ, mort à Toulouse âgé de 70 ans, en 1632. Ce dernier, médecin Portugais, établi à Toulouse, étoit Chrétien & né de parens Juifs. Il avoit, dit *Patin*, beaucoup d'esprit & étoit philosophe. Son livre *Quòd nihil scitur*, est singulier & rare.

II. SANCHEZ, (Thomas) né à Cordoue en 1551, entra chez les Jésuites à l'âge de 16 ans, y remplit divers postes, & mourut à Grenade en 1610, avec la réputation d'un homme de mœurs austéres. On a de lui : I. Quatre volumes in-fol. sur le *Décalogue*, sur les *Vœux monastiques*, & sur plusieurs questions de morale & de jurisprudence, traitées d'une manière diffuse. II. Un Traité *de Matrimonio*, imprimé la 1re fois à Gênes en 1592, in-fol. L'auteur a rassemblé dans cet ouvrage toutes les questions que l'imagination des *Arétins* auroit pu faire naître sur ces matières scabreuses. Ce qu'il y a de plus singulier, c'est que toutes les obscénités qu'il rassemble, ne firent jamais la moindre impression sur ses mœurs. C'est aux pieds du Crucifix qu'il écrivoit ses livres. L'édition la plus recherchée de cet ouvrage est celle d'Anvers en 1607, après laquelle vient celle de 1614. Dans toutes les autres, l'ouvrage a été purgé, à ce qu'on prétend, de plusieurs saletés. On a dit que si les obscénités qu'il contient ne firent jamais impression à l'auteur, elles ont paru en avoir fait beaucoup sur les Censeurs, puisque leur approbation porte ces mots : *Legi, perlegi, maximâ cum voluptate.*

SANCHÓNIATHON, historien de Phénicie, né à Beryte, écrivit une *Histoire* en 9 livres, en Phénicien, dans laquelle il rendoit compte de la théologie & des antiquités de son pays. *Philon* de *Biblos*, contemporain d'*Adrien*, en fit une *Version* grecque, dont il nous reste quelques fragmens dans *Porphyre* & dans *Eusèbe*. *Dodwel* & *Dupin* rejettent ces fragmens comme supposés ; mais *Fourmont*, & quelques autres érudits, les adoptent comme authentiques. On ne sait en quel tems vivoit cet historien ; les uns le mettent sous *Sé-*

miramis, & les autres sous *Gédéon* juge d'Israël.

SANCIO, (Rodrigue) né à Santa-Maria da Nieva, dans le diocèse de Ségovie, en 1404, se fit connoître de bonne heure par son goût pour là piété & pour les lettrès. Son mérite le fit élever à l'évêché de Zamora, de Calahorra & de Palencia; mais abandonnant à ses grands-vicaires le soin de ses diocèses, il passa sa vie à Rome, où il fut gouverneur du château St-Ange. Il se distingua par ses négociations, & par divers ouvrages histor. & ascétiques. Les principaux sont : I. *Historia Hispanica*. Elle comprend tout ce qui s'est passé dans cette monarchie depuis son origine jusque vers le milieu du XVe siécle. On l'a mise dans la Collection des Historiens d'Espagne de *Schot*, 4 vol. in-fol. II. *Speculum vitæ humanæ*, in-fol. Rome 1468. C'est un des premiers monumens de l'art si utile de la typographie, & pour cette raison il est infiniment recherché, fort cher & rare. (Il ne faut pas confondre le *Speculum vitæ humanæ*, avec le *Speculum humanæ salvationis*, in-fol. sans date, de 63 feuillets.) Il y en a deux traductions françoises , l'une de *Julien Macho*, Lyon 1477, in-fol. ; l'autre de P. *Farget*, Lyon 1482, in-fol. *Sancio* mourut à Rome en 1470.

SANCTA-CRUX, *Voy.* SANTA-CRUX.

SANCTAREL, *Voy.* SANTAREL.

SANCTES-PAGNIN, né à Lucques en 1470, entra à l'âge de 16 ans dans l'ordre de St. Dominique. L'étude des langues, la théologie, la controverse, la prédication , occupérent tous les instans de sa vie , qu'il termina à Lyon en 1541, à 70 ans. Son zèle & ses sermons tirèrent beaucoup de pécheurs & d'hérétiques de la voie

de perdition. On a de lui : I. *Thesaurus linguæ sanctæ*, dont les plus belles éditions sont celles de *Robert Etienne*, à Paris , en 1548 , in-fol. & à Genève, en 1614, in-fol. avec des notes de *Jean Mercier*. Cette derniére édition n'est pas la meilleure , comme le dit l'abbé *Ladvocat*, parce que l'éditeur a corrompu le texte. II. *Veteris & novi Testamenti translatio*, à Lyon, en 1542, in-fol. avec des notes de *Servet* , qui la font rechercher. III. Plusieurs autres ouvrages sur la Bible.

SANCTIUS, *Voy.* SANCHEZ.

SANCTORIUS, *Voyez* SANTORIUS.

SANCY, *Voy.* II. HARLAY.

SANDERSON, *Voy.* SAUNDERSON.

SANDERSON, (Robert) théologien - casuiste, né à Sheffield dans le comté d'Yorck en 1587, mort en 1662 , devint chapelain ordinaire du roi *Charles I* , chanoine de l'église de Christ , & professeur de théologie à Oxford. Il fut privé de ses bénéfices, & eut beaucoup à souffrir pendant les guerres civiles d'Angleterre ; mais peu de tems après le rétablissement de *Charles II* , il eut l'évêché de Lincoln. Ce prélat, également recommandable par la pureté de ses mœurs, par la douceur de son caractére , & par la modération de son esprit, avoit bien lu les Peres & les Scholastiques. Il favoit l'histoire de sa nation, étoit bon antiquaire, & passoit sur-tout pour un excellent casuiste. Ses principaux ouvrages sont : I. *Logicæ Artis Compendium* , à Oxford , 1618 , in-8°. II. Des *Sermons* , in-fol. III. Neuf *Cas* de conscience , *De Juramenti obligatione*, Londres , 1647 , in-8°. IV. *Physicæ Scientiæ Compendium*, Oxford 1671 , in-8°.

V.

V. *Pax Ecclesiæ* , &c. VI. L'*Histoire de Charles I* , in-fol. en Anglois, &c.

I. SANDERUS, (Antoine) naquit en 1586 à Anvers, où ses parens se trouvérent par hazard, car ils étoient de Gand. Il fut curé dans le diocèse de Gand, puis chanoine d'Ypres & théologal de Térouane. Après avoir-mené une vie pure & appliquée, il mourut à Afflinghem en 1664, à 78 ans. On a de lui un grand nombre d'ouvrages en vers & en prose. Les principaux sont : I. *Flandria illustrata* , in-fol. 2 vol. 1641 à 1644 ; réimprimée en 1735 , 3 vol. in-fol. : ouvrage savant. II. *Elogia Cardinalium*, Louvain, 1626, in-fol. III. *De Gandavensibus famâ elaris* , 1624, in-4°. IV. *Brabantia sacra & profana*, 1644 , in-fol. V. *Chorographia sacra Brabantiæ*, Bruxelles, 1726, 3 vol. in-fol. VI. *Hagiologium Flandriæ*, 1639, in-8°. Ces ouvrages ne sont que des compilations indigestes. On les recherche cependant, parce qu'elles sont rares, & qu'elles renferment des choses qu'on ne trouveroit pas ailleurs. L'auteur les fit imprimer à ses dépens, & ruina sa bourse après avoir ruiné sa santé.

II. SANDERUS, (Nicolas) né à Charlewood, dans le comté de Surrei en Angleterre, parvint par son mérite à la place de professeur royal en-droit-canon dans l'université d'Oxford. La religion Catholique ayant été bannie de ce royaume par *Elizabeth*, il se retira à Rome, où il fut élevé au sacerdoce. Le cardinal *Hosius* l'emmena avec lui au concile de Trente & dans son ambassade de Pologne. A son retour il obtint la chaire de professeur de théologie à Louvain, d'où le pape *Pie V* le rappella pour l'employer dans des affaires importantes. *Grégoire XIII* l'envoya

Tome *VI*.

nonce en Espagne, & ensuite en Irlande, pour animer les Catholiques qui avoient pris les armes. La crainte de tomber dans les mains des Anglois, le fit errer pendant quelque tems dans les bois, où il mourut , en 1583 , de faim & de misére. Ses principaux ouvrages sont : I. Un *Traité de la Céne du Seigneur* , & *de sa présence réelle dans l'Eucharistie*, en anglois ; imprimé à Louvain, en 1566, in-4°. II. *Traité des Images* contre les Iconoclastes , in-8°. III. *De Schismate Anglicano*, Cologne 1628, in-8°. : livre écrit avec trop de passion , & suspect de fausseté. *Maucroix* l'a traduit en François , Paris 1678 , 2 vol. in-12. IV. *De Ecclesia Christi*, Louvain 1571 , in-fol. V. *De Martyrio quorumdam sub Elizabeth Regina*, in-4°. VI. *De explicatione Missæ ac particum ejus* , in-8°. VII. *De visibili monarchia Ecclesiæ*, Virceburgi, 1592, in-f. dans lequel il adopte les principes des Ultramontains sur la prétendue supériorité des papes au dessus des conciles.

SANDHAGEN, (Gaspar) théologien Luthérien , & surintendant des Eglises du duché de Holstein , est auteur d'une *Introduction à l'Histoire de J. C. & des Apôtres*, tirée des IV Evangiles, des Actes des Apôtres & de l'Apocalypse : ouvrage rempli d'érudition.

SANDIUS, (Christophe) fameux Socinien, né à Konisberg dans la Prusse, & mort à Amsterdam en 1680, à 36 ans , avoit beaucoup de littérature sacrée & profane , & étoit très-versé dans l'histoire ecclésiastique. Il abusa de ses connoissances pour composer divers ouvrages, qui eurent beaucoup de cours dans sa secte. Les principaux sont : I. La *Bibliothèque des Antitrinitaires* ou *Sociniens*, en latin, 1684, in-8°: livre recherché

P

par ceux qui veulent connoître
les erreurs des disciples de *Socin* :
II. *Nucleus Historiæ Ecclesiasticæ*,
Cosmopoli 1669, in-8°. dans lequel
il rapporte tout ce que l'on trouve dans l'Histoire ecclésiastique
concernant les Ariens. III. *Inter-
pretationes. Paradoxæ .in Joannem.*
IV. *De origine Animæ.* V. *Scriptu-
ra sancta Trinitatis revelatrix*, &c.

SANDRART, (Joachim) pein-
tre, né à Francfort en 1606,
mourut à Nuremberg en 1683. Il
est plus connu par les *Vies des plus
célèbres Artistes* qu'il a données, &
par l'*Académie* qu'il a érigée à Nuremberg, que par ses ouvrages de
peinture. Il paroît néanmoins
qu'on le mit, de son vivant, au
rang des meilleurs artistes. Le roi
d'Espagne ayant souhaité 12 tableaux des plus célèbres peintres
qui florissoient à Rome, *Sandrart*
fut un de ceux qui y travailla. Il
se trouva en concurrence avec le
Guide, le *Guerchin*, *Josepin*, *Mas-
sini*, *Gentileschi*, *Piètre de Cortone*, *Valentin*, *André Sacchi*, *Lanfranc*, le *Dominiquin* & le *Poussin*.
On connoît de ce peintre les XII
Mois de l'année, qui ont été gravés
en Hollande avec des vers latins
pour en donner la description.
Sandrart a encore traité de grands
sujets d'histoire, & a fait beaucoup de portraits. On ne peut témoigner plus d'amour pour la peinture, que cet artiste en a montré
pendant le cours d'une longue vie.
Son neveu, *Jacob* SANDRART, s'est
distingué dans la gravure des portraits, qu'il a rendus avec beaucoup de ressemblance & de naïveté. Son burin est très - gracieux.
Joachim eut une fille, nommée *Susanne* SANDRART, qui s'est distinguée par le même talent que son
pere. Les principaux ouvrages que
Joachim Sandrart a donnés touchant
sa profession, sont : I. *Académie
d'Architecture, de Sculpture & de
Peinture*, en Allemand, 2 parties
in-fol. à Nuremberg 1675 1 & 1679.
II. *Academia Artis - Pictoriæ*, traduction latine de l'ouvrage précédent, 1683, in-fol. III. *Admiranda
Sculpturæ veteris*, 1680, in-fol. IV.
Romæ antiquæ & novæ Theatrum...
1684, in-fol. V. *Romanorum Fonti-
nalia*, 1685, in-fol. VI. *Iconolo-
gia Deorum & Ovidii metamorphosis*,
1680, in-fol. en Allemand. Tous
ces ouvrages prouvent combien
cet auteur avoit étudié les principes de son art, & sont recherchés de ceux qui veulent en acquérir la connoissance. On ne les trouve que difficilement rassemblés.

SANDRAS, *Voy.* COURTILZ.

SANDYS, (Edwin) second
fils d'*Edwin Sandys* archevêque
d'York, naquit à Worchester en
1577. Après avoir fait ses études
à Oxford, il voyagea dans les différentes parties de l'Europe. De
retour dans sa patrie, il fut employé par le roi *Jacques I* dans
diverses affaires importantes, dont
il s'acquitta avec succès. Il déplut
à ce monarque en 1621, en s'op-
posant aux volontés de la cour en
plein parlement : & *Jacques I* lui ordonna la prison pour un mois. Ce
savant mourut en 1629, après
avoir fondé une chaire de métaphysique en l'université d'Oxford.
C'étoit un homme d'une probité
rigoureuse, bon politique & assez
bon écrivain. On a de lui un livre intitulé : *Europæ Speculum*, ou
*Description de l'état de la Religion
dans l'Occident.* La meilleure édition de ce livre est celle de 1635,
in-4°. *Georges* SANDYS, le plus
jeune de ses freres, mort en 1642,
laissa une *Description de la Terre-
sainte*, en Anglois, in-fol. & d'autres ouvrages en vers & en prose.

SANGALLO, (Antoine) né dans les environs de Florence, fut d'abord destiné au métier de menuisier ; mais s'étant rendu à Rome auprès de deux oncles architectes qu'il avoit dans cette ville, il s'adonna sous leur conduite à l'architecture. Il fut aussi disciple du *Bramante*, & parvint bientôt à se faire un nom dans son art. Les papes *Léon X*, *Clément VII* & *Paul III*, l'employèrent beaucoup. Il fut architecte de l'Eglise de S. Pierre après le *Bramante*, & chargé de la fortification de plusieurs places, partie de l'art qu'il entendoit très-bien. Cet artiste se distingua particulièrement par la solidité de ses constructions. Il mourut en 1546. On voit à Rome un *Modèle* en bois qu'il avoit fait pour l'Eglise de St Pierre, qu'on dit avoir coûté 4184 écus Romains. Mais *Michel-Ange*, qui eut après lui la surintendance de cèt édifice, ne jugea pas à propos de l'exécuter.

I. SANGUIN, (Antoine) dit le *Cardinal de Meudon*, parce qu'il étoit seigneur de ce lieu dont il fit commencer le château, fut évêque d'Orléans & archevêque de Touloufe, grand - aumônier de France, (c'est le premier qui ait porté ce titre,) & enfin fut décoré de la pourpre Romaine. Il jouit d'une grande faveur sous le règne de *François I*, qui lui donna aussi le gouvernement de Paris. Il étoit d'une maison ancienne de cette capitale, annoblie vers l'an 1400.

II. SANGUIN, (Claude) natif de Péronne de la famille du précédent, fut maître-d'hôtel du roi & du duc d'*Orléans*. Il consacra son talent pour la versification Françoise à la religion, & fit paroître des *Heures en vers François*, Paris 1660, in-4°. Tout le Pseautier y est traduit & assez mal. Il étoit parent de *St-Pavin*. On a de lui un Placet ingénieux qu'il présenta à *Louis XIV* : il n'est pas commun & mérite d'être rapporté.

SIRE, *il ne m'appartient pas d'entrer dans vos affaires,*
Ce seroit un peu trop de curiosité ;
Cependant l'autre jour, songeant à mes misères,
Je calculois le bien de Votre Majesté,
Tout bien compté, (j'en ai la mémoire récente)
Il doit vous revenir cent millions de rente ;
Ce qui fait à-peu-près cent mille écus par jour :
Cent mille écus par jour, en font quatre par heure....
Pour réparer les maux pressans
Que le tonnerre a faits à ma Maison des champs,
Ne pourrai-je obtenir, Sire, avant que je meure,
Un quart-d'heure de votre tems ?

Cette pièce d'un tour délicat lui valut, de la part du roi, la gratification de mille écus qui étoit l'objet de sa demande. L'auteur mourut à la fin du dernier siécle.

SANLECQUE, (Louis de) né à Paris en 1650, entra fort jeune dans la congrégation des chanoines de *Ste Géneviève*, & devint professeur d'humanités dans leur collége de Nanterre, près de Paris. Il s'attacha ensuite au duc de *Nevers*, qui le nomma à l'évêché de Béthléem ; mais le roi, sollicité par quelques personnes choquées de ses Poësies, & sur-tout de sa *Satyre contre les Directeurs*, s'opposa à l'enregistrement de ses bulles, & l'empêcha de jouir de sa nouvelle dignité. *Sanlecque*, avant perdu l'espérance d'être évêque, se retira dans son prieuré de Garnai, près de Dreux, qui fut une espèce de captivité pour lui. Il y mourut en 1714, à 56 ans, emportant les regrets de ses paroissiens, qui étoient plus maîtres du revenu de sa cure que lui-même. Le caractére du P. *Sanlecque* tenoit beaucoup de la bonté & de l'indolence qu'inspire le fréquent commerce des Muses. On dit qu'à mesure qu'il pleuvoit dans la chambre où il couchoit, il se contentoit de changer son lit de place, & qu'il avoit fait sur ce sujet une piéce qui étoit intitulée : *Les Promenades de mon Lit* ; mais cette piéce n'est pas de lui, & cette anecdote est absolument fausse. La meilleure édition de ce qu'on a pu recueillir de ses *Poësies*, est celle de Lyon, sous le nom supposé d'Harlem, en 1726, in-12. Elle contient deux *Epîtres au Roi*, cinq *Satyres*, trois autres *Epîtres*, un *Poëme* sur les mauvais gestes des Prédicateurs, plusieurs *Epigrammes*, des *Placets* & des *Madrigaux* ; & un *Poëme latin* sur la mort du P. *Lallemant*, chanoine régulier de Ste Géneviè-ve. Les vers du P. *Sanlecque* offrent quelques saillies, mais ils sont négligés ; il y a peu d'imagination dans l'expression, & le style nuit souvent aux pensées.

SANNAZAR, (Jacques.) *Actius Sincerus Sannazarus*, poëte Latin & Italien, né à Naples en 1458, tiroit son origine de St-Nazaire, dans le territoire de Lamosso, entre le Pô & le Tesin. Les graces de son esprit & de son caractére plurent au roi *Fréderic*, qui lui donna plusieurs marques de son estime. Ce prince, désespérant de remonter sur le trône, passa en France, où *Sannazar* l'accompagna & demeura avec lui jusqu'à sa mort. De retour en Italie, il partagea son tems entre les plaisirs de la volupté & ceux du Parnasse. Son caractére le portoit tellement à la galanterie, que, même dans sa vieillesse, il se

produisoit sous les habits & avec les airs & le ton d'un jeune courtisan. Ce poète, peu philosophe, conçut tant de chagrin de ce que *Philibert de Nassau*, prince d'Orange, général de l'armée de l'empereur, avoit ruiné sa maison de campagne, qu'il en contracta une maladie dont il mourut en 1530. à 72 ans. On assure qu'ayant appris, peu de jours avant sa mort, que le prince d'*Orange* avoit été tué dans un combat, il s'écria : *Je mourrai content, puisque* Mars *a puni ce barbare ennemi des Muses.* Il fut enterré dans la chapelle d'une de ses campagnes ; il avoit fait placer son tombeau derriere l'autel, quoiqu'orné des statues d'*Apollon* & de *Minerve*. Pour remédier à cette profanation, on a mis au-dessus de la statue d'*Apollon* le nom de *David*, & au-dessus de celle de *Minerve*, celui de *Judith*. On a de lui des *Poësies Latines* & *Italiennes*. Les Latines ont été imprimées à Naples en 1718, in-12, & à Venise en 1746, in-8°. Les *Aldes* en avoient donné une édition à Venise en 1535, in-8°. *Gryphe*, à Lyon, en fit une portative en 1547, sous le format in-16. On trouve dans ce recueil : I. Trois liv. d'*Elégies*. II. Une *Lamentation sur la mort de* JESUS-CHRIST. III. Des *Eglogues*, Amsterdam 1728, in-8°. IV. Un *Poëme De Partu Virginis*, traduit par *Colletet* 1634, in-12, sous ce titre : *Couches sacrées de la Sainte Vierge*, &c. C'est sur ce dernier ouvrage qu'est fondée sa réputation d'excellent poëte Latin ; mais on le blâme d'avoir profané la sainteté de son sujet, par le mélange monstrueux des extravagances du Paganisme, avec les Mystéres augustes de notre Religion. Tout y est rempli de *Driades* & de *Néréides*. Il met entre les mains de la Sainte Vier-ge, non les Pseaumes, mais les vers des *Sibylles*. Ce n'est pas *David* ni *Isaïe*, c'est le *Protée* de la Fable qui prédit le mystére de l'Incarnation. Le nom de *JESUS-CHRIST* ne s'y trouve pas une seule fois, & la Vierge *Marie* y est appellée l'*Espoir des Dieux*. Voi-là le défaut capital de ce Poëme, qui est admirable d'ailleurs par l'élégance & la pureté du style, & qui lui mérita des Brefs honora-bles de la part de *Léon X* & de *Clément VII*. Parmi ses piéces ita-liennes, la plus célèbre est son *Arcadie*; traduite en François par *Pecquet*, 1737, in-12. Les vers & la prose de cet ouvrage charment par la délicatesse & par la naïveté des images & des expressions. Il fut imprimé à Naples, in-4°. en 1502, & réimprimé avec ses au-tres *Poésies Italiennes* à Padoue en 1723, & à Naples in-4°, 1720 in-12. Le *Duchat* dit que *Sannazar* étoit Ethiopien de naissance dans sa jeunesse, il fut fait esclave, & vendu à un Napolitain, sçavant homme & poli, nommé *Sannazar*, qui l'affranchit & lui donna son nom (*Ana*, T. 2. p. 359.) Le *Duchat* renvoie sur ceci à *Alexandre ab Alexandro*.

SANPIETRO, dit *BASTELICA*, ainsi surnommé du lieu de sa nais-sance, fameux capitaine Corse au service de France, s'acquit une grande réputation sous les règnes de *François I*, *Henri II* & *Charles IX*, par une intrépidité peu com-mune. Après s'être avancé par dé-grés, il devint colonel-général de l'infanterie Corse en France, & épousa en 1548, (& non en 1728, comme le dit le P. *Anselme*,) *Va-nina* d'*Ornano*, héritiére d'une branche de cette maison, l'une des plus illustres de l'isle. Il ne

dut ce mariage qu'à la haute con-sidération de sa valeur, étant de basse naissance, *ex infimo loco na-tus*, dit le préf. de*Thou*. La hardiesse de *Sanpietro*, son expérience, son courage, & l'affection que lui portoient les peuples de Corse, l'avoient rendu si redoutable, que les Génois, seigneurs de cette isle, le firent mettre en prison à Bastia. Ils se disposoient à le sacri-fier à leurs alarmes vraies ou faus-ses, lorsque le roi *Henri II* les menaça de faire pendre par repré-sailles ceux de leurs. nobles les plus qualifiés, qui étoient prison-niers en France. *Sanpietro* conçut dès-lors une haine implacable con-tre les Génois. Deux fois il entra en Corse, deux fois il battit leurs troupes; & lorsque le traité de Cateau-Cambresis en 1559 l'eut privé du secours des armes du roi, il alla à C. P. en demander au grand-seigneur. Pendant ce voya-ge, *Vanina* d'*Ornano* sa femme, qu'il avoit laissée à Marseille avec ses deux fils, résolut de passer à Gênes pour y solliciter la grace de son mari, déclaré rébelle, & dont la tête avoit été mise à prix. Cette pensée n'étoit certainement que louable; néanmoins elle dé-plut si fort à cet homme emporté, que, quoique *Vanina* ne l'exécu-tât pas, (parce qu'elle en avoit été empêchée par un ami de son mari au moment qu'elle partoit,) il lui dit en colere qu'*il vouloit laver dans son sang un dessein aussi imprudent*. Son épouse, sans s'effrayer & sans faire ni plaintes ni reproches, se prépara à la mort: *Sanpietro*, le chapeau à la main, un genou à terre, lui demanda pardon, à ce que rapporte *de Thou*, l'embrassa tendrement, l'appellant sa reine & sa maitresse; puis l'étrangla avec un linge: action barbare, qui ternit les grandes actions de ce capitaine. Etant repassé en Corse l'an 1564, accompagné seulement de 35 où 40 hommes, il se trouva bientôt en état d'attaquer les Génois, par le grand nombre de mécontens qui vinrent se joindre à lui. La Corse fut alors un théâtre horrible de meurtres, de pillages & d'embrasemens. Mais enfin, après avoir échapé long-tems aux périls de la guerre, il succomba sous les coups de la trahison. Le 17 Janvier 1566, dans une rencontre avec les Génois, il fut lâchement assassiné par derriére, d'un coup d'arquebuse que lui donna un de ses capitaines nommé *Vitello*, étant âgé d'environ 66 ans. *Voyez* ORNANO.

SANREY, (Ange-Bénigne) né à Langres des parens pauvres, garda les moutons d'un boucher jusqu'à l'âge de 14 ans. Après avoir surmonté tous les obstacles que la fortune opposoit à ses études, il fut fait prêtre à Lyon. Il prêcha dans cette ville, en présence de la reine *Anne d'Autriche*, qui lui donna un brevet de Prédicateur ordinaire de S. M. Ayant été nommé à une des chapellenies de St Martin de Langres, il quitta Beaune où il étoit théologal, & retourna dans sa patrie. Il y mourut en 1659, à 70 ans. Il étoit habile non-seulement dans les belles-lettres grecques & latines, mais aussi dans l'histoire & la théologie. Il avoit lu tous les SS. Peres, & fait une étude particuliére de St *Augustin*, qu'il savoit presque par cœur. On a de lui plusieurs ouvrages, entr'autres un *Traité* savant, curieux & rare, intitulé : PARACLETUS, seu De rectâ illius pronunciatione; 1643, in-12. Ce Traité, fait pour prouver que la véritable prononciation de ce mot est *Paracle-*

tus, fut attaqué en 1669, par M. *Thiers*, qui vouloit que ce fût *Paraclitus*. (Voyez à ce sujet *Fragmens d'Histoire*, in-12, pag. 49 &c.)

SANSAC, (Louis Prévôt, baron de) d'une maison noble de l'Angoumois, après avoir été page du connétable *Anne de Montmorency*, commença à servir en Italie sous l'amiral de *Bonnivet*, & se trouva en 1525 à la bataille de Pavie, où il fut fait prisonnier; mais il eut l'adresse de s'échaper, & revint en France, d'où il fut envoyé plusieurs fois en Espagne vers *François I* par la reine-mere. Comme il étoit excellent homme de cheval, il fut choisi par le roi pour instruire les princes ses enfans dans cet exercice. *Sansac* ayant accompagné le maréchal *Strozzi* en Italie, fut chargé, en 1554, de défendre la Mirandole contre les Espagnols & les troupes du pape. Il s'y couvrit de gloire par la bravoure avec laquelle il soutint un siége de 8 mois, que les ennemis furent enfin contraints de lever. A son retour il fut fait chevalier de l'ordre par *Henri II*, qui le nomma gouverneur de ses enfans. Ce brave officier se trouva à onze batailles rangées, & la fortune lui fut si favorable, qu'il ne fut jamais blessé qu'à celle de Dreux, où il étoit maréchal-de-camp sous le duc de *Guise*. Sur la fin de ses jours il quitta la cour, & se retira dans sa maison, où il mourut âgé de 80 ans, *en titre de maréchal de France*, dit Brantôme : *non qu'il en ait été jamais pourvu; mais il en avoit l'état, les gages & la pension.*

I. SANSON, (Jacques) né à Abbeville en 1595, se fit Carme-Déchaussé en 1618, sous le nom d'*Ignace Joseph* de JESUS-MARIA. Son talent pour la direction lui fit donner l'emploi de confeſſeur de *Madame Royale* en Savoie. Il mourut à Charenton le 19 Août 1664. Il eſt auteur de l'*Hiſtoire eccléſiaſtique d'Abbeville*, Paris 1646, in - 4°. & de celle des *Comtes de Ponthieu*, 1657, in-fol. : ouvrages ſçavans, mais mal écrits.

II. SANSON, (Nicolas) de la même famille que le précédent, né à Abbeville en 1600, s'adonna pendant quelque tems au commerce ; mais y ayant fait des pertes conſidérables, il le quitta, & vint à Paris en 1627, où il ſe diſtingua en qualité d'ingénieur & de mathématicien. Ce fut *Melchior Tavernier* qui le mit principalement en vogue. *Louis XIV* l'honora du titre de ſon ingénieur & de ſon géographe, avec 2000 liv. d'appointemens. Ce monarque, paſſant à Abbeville, l'admit à ſon conſeil, & lui donna un brevet de conſeiller-d'état ; mais le modeſte géographe ne voulut jamais prendre cette qualité, *de peur d'affoiblir*, diſoit-il, *l'amour de l'étude dans ſes enfans.* Il étoit regardé à la cour de France comme un grand-homme. Il eut l'honneur de montrer pendant pluſieurs mois la géographie à *Louis XIV.* Le prince de *Condé*, qui l'aimoit beaucoup, alloit ſouvent chez lui pour s'y entretenir ſur les ſciences. Cet homme illuſtre, miné par ſes travaux, mourut à Paris en 1667, à 67 ans, laiſſant après lui une mémoire reſpectable. Il eut une diſpute fort vive avec le Pere *Labbe*, qui l'avoit attaqué dans ſon *Pharus Galliæ antiquæ*, publié à Moulins en 1644, in-12. *Sanſon* lui répondit par ſes *Diſquiſitiones Geographicæ in Pharum Galliæ*, &c. 1647 & 1648, en 2 vol. in-12. Outre cet écrit, on a de lui pluſieurs autres morceaux ſur la géographie an-

cienne & moderne, & un nombre infini de *Cartes*. On peut voir la liſte de ſes différens ouvrages, dans la *Méthode pour étudier la Géographie*, de l'abbé *Lenglet* du *Freſnoy*. Il eut trois fils : l'aîné, *Nicolas*, fut tué aux Barricades en 1648, en défendant le chancelier *Séguier*. Les deux autres, *Guillaume* & *Adrien*, mirent au jour un grand nombre de Cartes. *Guillaume* mourut en 1703, & *Adrien* en 1718.

I. SANSOVINO, (Jacques *Fatti*, dit) ſculpteur & architecte, né à Florence en 1479, ſe rendit célèbre dans ces deux arts. Rome & Veniſe ſont les villes où il a le plus exercé ſes talens. La *Monnoie*, la *Bibliothèque de St-Marc*, le palais *Cornaro* à Veniſe, ſont des édifices magnifiques, qui lui ont fait beaucoup d'honneur. Il jouiſſoit dans cette ville, où il paſſa la plus grande partie de ſa vie, d'une telle conſidération, que dans une taxe générale impoſée par le gouvernement, le *Titien* & lui furent les ſeuls que le ſénat jugea à propos d'en exempter. Il y mourut en 1570, à 91 ans.

II. SANSOVINO, (François) fils du précédent, né à Rome en 1521, après avoir étudié les belles-lettres à Veniſe, prit des dégrés en droit à Padoue ; mais la juriſprudence n'étant pas de ſon goût, il ſe livra entiérement à ſa paſſion pour la poëſie, l'hiſtoire & les belles-lettres, & leva une Imprimerie à Veniſe, où il imprima ſes ouvrages & ceux des autres. Les ſiens ſont en grand nombre, la plûpart écrits avec beaucoup de négligence, & médiocrement eſtimés. Le ſeul pour ainſi dire qu'on recherche, ſurtout en France, eſt le recueil intitulé : *Cento Novelle ſcelte d'a più nobili Scrittori della lin-*

P iv

gua *volgare*, dont les meilleures éditions font celles de Venise 1563 in-8°, & 1566 in-4°; les éditions poftérieures, quoiqu'augmentées de 100 autres Nouvelles, font moins eftimées, à caufe des retranchemens qui y ont été faits. *Sanfovino* mourut à Venife en 1586.

SANTA-CRUX, DE MARZENADO, (Don Alvaro de Navia-Oforio, vicomte de Puerto, marquis de) chef de la maifon de *Navia-Oforio*, l'une des plus illuftres de la principauté des Afturies, prit le parti des armes dès l'âge de 15 ans. Il fe diftingua dans plufieurs combats, & fut envoyé en 1727 au congrès de Soiffons, où il s'acquit l'eftime & la confiance de tous les négociateurs. Son mérite ayant été récompenfé par le grade de lieutenant-général, il fut envoyé à Ceuta contre les Infidèles. Il s'y fignala & remporta fur eux divers avantages; mais il fut bleffé à la cuiffe, d'un coup de fufil, & renverfé de cheval, dans une fortie, le 21 Novembre 1732. Les Maures, entre les mains defquels il avoit été laiffé, lui coupèrent la tête, & mirent le refte de fon corps en piéces. On a de lui des *Réflexions Politiques & Militaires*, en 14 vol. in-4°, en Efpagnol. M. de *Vergi* a donné une *Traduction* françoife de cet ouvrage, en 12 vol. in-12. A travers une foule de citations, d'exemples & de traits de morale affez triviaux, on y trouve de bonnes leçons de politique, & des chofes utiles aux militaires aux négociateurs.

SANTAREL, ou SANCTAREL, *Sanctarellus*, (Antoine) Jéfuite Italien, né à Adria en 1569, enfeigna les belles-lettres & la théologie à Rome, où il mourut en 1649. Ce fut dans cette ville qu'il publia, en 1625, in-4°, un Traité *De harefi, fchifmate, apoftafia, fol-*

licitatione in Sacramento Pœnitentiæ, & de poteftate fummi Pontificis in his delictis puniendis... Santarel y enfeigne les maximes les plus féditieufes, & y donne au pape un pouvoir exorbitant, non feulement fur le trône, mais même fur la vie des Souverains. La Sorbonne le cenfura en 1626, & le parlement de Paris le condamna le 13 Mars de la même année, à être lacéré & brûlé par la main du bourreau. Plufieurs autres Facultés du royaume fuivirent l'exemple de la Sorbonne. Le fameux docteur *Edmond Richer* donna en 1629, in-4°, la Relation & le recueil des Piéces que cette affaire produifit.

SANTÉ, *Voyez* SALUS.

SANTE, (Gilles-Anne-Xavier de la) Jéfuite, né près de Rhedon en Bretagne le 22 Décembre 1684, mort vers l'année 1763, profeffa les belles-lettres avec diftinction au collége de *Louis* le *Grand*. Nous avons de lui des *Harangues latines*, 2 vol. in-12, où il y a de jolies chofes; & un recueil de vers intitulé, *Mufæ Rhetorices*, en 2 vol. in-12. « On y voit partout, (dit l'abbé *des Fontaines*,) le » favant & ingénieux Pere de la » Sante. C'eft toujours fa précifion » épigrammatique, fa vivacité an-» tithétique, fes peintures, quel-» quefois burlefques, & toujours » fpirituelles. Ceux qui aiment » encore les vers Latins modernes, » liront ceux-ci avec plaifir. Ils y » trouveront quelquefois la no-» bleffe de *Virgile*, & plus fouvent » la facilité d'*Ovide*. »

SANTERRE, (Jean-baptifte) peintre, né à Magny, près Pontoife, en 1657, mort à Paris en 1717, entra dans l'école de *Boullongne* l'aîné. Les avis de cet habile maître, l'affiduité du difciple, fon attention à confulter la nature;

lui acquirent une grande réputation. Ce peintre n'a point fait de
grandes compositions ; son imagination n'étoit point affez vive pour
ce genre de travail : il fe contenta de peindre de petits fujets d'hiftoire, & principalement des têtes
de fantaifie & des demi-figures.
Cet excellent artifte avoit un pinceau féduifant, un deffin correct,
une touche finie. Il donnoit à fes
têtes une expreffion gracieufe. Ses
teintes font brillantes, fes carnations d'une fraicheur admirable,
fes attitudes d'une grande vérité :
le froid de fon caractére a paffé
quelquefois dans fes ouvrages. Parmi les tableaux qu'il a laiffés, celui
d'*Adam* & d'*Eve* eft un des plus
beaux qu'il y ait en Europe. Il
avoit un recueil de deffins de
Femmes nues, de la derniére beauté;
mais il crut avec raifon devoir
le fupprimer dans une maladie.

I. SANTEUL, (Jean-baptifte)
né à Paris en 1630, fit fes études
au collége des Jéfuites. Quand il
fut en rhétorique, l'illuftre Pere
Coffart, fon régent, étonné de fes
heureufes difpofitions pour la
poëfie Latine, prédit qu'il de-
viendroit un des plus grands poëtes
de fon fiécle : il jugeoit fur-tout
de fes talens, par une piéce qu'il
fit dès-lors fur la *Bouteille de favon*.
Son amour pour l'étude le fit entrer, à l'âge de 20 ans, chez les
chanoines-réguliers de l'abbaye de
St-Victor. Son nom fut bientôt
parmi les noms les plus illuftres
du Parnaffe latin. Il chanta la gloire de plufieurs grands-hommes,
& il enrichit la ville de Paris
de quantité d'*Infcriptions*, toutes
agréables & heureufes. Le grand
Boffuet l'ayant follicité plufieurs
fois d'abjurer les Mufes profanes,
il confacra fon talent à chanter
les Myftères & les Saints du Chrif-

tianifme. Il fit d'abord plufieurs
Hymnes pour le Bréviaire de Paris. Les Cluniftes lui en demandérent auffi pour le leur, & cet
ordre en fut fi content, qu'il lui
donna des lettres de filiation &
le gratifia d'une penfion. Quoique *Santeul* eût confacré fes talens
à des fujets facrés, il ne pouvoit
s'empêcher de verfifier de tems en
tems fur des fujets profanes. *La
Quintinie* ayant donné fes *Inftructions pour les Jardins*, *Santeul* l'orna
d'un Poëme, dans lequel les Divinités du Paganifme jouoient le
principal rôle. *Boffuet*, à qui il
avoit promis de n'employer jamais les noms des Dieux de la
Fable, le traita de parjure. *Santeul*, fenfible à ce reproche ; s'excufa par une piéce de vers, à la
tête de laquelle il fit mettre une
vignette en taille-douce. On l'y
voyoit à génoux, la corde au cou
& un flambeau à la main, fur les
marches de la porte de l'églife de
Meaux, y faifant une efpéce d'a-
mende-honorable. Ce Poëme fatisfit le grand *Boffuet* ; mais le poëte
eut avec les Jéfuites une querelle
qui fut plus difficile à éteindre. Le
docteur *Arnauld* étant mort en
1694, tous les grands poëtes du
tems s'empefférent à faire fon
épitaphe. *Santeul* ne fut pas le dernier ; fa piéce déplut à plufieurs
membres de la redoutable Compagnie de *Jesus*. Pour défarmer
leur colére, il adreffa une Lettre
au Pere *Jouvenci*, dans laquelle il
donnoit de grands éloges à la Société, fans rétracter ceux qu'il
avoit donnés à *Arnauld*. Cela ne
les fatisfit point ; il fallut donner
une nouvelle piéce, qui parut
renfermer encore quelque ambi-
guité. L'incertitude & la légéreté
du poëte firent naître plufieurs
piéces contre lui. Le P. *Commire*

donna son *Linguarium*; un Janséniste ne l'épargna pas davantage dans son *Santolius pœnitens*. Lé chanoine de St-Victor, en voulant se ménager l'un & l'autre parti, déplut à tous les deux. *Santeul* se consola de ces chagrins dans le commerce des gens-de-lettres & des grands. Les deux princes de *Condé*, pere & fils, étoient au nombre de ses admirateurs ; presque tous les grands du royaume l'honoroient de leur estime, & *Louis XIV* lui donna des marques sensibles de la sienne en lui accordant une pension. Le duc de *Bourbon*, gouverneur de Bourgogne, le menoit ordinairement aux Etats de cette province. *Santeul* y trouva la mort en 1697, à 66 ans. Une colique violente l'emporta à Dijon, après 14 heures des douleurs les plus aiguës. Un page étant venu, dans ses derniers momens, s'informer de son état *de la part de son Altesse Monseigneur le Duc de* Bourbon ; *Santeul*, levant les yeux au ciel, s'écria : *Tu solus Altissimus !* Son corps fut transporté de Dijon à Paris, dans l'abbaye de St-Victor. Le célèbre *Rollin* orna son tombeau d'une épitaphe. Un plaisant lui en fit une autre moins flatteuse :

Cy gît le célèbre Santeuil !
Muses & Foux, prenez le deuil.

On a tant dit de mal & de bien de *Santeul*, qu'il est difficile de le peindre au naturel ; nous nous bornerons au portrait qu'en a tracé *la Bruyére*. « Voulez-vous quelqu'autre prodige ? Concevez un » homme facile, doux, complaisant, traitable ; & tout d'un coup » violent, colére, fougueux, capricieux. Imaginez-vous un homme simple, ingénu, crédule, » badin, volage, un enfant en cheveux gris ; mais permettez-lui » de se recueillir, ou plutôt de » se livrer à un génie qui agit » en lui, j'ose dire, sans qu'il y » prenne part, & comme à son » insçu. Quelle verve ! quelle élévation ! quelles images ! quelle » latinité ! Parlez-vous d'une même personne, me direz-vous ? » Oui, du même, de *Théodas*, & » de lui seul. Il crie, il s'agite, » il se roule à terre, il se relève, il tonne, il éclate ; & du » milieu de cette tempête, il sort » une lumiére qui brille & qui » réjouit. Disons-le sans figure, » il parle comme un fou, & pense » comme un homme sage. Il dit » ridiculement des choses vraies, » & follement des choses sensées » & raisonnables. On est surpris » de voir naitre & éclore le bonsens du sein de la bouffonnerie, parmi les grimaces & les » contorsions. Qu'ajoûterai-je davantage ? Il dit & il fait mieux » qu'il ne fait. Ce sont en lui comme deux ames qui ne se connoissent point, qui ne dépendent point l'une de l'autre, qui » ont chacune leur tour, ou leurs » fonctions toutes séparées. Il manqueroit un trait à cette peinture si surprenante, si j'oubliois » de dire qu'il est tout à la fois » avide & insatiable de louanges, » prêt de se jetter aux yeux de » ses critiques, & dans le fond » assez docile pour profiter de » leurs censures. Je commence à » me persuader moi-même que j'ai » fait le portrait de deux personnages tout différens ; il ne seroit pas même impossible d'en » trouver un 3ᵉ dans *Théodas*, car » il est bon-homme. » *Santeul* ne recevoit pas toujours les avis avec docilité, & y répondoit quelquefois avec emportement. Le grand *Bossuet*, lui ayant fait quelques reproches, finit en lui difant : *Votre vie eft peu édifiante, & fi j'étois votre Supérieur, je vous enverrois dans une petite Cure dire votre bréviaire.* -- *Et moi*, reprit Santeul, *fi j'étois Roi de France, je vous ferois fortir de votre Germigni, & vous enverrois dans l'Ifle de Pathmos faire une nouvelle Apocalypfe....* Santeul n'attendoit pas qu'on louât fes vers ; il en étoit toujours le premier admirateur. Il répétoit fouvent dans fon enthoufiafme : *Je ne fuis qu'un atôme, je ne fuis rien*; *mais fi je favois avoir fait un mauvais vers, j'irois tout à l'heure me pendre à la Grève.* Quelques-uns de fes rivaux ont prétendu néanmoins que l'invention de fes Poefies n'étoit point riche ; que l'ordre y manquoit ; que le fonds en étoit fec, le ftyle quelquefois rempant ; qu'il y avoit beaucoup d'antithèfes puériles, de gallicifmes, & fur-tout une enflure infupportable. Mais quoi qu'en aient dit ces cenfeurs, *Santeul* eft vraiment *Poète*, fuivant toute la fignification de ce mot. Ses vers fe font admirer par la nobleffe & l'élévation des fentimens, par la hardieffe & la beauté de l'imagination, par la vivacité des penfées, par l'énergie & la force de l'expreffion. Il a fait des *Poéfies profanes* & *facrées*, Ses Poëfies profanes renferment des *Infcriptions*, des *Epigrammes*, & d'autres piéces d'une plus grande étendue. Ses Poëfies facrées confiftent dans un grand nombre d'*Hymnes*, dont quelques-unes font des chef-d'œuvres de poëfie. Plufieurs de fes piéces ont été mifes en vers françois. Ces traductions ont été recueillies dans l'édition de fes Œuvres, en 3 vol. in-12, Paris 1729, fous ce titre: Joannis-Baptiftæ S A N T O L I I, *Victorini, Operum omnium Editio tertia, in qua reliqua Opera nondum*

conjunctim edita reperiuntur, *apud Fratres* Barbou, *viâ Jacobæâ, fub figno Ciconiarum : cum notis, curâ Andreæ Francifci Bilhard, Magiftri in Artibus Univerfitatis Parifienfis.* Ses Hymnes forment un 4ᵉ vol. in-12. On a publié fous le nom de *Santoliana*, fes aventures & fes bons-mots. Ce recueil eft de *la Monnoye.*

II. SANTEUL, (Claude) frere du précédent, né à Paris en 1628, & mort en 1684, demeura long-tems au Séminaire de St-Magloire en qualité d'eccléfiaftique féculier, ce qui lui fit donner le nom de *Santolius Maglorianus* ; & fe fit autant eftimer par fes talens pour la poëfie, que par fon érudition & fa piété exemplaire. Il étoit auffi doux que fon frere étoit impétueux. On a de lui de belles *Hymnes*, qu'on conferve en manufcrit dans fa famille, en 2 vol. in-4° ; & une bonne *Piéce* de vers, imprimée avec les ouvrages de fon frere.

III. SANTEUL, (Claude) parent des précédens, marchand & échevin à Paris, mort vers 1729, a fait des *Hymnes*, imprimées à Paris 1723, in-8°. Si la facilité de faire des vers latins étoit héréditaire dans cette famille, le génie ne l'étoit point : car les Poëfies de l'échevin n'ont ni la verve, ni l'enthoufiafme de celles du chanoine de St-Victor.

SANTIS, *Voy.* DOMINICO.

SANTORIUS ou SANCTORIUS, profeffeur de médecine dans l'univerfité de Padoue, étoit d'Iftrie, ville de l'état de Venife, & floriffoit au commencement du XVIIᵉ fiécle. Après avoir long-tems étudié la nature, il reconnut que le fuperflu des alimens étant retenu dans le corps, produifoit une foule de maladies. La tranfpiration par les pores lui parut le plus grand remède que la médecine pût employer dans ces occasions. C'est ce qui l'engagea à faire des expériences pour convaincre les esprits de cette vérité. On prétend qu'il se mettoit dans une balance, après avoir pesé les alimens qu'il prenoit, & que par ce moyen, il parvint à déterminer le poids & la quantité de la transpiration insensible. Ce fut à ce sujet qu'il composa son petit traité, intitulé : *De medicinâ staticâ Aphorismi*, à Venise, 1634, in-16. L'édition donnée par *Noguez* en 1725, 2 vol. in-12, avec les commentaires de *Lister* & de *Baglivi*, est la meilleure. On estime aussi celle de 1770, in-12, par M. *Lorry*. Cet ouvrage intéressant est tout fondé sur l'expérience. Il a été traduit en françois par *le Breton*, sous ce titre : *La Médecine Statique de Santorius*, ou *l'Art de conserver la santé par la transpiration* ; & imprimé à Paris en 1722, in-12. On a encore de ce médecin : *Methodus vitandorum errorum qui in Arte Medicâ contingunt*, &c. à Venise 1630, in-4°. Cet estimable auteur écrivit depuis 1600 jusqu'en 1634 ; nous ignorons l'année de sa mort.

SANUTI, (Marin) fils d'un sénateur de Venise, fut chargé d'affaires importantes dans sa république, & s'en acquitta avec honneur. Ses principaux ouvrages sont : I. Une *Histoire des Magistrats Vénitiens*, en latin. II. Une Histoire ou Relation *de Bello Gallico*, en latin & en italien. III. Les *Vies des Doges de Venise* ; depuis 421 jusqu'en 1493. Cet ouvrage, qui est fort considérable, se trouve dans le XXIIᵉ tome de la Collection de *Muratori*, qui fait cas de cet écrivain. Il mourut vers le commencement du XVIᵉ siècle.

I. SAPOR I, roi de Perse, successeur d'*Artaxercès* son pere, l'an 238 de Jes. Chr., ravagea la Mésopotamie, la Syrie, la Cilicie, & diverses autres provinces de l'empire Romain ; & sans la vigoureuse résistance d'*Odenat*, capitaine, puis roi des Palmyréniens, il se seroit rendu maître de tout l'Orient. L'empereur *Gordien le Jeune*, le contraignit de se retirer dans ses états ; mais *Philippe*, qui se mit sur le trône impérial après avoir assassiné *Gordien* en 244, fit la paix avec *Sapor*. L'emper. *Valérien*, sous lequel il recommença ses hostilités, marcha contre lui ; & eut le malheur d'être vaincu & fait prisonnier en 260. Le féroce vainqueur le traita avec la plus grande cruauté : (*Voy.* VALERIEN.) *Odenat*, instruit de ses barbaries, joignit ses forces à celles des Romains, reprit la Mésopotamie, Nisibe, Carrhes & plusieurs autres places sur *Sapor* qu'il mit en fuite. Il poursuivit son armée, la tailla en pièces, enleva ses femmes & son trésor, & le poursuivit lui-même jusques sous les murs de Ctésiphon. *Sapor* ne survécut guères à cette défaite. Il fut assassiné par les Satrapes en 269, après un règne de 32 ans, laissant une mémoire odieuse.

II. SAPOR II, roi de Perse, & fils posthume d'*Hormisdas II*, fut déclaré en 310 son successeur avant que de naître. Il fit des courses dans l'empire Romain, & prit la ville d'Amide en 359. Après avoir défait l'armée Romaine, il suscita une horrible persécution contre les Chrétiens. Les Mages & les Païens lui persuadérent qu'ils étoient ennemis de l'état ; & sous ce prétexte, il abandonna ces innocentes victimes à leur cruauté. Cependant ce barbare faisoit toujours des incursions sur les provinces de l'empire Romain. *Constance* arrêta ses progrès. *Julien* le poursuivit jusques dans le centre de ses états ; mais *Jovien* fut obligé, en faisant la paix avec lui, de lui laisser Nisibe & plusieurs autres villes. Le roi de Perse renouvella la guerre en 370, se jetta dans l'Arménie & défit l'empereur *Valens* ; enfin il mourut sous l'empire de *Gratien* en 380, redouté & détesté.

III. SAPOR III, fils du précédent, succéda en 384 à son oncle *Artaxercès*, roi après *Sapor II*. Il n'eut ni la barbarie, ni la prospérité de ses prédécesseurs, & fut obligé d'envoyer des ambassadeurs à *Théodose* le *Grand* pour lui demander la paix. Ce prince mourut en 389, après 5 années & 4 mois de règne.

SAPPHO, de Mitylène, ville de l'isle de Lesbos, excella dans la poësie lyrique. La beauté de son génie la fit surnommer la *Dixième Muse*. Ses concitoyens ne crurent pouvoir mieux marquer leur admiration, qu'en faisant graver son image sur leur monnoie. On a beaucoup célébré la délicatesse, la douceur, l'harmonie, la tendresse & les graces infinies de ses vers. D'un assez grand nombre de piéces qu'elle avoit composées, il ne nous en reste que deux, qu'on imprime ordinairement avec les *Poesies d'Anacréon* ; & qui l'ont été séparément, à Londres 1733, in-4°, avec les notes de *Chrétien Wolffius*. Ces morceaux ne démentent point les éloges qu'on lui a donnés. Ceux à qui le grec n'est point familier, peuvent juger de la beauté de l'original, par la belle traduction d'une de ces piéces donnée par *Despréaux* , (Traité du Sublime :) *Heureux qui, près de*

toi, *pour toi seule soupire*, &c. On lui reproche d'avoir été trop libre dans ses mœurs & dans sa poësie. On rapporte qu'ayant trouvé dans *Phaon*, jeune-homme de Lesbos, une opiniâtre résistance à ses desirs, elle se précipita dans la mer, du haut du promontoire de Leucade, dans l'Acarnanie. C'est de *Sappho* que le vers Sapphique a tiré son nom. Elle florissoit vers l'an 600 avant J. C. (*Voy*. lé *Parnasse des Dames* , par M. de Sauvigny.)

SAPRICE, *Voy*. I. NICEPHORE.

I. SARA, étoit nièce d'*Abraham*. Son oncle l'épousa à l'âge de 20 ans. Sa beauté extraordinaire l'exposa à être déshonorée par deux rois puissans, l'un d'Egypte, l'autre des Philistins ; mais Dieu la protégea, & ne permit pas que ses deux ravisseurs lui fissent le moindre outrage. Dieu ayant envoyé trois Anges sous la forme d'hommes à *Abraham*, pour lui renouveller ses promesses, ils lui dirent que *Sara* auroit un fils ; cette promesse s'accomplit, quoiqu'elle fût âgée de 90 ans, & elle mit au monde *Isaac*. Sa mort arriva quelques années après la fameuse épreuve que Dieu fit de la foi d'*Abraham*, en lui commandant d'immoler son fils unique. Elle étoit âgée de 127 ans. *Abraham* l'enterra dans un champ qu'il avoit acheté d'*Ephron* l'Amorrhéen, à Atbée, où depuis fut bâtie la ville d'Hébron. Il y avoit dans ce champ une caverne dont il fit un sépulcre pour lui & sa famille.

II. SARA, fille de *Raguel* & d'*Anne*, de la tribu de *Nephthali*, avoit été mariée successivement à 7 maris, qu'un Démon avoit tués l'un après l'autre aussi-tôt qu'ils avoient voulu la toucher. Elle épousa *Tobie*, à qui elle avoit été

réservée, & que Dieu préserva.
Elle en eut plusieurs fils & plufieurs filles.

SARASIN, (Jean-François) né
en 1604 à Hermanville fur la Mer,
dans le voifinage de Caen, avoit
une imagination brillante, & travailloit avec beaucoup de facilité.
Il n'étoit jamais déplacé ; le tendre, le galant, l'agréable, l'enjoué, le férieux, lui convenoient
également. Toujours intéreffant,
il étoit recherché des dames, des
gens-de-lettres, & des perfonnes
de cour. *Sarafin* étoit fecrétaire
& favori du prince de *Conti*. Le
maire & les échevins d'une ville
étant venus pour haranguer le
prince, l'orateur refta court à la
feconde période, fans pouvoir
continüer fon compliment. *Sarafin*
faute auffi-tôt du caroffe où il
étoit avec le prince de *Conti*, fe
joint au harangueur & pourfuit la
harangüe, l'affaifonnant de plaifanteries fi fines & fi délicates,
& y mêlant un ftyle fi original,
que le prince ne put s'empêcher
de rire. Le maire & les échevins
remerciérent *Sarafin* de tout leur
cœur, & lui préfentérent par reconnoiffance le vin de la ville.
Ce poëte s'étant mêlé d'une affaire
qui déplut au prince de *Conti*, il
encourut fa difgrace. On prétend
qu'il en mourut de chagrin à Pe-
zenas en 1654, à 51 ans. On a
de lui des *Odes*, parmi lefq. on
diftingue les deux fur la bataille
de Lens & fur la prife de Dunkerque ; des *Eglogues*, des *Elégies*, des *Stances*, des *Sonnets*, des
Epigrammes, des *Vaudevilles*, des
Chanfons, des *Madrigaux*, des *Lettres* ; un Poëme en 4 chants, intitulé la *Défaite des Bouts-rimés*.
On a auffi de lui quelques ouvrages mêlés de profe & de vers,
comme la *Pompe funèbre de Voiture* :

product. qu'on a beaucoup vanté
autrefois, & qui ne paroît aujour-
d'hui qu'un mêlange bizarre de
latin, d'efpagnol, d'italien, de
françois moderne & de vieux françois. En général il y a de la facilité dans fes Poéfies, & quelquefois de la délicateffe ; mais elles
manquent de correction, de goût
& de decence. Quelques-unes de
fes Piéces, telles que le *Directeur*,
l'*Epigramme fur le Curé*, &c. fentent la débauche. Il faut auffi convenir que les fragmens de grande
poéfie, rapp. par M. *Clément* dans
fes *Lettres à M. de Voltaire*, offrent de vraies beautés, & refpirent le bon goût de l'antique.
Ses ouvrages en profe font : I.
L'*Hiftoire de la Confpiration de Val-
ftein* ; production chargée d'antithèfes & pleine d'efprit, mais dé-
nuée de cette fimplicité noble,
qui eft le premier ornement du
genre hiftorique. II. Un *Traité du
nom & du jeu des Echecs*, dans lequel on trouve des recherches.
III. *Hiftoire du fiége de Dunkerque
par Louis de* Bourbon, *Prince de
Condé*. Ses Œuvres furent recueillies par *Ménage*, en 1656, Paris,
in-4°. & 1685, 2 vol. in-12. Le
Difcours préliminaire eft de *Pél-
liffon*.

SARASIN, *Voyez* SARRASIN.

SARAZIN, (Jacques) fculpteur,
né à Noyon en 1598, fe rendit à
Paris & enfuite à Rome pour fe
perfectionner dans fon art. Ce
maître fe diftingua auffi dans la
peinture. De retour en France,
il décora plufieurs Eglifes de Paris, des fruits de fa palette & de
fon cifeau. Parmi le grand nombre
d'ouvrages qu'il a faits pour Verfailles, nous ne citerons que le
magnifique groupe de *Remus* &
de *Romulus*, alaités par un chèvre.
C'eft encore ce célèbre artifte qui

fît le groupe fi eftimé qu'on voit à Marly, lequel repréfente *deux Enfans* qui jouent avec une chèvre. *Sarazin* mourut à Paris en 1660.

SARBIEWSKI, (Matthias-Cafimir) *Sarbievius*, né dans le duché de Mafovie en 1595, de parens illuftres, fe fit Jéfuite en 1612. Envoyé à Rome, il s'y livra à l'étude des antiquités & à la poëfie. Quelques Odes latines qu'il préfenta à *Urbain VIII*, lui méritérent l'honneur d'être choifi pour corriger les Hymnes que le St-Pere vouloit employer dans le nouveau Bréviaire qu'il faifoit faire. De retour en Pologne, *Sarbiewski* profeffa fucceffivement les humanités, la philofophie & la théologie à Wilna. Quand il s'y fit recevoir docteur, *Ladiflas V*, roi de Pologne, qui y affiftoit, tira l'anneau qu'il avoit au doigt pour le lui donner, & le choifit peu de tems après pour fon prédicateur. Ce prince prenoit tant de plaifir à fa converfation, qu'il le mettoit de tous fes voyages. Ce Jéfuite mourut en 1640, à 45 ans. Il avoit fait une étude particuliére des poètes Latins. On affure qu'il avoit lu *Virgile* 60 fois, & les autres plus de 30. Nous avons de lui un recueil de *Poéfies latines*. On en a donné une édition élégante, à Paris, chez *Barbou*, en 1759, in-12. On y trouve IV livres d'*Odes*, un livre d'*Epodes*, un de *Vers Dithyrambiques*, un autre de *Poéfies diverfes*, & un d'*Epigrammes*. On eftime fur-tout fes vers lyriques, quoiqu'on y trouve des figures gigantefques, des écarts ridicules, des emportemens outrés, de l'obfcurité, du galimathias, en un mot tout ce qu'on voit dans les Poëfies de collége. Le ftyle n'en eft ni correct,

ni coulant; mais il a de la chaleur & de l'élévation. Ses *Epigrammes* font fans fel, & fes vers *Dithyrambiques* manquent de goût & d'élégance. L'auteur avoit commencé un Poëme épique, qu'il avoit intitulé l'*Efchiade*, & qu'il avoit déja diftribué en 12 livres comme l'*Eneide*. C'eft toute la reffemblance que fon ouvrage auroit eue avec celui de *Virgile*.

SARCER, (Erafme) théologien Luthérien, né à Anneberg en Saxe l'an 1501, & mort en 1559, fut fur-intendant & miniftre de plufieurs Eglifes. On a de lui : I. Des *Commentaires* fur une partie de l'Ancien-Teftament. II. Un *Corps du Droit Matrimonial*, & plufieurs autres écrits. *Guillaume S A R C E R* fon fils, pafteur à Iflèbe, & *Reinier S A R C E R*, recteur à Utrecht, mort en 1597 à 57 ans, auteurs l'un & l'autre de quelques ouvrages oubliés, doivent être diftingués d'*Erafme Sarcer*.

SARDANAPALE, fameux roi d'Affyrie, eft, felon quelques-uns, le même prince que *Phul*, dont il eft parlé dans l'Ecriture-fainte. Son nom eft encore confacré pour caractérifer les princes uniquement occupés de leurs plaifirs. *Arbaces*, gouverneur de Médie, ayant vu *Sardanapale* dans fon palais, au milieu d'une troupe d'eunuques & de femmes débauchées, habillé & paré lui-même comme une courtifane, tenant une quenouille entre fes mains, fut fi indigné de cet infâme fpectacle, qu'il forma contre lui une confpiration. *Belefis*, gouverneur de Babylone, & beaucoup d'autres avec lui, entrérent dans fes vues. Le roi, obligé de prendre les armes, remporta d'abord quelques avantages fur les rébelles; il fut enfin vaincu, & fe fauva dans Ninive, qui fut bientôt affiégée par les révoltés. Dans ce même tems, les débordemens du Tigre renverférent une partie des murs de cette ville. *Sardanapale*, réduit à la derniére extrémité, s'enferma dans fon palais, & fit élever un grand bûcher, où il fe précipita avec fes femmes, fes eunuques & fes tréfors, vers l'an 770 avant J. C., après un régne de 20 années. Voilà à-peu-près ce que les anciens racontent de *Sardanaple*; mais quelques favans révoquent en doute les circonftances de l'hiftoire de ce prince. On trouve, dans les *Obfervationes Hallenfes*, une differtation en fon honneur, intitulée : *Apologia Sardanapali*; cette Apologie ne doit pas plus faire d'impreffion fur les gens fenfés, que l'éloge de l'ivreffe ou de la fièvre. Des débris de l'empire de *Sardanapale*, fe formérent les royaumes des Mèdes, de Ninive & de Babylone.

· SARISBERI, SALISBERI, ou SALISBURI, (Jean de) *Sarisberienfis*, né en Angleterre vers l'an 1110, vint en France à l'âge de 16 à 17 ans. Le roi fon maître l'envoya à la cour du pape *Eugène III*, pour ménager les affaires d'Angleterre. Rappellé dans fon pays, il reçut de grandes marques d'eftime de *Thomas Becquet*, grand-chancelier du royaume. Ce miniftre ayant été fait archevêque de Cantorberi, *Jean* le fuivit & l'accompagna dans tous fes voyages. Lorfque ce prélat fut affaffiné dans fon églife l'an 1170, *Sarisberi*, voulant parer un coup qu'un des affaffins portoit fur la tête du prélat, le reçut fur le bras. Quelques années après, il fut élu évêque de Chartres, s'y acquit une grande réputation par fa vertu & par fa fcience, & y mourut l'an

1182. C'étoit un des plus beaux efprits de fon fiécle. Il nous refte de lui plufieurs ouvrages. Le principal eft un Traité intitulé : *Polycraticus*, five *De nugis Curialium & veftigiis Philofophorum*; à Leyde, 1639, in-8°. Cet ouvrage a été traduit en françois, in-4°, fous le titre de *Vanités de la Cour*. On y trouve beaucoup de lieuxcommuns fur les grands. Les réflexions de l'auteur, aujourd'hui triviales, durent plaire beaucoup de fon tems.

SARNO, *Voyez* COPPOLA.

SARPEDON, roi de Lycie, fils de *Jupiter* & de *Laodamie*, fille de *Bellerophon*, fe diftingua au fiége de Troie, où il porta du fecours à *Priam*, & fut tué par *Patrocle*. Les Troyens, après avoir brûlé fon corps par ordre de *Jupiter*, en gardérent précieufement la cendre.

SARPI, (Pierre-Paul) connu fous le nom de *Fra-Paolo*, ou de *Paul de Venife*, naquit dans cette ville en 1552. Un religieux Servite, charmé de la pénétration & de la facilité de fon efprit, le fit entrer dans fon ordre en 1564. Sa réputation fe répandit bientôt dans toute l'Italie : les papes, les cardinaux, les princes, lui donnérent des marques de leur eftime. On étoit furpris qu'un jeunehomme, foible & délicat, pût favoir tant de chofes dans un âge fi peu avancé. Outre qu'il poffédoit les langues, les mathématiques, la philofophie & la théologie, il avoit fait de grandes découvertes dans la médecine & dans l'anatomie. Quelques auteurs ont prétendu qu'il avoit découvert le premier la circulation du fang. Son mérite le fit élever aux principales charges de fon ordre, comme à celle de provincial, qu'on lui confia

confia en 1579, quoiqu'il n'eût que 27 ans. Les querelles de la république de Venife avec le pape *Paul V*, fufcitérent des affaires extrêmement fâcheufes au Pere *Sarpi*, qui étoit alors le théolo-gien & le confeil des Vénitiens. Le pape lui ordonna en 1606 de venir à Rome, &c fur fon refus il l'excommunia. Ce coup n'éton-na pas ce moine citoyen, qui foutint vigoureufement les droits de fa patrie, de vive voix & par écrit. Il fut un jour attaqué fur le pont de St Marc par cinq af-faffins, qui le percérent de trois coups de ftilet, & s'enfuirent dans une barque à dix rames qui leur étoit préparée. Un affaffinat fi bien concerté, la fuite des meurtriers affûrée avec tant de précaution, marquoient évidemment qu'ils avoient obéi aux ordres de quel-ques hommes puiffans. La répu-blique porta alors de rigoureufes peines contre ceux qui attente-roient à fa vie. Elle le perdit en 1623, à 71 ans. Le peuple, ex-trêmement paffionné contre la cour Romaine, fit des vœux fur fon tombeau, comme fur celui d'un Saint. Il eft certain que fes mœurs étoient pures, mais fa doctrine l'étoit moins. Quand on ne feroit pas convaincu par fes propres lettres, qu'il cachoit, fous fon ha-bit de Servite, la façon de penfer des miniftres de Genève, on en feroit convaincu par la lecture de fon *Hiftoire du Concile de Trente*, où il ne garde aucune mefure. La meilleure édition de l'original de cette Hiftoire, en italien, eft celle de Londres, 1619, in-fol. & en latin, 1620, in-fol. Le Pere *le Courayer* l'a traduite en françois, en 1736, en 2 vol. in-4°, réim-primés en 3, & y a ajoûté des notes encore plus hardies que le

Tome VI.

texte. Pour profiter de cet ouvra-ge curieux, intéreffant, & femé d'anecdotes recherchées, il faut lire en même tems l'Hiftoire du même concile par le cardinal *Pal-lavicini*. Cet auteur reproche à *Sarpi* plus de 360 erreurs dans les dates, dans les noms & dans les faits. Ils font à la vérité d'accord pour l'effentiel ; mais la maniére dont ils préfentent les événemens, eft bien différente. On a encore du célèbre Servite: I. Un ouvrage traduit par l'abbé de *Marfy*, fous le nom de *Prince de Fra-Paolo*. Cet écrit, extrêmement vanté par les Italiens, fait voir que ce moine entendoit bien la politique ; mais on eft fort étonné de voir un prêtre débiter des maximes dans le goût de celles de *Machiavel*. « S'il fe trouve, dit-il, parmi les » habitans de Terre-ferme des » Chefs de parti, qu'on les exter-» mine ; mais s'ils font puiffans, » qu'on ne fe ferve point de la » juftice ordinaire, & que *le poi-» fon faffe plutôt l'office du glaive* ». Doit-on être furpris qu'on ait at-tenté fur la vie d'un homme qui donnoit de telles leçons ? II. *Con-fidérations fur les Cenfures du Pape* Paul *V*, contre la République de Ve-nife. III. *Traité de l'Interdit*, traduit en françois. IV. L'*Hiftoire* parti-culiére des chofes paffées entre le pape *Paul V* & la république de Venife. V. *De Jure Afylorum*. VI. *Traité de l'Inquifition*, 1638, in-4°. &c. VII. Un *Traité des Bénéfices*, eftimé, & qui a été traduit en françois, in-12, &c. Ces différens ouvrages recueillis à Venife 1677, 6 vol. in-12, donnent une idée avantageufe du génie & des con-noiffances de *Fra-Paolo* ; mais ils laiffent de fâcheufes impreffions fur fon cœur, & fur fon caractère plein d'aigreur & d'impétuofité.

Q

SARRASIN, (Pierre) naquit à Dijon d'une très-honnête famille. Son goût pour le théâtre l'engagea de bonne heure dans plusieurs sociétés, qui en faisoient leur amusement. C'est de ces sociétés que *Sarrasin* passa au théâtre de la Comédie Françoise, sans avoir joué ni dans les provinces, ni sur aucun théâtre public. Il y débuta en 1729, par le rôle d'*Œdipe*, dans la tragédie de ce nom, de *Pierre Corneille*. Le succès de ce début lui mérita le rôle des Rois après la mort du célèbre *Baron*. Il fut gratifié de la pension de 1000 livres en 1756. Affligé l'année suivante d'une extinction de voix, il se retira du théâtre en 1759, avec une pension de 1500 livres. Il mourut en 1763. On se ressouviendra long-tems avec sensibilité, des larmes qu'il a fait verser dans beaucoup de rôles tragiques, & de l'attendrissement qu'il faisoit éprouver dans les piéces du haut comique; il y jouoit les rôles de Pere.

SARRITOR, Dieu champêtre, présidoit à cette partie de l'agriculture qui consiste à *sarcler*, & à ôter les mauvaises herbes qui naissent dans les terres ensemencées: de même que SATOR, autre Dieu des laboureurs, étoit invoqué dans le tems des *Semailles*.

SARTO, (André del) peintre Florentin, *Voy.* ANDRÉ, n° IX.

SARTORIUS, *Voy.* SCHNEIDER.

SAS, (Corneille) chanoine d'Ypres dans le XVII° siécle, se distingua également par sa piété & par ses connoissances dans les matiéres ecclésiastiques. Nous avons de lui un Traité très-instructif, intitulé : *Œcumenicum de singularitate Clericorum, illorumque cum fœminis extraneis vetito contubernio, Judicium*; Bruxelles 1653, in-4°. Il prétend

(& il a raison) que les ecclésiastiques ne peuvent ni ne doivent prendre de femmes dans leur maison pour les servir, fussent-elles vieilles.

SASBOUTH, (Adam) Cordelier, né à Delft en 1516, d'une famille noble & ancienne, mort à Louvain, en 1553, étoit savant dans les langues Grecque & Hébraïque, &. dans la théologie. Ses ouvrages ont été imprimés à Cologne en 1568, in-fol. Le plus considérable est un *Commentaire* sur *Isaïe* & sur les Epitres de *S. Paul*.

SATURNE, autrement appellé le *Tems*, fils du *Ciel* & de *Vesta*. Ne voulant plus souffrir d'autres héritiers que lui &. *Titan* son frere, il mutila son pere d'un coup de faulx. L'envie qu'il eut de régner, lui fit accepter la couronne de *Titan*, son frere aîné, à condition qu'il n'éleveroit point d'enfans mâles, & qu'il les dévoreroit aussi-tôt après leur naissance. Cependant *Rhée*, sa femme, trouva moyen de soustraire à sa cruauté *Jupiter*, *Neptune* & *Pluton*. *Titan* ayant su que son frere avoit des enfans mâles, contre la foi jurée, arma contre lui, & l'ayant pris avec sa femme, il les enferma dans une étroite prison. *Jupiter*, qu'on élevoit dans l'isle de Crète, étant devenu grand, alla au secours de son pere, défit *Titan*, rétablit *Saturne* sur le trône, & s'en retourna en Crète. Quelque tems après, *Saturne* ayant appris que *Jupiter* avoit dessein de le détrôner, voulut le prévenir; mais celui-ci en étant averti, se rendit maître de l'empire, & en chassa son pere. *Saturne* se retira en Italie, où il porta l'âge d'or, & où il régna avec gloire & avec tranquillité. S'étant attaché à *Philyre*, il se métamorphosa en cheval, pour éviter les reproches de *Rhée* sa femme, qui le furprit avec cette Nymphe, de laquelle il eut *Chiron*. On le repréfente fous la figure d'un vieillard tenant une faulx, pour marquer que le tems détruit tout ; ou d'un ferpent qui fe mord la queue, comme s'il retournoit d'où il vient, pour montrer le cercle perpétuel & la viciffitude du monde. Quelquefois auffi, on lui donne un fablier ou un aviron, pour exprimer cette même viciffitude. Les Romains lui dédièrent un Temple, & célébroient en fon honneur les Fêtes appellées *Saturnales*. Il n'étoit pas pèrmis de traiter d'aucune affaire pendant ces Fêtes, ni d'exercer aucun art, excepté celui de la cuifine. Toutes les diftinctions de rang cefoient alors, au point que les efclaves pouvoient impunément dire à leurs maîtres tout ce qu'ils vouloient, & même railler leurs défauts en leur préfence.

I. SATURNIN, (*Publius-Sempronius - Saturninus*) d'une famille ignorée, embraffa le parti des armes, & fut élevé par *Valérien* au rang de général. Devenu célèbre par fes nombreufes victoires fur les Barbares, il fut proclamé empereur vers la fin de l'an 263. Ce héros haranguant fes foldats le jour qu'ils le revêtirent de la pourpre, leur dit : *Compagnons, vous perdez un affez bon Commandant, pour vous donner un Prince médiocre.* Il continua de fe fignaler par des actions éclatantes ; mais comme il traitoit fes troupes avec févérité, elles lui ôtérent la vie vers l'an 267. *Saturninus* étoit un brave homme & un galant homme, d'une converfation agréable, quoiqu'il agît toujours avec gravité ; plein de probité & d'honneur, d'une prudence confommée & d'un courage fupérieur.

II. SATURNIN, (*Sextus-Julius-Saturninus*) Gaulois, cultiva d'abord la littérature & enfuite les armes. *Aurélien* le regardoit comme le plus expérimenté de fes généraux. Il pacifia les Gaules, délivra l'Afrique du joug des Maures, & rétablit la paix en Egypte. Le peuple d'Alexandrie le falua empereur en 280, la IVᵉ année du règne de *Probus*. Il refufa d'abord la pourpre impériale ; mais il fut forcé de l'accepter. *Probus* fit marcher contre lui un corps de troupes, qui l'affiégea dans le château d'Apamée, où il fut forcé & tué peu de tems après fon élection. Sa mort éteignit entiérement cette révolte paffagére. A la gloire d'un grand capitaine, *Saturninus* joignit l'éloquence d'un orateur & la politique d'un homme d'état.

III. SATURNIN, (St.) Iᵉʳ évêque de Touloufe, appellé vulgairement *S. Sernin*, fut envoyé avec *S. Denys*, pour prêcher l'Evangile dans les Gaules, vers l'an 245. Placé fur le fiége de Touloufe en 250, il fut illuftre par fes vertus, fes lumiéres & fes miracles, & engendra le plus d'enfans qu'il put à l'Eglife par la femence de la parole divine, & par celle de fon fang qu'il répandit fous le fer des bourreaux, l'an 257.

SAVARON, (Jean) natif de Clermont en Auvergne, fortoit d'une bonne famille de cette province. Il fut préfident & lieutenant-général en la fénéchauffée & fiége préfidial de fa patrie. Il fe trouva aux Etats généraux tenus à Paris en 1614, en qualité de député du Tiers-Etat de la province d'Auvergne, & y foutint avec zèle & avec fermeté les droits du Tiers-Etat contre la Nobleffe & le Clergé. Il plaida enfuite avec diftinction au parlement de Paris, parvint à une extrême vieillesse, & mourut en 1622. On a de lui un grand nombre d'écrits. Les principaux font : I. *Sidonii Apollinaris Opera*, 1609, in-4°, avec des notes. II. *Origines de Clermont, ville capitale d'Auvergne*; in-8°. *Pierre Durand* a donné une plus ample édition, in-fol. 1662, de cet ouvrage aussi savant qu'exact. III. *Traité contre les Duels*, &c. in-8°. IV. *Traité de la Souveraineté du Roi & de son Royaume*, aux Députés de la Noblesse; 1615, in-8°; ouvrage curieux & peu commun. V. *Chronologie des Etats généraux*, in-8°, pour montrer que, depuis la fondation de la monarchie, jusqu'à *Louis XIII*, le Tiers-Etat a toujours été convoqué par le Roi aux Etats généraux, & y a eu entrée, séance & voix opinante. L'auteur le démontre par une foule de citations.

I. SAVARY, (Jacques) natif de Caen, mort en 1670, âgé de 63 ans, poète Latin, a fait trois Poëmes : I. Sur la *Chasse du Lièvre*, 1655, in-12. II. --*du Renard & de la Fouine*, 1658, in-12. III. --*du Cerf*, &c. 1659, in-12; & d'un IV° fur le *Manége*; 1662, in-4°. où l'on remarqué de l'invention. On a encore de lui, l'*Odyssée* en vers latins; les *Triomphes de Louis XIV*, depuis son avénement à la Couronne; & un volume de *Poésies* mêlées, dans lequel il y a plusieurs pièces foibles.

II. SAVARY, (Jacques) né à Doué en Anjou l'an 1622, fit une fortune assez considérable dans le négoce à Paris. Pourvu d'une charge de secrétaire du roi, il fut nommé en 1670 pour travailler au *Code Marchand*, qui parut en 1673, & eut beaucoup de part à cet ouvrage. On a aussi de lui : I. *Le Parfait Négociant*, dont il y a eu un grand nombre d'éditions; d'abord en un seul vol. ensuite en 2 vol. in-4°, dans lesquels on a fait entrer les *Avis & Conseils fur les plus importantes matières du Commerce*. Cet habile négociant mourut en 1692, à 68 ans.

III. SAVARY, (Jacques) sieur *des Brulons*, fils du précédent, fut inspecteur général de la Douane de Paris, & travailla conjointement avec *Philemon-Louis* SAVARY, l'un de ses treres, chanoine de l'Eglise de St Maur-des-Fossés, au *Dictionnaire universel de Commerce*, qui parut en 1723, 2 vol. infol. *Jacques* mourut d'une fluxion de poitrine en 1716, à 56 ans; & son frere en 1727, à 73 ans. On a de celui-ci un 3° vol., imprimé en 1730, pour servir de supplément au Dictionnaire du Commerce, qui, malgré quelques inexactitudes, est une des compilations les plus utiles que nous ayons. Elle a été réimprimée en 1748, 3 vol. in-fol. & M. l'abbé *Morellet* en prépare une nouvelle édition.

SAUBERT, (Jean) savant critique & bon antiquaire du XVII° siécle, est auteur d'un *Traité* latin, assez estimé, *fur les Sacrifices des Anciens*; & de celui *fur les Prêtres & les Sacrificateurs Hébreux*. Ces deux Traites offrent des recherches & de l'érudition. *Thomas Crenius* en donna une bonne édition corrigée, augmentée & éclaircie, sous ce titre : *De facrificiis veterum, & de Sacerdotibus Hebræorum, Commentarium*; Leyde 1699, in-8°.

SAVERY, (Roland) peintre, né à Courtray en 1576, mort à Utrecht en 1639, fut élève de *Jacques Savery* son frere, & travailla dans son genre de peinture & dans sa manière. *Roland* a excellé à peindre le paysage; & comme il étoit patient & laborieux, il mettoit beaucoup de propreté dans ses tableaux. L'empereur *Rodolphe II*, bon connoisseur, occupa long-tems cet artiste, & l'engagea à étudier les vues riches & variées que les montagnes du Tirol offrent aux yeux du spectateur. *Savery* a souvent exécuté, avec beaucoup d'intelligence, des torrens qui se précipitent du haut des rochers. Il a encore très-bien rendu les animaux, les plantes, les insectes. Ses figures sont agréables, & sa touche est spirituelle, quoique souvent un peu séche. On lui reproche aussi d'avoir trop fait usage en général de la couleur bleue. On a gravé plusieurs morceaux d'après lui, entr'autres son *St Jérôme dans le désert.*

SAVILL, (Henri) théologien Anglois, né près d'Hallifax en 1549, mort à Oxford en 1621, fut un des principaux ornemens de l'université de cette derniére ville. Il s'étoit consacré de bonne heure à la littérature grecque & latine, sacrée & profane. On doit à ses travaux des *Commentaires* sur *Euclide* & sur *Tacite*, & une *Edition* en grec des *Œuvres de St Jean-Chrysostôme*. On prétend que *Fronton du Duc*, qui publia dans le même tems que lui ce Pere de l'Eglise, donna son édition sur les feuilles qu'on lui fournissoit furtivement d'Angleterre. L'ouvrage qui a le plus fait connoître *Savill*, est le Traité de *Bradwardin* contre les Pélagiens, dont il donna une édition à Londres, en 1618, in-fol. Ce Traité curieux & peu commun est sous ce titre: *De Causâ Dei contra Pelagium.* On a encore de lui: *Rerum Anglicarum Scriptores post Bedam*, Londres 1596, in-fol.

SAUL, (*Saülus*) fils de *Cis*, hom-

me riche & puissant, de Gabaa dans la tribu de *Benjamin*, fut sacré roi d'Israël par le prophète *Samuel*, l'an 1095 avant J. C. Jabès ayant été assiégée par les Ammonites, le peuple s'assembla en foule pour secourir les habitans. *Saul*, avec cette armée nombreuse, fondit sur les Ammonites, les tailla en piéces, & délivra la ville. Ensuite *Samuel* tint une assemblée à Galgala, où il fit confirmer l'election de *Saul*, qui 2 ans après marcha contre les Philistins. Ces ennemis du peuple de Dieu, irrités de quelques succès que *Jonathas*, fils de *Saül*, avoit eus sur eux, vinrent camper à Machmas avec 30,000 chariots, 6000 chevaux, & une multitude innombrable de gens de pied. Le roi d'Israël marcha contr'eux & les vainquit. *Saül* fut victorieux de divers autres peuples; mais il perdit le fruit de ses victoires par sa désobéissance. Dans une guerre contre les Philistins, il offrit un sacrifice sans attendre *Samuel*, & il conserva ce qu'il y avoit de meilleur dans les troupeaux des Amalécites, avec *Agag* leur roi, contre l'ordre exprès du Seigneur. Son sceptre passa dans les mains de *David*, qui fut sacré par *Samuel*, & qui épousa ensuite *Michol* fille de *Saül*. Ce mariage n'empêcha point le beau-pere de persécuter son gendre, ni de chercher tous les moyens possibles de le perdre. *Saül* consulta la Pythonisse pour savoir quelle seroit l'issue du combat qu'il alloit livrer aux Philistins, & *Samuel* lui apparut pour lui annoncer sa défaite. Peu après, son armée fut taillée en piéces, & croyant la mort inévitable, il pria son écuyer de le tuer; mais cet officier ayant refusé de commettre une action si barbare, *Saül* saisit lui-même son

Q iij

épée, & s'étant laissé tomber sur sa pointe, il mourut ainsi misérablement, l'an 1055 avant J. C. Les Philistins ayant trouvé le corps de ce prince, lui coupérent la tête, qu'ils attachérent dans le temple de *Dagon*, & pendirent ses armes dans le temple d'*Astaroth*. On est partagé sur l'apparition de *Samuel*. A-t-elle été réelle ? N'est-ce qu'une imposture, une friponnerie de la magicienne ? Arriva-t-elle par la puissance du Démon, par un effet de l'art magique, ou par une permission miraculeuse de Dieu ? Le sentiment le plus suivi & le plus conforme à l'Ecriture, est que *Samuel* apparut véritablement à *Saül*.

SAUL, (*Saulus*,) *Voyez* PAUL, n° I.

SAULX DE TAVANES, *Voyez* TAVANES.

I. SAUMAISE, (Claude de) naquit à Semur en Auxois, l'an 1588, d'une famille distinguée dans la robe. Sa patrie fut brûlée & presque réduite en cendres la même année qu'il vit le jour. « Cet incendie, (dit un de ses froids panégyristes,) » fut un présage de ses » vastes lumiéres, de même que » l'incendie du temple d'Ephése » l'avoit été du courage d'*Alexandre*. » Le pere de *Saumaise* fut son premier maitre pour les langues grecque & latine. Après avoir fait sa philosophie à Paris, il alla en 1606 à Heidelberg, où il fit son droit sous le savant *Godefroi*. Lorsqu'il fut de retour dans sa patrie, son pere, lieutenant-particulier au bailliage de Semur, voulut lui résigner sa charge ; mais la profession que le fils faisoit du Calvinisme, l'empêcha d'en obtenir les provisions. *Saumaise* se retira à Leyde, où il fut professeur honoraire après *Scaliger*. Le cardinal de *Richelieu* lui offrit une

pension de 22000 livres pour le fixer en France ; mais *Saumaise*, ayant su que c'étoit à condition qu'il travailleroit à l'Histoire de ce ministre, il répondit qu'*il n'étoit pas homme à sacrifier sa plume à la flatterie*. Pendant un voyage qu'il fit à Paris en 1635, le roi lui accorda un brevet de conseiller-d'état, le fit chevalier de St Michel ; & depuis étant en Bourgogne, il fut gratifié par ce prince d'une pension de 6000 liv. *Saumaise* se signala, en 1649, par son *Apologie de Charles I*, roi d'Angleterre. Il soutenoit une cause excellente ; mais il l'affoiblit par le ton ridiculement ampoulé qu'il donna à son ouvrage. Voici comme il le commence : *Anglois qui vous renvoyez les têtes des Rois comme des bales de paume, qui jouez à la boule avec les couronnes, & qui vous servez des sceptres comme de marotes...* L'année d'après il fit un voyage en Suède, où la reine *Christine* l'appelloit depuis long-tems. Après un séjour d'un an, il revint en Hollande, & mourut aux eaux de Spa en 1653. *Saumaise* fut le héros des littérateurs de son siécle ; mais il a beaucoup moins de réputation dans le nôtre. On le regarde généralement comme un critique bizarre, aigre & présomptueux. Son érudition étoit immense, mais elle étoit mal digérée. Il avoit l'esprit très-vif : autant d'ouvrages de sa plume, autant d'impromptu. Lorsqu'on lui conseilloit de travailler ses productions avec plus de soin, il répondoit : « Qu'il jettoit de l'encre sur le papier, aux heures que les autres jettoient des dez ou une carte sur une table, & qu'il ne faisoit cela que comme un jeu. » Quoique *Saumaise* écrivit avec beaucoup d'emportement & d'orgueil, il étoit doux & modeste avec ses amis,

Les affaires domestiques ne le dérangeoient point ; il composoit tranquillement dans le tumulte de son ménage, au milieu de ses enfans & à côté de sa femme, qui étoit une *Mégére*. Elle le maîtrisoit entiérement, en se glorifiant d'avoir épousé *le plus savant de tous les Nobles, & le plus noble de tous les Savans*. Ses principaux ouvrages sont : I. *Nili ; Archiepiscopi Thessalonicensis, de primatu Papæ Romani, libri duo*, avec des remarques ; à Hanovre, 1608, in-8° ; à Heidelberg, 1608 & 1612. II. *Flori rerum Romanarum, libri IV, cum Notis Gruteri ; nunc primùm accesserunt Notæ & castigationes Cl. Salmasii* : à Paris, 1609, in-8°, & 1636, in-8°. III. *Historiæ Augustæ Scriptores sex*, à Paris, 1620, in-fol. & depuis à Leyde, en 1670 & 1671, in-8°. IV. *Plinianæ exercitationes in Caii Julii Solini Polyhistoriâ*. Item *Caii Julii Solini Polyhistor, ex veteribus libris emendatus*, à Paris, 1629, in-fol. 2 vol. & à Utrecht, 1689, 2 vol. in-fol. V. *De modo Usurarum*, à Leyde, 1639, in-8°. VI. *Dissertatio de fœnore trepezetico, in tres libros diviso* ; à Leyde, 1640, in-8°. VII. *Simplicii Commentarius in Enchiridion Epicteti, ex libris veteribus emendatus*. VIII. *De re Militari Romanorum liber, opus posthumum*, chez Elzevir, 1657, in-4°. IX. *De Hellenistica*, Leyde, 1643, in-8°. X. Plusieurs autres ouvrages, dont on peut voir la liste dans la *Bibliothèque des Auteurs de Bourgogne*. II. SAUMAISE, (Claude de) parent du précédent, né à Dijon en 1603, entra dans l'Oratoire en 1635, & fut chargé d'écrire l'Histoire de sa congrégation. Il recueillit plusieurs matériaux ; mais l'ouvrage est demeuré imparfait. Le P. *Saumaise* mourut à Pa-

ris avant que de l'avoir achevé, en 1680, à 77 ans. On a de lui une *Traduction* françoise des *Directions Pastorales* de Don *Jean de Palafox*, 1671, in-12, & quelques *Piéces de vers* latins & françois.

SAUMAISE, *Voy.* SOMAISE.

SAUNDERSON, (Nicolas) né en 1682, d'une famille originaire de la province d'Yorck, n'avoit qu'un an lorsqu'il perdit, par la petite vérole, l'usage de la vue & les yeux mêmes. Ce malheur ne l'empêcha point, au sortir de l'enfance, de faire très-bien ses humanités. *Virgile* & *Horace* étoient ses auteurs favoris, & le style de *Cicéron* lui étoit devenu si familier, qu'il parloit latin avec une facilité peu commune. Après avoir employé quelques années à l'étude des langues, son pere commença à lui enseigner les règles ordinaires de l'arithmétique ; mais le disciple fut bientôt plus habile que son maitre, & il pénétra dans peu de tems toutes les profondeurs des mathématiques. Le jeune géomètre s'étant rendu à Cambridge, y expliqua les ouvrages immortels de *Newton*, ses *Principes Mathématiques de la Philosophie naturelle*, son *Arithmétique universelle*, & les ouvrages mêmes que ce grand philosophe a publiés sur la lumière & sur les couleurs. Ce fait pourroit paroitre incroyable, si l'on ne considéroit que l'optique &·toute la théorie de la vision s'expliquent entiérement par le moyen des lignes, & qu'elle est soumise aux règles de la géométrie. *W. sthon* ayant abdiqué sa chaire de professeur en mathématiques dans l'université de Cambridge, l'illustre aveugle fut nommé pour lui succéder en 1711. La société royale de Londres se l'asfocia, & le perdit en 1739, à 56 ans. Il laiſſa un fils & une fille. Ses mœurs ne répondoient pas à ſes talens ; il aimoit paſſionnément le vin & les femmes. Ses dernières années furent déshonorées par les plus honteux excès. Naturellement méchant & vindicatif, il déchiroit cruellement ſes ennemis & même ſes amis. Des juremens affreux ſouilloient tout ce qu'il diſoit. On a de lui des *Elémens d'Algèbre*, en anglois, imprimés à Londres après ſa mort, en 1740, aux dépens de l'univerſité de Cambridge, en 2 vol. in-4°. Ils ont été traduits en françois par M. de *Joncourt*, en 1756, 2 vol. in-4°. C'eſt à *Saunderſon* qu'appartient la diviſion du cube en ſix pyramides égales, qui ont leurs ſommets au centre, & pour baſe chacune de ſes faces. Il avoit auſſi inventé pour ſon uſage une *Arithmétique palpable* ; c'eſt-à-dire, une maniére de faire les opérations de l'arithmétique par le ſeul ſens du toucher. C'étoit une table élevée ſur un petit chaſſis, afin qu'il pût toucher également le deſſus & le deſſous. Sur cette table étoient tracées un grand nom-bre de lignes parallèles, qui étoient croiſées par d'autres, enſorte qu'el-les faiſoient enſemble des angles droits. Les bords de cette table étoient diviſés par des entailles diſtantes d'un demi-pouce l'une de l'autre, & chacune comprenoit cinq de ces parallèles. Par ce moyen, chaque pouce quarré étoit partagé en cent petits quarrés. A chaque angle de ces quarrés ou interſeſtion des parallèles, il y avoit un trou qui perçoit la table de part en part. Dans chaque trou on mettoit deux ſortes d'épingles, des petites & des groſſes, pour pouvoir les diſtinguer au taſt. C'é-toit par l'arrangement des épin-

glés que *Saunderſon* faiſoit toutes les opérations de l'arithmétique. On peut en voir la deſcription à la tête du 1ᵉʳ vol. de ſes *Elémens d'Algèbre*, dont les géomètres font cas.

SAVOIE, *Voyez* SAVOYE.

SAVONAROLE, (Jérôme) né à Ferrare en 1452 d'une famille noble, prit l'habit de St Domini-que, & ſe diſtingua dans cet or-dre par ſa piété & par le talent de la chaire. Florence fut le théâ-tre de ſes ſuccès : il prêchoit, il confeſſoit, il écrivoit ; & dans une ville libre, pleine néceſſairement de faſtions, il n'eut pas de peine à ſe mettre à la tête d'un parti. Il embraſſa celui qui étoit pour la France contre les *Médicis*. Il ex-pliqua publiquement l'Apocalyp-ſe, & y trouva la deſtruſtion de la faſtion oppoſée à la ſienne. Il prédit que l'Egliſe ſeroit renou-vellée ; & en attendant cette ré-formation, il déclama beaucoup contre le clergé & contre la cour de Rome. *Alexandre VI* l'excom-munia, & lui interdit la prédica-tion. Il ſe moqua de l'anathême, & après avoir ceſſé de prêcher pendant quelque tems, il recom-mença avec plus d'éclat que ja-mais. Alors le pape & les *Médi-cis* ſe ſervirent, contre *Savonarole*, des mêmes armes qu'il employoit ; ils ſuſcitérent un Franciſcain con-tre le Jacobin. Celui-ci ayant affi-ché des thèſes qui firent beau-coup de bruit, le Cordelier s'offrit de prouver qu'elles étoient héré-tiques. Il fut ſecondé par ſes con-fréres, & *Savonarole* par les ſiens. Les deux ordres ſe déchaînérent l'un contre l'autre. Enfin un Do-minicain s'offrit à paſſer à travers un bûcher, pour prouver la ſain-teté de leur enthouſiaſte : un Cor-delier propoſa auſſi-tôt la même épreuve, pour prouver que *Sava-*

narole étoit un fcélérat. Le peuple, avide d'un tel fpeftacle, en preffa l'exécution. Le magiftrat fut contraint de la leur donner, le famedi 7 Avril 1498. Les champions comparurent au milieu d'une foule innombrable ; mais quand ils virent tous deux de fang-froid le bûcher en flamme, ils tremblérent l'un & l'autre, & leur peur commune leur fuggéra une commune évafion. Le Dominicain ne voulut entrer dans le bûcher que l'Hoftie à la main. Les magiftrats le lui refuférent, & par ce refus, il fut difpenfé de donner l'affreufe comédie qu'il avoit préparée. Le peuple alors, foulevé par le parti des Cordeliers, fe jetta dans fon monaftére : on ferma les portes pour empêcher ces furieux d'y entrer ; mais ils y mirent le feu, & fe firent un paffage par la violence. Les magiftrats fe virent donc obligés de pourfuivre *Savonarole* comme un impofteur. Il fut appliqué à la queftion, & fon interrogatoire rendu public prouva qu'il étoit à la fois fourbe & fanatique. Il eft certain qu'il s'étoit vanté d'avoir eu de fréquens entretiens avec Dieu, & qu'il l'avoit perfuadé à fes confrères. Un des deux Dominicains qui furent affociés à fon martyre, vit un jour deux fois de fuite le *St-Efprit* fous la forme d'une colombe, dont les plumes étoient dorées & argentées, fe repofer fur l'épaule de *Savonarole* & lui béqueter l'oreille. Il prétendoit auffi avoir foutenu de grands combats avec les Démons. *Pic* de la *Mirandole*, aùteur de fa Vie, affûre que les Diables qui infeftoient le couvent des Dominicains, trembloient à la vue de Frere *Jérôme*, & que de dépit ils prononçoient toûjours fon nom avec quelque fuppreffion

de lettres. Il les chaffa de toutes les cellules du monaftére, & ils cefférent de tourmenter les autres moines. Il fe trouva quelquefois arrêté, lorfqu'il faifoit la ronde dans le couvent, l'afperfoir à la main, pour mettre fes freres à couvert des infultes des Démons. Ils lui oppofoient des nuages épais, pour l'empêcher de paffer outre. Le pape *Alexandre VI* envoya le général des Dominicains & l'évêque *Romolino*, qui le dégradérent des ordres facrés & le livrérent aux juges féculiers, avec 2 compagnons de fon fanatifme. Ils furent condamnés à être pendus & brûlés : fentence qui fut exécutée le 23 Mai 1498. A peine eut-il expiré, qu'on publia fous fon nom *fa Confeffion*, dans laquelle on lui prêta bien des extravagances ; mais rien qui méritât le dernier fupplice, & fur-tout un fupplice cruel & infâme. Ce faux prophète mourut avec conftance, à l'âge de 46 ans ; & fes partifans ne manquérent pas de lui attribuer des miracles : derniére reffource des adhérens d'un chef malheureux. Leur fanatifme fut fi outré, qu'ils confervérent religieufement tout ce qu'ils purent arracher aux flammes. *Jean-François Pic* de la *Mirandole*, auteur d'une Vie de *Savonarole*, (publiée par le P. *Quetif*, avec des notes & quelques écrits du Jacobin de Ferrare, à Paris, 1674, 3 vol. in-12.) en fait un Saint à prodiges. Il affûre que le cœur de ce faint perfonnage fut trouvé dans la riviére, qu'il en pofféde une partie, & qu'elle lui eft d'autant plus chere, qu'il a éprouvé qu'elle guérit les malades & qu'elle chaffe les Démons. Il obferve qu'un grand nombre de ceux qui perfécutérent ce Dominicain, moururent miférablement. Il met de ce nombre le pape *Alexandre VI. Savonarole* a trouvé bien d'autres apologiftes. Les plus célèbres font, après le P. *Queuf,* *Brovius*, *Baron*, *Alexandre*, *Néri*, religieux Dominicains ; auxquels on doit joindre *Ambroife Catharin*, *Marcile - Ficin*, *Marthieu - Tofcan*, *Flaminius*, &c. Il laiffa dès Sermons en italien , un Traité intitulé : *Triumphus Crucis*, & d'autres ouvrages publiés par *Balefdans*, à Leyde, 1633, 6 vol. in-12.

SAVOT, (Louis) né à Saulieu, petite ville de Bourgogne, vers l'an 1579, s'appliqua d'abord à la chirurgie. Pour mieux y réuffir, il vint à Paris, où il ne tarda pas à prendre des dégrés en médecine. Il mourut medecin de *Louis XIV*, vers l'an 1640. C'étoit un homme refpeétable par fa vertu, & dont l'air étoit fimple & mélancolique. Ses principaux ouvrages font : I. Un *Difcours fur les Médailles antiques*, Paris, 1627, 1 vol. in-4° ; ouvrage qui peut être de quelque utilité aux commençans. II. L'*Architeéture Françoife des Bâtimens particuliers*. Les meilleures éditions de ce livre eftimable font celles de Paris, avec les notes de *François Blondel*, en 1673 & 1685, in-8°. III. Le livre de *Galien*, *De l'Art de guérir par la Saignée*, traduit du Grec, 1603, in-12. IV. *De caufis colorum*, à Paris, 1609, in-8°. Tous ces ouvrages proúvent beaucoup de fagacité & d'érudition.

SAVOYE, (Jacq. & Henri de) *Voy.* II & IV NEMOURS.

SAVOYE, (Thomas-François de) prince de CARIGNAN, fils de *Charles-Emmanuel* duc de Savoye, & de *Catherine d'Autriche*, naquit en 1596. Il donna, dès l'àge de 16 ans, des preuves de fon cou-

rage, & montra beaucoup d'empreffement pour s'établir en France. L'averfion que le cardinal de *Richelieu* avoit pour fa maifon, l'ayant empêché de réuffir, il s'unit avec l'Efpagne. Il furprit Trèves en 1634 fur l'archevêque, de cette ville qu'il fit prifonnier, & qui fut conduit à Namur en 1635. Mais il perdit, le 15 Mai de la même année, la bataille d'Avein contre les François. Le prince *Thomas*, pour effacer la mémoire de cette malheureufe journée, fit lever le fiége de Breda aux Hollandois en 1636, & entra enfuite en Picardie, où il fe rendit maître de plufieurs places. Il paffa dans le Milanez pendant la minorité du prince fon neveu, pour obtenir la régence, & déclara la guerre à la duchefle de Savoye, fa bellefœur. Il emporta Chivas & plufieurs autres villes, & fit enfuite fon accommodement avec la France en 1640 ; mais ce traité ayant été rompu, il s'engagea de nouveau avec l'Efpagne. Il fit un fecond traité avec la duchefle de Savoye en 1642, & un autre avec *Louis XIII*. Il fut enfuite déclaré généraliffime des armées de Savoye & de France en Italie, où il fit la guerre avec divers fuccès. Il mourut à Turin en 1656, à 70 ans, avec la réputation d'un prince inconftant, mais aétif & impétueux. L'intérêt eut autant de part à fes changemens, que fon inconftance. Il eut deux fils. L'ainé *Emmanuel* a continué la branche de *Carignan*. Le cadet *Eugène-Maurice*, lieutenant-général en France, mort en 1673, fut pere du fameux prince *Eugène* qu'il eut d'*Olympe Mancini*, nièce du cardinal *Mazarin*, morte en 1708.

SAVOYE, (le Prince *Eugène* de) *Voy.* EUGÈNE, n° IX... & I. TENDE.

I. SAURIN, (Elie) miniftre de l'Eglife Wallone d'Utrecht, vit le jour en 1639, à Uffeaux, dans la vallée de Pragelas, frontière du Dauphiné. Son pere, miniftre de ce village, l'éleva comme un fils qui pouvo.t illuftrer fon nom. Le jeune *Saurin* ne tarda pas à fe diftinguer. Ses talens le firent choifir en 1661 pour miniftre de Venterol, puis d'Embrun. L'année fuivante il étoit fur le point de profeffer la théologie à Die, lorfqu'il fut obligé de quitter le royaume, pour avoir refufé d'ôter fon chapeau en paffant auprès d'un prêtre qui portoit le Saint-Viatique : action digne d'un fanatique outré. Il fe rendit en Hollande, où il devint miniftre de l'Eglife Wallone de Delft. Il y eut des démêlés très-vifs avec le miniftre *Jurieu*, dont il fe tira avec honneur. Il mourut à Utrecht en 1703, âgé de 64 ans, fans avoir été marié. On a de lui : I. *Examen de la Théologie de Jurieu*, en 2 vol. in-8°, dans lefquels il a éclairci diverfes queftions importantes de théologie. II. Des *Réflexions fur les Droits de la Confcience*, contre *Jurieu*, & contre le *Commentaire Philofophique* de *Bayle*. III. Un *Traité de l'amour de Dieu*, dans lequel il foutient l'amour défintéreffé. IV. Un *Traité de l'amour du Prochain*, &c. *Saurin* fit honneur à fa fecte par fon érudition & par fon zèle. Ses écrits prouvent fon amour pour le travail & fes connoiffances théologiques.

II. SAURIN, (Jacques) né à Nimes en 1677 d'un habile avocat Proteftant de cette ville, fit d'excellentes études, qu'il interrompit quelque tems pour fuivre le parti des armes. Il eut un drapeau dans le régiment du colonel *Renault*, qui fervoit en Piémont ;

mais le duc de Savoye ayant fait la paix avec la France, *Saurin* retourna à Genève, & reprit fes études de philofophie & de théologie, qu'il acheva avec un fuccès diftingué. Il alla l'an 1700 en Hollande, puis en Angleterre, où il fe maria en 1703. Deux ans après il retourna à la Haye. Il s'y fixa, & y prêcha avec un applaudiffement extraordinaire. Il avoit de grands talens extérieurs : un air prévenant, une phyfionomie gracieufe, un ton de voix net & infinuant. La premiére fois que le célèbre *Abbadie* l'entendit, il s'écria : *Eft-ce un Ange ou un Homme qui parle ?* Son élocution n'étoit pas exactement pure, elle fentoit le réfugié ; mais comme il prêchoit dans un pays étranger, on y faifoit peu d'attention, & fon auditoire étoit toujours fort nombreux. Cet illuftre Réformé mourut en 1730, & il fut auffi regretté par les honnêtes-gens que par les littérateurs. Son penchant à la tolérance, fon amour pour la focié té, la douceur de fon caractére & de fes mœurs, foulevérent contre lui les hommes emportés de fon parti. Ils s'efforcérent d'obfcurcir fon mérite & d'empoifonner fa vie par la perfécution. Ses ennemis firent beaucoup valoir fes intrigues galantes, & quelques autres aventures où fa vertu s'étoit démentie ; mais ces taches furent effacées par de grands talens. Les ouvrages de ce célèbre miniftre font : I. Des *Sermons*, en 12 vol. in-8° & in-12, dont quelques-uns font écrits avec beaucoup de force, de génie & d'éloquence, & dont quelques autres font négligés & foibles. On n'y trouve point ces imprécations & ces fureurs, que les Calviniftes font ordinairement paroître dans leurs

Sermons contre l'Eglife Romaine ; tandis que fon accufateur étoit & c'etoit une des raifons de la vexation des fanatiques. Ils vouloient qu'il appellàt le Pape l'*Antechrift*, & fon Eglife *la Proftituée de Babylone. Saurin* ne voulut jamais employer ces grands traits d'éloquence. Il avoit publié les 5 prem. vol. pendant fa vie, depuis 1708 jufqu'en 1725 ; les derniers ont été donnés après fa mort. II. Des *Difcours* fur l'Ancien-Teftament, dont il publia les 2 prem. vol. in-fol. *Beaufobre* & *Roques* ont continué cet ouvrage & l'ont augmenté de 4 vol. 1720 & années fuiv. Une *Differtation* du 2ᵉ volume, qui traite du *Menfonge officieux*, fut vivement attaquée par *la Chapelle*, & fufcita de fâcheufes affaires a *Saurin*. III. Un livre intitulé : L'*Etat du Chriftianifme en France*, 1725, in-8°, dans lequel il trate de plufieurs points importans de controverfe, & combat le miracle opéré fur la dame *la Foffe* à Paris. IV. *Abrégé de la Théologie & de la Morale Chrétienne, en forme de Catéchifme*, 1722, in-8°. *Saurin* publia, 2 ans après, un Abrégé de cet abrégé ; l'un &l'autre font faits avec méthode, mais ils nepeuvent fervir qu'auxProteftans.

III. SAURIN, (Jofeph) géomètre de l'académie des Sciences de Paris, naquit a Courtefon dans la principauté d'Orange, en 1659. Son pere, miniftre à Grenoble, fut fon premier précepteur ; beaucoup d'efprit & un caractére vif étoient de grandes difpofitions à l'étude. Il fit des progrès rapides, & fut reçu miniftre fort jeune, à Eure en Dauphiné. *Saurin*, s'étant emporté dans un de fes Sermons, fut obligé de quitter la France en 1683. Il fe retira à Geberne, qui lui donna une cure

confidérable dans le bailliage d'Yverdun. Il étoit bien établi dans ce pofte, lorfque quelques théologiens formérent un orage contre lui. *Saurin*, dégoûté de la controverfe, & fur-tout de la Suiffe où fes talens étoient enfouis, paffa en Hollande. Il fe rendit de-là en France, & fe mit entre les mains de l'illuftre *Boffuet*, qui lui fit faire fon abjuration en 1690. On douta toujours de la fincérité de cette converfion. Il eft affez probable que l'envie de cultiver les fciences dans la capitale de la France, eut plus de part à fon changement, que la religion. L'Hiftoire qu'il en a donnée, eft une efpèce de Roman. *Saurin* ne fe trompa point dans l'idée qu'il s'étoit faite, qu'il trouveroit des protections & des fecours en France. Il fut bien accueilli par *Louis XIV*, eut des penfions de la cour, & fut reçu à l'académie des fciences en 1707 avec des diftinctions flatteufes. La géométrie faifoit alors fon occupation & fon plaifir. Il orna le *Journal des Savans*, auquel il travailloit, de plufieurs excellens extraits ; & les Mémoires de l'académie des fciences, de beaucoup de morceaux intéreffans. Ce font les feuls ouvrages qu'on connoiffe de lui. On lui a attribué mal-à-propos le *Factum* qu'il publia contre *Rouffeau*, lorfqu'il fut envelopé dans la trifte affaire des Couplets. Il fe répandit en 1709, dans le café où *Saurin* alloit prendre tous les jours fon unique divertiffement, des chanfons affreufes contre tous ceux qui y venoient. On foupçonna violemment *Rouffeau* d'en être l'auteur. Celui-ci rejetta ces horreurs fur *Saurin*, qui fut pleinement juftifié par un arrêt du parlement, rendu en 1712, nève, d'où il paffa dans l'Etat de

banni du royaume. *Saurin*, échappé à cette tempête, ne s'occupa plus que de ses études. Il mourut à Paris en 1737, d'une fièvre léthargique, laissant un fils qui a soutenu son nom par plusieurs Tragédies & Comédies dont il a orné la scène Françoise. Son caractère étoit vif & impétueux ; il avoit cette noble fierté qui sied si bien, & qui est si nuisible, parce que nos ennemis la prennent pour de la hauteur. Sa philosophie étoit rigide ; il pensoit assez mal des hommes, & le leur disoit souvent en face avec beaucoup d'énergie. Cette franchise dure lui fit beaucoup d'ennemis. Sa mémoire a été attaquée après sa mort, comme sa réputation l'avoit été pendant sa vie. On fit imprimer dans le *Mercure Suisse*, une prétendue Lettre, écrite de Paris à un ministre, dans laquelle il s'avouoit coupable de plusieurs crimes qui auroient mérité la mort. Quelques ministres Calvinistes viennent tout récemment de soutenir & de publier que cette Lettre avoit existé. Il a fallu que M. de *Voltaire* fit des recherches pour savoir si cette piéce n'étoit point supposée. Il a consulté non seulement le seigneur de l'endroit où *Saurin* avoit été pasteur, mais encore les doyens des pasteurs de ce canton. Tous se font généralément récriés sur une imputation aussi atroce. Mais il faut avouer que ce poete philosophe, en voulant défendre *Saurin* dans son *Histoire générale*, a laissé de fâcheuses impressions sur son caractère. Il insinue que ce géomètre sacrifia sa religion à son intérêt, & qu'il se joua de *Bossuet*, *qui crut avoir converti un Ministre*, *& qui ne fit que servir à la petite fortune d'un Philosophe.* Cela peut être vrai ;

mais c'est un aveu singulier de la part d'un homme qui fait l'apologie d'un autre.

SAUSSAY, (André du) docteur en droit & en théologie, curé de Saint Leu à Paris sa patrie, official & grand-vicaire dans la même ville, & enfin évêque de Toul, naquit vers 1595. Il s'acquit l'estime du roi *Louis XIII*, dont il fut prédicateur ordinaire, & qui l'honora de la mitre en 1649. Il gouverna son diocèse avec beaucoup de zèle & de sagesse, & mourut à Toul en 1675, à 80 ans. Il est auteur de plusieurs ouvrages, & du *Martyrologium Gallicanum*, 1638, 2 vol. in-fol., dans lequel on remarque beaucoup d'érudition ; mais très-peu de critique, & encore moins d'exactitude. Il entreprit cet ouvrage par ordre de *Louis XIII.*

SAUSSAYE, (Charles de la) né en 1565 d'une famille noble, fut chanoine d'Orléans, sa patrie, jusqu'en 1614, qu'il accepta la cure de St Jacques de la Boucherie à Paris. Le cardinal de *Retz* le nomma chanoine de l'église de Paris, ce qui ne l'empêcha pas de conserver sa cure. Il mourut en 1621, à 56 ans. On a de lui : *Annales Ecclesiæ Aurelianensis*, Paris 1615, in-4° ; ouvrage plein de recherches savantes.

SAUTEL, (Pierre-Juste) Jésuite, né à Valence en Dauphiné l'an 1613, mort à Tournon en 1662, poëte Latin. Cet auteur rend les petits sujets intéressans, par la manière ingénieuse & délicate dont il les décrit. Il suffit pour s'en convaincre de lire la premiére *Elégie* de ses *Jeux allégoriques*, sur une *Mouche tombée dans une terrine de lait*. Mais cette piéce seroit encore plus estimable, si l'auteur avoit su modérer son imagination & s'arrêter où il le falloit. Ses digreſſions trop longues, ſes moralités inſipides, prouvent que ſon goût n'étoit pas auſſi ſain que ſon génie étoit heureux & facile. Les autres ſujets de ſes *Jeux allégoriques* ſont: Un *Eſſain d'Abeilles diſtillant du miel dans le carquois de l'Amour*; la *Querelle des Mouches*; un *Oiſeau mis en cage*; le *Perroquet qui parle*, &c. On a encore de lui des *Epigrammes* aſſez fades, ſur tous les jours de fêtes de l'année, qu'il a intitulées: L'*Année ſacrée Poétique*, ouvrage imprimé à Paris, 1665, in-16. Les *Jeux allégoriques* l'avoient été à Lyon, l'an 1656, in-12, avec une autre production qui a pour titre: *Les Jeux ſacrés & les Pieuſes larmes de la Magdelène*. La latinité en eſt pure, mais les penſées n'en ſont pas naturelles.

I. SAUVAGE, (Jean) en latin *Ferus*, Cordelier de Mayence, mourut en 1554, à 60 ans. Ses *Prédications* qui ont été imprimées en pluſieurs vol. in-8°, & ſes *Explications de l'Ecriture-Sainte*, publiées auſſi en différens tems, in-8°, prouvent qu'il avoit lu l'Ecriture & les Peres; mais il connoiſſoit peu le véritable goût de l'éloquence.

II. SAUVAGE, (Denys) ſeigneur de Fontenailles en Brie, autrement dit *le Sieur DU PARC*, étoit Champenois & hiſtoriographe du roi *Henri II*. Il a traduit en françois les Hiſtoires de *Paul Jove*; & a donné les *éditions* d'un grand nombre d'Hiſtoires & de Chroniques. Son édition de *Froiſſart*, à Lyon 1559, en 4 vol. in-fol. & celle de *Monſtrelet* à Paris, 1572, en 2 vol. in-fol. ſont ce qu'il a fait de mieux en ce genre. On eſtime auſſi l'édition d'une *Chronique de Flandres* qu'il publia

en 1562. Elle s'étend depuis 792 juſqu'en 1383. *Sauvage* l'a continuée juſqu'en 1435; mais il n'a preſque fait que copier *Froiſſart* & *Monſt-elet*. Son ſtyle eſt barbare, & il étoit plus propre à compiler qu'à écrire.

SAUVAGES, (François Boiſſier de) né à Alais en 1706, ſe conſacra à la médecine. Il fit les plus grands progrès dans cette ſcience, & devint profeſſeur royal de médecine & de botanique en l'univerſité de Montpellier, membre de la ſociété royale des ſciences de la même ville, de celles de Londres, d'Upſal, de la Phyſico-Botanique de Florence, des académies de Berlin, de Suède, de Toſcane, des *Curieux de la Nature* de Bologne. Il étoit conſulté de toutes parts, & on le regardoit comme le *Boerhaave* de Languedoc. Parmi les ouvrages qu'il a donnés ſur la médecine, on diſtingue ſa *Pathologia*, in-12; pluſieurs fois réimprimée; & ſa *Noſologia Methodica*, à Amſterdam 1763, 5 vol. in-8°. Ce dernier livre a été traduit en françois par M. *Nicolas*, à Paris 1771, en 3 vol. in-8°, ſous ce titre: *Noſologie Méthodique, dans laquelle les Maladies ſont rangées par claſſes, ſuivant le ſyſtême de Sydenham & l'ordre des Botaniſtes*. On publia peu de tems après une autre Verſion du même ouvrage, à Lyon, en 10 vol. in-12; la *Noſologie* méritoit cet honneur. On y trouve tout à la fois un Dictionnaire univerſel & raiſonné des maladies, & une Introduction générale à la manière de les connoître & de les guérir. C'eſt un livre vraiment claſſique, néceſſaire aux commençans, utile aux profeſſeurs, & le bréviaire de tous les médecins. On a encore de *Sauvages* la Traduct. de la *Statique des*

Végétaux de *Halles* , 1744, in-4°; & des *Elémens* de *Phyſiologie* en latin. Ses *Diſſertations* ont été recueillies en 2 vol. in-12. Cet habile médecin, mort à Montpellier en 1767, à 61 ans, conſerva, avec une réputation très-étendue, une grande ſimplicité de mœurs. Il trouvoit ſes plaiſirs dans les travaux de ſon état. Il fut aimé de ſes diſciples, & mérita de l'être. Il leur communiquoit avec plaiſir ce qu'il ſavoit ; ſes connoiſſances paſſoient ſans faſte & ſans effort dans ſes converſations. L'habitude du cabinet lui donnoit quelquefois dans le monde, cet air peſant & diſtrait qui s'oppoſe à l'enjouement & aux graces. (*Voyez* ſon *Eloge* hiſtorique à la tête de la *Noſologie* françoiſe, en 3 vol. in-8°.) *N. B.* Un médecin ſans malades nous a reproché dans une *Lettre* très-malhonnête, enterrée dans un Journal, le ſilence que gardoit notre premiére édition, imprimée en 1765 & 1766, ſur *Sauvages* qui n'eſt mort qu'en 1767. Ce galant homme ne ſait point que nous ne parlons d'aucun auteur vivant. Nous ne pouvions pas faire mourir les hommes avant le tems, & empiéter ainſi ſur les droits de notre critique.

SAUVAL, (Henri) avocat au parlement de Paris, mort en 1670, eſt auteur d'un ouvrage, en 3 vol. in-fol. intitulé : *Hiſtoire des Antiquités de la Ville de Paris*. Il employa 20 années à faire des recherches ſur les agrandiſſemens de cette ville , ſur les changemens des lieux les plus conſidérables, ſur les aventures ſinguliéres qui y ſont arrivées, ſur les cérémonies extraordinaires, ſur les priviléges & ſur les anciens uſages & coutumes qui y ont été obſervés. Il puiſa ſes matériaux, tant au tréſor des Chartres & dans les Regiſtres du Parlement, que dans les Archives de la Ville , dans celles de Notre-Dame, de la Sainte-Chapelle , de Ste-Gèneviéve, dans les Manuſcrits de St Victor. Cet ouvrage vaut mieux pour le fonds des choſes, que pour la manière dont elles ſont rendues. L'auteur mourut ſans avoir eu le tems de le finir. *Rouſſeau* , auditeur des Comptes, y mit la derniére main, y rectifia & ſuppléa beaucoup de choſes. La mort le prévint auſſi, & l'ouvrage ne fut donné au public qu'en 1724. On en a donné une édition en 1733. Pour l'avoir complette , il eſt néceſſaire que le cahier concernant les *Amours des Rois de France*, n'en ſoit pas détaché. Il parut ſéparément , (Hollande 1738,) en 2 vol. in-12 avec figures, ſous le titre de : *Galanteries des Rois de France.*

SAUVEUR, (Joſeph) né à la Flèche en 1653, fut entiérement muet juſqu'à l'âge de 7 ans. Les organes de ſa voix ne ſe débarraſſérent qu'à cet âge, lentement & par dégrés , & ils ne furent jamais bien libres. Dès-lors *Sauveur* étoit machiniſte : déja il conſtruiſoit de petits moulins ; il faiſoit des Siphons avec des chalumeaux, des Jets d'eau, & d'autres machines. Il apprit ſans maitre la géométrie, & ſe trouva enſuite aſſidument aux conférences de *Rohault*. Ce fut alors qu'il ſe conſacra tout entier aux mathématiques. Il enſeigna la géométrie dès l'âge de 23 ans, & il eut pour diſciple le prince *Eugène*. Le jeu appellé *la Baſſette* étoit alors à la mode à la cour. Le marquis de *Dangeau* lui demanda, en 1678, le calcul du *Banquier* contre les *Pontes*. Le mathématicien ſatisfit ſi pleinement à cette demande, que

Louis XIV voulut entendre de lui-même l'explication de son calcul. En 1680, il fut choisi pour enseigner les mathématiques aux pages de Mad^e la *Dauphine*, qui en faisoit beaucoup de cas. Le grand *Condé* prit aussi du goût pour *Sauveur*, & ce goût fut bientôt suivi de l'amitié. Un jour que le mathématicien entretenoit le prince en présence de deux savans, ils se mirent à expliquer ce que le géomètre venoit de dire. Quand ils eurent fini, le grand *Condé* leur dit : *Vous avez cru que Sauveur ne s'entendoit pas bien, parce qu'il parle avec peine ; je l'ai pourtant compris. Vous m'avez parlé beaucoup plus éloquemment, & je n'ai rien entendu.* Lorsque ce prince ne pouvoit pas avoir *Sauveur* auprès de lui, il l'honoroit de ses lettres. Les fréquens voyages qu'il faisoit à Chantilli, lui inspirèrent le dessein de travailler, vers ce temslà, à un *Traité de Fortifications* ; & pour mieux y réussir, il alla en 1691 au siége de Mons, où il monta tous les jours la tranchée. Il visita ensuite toutes les places de Flandres, & à son retour il devint le *Mathématicien ordinaire de la Cour.* Il avoit déja eu, en 1686, une chaire de mathématiques au collége-royal, & il fut reçu de l'académie des sciences en 1696. Enfin, *Vauban* ayant été fait maréchal de France en 1703, il le proposa au roi pour son successeur dans l'emploi d'*Examinateur des Ingénieurs* ; le roi l'agréa & l'honora d'une pension. *Sauveur* en jouit jusqu'à sa mort, arrivée en 1716, à 64 ans. Ce savant étoit offic.eux, doux & sans humeur, même dans l'intérieur de son domestique. Quoiqu'il eût été fort répandu dans le monde, sa simplicité & son ingénuité naturelles n'en

avoient point été altérées. Il étoit sans présomption, & il disoit souvent que *ce qu'un homme peut en Mathématiques, un autre le peut aussi.* On a de lui plusieurs ouvrages dans les *Mémoires de l'Académie des Sciences.* Les principaux sont : I. Des *Méthodes abrégées des grands Calculs.* II. Des *Tables pour la dépense des Jets-d'eau.* III. Le *Rapport des Poids & des Mesures de différens Pays.* IV. Une *Manière de jauger avec beaucoup de facilité & de précision toutes sortes de Tonneaux.* V. Un *Calendrier universel & perpétuel.* On a encore de lui une *Géométrie*, in-4°, & plusieurs *Manuscrits* concernant les mathématiques.

SAXE, *Voyez* IV. ALBERT, duc de... & WEIMAR.

SAXE (électeurs de) : *Voyez* X. FRÉDERIC... & III. MAURICE.

SAXE, (Maurice comte de) naquit en 1696 de *Frédéric-Auguste I*, électeur de Saxe, roi de Pologne, & de la comtesse de *Konigsmarck*, Suédoise, aussi célèbre par son esprit que par sa beauté. Il fut élevé avec le prince électoral, depuis *Frédéric-Auguste II*, roi de Pologne. Son enfance annonça un guerrier. Sans goût pour l'étude, on ne parvint à l'y faire appliquer, qu'en lui promettant de le laisser monter à cheval ou de faire des armes. Il servit d'abord en Flandres dans l'armée des Alliés, commandée par le prince *Eugène* & par *Marleborough.* Il fut témoin de la prise de Lille en 1709, se signala au siége de Tournay, à celui de Mons, à la bataille de Malplaquet, & dit le soir de ce jour mémorable qu'*il étoit content de sa journée.* La campagne de 1710 acquit à ce héros enfant un nouveau surcroît de gloire. Le prince *Eugène* & le duc de *Marleborough* firent publiquement son éloge.

Éloge. Le roi de Pologne affiégea l'année d'après Stralfund, la plus forte place de la Poméranie. Le jeune comte fervit à ce fiége, & y montra la plus grande intrépidité. Il paffa la rivière à la nage, à la vue des ennemis, & le piftolet à la main. Sa valeur n'éclata pas moins à la fanglante journée de Guedelbufck, où il eut un cheval tué fous lui, après avoir ramené 3 fois à la charge un régiment de cavalerie qu'il commandoit alors. Après cette campagne, la comteffe de *Konifmarck* le maria avec la comteffe de *Lobin*, également riche & aimable ; mais cette union ne dura pas. Le comte fit diffoudre fon mariage en 1721, & fe repentit plufieurs fois de cette démarche. Son époufe ne l'avoit quitté qu'avec beaucoup de regret ; mais fes regrets ne l'empêchèrent pas de fe remarier peu de tems après. Le comte de *Saxe* s'étoit rendu en Hongrie l'an 1717. L'empereur y avoit alors une armée de 15000 hommes fous les ordres du prince *Eugène*, la terreur des Ottomans. Le héros Saxon fe trouva au fiége de Belgrade, & à une bataille que ce prince gagna fur les Turcs. De retour en Pologne l'an 1718, le roi le décora de l'ordre de l'*Aigle Blanc*. L'Europe pacifiée par les traités d'Utrecht & de Paffarowitz, n'offrant au héros Saxon aucune occafion de fe fignaler, il fe détermina en 1720 à paffer en France, pour y jouir des douceurs de la fociété. Il avoit eu de tout tems beaucoup d'inclination pour les François, & ce goût fembloit être né en lui avec celui de la guerre : la langue Françoife fut la feule langue étrangère qu'il voulut apprendre dans fon enfance. Le duc d'*Orléans*, inftruit de fon mérite,

Tome VI.

le fixa en France par un brevet de maréchal de camp. Le comte de *Saxe* employa tout le tems que dura la paix, à étudier les mathématiques, le génie, les fortifications, les méchaniques, fciences pour lefquelles il avoit un talent décidé. Le délaffement de tant d'études pénibles & de recherches profondes, étoit un amufement guerrier. L'art d'exercer les troupes avoit fixé l'attention du comte de *Saxe* prefqu'au fortir de l'enfance. Dès l'âge de 16 ans, il avoit inventé un nouvel exercice, & l'avoit fait exécuter en Saxe avec le plus grand fuccès. En 1722, ayant obtenu un régiment en France, il le forma & l'exerça lui-même fuivant fa nouvelle méthode. Le chevalier *Follard*, jufte appréciateur des talens militaires, préfagea dès-lors qu'il feroit un grand-homme. Tandis que la France formoit ce héros, elle fut menacée de le perdre. Les Etats de Courlande le choifirent pour fouverain de leur pays en 1726. La Pologne & la Ruffie s'armérent contre lui. La *Czarine* voulut faire tomber ce duché fur la tête de *Menzicoff*, cet heureux aventurier, de garçon pâtiffier devenu général & prince. Ce rival du comte de *Saxe* envoya à Miftaw 800 Ruffes, qui inveftirent le palais du comte & l'y affiégérent. Le comte, qui n'avoit que 60 hommes, s'y défendit avec le plus grand courage. Le fiège fut levé, & les Ruffes obligés de fe retirer. La Pologne armoit de fon côté. *Maurice*, retiré avec fes troupes dans l'ifle d'Ufmaiz, parle à fes peuples en fouverain, & s'apprête à les défendre en héros. Les Ruffes veulent le forcer dans cette retraite, où il n'avoit que 300 foldats. Le général qui en avoit 4000

R

joignant la perfidie à la force, tente de le furprendre dans une entrevue. Le comté, inftruit de ce complot, le fit rougir de fa lâcheté, & rompit la conférence. Cependant, comme il n'avoit pas affez de forces pour fe défendre contre la Ruffie & la Pologne, il fut obligé de fe retirer l'an 1729, en attendant une circonftance favorable. On prétend que la duch
effe de Courlande douairière, *Anne Iwanowa*, (2e fille du czar *Iwan Alexiowitz*, frere de *Pierre le Grand*,) qui l'avoit foutenu d'abord, dans l'efpérance de l'époufer; l'abandonna enfuite, défefpérant de pouvoir fixer fon inconftance. Cette inconftance lui fit perdre non feulement la Courlande, mais encore le trône de Mofcovie, fur lequel cette princeffe monta depuis. Une anecdote qu'on ne doit point oublier, c'eft que le comte de *Saxe* ayant écrit de Courlande en France pour avoir un fecours d'hommes & d'argent, Mlle *le Couvreur*, fameufe actrice, mit fes bijoux & fa vaiffelle en gage pour fecourir fon amant, & lui envoya une fomme de 40 mille liv. Le comte, déchargé du fardeau de gouverner les hommes, fe retira de nouveau en France. Entièrement livré aux mathématiques, il y compofa en 13 nuits & pendant les accès d'une fièvre, fes *Rêveries*. Cet ouvrage, digne de *Céfar* & de *Condé*, eft écrit d'un ftyle peu correct, mais mâle & rapide, plein de vues profondes & de nouveautés hardies, & également inftructif pour le général comme pour le foldat. La mort du roi de Pologne, fon pere, alluma le flambeau de la guerre en Europe l'an 1733. L'électeur de Saxe offrit au comte fon frere, le commandement général de tou-

tes fes troupes. Celui-ci aima mieux fervir en France en qualité de maréchal-de-camp, & fe rendit fur le Rhin à l'armée du maréchal de *Berwick*. Ce général, fur le point d'attaquer les ennemis à Etlinghen, voit arriver le comte de *Saxe* dans fon camp. *Comte*, lui dit-il auffi-tôt, *j'allois faire venir 3000 hommes, mais vous me valez feul ce renfort.* Ce fut dans cette journée qu'il pénétra, à la tête d'un détachement de grenadiers, dans les lignes des ennemis, en fit un grand carnage, & décida la victoire par fa bravoure. Non moins intrépide au fiège de Philisbourg, il fut chargé d'un grand nombre d'attaques, qu'il exécuta avec autant de fuccès que de valeur. Le grade de lieutenant-général fut, en 1734, la récompenfe de fes fervices. La mort de *Charles VI* replongea l'Europe dans les diffenfions, que la paix de 1736 avoit éteintes. Prague fut affiégée à la fin de Novembre 1741, & en ce même mois le comte de *Saxe* l'emporta par efcalade. La conquête d'Egra fuivit celle de Prague; elle fut prife après quelques jours de tranchée ouverte. La prife de cette ville fit beaucoup de bruit dans l'Europe, & caufa la plus grande joie à l'emp. *Charles VII*, qui écrivit de fa propre main au vainqueur pour l'en féliciter. Il ramena enfuite l'armée du maréchal de *Broglio* fur le Rhin, y établit différens poftes, & s'empara des lignes de Lauterbourg. Devenu maréchal de France en 1744, il commanda en chef un corps d'armée en Flandres. Cette campagne, le chef-d'œuvre de l'art militaire, fit placer le maréchal de *Saxe* à côté de *Turenne*. Il obferva fi exactement les ennemis fupérieurs en nombre, qu'il les réduifit dans l'inaction. L'année 1745 fut encore plus glorieufe. Il fe conclut en Janvier un *Traité d'union à Varfovie*, entre la reine de Hongrie, le roi d'Angleterre & la Hollande. L'ambaffadeur des Etats-généraux, ayant rencontré le maréchal de *Saxe* dans la galerie de Verfailles, lui demanda ce qu'il penfoit de ce Traité? *Je penfe*, répondit ce général, *que fi le Roi mon maître veut me donner carte blanche, j'irai lire à la Haye l'original du Traité avant la fin de l'année.* Cette réponfe n'étoit point une rodomontade; le maréchal de *Saxe* étoit capable de l'effectuer. Il alla prendre, quoique très-malade, le commandement de l'armée Françoife dans les Pays-Bas. Quelqu'un le voyant dans cet état de foibleffe avant fon départ de Paris, lui demanda comment il pourroit fe charger d'une fi grande entreprife? *Il ne s'agit pas de vivre*, répondit-il, *mais de partir.* Peu de tems après l'ouverture de la campagne, fe livre la bataille de Fontenoi. Le général étoit prefque mourant: il fe fit traîner dans une voiture d'ofier, pour vifiter tous les poftes. Pendant l'action il monta à cheval; mais fon extrême foibleffe faifoit craindre qu'il n'expirât à tout moment. C'eft ce qui fit dire au roi de Pruffe, dans une lettre qu'il lui écrivit long-tems après: *Agitant il y a quelques jours la queftion, quelle étoit la bataille de ce fiécle qui avoit fait le plus d'honneur au Général; tout le monde tomba d'accord que c'étoit fans contredit celle dont le Général étoit à la mort, lorfqu'elle fe donna.* La victoire de Fontenoi, due principalement à fa vigilance & à fa capacité, fut fuivie de la prife de Tournay, de celle de Bruges, de Gand, d'Oudenarde, d'Oftende, d'Ath & de

Bruxelles. Au mois d'Avril de cette année 1746, le roi donna au vainqueur de Fontenoi des *Lettres de naturalité*, conçues dans les termes les plus flatteurs. Les campagnes fuivantes lui méritérent de nouveaux honneurs. Après la victoire de Raucoux, le roi lui fit préfent de fix piéces de canon, le créa maréchal de toutes fes armées en 1747, & commandant-général de tous les Pays-Bas nouvellement conquis en 1748. Cette année fut marquée par des fuccès brillans, & fur-tout par la prife de Maftricht. L'année précédente l'avoit été par la victoire de Lawfeld & par la prife de Berg-op-zoom. La Hollande épouvantée trembla pour fes états, & demanda la paix après l'avoir refufée. Elle fut conclue le 18 Octobre 1748, & l'on peut dire que l'Europe dut fon repos à la valeur du maréchal de *Saxe*. Ce grand-homme fe retira enfuite au château de Chambord, que le roi lui avoit donné pour en jouir comme d'un bien propre. Il ne quitta fa retraite que pour faire un voyage à Berlin, où le roi de Pruffe l'accueillit comme *Alexandre* auroit reçu *Céfar*. De retour en France, il fe délaffa de fes fatigues au milieu des gens-de-lettres, des artiftes & des philofophes. La patrie le perdit en 1750, à 54 ans. Cet homme, dont le nom avoit retenti dans toute l'Europe & en avoit fait trembler une partie, compara en mourant fa vie à un rêve: *M. de Senac, dit-il à fon médecin, j'ai fait un beau fonge.* Il avoit été élevé & il mourut dans la religion Luthérienne. *Il eft bien fâcheux*, dit une grande princeffe en apprenant fa mort, *qu'on ne puiffe pas dire un* DE PROFUNDIS *pour un homme qui a fait chanter tant de* TE DEUM! Le héros

Saxon avoit demandé que fon-corps fût brûlé dans de la chaux vive : *Afin*, dit-il , *qu'il ne reſte rien de moi dans le monde , que ma mémoire parmi mes amis*. LOUIS XV, trop juſte & trop ſenſible pour ſouſcrire à cette demande, fit tranſ-porter ſon corps avec la plus grande pompe à Strasbourg , pour y être inhumé dans l'Egliſe Lu-thérienne de St Thomas. Un beau Mauſolée en marbre , ouvrage du célèbre *Pigal*, doit être placé par ordre du roi à l'Ecole militaire. L'Académie propoſa pour ſujet , en 1759 , l'Eloge de ce héros; & ce prix fut remporté par M. *Tho-mas*, homme éloquent, qui a peint le maréchal de *Saxe* du pinceau, dont *Tacite* s'étoit ſervi pour im-mortaliſer *Agricola*. Nous avons déja parlé de l'ouvrage intitulé : *Mes Rêveries*. On en a fait plu-ſieurs éditions. La ſeule bonne eſt celle de Paris en 1757, en 2 vol. in-4°. Elle a été conférée avec la plus grande exactitude ſur le ma-nuſcrit original qui eſt à la biblio-thèque du roi. Cette édition eſt accompagnée de pluſieurs deſſins gravés avec préciſion , & précédée d'un abrégé de la Vie de l'auteur. Elle avoit déja été écrite fort au long , mais avec moins d'exacti-tude & d'élégance, en 1752, en 2 vol. in-12. *Voyez* auſſi l'*Eloge du Comte de Saxe par M. Thomas* , à Paris, 1761, in-8°; & ſon *Hiſtoire par M. d'Eſpagnac*, 2 vol. in-12.

SAXI, (Pamphile) poëte Latin, de Modène, floriſſoit à la fin du xve ſiécle. Ses *Poëſies*, publiées à Breſſe en 1499, in-4°, ſont peu communes.

SCACCHI, *Voyez* SCHACCHI.

SCALCKEN, (Godefroi) pein-tre, né en 1643 à Dordrecht , ville de Hollande, mort à la Haye en 1706, excelloit à faire des por-traits en petit , & des ſujets de caprice. Ses tableaux ſont ordi-nairement éclairés par la lumiére d'un flambeau ou d'une lampe. Les reflets de lumière qu'il a ſa-vamment diſtribués , un clair-obſ-cur dont perſonne n'a mieux poſ-ſédé l'intelligence, des teintes par-faitement fondues, des expreſſions rendues avec beaucoup d'art, don-nent un grand prix à ſes ouvra-ges. Ce maître ſe fit deſirer en Angleterre, où il eut l'honneur de peindre *Guillaume III. Scalcken* étoit de ces hommes bizarres qui ſe laiſſent trop aller à leur humeur libre. On rapporte que faiſant le portrait du roi, il eut la témé-rité de lui faire tenir la chandel-le. Le prince eut la complaiſance de s'y prêter, & de ſouffrir mê-me patiemment que le ſuif dé-gouttât ſur ſes doigts.

I. SCALIGER, (Jules - Céſar) né en 1484, au château de Ripa, dans le territoire de Vérone, ſe diſoit deſcendu des princes de l'*Eſcale* , ſouverains de Vérone. *Scioppius* lui donne une origine un peu différente. Il prétend qu'il étoit fils d'un maître d'école ap-pellé *Benoît Burden*. Ce maître d'é-cole étant allé demeurer à Veni-ſe , y changea le nom de *Burden* contre celui de *Scaliger* , parce qu'il avoit une échelle pour en-ſeigne, ou parce qu'il habitoit la rue de l'Echelle. Quoi qu'il en ſoit , ſon fils porta les armes avec honneur dans ſa jeuneſſe , & s'ac-quit enſuite une grande réputation dans les belles-lettres & dans les ſciences. Il exerça long-tems la mé-decine avec ſuccès dans la Guien-ne. Son fils le repréſente comme le plus habile médecin de l'Euro-pe, quoiqu'il exerçât cet art moins pour guérir les autres, que pour s'empêcher de mourir de faim. On fait combien il faut fe méfier de ces éloges. *Jules Scaliger* mourut à Agen en 1558, âgé de 75 ans. On a de lui : I. Un Traité de l'*Art Poëtique*, 1561, in-fol. II. Un livre des *Caufes de la Langue Latine*, 1540, in-4°. III. Des *Exercitations* contre *Cardan*, 1557, in-4°. IV. Des *Commentaires* fur l'Hiftoire des Animaux d'*Ariftote*, & fur le Traité des Plantes de *Théophrafte*. V. Des *Problèmes* fur *Aulu-Gelle*. VI. Quelques *Traités* de Phyfique. VII. Des *Lettres*, Leyde, 1600, in-8°. VIII. Des *Harangues*. IX. Des *Poëfies*, in-8°, & d'autres ouvrages en latin. On remarque dans ces différens ouvrages de l'efprit, & beaucoup de critique & d'érudition ; mais comme il étoit peu habile dans la poëfie grecque, on ne doit faire aucun fonds fur les jugemens qu'il porte d'*Homére* & des autres poëtes Grecs. Sa vanité & fon efprit fatyrique lui attirérent un grand nombre d'adverfaires, parmi lefquels *Gafpar Scioppius* & *Cardan* fe fignalérent.

II. SCALIGER, (Jofeph-Jufte) fils du précédent, né à Agen l'an 1540, embraffa le Calvinifme à l'âge de 22 ans , & vint achever fes études dans l'univerfité de Paris , où il apprit le Grec fous *Turnèbe*. Il fe rendit auffi très-habile dans la langue Hébraique, dans la chronologie & dans les belles-lettres. Appellé à Leyde , il y fut profeffeur pendant 16 ans, & y finit fes jours en 1609, à 69 ans. *Jofeph Scaliger*, parfaitement femblable à fon pere , avoit la vanité la plus déplacée, & l'humeur la plus cauftique & la plus infupportable. Ses écrits font un amas de chofes utiles, & d'invectives groffiéres contre tous ceux qui ne le déclaroient point le Phénix des auteurs. Ebloui par la fottife de quelques compilateurs qui l'appelloient *Abyme d'Erudition* , *Océan de Science* , *Chef-d'œuvre* , *Miracle* , *dernier effort de la Nature*; il s'imaginoit bonnement qu'elle s'étoit épuifée en fa faveur. C'étoit un tyran dans la littérature. Il fe glorifioit de parler 13 langues, l'hébreu, le grec, le latin, le françois, l'efpagnol, l'italien, l'allemand, l'anglois, l'arabe, le fyriaque, le chaldaïque, le perfan & l'éthiopien; c'eft-à-dire, qu'il n'en favoit aucune à fonds. La connoiffance imparfaite qu'il avoit de toutes, étoit un répertoire dans lequel il puifoit des termes infultans & groffiers. Auteurs morts & vivans, tous furent également immolés a fa critique. Il leur prodigua plus ou moins les épithètes de *fou*, de *fot*, d'*orgueilléux* , de *bête*, d'*opiniâtre* , de *plagiaire*, de *miférable efprit*, de *ruftique*, de *méchant*, de *pédant*, de *groffe bête*, d'*étourdi* , de *conteur de fornettes*, de *pauvre homme*, de *fat*, de *fripon*, de *voleur*, de *pendard*. Il appelle tous les Luthériens, *barbares*; & tous les Jéfuites, *ânes...* *Origène* n'eft qu'un *rêveur*, felon lui ; *St Juftin*, un *imbécille*; *St Jérôme*, un *ignorant*; *Rufin*, un *vilain maraut*; *St Chryfoftôme*, un *orgueilleux vilain*; *St Bafile*, un *fuperbe*; & *St Thomas*, un *pédant*. Une fi grande déraifon faifoit dire « qu'affûrément le *Dia-* » *ble* étoit auteur de fon érudi- » tion. » Il méritoit de rencontrer quelqu'un encore plus emporté que lui. Le champion qu'on defiroit fe préfenta. *Jofeph Scaliger* ayant donné , en 1594, une Lettre fur l'ancienneté & fur la fplendeur de la race *Scaligérienne*, (*De origine gentis Scaligeræ*, in-4°;) *Scioppius*, indigné du ton de hauteur qu'il prenoit, chercha à l'humilier, en publiant les bafieffes & les infamies de fa famille : (*Voyez* la fuite de cette querelle dans l'article de ce dernier.) *Scaliger* fe mêla de poëfie, comme fon pere ; mais il n'y réuffit pas mieux que lui. Le plus grand fervice qu'il ait rendu à la littérature, eft d'avoir imaginé le premier un fil dans le labyrinthe de la chronologie, & d'avoir trouvé des principes sûrs pour ranger l'hiftoire dans un ordre exaĉt & méthodique. Ses ouvrages font : I. Des *Notes* fur les Tragédies de *Senèque*, fur *Varron*, fur *Aufone*, fur *Pompeïus Feftus*, &c. Il y a fouvent trop de fineffe dans ces commentaires, & en voulant donner du génie à fes auteurs, il laiffa échaper leur véritable efprit. II. Des *Poëfies*, 1607, in-12. III. Un Traité *De emendatione Temporum*, très-favant, quoiqu'il y ait des inexaĉtitudes. La meilleure édition de cet ouvrage eft celle de Genève, 1609, in-fol. IV. La *Chronique* d'*Eufebe*, avec des notes, Amfterdam 1658, 2 vol. in-fol. V. *Canones Ifagogici*. VI. *De tribus Seĉtis Judæorum*, à Delft, 1703, 2 vol. in-4° : édition augmentée par *Trigland*. VII. Divers autres ouvrages, dans lefquels on voit qu'il avoit beaucoup plus d'étude, de critique & d'érudition, que *Jules-Céfar Scaliger*, fon pere ; mais moins d'efprit. Les Recueils intitulés *Scaligerana*, (imprimés avec d'autres *Ana*, 1740, en 2 vol. in-12,) ont été recueillis des converfations de *Jofeph Scaliger*. Ce n'eft point lui qui en eft l'auteur.

III. SCALIGER, (Camille) poëte burlefque Italien du XVI° fiécle, affez peu connu, eft auteur : I. De *Il Furto amorofo*, *Comedia onefta*, Venife 1613, in-12. II. De *Bertoldo fon Bertoldino*, *Poëma*, Bologne, 1636, in-4°, avec figures,

SCAMOZZI, (Vincent) né à Vicence en 1552, mort à Venife en 1616, fut un des plus excellens architectes & des plus employés de fon tems. Il voyagea beaucoup, non feulement en Italie, mais en France, en Allemagne, en Hongrie, pour perfectionner fes talens & fes connoiffances. Il travailla à Vicence fa patrie, à Padoue, à Gênes, à Florence, & fit quantité de deffeins pour différens pays, qui lui furent demandés par des Princes ou grands Seigneurs. Ses principaux ouvrages fe voient à Venife où il s'étoit fixé, & dans les environs de cette ville où il bâtit plufieurs maifons de campagne. C'eft fur fes deffeins que fut conftruite l'importante citadelle de Palma dans le Frioul Vénitien. Tant d'occupations ne lui permirent pas de mettre la derniére main à un grand ouvrage qu'il avoit entrepris, fous le titre d'*Idea della Architeĉtura univerfale*, qui devoit contenir X liv. mais dont il n'en a publié que VI, à Venife, en 1615, en 2 vol. infol. Le VI° qui traite des différens ordres d'architeĉture, & qui eft un chef-d'œuvre, a été traduit par d'*Aviler*. *Scamozzi* avoit une baffe jaloufie contre le *Palladio* fon compatriote, & en parloit toujours avec dédain. Ce n'eft pas en blâmant & en dénigrant les grands-hommes, qu'on parvient à les furpaffer ; mais en leur rendant juftice & en faifant mieux.

SCANDERBERG, ou plutôt SCANDERBEG, c'eft-à-dire *Alexandre Seigneur*, eft le furnom de *George Castriot*, roi d'Albanie. Il naquit en 1404, & fut donné en ôtage par fon pere au fultan *Amurat II*, avec fes trois freres, *Repofe*, *Stonife* & *Conftantin*. Ces trois princes périrent d'un poifon lent que le fultan leur fît donner. *George* dut la vie à fa jeuneffe, à fon efprit & à fa bonne mine. *Amurat* le fit circoncire, l'éleva avec foin, & lui donna enfuite le commandement de quelques troupes, avec le titre de Sangiac. *Scanderberg* devint en peu de tems le premier des héros Turcs. Son pere étant mort en 1432, il forma le deffein de rentrer dans l'héritage de fes ancêtres & de fecouer le joug Mufulman. L'empereur ayant envoyé une puiffante armée en Hongrie, voulut que *Scanderberg* y jouât un rôle. Dès qu'il y fut arrivé, il fe lia fecrettement avec *Huniade-Corvin*, un des plus redoutables ennemis de l'empire Ottoman. Il affûra ce général qu'à la première bataille il chargeroit les Turcs, & fe tourneroit du côté des Albanois. Il exécuta fidellement fa promeffe. Les Turcs furent obligés de plier, & il en demeura 30,000 fur le champ de bataille. *Scanderberg*, profitant du défordre où étoient les ennemis, fe faifit du fecrétaire d'*Amurat*, le met aux fers, & le force d'écrire & de fceller un ordre au gouverneur de Croie, capitale d'Albanie, de remettre la ville & la citadelle à celui qui portoit cet ordre expédié au nom de l'empereur. *Scanderberg* fait maffacrer le fecrétaire & tous ceux qui avoient été préfens à l'expédition de ces fauffes lettres, afin qu'*Amurat* n'en pût avoir aucune connoiffance. Il fe transporte auffi-tôt à Croie, & après s'être emparé de la place, il le fait reconnoître à fes peuples qui le proclament leur fouverain. Il remonta ainfi fur le trône de fes peres en 1443, & s'y foutint par fes armes. Son parti lui gagna toute l'Albanie. En vain *Amurat* arma contre lui, & mit deux fois

le fiége devant Croie ; il fut obligé de le lever. *Scanderberg* fut tirer tant d'avantage de l'affiette d'un terrein âpre & montagneux, qu'avec peu de troupes il arrêta toujours de nombreufes armées Turques. *Mahomet II*, fils & fucceffeur d'*Amurat*, continua la guerre pendant onze ans par fes généraux, qui furent fouvent battus, fans que leurs pertes fuffent compenfées par aucun avantage. Enfin las de la guerre, *Mahomet* rechercha la paix & l'obtint en 1461. Le héros Albanois vint auffi-tôt en Italie ; à la priére du pape *Pie II*, pour fecourir *Ferdinand* d'Aragon, affiégé dans Bari. Il fit lever le fiége, & contribua beaucoup à la victoire que ce prince remporta fur le comte d'*Anjou*. L'empereur Turc ne tarda pas de recommencer la guerre ; mais fes généraux étant toujours repouffés, il voulut tenter la fortune lui-même. Croie fut encore affiégée 2 fois en deux campagnes confécutives, & 2 fois auffi le fiége fut levé. Enfin *Scanderberg*, couvert de gloire, mourut en 1467, à 63 ans. Les Mufulmans le regardoient comme un perfide ; mais il ne trompa que fes ennemis. S'il fut cruel dans quelques occafions, il fût contraint de l'être. Sa mort fut une véritable perte pour la Chrétienté, dont il avoit été le rempart. Les Albanois, trop foibles après la perte de leur chef, fubirent de nouveau le joug de la domination Turque. *Scanderberg* peut être mis au premier rang des guerriers les plus heureux, puifque s'étant trouvé à 22 batailles, & ayant tué (dit-on) près de 2000 Turcs de fa propre main, il ne reçut jamais qu'une légère bleffure. Sa force etoit fi extraordinaire, que *Mahomet*, étonné des coups prodigieux qu'il portoit, lui fit demander son cimeterre, s'imaginant qu'il y avoit quelque chose de surnaturel. Mais il le renvoya bientôt, comme une arme inutile dans les mains de ses généraux. Alors *Scanderberg* lui fit dire, qu'*en lui envoyant le cimeterre, il avoit gardé le bras qui savoit s'en servir*. Le Pere du *Poncet*, Jésuite, publia en 1709, in-12, la *Vie* de ce grand-homme; elle est curieuse & intéressante.

SCANTILLA, (*Manlia*) femme de *Didier Julien*. Ce fut par son conseil que son époux alla offrir ses trésors aux soldats Romains, qui avoient mis l'empire à l'encan, après la mort de *Pertinax*, massacré le 28 Mars 193. *Julien* fut en effet proclamé empereur; mais *Scantilla* paya cher le titre d'impératrice. Elle passa les 66 jours du règne orageux de son époux, dans des allarmes continuelles; & elle le vit au bout de ce tems exécuter par la main du bourreau, tel qu'un vil scélérat. *Septime-Sévère* la dépouilla du nom d'Auguste que le sénat lui avoit donné. Toute la grace qu'elle obtint, fut de faire inhumer le corps de son époux; après quoi elle rentra dans une vie privée: vie plus heureuse que celle du trône, si le souvenir de ses grandeurs & celui de ses infortunes n'avoientpoint troublé sa tranquillité.

SCAPULA, (Jean) après avoir fait ses études à Lausanne, fut employé dans l'imprimerie de *Henri Etienne*. Pendant que cet habile homme imprimoit son excellent *Trésor de la Langue Grecque*, son correcteur en faisoit en secret un Abrégé. Il prit du *Trésor* ce qu'il jugea être plus à la portée des étudians, & en composa un *Dictionnaire Grec*, qu'il publia en 1580. Ce *Lexicon*, réimprimé à Leyde par

les *Elzévirs*, 1652, in-fol., empêcha la vente du grand *Trésor*, & causa la ruine de la fortune de *Henri* Etienne. *Scapula* jouit tranquillement des fruits de son infidélité envers son maître.

SCARGA, (Pierre) Jésuite Polonois, né en 1536, mort à Cracovie en 1612, fut recteur du collège de Wilna, & prédicateur aulique de *Sigismond III*. On a de lui un *Abrégé* peu connu des *Annales* de *Baronius*, & un grand nombre d'ouvrages théologiques, impr. en 4 vol. in-fol.

SCARRON, (Paul) fils d'un conseiller au parlement, d'une famille ancienne de robe, naquit à Paris à la fin de 1610 ou au commencement de 1611. Son pere, marié en secondes noces, le força d'embrasser l'état ecclésiastique: il obéit, & vécut en mondain. Il fit à 24 ans un voyage en Italie, où il se livra à tous les plaisirs. De retour à Paris, il continua la même vie; mais des maladies longues & douloureuses l'avertirent de l'affoiblissement de sa complexion. Enfin une partie de plaisir lui ôta subitement, à l'âge de 27 ans, ces *jambes qui avoient bien dansé*, ces *mains qui avoient su peindre & jouer du luth*. Il étoit allé passer, en 1638, le carnaval au Mans, dont il étoit chanoine. Un jour s'étant masqué en Sauvage, cette singularité le fit poursuivre par les enfans de la ville. Obligé de se réfugier dans un marais, un froid glaçant pénétra ses veines, une lymphe âcre se jetta sur ses nerfs & le rendit un raccourci de la misére humaine. Gai en dépit des souffrances, il se fixa à Paris, & attira chez lui, par ses plaisanteries, les personnes les plus aimables & les plus ingénieuses de la cour & de la

Ville. La perte de fa fanté fut fuivie de celle de fa fortune. Son pere étant mort, il eut des procès à foutenir contre fa marâtre. Il plaida burlefquement une caufe où il s'agiffoit de tout fon bien, & il la perdit. Mad⁵ de *Hautefort*, fon amie, fenfible à fes malheurs, lui obtint une audience de la reine. Le poète lui demanda la permiffion d'être *fon Malade* en titre d'office. Cette princeffe fourit, & *Scarron* prit ce foutis pour un brevet : depuis il prit le titre de SCAR- RON, *par la grace de Dieu*, *Malade indigne de la Reine*. Il tâcha de fe rendre utile cette qualité. Il loua *Mazarin*, qui lui donna une penfion de 500 écus ; mais ce miniftre ayant reçu dédaigneufement la dédicace de fon *Typhon*, & le poë- te ayant lancé contre lui la *Mazarinade*, la penfion fut fupprimée. Il s'attacha alors au prince de *Condé*, dont il célébra la victoire ; & au coadjuteur de Paris, auquel il dédia la 1ʳᵉ partie du *Roman Comique.* Son mariage avec Mlle d'*Aubigné*, en 1651, vint augmen- ter fes plaifirs, fans augmenter fa fortune. La bonne compagnie n'en fut que plus ardente à fe raf- fembler chez lui ; mais elle chan- gea de ton. *Scarron* réforma fes mœurs & fes faillies indécentes, & peu-à-peu la fociété s'habitua à une bienféance, qui, fans bannir la gaieté exceffive du maître de la maifon, en adouciffoit les traits. Cependant *Scarron* vivoit avec fi peu d'économie, qu'il fut bientôt réduit à quelques rentes viagères, & à fon marquifat de *Quinet* : (c'é- toit ainfi qu'il appelloit le revenu de fes livres, du nom du libraire qui les imprimoit.) Il demandoit des gratifications à fes fupérieurs, avec l'effronterie d'un poète bur- lefque, & la baffeffe d'un cul-de-

jatte. Il parle ainfi au Roi dans fa Dédicace de Don *Japhet* d'Armé- nie : « Je tâcherai de perfuader à » Votre Majefté, qu'elle ne fe » feroit pas grand tort, fi elle me » faifoit un peu de bien ; je ferois » plus gai que je ne fuis. Si j'étois » plus gai que je ne fuis, je fe- » rois des Comédies enjouées. Si » je faifois des Comédies en- » jouées, Votre Majefté en fe- » roit divertie. Si elle en étoit di- » vertie, fon argent ne feroit pas » perdu. Tout cela conclud fi né- » ceffairement, qu'il me femble » que j'en ferois perfuadé, fi j'é- » tois auffi bien un grand Roi, » comme je ne fuis qu'un pauvre » malheureux. » Dans l'abondance, *Scarron* dédioit fes livres à la le- vrette de fa fœur ; & dans le be- foin, à quelque *Monfeigneur*, qu'il louoit autant, & qu'il n'eftimoit pas davantage. Une charge d'Hif- toriographe vint à vaquer ; il la demanda & ne l'obtint point. Enfin *Foucquet* lui donna une penfion de 1600 liv. La reine *Chriftine* ayant paffé à Paris, voulut voir *Scarron.* *Je vous permets*, lui dit-elle, *d'être amoureux de moi ; la Reine de France vous a fait fon Malade, & moi je vous crée mon* Roland... *Scarron* ne jouit pas long-tems de ce titre : il fut furpris d'un hoquet fi violent, qu'on craignoit à tout moment qu'il n'expirât. Cet accident dimi- nua : *Si j'en reviens*, dit-il, *je fe- rai une belle Satyre contre le hoquet*. Ses parens, fes domeftiques fon- doient en larmes au chevet de fon lit : *Mes enfans*, leur dit-il, *je ne vous ferai jamais autant pleurer que je vous ai fait rire*. Et un moment avant que d'expirer, il dit : *Je n'aurois jamais cru qu'il fût fi aifé de fe moquer de la mort.* Il rendit le dernier foupir en Octobre 1660, à 51 ans. Ses Ouvrages ont été recueillis par *Bruzen* de la Mar-tiniére en 10 vol. in-12, 1737. On y trouve : I. L'*Enéide travestie*, en 8 livres. II. *Typhon*, ou *la Gigantomachie*. III. Plusieurs Comédies, telles que : *Jodelet*, ou *le Maître Valet*; *Jodelet souffleté*; *Don Japhet d'Arménie*; l'*Héritier ridicule*; le *Gardien de soi-même*; le *Marquis ridicule*; l'*Ecolier de Salamanque*; la *fausse Apparence*; le *Prince Corsaire*, Tragi-Comédie ; & d'autres petites Piéces de vers. IV. Son *Roman Comique*, ouvrage en prose, & le seul de ses ouvrages qui mérite quelque attention. Il est écrit avec beaucoup de pureté & de gaieté, & il n'a pas peu contribué à la perfection de la langue Françoise. V. Des *Nouvelles Espagnoles*, traduites en françois. VI. Un volume de *Lettres*. VII. Des *Poësies* diverses, des *Chansons*, des *Epîtres*, des *Stances*, des *Odes*, des *Epigrammes*. Tout respire dans ce recueil l'enjouement, & une gaieté pleine de vivacité & de feu. *Scarron* trouvé à rire dans les sujets les plus sérieux ; mais ses saillies sont plutôt d'un Bouffon, d'un Trivelin, que d'un homme délicat & ingénieux. Il tombe presque toujours dans le bas & dans l'indécent. Si l'on excepte quelques-unes de ses *Comédies*, plus burlesques cependant que comiques, quelques morceaux de son *Enéide travestie*, & son *Roman Comique*; tout le reste n'est digne d'être lu que par des laquais ou des baladins de village. On a dit qu'il a été le premier homme de son siécle pour le burlesque, mais quelle gloire peut-on retirer du premier rang dans un genre aussi détestable que celui-là ?

SCARUFFI, (Gaspar) écrivain Italien du XVI° siécle, est peu connu, quoiqu'il ait composé un ouvrage très-rare sur les monnoies,

intitulé : L'*Alitinonfo, per far ragione, e concordanza d'Oro e d'Argento*, &c. à Reggio, 1582, in-fol. 65 feuillets. On doit trouver ensuite 10 feuillets qui ont pour titre : *Breve Instruzione sopra il Discorso di Scaruffi*. Ce livre est recherché par les curieux.

SCAURUS, (M. *Æmilius*) d'une ancienne famille de Rome, fit construire, étant édile, le *Théâtre* le plus vaste & le plus magnifique qui ait jamais été vu. Il étoit capable de contenir 80,000 personnes. Il y avoit 360 colonnes de marbre. Le 1er étage étoit tout de marbre; celui du milieu étoit de verre, & le plus bas n'étoit que de colonnes qui soutenoient un plancher & un lambris dorés. Les colonnes d'en-bas avoient toutes 38 pieds de haut, & dans les intervalles il y avoit 3000 statues de bronze. Tout l'appareil de ce Théâtre, & tout ce qui servoit aux acteurs, étoit de toile d'or, avec un grand nombre de riches tableaux. *Scaurus* épousa la fameuse *Murcie*, répudiée par le grand *Pompée*... Il y a eu un autre *Scaurus*, célèbre par un trait d'histoire. La cavalerie Romaine repoussée par les Cimbres près le fleuve Adèse, ayant abandonné le proconsul *Quintus-Catulus*, & pris la fuite en tremblant vers Rome, *Scaurus* envoya des gens dire à son fils qui avoit part à ce désordre : *Qu'il auroit vu avec plus de satisfaction son corps étendu sur le champ de bataille, que de le voir revenir complice d'une fuite aussi honteuse : Qu'ainsi ce fils indigne devoit éviter la présence d'un pere irrité, s'il avoit encore quelque reste de honte.* Le jeune-homme ayant appris cette nouvelle, tourna contre lui-même une épée dont il ne s'étoit point servi contre son ennemi, & se donna la mort.

SCEVOLA, *Voyez* MUTIUS.

SCÉVOLE, *Voy.* STE-MARTHE.

SCHAAF, (Charles) né en 1646 à Nuys, ville de l'électorat de Cologne, étoit fils d'un major dans les troupes du *Landgrave* de Hesse-Caffel. Il perdit son pere dès l'âge de 8 ans. Sa mere l'accompagna à Duisbourg, où il enseigna les langues Orientales. Trois ans après il fut appellé à Leyde pour y exercer le même emploi. Il s'en acquitta avec tant de succès, que les curateurs de l'université augmentérent souvent ses appointemens. Ce savant, non moins distingué par la douceur & la pureté de ses mœurs, que par son érudition & son amour pour le travail, mourut en 1729, à 83 ans, d'une attaque d'apoplexie. Ses principaux ouvrages sont: I. *Grammatica Chaldaïca & Syriaca*, 1686, in-8°. II. *Novum Testamentum Syriacum*, à Leyde, 1708, in-4°. avec une traduction latine. III. *Lexicon Syriacum concordantiale*, à Leyde, 1708, in-4°. IV. *Epitome Grammaticæ Hebrææ*, 1716, in-8°.

SCHABOL, (Jean ROGER) diacre du diocèse de Paris, licencié en Sorbonne, étoit fils d'un sculpteur, qui lui donna une éducation supérieure à sa naissance. La nature lui avoit donné une espèce de passion pour le jardinage; il s'en occupa toute sa vie, qui fut longue. Il fit part au public de ses observations, dans trois ouvrages pleins de choses excellentes, mais mal digérées. I. La *Théorie du Jardinage*, Paris, 1774, in-12. II. La *Pratique* du même, 1774, 2 vol. in-12. III. Le *Dictionnaire du Jardinage*, 1767, in-8°. La mort enleva l'auteur en 1768, à l'âge de 77 ans. Cet écrivain avoit beaucoup de littérature; il écrivoit sans élégance, mais avec chaleur.

Sa conversation étoit amusante, & s'il étoit prévenu en faveur de son mérite, il ne déprimoit jamais celui des autres.

SCHACCI, SCHACCHI, ou SCACCHI, (Fortunat) religieux Augustin, né à Trau en Dalmatie vers 1560, fut le fruit du mariage illégitime d'un gentilhomme d'Ancone & d'une servante. Il enseigna la théologie, l'Hébreu & l'Ecriture dans plusieurs villes d'Italie, avec beaucoup de réputation. Il devint ensuite maitre de la chapelle du pape *Urbain VIII*, qui, prévenu contre lui par ses ennemis, lui ôta cette charge. Le Pere *Schacci* en conçut tant de chagrin, qu'il vendit sa nombreuse bibliothèque, & se retira à Fano, où il mourut en 1633. On a de lui un livre intitulé: *Myrothecium*, Rome, 1625, 1627 & 1637, en 3 vol. in-4°, & Amsterdam, 1701, 1 vol. in-f. ouvr. très-savant, mais prolixe, & plein de digressions étrangères à son sujet. Il y traite de toutes les onctions dont il est parlé dans l'Ecriture-sainte: comme de celles des Rois, des Prêtres, des Prophètes, & des choses saintes, & même de l'huile des lampes & de l'huile des parfums. On a encore de lui: I. Une *Traduction* latine de la *Bible*, faite sur l'hébreu, le grec des Septante, & la Paraphrase chaldaïque; à Venise, 1609, 2 vol. in-fol. II. *De cultu Sanctorum*, Romæ, 1639, in-4°. III. Des *Sermons Italiens*, Rome 1636, in-4°. La vie de *Schacci* fut fort agitée; il étoit naturellement bilieux & inquiet. La vivacité avec laquelle il s'éleva contre divers abus qui régnoient dans son ordre, & le peu de ménagement avec lequel il reprenoit la conduite de ses supérieurs, lui attirèrent des chagrins cuisans. Il avoit d'autant plus mauvaife grace de cenfurer les autres, que fes mœurs n'étoient point irréprochables, & qu'il avoit un penchant décidé pour le fexe.

I. SCHAH-ABBAS, furnommé *le Grand*, & VII° roi de Perfe de la race des *Sophis*, monta fur le trône en 1586. Les Turcs & les Tartares-avoient enlevé plufieurs provinces a fon pere *Codabendi*; il fe les fit rendre. Les Portugais s'étoient rendus maitres, depuis 1507, de l'ifle & de la ville d'Ormus; il la reprit en 1622. Il fe préparoit à de plus grands exploits, lorfqu'il mourut à la fin de 1628, après un règne de 44 ans. Ce conquérant fut le reftaurateur de l'état par fes armes, & le bienfaiteur de la patrie par fes loix. Il commença par détruire une milice auffi infolente que celle des Janiffaires. Il tranfporta des peuples d'un pays dans un autre; il conftruifit des édifices publics; il rebâtit des villes; il fit des fondations utiles; Ifpahan devint fous lui la capitale de la Perfe; l'ordre fut rétabli par-tout. Mais en travaillant pour le bien public, *Schah-Abbas* s'abandonna fouvent à la cruauté de fon caractére.

II. SCHAH-ABBAS, arriérepetit-fils du précédent, fut le IX° roi de Perfe de la race des *Sophis*. Il commença à régner en 1642, à l'âge de 13 ans, & reprit à 18 la ville de Candahar, que fon pere avoit cédée au Mogol, qui tenta en vain de la reprendre. Le jeune monarque amaffoit de grandes fommes d'argent pour étendre les bornes de fon empire; mais la maladie vénérienne l'enleva au monde, au milieu de fes projets, en 1666, à 37 ans. Son nom doit avoir une place parmi ceux des princes juftes; il protégeoit ouvertement le Chriftianif-

me, & ne permettoit pas qu'on inquiétât perfonne pour fa religion. *L'intérieur des hommes relève*, difoit-il, *de Dieu feul, & mon devoir doit fe borner à veiller au gouvernement extérieur de l'Etat.*

SCHAH-ISMAEL, *Voyez* IS-MAEL, n° III.

SCHAH-SOPHI, *Voy.* KARIB.

SCHARDIUS, (Simon) né en Saxe l'an 1535, affeffeur de la chambre impériale à Spire, mourut en Mai 1573. On doit à cet auteur un Recueil des *Ecrivains de l'Hiftoire d'Allemagne*, 1574, en 4 tomes in-fol.; & d'autres ouvr. en latin, médiocrement bons.

SCHEDIUS, (Paul Meliffe) né à Meriftad en Franconie l'an 1539, mort à Heidelberg en 1602, poëte Latin & Allemand, mérita, n'étant encore âgé que de 25 ans, la couronne de laurier que les empereurs avoient coutume de donner à ceux qui fe diftinguoient dans la poëfie. Il fut auffi comblé d'honneurs dans les cours étrangéres. En Angleterre la reine *Elizabeth* lui témoigna beaucoup d'eftime & de bienveillance; & en Italie il fut fait comte Palatin & citoyen Romain. Nous avons de ce poete VIII livres de *Confidérations* ou de *Penfées*, 1586 & 1625, in-8°; deux d'*Exhortations*; deux d'*Imitations*. Des *Epigrammes*, des *Odes*, &c. 1592, in-8°. Il a auffi traduit les *Pfeaumes* en vers allemands. On a trop vanté ce poëte, verfificateur médiocre, en le comparant à *Horace*.

SCHEELSTRATE, (Emmanuel de) chanoine & chantre d'Anvers fa patrie, puis garde de la bibliothèque du Vatican, & chanoine de StJean deLatran, puis de St Pierre à Rome, mourut dans cette derniére ville en 1692, à 46 ans. Il y jouit de la confidération que devoit avoir un homme, qui s'é-toit toujours proposé d'étendre la jurisdiction du pape & de relever sa dignité. On a de lui un grand nombre d'ouvrages. Les plus connus sont : I. *Antiquitates Ecclesiæ illustratæ*, 1692 & 1697, 2 vol. in-fol. Les préjugés Ultramontains y dominent. II. On fait le même reproche à son ouvrage intitulé : *Ecclesia Africana sub Primate Carthaginensi*, 1679, à Anvers, in-4°. III. *Acta Constantiensis Concilii*, in-4°. IV. *Acta Ecclesiæ orientalis contra* Calvini *&* Lutheri *Hæreseon*, Rome, 4 vol. in-fol. On voit par ces différens écrits, que l'auteur étoit très-versé dans l'antiquité ecclésiastique ; mais son sçavoir n'étoit pas éclairé par le flambeau de la critique, du goût & de la philosophie.

I. SCHEFFER, (Pierre) de Gernsheim, doit être regardé comme l'un des premiers inventeurs de l'Imprimerie, avec *Guttemberg* & *Fusth*... *Voyez* ces deux articles.

II. SCHEFFER, (Jean) né à Strasbourg en 1621, fut appellé en Suède par la reine *Christine*, qui le fit professeur en éloquence & en politique à Upsal. Il devint ensuite bibliothécaire de l'université de cette ville, où il mourut en 1679. On a de lui : I. Un Traité, *De Militiâ navali Veterum*, à Upsal 1659, in-4°. II. *Upsalia antiqua*, in-8°. III. *Laponia*, in-4°. traduit en franç. par le P. *Lubin*, 1678, in-4°. IV. *Suecia litterata*, dans *Bibliotheca Septentrionis eruditi*, Leipsick 1699, in-8°. V. *De re vehiculari Veterum*, Francfort 1671, in-4°. & un grand nombre d'autres ouvrages pleins d'érudition.

SCHEGKIUS, (Jacques) né à Schorndorff, dans le duché de Wittemberg, professa pendant 13 ans la philosophie & la médecine à Tubinge. Il devint aveugle, & il fut si peu sensible à la perte de sa vue, qu'un oculiste lui en promettant la guérison, il le refusa *pour n'être pas obligé de voir tant de choses qui lui paroissoient odieuses ou ridicules.* Cet accident ne l'empêcha pas de continuer ses occupations jusqu'à sa mort, arrivée en 1587. On a de lui un Dialogue, *De Animæ principatu* ; un Traité, *De unâ personâ & duabus naturis in Christo*, adversùs *Anti-Trinitarios* ; une *Refutatio errorum Simonii*, Tubinge, 1573, in-fol. & beaucoup d'autres livres de philosophie, de médecine & de théologie, où l'auteur préconise les antiques délires du Péripatétisme.

SCHEINER, (Christophe) Jésuite, né à Schwaben dans le pays de Mindelheim, mort à Nice en 1650, fut mathématicien & confesseur de l'archiduc d'Autriche. On dit qu'il observa le premier les taches du Soleil, quoique d'autres attribuent, avec plus de raison, cette découverte à *Galilée*. *Scheiner* publia, en 1630, in-fol. son ouvrage intitulé : *Rosa Ursina*, dans lequel il traite de ces taches. Quoique ce livre manque de précision, on y trouve quelques observations utiles. Lorsqu'il communiqua la découverte des taches du Soleil à son provincial, ce bon-homme, qui pensoit comme les Péripatéticiens, que cet astre étoit tout brillant de la plus pure lumière, se moqua de lui, & lui conseilla de mieux nettoyer ses verres. Il fallut, dit-on, que *Scheiner* tint pendant quelque tems sa découverte fort secrette.

SCHELHAMMER, (Gonthier-Christophe) né à Iène en 1649, mort en 1716 à 75 ans, devint fucceffivement profeffeur de médecine à Helmftadt, à Iène & à Kiel, où il fut auffi médecin du duc de *Holftein*. On a de lui *Introductio in artem Medicam* ; à Halle, 1726, in-4°. & un grand nombre d'écrits curieux & favans fur cette fcience objet de fes travaux, dont il feroit à fouhaiter qu'on donnât un recueil complet, après les avoir élagués. *Voy.* fa *Vie* par *Scheffelius*, à la tête des *Lettres* qui lui ont été écrites par divers favans ; Wifmar 1727, in-8°.

SCHENCKIUS, (Jean-Théodore) favant profeffeur en médecine à Iène, mort en 1671 dans fa 52° année, enfeigna, pratiqua & écrivit avec fuccès. On a de lui : I. *Obfervations de Médecine*, 1644, in-fol. ou 1670, in-8°. II. *De fero fanguinis*, 1671, in-4°. III. *Le Catalogue des Plantes du Jardin Médicinal d'Iène*, 1659, in-12. &c.

SCHERBIUS, (Philippe) profeffeur en logique & en métaphyfique à Altorf où il mourut en 1605, étoit grand Ariftotélicien, & combattit avec chaleur les partifans de *Ramus*, de fa plume & de vive voix.

SCHERTLIN, (Sébaftien) né en 1495 à Schorndorff, dans le duché de Wittemberg, d'une famille honnête, fit fes premières armes en Hongrie & dans les Pays-Bas. Il paffa en Italie, & fignala tellement fon courage à la défenfe de Pavie, que le viceroi de Naples le créa chevalier. Il ne fe diftingua pas moins à la prife de Rome, à celle de Narni, & au fecours de Naples en 1528. Plufieurs princes lui offrirent des penfions annuelles ; mais il aima mieux s'attacher au fervice du fénat d'Augfbourg. En 1546 il époufa ouvertement le parti de là Ligue de Smalkalde contre l'empereur, & la fervit de toutes fes forces. Il attaqua le premier le comte de *Tirol* ; mais les Proteftans le rappellèrent, dans le tems qu'il coupoit le paffage aux troupes Impériales qui venoient d'Italie. On attenta 3 fois à fa vie, & toujours inutilement. La ville d'Augsbourg, menacée d'un fiége, lui confia fa défenfe. *Schertlin* déploya alors toute fa bravoure ; mais cette ville ayant fait la paix, il fut exclus du traité, & obligé d'abandonner Augsbourg & de fe retirer à Conftance. Le héros difgracié paffa au fervice des François, & aida en 1551 à conclure l'alliance entré le roi *Henri II* & *Maurice* électeur de Saxe. Il accompagna *Henri II* dans fes expéditions du Rhin & des Pays-Bas. *Charles-Quint* & fon frere *Ferdinand* lui accordèrent fa grace en 1553, & lui rendirent tous fes emplois. Il fervit depuis avec zèle l'empereur *Ferdinand I*, fut annobli en 1562, & mourut fort âgé en 1577, avec la réputation d'un général habile & d'un politique entreprenant.

SCHERZER, (Jean-Adam) profeffeur Luthérien de théologie à Leipfick, mort en 1684, à 56 ans, eft auteur d'une réfutation du Socinianifme, intitulée : *Collegium Anti-Socinianum*, in-8°, 1684.

I. SCHEUCHZER, (Jean-Jacques) docteur en médecine, & profeffeur de mathématiques & de phyfique à Zurich, naquit dans cette ville en 1672, & y mourut en 1733. On a de lui un très-gr. nombre de livres. Le principal eft fa *Phyfique facrée*, ou *Hiftoire naturelle de la Bible*, en 4 vol. in-fol. : ouvrage favant, mais diffus. L'édition originale de ce livre eft de 1731, en allemand. La Traduction en latin parut à Augsbourg, 1731, en 4 vol. in-fol. ; & en françois, à Amsterdam, 1732, en 8 vol. in-fol. L'édition allemande est préférée à toutes les autres, à cause de la beauté des épreuves des 750 planches dont elle est ornée ; & l'édition latine est préférée à la françoise. On a encore de lui : I. *Itinera Alpina*, Leyde 1723, 4 tomes en 2 vol. in-4°. II. *Piscium Querelæ*, 1708, in-4°. fig. III. *Herbarium Diluvianum*, Tiguri 1709, in-fol.

II. SCHEUCHZER, (Jean-Gaspar) fils du précédent, se rendit habile dans les antiquités & dans l'histoire naturelle. Sa Traduction, en anglois, de l'*Histoire du Japon* de *Kempfer*, donnoit de ce jeune-homme de belles espérances, que sa mort prématurée, arrivée en 1729, fit évanouir.

III. SCHEUCHZER, (Jean) frere de *Jean-Jacques*, étoit professeur ordinaire de physique à Zurich, docteur en médecine, & premier médecin de la république de Zurich, où il mourut en 1738. On a de lui plusieurs ouvrages peu connus hors de la Suisse. Son *Agrossographia*, seu *Graminum, juncorum, &c. Historia*, Tiguri 1775, in-4°. avec fig. est cependant recherchée.

SCHIAVONE, (André) peintre, né l'an 1522 à Sebenigo en Dalmatie, mourut à Venise en 1582. La nécessité lui fit apprendre la peinture, & cette dure nécessité ne lui permit pas d'étudier toutes les parties de son art. Son dessin est incorrect ; mais ce défaut n'empêche point qu'il ne soit mis au rang des plus célèbres artistes. Il s'attacha aux ouvrages du *Titien*, du *Georgion* & du *Parmesan*. Il dessina sur-tout beaucoup d'après les estampes de ce dernier. *Schiavone* est un excellent coloriste. Il pei-

gnoit parfaitement les femmes ; ses têtes de vieillards sont très-bien touchées. Il avoit un bon goût de draperie, une touche facile, spirituelle & gracieuse ; ses attitudes sont d'un beau choix & savamment contrastées. L'*Aretin* étoit son ami, & lui fournit des idées ingénieuses pour ses tableaux. Le *Tintoret* avoit toujours un tableau de *Schiavone* devant les yeux lorsqu'il peignoit.

SCHICKARD, (Guillaume) professeur d'Hébreu dans l'université de Tubinge, mort de la peste en 1635 à 43 ans, est auteur d'un petit abrégé de Grammaire hébraïque, intitulé : *Horologium Schickardi*, in-8° ; & de quelques autres ouvrages, où l'on trouve beaucoup d'érudition. Les plus estimés sont : *De jure regio Judæorum*, à Leipsick, 1674, in-4°. & *Series Regum Persiæ*, à Tubinge, 1628, in-4°.

SCHIDONE, (Barthélemi) peintre, né dans la ville de Modène vers l'an 1560, mort à Parme en 1616, s'attacha principalement à imiter le style du *Corrége*. Personne n'a plus approché de ce grand maître. Le duc de Parme le fit son premier peintre, & lui fournit plusieurs fois l'occasion de se procurer un état honnête. Mais sa passion pour le jeu le réduisit au point de mourir de douleur & de honte, de ne pouvoir payer ce qu'il perdit en une nuit. Ses tableaux sont très-rares. Ceux qu'on voit de lui sont précieux pour le fini, pour les graces & la délicatesse de sa touche, pour le choix & la beauté de ses airs de tête, pour la tendresse de son coloris & la force de son pinceau. Ses dessins sont pleins de feu & d'un grand goût. Il a fait plusieurs Portraits fort estimés, entr'autres une *Suite des Princes de la Maison de Modène*.

SCHILLING, (Diebold) de Soleure en Suisse, fut fait greffier de l'un des tribunaux de la ville de Berne, dans le xve siecle. Il a laissé une *Histoire*, en allemand, *de la Guerre des Suisses contre* Charles *le Téméraire*, duc de Bourgogne, publiée pour la première fois à Berne en 1743, in-fol. L'auteur s'étoit trouvé à presque toutes les batailles & actions de guerre qu'il décrit ; aussi son ouvrage passe pour exact.

SCHILTER, (Jean) jurisconsulte, né à Pegaw en Misnie l'an 1632, exerça des emplois honorables à Iène. Il obtint les places de conseiller & d'avocat de Strasbourg, & de professeur honoraire de l'université de cette ville, où il mourut en 1705. On a de lui : I. *Codex Juris Allemanici Feudalis*, 1696, 3 vol. in-4°. II. *Thesaurus Antiquitatum Teutonicarum*, 1728, 3 vol. in-fol. III. Des *Institutions Canoniques*, 1721, in-8°. dans lesquelles il se propose d'accommoder le droit-canon aux usages des Eglises Protestantes. IV. *Analyse de la Vie de Pomponius Atticus*, imprimée à Leipsick en 1654, in-4°. V. *Institutiones Juris publici*, 1696, 2 vol. in-8° ; ouvrage savant & méthodique. VI. *De pace Religiosa*, in-8°, petit traité judicieux.

SCHINDLERUS, (Valentin) professeur en langues Orientales, est auteur d'un *Lexicon Pentaglotton*, dont la meilleure édition est de 1612, in-fol. ouvrage assez estimé. Ce savant florissoit dans le xvie siécle.

SCHLICHTING, (Jonas de Bukowiec) écrivain Socinien, né en Pologne l'an 1596, exerça le ministére jusqu'à ce qu'il fût chassé, en 1647, par la diète de War-

sovie, où l'on fit brûler sa *Confessio fidei Christianæ*. Il se retira en Moscovie, parcourut plusieurs villes d'Allemagne, & se fixa enfin à Zullichaw, où il mourut en 1661, à 65 ans. C'étoit un homme inquiet, remuant, toujours en guerre avec les Catholiques & les Protestans, en un mot avec tous ceux qui ne pensoient pas comme lui. Son attachement au Socinianisme lui attira de fâcheuses affaires. On a de lui plusieurs savantes productions. La plûpart sont des *Commentaires* sur divers livres de l'Ecriture-sainte. Ils ont été imprimés à Amsterdam, en 1666, in-fol. & ils se trouvent dans la *Bibliothèque des Freres Polonois*.

SCHMEIZEL, (Martin) né en 1679 à Cronstad en Ingrie, enseigna la philosophie & la jurisprudence à Iène, jusqu'en 1731. Ce fut cette année que le roi de Prusse, instruit de son mérite, lui donna le titre de conseiller-aulique, & le fit professeur en droit & en histoire à Halle. Il mourut dans cette ville en 1747. Ses principaux ouvrages Latins sont : I. *Præcognita Historiæ Civilis*. II. *Præcognita Historiæ Ecclesiasticæ*. III. *Bibliotheca Hungarica*, en manuscrit, dont la publication pourroit être utile. IV. D'autres Ecrits en latin & en allemand.

I. SCHMID, (Erasme) natif de Delitzch en Misnie, professa avec distinction le Grec & les mathématiques à Wittemberg, où il mourut le 22 Septembre 1637, à 77 ans. On a de lui une *Edition* de *Pindare*, 1616, in-4°. avec un Commentaire chargé d'érudition.

II. SCHMID, (Sebastien) professeur en langues Orientales à Strasbourg, mort en 1697, ne doit pas être confondu avec *Jean-André* SCHMID, abbé de Marien-

dal

dal , & profeffeur Luthérièn en théologie, mort en 1726. L'un & l'autre ont enfanté un grand nombre de livres peu connus. On diftingue, parmi ceux du dernier : I. *Compendium Hiftoriæ Ecclefiafticæ*, 1704, in-8°. II. *De Bibliothecis* , 1703, in-4°. III. *Lexicon Ecclefiafticum minus*, 1714, in-8°.

III. SCHMID, (George-Fréderic) graveur célèbre, né à Berlin en 1712, & mort dans cette ville en Janvier 1775 , vint de bonne heure à Paris pour fe perfectionner dans fon art. Le fameux *Larmeffin* fut fon maitre ; & le difciple fit tant de progrès , que l'académie royale de peinture l'admit en 1742 au nombre de fes membres, quoique les Proteftans foient exclus de fon corps. Revenu deux ans après dans fa patrie, il fut nommé graveur du roi de Pruffe , & accrut fa réputation par des chef-d'œuvres fucceffifs. Il excelloit furtout dans l'art de graver les portraits. En 1757 , l'impératrice *Eliʒabeth* de Ruffie l'avoit appellé à Petersbourg pour exécuter fon portrait peint par *Toqué.* Elle en fut fi contente, qu'elle le renvoya à Berlin comblé de préfens & de faveurs.

SCHEIDER, en latin *Sartorius*, (Jean Friedman) profeffeur de philofophie à Halle , étoit né en 1669 à Cranichfeld , petite ville de Thuringe. On a de lui : I. *Philofophiæ rationalis fundamenta.* II. *De affectatâ Moralium omni fcientiâ*, &c. &c.

S C H O D E L E R, (Wernher) Avoyer de la ville de Bremgarten en Suiffe , engagea fes concitoyens , l'an 1532, à rentrer dans le fein de l'Eglife Catholique. On a de lui une *Chronique de Suiffe* , en allemand , eftimée pour fon exactitude.

SCHOEFFER, *Voy.* SCHEFFER.

SCHOLARIUS , (Georges) l'un des plus fçavans Grecs du XVᵉ fiécle , fut juge général des Grecs, fecrétaire de l'empereur de C. P. & fon prédicateur ordinaire. Il embraffa depuis l'état monaftique , & prit le nom de *Gennade.* N'étant encore que laïc, il affifta au concile de Florence , où il fe déclara hautement en faveur de l'union des Grecs avec les Latins; il fit, à fon retour à Conftantinople , une excellente *Apologie* des articles contenus dans le décret du concile de Florence. Il y dépeint , avec l'éloquénce la plus touchante, l'état où cette malheureufe ville de Conftantinople fe trouvoit réduite ; mais *Marc* d'*Ephèfe* l'ayant depuis fait changer de fentiment , il devint un des plus grands adverfaires de la réunion. Après la prife de Conftantinople par les Turcs en 1453 , *Gennade* fut élu patriarche de cette ville. Le fultan *Mahomet II* lui donna l'inveftiture, fuivant la coutume des empereurs Grecs , & lui mit en main le bâton paftoral ; mais voyant les troubles s'augmenter , fans efpérance de pouvoir les appaifer , ce patriarche abdiqua en 1458 , & fe retira dans un monaftére de la Macédoine , où il mourut vers 1460. Ses principaux ouvrages , (qu'on trouve dans les *Conciles du P. Labbe* & dans la *Bibliothèque des Peres*) font : I. Une *Lettre* adreffée aux Evêques Grecs touchant l'Union. II. Trois *Difcours* , prononcés dans le concile de Florence, fur les moyens de procurer la paix. III. Un *Traité de la Proceffion du St-Efprit* , contre *Marc* d'Éphèfe. IV. Un *de la Prédeftination* , & plufieurs autres , dont l'abbé *Renaudot* nous a donné le catalogue dans la *Créance de l'E-*

glife *Orientale fur la Tranffubftantia-*
tion. Ce favant a publié auffi une
Homélie de *Scholarius*, dans laquelle il reconnoit la Tranffubftantiation.

SCHOLASTIQUE, (Ste) vier-
ge, fœur de *St Benoît*, née à Nur-
fie, ville d'Italie, fur la fin du ve
fiécle, fuivit la vie afcétique, &
établit une communauté de religieufes. Elle alloit vifiter fon frere tous les ans ; la derniére année
qu'elle lui rendit ce devoir, elle
prédit fa mort prochaine, qui arriva vers l'an 543.

I. SCHOMBERG, (Henri de)
d'une ancienne famille de Mifnie
en Allemagne, établie en France,
porta d'abord les armes fous le
nom de comte de *Nanteuil.* Son
pere, *Gafpar* de *Schomberg*, avoit
mérité par fa valeur le gouvernement de la haute & baffe Marche. Il avoit fervi, en qualité de
maréchal - de - camp général des
troupes Allemandes en France,
fous *Charles IX*, *Henri III* & *Henri
IV.* Protecteur des gens-de-let-
res, ils célébrérent fes vertus &
fes exploits. La membrane qui
envelopé le cœur étant devenue
offeufe, il mourut fubitement dans
fon carroffe en 1599. Son fils fuccéda à fon gouvernement de la
Marche & à fa valeur. Il fervit en
1617 dans le Piémont fous le maréchal d'*Eftrées*; & fous *Louis XIII*,
en 1621 & 1622, contre les Huguenots. Après s'être diftingué en
diverfes occafions, il fut honoré
du bâton de maréchal de France
l'an 1625. Il prouva qu'il en étoit
digne par la défaite des Anglois
au combat de l'ifle de Rhé en 1627,
& en forçant le Pas de Sufe en
1629. Il fut bleffé, dans cette derniére journée, d'un coup de moufquet aux reins ; & dès qu'il fut
guéri, il fe rendit maître de Pi-

gnerol en 1630, & fecourut Cafal. Envoyé en Languedoc contre
les rebelles, il gagna en 1632 la
victoire de Caftelnaudari, où le
célèbre duc de *Montmorenci* fut
bleffé & fait prifonnier. Cette victoire valut le gouvernement de
Languedoc au maréchal de *Schomberg*, qui mourut à Bordeaux d'a-
popléxie, le 15 Novembre de la
même année, à 49 ans. On a de
lui la *Relation de la Guerre d'Italie*,
à laquelle il eut tant de part. Elle
fut imprimée en 1630, in-4°. &
réimprimée en 1669 & 1682. Le
maréchal de *Schomberg* avoit été
ambaffadeur en Angleterre & en
Allemagne. Il étoit auffi adroit
dans les négociations qu'habile
dans la guerre. Homme d'une prudence admirable, d'une éloquence mâle, d'une probité finguliér-
re, & auffi magnifique qu'obligeant.

II. SCHOMBERG, (Charles de)
fils du précédent & frere de la
ducheffe de *Liancourt*, étoit duc
d'*Halluin* par fa femme, *Anne* ducheffe d'*Halluin.* Il fut élevé enfant - d'honneur auprès de *Louis
XIII*, qu'il fuivit dans fon voyage de Savoye en 1630. Trois ans
après, le roi lui donna le collier
de l'ordre du St-Efprit, le gouvernement de Languedoc, & enfin le
bâton de maréchal de France en
1637, après qu'il eut remporté
une victoire fur les Efpagnols
près de Leucate en Rouffillon. Il
eut plufieurs autres avantages fur
eux dans le cours de cette guerre. Devenu viceroi de Catalogne,
il prit d'affaut la ville de Tortofe
en 1648. Ce guerrier mourut à
Paris en 1656, à 56 ans. Le duc
d'*Halluin*, (car c'étoit fous ce nom-
là que *Schomberg* étoit le plus connu.) époufa en fecondes noces, l'an
1646, *Marie* d'*Hautefort*, dame auffi

belle que fage, que *Louis XIII* avoit beaucoup eftimée. Il n'eut point d'enfans de cette 2ᵉ femme, non plus que de la 1ʳᵉ. Son pere lui avoit appris le métier des armes, & il foutint dignement le nom illuftre qu'il lui avoit tranf-mis.

III. SCHOMBERG, (Fréde-ric-Armand de) d'une famille illuftre, mais différente de celle des précédens, porta d'abord les armes fous *Frédéric-Henri* prince d'O-*range*, & enfuite fous fon fils le prince *Guillaume*. Son nom avoit pénétré en France ; il paffa au fervice de cette monarchie, & obtint les gouvernemens de Gravelines, de Furnes, & des pays circonvoifins. En 1661 il fut envoyé en Portugal, & y commanda fi heureufement, que l'Efpagne fut contrainte de faire la paix en 1668, & de reconnoître la maifon de *Bragance* légitime héritiére du royaume de Portugal. *Schomberg*, ayant combattu avec autant de fuccès en Catalogne l'an 1671, obtint, quoique Proteftant, le bâton de maréchal de France en 1675. Il paffa enfuite dans les Pays-Bas, où il fit lever les fiéges de Maftricht & de Charleroi. La France le perdit en 1685, année de la révocation de l'Edit de Nantes. Il fe retira en Portugal, d'où il paffa bientôt après en Allemagne, puis en Angleterre, avec *Henri-Guillaume* prince d'O-*range*, qui alloit s'emparer de ce royaume. Ce monarque l'envoya commander en Irlande en 1689, & s'y étant rendu l'année d'après, il y eut un combat contre l'armée du roi *Jacques*, campée au-delà de la riviére de la Boine. *Schomberg*, s'y étant expofé fans cuiraffe, fut tué par un officier Irlandois. Sa poftérité eft reftée au fervice du roi d'Angleterre. Les titres de *Maréchal de France*, de *Duc* & de *Grand* en Portugal, de *Milord - Duc* & de *Chevalier de la Jarretiére* en Angleterre, marquent affez quelle eftime on avoit pour lui dans toute l'Europe.

• SCHOMER, (Jufte-Chriftophe) né à Lubeck en 1648, mort en 1693, étoit profeffeur de théologie à Roftock. Il publia en 1690 fa *Theologia moralis fibi conftans*. Elle eft eftimée dans les univerfités de la baffe-Saxe. C'eft prefque l'unique que l'on fuive dans les Ecoles Luthériennes. La meilleure édition de cet ouvrage eft celle de 1707. On a encore de *Schomer* des *Commentaires* fur toutes les *Epitres de St Paul*, en 3 vol. in-4°.

SCHONÆUS, (Corneille) natif de Goude en Hollande, mort en 1611 âgé de 71 ans, poëte Latin, a joui d'une grande réputation. Ses Poëfies fe font encore rechercher dans fon pays : car on les lit peu ailleurs ; on le regarde comme un poëte médiocre. Il a compofé des *Elégies*, des *Epigrammes*, &c. Mais ce qui l'a fait connoître, ce font des *Comédies faintes*, dans lefquelles il a tâché de faifir le ftyle de *Térence*, dont il a imité la pureté de l'expreffion, le naturel & la précifion, comme un efclave mal-adroit copie un maître habile. Le recueil des Comédies de *Schonæus* a pour titre : *Terentius Chriftianus*, feu *Comédiæ facræ*, Amfterdam, 1629, in-8°.

SCHONER, (Jean) mathématicien, né à Carlftadt en Franconie l'an 1477, mort en 1547, occupa une chaire de mathématiques à Nuremberg. Ses *Tables Aftronomiques*, (Wittemberg 1588, in-4°.) qu'il publia après celles de *Regiomontan*, & qui furent appellées

Resolutæ, à caufe de leur clarté, lui firent un nom célèbre. On a encore de lui, le recueil de fes *Œuvres Mathématiques*, à Nuremberg, 1551, in-fol.

SCHONLEBEN, (Jean-Louis) né à Laubach en Alface, étudia l'Hiftoire avec fuccès, & mérita d'en être nommé profeffeur dans l'académie de fa patrie. Ses fouverains qui l'honorérent, en furent honorés à leur tour. Il compofa une Hiftoire favante de leur maifon, intitulée : *Differtatio de primâ origine Domûs Habsburgo-Auftriacæ*, in-fol. Après avoir rendu cet hommage littéraire à fes maitres, il en rendit un pareil à fon pays. Il en fit l'Hiftoire fous ce titre : *Carniola antiqua & nova*, jufqu'à l'an 1000, 3 tom. in-fol. Cet auteur mourut au commencement de ce fiécle.

SCHOOCKIUS, (Martin) né à Utrecht en 1614, fut fucceffivement profeffeur en langues, en éloquence & en hiftoire, en phyfique ; en logique & en philofophie-pratique à Utrecht, à Deventer, à Groningue, & enfin à Francfort fur l'Oder, où il mourut en 1665, à 51 ans. C'étoit un fçavant plein de préjugés, qui faifoit plus d'ufage de fa mémoire que de fa raifon. On a de lui un nombre prodigieux d'ouvrages de critique, de philofophie, de théologie, de littérature, d'hiftoire, &c. in-12 & in-8°. dans lefquels il ne fait que compiler. Les principaux font : I. *Exercitationes variæ*, 1663, in-4°. qui ont reparu avec ce titre, *Martini Themidis Exercitationes*, 1688, in-4°. II. Des *Traités fur le Beurre*. III. Sur *l'averfion pour le fromage*. IV. Sur *l'Œuf & le poulet*. V. Sur *les Inondations*. VI. *De Harengis*, feu *Halecibus*. VII. *De fignaturis fœtûs*. VIII. *De Ciconiis*. IX. *De fcepticifmo*. X.

De fternutatione. &c. C'étoit un des plus ardens ennemis de *Defcartes* & bon-fens.

SCHOREL, (Jean) peintre, natif d'un village nommé *Schorel* en Hollande, étudia quelque tems fous *Albert Durer*. Un religieux qui alloit à Jérufalem, engagea *Schorel* de le fuivre. Ce voyage lui donna occafion de deffiner les lieux fanctifiés par la préfence de *Jefus-Chrift*, & les autres objets qui peuvent intéreffer la curiofité ou la piété. Il parcourut enfuite l'Europe. S'étant arrêté pendant quelque tems en Italie, le pape *Adrien VI* lui donna l'intendance des ouvrages du bâtiment de Belvédère ; mais la mort de ce pontife, qui furvint un an après, engagea *Schorel* à s'en retourner en fa patrie, & dans fa route il paffa par la France, où *François I* voulut inutilement le retenir. Ce peintre, recommandable par la connoiffance de la poëfie, de la mufique, des langues, & par l'intégrité de fes mœurs, mourut en 1572, à 76 ans. Le roi de Suède, pour lequel il avoit fait un tableau de la *Vierge*, lui fit préfent d'un anneau d'or.

SCHORUS, (Antoine) grammairien, natif d'Hooghftrate en Brabant, embraffa la Religion Proteftante, & mourut à Laufanne en 1552. On a de lui plufieurs bons ouvrages de Grammaire, dont les humaniftes venus après lui ont fouvent profité fans les citer. Les princip. font : I. *Thefaurus Ciceronianus*, Strasb. 1570, in-4°. II. *Phrafes linguæ Latinæ è Cicerone collectæ*, in-8°. III. *Ratio difcendæ, docendæq. linguæ Latinæ ac Græcæ*, in-8°. IV. Une Comédie latine, intitulée : *Eufebia, five Relligio*, qu'il fit repréfenter par fes écoliers en 1550 à Heidelberg, où il étoit profeffeur de belles-lettres ; & comme dans cette piéce fatyrique, il vouloit prouver que les grands méconnoiſſoient la religion & qu'elle n'étoit accueillie que par le peuple, l'empereur le fit chaſſer de la ville.

SCHOT ou Scot, (Reginald) gentilhomme Anglois, avoit beaucoup de jugement. On a de lui un *Livre* latin, où il a entrepris de prouver que tout ce que l'on dit des Magiciens & des Sorciers eſt fabuleux, ou ſe peut expliquer par des raiſons naturelles. Il parut en 1584, in-4°. & fut condamné au feu en Angleterre, qui, comme le reſte de l'Europe, n'en ſavoit pas plus long alors ſur ces graves matières, aujourd'hui abandonnées aux nourrices & aux vieilles.

I. SCHOTT ou Schot, (André) né à Anvers en 1552, ſe fit Jéſuite en 1586, & fut nommé profeſſeur en éloquence à Rome. Il retourna enſuite à Anvers, où il enſeigna le Grec avec réputation juſqu'à ſa mort, arrivée en 1629, dans ſa 77ᵉ année. C'étoit un homme laborieux, franc, généreux, poli, officieux. Il cherchoit à obliger tous les ſavans, de quelque religion qu'ils fuſſent. Auſſi les Hétérodoxes l'ont autant loué que les Catholiques. On a de lui : I. Des *Traductions* de *Photius* & de divers autres ouvrages Grecs dont il a auſſi donné des éditions. Sa verſion de *Photius*, imprimée à Paris en 1606, in-fol., manque d'exactitude & de préciſion. II. De ſavantes *Notes* ſur pluſieurs auteurs tant Grecs que Latins. III. De bonnes *Editions* de différens écrivains, entr'autres de St *Iſidore de de Peluſe*, in-fol. à Paris, 1638. IV. Les *Vies de St François de Borgia*, 1596, in-8°. de *Ferdinand Nunnez*, & de *Pierre Ciaconius*. V. *Hiſpania*

illuſtrata, 1603 à 1608, 4 vol. in-fol. On lui attribue encore la *Bibliothèque d'Eſpagne*, in-4°. en latin ; mais cet ouvrage a été fait ſeulement ſur ſes Mémoires. Tous ces écrits ſont remarquables par un grand fonds de ſavoir... *François* Schot, ſon frere, & membre de la régence d'Anvers, mort en 1622, eſt connu par ſon *Itinerarium Italiæ*, *Germaniæ*, *Galliæ*, *Hiſpaniæ* ; Vienne 1601, in-8°.

II. SCHOTT, (Gaſpar) Jéſuite, né dans le diocèſe de Nurtzbourg en 1508, & mort dans cette ville en 1666, cultiva la philoſophie & les mathématiques, qu'il profeſſa juſqu'à ſa mort. On a de lui divers ouvrages, qui prouvent beaucoup d'érudition. Les plus connus ſont : I. Sa *Phyſica curioſa*, five *Mirabilia naturæ & artis*. Cet ouvrage réellement curieux eſt en 2 vol. in-4°. L'auteur y a compilé beaucoup de ſingularités ſur les hommes, ſur les animaux, ſur les météores. On y trouve des recherches ſur le pouvoir du Diable, ſur les monſtres, &c. L'auteur montre autant de crédulité que de ſavoir. II. *Magia naturalis & artificialis*, 1677, 4 vol. in-4°. Ce que nous avons dit du livre précédent, peut-être appliqué à celui-ci. III. *Technica curioſa*, à Nuremberg, 1664, in-4°.

SCHOTTELIUS, (Juſte-George) né à Eimbeck en 1612, conſeiller du duc de Brunſwick-Lunebourg, mourut à Wolffenbutel en 1676. Sa *Grammaire Allemande* & les autres *Ecrits* qu'il a faits pour enrichir & pour perfectionner ſa langue, ont eu beaucoup de cours.

SCHREVELIUS, (Corneille) écrivain Hollandois, mort en 1667, étoit un compilateur ſans diſcernement & un critique ſans juſteſſe,

On a de lui : I. Des éditions d'*Homére*, d'*Héfiode*, & de plufieurs autres auteurs anciens, qui font fort belles, mais faites fans goût. II. Un *Lexicon Grec & Latin*, Leyde 1647, in-8°, fort commode pour les commençans. C'eft fon meilleur ouvrage ; on s'en fert dans plufieurs colléges.

SCHUDT, (Jean-Jacques) né à Francfort fur le Mein en 1664, y fut recteur de l'univerfité, profeffeur en langues Orientales, & y mourut en Février 1722. On a de lui un *Commentaire* fur les Pfeaumes, & plufieurs autres ouvrages remplis d'érudition, & qui marquent plus de connoiffance des langues de l'Orient, que de l'art de bien écrire.

SCHULEMBERG, (Jean de) comte de *Mondejeu*, après avoir fervi long-tems contre les Efpagnols, fut fait gouverneur d'Arras en 1652. Deux ans après, il en foutint le fiége avec tant d'habileté, qu'il força les Efpagnols de le lever avec perte de leurs bagages, munitions & artillerie. Ce fervice lui valut le bâton de maréchal de France en 1658. Il mour. 10 ans après, fans poftérité, après avoir été décoré du titre de chevalier des ordres du roi en 1661.

SCHULEMBOURG, (Matthias-Jean, comte de) né en 1661, fe confacra à la guerre dès fa plus tendre jeuneffe. Il fe mit au fervice du roi de Pologne, qui lui confia en 1704 les troupes Saxones dans la grande Pologne. *Schulembourg*, pourfuivi par le roi *Charles XII*, & fe voyant à la tête d'une armée découragée, fongea plus à conferver les troupes de fon maitre, qu'à vaincre. Ayant été attaqué avec fon petit corps de troupes le 7 Novembre de cette année, près de Punitz, par le roi

de Suède, fort de 1000 hommes de cavalerie, il fut fe pofter fi avantageufement, qu'il déconcerta toutes fes mefures. Après cinq attaques, *Charles* fut obligé de fe retirer, laiffant les Saxons maîtres du champ de bataille. Cette action fut regardée comme un coup de maître, & *Charles XII* ne put s'empêcher de dire : *Aujourd'hui Schulembourg nous a vaincus.* Ce héros fut battu l'année d'après, mais fans que fes défaites altéraffent fa gloire. En 1708, il obtint le commandement de 9000 hommes que le roi *Augufte* donna à la folde des Hollandois, & il fe trouva l'année d'après à la bataille de Malplaquet. Le prince *Eugène*, témoin de fon courage, conçut dès-lors pour lui l'eftime la plus fincère. *Schulembourg* ayant quitté le fervice Polonois en 1711, pour paffer à celui de Venife ; ce prince le recommanda en termes fi forts, que la république lui donna 10,000 fequins par an, & le commandement de toutes fes forces par terre. Son courage fut bientôt néceffaire aux Vénitiens. Les Turcs tournérent leurs regards, en 1716, fur l'ifle de Corfou, qui eft comme l'avant-mur de Venife. Ils abordèrent dans cette ifle avec 30,000 hommes, munis d'une nombreufe artillerie, & les firent avancer vers la fortereffe qu'ils commencérent à affiéger vigoureufement. *Schulembourg*, qui s'y étoit renfermé de bonne heure, foutint avec tant de courage les affauts, & fit des forties fi vives, que les Turcs furent obligés, la nuit du 21 Août, de lever le fiège de cette place. Ils abandonnérent leur camp, leur artillerie, plufieurs milliers de bufles & de chameaux, & laiffé-rent un nombre confidérable de leurs morts fans fépulture. *Schu-*

lembourg fit rétablir enfuite tout ce qui avoit été endommagé; il forma des projets pour mieux fortifier l'ifle de Corfou ; il mit une garnifon dans l'ifle de Maura, que les Turcs avoient abandonnée. Après avoir fait tout ce qu'on peut attendre d'un général expérimenté, il s'en retourna vers la fin de l'année à Venife, où il fut reçu avec les marques d'eftime qu'il méritoit. On augmenta fa penfion. On lui fit préfent d'une épée enrichie de diamans. On lui fit dreffer une flatue dans l'ifle de Corfou, comme un monument perpétuel de fon courage. En 1726, il fit un voyage en Angleterre, pour aller voir fa fœur, qui étoit comteffe de Kendale : *George I* l'accueillit avec diftinction. Après avoir été comblé d'honneurs, il s'en retourna à Venife, où il mourut en 1743. *Schulembourg* fut pendant plus de 28 ans général Weltmaréchal au fervice de la République. Il eft prefque fans exemple, qu'un général étranger ait fervi pendant tant d'années cette république avec une entière approbation du fénat & du peuple.

SCHULTENS, (Albert) né à Groningue, montra beaucoup de goût pour les livres Arabes. Il devint miniftre de Waffenar, & 2 ans après, profeffeur en langues Orientales à Franeker. Enfin on l'appella à Leyde, où il enfeigna l'Hébreu & les langues Orientales avec réputation jufqu'à fa mort, arrivée en 1750, âgé d'environ 70 ans. On a de lui un grand nombre d'ouvrages qui font auffi remarquables par la jufteffe de la critique, que par la profondeur de leur érudition. Les principaux font : I. Un *Commentaire fur Job*, 2 vol. in-4°. II. Un *Commentaire fur les Proverbes*, in-4°. III. Un

livre intitulé : *Vetus & regia via hebraïzandi*, in-4°. IV. Une *Traduction* latine du livre Arabe d'*Hariri*. V. Un Traité des *Origines hébraïques*. VI. Plufieurs *Ecrits* contre le fyftême de *Gouffet*. Il y foutient, contre cet auteur, que pour avoir une parfaite intelligence de l'Hébreu, il faut y joindre l'étude de l'Arabe. VII. *La Vie de Saladin*, traduite de l'Arabe; Leyde, 1732, in-fol. &c.

SCHULTINGIUS, (Corneille) régent de la *Bourfe Laurentienne*, & chanoine de St-André à Cologne, mort en 1607. Il a mis au jour plufieurs ouvrages, dans lefquels les citations font répandues abondamment, mais fans choix, & qui manquent de critique. Le principal eft : *Bibliotheca Catholica & Orthodoxa contra Theologiam Calvinianam*, feu *Variæ Lectiones contra Inftitutiones Calvini*, Cologne 1602, 4 tom. en 1 vol. in-fol. Il y fait voir l'antiquité des Offices de l'Eglife, & combat les Liturgies des Proteftans. Cet ouvrage n'eft pas commun.

SCHUPPIUS, (Jean-Balthafar) né à Gieffen en 1610, fit divers voyages littéraires, & occupa différentes places, entr'autres celle de pafteur à Hambourg en 1661. On a de lui des ouvrages de littérature & de philofophie, imprimés à Francfort en 1701, en 2 vol. in-8°. On eftime fur-tout fes *Oraifons latines*, & un petit Traité en allemand, intitulé : *L'Ami au befoin*. Ce théologien avoit de l'efprit, des connoiffances, mais trop de penchant à la fatyre.

SCHURMAN, (Anne-Marie de) née à Cologne en 1607, montra un génie précoce. A l'âge de 6 ans, elle faifoit avec des cifeaux fur du papier toutes fortes de figures fans aucun modèle ; à 8, elle

S. iv

apprit à crayonner des fleurs d'une manière qui faifoit plaifir ; & à dix, il ne lui fallut que 3 heures pour apprendre à broder. Elle s'appliqua à la mufique, à la fculpture, à la peinture, à la gravure, & y réuffit parfaitement. Elle étoit fur-tout habile à peindre en miniature, & à faire des portraits fur verre avec la pointe d'un diamant. Le Latin, le Grec, l'Hébreu lui étoient fi familiers, que les plus habiles en étoient furpris. Elle parloit auffi facilement le François, l'Italien, l'Anglois, & favoit la géographie. Vers l'an 1650, il fe fit un affez grand changement dans la vie de cette fille illuftre. *Labadie* en fut la caufe. Ce vifionnaire s'étant infinué auprès d'elle, lorfqu'elle étoit à Utrecht, lui infpira toutes fes rêveries. Sa maifon avoit été jufqu'alors une académie de belles-lettres ; elle devint un bureau de controverfe & de Quiétifme. Après la mort de cet apôtre du délire, elle fe retira à Wieward en Frife, où elle ne s'occupa plus qu'à continuer l'ouvrage de fon directeur. Après avoir fait tourner la tête à quelques fous qui prétendoient à la perfection, elle mourut dans de grands fentimens de religion, en 1678, à 71 ans. Elle avoit pour devife ces mots : *AMOR MEUS CRUCIFIXUS EST.* On dit qu'elle aimoit beaucoup à manger des araignées. Les plus favans hommes de fon fiécle fe firent honneur d'avoir un commerce épiftolaire avec elle. Leurs éloges la firent connoître, & dès qu'elle fut produite fur le théâtre du grand monde, plufieurs princes & princeffes l'honorérent de leurs lettres & de leurs vifites. On a d'elle divers ouvrages, qui ne juftifient pas l'enthoufiafme qu'elle infpira. Les principaux

font : I. Des *Opufcules*, dont la meilleure édition eft celle d'Utrecht, 1652, in-8°. II. Deux *Lettres* que Mad° de *Zonteland* a trad. du Flamand en François, Paris, 1730, in-12 : l'une roule fur la Prédeftination, l'autre fur le miracle de l'Aveugle-né. III. Des *Poéfies Latines.* IV. Une Differtation latine fur cette queftion, *Si les Femmes doivent étudier ?* C'eft l'apologie de fa conduite ; mais l'abus qu'elle fit de fon efprit, affoiblit beaucoup fes preuves.

SCHURTZFLEISCH, (Conrad-Samuel) né en 1641, à Corbac, dans le comté de Waldeck, docteur de Wittemberg, obtint dans cette univerfité une chaire d'hiftoire, puis celle de poëfie, & enfin celle de la langue Grecque. Ces emplois ne l'empêchérent point de faire des voyages littéraires en Allemagne, en Angleterre, en France & en Italie. De retour à Wittemberg en 1706, il devint profeffeur d'éloquence, confeiller & bibliothécaire du duc de *Saxe-Weimar.* Ce favant mourut en 1708, avec la réputation d'un critique févère & d'un compilateur exact. On a de lui un très-grand nombre d'ouvrages d'hiftoire, de poëfie, de critique, de littérature, &c. Les plus connus font : I. *Difputationes hiftoricæ civiles*, Leipfick, 1699, 3 vol. in-4°. II. Trois vol. in-8°. de *Lettres.* III. Une *Continuation* de *Sleidan*, jufqu'en 1678. IV. Un grand nombre de *Differtations* & d'*Opufcules* fur divers fujets, dans lefquels il a mis plus de citations que de raifonnemens. Il écrivoit avec facilité & avec netteté... Il ne faut pas le confondre avec fon frere *Henri-Léonard SCHURTZFLEISCH*, dont on a auffi quelques ouvrages, entr'autres : *Hiftoria Enfiferorum or-*

dinis Teutonici, Vittemberg, 1701; in-12.

SCHUT, (Corneille) peintre, élève de *Rubens*, naquit à Anvers en 1600. Ses tableaux font estimés, & d'une composition ingénieuse. Il en a orné plusieurs Eglises d'Anvers. Ce maître a gravé quelques sujets à l'eau-forte. On a aussi gravé d'après lui... Il ne faut point le confondre avec *Corneille Schut*, fon neveu, peintre en portrait, mort à Séville en 1676.

I. SCHWARTZ, (Berthold) fameux Cordelier de la fin du XIIIe. siécle, originaire de Fribourg en Allemagne, passe pour l'inventeur de la poudre à canon & des armes à feu. On dit qu'il fit cette funeste invention par le moyen de la chymie, dans le tems qu'il étoit en prifon. Les Vénitiens fe fervoient du canon dès 1300, les François en 1338, & les Anglois un peu auparavant.

II. SCHWARTZ, (Christophe) peintre, né à Ingolstad vers l'an 1550, mourut à Munich en 1594. L'excellence de fes talens le fit nommer le *Raphaël* d'Allemagne. Il travailla à Venife fous le *Titien*, & l'étude particulière qu'il fit des ouvrages du *Tintoret*, le porta à imiter la manière de cet illustre artiste. *Schwartz* réussissoit dans les grandes compositions; il avoit un bon coloris & un pinceau facile. Il a peint tant à fresque qu'à l'huile. L'électeur de Bavière le nomma son premier peintre, & l'occupa beaucoup à orner fon palais.

SCHWEITZER, (Jean-Henri) ministre de Richenbach en Suisse, étoit de Zurich. Il exerça le ministére pendant 18 ans, jusqu'en 1612. On a de lui : *Compendium Historiæ Helveticæ*, qui finit en 1607. Cet ouvrage est assez estimé.

SCHWENCKFELD, (Gaspar de) né l'an 1490, dans fon château d'Ossig, au duché de Lignitz en Siléfie, foutint d'abord le parti des Proteftans; mais peu après il les attaqua dans un *Traité de l'abus qu'on fait de l'Evangile en faveur de la fécurité charnelle*. Cet ouvrage l'engagea dans une conférence avec *Luther* en 1525. Ses erreurs particulières le firent également rejetter des Catholiques, des Luthériens & des Calvinistes. Devenu odieux à tous les partis, il fut chassé de la Siléfie, où il avoit déja fait un grand nombre de partifans. Il roula de lieu en lieu, fans être presque nulle part en fûreté; & mourut à Ulm en 1561, à 71 ans. Toutes fes *Œuvres* ont été recueillies & imprimées en 1564, in-fol. & en 1592 en 4 vol. in-4°. On trouve encore aujourd'hui dans quelques villages de Siléfie, des *Schwenckfeldiens*, qui vivent paifiblement & qui ne dogmatifent point. Son Traité : *De Statu, officio & cognitione Christi*, 1546, in-8°, de 22 pages, est très-rare & recherché des curieux.

SCHWENTER, (Daniel) natif de Nuremberg, professa pendant 28 ans à Altorf les mathématiques, jusqu'en 1636, qu'il mourut dans sa 51e année. Sa femme l'avoit devancé de quelques jours dans ce fatal passage, ainsi que deux jumeaux dont elle étoit nouvellement accouchée. Un même tombeau les réunit tous les quatre. On a de *Schwenter* des *Récréations Philofophiques & Mathématiques*, intitulées : *Deliciæ Phyfico-Mathematicæ*.

SCHWERIN, (N. Comte de) général du roi de Prusse, s'éleva par fon mérite, & gagna la bataille de Molwitz, le 10 Avril 1741, dans le tems que les Prus-

fiens la croyoient perdue. Il fe
fignala dans toutes les batailles
qui fe donnérent depuis contre
les Autrichiens, & fut tué à celle
de Potfchernitz, autrement de
Prague, en 1757.

· SCIOPPIUS, (Gafpar) né dans
le haut Palatinat en 1576, étudia
dans les univerfités de fa patrie
avec tant de.fuccès, qu'à l'âge de
16 ans il avoit déja la réputation
d'un bon auteur. Son cœur ne
répondit pas à fon efprit. Naturellement emporté & méchant,
il abjura la religion Proteftante,
& fe fit Catholique vers l'an 1599;
mais·fans changer de caractére. Il
devint l'*Attila* des écrivains; il
avoit tout ce qu'il falloit pour
bien jouer ce rôle; de l'imagination, de la mémoire, une profonde littérature, & une préfomption démefurée. Les mots injurieux de toutes les langues. lui
étoient connus, & venoient d'a-
bord fur la fienne. Il joignoit à
cette belle érudition, une ignorance complette des ufages du monde; il n'avoit ni décence dans la
fociété, ni refpect pour les gran-
·deurs. C'étoit un frénétique d'u-
ne efpèce nouvelle, débitant de
fang-froid les calomnies les plus
atroces, un vrai fléau du genre
humain. *Jofeph Scaliger* fut fur-tout
l'objet de fa fureur.& de fes fatyres. Ce favant ayant donné l'Hiftoire de fa famille, alliée felon
·lui à des princes; *Scioppius* détruifit toutes les prétentions de *Scaliger*, qui à fon tour découvrit
toutes les taches de la famille de
fon adverfaire. Son libelle intitulé: *La Vie & les Parens de Gafpar
Scioppius*, nous apprend la généalogie de ce Cerbère de la littérature. Quoiqu'il y ait apparence
que fes ennemis le traitérent comme il les avoit traités, nous rap-

porterons en peu de mots les particularités racontées par *Scaliger*.
Scioppius eut pour pere un homme qui fut fucceffivement fof-
foyer, garçon libraire, colpor-
teur, foldat, meûnier, enfin braffeur de bière. Nous y voyons que
la femme & la fille de ce bas aventurier, étoient des perfonnes fans
mœurs. La femme, long-tems en-
tretenue, & délaiffée enfin par un
homme débauché qu'elle avoit
fuivi en Hongrie, fut obligée de
revenir avec fon mari, qui la traita
durement, jufqu'à condamner fon
époufe aux plus viles occupations
de fervante. La fille auffi déréglée
que la mere, après la fuite d'un
mari fcélérat qu'on alloit faire brûler pour le crime le plus infâme,
exerça la profeffion de courtifane.
Elle pouffa fi loin le fcandale,
qu'elle fut mife en prifon, & qu'elle ne put échaper que par la fuite
à la févérité des loix. Tant d'horreurs publiées fur la famille de
Scioppius, ne lui femblérent qu'une
invitation à mieux faire. Il ramaffa
toutes les médifances, toutes les
calomnies répandues contre *Scaliger*, & il en fit un gros volume,
fous lequel il s'efforça de l'écrafer. *Baillet* dit que *Scioppius y paffa
les bornes d'un Correcteur de Collége,
& d'un Exécuteur de la Haute-Juftice.*
Perfonne n'entendoit comme lui
les repréfailles. Il traita avec le
dernier mépris *Jacques I*, roi d'Angleterre, dans fon *Ecclefiafticus*,
Hartbergæ, 1611, in-4°; & fes
deux plus zélés partifans, *Cafaubon* & du *Pleffis-Mornay*, parce
qu'ils l'avoient contredit fur un
point d'érudition. On fit brûler publiquement fon libelle à Londres.
Son effigie fut pendue dans une
Comédie repréfentée devant le
monarque, qui lui fit donner des
coups de bâton par le moyen de

fon ambaffadeur en Efpagne. Dans fes démêlés avec les Jéfuites, il publia contre la Société plus de 30 Libelles diffamatoires dont on a la lifte. Ce qui furprendra davantage, c'eft que, dans un endroit où il fe déchaîne le plus contre ces Peres, il met fon nom au bas avec de grandes marques de piété : *Moi* GASPAR SCIOPPIUS, *déja fur le bord de ma tombe*, & *prêt à paroître devant le Tribunal de* Jefus-Chrift *pour lui rendre compte de mes œuvres*. Il s'occupa, fur la fin de fes jours, de l'explication de l'Apocalypfe, & il prétendoit avoir trouve la clef de ce livre myftérieux. Ce miférable mourut en 1649, âgé de 74 ans, à Padoue, la feule retraite qui lui reftât contre la multitude d'ennemis qu'il s'étoit faits. On a de lui 104 ouvrages, dans lefquels on remarque de la littérature & quelque efprit. Les principaux font : I. *Verifimilium Libri IV*, 1596, in-8°. II. *Commentarius de Arte criticâ*, 1661, in-8°. III. *De fuâ ad Catholicos migratione*, 1600, in-8°. IV. *Notationes criticæ in Phædrum*, *in Priapeia*, Patavii, 1664, in-8°, qu'on peut joindre aux *Variorum*. V. *Sufpeclarum Lectionum libri V*, 1664, in-8°. VI. *Claficum Belli facri*, 1619, in-4°. VII. *Collyrium regium*, 1611, in-8°. VIII. *Grammatica Philofophica*, 1664, in-8°. IX. *Relatio ad Reges & Principes de Stratagematibus*, &c. *Societatis* JESU, 1641, in-12. Il publia ce libelle fous le nom d'*Alphonfe* de *Vargas*. Il avoit été d'abord très-lié avec les Jéfuites ; mais ces Peres n'ayant pas été favorables à une requête qu'il avoit préfentée à la diette de Ratisbonne en 1630, pour obtenir une penfion : requête renvoyée aux Jéfuites, confeffeurs de l'empereur & des électeurs ; *Scioppius* tourna

toute fon artillerie contre eux. *Bellarmin* avoit cependant loué en lui *peritiam Scripturarum facrarum*, *ʒelum converfionis Hæreticorum*, *libertatem in* Thuano *reprehendendo*, *fapientiam in Rege Anglicano exagitando*, &c. Les Jéfuites changérent de ton, & chantérent la palynodie, comme il l'avoit lui-même chantée.

I. SCIPION, (*Publius-Cornelius*) furnommé l'*Africain*, fils de *Publius-Cornelius Scipion*, conful dans la 2ᵉ guerre Punique, n'avoit pas encore 18 ans, lorfqu'il fauva la vie à fon pere à la bataille du Tefin. Après celle de Cannes, il empêcha la nobleffe Romaine d'abandonner Rome. Son pere & fon oncle ayant perdu la vie en combattant contre les Carthaginois, il fut envoyé en Efpagne à l'âge de 24 ans. Il en fit la conquête en moins de 4 années, battit l'armée ennemie, & prit Carthagène en un feul jour. La femme de *Mardonius* & les enfans d'*Indibilis*, qui étoient des principaux du pays, s'étant trouvés parmi les prifonniers, le généreux vainqueur les fit mener honorablement à leurs parens. Ses vertus contribuérent autant à fes victoires que fon courage. Il mit fin à la guerre d'Efpagne, par une grande bataille qu'il donna dans la Bétique, où il défit plus de 50,000 hommes de pied & 4000 chevaux. *Scipion* porta enfuite la guerre en Afrique. Il battit *Afdrubal*, un des meilleurs généraux Carthaginois, & vainquit *Syphax*, roi de Numidie, l'an 203 avant J. C. Il furprit d'abord fon camp pendant la nuit, y mit le feu, & enfuite il le défit en bataille rangée. Les fuites de cette victoire furent étonnantes, & peut-être elles l'auroient été davantage, fi

Scipion eût marché droit à Carthage. Le moment paroiſſoit favorable ; mais il crut, comme *Annibal*
aux portes de Rome , qu'avant
de faire le ſiége d'une capitale,
il falloit s'y établir ſolidement.
L'année ſuivante il y eut une entrevue entre ces deux fameux capitaines, pour y parler de paix ;
mais ils ſe ſéparérent ſans convenir de rien , & ils coururent aux
armes. La bataille de Zama fut donnée ; elle décida entre Rome &
Carthage. *Annibal.*, après avoir
long-tems diſputé le terrein , fut
obligé de prendre la fuite. Vingt
mille Carthaginois reſtérent ſur le
champ de bataille , & autant furent
faits priſonniers. Cette victoire
produiſit la paix la plus avantageuſe pour Rome , qui en eut
toute l'obligation à *Scipion* , & qui
lui en laiſſa toute la gloire. Il fut
honoré du triomphe & du ſurnom
d'*Africain*. On accorda à chacun
de ſes ſoldats deux arpens de terre
pour chaque année qu'ils avoient
porté les armes en Eſpagne & en
Afrique. Quelques années après,
il obtint une ſeconde fois le conſulat ; mais les intrigues de ſes
concurrens affoiblirent ſon crédit.
Las de lutter contre eux à Rome,
il paſſa en Aſie , où , de concert
avec ſon frere , il défit *Antiochus*,
l'an 189 avant J. C. Ce prince lui
fit propoſer des conditions de paix,
peu avantageuſes à la république ,
mais flatteuſes pour lui. Il lui propoſoit de rendre ſans rançon ſon
fils encore jeune , pris au commencement de la guerre , & il lui
offroit de partager avec lui les
revenus de ſon royaume. *Scipion*,
ſenſible à cette offre, mais plus
ſenſible encore aux intérêts de la
république , lui fit une réponſe
digne de lui & des Romains. Ce
grand-homme, revenu à Rome après

qu'*Antiochus* ſe fut ſoumis aux conditions qu'on voulut , y trouva
l'envie acharnée contre lui. Il fut
traduit devant le peuple par les
deux *Petilius*: Ces tribuns , à l'inſ-
tigation de *Caton*, qui (pour me
ſervir de l'expreſſion de *Tite-Live*)
ne ceſſoit d'aboyer après le grand
Scipion , l'accuſérent de péculat.
Ils prétendirent qu'il avoit tiré de
grandes ſommes d'*Antiochus* , pour
lui faire accorder une paix avantageuſe. Il fallut que le vainqueur
d'*Annibal*, de *Syphax* & de Carthage , qu'un homme à qui les Romains avoient offert de le créer
conſul & dictateur perpétuel, ſe
réduiſit à ſoutenir le triſte rôle
d'accuſé. Il le fit avec cette grandeur d'ame qui caractériſoit toutes
ſes actions. Comme ſes accuſa-
teurs , faute de preuves , ſe répan-
doient en reproches contre lui ,
il ſe contenta le premier jour de
faire le récit de ſes exploits &
de ſes ſervices : défenſe ordinaire
aux illuſtres accuſés ; elle fut reçue avec un applaudiſſement univerſel. Le ſecond jour fut encore
plus glorieux pour lui : *Tribuns du
Peuple* , dît-il , & *vous* , *Citoyens* ,
c'eſt à pareil jour que j'ai vaincu
Annibal & *les Carthaginois* : *Venez,
Romains* , *allons dans les Temples rendre aux Dieux de ſolemnelles actions
de graces*. On le ſuivit en effet,
& les tribuns reſtérent ſeuls avec
le crieur qu'ils avoient amené pour
citer l'accuſé. L'affaire fut agitée
une 3e fois ; mais *Scipion* n'étoit
plus à Rome. Il s'étoit retiré à ſa
maiſon de campagne à Literne,
où , à l'exemple des anciens Romains, il cultivoit la terre de ſes
mains victorieuſes. Il y mourut
peu de tems après , l'an 180 avant
J. C., avec la réputation d'un général qui joignoit à de grandes
vues une exécution prompte. Ses

vertus égaloient son courage. On fait le rare exemple de continence qu'il donna pendant la guerre d'Espagne. A la prise de Carthagène, ses soldats lui amenérent une jeune Espagnole, trouvée dans la ville. Sa beauté surpassoit l'éclat de sa naissance, & elle étoit éperduement aimée d'un prince Celtibérien, nommé *Allutius*, (*Voyez* ce mot) auquel elle étoit fiancée. *Scipion* vit sa belle prisonniére, l'admira, & la remit entre les mains de son pere & de son amant. Il est certain cependant que ce grand-homme eut de la passion pour les femmes; mais sans doute il en eut beaucoup plus pour la gloire & pour la vertu. Après la défaite du roi *Syphax*, voyant *Masinissa* se livrer à un amour hors de saison pour *Sophonisbe*, sa prisonniére; *Scipion* le prit à l'écart & lui dit: *Croyez-moi, nous n'avons point tant à craindre pour notre âge, des ennemis armés, que des passions qui nous assiégent de toutes parts. Celui qui par sa sagesse a su leur mettre un frein & les dompter, s'est acquis en vérité beaucoup plus d'honneur, & a remporté une victoire plus glorieuse que celle que nous venons de gagner sur Syphax*. Dans une victoire qu'il remporta sur les Espagnols, il se conduisit à leur égard avec tant de bonté, qu'une multitude de voix confuses le proclamérent Roi d'un consentement unanime. Alors *Scipion* ayant fait faire silence par un héraut, dit : « Que la qualité de » Général que ses soldats lui » avoient donnée, étoit la plus » grande & la plus honorable » pour lui : Que le titre de Roi, » par-tout ailleurs illustre, étoit » odieux & insupportable à Rome : » Que s'ils regardoient comme » quelque chose de plus glorieux, » tout ce qui approchoit de la

» majesté d'un Roi, ils pouvoient » aisément juger en eux-mêmes » qu'il en avoit le cœur ; mais » qu'il les prioit de ne lui en » point imposer le nom ». L'abbé *Seran* de *la Tour* a donné, en 1738, une *Histoire* estimée de ce célèbre Romain, pour servir de suite aux *Hommes illustres de Plutarque*, avec les observations du chevalier *Folard* sur la bataille de Zama, in-12, à Paris. *Publius-Cornelius* SCIPION son fils, fut fait prisonnier dans la guerre d'Asie, & adopta le fils de *Paul-Emile*, qui fut nommé *le jeune* SCIPION *l'Africain*. Il se montra digne de son pere, par son courage, & par son amour pour les lettres.

II. SCIPION, (*Lucius-Cornelius*) surnommé l'*Asiatique*, frere de *Scipion l'Africain*, le suivit en Espagne & en Afrique. Ses services lui méritérent le consulat, l'an 189 avant J. C. On lui donna alors la conduite de la guerre d'Asie contre *Antiochus*, auquel il livra une sanglante bataille dans les champs de Magnésie, près de Sardes, où les Asiatiques perdirent 50,000 hommes de pied & 4000 chevaux. Le triomphe & le surnom d'*Asiatique* furent la récompense de sa victoire ; mais ses succès excitérent l'envie. *Caton* le *Censeur* fit porter une loi pour informer des sommes d'argent qu'il avoit reçues d'*Antiochus* ; & *Lucius Scipion* fut condamné à une amende pour le même prétendu crime de péculat dont on avoit accusé son frere. Ses biens furent vendus, & leur modicité le justifia assez : il ne s'y trouva pas de quoi payer la somme à laquelle il avoit été condamné.

III. SCIPION-NASICA, fils de *Cneius* SCIPION *Calvus*, & cousin de *Scipion l'Africain*, vécut toujours en homme privé, & n'en fut que plus heureux. Les qualités de son cœur le firent adorer du peuple Romain. Il eut un fils non moins estimable, & qui mérita d'être surnommé les *Délices des Romains*.

IV. SCIPION, (*Publius-Æmilianus*) surnommé *Scipion l'Africain le jeune*, étoit fils de *Paul-Emile*, & fut adopté par *Scipion*, fils de l'*Africain*. Après avoir porté les armes sous son pere, il alla servir en Espagne en qualité de tribun légionnaire. Quoiqu'âgé seulement de 30 ans, il annonça par ses vertus & par sa valeur ce qu'il seroit un jour. Un Espagnol, d'une taille gigantesque, ayant donné le défi aux Romains, *Scipion* l'accepta & fut vainqueur. Cette victoire accéléra la prise d'Intercatie. Le jeune héros monta le premier à l'assaut, & obtint une couronne murale. De l'Espagne il passa en Afrique, & y effaça tous ses concurrens. *Phaméas*, général de la cavalerie ennemie, le redoutoit tellement, qu'il n'osoit paroître, quand c'étoit son tour d'aller en parti. Pénétré d'estime pour ce grand-homme, il passa enfin au camp des Romains pour vivre sous sa discipline. Le roi *Masinissa* ne lui donna pas une moindre marque de sa considération; il le pria, en mourant, de régler le partage de ses états entre ses trois fils. *Scipion* ayant brigué la charge d'édile, on le désigna consul l'an 148 avant J. C. quoiqu'il n'eût pas l'âge requis pour cette charge; mais Rome savoit faire des exceptions, & certainement *Scipion* les méritoit. Il eut, comme son aïeul adoptif, l'avantage d'être chargé de la guerre d'Afrique, avec la permission de choisir son collègue; &, par un

nouveau trait de ressemblance entr'eux, il se fit accompagner dans ces expéditions par *Lælius*, son intime ami, fils de cet autre *Lælius* qui avoit autrefois si bien secondé la valeur du grand *Scipion*. Le général Romain trouva le siège de Carthage moins avancé qu'il ne l'étoit à la fin de la première campagne. Les lignes des assiégeans n'étoient pas assez resserrées : pour remédier à ce défaut, il établit son camp sur une langue qui formoit une communication entre les terres & la presqu'isle dans laquelle Carthage étoit située. Par ce moyen il ôtoit aux assiégés toute espérance de recevoir des vivres de ce côté-là; mais ils pouvoient en faire venir par mer, attendu que les vaisseaux Romains n'osoient s'approcher jusqu'à la portée des machines de guerre, qui les auroient accablés. *Scipion* leur enleva cette derniére ressource, en faisant fermer l'entrée de leur port par une longue & large digue de pierre; cette digue avoit (dit-on) 24 pieds de long par le haut, & 92 par la base : travail immense & presque inconcevable. Les Carthaginois cependant en firent un encore plus surprenant. Leur ville contenoit 700 mille habitans, qui tous à l'envi, hommes, femmes & enfans, s'employérent à creuser un nouveau port, & à construire une flotte. Les Romains eurent tout lieu d'être surpris, lorsque du milieu des dunes ils virent sortir 50 galéres qui s'avançoient en bel ordre, toutes prêtes à livrer bataille, & à soutenir les convois qu'on leur ameneroit. On croit que les Carthaginois firent une grande faute de ne point attaquer les vaisseaux Romains dans cette première surprise; ils ne donnérent bataille que 3 jours après, & elle ne fut pas à leur avantage. Le conful s'empara d'une terraffe qui dominoit la ville du côté de la mer, s'y retrancha, & y établit 4000 foldats pour y paffer l'hiver. La fuite de ces manœuvres fut la prife de Carthage ; *Scipion* répandit des larmes fur les cendres de cette ville. De retour à Rome, il.eut les honneurs du triomphe, & fe rendit propre le furnom d'*Africain*, qu'il portoit déja par droit de fucceffion. Le confulat lui fut décerné pour la 2ᵉ fois l'an 134 avant J. C. : il l'avoit été la 1ʳᵉ fois pour aller détruire Carthage ; il le fut celle-ci pour aller détruire Numance. Il eut le bonheur de la prendre, & d'obtenir un fecond triomphe & le nom de *Numantin*. Quelque tems après, .ayant afpiré à la dictature, les triumvirs le firent étrangler dans fon lit. Ainfi périt le fecond *Africain*, qui égala ou même furpaffa le vainqueur d'*Annibal*, par fa valeur, par fes vues, par fon zèle pour la difcipline militaire, par fon amour pour la patrie. Il cultiva, comme lui, les lettres dans le tumulte des camps ; & fervit d'exemple aux foldats par les vertus d'un particulier, & aux capitaines par les qualités d'un général. On ne fit point d'information fur fa mort, parce que, (dit *Plutarque*,) le peuple appréhendoit que fi on approfondiffoit cette affaire, *Caïus-Gracchus* ne fe trouvât coupable. On cite plufieurs traits honorables à fa mémoire. Après la mort de *Paul-Emile*, *Scipion* fut héritier avec fon frere *Fabius* ; mais voyant qu'il avoit moins de biens que lui, il lui abandonna l'héritage en entier, qui étoit eftimé plus de 60 talens. Cette action étoit belle ; mais il donna une marque plus éclatante encore de fon bon cœur.

Fabius ayant deffein de donner le fpectacle des gladiateurs aux funérailles de fon pere, & ¦ne pouvant aifément foutenir cette dépenfe, *Scipion* lui fournit pour cela la moitié de fon bien. *Papiria*, mere de ces illuftres freres, étant morte quelque tems après, *Scipion* laiffa toute fa fucceffion à fes fœurs, quoiqu'elles ne puffent y prétendre aucune part fuivant les loix. Ce grand-homme avoit fenti de bonne heure l'importance du danger où les richeffes exceffives expoferoient fa patrie. Célébrant le luftre en qualité de cenfeur, le greffier, dans le facrifice ordinaire de ce jour folemnel, lui dictoit le vœu par lequel on conjuroit les Dieux de rendre les affaires du peuple Romain meilleures & plus brillantes : *Elles le font affez*, dit-il, *& je les prie de les conferver toujours en ce même état.* Il fit auffi-tôt changer le vœu de cette manière. Les cenfeurs, par refpect, s'en fervirent depuis dans la cérémonie des luftres.

V. SCIPION-MAFFÉE, *Voyez* MAFFÉE, n° v.

SCOPAS, architecte & fculpteur, de l'ifle de Paros, vivoit vers l'an 430 avant J. C. Il travailla au fameux Maufolée qu'*Artemife* fit ériger à fon mari, dans la ville d'Halicarnaffe, & qui étoit réputé pour l'une des *Sept Merveilles* du monde. Il fit auffi à Ephèfe une Colonne, célèbre par les beautés dont ce favant artifte l'avoit enrichie. Mais parmi fes ouvrages on fait fur-tout mention d'une *Vénus*, qui fut tranfportée à Rome, & qui n'étoit pas un des moindres ornemens de cette grande ville.

SCORZA, (Sinibaldo) peintre & graveur, de Voltaggio dans le territoire de Gènes, mourut dans cette derniére ville en 1631, âgé de 41 ans. Né avec un goût singulier pour le deffin, il copioit à la plume les eftampes d'*Albert Durer*, d'une manière à tromper les connoiffeurs, qui les croyoient gravées,, ou qui les' prenoient pour des originaux mêmes. Il excelloit auffi à peindre des animaux, des fleurs & des payfages. Ce peintre s'attacha enfuite à la miniature. Le cavalier *Marini*, avec lequel il étoit lié d'amitié, l'introduifit à la cour de Savoye. Vers ce tems, les Génois eurent une guerre à foutenir contre cette puiffance. *Scorza* revint dans fa patrie, où fes envieux l'accuférent d'être en intelligence avec le duc de Savoye. On crut trop facilement les dépofitions de la calomnie; il fut banni, mais peu de tems après on le rappella.

SCOT, (Jean) *Voyez* DUNS.

SCOT, *Voyez* SCHOT.

SCOT, (Jean) appellé auffi ERIGÈNE, du nom d'*Erin* que portoit anciennement l'Irlande, fa patrie. Après avoir fait quelques progrès dans les belles-lettres & la philofophie, il paffa en France fous le règne de *Charles* le *Chauve*; ce prince, qui aimoit les fciences, conçut pour lui une grande eftime. Il goûta fon caractére enjoué, au point de l'admettre à fa table, & de s'entretenir familiérement avec lui. *Erigène*, appuyé de la protection du roi, fe crut tout permis. C'étoit un efprit vif, pénétrant & hardi, mais peu verfé dans les matiéres de religion: malgré cela il voulut fe mêler des queftions théologiques; & en fe livrant à fon génie fophiftique, il fronda l'Ecriture & la Tradition, & tomba bientôt dans plu-

fleurs erreurs. Ses écrits ne tardérent pas à foulever tous ceux qui étoient attachés à la religion. Le pape *Nicolas I* en porta fes plaintes au monarque protecteur de ce téméraire écrivain: on ne fçait pas fi elles firent effet fur l'efprit de *Charles* le *Chauve*. Ce qui paroit conftant, c'eft que *Jean Scot* termina fes jours en France quelques années avant ce prince, qui moûrut en 877. Ainfi c'eft une erreur de dire qu'il foit retourné en Angleterre, & qu'il ait été tué l'an 883 à coups de canifs par fes écoliers. Nous n'avons plus le *Traité* qu'il compofa *fur l'Euchariftie* contre *Pafchafe Ratbert*. Cet ouvrage, qui contenoit, à ce qu'on prétend, le premier germe de ce qui a été écrit depuis contre la Tranffubftantiation & la Préfence réelle, fut profcrit par plufieurs Conciles, & condamné au feu l'an 1059, par celui de Rome. Mais nous avons le *Traité de la Prédeftination Divine*, qu'il fit à la priére de *Hincmar* de Reims & de *Pardule* de Laon; il fe trouve dans *Vindiciæ Prædeftinationis & Gratiæ*, 1650, en 2 vol. in-4°.

SCOTTEN, *Voy.* HUDDE.

SCOTTI, (Jules-Clément) ex-Jéfuite, quoique profès des quatre vœux, enfeigna la philofophie & la jurifprudence canonique à Padoue. On lui attribue *Monarchia Solipforum*, 1648, in-12; traduite en françois par *Reftaut*, 1721, in-12, fous le titre de la *Monarchie des Solipfes*: livre peu lu aujourd'hui, quoique fort recherché dans le tems que les Jéfuites étoient puiffans & haïs. Ses autres ouvrages font: I. *De poteftate Pontificiâ in Societatem* JESU, 1646, in-4°. II. *De obligatione Regularis*, &c. 1647, in-4°. Cet auteur mourut en 1669, âgé de 67 ans, à Padoue.

où il jouissoit d'une assez grande réputation.

SCOTUS, *Voy.* MARIANUS.

SCRIBANIUS, (Charles) Jésuite, né à Bruxelles en 1562, mort en 1629, fut professeur, puis recteur de Bruxelles & d'Anvers, & enfin provincial de Flandres. On a de lui un *Amphithéâtre d'honneur*, in-4°, en latin. Il y avance des maximes si horribles contre la sûreté de la vie des princes, que *Pasquier* & *Casaubon* disoient, pour faire un jeu de mots, que ce livre étoit plutôt un *Amphithéâtre d'horreur*. Il le publia en 1606, sous le nom de *Clarus Bonarscius*, qui est l'anagramme du nom de ce *Ravaillac* théologien.

SCRIBONIUS-LARGUS, ancien médecin du tems d'*Auguste* ou de *Tibére*, est auteur de plusieurs ouvrages, dont la meilleure édition est celle de *Jean Rhodius*; ils sont consultés par les savans.

SCRIMGER, (Henri) savant Ecossois, mort à Genève en 1571, à 65 ans, passa en Allemagne, où il s'attacha à *Ulric Fugger*, bienfaiteur des gens-de-lettres, qui lui procura beaucoup de manuscrits grecs & latins. Il alla à Genève pour les faire imprimer par *Henri Etienne*, ainsi que les *Novelles de Justinien*. Après avoir professé la philosophie 2 ans dans cette ville, il fut le premier qui y enseigna le droit. On a de lui une *Histoire d'Ecosse*, imprimée sous le nom de *Henri d'Ecosse*. Il avoit aussi travaillé à éclaircir *Athénée*; mais ses *Notes* n'ont pas vu le jour.

. I. SCUDERI, (George de) naquit au Havre de Grace en 1601, d'une famille noble, originaire d'Apt en Provence. Après avoir passé quelque tems dans cette ville, il vint ouvrir boutique de vers dans la capitale. L'académie Fran-

Tome VI.

çoise lui donna une place dans son corps en 1650. Il étoit alors gouverneur de *Notre-Dame de la Garde* en Provence, gouvernement très-mince qu'il exaltoit sans cesse. Il en fit dans un Poëme une description magnifique, quoique, suivant *Chapelle* & *Bachaumont*, il n'y eût pour toute garde qu'un Suisse peint avec sa hallebarde sur la porte. Cette place ne tira pas *Scuderi* de l'indigence; mais il n'en fut pas moins fanfaron. Il eut tous les travers des mauvais poëtes; l'effronterie dans l'humiliation, l'orgueil dans la misére, les distractions, & la manie cruelle de parler de vers. Il se piquoit surtout de noblesse & de bravoure. Dans une Epitre dédicatoire au duc de *Montmorenci*, il lui dit : *Je veux apprendre à écrire de la main gauche, afin que ma droite vous serve plus noblement.* Et ailleurs il dit : *Qu'il est sorti d'une Maison, où l'on n'a jamais eu de plumes qu'au chapeau.* Ayant porté la modestie à cet excès, il n'est pas étonnant qu'il traitât *Corneille*, le premier auteur de son tems, avec une hauteur insultante. Cet homme bizarre étoit fait pour les aventures singuliéres. Dans un voyage qu'il fit avec sa sœur en Provence, on les plaça dans une chambre où il y avoit deux lits. Avant que de se coucher, *Scuderi* demanda à sa sœur ce qu'ils feroient du prince *Maṛaro*, (un des héros du Roman de *Cyrus* :) il fut arrêté, après quelques contestations, qu'on le feroit assassiner. Des marchands qui étoient dans une chambre voisine ayant entendu cette conversation, crurent que c'étoit la mort de quelque grand prince que l'on complottoit. La Justice fut avertie; le frere & la sœur furent mis en prison, & ce ne fut qu'avec

T

peine qu'ils parvinrent à fe juftifier. Ce poëte mourut à Paris en
1667, à 66 ans. Ses ouvrages font: I.
Seize *Piéces de Théâtre*, repréfentées
depuis 1629 jufqu'en 1643. Elles
font défigurées par des intrigues
de ruelle, & auffi platement que
mauffadement écrites. II. Le *Cabinet*, ou *Mélange de Vers* fur des
tableaux, des eftampes, &c. III.
Recueil de *Poëfies* diverfes, dans
lequel, outre 101 *Sonnets* & 30
Epigrammes, on trouve des *Odes*,
des *Stances*, des *Rondeaux*, des
Elégies, &c. IV. *Alaric*, ou *Rome
vaincue*, Poëme héroïque en 10
livres ; que *Boileau* a jugé digne
de la Pucelle de Chapelain. V. *Apologie du Théâtre*. VI. Des *Difcours
politiques*. VII. Des *Harangues* ; qui
marquent plus de fécondité que
de génie.

II. SCUDERI ; (Magdelène de)
fœur du précédent, née au Havre
de Grace comme lui, en 1607,
fut auteur par néceffité. Elle vint
de bonne heure à Paris, & tout
concourut à y faire parler d'elle :
les agrémens de fon efprit, la
difformité de fon vifage, & fur-
tout les Romans dont elle inonda
le public, & que le fatyrique
Defpréaux appelloit une *boutique
de verbiage*. La plûpart de ceux
qu'elle a compofés, ne font que
le tableau de ce qui fe paffoit à la
cour de France. Les petits-maitres
applaudirent fur-tout à la Carte
du Pays de *Tendre*, qui fe trouve
dans *Clélie*. Cette Carte repréfente trois riviéres, fur lefquelles
font fituées trois villes nommées
Tendre ; *Tendre fur inclination*,
Tendre fur eftime, & *Tendre fur reconnoiffance*. L'abbé d'*Aubignac* lui
enleva la gloire de cette frivole
découverte, en publiant fa Relation du royaume de *Coquetterie*.
Ce plagiat excita une querelle

qui auroit pu devenir importante, fi Mll° de *Scuderi* n'avoit pris
le parti du filence. Cette fille illuftre mourut à Paris en 1701, à
94 ans, honorée du titre de *Sapho*
de fon fiécle. Les plus beaux génies de l'Europe étoient en commerce de lettres avec elle. L'a-
cadémie des *Ricovrati* de Padoue
fe l'affocia. Son *Difcours fur la
Gloire* remporta le premier prix
d'éloquence que l'académie Françoife ait donné. La reine *Chriftine* de Suède, le cardinal *Mazarin*,
le chancelier *Boucherat*, & *Louis
XIV*, lui firent des penfions. Le
célèbre *Nanteuil* la peignit en paftel, & Mll° de *Scuderi* l'en remercia par ces vers :

Nanteuil, en faifant mon image,
A de fon art divin fignalé le pouvoir ;
Je hais mes traits dans mon miroir,
Je les aime dans fon ouvrage.

On ne peut nier qu'elle n'ait répandu de la délicateffe & des agrémens dans fes vers : fa profe n'en
offre pas moins quelquefois. Il y
a des morceaux heureux ; & dans
fes Romans même qu'on affecte
tant de méprifer, il y a plufieurs
traits ingénieux, & des portraits
très-bien rendus & pleins de fineffe. Ses principaux ouvrages font :
I. *Clélie*, 10 vol. in-8°. 1660. II.
Artamène, ou *le grand Cyrus*, 1650,
10 vol. in-8°. III. La *Promenade de
Verfailles*, 1698, in-12. IV. *Ibrahim*,
ou *l'illuftre Baffa*, 1641, 4 vol.
in-8°. V. *Almahide* ou *l'Efclave Reine*,
1660, 8 vol. in-8°. VI. *Celinte*, in-8°.
VII. *Mathilde d'Aguilar*, in-8°. VIII.
Des *Converfations* & des *Entretiens*,
en 10 vol. &c. C'eft ce qu'elle a
fait de meilleur. Autrefois on les
lifoit pour fe former aux belles
maniéres & à la politeffe ; mais le
ton de la fociété ayant bien chan-

gé depuis, on n'y apprendroit aujourd'hui qu'à se rendre ridicule. On a publié en 1766, in-12, l'*Esprit de Mademoiselle de Scuderi.* Cette nouvelle *Sapho* cultiva l'amitié & même l'amour. Elle fut très-liée avec *Pelisson*, dont la laideur épouvantable empêchoit de soupçonner qu'elle s'attâchât à la matiére. Un plaisant dit à cette occasion, que *chacun aimoit son semblable.* La maîtresse étoit presque aussi laide que l'amant; mais son ame étoit belle. La douceur de son caractére lui fit beaucoup d'amis illustres. Les princes & les princesses de la famille royale ne dédaignoient pas de la prévenir, & *Madame* lui disoit quelquefois : *C'est moi qui suis l'amant dans notre commerce ; c'est moi qui vous cherche avec mystére.* Elle avoit souvent des saillies. Ayant été éclaboussée par le carrosse d'un financier : *Cet homme-là, dit-elle, est vindicatif ; nous l'avons crotté autrefois, il nous crotte maintenant.* On parloit en sa présence de Versailles, & l'on disoit que c'étoit un lieu enchanté. *Oui,* répartit-elle, *pourvu que l'enchanteur y soit.*

I. SCULTET, (Abraham) né à Grumberg en Silésie l'an 1566, se signala par son talent pour la chaire. Nommé professeur de théologie à Heidelberg, il fut envoyé au synode de Dordrecht, où il travailla en vain à mettre la paix entre les Protestans. Les fanatiques se vengérent de ses soins pour la tranquillité commune, en lui faisant perdre sa chaire par les calomnies les plus atroces. On a de lui un livre intitulé *Medulla Patrum*, 1634, in-4°. & plusieurs autres savans ouvr. de théologie. Il mourut à Embden en 1626. Son amour pour le travail lui avoit fait placer sur la porte de son cabi-

net cette inscription, qui étoit une invitation pour les ? & un épouvantail pour les q... :

AMICE, quisquis huc venis,
Aut agito paucis, aut abi,
Aut me laborantem adjuva.

II. SCULTET, (Christophe) Luthérien, né à Trugard, connu par un assez bon *Commentaire sur Job*; mourut en 1649, après avoir exercé le ministére à Stétin, & mis au jour divers autres écrits.

SCYLAX, mathématicien & géographe, de l'isle de Cariande dans la Carie, florissoit sous le régne de *Darius* fils d'*Hystaspes*, vers l'an 522 avant J. C. Ce prince l'envoya à la découverte de l'Inde, dont il vouloit faire la conquête. *Scylax*, après un voyage de 30 mois, aborda en Egypte, & lui rendit un compte exact de ses observations. Plusieurs savans lui attribuent l'invention des Tables géographiques. Nous avons sous son nom, un *Périple*, publié par *Hœschelius* avec d'autres anciens Géographes, Leyde, 1697, in-4°; mais cet ouvrage est d'un auteur beaucoup plus récent.

SCYLITZÈS, (Jean) dit *Curcpalate*, grand-maître de la maison de l'empereur de Constantinople, composa en Grec dans le XIe siécle l'*Histoire* abrégée de cet empire, depuis les premiéres années du IXe siécle, jusqu'à l'an 1081 que vivoit cet écrivain. *Cedrenus* a copié une partie de cette Histoire dans la sienne, imprimée à Paris en 1647, 2 vol. in-fol. L'ouvrage entier de *Scylitzès* parut en latin à Venise en 1570.

I. SEBA, de la tribu de *Benjamin*, étoit un des complices de la révolte d'*Absalon* contre son pere. Loin de détester son crime après la

T ij

ce fils rebelle, il empêcha
des tribus d'Ifraël de reconnoître *David* pour leur roi. Il eut
lieu de s'en repentir. Étant allé
fe renfermer dans la ville d'Abela
pour fe fouftraire aux pourfuites
de *Joab* général de *David*, les habitans allarmés lui coupèrent la tête vers l'an 1023 avant l'ère chrétienne, & la jettèrent par deffus les murailles à la vuë de *Joab*, qui leva auffitôt le fiége de cette ville.

III. SEBA, (Albert) natif d'Etzéel en Ooftfrife, membre de l'académie des *Curieux de la Nature*, eft auteur de la *Defcription* d'un immenfe recueil fur l'*Hiftoire Naturelle*, qu'il fit imprimer & graver à Amfterdam en 1734, & années fuiv. en 3 v. in-fol.; le IVᵉ vol. n'a point paru. Les explications font en latin & en françois.

I. SÉBASTIEN, (Saint) furnommé *le Défenfeur de l'Eglife Romaine*, fut martyrifé le 20 Janvier 288; mais on ne fait rien de bien certain fur fes derniers momens.

II. SEBASTIEN, frere cadet de *Jovin*, tyran dans les Gaules, fut affocié à la puiffance fouveraine par fon frere vers l'an 412; mais le roi *Ataulphe*, qui étoit venu d'Italie pour partager les Gaules avec *Jovin*, ne put fouffrir un pareil concurrent. S'étant raccommodé avec *Honorius*, il jura la perte des deux freres. Il pourfuivit d'abord *Sébaftien*, qui fut pris & décapité à Narbonne en 413; & *Jovin* fubit peu de tems après le même fort. *Sébaftien*, l'un des plus puiffans feigneurs Gaulois, vivoit heureux; mais il perdit la félicité dont il jouiffoit, dès qu'il fe fut livré aux deffeins d'un frere ambitieux. Les têtes des deux freres furent expofées comme celles des plus vils fcélérats.

III. SEBASTIEN, roi de Portugal, fils pofthume de l'infant *Jean*, & de *Jeanne* fille de l'emper. *Charles-Quint*, naquit en 1554. Il monta fur le trône en 1557, après *Jean III* fon aieul. Son courage & fon zèle pour la religion lui firent entreprendre, en 1574; un voyage en Afrique contre les Maures; mais cette courfe n'eut qu'un médiocre fuccès. Quelquetems après, *Mulei-Mohammed* lui demanda du fecours contre *Moluc* fon oncle, roi de Fez & de Maroc. Don *Sébaftien* lui mena l'élite de la nobleffe de Portugal, & aborda à Tanger le 29 Juillet 1578. Il fe donna le 4 Août fuivant une grande bataille, dans laquelle prefque toute la nobleffe refta fur la place. *Moluc* mourut dans fa litiére. *Mohammed* périt dans un marais, & *Sébaftien* fut tué, dans la 25ᵉ année de fon âge. Comme on ne trouva pas fon corps, & qu'il s'étoit répandu un bruit qu'il s'étoit fauvé de la bataille pour aller faire pénitence de fes péchés dans un défert, le Portugal vit à la fois deux faux *Sébaftiens*, tous deux hermites; l'un fils d'un tailleur de pierre, & l'autre d'un faifeur de tuiles. Après avoir joué un rôle affez important pendant quelque-tems, ils finirent leur vie, l'un fur l'échafaud, & l'autre aux galéres.

SEBASTIEN, (Le Pere) *Voy.* TRUCHET.

IV. SEBASTIEN DEL PIOMBO, peintre, eft encore connu fous les noms de *Sébaftien de Venife*; & de *Fra-Baftien*. Il naquit à Venife en 1485, & mourut en 1547. Sa réputation naiffante le fit appeller à Rome, où il s'attacha à *Michel-Ange*. Inftruit des fecrets de l'art par ce maitre, il fembla vouloir difputer le prix de la peinture au célèbre *Raphaël*. *Sébaftien* avoit en effet retenu du *Giorgion*, fon premier maître , la partie féduifante de la peinture , je veux dire, le coloris ; mais il n'avoit ni le génie, ni le goût de deffin de fon rival. Le tableau de la Réfurrection de *Lazare*, dont on attribue même l'invention· & le deffin fur la toile au grand *Michel-Ange* , & que *Sébaftien* peignit pour l'oppofer au tableau de la Transfiguration, eft admirable pour le grand goût de couleur ; mais il ne prévalut point fur celui de *Raphaël* : ce tableau précieux eft actuellement au Palais-royal. *Sébaftien* travailloit difficilement , & fon irréfolution lui fit commencer beaucoup d'ouvrages à la fois , fans en terminer aucun. Le portrait eft le genre qui lui convenoit le mieux; auffi en a-t-il fait un grand nombre , qui font tous excellens.Il employoit quelquefois le marbre & autres pierres femblables , faifant fervir leurs couleurs naturelles de fond à fes tableaux. L'office que le pape *Clément VII* lui donna, de fcelleur dans la chancellerie , le mit dans un état d'opulence qui lui fit quitter la peinture. Il ne fongea alors qu'à mener une vie douce & oifive , fe livrant tout entier à fes amis , & affociant à fes plaifirs la poëfie , & fur-tout la mufique pour laquelle il avoit du goût & du talent. Les deffins de *Sébaftien*, travaillés à la pierre noire , font dans le goût de ceux de *Michel-Ange*.

SEBONDE, (Raymond) philofophe Efpagnol du xvᵉ fiécle, s'eft fait connoître par un *Traité* latin , peu commun , *fur la Théologie naturelle*; Strasbourg 1496 , infol. en lettres gothiques. Il offre des fingularités hardies , qui plurent dans le tems aux philofophes de ce fiécle, & qui ne déplairoient pas à ceux du nôtre, *Montaigne* le

trouva, en beaucoup d'endroits , conforme à fes idées , & en fit une *Traduction*, imprimée par *Váfcofan*, Paris, 1581 , in-8°.

SECKENDORF , (Vite - Louis de) né dans la Franconie en 1626, d'une maifon ancienne , devint gentilhomme de la chambre du duc de Gotha , confeiller - aûlique , premier miniftre & directeur en chef de la régence , de la chambre & du confiftoire ; puis confeiller-privé & chancelier de *Maurice* , duc de Saxe-Zeitz ; & après la mort de ce prince, confeiller-privé de l'électeur de Brandebourg , & chancelier de l'univ. de Halle. On a de lui : I. Une *Hiftoire du Luthéranifme* , Francfort 1692 , 2 vol. in-fol. dans laquelle ce fujet eft traité avec beaucoup d'étendue & d'érudition. II. *Etat des Princes d'Allemagne* , in-8°. III. *Defcription de l'Empire Germanique* , in-8°. Ces deux ouvrages font en allemand & paffent pour exacts. L'auteur mourut en 1692, à 66 ans. Ses connoiffances s'étendoient à tout ; il ne poffédoit pas feulement les langues favantes, il peignoit & il gravoit.

SECOND, (Jean) *Secundus*, célèbre poëte Latin, né à la Haye en Hollande l'an 1511 , d'une famille qui portoit le nom d'*Everard*; & mort à Utrecht en 1536 , à 25 ans ; a laiffé quantité d'ouvrages où l'on remarque une facilité & une fécondité rares , jointes à beaucoup de délicateffe & d'agrément. Nous avons de lui, 3 livres d'*Elégies* , un d'*Epigrammes* ,2 d'*Epîtres*, un d'*Odes* , un de *Sylves* , un de *Piéces funèbres*; outre des Poëfies galantes, qui font honneur à fon goût & à fon efprit, mais où il règne trop de licence. Ces *Juvenilia* ont été recueillis dans la Collection de *Barbou* , & imprimés dans le volume intitulé : *Theodori Bezæ , Veʒelii , Poëmata ; Marci - Antonii* Mureti *Juvenilia ; Joannis* Secundi , *Hagienſis , Juvenilia ; Joannis* Bonefonii , *Arverni , Pancharis ; & Pervigilium Veneris ; 1757, 1* vol. Le recueil des Poëſies de Jean *Second* parut à Leyde en 1631, in 12 ; & elles ont été traduites en François , 1771 , in-8°. avec le Latin à côté. *Second* . cultivoit auſſi la peinture & la gravure ; mais ſes ouvrages en ce genre ſont peu connus. Il étoit frere de *Nicolas Grudius* & d'*André Marius*, diſtingués l'un & l'autre par leurs Poëſies : (*Voyez* leurs art.) Leur pere *Nicolas Everard* , préſident du ˉconſeil ſouverain de Hollande & Zélande , mort en 1532 à 70 ans, eſt auteur de deux ouvrages in-fol. intitulés , l'un *Topica Juris* ; l'autre , *Conſilia.*

SECONDAT , *Voyez* MONTES-QUIEU.

SECOUSSE, (Denys-François) né à Paris en 1691, d'une bonne famille, fut l'un des premiers diſciples du célèbre *Rollin* , avec lequel il lia une étroite amitié. Après avoir plaidé quelques cauſes avec aſſez de ſuccès, il quitta le barreau, pour lequel il ne ſe ſentoit aucun goût, & ſe livra tout entier à l'étude des belles-lettres & de l'Hiſtoire de France. Son application au travail , qu'aucune autre paſſion ne détournoit , le fit bientôt connoître des ſavans. L'académie des belles-lettres l'admit dans ſon ſein en 1723 ; & le chancelier d'*Agueſſeau* le chargea, en 1728, de continuer le Recueil des Ordonnances de nos Rois, commencé par *Lauriére*. *Secouſſe* remplit toutes les vues du ſavant magiſtrat. On lui confia, en 1746 , l'examen des Piéces conſervées dans les dépôts des différentes vil-

les des Pays-Bas nouvellement conquiſes. Au milieu de ces grands travaux , il trouvoit encore le tems de remplir les fonctions de *Cenſeur Royal* , de travailler à différens ouvrages , & d'aider les auteurs qui le conſultoient, de ſes lumiéres & de ſes conſeils. Sa vue s'affoibliſſant de jour en jour, il eſſaya de tous les remèdes ; mais les ſoins des médecins ne produiſant rien, on la vit s'éteindre peu-à-peu les 2 dernières années de ſa vie, & il mourut à Paris en 1754, à 63 ans. La douceur de ſon caractére rendoit ſon érudition attrayante & l'ornoit beaucoup. Il étoit d'un accès facile , d'une probité à toute épreuve, d'un cœur droit , libéral & compatiſ-ſant. Il rempliſſoit tous les devoirs de Chrétien , de citoyen, de parent, d'ami , d'académicien. Son goût pour l'Hiſtoire de France , lui avoit fait recueillir tous les livres & toutes les piéces qui ont rapport à cet objet. Sa bibliothèque étoit , en ce genre, la plus ample & la plus curieuſe qu'aucun particulier eût encore poſſédée. Les piéces les plus rares & les plus curieuſes de cette importante collection , furent dépoſées par ſon ordre à la bibliothèque du roi. Ses ouvrages ſont : I. La ſuite du *Recueil* des Ordonnances de nos Rois, depuis le 11ᵉ juſqu'au IXᵉ incluſivement. M. de *Villevaut*, conſeiller à la cour des Aides, publia ce dernier volume en 1755 , & l'enrichit de l'Eloge de l'auteur. Il eſt chargé de continuer cet ouvrage dont il donna une *Table* qui forme le Xᵉ vol. , & il a publié depuis le XIᵉ & le XIIᵉ. Il marche dignement ſur les traces de ſon prédéceſſeur, qui avoit donné beaucoup de prix à ſon travail par de petites Notes pleines d'érudition , &

par des Tables de matiéres d'une exactitude scrupuleuse. II. *Mémoires pour servir à l'Histoire de Charles le Mauvais*, 2 vol. in-4°. III. Plusieurs *Dissertations* dans les *Mémoires* de l'académie des Inscriptions. On y trouve des recherches, de la méthode, & une élégante simplicité.

I. SEDECIAS, nommé auparavant *Mathanias*, fils de *Josias* & d'*Amital*. *Nabuchodonosor* le mit sur le trône de Juda à la place de son neveu *Jéchonias*, l'an 599 avant J. C. Ce prince avoit alors 21, ans, & il en régna onze dans l'impiété & dans la débauche. Il oublia les bienfaits de *Nabuchodonosor*. Pour punir la mauvaise foi de ce prince, le monarque Assyrien se mit en marche avec une puissante armée, & arriva à la tête d'un chemin qui se partageoit en deux, dont l'un conduisoit à Rabbath, & l'autre à Jérusalem. Ce prince, incertain de quel côté il devoit d'abord tourner, voulut se décider par le sort des flèches ; & ayant écrit *Jérusalem* sur l'une & *Rabbath* sur l'autre, Dieu, qui faisoit concourir toutes choses à l'exécution de son dessein, fit sortir la 1ʳᵉ de son carquois celle qui portoit *Jérusalem*. *Nabuchodonosor* alla donc en Judée, où il mit tout à feu & à sang ; & après avoir saccagé toutes les places, il vint assiéger la capitale. La ville fut prise, & les Chaldéens y entrérent en foule. *Sédécias* ne voyant point d'espérance d'arrêter l'ennemi, chercha son salut dans la fuite ; mais il fut bientôt atteint, chargé de chaines, & mené à *Nabuchodonosor* qui étoit à Reblatha au pays d'Emath. Après avoir vu égorger ses deux fils, on lui arracha à lui-même les yeux, & il fut conduit dans cette capitale d'Assyrie. Il y mourut dans les

fers, & c'est en lui que finit le royaume de Juda, l'an 588 avant J. C.

II. SEDECIAS, fils de *Chanana*, faux-prophète de Samarie, un de ceux qu'*Achab*, roi d'Israël, consulta sur la guerre que *Josaphat* & lui vouloient aller faire à la ville de Ramoth en Galaad. Ces imposteurs prédirent au roi un heureux succès. *Sédécias*, qui s'étoit fait faire des cornes de fer, imitoit l'action d'un taureau furieux qui renverse avec ses cornes tout ce qu'il trouve en son chemin. Il étoit assez ordinaire aux Prophètes de joindre l'action à la parole, pour faire plus d'impression sur les esprits. Ce prophète de mensonge eut la douleur de voir arriver précisément le contraire de ce qu'il avoit prédit.

SEDULIUS, (*Caïus-Cælius* ou *Cæcilius*) prêtre & poète du vᵉ siécle, n'est guéres connu que par son *Poëme* latin de la Vie de J. C. intitulé : *Paschale Carmen*. Ce n'est pas un chef-d'œuvre, mais il offre quelques vers heureux. On le trouve dans la Bibliothèque des Peres. Les *Aldes* en ont donné une belle édition dans un Recueil in-8°, 1502, qui rénferme ceux de *Juvencus*, d'*Arator* & de plusieurs autres Auteurs sacrés. On le trouve aussi dans le *Corpus Poëtarum* de *Maittaire*.

SEGAUD, (Guillaume) né à Paris en 1674, mort dans la même ville en 1748, prit l'habit de Jésuite à l'âge de 16 ans. Ses supérieurs le choisirent pour enseigner les humanités au collége de *Louis* le *Grand* à Paris, puis à Rennes & à Rouen. Une des places de régent de rhétorique à Paris étant venue à vaquer, les Jésuites balancèrent entre *Porée* & *Segaud*. Le premier l'emporta, & le second

T iv

fut destiné à la chaire , quelque envie qu'il eût d'aller annoncer l'Evangile aux Infidèles. Ce fut à Rouen que le Pere *Segaud* fit l'effai de fon talent. Il commença à prê-cher à Paris en 1729. On ne tarda pas à l'y admirer ; appellé à la cour pendant trois Carêmes, il fatisfit tellement le roi, qu'il lui fit une penfion de 1200 livres. Le P. *Se-gaud* vivoit d'une manière confor-me à la morale de fes fermons : fidèle à tous fes exercices de pié-té , dur à lui-même , & ne con-noiffant point d'autres délaffemens que ceux qui étoient prefcrits par fa règle. Au fortir d'un Avent ou d'un Carême, il couroit avec zèle faire une Miffion dans le fond d'u-ne campagne. Ses maniéres dou-ces , fimples & unies , fon air affa-ble, lui attiroient les cœurs de tout le peuple. Les plus grands pécheurs accouroient à lui dans le tribunal de la Pénitence. Il étoit également recherché des grands & des petits, fur-tout aux approches de la mort : on s'eftimoit heureux de mourir entre fes mains. Le Pere *Segaud* avoit des maniéres fimples ; mais fous un extérieur peu impo-fant , il cachoit beaucoup de mé-rite. On trouve dans fes *Sermons* un grand fonds d'inftruction, beau-coup d'élégance & d'énergie, & fur-tout cette onction qui pénètre l'ame & qui la difpofe à profiter des vérités évangéliques. Ils ont été imprimés à Paris, chez *Guérin*, en 1750 & 1752, en 6 vol. in-12, par les foins du P. *Berruyer*, fi connu par fon *Hiftoire du Peuple de Dieu*. Entre les Sermons de fon refpectable confrère , on eftime fur-tout le *Pardon des injures* ; les *Tentations* ; le *Monde* ; la *Probité* ; la *Foi pratique* ; & le *Jugement gé-néral*. Le P. *Segaud* a auffi compofé plufieurs petites piéces de vers ,

qui ont eu le fuffrage des connoif-feurs. La principale eft fon *Poëme* latin fur le camp de Compiègne : *Caftra Compendienfia.*

I. SEGHERS, (Gérard) pein-tre, né à Anvers en 1592, mort dans la même ville en 1651, imita le goût de *Rubens* & de *Van-Dyck.* Ses premiers tableaux font d'un coloris vigoureux. Les ombres y font très-fortes, & fes figures pref-que rondes. Un voyage qu'il fit à Londres l'obligea de quitter cette mànière , pour en prendre une plus brillante & plus gracieufe. Les ouvrages qu'il a faits dans ces différens genres, font tous égale-ment eftimés. Il a peint beaucoup de *Sujets de dévotion* ; il a auffi re-préfenté des affemblées de *Joueurs* & de *Muficiens.*

II. SEGHERS, (Daniel) frere aîné de *Gérard*, naquit à Anvers en 1590, & mourut dans la même ville en 1660. Il ne fe fit pas, comme lui, un état de la peintu-re ; mais il la choifit comme un amufement : il étoit Jéfuite. Il ex-celloit à peindre des fleurs ; on ne peut trop admirer l'art avec lequel il faififfoit le coloris bril-lant, propre à ce genre de peintu-re. Sa touche étoit d'une légèreté & d'une fraicheur finguliéres. Ses ouvrages font précieux , & ils étoient d'autant plus recherchés, qu'on ne pouvoit fe les procurer par une fomme d'argent.

SEGNERI, (Paul) né à Nettuno en 1624, d'une famille originaire de Rome, montra dès fa jeuneffe beaucoup de goût pour l'état reli-gieux. Il entra dans la fociété des Jéfuites, & y brilla par la fainteté de fes mœurs & par le fuccès de fes prédications. Il joignit à l'em-ploi de prédicateur celui de mif-fionnaire , & il remplit l'un & l'autre avec un zèle apoftolique,

Le pape *Innocent XII* l'appella à Rome, pour y remplir les places de son prédicateur ordinaire & de théologien de la pénitencerie ; mais il ne les exerça pas long-tems. Ce saint religieux, ce directeur infatigable, usé par ses travaux & par ses austérités, tomba dans une langueur qui l'emporta en 1694, à 70 ans. Tous ses ouvrages furent réunis après sa mort dans un Recueil en 3 vol. in-fol. Outre ses *Sermons* traduits en françois, Lyon, 7 vol. in-12, sous le titre du *Chrétien instruit dans sa Loi*; nous avons de lui : I. Des *Méditations*, traduites en françois, en 5 vol. in-12. II. L'*Incrédule sans excuse*. III. *La Manne* ou *la Nourriture de l'Ame*. IV. Le *Pasteur instruit*. V. Le *Confesseur instruit*. VI. Le *Pénitent instruit*. VII. L'*Accord de l'action & du repos dans l'Oraison*. VIII. Les *Illusions des Quiétistes*. IX. Le *Serviteur de Marie*. X. L'*Exposition du Miserere*, traduite en françois par l'abbé *Laugier*. XI. Divers autres *Opuscules* de piété. On en a traduit quelques-uns en notre langue.

. SEGRAIS, (Jean Regnault de) né à Caen l'an 1624, d'une famille noble, fut d'abord destiné à l'état ecclésiastique. Il n'avoit que 20 ans, lorsque le comte de *Fiesque*, éloigné de la cour, se retira dans cette ville. Ce courtisan charmé de son esprit, l'emmena à Paris & le plaça chez Mlle de *Montpensier*, qui lui donna le titre de son aumônier ordinaire, avec la chantrerie de la collégiale de Mortain, & depuis la qualité de son gentilhomme ordinaire. *Segrais*, n'ayant pas approuvé son mariage avec *Lauzun*, fut obligé de quitter cette princesse. Il se retira alors chez Made de *la Fayette*, qui lui donna un appartement. Cette nouvelle

retraite lui fit prendre part à la composition de *Zaide*, un des Romains les plus ingénieux que nous ayons. Enfin lassé du grand monde, il se retira dans sa patrie, où il épousa en 1676 une riche héritiére, *Claude Acher* du *Mesnilvitté*, sa cousine. L'académie de Caen étant dispersée par la mort de *Matignon*, son protecteur, *Segrais* en recueillit les membres , & leur donna un appartement. Sa conversation avoit mille agrémens, & la vivacité de son esprit lui fournissoit toujours quelque chose de nouveau. Son long séjour à la cour avoit enrichi sa mémoire de plusieurs anecdotes intéressantes. Quoiqu'il fût devenu sourd dans sa vieillesse, il n'en fut pas moins fréquenté , & l'on se faisoit un plaisir singulier d'écouter celui qui ne pouvoit pas entendre les autres. Il mourut en 1701, à 76 ans, après avoir fait son testament où sont empreints les sentimens de religion dont il étoit pénétré. Quoiqu'il fût de l'académie Françoise, & qu'il eût passé une partie de sa vie à la cour, il ne put jamais perdre l'accent natal. Cela donna lieu à Mlle de *Montpensier* de dire à un gentilhomme qui alloit faire avec lui le voyage de Normandie : *Vous avez-là un fort bon guide , il sçait parfaitement la langue du pays...Segrais* est principalement connu comme poëte François. Il s'est rendu célèbre par ses *Eglogues*, (Amsterdam, 1723, in-12 ,) dans lesquelles il a sù conserver la douceur & la naiveté propres à ce genre de poësie, sans avoir rien de la bassesse où sont tombés quelques-uns de nos poëtes. Sa *Traduction* des *Géorgiques* & celle de l'*Enéide* de *Virgile* en vers franç., l'une & l'autre in-8°, lui ont aussi acquis beaucoup de réputation. Celle-ci parut en 1681. Il y a des morceaux très-bien rendus ; mais les auteurs du *Moréri* ont tort de dire qu'elle eft telle que *Virgile* nous l'auroit donnée lui-même, s'il étoit né François. Le traducteur eft fort loin de fon original. Sa verfification eft inégale, lâche, trainante. La Traduction des *Géorgiques* vaut mieux, quoiqu'elle ne foit pas parfaite. Elle parut en 1712, in-8°. Elle a été éclipfee par celle de M. l'abbé de *Lille*, de l'académie françoife. On a encore de *Segrais* des *Poéfies diverfes*, & fon Poëme paftoral d'*Athis*, dans lequel il a atteint quelquefois la fimplicité noble des Paftorales des anciens. Ses ouvrages en profe font : I. Les *Nouvelles Françoifes*, Paris, 1722, in-12, en 2 vol. C'eft un Recueil de quelques hiftoriettes racontées à la cour de Mlle de *Montpenfier*. II. *Segrefiana*, ou *Mélanges d'Hiftoire & de Littérature*, in-8°, 1722 ; à Paris, fous le titre de la Haye ; & à Amfterdam, 1723, in-12 : cette dernière édition eft beaucoup plus belle. Parmi quelques faits finguliers & curieux, on en trouve un grand nombre de minutieux & de faux. III. Il a eu part à *la Princeffe de Clèves* & à *la Princeffe de Montpenfier*.

SEGUENOT, (Claude) né à Avalon en 1596, entra dans l'Oratoire, après avoir brillé dans le barreau à Dijon & à Paris. Il fut fupérieur de plufieurs maifons ; mais ayant publié en 1638, in-8°, une Traduction françoife du livre de la *Virginité*, de *St. Auguftin*, avec des notes ; le fameux Pere *Jofeph*, Capucin, crut y voir l'image & là fatyre de fa conduite, & il fit mettre l'auteur à la Baftille. La Sorbonne cenfura l'ouvrage en même tems. *Seguenot*

ayant obtenu fa liberté, fut élevé à la place d'affiftant du général, & mourut à Paris en 1676, à 80 ans, après avoir effuyé quelques nouvelles difgraces, qu'il dut à fes liaifons avec les folitaires de Port-royal. On a de lui plufieurs autres écrits.

SEGUI, (Jofeph) né à Rodez, fe confacra de bonne heure à l'éloquence & à la poëfie. Il remporta le prix de vers à l'académie Françoife en 1732, & il remplit les chaires de la cour & de la capitale avec diftinction. Cet auteur mourut en 1761, à 72 ans, après avoir publié : I. Le recueil de fes *Panégyriques*, 2 vol. in-12 ; fes *Sermons* en 2 vol. & des *Difcours académiques* en 1 vol. L'académie Françoife fe l'étoit affocié. L'abbé *Segui* écrivoit avec affez de nobleffe & de pureté ; mais il ne faut pas chercher chez lui ces peintures faillantes, ces coups de génie, ces traits frappans qu'on trouve dans *Boffuet* & dans *Bourdaloue*. Il étoit fait pour marcher dans les routes battues, & non pas pour fe tracer une carrière nouvelle.

I. SEGUIER, (Pierre) préfident-à-mortier au parlement de Paris, d'une ancienne famille de Quercy, illuftre dans la magiftrature & dans les armes, rendit des fervices importans aux rois *Henri II* & *Charles IX*. Ces monarques l'employérent dans diverfes négociations ; il fit briller dans toutes une éloquence & une intelligence peu communes. Il mourut en 1580, à 70 ans, comblé d'honneurs & de biens. On a de lui des *Harangues* & un Traité *De cognitione Dei & fui*.

II. SEGUIER, (Antoine) fils du précédent, occupa fucceffivement les places de maitre-des-requêtes, de confeiller-d'état, d'avocat-général au parlement de

Paris, & enfin de préfident-à-mortier. Il fut envoyé à Venife, l'an
1598, en qualité d'ambaffadeur,
place qu'il remplit avec fuccès. Sa
mort, arrivée en 1624, fut une
perte fenfible pour les gens de
bien. Il fonda, par fon teftament,
l'Hôpital des *Cent Filles*, au fauxbourg de St-Marcel à Paris.

III. SEGUIER, (Pierre) né à
Paris en 1588, de *Jean Seguier*, fils
de *Pierre*, remplit les charges de
confeiller au parlement, de maître-des-requêtes, de préfident-à-
mortier, & enfin de garde-des-
fceaux & de chancelier de France
en 1635. *Louis XIII* le trouvoit
bien jeune pour remplir une place
de cette importance ; mais il obtint fon fuffrage, en lui difant
qu'*il n'en feroit que plus long-tems à
fon fervice*. Les émotions populaires s'étant élevées en Normandie,
il paffa dans cette province en
1639, & y mit la paix. Il ne fe
fignala pas moins dans les troubles des *Barricades*, & il ofa réfifter au parlement, foulevé contre le miniftére. Les fceaux lui
furent enlevés en 1650 & en 1652 ;
mais ils lui furent rendus en 1656,
& il les garda jufqu'à fa mort. A
cette charge il joignoit les titres
de *Duc de Villemor*, & de *Protecteur de l'Académie Françoife*. Après
la mort du cardinal de *Richelieu*,
il fuccéda aux vues de ce grand
miniftre, & confola généreufe-
ment de fa perte cette illuftre compagnie. L'académie de peinture &
de fculpture n'eut pas moins à fe
louer de fa protection & de fon
zèle. Il mourut à St-Germain en
Laye en 1672, à 84 ans. Il ne
laiffa que deux filles ; *Marie*, qui
époufa le marquis de *Coiflin*, &
enfuite le marquis de *Laval*, & qui
mourut en 1710 ; & *Charlotte*,
d'abord ducheffe de Sully, puis
ducheffe de Verneuil, morte en

1704. Mais les branches collaté-
rales de fa maifon ont produit
d'autres magiftrats illuftres. Le
chancelier *Seguier* avoit quelques
foibleffes ; il aimoit, dit-on, les
femmes. Il avoit plus de talent
pour être magiftrat que miniftre ;
mais le fecret qu'il eut d'intéreffer à fa gloire la plûpart des gens-
de-lettres, a effacé ou fait oublier
tous les propos de la médifance
& de l'envie. Son nom eft parmi
les plus illuftres de la magiftrature & du miniftére, & ceux qui
le portent aujourd'hui l'ont dignement foutenu.

IV. SEGUIER, (Jean-François)
botanifte, natif de Nîmes, publia fa
Bibliotheca Botanica, à Amft. 1740,
in-4°. Il en donna un Supplément
dans *Plantæ Veronenfes*, Veronæ,
1742, 2 vol. in-8°. Ces deux ouvrages font eftimés.

SEGUIN, (Jofeph) avocat, né
à la Ciotat, mort en 1694, eft auteur des *Antiquités de la ville d'Arles* ;
à Arles, 1687, in-4°, 2 part. Cet
ouvr. fav. eft utile aux antiquaires.

I. SEGUR, (Olympe de) dame
illuftre par les vertus conjuga-
les, époufa le marquis de *Belcier*,
fils du prem. préfident de Bordeaux.
Son mari étant prifonnier dans le
château Trompette, elle réfolut
de le délivrer, l'alla voir, & lui
perfuada de prendre fes habits &
fa coëffure. Cette entreprife lui
réuffit : *Belcier* s'efquiva le foir
fous cet habit, fans être reconnu
des gardes. Elle demeura comme
en ôtage pour fon époux, & elle
fortit dans la fuite. *Hérodote* rapporte que des femmes Lacédémo-
niennes fauvérent la vie à leurs
maris par ce ftratagême. En 934,
Dona Sancha, femme de *Ferdinand*
de Caftille, employa auffi la même rufe, dictée par la même vertu.

II. SEGUR, (Jean-Charles de)
vit le jour à Paris en 1695. Après

avoir été quelque tems dans le fervice militaire , il entra dans la
congrégation de l'Oratoire , & appella de la Bulle *Unigenitus.* La
grande faveur où étoit fa famille
fous la régence du duc d'*Orléans*,
lui infpira de l'ambition. Il révoqua fon appel , & fut pourvu de
l'abbaye de Vermand. Il quitta l'O-
ratoire, devint grand-vicaire de
M. de *St-Albin* évêque de Laon,
& enfin évêque de St-Papoul. Dès
qu'il eut obtenu ce qu'il fouhaitoit , il fentit des fcrupules fur
fon entrée dans l'épifcopat. Ses
remors furent fi violens, qu'il s'é-
clipfa de fon diocèfe , laiffant à
fes ouailles une inftruction paftorale , dans laquelle il leur rendoit compte des raifons qui l'obligeoient de fe démettre de fon evê-
ché. Sa retraite fut une énigme ;
elle l'eft encore pour bien du
monde. Les Moliniftes l'ont repréfentée comme une *apoftafie af-*
freufe , comme *la démarche d'un*
ignorant & d'un efprit médiocre. Les
Janféniftes la regardent comme
une *action généreufe, digne des plus*
beaux fiécles de l'Eglife. Quoi qu'il
en foit , *Ségur* vécut 13 ans depuis
fon abdication , *dans l'obfcurité qu'il*
méritoit (dit le Lexicographe des
livres Janféniftes) *par tant de ti-*
tres. La priére, la lecture de l'E-
criture-Sainte, les bonnes œuvres,
les auftérités remplirent fes derniers jours & les abrégérent. Il
mourut à Paris en 1748, à 53 ans.

SEGUSIO , (Henri de) *Voyez*
HENRI de *Suze* , n° XXVII.

SEJAN , (Ælius) né à Vulfine
en Tofcane d'un chevalier Romain,
fuivit d'abord la fortune de *Caius-*
Céfar , petit-fils d'*Augufte.* Il s'attacha enfuite à *Tibére*, auquel il
fe rendit agréable par la foupleffe
de fon caractére & par l'enjouement de fon efprit. Endurci au
travail, audacieux, habile à cacher

fes vices & à faire éclater ceux
des autres , tour-à-tour infolent
& flatteur, modefte au dehors, mais
dévoré au-dedans de la foif de
régner ; il employoit , dans cette
vue , tantôt le luxe & les largeffes , tantôt l'application & la vigilance. Il mit en œuvre tant d'artifice auprès de *Tibére* , que ce
prince, caché pour tout le monde , étoit pour lui fans fecret &
fans défiance. Il l'éleva à la dignité
de chef des cohortes Prétorien-
nes, le nommant partout *le com-*
pagnon de fes travaux, & fouffrant
que les ftatues de fon favori fuffent placées fur les théâtres & dans
les places publiques. *Sejan*, parvenu
au plus haut dégré de puiffance
fans avoir affouvi fon ambition,
afpiroit au trône impérial. Il fit périr, par les artifices les plus odieux,
tous les fils & tous les petits-fils
de *Tibére. Drufus* , fils de ce prince, lui ayant donné un foufflet ,
il ne trouva point de moyen plus
fûr pour fe venger, que de corrompre *Livie* fa femme , qui empoifonna fon mari. *Agrippine, Ger-*
manicus & fes fils , furent auffi les
victimes de fes fourdes perfidies.
Alors il voulut époufer *Livie* ; mais
Tibére la lui refufa. Outré de colére , il fe vanta « qu'il étoit Em-
» pereur de Rome , & que *Tibére*
» n'étoit que Prince de l'ifle de
» Caprée où il étoit alors ». Il
ofa le faire jouer fur le théâtre.
Une telle audace ne pouvoit refter long-tems impunie. *Tibére* donna ordre au fénat de lui faire fon
procès. Cet ordre fut bientôt exécuté, & dans le même jour il fut
arrêté & étranglé en prifon, l'an
31 de J. C. Le peuple déchira fon
cadavre, & en jetta dans le Tibre
les miférables reftes. Ses enfans
périrent auffi par le dernier fupplice , & *Tibére* envelopa dans la
perte de ce fcélérat, tous ceux qui

lui étoient fufpects ; & dont il vouloit fe venger.

SEIGNELAY , (le marquis de) *Voyez* II. COLBERT.

SEKENDORF, *Voyez* SECKEN-DORF.

SELDEN , (Jean) né à Salvington, dans le Suffex, en 1584, fit fes études à Chichefter , puis à Oxford , & s'y confacra principalement à la connoiffance du droit & de l'antiquité facrée & profane. Ce favant auroit pu être élevé aux plus grandes places d'Angleterre, s'il n'eût préféré fon cabinet à tous les emplois. Après avoir mené une vie douce & appliquée, il mourut en 1654, à 70 ans. Il avoit pris pour devife : *LA LIBERTÉ fur toutes chofes.* Cette liberté, qu'il mettoit dans fes propos comme dans fa conduite, le brouilla quelquefois avec *Jacques I* & *Charles I.* Mais comme le zèle plutôt que l'efprit de fatyre animoit fes difcours, on les lui pardonnoit plus facilement qu'à tout autre. La république des lettres le compte parmi ceux de fes membres qui l'ont le plus enrichie. On a de lui : I. *De Succeffionibus in bona defuncti, fecundùm Hebræos.* II. *De Jure Naturali & Gentium , juxta difciplinam Hebræorum* ; ouvrage fort eftimé par *Puffendorf*, qui n'eft pas d'accord en cela avec *le Clerc* & *Barbeyrac.* Il paroît qu'il s'étoit un peu entêté des écrits des rabbins, & qu'il a voulu y puifer des connoiffances qu'il auroit pu prendre ailleurs. III. *De Nuptiis & divortiis.* IV. *De Anno civili veterum Hebræorum.* V. *De Nummis.* VI. *De Diis Syriis*, Amfterdam 1680, in-8° : ouvrage plein de profondes recherches. VII. *Uxor Hebraica.* VIII. *De laudibus Legum Angliæ.* IX. *Jani Anglorum facies altera.* X. *Mare claufum* , contre *Grotius.* L'auteur y

donne l'empire des quatre Mers à fa nation. Le zèle patriotique l'anima toute fa vie. XI. *Analecton Anglo-Britannicum* , &c. livre curieux, dans lequel on trouve l'Hiftoire du gouvernement d'Angleterre , jufqu'au règne de *Guillaume* le Conquérant. XII. *De Synedriis Hebræorum* ; traité favant & eftimé. XIII. Une *Explication* des Marbres d'*Arundel*, 1628 , in-4°, en latin, avec des notes pleines d'érudition. Elle nous a valu les belles éditions que *Prideaux* & *Maittaire* ont données de ces Marbres, l'un en 1676, & l'autre en 1732. XIV. Un *Traité des Dixmes*, qui irrita beaucoup le clergé d'Angleterre. XV. Un autre de l'*Origine du Duel.* C'eft lui auffi qui a publié le livre d'*Eutichius* d'Alexandrie. Tous les ouvrages de *Selden*, tant latins qu'anglois , ont été imprimés à Londres en 1726, 3 vol. in-fol. Ce recueil eft recherché, quoiqu'on reproche à l'auteur un ftyle plein d'obfcurité. On a imprimé en anglois un *Recueil des Paroles remarquables* de cet habile juriconfulte , fous le titre de *Seldeniana.*

SELENUS , (Guftave) *Voyez* AUGUSTE , n° II.

I. SELEUCUS I , *Nicanor*, (c'eft-à-dire , *Victorieux*) roi de Syrie , fils d'*Antiochus* , devint l'un des principaux généraux d'*Alexandre le Grand.* Après la mort de ce conquérant, il s'établit à Babylone ; mais il en fut chaffé par *Antigone* , & fe retira en Egypte près de *Ptolomée.* Pour fe venger de fon ennemi, il fe ligua avec *Ptolomée* , *Caffandre* & *Lyfimachus*, contre *Antigone*, qui fut tué dans la bataille d'Ipfus , l'an 301 avant J. C. *Seleucus* partagea avec les vainqueurs les provinces qui furent le fruit de leur victoire, & commença le royaume de Syrie, qui, de fon nom, fut appellé *le Royaumé des Séleucides*. Tranquille fur le trône, il fit la guerre à *Demetrius*, arma contre *Lyſimachus* & le tua dans une bataille, l'an 282 avant J. C. Il alloit tomber fur la Thrace & fur la Macédoine, lorſque *Ptolo-mée Céraune*, un de ſes courtiſans, conſpira contre lui & le tua à Argon, la même année, à 78 ans, dont il en avoit régné 34 avec beaucoup de gloire. Il s'étoit éle-vé par ſes vertus fur le trône de l'Aſie; ſa valeur & ſon expérien-ce ſecondérent ſon ambition; ſa ſageſſe & ſon humanité la juſti-fiérent. Il fut conquérant pour fai-re du bien, & il acquit des ſujets pour en être le pere & le bien-faiteur. Ce prince aimoit les ſcien-ces; il renvoya aux Grecs les li-vres & les monumens précieux que *Xercès* leur avoit enlevés; il leur rendit entr'autres les ſtatues d'*Har-modius* & d'*Ariſtogiton*, ces illuſtres défenſeurs de la liberté. Les Grecs, par reconnoiſſance, placérent ſa Statue à l'entrée du portique de leur académie. Ce roi fit bâtir juſ-qu'à 34 villes dans l'Aſie, & les peupla de colonies Grecques, qui apportèrent dans cette partie du monde leur langage, leurs mœurs & leur religion.

II. SELEUCUS II, fils d'*Antiochus* le *Grand*, ſuccéda à ſon pere l'an 187 avant J. C., & fut ſurnommé *Philopator*. Ce prince, par le reſ-pect qu'il eut pour le grand-prê-tre *Onias*, fourniſſoit tous les ans ce qu'il falloit pour les ſacrifices du Temple; mais comme c'étoit un prince foible, ſes flatteurs l'en-gagérent à envoyer *Héliodore* piller le Temple de Jéruſalem. Quelque tems après le même *Héliodore* l'em-poiſonna. Son règne fut de 12 ans.

I. SELIM I, empereur des Turcs, 2° fils de *Bajaʒet II*, voulut détrô-ner ſon pere; mais il perdit, l'an 1511, la bataille qu'il lui livra. Cette défaite ne le découragea point; il revint à la charge, & *Bajaʒet* fut obligé de lui céder l'em-pire l'année ſuivante, au préjudice d'*Achmet* ſon aîné. Après s'être dé-fait par le poiſon de ce pere mal-heureux, il ôta la vie à *Achmet*, & à *Korkud* ſon puîné, prince pai-ſible & ami de lettres. Affermi fur le trône par ſes forfaits, il porta les armes en Egypte contre *Kan-ſon*, ſouverain de ce royaume. Il lui livre bataille près d'Alep en Syrie, l'an 1516, & remporte une victoire long-tems diſputée par le ſoudan, qui périt dans le com-bat. Cependant les Mammelucks ſe préparérent à réſiſter aux Otto-mans; mais *Selim*, entrant dans leur pays en 1517, attaqua près du Caire *Toumonbai*, qu'ils avoient créé nouveau ſultan, & le défit ſucceſſivement dans deux batail-les. Ce prince infortuné ayant été trouvé dans un marais, où les Ara-bes l'avoient caché, fut pendu par l'ordre de *Selim*. Ce barbare ſe rendit maître du Caire, d'Alexandrie, de Damiette, de Tripoli, & de tout le reſte de l'Egypte, qu'il réduiſit en province: C'eſt ainſi que finit la domination des Mammelucks en Egypte, où elle avoit duré plus de 260 ans, à compter depuis la mort du ſultan qui avoit fait St Louis priſonnier. Quelque tems aupara-vant, *Selim* avoit remporté une vic-toire ſignalée à Chalderon contre les Perſes, & leur avoit enlevé Tauris. Il ſe préparoit à faire la guerre aux Chrétiens; mais en re-tournant à Conſtantinople, il fut attaqué d'un charbon peſtilentiel à l'épine du dos. Il voulut ſe faire porter à Andrinople, croyant que l'air de cette ville le rétabliroit; mais il mourut à Shuaſtdy, ſur la toute de cette ville l'an 1520, dans le même lieu où il avoit fait empoifonner fon pere. Il étoit dans fa 54ᵉ année & en avoit régné 8. Ce prince étoit courageux, infatigable, fobre, libéral. Il fe plaifoit à la lecture de l'Hiftoire, & faifoit affez bien des vers dans fa langue; mais malgré ces qualités, il fut l'horreur de fes fujets. Il trempa fes mains dans le fang de fon pere, de fes freres, de 8 de fes neveux, & d'autant de bachas qui l'avoient fervi fidellement.

. II. SELIM II, empereur des Turcs, fils de *Soliman II*, & petit-fils de *Selim I*, monta fur le trône après fon pere en 1566. Il fit, l'année fuivante, une trêve de 8 ans avec l'empereur *Maximilien II*. Vers le même tems, il confirma le traité de paix que fon pere avoit fait avec les Vénitiens. Mais en 1570, au mépris de fa parole, il tourna fes armes contre eux, & leur prit l'ifle de Chypre par fon général *Muftapha*. Il en fut bientôt puni: le 7 Octobre 1571, il perdit la célèbre bataille de Lépante, dans laquelle *Hali Baffa* fut tué avec près de 32000 Infidèles, outre 3500 prifonniers, & 161 galéres prifes ou coulées à fond. Cette victoire jetta la confternation dans Conftantinople, & hâta la paix avec Venife. Dès que *Selim* l'eut conclue, il pofa le glaive & le fceptre, pour aller s'enfévelir au fond de fon ferrail avec fes femmes. Il fe plongea dans la débauche jufqu'à fa mort, arrivée en 1574 à 52 ans. La mort de fes freres *Muftapha* & *Bajazet* lui avoit ouvert le chemin du trône dont il fe rendit indigne par fes vices. Sans talens & fans courage, il n'aima que les femmes & le vin, & ne dut l'éclat paffager de fes conquêtes qu'à la valeur de fes généraux.

SELLIUS, (Godefroi) né à Dantzick, membre de l'académie impériale, & de la fociété royale de Londres, paffa une partie de fa vie en France, où il cultiva les lettres avec fuccès. Il mourut en 1767. Nous avons de lui des traductions & d'autres ouvrages. Les plus connus font : I. *Défcription géographique du Brabant Hollandois*, in-12. II. *Voyage de la Baie d'Hudfon*, in-8°. III. *Dictionnaire des Monogrammes*, in-8°. IV. *Hiftoire naturelle de l'Irlande*. V. *Hiftoire des anciennes révolutions du Globe Terreftre*, in-12. VI. *Traduction des Satyres de Rabener avec M. du Jardin*, 4 vol. in-12. VII. *Hiftoire des Provinces-Unies*, en 8 vol. in-4°. avec le même. Cet ouvrage intéreffant eft fait foigneufement, à quelques erreurs près qu'il feroit facile de corriger.

SELLUM, meurtrier de *Zacharie* roi d'Ifraël, ufurpa la couronne l'an 771 avant J. C. Mais au bout d'un mois il fut mis à mort par *Manahem*, général des troupes de *Zacharie*, qui fut lui-même proclamé roi par fon armée.

· SEM, fils de *Noé*, né vers l'an 2446 avant J. C. couvrit la nudité de fon pere. *Noé* à fon réveil lui donna une bénédiction particuliére. *Sem* mourut âgé de 600 ans, laiffant 5 fils, *Ælam*, *Affur*, *Arphaxad*, *Lud*, *Aram*, qui eurent pour partage les meilleures provinces de l'Afie. D'*Arphaxad* defcendirent en ligne directe, *Salé*, *Heber*, *Phaleg*, *Reu*, *Sarug*, *Nachor*, & *Tharé* pere d'*Abraham*.

SEMEI, parent du roi *Saül*, imita & fervit ce prince dans fa haine pour *David*. Voyant ce pere infortuné contraint de s'enfuir par la rébellion de fon fils *Abfalon*, il profita de cette calamité pour le pourfuivre, & lui lança des pierres avec les injures les plus outrageantes. Mais *David* ayant été vainqueur , *Semei* courut au-devant de lui , se jetta à ses pieds, implorant son pardon , & le priant de considérer qu'il étoit le premier à se soumettre. *David* lui fit grace ; mais il recommanda en mourant à son fils *Salomon* de ne pas laisser impunie la conduite du rebelle. Ce prince devenu roi fit venir *Semeï*, & lui défendit sous peine de là vie de sortir de Jérusalem. Le coupable, s'estimant heureux d'obtenir son pardon à ce prix , remercia *Salomon*, & se soumit à la peine qu'il lui imposoit. Mais 3 ans après, un de ses gens s'étant enfui à Geth chez les Philistins , *Semeï* trop prompt oublia son engagement, & courut après son esclave, qu'il atteignit & ramena chez lui. Le roi, instruit de sa désobéissance, le fit arrêter, & le condamna à avoir la tête tranchée : ce qui fut aussitôt exécuté.

· SEMEIAS , enthousiaste de la ville de Nehélèle , voulut se mêler de composer des Prophéties , & envoya à *Sophonias*, fils de *Maasias* , un livre de prétendues révélations, où il disoit que Dieu ordonnoit à *Sophonias* de prendre soin du peuple qui restoit à Jérusalem. Le prophète *Jérémie* avertit , de la part de Dieu, *Sophonias* de ne pas croire ce fourbe, qui en feroit puni par une captivité éternelle pour lui & pour sa postérité... Il ne faut pas le confondre avec le prophète *SEMEIAS*, qui vivoit sous *Roboam* roi de Juda ; & qui défendit à ce prince, de la part du Seigneur , de faire la guerre aux tribus révoltées... Il y a un 3ᵉ *SEMEIAS* , dit *Noadias*, qui se laissa corrompre par les présens du gouverneur de Samarie, pour susciter des obstacles au saint homme *Né-*

hémie qui vouloit rebâtir Jérusalem. Ce fourbe avare supposa des révélations, arme employée dans tous les tems pour en imposer à la multitude ; mais sa tentative n'eut pas plus de succès que celle du 1ᵉʳ *Semeïas*.

SEMELIER , (Jean-Laurent le) prêtre de la Doctrine-Chrétienne , né à Paris, d'une bonne famille, enseigna la théologie dans son ordre avec un succès distingué. Ses talens lui méritérent la place d'assistant du général. Il mourut à Paris en 1725 , à 65 ans. On a de lui : I. D'excellentes *Conférences sur le Mariage* : l'édition la plus estimée est celle de Paris en 1715 , 5 vol. in-12 , parce que cette édition fut revue & corrigée par plusieurs docteurs de la maison de Sorbonne. II. *Des Conférences sur l'Usure & sur la Restitution* , dont la meilleure édition est celle de 1724 , en 4 vol. in-12. III. Des *Conférences sur les Péchés* , 3 vol. in-12. Ce livre est rare. Le Pere *Semelier* s'étoit proposé de donner de semblables Conférences sur tous les traités de la morale chrétienne ; mais la mort l'empêcha d'exécuter un si louable dessein. On a cependant trouvé dans ses papiers ; de quoi former 10 vol. in-12 , qui ont été publiés en 1755 & en 1759 , & qui ont soutenu la réputation de ce savant & pieux Doctrinaire. Il y en a 6 sur la *Morale* & 4 sur le *Décalogue*.

SEMIRAMIS , née à Ascalon , ville de Syrie, vers l'an 250 avant J. C. , épousa un des principaux officiers de *Ninus*. Ce prince entraîné par une forte passion, que le courage de cette femme & ses autres grandes qualités lui avoient inspirée , l'épousa après la mort de son mari. Le roi laissa, en mourant , le gouvernement de son royaume

royaume à *Semiramis*, qui gouverna comme un grand-homme. Elle fit conſtruire Babylone , ville ſuperbe, dont on a beaucoup vanté les murailles, les quais, & le pont conſtruit ſur l'Euphrate , qui traverſoit la ville du nord au midi. Le lac, les digues, & les canaux faits pour la décharge du fleuve , avoient encore plus d'utilité que de magnificence. On a auſſi admiré les palais de la reine, & la hardieſſe avec laquelle on y avoit ſuſpendu des jardins ; mais ce qu'il y avoit de plus remarquable étoit le Temple de *Belus*, au milieu duquel s'élevoit un édifice immenſe , qui conſiſtoit en huit tours bâties l'une ſur l'autre. *Semiramis*, ayant embelli Babylone , parcourut ſon empire , laiſſa par-tout des marques de ſa magnificence. Elle s'appliqua ſur-tout à faire conduire de l'eau dans les lieux qui en manquoient , & à conſtruire de grandes routes. Elle fit auſſi pluſieurs conquêtes dans l'Ethiopie. Sa derniére expédition fut dans les Indes , où ſon armée fut miſe en déroute. Cette reine avoit un fils de *Ninus*, nommé *Ninias*. Avertie qu'il conſpiroit contre ſa vie, elle abdiqua volontairement l'empire en ſa faveur ; ſe rappellant alors un Oracle de *Jupiter Ammon*, qui lui avoit prédit que « ſa fin ſeroit prochai- » ne , lorſque ſon fils lui dreſſe- » roit des embûches. » Quelques auteurs rapportent qu'elle ſe déroba à la vue des hommes , dans l'eſpérance de jouir des honneurs divins ; d'autres attribuent , avec plus de vraiſemblance , ſa mort à *Ninias*. Cette grande reine fut honotée après ſa mort par les Aſſyriens, comme une Divinité , ſous la forme d'une colombe. *Semiramis* a été la ſource de beaucoup de

Tome VI.

fables qui ne méritent point d'être rapportées.

SENAC, (Jean) né dans le diocèſe de Lombez , mort à Paris le 20 Décembre 1770, avec les titres de premier médecin du roi, de conſeiller-d'état, & de ſurintendant-général des eaux-minérales du royaume , mérita ces places par des talens diſtingués & par des ouvrages utiles. Les principaux ſont : I. La Traduction de l'*Anatomie* d'*Heiſter* , 1735, in-8°. II. *Traité des cauſes des Acides , & de la cure de la Peſte* , 1744, in-4°. III. *Nouveau Cours de Chymie*, 1737, 2 vol. in-12. IV. *Traité de la ſtructure du Cœur*, 1748, 2 vol. in-4° , réimprimé en 1777 avec les additions & corrections de l'auteur. C'eſt le chef-d'œuvre de cet habile médecin. Il employa 20 ans à ce travail, le plus vaſte & le plus pénible. V. *De recondita Febrium natura & curatione* , 1759, in-8°. L'académie des ſciences avoit mis *Senac* dans la liſte de ſes membres. Il ne lui faiſoit pas moins d'honneur par les connoiſſances de ſon eſprit, que par les qualités de ſon cœur. Il avoit tout ce qu'il faut pour plaire à la cour & dans le grand monde.

SENAILLÉ, (Jean-baptiſte) muſicien François , mort à Paris en 1730 , âgé de 42 ans , étoit recommandable par la préciſion & l'art avec lequel il touchoit le violon. La cour de Modène, où il s'étoit rendu, applaudit à ſes talens, & ſur-tout à ſes *Sonates*. En effet, il y a mis un mélange agréable du chant noble & naturel de la muſique Françoiſe, avec les ſaillies & l'harmonie ſçavante de la muſique Italienne. Nous en avons 5 livres pour le violon.

SENAULT, (Jean-François) né à Anvers en 1599, d'un ſecrétaire

V

du roi, Ligueur furieux ; montra
dès son enfance autant de douceur, que son pere avoit fait éclater de frénésie. Le cardinal de *Be-
rulle*, instituteur de l'Oratoire, l'attira dans sa congrégation naissante,
comme un homme qui en seroit un
jour la gloire par ses talens & par
ses vertus. Après avoir professé
les humanités, il se consacra à la
chaire, livrée alors au *phébus* &
au galimathias : il sut lui rendre
la dignité, la noblesse qui convient
à la parole divine. Ses succès en
ce genre lui firent offrir des pensions & des évêchés; mais sa modestie les lui fit refuser. Ses confréres l'élurent supérieur de S. Magloire, & il s'y conduisit avec tant
de douceur & de prudence, qu'ils
le mirent à leur tête en 1662. Il
exerça la charge de général pendant dix années, avec l'applaudissement & l'amour de ses inférieurs,
& mourut à Paris en 1672, à 71 ans.
L'abbé *Fromentiére*, depuis évêque
d'Aire, prononça son oraison funèbre. Parmi les ouvrages qu'il
a laissés, on distingue : I. Un Traité
de *l'Usage des Passions*, imprimé
plusieurs fois in-4° & in-12, &
traduit en Anglois, en Allemand,
en Italien & en Espagnol. On trouve dans cet ouvrage plus d'élégance que de profondeur ; & quoique
l'auteur eût purgé la chaire des an-
tithèses puériles & des jeux-de-
mots recherchés, son style n'en
est pas tout-à-fait exemt. II. Une
Paraphrase de Job, in-8°, qui, en con-
servant toute la majesté & toute la
grandeur de son original, en éclair-
cit toutes les difficultés. III. *L'Homme Chrétien*, in-4°, & l'*Homme Criminel*, aussi in-4°. IV. *Le Monarque*,
ou *les Devoirs du Souverain*, in-12 ;
ouvrages estimés. V. Trois volum.
in-8°. de *Panégyriques des Saints*. VI.
Plusieurs *Vies des Personnes illustres*

par leur piété, &c. *Senault* fut pour
le Pere *Bourdaloue* ce que *Rotrou* fut
pour *Corneille*, son prédécesseur &
rarement son égal.

SENEÇAI *ou* SENECÉ, (Antoine Bauderon de) né à Mâcon en
1643, étoit arrière-petit-fils de
Brice Bauderon, savant médecin,
connu par une *Pharmacopée*. Son
pere, lieutenant-général au présidial de Mâcon, qui mérita par son
zèle patriotique un brevet de conseiller-d'état, lui donna une excellente éducation. Il suivit le barreau
quelque tems ; moins par inclination, que par déférence pour ses parens. De retour dans sa patrie, il accepta un duel, qui l'obligea de se
retirer à la cour du duc de Savoye.
Poursuivi par-tout par son mauvais
destin, il y eut une autre affaire
avec les freres d'une demoiselle
amoureuse de lui, qui vouloit l'é-
pouser malgré eux. Ce nouvel in-
cident l'obligea de passer à Madrid.
Sa première affaire ayant été ac-
commodée, il revint en France,
& acheta en 1673 la charge de premier valet-de-chambre de la reine
Marie-Thérèse, femme de *Louis XIV*.
A la mort de cette princesse, arrivée en 1683, la duchesse d'*Angoulême* le reçut chez elle avec toute sa famille qui étoit nombreuse.
Cette princesse étant morte en
1713, *Seneçai* retourna dans sa patrie, où il mourut en 1737, à 94
ans. La Littérature, l'Histoire, les
Muses Françoises & Latines étoient
l'objet de ses plaisirs. Il ne néli-
gea pourtant pas la société, & il
y plut autant par son caractére que
par son esprit. Il conserva, jusqu'à
la fin de sa vie, un esprit sain &
animé de cette gaieté & de cette
joie innocente, qu'il appelloit
avec raison le *baume de la vie*. Les
Poésies que nous avons de cet auteur, le mettent au rang des Poëtes

favorifés d'*Apollon*. Sa verfification eft cependant quelquefois un peu négligée ; mais les agrémens de fa poéfie dédommagent bien le lecteur de ce défaut. Il a fait des *Epigrammes*, 1727 , in-12 ; des *Nouvelles* en vers, des *Satyres* , 1695 , in-12, &c. Son conte du *Kaimac* eft d'un ftyle plaifant & fingulier; il fe trouve dans l'*Elite des Poëfies Fugit.* On diftingue auffi le Poëme intit.: *les Travaux d'Apollon*, dont le poëte *Roufjeau* faifoit grand cas.

SENECHAL, (Sébaftien - Hyacinthe le) marquis de *Kercado*, de la maifon des feigneurs de *Molac* en Bretagne, (*Voye* MOLAC) porta les armes dès fa jeuneffe. Il donna en diverfes occafions des marques fi fignalées de courage & de capacité, qu'il fut envoyé, dès l'âge de 27 ans, n'étant encore que brigadier des armées du roi, pour commander en chef dans le royaume de Naples, en 1704 & en 1705. Il y fut chargé de plufieurs affaires importantes, également politiques & militaires , dont il fe tira avec honneur. Elevé au grade de maréchàl-de-camp, il vint au fiége de Turin en 1706, & y fut tué d'un éclat de bombe à l'âge de 30 ans, dans le tems qu'il donnoit les plus grandes efpérances.

I. SENEQUE , (*Lucius Annæus Seneca*) Orateur , né à Cordoue en Efpagne vers l'an 61 avant J. C. , dont il nous refte des *Déclamations*, que l'on a fauffement attribuées à *Sénèque* le Philofophe, fon fils. *Sénèque* l'Orateur époufa *Helva* , illuftre dame Efpagnole , dont il eut trois fils: *Sénèque* le Philofophé ; *Annæus Novatus* ; & *Annæus Mela* , pere du poëte *Lucain*... Les défauts du ftyle de *Sénèque* l'*Orateur* font les mêmes que ceux de *Sénèque* le *Philofophe* ; ainfi voyez l'article fuivant.

II. SENEQUE , le Philofophe, (*Lucius Annæus Seneca*) fils du précèdent , naquit à Cordoue, vers l'an 6e avant J. C. Il fut formé à l'éloquence par fon pere, par *Hygin*, par *Ceftius*, & par *Afinius Gallus* ; & à la philofophie, par *Socion* d'Alexandrie & par *Photin* , célèbres Stoïciens. Après avoir pratiqué pendant quelque tems les abftinences de la fecte Pythagoricienne, (c'eft-à-dire, s'être privé dans fes repas de tout ce qui a vie,) il fe livra au barreau. Ses plaidoyers furent admirés ; mais la crainte d'exciter la jaloufie de *Caligula* , qui afpiroit auffi à la gloire de l'éloquence , l'obligea de quitter une carriére fi brillante & fi dangereufe fous un prince baffement envieux. Il brigua alors les charges publiques, & obtint celle de quefteur. On croyoit qu'il monteroit plus haut , lorfqu'un commerce illicite avec *Julie-Agrippine* , veuve de *Domitius* un de fes bienfaiteurs , le fit reléguer dans l'ifle de Corfe. C'eft-là qu'il écrivit fes *Livres de Confolation*, qu'il adreffa à fa mere. *Agrippine* ayant époufé l'empereur *Claude*, rappella *Sénèque*, pour lui donner la conduite de fon fils *Néron*, qu'elle vouloit élever à l'empire. Tant que ce jeune prince fuivit les inftructions & les confeils de fon précepteur, il fut l'amour de Rome ; mais après que *Poppée* & *Tigellin* fe furent rendus maîtres de fon efprit, il devint la honte du genre humain. La vertu extérieure de *Sénèque* lui parut être une cenfure continuelle de fes vices; il ordonna à l'un de fes affranchis, nommé *Cléonice*, de l'empoifonner. Ce malheureux n'ayant pu exécuter fon crime par la défiance de *Sénèque* , qui ne vivoit que de fruit & ne buvoit que de l'eau ; *Néron* l'enveloppa dans la conjuration de *Pifon*, & il fut dévoué à la mort comme les autres conjurés. Le philofophe condamné parut recevoir avec joie l'arrêt de fa mort, dont l'exécution fut à fon choix. Il demanda de pouvoir difpofer de fes biens ; mais on le lui refufa. Alors il dît à fes amis : *Que puifqu'il n'étoit pas en fa puiffance de leur faire part de ce qu'il croyoit poffeder, il laiffoit au moins fa vie pour modèle, & qu'en l'imitant exactement, ils acquerroient parmi les gens de bien une gloire immortelle.* Paroles pleines de fafte & de pétiteffe ! Ses abftinences continuelles l'avoient fi fort exténué, qu'il ne coula point de fang de fes veines ouvertes. Il eut recours à un bain chaud, dont la fumée, mêlée à celle de quelques liqueurs, l'étouffa. Il parla beaucoup, & très-fenfément, en attendant la mort ; & ce qu'il dit fut recueilli par fes fecrétaires, & publié depuis par fes amis. *Tacite*, plus équitable ou plus indulgent que *Dion* & *Xiphilin*, lui a donné un beau caractère ; mais fi le portrait qu'en font les deux autres eft d'après nature, ôn doit avouer que *Sénèque* ayant vécu d'une manière très-oppofée à fes écrits & à fes maximes, fa mort peut paffer pour une punition de fon hypocrifie. Elle arriva l'an 65 de J. C. & la 12ᵉ année du règne de *Néron*. *Pompeia Paulina*, fon époufe, voulut mourir avec lui : *Sénèque*, au lieu de l'en empêcher, l'y exhorta, & ils fe firent ouvrir les veines l'un & l'autre en même tems. Mais *Néron*, qui aimoit *Paulina*, donna ordre de lui conferver la vie. On ne peut nier que *Sénèque* ne fût un homme d'un génie rare ; mais fa fageffe étoit plus dans fes difcours que dans fes actions. Il avoit une vanité & une préfomption ridicules dans un philofophe.

Quant à l'auteur, il avoit toutes les qualités néceffaires pour briller. A une grande délicateffe de fentimens, il uniffoit beaucoup d'étendue dans l'efprit ; mais l'envie de donner le ton à fon fiécle, le jetta dans des nouveautés qui corrompirent le goût. Il fubftitua à la fimplicité noble des anciens, le fard & la parure de la cour de *Néron* ; un ftyle fententieux, femé de pointes & d'antithèfes ; des peintures brillantes, mais trop chargées ; des expreffions neuves ; des tours ingénieux, mais peu naturels. Enfin il ne fe contenta pas de plaire, il voulut éblouir, & il y réuffit. Ses ouvrages peuvent être lus avec fruit par ceux qui auront le goût formé. Ils y trouveront des leçons de morale utiles, des idées rendues avec vivacité & avec fineffe. Mais pour profiter de cette lecture, il faut fçavoir difcerner l'agréable d'avec le forcé, le vrai d'avec le faux, le folide d'avec le puéril, & les penfées véritablement dignes d'admiration, d'avec les fimples jeux-de-mots. Un des défauts de *Sénèque*, qu'on n'a pas affez remarqué, c'eft qu'il manque de précifion. « Un écrivain (dit l'abbé *Trublet*) » peut être concis, & néanmoins » diffus ; tel eft entr'autres *Sénèque*. On eft concis, lorfque, pour » exprimer chaque penfée, on » n'emploie que le moins de termes qu'il eft poffible. On eft » diffus, lorfqu'on emploie trop » de penfées particulières pour » expofer & développer fa principale penfée ; lorfqu'à cette idée » principale on joint trop d'idées » acceffoires, peu importantes ; » enfin lorfque, non content d'avoir dit une fois une chofe, on » la répète plufieurs fois en d'autres termes & avec des tours

» différens. Or tel eft *Sénèque*. C'eft
» ce qui a fait dire qu'*il eft très-*
» *beau entre deux points.* » La premiére édition de fes ouvrages eft
celle de Naples 1475, in-f. Les meil-
leutes font celles d'*Elzevir*, 1640,
3 vol. in-12; & d'Amfterdam 1672,
en 3 vol. in-8°, avec les notes des
interprètes connus fous le nom de
Variorum. Les principaux ouvrages de ce recueil font : I. *De ira.*
II. *De confolatione.* III. *De Provi-*
dentia IV. *De tranquillitate animi.* V.
De conftantia Sapientis. VI. *De cle-*
mentia. VII. *De brevitate vitæ.* VIII.
De vita beata. IX. *De otio fapienti.*
X. *De beneficiis*, & un grand nombre de *Lettres* morales. *Malherbe &*
du Ryer ont traduit en François
ces différens ouvrages 1659, in-
fol. & en pluf. vol. in-12. D'autres
écrivains fe font exercés fur cet
auteur ; mais la feule traduction
complette qu'on eftime, à quelques
inexactitudes près, eft celle de *la*
Grange, Paris 1777, 6 vol. in-12.
Nous avons fous le nom de *Sénè-*
que plufieurs *Tragédies* latines, qui
ne font pas toutes de lui ; on lui
attribue *Médée*, *Œdipe*, la *Troade*
& *Hippolyte*. On y trouve des penfées mâles & hardies, des fentimens pleins de grandeur, des maximes de politique très-utiles ; mais
l'auteur eft guindé, il fe jette dans
la déclamation, & ne parle jamais
comme la nature. Les meilleures
éditions de fes *Tragédies* font : celle
d'Amfterdam 1662, in-8°. *cum notis*
Variorum; de Leyde 1708, in-8° ;
& celle de Delft 1728, en 2 vol. in-
4°. L'infatigable abbé de *Marolles*
les a mauffadement traduites en
françois. On a *Senecæ Sententiæ cum*
notis Variorum, Leyde, 1708, in-
8°. qui ont été traduites en partie
dans les *Penfées* de *Sénèque* par *la*
Beaumelle, 2 volumes in-12.
SENETERRE, *Voyez* FERTÉ.

SENGUERD, (Arnold) philo-
fophe Hollandois, natif d'Amfterdam, fut profeffeur de philofophie
à Utrecht, puis à Amfterdam, où
il mourut en 1667, à 56 ans. On
a de lui divers ouvrages fur toutes les parties de la philofophie.
Wolferd SENGUERD, fon fils, profeffeur de la même fcience à Leyde, eft auffi auteur de plufieurs
ouvrages philofophiques.

SENNACHERIB, fils de *Salma-*
nafar, fuccéda à fon pere dans le
royaume d'Affyrie, l'an 714 avant
J. C. *Ezéchias*, qui régnoit alors
fur Juda, ayant refufé de payer à
ce prince le tribut auquel *Teglat-*
phalaffar avoit foumis *Achaz*, *Sen-*
nacherib entra fur les terres de Juda avec une armée formidable. Il
prit les plus fortes places de Juda
qu'il ruina, & dont il paffa les habitans au fil de l'épée. *Ezéchias* fe
renferma dans fa capitale, où il
fe prépara à faire une bonne défenfe. Cependant il envoya faire
des offres de paix à *Sennacherib*,
qui exigea de lui 300 talens d'argent & 30 talens d'or, qu'*Ezéchias*
lui fit toucher bientôt après ; mais
l'Affyrien, rompant tout d'un coup
le traité, continua fes hoftilités,
& voulant profiter de la confternation où ce nouveau malheur jet-
teroit *Ezéchias* & les habitans de
Jérufalem, il leur envoya trois de
fes premiers officiers pour les fommer de fe rendre. Ils revinrent rendre compte de leur commiffion à
Sennacherib, qui avoit quitté le fiége de Lachis pour faire celui de Le-
bna. *Sennacherib* ayant appris que
Tharaca, roi d'Ethiopie, venoit au
fecours des Juifs, & s'avançoit pour
le combattre, leva le fiége de Leb-
na, alla au-devant de lui, tailla
fon armée en piéces, & entra comme vainqueur jufqu'en Egypte où
il ne trouva aucune réfiftance. Il re-

vint enfuite en Judée, mit le fiége devant Jérufalem ; mais la nuit
même qui fuivit le jour de fon
arrivée , un Ange exterminateur
envoyé de Dieu, tua 185000 hommes , qui faifoient prefque toute
fon armée , *Sennacherib* , après ce
carnage , s'enfuit dans fes états ,
& fut tué à Ninive, dans un temple , par fes deux fils aînés , vers
l'an 710 avant J. C. *Affarhaddon*,
le plus jeune de fes enfans, monta
fur le trône après lui.

SENNE , (La) *Voyez* LASCENE.

SENNERT , (Daniel) né l'an
1572 à Breslaw d'un cordonnier ,
devint doéteur & profeffeur en
médecine à Wittemberg. La maniére nouvelle dont il enfeignoit
& pratiquoit fon art , lui fit un
nom célèbre ; mais fa paffion pour
la chymie , jointe à la liberté avec
laquelle il réfutoit les anciens , &
à la fingularité de fes opinions ,
lui fufcita beaucoup d'ennemis. On
a de lui un grand nombre d'ouvrages imprimés a Venife en 1640,
en 3 vol. in-fol. & réimprimés en
1676 à Lyon en 6 vol. in-fol. On
y remarque beaucoup d'ordre & de
folidité : il fuit en tout la théorie
Galénique. Il ne faut pas y chercher les lumières qu'on a acqui-
fes depuis ; mais les principes fondamentaux de la médecine y font
favamment établis , les maladies
& leurs différences exaétement décrites, & les indications pratiques
très-bien déduites. Ses ouvrages
font une Bibliothèque complette
de médecine , & ils valent infiniment mieux que beaucoup de livres modernes fort vantés. Cet
habile médecin mourut de la pefte
en 1637 , à 65 ans. *André* SEN-
NERT , fon fils , mort à Wittemberg en 1689, à 84 ans , après y
avoir enfeigné les langues Orientales avec fuccès pendant 51 ans ,

foutint dignement la réputation de
fon pere. On a de lui beaucoup de
gros livres fur la langue Hébraïque.

SENSARIC, (Jean-Bernard) Bénédiétin de la congrégation de S.
Maur , prédicateur du roi, né à la
Réole, diocèfe de Bazas, en 1710,
mort le 10 Avril 1756 ; fe diftingua autant par fon éloquence
& par fes talens , que par les qualités qui forment le religieux & le
Chrétien. On a de lui : I Des *Sermons*, 1771 , 4 v. in-12. II. L'*Art de
peindre à l'efprit*, ouvrage dans lequel
les préceptes font confirmés par
les exemples tirés des meilleurs
orateurs & poètes François , en 3
vol. in-8°. Paris 1758. Le choix
de cette compilation eft en général affez bon ; mais peut-être feroit-
il à fouhaiter qu'une critique plus
févére eût retranché un affez grand
nombre d'exemples, qui ne fervent
qu'à groffir ce recueil , fans le
rendre plus eftimable. On ne doit
pas être tenté d'acheter des tableaux médiocres , lorfqu'on eft à
portée d'avoir les chef-d'œuvres
de *Raphaël*.

SEPHORA , fille de *Jethro*, prêtre du pays de Madian. *Moïfe* ,
obligé de fe fauver de l'Egypte ,
arriva au pays de Madian où il fe
repofa près d'un puits. Les filles
de *Jethro* étant venues à ce puits
pour y abbreuver les troupeaux de
leur pere, des bergers les en chafférent ; mais *Moïfe* les défendit.
Jethro l'envoya chercher , & lui
donna en mariage *Sephora* , une de
fes fept filles , dont il eut deux
fils , *Gerfon* & *Eliezer*.

SEPTIME , *Voyez* SEVERE.

SEPULVEDA , (Jean-Genès
de) né à Cordoue en 1491 , devint théologien & hiftoriographe
de l'empereur *Charles-Quint*. Il eut
un démêlé très-vif avec *Barthélemi
de Las Cafas*, au fujet des cruau-

tés que les Espagnols exerçoient contre les Indiens. *Sepulveda* autorisoit ces atrocités barbares. Ce misérable composa même un livre pour prouver qu'elles étoient permises par les loix divines & humaines, & par le droit de là guerre. De telles idées peuvent-elles entrer dans la tête d'un théologien Chrétien? Ce professeur du meurtre mourut en 1572, à Salamanque où il étoit chanoine, dans sa 82ᵉ année. On a de lui plusieurs traités : I. *De regno & Regis officio*. II. *De appetenda gloria*. III. *De honestate rei militaris*. IV. *De Fato & Libero-Arbitrio contra Lutherum*. V. Des *Lettres latines*, curieuses. Ces différens ouvrages ont été recueillis à Cologne en 1602, in-4°. VI. Des Traductions d'*Aristote* avec des notes. On n'estime ni la version, ni les remarques.

SERAFINO, *Voyez* AQUILINO.

SERAPION, (Jean) médecin Arabe, vivoit entre le VIIIᵉ & le XIᵉ siécle. Ses Ouvrages, imprimés à Venise, 1497, in-fol. & plusieurs fois depuis, ne traitent que des maladies internes. Ils sont recherchés.

SERARIUS, (Nicolas) savant Jésuite, né à Rambervillers en Lorraine l'an 1555, s'appliqua à l'étude des langues savantes avec un succès peu commun. Il enseigna ensuite les humanités, la philosophie & la théologie à Wurtzbourg & à Mayence. C'est dans cette derniére ville qu'il finit ses jours en 1609. On a de lui un grand nombre d'ouvrages, I. Des *Commentaires* sur plusieurs livres de la Bible à Mayence, 1611, in-fol. II. Des *Prolégomènes* estimés sur l'Ecriture-sainte, Paris 1704, in-fol. III. *Opuscula Theologica*, en 3 tomes in-fol. IV. Un *Traité* des trois plus fameuses Sectes des Juifs,

(les *Pharisiens*, les *Saducéens*, & les *Esséniens*,) en 1703. On en donna une édition à Delft 1703, en 2 vol. in-4°, dans laquelle on a joint les Traités sur le même sujet de *Drusius* & de *Scaliger*. V. Un savant Traité *De rebus Moguntinis*, 1722, 2 vol. in-fol. Tous ses ouvrages, recueillis en 16 vol. in-fol. décèlent un homme consommé dans l'érudition.

SERBELLONI, (Gabriel) chevalier de Malte, grand-prieur de Hongrie, étoit d'une ancienne maison d'Italie, féconde en personnes de mérite. Après avoir donné des preuves de sa valeur au siège de Strigonie en Hongrie, il devint lieutenant-général dans l'armée de l'empereur *Charles-Quint* en 1547, lorsque ce prince triompha du duc de Saxe, qui étoit à la tête des Protestans d'Allemagne. Il se signala ensuite dans les guerres d'Italie. Son courage éclata sur-tout à la journée mémorable de Lépante, en 1571. On le fit vice-roi de Tunis ; mais cette ville ayant été prise & son défenseur fait prisonnier, il fallut donner 36 officiers Turcs pour obtenir sa liberté. *Serbelloni* gouverna ensuite le Milanois, en qualité de lieutenant-général, en 1576. Il avoit de grands talens pour l'architecture militaire, dont il se servit pour fortifier plusieurs places importantes. Ce héros finit sa brillante carrière en 1580.

SERENUS SAMMONICUS, (Q.) médecin du tems de l'empereur *Sévére* & de *Caracalla*, vers l'an 210 de J. C., écrivit divers *Traités* sur l'Histoire naturelle. Il ne nous est parvenu qu'un *Poeme*, assez plat, *de la Médecine & des Remèdes*, 1581, in-4°. & Amsterdam 1662, in-8°. On le trouve aussi dans le Corps des Poëtes Latins de *Maittaire* & dans les *Poëtæ Latini minores*. *Serenus*

V iv

périt dans un festin par ordre de *Caracalla.* Il avoit une bibliothèque de 62000 volumes. Il faut le distinguer de SERENUS *Antissensis*, qui a écrit sur les Sections coniques un *Traité* en 2 livres, publié par le célèbre *Halley* : (*Voyez* son article.)

I. SERGIUS - PAULUS , proconsul & gouverneur de l'isle de Chypre pour les Romains, fut converti par *S. Paul.* Ce proconsul, homme prudent, avoit auprès de lui un magicien nommé *Barjesu*, qui s'efforçoit d'empêcher qu'on ne l'instruisît ; mais *Paul* l'ayant frapé d'aveuglement, *Sergius*, étonné de ce prodige, embrassa la foi de J. C.

II. SERGIUS I, originaire d'Antioche, & né à Palerme , fut mis sur la chaire de S. Pierre après la mort de *Conon*, en 687. Son élection avoit été précédée de celle d'un nommé *Paschal*, qui se soumit de son bon gré à *Sergius.*, & de celle de *Théodore*, qui le fit aussi, mais malgré lui. Il improuva les canons du concile connu sous le nom de *in Trullo* ou de *Quini-Sexte.* Cette action le brouilla avec l'empereur *Justinien* le *Jeune.* C'est ce pape qui ordonna que l'on chanteroit l'*Agnus Dei* à la Messe. Il mourut le 8 Septembre 701, avec une réputation bien établie.

III. SERGIUS II , Romain, fut pape après la mort de *Gregoire IV*, le 10 Février 844 , & mourut le 27 Janvier 847. L'empereur *Lothaire* trouva fort mauvais qu'on l'eût ordonné sans sa participation.

IV. SERGIUS III , prêtre de l'Eglise Romaine, fut élu par une partie des Romains pour succéder au pape *Théodore*, mort l'an 898; mais le parti de *Jean IX* ayant prévalu, *Sergius* fut chassé & se tint caché pendant 7 ans. Il fut rappellé ensuite & mis à la place du pape *Christophe* , l'an 905. *Sergius* regardant comme usurpateur *Jean IX* qui lui avoit été préféré , & les trois autres qui avoient succédé à *Jean*, se déclara contre la mémoire du pape *Formose* , & approuva la procédure d'*Etienne VI*. Ce pape déshonora le trône pontifical par ses vices, & mourut comme il avoit vécu, en 911. *Luitprand*, que nous avons suivi en parlant de ce pape, est le seul qui l'accuse d'un commerce infâme avec la fameuse *Marosie*; mais il pourroit cependant avoir exagéré : car *Flodoard* fait l'éloge de son gouvernement. Il est vrai que *Patérculus* loue excessivement *Tibére*, & qu'on ne peut guéres compter sur le témoignage des historiens.

V. SERGIUS IV , (appellé *Os Porci* ou *Bucca porci*) succéda l'an 1009 au pape *Jean XVIII*. Il étoit alors évêque d'Albane. On le loue sur-tout de sa libéralité envers les pauvres. Il mourut l'an 1112.

VI. SERGIUS I , patriarche de Constantinople, en 610 , Syrien d'origine, se déclara l'an 626 chef du parti des Monothélites; mais il le fit plus triompher par la ruse que par la force ouverte. L'erreur de ces hérétiques consistoit à ne reconnoitre qu'une volonté & qu'une opération en J. C. Il persuada à l'empereur *Heraclius* que ce sentiment n'altéroit en rien la pureté de la Foi; & le prince l'autorisa par un Edit qu'on nomma *Ecthèse*, c'est-à-dire *Exposition de la Foi. Sergius* le fit recevoir dans un synode, & en imposa même au pape *Honorius* qui lui accorda son approbation. Cet homme artificieux mourut en 639, & fut anathématisé dans le vi° concile général, en 681... Un autre patriarche de Constantinople, nommé SERGIUS

II, foutint, dans le xiᵉ siécle, le schisme de *Photius* contre l'Eglise Romaine. Il mourut l'an 1019, après un gouvernement de 20 ans.

SERIPAND, (Jérôme) né à Naples en 1493, se fit religieux de l'ordre de S. Augustin. Il devint ensuite docteur & professeur en théologie à Bologne. Son mérite lui procura les dignités d'archevêque de Salerne, de cardinal, & légat du pape *Pie IV* au concile de Trente, où il mourut en 1563, regardé comme un prélat aussi pieux qu'éclairé. On a de lui : 'I. Un *Traité* latin de la *Justification*. II. *Des Commentaires* latins *sur les Epîtres de S. Paul, & sur les Epîtres Catholiques*. III. Un *Abrégé* en latin des *Chroniques* de son ordre. IV. Des *Sermons* en italien sur le Symbole. Ces différens ouvrages sont peu consultés aujourd'hui.

SERLIO, (Sébastien) célèbre architecte, né à Bologne, florissoit vers le milieu du xviᵉ siécle. C'étoit un homme de goût, & qui avoit bien étudié l'architecture ancienne & moderne. *François I*, l'appella en France. Cet architecte embellit les maisons royales, entr'autres Fontainebleau, où il mourut vers 1552, dans un âge avancé. On a de lui un livre d'*Architecture* en italien, qui est une preuve de son goût & de sa sagacité. La meill. édition est de Venise, 1584, in-4°.

SERLON, moine Bénédictin de Cerisi, né à Vaubadon près de Bayeux, passa avec *Géofroi* son maître d'études, par le motif d'une plus grande perfection, dans la célèbre abbaye de Savigny, au diocèse d'Avranches, & en devint abbé l'an 1140. Sept ans après, s'étant rendu au chapitre général de Citeaux, il réunit, entre les mains de *S. Bernard*, en présence du pape *Eugène* III, son abbaye à l'ordre de Citeaux ; & la lui soumit, avec tous les autres monastéres qui en dépendoient, tant en France qu'en Angleterre. Cet abbé, recommandable par son talent pour la parole, & encore plus par sa sagesse & sa piété, se retira dans l'abbaye de Clairvaux après avoir abdiqué, & vécut 5 ans en simple religieux. Il mourut saintement l'an 1158. On a de lui un Recueil de *Sermons* dans dans le Spicilége de Dom d'*Achery*, tome xᵉ ; un écrit de *Pensées morales*, dans le viᵉ vol. de la Bibliothèque de Citeaux ; & quelques autres ouvrages manuscrits.

SERMENT, (Louise-Anastasie) de Grenoble en Dauphiné, de l'académie des Ricovrati de Padoue, surnommée *la Philosophe*, morte à Paris vers 1692, âgée de 50 ans, s'est rendue célèbre par sa grande érudition & par son goût pour les belles-lettres. Plusieurs beaux-esprits, & entr'autres *Quinault*, la consultoient sur leurs ouvrages. Elle a fait aussi quelques *Poésies* françoises & latines, qui sont d'un mérite assez médiocre.

SERNIN, *Voy.* III. SATURNIN.

SERON, général d'*Antiochus Epiphanes*, ayant appris la déroute des troupes d'*Apollonius*, crut avoir trouvé une belle occasion de s'illustrer par la défaite de *Judas* & des siens. Il s'avança donc dans la Judée jusqu'à la hauteur de Bethoron, suivi d'une armée nombreuse. *Judas*, qui n'avoit qu'une poignée de soldats, courut aux ennemis, qu'il renversa & mit en déroute, & après en avoir tué 800, il chassa le reste sur les terres des Philistins.

I. SERRE, (Jean Puget de la) né à Toulouse vers l'an 1600, mort en 1665, fut d'abord ecclésiastique, & se maria ensuite. Il vécut des fruits de sa plume. Il a beau-

coup écrit en vers & en prose ;
mais ses ouvrages sont le rebut de
tous les lecteurs. *La Serre* se connoissoit lui-même : ayant un jour
assisté à un fort mauvais discours,
il alla, comme dans une espèce de
transport, embrasser l'orateur en
s'écriant : « Ah, *Monsieur*, depuis
» 20 ans j'ai bien débité du gali-
» mathias ; mais vous venez d'en
» dire plus en une heure, que je
» n'en ai écrit en toute ma vie. »
La Serre se vantoit d'un avantage
inconnu aux autres auteurs : *C'est*
disoit-il, *d'avoir sçu tirer de l'argent
de mes Ouvrages, tout mauvais qu'ils
sont, tandis que les autres meurent de
faim avec de bonnes productions.* Ses
livres les plus connus sont : I. Le
Secrétaire de la Cour, qui a été imprimé plus de 50 fois, & qui ne
méritoit pas de l'être une seule.
II. Sa tragédie de *Thomas Morus*,
qui eut un succès infini dans le
tems du mauvais goût. L'anecdote
de *Diomède*, que rapporte ici *Ladvocat*, est citée à faux, & appartient à l'article suivant.

II. SERRE, (Jean-Louis-Ignace
de la) fleur de *Langlade*, censeur
royal, étoit du Quercy, & mourut l'an 1756, à 94 ans. *Voyez* ce
que nous en disons a l'article II.
LUSSAN, (Marguerite de). *Ajoûtez*
qu'outre son opéra de *Pyrame &
Thisbé*, il donna à la Comédie françoise, *Artaxare* ; & à l'Opéra, *Po-
lixène & Pyrrhus* ; *Diomède* ; *Polydore* ; *Scanderberg*, & d'autres pièces. On a encore de lui le roman
d'*Hyppalque, Prince Scythe*, 1727,
in-12 ; & *les Désespérés*, traduits de
l'Italien de *Marini*, 1732, 2 vol.
in-12. La tragédie de *Pirithoüs*, publiée sous le nom de *la Serre*, est
de *Seguineau*. La *Serre* joignoit à la
passion des lettres, celle du jeu.
Ayant risqué un jour, sur le tapis,
le revenu de son opéra de *Dio-*

mède à l'hôtel de Gèvres, tandis
qu'on représentoit cette pièce ;
un plaisant, présent à cette séance,
dit finement : *Miracle*, Messieurs !
on joue aujourd'hui Diomède *en deux
endroits.*

I. SERRES, *Serranus*, (Jean de)
fameux Calviniste, s'acquit une
grande réputation dans son parti.
Ayant échappé au massacre de la
St-Barthélemi, il devint ministre à
Nismes en 1582. Il fut employé,
par le roi *Henri IV*, en diverses affaires importantes. Ce prince lui
ayant demandé si on pouvoit se
sauver dans l'Eglise Romaine ? il
répondit qu'*on le pouvoit.* Cette réponse ne l'empêcha pas d'écrire
avec emportement, quelque tems
après, contre les Catholiques. Il entreprit ensuite de concilier les deux
communions dans un grand Traité
qu'il intitula : *De Fide Catholicá,
sive De Principiis Religionis Christianæ, communi omnium Christianorum
consensu semper & ubique ratis*, 1607,
in-8°. Cet ouvrage fut méprisé par
les Catholiques, & reçu avec tant
d'indignation par les Calvinistes de
Genève, que plusieurs auteurs
les ont accusés d'avoir fait donner
à Jean de *Serres* du poison. On prétend qu'il en mourut en 1598, à
50 ans. Cet écrivain étoit d'un
emportement insupportable dans la
société & dans ses écrits. Tout ce
qui nous reste de lui est rempli de
contes faux, de déclamations indécentes, de réflexions frivoles &
triviales. Ses principaux ouvrages
sont : I. Une *Edition* de *Platon* en
grec & en latin, avec des notes,
1578, 3 vol. in-fol. Cette version,
bien imprimée, étoit pleine de
contre-sens ; mais *Henri Etienne* la
corrigea avant qu'elle fût livrée
au public. II. Un Traité de l'*Immortalité de l'Ame*, in-8°. III. *Inven-
taire de l'Histoire de France*, en 3

vol. in-12, dont la meilleure édition eſt en 2 vol. in-folio, 1660. Elle fut retouchée par des gens habiles, qui en retranchérent les traits hardis, l'aigreur & la partialité : il n'y reſte plus que la platitude. IV. *De ſtatu Religionis & Reip. in Francia.* V. *Mémoires de la IIIᵉ Guerre civile & des derniers troubles de France ſous* Charles *IX, en 4 livres,* 3 vol. in-8°. VI. *Recueil des choſes mémorables advenues en France ſous* Henri II, François *II,* Charles *IX, &* Henri *III,* in-8°. Ce livre eſt connu ſous le titre de l'*Hiſtoire des Cinq Rois,* parce qu'il a été continué ſous le règne de *Henri IV,* juſqu'en 1597, in-8°. VII. Quatre *Anti-Jeſuita,* 1594, in-8°; & dans un Recueil qu'il intitula : *Doctrinæ Jeſuiticæ præcipua Capita.* L'inexactitude, l'incorrection, la groſſiéreté caractériſent ſon ſtyle. *De Serres* s'eſt trompé en tant d'endroits à l'égard des perſonnes, des faits, des lieux & des tems, que *Dupleix* a fait un gros volume de ſes erreurs.

II. SERRES, (Jean de) *Voy.* LAMBERT, n° v.

SERRONI, (Hyacinthe) premier archevêque d'Albi, fut pourvu, dès l'âge de 8 ans, de l'abbaye de St Nicolas à Rome, où il étoit né en 1617. Il prit l'habit de Dominicain, & lui fit honneur par ſa vertu & par les progrès qu'il fit dans les ſciences eccléſiaſtiques. Il reçut, en 1644, le bonnet de docteur. Le Pere *Michel Mazarin,* frere du cardinal - miniſtre, l'emmena en France pour lui ſervir de conſeil. Ses talens le firent bientôt connoitre à la cour, qui le nomma à l'évêché d'Orange. Quelquetems après le roi le fit intendant de la marine, & en 1648 il l'envoya en Catalogne, en qualité d'intendant de l'armée. Il ſe ſignala dans ces différentes places ; mais ſon eſprit parut ſur-tout à la conférence de St-Jean de Luz. Ses ſervices furent récompenſés par l'évêché de Mende, & par l'abbaye de la Chaiſe-Dieu ; enfin il fut transféré en 1676 à Alby, dont il fut le premier archevêque. Cet illuſtre prélat finit ſa carriére à Paris, le 7 Janvier 1687, à 77 ans. Il étoit fort zèlé pour la diſcipline eccléſiaſtique. Mende & Alby lui doivent des Séminaires & d'autres établiſſemens utiles. Nous avons de lui des *Entretiens affectifs de l'Ame,* 5 vol. in-12, livre de piété oublié ; & une *Oraiſon funèbre de la Reine-mere,* qui n'eſt pas du premier mérite, ni même du ſecond.

SERRY, *Voyez* SERY.

SERTORIUS, (*Quintus*) capitaine Romain, de la ville de Nurcia, ſe ſignala d'abord dans le barreau, qu'il quitta pour ſuivre *Marius* dans les Gaules, où il fut queſteur, & où il perdit un œil à la première bataille. Il rejoignit enſuite *Marius,* & prit Rome avec lui, l'an 87 avant J. C. Mais au retour de *Sylla,* il ſe ſauva en Eſpagne. On dit que, dans un accès de mélancolie, il ſongea à ſe retirer dans les Iſles fortunées, pour y paſſer le reſte de ſes jours au ſein d'une vie privée & tranquille. La douceur de ſon caractére pouvoit le porter à cette réſolution ; mais l'amour de la gloire le ramena en Luſitanie, où il ſe mit à la tête des rebelles. Il eut bientôt une nombreuſe cour, compoſée de ce qu'il y avoit de plus illuſtre parmi les Romains, que les proſcriptions de *Sylla* avoient obligés à s'expatrier. Il donnoit des loix à preſque toute l'Eſpagne ; & il y avoit formé comme une nouvelle Rome, en établiſſant un Sénat, & des Ecoles publiques, où il faiſoit inſtruire les enfans des nobles dans les arts des Grecs & des Romains. Le bas peuple lui étoit aussi dévoué que la noblesse. *Sertorius* lui avoit persuadé qu'il étoit en commerce avec les Dieux, & qu'ils lui donnoient des avis par l'organe d'une biche blanche qu'il avoit élevée, & qui le suivoit par-tout, même dans les batailles. Les Romains, alarmés des progrès de *Sertorius*, envoyérent contre lui *Pompée*, dont les armes ne furent pas d'abord fort heureuses. Il fut obligé de lever le siége de la ville de Laurone dans l'Espagne citérieure, après avoir perdu 10,000 hommes. La bataille de Sucrone, donnée l'année d'après, demeura indécise entre les deux partis. *Sertorius* y perdit sa biche; mais elle fut retrouvée quelques jours après par des soldats, qu'il engagea au secret. Il feignit d'avoir été averti en songe du prochain retour de cet animal favori, & aussi-tôt on lâcha la biche, qui vint caresser son maître au milieu des acclamations de toute l'armée. *Metellus*, autre général Romain, envoyé contre *Sertorius*, se réunit avec *Pompée* & le battit auprès de Segontia. Ce fut alors que *Sertorius* fit un traité avec *Mithridate*. Ces deux héros donnoient beaucoup d'alarmes à Rome, lorsque *Perpenna*, un des principaux officiers de *Sertorius*, lassé d'être subalterne d'un homme qui lui étoit inférieur en naissance, l'assassina dans un repas, l'an 73 avant J. C. *Sertorius*, devenu voluptueux & cruel sur la fin de ses jours, ne s'occupoit plus que des plaisirs & de la vengeance, & ne se soucioit plus de la gloire. Il fit oublier par ses vices les qualités qui l'avoient illustré, sa générosité, son affabilité, sa modération; mais on n'oubliera jamais

ses talens militaires. Personne, ni avant, ni après lui, n'a été plus habile dans les guerres de montagnes. Il étoit intrépide dans les dangers, vaste dans ses desseins, prompt à les exécuter, zélé observateur de la discipline militaire. La nature lui avoit donné beaucoup de force &d'agilité, qu'il entretint lontems par une vie simple & frugale.

SERVAIS, (St) évêque de Tongres, transporta son siege épiscopal, de cette ville en celle de Maëstricht, où il resta jusqu'au VIIIe siécle, qu'il fut encore transféré à Liége. Il assista, l'an 347, au concile de Sardique, où *S. Athanase* fut absous, & au concile de Rimini en 359, où il soutint la foi de Nicée. Il mourut en 384. Il avoit composé un Ouvrage contre les hérétiques *Valentin*, *Marcion*, *Aetius*, &c. que nous n'avons plus.

SERVANDONI, (Jean-Nicolas) né à Florence en 1695, s'est signalé par son grand goût d'architecture, & a travaillé dans presque toute l'Europe. Il avoit, pour la décoration, les fêtes & les bâtimens, un génie plein d'élévation & de noblesse. Il méritoit d'être employé & récompensé par les princes, & il le fut. En Portugal, il fut décoré de l'ordre royal de Christ. En France, il eut l'honneur d'être architecte, peintre & décorateur du roi, & membre des académies établies pour ces différens arts. Il eut les mêmes titres auprès des rois d'Angleterre, d'Espagne, de Pologne, & du duc de Vittemberg. Malgré ces avantages, il n'a pas laissé de richesses, parce qu'il ne connut jamais la nécessité de l'économie. Il mourut à Paris le 19 Janvier 1766. La liste de ses ouvrages seroit trop longue. Indépendamment de plusieurs édifices particuliers, tels

que le grand Portail de l'Eglise de
St Sulpice à Paris , (édifice d'un
goût mâle & noble), & une partie de la même Eglise ; on a de lui
plus de 60 *Décorations* au Théâtre
de Paris , dont il eut la direction
pour cette partie , pendant environ 18 ans. Il en a fait un très-
grand nombre pour les Théâtres de
Londres & de Drefde. On obfer-
vera , pour donner une idée de la
magnificence des Spectacles étrangers , que dans une de fes décorations qui fervoit à un triomphe ,
plus de 400 chevaux firent leurs
évolutions fur la fcène avec toute
la liberté néceffaire à l'illufion. Le
Théâtre du Roi , appellé la *Salle
des Machines* au Palais des Tuileries,
fut à fa difpofition pendant quelque tems. On lui permit d'y donner à fon profit des fpectacles de
fimples décorations pour former
des élèves en ce genre. On fçait
à quel point il étonna , dans la Defcente d'*Enée* aux enfers , & dans
la Forêt enchantée , fujet tiré de
la *Jérufalem délivrée* du *Taffe*. Il
conftruifit & décora un Théâtre au
château de Chambor , pour le maréchal de *Saxe*. Il donna les plans,
les deffins & les modèles du Théâtre royal de Drefde. Né avec un
génie particulier pour les fêtes ,
il en donna un très-grand nombre
à Paris , à Bayonne , à Bordeaux.
On l'appella à Londres pour celles de la Paix de 1749. Il en donna
une à Lisbonne pour les Anglois ,
à l'occafion d'une victoire remportée par M. le duc de *Cumberland*. Il
fut auffi employé fort fouvent par
le roi de Portugal , à qui il préfenta de très-beaux plans & plufieurs modèles. Il en avoit fait auffi
un grand nombre pour le feu prince
de *Galles* , pere du roi d'Angleterre
régnant : la mort de ce prince en
empêcha l'exécution Il préfida aux

grandes & magnifiques fêtes qui fe
firent à la cour de Vienne , pour le
mariage de l'archiduc *Jofeph* & de
l'infante de Parme. Il en fit de très-
belles encore , à la cour de Stu-
kart , pour le duc de *Wittemberg* ;
il donna , au théâtre de l'Opéra de
ce prince , plufieurs fuperbes décorations. Il avoit fait , dans un
goût plein de nobleffe & de grandeur , les projets , les plans & les
deffins d'une Place pour la Statue
équeftre du Roi au bout des Tuileries , entre le Pont-Tournant &
les Champs Elyfées. Cette Place ,
deftinée encore pour les fêtes publiques , auroit pu contenir à l'aife , fous fes galeries & fes périfti-
les , plus de 25000 perfonnes ,
fans compter la foule prefque innombrable qui auroit pu tenir dans
l'enceinte même. Elle devoit être
ornée de 316 colonnes , tant grandes que petites , de 520 pilaftres ,
& de 136 arcades. Les bornes de
ce Dictionnaire ne nous permettent pas d'entrer dans un plus
grand détail fur les projets & les
ouvrages de cet illuftre architecte.

SERVET , (Michel) né à Villa-
nueva en Aragon l'an 1509 , fit fes
études à Paris , où il obtint le bon
net de docteur en médecine. Il fe
fignala de bonne heure par des
opinions hardies & finguliéres ,
qui l'engagérent dans plufieurs difputes. Son humeur contentieufe
lui fufcita une vive querelle , en
1536 , avec les médecins de Paris.
Il fit fon *Apologie* , qui fut fupprimée par arrêt du parlement. Les
chagrins que ce procès lui caufa ;
& fa méfintelligence avec fes confréres , le dégoûtérent du féjour
de la capitale. Il alla à Lyon , où
il demeura quelque tems chez les
Frellons , libraires célèbres , en
qualité de correcteur d'imprimerie. Il fit enfuite un voyage à

Avignon, puis retourna à Lyon; mais il ne fit qu'y paroître. Il alla s'établir en 1540 à Charlieu, où il exerça la médecine pendant 3 ans. Ses infolences & ses bizarreries l'obligérent de quitter cette ville. Il trouva à Lyon *Pierre Palmier*, archevêque de Vienne, qu'il avoit connu à Paris. Ce prélat aimoit les favans & les encourageoit par fes bienfaits: il le preffa de venir à Vienne, où il lui donna un appartement auprès de fon palais. *Servet* auroit pu mener une vie douce & tranquille à Vienne, s'il fe fût borné à la médecine & à fes occupations littéraires; mais toujours rempli de fes premières idées contre la religion, il ne laiffoit échapper aucune occafion d'établir fon malheureux fyftême. Il s'avifa d'écrire à *Calvin* fur la Trinité. Il avoit examiné fes ouvrages; mais ne trouvant pas qu'ils méritaffent les éloges emphatiques que les Réformés en faifoient, il confulta l'auteur, moins pour l'avantage de s'inftruire, que pour le plaifir de l'embarraffer. Il envoya de Lyon *trois Queftion* à *Calvin*. Elle rouloient fur la *Divinité de J. C.*, fur la *Régénération*, & fur la *Néceffité du Baptême*. Ce théologien lui répondit d'une manière affez honnête. *Servet* réfuta fa réponfe avec beaucoup de hauteur. *Calvin* repliqua avec vivacité. De la difpute il paffa aux injures, & des injures à cette haine polémique, la plus implacable de toutes les haines. Il eut, par trahifon, les feuilles d'un ouvrage que *Servet* faifoit imprimer fecrettement. Il les envoya à Vienne avec les lettres qu'il avoit reçues de lui, & fon adverfaire fut arrêté. *Servet* s'étant échappé peu de tems après de la prifon, fe fauva à Genève, où *Calvin* fit procéder con-

tre lui avec toute la rigueur poffible. A force de preffer les juges, d'employer le crédit de ceux qu'il dirigeoit, de crier & de faire crier que *Dieu demandoit le fupplice de cet Antitrinitaire*, il le fit brûler vif, en 1553, à 44 ans. « Comment les » magiftrats de Genève, (dit l'auteur du *Dictionnaire des Héréfies*,) » qui ne reconnoiffoient point de » juge infaillible du fens de l'E- » criture, pouvoient-ils condam- » ner au feu *Servet*, parce qu'il y » trouvoit un fens différent de » *Calvin* ? Dès que chaque parti- » culier eft maître d'expliquer » l'Ecriture comme il lui plaît, » fans recourir à l'Eglife, c'eft » une grande injuftice de con- » damner un homme qui ne veut » pas déférer au jugement d'un » enthoufiafte, qui peut fe trom- » per comme lui. » Cependant *Calvin* ofa faire l'apologie de fa conduite envers *Servet*. Il entreprit de prouver qu'il falloit faire mourir les Hérétiques. Cet ouvrage traduit par *Colladon*, l'un des juges de l'infortuné Aragonois (Genève 1560, in-8°.) a fourni aux Catholiques un argument invincible *ad hominem* contre les Proteftans, lorfque ceux-ci leur ont reproché de faire mourir les Calviniftes en France. Les miniftres équitables de la Réforme ont abandonné aujourd'hui la doctrine meurtriére de leur Apôtre. *Servet* a compofé plufieurs ouvrages contre le myftére de la Trinité; mais fes livres ayant été brûlés à Genève & ailleurs, ils font devenus fort rares. On trouve fur-tout très-difficilement l'ouvrage publié in-8°. en 1531, fous ce titre: *De Trinitatis erroribus Libri feptem, per* Michaëlem Servet, *aliàs* Revès, *ab Aragonia Hifpanum*. Le lieu de l'édition n'eft point marqué. Ce volume, qui eft

Imprimé en caractéres italiques, fut suivi de deux autres Traités sous ce titre : *Dialogorum de Trinitate Libri duo*, 1532, in-8°. *De justitia regni* CHRISTI *Capitula quatuor*, *per* Michaëlem Servetum, *aliàs* Revès *ab Aragonia Hispanum*, *anno* 1532, in-8°. Dans l'avertissement qu'il a mis au-devant de ses Dialogues, il rétracte ce qu'il a écrit dans ses VII livres de la Trinité. Ce n'est pas qu'il eût changé de sentiment, car il le confirme de nouveau dans ses Dialogues ; mais parce qu'ils étoient mal écrits, & qu'il s'y étoit expliqué d'une manière barbare. *Servet* paroit dans tous ses livres un pédant opiniâtre, qui fut la victime de ses folies & la dupe d'un théologien cruel. On a encore de lui : I. Une *Edition* de la Version de la Bible de *Santès-Pagnin*, avec une *Préface* & des *Scholies*, sous le nom de *Michaël Villanovanus*. Cette Bible, imprimée à Lyon en 1542, in-fol., fut supprimée, parce qu'elle est marquée au coin de ses autres ouvrages. On y voit un homme qui a des idées confuses sur les matières qu'il traite. Un passage de la description de la Judée, qui se trouvoit dans la 1ʳᵉ édition à la tête de la XIIᵉ Carte, forma un chef d'accusation contre lui, dans le procès qui lui fut intenté à Genève. Il tâche d'infirmer tout ce que l'Ecriture a dit sur la fertilité de la Palestine. Cette Bible est rare. II. *Christianismi restitutio*, à Vienne, 1553, in-8°. Cet ouvrage rempli d'erreurs sur la Trinité, & dont on ne connoît qu'un exemplaire unique, actuellement dans la bibliothèque de M. le duc de la *Valliére*, renferme les trois *Traités* publiés en 1531 & 1532, avec quelques *Traités* nouveaux. III. Sa propre *Apologie* en latin, contre les médecins de

Paris ; qui fut supprimée avec tant d'exactitude, qu'on n'en trouve plus d'exemplaire. *Postel*, aussi fanatique que lui, a fait son apologie, dans un livre singulier & peu commun, qui a resté manuscrit, sous ce titre : *Apologia pro Serveto ; de Anima Mundi*, &c. IV. *Ratio Syruporum*, Paris, 1537, in-8°. *Servet* n'étoit pas sans mérite, considéré comme médecin. Il remarque dans un des Traités de sa *Christianismi Restitutio*, que toute la masse du sang passe par les poumons, par le moyen de la veine & de l'artère pulmonaires. Cette observation fut le premier pas vers la découverte de la circulation du sang, que quelques auteurs lui ont attribuée ; mais cette vérité, confusément connue par *Servet*, ne fut bien développée que par l'illustre *Harvée* : Voyez ce mot, n° I... *Mosheim* a écrit en latin l'*Histoire* de ses délires & de ses malheurs, in-4°, Helmstad 1728 ; elle se fait lire avec plaisir, par les détails curieux qu'elle renferme.

SERVIEN, (Abel) ministre & secrétaire d'état, surintendant des finances, & l'un des Quarante de l'académie Françoise, d'une ancienne maison du Dauphiné, fut employé dans des affaires importantes, qui lui méritérent la premiére présidence au parlement de Bordeaux. Il alloit exercer cet emploi, lorsque le roi le retint pour lui confier une place de secrétaire-d'état. Sa capacité & sa prudence le firent nommer ambassadeur extraordinaire, avec le maréchal de *Thoiras*, qui alloit négocier la paix en Italie. Dès qu'elle fut conclue, il revint exercer sa charge ; mais le cardinal de *Richelieu* cherchant à la lui enlever ; il la remit entre les mains du roi même en 1636. Retiré en

Anjou, il vécut en philofophe jufqu'en 1643, qu'il fut rappellé par la reine-régente. Cette princeffe l'envoya à Munfter en qualité de plénipotentiaire, & il eut la gloire de conclure la paix avec l'Empire à des conditions glorieufes pour la France. Le roi reconnut un fi grand fervice, par la charge de furintendant des finances. Ce miniftre mourut à Meudon en 1659, à 65 ans. On a de lui des *Lettres*, imprimées avec celles du comte d'*Avaux*, en 1650, à Cologne, in-8°.

SERVIERE, *Voyez* GROSLIER.

SERVIN, (Louis) avocat-général au parlement de Paris, & confeiller-d'état, fe fit connoître de bonne heure par fes talens & par fon zèle patriotique. *Henri III, Henri IV* & *Louis XIII* eurent en lui un ferviteur actif & fidèle. Il mourut aux pieds de ce dernier prince, en 1626, en lui faifant des remontrances, au parlement où il tenoit fon lit de juftice, au fujet de quelques édits burfaux. C'étoit un magiftrat équitable, bon parent, bon ami, excellent citoyen, & un des hommes de France le plus digne de fon emploi. On recueillit à Paris, 1640, in-fol., fes *Plaidoyers* & fes *Harangues*, qui font remplis d'érudition ; mais il y en a beaucoup trop. On y trouve digreffions fur digreffions, & une foule de citations inutiles. C'étoit le goût de l'éloquence de fon tems.

I. SERVIUS-TULLIUS, VI.e roi des Romains, étoit fils d'*Ocrifia*, efclave, qui fortoit d'une bonne famille de *Corniculum* au pays Latin. Ses talens donnèrent de bonne heure des efpérances, qui ne furent pas trompeufes. Il devint gendre de *Tarquin l'Ancien*, dans le palais duquel il avoit été élevé. Après la

mort de fon beau-pere, il monta fur le trône, l'an 577 avant J. C. Le noùveau monarque fe fignala comme guerrier & comme légiflateur. Il vainquit les Véiens & les Tofcans, inftitua le dénombrement des Romains, dont le nombre fe trouva alors de 84000, établit la diftinction des rangs & des centuries entre les citoyens, régla la milice, & augmenta l'enceinte de la ville de Rome, en y renfermant les Monts Quirinal, Viminal & Efquilin. Il fit bâtir un temple de *Diane* fur le Mont Aventin, & donna fa fille *Tullia* en mariage à *Tarquin* le Superbe, qui devoit lui fuccéder. Ce prince, impatient de régner, fit affaffiner *Servius-Tullius*, l'an 533 avant J. C. & monta fur le trône. *Tullia*, loin d'être touchée d'un attentat fi horrible, fit paffer fon char fur le corps de fon pere, encore fanglant & étendu au milieu de la rue : c'étoit la rue Cyprienne, qui porta depuis le nom de rue Scélérate. *Servius* fut d'autant plus regretté, qu'il avoit toutes les parties d'un grand prince. Il fut le premier des rois de Rome qui fit marquer la monnoie à un certain coin. Elle porta d'abord l'image d'une brebis, d'où vint, dit-on, (*à pecude*) le mot de *pecunia*.

II. SERVIUS, (*Honoratus-Maurus*) grammairien Latin du IV.e fiécle, laiffa de favans *Commentaires* fur *Virgile*, imprimés, dans le *Virgile* d'*Etienne* 1532, in-fol. Les Commentateurs modernes y ont beaucoup puifé. Quelques favans prétendent que nous n'en avons plus que des extraits.

SERY, (Jacques-Hyacinthe) fils d'un médecin de Toulon, entra fort jeune dans l'ordre de St Dominique, & devint un des plus célèbres théologiens de fon tems.

Après

Après avoir achevé ses études à Paris, où il reçut le bonnet de docteur en 1697, il alla à Rome & enseigna la théologie au cardinal *Altieri*. Il devint consulteur de la congrégation de l'*Index*, & professeur de théologie dans l'université de Padoue, où il mourut en 1738, à 79 ans. Ses principaux ouvrages sont : I. Une grande *Histoire* des Congrégations *de Auxiliis*, dont la plus ample édition est celle de 1709, in-fol. à Anvers. *On peut appeller son livre un ROMAN THEOLOGIQUE, tant il y a de fausetés, de calomnies & de mensonges débités avec une audace incroyable* : dit l'auteur du Dictionnaire des livres Janséniftes ; mais tout le monde n'en a pas pensé comme lui. Ce fut le P. *Quesnel* qui revit le manuscrit, & qui se chargea d'en diriger l'édition. II. Une Dissertation intitulée : *Divus Augustinus, summus Prædeftinationis & Gratiæ Doctor, à calumniâ vindicatus*, contre *Launoy* ; Cologne 1704, in-12. III. *Schola Thomiftica vindicata*, contre le Pere *Daniel*, Jésuite ; Cologne 1706, in-8°. IV. Un Traité intitulé : *Divus Auguftinus Divo Thomæ conciliatus*, dont la plus ample édition est celle de 1724, à Padoue, in-12. V. Un *Traité* en faveur de l'infaillibilité du Pape, publié aussi à Padoue en 1732, in-8°. fous ce titre : *De Romano Pontifice*. Il soutenoit une opinion qu'il n'adoptoit pas, & qu'il vouloit faire adopter. VI. *Theologia supplex*, Cologne 1736, in-12 ; traduite en françois 1756, in-12. Cet ouvrage concerne la Conftitution *Unigenitus*. VII. *Exercitationes hiftoricæ, criticæ, polemicæ, de Chrifto ejufque Virgine Matre*, Venetiis, 1719, in-4°.

. SESACH, roi d'Egypte, donna retraite dans ses états à *Jeroboam*

Tome VI.

qui fuyoit devant *Salomon*. Ce prince fit ensuite la guerre à *Roboam*, & étant entré en Judée avec une armée formidable, prit en peu de tems toutes les places de défense, & s'avança vers Jérusalem, où *Roboam* s'étoit renfermé avec les principaux de sa cour. Le roi d'Egypte s'empara de cette ville, d'où il se retira, après avoir pillé les tréfors du Temple & ceux du Palais du roi ; il emporta tout, jusqu'aux boucliers d'or que *Salomon* avoit fait faire.

SESOSTRIS, roi d'Egypte, vivoit quelques siécles avant la guerre de Troie. Son pere ayant conçu le deffein d'en faire un conquérant, fit amener à la cour tous les enfans qui naquirent le même jour. On les éleva avec le même soin que son fils. Ils furent surtout accoutumés, dès l'âge le plus tendre, à une vie dure & laborieuse. Ces enfans devinrent de bons miniftres & d'excellens officiers ; ils accompagnérent *Sesoftris* dans toutes ses campagnes. Ce jeune prince fit son apprentiffage dans une guerre contre les Arabes, & cette nation, jufqu'alors indomptable, fut subjuguée. Bientôt il attaqua la Libye, & soumit la plus grande partie de cette vafte région. *Sesoftris* ayant perdu son pere, ofa prétendre à la conquête du monde. Avant que de sortir de son royaume, il le divisa en 36 gouvernemens, qu'il confia à des perfonnes dont il connoiffoit le mérite & la fidélité. L'Ethiopie, fituée au midi de l'Egypte, fut la première victime de son ambition. Les villes placées sur le bord de la mer Rouge, & toutes les ifles, furent soumifes par son armée de terre. Il parcourt & subjugue l'Afie avec une rapidité étonnante ; il pénètre dans

X

les Indes plus loin qu'*Hercule* & que *Bacchus*, plus loin même que ne fit depuis *Alexandre*. Les Scythes, jufqu'au Tanaïs, l'Arménie & la Cappadoce, reçoivent fa loi. Il laiffe une colonie dans la Colchide; mais la difficulté des vivres l'arrêtà dans la Thrace, & l'empêcha de pénétrer plus avant dans l'Europe. De retour dans fes états, il eut à fouffrir de l'ambition d'*Armaïs*, régent du royaume pendant fon abfence; ce roi tira vengeance de ce miniftre infolent. Tranquille alors dans le fein de la paix & de l'abondance, il s'occupa à des travaux dignes de fon loifir. Cent temples fameux furent les premiers monumens qu'il érigea en actions de graces aux Dieux. On conftruifit dans toute l'Egypte un nombre confidérable de hautes levées, fur lefquelles il bâtit des villes pour fervir d'afyle durant les inondations du Nil. Il fit auffi creufer des deux côtés du fleuve, depuis Memphis jufqu'à la Mer, des canaux pour faciliter le commerce, & établir une communication aifée entre les villes les plus éloignées. Enfin devenu vieux, il fe donna lui-même la mort. Ce roi fut grand par fes vertus & par fes vices. On lifoit dans pluf. pays cette infcription faftueufe gravée fur des colonnes: *SESOSTRIS, le Roi des Rois, & le Seigneur des Seigneurs, a conquis ce pays par fes armes*. Il prenoit fouvent le plaifir barbare de faire atteler à fon char les rois & chefs de nations vaincues. Au refte le tems où l'on place *Sefoftris* eft fi éloigné de nous, qu'il eft prudent de ne rien affûrer & de ne rien croire légérement fur les établiffemens & les conquêtes de ce monarque.

SESSA, *ou* SHEHSA, philofophe Indien, paffe pour le premier inventeur des échecs. Voici ce qui donna lieu à la découverte de ce jeu ingénieux & favant. *Ardfchir*, roi des Perfes, ayant imaginé le jeu de trictrac, s'en glorifioit. *Scheram*, roi des Indes, fut jaloux de cette gloire: il chercha quelque invention qui pût équivaloir à celle-là. Pour complaire au roi, tous les Indiens s'étudiérent à quelque nouveau jeu. *Seffa* l'un d'eux fut affez heureux pour inventer le jeu d'échecs. Il préfenta cette invention au roi fon maître, qui lui offrit pour récompenfe tout ce qu'il pourroit defirer. Toujours ingénieux dans fes idées, *Seffa* lui demanda feulement autant de grains de bled, qu'il y a de cafes dans l'échiquier, en doublant à chaque cafe; c'eft-à-dire, 64 fois. Le roi choqué méprifa une demande qui fembloit fi peu digne de fa magnificence. *Seffa* infifta, & le roi ordonna qu'on le fatisfit. On commença à compter les grains en doublant toujours; mais on n'étoit pas encore au quart du nombre des cafes, qu'on fut étonné de la prodigieufe quantité de bled qu'on avoit déja. En continuant la progreffion, le nombre devint immenfe, & on reconnut que, quelque puiffant que fût le roi, il n'avoit pas affez de bled dans fes états pour la finir. Les miniftres allèrent en rendre compte à ce monarque, qui ne pouvoit le croire. On lui expliqua la chofe, & le prince avoua qu'il fe reconnoiffoit infolvable. On croit que *Seffa* vivoit au commencement du XIᵉ fiécle.

SETH, 3ᵉ fils d'*Adam* & d'*Eve*, naquit l'an 3874 avant J. C. Il eut pour fils *Enos*, a l'âge de 105 ans, & vécut en tout 912 ans. On a débité bien des fables fur ce faint patriarche. *Jofephe* parle fur-tout de ses enfans, qui se diftinguérent dans la science de l'Aftrologie, & qui gravèrent fur deux colonnes, l'une de brique & l'autre de pierre, ce qu'ils avoient acquis de connoiffances en ce genre, afin de le dérober à la fureur du Déluge qu'ils prévoyoient. Mais tout ce qu'il débite n'eft point appuyé fur l'Ecriture. Il y a eu des hérétiques nommés *Séthéens*, qui prétendoient que *Seth* étoit le *Chrift*, & que ce patriarche, après avoir été enlevé du monde, avoit paru de nouveau d'une manière miraculeufe fous le nom de J. C.

I. SEVERA, (*Julia-Aquilia*) 2ᵉ femme d'*Héliogabale*, étoit une Veftale, qu'il époufa malgré les loix de la religion Romaine. Son pere fe nommoit *Quintus-Aquilius Sabinus*, qui avoit été 2 fois conful. Quoique *Severa* fût d'une figure touchante & pleine de graces, elle ne put fixer le cœur inconftant de fon époux. Il la renvoya à fa famille, & ayant éprouvé de nouveaux dégoûts avec d'autres femmes, il la reprit & la garda jufqu'à fa mort, arrivée l'an 222 de l'ère Chrétienne.

II. SEVERA, (*Valeria*) 1ʳᵉ femme de *Valentinien*, & mere de *Gratien*, fe déshonora par fon avarice. Elle mit à prix toutes les graces de la cour. *Valentinien* inftruit de fes exactions la répudia, & fe remaria. L'exil de *Severa* dura jufqu'à la mort de ce prince. *Gratien* fon fils la rappella à la cour, & la rétablit dans les honneurs de fon premier rang : il fe fit un devoir de la confulter ; & comme elle avoit de l'efprit & un jugement fain, fes avis lui furent falutaires. C'étoit d'après fon confeil que *Valentinien*, au lieu de commencer par donner à *Gratien* la qualité de Céfar ; fuivant l'ufage obfervé par fes prédéceffeurs, l'avoit fait reconnoitre empereur, dès qu'il eut paffé par d'autres dignités. Ainfi l'empire fut affûré à *Gratien*, qui le méritoit d'ailleurs par fes talens & fes vertus.

I. SEVERE, (*Lucius-Septimius*) empereur Romain, naquit à Leptis en Afrique, l'an 149 de J. C. d'une famille illuftre. Il y eut peu de grandes charges chez les Romains qu'il n'exerçât, avant que de parvenir au comble des honneurs : car il avoit été quefteur, tribun, proconful & conful. Il s'étoit acquis une grande réputation à la guerre, & perfonne ne lui conteftoit la valeur & la capacité. On remarquoit en lui un efprit étendu, propre aux affaires, entreprenant, & porté aux grandes chofes. Il étoit habile & adroit, vif, laborieux, vigilant, hardi, courageux & plein de confiance. Il voyoit d'un coup-d'œil ce qu'il falloit faire, & à l'inftant il l'exécutoit. On prétend qu'il a été le plus belliqueux de tous les empereurs Romains. A l'égard des fciences, *Dion* nous affûre qu'il avoit plus d'inclination pour elles, que de difpofition. Il étoit ferme & inébranlable dans fes entreprifes. Il prévoyoit tout, pénétroit tout, & fongeoit à tout. Ami généreux & conftant, ennemi dangereux & violent : au refte fourbe, diffimulé, menteur, perfide, parjure, avide, rapportant tout à lui-même, prompt, colére & cruel. Après la mort de *Pertinax*, *Didier-Julien*, fe fit proclamer empᵉʳ mais ce prince étant indigne du trône, *Sévère*, alors gouvérneur de l'Illyrie, fit révolter fes troupes, & le lui enleva l'an 193 de J. C. Arrivé à Rome, il fe défit de *Julien* & de *Niger* fes compétiteurs, fit mourir plufieurs féna-

X ij

teurs qui avoient fuivi leur parti, en relégua d'autres, & confif-
qua leurs biens. Il alla enfuite affiéger Byzance par mer & par terre ; & s'en étant rendu maître, il
la livra au pillage ; de-là il paffa
en Orient, en foumit la plus grande partie, & punit les peuples &
les villes qui avoient embraffé le
parti de *Niger*. Il fe propofoit d'attaquer les Parthes & les Arabes ;
mais il penfa que tant qu'*Albin*,
qui commandoit dans la Grande-
Bretagne, fubfifteroit, il ne feroit
pas le maître abfolu de Rome. Il
le déclara donc ennemi de l'empire, marcha contre lui, & le rencontra près de Lyon. La victoire
fut long-tems indécife ; mais *Sévére* la remporta, l'an 197 de J. C.
Sévére vint voir le corps de fon
ennemi, & le fit fouler aux pieds
par fon cheval. Il ordonna qu'on
le laiffât devant la porte, jufqu'à
ce qu'il fût corrompu & que les
chiens l'euffent déchiré par morceaux, & fit jetter ce qui en reftoit dans le Rhône. Il envoya fa
tête à Rome, & piqué contre les
fénateurs ; qui dans un fénatus-
confulte avoient parlé d'*Albin* en
bien, il leur écrivit en ces termes : *Je vous envoie cette tête, pour
vous faire connoître que je fuis irrité
contre vous, & jufqu'où peut aller ma
colére*. Peu après il fit mourir la
femme & les enfans d'*Albin*, &
fit jetter leurs cadavres dans le
Tibre. Il lut les papiers de cet infortuné, & fit périr tous ceux qui
avoient embraffé fon parti. Les premiéres perfonnes de Rome & quantité de dames de diftinction furent
enveloppées dans ce maffacre. Il
marcha enfuite contre les Parthes,
prit Séleucie & Babylone, & alla
droit à Ctefiphon, qu'il prit vers
la fin de l'automne, après un fiége
très-long & très-pénible. Il livra

cette ville au pillage, fit tuer tous
les hommes qu'on y trouva, &
emmena prifonniers les femmes &
les enfans. Il fe fit donner, pour
cette victoire, le nom de *Parthi-
que*. Le barbare vainqueur marcha
alors vers l'Arabie & la Paleftine,
& pardonna à ce qui reftoit de
partifans de *Niger*. Une violente
perfécution contre les Juifs & contre les Chrétiens étoit allumée. Il
ordonna de profcrire ceux qui em-
brafferoient ces deux religions,
& le feu de la perfécution n'en
fut que plus vif. Il paffa enfuite
en Egypte, vifita le tombeau du
grand *Pompée*, accorda un fénat à
ceux d'Alexandrie, fe fit inftruire
de toutes les religions du pays,
fit ôter tous les livres qui étoient
dans les Temples, & les fit mettre dans le tombeau du grand *Alexandre*, qui fut fermé pour que
perfonne ne vit dans la fuite, ni
le corps de ce héros, ni ce que
contenoient ces livres. Les peuples ayant de nouveau pris les
armes en Bretagne l'an 208, *Sévére* y vola pour les réduire. Après
les avoir domptés, il y fit bâtir
en 210 un grand mur, qui alloit
d'un bout de l'Océan à l'autre,
dont il refte encore, dit-on, des
veftiges. Cependant il tomba malade au milieu de fes conquêtes.
Les uns attribuèrent cette maladie
aux fatigues qu'il avoit effuyées ;
les autres, au chagrin que lui avoit
caufé fon fils aîné *Caracalla*, qui
étant à cheval derrière lui, avoit
voulu le tuer d'un coup d'épée.
Ceux qui les accompagnoient,
voyant *Caracalla* lever le bras pour
frapper *Sévére*, pouffèrent un cri,
qui l'effraya & l'empêcha de porter le coup. *Sévére* fe retourna,
vit l'épée nue entre les mains de
fon fils parricide, & s'apperçut de
fon deffein ; mais il ne dit rien,

& finit ce qu'il avoit à faire. Lorfqu'il fut rentré à la maifon où il
logeoit, il fit venir *Caracalla* dans
fa chambre, & lui dit, en lui préfentant une épée : *Si vous voulez
me tuer, exécutez votre deffein à préfent que vous ne ferez vu de perfonne.* Les légions ayant proclamé fon
fils peu de tems après, il fit trancher la tête aux principaux rebelles, excepté à fon fils ; enfuite
portant la main à fon front, &
regardant *Caracalla* d'un air impérieux : *Apprenez*, lui dit-il, *que
c'eft la tête qui gouverne, & non pas
les pieds.* Comme fa mort approchoit, il s'écria : *J'ai été tout ce
qu'un homme peut être ; mais que me
fervent aujourd'hui ces honneurs ?* Les
douleurs de la goutte augmentant,
fa fermeté ordinaire l'abandonna.
Aurelius-Victor rapporte, qu'après
avoir vainement demandé du poifon, il mangea exprès fi avidement des mets indigeftes, qu'il en
mourut à Yorck l'an 211, à 66
ans. Ce prince avoit d'excellentes
qualités & de grands défauts, qui
tour-à-tour lui firent faire ou de
belles actions, ou des crimes horribles. Ce mélange extraordinaire
a donné lieu de dire de lui, par
une application affez impropre,
ce qu'on avoit dit autrefois d'*Augufte*, qu'*il eût été plus avantageux,
ou qu'il ne fût point né, ou qu'il ne
fût point mort.* Il aima & protégea
les gens-de-lettres, & écrivit lui-
même l'Hiftoire de fa vie, dont
il ne nous refte rien. Ce fiécle
étoit fi déréglé, que, fous le feul
règne de cet empereur, on fit le
procès à 3000 perfonnes accufées
d'adultère.

II. SEVERE II, (*Flavius-Vale-
rius Severus*) d'une famille inconnue de l'Illyrie, étoit un homme
adonné au vin & aux femmes ; il
fe fit aimer de *Galére-Maximien*, qui

avoit du goût pour les ivrognes.
Ce vice infâme fut la fource de
fon élévation : tant la fortune eft
bizarre ! *Maximien-Hercule* le nomma Céfar en 305, à la follicitation de *Galére. Maxence* ayant pris
le titre d'empereur à Rome en
307, *Sévére* marcha contre lui &
ayant été abandonné d'une partie
des fiens, il fut obligé de fe renfermer dans Ravenne. *Maximien-
Hercule*, qui après avoir abdiqué
l'empire l'avoit repris, vint l'y
affiéger. *Sévére* fe rendit à lui, ef-
pérant qu'on lui conferveroit la
vie ; mais le barbare vainqueur lui
fit ouvrir fes veines en Avril 307.
Il laiffa un fils, que *Licinius* fit
mourir.

III. SEVERE III, (*Libius-Seve-
rus*) d'une famille de Lucanie, fut
falué empereur d'Occident dans
Ravenne après la mort de *Majorien* en Novembre 461. Le fénat
approuva cette élection, avant que
d'avoir eu le confentement de
Léon, empereur d'Orient. Mais le
nouveau Céfar n'eut le tems de
rien entreprendre. Le général *Ricimer*, qui pour régner fous fon
nom lui avoit fait donner la couronne, le fit (dit-on) empoifonner. *Sévére* ne fut qu'un fantôme,
qui viola la juftice & les loix, &
qui fe plongea dans la molleffe,
tandis que *Ricimer* avoit réellement
l'autorité fuprême.

IV. SEVERE - ALEXANDRE,
emper. Rom. *Voy.* VI. ALEXANDRE.

V. SEVERE, (*Lucius-Cornelius*)
poëte Latin, fous le règne d'*Augufte*, l'an 24 avant J. C., fut diftingué de la foule des poëtes médiocres. Il a paru en 1715, à Amfterdam, in-12, une belle édition
de ce qui nous refte de ce poëte.
Elle avoit été précédée par une
autre in-8°, en 1703.

SEVERE, *Voy.* SULPICE-SEVERE.

X iij

I. SEVERIN, (St) abbé & apôtre de Bavière & d'Autriche, prêcha l'Evangile en Pannonie dans le vᵉ siécle, & mourut le 8 Janvier 482, après avoir édifié & éclairé les peuples barbares.

II. SEVERIN, (St) de Château-Landon dans le Gatinois, & abbé d'Agaune, avoit le don des miracles. Le roi *Clovis* étant tombé malade en 504, le fit venir à Paris, afin qu'il lui procurât la guérison. Le Saint l'ayant obtenue du ciel, le prince lui donna de l'argent pour diſtribuer aux pauvres, & lui accorda la grace de pluſieurs criminels. St *Séverin* mourut ſur la montagne de Château-Landon, le 11 Février 507... Il ne faut pas le confondre avec un autre Sᴛ Sᴇᴠᴇʀɪɴ, ſolitaire & prêtre de St Cloud.

III. SEVERIN, Romain, élu pape après *Honorius I*, au mois de Mai 640, ne tint le ſiége que 2 mois, étant mort le 1ᵉʳ Août de la même année. Il ſe fit eſtimer par ſa vertu, ſa douceur & ſon amour pour les pauvres.

SEVERINE, (*Ulpia Severina*) femme de l'empereur *Aurélien*, étoit fille d'*Ulpius Crinitus*, grand capitaine qui deſcendoit de *Trajan*, dont il avoit la figure, la valeur & les talens. Sa fille avoit comme lui les inclinations guerrières. Elle ſuivit *Aurélien* dans ſes expéditions, & s'acquit le cœur des ſoldats par ſes bienfaits. Quoiqu'elle fût d'une vertu à toute épreuve, ſon époux, naturellement porté à la jalouſie, eut toujours les yeux ouverts ſur ſa conduite. Il exigeoit d'elle qu'elle eût ſoin de ſa maiſon comme une bourgeoiſe, & ne voulut jamais lui permettre les robes de ſoie. *Séverine* ſurvécut à *Aurélien*, dont elle eut une fille qui fut mere

de *Sévérien*, ſénateur diſtingué ſous le règne de *Conſtantin*.

SEVI, *Voyez* Zᴀʙᴀᴛʜᴀɪ.

I. SEVIGNÉ, (Marie de Rabutin, dame de Chantal & marquiſe de) fille de *Celſe-Benigne* de *Rabutin*, baron de Chantal, Bourbilly, &c. chef de la branche aînée de *Rabutin*, & de *Marie* de *Coulanges*, naquit en 1626. Elle perdit ſon pere l'année ſuivante, à la deſcente des Anglois dans l'iſle de Rhé, où il commandoit l'eſcadre des gentilshommes volontaires. Les graces de ſon eſprit & de ſa figure la firent rechercher par ce qu'il y avoit alors de plus aimable & de plus illuſtre. Elle épouſa en 1644 *Henri*, marquis de *Sevigné*, qui fut tué en duel, l'an 1651, par le chevalier d'*Albret*, & elle en eut un fils & une fille. La tendreſſe qu'elle porta à ſes deux enfans, lui fit ſacrifier à leur intérêt les partis les plus avantageux. Sa fille ayant été mariée en 1669 au comte de *Grignan*, commandant en Provence, qui emmena ſon épouſe avec lui, elle ſe conſola de ſon abſence par de fréquentes Lettres. On n'a jamais aimé une fille autant que Madᵉ de *Sevigné* aimoit la ſienne. Toutes ſes penſées ne rouloient que ſur les moyens de la revoir, tantôt à Paris, où Madᵉ de *Grignan* venoit la trouver; & tantôt en Provence, où elle alloit chercher ſa fille. Cette mere ſi ſenſible fut la victime de ſa tendreſſe. Dans ſon dernier voyage à Grignan, elle ſe donna tant de ſoins, pendant une longue maladie de ſa fille, qu'elle en contraƈta une fièvre continue qui l'emporta le 14 Janvier 1696. Madᵉ de *Sevigné* eſt principalement connue par ſes *Lettres*; elles ont un caraƈtére ſi original, qu'aucun ouvrage de cette eſpèce ne peut lui être comparé. Ce font des traits fins & délicats, formés par une imagination vive, qui peint tout, qui anime tout. Elle y met tant de ce beau naturel, qui ne fe trouve qu'avec le vrai, qu'on fe fent affecté des mêmes fentimens qu'elle. On partage fa joie & fa triftefe, on foufcrit à fes louanges & à fes cenfures. On n'a jamais raconté des riens avec tant de graces. Tous fes récits font des tableaux de l'*Albane* ; enfin Mad^e de *Sevigné* eft dans fon genre, ce que *la Fontaine* eft dans le fien, le modèle & le défefpoir de ceux qui fuivent la même carriére. La meilleure édition de fes *Lettres* eft celle de 1775, en 8 vol. in-12. On a auffi donné, féparément, un recueil de *Lettres* de la Marquife à M. de *Pomponne*. Il auroit été peut-être à fouhaiter que l'on fît un choix dans ces différens morceaux. Il eft difficile de foutenir la lecture de 8 volumes de Lettres, qui, quoiqu'écrites d'une maniére inimitable, offrent beaucoup de répétitions, & ne renferment que de petits faits. On donna en 1756, fous le titre de *Sevigniana*, un *Recueil des Penfées ingénieufes*, des *Anecdotes littéraires*, *hiftoriques & morales*, qui fe trouvent répandues dans ces Lettres. Ce recueil, fait fans choix & fans ordre, eft femé de notes, dont quelques-unes font fort fatyriques.

II. SÉVIGNÉ, (Charles marquis de) fils de la précédente, hérita de l'efprit & des graces de fa mere. Il fut un des amans de la célèbre *Ninon de Lenclos*. Dégoûté de l'amour, il fe livra aux lettres, & eut une difpute avec *Dacier* fur le vrai fens d'un paffage d'*Horace*. Il n'avoit pas raifon pour le fond, mais il l'eut pour la forme. Il publia trois *Factums*, où, fans faire

parade d'une pefante érudition, il montre beaucoup de délicateffe. Il fe défend avec la politeffe & la légèreté d'un homme du monde & d'un bel-efprit, tandis que fon adverfaire ne combat qu'avec les armes lourdes de l'érudition. Il mourut en 1713.

III. SEVIGNÉ, (Françoife-Marguerite de) *Voyez* GRIGNAN.

SEVIN, (François) né dans le diocèfe de Sens, parvint par fon mérite aux places de membre de l'académie des belles-lettres, & de garde des manufcrits de la bibliothèque du roi. Son efprit, fon érudition & fon zèle pour le progrès des fciences, lui firent des amis illuftres. Il entreprit avec l'abbé *Fourmont*, en 1728, par ordre de *Louis XV*, un voyage à Conftantinople, pour y rechercher des manufcrits. Il en rapporta environ 600. On a de lui une *Differtation* curieufe fur *Menès* ou *Mercure*, premier roi d'Egypte, in-12 ; & plufieurs Ecrits dans les *Mémoires* de l'Académie des Infcript. ; qui le perdit en 1741.

SEVOY, (François-Hyacinthe) natif de Jugon en Bretagne, entra l'an 1730 dans la congrégation des Eudiftes, à l'âge de 23 ans ; & s'y diftingua par une grande application à l'étude. Après avoir profeffé avec fuccès la philofophie & la théologie dans plufieurs maifons de fa congrégation, on le chargea de la conduite du féminaire de Blois, qu'il gouverna quelque tems. Mais ce genre d'occupation ne s'accommodoit pas avec fon goût, il obtint d'être difpenfé de toutes fortes d'emplois, & préféra l'état de fimple particulier pour fe confacrer entiérement à l'étude. Son travail n'a pas été infructueux au public. Nous devons à fes veilles un ouvrage intitulé : *Devoirs*

X iv

Eccléfiaftiques, Paris, 4 vol. in-12. C'eft le réfultat des conférences & des inftructions qu'il donnoit de tems en tems aux jeunes eccléfiaftiques. Le 1er vol. 1760, eft une Introduction au facerdoce : les 2e & 3e vol. 1762, contiennent une Retraite pour les prêtres ; le 4e traite des vices que les miniftres doivent éviter, & des vertus qu'ils doivent pratiquer. Ce dernier ne parut qu'après la mort de l'auteur, arrivée le 11 Juin 1765 au féminaire de Rennes. En général les matières y font traitées d'une manière nouvelle, avec exactitude & folidité. Le ftyle en eft concis, nerveux &plein de chaleur.

SEXTUS-EMPYRICUS, philofophe Pyrrhonien, fous l'empire d'*Antonin le Débonnaire*, étoit médecin de la fecte des Empyriques. On dit qu'il avoit été l'un des précepteurs d'*Antonin* le *Philofophe*. Il nous refte de lui des *Inftitutions Pyrrhoniennes*, en 3 livres, traduites en françois par *Huart*, 1725, in-12 ; & un grand ouvrage *contre les Mathématiciens*, &c. La meilleure édition de *Sextus-Empyricus*, eft celle de *Fabricius*, en grec & en latin, in-fol., Leipfick, 1718. Ses ouvrages offrent beaucoup d'idées finguliéres ; mais on y trouve des chofes curieufes & intéreffantes.

SEYMOUR, (Anne, Marguerite & Jeanne) trois fœurs illuftres, étoient filles d'*Edouard Seymour*, protecteur du royaume d'Angleterre fous le Roi *Edouard VI*, & duc de Sommerfet, &c. qui eut la tête tranchée en 1552 ; & nièces de *Jeanne Seymour*, époufe du roi *Henri VIII*, laquelle perdit la vie en la donnant au prince nommé depuis *Edouard VI*. La poéfie fut un de leurs talens ; elles enfantérent 104 *Diftiques* latins fur la mort de la reine de Navarre, *Marguerite* de *Valois*, fœur de *François I*. Ils furent traduits en françois, en grec, en italien, & imprimés à Paris en 1551, in-8°, fous le titre de : *Tombeau de* MARGUERITE *de Valois*, *Reine de Navarre*. Il y en a quelques-uns d'heureux ; mais en général ils font très foibles.

SEYSSEL, (Claude, de) natif d'Aix en Savoye, ou felon d'autres, de Seyffel, petite ville du Bugey, profeffa le droit à Turin avec un applaudiffement univerfel. Son favoir & fes intrigues lui obtinrent les places de maître-desrequêtes & de confeiller de *Louis XII*, roi de France, l'évêché de Marfeille en 1510, puis l'archevêché de Turin en 1517. Il publia un grand nombre d'ouvrages. Son *Hiftoire de Louis XII*, *Pere du Peuple*, in-4°, Paris 1615, n'eft qu'un panégyrique hiftorique. Il déprime tous les héros anciens & modernes pour élever le fien. On y trouve pourtant quelques anecdotes curieufes. On a encore de lui un Traité peu commun & affez fingulier, intitulé : *La Grande Monarchie de France*, 1519, in-8°, dans lequel il fait dépendre le roi du parlement. Ce prélat mourut en 1520.

I. SFONDRATI, (François) fénateur de Milan, & confeiller-d'état de l'empereur *Charles-Quint*, naquit à Cremone en 1494. Ce prince l'envoya à Sienne, déchirée par des divifions inteftines ; il s'y conduifit avec tant de prudence, qu'on lui donna le nom de *Pere de la Patrie*. Il embraffa l'état eccléfiaftique après la mort de fon époufe. Le pape *Paul III*, inftruit de fon mérite, l'éleva à l'évêché de Crémone & à la pourpre Romaine. Il mourut en 1550, à 56 ans. On a de lui un Poëme intitulé : L'*Enlévement d'Hélène*, imprimé à Venife en 1559. Il laiffa deux fils , *Paul* & *Nicolas*. Ce dernier, venu au monde par le moyen de l'opération céfarienne, obtint la tiare fous le nom de *Grégoire IV*. *Voyez* ce mot.

II. SFONDRATI, (Paul-Emile) neveu de *Grégoire IV*, né en 1561, mérita par fes vertus le chapeau de cardinal, & mourut à Rome en 1618.

III. SFONDRATI, (Céleftin) petit-neveu du précédent, entra dans l'ordre des Bénédictins, profeffa les faints Canons dans l'univerfité de Saltzbourg , & fut enfuite abbé de S. Gal. Son favoir & fa naiffance lui procurérent la pourpre Romaine en 1695. Il mourut à Rome , le 4 Septembre 1696 , âgé de 53 ans. Ce cardinal eft fort connu par plufieurs ouvrages contraires aux maximes de l'Eglife Gallicane ; tel eft le *Gallia vindicata*, qu'il compofa en 1687 contre les décifions de l'affemblée du Clergé de 1682, fur l'autorité du pape. En 1688 il en publia un autre contre les *Franchifes des quartiers des Ambaffadeurs à Rome*. C'étoit au fujet de l'ambaffade du marquis de *Lavardin*, & de fon différend avec le pape *Innocent XI*. Mais celui qui a fait le plus de bruit eft un ouvrage pofthume , intitulé : *Nodus Prædeftinationis diffolutus*, Rome , 1696, in-4°. On y trouve des opinions finguliéres fur la grace, fur le péché originel, & fur l'état des enfans morts avant le baptême. Le grand *Boffuet* & le cardinal de *Noailles* écrivirent à Rome, pour y faire condamner cet ouvrage ; mais le pape *Clément XI*, qui avoit eu pour maître le cardinal *Sfondrati* , ne voulut pas que fon livre fût cenfuré.

I. SFORCE, (Jacques) furnommé *le Grand*, eft la tige de l'illuftre maifon des *Sforces*, qui a joué un fi grand rôle en Italie, dans le xve & dans le xvie fiécles. Elle a eu 6 ducs de Milan, & s'eft alliée avec la plupart des fouverains de l'Europe. *Jacques Sforce* vit le jour en 1369, à Cotignola, petite ville de la Romagne , entre Imola & Faënza, d'un laboureur, ou felon *Commines*, d'un cordonnier. Une compagnie de foldats ayant paffé par Cotignola, il jetta le coûtre de fa charue & s'enrôla fur le champ. Il paffa par tous les dégrés de la difcipline militaire, & parvint jufqu'à commander 7000 hommes. Le héros Italien battit longtems pour *Jeanne II* reine de Naples, fut fait connétable de ce royaume , gonfalonier de la Sainte-Eglife, & créé comte de Cotignola par le pape *Jean XXIII*, en dédommagement d'14000 ducats que l'Eglife de Rome lui devoit. Ses exploits devinrent de jour en jour plus éclatans. Il obligea *Alfonfe*, roi d'Aragon , de lever le fiége de devant Naples, & reprit plufieurs places qui s'étoient révoltées dans l'Abruzze & le Labour. Mais en pourfuivant les ennemis, il fe noya au paffage de la rivière d'*Aterno* ; aujourd'hui *Pefcara* , en 1424, à 54 ans. Son vrai nom étoit *Giacomuzzo* ou *Jacques Attendulo*, qu'il changea en celui de *Sforza*. Les qualités héroïques qui le diftinguérent, ne l'empêchérent pas de fe livrer à l'amour. Il aima dans fa jeuneffe une demoifelle, nommée *Lucie Trezana*, qu'il maria après en avoir eu plufieurs enfans : entr'autres, *François Sforce*, dont il fera parlé dans l'article fuivant ; & *Alexandre Sforce*, feigneur de Pefaro. Il eut enfuite trois femmes : I. *Antoinette Salem-*

bini, qui lui apporta plusieurs belles terres , & dont il eut *Bofio* SFORCE , comte de Santa - Fior , gouverneur d'Orviette pour le pape *Martin V*, & bon guerrier, qui fut la tige des comtés de *Santa-Fior* qui subsistent encore. II. Il épousa en secondes nôces *Catherine Alopa* , sœur de *Rodolphe* grand-camerlingue du royaume de Naples; & en 3ᵉˢ *Marie Marzana*, fille de *Jacques* duc de *Seffa*. Il eut de celle-ci *Charles Sforce*, général de l'ordre des Augustins, & archev. de Milan.

II. SFORCE , (François) duc de Milan , & fils-naturel du précèdent, naquit en 1401. Elevé par son pere dans le métier des armes, il n'avoit que 23 ans, lorsqu'il défit en 1424 les troupes de *Braccio*, qui lui disputoit le passage d'*Aterno*. Son pere s'étant malheureusement noyé dans cette action, il succéda à tous ses biens, quoiqu'il fût illégitime. Il combattit avantageusement contre les Aragônois, contribua beaucoup à leur faire lever le siége de Naples, & à la victoire remportée le 6 Juin 1425, près d'Aquila, sur les troupes de *Braccio*, où ce général fut tué. Après la mort de la reine *Jeanne*, arrivée en 1435, il s'attacha à *René* duc d'Anjou, qu'elle avoit fait son héritier. Malgré les malheurs de ce prince, *François Sforce*, aussi habile politique que grand-général, sut se soutenir. Il se rendit maître de plusieurs places dans la Marche d'Ancone, d'où il fut chassé par le pape *Eugène IV*, qui le battit & l'excommunia. *Sforce* rétablit bientôt ses affaires par une victoire. La réputation de sa valeur étant au plus haut point, le pape, les Vénitiens & les Florentins l'élurent pour leur général dans la guerre contre le duc de Milan. Il avoit déja com-

mandé l'armée des Vénitiens contre ce prince, & il en avoit épousé la fille. C'étoit *Philippe - Marie Vifconti*. Ce duc étant mort en 1447, les Milanois appellérent *François Sforce*, son gendre, pour être leur général contre les Vénitiens. Mais après plusieurs belles actions en leur faveur, il tourna ses armes contre eux-mêmes, assiégea Milan, & les força en 1450 à le recevoir pour duc, malgré les droits de *Charles* duc d'*Orléans*, fils de *Valentine* de Milan. Le roi *Louis XI*, qui n'aimoit pas le duc d'*Orléans*, transporta en 1464 à *François Sforce* tous les droits que la France avoit sur Gênes, & lui donna Savone qu'il tenoit encore. *Sforce*, avec cet appui, se rendit maître de Gênes. Ce vaillant capitaine mourut en 1466, avec la réputation d'un homme qui vendoit son sang à qui le payoit le plus cher, & qui n'étoit pas scrupuleusement esclave de sa parole. Il avoit épousé en secondes nôces *Blanche-Marie*, fille - naturelle de *Philippe-Marie* duc de Milan. Il en eut : I. *Galeas-Marie* & *Ludovic-Marie*, ducs de Milan; (*Voyez* les articles suivans.) II. *Philippe-Marie*, comte de Pavie. III. *Sforce-Marie*, duc de Bari , qui épousa *Léonore* d'Aragon. IV. *Afcagne-Marie*, évêque de Pavie & de Crémone, & cardinal. V. *Hippolyte*, mariée à *Alphonse* d'Aragon, duc de Calabre, puis roi de Naples. VI. *Elizabeth*, mariée à *Guillaume* marquis de Montferrat. Il eut aussi plusieurs enfans-naturels : entr'autres *Sforce*, tige des comtes de *Burgo-Novo*; & *Jean-Marie*, archevêque de Gênes... *Jean Simoneta* a écrit l'*Histoire de François Sforce*, Milan 1479, in fol. : c'est plutôt un modèle pour les guerriers, que pour les citoyens justes & équitables.

III. SFORCE, (Galeas-Marie) né en 1444, fut envoyé en France au secours de *Louis XI*. Il succéda à *François Sforce* son pere dans le duché de Milan, en 1466 ; mais ses débauches & son extrême férocité le firent assassiner en 1476', dans une Eglise, au milieu de la multitude assemblée. De son mariage avec *Bonne*, fille de *Louis* duc de Savoie, il eut *Jean Galeas-Marie*, (*Voyez* l'article qui suit) ; & *Blanche-Marie*, femme de l'empereur *Maximilien*. Il eut aussi une fille-naturelle, qui est l'objet de l'article V. ci-après.

IV. SFORCE, (Jean-Galeas-Marie) fils du précédent, fut laissé sous la tutelle de sa mere & du secrét. d'état *Cecus Simoneta*. Mais *Ludovic-Marie* S F O R C E, son oncle, surnommé *le More*, obligea la duchesse de s'enfuir de Milan, & fit trancher la tête à *Simoneta* malgré son état de septuagénaire. S'étant emparé du gouvernement, il fit donner à son neveu un poison lent, dont il mourut à Pavie en 1494, peu de jours après l'entrée du roi *Charles VIII* en cette ville. Le crime de *Ludovic le More* ne demeura pas impuni. *Louis de la Tremouille*, s'étant rendu maître de sa personne, il fut amené en France, & *Louis XII* le fit enfermer à Loches où il mourut en 1510. *Jean-Galeas-Marie Sforce* avoit épousé *Isabelle* d'Aragon, fille d'*Alphonse* roi de Naples. Ses enfans furent : I. *François Sforce*, qui,pour être soustrait à la fureur de son grand-oncle, fut envoyé en France par la duchesse sa mere auprès du roi *Louis XII*, & qui mourut abbé de Marmoutier en 1511. II.*Bonne*, mariée à *Sigismond* roi de Pologne.

· *Ludovic-Marie* S F O R C E, surnommé *le More*, leur grand-oncle, avoit épousé *Béatrix* d'*Est*, fille d'*Hercule* marquis de Ferrare. De ce mariage naquirent : I. *Maximilien Sforce*, qui. fut rétabli duc de Milan par l'emper. *Maximilien* en 1512 ; mais qui ne pouvant s'y soutenir, céda la ville de Milan au roi *François I*. Il vint en France avec une pension de 30 mille écus d'or, & mourut à Paris en 1530. II. *François Sforce*, 3ᵉ du nom, qui fut aussi rétabli en 1529, par l'empereur *Charles-Quint*. Il mourut le 24 Octobre 1535, sans laisser de postérité. Après sa mort, *Charles-Quint* s'empara du duché dé Milan, lequel a passé aux successeurs de cet empereur. *Ludovic-Marie Sforce* eut aussi plusieurs enfans naturels, entre autres *Jean-Paul* ; tige des marquis de *Caravaggio*,éteints en 1697.

V. SFORCE, (Catherine) fille-naturelle de *Galeas-Marie Sforce*, duc de Milan, assassiné en 1476, & femme de *Jérôme Riariô*, prince de Forli, est regardée comme une des héroïnes de son siécle. Les sujets de son mari s'étant révoltés, & ce prince ayant été assassiné par *François Ursus*, chef. des rebelles, . elle fut mise en prison avec. ses enfans. La forteresse de Rimini tenoit encore pour elle. Comme cette place ne vouloit pas se rendre par son ordre, la princesse témoigna qu'il étoit nécessaire qu'on lui permît d'y entrer, afin qu'elle pût engager le commandant à se soumettre aux vainqueurs. Sa demande lui fut aussi-tôt accordée. Mais à peine y fut-elle entrée, que se voyant en sûreté, elle commanda aux rebelles de mettre les armes bas, les menaçant des derniers supplices s'ils n'obéissoient. Les conjurés, frustrés de leurs espérances, la menacérent de leur côté de tuer ses enfans,qu'elle leur avoit laissés en ôtage. Mais elle leur répondit hardiment, en levant ses jupes,

qu'*il lui restoit encore de quoi en faire
d'autres.* Sur ces entrefaites, elle
reçut un secours considérable ,
que lui envoyoit *Ludovic-Marie
Sforce*, duc de Milan, son oncle,
& elle recouvra peu après, par sa
prudence & par son courage , la
puissance souveraine. Pendant les
guerres des François en Italie ,
elle se montra toujours ferme ,
toujours courageuse, & se fit respecter même de ses ennemis. Elle
se remaria à *Jean* de *Médicis*, pere
de *Cosme* dit *le Grand*. Le duc de
Valentinois, bâtard du pape *Alexandre VI*, l'ayant assiégée dans Forli
en 1500, elle s'y défendit vigou-
reusement, & ne céda enfin qu'à
la force & à la dernière extrémité.
On l'emmena prisonnière dans le
château St-Ange , & peu après on
la mit en liberté ; mais sans lui
restituer ses états, dont le duc de
Valentinois fut investi, & qui après
la mort d'*Alexandre VI*, furent réunis au St-Siège. Cette héroïne
mourut quelque tems après, couronnée des mains de la Politique
& de la Victoire. La postérité l'a
placée au nombre de ces femmes
illustres, qui sont au-dessus de leur
siécle & de leur sexe.

S'GRAVESANDE , *Voyez* GRA-
VESANDE.

SHADWELL, (Thomas) poëte
dramatique Anglois, mort en 1692,
à 52 ans. On a de lui, outre ses
Piéces dramatiques, une *Traduction*
en vers des *Satyres* de *Juvenal*, &
d'autres *Poésies*, qui plurent davantage à ce qu'on appelle le petit public, qu'aux gens de goût. Dans
le tems de la révolution , il fut
fait poëte lauréat & historiographe du roi *Guillaume*, à la place
du célèbre *Dryden*. Il étoit peu
propre à cet emploi : car on le
peignit dans son oraison funèbre
comme un homme droit & intègre ,

qui aimoit sincérement la vérité.

SHAFTESBURY , (Antoine
ASHLEY-COOPER, comte de) petit-
fils d'un grand-chancelier d'Angleterre, vit le jour à Londres en 1671.
Il fut élevé d'une manière digne
de sa naissance. Après avoir brillé
dans ses études, il voyagea dans les
principales cours de l'Europe , étudiant partout les hommes, obser-
vant le physique & le moral , &
s'attachant sur-tout à celui-ci. De
retour de Angleterre , il fit éclater son éloquence & sa fermeté
dans le parlement , & prit des leçons du célèbre *Locke*. Il passa en
Hollande en 1698 , & y chercha
Bayle , le *Clerc* , & les autres philosophes qui pensoient comme lui.
Le roi *Guillaume* lui offrit une place de secrétaire-d'état, qu'il refusa. La reine *Anne*, moins sensible à son mérite, le pria de la
vice-amirauté de Dorset, qui étoit
dans sa famille depuis 3 généra-
tions. Cet illustre philosophe mourut à Naples en 1713. Il s'y étoit
rendu pour changer d'air. Son cœur
étoit généreux , autant que son esprit étoit éclairé. *Bayle* ressentit
les effets de sa libéralité. On l'a
accusé d'avoir porté trop loin la
liberté de penser. On a de lui plusieurs ouvrages , dans lesquels on
remarque le génie profond & l'habile observateur. Les principaux
sont : I. Les *Mœurs* ou *Caractéres*,
Londres 1732, 3 vol. in-8°. & traduits en françois, 1771, 3 vol. in
8°. Il y a dans ce livre des choses
bien vues & fortement pensées.
Mais ses réflexions sont quelquefois trop hardies, & quelques-unes
dangereuses. Il prétend que le mal
de chaque individu compose le
bien général, & qu'ainsi, à proprement parler, il n'y a point de
mal. Ce systême a été développé
depuis avec beaucoup de force &

d'élégance. II. *Essai sur l'usage de la raillerie & de l'enjouement dans les Conversations qui roulent sur les matières les plus importantes* , traduit en françois, à la Haye , 1707, in-8°. III. Une *Lettre sur l'Enthousiasme*, traduite en françois par *Sanson*, à la Haye 1708 , in-8°.

SHAKESPEAR , (Guillaume) célèbre poëte Anglois , né à Stratford dans le comté de Warwick en 1564, d'un pere qui , quoique gentilhomme , étoit marchand de laine. Après avoir reçu une éducation assez commune dans sa patrie , son pere le retira des écoles publiques pour l'appliquer à son négoce. On prétend que notre poete s'associa dans sa jeunesse avec d'autres jeunes-gens , pour dérober les bêtes fauves d'un seigneur de Stratford. C'est la tradition de cet aventure, vraie ou fausse , qui a fait imaginer la ridicule fable que *Shakspear* avoit embrassé le métier de voleur. Il se maria, à l'âge de 16 ans, avec la fille d'un riche payson. Après avoir dissipé son bien & celui de sa femme , il ne trouva d'autre ressource que celle de se faire comédien ; mais se sentant un génie fort au-dessus de son état , il composa des Tragédies , dont le brillant succès fit sa fortune & celle de ses camarades. Le trait qui fait le plus d'honneur à la mémoire de *Shakespear* , est la manière dont commença son amitié pour *Ben-Johnson* , poëte tragique. Celui-ci étoit jeune & ignoré. Il avoit présenté une piéce aux comédiens , auxquels il faisoit respectueusement sa cour pour les engager à la jouer. La troupe orgueilleuse , excédée de sa présence, alloit le renvoyer. *Shakespear* demanda à voir la pièce. Il en fut si content , & la vanta à tant de personnes , que non seulement elle fut représentée, mais applaudie. C'est ainsi que *Moliére* encouragea l'illustre *Racine*, en donnant au public ses *Freres Ennemis.* À l'égard des talens du cómédien , ils n'étoient pas, à beaucoup près , aussi grands dans *Shakespear* , que ceux du poëte. Le rôle où il brilloit le plus , étoit celui de Spectre. Dans l'*Aristophane* François, comme dans le *Sophocle* Anglois , l'auteur effaçoit l'acteur : *Moliére* ne réussissoit que dans certains personnages , tels que ceux de *Mascarille* , de *Sganarelle* , &c. *Shakespear* quitta le théâtre vers l'année 1610. Il se retira à Stratford , où il vécut encore quelque tems, estimé des grands , & jouissant d'une fortune considérable pour un poëte. Il la devoit à ses ouvrages & aux libéralités de la reine *Elizabeth* , du roi *Jacques I* , & de plusieurs seigneurs Anglois. Un milord lui envoya un jour un sac de mille louis. Ce trait de générosité passeroit pour une fable, dans tout autre pays qu'en Angleterre , où l'on récompense solidement le mérite, qu'une autre nation ne fait qu'estimer. *Shakespear* mourut en 1616, à la 52ᵉ année de son âge. La nature s'étoit plue à rassembler dans la tête de ce poëte, ce qu'on peut imaginer de plus fort & de plus grand , avec ce que la grossiéreté sans esprit peut avoir de plus bas & de plus détestable. Il avoit un génie plein de force & de fécondité, de naturel & de sublime, (dit *Voltaire*) sans la moindre étincelle de bon goût, & sans aucune connoissance des règles. Ses piéces sont des monstres admirables , dans lesquels , parmi des irrégularités grossiéres & des absurdités barbares , on trouve des scènes supérieurement rendues , des morceaux pleins d'ame & de vie, des pensées grandes, des sentimens nobles & des situations touchantes. Celles de ses piéces qu'on estime le plus, sont : *Othello* ; les *Femmes de Windsor* ; *Hamlet* ; *Macbeth* ; *Jules César* ; *Henri IV* ; & la Mort de *Richard III.* M. de *la Place* a traduit cinq de ces piéces dans son *Théâtre Anglois*, qu'il commença de publier en 1745. M. *le Tourneur* en promet une nouvelle Traduction complette, qui aura 12 vol. in-8°. La meilleure édition des Œuvres du *Sophocle* Anglois, est celle que *Louis Théobald* a donnée en 1740, & qui a été réimprimée en 1752, 8 vol. in-8°. L'édition de Glascow, 1766, 8 vol. in-12, est la plus belle. On estime aussi les *Corrections* & les *Notes critiques* faites sur ce poëte par le savant *Guillaume Warburton.* On trouve dans les dernières éditions de *Shakespear*, outre ses Tragédies, des *Comédies* & des *Poësies* mêlées. Les unes & les autres offrent des traits de génie, mais sans bienséance & sans régularité. On a érigé en 1742 dans l'abbaye de Westminster, un superbe monument à la mémoire de ce créateur du théâtre Anglois.

SHARP, (Jean) l'un des meilleurs prédicateurs que l'Angleterre ait produits, né à Bradfordt, mourut en 1713, dans sa 69e année. Il devint doyen de Norwick, occupa plus. autres places importantes, & fut placé sur le siége d'Yorck, qu'il occupa dignement pendant 22 ans. On a de lui 7 vol. de *Sermons*, estimés.

SHAW, (Thomas) médecin Anglois, de la société royale de Londres, professeur en langue grecque & principal du collège d'*Edmond* à Oxford, où il mourut en 1751, est connu par ses *Voyages en divers lieux de la Barbarie & du Levant.* Ces Voyages ont été

traduits en françois, la Haye, 1743, 2 vol. in-4° ; & ils méritoient cet honneur par leur exactitude.

SHEFFIELD, (Jean) duc de *Buckingham*, ministre d'état du roi d'Angleterre, naquit vers 1646. Il servit sur mer contre les Hollandois, & fit ensuite une campagne en France sous *Turenne.* La réputation de sa valeur lui fit donner le commandement de la flotte que les Anglois envoyèrent contre Tanger. Le roi *Guillaume* & la reine *Marie* l'honorérent de leur confiance. Il refusa la place de grand-chancelier d'Angleterre, sous le règne de la reine *Anne.* Sa seule ambition étoit de cultiver, dans un doux repos, l'amitié & la littérature. On a de lui des *Essais sur la Poësie & sur la Satyre*, & plusieurs autres ouvrages en vers & en prose, imprimés en 2 vol. in-8°, Londres 1729, qui sont très-estimés des Anglois. Ses *Essais sur la Poësie* ont été traduits en françois, & font honneur à son génie & à ses talens. Il donne, dans cet ouvrage, des préceptes sur chaque genre, qu'il embellit de traits ingénieux, de réflexions fines & de comparaisons brillantes. Cet illustre écrivain mourut en 1721, à 75 ans.

SHEHSA, *Voyez* SESSA.

SHELDON, (Gilbert) archevêque de Cantorberi, naquit dans le Staffordshire en 1598, & mourut à Lambeth en 1677, âgé de 80 ans. Il est le fondateur de ce fameux Théâtre d'Oxford d'où nous viennent de si belles éditions, pour lequel il dépensa près de 15000 livres, & dont l'entretien coûte 2000 livres sterlings de rente, qu'il légua à l'université dans cette vue. Quoiqu'il ne regardât la Religion que comme un *Mystére d'Etat*, il étoit fort honnête-homme & très-charitable. On dit qu'il employa plus de 37000 liv. sterlings en œuvres de piété.

I. SHERLOCK, (Guillaume) théologien Anglois, né en 1641, mort en 1707, eut plusieurs places considérables dans le clergé, & devint doyen de S. Paul de Londres. On a de lui plusieurs ouvrages de morale & de métaphysique, parmi lesquels on distingue le *Traité de la Mort & du Jugement dernier* ; & celui de l'*Immortalité de l'Ame & de la Vie éternelle*. Ils ont été traduits en françois, le 1er en 1696, in-8° ; le 2e en 1708, in-8°. Les autres ouvrages du même auteur respirent, comme ceux-ci, une piété solide & une saine morale.

II. SHERLOCK, (Thomas) prélat Anglois, mort vers 1749, âgé d'environ 78 ans. Après avoir pris ses dégrés de théologie, il fut successivement doyen de Chichester, maître du Temple, & enfin évêque de Bangor. Les livres scandaleux que l'incrédulité produisit de son tems contre la religion en Angleterre, attirèrent son attention. Il réfuta solidement les *Discours impies sur les fondemens & les preuves de la Religion Chrétienne*, dans six Sermons pleins de lumière, qu'il prêcha au Temple lorsqu'il en étoit le maître. *Abraham* le *Moine* les traduisit en françois sous ce titre : *De l'usage & des fins de la Prophétie*, in-8°. Le traducteur y a joint trois *Dissertations* savantes du même auteur. *Sherlock* ayant triomphé de l'auteur des *Discours*, attaqua *Wolston*. Il vengea contre lui la vérité du fait de la Résurrection de J. C., dans un excellent Traité intitulé : *Les Témoins de la Résurrection de J. C. examinés selon les règles du Barreau*. Le *Moine* a aussi traduit in-12 cet ouvra-

ge, qui a été réimprimé plusieurs fois, ainsi que le précédent, tant en anglois qu'en françois. Cet honneur leur étoit bien dû, pour la justesse & la profondeur qui y règnent. On a encore de *Sherlock* des *Sermons*, traduits en françois en 2 vol. in-8°.

I. SHIRLEY, (Antoine) né à Wiston, dans le comté de Suffex, l'an 1565, montra de bonne heure beaucoup de sagacité & d'intelligence pour les affaires. La reine *Elizabeth* l'envoya en Amérique & ensuite en Italie. L'objet de cette derniére mission étoit de secourir les Ferrarois, soulevés contre le pape. Mais ayant appris en chemin qu'ils avoient fait leur paix, il passa en Perse avec des fondeurs de canons. *Schah-Abbas*, à qui ces ouvriers manquoient, l'accueillit très-favorablement.. Il l'envoya en 1599, avec un Persan, en ambassade vers les princes Chrétiens d'Europe, pour les engager d'armer contre le Turc, tandis qu'il les attaqueroit lui-même d'un autre côté. *Shirley* se fixa à la cour d'Espagne, & ne retourna plus en Perse. Il y vivoit encore en 1631. La *Relation de ses Voyages* se trouve dans le Recueil de *Purchass*, Londres 1625 & 1626, 5 vol. en anglois.

II. SHIRLEY, (Thomas) frere aîné du précédent, le suivit en Perse, où il plut à *Schah-Abbas*. Ce prince lui fit épouser une belle Circassienne de son serrail, parente de la reine. Il l'envoya aussi en ambassade dans les diverses cours d'Europe ; mais en Angleterre il eut le désagrément d'y voir un nouvel ambassadeur Persan le traiter d'imposteur. *Jacques I*, ne sachant quel étoit le véritable envoyé de Perse, les renvoya tous les deux sur une flotte de six vaisfeaux avec *Dodmer Cotton*, auquel il donna la qualité d'ambassadeur. Le Persan s'empoisonna sur les côtes de Surate ; mais *Shirley* n'ayant pu obtenir une satisfaction authentique, mourut de chagrin le 23 Juillet 1627, à 63 ans. Sa veuve revint en Europe, & alla se fixer à Rome.

SHIRLY, (Jacques) naquit à Londres en 1594, & mourut en 1666. Après avoir fait ses études à Oxford, il embrassa la religion Catholique, & s'appliqua ensuite à composer des *Piéces de Théâtre*. La plupart eurent une approbation universelle ; mais ce suffrage ne fut qu'éphémère, & on n'en représente aucune aujourd'hui.

SHUCFORD; (Samuel) curé de Shelton, dans la province de Norfolck, puis chanoine de Cantorberi, & chapelain ordinaire du roi d'Angleterre, consacra sa vie à l'étude. Ses mœurs étoient celles d'un savant, que le commerce du grand monde n'a pas corrompu. On a de lui : I. Une *Histoire du Monde*, *sacrée & profane*, 3 vol. in-12, pour servir d'introduction à celle de *Prideaux* ; ce livre dont le 1er volume parut en 1728, a été traduit en françois, & ne va que jusqu'à la mort de *Josué*. Il est écrit pesamment, mais avec beaucoup d'érudition. La mort de l'auteur, arrivée en 1754, l'empêcha de pousser son Histoire jusqu'à l'an 747 avant J. C., tems auquel *Prideaux* a commencé la sienne. II. Un ouvrage imprimé en 1753, qui n'a pas encore été traduit en françois, & qui est intitulé : *La Création & la Chute de l'Homme*, pour servir de supplément à la Préface de son *Histoire du Monde*. Il y a dans ce livre des choses singuliéres.

SIBA, serviteur de *Saül*, que *David* chargea de prendre soin de *Miphiboseth*, fils de *Jonathas*. Siba fut exact à rendre ses bons offices à son maître pendant 14 ans ; mais lorsque *David* fut obligé de sortir de Jérusalem pour échaper à *Absalon*, le perfide œconome profita de cette conjoncture pour s'emparer des biens de *Miphiboseth* : *Voyez* ce mot, n° II.

SIBELIUS, (Gaspar) théologien Hollandois au XVIIe siécle, né à Deventer, est auteur d'un *Commentaire* sur le Cantique des Cantiques, & de plusieurs autres ouvrages imprimés en 5 vol. in-fol. plus savans que méthodiques.

SIBER, (Urbain-Godefroi) professeur des antiquités ecclésiastiques à Leipsick, né à Schandau, près de l'Elbe, en 1669, mourut en 1742. Il est auteur de plusieurs savans ouvrages en latin. Les principaux sont, une *Dissertation* sur les *Tourmens qu'on faisoit souffrir aux anciens Martyrs* ; une autre sur l'*Usage des Fleurs dans les Eglises*.

SIBERUS, (Adam) poëte Latin, né à Kemnitz en Misnie, mort en 1583, âgé de 68 ans, a composé des *Hymnes*, des *Epigrammes* & d'autres Poësies, impr. en 2 vol. & dans les *Deliciæ Poëtarum Germanorum*. Ses vers sont languissans ; mais il y a de l'élégance & de la douceur.

SIBILET, (Thomas) Parisien, se fit recevoir avocat au parlement de Paris ; mais il s'appliqua plus à la poësie françoise, qu'à la plaidoierie. C'étoit un homme de bien, habile dans les langues savantes, & dans la plupart des langues de l'Europe. Il mourut l'an 1589, à l'âge de 77 ans, peu de tems après être sorti de prison, où il avoit été enfermé avec

avec l'*Etoile*, pendant les troubles de la Ligue. On a de lui: L'*Art Poétique François*, Paris 1548 & 1555, in-12. Il y fait l'énumération des poëtes de son tems qui avoient acquis le plus de réputation. *Iphigénie*, traduite d'*Euripide*, ibid. 1549, recherchée pour la variété des mesures dans les vers ; & d'autres ouvrages.

SIBILOT, étoit un fou de la cour de *Henri III*, roi de France. Il remplit ce méchant emploi avec tant de distinction, que *fou* & *Sibilot* signifiérent long-tems la même chose. En voici un exemple, tiré de l'Epigramme composée par le célèbre d'*Aubigné*, sur M. de *Candale*, qui avoit embrassé la Religion réformée pour plaire à la duchesse de *Rohan*, laquelle étoit de cette religion, & dont il étoit extrêmement amoureux.

Hé quoi donc, petit Sibilot,
Pour l'amour de Dame Lisette,
Vous vous êtes fait Huguenot,
A ce que dit la Gazette?
Sans ouïr Anciens, ni Pasteurs,
Vous vous êtes donc fait des nôtres;
Vraiment nous en verrons bien d'autres,
Puisque les yeux sont nos Docteurs.

SIBRAND - LUBBERT, *Voyez* LUBBERT.

SIBYLLES, *Voy.* ALBUNÉE... & II. AMALTHÉE.

SICARD, (Claude) Jésuite, né à Aubagne, près de Marseille, en 1677, enseigna les humanités & la rhétorique dans sa Société. Ses supérieurs l'envoyérent en mission en Syrie, & de-là en Egypte. Il mourut au Caire en 1726, avec la réputation d'un voyageur exact & d'un observateur intelligent.

On a de lui une *Dissertation* sur le passage de la Mer Rouge par les Israëlites, & plusieurs *Ecrits*, sur l'Egypte, dans lesquels il y a des choses intéressantes. On les trouve dans les *Nouveaux Mémoires des Missions*, 8 vol. in-12.

SICHARD, (Jean) professeur en droit à Tubinge, né en 1499, mort en 1552, publia le premier l'Abrégé latin d'*Anien*, des 8 premiers livres du *Code Théodosien*, qu'il trouva par hazard en manuscrit. On lui doit encore les *Institutes* de *Caius*, & une édition des *Sententiæ receptæ* de *Julius Paulus*. Son *Commentaire* latin sur le Code, eut beaucoup de cours autrefois.

SICHEM, fils d'*Hémor*, prince des Sichimites, étant devenu passionnément amoureux de *Dina*, l'enleva & la déshonora. L'ayant ensuite demandée en mariage à *Jacob* & à ses fils, il l'obtint, à condition que lui & tous ceux de *Sichem* se feroient circoncire. Ce n'étoit qu'un prétexte pour couvrir le barbare projet de vengeance que méditoient les freres de *Dina* : ils se servirent de cette cérémonie de religion pour l'exécuter. Le 3ᵉ jour, lorsque la plaie étoit la plus douloureuse, & que les Sichimites étoient hors de défense, *Siméon* & *Lévi* entrèrent dans la ville & massacrérent tout ce qu'ils trouvèrent d'hommes. Après avoir assouvi leur vengeance, ils n'eurent pas honte de satisfaire leur avarice par le pillage de la ville, & l'enlèvement des femmes & des enfans, qu'ils réduisirent en servitude.

SICINIUS DENTATUS, tribun du peuple Romain, porta les armes pendant 40 ans ; se trouva à 121 combats ou batailles ; gagna 14 couronnes civiques, 3 mura-

Y

les, 8 d'or; 83 colliers de ce même métal ; 60 bracelets, 18 lances ; 23 chevaux avec leurs ornemens militaires, dont 9 étoient le prix d'autant de combats finguliers d'où il étoit forti vainqueur. Il avoit reçu 45 bleffures, toutes par-devant, dont 12 à la reprife du Capitole fur les Sabins. *Appius* décemvir voulant fe défaire de lui, parce qu'il frondoit hautement la tyrannie des décemvirs, l'envoya à l'armée avec le titre de légat, fous prétexte de lui faire honneur, mais en effet pour le perdre. A fon arrivée au camp, on le détacha avec un parti de 100 hommes qui avoient ordre de le tuer. Il fe défendit d'une manière qui tient du merveilleux. *Denys* d'*Halicarnaffe* affûre qu'il en tua 15, en bleffa 30, & que les autres furent obligés de l'accabler de loin à force de traits & de pierres, vers l'an 405 avant J. C. Il avoit alors 58 ans, & portoit depuis long-tems le furnom d'*Achille Romain*, qu'il méritoit à tant de titres.

I. SIDNEY, (Philippe) d'une illuftre famille d'Irlande, fit fes études à Oxford avec diftinction. Le comte de *Leicefter*, fon oncle, le fit venir à la cour, où il devint l'un des plus grands favoris de la reine *Elizabeth*. Cette princeffe l'envoya en ambaffade vers l'empereur. La prudence & la capacité avec laquelle il fe conduifit, frapérent tellement les Polonois, qu'ils vouloient l'élire pour leur roi; mais fa reine ne voulut point y confentir. Cette princeffe, le connoiffant également propre aux armes & à la négociation, l'envoya en Flandres au fecours des Hollandois. Il y donna de grandes preuves de fa valeur, fur-tout à la prife d'Axel. Mais dans une

rencontre qu'il eut avec les Efpagnols près de Zutphen, il reçut une bleffure à la cuiffe, dont il mourut peu de tems après, en 1586, à 36 ans. On a de lui plufieurs ouvrages, outre fon *Arcadie*, Londres 1662, in-fol. qu'il compofa à la cour de l'empereur. Il ordonna en mourant de brûler cet ouvrage, comme *Virgile* avoit prié de jetter au feu l'*Enéide*; mais quoique la production du poete Anglois valût infiniment moins que celle du poëte Latin, on ne lui obéit pas. *Baudouin* a donné une mauvaife traduction de l'*Arcadie*, 1624, 3 vol. in-8°.

II. SIDNEY, (Algeron) coufin-germain du précédent, fut ambaffadeur de la république d'Angleterre, auprès de *Guftave* roi de Suède. Après le rétabliffement du roi *Charles* II, *Sidney*, qui s'étoit fignalé pour la liberté dans le tems des troubles, quitta fa patrie. Il eut l'imprudence d'y revenir, à la follicitation de fes amis. La cour lui fit faire fon procès, & il eut la tête tranchée en 1683. On a de lui un *Traité du Gouvernement*, qui a été traduit en françois par *Samfon*, & publié à la Haye en 1702, en 4 vol. in-12. L'auteur veut qu'on foumette l'autorité des monarques à celle des loix, & que les peuples ne dépendent que de celles-ci. Il y a dans fon ouvrage des réflexions hardies, mais peut-être affez juftes. On y trouve auffi quelques paradoxes, & des idées qui ne font pas affez dévelopées.

SIDONIUS APOLLINARIS, (*Caius Sollius*) étoit fils d'*Apollinaire*, qui avoit eu les premiéres charges de l'empire dans les Gaules. Il naquit à Lyon vers l'an 430. Il étoit parfaitement inftruit des lettres divines & humaines, & fes

écrits en vers & en profe font
voir la beauté de fon efprit. Il fut
fucceſſivement préfet de la ville
de Rome, patrice & employé dans
diverſes ambaſſades. Il avoit auſſi
les qualités du cœur qui font
l'homme & le Chrétien. Il étoit
humble, détaché du monde, aimoit tendrement l'Egliſe, & com-
patiſſoit aux miféres du prochain.
Il fut élevé, malgré lui, en 472
fur le fiége de la ville d'Auvergne, qui a pris dans la fuite le
nom de Clermont, qu'elle porte
encore. Dès ce moment il s'interdit la poëfie qu'il avoit tant aimée,
& fut encore plus févére à l'égard
du jeu. Il fe défit auſſi d'un certain air enjoué qui lui étoit naturel. Saintement avare de fon tems,
il étudioit continuellement l'Ecriture-fainte & la théologie, & il
fit de fi grands progrès, qu'il devint bientôt comme l'oracle de
toute la France. Quoiqu'il fût d'u-
ne complexion délicate, toute fa
vie fut une pénitence continuelle.
Dans un tems de famine, il nour-
rit, avec le fecours de fon beau-
frere Ecdice, non feulement fon
diocèfe, mais auſſi plus de 4000
perfonnes que la mifére y avoit
attirées. Il mourut le 23 Août 488,
à 58 ans. Il nous refte de lui IX
livres d'Epitres, & 24 Piéces de
Poéfie. Les meilleures éditions
font celles de Jean Savaron, 1609,
in-4°; & du Pere Sirmond, 1652,
in-4°, avec des notes pleines d'é-
rudition. Son Panégyrique de l'empereur Majorien, en vers, eſt intéreſſant pour nous, parce qu'il
y décrit la manière de combattre
& de s'habiller, des François de
fon tems.

SIDRACH, Voyez I. ANANIAS.
SIDRONIUS, Voy. HOSSCH.
1. SIGEBERT, 3ᵉ fils de Clotaire I, eut pour fon partage le

royaume d'Auſtrafie en 561, &
épouſa Brunehaut, qui d'Arienne
s'étoit faite Catholique. Les commencemens de fon règne furent
troublés par une irruption des
Huns dans fes états : mais il en
tailla une partie en piéces; & chaffa le refte jufqu'au delà du Rhin.
Il tourna enfuite fes armes contre Chilperic roi de Soiſſons, qui,
profitant de fon abfence, s'étoit
emparé de Reims & de quelques
autres places de la Champagne. Il
reprit ces villes, & étant entré
dans le royaume de Soiſſons, il fe
rendit maître de la capitale, &
força fon frere à accepter la paix
aux conditions qu'il voulut lui
prefcrire. Au bout de quelques années il la rompit, à la follicitation de la reine Brunehaut, pour
venger la mort de Galfuinte, fœur
de cette princeſſe & femme de
Chilperic. Les fuccès de Sigebert furent rapides, & la victoire le fuivoit par-tout . lorfqu'il fut aſſaſ-
finé l'an 575 par les gens de Fré-
degonde, la fource des malheurs
de Chilperic, qui l'avoit époufée
après Galfuinte. Ce prince fut pleuré de tous fes fujets, dont il faifoit les délices par fon affabilité,
fa douceur & fa générofité... Il ne
faut pas le confondre avec Sige-
BERT, dit le Jeune, fils de Dagobert, & fon fucceſſeur dans le
royaume d'Auſtrafie l'an 638. Ce
prince, mort en 656, a mérité
par fa piété d'être mis au nombre des Saints.

II. SIGEBERT, moine de l'abbaye de Gemblours, mort en 1112,
paſſoit de fon tems pour un homme d'efprit, pour un favant univerfel, & un bon poète. Il prit
parti dans les querelles de Grégoire VII, d'Urbain II & de Pafchal
II avec l'empereur Henri IV, &
il écrivit contre ces pontifes fans

Y ij

aucun ménagement. *Sigebert* eſt auteur d'une *Chronique*, dont la meilleure édition eſt celle d'*Aubert* le *Mire*, à Anvers, 1608, in-4°. Elle eſt écrite lâchement, groſſiérement ; mais on y trouve des choſes curieuſes & des faits exaćts. On a encore de lui un *Traité des Hommes Illuſtres*, dans la *Bibliothèque Eccléſiaſtique* de *Fabricius*, Hambourg 1718, in-fol.

SIGÉE, (Louiſe) *Aloiſia Sigea*, née à Tolède, & morte en 1560, étoit fille de *Diego Sigée*, homme ſavant, qui l'éleva avec ſoin, & qui la mena avec lui à la cour de Portugal. Elle fut miſe auprès de l'infante *Marie* de *Portugal*, qui aimoit les ſciences ; *Alfonſe Cueva*, de Burgos, l'épouſa. On a d'*Aloiſia Sigea* un Poëme latin intitulé *Sintra*, du nom d'une montagne de l'Eſtramadoure, où l'on a vu, dit le peuple, des *Tritons* jouant du cornet ; & d'autres ouvrages. Mais le livre infâme *De arcanis Amoris & Veneris*, qui porte ſon nom, n'eſt point d'elle. Ceux qui le lui ont attribué, ont fait un outrage à la mémoire de cette dame illuſtre. C'eſt une produćtion digne de l'eſprit corrompu de CHORIER : *Voyez* ce mot.

I. SIGISMOND, (St) roi de Bourgogne, ſuccéda l'an 516 à *Gondebauld*, ſon pere, qui étoit Arien. Le fils abjura cette héréſie. *Clodomir*, fils de *Clovis*, lui déclara la guere & le dépouilla de ſes états. *Sigiſmond* fut défait, pris priſonnier, & envoyé à Orléans, où il fut jetté dans un puits avec ſa femme & ſes enfans, l'an 523.

II. SIGISMOND, empereur d'Allemagne, fils de *Charles IV* & frere de l'empereur *Wenceſlas*, naquit en 1368. Il fut élu roi de Hongrie en 1386, & empereur en 1410.

Après avoir fait différentes conſtitutions pour rétablir la tranquillité en Allemagne, il s'appliqua à pacifier l'Egliſe. A cet effet il paſſa les Alpes & ſe rendit à Lodi, où il convint avec le pape *Jean XXIII* de convoquer un concile. *Sigiſmond* choiſit la ville de Conſtance pour être le théâtre où cette aſſemblée auguſte devoit ſe tenir. A ce concile, commencé en 1414, ſe rendirent plus de 18000 prélats ou prêtres, & plus de 16000 princes ou ſeigneurs. L'empereur y fut preſque toujours préſent, & il ſe rendit maître du concile, en mettant des ſoldats autour de Conſtance pour la ſûreté des Peres. Son zèle y éclata dans pluſieurs occaſions. Le pape *Benoît XIII*, continuant de braver l'autorité du concile, *Sigiſmond* fit le voyage du Rouſſillon, pour l'engager à ſe démettre de la papauté. N'ayant pu y réuſſir, il ſe rendit à Paris, puis à Londres, pour concerter avec les rois de France & d'Angleterre les moyens de rendre la paix à l'Egliſe & à la France ; mais il revint à Conſtance ſans avoir pu faire réuſſir ſon entrepriſe. Ses ſoins contribuérent beaucoup à la fin du ſchiſme ; mais en donnant la paix à l'Egliſe, il ſe mit ſur les bras une guerre cruelle. *Jean Hus* & *Jeróme* de Prague avoient été condamnés au feu par le Concile. Les Huſſites, voulant venger la mort de ces deux hérétiques, armèrent contre l'empereur. *Ziska* étoit à leur tête. Il remporta une pleine vićtoire en 1419 ſur *Sigiſmond*, qui put à peine en 16 années réduire la Bohême avec les forces de l'Allemagne & la terreur des Croiſades. Ce prince mourut en 1437, à 70 ans, après avoir appaiſé le reſte des troubles de Bohême, & fait reconnoître *Albert* d'Autriche, fon gendre, pour héritier du royaume. Depuis lui, l'*Aigle à deux têtes* a toujours été confervée dans les armoiries des empereurs. Ce prince étoit bien fait, libéral, ami des gens-de-lettres. Il parloit facilement plusieurs langues, & régnoit avec éclat en tems de paix ; mais il fut malheureux en tems de guerre. Il fcandalifa fes fujets par fon amour pour les femmes, & fouffrit les excès de l'impératrice qui fouffroit les fiens. La couronne impériale rentra après fa mort dans la maifon d'*Autriche*, d'où elle ne fortit plus jufqu'à fon extinction, en 1740. *Voyez* SIGNET.

III. SIGISMOND I., roi de Pologne, furnommé *le Grand*, fils de *Cafimir IV*, parvint au trône en 1507, par les fuffrages des anciens des Lithuaniens & des Polonois. Il employa les premières années de fon règne à corriger les abus qui s'étoient gliffés dans le gouvernement par la foibleffe de fes prédéceffeurs. Il remit la république dans fon ancien luftre au dedans & au dehors. Il battit les Mofcovites, & les chaffa de la Lithuanie en 1514. Il reprit fur les chevaliers Teutoniques quelques villes qu'ils avoient enlevées à la Pologne, tailla en piéces l'an 1531 les Valaques qui avoient fait une irruption dans fes états, & affûra par fes victoires la paix à la Pologne. Ce grand prince mourut en 1548, à 82 ans, aimé de fes fujets, & refpecté de toutes les nations de l'Europe. C'étoit un fage fur le trône, fouverain bienfaifant, jufte appréciateur du mérite, enfin le modèle des véritables héros. Il s'attacha à polir les mœurs des Polonois, à faire fleurir les fciences & les arts, à fortifier les places de guerre,

à embellir les principales villes. *Sigifmond* étoit d'un caractére férieux, mais affable ; il étoit fimple dans fes habits & dans fes repas, comme dans fes manières. Il étoit fans ambition : il refufa les couronnes de Suède, de Hongrie, de Bohême, qui lui furent offertes. Il avoit une force extraordinaire, qui le fit regarder comme l'*Hercule* de fon tems.

IV. SIGISMOND II, furnommé *Augufte*, fils du précédent, lui fuccéda en 1548. Auffitôt qu'il fe vit maître du trône, il fit rendre à *Barbe Rádziwil*, fa maîtreffe, qu'il avoit époufée en fecret, les honneurs qui lui étoient dûs en qualité de reine. La nation délibéra dans une diète fi elle ne cafferoit point un mariage fi difproportionné ; mais *Augufte* réfifta à leurs menaces. Pour gagner la nobleffe Polonoife, il permit d'envoyer leurs enfans dans les univerfités hérétiques d'Allemagne : ce qui avoit été défendu jufqu'alors. Ce fut par-là que l'héréfie pénétra dans la Pologne. Dans la fuite fon zèle fe réveilla ; mais il n'opéra pas de grands fruits. Ce prince acquit la Lithuanie à la couronne. Il mourut en 1572, après un règne de 24 ans, fans laiffer de poftérité. En lui finit la ligne mafculine des *Jagellons*. Le duc d'*Anjou*, depuis roi de France fous le nom de *Henri III*, lui fuccéda. *Sigifmond-Augufte* étoit brave, quoiqu'il aimât la paix ; lent dans le confeil, & vif dans l'exécution. Il connoiffoit les hommes, il les aimoit ; fon éloquence avoit cette douce perfuafion, qui parle autant au cœur qu'à l'efprit. Les Polonois trouvèrent toujours en lui un pere tendre, un juge équitable, un roi vigilant, qui s'offenfoit de la flatterie, & qui aimoi à pardonner. L'étude des sciences faisoit son amusement, dans un siècle où l'ignorance étoit comme l'un des titres de la noblesse. L'amour des femmes fut presque la seule tache de sa vie. *Mencken* fit imprimer en 1703, à Leipsick, in-8°, les *Lettres* & les *Réponses* attribuées à ce monarque, en latin. Ce recueil contient aussi les *Lettres* attribuées au roi *Battori*.

V. SIGISMOND III, fils de *Jean.III*, roi de Suède, monta sur le trône de Pologne en 1587, & fut couronné à l'exclusion de *Maximilien d'Autriche*, qui avoit été élu par quelques seigneurs. Après la mort de son pere, il alla recevoir le sceptre des Suédois en 1594. Ce roi étoit zèlé Catholique, & il ne tarda pas de déplaire à ses nouveaux sujets, zèlés Protestans. *Charles*, prince de Sudermanie, oncle du roi, se servit de cette conjoncture, & se fit mettre la couronne de Suède sur la tête en 1604. Cette usurpation fut la semence d'une guerre très-longue, dans laquelle *Sigismond* ne fut pas heureux. Il eut d'autres démêlés avec les Tartares & les Moscovites, sur lesquels il fit quelques conquêtes ; mais *Gustave-Adolphe* lui faisoit essuyer des pertes d'un autre côté. Consumé d'inquiétudes, il mourut en 1632 à 66 ans. La piété, la justice, la clémence formoient le caractère de ce prince. Il perdit la couronne de Suède en voulant embrasser trop vivement les intérêts de la religion Catholique. Ce fut encore ce même zèle indiscret & précipité qui le priva de l'empire de Moscovie. Il étoit trop attaché à son sentiment, & il ne consulta pas assez le génie des peuples, les tems & les circonstances. Il ignoroit l'art d'une politique habile, qui fait souvent plier en apparence, pour dominer ensuite avec éclat.

SIGISMOND, *Voy.* XI. LADISLAS.

SIGNET, (Guillaume) gentilhomme François, est célèbre dans l'histoire par l'honneur qu'il reçut de l'emp. *Sigismond*. Ce prince, passant par la France en 1416 pour aller en Angleterre, séjourna quelque tems à Paris. Ayant eu la curiosité de voir le parlement, il y alla un jour d'audience. Il entendit plaider une cause qui étoit commencée, touchant la sénéchaussée de Beaucaire ou de Carcassone, pour la possession de laquelle *Guillaume Signet* & un chevalier étoient en contestation. Une des principales raisons qu'on alléguoit contre *Signet*, étoit qu'il n'avoit pas la qualité requise, & que cet office avoit toujours été exercé par un chevalier. L'empereur ayant oui cette contestation, demanda une épée à un de ses officiers, & appella *Signet*, auquel il la donna en le faisant chevalier ; puis il dit à sa partie : *La raison que vous alléguiez cesse maintenant, car il est Chevalier.* Quoiqu'aucun n'aprouvât ce procédé de l'emp', on ferma les yeux sur cette espèce d'attentat, & *Signet* obtint gain de cause.

SIGNORELLI, (Luca) peintre, natif de Cortone, mort en 1521 âgé de 82 ans, a travaillé à Orviette, à Lorette, à Cortone & à Rome. La partie dans laquelle il excelloit le plus, étoit le dessin. Il mettoit beaucoup de feu & de génie dans ses compositions. Le célèbre *Michel-Ange* en faisoit un cas singulier, & n'a point dédaigné de copier quelques traits de cet habile artiste. *Luca* étoit élève de *Pietro della Francisca*. Il peignoit tellement dans sa manière, qu'il est difficile de pouvoir distinguer leurs ouvrages.

SIGONIUS, (Charles) d'une famille ancienne de Modène, fut destiné par son pere à la médecine ; mais son génie le portoit à la littérature. Il professa les humanités à Padoue, & obtint une pension de la république de Venise. Il alla mourir dans sa patrie en 1584, à 60 ans. Ce savant avoit de la difficulté à parler ; mais il écrivoit bien, & sa latinité est assez pure. Son esprit étoit modéré. Il refusa d'aller auprès d'*Etienne Battori*, roi de Pologne, qui vouloit le fixer à sa cour. Il ne voulut jamais se marier, & quand on lui en demandoit la raison, il répondoit : *Minerve & Vénus n'ont jamais pu vivre ensemble.* On a de lui un grand nombre d'ouvrages, recueillis à Milan, en 1732 & 1733, 6 vol. in-folio. Les principaux sont : I. *De Republica Hebræorum* ; traité méthodique, & qui renferme dans un petit espace bien des choses utiles. II. *De Republica Atheniensium, libri IV* ; savant & recherché. III. *Historia de Occidentis Imperio* ; livre nécessaire pour connoitre l'Histoire de la décadence de l'empire Romain, & la formation des principautés d'Italie. IV. *De Regno Italiæ, libri XX*, depuis l'an 679, jusqu'à l'an 1300 : traité plein de recherches, d'exactitude, & éclairé par une sage critique. V. Une *Histoire Ecclésiastique*, imprimée à Milan en 1734, en 2 vol. in-4°. dans laquelle on trouve beaucoup d'érudition.

SIKE, (Henri) savant Allemand du XVIIᵉ siécle, s'adonna à l'étude des langues Orientales, dans la vue d'approfondir les difficultés théologiques. Il y parvint à force de travail & d'application, & il remplit avec autant de succès que de distinction, les meilleures chaires de sa patrie. L'édition la plus estimée de l'*Evangile apocryphe de l'Enfance de Jesus-Christ*, est dûe à ses soins ; il la fit imprimer à Utrecht en 1697, in-8°, en arabe & en latin, & l'enrichit de notes. Cet ouvrage est curieux & estimé.

SILANUS, fils de *Titus-Manlius*, fut accusé par les Macédoniens, d'avoir exercé des concussions dans leur province pendant sa préture. Le pere, héritier de la sévérité de ses aieux, pria les sénateurs de ne rien décider avant qu'il eût examiné la cause des Macédoniens & de son fils. Le sénat accorda volontiers cette demande à un homme d'un rang & d'un mérité si élevés. Ayant donc travaillé chez lui à l'examen de cette affaire, il employa 2 jours entiers à entendre seul les deux parties, & prononça le 3ᵉ jour cette sentence : *Que son fils ne lui paroissoit pas s'être comporté dans la Province avet autant d'intégrité que ses ancêtres* ; & il le bannit de sa présence. *Silanus*, frapé d'une condamnation si accablante de la part d'un pere, ne put vivre plus longtems, & la nuit d'après se pendit.

SILAS *ou* SILVAIN, un des 72 disciples, fut choisi avec Jude pour aller à Antioche porter le décret fait dans le concile de Jérusalem sur l'observation des cérémonies légales. *Silas* s'attacha à *St Paul*, & le suivit dans la visite qu'il fit des Eglises de Syrie & de Cilicie, d'où ils vinrent en Macédoine. Il fut battu de verges avec cet apôtre par les magistrats de Philippes, devant qui on les avoit accusés de vouloir introduire dans la ville des coutumes contraires à celles des Romains, & il eut beaucoup de part à ses souffrances & à ses travaux.

SILENCE, Divinité allégorique. On la repréfentoit fous la figure d'un homme, tenant un doigt fur fa bouche; ou fous la figure d'une femme, & alors on l'appelloit *Muta* chez les Latins, c'eft-à-dire, Muette. *Voyez* MUETTE & HARPOCRATE.

SILENE: C'étoit un vieux Satyre, qui avoit été le nourricier & le compagnon de *Bacchus*. Il monta fur un âne, pour accompagner ce Dieu dans la conquête qu'il fit des Indes. A fon retour il s'établit dans les campagnes d'Arcadie, où il fe faifoit aimer des jeunes bergers & bergéres par fes propos gais & naïfs. Il ne paffoit pas un jour fans s'enivrer.

SILHON, (Jean) confeiller-d'état ordinaire, & un des premiers membres de l'académie Françoife, naquit à Sos en Gafcogne. Il mourut étant directeur de cette compagnie, en 1667. Le cardinal de *Richelieu* l'employa dans plufieurs affaires importantes, & lui obtint des penfions. On a de lui un *Traité de l'Immortalité de l'Ame*, à Paris, 1634, in-4°. Il y a plus d'éloquence que de profondeur dans cet ouvrage. Ce fut lui qui propofa le plan d'un Dictionnaire de la langue Françoife. Il a auffi laiffé quelques *Ouvrages de Politique*.

SILHOUETTE, (Etienne de) né à Limoges en 1709, fut doué de deux efprits qu'on voit rarement enfemble; celui des finances, & du génie de la littérature. Il acheta une charge de maître-des-requêtes & après avoir dirigé les affaires de M. le duc d'*Orléans*, il devint contrôleur-général & miniftre d'état. C'étoit dans des tems difficiles; la guerre ruineufe de 1756 avoit épuifé les coffres du roi & les reffources des particu-

liers. M. de *Silhouette* ne conferva pas long-tems fa place. Il fe retira dans fa terre de Bry-fur-Marne, où il vécut en philofophe Chrétien, répandant les bienfaits fur fes vaffaux, & profitant de toutes les occafions de faire le bien. Il y mourut en 1767, à 58 ans. Les ouvrages qui l'ont fait connoître dans la république des lettres, font : I. *Idée générale du Gouvernement Chinois*, 1729, in-4°, 1731, in-12. II. *Réflexions Politiques fur les grands Princes*, traduites de l'Efpagnol de *Balthafar Gracian*, 1730, in-4°. & in-12. III. Une Traduction en profe des *Effais de Pope fur l'Homme*, in-12. Cette verfion eft fidelle, le ftyle eft concis; mais on y defireroit quelquefois plus d'élégance & de clarté. IV. *Mélanges de Littérature & de Philofophie*, de Pope, 1742, 2 vol. in-12. V. *Traité Mathématique fur le Bonheur*, 1741, in-12. VI. *L'Union de la Religion & de la Politique*, de *Warburton*, 1742, 2 vol. in-12.

SILIUS ITALICUS, (*Caius*) homme confulaire, mort au commencement du règne de *Trajan*, âgé de 75 ans, fe laiffa mourir de faim, n'ayant pas le courage de fupporter le mal qui le tourmentoit. *Silius* avoit d'abord fait le métier de délateur; mais il effaça cette tache dans la fuite. Sa fortune étoit affez confidérable. Il poffédoit une maifon qui avoit été à *Cicéron*, & une autre où étoit le tombeau de *Virgile*; mais il n'avoit ni l'éloquence du premier, ni la verve du fecond. *Silius* eft connu par un *Poëme* latin *fur la IIe Guerre Punique*. Cette production reffemble à une Gazette, par la foibleffe de la verfification, & par l'exactitude & l'ordre qu'il a mis dans les faits. Son principal mérite eft d'avoir écrit avec affez de pureté.

Ce Poëme fut trouvé par le *Pogge* dans une tour du monaſtére de *St-Gal*, durant la tenue du concile de Conſtance. La 1ʳᵉ édition de *Silius Italicus* eſt de Rome, 1471, in-fol. Les meilleures ſont celles d'*Alde*, 1523, in-8°; de Paris, 1618, in-4°; & d'Utrecht, 1717, in-4°, par *Drakenborch*.

SILLERY, *Voy.* I. BRULART.

SILLEUS, ambaſſadeur d'*Oboda*, l'un des rois d'Arabie, à Jéruſalem, étant venu pour traiter de pluſieurs affaires importantes avec *Hérode* le *Grand*, conçut de l'amour pour *Salomé* ſa ſœur, & la demanda à ce roi en mariage. *Hérode* la lui accorda, à condition qu'il ſe feroit Juif. Le prince Arabe refuſa cette condition; mais *Salomé*, étouffant la voix de l'honneur, épouſa clandeſtinement ſon amant. *Silleus*, de retour dans ſon pays, attenta aux jours du roi ſon maître, & fit périr auſſi pluſieurs ſeigneurs Arabes, pour monter ſur le trône. Mais les crimes de cet ambitieux étant parvenus aux oreilles d'*Auguſte*, cet empereur le fit punir du dernier ſupplice.

SILLY, (Madeleine de) *Voyez* FARGIS.

I. SILVA, *Voyez* SYLVA.

II. SILVA, (Jean-baptiſte) né à Bordeaux en 1684, d'un médecin, prit le même état que ſon pere. Après avoir reçu le bonnet de docteur à Montpellier à l'âge de 19 ans, il vint à Paris, & obtint le même grade dans la faculté de médecine de cette ville. Pluſieurs cures importantes lui ayant donné une grande réputation, il fut recherché dans les maiſons les plus diſtinguées. Son nom pénétra dans les pays étrangers. La czarine *Catherine* lui fit propoſer la place de ſon premier médecin, avec des avantages con-

ſidérables; mais *Silva* ne voulut pas abandonner le pays auquel il devoit ſa naiſſance, ſa réputation & ſa fortune. Il mourut à Paris en 1744, à 61 ans, avec les titres de premier médecin du prince de *Condé* & de médecin - conſultant du roi. Il laiſſa une fortune très-conſidérable, & quelques écrits : entr'autres un *Traité de l'uſage des différentes ſortes de Saignées, & principalement de celle du pied*, 1727, 2 vol. in-12. Il étoit fort au-deſſus de ſon livre, & c'étoit un de ces médecins que *Moliére* n'eût pu, ni oſé rendre ridicules.

I. SILVAIN, *Voyez* SILAS.

II. SILVAIN, (*Flavius-Silvanus*) fils de *Bonitus* capitaine François. Ses ſervices militaires l'élevérent, ſous le règne de *Conſtance*, au grade de commandant de la cavalerie, & enſuite à la place de général de l'infanterie dans les Gaules. Il combattit avec ſuccès les barbares. Il étoit occupé à les repouſſer, lorſque ſes ennemis le calomnioient à la cour & lui ſuppoſoient le deſſein de ſe faire élire empereur. Comme il connoiſſoit le caractére ſoupçonneux de *Conſtance*, il ſe crut perdu; & dans cette idée, il accepta le titre d'Auguſte que ſes ſoldats lui donnérent en Juillet 355. *Urſicin*, envoyé avec une armée contre lui, feignit de le reconnoître pour ſon prince légitime, & après l'avoir endormi par cet artifice, il le fit poignarder dans une chapelle. *Silvain* ne porta la pourpre qu'environ un mois. Il en étoit digne par ſes vertus : il ſupportoit tranquillement les fatigues de la guerre, & joignoit à une valeur plus réfléchie que téméraire, une douceur de mœurs & une politeſſe qui le faiſoient aimer de tous les militaires. La plûpart de ſes officiers furent punis de mort ; mais *Conftance* épargna fon fils, & lui laiffa les biens de fa famille.

SILVERE, natif de Campanie, fils du pape *Hormifdas*, monta fur la chaire de S. Pierre après le pape *Agapet I*, en 536, par les foins du roi *Théodat*. Peu de tems après ayant été accufé d'avoir des intelligences avec les Goths, il fut envoyé en exil à Patare en Lycie, par *Bélifaire*, qui fit ordonner à fa place *Vigile*, le 22 Novembre 537. L'emper. *Juftinien*, ayant appris les outrages qu'on faifoit à ce faint pape, ordonna qu'on le rétablît fur fon fiége ; mais l'impératrice *Theodora*, qui de nouveau noircit le pontife, le fit conduire dans l'ifle Palmaria, où il mourut de faim en Juin 537. Après fa mort, *Vigile* fut reconnu pour pape légitime.

· I. SILVESTRE I, (St) pape après *S. Melchiade* en Janvier 314, envoya · des députés au concile d'Arles pour l'affaire des Donatiftes, & en tint lui-même plufieurs à Rome. Il envoya auffi *Vitus* & *Vincent*, prêtres de l'Eglife de Rome, avec *Ofius* évêque de Cordoue, au concile général de Nicée, en 325, pour y affifter en fon nom. Sa mort, qui arriva en Décembre 335, fut celle d'un faint. C'eft fous fon pontificat que commença d'éclater l'héréfie d'*Arius*, qui déchira fi long-tems l'Eglife.

II. SILVESTRE II, appellé auparavant *Gerbert*, né en Auvergne d'une famille obfcure, fut élevé au monaftére d'Aurillac, & devint par fon mérite abbé de Bobio. Il fe retira enfuite à Reims, où il fut chargé de l'école de cette ville, & où il eut pour difciple, *Robert*, fils de *Hugues Capet*. Son favoir lui fit tant d'admirateurs, qu'il fut élevé fur la chaire archié-

pifcopale de cette ville en 992 ; après la dépofition d'*Arnoul*. Mais celui-ci ayant été rétabli en 998 par *Grégoire V*, *Gerbert* fe retira en Italie, où il obtint l'archevêché de Ravennes, à la prière d'*Othon* qui avoit été fon difciple. Enfin le pape *Grégoire V* étant mort, le favant Bénédiftin obtint la papauté, par la protection du même prince, en 999, & il en jouit jufqu'en 1003, année de fa mort. *Gerbert* étoit un des plus favans hommes de fon fiécle. Il étoit habile dans les mathématiques & dans les fciences les plus abftraites. Il nous refte de lui 149 *Epîtres*, & divers autres ouvrages, qui dépofent en faveur de fon érudition.

III. SILVESTRE, (François) pieux & favant général des Dominicains, étoit d'une illuftre famille de Ferrare : ce qui l'a fait appeller *Francifcus Ferrarienfis*. Il mourut à Rennes dans le cours de fes vifites en 1528, à 54 ans, après avoir gouverné fon ordre avec beaucoup de prudence. On a de lui plufieurs ouvrages. Les principaux font : I. De bons *Commentaires* fur les Livres de *St Thomas* contre les Gentils, dans le tome IXᵉ des Œuvres de ce S. Docteur. II. Une *Apologie* contre *Luther*. III. La *Vie* de la bienheureufe *Ofanna* de Mantoue, religieufe.

SILVESTRE DE PRIERIO, *Voy.* MOZZOLINO.

IV. SILVESTRE, (Ifraël) graveur, né à Nancy en 1621, mourut à Paris en 1691. Ce maître, élève d'*Ifraël Henriet*, fon oncle, qu'il furpaffa en peu de tems, eft célèbre par le goût, la fineffe & l'intelligence qu'il a mis dans divers Payfages & dans différentes Vues gravées de fa main. Sa manière tient beaucoup de celles de *Callot* & de *la Belle*, dont il poffédoit plusieurs planches. *Louis XIV* occupa *Silvéstre* à graver ses palais, des places conquises, &c. Ce célèbre artiste fut aussi décoré du titre de maître à dessiner de Mgʳ le Dauphin, & gratifié d'une pension & d'un logement au Louvre : honneurs qui ont passé successivement, avec son mérite, à ses descendans. On le met aussi au rang des habiles compositeurs.

V. SILVESTRE, (François) écrivain Français, réfugié en Hollande, a traduit le *Flambeau de la Mer* de *Van-Loon*, à Amsterdam, 1687, 5 vol. in-fol.

VI. SILVESTRE, (Louis) premier peintre du roi de Pologne, électeur de Saxe, mour. le 14 Avril 1760, âgé de 85 ans. Il manioit le pinceau avec beaucoup de succès, & joignoit les agrémens de l'esprit aux talens de la main.

SILVIA, *Voyez* RHEA.

SILVIUS, *Voyez* SYLVIUS.

SILURE, roi des Scythes, est célèbre par un trait curieux rapporté par *Plutarque*. Etant près de la mort, il fit apporter un paquet de dards, & le donna à ses 80 enfans pour le rompre. Chacun en particulier, après l'avoir essayé, avoua qu'il ne pouvoit en venir à bout. *Silure* le prit à son tour, délia le paquet, & brisa chaque dard l'un après l'autre : leur montrant par-là que s'ils étoient toujours unis ensemble, ils seroient invincibles; mais s'ils se séparoient une fois, il seroit très-aisé de les vaincre.

I. SIMEON, chef de la tribu du même nom, & second fils de *Jacob* & de *Lia*, naquit vers l'an 1757 avant J. C. Etant allé durant la famine avec ses freres en Egypte, pour acheter du bled, il resta en ôtage pour assûrer leur retour. Il vengea avec *Levi* l'enlèvement de sa sœur *Dina*, en égorgeant tous

les sujets de *Sichem* : (*Voyez* ce mot.) action atroce, par laquelle on fit périr une foule d'innocens pour punir un seul coupable. *Jacob*, au lit de la mort, témoigna son indignation contre la violence que *Siméon* & *Lévi* avoient exercée envers les Sichimites. Il leur prédit qu'en punition de leur crime, Dieu les sépareroit l'un de l'autre, & disperseroit leurs descendans parmi les autres tribus. L'événement justifia la prédiction d'une maniére frapante. *Lévi* n'eut jamais de lot, ni de partage fixe dans Israël; & *Siméon* ne reçut pour partage qu'un canton que l'on démembra de la tribu de *Juda*, & quelques autres terres. Le crime de *Zamri* attira aussi la malédiction sur la tribu de *Siméon*, & c'est la seule que Moyse ne bénit point en mourant. Quoique cette tribu fût composée de 59000 combattans lorsqu'ils sortirent d'Egypte, il n'en entra que 22200 dans la Terre-promise. Les autres périrent dans le désert à cause de leurs murmures.

II. SIMEON, aïeul de *Mathathias*, pere des *Machabées*, de la race des Prêtres, descendoit du vertueux *Phinées*.

III. SIMEON, homme juste & craignant Dieu, vivoit à Jérusalem dans l'attente du Rédempteur d'Israël. Il demeuroit presque toujours dans le Temple, & le St-Esprit l'y conduisit, dans le moment que *Joseph* & *Marie* y présentérent J. C. Alors ce vieillard, prenant l'enfant entre ses bras, rendit graces à Dieu, & lui témoigna sa reconnoissance par un admirable Cantique, qui est un excellent modèle d'action de graces.

IV. SIMEON, frere de *Jesus-Christ*, c'est-à-dire, son cousin-germain, étoit fils de *Cleophas* & de *Marie*, sœur de la Ste Vierge, &

freres de S. *Jacques* le *Mineur*, de *Joseph* & de S. *Jude*. Il fut difciple du Seigneur, & élu évêque de Jérufalem après la mort de *Jacques* fon frere. *Trajan* ayant fait faire des recherches exactes de ceux qui fe difoient defcendus de *David*, on déféra *Siméon* à *Atticus* gouverneur de Syrie. Après avoir été long-tems tourmenté, il fut enfin crucifié l'an 107 de J. C., âgé de 120 ans, dont il en avoit paffé 40 dans le gouvernement de fon Eglife.

V. SIMEON-STYLITE, (St) né à Sifan fur les confins de la Cilicie, étoit fils d'un berger, & fut berger lui-même jufqu'à l'âge de 13 ans. Il entra alors dans un monaftére, d'où il fortit quelque tems après, pour s'enfermer dans une cabane. Après y avoir refté 3 ans, il alla fe placer fur une colonne haute de 36 coudées, fur le haut d'une montagne de Syrie, où il fit la pénitence la plus auftére jufqu'à fa mort, arrivée en 461, à 69 ans. Il y a des chofes fi furprenantes dans l'hiftoire de ce héros de la mortification, que quelques écrivains les ont révoquées en doute. Mais ils ne faifoient pas attention que *Théodoret* qui les a écrites, en parle comme témoin oculaire. Nous avons de lui une *Lettre* & un *Sermon* dans la Bibliothèque des Peres. Il y a eu un autre St SIMEON STYLITE, qu'on furnomma *le Jeune*, parce qu'il vivoit près d'un fiécle après l'Ancien, c'eft-à-dire vers 522. Il mourut en 595.

VI. SIMEON-METAPHRASTE, né, au xᵉ fiécle à Conftantinople, s'éleva par fa naiffance & par fon mérite aux emplois les plus confidérables. Il fut fecrétaire des empereurs *Léon* le *Philofophe* & *Conftantin Porphyrogenète*, & eut le département des affaires étrangères. Ce prince l'ayant exhorté à faire le recueil des *Vies des Saints*, il ne fe contenta pas de compiler les faits, il les broda d'une manière romanefque. Il raffembla tout à la fois des exemples des vertus les plus héroïques, & des prodiges les plus ridicules. On a traduit plufieurs fois fon ouvrage en latin, & on le trouve dans le recueil des *Vies des Saints* par *Surius*; mais il feroit à fouhaiter qu'on l'imprimât en grec: car, quoiqu'il foit rempli de fables, il renferme des monumens anciens & authentiques qu'un habile critique difcerneroit. Cet écrivain fut nommé *Métaphrafte*, parce qu'il paraphrafoit les récits en amplificateur. C'eft d'après cet hagiographe que plufieurs hiftoriens ont écrit, avant le règne de la critique, des Vies des Saints, pour lefquelles il faut autant de crédulité dans les lecteurs, qu'il y a eu de fimplicité dans leurs auteurs. On a encore de lui des vers grecs dans le *Corpus Poëtarum Græcorum*, Genève 1606 & 1614, 2 vol. in-fol.

VII. SIMEON, fameux rabbin du IIᵉ fiécle, eft regardé par les Juifs comme le Prince des Cabaliftes. C'eft à lui qu'on attribue le livre Hébreu, intitulé *Zohar*, c'eft-à-dire *la Lumiére*; Crémone, 1560, 3 vol. in-fol.

SIMEONI, *ou* DE SIMEONIBUS, (Gafpard) d'Aquila, dans le royaume de Naples, chanoine de *Ste Marie Majeure*, & fecrétaire du pape *Innocent X*, brilla à Rome par fes *Poéfies* latines & italiennes. Il a conferrvé dans les unes & dans les autres, & fur-tout dans les premières, le goût de l'antiquité qui fembloit être banni de l'Italie. Ses vers ne manquent ni de force, ni d'harmonie, ni de graces; & il mérite d'être diftingué dans la foule des verfificateurs Latins, qu'ont produit ces derniers siécles.

SIMIANE, (Charles Jean-baptiste de) marquis de *Pianèze*, miniſtre du duc de Savoye, & colonel-général de ſon infanterie, ſervit ce prince avec zèle dans ſon conſeil & dans ſes armées. Sur la fin de ſes jours, il quitta la cour, & ſe retira à Turin chez les Prêtres de la Miſſion, où il ne s'occupa que de ſon ſalut. Sa ſolitude n'étoit troublée que par les conſeils qu'on lui demandoit comme à l'oracle de la Savoye. Il finit ſaintement ſes jours en 1677. On a de lui : I. Un *Traité de la vérité de la Religion Chrétienne*, en italien, dont le Pere *Bouhours* a donné une Traduction françoiſe, in-12. II. *Piiſſimi in Deum Affectus, ex Auguſtini Confeſſionibus delecti*, in-12, &c.

SIMLER, (Joſias) miniſtre de Zurich, mourut dans cette ville en 1576, à 45 ans. On a de lui : I. Divers ouvrages de *Théologie* & de *Mathématiques*. II. Un Abrégé de la *Bibliothèque* de *Conrard Geſner*, eſtimé, quoiqu'il y ait quelques inexactitudes. Cet Abrégé parut à Zurich en 1574, in-fol.; & *Friſius* en donna une édition augmentée en 1583. III. *De Helvetiorum Republicâ*, chez *Elzevir*, 1624, in-24; traduit en françois, 1579, in-8°. IV. *Valleſiæ Deſcriptio*, ibid. 1633, in-24.

SIMNEL, (Lambert) *Voyez* EDOUARD *Plantagenet*.

I. SIMON I, grand-prêtre des Juifs, ſurnommé *le Juſte*, étoit fils d'*Onias I*, auquel il ſuccéda dans la grande ſacrificature. Il répara le Temple de Jéruſalem qui tomboit en ruine, le fit environner d'une double muraille, & y fit conduire de l'eau par des canaux pour laver les hoſties.

II. SIMON II, petit-fils du précédent, ſuccéda à *Onias II*, ſon pe-

re. C'eſt ſous ſon pontificat que *Ptolomée Philopator* vint à Jéruſalem. Ce prince ayant voulu entrer dans le Saint des Saints, malgré les oppoſitions de *Simon*, Dieu étendit ſur lui ſon bras vengeur, & punit ſa profanation, en le renverſant par terre ſans force & ſans mouvement.

III. SIMON-MACHABÉE, fils de *Mathathias*, ſurnommé *Thaſi*, fut prince & pontife des Juifs, l'an 143 avant J. C. Il ſignala ſa valeur dans pluſieurs occaſions, ſous le gouvernement de *Judas* & de *Jonathas* ſes freres. Le premier, l'ayant envoyé avec 3000 hommes dans la Galilée, pour ſecourir les Juifs de cette province contre les habitans de Tyr, de Sidon & de Ptolémaïde, *Simon* défit pluſieurs fois les ennemis. Il battit *Apollonius*, conjointement avec *Jonathas*; & celui-ci ayant été arrêté par *Tryphon*, *Simon* alla à Jéruſalem pour raſſûrer le peuple, qui, ne voyant perſonne plus digne que lui d'être à la tête des affaires, l'élut tout d'une voix. *Simon*, devenu pere de ſa nation par ce choix unanime, fit d'abord aſſembler tous les gens de guerre, répara & diligence les murailles, les fortifications de Jéruſalem, & s'appliqua à fortifier les autres places de la Judée. Il envoya enſuite des ambaſſadeurs à *Demetrius*, qui avoit ſuccédé dans le royaume de Syrie au jeune *Antiochus*, & le pria de rétablir la Judée dans ſes franchiſes. Le prince lui accorda tout ce qu'il demandoit. La liberté étant rendue aux Juifs, *Simon* renouvella l'alliance avec les Spartiates, battit les troupes d'*Antiochus Soter*, roi de Syrie, & ſur la fin de ſes jours, il viſita les villes de ſon état. Lorſqu'il arriva au château de Doch, où demeuroit *Ptolomée* ſon gendre, cet ambitieux, qui vouloit s'ériger en souverain du pays, fit inhumainement massacrer *Simon* & deux de ses fils, au milieu d'un festin qu'il leur donna, l'an 135 avant J. C.

IV. SIMON, (Saint) Apôtre du Seigneur, fut surnommé *Cananéen*, c'est-à-dire *Zèlé*. On ignore le motif de ce surnom. Son zèle pour *Jesus-Christ* le lui fit-il donner, ou étoit-il d'une certaine secte de Zèlés? On est aussi peu instruit sur les particularités de sa vie, sur sa prédication, & le genre de sa mort. Quelques-uns le font aller dans l'Egypte, la Libye, la Mauritanie; d'autres lui font parcourir la Perse, mais avec aussi peu de fondement que les premiers.

V. SIMON LE CYRENÉEN, pere d'*Alexandre* & de *Rufus*, étoit de Cyrène dans la Libye. Lorsque *Jesus-Christ* montoit au Calvaire, & succomboit sous sa propre croix, les soldats contraignirent *Simon*, qui passoit, de la porter avec lui.

VI. SIMON LE MAGICIEN, du bourg de Gitron dans le pays de Samarie, séduisoit le peuple par ses enchantemens & ses prestiges, & se faisoit appeler *la grande Vertu de Dieu*. Le diacre *Philippe* étant venu prêcher l'Evangile dans cette ville, *Simon*, étonné des miracles qu'il faisoit, demanda & obtint le baptême. Les Apôtres quelque-tems après vinrent pour imposer les mains aux baptisés. *Simon* voyant que les fidèles qui recevoient le St-Esprit, parloient plusieurs langues sans les avoir apprises, & opéroient des prodiges, offrit de l'argent pour acheter la vertu de communiquer ces dons. Alors *Pierre* indigné le maudit avec son argent, parce qu'il avoit cru que le don de Dieu pouvoit s'acheter. C'est de-là qu'est venu le mot de *Simonia:*

que, qu'on applique à ceux qui achètent ou vendent les choses spirituelles. Après le départ des Apôtres, *Simon* tomba dans des erreurs grossières, & se fit des prosélytes. Il quitta Samarie, & parcourut plusieurs provinces qu'il infecta de ses impiétés. Il attiroit beaucoup de monde après lui par ses prestiges, & se fit sur-tout une grande réputation à Rome, où il arriva avant S. *Pierre*. Les Romains le prirent pour un Dieu, & le sénat lui-même fit ériger à cet imposteur une statue dans l'isle du Tibre, avec cette inscription : *Simoni Deo Sancto*. Il est vrai que d'habiles critiques contestent ce fait, & prétendent que cette statue étoit consacrée à *Semô-Sachus*, qui étoit une Divinité adorée parmi les Romains. Quoi qu'il en soit, les illusions de ce fourbe fascinérent les yeux des habitans de Rome; mais le charme ne dura pas. S. *Pierre* étant venu peu après lui dans cette ville, ruina sa réputation par un coup d'éclat que quelques critiques révoquent en doute. Le Magicien se disoit fils de Dieu, & se vantoit comme tel de pouvoir monter au ciel. Il le promit à *Néron* lui-même, & le jour pris, en présence d'une foule de peuple qui étoit accouru à ce spectacle, il se fit élever en l'air par deux démons dans un chariot de feu. Mais aux prières de *Pierre* & *Paul*, *Simon*, qui étoit à une certaine hauteur, tomba par terre & se rompit les jambes. Accablé par la honte de sa défaite, il se précipita bientôt après du haut du logis où on l'avoit porté.

VII. SIMON, noble Juif de la ville de Scythopolis, prit le parti des Romains, & défendit avec beaucoup de valeur la ville contre les attaques des Juifs. Il devint suspect aux habitans, qui lui dirent de se retirer avec les Juifs de son parti dans un bois proche de la ville. Lorsqu'ils furent retirés, les habitans de la ville allèrent de nuit les égorger. *Simon* surpris se contenta de se récrier contre une si horrible perfidie. Il se reprochoit de n'avoir pas suivi le parti des Juifs. En même tems il prit son pere par les cheveux, lui enfonça son épée dans le ventre, en fit autant à sa mere & à ses enfans ; puis il monta sur ces corps morts, & levant le bras pour être vu de tout le monde, il se donna un coup d'épée, dont il mourut sur l'heure.

VIII. SIMON, fils de *Gioras*, l'un des plus grands seigneurs d'entre les Juifs, fut cause de la ruine de Jérusalem & de la nation. Les Juifs l'avoient reçu dans Jérusalem comme un libérateur. Ils l'avoient appellé pour les délivrer de la tyrannie de *Jean* ; mais il fut encore plus cruel que ce tyran, avec lequel il partagea la souveraine autorité. Quand la ville fut prise par les Romains, il se cacha dans les soûterreins avec des ouvriers munis d'outils nécessaires pour creuser. Mais il manqua bientôt de provisions, retourna sur ses pas, fut pris par les ennemis, attaché au char de triomphe de *Tite*, puis exécuté sur la place publique de Rome. *Voy.* GISCALA.

IX. SIMON, moine d'Orient dans le XIIIᵉ siécle, passa en Europe où il se fit Dominicain, & composa un *Traité* contre les Grecs sur la *Procession du S. Esprit*, qu'on trouve dans *Allatius*.

X. SIMON, (Richard) né à Dieppe en 1638, entra dans la congrégation de l'Oratoire & en sortit peu de tems après. Il y rentra ensuite vers la fin de 1662, la mé-moire enrichie d'une partie des langues Orientales. Quelques chicanes qu'on lui fit sur cette étude, lui firent naître l'idée de quitter de nouveau l'Oratoire pour les Jésuites ; mais il en fut détourné par le Pere *Bertad*, supérieur de l'Institution. Il fut employé bientôt à dresser un catalogue de livres Orientaux de la bibliothèque de la maison de *St Honoré*, & il s'en acquitta avec succès. Le président de *Lamoignon*, ayant eu occasion de le voir, fut si satisfait de son érudition, qu'il engagea ses supérieurs de le retenir à Paris ; mais comme il ne pouvoit pas payer sa pension, on l'envoya à Juilli pour y professer la philosophie. Ce fut alors qu'il commença à publier ses différens ouvrages. La hardiesse de ses sentimens, la singularité de ses opinions, & les épines de son caractère, l'obligérent de quitter l'Oratoire en 1678, pour se retirer à Belleville en Caux dont il étoit curé. On a de lui une Satyre amère de cette congrégation dans la *Vie* du P. *Morin*, insérée dans les *Antiquitates Ecclesiæ Orientalis* de ce savant. *Simon* répétoit souvent : *Alterius ne fit, qui suus esse potest*. Rendu à lui-même, il vécut à Dieppe sa patrie, & y mourut en 1712, à 74 ans. On ne peut lui refuser une érudition très-vaste & une littérature très-variée. Sa critique est exacte, mais elle n'est pas toujours modérée ; & il règne dans tout ce qu'il a écrit un esprit de singularité & de nouveauté, qui lui suscita bien des adversaires. Les plus célèbres sont *Veil*, *Spanheim*, le *Clerc*, *Jurieu*, le *Vassor*, *Du-Pin*, *Bossuet*, &c. *Simon* ne laissa presque aucun de leurs écrits sans réponse : la hauteur & l'opiniâtreté dominent dans tous ses écrits polémiques. Son caractére mordant, sa-

tyrique & inquiet ne fit que s'aigrir dans fa vieilleffe. On a de lui
un très-grand. nombre d'ouvrages.
Les principaux font : I. Une édition des Opufcules de *Gabriel de
Philadelphie* , avec une Traduction
latine & des notes , 1686, in - 4°.
II. *Les Cérémonies & Coutumes des
Juifs* , traduites de l'Italien de *Léon
de Modène* , avec un Supplément
touchant les Sectes des *Caraïtes* &
des *Samaritains* , 1681, in-12 ; ouvrage eftimable. III. L'*Hiftoire critique du Vieux Teftament* , dont la
meilleure édition eft celle de Rotterdam, chez *Regnier Leers* , in-4°,
1689. IV. *Hiftoire critique du Texte
du Nouveau-Teftament* , Rotterdam,
1689, in-4° ; qui fut fuivie , en
1690, d'une *Hiftoire critique des Verfions du Nouveau - Teftament* , & en
1692 , de l'*Hiftoire critique des principaux Commentateurs du Nouveau-
Teftament* , &c. avec une *Differtation critique fur les principaux Actes
manufcrits cités dans ces trois parties* ,
in-4°. Tous ces écrits refpirent l'é-
rudition & la hardieffe d'une critique téméraire. V. *Réponfe au livre
intitulé : Sentimens de quelques Théologiens de Hollande* , 1686, in - 4°.
VI. *Infpiration des Livres facrés* ,
1687, in-4°. VII. *Nouvelles Obfervations fur le Texte & les Verfions
du Nouveau-Teftament* , Paris 1695 ,
in-4°. VIII. *Lettres critiques* , dont
la meilleure édition eft celle d'Amfterdam en 1730 , 4 vol. in - 12 ,
dans lefquelles il y a des chofes
curieufes & intéreffantes. IX. Une
*Traduction françoife du Nouveau-Tef-
tament* , avec des remarques littérales & critiques , 1702, 2 vol. in-
8°. *Noailles* archevêque de Paris ,
& *Boffuet* , condamnèrent cet ouvrage. X. *Hiftoire de l'origine & du
progrès des Revenus eccléfiaftiques*. Cet
ouvrage curieux & recherché parut en 1709, 2 vol, in-12, fous

le nom fuppofé de *Jérôme Acofta*.
C'eft, dit-on , le réfultat d'un mécontentement de *Simon* contre une
commun. de Bénédictins. XI. *Créance de l'Eglife Orientale fur la Tranffubftantiation* , 1687 , in-12. XII.
Bibliothèque critique , fous le nom
de *Saint - Jorre* , avec des notes ,
1708 & 1710, 4 vol. in - 12. Ce
livre fut fupprimé par arrêt du Confeil ; il eft devenu rare. On y trouve des pièces qu'on chercheroit
vainement ailleurs. XIII. *Bibliothèque choifie* , 2 vol. in - 12. XIV.
*Critique de la Bibliothèque des Au-
teurs Eccléfiaftiques de M. Du-Pin* ,
& des *Prolégomènes fur la Bible* du
même , 1730 , 4 vol. in-8° ; avec
des éclairciffemens. & des remarques du Pere *Souciet* , Jéfuite , qui
eft l'éditeur de cet ouvrage. XV.
*Hiftoire critique de la Croyance & des
Coutumes des Nations du Levant* , fous
le nom de *Moni* , &c. livre. intéreffant & inftructif, 1693 , in-12.

XI. SIMON, (Jean-François)
né à Paris en 1654 d'un habile
chirurgien, fut élevé avec foin par
fon pere , prit l'habit eccléfiaftique , & fe fit recevoir docteur en
droit-canon. On le plaça l'an 1684 ,
en qualité de précepteur , auprès
de Pelletier-des-Forts. Ses fervices
& fes talens lui méritèrent les places de contrôleur des fortifications,
& d'affocié de l'académie des Infcriptions & belles - lettres. L'abbé
de *Louvois* l'ayant choifi, en 1719 ,
pour garde des médailles du cabinet du roi ; il quitta alors l'habit
eccléfiaftique, parce que *Louis XIV* ,
prince d'habitude, qui n'avoit vu
que des laïcs dans cette place, ne
voulut jamais la donner à d'autres.
Simon la remplit dignement. Il excelloit fur-tout dans les devifes &
les infcriptions. On a de lui plufieurs favantes *Differtations* dans
les *Mémoires de l'Académie des Inf-*
crip-

eriptions. Il mourut en 1719 , à 65 ans.

XII. SIMON, (Denys) conseiller du présidial & maire-de-ville de Beauvais, mort en 1731, possédoit l'histoire & la jurisprudence. On a de lui : I. Une *Bibliothèque des Auteurs de Droit*, 1692 & 1695, 2 vol. in-12. II. Un *Supplément à l'Histoire de Beauvais*, 1706, in-12.

XIII. SIMON, (Claude-François) imprimeur de Paris, mort dans cette ville en 1767, à 55 ans, joignoit aux connoissances typographiques celles de la littérature. On a de lui : I. *Connoissance de la Mythologie*, in-12. II. Deux Comédies : *Minos* ou l'*Empire Soûterrein*, les *Confidences réciproques*, non représentées. On lui attribue les *Mémoires de la Comtesse d'Horneville*, 2 vol. in-12 : Roman foiblement & négligemment écrit, & dénué d'imagination.

SIMONEL, (Dominique) avocat, a donné un *Traité* estimé *des Droits du Roi sur les Bénéfices de ses Etats*, 1752, 2 vol. in-4°. II. *Dissertation sur les Pairs de France*, 1753, in-12. III. *Traité du refus de la Communion à la Sainte Table*, 1754, 2 vol. in-12. Il mourut en 1755.

SIMONET, (Edmond) né à Langres en 1662, se fit Jésuite en 1681. Ses supérieurs le chargérent de professer la philosophie à Reims & à Pont-à-Mousson, où il enseigna ensuite la théologie scholastique. Il mourut dans cette ville en 1733. On a de lui un Cours de Théologie sous ce titre : *Institutiones Theologicæ ad usum Seminariorum*, à Nanci, 1721, 1728, 11 vol. in-12 ; & à Venise, 1731, 3 vol. in-fol.

SIMONETTA, (Boniface) né dans l'Etat de Gènes, entra chez les Cisterciens, & mourut vers la

fin du xv⁴ siécle, après avoir rempli les devoirs de son état, & tourné ses études du côté de l'Histoire ecclésiastique. On doit à ses soins un ouvrage relatif à cet objet, sous ce titre : *De persecutionibus Christianæ fidei & Romanorum Pontificum.* Il fut imprimé d'abord à Milan en 1492, & ensuite à Bâle en 1509, in-fol. Les critiques ne le consultent guéres, parce qu'ils reprochent à cet auteur beaucoup d'inexactitude & de crédulité.

SIMONIDE, (Simon) poëte Latin, né à Léopold en Pologne, fut secrétáire de *Jean Zamoski*. La couronne poëtique dont *Clément VIII* l'honora, fut la récompense de son talent. Ses Vers ont été recueillis à Varsovie, 1772, in-4°. L'auteur mourut en 1629, à 72 ans.

SIMONIDES, né à Céos, aujourd'hui Zéa, isle de la mer Egée, florissoit du tems de *Darius* fils d'*Hystaspes*, vers l'an 480 avant J. C. La poésie fut son principal talent ; il excella sur-tout dans l'Elégie. A l'âge de 80 ans, il lutta pour le prix des vers, & eut la gloire de remporter la victoire. *Hiéron* roi de Syracuse, l'appella à sa cour ; mais le poëte y parla en philosophe. *Pausanias* n'eut pas moins d'estime pour lui ; ce général lui ayant demandé un jour quelque sentence judicieuse : *Souvenez-vous*, lui répondit *Simonides, que vous êtes homme.* Cette réponse parut si froide à *Pausanias*, qu'il ne daigna pas y faire attention. Mais s'étant trouvé dans un asyle, où il combattoit contre une faim insupportable, dont il ne pouvoit sortir sans s'exposer au dernier supplice, malheur que son ambition lui avoit attiré ; il se souvint des paroles de ce poëte, & s'ecria par trois fois : *O Simonides, qu'il y avoit un grand sens dans l'exhorta-*

Tome VI.

Z

tion que tu me fis !.. *Simonides* pacifia deux princes extrêmement irrités, & actuellement fous les armes l'un contre l'autre. Ce philofophe mourut l'an 460 avant J. C. à 89 ans. Sa gloire fut obfcurcie par fon avarice & par la vénalité de fa plume. Il ne nous refte que des fragmens de fes Poëfies, dont *Léon Allatius* a donné les titres. *Fulvius Urfinus* les a recueillies, avec des notes, Anvers 1568, in-8°; & dans le *Corpus Poetarum Græcorum*, Genève, 1606 & 1614, 2 vol.-infol. On prétend que les Dieux le préfervérent du péril qu'il alloit courir dans une maifon prête à tomber. Cette anecdote racontée par *Phèdre*, & verfifiée par *la Fontaine*, paroit fabuleufe. *Simonides* avoit une mémoire prodigieufe, & on lui attribue l'invention de la mémoire locale artificielle. *Voy.* THE-MISTOCLE.

I. SIMONIUS, (Pierre) évêque d'Ypres, natif de Tiel, mort en 1605 à 66 ans, publia des ouvrages contre les Calviniftes. Les principaux font : I. *De veritate.* II. *Apologia contra Calvinum.* III. *De Hærefeos Hæreticorumque naturâ.* IV. *Des Sermons*, Anvers, in-fol.

II. SIMONIUS, (Simon) ou *Simo*, médecin de Lucques dans le XVIᵉ fiécle, paffa tour-à-tour de l'Eglife Romaine dans le parti des Calviniftes, & enfin dans celui des Sociniens. Il eft conftant qu'il fut plus attaché à cette dern. fecte qu'à aucune autre. Il fe retira en Pologne p' être plus en liberté, & s'y fit des ennemis, qui profitérent de fes variations en matière de religion pour le décrier. Le plus acharné de tous fut un certain *Marcel Squarcia-Lupi*, Socinien comme lui, qui le peint comme un homme conftamment Athée. La fatyre où ce fectaire eft fi maltraité, parut

à Cracovie en 1588, in-4°, fous ce titre : *Simonis* SIMONII *fumma Religio.* Cette production fut prife pour l'ouvrage d'un impie, & non pour le libelle d'un fatyrique ; & fupprimée avec tant d'exactitude, qu'elle eft d'une rareté extrême.

I. SIMONNEAU, (Charles) graveur, né à Orléans vers l'an 1639, mort à Paris en 1728, fut d'abord deftiné par fa famille à la profeffion des armes; mais s'étant caffé une jambe à la chaffe, il fut obligé de changer d'état, & dès-lors il cultiva fon goût pour les arts. Il devint élève de *Noël Coypel*, qui le perfectionna dans le deffin, & lui apprit même à manier le pinceau. Il grava en grand & en petit, avec un égal fuccès, le portrait, les figures, & des fujets d'hiftoire. Plufieurs vignettes de fon invention peuvent auffi le mettre au rang des habiles compoḟiteurs. Cet excellent artifte a gravé d'après plufieurs maîtres célèbres, François ou Italiens ; mais il s'eft diftingué particuliérement par les Médailles qu'il a gravées pour fervir à l'Hiftoire métallique de *Louis le Grand.*

II. SIMONNEAU, (Louis) artifte différent du précédent, a gravé l'*Hiftoire de l'Imprimerie & de la Gravure*, en 1694; & l'*Hiftoire des autres Arts & Métiers*, depuis 1694 jufqu'en 1710, 2 vol. in-f. en 168 planches. Ce recueil eft recherché.

I. SIMPLICIUS, natif de Tivoli, pape après *Hilaire*, le 25 Février 468, gouverna avec beaucoup de prudence dans des tems très-difficiles. Il fit tous fes efforts pour faire chaffer *Pierre Mongus* du fiège d'Alexandrie; & *Pierre le Foulon* de celui d'Antioche. Il fut démêler tous les artifices dont *Acace* de Conftantinople fe fervit pour le furprendre. Il nous refte de lui

XVIII Lettres, dont plufieurs fent très-importantes. Il mourut le 27 Février 483, après 15 ans d'un pontificat glorieux.

II. SIMPLICIUS, philofophe Péripatéticien du v° fiécle, étoit Phrygien. Nous avons de lui des *Commentaires* fur *Arifote* & fur *Epictète*, Leyde 1640, in-4°; dans lefquels il y a des chofes curieufes & intéreffantes, & d'autres minutieufes.

SIMPSON, (Thomas) habile mathématicien Anglois, naquit à Bosworth, dans la province de Leicefter en Angleterre, le 20 Août 1710. Son pere étoit un artifan très-pauvre. Il le plaça chez un ouvrier en foie, avec lequel il profita très-peu. Son efprit étoit trop fupérieur à de pareilles occupations, pour qu'il pût y donner de l'attention & de l'affiduité. Un aftrologue du voifinage lui enfeigna un peu d'arithmétique pour fervir à faire des horofcopes. Ces premiers commencemens lui donnérent du goût & du courage. Il vint à Londres en 1732, & fut obligé de travailler aux métiers de foie, en attendant qu'il eût des écoliers de mathématique. Ce n'étoit qu'avec peine qu'il trouvoit des momens de loifir pour compofer fon *Traité des Fluxions*, qui parut en 1737; mais qui a été réimprimé avec beaucoup d'augmentations, en 1750. Il donna enfuite 3 vol. d'*Opufcules* en anglois, qui parurent en 1740, 1743, 1757. On y trouve 37 Mémoires très-intéreffans, dont plufieurs font relatifs à l'aftronomie. En 1742, il mit au jour fon livre *fur les Annuités*, qui lui occafionna une difpute avec le célèbre *Moivre*. En 1743, il fut nommé profeffeur de mathématiques à l'école militaire de Woolwich, avec des gages de 2700 livres de France. C'eft-là qu'il mourut en 1760. Il fut reçu de la fociété royale de Londres & de l'académie des Sciences de Paris, en qualité d'affocié. Il orna le recueil de la fociété royale de plufieurs bons *Mémoires* fur le Calcul intégral, & donna au public des *Elémens* clairs & méthodiques de *Géométrie*. La *Traduction* françoife de ces Elémens a été imprimée à Paris en 1755, in-8°.

I. SIMSON, (Archimbaud) théologien Ecoffois, eft connu par quelques ouvrages médiocres: I. Un *Traité des Hiéroglyphes des Animaux*, dont il eft parlé dans l'Ecriture, Edimbourg 1622, in-4°. II. Un *Commentaire* anglois fur la feconde Epître de *St Pierre*, imprimé à Londres en 1632, in-4°. Il eft favant & diffus.

II. SIMSON, (Edouard) autre théologien Anglois, publia en 1652 une *Chronique univerfelle*, depuis le commencement du Monde jufqu'à J. C. On en donna une belle édition à Leyde en 1739, in-fol.; & on l'a réimprimée fous le même format, à Amfterdam, en 1752. Ce livre, cité fouvent par les chronologiftes, eft auffi favant que méthodique. La Vie de l'auteur eft à la tête, avec la lifte de fes ouvrages.

SINGLIN, (Antoine) fils d'un marchand de Paris, renonça au commerce par le confeil de *St Vincent de Paul*, & embraffa l'état eccléfiaftique. L'abbé de *St Cyran* lui fit recevoir la prêtrife, & l'engagea à fe charger de la direction des religieufes de Port-royal. *Singlin* fut leur confeffeur pendant 26 ans, & leur fupérieur pendant 8. Il fit briller dans ces emplois une piété tendre, un efprit éclairé & un jugement folide. *Pafcal* lui lifoit tous fes ouvrages avant que de les publier, & s'en rapportoit à ses avis. *Singlin* eut beaucoup de part aux affaires de Port-royal, & aux traverses que ce monastére essuya. Craignant d'être arrêté, il se retira dans une des terres de la duchesse de *Longueville*. Il mourut dans une autre retraite, en 1664, consumé par ses austérités, par ses travaux & ses chagrins. On a de lui un ouvrage solide & bien écrit, intitulé : *Instructions Chrétiennes sur les Mystéres de Notre-Seigneur, & les principales Fêtes de l'année*, Paris 1671, en 5 vol. in-8°, réimpr. depuis en 6.vol.in-12. Il a aussi laissé quelques *Lettres*.

SINHOLD, (Jean-Nicolas) théologien Allemand, & professeur d'eloquence à Erford, mort en 1748, continua l'*Erfordia Litterata*, commencée par *Motschman*.

SINNICH, (Jean) docteur de Louvain & professeur de cette université, étoit Irlandois. Il mourut en 1666, après avoir publié un livre in-fol. contre les théologiens de la confession d'Augsbourg, intitulé : *Confessionistarum Goliath-smus profligatus*; & plusieurs autres ouvrages, dont les titres sont bizarres. Il étoit grand défenseur des écrits de *Jansenius*.

SINNIS, fameux brigand qui désoloit les environs de Corinthe. Il attachoit ceux qui tomboient entre ses mains, aux branches de deux gros arbres qu'il avoit pliés & abaissés jusqu'à terre, lesquels se redressant tout-à-coup, mettoient en piéces les corps de ces malheureux. *Théfée* le fit mourir de ce même supplice.

SINON, fils de *Sisyphe*, passa pour le plus fourbe & le plus artificieux de tous les hommes. Lorsque les Grecs firent semblant de lever le siège de Troie, *Sinon* se laissa prendre par les Troïens, &

leur dit qu'il venoit chercher un asyle parmi eux. Dès que le cheval de bois fut entré dans Troie, ce fut lui qui pendant la nuit en alla ouvrir les flancs où les Grecs s'étoient enfermés, & livra ainsi la ville.

SIONITE, *Voy.* II. GABRIEL.

SIRENES, monstres marins, filles de l'*Océan* & d'*Amphitrite*, chantoient avec tant de mélodie, qu'elles attiroient les passans, & ensuite les dévoroient. *Ulysse* se garantit de leurs pièges, en bouchant les oreilles à ses compagnons, & en se faisant attacher au mât de son vaisseau. Les *Sirènes* étoient au nombre de trois, qu'on représentoit ensemble sous la figure de jeunes filles avec une tète d'oiseau, des ailes & des pates de poules ; & plus communément comme de belles femmes dans la partie supérieure du corps, jusqu'à la ceinture, ayant le reste en forme d'oiseaux avec des plumes, ou la queue de poisson. L'une d'elles tient à la main une espèce de tablette, la 2ᵉ a deux flûtes, & la 3ᵉ une lyre.

SIRI, (Vittorio) historiographe du roi, & ancien abbé de Vallemagne, étoit Italien. Il vint s'établir à Paris, où il se fit un nom par son *Mercure*, qui contient l'Histoire du tems, depuis 1635 jusqu'en 1649, en 15 tomes reliés en 21 vol. in-4°. On a encore de lui un ouvrage, dont son Mercure n'est qu'une continuation. Ce sont ses *Memorie recondite*, en 8 vol. in-4°. Ces ouvrages sont précieux, par le grand nombre de piéces originales qu'on y trouve. Les faits sont appuyés sur les instructions secrettes de plusieurs princes & ministres ; mais il faut beaucoup se méfier de la manière dont l'auteur les rend. Il étoit payé pour écrire, & il aimoit beaucoup mieux l'argent que la vérité. M. *Requier* a publié quelques volumes du Mercure, en françois : ouvrage le plus intéreſſant de l'abbé *Siri.* C'eſt moins cependant une Traduction complette, qu'un choix fait avec goût de morceaux curieux répandus dans ce *Mercure.* Le même auteur a traduit les *Mémoires* de *Siri*, ſous ce titre : *Mémoires ſecrets tirés des Archives des Souverains de l'Europe depuis Henri IV*, en pluſieurs volumes in-12. L'abbé *Siri* mourut à Paris en 1685, à 77 ans. *Vigneul Marville* dit que « c'étoit un » moine Italien qui vendoit ſa plu- » me au plus offrant : ce qui a » fait dire de lui aux gens mêmes » de ſa nation que ſon Hiſtoire » eſt *non da hiſtorico, mà da ſalario.* » Le cardinal *Mazarin* ne l'aimoit pas, & s'il lui faiſoit du bien, c'étoit pour ſe racheter de ſes mains qui pinçoient en écrivant. »

SIRICE, (St) Romain, monta ſur la chaire de *St Pierre* après *Damaſe I*, en Décembre 384, à l'excluſion d'*Urſicin*, & mourut en Novembre 398. On a de lui pluſieurs *Epîtres* intéreſſantes, dans le Recueil de D. *Couſtant*; entr'autres une à *Himére*, évêque de Taragone, dans laquelle il répond à diverſes queſtions importantes de ce prélat. Elle paſſe, parmi les ſavans, pour la 1ʳᵉ *Epître Décrétale* qui ſoit véritable. Il condamna *Jovinien* & ſes ſectateurs; mais il n'eut ni pour *St Jérôme*, ni pour *St Paulin*, les égards que ces deux grands-hommes méritoient.

SIRIQUE, *Voyez* III. MELECE.

I. SIRLET, (Guillaume) de Squillacci dans la Calabre, mort en 1585 à 71 ans, poſſéda l'eſtime des papes *Marcel II* & de *Pie IV*, dont le dern. le fit cardinal & bibliothécaire du Vatican, à la

ſollicitation de *St Charles Borromée.* Ce cardinal poſſédoit bien les langues ſavantes.

II. SIRLET, (Flavius) graveur en pierres fines, mort en 1737, floriſſoit à Rome. Ce célèbre artiſte avoit une fineſſe de touche & une pureté de travail qui l'approchent des plus excellens graveurs de l'antiquité. On a de lui beaucoup de *Portraits*, & il a donné, ſur des pierres fines, les repréſentations en petit des plus belles ſtatues antiques qui ſont à Rome. Le fameux groupe de *Laocoon*, un de ſes derniers ouvrages, paſſe pour ſon chef-d'œuvre; il eſt ſur une améthyſte.

I. SIRMOND, (Jacques) né à Riom en 1559, d'un magiſtrat de cette ville, entra chez les Jéſuites & s'y diſtingua par ſon érudition. *Aquaviva*, ſon général, l'appella à Rome en 1590, & *Sirmond* lui ſervit de ſecrétaire pendant 16 ans. Le ſavant Jéſuite profita de ſon ſéjour à Rome : il rechercha les monumens antiques, viſita les bibliothèques; mais en enrichiſſant ſon eſprit, il n'oublia pas ſa fortune. Les cardinaux d'*Oſſat* & *Barberin* furent ſes protecteurs & ſes amis. Il jouit auſſi de l'eſtime du cardinal *Baronius*, auquel il ne fut pas inutile pour la compoſition de ſes Annales. On vouloit le retenir à Rome; mais l'amour de la patrie le rappella en France en 1608. *Louis XIII*, pour mieux l'attacher à ſa perſonne, le choiſit pour ſon confeſſeur. Il remplit long-tems ce poſte avec l'eſtime du public & la confiance du roi, & il ne ceſſa de l'occuper que quelques années avant ſa mort, arrivée en 1651, à 92 ans. Le Pere *Sirmond* avoit les vertus d'un religieux & les qualités d'un citoyen. Lorſqu'il étoit à Rome, il s'employa fort utilement pour les intérêts de la France. La ville de Clermont ayant voulu enlever à Riom fa patrie le *Bureau des Finances*, il obtint une Déclaration du roi, qui l'y fixoit pour toujours. Quoique d'un caractére doux dans la fociété, il étoit affez vif dans fes écrits polémiques. On prétend que, lorfqu'il faifoit fes ouvrages, il tenoit toujours quelque chofe en réferve pour la réplique. On a de lui un grand nombre d'écrits, qui marquent une connoiffance confommée de l'antiquité eccléfiaftique. Le ftyle en eft pur & agréable; ils font prefque tous en latin. Voici les principaux : I. D'excellentes *Notes* fur les *Capitulaires* de *Charles le Chauve* & fur le *Code Théodofien*. II. Une édition des *Conciles de France*, avec des remarques, Paris, *Cramoifi*, 1629, 3 vol. in-fol. Pour la completter, il faut y joindre le Supplément du P. de *la Lande*, Paris, 1666, in-fol. & les *Concilia noviſſima Galliæ d'Odeſpun*, Páris, 1646, in-fol. &c. III. Des éditions des *Œuvres* de *Théodoret* & d'*Hincmar* de Reims. IV. Un grand nombre d'*Opuſcules* fur différentes matières, imprimés à Paris en 1696, en 5 vol. in-fol. L'érudition y eft ménagée à propos, & fon ftyle peut fervir de modèle à ceux qui traitent les matières théologiques. Cependant, quelques éloges qu'on ait donnés au Pere *Sirmond*, il eft certain que l'on a des éditions fupérieures aux fiennes ; que dans les écrits qu'enfanta fa difpute avec l'abbé de *St-Cyran*, il enfeigna plus d'uné opinion que le Clergé de France n'a jamais adoptée ; que fon *Hiſtoire Prédeſtinatienne* & celle de la *Pénitence publique*, doivent être lues avec beaucoup de précaution.

II. SIRMOND, (Jean) neveu, ainfi que le fuivant, du fameux

Pere *Sirmond*, membre de l'académie Françoife, & hiftoriographe de France, mort en 1649, étoit regardé par le cardinal de *Richelieu* comme un des meilleurs écrivains de fon tems, parce qu'il étoit un de fes flatteurs les plus affidus. On a de lui : I. La *Vie du Cardinal d'Amboiſe*, imprimée en 1631, in-8°. fous le nom du fleur *des Montagnes*, dans laquelle il fait fervir ce miniftre de piédeftal au cardinal de *Richelieu*. II. Des *Poeſies* latines, 1654, qui ont quelque mérite.

III. SIRMOND, (Antoine) Jéfuite, né à Riom & frere du précéd. mourut en 1643. Il avoit publié 2 ans auparavant un ouvrage intitulé : *Défenſe de la Vertu*, 1641, in-8°. dans lequel il avançoit qu'il n'eft pas tant commandé d'aimer Dieu, que de ne pas le haïr, & qu'on ne peut marquer aucun tems de la vie où l'on foit tenu de faire un acte d'amour de Dieu. Ces propofitions révoltantes furent défavouées par fes confrères, & réfutées par *Nicole* dans les Notes fur les *Provinciales*.

SISARA, général de l'armée de *Jabin* roi d'Afor, que fon maître envoya contre *Barac* & *Debora*, qui avoient une armée de dix mille hommes fur le Thabor. *Sifara* ayant affemblé toutes fes troupes, & 900 chariots armés de faulx, vint de Hérofeth au torrent de Cifon. *Barac* marcha contre lui & le vainquit. *Sifara* alla fe réfugier dans la tente d'*Heber* le Cinéen. *Jahel*, femme d'*Heber*, le voyant épuifé de fatigue, lui donna à boire du lait, le fit coucher & le couvrit d'un manteau ; mais *Sifara* s'étant endormi, elle lui enfonça dans la tête un grand clou, dont il mourut fur le champ, vers l'an 1285 av. J. C.

SISGAU, *Voyez* AUTHIER.

SISINNIUS, Syrien de nation, fuccéda au pape *Jean VII*, le 18 Janv.

708, & mourut fubitement le 7 Fév. fuivant, après 20 jours de pontificat.

I. SISYPHE, fils d'*Eole*, qui défolant l'Attique par fes brigandages, fut tué par *Théfée*. Ce fut un homme fi méchant, que les poëtes ont feint qu'il étoit condamné dans les Enfers à rouler continuellement une groffe pierre ronde, du bas d'une montagne en haut, d'où elle retomboit fur le champ.

II. SISYPHE, natif de l'ifle de Cos, écrivit (dit-on) l'Hiftoire du fiége de Troie, où il avoit accompagné *Teucer* fils de *Télamon*. On ajoûte qu'*Homère* s'étoit beaucoup fervi de cet ouvrage ; mais ces faits n'ont aucun fondement.

I. SIXTE I, ou XISTE (St) Romain, pape après *Alexandre I*, l'an 119, mourut vers la fin de 127.

II. SIXTE II, Athénien, pape après *Etienne I*, en 257, fouffrit le martyre 3 jours avant fon fidèle difciple *St Laurent*, le 6 Août 258, durant la perfécution de *Valérien*.

III. SIXTE III, prêtre de l'Eglife Romaine, obtint la chaire de S. Pierre, après le pape *Céleftin I*, en 432. Il trouva l'Eglife victorieufe des héréfies de *Pélage* & *Neftorius*, mais déchirée par la divifion des Orientaux. Il réuffit à éteindre cette efpèce de fchifme, en réconciliant *S. Cyrille* avec *Jean d'Antioche*. On a de ce pape trois *Epîtres* dans le Recueil de Dom *Couftant* ; & quelques *Piéces de Poëfie* fur le péché originel, contre *Pélage*, dans la *Biblioth. des Péres*. On place fa mort en Août 440.

IV. SIXTE IV, appellé auparavant *François d'Albecola* de *la Rovére*, fils d'un pêcheur du village de Celles ; à 5 lieues de Savone dans l'état de Gênes, embraffa la règle des Cordeliers, profeffa la théologie à Padoue & dans les plus célèbres univerfités d'Italie & devint général de fon ordre. *Paul II*

l'honora du cardinalat. Après la mort de ce pontife en 1471, il fut élevé fur la chaire de *S. Pierre*. Il accorda le chapeau de cardinal à deux de fes neveux, quoique fort jeunes encore, & ce fut un fujet de mécontentement pour les anciens. Il étoit fi facile, qu'il ne pouvoit rien refufer. Il arriva fouvent qu'il avoit accordé une même grace à plufieurs perfonnes. Il fut obligé, pour éviter cet inconvénient, de charger un de fes officiers de tenir regiftre des requêtes qu'on lui préfentoit. Un de fes premiers foins fut d'envoyer des légats chez les princes Chrétiens, pour les exciter à la guerre contre les Infidèles ; mais fon zèle n'eut pas beaucoup de fuccès. Cependant il fit partir, en 1472, le cardinal *Caraffe* à la tête d'une flotte de 29 galères, qui s'étant jointe à celle des Vénitiens & des Napolitains, fe faifit de la ville d'Attalie en Pamphylie ; ce qui obligea l'armée des Turcs à fe retirer fans avoir rien fait. Le légat prit enfuite Smyrne, aidé des Vénitiens feuls, & y fit un riche butin. Après cette expédition, il rentra à Rome comme en triomphe, menant avec lui 25 Turcs montés fur de beaux chevaux, 12 chameaux chargés de dépouilles, avec beaucoup d'enfeignes prifes fur les ennemis, & une partie de la chaîne de fer qui fermoit le port d'Attalie. L'année 1476 fut célèbre par une Bulle, dans laquelle *Sixte IV* accorda à ceux qui célébreroient avec dévotion la fête de l'Immaculée Conception de la *Ste Vierge*, les mêmes indulgences qui avoient été accordées par les papes pour la fête du *S. Sacrement*. Ce décret, le 1ᵉʳ de l'Eglife Romaine touchant cette fête, ayant fouffert des contradictions, il donna une nouvelle Bulle en 1483, pour réprimer les excès de quelques ecclésiastiques, qui prêchoient que tous ceux qui croyoient la Conception Immaculée de la *Ste Vierge*, péchoient mortellement & étoient hérétiques. Cette Bulle fut donnée à l'occasion des disputes survenues entre les religieux de *St Dominique* & ceux de *St François*. Une autre dispute aussi vive, mais bien moins importante, divisoit ces deux ordres. Les Cordeliers nioient que *Ste Catherine* de Sienne eût eu des stigmates, & prétendoient que ce privilège n'avoit été accordé qu'à *St François*, leur patriarche. Le pape, qui avoit été de leur ordre, se laissa tellement prévenir en leur faveur, qu'il défendit, sous peine des censures ecclésiastiques, de peindre les images de cette Sainte avec les stigmates. Une contestation non moins frivole agitoit alors les Chanoines-réguliers de *St Augustin* & les Hermites du même nom. Ils vouloient les uns & les autres être enfans de *St Augustin*. Le pape se préparoit à terminer cette affaire, lorsqu'il mourut en 1484, âgé de 71 ans. Ce pontife ternit sa gloire, par la confiance aveugle qu'il eut pour ses neveux, & par la passion qu'il montra contre la maison de *Médicis* & contre les Vénitiens. C'est à lui qu'est attribué l'établissement de la fête de *St Joseph* par toute l'Eglise. On lui impute aussi la rédaction des *Regulæ Cancellariæ Romanæ*, 1471, in-4°. très-rare; traduites en françois par *Dupinet*, 1564, in-8°; & réimprimées sous le titre de la *Banque Romaine*, 1700, in-12: livre qui a donné aux Protestans le moyen de déclamer beaucoup contre la cour de Rome. Nous avons de lui plusieurs *Traités* en latin: un sur le *Sang de Jesus-Christ*, Rome 1473, in-fol.; un autre sur

la *Puissance de Dieu*; une *Explication* du Traité de *Nicolas Richard* touchant les Indulgences.

V. SIXTE V, naquit en 1521 dans un village de la Marche d'Ancone, appellé les Grottes, près du château de Montalte. Son pere, qui étoit vigneron, ne pouvant le nourrir, le donna fort jeune à un laboureur, qui lui fit garder ses moutons, ensuite ses pourceaux. *Felix Peretti* (c'est ainsi qu'il s'appelloit) s'acquittoit de cet emploi, lorsqu'il vit un Cordelier conventuel qui étoit en peine du chemin qu'il devoit prendre pour aller à Ascoli. Il le suivit, & témoigna une si grande passion pour l'étude, qu'on l'instruisit. Ses talens répondant aux soins qu'on prenoit de lui, on le revêtit de l'habit de Cordelier. Le Frere *Felix* devint en peu de tems bon grammairien & habile philosophe. Sa faveur auprès de ses supérieurs lui attira la jalousie de ses confrères, & son humeur indocile & pétulante leur aversion. Cet obstacles ne l'arrêtèrent pas dans sa carrière. Il fut fait prêtre en 1545, peu de tems après docteur & professeur de théologie à Sienne, & prit alors le nom de *Montalte*. Il s'acquit ensuite une si grande réputation par ses sermons, à Rome, à Gênes, à Perouse & ailleurs, qu'il fut nommé commissaire-général à Bologne & inquisiteur à Venise; mais s'étant brouillé avec le sénat, & avec les religieux de son ordre, il fut contraint de s'enfuir de cette ville. Comme on le railloit sur son évasion précipitée, il répondit, *qu'ayant fait vœu d'être Pape à Rome, il n'avoit pas cru devoir se faire pendre à Venise*. A peine fut-il arrivé dans cette capitale du monde Chrétien, qu'il devint l'un des consulteurs de la congrégation, puis procureur-général de fon ordre. Il accompagna en Efpagne le cardinal *Buoncompagno*, en qualité de théologien du légat & de confulteur du Saint-Office. C'eft alors qu'il changea tout-a-coup fon humeur. Il devint fi complaifant, que tous ceux qui le voyoient, étoient auffi charmés de la beauté de fon efprit que de la douceur de fon caractére. Cependant le cardinal *Alexandrin*, fon difciple & fon protecteur, ayant obtenu la tiare fous le nom de *Pie V*, fe fouvint de *Montalte*, & lui envoya en Piémont un bref de Général de fon ordre. Il l'honora enfuite de la pourpre Romaine. Le cardinal *Buoncompagno* ayant fuccédé à *Pie V*, en 1572, fous le nom de *Grégoire XIII*, Frere *Felix*, dont l'ambition n'étoit pas affouvie, afpira au trône pontifical, & pour mieux y parvenir, il cacha fes vues. Il renonça volontairement à toutes fortes de brigues & d'affaires, fe plaignit des infirmités de fa vieilleffe, & vécut dans la retraite, comme s'il n'eût travaillé qu'à fon falut. *Grégoire XIII* étant mort, les cardinaux fe diviférent en cinq factions. Le cardinal de *Montalte* ne paroiffoit alors qu'avec les dehors d'un vieillard qui fuccombe fous le poids des années. On le voyoit la tête penchée fur l'épaule, appuyé fur un bâton, comme s'il n'eût pas eu la force de fe foutenir, ne parlant plus qu'avec une voix interrompue d'une toux qui fembloit à tous momens le menacer de fa fin derniére. Quand on l'avertit que l'élection pourroit bien le regarder, il répondit avec humilité, «qu'il étoit indigne d'un » fi grand honneur : qu'il n'avoit » pas affez d'efprit pour fe char- » ger feul du gouvernement de » l'Eglife : que fa vie devoit moins

» durer que le conclave ; & parut » être réfolu, fi on l'élifoit, de » ne retenir que le nom de *Pape*, » & d'en laiffer aux autres l'au- » torité.» Il n'en fallut pas davantage pour déterminer les cardinaux à l'élire, le 24 Avril 1585. A peine eut-il la tiare fur la tête, qu'étant forti de fa place, il jetta le bâton fur lequel il s'appuyoit, leva la tête droite, & entonna le *Te Deum* d'une voix fi forte, que la voute de la chapelle en retentit. En fortant du conclave, il donnoit des bénédictions avec tant de légereté, que le peuple ne pouvoit concevoir que ce fût le cardinal *Montalte*, qu'il avoit vu ne pouvant fe tenir fur fes jambes. Le cardinal de *Medicis* lui ayant fait fon compliment fur la bonne fanté dont il jouiffoit depuis fon élection, tandis qu'il avoit été fi infirme étant cardinal : *N'en foyez pas furpris*, répondit *Sixte - Quint* : *Je cherchois alors les clefs du Paradis, & pour les mieux trouver, je me courbois, je baiffois la tête ; mais depuis qu'elles font entre mes mains, je ne regarde que le Ciel, n'ayant plus befoin des chofes de la Terre.* Dès qu'il fut élevé fur le faint-fiége, il s'appliqua à purger les terres de l'Eglife, des brigands qui exerçoient impunément toutes fortes de violences. Il montra une rigueur exceffive dans les moyens qu'il employa pour procurer la fûreté publique. Il arrêta la licence qui étoit fans bornés fous le dernier pontificat. Il faifoit dreffer des potences pour punir fur le champ ceux qui faifoient quelque infolence pendant les divertiffemens du Carnaval. Il fit des Edits très - févéres contre les voleurs, les affaffins & les adultéres. Il donna en même tems des preuves de fon ambition & de fa hauteur. L'ambaffadeur de *Phi-*

lippe II, roi d'Efpagne, lui ayant présenté la haquenée avec une bourfe de 7000 ducats, pour l'hommage du royaume de Naples, fit en même tems un compliment conforme à l'ordre qu'il avoit, reçu de fon maître. Le pape répondit d'un ton railleur : *Que le Compliment n'étoit pas mauvais, & qu'il falloit être bien éloquent, pour perfuader d'échanger les Charges d'un Royaume contre un Cheval...Mais*, ajoûta-t-il, *je compte que cela ne durera pas longtems.* Sa paffion dominante étant d'éternifer fa mémoire, il entreprit d'abord de relever le fameux obélifque de Granite que *Caligula* avoit fait tranfporter d'Efpagne à Rome. Il étoit le feul qui fût refté entier ; mais il fe trouvoit prefque enterré derrière la facriftie de l'Eglife de St Pierre. *Sixte-Quint* voulut le faire porter devant l'Eglife. *Jales II* & *Paul III* avoient eu le même deffein ; mais la grandeur de l'entreprife les avoit effrayés. Le nouveau pape furmonta les difficultés. Il employa le nombre d'hommes & de chevaux néceffaire pour faire agir les machines deftinées à mettre en place cette énorme maffe, qui a cent pieds de hauteur. Il ordonna des prières folemnelles ; & après 4 mois & 10 jours de travail, l'obélifque fut placé fur fon piédeftal, & dédié par le pape à la Ste Croix, (*Voyez* II. FONTANA.) Après avoir achevé ce grand ouvrage, il fit déterrer trois autres obélifques, & les fit placer devant d'autres Eglifes. Quoiqu'il aimât à amaffer des tréfors, le defir de s'immortalifer lui fit encore bâtir à grands frais dans l'Eglife de *Ste Marie-Majeure*, une chapelle fuperbe de marbre blanc, & deux tombeaux : un pour lui, & un autre où il fit tranfporter le corps de *Pie V*, par reconnoif-

fance des bienfaits qu'il en avoit reçus. Au commencement de l'année fuivante, 1586, il donna une Bulle pour défendre l'*Aftrologie Judiciaire*, qui étoit alors en vogue à Rome. Quelques perfonnes de condition s'étant amufées à cette fcience abfurde, furent condamnées aux galères. Par une Bulle non moins ridicule que cet arrêt étoit cruel, il défendit aux Cordeliers de fe faire Capucins, fous peine d'excommunication. Il fixa le nombre des cardinaux à 70, par une Bulle du 3 de Décembre 1586, qui a été obfervée par fes fucceffeurs. Il entreprit auffi de bâtir une ville autour des Grottes du bourg de Montalte, au milieu defquelles il avoit pris naiffance ; mais le terrein rendant l'exécution de ce projet impoffible, il fe contenta de faire bâtir cette nouvelle ville à Montalte même, dont il avoit porté le nom étant cardinal, & il l'érigea en évêché. *Sixte-Quint* donna une nouvelle forme à la congrégation du St-Office, établie par *Paul IV* pour juger les Hérétiques. On le regarde, en quelque forte, comme l'inftituteur de la congrégation des Rits. La dernière année de fon pontificat, il voulut réparer la célèbre Bibliothèque du Vatican à laquelle le dernier fac de Rome avoit caufé un grand dommage. Il réfolut de n'épargner ni foins, ni dépenfes, pour la rendre la plus riche & la plus belle de l'univers. Il fit bâtir, dans la partie du Vatican appellée *Belveder*, un fuperbe édifice pour l'y placer, & fit orner ce lieu de très-belles peintures, qui repréfentoient les principales actions de fon pontificat, les Conciles généraux, & les plus célèbres bibliothèques de l'antiquité. Il fit des réglemens fort fages,

pour empêcher qu'elle ne fût diffipée dans la fuite, par la trop
grande facilité à communiquer les
livres. Il fit encore bâtir près de
cette Bibliothèque une très-belle
Imprimerie, deftinée à faire des
éditions exactes & correctes de
beaucoup d'ouvrages altérés par la
mauvaife foi des Hérétiques, ou
par l'ignorance des Catholiques.
Ces monumens de fon favoir &
de fa magnificence, lui font certainement plus d'honneur que la
Bulle qu'il lança contre *Henri III*,
& l'approbation folemnelle qu'il
donna au crime déteftable de *Jacques Clément*, affaffin de ce roi. Ses
injuftes préventions lui firent enfanter une Bulle contre *Henri IV*,
qu'il eftimoit cependant beaucoup.
Un travail exceffif le minoit peu-
à-peu ; fa derniére maladie ne put
le lui faire interrompre. Il mourut en 1590, à 69 ans, généralement détefté. Le peuple Romain,
qui gémiffoit fous le fardeau des
taxes, & qui haïffoit un gouvernement trifte & dur, brifa la ftatue
qu'on lui avoit élevée. Il avoit été
dans une crainte continuelle pendant fon pontificat. Plufieurs gouverneurs ou juges qui paroiffoient
avoir trop de clémence, furent
deftitués de leurs places par fes
ordres : il n'accordoit fa faveur
qu'à ceux qui penchoient vers la
févérité. Lorfqu'il appercevoit
quelqu'un d'une phyfionomie févére, il le faifoit appeller, s'informoit de fa condition, & lui donnoit felon fes réponfes quelques
charges de judicature, en lui déclarant que « le véritable moyen
» de lui plaire, étoit de fe fervir
» de l'*Epée à deux tranchans*, à la-
» quelle J. C. eft comparé. » Il
n'avoit lui-même, (difoit-il,)
accepté le Pontificat, que fuivant
le fens littéral de l'Evangile : *Je*

*ne fuis pas venu apporter la paix,
mais le glaive* ; paroles qu'il répétoit toujours avec complaifance.
Un jeune-homme qui n'avoit que
16 ans, fut condamné à mort pour
avoir fait quelque réfiftance à des
Sbirres. Les juges mêmes lui ayant
repréfenté qu'il étoit contraire à
la loi de faire mourir un coupable
fi jeune, l'inflexible pontife leur
répondit froidement, *qu'il donnoit
dix de fes années au criminel pour le
rendre fujet à la loi.* La févérité de ce
pape paroîtra bien cruelle ; ce fut
néanmoins à cette févérité que
Rome dut la fatisfaction de voir
le libertinage exclus de fes murs.
Avant *Sixte*, les loix, trop foibles
contre les grands, ne mettoient
pas les jeunes filles à l'abri des entreprifes de la témérité & de l'impudence. Mais fous le règne de ce
nouveau pape, elles purent jouir
en fûreté de leur vertu, & fe promener dans les rues de Rome avec
autant de tranquilité que dans l'enceinte d'un couvent. L'adultére
connu étoit condamné au dernier
fupplice. Il ordonna même, « qu'un
» mari qui n'iroit pas fe plaindre à
» lui des débauches de fa femme,
» feroit puni de mort. » Il avoit
coutume de dire comme *Vefpafien*,
qu'*un Prince doit mourir debout* : fa
conduite ne le démentit point.
Auffi grand prince que grand
pape, *Sixte - Quint* fit voir qu'il
naît quelquefois fous le chau-
me, des gens capables de porter une couronne, & d'en foutenir le poids avec dignité. Ce qui
le diftingue des autres papes, c'eft
qu'il ne fit rien comme eux. Il fut
licencier les foldats, les gardes
mêmes de fes prédéceffeurs, &
diffiper les bandits par la feule force des loix, fans avoir de troupes ; fe faire craindre de tout le
monde par fa place & par fon

caractére ; renouveller Rome , & laiffer le tréfor pontifical très-riche : telles font les marques de fon règne , & marques qui n'appartiennent qu'à lui. [*Voyez* la *Vie de Sixte-Quint* par *Leti* , traduite en François en 2 vol. in-12 , par *Jean le Pellétier* : livre qui fait defirer quelque chofe de mieux.] On travailla par ordre de *Sixte-Quint* à une nouvelle *Verfion* Latine de la Bible ; qui parut en 1590 , 3 parties en un vol. in-fol. Les fautes dont on la trouva chargée , obligèrent *Clément VIII* d'en faire faire une nouvelle édition en 1592 , dans laq. furent corrigées les inexactitudes répandues en la 1re. On reconnoît celle-ci ; (qu'on recherche à caufe de fa rareté ,) à la Bulle de *Sixte-Quint* , qui ne fe trouve plus à celle de *Clément VIII* , qu'on appelle la Bible de *Sixte V* corrigée. Les éditions les plus recherchées font : Celle du Louvre 1642 , 8 vol. in-fol... Celle de Paris 1656 , in-12 , connue fous le nom de *Bible de Richelieu*...Celle qu'on appelle *des Evêques* , qui eft rare ; elle eft de Cologne 1630 , in-12 : on là diftingue de fa réimpreffion , parce que cette dernière a des Sommaires aux Chapitres. La Bulle de *Sixte - Quint* contre *Henri III* & le prince de *Condé* occafionna les Réponfes fuivantes, que les curieux recherchent : I. *Brutum Fulmen* ,1585 , in-8°. II. *La Fulminante* pour *Henri III* , in-8°. III. *Moyens d'abus du Refcrit , & Bulle de Sixte V* , 1586 , in-8°. IV. *Avifo piacevole fopra la Mentita data dal Re di Navarra à Papa Sixto V* , Monaco 1586 , in-4°.

VI. SIXTE DE SIENNE , fut converti du Judaïfme à la religion Chrétienne , & fe fit Cordelier. Convaincu d'avoir enfeigné des héréfies , & refufant avec opi-

niâtreté de les abjurer , il fut condamné au feu. La fentence alloit être exécutée , lorfque le pape *Pie V* , alors cardinal & inquifiteur de la Foi, vainquit fon obftination , & le fit paffer de l'ordre de *St François* dans celui de *St Dòminique*. *Sixte* s'y confacra à la chaire , & à l'étude de l'Ecriture-fainte. Il réuffit dans ces différens travaux , l'un & l'autre fi importans. Le pape *Pie V* , charmé de fes vertus & de fon favoir , lui donna des marques d'une eftime diftinguée. *Sixte* termina fa carrière à Gènes en 1659 , à 49 ans. Son principal ouvrage eft fa *Bibliothèque Sainte* , dans laquelle il fait la critique des livres de l'Ancien-Teftament , & donne les moyens de les expliquer. Le favant *Hottinger* fait grand cas de cet ouvrage, quoiqu'il foit rempli de jugemens faux & qu'il manque de critique. La meilleure édition eft celle de Naples en 1742 , en 2 vol. in-fol. avec des remarques pleines d'érudition. On a encore du pieux Dominicain : I. Des *Notes* fur différens endroits de l'Ecriture-fainte. II. Des *Queftions* Aftronomiques , Géographiques , &c. III. Des *Homélies* fur les Evangiles , &c. plus remplies de citations que d'éloquence.

VII. SIXTE DE HEMMINGA , né dans la Frife occidentale en 1532 , d'une famille ancienne , & mort vers 1586 , s'eft fait connoitre par un *Traité* judicieux *contre l'Aftrologie Judiciaire* , imprimé à Anvers, in-4°. chez *Plantin* , en 1583.

SLEIDAN, (Jean) né dans le village de Sleide , près de Cologne , en 1506, de parens obfcurs , paffa en France l'an 1517. Ses talens le lièrent avec les trois illuftres freres de la maifon du *Bellay*. Après avoir été quelque tems à leur fervice, il fe retira à Strasbourg, où fon ami *Sturmius* lui procura un établiffement avantageux. *Sleidan* fut députéen 1545 par les Proteftans vers le roi d'Angleterre, puis envoyé au concile de Trente. Il fut une des colonnes de fon parti. Il avoit embraffé la fecte de *Zuingle* en arrivant à Strasbourg; mais il la quitta dans la fuite, & mourut Luthérien en 1556. La mort de fa femme, arrivée l'année d'auparavant, le plongea dans un fi grand chagrin, qu'il perdit prefque entiérement la mémoire. Il ne fe rappella pas même les noms de fes trois filles, les feuls enfans qu'il eût eus de cette époufe chérie. On a de lui: I. Une Hiftoire en 26 livres, fous ce titre: *De ftatu Religionis & Reipublicæ Germanorum fub Carolo V.* La meilleure édition de cet ouvrage eft celle de 1555. *Sleidan* écrit avec clarté, & même avec élégance; mais on fent qu'il n'aimoit pas les Catholiques. Il eft pourtant en général affez impartial. Le P. le *Courayer* a traduit cet ouvrage en françois, Leyde, 1767, 3 vol. in-4°. II. *De Quatuor fummis Imperiis*, 1711, in-8°. C'eft un affez médiocre abrégé de l'Hiftoire Univerfelle. Il a été traduit en françois in-8°. 1757, à Paris. III. Une Traduction des *Mémoires* de *Philippe* de *Comines*, qui n'eft pas toujours fidelle. *Charles-Quint* appelloit *Paul Jove* & *Sleidan* SES MENTEURS, parce que le premier avoit dit trop de bien de lui, & le fecond trop de mal.

SLICHTING, *Voyez* SCHLICHTING.

SLINGELAND, (Jean Pierre) peintre, né à Leyde en 1640, mourut en 1691. Elève du célèbre *Gérard Dow*, il fuivit de près fon maître. Ses ouvrages font d'un fi-

ni admirable. On ne peut porter plus loin que cet artifte la patience dans le travail, & la fcrupuleufe exactitude à détailler les moindres chofes. On remarque dans fes ouvrages, une belle entente de couleurs, jointe à une heureufe intelligence du clairobfcur & à un enfemble merveilleux. Sa lenteur à opérer, a répandu un peu de froid & de roideur dans fes figures; un tableau l'occupoit des années entières.

SLOANE, (le chevalier HANS) naquit à Killileah, dans le comté de Down en Irlande, en 1660, de parens Ecoffois. Dès l'âge de 16 ans il avoit déja fait des progrès confidérables dans l'hiftoire naturelle & dans la phyfique. Il fe perfectionna par le commerce de *Ray* & de *Boyle*, & par un voyage en France, où *Tournefort*, du *Verney* & *le Mery* lui ouvrirent le riche tréfor de leurs recherches. De retour en Angleterre, le fameux *Sydenham* fe fit gloire de l'avancer dans la médecine. La fociété royale de Londres l'aggrégea à fon corps en 1685; & 2 ans après, il fut élu membre du collége royal des médecins de Londres. Le duc d'*Albemarle* ayant été nommé en 1687 viceroi de la Jamaïque, *Hans Sloane* l'y fuivit en qualité de fon médecin. Ce favant naturalifte revint à Londres en 1688, rapportant avec lui environ 800 Plantes curieufes. Peu de tems après on lui donna l'importante place de médecin de l'Hôpital de Chrift, qu'il remplit avec un défintéreffement fans exemple. Il recevoit fes appointemens, en donnoit quittance, & les rendoit fur le champ pour être employés au befoin des pauvres. Environ un an après, il fut élu fecrétaire de l'académie royale. Cette fociété ne l'occupa pas entiérement ; *Sloane*, ami de l'humanité, établit le *Dispensatoire* de Londres , où les pauvres , en achetant toutes fortes de remèdes, ne paient que la valeur intrinsèque des drogues qui y entrent. Le roi *George I* le nomma en 1716 chevalier-báronet & médecin de fes armées. La même année il fut créé préfident du collége des médecins, auquel il fit des préfens confidérables. La compagnie des apothicaires dut auffi à fa générofité le terrein du beau jardin de Chelfea , dont il facilita l'établiffement par fes dons. Le roi *George II* le choifit en 1727 pour fon premier médecin, & la fociété royale pour fon préfident à la place de *Newton*. C'étoit remplacer un grand-homme par un autre grand - homme. L'académie des fciences de Paris fe l'étoit affocié en 1708. Ce digne citoyen, âgé de 80 ans , fe retira en 1740 dans fa terre de Chelfea , où il s'occupoit à répondre à ceux qui venoient le confulter, & à publier des remèdes utiles. C'eft à lui qu'on doit la poudre contre la rage, connue fous le nom de *Pulvis Anti-Lyf-fus.* Il mourut dans cette terre en 1753 , à 93 ans. Il étoit grand & bien fait. Ses manières étoient aifées & libres ; fa converfation gaie , familière & obligeante. Rien n'égaloit fon affabilité envers les étrangers ; on le trouvoit toujours prêt à faire voir fon cabinet , pourvu qu'on l'eût averti à tems. Il tenoit un jour la femaine table ouverte pour les perfonnes de diftinction, & fur-tout pour ceux de fes confréres de la fociété royale qui vouloient y venir. Quand il fe trouvoit quelque livre double dans fa bibliothèque , il l'envoyoit foigneufement au collège des médecins , fi c'étoit un

livre de médecine ; ou à la bibliothèque du chevalier *Bodley* , à Oxford , s'il traitoit d'autres matières. Il croyoit par ce moyen les confacrer à l'utilité publique. Lorfqu'il étoit appellé auprès des malades , rien n'étoit égal à l'attention avec laquelle il obfervoit jufqu'aux moindres fymptômes de la maladie. C'étoit par ce moyen qu'il fe mettoit en état d'en porter un pronoftic fi fûr, que fes décifions étoient des efpeces d'oracles. A l'ouverture des cadavres de ceux qui mouroient , on trouvoit prefque toujours la caufe de mort qu'il avoit indiquée. On lui doit d'avoir étendu l'ufage du *Quinquina* , non feulement aux fièvres réglées, mais à un grand nombre de maladies, fur-tout aux douleurs dans les nerfs , aux gangrènes qui proviennent de caufes internes , & aux hémorragies. Il s'en étoit fouvent fervi lui-même, dans les attaques de crachement de fang auxquelles il étoit fujet. On a de lui : I. Un *Catalogue* latin *des Plantes de la Jamaïque* , in-8°, 1696. II. Une *Hiftoire de la Jamaïque* , in-fol. 2 vol. en anglois, dont le 1er tome parut en 1707 , & le fecond en 1725. Cet ouvrage, auffi exact que curieux & intéreffant , eft orné de 274 figures. III. Plufieurs *Pièces* dans les *Tranfactions Philofophiques*, & dans les *Mémoires* de l'académie des Sciences de Paris. Sa bibliothèque étoit d'environ 50,000 volumes. Le *Catalogue* de fon Cabinet de curiofités qui eft en 38 vol. in-fol. & huit in-4°, contient 69352 articles , avec une courte defcription de chaque piéce. Ce Cabinet étoit la plus riche collection qu'aucun particulier ait peut-être jamais eue. Comme il fouhaitoit, que ce tréfor (*deftiné* ,

selon ſes propres termes, *à procu-*
rer la gloire de Dieu & le bien des
Hommes,) ne fût pas diſſipé après
ſa mort ; & que cependant il ne
vouloit pas priver ſes enfans d'u-
ne partie ſi conſidérable de ſa ſucceſſion, il le laiſſa par ſon teſtà-
ment au public, en exigeant qu'on
donnèroit 20 mille livres ſter-
lings à ſa famille. Le parlement
d'Angleterre accepta ce legs , &
paya cette ſomme, bien peu conſidérable pour une collection de
cette importante.

SLODTZ, (René-Michel) ſurnommé *Michel-Ange*, né à Paris en
1705 & originaire d'Anvers , eut
beaucoup de goût pour la ſculpture , dont le talent paroiſſoit hé-
ȑéditaire dans ſa famille. Après
avoir remporté le ſecond prix de
ce bel art à l'académie de Paris ,
âgé ſeulement de 21 ans, il fut
envoyé à Rome en qualité de
penſionnaire. De retour à Paris ,
il fut reçu de l'académie , & nommé deſſinateur de la chambre du
roi en 1758. Le roi de Pruſſe, qui
vouloit l'attirer à Berlin , lui fit
faire les propoſitions les plus
avantageuſes ; mais rien ne fut
capable de l'enlever à ſa patrie ,
qui le perdit peu de tems après ,
en 1764, à 59 ans. Cet habile
homme s'étoit fait une manière
pleine de vérité & de graces. Les
attitudes de ſes figures étoient
ſouples, ſes contours coulans ,
ſes draperies vraies , ſes deſſins
excellens. Il modeloit & travailloit le marbre avec un goût délicat & une netteté ſéduiſante. Les
qualités qui font aimer l'homme ,
ornoient chez lui les talens qui
font eſtimer l'artiſte. Il eut des
amis, même chez ſes rivaux, par
ſes mœurs ſimples , ſa probité
exacte , ſon caractére égal, doux
& enjoué. Ses ouvrages ſont :

I. *St Bruno* refuſant la mître, dans
l'Egliſe de St Pierre de Rome. II.
Le *Tombeau* du Marquis *Capponi* ,
dans l'Egliſe de St Jean des Florentins. III. Deux Buſtes de marbre , dont l'un eſt une tête de
Chalcas, & l'autre celle d'*Iphigénie*.
IV. Le *Tombeau* du Cardinal d'*Au-*
vergne, à Vienne en Dauphiné. V.
Le *Tombeau* de M. *Languet* , Curé
de St Sulpice, dont la figure eſt
à tous égards de la plus grande
beauté. VI. Des *Bas-Reliefs* en
pierre, dont il orna le Portique
du rez-de-chauſſée du Portail de
l'Egliſe de Saint Sulpice. Ce ſont
tout autant de chef-d'œuvres de
bon goût & de graces. *Sébaſtien*
SLODTZ , ſon pere, né à Anvers ,
mort à Paris en 1728 à 71 ans,
& élève de *Girardon*, s'étoit diſtingué dans le même art ; ainſi
que ſon frere *Paul-Ambroiſe*, qui
avoit été comme lui deſſinateur
de la chambre du roi, & qui mourut en 1758.

SLUSE , (René-François WAL-
TER, baron de) de Viſé, petite
ville du pays de Liège, étoit frere du cardinal de *Sluſe*, & du baron de ce nom, conſeiller-d'état
de l'évêque de Liège. Il devint
abbé d'Amas, chanoine , conſeiller & chancelier de Liège , & ſe
fit un nom célèbre par ſes connoiſſances théologiques , phyſiques & mathématiques. La ſociété royale de Londres le mit au
nombre de ſes membres. Cet illuſtre ſavant mourut à Liège , en
1685 , à 62 ans. On a de lui de
ſavantes *Lettres*, & un ouvrage intitulé : *Meſolabum & Problemata ſo-*
lida , Leodii, 1668, in-4°.

SMERDIS , fils de *Cyrus*, fut
tué par ordre de *Cambyſe*, ſon frere, qui mourut quelque tems après,
vers l'an 524 avant J. C. Alors un
Mage de Perſe prit le nom de

Smerdis ; & faifant accroire qu'il étoit frere de *Cambyfe*, parce qu'il lui reffembloit beaucoup, il fe mit fur le trône : mais il prit tant de précautions pour cacher fa fourberie , que cela même le découvrit. Il fe forma un complot environ 6 mois après fon ufurpation, entre fept des principaux feignaeurs de Perfe, du nombre defquels étoit *Darius* fils d'*Hyftafpes*, qui régna après la mort de *Smerdis*. Cet ufurpateur fut tué par les conjurés , & fa tête fut expofée au bout d'une lance.

SMILAX, Nymphe qui eut tant de douleur de fe voir méprifée du jeune *Crocus*, qu'elle fut changée, aussi bien que lui , en un arbriffeau dont les fleurs font petites, mais d'une excellente odeur. Il y a des Mythologiftes qui rapportent ce trait de Fable d'une manière plus naturelle. *Crocus* & *Smilax*, difent-ils , étoient deux époux, qui s'aimoient fi tendrement & avec tant d'innocence, que les Dieux touchés de la force & de la pureté de leur union, les métamorphoférent *Crocus* en Safran , & *Smilax* en If.

I. SMITH, (Thomas) né en 1512 dans la province d'Effex , & mort en 1577, fut élevé dans l'univerfité de Cambridge , où fes progrès dans les belles-lettres & dans les fciences , lui méritérent la chaire de profeffeur-royal en droit civil. Il obtint enfuite la place de fecrétaire-d'état , fous le règne d'*Edouard VI*, & fous celui de la reine *Elizabeth* , qui l'employa en diverfes ambaffades & négociations importantes. On a de cet habile politique : I. Un Traité touchant la *République d'Angleterre*, in-4°, qu'on ne lit guéres. II. *Infcriptiones Græcæ Palmyrenorum*, in-8°. III. *De moribus Turca-*

rum , Oxford, 1672 , in-12. IV. *De Druidum moribus* , in-8°. Tous ces ouvrages font remplis d'érudition. Le dernier eft le plus rare.

II. SMITH, (Richard) théologien Anglois , fut élevé à l'épifcopat par le pape *Urbain VIII* , fous le titre d'évêque de Chalcédoine , & envoyé en Angleterre en 1625. N'ayant pas affez ménagé les religieux qui étoient dans ce royaume, ils foulevérent contre lui les Catholiques. *Smith* fut obligé l'an 1628 de fe retirer en France , où il fut très-bien reçu du cardinal de *Richelieu*. Ce fut alors que deux Jéfuites , *Knot* & *Floid*, publiérent deux *Ecrits contre le droit que les Evêques prétendoient avoir d'éprouver les Réguliers* : droit que *Smith* avoit vainement réclamé en Angleterre. Ces deux livres furent cenfurés par *Gondi* , archevêque de Paris , par la Sorbonne , & par le Clergé de France , qui manda les Jéfuites & les obliges de les défapprouver. Malgré ce défaveu, le Pere *Floid* oppofa deux autres ouvrages à ces cenfures. C'eft à cette occafion que l'abbé de *St-Cyran* fit , avec l'abbé de *Barcos* fon neveu , le gros livre , intitulé *PETRUS AURELIUS. Rich. Smith*, qui avoit occafionné ces difputes, mourut faintement à Paris en 1655... Il y a eu un autre *Richard* SMITH qui publia, en 1550 , contre *Pierre Martyr* , un écrit intitulé : *Diatriba de hominis juftificatione* , in-8°.

III. SMITH, (Jean) eft un des premiers, & des plus excellens graveurs en manière noire. Il étoit Anglois , & mourut à Londres dans un âge avancé, au commencement de ce fiécle. On a de lui beaucoup de *Portraits* , & des *Effets de Nuit* propres à fon genre de gravure , rendus avec beaucoup

coup d'intelligence. La *Madeleine à la lampe*, d'après *Scalken*, eſt un de ſes plus beaux ouvrages. *Scalken* étoit ſon peintre favori.

I. SNELL DE ROYEN, (Rodolphe) *Snellius*, philoſophe Hollandois, né à Oudewater en 1546, fut profeſſeur en Hébreu & en mathématiques à Leyde, où il mourut en 1613. On a de lui pluſieurs ouvrages ſur la géométrie, & ſur toutes les parties de la philoſophie, qui ne ſont plus d'aucun uſage.

II. SNELL DE ROYEN, (Wilbrod) fils du précédent, né à Leyde en 1591, ſuccéda à ſon pere en 1613 dans la chaire de mathématiques, & mourut à Leyde en 1626, à 35 ans. C'eſt lui qui a découvert le premier la vraie loi de la réfraction : découverte qu'il avoit faite avant *Deſcartes*, comme *Huyghens* nous l'aſſûre. Il entreprit auſſi de meſurer la Terre, & il l'exécuta par une ſuite de triangles, ſemblable à celle qu'ont employée depuis *Picard* & *Caſſini*. Il eſt auteur d'un grand nombre de ſavans ouvrages de mathématiques, dont les plus connus ſont l'*Eratoſthenes Batavus*, & le *Cyclometrium*, in-4°. Ils prouvent beaucoup en faveur de ſes talens, & ils font ſentir tout ce qu'il auroit pu faire, s'il étoit venu un demi-ſiécle plus tard.

·SNORRO, (*Sturleſonius*) illuſtre Iſlandois d'une ancienne famille, fut miniſtre-d'état du roi de Suède & de trois rois de Norvège. Une ſédition l'obligea de ſe retirer en Iſlande, dont il fut gouverneur ; mais en 1241, *Guſſurus* ſon ennemi le força dans ſon château, & le fit mourir. On a de lui, I. *Chronicon Regum Norvegorum*, qui eſt utile pour cette partie de l'Hiſtoire du Monde.

II. *Hiſtoire* de la philoſophie des Iſlandois, qu'il a intitulé : *Edda Iſlandica*. M. *Mallet* l'a traduite en françois à la tête de ſon *Hiſtoire de Danemarck*, 1756, 3 vol. in-4°. ou 6 vol. in-12. Nous en avons une édition par *Reſenius*, à Hanau, 1665, in-4°.

SNOY, (Reinier) habile Hollandois, natif de Goude, mort en 1537, à 60 ans, eſt auteur d'une *Hiſtoire de Hollande*, en XIII livres, & de pluſieurs autres ouvrages de littérature.

SNYDERS, (François) peintre & graveur, né à Anvers en 1587, mort dans la même ville en 1657, s'étoit d'abord conſacré à peindre uniquement des fruits ; mais ſon goût le porta encore à repréſenter des animaux : perſonne ne l'a ſurpaſſé en ce genre. Ses *Chaſſes*, ſes *Payſages*, & ſes tableaux où il a repréſenté des *Cuiſines*, ſont auſſi fort eſtimés. Sa touche eſt légère & aſſûrée, ſes compoſitions riches & variées, & ſon intelligence des couleurs donne un grand prix à ſes ouvrages. Quand les figures étoient un peu grandes, *Snyders* avoit recours au pinceau de *Rubens*, ou de *Jacques Jordans*. *Rubens* à ſon tour recouroit quelquefois à *Snyders*, pour peindre le fond de ſes tableaux. Les touches de ces grands maîtres ſe confondent & paroiſſent être de la même main. *Snyders* a gravé un *Livre d'Animaux* d'une excelente manière ; on a auſſi gravé d'après lui.

SOANEN, (Jean) fils d'un procureur au préſidial de Riom en Auvergne, & de *Gilberte Sirmond*, nièce du ſavant *Jacques Sirmond*, Jéſuite, naquit à Riom en 1647. Il entra en 1661 dans la congrégation de l'Oratoire à Paris, où il prit le P. *Queſnel* pour ſon confeſſeur. Au ſortir de l'inſtitution, il enſeigna les humanités & la rhétorique dans pluſieurs villes de province, avec un ſuccés rare. Conſacré au miniſtére, de la chaire pour lequel il avoit beaucoup dë talent, il prêcha à Lyon, à Orléans, à Paris. Il fut ſouhaité à la cour; il y prêcha les Carêmes de 1686 & de 1688, & obtint tous les ſufſrages. Il étoit un des quatre prédicateurs les plus diſtingués de ſa congrégation, & on les appelloit ordinairement *LES IV EVANGELISTES*. *Fénelon* ne propoſoit d'autre modèle pour l'éloquence de la chaire, que *Maſſillon* & *Soanen*. On récompenſa ſes ſuccés par l'évêché de Viviers; mais il le refuſa, par la raiſon que cette ville eſt ſur une route fréquentée, & que ſon revenu, le bien des pauvres, ſe conſumeroit à repréſenter. Il préféra en 1695 l'évêché de Senez, peu riche, mais iſolé. Son économie le mit en état de faire beaucoup de charités. Il donnoit à tout le monde : un pauvre s'étant préſenté, & le charitable évêque ne ſe trouvnt d'argent, il lui donna ſa bague. A ſon déſintéreſſement, à ſon zèle, à ſa piété, *Soanen* joignoit la fermeté de caractére que donne la vertu. La Bulle *Unigenitus* lui ayant paru un *Décret monſtrueux*, il en appella au futur concile, & publia une Inſtruction Paſtorale, dans laquelle il s'élevoit avec force contre cette Conſtitution. Le cardinal de *Fleury*, voulant faire un exemple d'un prélat Queſnéliſte, profita de cette occaſion pour faire aſſembler le concile d'Embrun, tenu en 1727. Le cardinal de *Tencin* y préſida. *Soanen* y fut condamné, ſuſpendu de ſes fonctions d'evêque & de prêtre, & exilé à la Chaiſe-Dieu en Auvergne, où il

mourut en 1740, âgé de 92 ans. Les Queſnéliſtes en ont fait un *Saint*, & les Moliniſtes un *Rebelle*. Il faut admirer ſes mœurs, & plaindre le zèle qui jetta tant d'amertume ſur une vie pure. Sa retraite fut fort fréquentée; on le viſitoit & on lui écrivoit de toutes parts. Il ſignoit ordinairement : JEAN Évêque de Sene{, priſonnier de J. C. On a de lui : I. Des *Inſtructions Paſtorales*. II. Des *Mandemens*. III. Des *Lettrès*, imprimées avec ſa Vie, en 2 vol. in-4°. ou 8 vol. in-12, 1750. Ce recueil auroit pu être élagué; mais ceux qui le faiſoient, croyoient tout précieux. On a imprimé ſous ſon nom, en 1767, 2 vol. in-12 de *Sermons*; mais quelques-uns doutent qu'ils ſoient de lui.

SOARÉ, (Cyprien) *Soarius*, Jéſuite Eſpagnol, mort à Placentia en 1593, à 70 ans, eſt auteur d'une *Rhétorique* en latin à l'uſage des collèges, mais qui ne peut ſervir aux gens de goût. On en a un *Abrégé*, Paris, *Cramoiſi*, 1674, in-12.

SOAREZ, *Voye{* SUAREZ.

SOAREZ, (Jean) évêque de Conimbre & comte d'Arganel, de l'ordre des Auguſtins, parut avec éclat au concile de Trente, & mourut en 1580. On a de lui des *Commentaires* ſur les Evangiles de S. Matthieu, de S. Marc, & de S. Luc, dans leſquels il entaſſe citations ſur citations.

SOBIESKI, (Jean) roi de Pologne, & l'un des plus grands guerriers du XVIIᵉ ſiécle, obtint les places de grand-maréchal & de grand-général du royaume. Il les illuſtra par ſes conquêtes ſur les Coſaques & ſur les Tartares, & par ſes victoires ſur les Turcs. Il gagna ſur eux la célèbre bataille de Chotzin, le 11 Novembre 1673. Les ennemis y perdirent 28000 hommes. Sa valeur & fes autres grandes qualités lui méritérent la couronne de Pologne en 1674. Son courage parut avec non moins de gloire au fiége de Vienne en 1683. Cette ville auroit été prife fans fon fecours. Il répandit tellement la terreur dans le camp ennemi, que le grand-vifir fe retira précipitamment avec fes foldats. Ils abandonnèrent leurs tentes, leurs bagages, & jufques au grand étendard de *Mahomet*, que le vainqueur envoya au pape. Il écrivit à la reine fa femme, qu'il avoit trouvé dans les tentes la valeur de plufieurs millions de ducats. On connoit affez cette Lettre, dans laquelle il lui dit : « Vous ne » direz pas de moi ce que difent » les femmes Tartares, quand elles » voient entrer leurs maris les » mains vuides : *Vous n'êtes pas un homme, puifque vous revenez fans butin.* Le lendemain 13 Septemb. *Sobieski* fit chanter le *Te Deum* dans la cathédrale, & l'entonna lui-même. Cette cérémonie fut fuivie d'un fermon, dont le prédicateur prit pour texte : *Il fut un homme envoyé de Dieu*, nommé JEAN ; paroles qui avoient été déja appliquées à un empereur de Conftantinople, & à Don *Juan d'Autriche*, après la victoire de Lépante. Ce prince mourut en 1696, regretté des héros dont il étoit le modèle, & des gens-de-lettres dont il étoit le protecteur. Il parloit prefque toutes les langues de l'Europe, & avoit autant d'efprit que de bravoure. M. l'abbé *Coyer* a écrit fa *Vie* en 3 vol. in-12.

SOBRINO, (François) eft auteur d'un *Dictionnaire Français & Efpagnol*, imprimé à Bruxelles en 1705, en 2 vol. in-4°. & depuis en 3. Il a fait auffi une *Grammaire Efpagnole*, in-12. Ces ouvrages

ont encore du cours, mais moins qu'autrefois.

I. SOCIN, (*Marianus*) naquit à Sienne en 1401, & profeffa le droit-canon dans fa patrie, avec un fuccès qui lui mérita l'eftime de *Pie II.* Il mourut en 1467.

II. SOCIN, (Barthélemi) fils du précédent, mort en 1507 à 70 ans, profeffa le droit dans plufieurs univerfités d'Italie, & laiffa des *Confultations*, imprimées à Venife avec celles de fon pere, en 1579, en 4 vol. in-fol. On dit que ce profeffeur difputoit un jour fur des matières de droit avec un jurifconfulte, qui, pour fe tirer d'affaire, s'avifa de forger fur le champ une loi qui lui donnoit gain de caufe. *Socin*, ni moins habile, ni moins rufé que fon adverfaire, renverfa cette loi auffi-tôt par une autre tout auffi formelle. Sommé d'en citer l'endroit : *Elle fe trouve*, dît-il, *précifément auprès de celle que vous venez de m'alléguer.* Jerôme *Donato* avoit ufé auffi d'une replique concluante en face du pape *Jules II* : Voyez CONSTANTIN, n° III, à la fin.

III. SOCIN, (Lélie) arriére-petit-fils de *Marianus Socin*, naquit à Sienne en 1525, & fut deftiné par fon pere à l'étude du droit. « Il » conçut de fort bonne heure, » (dit l'abbé *Racine*,) » le deffein » de changer de religion ; *parce* » *que*, difoit-il, *l'Eglife Catholique*, » *enfeignoit plufieurs chofes qui n'é-* » *toient pas conformes à la raifon.* » Il ne diftinguoit point la raifon » fouveraine, qui n'eft autre chofe » que la fageffe divine, de la raï- » fon aveugle de l'homme, qui ne » peut que jetter dans l'égarement » ceux qui ont la folie de la pren- » dre pour guide. *Socin* ofoit donc » rejetter tout ce qui ne lui pa- » roiffoit pas s'accorder avec fa

» raison ; & d'abord il voulut ap-
» profondir par lui-même le sens
» de l'Ecriture, & suivre dans cet
» examen son esprit particulier.
» Il n'est pas étonnant qu'il se soit
» si prodigieusement égaré , en
» suivant une lumière si fausse &
» si trompeuse. Il étudia le Grec,
» l'Hébreu & même l'Arabe, & ac-
» quit une érudition qui ne pouvoit
» que lui être funeste dans la mal-
» heureuse disposition où il étoit.
» Il quitta l'Italie en 1547, pour
» aller chercher , parmi les Pro-
» testans , des connoissances ca-
» pables de le satisfaire. Il em-
» ploya 4 ans à voyager en An-
» gleterre , en France , dans les
» Pays-Bas , en Allemagne & en
» Pologne. Après y avoir confé-
» ré avec les plus fameux héré-
» tiques, il se fixa à Zurich, où,
» malgré la réputation que sa scien-
» ce & ses talens lui acquirent ,
» il se rendit bientôt suspect , mê-
» me aux Protestans, de l'hérésie
» Arienne qu'il embrassa. » Calvin
lui donna de bons conseils à ce
sujet en 1552. Lélie Socin profita
des avis de ce patriarche de la Réforme, & plus encore du supplic-
ce de Servet. Il ne découvrit ses
erreurs qu'avec beaucoup d'artifices & de précautions. Il fit un
voyage en Pologne vers 1558, &
mourut à Zurich le 16 Mars 1562.
On a de lui quelques Ecrits, moins
connus que l'auteur.

IV. SOCIN, (Fauste) neveu du
précédent, naquit à Sienne en 1539.
Il fut gâté de fort bonne heure ,
aussi bien que plusieurs de ses parens, par les lettres de son oncle;
& pour éviter les poursuites de
l'Inquisition , il se retira en France. Lorsqu'il étoit à Lyon , n'é-
tant âgé que de 20 ans , il apprit
la mort de son oncle , & alla recueillir ses papiers à Zurich. De-
là il passa en Italie, où il demeura 12 ans à la cour du duc de Florence. Ayant appris des Calvinistes *à ne s'arrêter ni à l'autorité de
l'Eglise , ni à celle de la Tradition*,
il résolut de donner à ce principe
toute l'étendue qu'il pouvoit avoir.
Il ne se contenta pas de rejetter
les dogmes de l'Eglise Catholique ,
que les Luthériens & les Calvinistes avoient déja rejettés ; il entreprit l'examen de tous les autres que
les nouveaux Hérétiques avoient
retenus , & même de ceux auxquels son oncle n'avoit point porté atteinte. Il prétendoit que les
Ariens avoient trop donné à J. C. ,
& nia nettement la *Préexistence du
Verbe*. Il soutenoit que le *St-Esprit* n'étoit point une personne dis-
tincte, & qu'ainsi il n'y avoit que
le *Pere* qui fût proprement Dieu.
Il étoit forcé d'avouer que l'Ecriture donne le nom de Dieu à J.C. ;
mais il disoit que ce n'étoit pas dans
le même sens qu'au *Pere* ; & que ce
terme , appliqué à J. C. , signifie
seulement que le *Pere*, seul Dieu
par essence, lui a donné une puissance souveraine sur toutes les créatures, & l'a rendu par-là digne d'ê-
tre adoré des Anges & des hommes. Ceux qui ont lu ses écrits,
savent quelle violence il a été
contraint de faire à l'Ecriture pour
l'ajuster à ses erreurs. Il anéantit
la Rédemption de JESUS - CHRIST,
& réduit ce qu'il a fait pour sauver
les hommes, à leur avoir enseigné
la vérité, à leur avoir donné de
grands exemples de vertu., & à
avoir scellé sa doctrine par sa mort.
Le Péché originel , la Grace , la
Prédestination passent chez cet impie pour des chimères. Il regarde
tous les Sacremens comme de simples cérémonies sans aucune efficace. Il prend le parti d'ôter à Dieu
les attributs qui paroissent choquer

SOC

la raifon humaine, & il forme un affemblage d'opinions qui lui paroiffent plus raifonnables, fans fe mettre en peine fi quelqu'un a penfé comme lui depuis l'établiffement du Chriftianifme. *Socin* ne jouit pas tranquillement de la gloire à laquelle il avoit afpiré avec tant d'ardeur. Les Catholiques & les Proteftans lui cauférent des chagrins, & il mourut en 1604, dans le village de Luclavie, près de Cracovie, où il s'étoit retiré pour fe dérober aux pourfuites de fes ennemis ; il étoit dans fa 65ᵉ année. On mit fur fon tombeau une Epitaphe, dont le fens étoit : *LUTHER a détruit le toît de Babylone, CALVIN en a renverfé les murailles, & SOCIN en a arraché les fondemens.* L'idée de cette Epitaphe fut prife d'un Tableau qu'avoit fait exécuter *Pauli,* (*Voyez* ce mot.) La fecte Socinienne, bien loin de mourir ou de s'affoiblir par la mort de fon chef, devint confidérable par le grand nombre de perfonnes de qualité & de favans qui en adoptérent les principes. Les *Sociniens* furent affez puiffans pour obtenir dans les diètes la liberté de confcience. Au refte, quoique *Faufte Socin* ait furpaffé tous les Hérétiques par le nombre de fes erreurs, & par la hardieffe de fes fentimens, il a donné peu de prife fur lui du côté des mœurs. Il a écrit avec élégance, & d'une maniére fort éloignée des emportemens de *Luther* & de *Calvin.* Avant que l'on eût fait les recueils des livres qui font dans la *Bibliothèque des Freres Polonois,* il étoit difficile de recouvrer les ouvrages de *Faufte Socin.* Mais ils ont été imprimés à la tête de cette *Biblithèque,* qui eft en 9 tomes in-fol. Les deux premiers ne contiennent que les productions de cet auteur.

SOCOLOVE, (Staniflas) théo-logien Polonois, chanoine de Cracovie, & prédicateur du roi *Etienne Battori,* mourut en 1619, avec la réputation d'un favant. On a de lui des *Commentaires* fur les trois premiers Evangeliftes, & d'autres ouvrages de *Controverfe* & de *Morale.* Le plus eftimé de tous eft une *Traduction* de *Jérémie,* patriarche de Conftantinople, fous ce titre : *Cenfura Ecclefiæ Orientalis de præcipuis noftri fæculi Hæreticorum Dogmatibus, è Græco in Latinum converfa,* cum annotationibus, Cracovie, 1582, in-f.

I. SOCRATE, fils d'un fculpteur & d'une fage-femme, naquit à Athènes, l'an 469 avant J.C. Il s'appliqua d'abord à la profeffion de fon pere, & l'Hiftoire fait mention de trois de fes ftatues repréfentant les *Graces,* qui étoient trèsbelles. *Criton,* ravi de la beauté de fon efprit, l'arracha de fon attelier pour le confacrer à la philofophie. Il eut pour maître le célèbre *Archelaüs,* qui conçut pour lui toute l'amitié qu'il méritoit. Le jeune philofophe porta les armes comme tous les Athéniens, & fe trouva à plufieurs actions, dans lefquelles il fe diftingua par fon courage. Ce philofophe guerrier s'étoit accoutumé de bonne-heure à une vie fobre, dure, laborieufe. Il eft difficile de porter plus loin qu'il le fit, le mépris des richeffes & l'amour de la pauvreté. Voyant la pompe & l'appareil que le luxe étaloit dans certaines cérémonies, & la quantité d'or & d'argent qu'on y portoit : *Que de chofes,* difoit-il en fe felicitant lui-même fur fon état, *que de chofes dont je n'ai pas befoin!... Socrate* n'étoit pas feulement pauvre; mais, ce qui eft admirable, il aimoit à l'être ; il ne rougiffoit pas de faire connoitre fes befoins. *Si j'avoie de l'argent,* dit-il un jour dans une assemblée de ses amis , *j'aurois acheté un manteau*. Chacun de ses disciples voulut lui faire ce petit présent... Quoique très-pauvre, il se piquoit d'être propre sur lui & dans sa maison. Il dit un jour à *Antisthène*, qui affectoit de se distinguer par des habits sales & déchirés, qu'*à travers les trous de son manteau & de ses vieux haillons , on entrevoyoit beaucoup de vanité...* Une des qualités les plus marquées dans *Socrate* , étoit une tranquillité d'ame que nul accident ne pouvoit altérer. Il ne se laissoit jamais emporter par la colére. Un esclave ayant excité en lui quelque émotion : *Je te fraperois*, lui dit-il , *si je n'étois pas en colére*. Un brutal lui ayant donné un soufflet, il se contenta de dire en riant : *Il est fâcheux de ne pas savoir quand il faut s'armer d'un casque*. Une autre fois, ses amis étant étonnés de ce qu'il avoit souffert, sans rien dire, un coup de pied d'un insolent: *Quoi donc !* leur dit-il , *si un âne m'en donnoit autant, le ferois-je citer en Justice ?* Enfin , comme on lui rapportoit qu'un certain homme l'accabloit d'invectives, il ne fit que cette réponse : *C'est qu'apparemment il n'a pas appris à bien parler...* « Que » celui d'entre vous, (disoit-il à ses disciples,) » qui en consultant » le miroir , s'y trouvera beau , » prenne garde de corrompre les » traits de sa beauté par la diffor- » mité de ses mœurs ; mais que » celui qui s'y trouvera laid, s'ap- » plique à effacer la laideur de son » visage par l'éclat de sa vertu »... » Comme le peuple sortoit un jour du théâtre , *Socrate* forçoit le passage pour y entrer. Quelqu'un lui demandant la raison de cette conduite : *C'est*, répondit-il, *ce que j'ai soin de faire dans toutes mes démarches , de résister à la foule...* On lui de-

manda pourquoi il se fatiguoit à travailler avec tant d'ardeur jusqu'au soir ? Il répondit : « Qu'il » gagnoit de l'appétit pour mieux » souper ; que , selon lui , le meil- » leur assaisonnement des viandes » étoit la faim, & que celui de » la boisson étoit la soif »... On dit que, pour endurcir son corps contre les accidens de la vie , il avoit coutume de se tenir debout un jour entier dans l'attitude d'un homme rêveur, immobile, sans fermer les paupières & sans détourner les yeux du même endroit. Il marchoit en plein hiver nuds pieds sur la neige. Après avoir gagné de la soif par les fatigues & les mouvemens qu'il se donnoit , il ne buvoit point, qu'il n'eût versé dans le puits la première cruchée d'eau qu'il en tiroit... *Socrate* avoit invité à souper quelques personnes riches , & sa femme *Xantippe* rougissoit de les recevoir si simplement. « Ne vous inquiétez point , (lui répondit *Socrate* :) » si ce sont » des gens de bien & sobres, ils » seront contens ; mais s'ils sont » déréglés & méchans, peu impor- » te qu'ils le soient. » Il trouva, sans sortir de sa propre maison, de quoi exercer sa patience : *Xantippe* sa femme le mit aux plus rudes épreuves, par son humeur bizarre, violente & emportée. Un jour, après avoir vomi contre lui toutes les injures dont son dépit étoit capable , elle finit par lui jetter un pot d'eau sale sur la tête. Il ne fit qu'en rire , & il ajoûta : *Il falloit bien qu'il plût après un si grand tonnerre.* On a cru que le caractére de cette femme étoit de son choix , & qu'il l'avoit épousée à dessein d'être exercé ;. mais cette conjecture suppose une bizarrerie qui n'étoit point dans l'esprit de *Socrate*, déclaré par l'Oracle, *le plus Sage de tous les Grecs...* Parmi le grand nombre de fentences & de bons-mots qu'on lui a attribués, nous avons choifi les principaux. Parlant d'un prince qui avoit beaucoup dépenfé à faire un fuperbe palais, & n'avoit rien employé pour former fes mœurs; il faifoit remarquer qu'*On couroit de tous côtés pour voir fa Maifon; mais que perfonne ne s'empreffoit pour en voir le Maître...* Dans le tems du maffacre que faifoient les 30 *Tyrans* qui gouvernoient la ville d'Athènes, il dit à un philofophe : *Confolons-nous de n'être pas, comme les Grands, le fujet des Tragédies.* Il difoit que *l'ignorance étoit un mal;* & que *les richeffes & les grandeurs, bien loin d'être des biens, étoient des fources de toutes fortes de maux...* Il recommandoit trois chofes à fes difciples, *la fageffe, la pudeur* & *le filence*; & il difoit qu'*il n'y avoit point de meilleur héritage qu'un bon ami...* Un phyfionomifte ayant dit de lui qu'il étoit brutal, impudique & ivrogne, fes difciples vouloient maltraiter ce fatyrique impudent; mais *Socrate* les en empêcha, en avouant " qu'il avoit eu du pen-" chant pour ces vices; mais qu'il " s'en étoit corrigé par la rai-" fon "... Il difoit ordinairement qu'*On avoit grand foin de faire un Portrait qui reffemblât, & qu'on n'en avoit point de reffembler à la Divinité dont on eft l'image; qu'On fe paroit au miroir, & qu'on ne fe paroit point de la vertu.* Il ajoûtoit, qu'*il en eft d'une mauvaife Femme comme d'un Cheval vicieux, auquel lorfqu'on eft accoutumé, tous les autres femblent bons...* C'eft principalement à ce grand philofophe, que la Grèce fut redevable de fa gloire & de fa fplendeur. Il eut pour difciples & forma les hommes les plus célè-bres en tous genres, tels qu'*Al-*cibiade, *Xenophon, Platon,* &c. Il n'avoit point une école ouverte, comme les autres philofophes, ni d'heure marquée pour fes leçons. C'étoit un Sage de tous les tems & de toutes les heures, & il faififfoit toutes les occafions pour donner des préceptes de morale. La fienne n'étoit ni fombre, ni fauvage; il étoit toujours fort gai, & il aimoit la douce joie d'un repas frugal, affaifonné par l'efprit & par l'amitié. Ce ne feroit pas bien connoître *Socrare*, que d'oublier fon Démon, ou ce Génie qu'il prétendoit lui fervir de guide. Il en parloit fouvent & fort volontiers à fes difciples. Qu'étoit-ce que ce Démon familier, cette voix divine, cet efprit qui lui obéiffoit conftamment quand il le confultoit ? Ce n'étoit autre chofe, fuivant les philofophes judicieux, que la jufteffe & la force de fon jugement, qui par les règles de la prudence & par le fecours d'une longue expérience, foutenue de férieufes réflexions, lui faifoit prévoir quel devoit être le fuccès des affaires & des entreprifes fur lefquelles on lui demandoit fon avis. Quant aux principes de la philofophie, il ne fe piqua pas d'approfondir les myftéres impénétrables de la nature. Il crut que le Sage devoit la laiffer dans les ténèbres où elle s'étoit enfévelie; il tourna toutes les vues de fon efprit vers la morale, & la *Secte Ionienne* n'eut plus de phyficien. Socrate chercha, dans le cœur même de l'homme, le principe qui conduifoit au bonheur : il y trouva que l'homme ne pouvoit être heureux que par la juftice, par la bienfaifance, par une vie pure. Il forma une école de morale, bien fupérieure à toutes les écoles de phy-

fique ; mais dans le tems qu'il inf-
truifoit les autres , il ne veilloit
pas affez fur ·lui - même. Il s'expliquoit. très-librement fur la re-
ligion· & fur le gouvernement de
fon pays. Sa paffion dominante
étoit de régner fur les efprits, &
d'aller à la gloire en affectant la
modeftie. Cette conduite lui fit
beaucoup d'ennemis : ils engagérent *Ariftôphane* à le jouer fur le
théâtre. Le poëte leur prêta fa
plume , & fa piéce, pleine de plaifanteries fines & faillantes , accoutuma infenfiblement le peuple à le
méprifer. Il fe préfenta deux infâmes délateurs, *Anitus* & *Melitus* ,
qui l'accuférent d'Athéifme , parce,qu'il fe moquoit de la pluralité
té des Dieux. *Lyfias*, qui paffoit
pour le plus habile orateur de fon
tems , lui apporta un Difcours
travaillé , pathétique , touchant ,
& conforme à fa malheureufe fituation , pour l'apprendre par
cœur , s'il le jugeoit à propos ,
& s'en fervir auprès de fes juges.
Socrate le lut avec plaifir, & le
trouva fort bien fait. *Mais de même , lui dit-il , que fi vous m'euffiez
apporté des fouliers à la Sicionienne,
(c'étoient alors lieu des plus à la mode) je ne m'en fervirois point, parce
qu'ils ne conviendroient point à un
Philofophe; ainfi votre Plaidoyer me
paroît éloquent & conforme aux règles de la Rhétorique, mais peu convenable à la grandeur d'ame & à la
fermeté digne d'un Sage.* Il défendit
fa caufe avec une fermeté qui parut
infultante. Il répondit à fes juges,
qui lui laiffoient le choix de la
peine qu'il croyoit mériter : *Qu'il
méritoit d'être nourri le refte de fes
jours dans le Prytanée, aux frais de
la République*; honneur qui, chez
les Grecs, paffoit pour le plus
diftingué. Cette réponfe révolta
tellement tout l'Aréopage , que

l'on réfolut fa perte , tout innocent qu'il étoit. Quelqu'un
étant venu lui annoncer qu'il avoit
été condamné à mort par fes juges : *Et eux*, repliqua-t-il , *l'ont
été par la Nature.* On ordonna qu'il
boiroit du jus de cigué. Dès que
fa fentence fut prononcée , il
marcha avec une fermeté admirable vers la prifon. *Apollodore*, un
de fes difciples, s'étant avancé pour
lui témoigner fa douleur de ce
qu'il mouroit innocent : *Voudriez-
vous*, lui dit-il , *que je mouruffe coupable ?* Ses amis voulurent lui faciliter fon évafion, ils corrompirent le geolier à force d'argent;
mais *Socrate* ne voulut point profiter de leurs bons offices. Il but
la coupe de cigué avec la même
indifférence dont il avoit envifa-
gé les différens événemens de fa
vie; ce fut l'an 400 avant J. C. Il
étoit alors âgé de 70 ans. Sa femme & fes amis recueillirent fes
dérnières paroles. Elles furent toutes d'un Sage ; elles roulérent fur
l'immortalité de l'ame, & prou-
vérent la grandeur de la fienne.
« Au fortir de cette vie s'ouvrent
» deux routes, *dit-il*; l'une mène
» à un lieu de fupplices éter-
» nels, les ames qui fe font fouil-
» lées ici-bas par des plaifirs hon-
» teux & des actions criminelles;
» l'autre conduit à l'heureux fé-
» jour des Dieux , celles qui fe
» font confervées pures fur la
» terre, & qui dans des corps hu-
» mains ont mené une vie divi-
» ne. » Quelqu'un demandant à
Ariftippe comment *Socrate* étoit
mort ? *Comme je voudrois*, répondit - il , *mourir moi - même.* Quelques Peres de l'Eglife décorent
ce Sage du titre de *Martyr de Dieu.
Erafme* dit, qu'autant de fois qu'il
lifoit la belle mort de *Socrate*, il
étoit tenté de s'écrier : *O faint*

Socrate, prier pour nous ! On a tâché vainement de noircir sa réputation, en l'accusant d'un amour criminel pour *Alcibiade*: l'abbé *Fraguier* l'a pleinement juftifié. A peine eut-il rendu les derniers foupirs, que les Athéniens demandérent compte aux accusateurs, du fang innocent qu'ils avoient fait répandre. *Melitus* fut condamné à mort, & les autres furent bannis. Non contens d'avoir ainfi puni les calomniateurs de *Socrate*, ils lui firent élever une Statue de bronze de la main du célèbre *Ly-fippe*, & lui dédiérent une Chapelle comme à un demi-Dieu. On a de lui quelques *Lettres*, recueillies par *Allatius* avec celles des autres Philofophes de fa fecte, Paris, 1637, in-4°. *Socrate* avoit mis en vers dans fa prifon les Fables d'*Efope*; mais cette traduction n'eft pas parvenue jufqu'à nous.

. II. SOCRATE, le *Scholaftique*, naquit à Conftantinople, au commencement du règne du grand *Théodofe*, vers l'an 380. Il étudia la grammaire fous deux fameux profeffeurs Paiens, & fit des progrès qui annonçoient beaucoup de talent. Il s'appliqua à l'Hiftoire Eccléfiaftique, & entreprit de continuer celle d'*Eusèbe de Céfarée*, en reprenant à l'Arianifme, qu'*Eusèbe* n'avoit touché que fort légérement. L'Hiftoire de *Socrate*, divifée en VII livres, commence à l'an 306, & finit en 439 : ainfi elle renferme ce qui s'eft paffé pendant 134 ans. Son ftyle n'a rien de beau ni de relevé. Quoiqu'il protefte qu'il s'eft donné beaucoup de peine pour s'inftruire exactement de tous les faits qu'il rapporte, il y en a néanmoins plufieurs auxquels on ne peut ajoûter foi. Il n'eft pas même toujours exact dans les dogmes. Il

n'étoit que laïc, & peu verfé dans les matières de théologie. Il parle. fouvent des Novatiens d'une manière avantageufe. Ce n'eft pas qu'il fût engagé dans leur fchifme ; mais il faifoit trop de cas de leurs belles qualités apparentes. Il ne paroit pas avoir été fort inftruit de la difcipline des différentes Eglifes. On ne dit pas en quelle année il mourut. On trouve fon *Hiftoire* dans le recueil des Hiftoriens Eccléfiaftiques de *Valois*, à Cambridge, 1720, 3 vol. in-fol. *Coufin* l'a traduite en françois.

. SOÉMIAS, (Julie) fille de *Julius Avitus*, & mere de l'empereur *Héliogabale*, étoit d'Apamée en Syrie. *Julie Mammée*, fa fœur, époufa l'empereur *Septime-Sevére*, & *Soémias* fut mariée à *Varius-Marcellus*. Devenue veuve de bonne heure, ainfi que fa fœur, *Mafa* leur mere les emmena l'an 217 à Emèfe. Ce fut par les intrigues de ces trois femmes qu'*Héliogabale* fut élu empereur en 218. *Soémias* & fa mere furent admifes au fénat, où elles donnoient leurs voix comme les autres fénateurs. Peu fatisfaite de dominer dans cette affemblée augufte, *Soémias* forma un fénat compofé de femmes, pour décider fur les ajuftemens des dames Romaines. Ses folies & celles de fon fils irritérent les citoyens de Rome ; on encouragea les Prétoriens à fe foulever, & ils tranchérent la tête à l'un & à l'autre en 222. *Soémias* avoit de la beauté & du courage. Dans une occafion, les foldats qui combattoient pour *Héliogabale*, commençant à fuir, elle fe jetta au milieu d'eux & les fit retourner au combat. Mais ce fut la feule occafion où elle parut avec honneur. Née avec un efprit vain, ambitieux, un caractére railleur, insolent & cruel, elle donna les plus mauvais conseils à son fils. Elle avoit un front incapable de rougir, & elle se donna en spectacle par les débauches les plus criantes.

SOGDIEN, 2ᵉ fils d'*Artaxercès-Longuemain*; ne put voir sans jalousie *Xercès*, son frere ainé, sur le trône de Perse; il le fit assasiner l'an 425 avant J. C., & s'empara de la couronne. Il ne jouit pas long-tems du fruit de son crime. Son règne ne fut que d'environ 7 mois.

SOHÊME, frere de *Ptolomée* roi d'Iturée, fut élevé à la cour d'*Hérode* le *Grand*, qui lui avoit donné toute sa confiance. Ce roi, en partant pour aller faire sa paix avec *Auguste*; après la bataille d'Actium, lui remit sa femme *Mariamne*, avec ordre de la tuer, en cas qu'on le fît mourir à Rome. Un pareil ordre avoit déja été donné à *Joseph*, beau-frere d'*Hérode* : (*Voyez* ce mot, n° v.) *Sohême*, gagné par les civilités de la reine, ne put garder son secret; & *Mariamne*, indignée de la cruauté de son mari, accabla de reproches *Hérode*, qui, pour s'en venger, fit périr & *Sohême* & *Mariamne* elle-même.

SOISSONS, (Louis de Bourbon, comte de) grand-maître de France, fils de *Charles* comte de Soissons, né à Paris en 1604, se distingua d'abord contre les Huguenots & au siége de la Rochelle. Il commanda en Champagne ès années 1635, 1636 & 1637, & défit au combat d'Yvoi les Polonois & les Croates qui entroient en France. Poussé à bout par le cardinal de *Richelieu*, dont il avoit refusé d'épouser la nièce, il résolut de s'en défaire; mais le coup

ayant manqué, il se retira à Sedan, traita avec la maison d'Autriche contre le roi, & défit le maréchal de *Châtillon* en 1641 à la bataille de la Marfée. Il y fut tué d'un coup de pistolet, en poursuivant sa victoire avec trop d'ardeur. C'étoit un prince bien fait de sa personne, plein de feu & de courage, mais d'un esprit médiocre & défiant; fier, férieux, & aussi propre pour l'intrigue que pour la guerre.

SOLEIL : Les Païens distinguoient *cinq Soleils*. L'un fils de *Jupiter*; le 2ᵉ fils d'*Hypérion*; le 3ᵉ fils de *Vulcain*, surnommé *Opas*; le 4ᵉ avoit pour mere *Acantho*; & le dernier étoit pere d'*Æetès* & de *Circé*.

SOLEISEL, (Jacques de) gentilhomme du Forez, naquit en 1617 dans une de ses terres, nommée *le Clapier*, proche la ville de St-Etienne, & mourut en 1680, à 63 ans, après avoir formé une célèbre Académie pour le manége. Sa probité étoit au-dessus de son savoir, quoiqu'il fût beaucoup. On a de lui quelques ouvrages; le plus estimé est intitulé : *Le Parfait Maréchal*, 1754, in-4°. Il y traite de tout ce qui concerne les chevaux, & sur-tout de leurs maladies, & des remèdes qu'on peut y apporter. Il y a quelques endroits qui auroient besoin d'être retouchés dans ce livre; mais, en général, il est très-utile & assez exact. *Soleisel* passoit pour un si galant homme, qu'on a dit de lui, « qu'il auroit encore mieux fait » le livre du *Parfait Honnête-hom-* » *me*, que celui du *Parfait Maré-* » *chal*. »

SOLIGNAC, (Pierre-Joseph de la *Pimpie*, chevalier de) né à Montpellier en 1687, d'une famille distinguée, vint de bonne heure à la capitale, & fe fit connoître à la cour, qui lui donna une commiſſion très - honorable pour la Pologne. Il eut occaſion d'être connu du roi *Staniſlas*, qui le prit chez lui, moins comme fon fecrétaire, que comme fon ami. Il fuivit ce prince en France, lorſqu'il vint prendre poſſeſſion de la Lorraine, & il devint fecrétaire de cette province, & fecrétaire perpétuel de l'académie de Nanci. C'eſt dans cette ville qu'il trouva ce loiſir philoſophique & littéraire, qui fut le délaſſement des longues fatigues qu'il avoit eſſuyées. Des mœurs douces & honnêtes, des manières agréables, une littérature fine & variée, le faiſoient rechercher par tous ceux qui aiment les talens aimables joints à l'exacte probité. Il mourut en 1773, âgé de 80 ans. Le chevalier de *Solignac* eſt connu dans la république des lettres par divers ouvrages. Les principaux font : I. *Hiſtoire de Pologne*, en 5 vol. in-12. Cet ouvrage, qui n'eſt point achevé, eſt bien écrit; mais le ſtyle fe reſſent quelquefois du ton oratoire. II. *Eloge hiſtorique du Roi Staniſlas.* L'auteur avoit auſſi compoſé l'*Hiſtoire* de ce prince; mais elle n'a pas encore paru. Elle préſentera, dit-on, un grand nombre de faits intéreſſans & nouveaux. III. Divers morceaux de littérature, dans les *Mémoires* de l'académie de Nanci; entr'autres quelques *Eloges*, qui prouvent une plume élégante & facile.

I. SOLIMAN I, s'étant ſauvé de la bataille d'Ancyre, fut proclamé empereur des Turcs à la place de *Bajaʒet* fon pere, en 1402, par les troupes qui étoient reſtées en Europe. Il releva l'empire Ottoman, dont il reconquit une partie, du vivant même de *Tamerlan*. Son amour pour les plaiſirs ternit fa gloire & cauſa fa perte. Il fut détrôné en 1410 par fon frere *Muſa*, & tué en allant implorer la protection de l'empereur de Conſtantinople, dans un village entre cette ville & Andrinople.

II. SOLIMAN II, empereur Turc, étoit fils unique de *Sélim I*, auquel il fuccéda en 1520. *Gaʒeli Beg*, gouverneur de Syrie, fe révolta au commencement de fon règne, & entraîna une partie de l'Egypte dans ſa rébellion. Après l'avoir réduit par ſes lieutenans, il acheva de détruire les Mameluks en Egypte, & conclut une trève avec *Iſmaël Sophi*. Tranquille du côté de l'Egypte & de la Syrie, il réſolut de fondre en Europe. Il aſſiégea & prit Belgrade en 1521. L'année fuivante il conçut le deſſein d'aſſiéger l'iſle de Rhodes, qui étoit depuis 212 ans entre les mains des chevaliers de S. *Jean de Jéruſalem*. Réſolu à cette entrepriſe, il leur écrivit une lettre très-fière, dans laquelle il les ſommoit de fe rendre, s'ils ne vouloient tous paſſer par le fil de l'épée. Cette conquête lui coûta beaucoup de monde; mais enfin la ville, réduite aux dernières extrémités, fut obligée de fe rendre en 1522. Le vainqueur tourna enſuite ſes armes contre la Hongrie, où il remporta, le 29 Août 1526, la fameuſe bataille de Mohatz fur les Hongrois : *Louis II*, leur roi, y périt dans un marais. Le conquérant Turc prit Bude en 1529, & alla enſuite attaquer Vienne, qui ſoutint 20 aſſauts pendant l'eſpace de 20 jours; mais il fut obligé d'en lever le fiège, avec une perte de 80 mille hommes. L'an 1534, il paſſa en

Orient, & prit Tauris fur les Perfes; mais il perdit une bataille
contre *Schah-Tamafp.* Son armée
eut le même fort, en 1565, devant l'ifle de Malte, qu'elle avoit
eu devant Vienne; mais il fe rendit maître, en 1566, de l'ifle de
Chio, poffédée par les Génois
depuis 1346. Ce héros infatigable termina fes jours en Hongrie
au fiége de Sigeth, le 30 Août
1566, à 76 ans, 4 jours avant la
prife de cette place par les Turcs.
Ses armes victorieufes le firent
également craindre en Europe &
en Afie. Son empire s'étendoit
d'Alger à l'Euphrate, & du fond
de la Mer Noire au fond de la
Grèce & de l'Epire. Ce prince
étoit auffi propre aux affaires de
la paix, qu'à celles de la guerre :
éxact obfervateur de fa parole,
ami de la juftice, attentif à la
faire rendre, & d'une activité
furprenante dans l'exercice des
armes. Plus guerrier que *Charles-
Quint*, il lui reffembla par des
voyages continuels. C'eft le premier des empereurs Ottomans qui
ait été l'allié des François, & cette
alliance a toujours fubfifté. *Soliman*
ternit l'éclat de fa gloire par fa
cruauté. Après la victoire de Mohatz, 1500 prifonniers, feign⁻ pour
la plupart, furent placés en cercle par ordre du fultan, & décapités en préfence de l'armée victorieufe. *Soliman* ne croyoit rien
d'impoffible lorfqu'il ordonnoit.
Un de fes généraux lui ayant
écrit que l'ordre de faire conftruire un pont fur la Drave, étoit
inexécutable; l'empereur, ferme
dans fes volontés, lui envoya
une longue bande de toile, fur
laquelle étoient écrites ces paroles : « L'Empereur *Soliman*, ton
» maître, te dépêche par le cou-
» rier que tu lui as envoyé, l'or-

» dre de conftruire un Pont fur
» la Drave; fans avoir égard aux
» difficultés que tu pourras trou-
» ver. Il te fait favoir en même
» tems, que fi ce Pont n'eft pas
» achevé à fon arrivée, il te fe-
» ra étrangler avec le morceau
» de toile qui t'annonce fes vo-
» lontés fuprêmes. » *Voy.* ROXE-
LANE, & MUSTAPHA n° V.

III. SOLIMAN III, empereur
Turc, fils d'*Ibrahim*, fut placé fur
le trône en 1687, après la dépofition de *Mahomet IV*, à l'âge de
48 ans, & mourut le 22 Juin
1691. C'étoit un prince indolent,
fuperftitieux, & prefque imbécille,
qui ne dut toute la gloire de fon
règne qu'à l'habileté de fon miniftre *Muftapha Cuproli.*

SOLIMÈNE, (François) peintre, né en 1657 dans une petite ville proche de Naples, mort
dans une de fes maifons de campagne en 1747, étoit un de ces
hommes rares qui portent en eux
le germe de tous les talens. Deftiné par fon pere à l'étude des
loix, il s'en occupa pendant quelque tems; mais la nature le détermina à fe décider pour la peinture. Il réuffiffoit également dans
tous les genres. Une imagination
vive, un goût délicat & un jugement fûr, préfidoient à fes compofitions; il avoit le grand art
de donner du mouvement à fes
figures; il joignoit à une touche
ferme, favante & libre, un coloris frais & vigoureux. Ce peintre
a beaucoup travaillé pour la ville
de Naples. Plufieurs princes de
l'Europe exercérent fon pinceau.
Charmés de fes ouvrages, ils voulurent l'attirer à leur cour; mais
Solimène, comblé de biens & d'honneurs dans fa patrie, ne put fe
déterminer à l'abandonner. La
maifon de cet illuftre artifte étoit

ouverte aux perſonnes diſtinguées par leur eſprit & leurs talens. Les beaux-arts y fourniſſoient les plaiſirs les plus purs & les plus variés. *Solimène* avoit d'ailleurs l'eſprit de ſociété. Ses ſaillies & ſes connoiſſances faiſoient deſirer ſa compagnie. On a de lui quelques *Sonnets*, qui peuvent le placer au rang des poëtes eſtimés. Il s'habilloit d'ordinaire en abbé, & poſſédoit un bénéfice. Nous avons pluſieurs morceaux gravés d'après les ouvrages de ce peintre.

SOLIN, (*Caïus-Julius Solinus*) grammairien Latin, vivoit ſur la fin du 1ᵉʳ ſiécle, ou au commencement du ſecond. On a de lui un livre intitulé, *Polyhiſtor*, ſur lequel *Saumaiſe* a fait de ſavans Comentaires, Paris 1629, & Utrecht 1689, en 2 vol. in-folio. C'eſt une compilation, aſſez mal digérée, de remarques hiſtoriques & géographiques ſur les choſes les plus mémorables de divers pays. *Solin* y parle ſouvent de Rome, comme de ſa patrie. On l'a ſurnommé *le Singe de Pline*, parce qu'il ne fait preſque que copier ce célèbre naturaliſte ; mais le *Singe* eſt fort au-deſſous de ſon original. La plus ancienne édition de ſon *Polyhiſtor* eſt de Veniſe, 1473 ; la meilleure, de Leyde, 1646.

SOLIS, (Antoine de) poëte Eſpagnol, né à Alcala de Henarez, l'an 1610, mort en 1686, fut ſecrétaire de *Philippe IV*, & hiſtoriographe des Indes. Il a compoſé : I. Pluſieurs *Comédies*, Madrid 1681, in-4°, dont le plan eſt confus, & le fond plus romaneſque que comique. II. Des *Poëſies*, 1716, in-4°, qui ſont animées des charmes de l'imagination ; mais dont le bon goût n'a pas ſçu écarter l'emphaſe & les images incohérentes. III. Une *Hiſtoire* de la *Conquête du Mexique*, Bruxelles 1704, in-fol., & Madrid 1748, dont nous avons une traduction en françois, par *Citri* de *la Guette*, in-4°, avec figures, en 2 vol. in-12. Cet ouvrage eſt écrit avec feu & avec élégance ; mais on y rencontre de tems en tems des phraſes ampoulées, des réflexions puériles & des faits hazardés. *Solis* avoit embraſſé l'état eccléſiaſtique, & il ne reçut l'ordre de prêtriſe qu'à 56 ans.

SOLON, le ſecond des *Sept Sages* de la Grèce, naquit à Athènes vers l'an 639 avant J. C. Après avoir acquis les connoiſſances néceſſaires à un philoſophe & à un politique, il ſe mit à voyager dans toute la Grèce. De retour dans ſa patrie, il la trouva déchirée par la guerre civile. Les uns vouloient le gouvernement populaire, les autres l'oligarchique. Dans ce ſoulèvement général, *Solon* fut le citoyen ſur lequel Athènes tourna les yeux. On le nomma *Archonte* & ſouverain légiſlateur, du conſentement de tout le monde. Les Athéniens avoient voulu pluſieurs fois lui déférer la royauté ; mais il l'avoit toujours refuſée. Revêtu de ſa nouvelle dignité, ſes premiers ſoins furent d'appaiſer les pauvres qui fomentoient le plus la diviſion. Il défendit qu'*aucun Citoyen fût obligé par corps pour dettes civiles* ; & par une loi expreſſe, il remit une partie des dettes. Il caſſa toutes les loix de *Dracon*, à l'exception de celles contre les meurtriers. Il procéda enſuite à une nouvelle diviſion du peuple, qu'il partagea en *IV Tribus*. Il mit dans les 3 premiéres les citoyens aiſés, donna à eux ſeuls les charges & les dignités ; & accorda aux pauvres qui compoſoient la 4ᵉ tribu, le droit d'opiner avec les riches dans les assemblées du peuple : droit peu considérable d'abord, mais qui par la suite les rendit maîtres de toutes les affaires de la république. L'Aréopage reçut une nouvelle gloire sous son administration. Il en augmenta l'autorité & les privilèges, le chargea du soin d'*informer de la manière dont chacun gagnoit sa vie* : loi sage, surtout dans une démocratie, où l'on ne doit espérer de ressource que de son travail. Ce législateur fit aussi des changemens au sénat du Prytanée. Il fixa le nombre des juges à 400, & voulut que toutes les affaires qui devoient être portées devant l'assemblée du peuple, auquel seul en appartenoit le pouvoir souverain, fussent auparavant examinées devant ce tribunal. C'est à ce sujet qu'*Anacharsis*, attiré du fond de la Scythie par la réputation des Sages de la Grèce, disoit à *Solon* : *Je suis surpris qu'on ne laisse aux Sages que la délibération, & qu'on réserve la décision aux Foux.* Après ces différens réglemens, *Solon* publia ses Loix, que la postérité a toujours regardées comme le plus beau monument d'Athènes. Parmi ces Loix, une des plus nécessaires dans une petite république, étoit celle qui chargeoit l'Aréopage de *veiller sur les Arts & les Manufactures*, de *demander à chaque Citoyen compte de sa conduite*, & de *punir ceux qui ne travailloient point*. Il ordonna que la mémoire de ceux qui seroient morts au service de l'Etat, fût honorée par des oraisons funèbres ; que l'Etat prît soin de leur pere & de leur mere ; & que leurs enfans fussent élevés aux dépens de la république jusqu'à l'âge de puberté, tems auquel on devoit les envoyer à la guerre avec une armure complette. La peine d'infamie étoit décernée contre ceux qui avoient consumé leur patrimoine ; qui n'avoient point voulu porter les armes pour la patrie, ou qui avoient refusé de nourrir leur pere & leur mere. Il n'exemptoit de ce dernier devoir que les fils des courtisanes. *Solon* ne fit aucune Loi contre les sacriléges, ni contre les parricides, parce que, disoit-il, *le premier crime a été inconnu jusqu'ici à Athènes ; & la nature a tant d'horreur du second, que je ne crois pas qu'elle puisse s'y déterminer*... *Cicéron* remarque ici la sagesse de ce législateur, dont les Loix étoient encore alors en vigueur dans cette république. Les Athéniens s'étant obligés par serment d'observer ces Loix pendant 100 ans, *Solon* obtint d'eux un congé de 10 ans. Le prétexte de son voyage étoit le desir de trafiquer sur mer ; mais le véritable motif fut d'éviter les importunités de ceux qui venoient se plaindre, pour obtenir des interprétations en leur faveur. Il alla d'abord en Égypte, ensuite à la cour de *Crœsus*, roi de Lydie. C'est-là que, dans un entretien qu'il eut avec ce prince, il dit qu'*il ne falloit donner à personne le nom d'heureux avant sa mort* : (*Voy.* CRŒSUS.) *Solon*, étant revenu dans sa patrie, la trouva toute livrée à ses anciennes divisions. *Pisistrate* s'étoit emparé du gouvernement, & régnoit moins en chef d'un peuple libre, qu'en monarque qui vouloit avoir toute l'autorité. Après avoir reproché à ce tyran sa perfidie, & aux Athéniens leur lâcheté, il alla mourir chez le roi *Philocypre*, l'an 559 avant J. C. à l'âge de 80 ans. *Pisistrate* lui écrivit une lettre, pour justifier sa conduite & l'engager à revenir dans sa patrie. C'est donc à tort que *Plutarque*

avance, que ce légiſlateur ſe réconcilia ſur la fin de ſa vie avec
le tyran, & qu'il fut même de ſon
conſeil. Ce fait, s'il eſt vrai, feroit
une tache dans la vie de *Solon*;
mais toutes ſes démarches annoncent un républicain zèlé & un philoſophe ami de la vérité. On ſait
qu'il reprocha à *Theſpis*, poëte tragique, l'uſage qu'il faiſoit du men-
ſonge dans ſes piéces, comme
étant un exemple pernicieux pour
ſes concitoyens. *Theſpis* répondit,
« qu'il n'y avoit rien à craindre
» de ces menſonges & de ces fic-
» tions poëtiques, qu'on ne fai-
» ſoit que par jeu. » *Solon* indigné
répartit, en donnant un grand coup
de ſon bâton contre terre : *Mais
ſi nous ſouffrons & approuvons ce beau
jeu-là, il paſſera bientôt dans nos
contrats & dans toutes nos affaires.*
Les gens de bien devroient avoir
continuellement dans le cœur &
ſur les lèvres cette maxime de
Solon : *Laiſſons en partage au reſte
des mortels les richeſſes; mais que la
vertu ſoit le nôtre... Solon*, voyant
un de ſes amis plongé dans une
profonde triſteſſe, le mena ſur la
citadelle d'Athènes, & l'invita à
promener ſes yeux ſur tous les
bâtimens qui s'y préſentoient.
Quand il l'eut fait : *Figureẑ - vous
maintenant*, (lui dît-il,) *ſi vous le
pouveẑ, combien de deuils & de chagrins logérent autrefois ſous ces toîts,
combien il y en ſéjourne aujourd'hui,
& combien dans la ſuite des ſiécles il
y en doit habiter. Ceſſeẑ donc de pleurer vos diſgraces, comme ſi elles vous
étoient particuliéres, puiſqu'elles vous
ſont communes avec tous les Hommes.*
SOMAISE, (Antoine *Bau-
deau*, fleur de) mit en vers déteſtables la Comédie des *Précieuſes ridicules* de *Moliére*, contre lequel il vomit cependant beaucoup
d'injures. On a encore de lui :

I. Lés *Véritables Précieúſes*, II. Le
Procès des Précieuſes, chacune en
un acte; la 1ᵉ en proſe, la ſeconde
en vers. III. Le *Dictionnaire des
Précieuſes*, Paris 1661, 2 vol. in-
8°. Il y a du naturel dans le ſtyle
de ces trois plaiſanteries, mais
trop de négligences & de plates
bouffonneries.

SOMERS, (Jean) né à Wor-
ceſter en 1652, ſe diſtingua par
ſon éloquence dans le parlement
d'Angleterre. Il devint grand-chancelier du royáume en 1697, place
qu'il perdit en 1700. Il ſe conſola, par l'étude, de ſa diſgrace, &
fut élu préſident de la ſociété
royale dè Londres. On le mit à la
tête du conſeil en 1708; mais le
miniſtére ayant changé, on lui ôta
encore cette place en 1710. Il mourut en 1716, après être tombé en
enfance. C'étoit le plus grand protecteur des ſavans en Angleterre.
On a de lui quelques *Ecrits* en
anglois.

SOMMEIL, fils de l'*Erèbe* & de
la *Nuit*, a ſon palais dans un antre
écarté & inconnu, où les rayons
du ſoleil ne pénètrent jamais. Il y
a à l'entrée une infinité de pavots
& d'herbes aſſoupiſſantes. Le fleuve *Lethé* coule devant ce palais,
& on n'y entend point d'autre bruit
que le doux murmure des eaux de
ce fleuve. Le *Sommeil* repoſe dans
une ſalle ſur un lit de plumes,
entouré de rideaux noirs. Les ſon-
ges ſont couchés tout autour de
lui; & *Morphée*, (*Voyeẑ* ce mot)
ſon principal miniſtre, veille pour
prendre garde qu'on ne faſſe du
bruit. Voilà ce que la Fable raconte de cette divinité.

SOMMIER, (Jean-Claude)
Franc-Comtois, curé de Champs,
conſeiller-d'état de Lorraine, archevêque de Céſarée, & grand-
prévôt de l'Egliſe collégiale de

S. Diez, publia divers ouvrages dont le fuccès fut médiocre. I. *L'Hiftoire dogmatique de la Religion*, en 6 vol. in-4°. II. Celle *du Saint-Siége*, 7 vol. in-8°, mal reçue en France, parce qu'elle eft pleine des préjugés de l'Ultramontanifme. L'auteur mourut en 1737, à 76 ans. Il étoit favant, mais d'une fcience un peu confufe.

SOMNER, (Guillaume) né à Cantorbery en 1606, fut très-attaché au roi *Charles I*, & publia en 1648, un *Poëme* fur les fouffrances & fur la mort de ce prince infortuné. Il mourut en 1699, avec la réputation d'un favant très-habile dans le Saxon, & dans toutes les langues de l'Europe anciennes & modernes. Ses principaux ouvrages font: I. Un *Dictionnaire Saxon*, imprimé à Oxford en 1659, in-fol. exact & méthodique. II. Les *Antiquités de Cantorbery*, en anglois, Londres 1640, in-4°. III. *Differtation* fur le *Portus Iccius*, in-8°.

SONNES, (Léonard) né dans le diocèfe d'Auch, ordonné prêtre à Rouen, fe fignala dans ce fiécle par fa haine contre les Jéfuites. On a de lui un ouvrage intéreffant pour les ennemis de cette fociété fameufe, publié fous ce titre: *Anecdotes Eccléfiaftiques & Jéfuitiques, qui n'ont point encore paru*, 1760, in-12. L'auteur mourut en 1759.

SONNIUS, (François) natif d'un petit village du Brabant, nommé *Son*, d'où il prit le nom de *Sonnius*, reçut le bonnet de docteur à Louvain. Il fut envoyé à Rome par *Philippe II*, roi d'Efpagne, pour l'érection des nouveaux évêchés dans les Pays-Bas, & il s'acquitta fi bien de fa commiffion, qu'à fon retour il fut nommé évêque de Bois-le-Duc, puis d'Anvers.

Il affifta au concile de Trente, & mourut en 1576. On a de lui: I. Quatre livres de la *Démonftration de la Religion Chrétienne par la parole de Dieu*, Anvers 1557, in-4°. II. Un *Traité des Sacremens*, & d'autres ouvrages qu'on ne lit plus.

SOPATRE, (*Sopater*) capitaine de *Judas Macchabée*; qui avec *Dofithée* défit dix mille hommes de l'armée de *Timothée*. C'eft auffi le nom d'un philofophe d'Apamée, que l'empereur *Conftantin* le *Grand* fit mourir à Alexandrie.

SOPHOCLE, célèbre poëte Grec, furnommé l'*Abeille* & la *Syrène Attique*, naquit à Athènes l'an 495 avant J. C. Il fe diftingua de bonne heure par fes talens pour la poëfie & pour le gouvernement. Elevé à la dignité d'Archonte, il commanda en cette qualité l'armée de la République, & fignala fon courage en diverfes occafions. Il augmenta la gloire du théâtre Grec, & partagea avec *Euripide* les fuffrages des Athéniens. Ces deux poëtes étoient contemporains & rivaux; ils mettoient à profit leur jaloufie mutuelle pour s'arracher des lauriers. Après avoir traité différens fujets, ils choifirent les mêmes, & combattirent comme en champ clos. Tels nous avons vu *Crébillon* & *Voltaire* luttant l'un contre l'autre, dans *Orefte*, dans *Sémiramis* & dans *Catilina*. Paris a été partagé comme Athènes. La jaloufie des deux célèbres tragiques devint une noble émulation. Ils fe réconciliérent, & ils étoient bien dignes d'être amis l'un de l'autre. Leurs tragédies, dit M. Lacombe, étoient également admirables, quoique d'un goût bien différent. *Sophocle* étoit grand, élevé, fublime; *Euripide*, au contraire, étoit tendre & touchant. Le premier étonnoit l'efprit, & le fecond

cónd gagnoit les cœurs. L'ingratitude des enfans de *Sophocle* eſt
fameuſe. Ennuyés de le voir vivre
& impatiens d'hériter de lui, ils
l'accuſent d'être tombé en enfance. Ils le déférent aux magiſtrats,
comme incapable de régir ſes biens.
Quelle défenſe oppoſe-t-il à ſes
enfans dénaturés ? Une ſeule. Il
montre aux juges ſon *Œdipe*, tragédie qu'il venoit d'achever : il fut
abſous à l'inſtant. On dit qu'ayant
remporté le prix aux Jeux Olym-
piques, malgré ſon grand âge,
il en mourut de joie, l'an 406
avant Jeſ. Chr., à 85 ans. Il avoit
compoſé cent vingt Tragédies. Il
ne nous en reſte que ſept, qui ſont
des chef-d'œuvres : *Ajax*, *Electre*,
Œdipe le Tyran, *Antigone*, *Œdipe à
Colonne*, les *Trachinies* & *Philoctète*.
Une des meilleures éditions des
Tragédies de *Sophocle*, eſt celle
que *Paul Etienne* publia à Bâle 1558
in-8°, avec les ſcholies grecques,
les notes de *Henri Etienne* ſon pere
& de *Joachim Camerarius*. Pluſ. eſti-
ment auſſi celle qui parut à Cambridge, en 1673, in-8°, avec la
verſion latine, & toutes les ſcholies grecques à la fin ; & celles
d'Oxford 1705 & 1708, 2 vol. in-
8° ; & de Glaſgow 1745, 2 vol.
in-8°. *Dacier* a donné en françois
l'*Electre* & l'*Œdipe*, avec des remarques, in-12, 1692. On a auſſi
l'*Œdipe* de la traduction françoiſe
de *Boivin* le cadet, à Paris 1729,
in-12. *Voyez* le *Théâtre des Grecs*
du P. *Brumoi*, qui a traduit ou ana-
lyſé les pièces de *Sophocle*; & les
Tragédies de Sophocle traduites en
françois en un vol. in-4°, & 2
vol. in-12, par M. *Dupui*, de l'a-
cadémie des belles-lettres. Cette
derniére verſion eſt eſtimée des
connoiſſeurs.

SOPHONIE, (*Sophonias*) le IX°
des petits Prophètes, fils de *Chuſi*,
Tome VI.

commença à prophétiſer ſous le
règne de *Joſias*, vers l'an 624
avant J. C. Ses *Prophéties* ſont en
hébreu, & contiennent 3 chapitres. Il y exhorte les Juifs à la
pénitence ; il prédit la ruine de
Ninive, & après avoir fait des menaces terribles à Jéruſalem, il finit
par des promeſſes conſolantes ſur
le retour de la captivité, l'établiſſement d'une loi nouvelle, la
vocation des Gentils, & les progrès de l'Egliſe de Jeſus-Chriſt.
Les *Prophéties* de *Sophonie* ſont
écrites d'un ſtyle véhément, &
aſſez ſemblable à celui de *Jérémie*,
dont il paroît n'être que l'abbréviateur.

I. SOPHONISBE, belle Carthagi-
noiſe, avoit été mariée à *Syphax*
roi de Numidie. Ce prince ayant été
vaincu dans une bataille par le roi
Maſiniſſa, ſon épouſe tomba au
pouvoir du vainqueur, qui épris
de ſes charmes l'épouſa. Ce nouvel hymen fut rompu par *Scipion* l'*Africain*, (*Voyez* ce mot,
n° I.) qui obligea *Maſiniſſa* de ſe
ſéparer de cette malheureuſe princeſſe qu'il aimoit éperduement.
Mais pour ne pas ſurvivre à cet
affront, elle prit du poiſon par
le conſeil de ſon dernier époux,
& périt l'an 203 avant J. C.

II. SOPHONISBE DE CRÉMO-
NE, s'acquit une grande répula-
tion par ſes talens pour la peinture. Cette dame peignit des tableaux d'une compoſition admirable. *Philippe II*, roi d'Eſpagne,
l'attira à ſa cour, & lui donna rang
parmi les dames de la reine. *So-
phoniſbe* excelloit ſur-tout dans le
portrait.

SOPHRONE, (St) célèbre évêque de Jéruſalem en 634, natif de
Damas en Syrie, fut l'un des plus
illuſtres défenſeurs de la Foi Ca-

tnolique contre les Monothéli-
lites. Immédiatement après sa promotion, il assembla un concile, où il foudroya leur héréfie. De-là il envoya ses lettres synodiques au pape *Honorius*, & à *Sergius* patriarche de Conftantinople, qu'il croyoit encore Catholique. Les trouvant peu favorables à l'un & l'autre à ses vues, il députa à Rome *Etienne* évêque de Dore, pour engager les faints perfonnages de cette ville à anathématifer folemnellement l'erreur. Ce prélat, plein de zèle & de vertus, finit fa fainte carr. en 638. On a de lui la *Vie de Ste Marie Egyptienne.* On lui attribue quelques autres ouvrages, qui fe trouvent dans la Bibliothèque des Peres.

SOPRANI, (Raphaël) écrivain italien du XVIIe fiécle, eft auteur d'une *Bibliothèque des Ecrivains Génois*, 1667, in-4°; & des *Vies des Peintres, Sculpteurs & Architectes Génois*, 1674, in-4°.

SORANUS, *Voyez* VALERIUS-SORANUS.

SORBIERE, (Samuel) né à St Ambroix, petite ville du diocèfe d'Ufez, en 1615, de parens Proteftans, vint à Paris en 1639, & quitta l'étude de la théologie pour s'appliquer à la médecine. Il paffa en Hollande l'an 1642, & s'y maria en 1646. De retour en France, il fut fait principal du collège de la ville d'Orange en 1650, & fe fit Catholique a Vaifon en 1653. Les papes *Alexandre VII* & *Clément IX*, *Louis XIV*, le cardinal *Mazarin* & le Clergé de France, lui donnérent des marques publiques de leur eftime, & lui accordérent des penfions avec des bénéfices. Il étoit en commerce de lettres avec le cardinal *Rofpigliofi*, qui fut élevé fur la chaire de Saint

Pierre fous le nom de *Clément IX* Ce pape ne lui ayant donné que des bagatelles, *Sorbière* dit plaifamment, qu'*il envoyoit des manchettes à un homme qui n'avoit point de chemifes.* Le caractére de fon efprit étoit de répandre fur tous ceux qui le connoiffoient le fel de la fatyre, pour laquelle il avoit plus de goût que de vrais talens en aucun genre. On prétend qu'il hâta fa mort en prenant du *laudanum*, pour charmer les angoiffes de l'agonie. Il mourut en 1670 à 55 ans. C'étoit un de ces hommes qui ont plus de réputation que de mérite. Il n'étoit pas fçavant : il cherchoit à avoir commerce de lettres avec tous ceux dont la réputation étoit étendue, pour donner de l'éclat à la fienne. Il étoit en affez grande liaifon avec *Hobbes* & *Gaffendi. Hobbes* écrivoit à *Sorbière* fur des matières de philofophie. *Sorbière* envoyoit fes lettres à *Gaffendi.*, & ce que *Gaffendi* répondoit lui fervoit pour répondre aux lettres de *Hobbes*, qui croyoit *Sorbière* grand philofophe. A la fin le jeu fut découvert, & il fallut le difcontinuer. C'eft lui qui appelloit les Relations des Voyageurs, les *Romans des Philofophes.* On a de lui : I. Une *Traduction* françoife de l'*Utopie* de *Thomas Morus*, 1643, in-12. II. Une autre de la *Politique de Hobbes*, Amfterdam, 1649, in-12. III. Des *Lettres & des Difcours* fur diverfes matiéres curieufes, Paris 1660, in-4°. IV. Une *Relation* d'un de fes voyages en Angleterre, Paris 1664, in-12, qui eft fort peu de chofe. V. Divers autres *Ecrits* en latin & en françois. Le livre intit. *Sorberiana*, Touloufe 1691, in-12, n'eft point de lui. C'eft un recueil des fentences ou bons-mots qu'on fuppofe qu'il avoit dits dans fes converfations. Il faut très-peu compter fur les faits rapportés dans cet ouvrage, & dans ceux du même genre, dont le meilleur ne vaut pas grand'chose.

SORBONNE, (Robert de) naquit en 1201 à Sorbon, petit village du Rhételois dans le diocèse de Reims, d'une famille obscure. Après avoir été reçu docteur à Paris, il se consacra à la prédication & aux conférences de piété. Il s'y acquit en peu de tems une si grande réputation, que le roi *St Louis* voulut l'entendre. Ce prince, charmé de son mérite, l'honora du titre de son chapelain, & le choisit pour son confesseur. *Robert de Sorbonne*, devenu chanoine de Cambrai vers 1251, réfléchit sur les peines qu'il avoit eues pour parvenir à être docteur, & résolut de faciliter aux pauvres écoliers le moyen d'acquérir les lauriers doctoraux. Il s'appliqua donc à former une société d'ecclésiastiques séculiers, qui, vivant en commun, & ayant les choses nécessaires à la vie, enseignassent gratuitement. Tous ses amis approuvèrent son dessein, & offrirent de l'aider de leurs biens & de leurs conseils. *Robert de Sorbonne*, appuyé de leurs secours, fonda en 1253 le Collège qui porte son nom. Il rassembla alors d'habiles professeurs, & choisit, entre les écoliers, ceux qui lui parurent avoir plus de piété & de dispositions. Telle est l'origine du *Collége de Sorbonne*, qui a servi de modèle à tous les autres Collèges; car avant ce tems-là, il n'y avoit en Europe aucune communauté où les Ecclésiastiques séculiers vécussent en commun & enseignassent gratuitement. *Robert* de *Sorbonne*, après avoir solidement établi sa société pour la théologie, y ajoûta un autre Collège pour les humanités & la philosophie. Ce Collége, connu sous le nom de *Collége de Calvi*

& de *petite Sorbonne*, devint très-célèbre par les grands-hommes qui y furent formés. Le célèbre fondateur, devenu chanoine de Paris dès l'an 1258, s'acquit une si grande réputation, que les princes mêmes le prirent pour arbitre en quelques occasions importantes. Il termina sainement sa carrière en 1274, âgé de 73 ans, après avoir légué ses biens, qui étoient très-considérables, à la Société de Sorbonne. On a de lui plusieurs ouvrages en latin. Les principaux font : I. Un *Traité de la Conscience* ; un autre *de la Confession*; & un livre intitulé, *le Chemin du Paradis*. Ces 3 morceaux font imprimés dans la Bibliothèque des Peres. II. De petites *Notes* sur toute l'Ecriture-sainte, imprimées dans l'édition de *Menochius* par le Pere *Tournemine*. III. Les *Statuts* de la Maison & Société de Sorbonne, en 38 articles. IV. Un Livre *du Mariage*. V. Un autre *Des trois moyens d'aller en Paradis*. VI. Un grand nombre de *Sermons*, &c. Ils se trouvent, en manuscrit, dans la Bibliothèque de Sorbonne ; & l'on remarque dans tous assez d'onction, malgré la barbarie du style. La Maison & société de Sorbonne est une des quatre parties de la Faculté de Théologie de Paris. Elle a été une source féconde en habiles théologiens, & quoiqu'elle ne soit plus ce qu'elle étoit dans le dernier siécle, elle produit encore beaucoup d'hommes de mérite.

I. SOREL, *ou* SOREAU, (Agnès) dame de Fromentau, village de la Touraine, au diocèse de Bourges, vit le jour dans cette terre, & devint une des plus belles personnes de son tems. Le roi *Charles VII* ; ayant eu la curiosité de la voir, ne put s'empêcher de l'aimer ; & lui donna le château de

Beauté-fur-Marne, & plufieurs autres terres. Ce prince en vint même jufqu'à quitter, par la paffion qu'il avoit pour elle, le foin de fon royaume & les affaires publiques. Mais *Agnès*, née avec un efprit au-deffus de fon fexe, lui reprocha vivement fon indolence. Pour l'animer davantage contre les Anglois, elle l'affûra « qu'un Aftro-
» logue lui avoit prédit qu'elle fe-
» roit aimée du plus grand roi du
» monde ; mais que cette prédic-
» tion ne le regardoit point, puif-
» qu'il négligeoit d'arracher à fes
» ennemis un Etat qu'ils lui avoient
» ufurpé. *Je ne puis,* ajoûta-t-elle, *accomplir ma prédiction, qu'en paffant à la Cour du Roi d'Angleterre.* » Ces reproches touchérent tellement le monarque François, qu'il prit les armes pour fatisfaire en même tems & fon amour & fon ambition. La belle *Agnès* gouverna ce prince jufqu'à fa mort, arrivée en 1450, au château du Mefnil, à un quart de lieue de Jumiéges. Plufieurs hiftoriens prétendent qu'on l'avoit empoifonnée par ordre du dauphin *Louis XI*, qui ne l'aimoit point, parce que fon pere l'aimoit trop ; mais c'eft une conjecture qui n'a d'autre fondement, que le caractére cruel & vindicatif de ce prince. On dit que le roi *François I* fe trouvant un jour dans la maifon d'*Artus-Gouffier* de *Boiffi*, comte d'*Eftampes*, autrefois fon gouverneur, & pour lors grand-maître de France, s'amufa à feuilleter un porte-feuille dans la chambre de Mad^e de *Boiffy*. Cette dame, de la maifon d'*Hangeft*, aimoit la peinture, & y avoit deffiné le portrait de diverfes perfonnes illuftres, entr'autres celui d'*Agnès Sorel*. Le roi fit des devifes & des vers pour chacun de ces portraits, & écrivit ceux-ci de fa propre main pour

la belle *Agnès* :
Plus de louange & d'honneur tu mérite,
La caufe étant de France recouvrer ;
Que ce que peut dedans un Cloître ouvrer
Clofe Nonain, ou bien dévot Hermite.

II. SOREL, (Charles) fleur de *Souvigni*, né à Paris en 1599, étoit fils d'un procureur, & neveu de *Charles Bernard*, hiftoriographe de France, à qui il fuccéda en 1635. Il continua la *Généalogie de la Maifon de Bourbon*, que fon oncle avoit fort avancée : cet ouvrage eft en 2 vol. in-fol. On a encore de lui : I. Une *Bibliothèque Françoife*, in-12. On en eftime la feconde partie, parce qu'il y donne des jugemens affez exacts fur plufieurs des hiftoriens ; tout le refte eft très-peu de chofe. II. L'*Hiftoire de la Monarchie Françoife*, &c. 2 vol. in-8° : Abrégé peu exact, & plein de fables & de minuties ridicules. Il dit que « *Clovis* s'étant préfenté au
» Baptême *avec une perruque gauffrée*
» *& parfumée avec un foin merveil-*
» *leux, S. Remi lui reprocha cette*
» *vanité. Alors le Néophyte paffa*
» *fes doigts dans fes cheveux pour*
» *les mettre en défordre.* » III. Un autre Abrégé du *Règne de Louis XIV*, 2 vol. in-12, auffi négligé que le précédent. IV. *Droits des Rois de France*, &c. in-12. V. *Nouvelles Françoifes*, 1623, in-8°. VI. *Le Berger extravagant*, 3 vol. in 8°. VII. *Francion*, 2 vol. in-12. fig. Tous ces ouvrages font écrits d'un ftyle plat & lourd. L'auteur croyoit pourtant que fes livres devoient être lus avec plaifir. Il mourut en 1674.

SORET, (Jean) étoit de Caen, où il naquit en 1420. S'étant foumis à la règle des Carmes à l'âge de 16 ans, il devint provincial en

1451 , & enfuite général de cet ordre. La vanité & l'ambition n'étouffèrent point. en lui les fentimens humbles du religieux. Il refufa conftamment le chapeau de cardinal & l'évêché, que le pape *Calixte III* vouloit lui donner. Il mourut faintement à Angers en 1471. Ses principaux ouvrages font des *Commentaires* fur le *Maître des Sentences*, & fur les *Règles* de fon ordre.

SOSIGENES, habile aftronome Egyptien, que *Céfar* fit venir à Rome pour réformer le Calendrier. Il s'engagea à déterminer avec exactitude l'étendue de l'année folaire. C'eft ce que fit *Sofigènes*. Il trouva que cette année étoit de 365 jours & fix heures. Affûré de la jufteſſe de cette déterminaifon , *Jules-Céfar* ne fongea qu'à régler l'année civile. De l'avis de fon aftronome, il fixa l'année à 365 jours, qu'on appelle l'*Année Julienne*, & qui commença à l'an 45 avant J. C. ; & pour comprendre les fix heures qu'on négligea , il fut arrêté qu'on y auroit égard tous les quatre ans, en faifant cette 4ᵉ année de 366 jours, parce que quatre fois 6 heures font un jour. On arrêta auffi qu'on feroit cette intercalation le 24 Février, qu'on nommoit *Biffexto Calendas Martii* ; c'eft-à-dire , le fecond fixième avant les Calendes de Mars : de-là eft venu le nom de *Biffextile*, qu'on donne à cette 4ᵉ année. *Sofigènes* fit d'autres additions à fon Calendrier, & quoiqu'il ne fût pas fans erreur, cette réforme prouvoit beaucoup de génie.

SOSOMENE, *Voy.* SOZOMENE.

SOSTRATE, célèbre architecte de l'antiquité, natif de Gnide, fut chargé de faire conftruire dans fa patrie, des promenades ou terraffes, foutenues fur des arcades,

qui donnoient lieu d'admirer la hardieffe de fon génie, & la puiffance de l'art. C'eft encore cet architecte qui éleva le magnifique *Fanal* dans l'ifle de *Pharos*, proche d'Alexandrie, regardé comme une des *Sept Merveilles* du Monde. Il floriffoit vers l'an 273 avant J. C. fous *Ptolomée Philadelphe*, roi d'Egypte, qui faifoit beaucoup de cas de fes talens.

SOTADE, ancien poëte Grec, natif de Maronée dans la Thrace, inventa une forte de *Vers Iambiques* irréguliers, qu'on appella de fon nom *Vers Sotadiques*. Ce poëte, auffi licencieux dans fes vers que dans fa conduite, n'épargnoit ni fes amis, ni les gens de bien, ni même la perfonne facrée des rois. Il avoit compofé une fatyre violente contre *Ptolomée Philadelphe*, roi d'Egypte, à l'occafion de fon mariage avec *Arfinoé*, fa propre fœur. Pour éviter la colère de ce prince, il fe fauva d'Alexandrie ; mais *Patrocle*, officier de *Ptolomée*, le fit enfermer dans un coffre de de plomb & jetter dans la mer.

SOTELO, (Louis) de l'ordre de S. François, alla faire des Miffions au Japon, d'où il fut envoyé, en qualité d'ambaffadeur du roi *Oxus*, catéchumène, vers *Paul V*. Ce pape le reçut avec diftinction, le nomma évêque au Japon, & l'y renvoya ; mais en y arrivant il fut mis en prifon à Omura, ville du Japon, & fut honoré peu de tems après de la couronne du martyre en 1624. On a de lui une *Lettre* qu'il écrivit de fa prifon à *Urbain VIII*, fur l'état de l'Eglife du Japon : elle eft curieufe & intéreffante.

SOTER, (St) natif de Fondi, monta fur la chaire de *St Pierre* après le pape *S. Anicet* l'an 168 de J. C. Il fouffrit le martyre l'an 177 durant la perféçution de *Marc-An-*

ſonın le *Philoſophe.* Ce pontife étoit le pere des pauvres.

I. SOTO, (Dominique) naquit à Ségovie l'an 1494. Son pere, qui étoit un pauvre jardinier, le deſtina d'abord au même travail; mais le jeune-homme obtint qu'on lui apprit à lire & à écrire. Il ſe retira depuis dans un petit bourg près de Ségovie, où il fit, dans l'Egliſe de ce lieu, la fonction de Sacriſtain. Il conſacroit à l'étude le tems qui lui reſtoit: il ſe rendit capable d'aller enſuite étudier la philoſophie dans l'univerſité d'Alcala. De-là il vint étudier à Paris. Il retourna enſuite en Eſpagne, & entra dans l'ordre de *S. Dominique.* Il profeſſa avec beaucoup d'éclat dans l'univerſité de Salamanque. Sa grande réputation porta l'empereur *Charles-Quint* à le choiſir, en 1545, pour ſon premier théologien au concile de Trente. Ce ſavant religieux ſe fit généralement eſtimer dans cette auguſte aſſemblée. Les autres théologiens aimoient à l'écouter; & les évêques lui commettoient ordinairement la diſcuſſion des points les plus difficiles. Il fut un de ceux à qui on donnoit le ſoin de rédiger ce qui avoit été décidé & de former les décrets. Il parla ſouvent même dans les ſeſſions, & ſoutint que *la réſidence des Evêques étoit de droit divin.* Il fut chargé de repréſenter ſon général qui étoit abſent, & il en tint la place dans les ſix premières ſeſſions. Cette diſtinction lui étoit d'autant plus glorieuſe, qu'il ſe trouvoit alors dans le Concile plus de 50 religieux du même ordre, évêques ou théologiens. Il s'y acquit beaucoup de réputation, & y publia ſes deux livres *De la Nature & de la Grace,* Paris 1549, in-4°, en latin, qu'il dédia aux Peres du concile. Il re-

fuſa l'évêché de Ségovie, & ſe démit de l'emploi de confeſſeur de l'empereur *Charles-Quint,* qu'il n'avoit pu ſe diſpenſer d'accepter. Il mourut à Salamanque en 1560, à 66 ans. Ses ouvrages les plus connus ſont: I. Des *Commentaires* ſur l'*Epître* aux Romains, 1550, in-fol.; & ſur le *Maître des Sentences,* in-fol. II. Des Traités *De juſutta & jure,* in-fol. III. *De tegendis ſecretis,* in-8°. IV. *De Pauperum cauſa.* V. *De cavendo Juramentorum abuſa.* VI. *Apologia contra Ambroſium Catharinum,* &c.

II. SOTO, (Fernand de) gentilhomme Portugais, & général de la Floride en Amérique, fut un des plus illuſtres compagnons de *François Pizarro,* conquérant du Pérou. Il le ſervit beaucoup par ſon intelligence & par ſon courage, & partagea avec le vainqueur les tréſors de ce pays, en 1532. Quelques années après, l'empereur *Charles-Quint* lui ayant donné le gouvernement de l'iſle de Cuba, avec la qualité de *Général de la Floride,* & le titre de *Marquis des Terres qu'il pourroit acquérir,* il partit pour l'Amérique avec une bonne flotte en 1538; mais il mourut dans ſes courſes le 21 Mai 1542.

III. SOTO, (Pierre de) pieux & ſavant Dominicain de Cordoue, fut confeſſeur de l'empereur *Charles-Quint.* Il abandonna la cour de ce prince, pour aller rétablir les études dans l'univerſité de Dillingen, fondée par *Othon Truchſès,* évêque d'Augsbourg. Il profeſſa dans cette univerſité juſqu'en 1553, qu'il alla en Angleterre pour rétablir la Catholicité dans les univerſités d'Oxford & de Cambridge. Après la mort de la reine *Marie,* arrivée en 1558, il retourna à Dillingen, & y demeura juſqu'en 1561. Il ſe rendit cette année, par ordre du pape , au concile de Trente, les Peres l'écoutoient avec admiration , ainfi que *Dominique Soto* , & on les confidéroit tous deux comme les Princes des théologiens. *Soto*, épuifé de fatigues & de travail , tomba malade & mourut en 1563, dans le tems que le concile paroiffoit en avoir. plus de befoin. Trois heures avant fa mort, il dicta & figna une *Lettre* pour le Pape, où il conjuroit fa Sainteté de confentir « qu'on décidât dans le Concile »r l'inftitution & la réfidence des » Evêqués de droit divin ». *Pallavicin* & *Ratnald* ont donné cette *Lettre* au public, fur les exemplaires qui font au Vatican. Le même *Pallavicin* dit que le Concile fut très-affligé de la mort de *Soto*, & qu'il le regretta comme une de fes plus grandes lumières. . *Voyez* un Livre imprimé à Paris, fous le nom d'Avignon , en 1738 , & intitulé : *Apologie du Révérend Pere Pierre Soto, Dominicain, &c.* contre le P. *Duchefne*, Jéf. qui l'avoit accufé de favorifer les erreurs de *Baius.* Ses principaux ouvrages font: I. *Inftitutiones Chriftianæ.* II. *Methodus Confeffionis.* III. *Doctrinæ Chriftianæ Compendium.* IV. *Tractatus de Inftitutione Sacerdotum, qui fub Epifcopis animarum curam gerunt* ; Lyon, 1587 , in-8°.

SOTWEL, (Nathanaël) Jéfuite, publia à Rome 1676 , année de fa mort, in-f. une Continuation affez eftimée, depuis 1642 jufqu'en 1675 , de la *Bibliothèque des Ecrivains de la Société de Jesus.* Cet ouvrage, qui avoit été commencé par *Ribadeneira*, & continué par *Philippe Alegambe*, eft en latin. Le Pere *Oudin* préparoit un livre dans le même genre, qui auroit entièrement éclipfé celui-là.

SOUBISE, (Jean de PARTHE-NAI, feigneur de) le dernier mâle de l'illuftre maifon de *Parthenai* en Poitou, fe fignala parmi les capi-

taines Calviniftes du XVIe fiécle. . La cour du duc de Ferrare , où *Renée* de France, fille de *Louis XII*, & femme de ce duc, avoit introduit le Calvinifme , fut l'écueil de fa religion. Revenu en France, il fut une des colonnes de fon parti. Le prince de *Condé* l'ayant envoyé à Lyon, pour commander cette place , il s'y foutint avec un courage peu ordinaire. Le duc de *Nemours* fut obligé d'en lever le fiége, & les négociations de la reine n'eurent pas un meilleur fuccès que les armes de fes généraux. Ce héros , fi refpecté chez les Calviniftes, & fi redouté par les Catholiques, mourut en 1566, à 54 ans, ne laiffant qu'une fille , *Catherine de Parthenai. Voyez* PARTHENAI.

..SOUBISE, *Voyez* III. ROHAN.

.SOUCHAI , (Jean-baptifte) chanoine de l'Eglife cathédrale de Rhodès, confeiller du roi, lecteur &. profeffeur d'éloquence au collège-royal, vit le jour à St-Amand près de Vendôme. Un de fes oncles fut fon premier maître. Après s'être. perfectionné fous lui , il vint à Paris, & fe fit rechercher par tous. les favans. L'académie des Infcriptions le mit au nombre de fes membres en 1726, & le perdit en 1746, dans la 59e année d e fon âge. L'abbé *Souchai* étoit un littérateur aimable , qui, en acquérant des connoiffances profondes, n'avoit pas négligé les connoiffances agréables. Son caractère poli & obligeant lui acquit l'amitié & l'eftime de ceux qui le connurent. On a de lui: I. Une Traduction franç. de. la *Pfeudodoxia epidemica* du favant médecin *Thomas Brown*, en 1738, 2 vol. in-12, fous le titre d'*Effais fur les Erreurs populaires.* II. Une édition des *Œuvres diverfes de Péliffon*, en 3 vol. in-12. III. Des *Remarques* fur la Traduction de Ju-

Bb iv

fephe, par *d'Andilly*, qui fe trouvent dans l'édition de Paris, 1744, 6 vol. in-12. IV. Une édition des *Œuvres de Boileau*, en 1740, 2 vol. in-4°. V. Une édition de l'*Aftrée* d'*Honoré d'Urfé*, où, fans toucher ni au fond ni aux épifodes, on s'eft contenté de corriger le langage & d'abréger les converfations; à Paris, chez *Didot*, 1733, en 10 vol. in-12. VI. Une édition d'*Aufone*, 1730, in-4°, avec des notes abondantes. VII. Plufieurs *Differtations*, dans les *Mémoires de l'Académie des Belles-Lettres*. Elles embelliffent ce recueil.

. I. SOUCIET, (Etienne) Jéfuite, fils d'un avocat de Paris, naquit à Bourges en 1671. Après avoir profeffé la rhétorique & la théologie dans fa Société, il devint bibliothécaire du collège de *Louis le Grand* à Paris. Il y mourut en 1744, à 73 ans, honoré des regrets des gens-de-lettres, dont la plupart aimoient fon caractére & admiroient fon favoir. On a de lui plufieurs ouvrages. Les principaux font : I. *Obfervations Aftronomiques* faites à la Chine & aux Indes, Paris, 1729 & 1732, 3 vol. in-4°. II. *Recueil de Differtations critiques fur les endroits difficiles de l'Ecriture-Sainte*, &c. in-4°. III. *Recueil de Differtations*, contenant un *Abrégé Chronologique*, cinq *Differtations* contre la *Chronologie de Newton*, &c. in-4°. Ces ouvrages ont fait honneur à fon érudition & à fa fagacité. On y trouve des recherches curieufes & des obfervations fenfées.

II. SOUCIET, (Etienne-Auguftin) frere du précédent & Jéfuite comme lui, ne lui furvécut que deux jours. Il mourut en 1744 au collège de *Louis le Grand*, où il profeffoit la théologie. On a de lui un *Poëme* fur les *Comètes*, Caen, 1760, in-8°; & un autre fur l'*Agriculture* avec des *Notes*, Moulins,

1712, in-8°. Ces deux ouvrages font d'une latinité pure.

. SOULIER, (Pierre) prêtre du diocèfe de Viviers, curé dans le diocèfe de Sarlat, au fiécle dernier, donna au public : I. L'*Abrégé des Edits de Louis XIV contre ceux de la Religion Prétendue-Réformée*, in-12, en 1681. II. L'*Hiftoire des Edits de Pacification*, & des moyens que les Prétendus-Réformés ont employés pour les obtenir, in-8°, 1682. III. L'*Hiftoire du Calvinifme*, in-4°, 1684; appuyée de bonnes preuves & de quantité d'actes utiles, mais platement & durement écrite. Nous ignorons le tems de fa mort.

SOURDIS, *Voy.* ESCOUBLEAU.

SOUTH, (Robert) théologien Anglois, prébendaire de Weftminfter, & chanoine de l'Eglife de Chrift à Oxford, naquit à Londres en 1631, & mourut en 1716. C'étoit un homme auffi recommandable par fa fcience que par fa probité; il refufa plufieurs évêchés. On a de lui 6 vol. de *Sermons* en anglois, qui ont eu affez de cours dans fon pays; des *Harangues* latines, & des *Poéfies*.

SOUVERAIN; (N.) écrivain François, étoit du bas-Languedoc. Il fut miniftre d'une Eglife Calvinifte du Poitou. Dépofé du miniftère, il fe réfugia en Hollande, d'où il fut encore chaffé pour avoir refufé de foufcrire au fynode de Dordrecht. Il fe retira en Angleterre, où il fut regardé comme Socinien, & y mourut vers la fin du dernier fiécle. On a de lui un ouvrage recherché par les incrédules. Il eft intitulé : *Le Platonifme dévoilé*, ou *Effai fur le Verbe Platonicien*, Cologne 1700, in-8°. Le Pere *Baltus* a réfuté ce livre dans fa *Défenfe des Saints Peres accufés de Platonifme*, Paris 1711; in-4°. Les nouveaux Philofophes, fans

avoir égard à la réfutation, ont renouvellé l'accufation formée contre les Saints Peres', d'avoir pris
le dogme de la Trinité dans *Platon*.
Mais eft-il paradoxe, quel qu'il
foit, capable d'arrêter l'effor de
ces génies tranfcendans? '

I. SOUVRÉ, (Gilles de) marquis de Courtenvaux, d'une maifon
ancienne originaire du Perche,
fuivit en Pologne, l'an 1573, le
duc d'*Anjou*, depuis roi de France
fous le nom de *Henri III*. Ce monarque, revenu en France, le fit
grand-maitre de fa garde-robe, &
capitaine du château de Vincennes,
Il fut fon favori, dit l'abbé *le Gendre*,
fans être de fes mignons. Le marquis de *Souvré* fe fignala à la bataille de Coutras en 1587, & conferva la ville de Tours fous l'obéiffance du roi, pendant les troubles
funeftes de la Ligue. Fidèle à *Henri
III*, il ne le fut pas moins à *Henri
IV*, qui le choifit pour être gouverneur de *Louis XIII*. Il occupa
auprès de ce prince la place de
premier gentilhomme ordinaire de
la chambre, obtint le collier des
ordres du roi, & le bâton de maréchal de France en 1615 : il mourut
en 1626, à 84 ans, regardé comme
un courtifan agréable, plutôt que
comme un capitaine habile. *Anne
de Souvré*, époufe du marquis de
Louvois, morte en 1715, a été le
dernier rejetton de la famille de
ce maréchal.

II. SOUVRÉ, (Jacques de) fils
du précédent, fut chevalier de
Malte dès l'âge de 5 ans. Après
s'être diftingué au fiége de Cafal,
il commanda les galéres de France
pour le fiége de Porto-Longone,
où il acquit beaucoup de gloire.
Chargé, par fon ordre, d'ambaffades ordinaires & extraordinaires
auprès de *Louis XIV*, il s'en acquitta avec fuccès. Il parvint enfin

au grand-prieuré de France, l'an
1667, & après avoir foutenu ce
caractére avec beaucoup d'éclat,
il mourut en 1670, dans fa 70ᵉ
année. C'eft lui-qui a fait bâtir
le fuperbe hôtel du Temple; pour
être la demeure ordinaire des
grands-prieurs de France. Il fit
commencer ce bel édifice dès le
vivant de fon prédécefleur, le
grand-prieur de *Boiffi*.

SOUZA, (Louis de) Dominicain
en 1614, mort en 1633, eft un des
meilleurs écrivains Portugais. Ses
ouvrages font : I. La *Vie* de Dom
Barthélemi des Martyrs, Paris 1760,
2 vol. in-8°. C'eft la même qui fut
traduite en françois par MM. de
Port-Royal, 1664, in-8° ou in-4°.
II. *Hiftoire de S. Dominique*, 3 vol.
in-fol. *Louis* de *Souza* a écrit d'un
ftyle animé, mais quelquefois trop
métaphorique. Le difcernement
des faits & la critique ne font pas
fon principal mérite.

SOZIGENE, *Voy.* SOSIGENE.

SOZOMENE, (Hermias) fur-
nommé *le Scholaftique*, étoit originaire de Paleftine. Il y avoit embraffé le Chriftianifme; touché par
les miràcles de *St Hilárion*. Il paffa
de Paleftine à Conftantinople, où
il cultiva les belles-lettres, & fit
les fonctions d'avocat. Il avoit du
goût pour l'Hiftoire eccléfiaftique,
& fon premier coup d'effai fut un
Abrégé de ce qui s'étoit paffé depuis
l'Afcenfion du Sauveur jufqu'à la
défaite de *Licinius*. Cet Abrégé eft
perdu. Il commença une *Hiftoire*
plus confidérable vers l'an 443.
Elle eft divifée en IX livres, &
renferme les événemens arrivés
depuis l'an 324 jufqu'à l'an 439.
Il déclare au commencement du
1ᵉʳ livre, "qu'il écrit ce qui s'eft
» paffé de fon tems fur ce qu'il
» a vu lui-même, ou fur ce qu'il
» a appris des perfonnes les mieux

» inftruites , & qui avoient été
», témoins oculaires ». L'Hiftoire
de Soẓomène contient des chofes
très-remarquables ; mais la plupart
fe trouvent auffi dans Socrate, qu'il
femble n'avoir que copié. Elle eft
néanmoins plus étendue &'mieux
écrite ; mais elle n'eft pas fans
défaut, même pour le ftyle ; & on
trouve qu'il eft fort au-deffus de
Socrate pour le jugement. On croit
qu'il mourut vers 450. La plus
belle édition de l'Hiftoire de Soẓomène eft celle qu'on voit dans le
recueil des Hiftoriens Latins, donné
par Robert Etienne en 1544. On la
trouve auffi dans le Recueil de
Valois. Le préfident Coufin l'a traduite en françois.

SPAGNOLI , (Baptifte) religieux Carme, dit le Mantouan, parce
qu'il étoit de Mantoue , né l'an
1444, étoit bâtard de la famille de
Spagnoli. Il prit l'habit de Carme ,
& fe diftingua tellement dans fon
ordre , qu'il parvint au généralat
en 1513. Il mourut 3 ans après en
1516, à 72 ans. Cet auteur eft principalement connu par fes Poéfies.
Son efprit étoit fi fécond, qu'il
enfanta plus de 59000 vers, dont
la plupart font femés de pointes,
& n'offrent qu'une facilité molle &
languiffante. Parmi fes Poéfies, on
diftingue fes Eglogues , dans lefquelles il eft tour-à-tour Epicurien
& dévot. Il détruit, dans l'une, la
croyance d'une autre vie ; & dans
l'autre, la Vierge apparoît à un ber-
gér , & lui promet que « quand il
» aura paffé fa vie fur le Carmel,
» elle l'enlevera dans des lieux
» plus agréables, & l'y fera à ja-
» mais habiter les Cieux avec les
» Driades & les Hamadriades » :
nouvelles Saintes, que nous ne
connoiffions pas encore dans le
Paradis. Ses bergers font d'une
groffiéreté dégoûtante. Il s'emporte

jufqu'à la fureur contre les femmes
& contre les eccléfiaftiques : contre
les femmes, parce qu'auparavant
le verfificateur Mantouan n'avoit
pas pu leur plaire : & contre les
eccléfiaftiques, parce que les charges de fon ordre n'avoient pas pu
fatisfaire fon ambition. C'eft fur-
tout dans le Poème de la calamité
des Tems, qu'il s'acharne contre ces
derniers avec un emportement
digne de l'Aretin. Ses autres Poéfies
ont pour objet des fujets de morale, ou les éloges des Saints. Elles
fe trouvent dans le Recueil de fes
ouvrages, publié à Venife, 1499,
in-4° ; à Paris, 1502, in-fol; 1513 ;
3 vol. in-fol; & Anvers, 1576, en
4 vol. in-8°. Ce recueil renferme,
I. Commentaire fur les Pfeaumes.
II. La Vie de St Bafile. III. Celle de
St Nicolas de Tolentin, & quelques
autres ouvrages en profe.

I. SPANHEIM, (Fréderic) né
à Amberg dans le haut-Palatinat,
parcourut une partie de l'Allemagne & de la France , & s'arrêta à
Genève. Il y difputa en 1626 une
chaire de philofophie , & l'emporta. Son mérite lui obtint en
1631 une chaire de théologie, que
Benoit Turretin laiffoit vacante. Il
remplit cet emploi avec une approbation fi univerfelle , qu'il fut
appellé à Leyde en 1642 pour y
remplir la même place. Il y foutint & augmenta même fa réputation ; mais fes grands travaux
lui cauférent une maladie , qui
l'enleva à la république des lettres en 1649 , à 49 ans. Ses principaux ouvrages font : I. Commentaires Hiftoriques de la vie & de la
mort de Meffire Chriftophe, Vicomte
de Dhona, in-4°. II. Dubia Evan-
gelica, en 7 parties, 1700, 2 tomes
in-4°. III. Exercitationes de Gratia
univerfali , en 3 vol. in 8°. IV. La
Vie de l'Electrice Palatine , in-4°.

V. Le *Soldat Suédois*, in-8°. VI. Le *Mercure Suiſſe*, &c. Spanheim laiſſa 7 enfans, dont les deux aînés marchérent ſur ſes traces.

II. SPANHEIM, (Fréderic) ſecond fils du précédent, fut profeſſeur de théologie à Leyde, où il mourut en 1701, à 69. ans. On a de lui une *Hiſtoire Eccléſiaſtique* & pluſieurs autres ſavans ouvrages en latin, recueillis & imprimés à Leyde, 1701 & 1703, en 3 vol. folio. Il y règne beaucoup d'érudition & une critique judicieuſe, aux préjugés du Proteſtantiſme près.

III. SPANHEIM, (Ezéchiel) frere aîné du précédent, né à Genève en 1629, alla à Leyde en 1641. Son eſprit & ſon caractére lui acquirent l'amitié de *Daniel Heinſius* & de *Claude Saumaiſe*, dont il fut toujours très-eſtimé, malgré l'animoſité mutuelle qui étoit entre ces deux ſavans. Sa réputation s'étant répandue dans les pays étrangers, *Charles-Louis*, électeur Palatin, l'appella à ſa cour, quoiqu'il n'eût que 25 ans, pour être gouverneur du prince électoral *Charles*, ſon fils unique. *Spanheim* parut, dans cette place, homme de lettres & politique habile. Son maître l'envoya dans les cours des princes d'Italie, à Florence, à Mantoue, à Parme, à Modène, à Rome, pour obſerver les intrigues des électeurs Catholiques en ces cours. Ces divers voyages furent pour lui une nouvelle ſource de lumiéres, ſur-tout pour la connoiſſance des médailles & des monumens antiques. De retour à Heildelberg en 1665, l'électeur Palatin l'employa en diverſes négociations importantes dans les cours étrangères. L'électeur de Brandebourg le demanda à l'électeur Palatin, qui voulut bien

lui céder un homme ſi utile. On l'envoya en France en 1680, & lorſqu'il retourna à Berlin en 1689, il y tint la place d'un des miniſtres-d'état. Après la paix de Ryſwick en 1697, il fut renvoyé en France, où il demeura juſqu'en 1701. De-là il paſſa en Hollande, puis en Angleterre, en qualité d'ambaſſadeur auprès de la reine *Anne.* C'eſt vers ce tems-là que l'électeur de Brandebourg, qui avoit pris le titre de roi de Pruſſe, lui donna la qualité de baron, que ſes ſervices lui avoient ſi bien mérité. Ce ſavant mourut à Londres en 1710, à 81 ans. Son érudition étoit prodigieuſe. Il ſavoit le Grec, le Latin, parloit pluſieurs langues avec facilité, & étoit auſſi propres aux affaires qu'à l'étude. Ses ouvrages les plus connus ſont : I. *De præſtantia & uſu Numiſmatum antiquorum*, dont la meilleure édition eſt d'Amſterdam, 1717, en 2 vol. in-fol. : ouvrage excellent, d'une érudition rare, & qui tient lieu d'une infinité d'autres livres auſſi ſavans, mais moins méthodiques. II. Pluſieurs *Lettres* & *Diſſertations* ſur diverſes Médailles rares & curieuſes. III. La *Traduction des Céſars* de l'emper. *Julien*, avec des notes, Amſterdam, 1728, in-4°. IV. Une *Préface* & des *Notes* ſavantes, dans l'édition des Œuvres du même empereur, à Leipſick, 1696, in-fol.

SPANNOCHI, (N.) gentilhomme de Sienne dans le dernier ſiécle, ſe diſtingua par le talent d'écrire en caractéres très-déliés. On a vu de lui l'Evangile de *St Jean* qu'on dit à la fin de la Meſſe, écrit ſans aucune abbréviation ſur du velin, dans un eſpace de la grandeur de l'ongle du petit doigt, d'un caractére néanmoins ſi bien formé, qu'il égaloit celui des meilleurs écrivains. On ne rapporte ce fait que d'après quelques Journaux, qui exagèrent vraisemblablement.

SPARRE, baron & sénateur de Suède dans le xvi° siécle, mérita par ses talens d'être employé dans les affaires du gouvernement. L'étude du droit naturel & public qu'il avoit approfondi, ne lui servit pas peu à se distinguer dans les emplois. Il avoit à cet égard des vues particuliéres qu'il consigna dans un fameux Traité, in-fol. intitulé : *De Lege, Rege & Grege*. Ses idées déplurent au gouvernement Suédois, qui fit exactement supprimer son ouvrage. Il est au nombre des livres défendus de la première classe dans ce royaume.

SPARTIEN, (*Ælius Spartianus,*) historien Latin, avoit composé la *Vie de tous les Empereurs Romains*, depuis *Jules-César* jusqu'à l'empereur *Dioclétien* exclusivement, sous lequel il vivoit; mais il ne nous en reste (dans l'*Historiæ Augustæ Scriptores*, Leyde, 1670 & 1671, 2 vol. in-8°.) que les Vies d'*Adrien*, d'*Ælius-Verus César*, fils adoptif d'*Adrien*, de *Didier-Julien*, de *Septime-Sevére*, de *Caracalla* & de *Geta* son frere ; le reste a été perdu. C'est un des plus mauvais historiens.

SPEED, (Jean) natif de Farington dans le comté de Chester, mort à Londres en 1629, fut destiné d'abord à apprendre un métier ; mais ayant trouvé un *Mécène*, il fit ses études. Son érudition lui procura les faveurs de *Jacques I*, qui répandit sur lui ses bienfaits. On a de lui le *Théâtre de la Grande Bretagne*, en anglois. Cet ouvrage fut traduit en latin, & imprimé à Amsterdam, in-fol. 1646. L'auteur y donne une description exacte de cette monarchie, une juste idée des mœurs de ses habitans ; & un état de son gouvernement ancien & moderne. Il fait aussi l'Histoire de ses Rois jusqu'à *Jacques I*, son protecteur.

SPELMAN, (Henri) chevalier Anglois, mort en 1641 ; se rendit habile dans l'Histoire d'Angleterre. Il s'attacha aussi à débrouiller le chaos des mots de la basse Latinité. On a de lui : I. *Glossarium Archæologicum*, Londres, 1684 & 1687, in-fol. La derniére édition est la meilleure. Il y explique les termes barbares & étrangers, les vieux mots remis en usage, & les nouveaux inventés depuis la décadence de l'empire Romain. II. *Villare Anglicum*, in-8° : c'est une description alphabétique des villes, bourgs & villages d'Angleterre. III. Une *Collection des Conciles d'Angleterre*. David *Wilkins* donna en 1737 une édition de cet ouvrage, plus ample que la 1re, qui n'étoit qu'en 2 vol, in-fol. 1639 & 1664. Celle que nous citons, & qui est la meilleure, est en 4 vol. in-fol. IV. *Reliquiæ Spelmanicæ*, in-folio, en anglois. C'est un recueil de Traités nécessaires pour étudier l'Histoire d'Angleterre. V. *Vita Alfredi Magni*, Oxonii, 1678, in-fol. VI. *Codex Legum veterum Statutorum Angliæ*, que *Wilkins* a inséré dans ses *Leges Anglo-Saxonicæ*, à Londres, 1721, in-fol.

I. SPENCER, (Edmond) poëte Anglois, natif de Londres, mort l'an 1598. La reine *Elizabeth* en faisoit un cas singulier ; elle lui fit compter cent livres sterlings pour une Pièce de vers que ce poëte lui présenta. Il n'en devint pas plus riche : il vécut malheureux, & mourut de faim, dans la rigueur du terme.

Le comte d'*Essex* lui ayant envoyé 20 liv. sterlings au moment qu'il alloit expirer : *Remportez cet argent*, dit Spencer, *je n'aurois pas le tems de le dépenser*. Parmi les ouvrages de *Spencer*, le plus estimé est sa *Fairi Queen*, c'est-à-dire, la *Reines des Fées*, en 12 chants. Sa versification est douce, sa poësie harmonieuse, son élocution aisée, son imagination brillante. Cependant son ouvrage ennuie tous les lecteurs qui n'aiment pas les allégories trop longues, les descriptions verbeuses, les stances multipliées. Il déplait encore aux gens sages, par ses tableaux des extravagances de la chevalerie, par ses affectations & ses *Concetti*.

II. SPENCER, (Jean) né en 1630, devint maître du collège du Corps de Christ, & doyen d'Ely ; & mourut en 1693, à 63 ans. On a de lui un ouvrage sur les *Loix des Hébreux*, & les raisons de ces Loix ; & plusieurs autres Ecrits, imprimés à Cambridge en 1727, en 2 vol. in-fol. dans lesquels on trouve beaucoup d'érudition, & plusieurs observations singuliéres.

III. SPENCER, (Guillaume) de Cambridge, membre du collège de la Trinité, dont on a une bonne édition grecque & latine du Traité d'*Origène* contre *Celse*, & de la *Philocalie*, avec des notes où il prodigue l'érudition. Cet ouvrage parut à Cambrigde in-4°, en 1658.

SPERATUS, (Paul) théologien Luthérien, né en 1484 d'une ancienne famille de Suabe, prêcha le Luthéranisme à Saltzbourg, à Vienne en Autriche, & en plusieurs autres villes d'Allemagne. *Luther* l'envoya en Prusse, où il fut élevé à l'épiscopat de Poméranie : il y mourut en 1554, à 70 ans. On a de lui plusieurs ouvrages, entr'autres des *Cantiques* que l'on chante dans les Eglises Luthériennes, & dont les Protestans font cas.

SPERLING, (Jean) né à Zeuchfeld en Thuringe l'an 1603, enseigna la physique avec succès à Wittemberg, où il mourut en 1658. On a de lui plusieurs bons ouvrages. Les principaux sont : I. *Institutiones Physicæ*. II. *Anthropologiæ Physicæ*, &c. Le nom de *Sperling* est commun à plusieurs autres savans.

SPERON - SPERONI, (N.) né à Padoue en 1500 d'une famille noble, mort en 1588, commença à enseigner la philosophie à 24 ans dans sa patrie. Les magistrats de cette ville l'ayant envoyé à Venise, il s'acquit tant de réputation, que lorsqu'il parloit dans le sénat, les avocats & les juges des autres tribunaux quittoient le barreau pour l'entendre. On dit qu'étant à Rome, quelques cardinaux lui demandérent quel étoit le sens de ces lettres que l'on voyoit gravées sur la porte du palais du Pape, M. CCC. LX.? Il répondit : *Multi Cæci Cardinales Crearunt Leonem Decimum* : parce que le pape étoit encore jeune, lorsqu'il fut élevé sur le saint-siége. Les principaux ouvrages de *Speron*, sont : I. Des *Dialogues* en italien, Venise 1595, in-8°. Il y en a dix sur des sujets de morale. On n'y trouve rien de bien piquant. L'auteur lisoit les vieux auteurs, & y prenoit ce qu'ils avoient de bon ; ainsi ses larcins étoient plus cachés. Ils sont cependant estimés en Italie, & ont été traduits en françois par *Gruget*, in-8°, 1551. II. *Canace*, Tragédie, 1597, in-4°. III. Des *Discours*, 1596, in-4°. IV. Celui de la *Préséance des Princes*, en italien,

1598, in-4°. V. Des *Lettres*, 1606, in-12.

SPEUSIPPE, d'Athènes, disciple de *Platon*, son neveu & son successeur, vers l'an 347 avant J. C., déshonora la philosophie par son avarice, son emportement & ses débauches.

SPIERRE, (François) de Lorraine, dessinateur & graveur, florissoit à la fin du XVIIe siécle. Ses ouvrages sont rares & très-estimés. Son burin est des plus gracieux. Les Estampes qu'il nous a données de sa composition, prouvent la facilité & la beauté de son génie. On estime sur-tout la Vierge qu'il a gravée d'après *le Corrége*.

I. SPIFAME, (Jacques-Paul) né à Paris, étoit originaire de Lucques en Italie. Sa famille, qui avoit passé en France, a fini par *Jean Spifame* fleur *des Granges*, mort en 1643. Après avoir occupé différentes places, que son mérite lui avoit procurées, *Jacques* fut élevé à l'évêché de Nevers, & se trouva aux Etats tenus à Paris en 1557. Ce prélat entretenoit alors une femme, qui lui persuada de se retirer avec elle à Genève. *Spifame*, plus touché de ses charmes, que convaincu de la sagesse de la Réforme, alla joindre *Calvin* en 1559. Le patriarche des Réformés l'envoya à Orléans auprès du prince de *Condé*, en qualité de ministre. Ce prince le députa à la diète de Francfort, pour justifier les Protestans qui avoient pris les armes, & pour implorer le secours de *Ferdinand*. Il y signala son éloquence, & obtint tout ce qu'il voulut. De retour à Genève, il fut accusé de plusieurs crimes, & il eut la tête tranchée en 1566, après avoir été convaincu d'avoir fait un faux

contrat & des faux sceaux. On a de lui, dans les *Mémoires* de *Castelnau* & de *Condé*, la *Harangue* qu'il prononça à la diète de Francfort, & quelques autres écrits, qui ne méritent pas notre attention.

II. SPIFAME, (Raoul) frere du précédent, avocat au parlement de Paris, ne manquoit ni d'imagination, ni de connoissances ; mais il avoit un caractére d'originalité, une forte d'aliénation d'esprit, qui le firent interdire. Il mourut en Novembre 1563. Nous avons de lui un livre rare, intitulé : *Dicearchiæ Henrici, Regis christianissimi, Progymnasmata*, in-8° ; sans date, ni lieu d'impression. Ce volume contient 309 Arrêts de sa composition, qu'il suppose avoir été rendus par *Henri II* en 1556. se mettant à la place du souverain, comme tant d'autres écrivains, il ordonne des choses impraticables, & plusieurs qui sont très-sensées, dont quelques-unes ont été exécutées. M. *Auffray* a pris dans ce livre les réflexions les plus judicieuses, & les a publiées sous le titre de : *Vues d'un Politique du XVIe siécle*, à Paris, 1775, in-8°... Il ne faut pas le confondre avec *Martin* SPIFAME, dont les plates *Poésies* parurent en 1583, in-16.

SPIGELIUS, (Adrien) né à Bruxelles en 1578, & mort en 1625, fut professeur en anatomie & chirurgie à Padoue. Ses *Œuvres Anatomiques* en latin, publiés à Amsterd. 1645, in-f. sont estimées.

I. SPINA, (Alexandre) religieux du couvent de Ste Catherine de Pise, de l'ordre de St Dominique, mourut en 1313. Un particulier (dit-on) ayant inventé de son tems les lunettes, vers l'an 1295 ; & ne voulant pas en découvrir le secret au pu-

.blic, *Spina* trouva le moyen d'en faire de fon invention trois ans après. Mais ce que l'on prit alors (dit M. l'abbé de *Fontenay*) pour une découverte en Italie, n'étoit qu'une imitation du fecret connu en France depuis long-tems : les lunettes étoient en ufage chez les François dès la fin du XIIe fiécle.

. II. S P I N A , (Alfonfe) religieux Efpagnol de l'ordre de St .François, inquifiteur à Touloufe vers l'an 1459, avoit été Juif, à ce qu'on dit. Il eft auteur du livre intitulé : *Fortalitium Fidei ;* ouvrage très-médiocre, imprimé plufieurs fois, tant in-folio que in-4°. Il y en a une édition de Nuremberg en 1494, in-4°.

III. SPINA, (Barthélemi) natif de Pife, mort en 1546, à 72 ans, entra dans l'ordre de St Dominique vers l'an 1494. Il fut maitre du facré Palais, & l'un de ceux que le pape choifit pour affifter à la congrégation deftinée à examiner les matières que l'on devoit propofer au concile de Trente. On a de lui divers *Ouvrages* en 3 vol. in-fol. qui font très-peu lus.

IV. SPINA, (Jean de l'*Epine*, ou) fameux miniftre Calvinifte, avoit été religieux Auguftin. Il affifta au Colloque de Poiffy, & échapa au maffacre de la St-Barthélemi. On a de lui plufieurs *Livres* de *Morale* & de *Controverfe*, affez mauvais. Ils furent imprimés à Lyon, in-8°, en différentes années. L'auteur mourut en 1594.

SPINELLO, peintre, natif d'Arezzo dans la Tofcane, fur la fin du XIVe fiécle, fit plufieurs ouvrages qui lui acquirent de la réputation. L'on raconte qu'ayant peint la chute des mauvais Anges, il re préfenta *Lucifer* fous la forme

d'un monftre fi hideux, qu'il en fut lui-même frappé. Une nuit dans un fonge il crut appercevoir le Diable, tel qu'il étoit dans fon tableau, & qui lui demanda d'une voix menaçante, « où il l'avoit vu, pour » le peindre fi effroyable ? » Le pauvre *Spinello*, interdit & tremblant, penfa mourir de frayeur ; & depuis ce rêve épouvantable, il eut toujours la vue égarée & l'efprit troublé.

I. SPINOLA, (Ambroife) né en 1569, & mort en 1630, étoit de l'illuftre maifon de *Spinola*, originaire de Gênes, & dont les branches fe font répandues en Italie & en Efpagne. Il fit fes premiéres armes en Flandres, à la tête de 9000 Italiens, la plûpart vieux foldats & gens de condition. Il n'y fut pas long-tems fans fe fignaler. Le roi d'Efpagne lui donna ordre bientôt après de lever 5 régimens, pour s'en former une armée avec laq. il devoit exécuter quelque grand projet ; mais la mort de *Fréderic I* fon frere fit prendre d'autres mefures. Le fiége d'Oftende trainoit en longueur, lorfque *Spinola* s'étant chargé du commandement, la place fe rendit en 1604. Ses fervices le firent nommer général des troupes d'Efpagne dans les Pays-Bas. Le comte *Maurice* de *Naffau*, le héros de fon fiécle, fut l'homme contre lequel il eut à combattre, & il fe montra auffi bon capitaine que lui. *Spinola* paffa à Paris après la reddition d'Oftende. *Henri IV* lui demanda quels étoient fes projets pour la campagne prochaine. *Spinola* les lui dévelopa ; & le monarque croyant qu'il auroit voulu lui donner le change, écrivit à *Maurice* le contraire de ce que fon rival de gloire lui avoit dit. Qu'arriva-t-il ? *Spinola* fuivit de point en point le plan qu'il avoit tracé à *Henri IV*, qui dit à cette occasion : *Les autres trompent en disant des mensonges, & celui-ci m'a abusé en disant la vérité.* L'Espagne ayant conclu en 1608 une trêve avec les Etats-généraux, *Spinola* jouit de quelque repos; mais il fut bientôt troublé par la contestation qui s'éleva sur la succession de Clèves & de Juliers. *Spinola* reprit les armes; se rendit maître d'Aix-la-Chapelle, de Wesel & de Breda. Les affaires d'Espagne l'ayant rappellé dans les Pays-Bas en 1629, il s'y signala de nouveau, & passa en Italie où il prit Casal l'an 1630. La citadelle de cette ville demeura entre les mains de *Toiras*, parce que des ordres imprudens, qui lui venoient régulièrement de Madrid, gênoient ses opérations. Il en mourut de désespoir, répétant jusqu'au dernier soupir : *Ils m'ont ravi l'honneur!* On demandoit au prince *Maurice*, quel étoit le premier capitaine de son siécle? *Spinola est le second*, répondit-il.

II. SPINOLA, (Charles) célèbre Jésuite, de la même maison que le précédent, fut envoyé en mission au Japon, & fut brûlé vif à Nangasaqui, pour la foi de J. C., le 10 Septembre 1622. Le P. d'Orléans, Jésuite, a publié sa *Vie* en françois, in-12.

I. SPINOSA, (Baruch de) né à Amsterdam en 1632, étoit fils d'un Juif Portugais, marchand de profession. Après avoir étudié la langue latine sous un médecin, il employa quelques années à l'étude de la théologie, & il se consacra ensuite tout entier à celle de la philosophie. Plus il acquéroit de connoissances, & plus il se formoit de doutes sur le Judaïsme, que ses Rabbins ne pouvoient résoudre. Sa conduite trop libre à leur égard le brouilla bientôt avec eux, malgré l'estime qu'ils faisoient de son

érudition. Enfin, un coup de couteau qu'il reçut d'un Juif en sortant de la Comédie ; l'engagea de se séparer tout-à-fait de la communion Judaïque. Il embrassa la religion dominante du pays où il vivoit, & fréquenta les églises des Mennonites ou des Arminiens. Ce fut alors qu'il changea son nom Juif de *Baruch*, en celui de *Bénédict* ou *Béni*. Quoique soumis extérieurement à l'Evangile, il se contenta d'emprunter le secours de la philosophie pour la recherche de la vérité, & son orgueilleuse présomption le précipita dans le plus affreux abîme. Pour philosopher avec plus de loisir, il abandonna Amsterdam, & se retira à la campagne, ou de tems en tems il s'occupoit à faire des microscopes & des télescopes. Cette vie cachée lui plut tellement, qu'il ne put s'en détacher lors même qu'il se fut établi à la Haye. Il étoit quelquefois 3 mois de suite sans sortir de son logis; mais cette solitude étoit égayée par les visites qu'il recevoit des raisonneurs de tout sexe & de toute condition, qui venoient prendre chez lui des leçons d'Athéisme. En renversant tous les principes de la morale, il conserva cependant les mœurs d'un philosophe ; sobre, jusqu'à ne boire qu'une pinte de vin en un mois ; désintéressé, quoique fils de Juif, au point de remettre aux héritiers de l'infortuné *Jean de Wit*, une pension de 200 florins que lui faisoit ce grand-homme. *Spinosa*, vieux avant le tems, fut attaqué d'une maladie lente, dont il mourut en 1677, âgé de 45 ans. On assure qu'il étoit petit, jaunâtre, qu'il avoit quelque chose de noir dans la physionomie, & qu'il portoit sur son visage un caractére de réprobation. On ajoûte néanmoins

qu'il

qu'il étoit tel que nous l'avons peint, d'un bon commerce, affable, honnête, officieux, & fort réglé dans fes mœurs. Sa converfation étoit agréable, & il ne difoit rien qui pût bleffer la charité ou la pudeur. Quand on lui apprenoit qu'un ami le trahiffoit ou le calomnioit, il répondoit que *les procédés des méchans ne doivent pas nous empêcher d'aimer & de pratiquer la vertu.* Il ne juroit jamais. Il affiftoit quelquefois aux fermons, & il exhortoit à être affidu aux temples. Il parloit toujours avec refpeдt de l'Être fuprême. Un tel caraдtére doit paroître étrange dans un homme qui a rédigé le premier l'Athéifme en fyftême, & en un fyftême fi déraifonnable & fi abfurde, que *Bayle* lui-même n'a trouvé dans le *Spinofifme* que des contradiдtions, & des hypothèfes abfolument infoutenables. L'ouvrage de *Spinofa* qui a fait le plus de bruit, eft fon Traité intitulé : *Traдatus Theologico-Politicus*, publié in-4°, à Hambourg, en 1670, où il jetta les femences de l'Athéifme qu'il a enfeigné hautement dans fes *Opera Pofthuma*, imprimées in-4°, en 1677. Le *Traдatus Theologico-Politicus* a été traduit en françois, fous trois titres différens, par *St-Glain* : (*Voyez* GLAIN.) Le but principal de *Spinofa* a été de détruire toutes les Religions, en introduifant l'Athéifme. Il foutient hardiment que Dieu n'eft pas un Être intelligent, heureux & infiniment parfait; mais que ce n'eft autre chofe que cette vertu de la nature, qui eft répandue dans toutes les créatures. Ce fophifte téméraire attribue tout ce qui exifte à une aveugle néceffité. Il ne reconnoît dans l'Univers qu'*une feule Subftance*, à qui il donne l'étendue & la penfée pour attributs. Il préfente fon fyftême fous

Tome VI.

une forme géométrique. Il donne des définitions, pofe des axiômes, déduit des propofitions; mais fes prétendues démonftrations ne font qu'un amas de termes fubtils, obfcurs, & fouvent inintelligibles. Ses raifonnemens font fondés fur une métaphyfique alambiquée, où il fe perd, fans favoir ni ce qu'il penfe, ni ce qu'il dit. Ce qui refte de la lecture de fes écrits les moins obfcurs, en les réduifant à quelque chofe de net & de précis, eft que le Monde matériel, & chacune de fes parties, auffi-bien que leur ordre & leurs modes, eft l'unique Être qui exifte néceffairement par lui-même. Pour affoiblir les preuves de la Religion Chrétienne, il tâche de déprimer les prédiдtions des Prophètes de l'Ancien-Teftament: Il prétend qu'ils ne devoient leurs révélations qu'à une imagination plus forte que celle du commun : principe abfurde qu'il étend jufqu'à *Moyfe* & à J. C. même. A la fin de la 1ʳᵉ partie de fon Traité de Morale, il nie « que » les yeux foient faits pour voir, » les oreilles pour entendre, les » dents pour mâcher, l'eftomac » pour digérer; » il traite de préjugé de l'enfance, le fentiment contraire. On peut juger, par ce trait, de la beauté du génie de ce prétendu philofophe. L'obfcurité au refte eft le moindre défaut de *Spinofa*. La mauvaife foi paroît être fon caraдtére dominant. Il n'eft attentif qu'à s'enveloper pour furprendre. *Spinofa* avoit un tel defir d'immortalifer fon nom, qu'il eût facrifié volontiers à cette gloire la vie préfente, eût-il fallu être mis en pièces par un peuple mutiné : autre vanité ridicule dans un Athée. Ce n'étoit que par dégrés qu'il étoit tombé dans le précipice de l'Athéifme. Il paroît bien éloigné de cette doдtrine dans les *Principes de René*

C c

DESCARTES, *démontrés selon la maniére des Géomètres*, Amſterdam ; in-
4°, 1667, en latin. Les abſurdités
du Spinoſiſme ont été ſolidement
réfutées par un très-grand nombre d'auteurs, entr'autres: Par *Cuper*,
dans ſes, *Arcana Atheiſmi revelata*,
Roterdam, 1676, in-4°; par Dom
François Lami, Bénédiſtin ; par *Jac-
quelot*, dans ſon Traité de l'*Exiſten-
ce de Dieu*; par *le Vaſſor*, dans ſon
Traité de *la Véritable Religion*, imprimé à Paris en 1688 ; & dans
les Ecrits donnés ſur cette matière
en ces derniers tems. *Voyez* les
Mémoires de *Nicéron*, (tome 13) qui
a profité de la *Vie de Spinoſa* par
Colerus, inſérée dans la *Réfutation de
Spinoſa* par divers auteurs, recueil
publié par l'abbé *Lenglet*, 1731, in-
12 ; & d'une autre *Vie* de ce philoſophe, par un de ſes partiſans,
1712, in-8°. Celle-ci n'eſt pas commune, non plus que le Recueil de
Lenglet, lequel fut ſupprimé, comme plus favorable que contraire
au Spinoſiſme.

II. SPINOSA, (Jean) auteur Eſpagnol, natif de Belovado, fut ſecrétaire de Don *Pedro de Gonzalès
de Mendoza*, capitaine-général de
l'empereur dans la Sicile. On a de
lui un *Traité à la louange des Femmes*, plein d'éloges emphatiques
& de citations faſtidieuſes. Ce livre, écrit en Eſpagnol, parut à
Milan en 1580, in-4°. Cet auteur
vivoit au XVI° ſiécle.

SPIRIDION, (St) évêque de
Tremithunte dans l'iſle de Chypre,
aſſiſta au concile-général de Nicée
en 326, & vécut juſqu'après le
concile de Sardique en 347. Son zèle
& ſes miracles lui firent un nom reſ-
peſtable.

SPIZELIUS, (Théophile) écrivain Proteſtant, né à Augsbourg en
1639, mort en 1691, eſt auteur de
pluſieurs ouvrages. Les plus connus ſont deux Traités : l'un intï-
tulé, *Felix Litteratus*, 2 vol. in-8°;
& l'autre, *Infelix Litteratus*, 2 vol.
in-8°. *Spizelius* prétend faire voir,
dans ces deux ouvrages, les vices
des gens-de-lettres, & les malheurs
qui leur arrivent quand ils étudient
par de mauvais motifs, & plutôt
pour eux-mêmes que pour l'amour
de Dieu & l'utilité du prochain.
Nous avons encore de lui : I. Une
eſpèce d'Eſſai de Bibliothèque,
ſous le titre de *Sacra Bibliothecarum
illuſtrium Arcana detecta*, imprimé en
1668, in-8°; mais cet Eſſai manque
de clarté & de méthode, & ne s'é-
tend qu'à un petit nombre d'auteurs. II. *Sinenſium res Litteraria*,
Leyde 1660, in-12.

I. SPON, (Charles) né à Lyon
en 1609, d'un riche marchand,
exerça la médecine dans ſa patrie
avec beaucoup de réputation. Il
cultiva la poëſie avec un ſuccès
égal, & mourut à Lyon en 1684,
après avoir publié pluſieurs ouvrages, parmi leſquels on diſtingue
la *Pharmacopée de Lyon*.

II. SPON, (Jacob) fils du précédent, naquit à Lyon en 1647. Honoré du bonnet de doſteur en médecine à Montpellier, il paſſa de-là
à Strasbourg, où il fit admirer ſon
érudition. Le célèbre *Vaillant*
étant allé à Lyon pour ſe rendre
en Italie, le jeune *Spon* ſe joignit
à lui. Il voyagea enſuite en Dalmatie, en Grèce, dans le Levant, &
à ſon retour il publia la Relation de
ſon voyage. Son attachement pour
la Religion prétendue-réformée le
fit ſortir de France en 1685, dans
le deſſein de ſe fixer à Zurich en
Suiſſe ; mais il mourut en chemin
à Veray, ville du Canton de Berne. Les académies de Padoue &
de Nimes ſe l'étoient aſſocié : il méritoit cet honneur par l'étendue
de ſon érudition. Nous avons de

lui divers ouvrages; les principaux font : I. *Recherches curieuses d'Antiquités*, in-4°, Lyon, 1683; ouvrage favant. II. *Miscellanea eruditæ Antiquitatis*, Lyon 1685, in-fol.; aussi curieux pour les inscriptions que pour les médailles. III. *Voyages d'Italie, de Dalmatie, de Grèce & du Levant*, imprimés à Lyon en 1677, 3 vol. in-12; réimprimés à la Haye en 1680 & en 1689, en 2 vol. in-12. Cet ouvrage est intéressant pour les amateurs d'antiquités. IV. *Histoire de la Ville & de l'État de Genève*, in-12, 2 vol.; réimprimée à Genève en 1730, en 2 vol. in-4° & en 4 vol. in-12, avec des augmentations considérables. Cette Histoire est pleine de recherches; mais elle n'est pas toujours fidelle. Le style manque de précision, de pureté & d'élégance. V. *Recherches des Antiquités de Lyon*, in-8°. VI. *Bevanda Asiatica*, feu de *Café*, Lipsiæ 1705, in-4°. VII. *Observations fur les Fiévres*, in-12, 1684, &c.

I. SPONDE, (Henri de) né à Mauléon de Soule, bourg de Gascogne, en 1568, d'un Calviniste, fut élevé dans cette religion. Sa jeunesse annonça beaucoup de goût pour les belles-lettres, & une grande facilité pour apprendre les langues. Il exerçoit la charge de maître-des-requêtes pour le roi de Navarre, lorsque les livres de controverse des cardinaux *du Perron* & *Bellarmin* touchèrent son cœur & éclairèrent son esprit. Il abjura le Calvinisme en 1595, & accompagna a Rome le cardinal de *Sourdis*. Quelques années après, il embrassa l'état ecclésiastique, & fut nommé à l'évêché de Pamiers en 1626. Il n'oublia rien pour tirer de l'erreur les Hérétiques de son diocèse. Il y établit une Congrégation ecclésiastique, des Séminaires, des Mai-

sons religieuses, & se signala par toutes les vertus épiscopales. Cet illustre prélat finit ses jours à Toulouse en 1643, âgé de 75 ans. Son principal ouvrage est l'*Abrégé des Annales de Baronius*, 2 vol. in-fol., & la Continuation qu'il en a faite jusqu'à l'an 1640, 3 vol. in-folio. Quoique cet ouvrage ne soit pas parfait, & qu'il y ait presqu'autant de fautes que dans *Baronius*, il doit être acheté par ceux qui ont les Annales de ce cardinal. Il servira à leur rappeller les faits principaux, qui y font détaillés avec netteté & choisis avec jugement. Pour rendre ce Recueil plus complet, *Sponde* y joignit les *Annales sacrées de l'Ancien-Testament jusqu'à JESUS-CHRIST*, in-fol., qui ne font proprement qu'un abrégé des Annales de *Torniel*. On a aussi de *Sponde* des *Ordonnances Synodales*. La meilleure édition de ses Œuvres est celle de *la Noue*, à Paris, 1639, 6 vol. in-fol. Son Traité *de Cœmeteriis facris*, 1638, in-4°, renferme des recherches curieuses. *Pierre Frizon*, docteur de Sorbonne, a écrit sa *Vie*.

II. SPONDE, (Jean de) frere du précédent, abjura le Calvinisme, & mourut en 1595. On a dé lui : I. D'assez mauvais *Commentaires fur Homére*, 1606, in-f. II. Une *Réponse* au Traité de *Bèze* fur les marques de l'Eglise, Bordeaux 1595, in-8°.

SPOTSWOOD, (Jean) né l'an 1566 en Ecosse, d'une ancienne famille qui avoit rang & séance parmi les Pairs du royaume, suivit, en qualité de chapelain, *Louis* duc de *Lenox*, dans son ambassade auprès d'*Henri IV*, roi de France. *Jacques I*, roi d'Angleterre, qui avoit été auparavant roi d'Ecosse, & qui avoit connu toute l'étendue du mérite de *Spotswood*, l'éleva à l'archevêché de Glascow

& lui donna une place dans son conseil-privé d'Ecosse. Il fut ensuite aumônier de la reine, archevêque de St-André, & primat de toute l'Ecosse. *Charles I* voulut être couronné de sa main en 1633, & le fit son lord-chancelier. Ce prélat mourut en Angleterre en 1639, à 74 ans. On a de lui une *Histoire Ecclésiastique d'Ecosse*, en anglois, Londres 1655, in-fol. Ce livre, qui s'étend depuis l'an 203 de J. C. jusqu'en 1624, est savant : mais sa critique n'en est pas toujours exacte, ni impartiale. L'auteur n'a pas le vrai style de l'histoire.

SPRANGER, (Barthélemi) peintre, naquit à Anvers en 1526. L'envie d'apprendre fit concevoir au jeune artiste le projet de voyager : il vint en France, d'où il partit peu de tems après pour aller en Italie. Un tableau de *Sorciers* qu'il fit à Rome, lui mérita la protection du cardinal *Farnèse*, qui l'employa à son château de Capraiole. Ce prélat se présenta ensuite au pape *Pie V*, dont *Spranger* reçut beaucoup de témoignages d'estime & de générosité. Après la mort de ce pontife, *Spranger* fut mandé à Vienne, pour être le prem. peintre de l'empereur. *Maximilien II* & *Rodolphe II* le mirent dans l'opulence, & le comblèrent d'honneurs. Cette protection singulière lui mérita des marques de distinction dans les lieux par lesquels il passa en un voyage qu'il fit. Amsterdam & Anvers, entre autres villes, le reçurent à son passage comme un homme d'une grande considération, & lui firent des présens. *Spranger*, dans ses productions, s'est toujours laissé conduire par son caprice, sans consulter la nature : ce qui lui a donné un goût maniéré. Ses contours sont aussi trop prononcés ; mais ce peintre avoit une légèreté de main singulière. Sa touche est en même tems hardie & gracieuse, & son pinceau d'une douceur admirable. Il mourut après l'an 1582.

SPRAT, (Thomas) fils d'un ministre de la province de *Devon*, naquit en 1636. Il devint l'un des premiers membres de la société royale de Londres, chapelain de *Georges* duc de *Buckingham*, puis chapelain du roi *Charles II*, prébendaire de Westminster, & enfin évêque de Rochester en 1684. Ce prélat, aussi versé dans la politique que dans les sciences, mourut d'apoplexie en 1713. Tous ses ouvrages sont bien écrits en anglois. On estime sur-tout son *Histoire de la Société Royale de Londres*, dont on a une mauvaise traduction françoise, imprimée à Genève en 1669 in-8°. *Sprat* cultivoit aussi la poësie, & on a de lui quelques morceaux en ce genre, qui ne sont pas sans mérite.

SQUARCIA-LUPI, *Voyez* SIMONIUS (Simon).

STAAL, (Madame de) connue d'abord sous le nom de Mlle de *Launai*, étoit née à Paris d'un peintre. Son père ayant été obligé de sortir du royaume, la laissa dans la misère, encore enfant. Le hazard la fit élever avec distinction au prieuré de St Louis de Rouen ; mais la supérieure de ce monastère, à laquelle elle devoit son éducation, étant morte, Mlle de *Launai* retomba dans son premier état. L'indigence l'obligea d'entrer, en qualité de femme-de-chambre, chez Mad° la duchesse du *Maine*. La foiblesse de sa vue, sa maladresse & sa façon de penser, la rendoient incapable de remplir les devoirs qu'exige ce service. Elle pensoit à sortir de son esclavage, lorsqu'une aventure singulière fit connoître à la ducheſſe du *Maine* tout ce que valoit ſa femme-de-chambre. Une jeune demoiſelle de Paris, d'une grande beauté, nómmée *Tetard*, contrefit la poſſédée par le conſeil de ſa mère. Tout Paris, la cour même, accourut pour voir cette prétendue merveille. Comme le philoſophe *Fontenelle* y avoit été avec les autres, Mll[e] de *Launai* lui écrivit une lettre pleine de ſel, ſur le témoignage avantageux qu'il avoit rendu de la prétendue poſſeſſion. Cette ingénieuſe bagatelle la tira de l'obſcurité. Dès-lors la ducheſſe l'employa dans toutes les fêtes qui ſe donnoient à Sceaux. Elle faiſoit des vers pour quelques-unes des piéces que l'on y jouoit, dreſſoit les plans de quelques autres, & étoit conſultée dans toutes. Elle s'acquit bientôt l'eſtime & la confiance de la princeſſe. Les *Fontenelle*, les *Tourreil*, les *Valincourt*, les *Chaulieu*; les *Malezieu*, & les autres perſonnes de mérite qui ornoient cette cour, recherchèrent avec empreſſement cette fille ingénieuſe. Elle fut envelopée, ſous la régence, dans la diſgrace de Mad[e] la ducheſſe du *Maine*, & renfermée pendant près de deux ans à la Baſtille. La liberté lui ayant été rendue, elle fut fort utile à la princeſſe; qui, par reconnoiſſance, la maria avec M. de *Sìaal*, lieutenant aux Gardes Suiſſes, & depuis capitaine & maréchal-de-camp. Le ſavant *Dacier* l'avoit voulu épouſer auparavant; mais elle n'avoit pas cru devoir donner ſa main à un vieillard & à un érudit. Mad[e] de *Staal* montroit beaucoup moins d'eſprit & de gaieté dans ſa converſation que dans ſes ouvrages. C'étoit une ſuite de la timidité & de ſa mauvaiſe ſanté. Son caractère étoit mêlé de bonnes & de mauvaiſes

qualités; mais celles-là l'emportoient. Elle mourut en 1750. On a imprimé depuis ſa mort les *Mémoires* de ſa vie, en 3 vol. in-12, compoſés par elle-même. On y a ajoûté depuis un ive volume, qui contient deux jolies *Comédies*, dont l'une eſt intitulée l'*Engoûment*, & l'autre *la Mode*. Elles ont été jouées à Sceaux. Ses *Mémoires* n'offrent pas des aventures fort importantes; mais elles ſont aſſez ſinguliéres. Le cœur humain y eſt peint avec autant de vérité que de fineſſe. Cet ouvrage, plein de traits ingénieux, ſe fait lire avec délices, par l'union ſi rare de l'élégance & de la ſimplicité, de l'eſprit & du goût, de l'exàctitude grammaticale & du naturel. Quant aux Comédies, elles ne ſont bonnes que pour le ſtyle & les détails. Quelques critiques prétendent, que Mad[e] de *Staal* n'a pas dit tout ce qui la regardoit dans ſes Mémoires. Une dame de ſes amies lui ayant demandé comment elle parleroit de ſes intrigues galantes? *Je me peindrai en Buſte*, lui répondit Mad[e] de *Staal*. Mais cette réponſe pouvoit n'être qu'une plaiſanterie, qu'on a mal interprétée.

STACE, (*P. Papinius Statius*) Napolitain, vivoit du tems de *Domitien*, qu'il flatta avec autant de làcheté que de baſſeſſe. Ce poëte Latin plaiſoit fort à cet empereur, par la facilité qu'il avoit de faire des vers ſur le champ. Il mourut à Naples vers l'an 100 de J. C. Nous avons de *Stace* deux Poëmes héroiques, dédiés à ce tyran odieux qu'il place dans le ciel, ſans doute entre *Octave* & *Néron*. C'eſt la *Thébaïde* en 12 livres; & l'*Achilleïde*, dont il n'y à que 2 livres, la mort l'ayant empêché de la continuer. Ce poëte a encore fait 5 livres de *Sylves*, ou un recueil de pe-

C c iij

tites piéces de vers fur différens fujets. Les Poéfies de *Stace* furent fort eftimées de fon tems à Rome ; mais le goût étoit alors corrompu. En cherchant à s'élever , il tombe fouvent dans le ton déclamateur ; & à l'égard de fes Poëmes héroïques , il a traité fon fujet plutôt en hiftorien qu'en poëte , fans s'attacher à ce qui fait l'effence de la poëfie épique. C'étoit un homme d'une imagination forte , mais déréglée. La 1ʳᵉ édition de ce poète eft celle de Rome 1475 , in-fol. Les meilleures font celle de *Barthius*, 1664 , 3 vol. in-4°. celle *Cum notis Variorum*, Leyde 1671 , in-8°. & celle *Ad ufum Delphini*, 1685 , 2 v. in-4°. très-rare.

STACKHOUSE, (Thomas) théologien Anglois, moit en 1752, fe fit un nom par fes écrits contre *Tyndal*, *Collins* & *Woolfton*. Ses ouvrages les plus eftimés font : I. *Le Sens littéral de l'Ecriture*, traduit en françois , 3 vol. in-12. II. Un *Corps* complet *de Théologie*, dont on a auffi une verfion françoife. III. Une *Hiftoire générale de la Bible*.

STADIUS, (Jean) né à Loënhout, dans le Brabant , en 1527, & mort à Paris en 1579, a compofé des *Ephémérides* , Cologne 1560, in-4°; les *Faftes des Romains*, & plufieurs ouvrages fur l'Aftrologie judiciaire, vaine fcience dont il étoit infatué.

STAHL, (Georges-Erneft) naquit en Franconie en 1660. Lorfque l'univerfité de Hall fut fondée en 1694, la chaire de médecine lui fut conférée. Il remplit dignement l'attente qu'on avoit conçue de lui. Sa manière d'enfeigner , la folidité de fes ouvrages , les heureux fuccès de fa pratique concoururent à lui faire une réputation des plus brillantes. La

cour de Pruffe voulut s'attacher un homme fi habile. *Stahl* fut appellé à Berlin en 1716 , & il y eut les titres de confeiller de la cour & de médecin du roi. Il acheva glorieufement fa carriére en 1734, dans la 75ᵉ année de fon âge. *Stahl* eft un des plus grands-hommes que la médecine ait poffédés , & il tient même le rang de fondateur d'une fecte particulière. Il propofa fes principes dans un vol. in - 4° , imprimé à Hall en 1708 , fous le titre de *Theoria Medica vera* ; auquel il joignit dans la fuite divers autres Traités , tels que *Opufculum Chymico-Phyfico-Medicum*, 1715 , in-4°. & fes *Obfervations Chymiques*, Berlin 1731, in-8°. C'eft par fon intelligence en chymie que *Stahl* s'eft furtout rendu recommandable. Il en puifa le fond dans des ouvrages qui avant lui étoient prefque ignorés, & dont il répandit la connoiffance auffi bien quel'ufage : c'étoient ceux du fameux *Bécher*, qu'il commenta , rectifia & étendit. On pouvoit les regarder comme un recueil d'énigmes , qu'il eut le talent de déchiffrer. Cette étude le conduifit à la compofition de plufieurs remèdes, qui ont eu & ont encore une grande vogue : tels font les *Pillules Balfamiques*, la *Poudre Antipafmodique*, fon *Effence Alexipharmaque*, &c. La métallurgie lui a les plus grandes obligations ; fon petit *Traité* latin fur cette matière, que l'on trouve à la fuite de fes Opufcules , eft excellent. Ses *Elémens de Chymie* ont été traduits en françois par M. de *Machy*, en 1757, en 6 vol. in-12.

STANDONHC, (Jean) docteur de la maifon & fociété de Sorbonne, né à Malines en 1443, d'une famille obfcure , vint achever fes études à Paris, & fut fait régent

4

·· s'attache
··s··· fut ap·
···, & il y
·····ler de la
·· du roi. Il
···· fa carrière
···· de fon
···s grands-
···· ait pof-
···· le rang de
··········lière.
··· dans un
····· Hall en
· *œ Theoria Me*·
·········· dans
œ Traités, tels
···Geo-Mé·
··· les *Obfer*
tions 1731, in-
······ en
···· rent ren-
··· puifa le
····· avant
····, & dont
·····aussi
···· cœur du
·········,
· provit les
···· d'é-
···· de dé-
··· conduisit
··· urs re-
·· encore
···· font les
·· *Ordre An-*
·· *Ampédar-*
·· lui a les
··· petit
····· que
··· les *Opuf-*
·· *Ses Élémens*
··· en fran-
··· 1777,

··· docteur
·· Sorbon-
····, d'une
····ver ses
···· régent

dans le collège de Ste Barbe, puis principal du collège de Montaigu. Ce dernier collége reprit son ancien luftre, & il en fut regardé comme le fecond fondateur. Son zèle n'étoit pas toujours affez modéré. Ayant parlé avec trop de liberté fur la répudiation de la reine *Jeanne*, femme du roi *Louis XII*, il fut banni du royaume pour 2 ans. Il fe retira alors à Cambrai, où l'évêque, allant partir pour l'Efpagne, le fit fon vicaire fpécial pour tout le diocèfe. *Standonhc* revint à Paris, après le tems de fon exil, & continua de faire fleurir la piété & l'étude dans le collége de Montaigu. Il y mourut faintement en 1504, après avoir rempli la place de recteur de l'univerfité, fondé diverfes communautés en Flandres, & converti beaucoup de pécheurs par fes fermons.

STANHOPE, (Jacques, comte de) d'une ancienne famille du comté de Nottingham, naquit en 1673. Il fuivit en Efpagne *Alexandre Stanhope*, fon pere, qui fut envoyé extraordinaire en cette cour, au commencement du règne du roi *Guillaume*. Le féjour de Madrid lui acquit la connoiffance de la langue efpagnole. Il voyagea en France & en Italie pour apprendre le françois & l'italien. De retour en Angleterre, il prit le parti des armes, & fe diftingua au fiége de Namur fous les yeux du roi *Guillaume*, qui le gratifia d'une compagnie d'infanterie. Il s'éleva de grade en grade jufqu'à celui de lieutenant-général. En 1709, il fut nommé commandant en chef des troupes Angloifes en Efpagne. Le 27 Juillet 1710 il remporta une victoire près d'Almanara, qui fut attribuée à fa conduite & à fa valeur, & dont il fut remercié publiquement

par l'empereur. Le 20 Août fuivant il acquit beaucoup de gloire à la bataille de Saragoffe, ainfi que le 9 Décembre de la même année, à la défenfe de Brihuega, où il fit une vigoureufe réfiftance. Mais il fut obligé de céder à la valeur du duc de *Vendôme*, généraliffime des troupes Efpagnoles, & de fe rendre prifonnier de guerre à Brihinga. Après avoir été échangé, en 1712, contre le duc d'*Efculona*, vice-roi de Naples, il retourna en Angleterre, où il fut favorablement reçu de toûte la cour. Le roi *George* étant parvenu au trône, le fit fecrétaire - d'état & membre du confeil - privé. En 1714, il l'envoya à Vienne, où l'empereur lui fit préfent de fon portrait enrichi de diamans. Il étoit nommé plénipotentiaire au congrès de Cambrai, lorfqu'il mourut à Londres en 1721, à 50 ans. Bon politique & grand capitaine, citoyen zèlé & philofophe compatiffant, il s'acquit les cœurs des fujets & mérita les regrets de fon prince. C'eft lui qui s'empara du Port-Mahon & de l'ifle Minorque, que les Anglois ont toujours poffédés depuis.

I. STANISLAS, (St) né en 1030, de parens illuftres par leur naiffance & par leur piété, fit fes études à Gnefne & à Paris. De retour en Pologne en 1059, il fut élu évêque de Cracovie en 1071; mais ayant repris vivement *Boleflas II*, roi de Pologne, qui avoit enlevé la femme d'un feigneur Polonois, ce prince le tua dans la chapelle de S. Michel, le 8 Mai 1077, où il expira martyr de fon zèle.

II. STANISLAS I, (LECZINSKI) roi de Pologne, grand-duc de Lithuanie, duc de Lorraine & de Bar, né à Léopold le 20 Octobre 1677, du grand - tréforier de la

C c iv

couronne, fut député en 1704, par l'affemblée de Varfovie, auprès de *Charles XII*, roi de Suède, qui venoit de conquérir la Pologne. Il étoit alors âgé de 27 ans, palatin de Pofnanie, général de la grande Pologne, & avoit été ambaffadeur extraordinaire auprès du grand-feigneur en 1699. Sa phyfionomie étoit heureufe, pleine de hardieffe & de douceur, avec un air de probité & de franchife. Il n'eut pas de peine à s'infinuer dans l'amitié du roi de Suède, qui le fit couronner roi de Pologne à Varfovie en 1705. Le nouveau roi fuivit *Charles XII* en Saxe, où l'on conclut en 1706 un traité de paix entre les deux rois d'une part, & le roi *Augufte*, qui renonça à la couronne de Pologne, & reconnut pour légitime fouverain de cet état *Staniflas*. Le nouveau monarque refta avec *Charles XII* en Saxe, jufqu'en Septembre 1707. Ils revinrent alors en Pologne, & y firent la guerre pour en chaffer entiérement les Mofcovites. Le Czar fut obligé d'en fortir en 1708; mais le roi de Suède ayant trop pouffé fon ennemi, après avoir remporté plufieurs avantages fur lui, fut défait entiérement lui-même au mois de Juillet 1709. *Staniflas* ne fe trouvant pas en fûreté dans la Pologne, où les Mofcovites revinrent, & où le roi *Augufte* renoua un nouveau traité en fa faveur, fut obligé de fe retirer en Suède, puis en Turquie. Les affaires de *Charles XII* n'ayant pu fe rétablir, *Staniflas* fe retira dans le duché de Deux-Ponts & enfuite en Alface. Il vécut dans l'obfcurité jufqu'en 1725, que la princeffe *Marie* fa fille époufa *Louis XV*, roi de France. Après la mort du roi *Augufte* en 1733;

ce prince fe rendit en Pologne, dans l'efpérance de remonter fur le trône. Il y eut un parti, qui le proclama roi; mais fon compétiteur, le prince électoral de Saxe, devenu électeur de Saxe après la mort du roi fon pere, foutenu de l'empereur *Charles VI*, & de l'impératrice de Ruffie, l'emporta fur le roi *Staniflas*. Ce prince infortuné fe rendit à Dantzick pour foutenir fon élection; mais le grand nombre qui l'avoit choifi, céda bientôt au petit nombre qui lui étoit contraire. Dantzick fut pris; *Staniflas*, obligé de fuir, n'échapa qu'à travers beaucoup de dangers, & à la faveur de plus d'un déguifement, après avoir vu fa tête mife à prix par le général des Mofcovites dans fa propre patrie. Lorfque la paix fe fit en 1736, il renonça au royaume qu'il avoit eu deux fois, & conferva le titre de *Roi*. Il eut la jouiffance des duchés de Lorraine & de Bar, qu'il rendit heureux. Il foulagea fes peuples; il embellit Nancy & Lunéville; il fit des établiffemens utiles; il dota des pauvres filles; il fonda des Collèges; il bâtit des Hôpitaux: enfin il fe montra l'ami de l'humanité. La Lorraine jouiffoit de fes bienfaits, lorfqu'un accident hâta fa mort. Le feu prit à fa robe-de-chambre, & fes plaies lui cauférent une fièvre, qui l'enleva au monde le 23 Février 1766. Sa mort a été un deuil public, & les pleurs de fes fujets font le plus bel éloge que nous puiffions faire de ce prince. *Charles XII* difoit de lui, qu'*il n'avoit jamais vu d'homme fi propre à concilier tous les partis*. Dans fa jeuneffe il s'étoit endurci à la fatigue, & avoit fortifié fon efprit en fortifiant fon corps. Il couchoit toujours fur une efpèce de paillaffe, n'exigeaint jamais aucun fervice de fes domeſtiques auprès de fa perſonne. Il étoit d'une tempé- rance peu commune dans ce climat ; libéral, adoré de ſes vaſ- faux, & peut-être le feul feigneur en Pologne qui eût quelques amis. Il fut en Lorraine ce qu'il avoit été dans fa patrie ; doux, affable, compatiſſant, parlant avec ſes fu- jets comme avec ſes égaux, parta- geant leurs peines & les confolant en pere tendre. On lui donna d'u- ne commune voix le titre de *Sta- niſlas le Bienfaiſant*. Les revenus de ce. prince étoient modiques ; cependant, lorſqu'on vouloit ap- précier ce qu'il faifoit, on le croyoit le plus riche potentat de l'Europe. Il fuffira de donner un exemple de cette économie fage & raifonnée qui lui faiſoit faire de fi grandes chofes Ce prince a donné aux magiſtrats de la ville de Bar 18000 écus, qui doivent être employés à acheter du bled lorſqu'il eſt à bas prix, pour le revendre aux pauvres à un prix médiocre, quand il eſt monté à un certain point de cherté. Par cet arrangement la fomme aug- mente tous les jours ; & bien- tôt on pourra la répartir fur d'au- tres endroits de la province. Le duc d'*Orléans*, régent du royau- me, qui connoiſſoit ſes vertus, répondit à l'envoyé du roi *Au- guſte*, qui fe plaignoit de ce qu'on avoit donné une retraite en Fran- ce à fon concurrent : *Monſieur, mandez au Roi votre Maître, que la France a toujours été l'afyle des Rois malheureux.* Ce prince avoit beau- coup d'efprit & de lumières ; il protégeoit les fciences & les arts. S'il avoit été un fimple particu- lier, il fe feroit diſtingué par fon talent pour la méchanique. Nous avons de lui divers ouvrages de philofophie, de politique & de morale, imprimés d'une maniére élégante fous ce titre : *Œuvres du Philofophe Bienfaifant*, 1765, en 4 vol. in-8°. Les libraires de Pa- ris publiérent en même tems une édition in-12 en 4 vol. de ce re- cueil, en faveur de ceux qui, ne pouvant donner dans le luxe ty- pographique, fe contentent de l'utile. L'amour des hommes, le defir de les voir heureux, la fa- geſſe des principes, la grandeur des vues, les leçons courageufes données aux princes, rendent cette collection précieufe.

STANLEY, (Thomas) natif de Cumberlow en Herefordshire, fe rendit habile dans les belles-lettres & dans la philofophie. Après avoir fait divers voyages en France, en Italie & en Efpagne, il fe retira à Londres, où il mourut en 1678, avec la réputation d'un fçavant profond. Ses principaux ouvrages font : I. Une belle Edition d'*Ef- chyle*, avec la Traduction & des notes, in-fol. 1663. II. L'*Hiſtoire de la Philofophie*, en anglois. Cette Hiſtoire a été traduite en partie en latin, par *le Clerc* ; & toute entié- re par. *Godefroi Olearius*, Leipficke 1712 ; in-4°. Tous les Journaux firent de grands éloges de l'érudi- tion qui y règne. On y defireroit plus de profondeur dans les ana- lyfes, & plus de précifion dans le ſtyle.

STANYHURST, (Richard) né à Dublin en 1552, & mort en 1618, entra dans l'état eccléfiaf- tique après la mort de fa femme, & devint chapelain de l'archiduc *Albert*. On a de lui : I. *De rebus in Hybernia geſtis*, Antuerpiæ 1584, in-4°. II. *Vita Sti Patricii*, 1587, in-8°.

STAPHYLIUS, profeſſeur de rhétorique à Auch fa patrie, au

IVe fiécle, poffédoit, dit-on ; un
fi grande érudition qu'*Aufone* le
compare au célèbre *Varron* ; mais
cet éloge peut être une flatterie.

STAPLETON, (Thomas) con-
troverfifte Catholique Anglois,
d'une ancienne famille du comté
de Suffex, naquit à Henfield en
1535, & fut chanoine de Chichefter. La perfécution que l'on faifoit aux Catholiques dans fa patrie, l'obligea de fe retirer en
Flandres. Il y enfeigna l'Ecriture-
fainte à Douai, & fut enfuite profeffeur-royal de théologie à Louvain, & chanoine de S. Pierre. Il
mourut dans cette ville en 1598, à
63 ans, avec une grande réputation de zèle & de piété. Il penfoit
philofophiquement fur les grandeurs de ce monde ; & il ne voulut point quitter fa retraite pour
aller à Rome, où *Clément VIII* le
faifoit appeller. Ses Ouvrages, recueillis & imprimés à Paris en
1620, 4 vol. in-fol. prouvent fon
érudition ; mais comme ils roulent prefque tous fur la controverfe, on ne les lit plus guéres,
depuis que les difputes font affou-
pies.

STAROVOLSKI, (Simon) géo-
graphe & littérateur Polonois du
XVIIe fiécle, rendit deux hommages littéraires à fa patrie. I. Il en
compofa une Defcription Géographique en latin, fous le titre de
POLONIA. *Conringius*, après l'avoir
ornée de Cartes & d'une bonne
Préface, l'augmenta & la corrigea ;
& malgré cela, elle ne paffe pas
pour trop exaĉte. II. Les *Eloges &
les Vies*, en latin, *de Cent Ecrivains illuſtres de Pologne*, in-4° : Recueil où l'amour de la gloire de
fes compatriotes domine plus
qu'une faine critique. Il y a d'ailleurs beaucoup d'inepties, parmi
plufieurs chofes curieufes.

STATILIE, *Voyez* MESSALINE,
n° II.

STATIO, (Achille) Portugais,
né à Vidigueira en 1524 d'une famille illuſtre, voyagea en Efpagne, en France & dans les Pays-
Bas. Il s'arrêta à Rome, où le cardinal *Caraffe* le fit fon bibliothécaire. Il mourut dans cette ville
en 1581. Nous avons de lui : I.
Des *Remarques* fur les endroits
difficiles des anciens Auteurs,
1604, in-8°. II. Des *Oraifons*. III.
Des *Epitres*. IV. Une *Traduĉtion* latine de divers Traités de *St Chry-
foſtôme*, de *St Grégoire* de Nyffe,
& de *St Athanafe*.

STATIRA, fille de *Darius Co-
doman*, fut prife avec fa mere par
Alexandre le Grand, après la bataille d'Iffus, l'an 332 avant J. C.
Ce prince, qui l'avoit refufée,
lorfque *Darius* la lui offrit pour
gage de la paix, l'époufa lorfqu'elle fut fon efclave. Les noces
furent célébrées après qu'*Alexandre* fut de retour des Indes ; &
ce fut comme une efpèce de
triomphe. Il y eut 9000 perfonnes de cette fête, à chacune defquelles ce conquérant donna une
bouteille d'or pour facrifier aux
Dieux. *Statira* n'eut point d'enfans ; *Roxane* lui ôta la vie après
la mort d'*Alexandre*, l'an 323 avant
J. C... La femme de *Darius* s'appelloit auffi STATIRA. Elle étoit
enceinte lorfqu'elle fut faite prifonniére. Ses malheurs lui ayant
occafionné une fauffe couche,
elle mourut quelque tems après,
& fut enterrée magnifiquement
par les foins d'*Alexandre*, qui l'a-
voit traitée avec beaucoup de
refpeĉt, & qui mêla fes larmes
à celles de fa famille.

STAUPITZ, (Jean) *Staupitius*,
vicaire-général de l'ordre des Auguftins, né en Mifnie d'une fa-

mille noble, fut le premier doyen de la faculté de théologie en l'univerfité de Wittemberg. *Staupitz* y appella d'Erford, en 1508, le fameux *Luther*, pour y être-profeffeur en théologie ; mais lorfque cet héréfiarque répandit fes erreurs, *Staupitz* fe retira à Saltzbourg, où il fut abbé de St Pierre, & où il termina fa vie en 1527. On a de lui, en allemand : I. Un *Traité de l'Amour de Dieu.* II. Un autre *de la Foi Chrétienne*, traduit en latin, Cologne 1624, in-8°. III. Un Traité de l'*Imitation de la Mort de J. C.*

STAURACE, fils de *Nicéphore I*, emp. d'Orient, avoit tous les vices de fon pere, & une figure qui annonçoit ces vices : il étoit hideux. Il fut affocié à l'empire en Déc. 803. S'étant trouvé à la bataille que fon pere perdit contre les Bulgares en 811, il y fut dangereufement bleffé. Dès qu'il fut guéri, il fe rendit à Conftantinople, pour prendre poffeffion du trône impérial ; mais le peuple de cette ville l'avoit donné à *Michel Rhangabe*, fon beau-frere. Contraint de lui céder le fceptre, il fe retira dans un monaftére, où il mourut au commencement de l'année 812. La cruauté & la tyrannie de *Nicéphore* ne contribuérent pas peu à faire perdre l'empire à fon fils.

STÉELE, (Richard) né à Dublin en Irlande, de parens Anglois, paffa de bonne heure à Londres, & eut pour condifciple le célèbre *Addiffon*, avec qui il contracta une amitié qui dura autant que leur vie. *Stéele*, parvenu à un âge mûr, fervit quelque tems en qualité de volontaire dans les Gardes du roi, & y obtint enfuite une enfeigne. Il eut depuis une lieutenance dans le régiment que commandoit le

lord *Cutts*. *Stéele* lui ayant dédié fon *Héros Chrétien*, cette attention lui valut le grade de capitaine dans le régiment des Fufiliers. Il quitta enfuite le parti des armes, pour s'adonner entièrement à la littérature. Il eut beaucoup de part aux Ecrits périodiques d'*Addiffon*. Ils donnèrent enfemble *le Spectateur*, Londres 1733, 8 vol. in-12 ; trad. en françois, 9 vol. in-12, ou 3 in-4°... puis le *Gardien*, Londres, 1734, 2 vol. in-12. *Stéele* étant devenu paralytique, fe retira dans une de fes terres où il mourut en 1729. C'étoit un philofophe Chrétien ; qui ne faifoit pas cas des talens, s'ils n'étoient appuyés fur la vertu. On a de lui un grand nombre d'Ecrits politiques, qui l'ont moins fait connoître que fes Comédies. Les principales font : I. *Le Convoi funèbre.* II. *Le Mari tendre.* III. *Les Amans menteurs.* IV. *Les Amans convaincus intérieurement de leurs flammes mutuelles* : piéce fort applaudie, fouvent repréfentée & dédiée à *George I*, qui gratifia l'auteur d'un préfent de 500 guinées. C'eft auffi lui qui donna la *Bibliothèque des Dames*, traduite en françois, en 2 vol. in-12 ; & le *Tatler*, Londres 1733, 4 vol. in-12.

STEENWICK, (Henri dé) peintre, né à Stéenvick en Flandre, vers l'an 1550, mourut en 1603. Il fit une étude particulière de la perfpective & de l'architecture. Ce peintre avoit une parfaite intelligence du clair-obfcur. Il aimoit à repréfenter des Nuits & des lieux dont l'obfcurité étoit interrompue par des feux ; on ne peut rien voir de mieux entendu que fes effets de lumière. Ses tableaux font très-finis. On remarque auffi beaucoup de légèreté dans fa touche. Ce peintre a eu un fils (*Nicolas,*) qui a hérité de fes talens & de fon goût de peinture.

· STEINBOCK , (Magnus) felt-maréchal de Suède , né à Stock-holm le 12 Mai 1664 , mourut le 23 Février 1717 à Frederickshaven, où il étoit prifonnier de guer-re. Il eft regardé comme le der-nier héros de fon pays. Il fit fes premières armes en Hollande, d'où il fut envoyé fur le Rhin avec les troupes auxiliaires de Suède. Sa réputation le fit rechercher de plu-fieurs princes d'Allemagne , mais inutilement. Il fe fignala dans les plus grandes guerres de *Charles XII.* Il contribua beaucoup à la victoire de Nerva , & à celles qui furent remportées en Pologne. Après le départ de fon maître pour la Tur-quie, *Steinbock* réprima les troubles & les diffenfions ordinaires dans un royaume dont le monarque eft abfent. Les Danois profitèrent de cette abfence, pour attaquer la Suè-de avec des forces nombreufes & exercées. *Steinbock* , à la tête de 13000 foldats très-peu aguerris & raffemblés à la hâte, les battit com-plettement à Gadembufck en 1712. Mais il fit tort à fa gloire en fai-fant brûler l'année fuivante la ville d'Altena fur l'Elbe, près de Ham-bourg ; & voulant forcer Tonnin-gen , il fut forcé lui-même, faute de vivres, de fe rendre prifon-nier par capitulation , avec toute l'armée Suédoife qu'il commandoit. Quelqu'attaché qu'il fût à fon roi, il s'en falloit bien qu'il fût tou-jours l'efclave de fes idées de con-quête. Il ofa , en effet, défapprou-ver le détrônement du roi de Po-logne. Ce trait vaut peut-être, lui feul, autant que toutes fes victoi-res. Ajoûtons qu'il fut bon poli-tique , citoyen vertueux , fujet fi-dèle , le foutien & la victime des

intérêts de fon maître. Ses *Mémoi-res* ont été imprimés en 4 vol. in-4°. 1765.

STEINGEL , (Charles) Béné-dictin Allemand du dernier fiécle , s'eft fait connoître par une *Hif-toire de fon Ordre en Allemagne* , 1619 & 1638, 2 vol. in-fol. & par quelques ouvrages de piété. Parmi ces derniers on diftingue la Vie de St *Jofeph* , fons le titre de *Jo-sephus* , in-8° , 1616. Ce petit ou-vrage eft affez recherché, pour les fingularités qu'il renferme , & pour les jolies figures dont il eft orné.

I. STELLA , (Jacques) peintre, né à Lyon en 1596 , mourut à Paris en 1657 , dans fa 61ᵉ année. Il avoit pour pere un peintre , qui le laiffa l'orphelin à l'âge de neuf ans. Héritier de fon goût & de fes taléns , il s'adonna tout entier à l'étude du deffin. A 20 ans il entreprit le voyage d'Italie. Le grand-duc *Côme de Médicis* l'arrê-ta à Florence , & charmé de fon mérite , l'employa dans les fêtes occafionnées par le mariage de *Fer-dinand II,* fon fils. Après un féjour de 7 ans à Florence , il fe rendit à Rome , où il fe lia d'amitié avec le *Pouffin* , qui l'aida de fes con-feils. *Stella* fit une étude férieufe d'après les grands maîtres & les figures antiques. On rapporte que, ayant été mis en prifon fur de fauf-fes accufations, ce peintre s'amufa à deffiner fur le mur, avec du char-bon , une *Vierge* tenant l'Enfant *Jefus.* Depuis ce tems , les prifon-niers tiennent en cet endroit une lampe allumée, & y viennent faire leur prière. La réputation & le mérite de ce peintre s'étoient déja répandus au loin ; on voulut lui donner à Milan la direction de l'Académie de peinture, qu'il re-fufa. Le roi d'Efpagne le deman-doit ; l'amour de la patrie l'attira à Paris, où le roi le nomma son premier peintre, lui accorda une penfion, avec un logement aux galeries du Louvre, & le fit chevalier de St Michel. Cet artifte a également réuffi à traiter les grands & les petits fujets. Il avoit un génie heureux & facile ; fon goût le portoit à un ftyle enjoué. Il a parfaitement rendu des *Jeux d'Enfans*, des *Paftorales*. L'étude qu'il fit d'après l'antique, lui donna un goût de deffin très-correct. Son coloris eft crud & donne trop dans le rouge. Ses ouvrages fe fentent de fon caractére, qui étoit froid ; il a peint de pratique : au refte, fa manière eft gracieufe & fine, & ce peintre doit être mis au rang des bons artiftes. *Jacques Stella* avoit une niéce, qui s'eft beaucoup diftinguée par fon talent pour la gravure, & qui a mis dans fes ouvrages le goût & l'intelligence qu'on peut exiger des plus grands maîtres en ce genre.

II. STELLA, (Antoine Bouffonnet) neveu du précédent & fon élève, imita beaucoup fon oncle. On voit plufieurs de fes tableaux à Lyon, d'où il étoit natif. Il mourut en 1682, dans un âge avancé.

III. STELLA, (Jules-Céfar) poëte Latin du XVIᵉ fiécle, natif de Rome, compofa, à l'âge de 20 ans, les deux premiers livres d'un Poëme intitulé : *La Colombéide*, ou les *Expéditions de Chriftophe Colomb* dans le Nouveau-Monde ; à Londres 1585, in-4°. Ce Poëme fut admiré de *Muret*, qui apparemment étoit plus furpris de la jeuneffe de l'auteur, que de la bonté de l'ouvrage.

STELLA, *Voyez* SWIFT.

STELLART, (Profper) religieux Flamand de l'ordre des Auguftins, mourut en 1626, à 39

ans, en allant à Rome pour les affaires de fon ordre. On a de lui un *Traité des Tonfures & des Couronnes*, à Douai, 1625, in-8° ; & d'autres ouvrages où l'on trouve des recherches.

I. STENON II, adminiftrateur du royaume de Suède, fuccéda en 1513 à fon pere, chargé de la même fonction. Il obferva d'abord les loix de l'Etat ; mais écoutant l'ambition, il voulut enfuite régner en monarque abfolu. La Suède fe divifa en plufieurs factions, qui fe réunirent toutes pour appeller les Danois à leur fecours. *Chriftiern II*, roi de Danemarck, leva une puiffante armée, & affiégea Stockholm, la capitale du pays. *Stenon* partit auffitôt, & fit lever le fiége. Après quelques combats, les deux princes finirent la guerre ; mais quelque tems après, *Chriftiern* repaffa en Suède avec une armée confidérable, compofée de toutes fortes de nations. *Stenon* s'avança pour le combattre ; mais un de fes confidens l'ayant trahi, il fut obligé de fe retirer à la hâte, après avoir reçu dans le combat une bleffure dont il mourut 3 jours après, l'an 1519. Ce prince avoit beaucoup de valeur ; mais il manquoit de politique & d'expérience, & il étoit plus propre à être à la tête d'un parti, qu'à gouverner un Etat. Après fa mort, *Chriftiern* fe rendit maître de la Suède.

II. STENON, (Nicolas) né à Copenhague en 1638, d'un pere Luthérien, qui étoit orfèvre de *Chriftiern IV*, roi de Danemarck, étudia la médecine fous le favant *Bartholin*, qui le regarda comme un de fes meilleurs élèves. Pour fe perfectionner il voyagea en Allemagne, en France, en Hollande & en Italie. *Ferdinand II*, grand-duc de Tofcane, inftruit de fon mérite,

Ses Mém.
... vol. in-4°.
...) Béné-
...ᵉ fiécle,
...une Hif-
...magne,
... & par
... Parmi
... la Vie
... de Jo-
... ou-
... tous les
... & pour
... orné,
... peinte,
... mourut à
... année.
... terre, qui
... ce neuf
... goût & de
... tout entier
... ans il
... Le
... l'aré-
... de fon
... les têtes
... de Fon-
... féjour
... fe rendit
... avec
... fes con-
... férieufe
... & les
... que,
... fauf-
... s'amufa
... du char-
... Criant
... pédon-
... une
... faire
... & le
... déja
... lui
... de
... qu'il re-
... le com-
... l'autra

le fit fon médecin, & lui donna une penfion. *Stenon*, qui avoit été ébranlé à Paris par l'éloquence victorieufe du grand *Boſſuet*, abjura l'héréfie Luthérienne en 1669. Le roi *Chriſtiern V.* crut le fixer dans fes états, en le nommant profeffeur d'anatomie à Copenhague, avec la liberté de faire les exercices de la religion Catholique. Mais fon changement lui ayant attiré des défagrémens dans fa patrie, il retourna à Florence, & continua l'éducation du jeune prince, fils de *Cofme III* dont il avoit été chargé. Ce fut alors qu'il embraffa l'état eccléfiaſtique. *Innocent XII* le facra évêque de Titiopolis en Grèce. *Jean-Fréderic*, duc d'Hanovre, prince de Brunfwick, ayant abjuré le Luthéranifme, appella auprès de lui *Stenon*, auquel le pape donna le titre de vicaire apoſtolique dans tout le Nord. Le favant médecin étoit devenu un zèlé miffionnaire. Munfter, l'électorat de Hanovre, le duché de Mekelbourg fut le théâtre de fon zèle & de fes fuccès. Ce prélat mourut à Swerin en 1686, à 48 ans. Son corps fut tranfporté à Florence, où on l'enterra dans le tombeau des grands-ducs. On a de lui un excellent *Difcours fur l'Anatomie du Cerveau*, Leyde 1683, in-12, & d'autres ouvrages. Il étoit oncle du célèbre *Winflow*.

¶ STENTOR, un des Grecs qui allèrent au fiége de Troie, avoit la voix fi forte, qu'il faifoit feul autant de bruit que 50 hommes qui auroient crié tous enfemble.

STEPHANO, peintre, natif de Florence, mort en 1350, âgé de 49 ans, étoit difciple de *Gioto*, qu'il furpaffa par fon art à faire paroître le nud fous les draperies. Ce peintre étudia auffi, d'une manière plus particuliére, les règles de la perfpective; & cette étude fe fait fentir dans fes ouvrages.

STEPHONIUS, (Bernardin) Jéfuite Italien, & bon poëte Latin, mort en 1620, s'eſt fait connoître par des *Difcours*, in-16; & par *III Tragédies* peu théâtrales, *Crifpe*, *Symphorofe* & *Flavie*, in-12.

STERK, *Voyez* FORTIUS.

STERNE, (N.) curé & prédicateur Anglois, mort depuis peu, eut l'efprit comique & gai de *Rabelais*, & cette originalité de caractére fe développa de bonne heure. Il vint en France en 1762. Plufieurs gens-de-lettres le connurent & l'eſtimèrent. Il excitoit le rire non feulement par fes plaifanteries, mais par une figure finguliére, & une façon de s'habiller plus finguliére encore que fa figure. Malgré le revenu de fes bénéfices & le produit de fes ouvrages, dont la feconde édition lui valut 24000 liv., il mourut très-pauvre. Son goût pour la dépenfe étoit extrême, & fa fucceffion ne produifit à fa femme & à fa fille que des dettes; mais les amis de *Sterne* leur firent des préfens qui les mrent dans un état aifé. *Sterne* eſt connu par deux ouvrages traduits en françois. Le premier eſt intitulé : *Voyage fentimental*, in-12; & le fecond, *La Vie & les Opinions de Triſtram Shandy*, 4 vol. in-12. Ce dernier livre eſt tout en préliminaires & en digreffions. C'eſt une bouffonnerie continuelle, dans le goût de *Scarron*. Le bas comique, qui fait le fond de ce roman, n'empêche pas qu'il n'y ait des réflexions très-férieufes fur les fingularités des hommes célèbres, fur les erreurs & les foibleffes de l'humanité. Il a pouffé la plaifanterie jufqu'à faire imprimer dans fon ouvrage un de fes Sermons fur la conscience. Cette bizarrerie, loin de nuire au burlesque écrivain, lui valut des protecteurs. Un grand seigneur lui donna un bénéfice très-considérable, *pour lui témoigner l'estime qu'il avoit pour lui, & le peu de cas qu'il faisoit de ses censeurs.*

STESICHORE, poëte Grec, étoit d'Himére, ville de Sicile : il se distingua dans la poësie Lyrique. *Pausanias* raconte, entr'autres fables, que *Stesichore* ayant perdu la vue en punition des vers mordans & satyriques qu'il avoit faits contre *Hélène*, ne la recouvra qu'après s'être rétracté dans une piéce de vers contraire à la première. *Stesichore*, au rapport de *Quintilien*, chanta sur sa lyre les exploits des héros, & soutint la noblesse & l'élévation du Poëme épique. *Horace* le loue d'avoir eu un style plein & majestueux : *Stesichori graves camenæ.* Il est l'inventeur de cet Apologue ingénieux, de l'HOMME & du CHEVAL, qu'*Horace*, *Phèdre* & *la Fontaine* ont si bien versifié. Il le composa pour détourner ses compatriotes de l'alliance avec *Phalaris*, & il réussit. On lui attribue l'invention de l'*Epithalame* ou *Chant Nuptial.* Ses ouvrages ne sont venus à nous que par fragmens. Ce poëte florissoit vers l'an 556 avant J. C.

STESICRATE, est ce fameux sculpteur & architecte Grec, qui offrit à *Alexandre* le Grand de tailler le Mont - Athos, pour en former la Statue de ce prince. Il se proposoit de laisser dans chaque main un espace pour y bâtir une ville, & de faire passer la Mer entre ses jambes. *Alexandre* rejetta ce projet, suivant la plus commune opinion.

STEVART, (Pierre) professeur à Ingolstad, ensuite chanoine de St Lambert à Liège sa patrie, mou-

rut en 1621, à 71 ans. Il commenta la plupart des *Epitres* de S. *Paul*, en 10 vol. in-4°; & fit l'*Apologie des Jésuites*, 1593, in - 4°. Ces ouvrages ont en longueur ce qui leur manque en solidité.

STEUBERT, (Jean Engelhard) professeur de théologie à Rintelen, & surintendant des Eglises du comté de Schaumbourg, étoit né à Marpurg en 1693, & mourut en 1747. On a de lui des Traités *sur les Jubilés des Juifs*, & *sur les Premiers-Nés*; & un grand nombre de *Dissertations* académiques, qui roulent la plupart sur des passages obscurs des Livres saints.

STEUCUS-EUGUBINUS, (Augustin) surnommé *Eugubinus*, parce qu'il étoit natif de Gubio, dans le duché d'Urbin. Il se fit chanoine-régulier de la congrégation du Sauveur, vers l'an 1540, devint garde de la bibliothèque apostolique, & évêque du Ghisaimo en Candie. On a de lui des *Notes* sur le Pentateuque, des *Commentaires* sur 47 Pseaumes, & d'autres ouvrages imprimés à Paris en 1577, & à Venise 1591, en 3 vol. in-fol. dans lesquels tout n'est pas à priser.

STEVIN, (Simon) mathématicien de Bruges, mort en 1635, fut maître de mathématiques du prince *Maurice de Nassau*, & intendant des digues de Hollande. On dit qu'il fut l'inventeur des *Chariots à voiles*, dont on s'est quelquefois servi en Hollande. On a de lui : I. Un *Traité de Statique*, curieux & estimé. II. Des *Problémes géométriques*. III. Des *Mémoires mathématiques*. IV. Un Traité *De Portuum investigandorum ratione*, & un grand nombre d'autres ouvrages en flamand, qui ont été traduits en latin par *Snellius*, & imprimés en 2 vol. in-fol. On y trou-ve plusieurs idées utiles. ¶ ..

- STEYAERT, (Martin) célèbre docteur de Louvain, habile dans les langues , & sur-tout dans la théologie, fut député à Rome par sa faculté en 1675. Il y contribua beaucoup à faire censurer, par le pape *Innocent XI*, 65 propositions de morale relâchée. Son amour pour le travail & ses autres qualités lui procurèrent diverses places. Il fut recteur de l'université de Louvain, président du collège de *Baius*, puis du grand-collège, censeur des livres , chanoine & doyen de St Pierre de Louvain, professeur royal en théologie ; vicaire apostolique de Bois-le-Duc, commissaire apostolique, official de tout le diocèse de Louvain, & conservateur de l'université. Il mourut en 1701, après avoir publié plusieurs ouvrages de morale & de controverse. Les plus remarquables sont : I. Un petit *Ecrit* contre *Jansenius*. II. Un Livre sur l'*Infaillibilité du Pape*, fait dans le goût Ultramontain. III. Des *Aphorismes Théologiques*, critiqués par le grand *Arnauld* , qui a fait contre ce docteur les *Steyardes*, sous le titre de *Difficultés proposées à M. Steyaert*.

STIFELS , (Michel) ministre Protestant & habile mathématicien, natif d'Estingen, mort en 1567 à Iène, âgé de 58 ans , est moins connu par son *Arithmétique*, que par sa fureur de faire le prophète. Il prédit que la fin du Monde arriveroit en 1553 ; mais il vécut assez pour être témoin lui-même de la vanité de sa prédiction. Il passa pour un très-mauvais calculateur malgré son Arithmétique.

STIGELIUS, (Jean) poëte Latin de Gotha, né en 1515 , mort en 1562, laissa plusieurs Pièces de

poësie. On estime sur-tout ses *Elégies*, 1604, in-8°. ; & ses *Eglogues*, 1546, in-8°.

STIGLIANI, (Thomas) poëte Italien & chevalier de Malte, natif de Matera dans la Basilicate., mort sous *Urbain VIII*, est auteur de divers ouvrages en vers & en prose. Les premiers sont très-médiocres. Ceux qu'on estime le plus parmi les seconds, sont : I. Des *Lettres*, Rome 1651 , in-12. II. *Arte del verso Italiano* , Rome 1658, in-8°. C'est une Poëtique qui eut du succès. III. Le *Chansonnier*, Venise 1601 & 1605. IV. Le *Nouveau Monde* , Poëme , Rome 1628.

STILICON , Vandale, & général de l'emper. *Théodose* le *Grand* , épousa *Serène* , nièce de ce prince, & fille de son frere. Quelque tems après , *Théodose* ayant déclaré ses fils empereurs , *Arcadius* d'Orient, & *Honorius* d'Occident, donna *Rufin* pour tuteur au premier , & *Stilicon* au second. Ce héros avoit beaucoup de courage & d'expérience : tout prospéra d'abord entre ses mains. Vers l'an 402 , il défit les Goths dans la Ligurie. *Alaric*, qui ravageoit depuis long-tems la Thrace , la Grèce & les provinces de l'Illyrie, sans trouver aucune résistance , fut contraint de fuir ; mais *Stilicon* priva l'empire du fruit de sa victoire. Dans la crainte que son crédit ne diminuât après la paix , il fit un traité secret avec *Alaric* , & le laissa échaper. Ce ne fut pas son seul crime ; il forma l'abominable dessein de détrôner *Honorius* , & de faire proclamer empereur son fils *Eucher*. Ainsi il sacrifia à ses intérêts l'empire , auquel il avoit tant de fois sacrifié sa vie. Il envoya secretement solliciter les Vandales , les Suèves, les Alains de prendre les armes , & leur promit de seconder leurs

leurs efforts. Il paſſa en Orient, pour travailler à la perte de *Ru-fin*, ſon concurrent, & à force d'intrigues, il vint à bout de le faire maſſacrer. L'empereur *Honorius* ouvrit enfin les yeux, & fut ſecondé par les troupes. Les ſoldats, inſtruits des intrigues ſecrettes que *Stilicon* avoit entretenues avec les Barbares, pour mettre ſon fils ſur le trône, entrérent en fureur contre lui, maſſacrérent tous ſes amis, & le cherchérent pour l'immoler à leur vengeance. A cette nouvelle, *Stilicon* ſe ſauva à Ravenne ; mais *Honorius* l'ayant pourſuivi, lui fit trancher la tête, l'an 408. Son fils *Eucher* & *Sérène* ſa femme furent étranglés quelque tems après. *Stilicon* étoit un politique habile, un négociateur adroit, un guerrier en même tems prudent & hardi. Il eût été un ſujet utile & un bon citoyen ſous un prince ferme & vigilant ; il fut un factieux ſous *Honorius*.

STILLINGFLEET, (Edouard) théologien Anglois, naquit en 1639 à Cranburn, dans le comté de Dorſet. L'évêque de Londres le fit curé de la paroiſſe de S. André, & peu après le roi *Charles II* le choiſit pour un de ſes aumôniers. Son mérite le fit élever à l'évêché de Worcheſter, & charger par le roi *Guillaume III* de revoir la Liturgie Anglicane. Ses Ouvrages ont été imprimés en 6 vol. in-fol. On eſtime, ſur-tout, ſes *Origines Britannicæ* ; ſes *Ecrits* contre *Locke*, qui avoit avancé qu'on ne pouvoit prouver l'immortalité de l'ame que par l'Ecriture. On a une Traduction françoiſe du Traité intitulé : *Si un Proteſtant, laiſſant la Religion Proteſtante pour embraſſer celle de Rome, peut ſe ſauver dans la Communion Romaine ?* Ce célèbre théologien

Tome VI.

mourut en 1699, dans la 64.ᵉ année de ſon âge.

STILPON, philoſophe de Mégare vers l'an 306 avant J. C., s'inſinuoit ſi facilement dans l'eſprit de ſes élèves, que tous les jeunes philoſophes quittoïent leurs maîtres pour le venir entendre. On dit que, reprochant un jour à la courtiſane *Glycère* qu'elle corrompoit la jeuneſſe : *Qu'importe*, lui répondit-elle, *par qui elle ſoit corrompue, ou par une Courtiſane, ou par un Sophiſte ?*... *Stilpon*, piqué de cette réponſe, réforma, (ajoute-t-on) l'école de Mégare, & en bannit les ſophiſmes, les ſubtilités inutiles, les propoſitions générales, les argumens captieux, & tout cet étalage de mots vuides de ſens, qui a ſi long-tems infecté les écoles du Paganiſme & celles du Chriſtianiſme. *Demetrius Poliorcète*, roi de Macédoine, ayant pris Mégare, fit défenſe de toucher à la maiſon de notre philoſophe ; mais ſes ordres furent mal obſervés. Le vainqueur lui ayant demandé s'il n'avoit rien perdu dans la priſe de la ville ? *Non*, répondit *Stilpon* ; *car la guerre ne ſauroit piller la vertu, le ſavoir, ni l'éloquence.* Il donna en même tems des inſtructions par écrit à ce prince, pour lui inſpirer l'humanité & la noble envie de faire du bien aux hommes. *Demetrius* en fut ſi touché, qu'il ſuivit depuis ſes conſeils. On dit que *Stilpon* avoit des ſentimens fort équivoques ſur la Divinité ; mais ces ſoupçons téméraires ſur la façon de penſer des grands-hommes, demanderoient des preuves convaincantes. *Stilpon* fut regardé comme un des chefs des Stoïques. Pluſieurs républiques de la Grèce eurent recours à ſes lumiéres, & ſe ſoumirent à ſes déciſions.

STIMMER, (Tobie) peintre & graveur du XVIe fiécle, étoit de Schaffhoufe, ville de Suiffe. Il peignit à frefque les façades de plufieurs maifons dans fa patrie &.à Francfort. On a de lui un grand nombre d'Eftampes fur bois. Le célèbre *Rubens* faifoit grand cas d'une fuite de *Figures*, dont les fujets font tirés de la Bible ; on y remarque beaucoup de feu & d'invention. Elles furent publiées en 1586.

STOBÉE, (Jean) auteur Grec du IVe ou du Ve fiécle, avoit écrit divers ouvrages, dont *Photius* fait mention dans fa *Bibliothèque*. Les plus importans font fes *Recueils*, Lyon 1608, in-fol. Genève 1609, in-fol. Il ne nous eft refté que des fragmens, qui font indubitablement de lui. Il s'y trouve bien des chofes ajoûtées par ceux qui font venus après. Cet auteur n'eft pas tant confidérable par fon efprit ou par fon érudition, que parce qu'il nous a confervé plufieurs morceaux précieux des anciens Poëtes & des Philofophes, fur-tout par rapport à la morale.

I. STOCK, (Simon) général de l'ordre des Carmes, étoit Anglois, & mourut à Bordeaux en 1265, après avoir compofé quelques ouvrages de piété très-médiocres. Ses confrères ont prétendu que, dans une vifion, la Sainte Vierge lui donna le *Scapulaire*, comme une marque de fa protection fpéciale envers tous ceux qui le porteroient. L'Office & la Fête du Scapulaire ont été approuvés, depuis ce tems-là, par le faint-fiège. *Launoy* a fait un volume pour montrer que la vifion de *Simon Stock* eft une fable, & que la Bulle appellée *Sabbatine*, qui approuve le Scapulaire, eft fuppofée ; mais cette dévotion n'en a pas été moins répandue.

II. STOCK, (Chriftian) né à Camburg en 1672, fut profeffeur à Iène en 1717, & mourut en 1733, avec la réputation d'un homme profondément verfé dans les langues Orientales. Ses principaux ouvrages font : I. *Difputationes de pœnis Hæbræorum capitalibus.* II. *Clavis Linguæ Sanctæ vet. Teft.* : c'eft un Dictionnaire hébreu. III. *Clavis Linguæ Sanctæ novi Teft.* : c'eft un bon Dictionnaire grec. Ces derniers ouvrages font eftimés.

STOFLER, (Jean) né à Juftingen dans la Suabe en 1452, enfeigna les mathématiques à Tubinge, & s'acquit une haute réputation, qu'il perdit en fe mêlant de prédire l'avenir. Il annonça un grand Déluge pour l'année 1524, & fit trembler toute l'Allemagne par cette prédiction. On fit faire des barques pour échaper à ce fléau; mais heureufement on n'en fut pas affligé, & l'aftrologue infenfé reconnut lui-même la vanité de fa prédiction. On a de lui plufieurs Ouvrages de *Mathématiques* & d'*Aftrologie*, pleins d'idées folles & chimériques. Il annonça, dit-on, qu'il périroit d'une chute. En effet s'étant levé précipitamment dans une difpute pour prendre un livre qu'il citoit en fa faveur, il attira en même tems une planche qui lui porta un fi grand coup à la tête, qu'il en mourut peu de jours après, le 16 Février 1531. Un fatal hazard le rendit cette fois véridique à fon malheur.

STOLBERG, (Balthafar) Luthérien, natif de Mifnie, mort en 1684, fut profeffeur de la langue grecque à Wittemberg. On a de lui de fçavantes *Differtations* fur divers Textes difficiles de l'Ecriture.

STORCK, (Ambroife) théologien Allemand, de l'ordre dé

S. Dominique, appellé en latin *Pelargus*, combattit avec zèle les Hérétiques par ses sermons. Il assista, en 1546 & 1552, au concile de Trente, en qualité de théologien de l'archevêque de Trèves, où il mourut en 1557, après s'être signalé dans cette auguste assemblée par son éloquence. On a de lui un *Traité du Sacrifice de la Messe*, contre *Œcolampade* ; & un Recueil de ses *Lettres à Erasme*, avec celles que ce sçavant lui avoit écrites, & d'autres ouvrages, Fribourg, 1534, in-fol. Son style est assez poli.

I. STOSCH, (Guillaume) né à Berlin en 1646, mort dans la même ville en 1707, est auteur d'un livre intitulé : *Concordia Rationis & Fidei*, imprimé à Guben, sous le nom d'Amsterdam, en 1692. Ce livre est infecté des idées des Sociniens & des Athées.

II. STOSCH, (Philippe) donna en latin les *Explications des Pierres gravées* que *Bernard Picard* avoit mises au jour. *Limiers* les traduisit en françois, & ce Recueil curieux fut imprimé à Amsterdam 1724, in-fol.

STOUFFACHER, (Werner) Suisse du canton de Schwitz, résolut en 1307 de mettre en liberté sa patrie opprimée par les vexations de *Grisler*, qui en étoit gouverneur pour l'empereur *Albert I*. Il communiqua son dessein à *Walter Furst*, du canton d'Ury, & à *Arnold* de *Melctal* de celui d'Underwal. Après s'être associé quelques-uns de leurs amis, entr'autres le fameux *Guillaume Tell*, qui tua *Grisler*, ils s'emparérent des citadelles qu'*Albert* avoit fait construire pour les contenir, secouérent le joug, & firent une ligue qui fut l'origine de la liberté & de la république des Cantons Suisses.

STOUP, *Voyez* STUPPA.

STOW, (Jean) de Londres, où il mourut en 1605, est auteur d'une *Chronique d'Angleterre*, in-fol. & d'une *Description de Londres*, in-4°. On trouve dans ces deux ouvrages des choses utiles ; mais le dernier ne peut servir qu'à faire connoître ce qu'étoit Londres il y a deux siécles.

I. STRABON, philosophe & historien, natif d'Amasie, ville de Cappadoce, florissoit sous *Auguste* & sous *Tibére*, vers l'an 14 de J. C. *Xenarchus*, philosophe Péripatéticien, fut son premier maître. Il s'attacha ensuite aux Stoïciens, & eut les vertus de cette secte. On croit qu'il mourut vers la 12.e année de l'empire de *Tibére*. De plusieurs ouvrages qu'il avoit composés, nous ne possédons plus que sa *Géographie*. La plus ancienne édition est de 1472, in-f. Les meilleures sont de Paris, 1620, in-fol. ; d'Amsterdam 1707, en 2 vol. in-fol. & de la même ville 1652, 2 vol. in-12. Cet ouvrage est un monument de l'érudition & de la sagacité de son auteur ; il avoit voyagé en divers pays, pour y observer la situation des lieux & les coutumes des peuples, qu'il décrit avec beaucoup d'exactitude.

II. STRABON, Sicilien, avoit si bonne vue, qu'étant au Cap de Marzala ou de Lilybée dans la Sicile, il découvroit les vaisseaux qui partoient du port de Carthage en Afrique, & en comptoit toutes les voiles, quoiqu'il en fût éloigné d'environ 130 milles d'Italie, c'est-à-dire à 43 lieues environ. *Valére-Maxime* l'appelle *Lyncée* ; mais ce *Lyncée* n'a pas existé, ou n'avoit pas la faculté qu'on lui attribue.

STRABON, *Voy.* WALLAFRID·

I. STRADA, (Famien) Jéfuite Romain, mort en 1649, profeffa long-tems les belles-lettres dans fa fociété, & fe fit un nom par fa facilité d'écrire en latin. Nous avons de lui l'*Hiftoire des Guerres des Pays-Bas*, divifée en deux décades. La première, qui s'étend depuis la mort de *Charles-Quint* jufqu'en 1578, vit le jour à Rome en 1640, in-fol. La feconde, qui renferme les événemens depuis 1578 jufqu'à l'an 1590, fut imprimée au même endroit en 1647, in-fol. On en a une *Traduction* françoife, Bruxelles, 4 vol. in-12. Cet hiftorien a de l'imagination ; il écrit d'une manière brillante & animée ; mais il êft Jéfuite & rhétéur. Il ignore la guerre & la politique, & ne dit la vérité qu'à moitié, furtout lorfqu'il eft queftion des Efpagnols qu'il flatte trop. Sa qualité de *Loyolifte* excita la bile de *Scioppius* contre fon Hiftoire. Celui-ci en fit une Critique, qu'il intitula *Infamia Famiani Stradæ*, & dans laquelle il répandit le fiel à pleines mains : cette Critique, au lieu de ruiner la réputation de *Strada*, ne fervit qu'à l'établir encore davantage.

II. STRADA, (Jacques) né à Mantoue, fe fit un nom dans le XVIᵉ fiècle par fon habileté à deffiner les Médailles anciennes. Son fils, *Octave* STRADA, hérita des talens de fon pere. Il publia les *Vies des Empereurs* avec leurs médailles, en 1615, in-fol. depuis *Jules Céfar* jufqu'à *Matthias*. Cet ouvrage n'eft pas toujours exact.

STRADAN, (Jean) peintre, né à Bruges en 1530, mort à Florence en 1604. Le féjour que ce peintre fit en Italie, & fes études d'après *Raphael*, *Michel-Ange*, & les ftatues antiques, perfectionnérent fes talens. Il avoit une veine abondante, & beaucoup de facilité dans l'exécution ; il donnoit des expreffions fortes à fes têtes. On lui reproche des draperies fèches, & un goût de deffin lourd & maniéré. Il a fait beaucoup d'ouvrages à frefque & à l'huile, à Florence, à Rome, à Reggio, à Naples ; il a compofé auffi plufieurs Cartons pour des tapifferies. Ses tableaux d'hiftoire font fort eftimés ; mais fon inclination le portoit à peindre des *Animaux*, & à repréfenter des *Chaffes* : ce qu'il a fait en ce genre, eft parfait. Ses deffins font d'un précieux fini.

STRAFFORT, (Thomas Wentvorth, comte de) d'une famille diftinguée d'Angleterre, étoit un feigneur plein de courage & d'éloquence. Il fe fignala dans le parlement contre l'autorité royale. *Charles I* le mit du parti de la cour par des bienfaits ; il le nomma comte de Straffort & viceroi d'Irlande. Depuis lors, *Straffort* fe dévoua avec tant de chaleur à fon fervice, que les grands & la nation, irrités contre *Charles*, tournérent toute leur fureur contre fon favori. La chambre des communes l'accufa de haute trahifon. On lui imputa quelques malverfations inévitables dans ces tems orageux, mais commifes toutes pour le fervice du roi. Les pairs le condamnérent au dernier fupplice. Il falloit le confentement de *Charles* pour l'exécution. Le peuple demandoit fa tête à grands cris. *Straffort* pouffa la grandeur d'ame jufqu'à fupplier lui-même le roi de confentir à fa mort, & ce prince eut la foibleffe de figner cet acte fatal, qui apprit aux Anglois à répandre un fang plus précieux. *Straffort* périt ainfi fur un échaffaud le 12 Mai 1641. La

mort de Charles fuivit bientôt celle
de ce généreux infortuné, dont
la mémoire fut réhabilitée fous
Guillaume III. (Voyez les Révolutions d'Angleterre, par le P. d'Orléans.)

STRAPAROLE, (Jean - François) auteur Italien, né à Caravage, s'amufa à écrire des Contes dans le goût de Bocace. Cet
auteur vivoit dans le XVIᵉ fiécle.
Il nous a laiffé quelques rapfodies
fous ce titre : Le Piacevole Notti,
in-8°. Ce recueil contient treize
Nouvelles, qu'il appelle agréables, & que plufieurs perfonnes
de goût trouvent affez infipides.
Louveau & la Rivei perdirent leur
tems à les traduire en françois.
On a fait deux éditions de cette
traduction : l'une à Paris, l'Angelier, 1596, 2 tomes en 1 vol. in-
16 : l'autre en 1726, 2 vol. in-12.
Les bonnes éditions en Italien font
des années 1557, 1558, 1560, à
Venife, in-8°. & 1599, in-4°. les
autres font châtrées.

STRATON, philofophe Péri-
patéticien, de Lampfaque, fut
difciple de Théophrafte, à l'école
duquel il fuccéda, l'an 248 avant
J. C. Son application à la recherche des fecrets de la nature, le
fit furnommer le Phyficien. On lui
a reproché de n'avoir pas reconnu l'Auteur de cette nature qu'il
étudioit, & d'avoir fait un Dieu
fans ame. Ce philofophe fut choifi
pour être précepteur de Ptolomée
Philadelphe, qui le combla de
bienfaits. Il avoit fait des Traités
de la Royauté, de la Juftice, du
Bien, & plufieurs autres ouvrages qui ne font point parvenus
jufqu'à nous.

STREBÉE, (Jacques-Louis)
de Reims, habile dans le Grec &
dans le Latin, mort vers 1550,
eft connu par une Verfion latine

1556, in-8°. des Morales, des Œco-
nomiques & des Politiques d'Ariftote, auffi élégante que fidelle.

STREIN, (Richard) Strinius,
baron de Scwarzenaw en Autriche, confeiller, bibliothécaire
& fur-intendant des finances de
l'empereur, mourut en 1601, &
laiffa quelques ouvrages : 1. Un
Traité de Gentibus & familiis Romanorum, Paris 1599, in-folio, où il
a éclairci les antiquités Romaines.
II. Des Difcours pour défendre
la liberté des Pays-Bas. III. Commonitorium de Roberti Bellarmini
Scriptis àtque Libris. Il étoit Proteftant.

STREITHAGEN, (André de)
Stræithagius, de Mertzenhauff près
de Juliers, eut la direction de
l'école & de l'orgue du collège
des chanoines d'Heinsberg. On a
de lui des Poefies & d'autres ouvrages ignorés. Pierre de STREITHA-
GEN, fon fils, théologien de la
Religion prétendue - réformée,
naquit en 1595, & mourut en
1654, après avoir été pafteur à
Heidelberg, prédicateur aulique,
& confeiller de l'électeur Palatin
Charles-Louis. On a de lui : I. Florus
Chriftianus, five Hiftoriarum de rebus Chriftianæ Religionis libri quatuor, à Cologne, 1640, in - 8°.
Cet ouvrage eft partial, & le
ftyle ne dédommage pas de ce
défaut. Streithagen imite Florus,
comme un Germain qui contrefait un Romain. II. Novus Homo,
five De Regeratione Tractatus, &c.

STRIGELIUS, (Victorius) né
à Kaufbeir dans la Suabe en 1524,
fut un des premiers difciples de
Luther. Il enfeigna la théologie &
la logique à Leipfick ; mais la conférence d'Eyfenach où il fe trouva en 1556, & fa difpute avec
Francowitz, lui furent funeftes. Ses
ennemis lui firent défendre de

D diij

STR

continuer fes leçons, ce qui l'o-
bligea de fe retirer dans le Palatinat. On l'y fit profeffeur en
morale à Heidelberg, où il mourut en 1569., à 45 ans. On a de
lui des *Notes* fur l'ancien & le
nouveau Teftament, & d'autres
ouvrages que perfonne ne lit.

I. STROZZI, (Tite & Hercule)
pere & · fils, deux poëtes Latins
de Ferrare, laifférent des *Elégies*
& d'autres *Poëfies* latines, d'un
ftyle pur & agréable. *Tite* mourut
vers 1502, âgé de 80 ans. *Hercule*, fon fils, fut tué par un rival en 1508. Ils avoient l'un &
l'autre du mérite. Leurs *Poëfies*
ont été imprimées à Venife en
1513, in-8°.

II. STROZZI, (Philippe) iffu
d'une ancienne & riche maifon
de Florence, fut l'un de ceux
qui, après la mort du pape *Clément VII*, entreprirent de chaffer de Florence *Alexandre de Médicis*, & d'y rétablir la liberté.
On fit d'abord des remontrances
à *Charles-Quint*; mais elles furent
inutiles. Les conjurés réfolurent
alors d'ôter la vie à *Alexandre*.
Ce deffein fut exécuté par *Laurent
de Médicis*; mais Florence n'en
fut que plus agitée. Après fa mort,
le duc *Côme*, fucceffeur d'*Alexandre*, (*Voyez* ce mot n° xv.) pourfuivit les conjurés. *Philippe Strozzi*
fe met pour lors à la tête de 2000
fantaffins; ils fe retirent dans un
château, qui bientôt eft affiégé &
pris. *Strozzi* eft fait prifonnier
avec les autres exilés; il eft appliqué à la queftion, & il foutient
ce fupplice avec fermeté. Menacé d'être mis une feconde fois à
la torture, il prend la réfolution
de mourir avec fa gloire. Il voit
une épée qu'un des foldats qui le
gardoient, avoit laiffée par mé-
garde dans fa chambre, la prend

& fe la plonge dans le fein; après
avoir écrit fur le manteau de la
cheminée de fa prifon, ce vers
de *Virgile*:

*Exoriare aliquis noftris ex offibus
ultor.*

Il expira en 1538. Le malheur de
Strozzi fut d'être mêlé dans les
troubles de fa patrie. Il avoit d'ailleurs de grandes qualités; il aimoit fur-tout l'égalité, qui eft l'a-
me des républiques. Il poffeda les
premières dignités de Florence,
fans fafte & fans orgueil. Si quelqu'un de fes concitoyens, au lieu
de l'appeller fimplement *Philippe*,
lui donnoit le titre de *Meffire*, il fe
mettoit en colère, comme fi on
lui eût fait une injure: *Je ne fuis*,
difoit-il, *ni Avocat, ni Chevalier;
mais* Philippe, *né d'un Commerçant.
Si vous voulez donc m'avoir pour
ami, appellez-moi fimplement de mon
nom, & ne me faites plus l'injure d'y
ajoûter des titres; car attribuant à
l'ignorance la première faute, je pren-
drai la feconde pour un trait de malice.* M. *Requier* a publié l'Hiftoire
de ce républicain, fous ce titre:
Vie de Philippe STROZZI, *premier
Commerçant de Florence & de toute
l'Italie, fous les règnes de* Charles-
Quint *& de* François I; *& chef de
la Maifon Rivale de celle de* Médicis, *fous la Souveraineté du Duc*
Alexandre: *traduite du Tofcan de*
Laurent, *fon frere,* in-12, 1764.
La famille de *Strozzi* paffa prefque
toute en France, où elle fut élevée aux premières dignités. De
fon époufe, *Clarice de Médicis*,
nièce du pape *Léon X*, *Philippe*
eut *LAURENT Srozzi*, cardinal
& archev. d'Aix, mort à Avignon
le 4 Décemb. 1571; *ROBERT*, mari de *Magdeleine de Médicis*; *LEON*,
chevalier de Malte & prieur de
Capoue, illuftre pour fes expéditions maritimes, & tué au fiége

du château de Piombino, en 1554; & PIERRE, maréchal de France: (Voyez l'article suivant.)

III. STROZZI, (Pierre) fils du précédent, maréchal de France, fut d'abord destiné à l'état ecclésiastique; il quitta cette profession pour embraffer celle des armes. Il commença à les porter en Italie pour la France en qual. de colonel, sous le comte Gui Rangoni, & contribua beaucoup à faire lever l'an 1536 le siège de Turin aux Impériaux. En 1538, après sa défaite près de Monte-Murlo en Toscane, où fut pris Philippe son pere, & où lui même courut grand risque de l'être, il se retira à Rome, & y resta jusqu'en 1542. La guerre s'étant rallumée alors entre François I & Charles-Quint, il leva à ses dépens une troupe de 200 arquebusiers à cheval, tous hommes d'élite, qu'il vint offrir à François I. Il se trouva au siège & à la prise de Luxembourg par les François, en 1543. Il fut battu en 1544 par les Impériaux, près de Serravalle, sur la frontiére de l'état de Gênes. Après cette défaite il traversa, avec autant d'adresse que de bonheur, un pays occupé de tous côtés par les garnisons Impériales. S'étant rendu à Plaisance, il y fit une levée de 8000 hommes de pied & de 200 chevaux, avec lesquels il vint joindre en Piémont l'armée Françoise, commandée par le duc d'Enguien. En 1545, il se distingua sur la flotte commandée par l'amiral d'Annebaut, qui fit une descente sur les côtes d'Angleterre. Il passa en Ecosse l'an 1548, avec mille Italiens, qui faisoient partie des troupes envoyées cette année par Henri II, à Marie Stuart reine d'Ecosse, contre les Anglois; & il y fut bleffé d'une arquebusade au

siège d'Edimton. Il servit dans l'armée que le roi envoya, en 1552, au secours d'Octave duc de Parme, en qualité de colonel de l'infanterie Italienne; & la même année il eut part à la défense de Metz, affiégé par l'empereur. En 1554 il commanda l'armée envoyée par Henri II en Toscane, pour secourir la république de Sienne contre l'empereur & le duc de Florence; & perdit, le 2 Août de cette année, la bataille de Marciano contre le marquis de Marignan, où il fut blessé de deux arquebusades. Sa défaite ne l'empêcha pas d'être honoré la même année du bâton de maréchal de France, & d'être fait lieutenant-général de l'armée du pape Paul IV, avec laquelle il reprit le port d'Oftie & quelques autres places aux environs de Rome, l'an 1557. De retour en France, il contribua à la prise de Calais en 1558, & fut tué cette même année le 20 Juin, au siège de Thionville, d'un coup de mousquet, à l'âge de 50 ans. Le Roi, dit-il en expirant, perd en moi un bon & fidèle serviteur. Il ne vécut qu'une heure après sa blessure. Sa réponse (si on en croit les Mémoires du maréchal de la Vieilleville) à une exhortation chrétienne que voulut lui faire en ce moment le duc de Guise, ne dépose pas en faveur de sa religion. Le maréchal Strozzi étoit cousin-germain de la reine Catherine de Médicis, par sa mere Clarice de Médicis, sœur de Laurent duc d'Urbin, pere de Catherine. C'étoit un homme de la plus haute valeur, actif, entreprenant; mais malheureux dans ses expéditions; plus propre d'ailleurs à l'exécution qu'au commandement. Il étoit libéral & magnifique: il aimoit les sciences & les belles-lettres, &

D d iv

savoit très-bien le Grec & le Latin. *Brantôme* dit avoir vu de lui une Traduction en Grec des *Commentaires de César*, qui étoient son livre favori. Il est enterré à Epernay en Champagne, dont la seigneurie lui appartenoit. Il avoit épousé *Laüdamie de Médicis*, dont il eut *Philippe*, qui suit (*Voy.* n° v.) & *Claire*, premiére femme d'*Honorat* de Savoie, Ier du nom, comte de Tendé.

IV. STROZZI, (Léon) frere du précéd., chev. de l'ordre de St Jean de Jérusalem, connu sous le nom de *Prieur de Capoue*, fut un des plus grands - hommes de mer de son tems. Il se rendit célèbre par ses exploits, sur les galéres de France dont il fut général, & sur celles de Malthe. Il fut tué en 1554 d'un coup d'arquebuse, en reconnoissant la petite ville de Scarlino sur la côte de Toscane.

V. STROZZI, (Philippe) fils de *Pierre* maréchal de France, né à Venise au mois d'Avril 1541, fut amené en France par sa mere en 1547, & élevé en qualité d'enfant - d'honneur auprès du dauphin, depuis roi sous le nom de *François II*. Il fit ses premiéres armes sous le maréchal de *Brissac*, & se signala aux batailles de St-Denys & de Jarnac. Il fut le second mestre-de-camp du régiment des Gardes Françoises en 1564, après la mort du capitaine *Charry*, qui avoit été le premier. Il succéda depuis à *Dandelot* dans la charge de colonel-général de l'infanterie Françoise. Il fut fait prisonnier au combat de la Roche-Abeille contre les Protestans en 1569, & quelque tems après, échangé contre *la Noue*. Ses services lui méritérent le collier de l'ordre du St-Esprit, qu'il reçut en 1579. Don *Antoine*, roi de Portugal, ayant obtenu de

Henri III, en 1582, une armée navale pour tenter de se remettre en possession de ses états, qui lui avoient été enlevés par le roi d'Espagne, *Philippe* Strozzi fut choisi pour la commander sous ses ordres. Il aborda dans l'isle de St-Michel, où il défit la garnison Espagnole; mais dans le combat naval qu'il livra à la flotte Espagnole, près les Açores, le 26 Juillet de la même année, il fut griévement blessé, & fut jetté à la mer encore vivant, par ordre du marquis de *Santa-Cruz*, amiral. Voici le récit de la mort de l'infortuné *Philippe* Strozzi, suivant *Torsay*, auteur de sa *Vie*, & qui avoit été son gouverneur. « Le Seigneur de *Strozzi* » porté audit Marquis, exposé sur » le pont de cordes de son galion : quelqu'un lui fourra, par-» dessous ledit pont de cordes, » son épée dans le petit ventre ; » lui ôtant par ce coup inhumain » & barbare.... ce qui lui restoit » encore de vie. Et étant en cet » état présenté au Marquis, ice-» lui dédaignant de le regarder, » se retourna de l'autre côté, » après avoir fait signe qu'on le » jettât en la mer ; ce qui fut aussi-» tôt exécuté, lui encore un peu » respirant ». Ainsi périt, à l'âge de 42 ans, un des plus braves & des plus honnêtes hommes de l'Europe.

VI. STROZZI, (Cyriaco) philosophe Péripatéticien, né à Florence en 1504, voyagea dans la plus grande partie de l'Univers, sans que ses voyages interrompissent ses études. Il professa le Grec & la philosophie avec beaucoup de réputation, à Florence, à Bologne & à Pise, où il mourut en 1565, à 63 ans. On a de lui un IXe & un X^e livre, en grec & en latin, ajoûtés aux huit livres

qu'*Ariftote* a compofés *de la Répu-*
blique ; il a bien pris l'efprit de
cet ancien philofophe , & l'imitateur égale quelquefois fon modèle.

VII. S T R O Z Z I , (Laurence)
fœur du précédent , née au château de Capalla à 2 milles de Florence , l'an 1514 , mourut en
1591 , religieufe de l'ordre de *St*
Dominique. Elle s'appliqua tellement à la lecture , qu'elle apprit
diverfes langues , fur-tout la Grecque & la Latine. Elle devint auffi
habile dans plufieurs fciences ,
outre la mufique & la poefie.
Nous avons de cette illuftre religieufe un livre d'*Hymnes* & d'*Odes*
latines , fur toutes les Fêtes que
l'Eglife célèbre; Parme 1601,in-8°.
Cet ouvrage a été traduit en vers
françois, par *Simon-George Pavil-*
lon.

VIII. STROZZI , (Thomas)
Jéfuite , né à Naples en 1631 ,
s'eft fait une réputation par fes
ouvrages. Les plus connus font :
I. Un *Poëme* latin fur la manière
de faire le *Chocolat.* II. Un *Dif-*
cours de la Liberté , dont les républiques font fi jaloufes. III. Dix
Difcours Italiens , pour prouver
que J. C. eft le Meffie , contre
les Juifs. IV. Un grand nombre
de *Panégyriques* , où il y a beaucoup de penfées ingénieufes , &
quelques-unes de puériles.

IX. STROZZI , (Jules) fe diftingua par fon talent pour la poëfie Italienne. Il mourut vers l'an
1636, après avoir donné un beau
Poeme fur l'origine de la ville de
Venife. Il parut fous ce titre : *Ve-*
netia ædificata, 1624, in f. ou 1626
in-12. On a encore de lui , *Bar-*
barigo, o vero l'Amico follevato,Poema
Eroico ; Venetia, 1626, in-4°.

X. STROZZI , (Nicolas) autre
poëte Italien , né à Florence en
1590 , mort en 1654. Ses Poéfies
Italiennes font fort recherchées.
On a de lui les *Sylves du Parnaffe,*
des *Idylles* , des *Sonnets* , & plufieurs piéces fugitives ; outre deux
Tragédies , *David de Trebizonde ,* &
Conradin.

I. STRUVE, (George-Adam)
né à Magdebourg en 1619, profeffa la jurifprudence à Iène , &
devint le confeil des ducs de Saxe :
il mourut en 1691 , à 73 ans, peu
de tems après avoir fait le rapport d'un procès. Il appliquoit aux
magiftrats ce mot d'un empereur
Romain: *Oportet ftantem mori.* C'étoit
un homme d'un travail infatigable , d'un tempérament fort & robufte, & d'une franchife qui lui
gagnoit tous les cœurs. On a de
lui des *Thèfes* , des *Differtations ,*
& d'autres ouvrages de droit, parmi lefquels on diftingue fon *Syn-*
tagma Juris Civilis.

II. STRUVE, (Burchard Got-
thlieb) fils du précédent , profeffeur en droit à Iène comme fon
pere, fe fit refpecter par fes mœurs
& eftimer par fon érudition , &
finit fa carrière en 1738. On a de
lui un grand nombre d'ouvrages.
Les plus connus font : I. *Antiqui-*
tatum Romanarum Syntagma, 1701 ,
in-4°. C'eft la première partie d'un
grand ouvrage. Celle-ci regarde la
Religion , & l'on y trouve des
chofes intéreffantes. II. *Syntagma*
Juris publici, 1711 , in-4° : ouvrage
eftimable , où l'auteur fait un bon
ufage de l'Hiftoire. III. *Syntagma*
Hiftoriæ Germanicæ, 1730 , 2 vol.
in-f. IV. Une *Hiftoire d'Allemagne* ,
en allemand. V. *Hiftoria Mifnenfis* ,
1720, in-8°. &c. Tous ces ouvrages font favans & pleins de recherches.

STRUYS, (Jean) Hollandois célèbre par fes voyages en Mofcovie, en Tartarie, en Perfe, aux

Indes, &c. Il commença à voyager l'an 1647, par Madagafcar jufqu'au Japon ; puis l'an 1655, par l'Italie dans l'Archipel ; & enfin l'an 1668 par la Mofcovie en Perfe, & ne revint dans fa patrie qu'en 1673. Les *Relations* qu'il en avoit faites, furent redigées après fa mort par *Glanius*. Elles parurent à Amfterdam en 1681, in-4°. Et depuis en 3 vol. in-12, ibid. 1724, & Rouen 1730. Elles font intéreffantes.

STRYKIUS, (Samuel) né en 1640 à Lenzen, petit lieu du marquifat de Brandebourg, mort en 1710, voyagea dans les Pays-Bas & en Angleterre. De retour en Allemagne, il fut fucceffivement profeffeur de jurifprudence à Francfort fur l'Oder, confeiller de l'électeur de Brandebourg *Fréderic Guillaume,* affeffeur du tribunal fouverain des Appellations à Drefde en 1690, confeiller aulique, & profeffeur en droit dans l'univerfité de Hall. On a de lui divers ouvr. qui lui firent un nom célèbre.

I. STUART, (Robert) comte de Beaumont-le-Roger, feigneur d'Aubigny, plus connu fous le nom de *Maréchal d'Aubigny,* étoit fecond fils de *Jean Stuart III*, comte de Lenox, de la maifon royale d'Angleterre. Il fe fignala par fa valeur dans les guerres d'Italie, & contribua au gain de plufieurs batailles. Ses belles actions lui méritérent le bâton de maréchal de France. Sa mort, arrivée en 1543, fut une perte pour l'état... Il ne faut pas le confondre avec *Jean* STUART, comte de Boucan, petit-fils de *Robert II* roi d'Ecoffe, qui amena 6000 bons foldats à *Charles VII*, alors dauphin. Il battit les Anglois à Baugé en 1421, fut défait à Crevant en 1423, & enfin tué devant Verneuil en 1424. Il avoit reçu l'épée de connétable, le 24

Août de la même année. Il ne laiffa que des filles.

II. STUART, (Gautier) comte d'Athol en Ecoffe, fils de *Robert II* roi d'Ecoffe, fut convaincu, en 1436, d'une confpiration contre *Jacques I*, roi de ce pays. On lui fit fubir pendant 3 jours les plus rigoureux fupplices. Après lui avoir fait effuyer une efpèce d'eftrapade le premier jour, on l'expofa à la vue du peuple fur une petite colonne, & on lui mit une couronne de fer toute rouge fur la tête, avec cette infcription : *Le Roi des Traîtres.* Le lendemain, il fut attaché fur une claie à la queue d'un cheval, qui le traîna dans le milieu de la ville d'Edimbourg ; & le 3ᵉ jour, après l'avoir étendu fur une table élevée dans une grande place, on lui tira les entrailles du ventre, que l'on jetta dans le feu, pendant qu'il vivoit encore. Sa tête fut mife au haut d'une pique, & fon corps coupé en quatre morceaux, que l'on envoya dans les 4 villes principales du royaume, pour y être expofés felon la coutume du pays.

STUART, (Les) rois d'Ecoffe : *Voyez* JACQUES, n° VIII à XIV... MARIE, n° XII... & RIZZO.

STUCKIUS, (Jean-Guillaume) de Zurich, s'eft acquis, à la fin du XVIᵉ fiécle, de la réputation par fon *Traité des Feftins des Anciens & de leurs Sacrifices*, qui fe trouve dans un Recueil d'autres ouvrages fur l'antiquité, Leyde 1695, 2 vol. in-fol. Il y rapporte la manière avec laquelle les Hébreux, les Chaldéens, les Grecs, les Romains, & plufieurs autres nations faifoient leurs repas, & les cérémonies qu'ils obfervoient les jours de fêtes dans leurs facrifices. Il y a beaucoup de recherches dans cet ouvrage. L'auteur mourut en 1607. On a encore de lui de favans *Commentaires* fur *Arrien*. Il paya un tribut d'admiration au héros de fon fiécle, à *Henri IV*, fous ce titre : *Carolus Magnus redivivus*, in4°. C'eft un parallèle de ce bon, de ce grand roi, la tige des *Bourbons*, avec le fondateur de l'empire d'Occident.

STUNICA, (Jacques-Lopez) docteur de l'univerfité d'Alcala, a écrit contre *Erafme*, & contre les Notes de *Jacques le Fèvre* d'Etaples fur les Epitres de *St Paul*. Il mourut à Naples en 1530. On a encore de lui un *Itinerarium, dum Compluto Romam proficifceretur*... Il étoit parent de *Diego Stunica*, docteur de Tolède & religieux Auguftin, qui vivoit dans le même fiécle. Celui-ci a fait auffi plufieurs ouvrages, entr'autres un *Commentaire* fur *Job*.

I. STUPPA, ou Stoup, (Pierre) natif de Chiavenne au pays des Grifons, leva, en 1672, un régiment Suiffe de fon nom au fervice de *Louis XIV*, fervit avec diftinction dans la guerre de Hollande, & fut établi, par le roi, commandant dans Utrecht. Il fe trouva à la bataille de Senef. Sa bravoure lui mérita le grade de lieutenant-général, & la charge de colonel du régiment des gardes Suiffes en 1685. Le roi l'employa en diverfes négociations en Suiffe, dont il s'acquitta avec fuccès. Ce guerrier négociateur mourut en 1701, dans la 81ᵉ année de fon âge. Jamais Suiffe ne poffeda en même tems, en France, autant de régimens & de compagnies que *Stuppa*. Comme il follicitoit un jour, auprès de *Louis XIV*, les appointemens des officiers Suiffes, qui n'avoient point été payés depuis long-tems, *Louvois* dit au roi : « Sire, fi Votre Majefté avoit tout l'argent qu'Elle & fes prédécef-

feurs ont donné aux Suiffes, on pourroit paver d'argent une chauffée de Paris à Bâle. » *Cela peut être*, repliqua *Stuppa* ; *mais auffi fi Votre Majefté avoit tout le fang que les Suiffes ont répandu pour le fervice de la France, on pourroit faire un fleuve de fang* `le` *Paris à Bâle*. Le roi, frappé de cette réponfe, fit payer les Suiffes.

II. STUPPA, (N.) compatriote & proche parent du précédent ; fut d'abord pafteur de l'Eglife de Savoye à Londres, où il mérita la confiance de *Cromwel*. Il quitta enfuite le miniftére pour les armes, devint brigadier dans les troupes de France, & fut tué à la journée de Steinkerke en 1692. Il eft auteur du livre intitulé : La *Religion des Hollandois*, 1673, in-12 ; que Jean *Braun*, profeffeur à Groningue, réfuta dans fa *Véritable Religion des Hollandois*, 1675, in-12. Ces deux livres firent du bruit dans le tems ; ils font oubliés aujourd'hui.

I. STURM, (Jean-Chriftophe) *Sturmius*, né à Hippolftein en 1635, fut profeffeur de philofophie & de mathématiques à Altorf, où il mourut en 1703, à 68 ans. On a de lui plufieurs ouvrages de mathématiques ; les plus eftimés font : I. *Mathefis enucleata*, en 1 vol. in-8°. II. *Mathefis Juvenilis*, en 2 gros vol. in-8°.

II. STURM, (Léonard-Chriftophe) & non *Sturni*, comme d'autres l'appellent mal-à-propos, excelloit dans toutes les parties de l'architecture civile & militaire. Il naquit à Altorf en 1669, & mourut en 1719. On a de lui une Traduction latine de l'*Architecture curieufe* de G. A. *Bockler*, à Nuremberg 1664, in-fol. II. Un *Cours complet d'Architecture*, imprimé à Ausbourg, en 16 vol,

I. STURMIUS, (Jean) né à Sleiden près Cologne en 1507, dreſſa une imprimerie avec *Budger Roſcius*, profeſſeur en grec. Il vint à Paris en 1529, y fit des leçons publiques ſur les auteurs Grecs & Latins, & ſur la logique, qui eurent beaucoup d'approbateurs ; mais ſon penchant pour les nouvelles héréſies l'obligea de ſe retirer à Straſbourg en 1537, pour y occuper la charge que les magiſtrats lui avoient offerte. Il y ouvrit l'année ſuivante une Ecole, qui devint célèbre, & qui par ſes ſoins obtint de l'emp. *Maximilien II* le titre d'Académie en 1566. Il mourut en 1589, à 82 ans. On a de lui : I. *Linguæ Latinæ reſolvendæ Ratio*, in-8°. II. D'excellentes *Notes* ſur la *Rhétorique* d'*Ariſtote* & ſur *Hermogène*, &c.

II. STURMIUS, (Jean) natif de Malines, médecin & profeſſeur de mathématiques à Louvain, ſe fit un nom par divers Traités. Les principaux ſont : *De inſtitutione Principum*; *De Nobilitate litteratá*, qui ont été réunis en 1 vol. ſous le titre de *Inſtitutio litterata*, Torunii, 1586, in-4°. Il y a dans ce recueil 2 autres vol. qui ne ſont pas de *Sturmius*. On a encore de lui : *De Roſá Hierichuntiná*, Lovanii, 1607, in-8°. ouvrage peu commun.

SUANEFELD, (Herman) peintre & graveur, Flamand d'origine, né vers l'an 1620. Le goût qu'*Herman* avoit pour le travail, lui faiſoit ſouvent rechercher la ſolitude, ce qui le fit ſurnommer l'*Hermite* ; on le nomma auſſi *Herman d'Italie*, à cauſe de ſon long ſéjour en cette contrée. Ce peintre reçut les leçons de ſon art, de deux habiles maitres, *Gerard Dow* & *Claude* le *Lorrain*. Il rencontra ce dernier à Rome, & lia une étroite amitié avec lui. *Herman*

étoit un excellent payſagiſte, il touchoit admirablement les arbres : ſon coloris eſt d'une grande fraîcheur ; mais il eſt moins piquant que celui de *Claude* le *Lorrain*. A l'égard des figures & des animaux, *Suanefeld* les rendoit avec une touche plus vraie & plus ſpirituelle.

I. SUARÈS, (François) Jéſuite, né à Grenade en 1548, profeſſa avec réputation à Alcala, à Salamanque & à Rome. On l'appella enſuite à Conimbre en Portugal, & il y fut le premier profeſſeur de théologie. Il mourut à Lisbonne en 1617, avec beaucoup de réſignation : *Je ne penſois pas*, dit-il, *qu'il fût ſi doux de mourir !* *Suarès* avoit une mémoire prodigieuſe ; il ſavoit ſi bien par cœur tous ſes ouvrages, que quand on lui en citoit un paſſage, dans le même inſtant il ſe trouvoit en état d'achever & de pourſuivre juſqu'à la fin du chapitre ou du livre. Cependant, le croiroit-on ? à peine ce ſavant homme put-il être admis dans la ſociété. Il fut d'abord refuſé ; il fit de nouvelles inſtances, juſqu'à demander même à y entrer parmi les freres. Enfin on le reçut, & l'on étoit encore ſur le point de le renvoyer, lorſqu'un vieux Jéſuite dit : *Attendons, il me ſemble que ce jeune-homme conçoit aiſément & penſe quelquefois fort bien.* Nous avons de lui 23 vol. in-fol. imprimés à Lyon, à Mayence & pour la dernière fois à Veniſe 1748. Ils roulent preſque tous ſur la *Théologie* & ſur la *Morale*. Ils ſont écrits avec ordre & avec netteté ; il a ſu fondre avec adreſſe dans ſes ouvrages preſque toutes les différentes opinions ſur chaque matière qu'il traitoit : ſa méthode étoit d'ajoûter enſuite ſes propres idées aux diſcuſſions théologiques, & d'établir avec ſolidité ſon ſentiment. C'eſt lui qui eſt le principal auteur du ſyſtême du *Congruiſme*, qui n'eſt dans le fond que celui de *Molina*, mieux aſſorti à la mode & au langage des théologiens, & habillé d'une manière moins choquante. Soh *Traité des Loix* eſt ſi eſtimé , qu'il a été réimprimé en Angleterre. Il n'en eſt pas de même de ſon livre intitulé : *Défenſe de la Foi Catholique contre les erreurs de la ſecte d'Angleterre.* Il fut condamné à être brûlé de la main du bourreau , par arrêt du parlement de Paris , comme contenant des maximes ſéditieuſes. Le P. *Noël* Jéfuite a fait un *Abrégé* de *Suarès*, imprimé à Genève en 1732 , en 2 vol. in-fol. L'abbréviateur a orné ſon ouvrage de deux *Traités* , l'un *De Matrimonio*, l'autre *De Juſtitia & Jure.* Le P. *Deſchamps* a écrit la *Vie de Suarès* ; elle fut imprimée à Perpignan en 1671 , in-4°.

III. SUARÈS, (Joſeph-Marie) évêque de Vaiſon, ſe retira à Rome chez le cardinal *Barberin* ſon ami, à qui il plaiſoit par ſon ſavoir & par les agrémens de ſa converſation. On a de lui : I. Une *Traduction* latine des *Opuſcules de St Nil*, à Rome , en grec & en latin , avec des *Notes*, en 1673 , in - fol. II. Une *Deſcription* latine *de la ville d'Avignon & du Comtat Venaiſſin*, in-4°, &c. Ce prélat mourut en 1678 , dans un âge avancé.

SUBLET, (François) ſeigneur des Noyers , baron de Dangu , intendant des finances & ſecrétaire-d'état, étoit fils de l'intendant de la maiſon du cardinal de *Joyeuſe*. Le cardinal de *Richelieu* l'employa dans les affaires les plus importantes. Après s'être ſignalé par ſon zèle pour le ſervice de l'état, il ſe retira dans ſa maiſon de Dangu, où il mourut en 1645. Ce miniſtre aimoit les arts & les talens.

Il fonda l'Imprimerie royale dans les galeries du Louvre , & encouragea les auteurs par ſa protection & par des récompenſes.

SUBLIGNY , (N.) avocat au parlement de Paris , au XVIIe ſiécle , cultiva plus la littérature que la jurifprudence , & donna des leçons de verſification à la comteſſe de *la Suze*. Livré au goût du théâtre , il permit que ſa fille fût une des danſeuſes de l'Opéra. Ses ouvr. ſont : I. Une *Traduction* des fameuſes *Lettres Portugaiſes*, dont le maréchal de *Chamilly*, revenant de Portugal, lui donna les originaux qu'il arrangea. Elles reſpirent l'amour le plus ardent. II. *La folle Querelle* : c'eſt une Comédie en proſe, contre l'*Andromaque* de *Racine*. Elle fut repréſentée ſur le théâtre du Palais royal en 1668. III. Quelques *Ecrits* en faveur de *Racine* , dont il devint le panégyriſte, après en avoir été le *Zoïle.* IV. La *Fauſſe Clélie* , in-12 , Roman médiocre.

SUENKFELD, (Gaſpar) *Voyez* SCHWENFELD.

I. SUETONE, (*Caïus Suetonius Paulinus*) gouverneur de Numidie l'an 40 de J. C. , vainquit les Maures, & conquit leur pays juſqu'au-delà du Mont-Atlas, ce qu'aucun autre général Romain n'avoit fait avant lui. Il écrivit une *Relation* de cette guerre , & commanda 20 ans après dans la Grande-Bretagne, où ſon courage & ſa prudence éclatérent également. Son mérite lui procura le conſulat l'an 66 de J. C., & lui valut la confiance de l'empereur *Othon*, qui le fit un de ſes généraux. *Suétone* ternit ſa gloire, en abandonnant cet empereur. Il prit honteuſement la fuite le jour du combat déciſif, & s'en fit même un mérite auprès de *Vitellius.*

II. SUETONE , (*C. Suetonius Tranquillus.*) Le surnom de *Tranquillus* lui venoit de son pere, à qui on avoit donné celui de *Lenis*, qui signifie à-peu-près la même chose. *Suetonius Lenis*, pere de l'historien, étoit chevalier Romain. Son fils fut fort estimé de l'empereur *Adrien*, qui en fit son secrétaire. Il perdit les bonnes-graces de ce prince, pour avoir manqué aux égards dus à l'impératrice *Sabine*. Le mépris qu'*Adrien* avoit pour son épouse, la rendoit triste, chagrine, d'une humeur difficile ; & l'on croit que *Suétone* ne se rendit coupable envers cette princesse, que pour l'avoir brusquée dans ses mauvaises humeurs. *Suétone*, après sa disgrace, vécut dans la retraite, & se consola avec les Muses, de la perte des faveurs de la cour. *Pline le Jeune*, qui étoit lié avec lui, dit que c'étoit un homme d'une grande probité & d'un caractére fort doux. *Suétone* avoit composé : I. Un *Catalogue des Hommes illustres de Rome* ; mais cet ouvrage est perdu. II. Plusieurs ouvrages sur la *Grammaire*. III. Une *Histoire des Rois de Rome*, divisée en trois livres. IV. Un livre sur les *Jeux Grecs*, &c. Mais nous n'avons de lui que la *Vie des XII premiers Empereurs de Rome*, & quelques fragmens de son *Catalogue des illustres Grammairiens*. Dans son Histoire de la vie des douze *Césars*, il n'observe point l'ordre des tems : il réduit tout à certains chefs généraux, & met ensemble ce qu'il rapporte sous chaque chef. Son style manque de pureté & d'élégance. On lui reproche avec raison d'avoir donné trop de licence à sa plume, & d'avoir été aussi libre & aussi peu mesuré dans ses récits, que les empereurs dont il fait l'histoire l'avoient été dans leur vie. Il leur impute même quelque-fois des forfaits qui ne paroissent pas être dans la nature. Il y a plusieurs éditions de cet auteur. La 1ʳᵉ est de Rome 1470,in-fol. Les meilleures sont celles des *Variorum* 1690, 2 vol. in-8°... de Leuvarde,. 1714, 2 vol. in-4°... d'Amst. 1736, 2 v. in-4°... de Leyde,1751, 2 vol. in-8°... celle *ad usum Delphini*,1684, in-4°... celle du Louvre, 1644, in-12. Nous en avons une Traduction en françois, in-4°, par *Duteil*, qui est plate, rampante & tronquée en quantité d'endroits ; & deux autres beaucoup meilleures, publiées toutes deux en 1771, l'une par M. de *la Harpe* en 2 vol. in-8°. L'autre par M. *Delisle*, sous le nom d'*Ophellot de la Pause*, en 4 vol. in-8°.

I. SUEUR, (Nicolas le) en latin *Sudorius*, conseiller & ensuite président au parlement de Paris, assassiné par des voleurs en 1594, dans sa 55ᵉ année, s'est fait un nom parmi les savans par la profonde connoissance de la langue grecque. Il en a donné des preuves, principalement dans son élégante Traduction de *Pindare* en vers latins, publiée à Paris en 1582, in-8°, chez *Morel* ; & réimprimée dans l'édition de *Pindare*, donnée par *Prideaux* à Oxford en 1697. *Le Sueur* imite son original avec la même fidélité, qu'un habile dessinateur copie les tableaux d'un grand maître.

II. SUEUR, (Eustache le) peintre, né à Paris en 1617, mort dans la même ville en 1655, étudia sous *Simon Vouet*, qu'il surpassa bientôt par l'excellence de ses talens. Ce savant artiste n'est jamais sorti de son pays ; cependant ses ouvrages offrent un grand goût de dessin, formé sur l'antique & d'après les plus grands peintres Italiens. Un travail réfléchi, soutenu d'un beau génie, le fit atteindre au sublime de l'art. Il n'a manqué à *la*

Sueur, pour être parfait, que le pinceau de l'école Vénitienne : son coloris auroit eu plus de force & de vérité, & il auroit montré plus d'intelligence du clair-obscur. Ce peintre fit passer dans ses tableaux la noble simplicité & les graces majestueuses qui font le principal caractére de Raphaël. Ses idées sont élevées, ses expressions admirables, ses attitudes bien contrastées. Il peignoit avec une facilité merveilleuse. On remarque dans ses touches une franchise & une fraîcheur singuliéres. Ses draperies sont rendues avec un grand art. Le Sueur avoit cette simplicité de caractére, cette candeur, & cette exacte probité, qui donnent un si grand prix aux talens éminens. Ses principaux ouvrages sont à Paris. On connoît les peintures dont il à orné le petit cloitre des Chartreux, & dont quelques-unes ont été gâtées par des envieux. On a gravé d'après, ses ouvrages. Goulai, son beau-frere, ainsi que ses trois autres freres, Pierre, Philippe & Antoine le Sueur, & Patel, avec Nic. Colombes, ses élèves, l'ont beaucoup aidé.

III. SUEUR, (Jean le) ministre de l'Eglise prétendue-réformée au xviie siécle, pasteur de la Ferté-sous-Jouarre, en Brie, se distingua par ses ouvrages. On a de lui: I. Un Traité de la Divinité de l'Ecriture-Sainte. II. Une Histoire de l'Eglise & de l'Empire, Amsterdam, 1730, 7 vol. in-4° & en huit in-8°. Cette Histoire, continuée par le ministre Pictet, est savante & exacte, & il y a moins d'emportement que dans les autres ouvrages historiques des Protestans. On y desire seulement plus de pureté dans le style.

SUFFETIUS, Voyez METIUS.

SUGER, né en 1082, fut mis à l'âge de 10 ans dans l'abbaye de St Denys, où Louis fils de France, (depuis Louis le Gros,) étoit élevé. Lorsque ce prince fut de retour à la cour, il y appella Suger, qui fut son conseil & son guide. L'abbé Adam étant mort en 1122, Suger obtint sa place. Il avoit l'intendance de la Justice, & la rendoit en son abbaye avec autant d'exactitude que de sévérité. Les affaires de la Cuerre & les négociations étrangères étoient encore de son département; son esprit actif & laborieux suffisoit à tout. L'abbé Suger réforma son monastére en 1127, & donna le premier l'exemple de cette réforme. Les personnes du monde n'eurent plus dès-lors un si libre accès dans l'abbaye, & l'administration de la Justice fut transportée ailleurs. Suger étoit dans le dessein de se renfermer entiérement en son cloitre; mais Louis VII, près de partir pour la Palestine, le nomma régent du royaume. Les soins du ministre s'étendirent sur toutes les parties du gouvernement. Il ménagea le trésor royal avec tant d'économie, que, sans charger les peuples, il trouva le moyen d'envoyer au roi de l'argent toutes les fois qu'il en demanda. Ce ministre mourut à St Denys en 1152, à 70 ans, entre les bras des évêques de Noyon, de Senlis, de Soissons. Le roi honora ses funérailles de sa présence & de ses larmes. On a de lui des Lettres, une Vie de Louis le Gros, & quelques autres ouvrages. M. l'abbé Raynal a fait un parallèle de St Bernard & de Suger, qui est entiérement à l'avantage de celui-ci. " Ces deux hommes avoient tous » deux de la célébrité & du mé- » rite. Le premier avoit l'esprit » plus brillant ; le second l'avoit » plus solide. L'un étoit opiniâtre » & inflexible; la fermeté de l'au|

» tre avoit des bornes. Le Soli-
» taire étoit fpécialement touché
» des avantages de la Religion; le
» Miniftre, du bien de l'Etat. S. Ber-
» nard avoit l'air , l'autorité d'un
» homme infpiré : Suger, les fen-
» timens & la conduite d'un hom-
» me de bon-fens. Un fage n'a ja-
» mais raifon auprès de la multi-
» tude, contre un enthoufiafte. Les
» déclamations de l'un l'emporté-
» rent fur les vues de l'autre, &
» le zèle triompha de la politique.
» Les fuites de cette entreprife ,
(il eft queftion ici de la Croifade de Louis le Jeune) » également
» honteufe & funefte, apprirent à
» l'Univers, qu'un homme d'Etat
» lit mieux dans l'avenir qu'un
» prétendu Prophète. » St Bernard
eft trop maltraité dans ce portrait;
mais Suger y eft peint fous fes véritables traits. Don Gervaife a écrit
fa Vie , en 3 vol. in-12.

SUICER , (Jean-Gafpar) né à
Zurich en 1620 , y fut profeffeur
public en hébreu & en grec, & y
mourut en 1688. On a de lui un
Lexicon , ou Tréfor eccléfiaftique des
Peres Grecs, dont la meilleure édition eft celle d'Amfterdam, 1728 ,
en 2 vol. in-fol. Cet ouvrage eft
utile & prouve beaucoup de favoir... Henri SUICER , fon fils, profeffeur à Zurich , puis à Heidelberg , mort en cette derniére ville
en 1705, fe fit connoître auffi par
quelques productions , parmi lefquelles on cite fa Chronologie Helvétique, en latin.

SUIDAS, écrivain Grec fous l'empire d'Alexis Comnène , eft auteur
d'un Lexicon Grec hiftorique & géographique. Outre l'interprétation
des mots , on y trouve encore les
Vies de plufieurs favans & d'un
grand nombre de princes. Ce font
des extraits qu'il a pris dans les
écrivains qui l'avoient précédé. Sa

compilation eft faite fans choix &
fans jugement. Quelques-uns, pour
le juftifier, ont dit que depuis lui
on a ajoûté beaucoup de chofes à
fon ouvrage , & que les fautes ne
font que dans les additions. Quoique cet ouvrage ne foit pas toujours exact, il ne laiffe pas d'être
important , parce qu'il renferme
beaucoup de chofes prifes des anciens. La 1re édition, en grec feulement, eft de Milan 1499, in-fol. ;
& la meilleure eft celle de Kufter ,
Cambridge, 1705 , en 3 vol. in-fol. ,
en grec & en latin, avec des nô-
tes pleines d'érudition.

I. SULLY , (Maurice de) natif
de Sully, petite ville fur la Loire ,
d'une famille obfcure, fut élu évêque de Paris après Pierre Lombard.
Son favoir & fa piété lui méritérent
cette place. Il fonda les abbayes
des Hérivaux & de Hermiéres.
C'eft lui qui jetta les fondemens
de l'églife Notre-Dame de Paris ,
l'un des plus grands bâtimens qui
fe voient en France. Ce prélat ,
magnifique & libéral , mourut en
1195. On grava fur fon tombeau ;
fuivant fon intention , ces mots de
l'Office des Morts : Credo quòd RE-
DEMPTOR meus vivit, & in noviffimo
die de terra furrecturus fum.

II. SULLY , (Maximilien de Bethune, baron de Rofni , duc de)
maréchal de France & principal miniftre fous Henri IV, naquit à Rofni en 1559 , d'une famille illuftre
& connue dès le xe fiécle. Il étudioit au collège de Bourgogne,
lorfque l'affreux maffacre de la St-
Barthélemi inonda de fang la capitale. Le principal du collège l'arracha aux affaffins. Rofni entra au
fervice de Henri , roi de Navarre ,
& s'y fignala par des actions de la
plus grande bravoure , au fiège de
Marmande , où il commandoit un
corps d'Arquebufiers, Sur le point
d'être

d'être accablé par un nombre trois fois supérieur, le roi de Navarre, couvert d'une simple cuirasse, vola à son secours, & lui donna le tems de s'emparer du poste qu'il attaquoit. Eause, Mirande, Cahors furent ensuite les théâtres de sa valeur. En 1586, *Rosni* fut employé avec honneur à différens siéges ; & l'année d'après, avec six chevaux seulement, il défit & emmena prisonniers 40 hommes. A la bataille de Coutras, il contribua à la victoire, en faisant servir à propos l'artillerie. Au combat de Fosseuse, journée très-meurtrière, il marcha 5 fois à la charge, eut son cheval renversé sous lui, & deux épées cassées entre ses mains. A la bataille d'Arques en 1589, *Sully*, à la tête de 200 chevaux, en attaqua 900 des ennemis & les fit reculer. Il partagea, à la bataille d'Ivri donnée l'année d'après, les fatigues & la gloire de son maître. Ce bon prince ayant appris qu'il avoit eu deux chevaux tués sous lui, & reçu deux blessures, se jetta à son coû & le serra tendrement, en lui disant les choses les plus touchantes & les plus flatteuses. En 1591, *Rosni* prit Gisors par le moyen d'une intelligence ; il passoit dès-lors pour un des hommes les plus habiles de son tems dans l'attaque & dans la défense des places. La prise de Dreux én 1593, celle de Laon en 1594, de la Fère en 1596, d'Amiens en 1597, de Montmelian en 1600, donnèrent un nouveau lustre à sa réputation. Aussi habile négociateur qu'excellent guerrier, il avoit été envoyé dès 1583 à la cour de France, pour en suivre tous les mouvemens. On l'employa dans plusieurs autres occasions, & il montra dans chacune la profondeur du politique, l'éloquence de l'homme-d'état, le

Tome VI.

sang-froid du philosophe, & l'activité de l'homme de génie. En 1586 il traita avec les Suisses, & en obtint une promesse de 20,000 hommes. En 1599, il négocia le mariage du roi avec *Marie de Médicis.* En 1600, il conclut un traité avec le cardinal *Aldobrandin*, médiateur pour le duc de Savoye. En 1604, il termina en faveur du roi une contestation avec le pape, sur la propriété du Pont d'Avignon. Mais c'est sur-tout dans son ambassade en Angleterre, qu'il déploya toute la pénétration de son esprit & toute l'adresse de sa politique. La reine *Elizabeth* étant morte en 1603, *Sully*, revêtu de la qualité d'ambassadeur extraordinaire, fixa dans le parti d'*Henri IV*, le successeur de cette illustre princesse. De si grands services ne demeurérent pas sans récompense ; il fut secrétaire-d'état en 1594, membre du conseil des Finances en 1596, sur-intendant des Finances & grand-voyer de France en 1597 & 1598, grand-maître de l'Artillerie en 1601, gouverneur de la Bastille & sur-intendant des Fortifications en 1602. *Bethune*, de guerrier devenu ministre des Finances, remédia aux brigandages des partisans. En 1596 on levoit 150 millions sur les peuples, pour en faire entrer environ 30 dans les coffres du roi. Le nouveau sur-intendant mit un si bel ordre dans les affaires de son maître, qu'avec 35 millions de revenu, il acquitta 200 millions de dettes en dix ans, & mit en réserve 30 millions d'argent comptant dans la Bastille. Son ardeur pour le travail étoit infatigable. Tous les jours il se levoit à 4 heures du matin. Les deux premières heures étoient employées à lire & à expédier les Mémoires, qui étoient toujours mis sur son bu-

E e

reau ; c'eft ce qu'il appelloit *net-toyer le tapis*. A 7 heures il fe ren-doit au confeil, & paffoit le refte de la matinée chez le roi, qui lui donnoit fes ordres fur les différen-tes charges dont il étoit revêtu. A midi il dînoit. Après dîner il donnoit une audience réglée. Tout le monde y étoit admis. Les ec-cléfiaftiques de l'une & de l'autre Religion étoient d'abord écoutés. Les gens de village & autres per-fonnes fimples qui appréhendoient de l'approcher, avoient leur tour immédiatement après. Les qualités étoient un titre pour être expé-dié des derniers. Il travailloit en-fuite ordinairement jufqu'a l'heure du fouper. Dès qu'elle étoit venue, il faifoit fermer les portes. Il ou-blioit alors toutes les affaires, & fe livroit au doux plaifir de la fo-ciété avec un petit nombre d'amis. Il fe couchoit tous les jours à dix heures ; mais lorfqu'un événement imprévu avoit dérangé le cours or-dinaire de fes occupations, alors il reprenoit fur la nuit le tems qui lui avoit manqué dans la jour-née. Telle fut la vie qu'il mena pendant tout le tems de fon minif-tére. Henri ; dans plufieurs occa-fions , loua cette grande applica-tion au travail. Un jour qu'il alla à l'arfenal où demeuroit Sully , il demanda en entrant où étoit ce miniftre? On lui répondit qu'il étoit à écrire dans fon cabinet. Il fe tourna vers deux de fes courti-fans , & leur dit en riant : *Ne pen-fiez-vous pas qu'on alloit me dire qu'il eft à la Choffe , ou avec des Dames?* Et une autre fois il dit à *Roquelaure: Pour combien voudriez-vous mener cette vie-là ?* La table de ce fage minif-tre n'étoit ordinairement que de dix couverts. On n'y fervoit que les mets les plus fimples & les moins recherchés. On lui en fit

fouvent des reproches ; il répon-doit toujours par ces paroles d'un ancien : *Si les conviés font fages, il y en aura fuffifamment pour eux ; s'ils ne le font pas , je me paffe fans peine de leur compagnie.* L'avidité des cour-tifans fut mal fatisfaite par ce mi-niftre: ils l'appelloient le *Négatif*, & ils difoient que le mot de *oui* n'é-toit jamais dans fa bouche. Son maître, auffi bon économe que lui, l'en aimoit davantage. A fon retour de fon ambaffade d'Angleterre , il le fit gouverneur de Poitou, grand-maître des Ports & Havres de Fran-ce , & érigea la terre de Sully-fur-Loire en duché-pairie l'an 1606. Sa faveur ne fut point achetée par des flatteries. *Henri IV* ayant eu la foi-bleffe de faire une promeffe de ma-riage à la marquife de Verneuil ; *Sully* , à qui ce prince la montra , eut le courage de la déchirer de-vant lui. *Comment morbleu* , dit le roi en colère, *vous êtes donc fou ?* ---Oui, SIRE , répondit *Bethune* , *je fuis fou ; mais je voudrois l'être fi fort , que je le fuffe tout feul en France.* Parmi les maux que caufa à ce royaume la mort de *Henri IV*, un des plus grands fut la difgrace de ce fidèle miniftre. Il fut obligé de fe retirer de la cour avec un don de cent mille écus. *Louis XIII* l'y fit revenir quelques années après , pour lui demander des confeils. Les petits-maîtres qui gouvernoient le roi , voulurent donner des ridicu-les à ce grand-homme , qui parut avec des habits & des manières qui n'étoient plus de mode. *Sully* s'en appercevant , dit au roi : SIRE , *quand votre Perc me faifoit l'honneur de me confulter , nous ne parlions d'af-faires , qu'après avoir fait paffer dans l'antichambre les Baladins & les Bouf-fons de la Cour.* En 1634 on lui don-na le bâton de maréchal de Fran-ce , en échange de la charge de grand-maître de l'Artillerie, dont il fe démit en même tems. Il mourut 7 ans après, en 1641, dans fon château de Ville-Bon au pays Chartrain. Il s'étoit occupé dans fa retraite à compofer fes *Mémoires*, qu'il intitula fes *Œconomies*. Ils font écrits d'une manière très-négligée, fans ordre, fans liaifon dans les récits; mais on y voit régner un air de probité & une naïveté de ftyle, qui ne déplait point à ceux qui peuvent lire d'autres ouvrages françois que ceux du fiécle de *Louis XIV*. L'abbé de l'*Eclufe*, qui en à donné une bonne édition en 8 vol. in-12, les a mis dans un meilleur ordre, & a fait parler à *Bethune* un langage plus pur. C'eft un tableau des règnes de *Charles IX*, de *Henri III* & de *Henri IV*, tracé par un homme d'efprit, pour l'inftruction des politiques & des guerriers. *Bethune* y paroît toujours à côté de *Henri*. Les amours de ce prince, la jaloufie de fa femme, fes embarras domeftiques, les affaires publiques, tout eft peint d'une manière intéreffante. On n'y exigeroit qu'un peu plus de précifion. L'abbé *Baudeau* a donné en 1776, une nouvelle édition du Texte original, en 12 vol. in-8°, avec d'abondantes notes. *Sully* étoit Proteftant, & voulut toujours l'être, quoiqu'il eût confeillé à *Henri IV* de fe faire Catholique. *Il eft néceffaire*, lui dit-il, *que vous foyez Papifte & que je demeure Réformé*. Le pape lui ayant écrit une lettre, qui commençoit par des éloges fur fon miniftére, & finiffoit par le prier d'entrer dans la bonne voie: le duc lui répondit, qu'*il ne ceffoit, de fon côté, de prier Dieu pour la converfion de fa Sainteté*.

III. SULLY, (Henri) célèbre artifte Anglois, paffa en France, où il fe fignala par fa fagacité. Ce fut

lui qui dirigea le Méridien de l'églife de St Sulpice. Le duc d'*Orléans*, régent, & le duc d'*Aremberg*, lui firent chacun une penfion de 1500 livres. Il mourut à Paris en 1728, après avoir abjuré la Religion Anglicane. Il a laiffé, I. Un Traité intitulé : *Defcription d'une Horloge pour mefurer le Tems fur mer*, Paris 1726, in-4°. II. *Règle Artificielle du Tems*, 1737, in-12. Ces deux ouvrages prouvent que fa main étoit conduite par un efprit intelligent.

SULPICE-APOLLINAIRE, *Voyez* APOLLINAIRE, n° I.

SULPICE-SEVERE, hiftorien eccléfiaftique, naquit à Agen dans l'Aquitaine, où fa famille tenoit un rang affez diftingué. Auffi-tôt qu'il eut fini fes études, il fe mit dans le barreau & y fit admirer fon éloquence. Il s'engagea dans les liens du mariage; mais fa femme étant morte peu de tems après, il penfa férieufement à quitter le monde, quoiqu'à la fleur de fon âge, très-riche & généralement eftimé. Il ne fe contenta pas de pratiquer la vertu, il la recherca. Il s'attacha à *St. Martin* de Tours, fuivit fes confeils, & fut fon plus fidèle difciple. Il fe laiffa furprendre par les Pélagiens, alla jufqu'à les défendre : mais il connut fa faute, & la répara par les larmes & les mortifications. On croit qu'il mourut vers l'an 420. *Sulpice-Sevère* avoit plufieurs terres auprès de Touloufe, de Narbonne, d'Agen & de Tarbes. Il fe fervit de fes grands revenus pour mettre les pauvres en état de travailler; car étant grand ami du travail, il ne devoit point, par un faux efprit de charité, entretenir la fainéantife. Sa piété n'excluoit ni la gaieté, ni la politeffe ni la vigueur d'une fage adminif

E eij

tration. Il ne fe déchargeoit point fur des intendans infidèles , du foin de fes affaires. Il voyoit tout par lui-même, & il n'en fut que plus en état de faire du bien. Comme il étoit prêtre, il diftribuoit à fes vaffaux les fecours fpirituels & temporels. Nous lui fommes redevables d'un excellent abrégé d'Hiftoire facrée & eccléfiaftique, qui eft intitulé : *Hiftoria Sacra*. Elle renferme, d'une manière fort concife, ce qui s'eft paffé de fiécle en fiécle depuis la création du monde jufqu'au confulat de *Stilicon* , l'an de J. C. 400. Cet ouvrage a fait donner à *Sulpice* le nom de *Sallufte Chrétien* , parce qu'en l'écrivant il s'y eft propofé cet hiftorien pour modèle. Il faut avouer qu'il l'égale quelquefois pour la pureté & pour l'élégance du ftyle. On trouve dans fon Hiftoire quelques fentimens particuliers, tant fur l'hiftoire que fur la chronologie; mais ces défauts n'empêchent pas qu'il ne foit regardé comme le premier écrivain pour les Abrégés de l'Hift. Eccléfiaft. *Sleidan* nous en a donné la *Suite*, écrite avec affez d'élégance ; mais comme il étoit Proteftant, il eft très-favorable à fa fecte. Un autre ouvrage qui fait beaucoup d'honneur à *Sulpice-Sevère*, eft la *Vie* de *S. Martin*, qu'il compofa du vivant de ce faint évêque, à la follicitation de plufieurs de fes amis. On lui reproche d'avoir cru trop facilement des miracles, dont quelques-uns n'avoient pour fondement que des bruits populaires. Les meilleures éditions de fes ouvrages font les fuivantes:*Elzevir*, 1635 , in-12 , *cum notis Variorum.* --Leyde, 1665 , in-8°. --Leipfick, 1709, in-8°. --Vérone, 1755 , 2 vol. in-4°. -- Il y en a une édit. de 1556, in-8°, rare ; & une ver-

fion françoife de 1659, in-8°,fort plate... Il y a eu encore S. SUL-PICE-SEVERE , évêque de Bourges, mort en 591; & S. SULPICE *le Débonnaire* ou *le Pieux* , auffi évêque de Bourges, mort en 647. L'un & l'autre fe fignalérent par leurs vertus & leurs lumiéres.

SULPICIA , Dame Romaine, femme de *Calenus* , floriffoit vers l'an 90 de J. C. Nous avons d'elle un *Poëme* latin contre *Domitien* , fur l'expulfion des philofophes. Elle avoit auffi compofé un *Poëme* fur l'amour conjugal , dont nous devons regretter la perte , fi l'éloge qu'en fait *Martial* n'eft point flatté. Son Poëme contre *Domitien* fe trouve avec le *Pétrone* d'Amfterdam, 1677, in -24 ; dans les *Poëtæ Latini minores*, Leyde, 1731, 2 vol. in-4° ; & dans le *Corpus Poetarum* de Maittaire. M. *Sauvigny* en a donné une Traduction libre en vers françois dans le *Parnaffe des Dames*.

I. SULPICIUS , (Gallus) de l'illuftre famille Romaine. des *Sulpiciens* , fut le premier aftronome parmi les Romains, qui donna des raifons naturelles des éclipfes du Soleil & de la Lune, étant tribun de l'armée de *Paul-Emile* l'an 168 avant Jefus-Chrift. La fagacité de fon efprit lui avoit appris que, le jour qu'on alloit donner bataille à *Perfée*, il arriveroit la nuit précédente une éclipfe de Lune. Il eut peur que les foldats n'en tiraffent un mauvais augure. Il les fit affembler avec la permiffion du conful, leur expliqua l'éclipfe, & les avertit qu'elle arriveroit la nuit fuivante. Cet avis guérit les foldats de leur fuperftition, & le fit regarder comme un homme extraordinaire. On l'honora du confulat 2 ans après, avec *Marcellus*, l'an

166 avant J. C... *Servius* SULPICIUS-RUFUS·, excellent jurifconfulte du tems de *Cicéron*, homme recommandable par fa vertu & par fes autres belles qualités, & conful comme le précédent, étoit de la même famille. *Voy.* auffi SYLLA.

II. SULPICIUS, (Jean) furnommé *Verulanus*, du nom de Veroli fa patrie, fe fit quelque réputation dans le xve fiécle, par la culture des belles-lettres ; il fit imprimer *Vegèce*, & publia le premier *Vitruve*, vers 1492. On lui doit auffi le rétabliffement de la mufique fur le théâtre.

SUPPERVILLE, (Daniel de) miniftre de l'Eglife Wallone de Roterdam, naquit en 1657 à Saumur en Anjou, où il fit de très-bonnes études. Il étudia enfuite à Genève fous les plus habiles profeffeurs de théologie. Il paffa en Hollande l'an 1685, & mourut à Roterdam le 9 Juin 1728. On a de lui : I. *Les Devoirs de l'Eglife affligée*, 1691, in-8°. II. *Des Sermons*, in-8°, 4 vol. dont la 7e édition eft de 1726. III. *Les Vérités & les Devoirs de la Religion*, en forme de *Catéchifme*, 1706. IV. *Traité du vrai Communiant*, 1718, &c. Ces différens ouvrages font eftimés des Proteftans.

SURBECK, (Eugène-Pierre de) de la ville de Soleure, capitaine-commandant de la compagnie générale des Suiffes au régiment des Gardes, fervit la France avec autant de valeur que de zèle. Son favoir le fit recevoir Honoraire-étranger de l'académie royale des Infcriptions. Ce favant militaire mourut à Bagneux près de Paris, en 1741, à 65 ans. On a de lui en manufcrit une *Hiftoire Métallique des Empereurs*, *depuis* Jules-Céfar *jufqu'à l'Empire de.* Conftan-

tin *le Grand*, dans laquelle il a répandu beaucoup d'érudition.

SURENA, général des Parthes dans la guerre contre les Romains commandés par *Craffus*, l'an 53 avant J. C. Il étoit le fecond après le roi en nobleffe & en richeffes, & le premier en valeur, en capacité & en expérience. C'étoit lui qui avoit remis *Orodes* fur fon trône. Il fe fignala fur-tout par la défaite de l'armée Romaine, commandée par *Craffus*. Le vainqueur ternit fa gloire par la perfidie dont il ufa envers le vaincu, en lui demandant à s'aboucher pour la conclufion d'un traité de paix. Il fit de grandes honnêtetés à ce général Romain, auquel il engagea fa parole, & l'affûra que l'accord étoit concfu entre les deux armées, & qu'il ne s'agiffoit que de s'avancer jufqu'à la riviére pour le mettre par écrit. *Craffus* le crut & s'avança ; mais peu après *Surena* lui fit couper la tête. Il ajoûta la plaifanterie à cette infidélité ; il entra en triomphe dans Séleucie, difant qu'il amenoit *Craffus*. Il avoit forcé un des prifonniers à faire le perfonnage de ce général Romain, & il fit couvrir ce faux *Craffus* de toutes fortes d'opprobres. *Surena* ne jouit pas long-tems du plaifir de fa victoire ; car s'étant rendu fufpect à *Orodes*, ce prince le fit mourir. Il paffoit non feulement pour un homme brave, mais encore pour un homme de tête, fage & capable de donner de bons confeils ; mais fes vertus étoient gâtées par le foin efféminé qu'il avoit de fa perfonne, & par fon amour pour les femmes.

SURENHUSIUS, (Guillaume) auteur Allemand du dernier fiécle, favant dans la langue hébraïque, eft connu principalement par une

bonne édition de la *Mifchna*. Ce
Recueil important pour connoître
la jurifprudence, les cérémonies
& les loix traditionnelles des Hébreux, eft accompagné des Commentaires des rabbins *Maimonides*
& *Bartenora*, d'une verfion latine
& des favantes notes de l'éditeur.
Il fut imprimé en Hollande en
1698, en 6 tom. ou 3 vol. in-fol.

SURGERES, *Voy.* ROCHEFOU-
CAULT, n° v.

SURITA, (Jérôme) de Sarragoffe, fecrétaire de l'Inquifition,
mort en 1580 à 67 ans, s'eft fait
un nom par fon favoir. On a de
lui : I. L'*Hiftoire d'Aragon jufqu'à
la mort de Ferdinand le Catholique*,
en 7 vol. in-fol. II. Des *Notes* fur
l'*Itinéraire d'Antonin*, fur *Céfar* &
fur *Claudien*.

SURIUS, (Laurent) né à Lubeck en 1522, étudia à Cologne
avec *Canifius*, & fe fit religieux
dans la Chartreufe de cette ville.
Après avoir édifié fon ordre par
fes vertus, il mourut à Cologne
en 1578, à 56 ans. On a de lui
un grand nombre d'ouvrages. Les
principaux font : I. Un *Recueil
des Conciles*, en 4 vol. in-fol. Cologne 1567. II. Les *Vies des Saints*,
en 7 tom. in-fol. 1618, Cologne.
L'auteur a compilé *Lippoman*, dont
il a changé l'ordre ; il s'eft permis d'autres arrangemens, & très-
fouvent il n'a pas confervé le ftyle des originaux, & il les a fur-
chargés d'un fatras de menfonges. III. Une *Hiftoire* de fon tems,
fous le nom de *Mémoires*, qui commencent en 1500 jufqu'en 1566,
qu'on a continués jufqu'en 1574 ;
in-8°, 1575. On en a une Traduction françoife, 1573, in-8°.
C'eft une compilation fans choix
& fans difcernement ; elle prouve
que *Surius* étoit plus propre à ra-

maffer des paffages qu'à arranger
des faits. *Voy.* SUSON.

SUSANNE, fille d'*Helcias* &
femme de *Joakim*, de la tribu de
Juda, eft célèbre dans l'Ecriture
par fon amour pour la chafteté. Elle
demeuroit à Babylone avec fon
mari, qui étoit le plus riche &
le plus confidérable de ceux de
fa nation. Deux vieillards con-
çurent pour elle une paffion criminelle, & pour la lui déclarer,
choifirent le moment qu'elle étoit
feule, prenant le bain dans fon
jardin. Ils l'allérent furprendre,
& la menacérent de la faire condamner comme adultère, fi elle refufoit de les entendre. *Sufanne*
ayant jetté un grand cri, les deux
fuborneurs appellérent les gens
de la maifon, & l'accuférent de
l'avoir furprife avec un jeune-
homme. *Sufanne* fut condamnée
comme coupable ; mais lorfqu'on
la menoit au fupplice, le jeune
Daniel, infpiré de Dieu, demanda
un fecond examen de cette affaire.
On interrogea de nouveau les
deux accufateurs. Ils fe contre-
dirent dans leurs réponfes, l'innocence triompha, & ils furent
condamnés par le peuple au même fupplice auquel ils avoient injuftement fait condamner *Sufanne*,
l'an 607 avant J. C.

SUSON, (Henri) né vers 1300,
d'une famille noble de Souabe,
entra dans l'ordre de S. Dominique, & mourut en 1366. On a
de lui : I. Des *Méditations fur la
Paffion de Notre-Seigneur*. II. Divers *Sermons*. III. *Horloge de la Sageffe*, traduit en latin par *Surius*,
fur un manufcrit allemand fort imparfait. Cet ouvrage, tel qu'il eft
forti des mains de l'auteur, fut
imprimé dès l'an 1470, & avoit
été traduit en françois dès 1389,
par un religieux Francifcain, na-

tif de Neuf-Château en Lorraine. Cette verſion fut imprimée à Paris en 1493, in-fol., après avoir été retouchée, pour le ſtyle, par les Chartreux de Paris. On en a une autre traduction, 1684, in-12, par l'abbé de *Vienne*, chanoine de la Ste Chapelle de Viviers en Brie.

SUTCLIFFE, (Matthieu) *Sutclivius*, théologien Proteſtant d'Angleterre, au commencement du XVIIᵉ ſiécle, a compoſé pluſieurs Traités de controverſe, dictés par le fanatiſme & l'emportement, & bien contraires à cet eſprit de douceur & de manſuétude qu'inſpire l'Evangile. On en peut juger par ſon Livre anonyme touchant la prétendue *Conformité du Papiſme & du Turciſme*, Londres, 1604. Il a encore laiſſé : I. *De vera Chriſti Eccleſia*, Londini, 1600, in-4°. II. *De Purgatorio*, Hanoviæ, 1603, in-8°. III. *De Miſſa Papiſtica*, Londini, 1603, in-4°, &c.

SUTOR, (Pierre) *Voy.* COUTURIER.

SWAMMERDAM, (Jean) médecin d'Amſterdam au dernier ſiécle, s'eſt fait connoître par pluſieurs ouvrages. On a de lui : I. *Traité de la Reſpiration & de l'uſage des Poumons*, Leyde 1738, in-8°. II. Un autre *De fabrica Uteri muliebris*, 1679, in-4°. III. Une *Hiſtoire générale des Inſectes*, Leyde 1737, 2 vol. in-folio : ouvrage dans lequel on trouve l'obſervateur exact & laborieux. *Voyez* ſa *Vie* par le célèbre *Boerhaave*, à la tête de ce livre.

SWERT, (François) *Swertius*, né à Anvers en 1567, & mort dans la même ville en 1629, eſt auteur d'un grand nombre d'ouvrages. Les plus connus ſont : I. *Rerum Belgicarum Annales*, 1628, in-

fol. II. *Athenæ Belgicæ*, 1628, in-f. Ces ouvrages peuvent fournir des matériaux.

SWIFT, (Jonatham) ſurnommé *le Rabelais d'Angleterre*, naquit à Dublin en 1667, d'une bonne famille. Les liaiſons de ſa mere avec le chevalier *Temple*, ont fait concevoir quelques doutes ſur la légitimité de ſa naiſſance. On prétend que *Swift* lui-même n'a pas peu contribué à accréditer ce ſoupçon, ne doutant pas qu'il ne fût plus glorieux d'être le fils naturel de *Jupiter*, que le fils légitime de *Philippe*. Mais ces ſoupçons étoient ſans fondement. La mere de *Swift* étoit parente de Madame *Temple*, & le chevalier voyoit quelquefois ſon alliée : voilà tout ce qu'il y a de vrai dans ce conte. Il prit ſes grades à Oxford, où *Temple* fourniſſoit aux frais de ſon éducation. Ce ſeigneur ayant renoncé aux affaires publiques, s'étoit retiré dans une de ſes terres où il recevoit ſouvent des viſites du roi *Guillaume*. Le jeune *Swift* eut des occaſions fréquentes de converſer avec ce prince. Le roi lui offrit une place de capitaine de cavalerie, qu'il refuſa pour embraſſer l'état eccléſiaſtique. Il obtint un bénéfice en Irlande ; à la recommandation du chevalier *Temple* ; mais il ſe laſſa bientôt d'une place qui l'éloignoit de l'Angleterre alaq. il étoit attaché, & qui le privoit deſes ſociétés ordinaires. Il réſigna ſon bénéfice à un ami, & vint retrouver ſon protecteur. *Swift* employa tout le tems qu'il paſſa avec lui, à cultiver l'eſprit & les talens d'une jeune perſonne, qu'il a célébree dans ſes ouvrages ſous le nom de *Stella*. C'étoit la fille de l'intendant du chevalier, qui devint la femme du docteur, quoi-

Le iv

que leur mariage ait toujours été caché : l'orgueil de *Swift* l'empêcha d'avouer pour son épouse la fille d'un domestique. Il continua même de vivre avec elle après son mariage comme auparavant, & il ne parut rien dans leur conduite, qui fût au-delà des bornes d'un amour platonique. *Stella* ne s'accommoda point de ce genre de vie, qui la plongea dans une noire mélancolie, & elle mourut la victime d'un sort aussi cruel que bizarre. Long-tems avant la mort de sa femme, *Swift* avoit perdu son protecteur. Privé de tout secours du côté de la fortune, il vint à Londres solliciter une nouvelle prébende. Il présenta une requête au roi *Guillaume* ; mais ce prince avoit oublié le docteur. C'est au mauvais succès de cette démarche qu'il faut attribuer l'aigreur répandue dans tous les ouvrages de *Swift* contre les rois & les courtisans. Il obtint pourtant quelque tems après plusieurs bénéfices, entr'autres, le doyenné de *S. Patrice* en Irlande, qui lui valoit près de 30,000 liv. de rente. Obligé de retourner en province, il fit de l'étude sa principale occupation. En 1735 il fut attaqué d'une fièvre violente, qui eut pour lui des suites très-fâcheuses. Sa mémoire s'affoiblit ; un noir chagrin s'empara de son ame ; il devint de jour en jour d'une humeur plus difficile, & tomba enfin dans un triste délire. Il traîna le reste de sa vie dans cet état déplorable. Il eut cependant des momens heureux, quelque tems avant sa mort, qui arriva à la fin de l'année 1745. Il mit à profit ces instans de raison pour faire son *Testament*, par lequel il a laissé une partie de son bien pour la fondation d'un Hôpital de Fous de toute espèce.

Swift étoit un homme capricieux & inconstant. Né ambitieux, il ne se nourrissoit que de projets vastes, mais chimériques, & il échouoit dans presque tous ses desseins. Sa fierté étoit extrême, & son humeur indomptable. Il recherchoit l'amitié & le commerce des grands, & il se plaisoit à converser avec le petit peuple. Durant ses voyages qu'il faisoit presque toujours à pied, il logeoit dans les plus minces auberges, mangeoit avec les valets d'écurie, les voituriers, & les gens de cette sorte. Il étoit aimable dans ses politesses, sincére dans ses amitiés, & sans déguisement dans ses haines; il parloit comme il pensoit. Il eut pour amis les plus grands-hommes de son siécle. Il étoit sur-tout étroitement lié avec le comte d'Oxford, (*Voyez* PARNELL) le vicomte de *Bolingbrocke* & le célébre *Pope*. Les femmes, celles particuliérement qui se piquoient de bel-esprit, recherchoient son amitié. Il avoit sur elles un pouvoir étonnant ; sa maison étoit une espèce d'académie de femmes, qui l'écoutoient depuis le matin jusqu'au soir. Son principe, en matière de politique, étoit celui de *Cicéron* : *L'intérêt & le bonheur du Peuple est la première de toutes les Loix*. Il répétoit souvent cette belle maxime : « Tout *Sage* qui refuse des » conseils, tout *Grand* qui ne pro- » tège point les talens, tout *Riche* » qui n'est pas libéral, tout *Pau-* » *vre* qui fuit le travail, sont des » membres inutiles & dangereux » à la société. » Le docteur *Swift* a enfanté un grand nombre d'Ecrits en vers & en prose, recueillis en 1762, à Londres, en 9 vol. in-8°. L'ouvrage le plus long & le plus estimé que ce docteur ait fait en vers, est un Poëme intitulé : *Cade-*

ius & *Vaneſſa.* C'eſt l'hiſtoire de ſes amours, ou pour mieux dire, de ſon indifférence pour une femme qui brûla pour lui d'une flamme inutile. Son véritable nom étoit *Eſther Vanhomrigh.* Elle étoit fille d'un négociant d'Amſterdam qui s'étoit enrichi en Angleterre. Après la mort de ſon pere, *Vaneſſa* alla s'établir en Irlande, où l'ambition de paſſer pour bel-eſprit lui fit rechercher la ſociété du docteur, qui inſenſible à ſon amour, la. jetta dans une mélancolie dont elle mourut. Il y a dans cette production, ainſi que dans ſes autres Poèſies, de l'imagination, des vers heureux, trop d'écarts & trop peu de correction. Ses ouvrages en proſe les plus connus, ſont : I. *Les Voyages de Gulliver à Lilliput, à Brodignac, à Laputc,* &c. en 2 vol. in-12. Ce livre, neuf & original dans ſon genre, offre à la fois une fiction ſoutenue & des contes puérils, des allégories plaiſantes & des alluſions inſipides, des ironies fines & des plaiſanteries groſſiéres, une morale ſenſée & des poliſſonneries révoltantes; enfin une critique pleine de ſel, des réflexions plates & des redites ennuyeuſes. L'abbé *des Fontaines*, traducteur de cet ouvrage, l'a un peu corrigé. II. Le *Conte du Tonneau*, traduit en françois par *Van-Effen* : c'eſt une hiſtoire allégorique & ſatyrique, où ſous le nom de *Pierre* qui déſigne le Pape, de *Martin* qui repréſente *Luther*, & de *Jean* qui ſignifie *Calvin*, il déclare la guerre à la religion Catholique, au Luthéraniſme & au Calviniſme. On ne peut nier que ſa plaiſanterie n'ait de la force; mais il l'a pouſſée ſouvent au-delà des bornes, s'appeſantiſſant ſur des détails puérils, indécens & même odieux; enfin ne ſachant jamais s'arrêter au vé-

ritable point. On ne peut montrer: plus d'eſprit & moins de goût. Ce, qu'il y a de plus ſingulier, c'eſt qu'il réunit une préciſion de ſtyle, admirable, avec une extrême prolixité d'idées. III. *Le Grand Myſtére*, ou l'*Art de méditer ſur la Garde-robe*, *avec des Penſées hardies ſur les Etudes*, *la Grammaire, la Rhétorique & la Poétique*, par G. L. le *Sage*, à la Haie 1729, in-8°. IV. *Productions, d'eſprit, contenant tout ce que les Arts & les Sciences ont de rare & de merveilleux*, Paris 1736, en 2 vol. in-12, avec des notes. V. *La Guerre des Livres*, ouvrage auſſi traduit en françois, qu'on trouve à la ſuite du *Conte du Tonneau*. Il dut ſa naiſſance à une diſpute qui s'éleva, vers la fin du dernier ſiécle, entre *Wooton* & le chevalier *Temple*, au ſujet des anciens. Cette piéce ingénieuſe eſt écrite dans un ſtyle héroï-comique. Le docteur *Swift* y donne la palme au chevalier. *Temple*, ſon protecteur & ſon ami. Il y a des vuides, qui interrompent ſouvent la narration; mais en général il eſt très-bien écrit, & il contient des choſes extrêmement amuſantes. Tous les ouvrages précédens ont été traduits en françois. Ceux que nous avons en anglois, conſiſtent en différens écrits de morale & de politique. Le plus célèbre eſt ſon recueil intitulé : *Lettres du Drapier.* Voici ce qui donna lieu à cette Feuille périodique. Le roi d'Angleterre avoit accordé à *Guillaume Wood* des Lettres-patentes, qui l'autoriſoient à fabriquer, pendant 14 ans, une certaine monnoie pour l'uſage d'Irlande. *Swift* fit voir au peuple l'abus qu'il y auroit à recevoir ces nouvelles eſpèces. Au ſon de la trompette du *Drapier*, un murmure s'éleva parmi ſes compatriotes, les eſpris s'échauffèrent, on déclama avec force contre le gouver-. nement , & l'on ne prévint la ré- volte qu'en fupprimant cette mon- noie. *Swift* devint dès-lors l'idole du peuple ; on célébra fa fête ; fon portrait fut expofé dans les rues de Dublin. Les pauvres lui eurent une obligation plus effen- tielle. Il établit pour leur foula- gement une *Banque*, où fans cau- tion , fans gages , fans fûreté , fans intérêts quelconques, on prê- toit à tout homme ou femme du bas peuple, ayant quelque métier ou quelque talent, jufqu'à la con- currence de 10 liv. fterlings, c'eft- à-dire environ 200 liv. monnoie de France. Par-là il leur ouvrit un nouveau moyen d'éviter la fainéan- tife , la mere des vices , & de faire valoir une louable induftrie. On trouvera un Portrait beaucoup plus étendu du *Rabelais* d'Angleterre, dans les *Lettres Hiftoriques & Phi- lologiques du Comte* d'Orreri *fur la Vie & les Ouvrages de* Swift , *pour fervir de Supplément au Spectateur moderne de Stréele*, in-12, 1753 ; livre traduit de l'anglois par M. *Lacombe* d'Avignon.

· SWINDEN , (Jérémie) théolo- gien Anglois, mort vers 1740, eft connu par un *Traité* en anglois fur la nature du *Feu de l'Enfer* & du lieu où il eft fitué. Cet ouvrage, rempli de chofes curieufes & fin- gulières , a été traduit en françois par *Bion* , & imprimé en Hollan- de, en 1728, in-8°. Les autres ou- vrages de *Swinden* font peu connus en France.

SUYDERHOEF , (Jonas) gra- veur Hollandois, mort vers la fin du fiécle dernier, s'eft plus attaché à mettre dans fes ouvrages un effet pittorefque & piquant, qu'à faire a- mirer la propreté & la délicateffe de fon burin. Il a gravé plufieurs por- traits d'après *Rubens* & *Vandyck* ;

mais on eftime fur-tout ceux qu'il nous a donnés d'après *Frans-hals* , bon peintre. Une de fes plus belles Eftampes & la plus confidérable, eft celle de la *Paix de Munfter*. Il y a faifi admirablement le goût de *Terburg* , auteur du tableau origi- nal , dans lequel ce peintre a repré- fenté une foixantaine de por- traits de plenipotentiaires qui af- fiftérent à la fignature de cette Paix.

SUZE , (Henriette de Coligni, *connue fous le nom de* la comteffe de la) étoit fille du maréchal de *Coligni*. Auffi aimable par fon efprit que par fa figure , elle fut mariée très-jeune à *Thomas Ading- ton*, feigneur Ecoffois. La mort lui ayant enlevé fon mari, elle époufa en fecondes noces le comte de la *Suze*. Ce nouvel hymen fut pour elle un martyre. Le comte , jaloux de ce qu'elle plaifoit, réfolut de la confiner dans une de fes terres. Pour faire échouer ce projet, la comteffe quitta la religion Protef- tante que fuivoit fon mari, & fe fit Catholique ; *pour ne pas le voir,* dit la reine CHRISTINE, *ni dans ce monde, ni dans l'autre.* Ce chan- gement n'ayant fait qu'aigrir les deux époux, la comteffe de la *Suze* obtint du parlement la caf- fation de fon mariage. Comme le comte ne vouloit pas confentir à cette féparation, fa femme lui donna 25000 écus pour avoir fon agrément. Ce fut alors qu'un plaifant dit : « Que la comteffe » avoit perdu 50,000 écus dans » cette affaire , parce que fi elle » avoit encore attendu quelque » tems , au lieu de donner 25000 » écus à fon mari , elle les au- » roit reçus de lui pour s'en dé- » barraffer. » Mad° de la *Suze*, libre du joug du mariage, cultiva fes ta- lens pour la poéfie. Remplie d'en-

Z

· ceux qu'il
· Frans-hais,
·s plus belles
···idérable,
··· Mar·er. Il
··· goût de
···u origi-
···e a re-
···· de por-
··· qui af-
··· cette
···e Cligni,
··· i comelle
··· méchal
··· par fon
···s, elle fut
···us Aling-
··· mort lui
··· époufa
··· e de la
·· li pour
···· véaux
··· li de la
··· stetnes,
··· croît, la
··· Protef-
··· & fe
··· à voir,
··· n' dans
··· Ce chan-
··· gir les
··· de la
··· la caf-
·· Comme il
··· confondre
··· me lui
··· p avoir
··· u qu'on
·· comelle
··· us dans
··· à elle
··· quelque
··· 5000
··· les an-
··· s'en dé-
··· S· libre
··· s les an-
···· la

Column 2 (SUZ):

thoufiafme pour la littérature; elle négligea entiérement fes affaires domeftiques, qui ne tardérent pas à fe déranger ; mais elle regarda ce dérangement en héroïne de roman, qui attache peu d'importance aux richeffes. Sa maifon fut le rendez-vous des beaux-efprits, qui la célébrérent en vers & en profe. Elle mourut en 1673, regardée comme une femme qui avoit les foibleffes de fon fexe & tous les agrémens d'un bel-efprit. Elle a excellé fur-tout dans l'*Elégie*. Ce qui nous refte d'elle en ce genre, eft auffi délicat qu'ingénieux. Sa verfification manque quelquefois d'exactitude & d'harmonie, mais elle a de la facilité & de l'élégance. *Montplaifir* & *Subligni* la guidèrent dans l'art de rimer, & elle furpaffa fes maîtres. On a encore d'elle des *Madrigaux* affez jolis, des *Chanfons* qui méritent le même éloge, & des *Odes* qui leur font fort inférieures. Ses *Œuvres* parurent en 1684, en 2 vol. in-12. On les réimprima avec plufieurs piéces de *Pelliffon* & de quelques autres, en 1695 & en 1725, en 5 vol. in-12. On connoit ces vers ingénieux fur la comteffe de la *Suze*, qu'on attribue à M. de *Fieubet*, ou au P. *Bouhours*:

Quæ Dea fublimi vehitur per inania curru ?
An Juno, an Pallas, an Venus ipfa venit ?
Si genus infpicias, Juno ; *fi fcripta,* Minerva ;
Si fpectes oculos, Mater Amoris erit.

On a effayé de les rendre ainfi en nôtre langue:

Quelle eft la Déité qui, vers ces lieux qu'elle aime,
Defcend dans un char radieux ?
C'eft *Junon*, ou *Pallas*, ou *Vénus* elle-même.

Column 3 (SYD):

A fon port noble & fier, c'eft la Reine des Dieux ;
Minerve, à fes Ecrits fages, ingenieux ;
Mais qui verra fon œil, doux ».
brillant, plein de feux.
Interdit & confus, dira : C'eft la troifième.

SYDENHAM, (Thomas) né dans le comté de Dorfet en 1624, mort en 1689, fe fit recevoir docteur en médecine dans l'univerfité de Cambridge. Il exerça fon art à Londres avec un fuccès éclatant, depuis 1661 jufqu'en 1686. C'étoit l'homme le plus expérimenté de fon tems, & l'obfervateur le plus curieux & le plus exact des démarches de la nature. Il fe diftingua fur-tout par les rafraîchiffans qu'il donnoit dans la petite vérole, par l'ufage du Quinquina après l'accès dans les fiévres aiguës, & par fon *Laudanum*. On a de lui un grand nombre d'ouvr. en latin, qui mériteroient d'être plus communs dans les pays étrangers. On les a recueillis en deux vol. in-4°, Genève 1716, fous le titre d'*Opera medica*. Ce recueil fervira longtems de guide aux jeunes praticiens & de fecours aux malades. On y trouve un *Traité de la Goutte*, maladie cruelle qui avoit tourmenté la vieilleffe de l'auteur. Sa *Praxis medica*, Lipfiæ 1695, 2 vol. in-8°. & traduite en françois par M. *Sault*, 1774, in-8°. eft généralement eftimée.

SYGALLE, (Lanfranc) gentilhomme Génois, fut envoyé en ambaffade par fes compatriotes auprès de *Raymond*, comte de Provence. Ce prince fit avec les Génois un traité qui les mit à couvert de leurs ennemis : c'eft à l'efprit infinuant de *Sygalle*, que Gènes dut ce traité. Ce négociateur écrivit beaucoup en langue Provençale ; & on cite de lui

diverfes *Poëfies* à l'honnèur de *Ber-*
trande Cibo , fa maîtreffe ; & un
Poëme adreffé à plufiéurs princes
pour les éxhorter au recouvrement
de la Terre-fainte. *Sygalle* fut maf-
facré par des brigands en retournant à Gènes.

SYLBURG, (Fréderic) né près
de Marpurg, dans le landgraviat
de Heffe, mort à Heidelberg en
1569 , à la fleur de fon âge, s'attacha à revoir & à corriger les anciens auteurs Grecs & Latins que
Wechel & *Commelin* mettoient au
jour. On loue la correction des
éditions auxquelles il a travaillé.
Il eut grande part au *Tréfor* de la
Langue Grecque d'*Henri Etienne.*
On a de lui des *Poëfies* Grecques,
& quelques autres ouvrages , dans
lefquels on remarque beaucoup
d'érudition & de jugement. On
eftime fur-tout fa *Grammaire Grec-*
que , & fon *Etymologicon magnum* ,
1594 , in-fol.

SYLLA, (*Lucius-Cornelius*) d'une
maifon illuftre , naquit pauvre ;
mais il s'éleva par la faveur de
Nicopolis , riche courtifane , qui
le fit héritier de fes biens. Ce legs,
joint aux grandes richeffes que lui
laiffa fa belle-mere , le mit en état
de figurer parmi les chevaliers Romains. Il fit fes premières armes
en Afrique fous *Marius* , qui l'employa en différentes rencontres.
Il l'envoya contre les Marfes, nouvel effain de Germains. *Sylla* n'employa contr'eux que l'éloquence :
il leur perfuada d'embraffer le parti des Romains. Peut-être que cette
nouvelle gloire acquife par *Sylla* ,
fit éclater dès-lors la jaloufie de
Marius. Il eft certain du moins
qu'ils fe féparérent, & que *Sylla*
fervoit , dès l'année fuivante , fous
le conful *Catulus* ; qui fut donné
pour collègue à *Marius* dans fon 4e
confulat. Cependant *Sylla* battit les

Samnites en campagne , & les força
deux fois en deux différens tems.
Il mit lui-même le prix à fes victoires, demanda la préture & l'obtint. *Strabon* , pere de *Pompée* , prétendoit que *Sylla* avoit acheté cette
dignité , & le lui reprocha agréablement un jour que celui-ci le
menaçoit d'ufer contre lui du pouvoir de fa charge. *Vous parlez jufte* ,
lui répliqua t-il en riant : *votre char-*
ge eft bien à vous , puifque vous l'a-
vez achetée... *Sylla*, après avoir paffé
à Rome la 1er année de fa préture ,
fut chargé du gouvernement de la
province d'Afie, & il eut la glorieufe commiffion de remettre fur
le trône de Cappadoce *Ariobarzane* ,
élu roi par la nation, du confentement des Romains. Le roi de
Pont , le fameux *Mithridate Eupa-*
tor , avoit fait périr par des affaf-
finats ou par des empoifonne-
mens , tous les princes de la famille royale de Cappadoce , &
avoit mis fur le trône un de fes
fils ; fous la tutelle de *Gordius* ,
l'un de fes courtifans. Ce fut ce
Gordius que *Sylla* eut à combattre.
Une feule bataille décida l'affaire.
Avant de quitter l'Afie , le préteur Romain reçut une ambaffade
du roi des Parthes , qui demandoit à faire alliance avec la république. Il fe comporta en cette occafion avec tant de hauteur & en
même tems avec tant de nobleffe ,
qu'un des affiftans s'écria : *Quel*
homme! C'eft fans doute le Maître de
l'Univers,ou il le fera bientôt...Sylla fe
fignala une 2e fois contre les Samnites. Il prit Boviane, ville forte,
où fe tenoit l'affemblée générale
de la nation. Il termina par cet
exploit la plus glorieufe campagne
qu'il eût encore faite , ou peut-
être la plus heureufe : car il convenoit lui-même que la fortune
eut toujours plus de part à fes fuc-

cês, que la prudence &·la conduite. Il aimoit à s'entendre appeller l'*heureux Sylla*. Ses exploits lui valurent le confulat, l'an 88 avant J. C. Le commandement de l'armée contre *Mithridate* lui fut donné l'année d'après. *Marius*, dévoré par l'envie & par la fureur de dominer, fit tant qu'on ôta le commandement au nouveau général. *Sylla* marche alors à Rome, à la tête de fes légions, fe rend maître de la république, fait mourir *Sulpicius* qui étoit l'auteur de la loi portée contre lui, & oblige *Marius* à fortir de Rome. Après qu'il eut mis le calme dans fa patrie, & qu'il fe fut vengé de fes ennemis, il paffa dans la Grèce, l'an 86 avant J. C., reprit Athènes, lui rendit fa première liberté, & remporta fucceffivement trois victoires fur les généraux de *Mithridate*. Tandis qu'il faifoit ainfi triompher la république dans la Grèce; on rafoit fa maifon à Rome, on confifquoit fes biens, & on le déclaroit ennemi de la patrie. Cependant il pourfuivoit fes conquêtes, traverfoit l'Hellefpont, & forçoit *Mithridate* à lui demander la paix. Dès qu'il l'eut conclue, il laiffa à *Murena* le commandement dans l'Afie, & reprit avec fon armée le chemin d'Italie. *Sylla* fut joint dans la Campanie par plufieurs perfonnages qui avoient été profcrits; à leur exemple *Cneïus Pompéïus*, connu depuis fous le nom du *grand Pompée*, vint le trouver avec trois légions de la Marche-d'Ancone. *Sylla* l'aima, & fut le premier inftrument de fa fortune. Malgré ces fecours, fes ennemis lui étoient fupérieurs en forces; il eut recours à la rufe & aux intrigues. Il les fit confentir à une fufpenfion d'armes, à la faveur de laquelle il gagna, par des

émiffaires fecrets; un grand nombre de foldats ennemis. Il battit enfuite le jeune *Marius*, le força de s'enfermer dans Prénefte, où il l'affiégea fur le champ. Après avoir bien établi fes poftes autour de la ville, il marcha vers Rome avec un détachement. Il y entra fans oppofition, & borna fa vengeance à faire vendre publiquement les biens de ceux qui avoient pris la fuite. Il retourna enfuite devant Prénefte, & s'en rendit maître. La ville fut livrée au pillage, & peu de Romains du parti de *Marius* échapérent à la cruauté du vainqueur. *Sylla* ayant ainfi dompté tous fes ennemis, entra dans Rome à la tête de fes troupes, & prit folemnellement le furnom d'*Heureux*, *FELIX*: *Titre qu'il eût porté plus juftement*, dit Velleius, *s'il cût ceffé de vivre le jour qu'il acheva de vaincre*. Le refte de fa vie ne fut plus qu'un tiffu d'injuftices & de cruautés. Il fit maffacrer dans le Cirque de Rome 6 ou 7000 prifonniers de guerre, auxquels il avoit promis la vie. Le fénat étoit alors affemblé dans le Temple de *Bellone*, qui donnoit fur le Cirque. Les fénateurs ayant paru extrêmement émus, lorfqu'ils entendirent les cris d'une fi grande multitude de mourans, il leur dit fans s'émouvoir: *Ne détournez point votre attention, PERES Confcripts; c'eft un petit nombre de rebelles qu'on châtie par mon ordre*. Tous les jours on affichoit les noms de ceux qu'il avoit dévoués à la mort. Rome & toutes les provinces d'Italie furent remplies de meurtre & de carnage. On récompenfoit l'efclave qui apportoit la tête de fon maître, le fils qui préfentoit celle de fon pere. *Catilina* fe diftingua dans cette boucherie. Après avoir tué fon frere, il fe chargea du fupplice de

M. *Marius Gratianus*, auquel il fit arracher les yeux , couper les mains & la langue, brifer les os des cuiffes, & enfin il lui trancha la tête. Pour récompenfe , il eut le commandement des foldats Gaulois, qui faifoient la plupart de ces cruelles exécutions. On fait monter à 4700 le nombre de ceux qui périrent par cette profcription, & ce grand nombre ne doit pas furprendre ; puifque, pour être condamné à la mort, il fuffifoit d'avoir déplu à *Sylla*, ou à quelqu'un de fes amis, ou même d'être riche. *Plutarque* rapporte qu'un certain *Q. Aurelius*, qui n'avoit jamais pris part aux affaires , ayant apperçu fon nom fur la lifte fatale, s'écria: *Ah malheureux ! C'eft ma terre d'Albe qui me profcrit* ; & à quelques pas de-là il fut affaffiné. Le barbare *Sylla* s'étant fait déclarer dictateur perpétuel, parut dans la place avec le plus terrible appareil, établit de nouvelles loix, en abrogea d'anciennes , & changea felon fon gré la forme du gouvernement. Quelque tems après il renouvella la paix avec *Mithridate*, donna à *Pompée* le titre de *Grand*, & fe dépouilla de la dictature. On n'oubliera jamais qu'un jeune-homme ayant eu la hardieffe de l'accabler d'injures, comme il defcendoit de la tribune aux harangues, il fe contenta de dire à fes amis qui l'environnoient : *Voilà un jeune - homme qui empêchera qu'un autre qui fe trouvera dans une place femblable à la mienne, fonge à la quitter.* Il fe retira enfuite dans une maifon de campagne à Pouzzole , où il fe plongea dans les plus infâmes débauches. Il mourut d'une maladie pédiculaire , l'an 78 avant J. C., âgé de 60 ans. On croit qu'il fe caufa cette maladie , par les excès auxquels il fe livroit pour calmer

fes remors ; & en ce cas il auroit eu cela de commun avec *Marius*. Il ajoûtoit foi aux devins, aux aftrologues & aux fonges. Il écrivoit dans fes Mémoires, 2 jours avant fa mort, qu'il venoit d'être averti en fonge qu'il alloit rejoindre inceffamment fon époufe *Metella*. La chofe n'étoit pas difficile à prévoir, dans l'état où il étoit ; mais il hâta fa mort de quelques jours , en fe livrant à un accès de colère, qui fit crever un abfcès qu'il avoit dans les entrailles, & dont la matiére lui fortit par la bouche. C'eft lui qui , à la prife d'Athênes, récouvra les livres d'*Ariftote*.

SYLVA , (Beatrix de) d'une famille illuftre, fut élevée en Portugal, fa patrie, auprès de l'infante *Elizabeth*. Cette princeffe ayant époufé, en 1447, *Jean II* roi de Caftille, mena avec elle *Beatrix* de *Sylva*. Les charmes de fon efprit, de fa figure & de fon caractére ayant fait une vive impreffion fur tous les cœurs; les dames de la cour, dévoreés par l'envie, la calomnièrent auprès de la reine, qui la fit mettre en prifon. Son innocence fut reconnue ; on la mit en liberté ; & on lui fit à la cour des offres avantageufes, qu'elle refufa , pour fe retirer chez les religieufes de St Dominique de Tolède. Elle fonda l'Ordre de *la Conception* en 1484. Elle termina faintement fa vie quelque tems après , pleurée des pauvres dont elle étoit la mere , & de fes filles dont elle étoit le modèle.

SYLVA, *Voyez* SILVA.

SYLVAIN, Dieu des Forêts. On le repréfente tenant un rameau de cyprès à la main, monument de fes amours & de fes regrets pour la nymphe *Cypariffe*, ou felon d'autres, p'un jeune-homme de ce nom qu'*Apollon* changea en cyprès. On confond souvent *Sylvain* avec le Dieu *Pan* & le Dieu *Faune*.

SYLVAIN, *Voyez* SILVAIN (Flavius Silvanus.).

SYLVEIRA, (Jean de) Carme de Lisbonne, d'une famille noble, eut des emplois considérables en son ordre. Il mourut dans sa patrie en 1687, à 82 ans. On a de lui des *Opuscules* & des *Commentaires* sur les *Evangiles*, Venise 1751, 10 vol. & sur l'*Apocalypse* un vol., qui ne sont proprement que de longues & fades compilations.

SYLVESTRE, *V.* SILVESTRE.

SYLVIA, *Voyez* RHEA-SYLVIA.

I. SYLVIUS, *ou* DU BOIS, (François) né a Brenne-le-comte, dans le Hainaut, en 1531; chanoine de Douay, professa pendant plus de 30 ans la théologie dans cette ville, où il mourut en 1649. On a de lui des *Commentaires* sur la *Somme de S. Thomas*, & d'autres savans ouvrages imprimés à Anvers 1698, en 6 vol. in-fol. On y trouve plus de savoir que de précision.

II. SYLVIUS, (François) professeur d'éloquence, & principal du collège de Tournay à Paris, étoit du village de Lévilly près d'Amiens, & mourut au commencement du XVIᵉ siécle, après avoir travaillé avec zèle à bannir des collèges la barbarie, & à y introduire les belles-lettres & l'usage du beau Latin. Ses soins ne furent pas perdus, & la littérature de son siécle doit le compter parmi ses bienfaiteurs. On a de lui un ouvrage intitulé : *Progymnasmatum in artem Oratoriam Francisci Sylvii Ambiani, viri eruditione rectâ & judicio subacto insignis, Centuriæ tres*; ou plutôt c'est le titre que donna *Alexandre Scot*, surnommé l'*Ecossois*, a l'Abrégé qu'il en fit depuis, en un in-8º. *Sylvius* mourut vers 1530.

III. SYLVIUS, (Jacques) frere du précédent, & célèbre médecin, mourut en 1555 à 77 ans, avec la réputation d'un homme habile dans les langues grecque & latine, dans les mathématiques & dans l'anatomie, on a de lui divers ouvrages imprimés à Cologne en 1630, in-fol. sous le titre d'*Opera Medica*. Parmi les traités qui composent ce volume, on doit distinguer sa *Pharmacopée*, traduite séparément en françois par *Caillé*, & imprimée à Lyon en 1574. M. *Baumé*, bon juge en cette matiere, en fait beaucoup de cas.

SYLVIUS, *Voyez* BOIS.

I. SYMMAQUE, natif de Sardaigne, monta sur la chaire de *St Pierre*, après le pape *Anastase II*, le 22 Novembre 498. Le patrice *Festus* fit élire, quelque tems après, l'archiprêtre *Laurent*, dont il croyoit disposer plus facilement que de *Symmaque*; partisan zélé du concile de Calcédoine. Ce schifme fut éteint par *Théodoric*, roi des Goths, qui prononça en faveur de *Symmaque*, lequel fut aussi reconnu par les évêques pour pape légitime, & déclaré innocent, dans un concile, des crimes dont il étoit accusé. L'empereur *Anastase* s'étant déclaré contre le concile de Calcédoine, le pontife Romain lança sur lui les foudres ecclésiastiques. *Symmaque* mourut en 514, après avoir fait bâtir plusieurs Eglises. C'étoit un homme austère & inflexible. Son zèle ne fut pas toujours éclairé; mais sa vertu fut sans tache. Nous avons de lui XI *Epitres* dans le recueil de D. *Coustant*, & divers *Décrets*. On dit que c'est lui qui ordonna de chanter à la Messe, les Dimanches & les Fêtes des Martyrs, le *Gloria in excelsis*; mais cette opinion n'a aucun fondement solide.

II. SYMMAQUE, écrivain du 2ᵉ siécle, étoit Samaritain. Il se fit Juif, puis Chrétien, & tomba ensuite dans les erreurs des Ebionites. Il ne nous reste que des fragmens de la *Version* grecque de la Bible, qu'il avoit faite.

III. SYMMAQUE, (*Quintus-Aurelius-Avianus* ;) préfet de Rome, & consul en 391, fit éclater beaucoup de zèle pour le rétablissement du Paganisme & de l'autel de la Victoire. Il trouva un puissant adversaire dans *St Ambroise*, & fut banni de Rome par l'empereur *Théodose le Grand*. Il nous reste de lui dix livres d'*Epitres*, Leyde 1653, in-12, qui ne contiennent rien d'important, mais dans lesquelles on trouve des preuves de sa probité & de son éloquence.

SYMMAQUE, *V.* Theodoric.

SYNCELLE, (George) étoit syncelle de *Taraise* patriarche de Constantinople, vers l'an 792; c'est-à-dire, qu'il occupoit l'office de cet homme qu'on plaçoit auprès du patriarche pour être le témoin de ses actions. C'est de cette charge qu'il tira son nom. Il étoit moine, & il remplissoit les obligations de son état. Nous avons de lui une *Chronographie*, que le Pere *Goar* a publiée en grec & en latin, 1652, in-folio. Cet ouvrage est important pour la connoissance des Dynasties d'Égypte. Il a suivi J*ules Africain* & *Eusebe*, mais avec des différences, sur lesquelles il faut consulter son savant éditeur.

I. SYNESIUS, philosophe Platonicien. On ignore le tems où il vivoit. Il nous reste de lui : *Trois Traités de Philosophie Naturelle* ; avec les figures de *Nicolas Flamel*, Paris, 1612, in-4°. & un *De somniis*, imprimé avec les écrits de *Jamblique*, autre philosophe Pla-

tonicien, Venise, 1497, in-fol.

II. SYNESIUS, fut disciple de la fameuse *Hypacie* d'Alexandrie. Les fidèles, touchés de la régularité de ses mœurs, l'engagérent à embrasser le Christianisme. Député à Constantinople en 400, il présenta son livre *De la Royauté* à l'empereur *Arcadius*, qui le reçut favorablement. On l'éleva dix ans après sur le trône épiscopal de Ptolémaïde. *Synesius* n'accepta cette dignité qu'avec beaucoup de répugnance. Elle lui paroissoit contraire à la vie philosophique qu'il avoit menée, & il n'étoit pas encore convaincu de tous les dogmes de la religion Chrétienne. *Synesius*, devenu évêque, eut les vertus d'un Apôtre & l'humanité d'un philosophe. Il célébra un Concile, & soulagea les indigens. Nous avons de lui CLV *Epîtres*, des *Homélies*, & plusieurs autres ouvrages, dont la meilleure édition est celle du Pere *Petau*, 1633, in-fol. en grec & en latin, avec des notes. Ils méritent tous d'être lus, quoiqu'ils ne soient pas entièrement exempts des erreurs de la philosophie Païenne. On y remarque de l'élégance, de la noblesse & de la pureté. On ignore l'année de la mort de cet homme illustre.

SYNPOSIUS: C'est sous ce nom qu'on trouve des *Enigmes* latines dans le *Corpus Poëtarum* de *Maittaire*. Quelques-uns croient que ce nom, qui en grec signifie *Banquet*, vient de ce que ces Enigmes furent proposées dans un banquet.

SYPHAX, roi d'une partie de la Numidie, quitta les Romains pour les Carthaginois. Il épousa ensuite *Sophonisbe*, qui avoit été promise à *Masinissa*, à qui il déclara la guerre. Il fut vaincu &

fait

fait prifonnier près de Cyrtha , avec fon époufe, l'an 203 avant J. C. Les Romains donnérent à *Mafiniffa* une partie des états de fon ennemi.

SYRIEN , *Syrianus* , fophifte d'Alexandrie vers l'an 470, avoit compofé , I. *Quatre Livres* fur la *République* de *Platon.* II. *Sept Livres* fur la République d'Athênes. III. Des *Commentaires* fur *Homére.* Tous fes ouvrages font perdus , & on doit les regretter.

SYRINX , *Voyez* PAN.

SYRIQUE , *Voyez* III. MELECE.

SYRUS , (Publius) *Voyez* PUBLIUS SYRUS.

SYSIGAMBIS, mere de *Darius ,* dernier roi de Perfe , fit voir à la mort d'*Alexandre le Grand* , combien la reconnoiffance & la magnanimité ont de force fur les belles ames. Elle avoit fupporté la mort de *Darius,* fon fils ; mais elle ne put furvivre au conquérant Macédonien, & mourut de douleur après lui.

T.

TABOR, (Jean-Othon) né à Bautzen en Luface l'an 1604, voyagea en France , & s'y fit connoitre par fon érudition. Les guerres d'Allemagne ayant réduit en cendres fa patrie , où il exerçoit la charge d'avocat & de fyndic de la ville , il fe retira en 1650 à Gieffen , où il fut confeiller du landgrave de Heffe-Darmftad, & en 1667 à Francfort, où fes chagrins le fuivirent. Il y mourut en 1674. Ses divers *Ouvrages fur le Droit* ont été publiés en 1688, en 2 vol. in-fol. *Prafchius*, fon gendre, a écrit fa Vie, qui fut celle d'un bon citoyen & d'un favant appliqué.

TABOUET, (Julien) né dans le Maine , devint procureur-général du fénat de Chambery. Sa conduite équivoque lui valut une forte mercuriale de la part du premier préfident *Raymond Peliffon* , qui la lui fit par ordre de fa compagnie. Pour s'en venger , *Tabouet* s'avifa d'accufer le premier préfident de malverfations.

Peliffon fut condamné à une peine infamante (à l'*amende honorable* & à l'*amende burfale*) par le parlement de Dijon en 1552. Mais ayant obtenu que fon procès feroit revu par des commiffaires, il fut abfous en 1556, & fon accufateur condamné à la peine qu'il avoit fubic. Il fut depuis mis au pilori & banni. Il mourut en 1562. On a de lui : I. *Sabaudiæ Principum Genealogia* , *verfibus & latiali dialecto digefta*; traduite en françois , en profe & en vers , par *Pierre Trebedam.* II. Une *Hiftoire de France* dans le même goût , imprimée avec l'ouvrage précédent en 1560, in-4°.

I. TABOUROT, (Jean) chanoine & official de Langres, fe fit un nom par divers ouvrages. Le *Calendrier des Bergers*, 1588 , in-8°. & la *Méthode pour apprendre toute forte de Danfes*, 1589, in-4°. l'un & l'autre fous le nom de *Thoinot Arbeau,* font encore recherchés. Il mourut en 1595 ; il étoit oncle du fuivant.

II. TABOUROT, (Etienne)
plus connu sous le nom de Sieur
Des-Accords, procureur du roi au
bailliage de Dijon, né en 1547,
s'est fait un nom par quelques
ouvrages singuliers. Le moins
mauvais est celui qui est intitulé : *Bigarrures & Touches du Seigneur Des-Accords*, dont on a plusieurs éditions, une entre autres
avec les *Apophthegmes* de *Gaulard*
& les *Escraignes Dijonoises*, à Paris, chez *Mocroi*, in-12. Il enfanta cette production à l'âge de 18
ans; mais il la revit & l'augmenta, en ayant plus de 35. Son ouvrage réimprimé plusieurs fois, entr'autres en 1662, in-12, renferme des règles sur les différentes
manières de plaisanter & même
sur les calembourgs. Cet auteur
mourut à Dijon en 1590, à 43 ans.

TACFARINAS, chef d'armée
contre les Romains en Afrique,
au tems de *Tibére*, étoit Numide
de nation. Il servit d'abord dans
les troupes auxiliaires des Romains; & ayant déserté, il assembla une bande de vagabonds &
de brigands, & se mit à faire des
courses qui lui réussirent. Il devint chef des Muzulains, nation
puissante proche des déserts de
l'Afrique, & il se ligua avec les
Maures du voisinage. Ceux - ci
étoient commandés par *Mazippa*,
& formèrent un camp-volant, qui
portoit le fer, le feu & la terreur de tous côtés; pendant que
Tacfarinas, avec l'élite des troupes, campoit à la manière des
Romains, & accoutumoit ses gens
à la discipline militaire. Les Cini-
thiens, autre nation considérable, entrèrent dans les mêmes intérêts. *Furius Camillus*, pro-consul d'Afrique, averti de ces mouvemens, marcha contre lui & le
vainquit l'an 17 de J. C. *Tacfari-*

nas renouvella ses brigandages
quelque tems après : il assiégea
même un château où *Decrius* commandoit, & défit la garnison qui
étoit sortie pour se battre en rase
campagne. *Decrius* remplit les devoirs d'un guerrier très-brave &
très - expérimenté. Les blessures
qu'il avoit reçues, dont l'une lui
avoit crevé un œil, ne l'empêchérent pas de faire tête à l'ennemi; mais ses soldats ayant pris
la fuite, il perdit la victoire & la
vie. Sa mort fut vengée par *Apronius*, successeur de *Camille* dans le
proconsulat d'Afrique. Ce général, a la tête de 500 vétérans,
chassa l'ennemi de devant la ville
de Thala, qu'il assiégeoit. *Junius
Blesus*, successeur d'*Apronius*, remporta aussi divers avantages sur
Tacfarinas, qui avoit changé sa
méthode de faire la guerre, & ne
faisoit plus que des courses, à la
manière des Numides. Ce dernier,
sans être abattu par ses défaites
réitérées, envoya un ambassadeur
à l'empereur pour lui demander
des terres, qu'il promettoit de
cultiver en paix. Loin de lui accorder sa demande, *Blesus* reçut
ordre de le poursuivre plus vi-
goureusement. Après avoir tenté
vainement de le réduire, il céda
cette gloire au pro-consul *Dolabella*. Ce nouveau général lui livra
bataille, & le brigand y fut vaincu, & mourut les armes à la main.

TACHON, (Dom Christophe)
Bénédictin de S. Sever au diocèse
d'Aire, mort en 1693, cultiva le
talent de la chaire avec succès.
On a de lui un livre intitulé :
*De la sainteté & des devoirs d'un
Prédicateur évangélique*, avec *l'Art
de bien prêcher*, & une courte Méthode pour catéchiser, in-12. Cet
ouvrage ne renferme que des préceptes triviaux.

TACHOS *ou* TACHUS , roi
d'Egypte du tems d'*Artaxercès
Ochus* , défendit ce royaume contre les Perfes, qui fongeoient à
l'attaquer de nouveau , malgré
les mauvais fuccès de leurs premiers efforts. Il obtint des Lacédémoniens un corps de troupes ,
commandé par *Agéfilas* , qui le
trahit d'une maniére indigne. *Tachos* ayant donné à *Chabrias*, Athénien , le commandement de l'armée , & n'ayant laiffé à *Agéfilas*
que celui des troupes auxiliaires,
celui-ci profita de la révolte de
Neðanebus , avec lequel il fe fignala. Le roi d'Egypte fut obligé de
fortir de fon royaume , & on ne
fait pas trop ce que devint ce
malheureux prince. *Athénée* donne une caufe finguliére au reffentiment d'*Agéfilas*. Il prétend que
Tachos , le voyant de petite taille, lui appliqua la fable de la Montagne qui accouche d'une fouris ;
& qu'*Agéfilas* en colère lui répondit : *Vous éprouverez un jour que je
fuis un lion.*

I. TACITE, (*C. Cornelius-
Tacitus*) hiftorien Latin , étoit
chevalier Romain. *Vefpafien* le prit
en affeðion , & commença à l'é-
lever aux dignités : *Tite* & *Domitien* eurent toujours beaucoup
d'eftime pour lui. Il fut conful
l'an 97 , à la place de *Virginius-
Rufus* fous *Nerva* , & époufa la
fille du fameux *Agricola*. Il plaida
plufieurs fois à Rome , & fit admirer fon éloquence. *Pline* le Jeune & lui étoient étroitement liés ;
ils fe corrigeoient mutuellement
leurs ouvrages. Nous avons de
Corneille-Tacite : I. Un Traité des
Mœurs des Germains. Il loue les
mœurs de ces peuples , mais comme *Horace* chantoit celles des barbares nommés Gètes ; l'un & l'autre (dit*Voltaire*)ignoroient ce qu'ils

louoient, & vouloient feulement
faire la fatyre de Rome ; cependant , ce que d'autres auteurs nous
ont appris des Germains, donne
lieu de croirequ'à plufieurs égards
le tableau de *Tacite*, quoiqu'embelli , eft d'après nature. II. La *Vie* de
fon beau-pere*Agricola*. Cet écrit eft
un des plus beaux & des plus précieux morceaux de l'antiquité. Les
gens de guerre, les courtifans ,
les magiftrats , y peuvent trouver
d'excellentes inftruðions. III. *Hiftoire des Empereurs* ; mais de vingt-
huit ans que cette Hiftoire contenoit , (depuis l'an 69 jufqu'en
96 ,) il ne nous refte que l'année 96 & une partie de 70. IV.
Ses *Annales* : elles renfermoient
l'Hiftoire de 4 empereurs, *Tibére*,
Caligula, *Claude*, *Néron*. Il ne nous
refte que l'hiftoire du premier &
du dernier, à-peu-près entière.
Caligula eft perdu tout entier , &
nous n'avons que la fin de *Claude*.
L'empereur *Tacite* , qui fe faifoit
honneur de defcendre de la famille de l'hiftorien , ordonna
qu'on mît fes ouvrages dans toutes les bibliothèques , & qu'on en
fît tous les ans dix copies aux dépens du public, afin qu'elles fuffent plus correðes. Cette fage
précaution n'a pas pu néanmoins
nous conferver, en entier , un ouvrage fi digne de paffer à la poftérité. *Tacite* eft , fans comparaifon , le plus grand des hiftoriens
aux yeux d'un philofophe. Il a
peint les hommes avec beaucoup
d'énergie, de fineffe & de vérité ;
les événemens touchans , d'une
manière pathétique ; & la vertu ,
avec autant de fentiment que de
goût. Il poffède, dans un haut
dégré, la véritable éloquence, le talent de dire fimplement de grandes
chofes. On doit le regardee comme
un des meilleurs maîtres de mo-

Ff ij

rale, par la triste, mais utile connoiffance des hommes, qu'on peut acquérir dans la lecture de fes ouvrages. On l'accufe d'avoir peint trop en mal la nature humaine ; c'eft-à-dire , de l'avoir peut-être trop étudiée. On l'accufe encore d'être obfcur ; ce qui fignifie feulement qu'il n'a pas écrit pour la multitude. On lui reproche enfin d'avoir le ftyle trop concis : comme fi le plus grand mérite d'un écrivain n'étoit pas de dire beaucoup en peu de mots. S'il peint en raccourci, fes traits en récompenfe font d'autant plus vifs & plus frapans. Plufieurs auteurs fe font exercés fur *Tacite.* Il y en a une traduction françoife par d'*Ablancourt*, & une par *Guerin*, chacune en 3 vol. in-12 : l'une & l'autre font peu prifées. Celle qu'a faite *Amelot* n'eft eftimable que par les connoiffances politiques qu'il a étalées dans fes longues notes ; elle eft en 6 vol. , auxquels on a ajoûté une fuite en 4 vol. L'abbé de la *Bletterie* a traduit les *Mœurs des Germains*, & la *Vie d'Agricola*, 2 vol. in-12 ; les fix premiers livres des *Annales*, 3 vol. in-12 ; le P. d'*Otteville* a traduit le refte en 4 vol. in-12. Cette verfion eft élégante & fidelle. L'auteur a pris pour modelle M. d'*Alembert*, qui a traduit divers morceaux de *Tacite* en 1 vol. in-12... Nous avons plufieurs éditions de *Tacite*. La premiére eft de Venife, 1468, infol. *Jufte-Lipfe* en a donné une infol. à Anvers 1585. *Gronovius*, une en 2 vol. in-8°. à Amfterdam 1672, que l'on appelle *des Variorum*. On préfere celle de *Ryckius*, où le texte eft plus exact, en 2 vol. in-8°. à Leyde 1687. *Elzevir*, en 1634, 'en a donné auffi une fort eftimée. On fait cas encore de celle *Ad ufum Delphini*, 1682 &

1687, 2 vol. in-4° ; & de celle d'Utrecht , 1721, 2 vol. in-4°. Celle qui parut en 1760, in-12, 3 vol. que nous devons à M. *Lallemant*, eft exacte. Il a paru chez L. F. *de la Tour*, à Paris ; rue S. Jacques, 1771 , un *Tacite* en 4 vol. in-4° ; & 1776, 7 vol. in-4°. dont le titre eft : *C. CorneliiTACITI Opera recognovit , emendavit , Supplementis explevit , Notis , Differtationibus , Tabulis geographicis illuftravit* Gabriel BROTIER. C'eft une des meilleures éditions qu'on ait données de cet auteur.

II. T A C I T E , (*M. Claudius*) empereur Romain, fut élu par le fénat en la place d'*Aurelien*, le 25 Septembre de l'an 275 , après un interrègne d'environ 7 mois. Il fe donna tout entier à l'adminiftration de la juftice & au gouvernement de l'Etat ; & dans l'une & dans l'autre de ces fonctions , il s'attira l'approbation générale. Il pouffa le défintéreffement fi loin, qu'au lieu de profiter des revenus de l'empire, il lui facrifia fes propres biens, qui montoient en fonds & en meubles à 7 ou 8 millions d'or. La juftice, exempte de corruption, fe rendoit felon le droit de chacun ; & afin que le cours en fût toujours égal, il dreffa de fages conftitutions. Les mauvaifes coutumes furent abolies, les lieux de proftitution furent condamnés, & les bains publics furent fermés après le coucher du foleil. *Tacite* ne fe régloit que fur les confeils du fénat, & jamais empereur ne lui laiffa plus d'autorité. Ce corps lui ayant refufé le conful at, qu'il demandoit pour *Florien* fon frere, il répondit : *Il eft à croire que le Sénat a un meilleur choix à faire.* Il ne voulut jamais permettre à l'impératrice de fe parer de pierreries , & il défendit à qui que ce foit , de porter des habits brodés d'or. Au commencement de ce [règne , les Barbares fe jettérent, lorfqu'on y penfoit le moins , fur les terres de l'empire ; mais ils en fortirent très-promptement , foit qu'ils y fuffent forcés, foit qu'ils euffent été payés pour s'en retirer. Le 4ᵉ ou le 5ᵉ mois de l'avènement de *Tacite* au trône impérial , il entreprit de porter la guerre chez les Perfes & chez les Scythes,Afiatiques ; & il étoit déjà à Tarfe en Cilicie, quand il fut attaqué de la fièvre, ou plutôt par fes foldats qui lui ôtèrent la vie. Les hiftoriens qui conviennent le plus entr'eux, ne lui donnent qu'environ 6 mois de règne.

T A C O N N E T , (Touffaint Gafpard) né à Paris en 1730 , d'un menuifier, quitta le métier de fon pere pour fe livrer à fon inclination libertine. Il fe mit à faire des vers ; le cabaret fut fon Parnaffe. Etant entré dans la troupe des Hiftrions de la foire, il fut à la fois acteur & poëte. On l'appella le *Moliére des Boulevards*. Il fit pour le fpectacle de *Nicolet* un grand nombre de *Parodies* , de *Farces* & de *Parades*, dont on peut voir la lifte dans la *France Littéraire*. Parmi fes nombreufes productions faites pour divertir la plébécaille, les honnêtes-gens voient avec quelque plaifir les *Aveux Indifcrets* , le *Baifer donné & rendu*. Ses héros étoient des *Savetiers* , des *Ivrognes* , des *Commères*, des *Barbouillards*, des *Egrillards* , & il mettoit dans fes piéces la même gaieté & les mêmes charges qu'il avoit dans fon jeu. Il mourut à Paris à l'Hôpital de la Charité, en Décembre 1774 , des fuites de fes débauches.

TACQUET , (André) Jéfuite d'Anvers , mort en 1660 , fe diftingua dans les mathématiques , & donna un bon *Traité d'Aftronomie*. Ses *Ouvrages* imprimés en un vol. in-fol. à Anvers en 1669 & 1707, ont été recherchés autrefois.

TADDA, (François) fculpteur de Florence , floriffoit au milieu du XVIᵉ fiécle. *Côme de Médicis*, grand-duc de Tofcane , l'honora de fa protection & de fon eftime. Ce fculpteur trouvant plufieurs morceaux de porphyre , parmi des piéces de vieux marbre, voulut en compofer un Baffin de fontaine, qui parût être d'une feule pierre. Il fit (dit-on) diftiller certaines herbes, dont il tira une eau qui avoit tant de vertu, qu'en y trempant plufieurs morceaux détachés, elle les uniffoit & leur donnoit une dureté extraordinaire. Il répéta cet effai plufieurs fois avec un égal fuccès ; mais fon fecret fut enterré avec lui.

TAFFI, (André) peintre, natif de Florence, mort en 1294, âgé de 81 ans, apprit fon art de quelques peintres Grecs , que le fénat de Venife avoit mandés. Il s'appliqua fur-tout à la *Mofaïque* , forte de peinture dont le fecret lui fut montré par *Apollonius* , un de ces artiftes Grecs. *Taffi* travailla de concert avec lui, dans l'Eglife de *S. Jean* de Florence, à repréfenter plufieurs Hiftoires de la Bible. On admiroit fur-tout un *Chrift*, de la hauteur de fept coudées, compofé avec un grand foin par *Taffi*. On reproche à ce peintre d'avoir été plus fenfible au profit, qu'à l'honneur qu'il retira de ce beau morceau de peinture , & d'avoir depuis précipité fon travail par avidité pour le gain.

TAGEREAU, (Vincent) avocat au parlement de Paris , au XVIIᵉ siécle, étoit Angevin. On a de lui, I. Un *Traité* contre le *Congrès*, imprimé à Paris en 1611 in-8°, sous ce titre : *Discours de l'impuissance de l'Homme & de la Femme.* L'auteur y prouve que le congrès est déshonnête, impossible à exécuter, & empêche plûtôt de connoître la vérité, qu'il ne sert à la découvrir. Cet usage abominable fut aboli en 1677, sur un plaidoyer de *Lamoignon*, alors avocat-général. II. Le *Vrai Praticien François*, in-8°.

TAGLIACOCCI, (Gaspar) professeur en médecine & en chirurgie dans l'université de Bologne sa patrie, mourut dans cette ville en 1553, à 64 ans. Il s'est rendu très-fameux par un livre, où il enseigne la maniére de réparer les défauts des narines, des oreilles & des lèvres, dans le cas de mutilation ou de difformité de ces parties. Mais *Manget* croit que tout ce qu'il dit sur cette matière, quelque ingénieux qu'il soit, n'a jamais pu exister que dans la théorie, & que lui-même ne l'avoit point pratiqué. Quoi qu'il en soit, *Tagl.* raporte des exemples de nez perdus, & rétablis par son art. Sa Statue dans la salle d'anatomie de Bologne, le représente un nez à la main. Son Traité plein de choses curieuses, divisé en deux livres, & accompagné de figures, parut à Francfort en 1598, in-8°, sur l'édition faite à Venise l'année précédente, 1597, in-fol. sous ce titre : *De Curtorum chirurgia per insitionem.* Un nommé *Verduin* a renouvellé l'idée de *Tagliacocci*, dans son livre *De nova Artuum decurtandorum ratione*, Amsterdam, 1696, in-8°.

TAHUREAU, (Jacques) né au Mans vers 1527, fit quelques campagnes avant de se marier. Il n'étoit encore fixé à aucun état, quand il mourut en 1555. Ses *Poësies* furent

imprimées à Paris en 1574, in-8°. Ses *Dialogues facetieux*, 1566, in-8°, prouvent que l'auteur avoit de la gaieté dans le caractére & du naturel dans l'esprit ; mais ses vers sont très-peu de chose.

TAILLE, (Jean & Jacques de la) poëtes dramatiques François, étoient deux freres, qui naquirent à Bondaroi dans la Beauce, près de Pithiviers, d'une famille noble & ancienne : *Jean* en 1536, & *Jacques* en 1542. Le premier s'appliqua d'abord au Droit ; la lecture de *Ronsard* & de *du Bellay* lui fit bientôt abandonner les Loix pour les Muses. Il inspira son goût à son frere, qui, avant l'âge de 20 ans, composa cinq *Tragédies* & d'autres Poësies ; mais il mourut de la peste en 1562, à la fleur de son âge. *Jean*, son frere aîné, prit le parti des armes. Il se trouva à la bataille de Dreux, & fut dangereusement blessé au visage à celle d'Arnai-le-Duc. Au retour du combat, le roi de Navarre, depuis *Henri IV*, courut l'embrasser, & le remit à ses chirurgiens pour être pansé. Il mourut en 1608. On a de lui, I. Des *Tragédies*, des *Comédies*, des *Elégies* & d'autres Poësies, imprimées avec celles de son frere *Jacques*, en 1573 & 1574, 2 vol. in-8°. II. Une *Géomance*, 1574, in-4°. III. *Les Singeries de la Ligue*, 1595, in-8°, ou dans la Satyre *Ménippée.* IV. *Discours des Duels*, 1607, in-12. Le guerrier valoit mieux en lui que le poète & le profateur.

TAILLEPIED, (Noël) religieux de St François, né à Pontoise, mort en 1589, fut lecteur en théologie & prédicateur. On a de lui, I. Une *Traduction* françoise des *Vies de Luther*, de *Carlostad* & de *Pierre Martyr*, in-8°. II. Un *Traité de l'Apparition des Esprits*, 1602, in-12, fruit d'un esprit superstitieux &

trédule. III. Un *Recueil* fur les Antiquités de la ville de Rouen, in-8°. C'eſt ſon meilleur ouvrage. IV. L'*Hiſtoire des Druides*, Paris 1585, in-8°, livre ſavant, rare & recherché.

TAISAND, (Pierre) avocat & juriſconſulte au parlement de Dijon, ſa patrie, puis tréſorier de France en la généralité de Bourgogne, naquit en 1644, & mourut en 1715, aimé & eſtimé. Ses meilleurs ouvrages ſont: I. Les *Vies des plus célèbres Juriſconſultes*. La plus ample édition de cet ouvrage eſt celle de 1737, in-4°. II. *Hiſtoire du Droit Romain*, in-12. III. *Coutume générale de Bourgogne*, avec un *Commentaire*, 1698, in-fol.

TAISNIER, (Jean) né à Ath en 1509, fut précepteur des pages de l'empereur *Charles-Quint* ; mais cet emploi gênant ſon goût pour le travail & les talens agréables, il alla ſe fixer à Cologne, où il fut maître de muſique de la chapelle de l'électeur. Il paſſoit pour un habile chiromancien. On a de lui *Opus mathematicum*, Cologne 1562, in-folio. C'eſt dans cet ouvrage qu'on trouve ſa *Chiromancie* & ſon *Aſtrologie judiciaire*.

I. TAIX, (Jean ſeigneur de) d'une famille noble de Touraine, fut grand-maître de l'artillerie, & premier colonel général de l'infanterie Françoiſe, en 1544, époque de l'inſtitution de cette charge. Il perdit dans la ſuite celle de grand-maître de l'artillerie, pour avoir tenu quelques propos indiſcrets ſur la ducheſſe de *Valentinois* & le maréchal de *Briſſac*. Il fut tué dans la tranchée au ſiége de Heſdin en 1553.

II. TAIX, (Guillaume de) chanoine & doyen de l'Egliſe de Troyes en Champagne, & abbé de Baſſe-Fontaine, naquit au château de Freſnay près de Châteaudun, en 1532, de la famille du précédent, & mourut en 1599. Il a donné une *Relation* curieuſe & intéreſſante de ce qui s'eſt paſſé aux Etats de Blois en 1576, qu'on trouve dans les *Mélanges* de *Camuſat* ; & une autre de deux aſſemblées du Clergé, où il avoit aſſiſté comme député : celle-ci parut à Paris en 1625, in-4°.

I. TALBOT, (Jean) comte de Shrewsbury & de Waterford, d'une illuſtre maiſon d'Angleterre, originaire de Normandie, donna les premières marques de ſa valeur, lors de la réduction de l'Irlande ſous l'obéiſſance du roi *Henri V*, qui le fit gouverneur de cette iſle. Il ſe ſignala enſuite en France, où il étoit paſſé en 1417, avec l'armée Angloiſe. Il reprit la ville d'Alençon en 1428, puis Pontoiſe & Laval. Il commandoit au ſiége d'Orléans, avec les comtes de *Suffolck* & d'*Eſcalles* ; mais la *Pucelle* les obligea de le lever. *Talbot* continua de ſe diſtinguer, juſqu'à ce qu'il fut fait priſonnier à la bataille du Patay, en Beauce. Après ſa délivrance, il emporta d'aſſaut Beaumont-ſur-Oiſe, & rendit de grands ſervices au roi d'Angleterre, qui le fit maréchal de France en 1441. Deux ans après, ce prince l'envoya en qualité d'ambaſſadeur, pour traiter de la paix avec le roi *Charles VII* ; il remplit ſa commiſſion avec beaucoup d'intelligence. La Guienne ayant tenté de ſe détacher du parti de l'Angleterre, il prit Bordeaux avec pluſieurs autres villes, & rétablit les affaires des Anglois ; mais étant accouru vers la ville dé Caſtillon, pour en faire lever le ſiége aux François, il fut tué dans une bataille, avec un de ſes fils, le 17. Juillet 1453. Les Anglois l'appelloient leur *Achille*, & il étoit digne

F f iv.

de ce nom. Aussi brave qu'habile, il étoit le plus grand général qu'ils eussent alors. Les armes n'étoient pas son seul talent; il savoit négocier ainsi que combattre.

II. TALBOT, (Pierre) né en Irlande en 1620, d'une branche de l'illustre maison de *Talbot*, devint aumônier de la reine *Catherine* de Portugal, femme de *Charles II* roi d'Angleterre. Son zèle pour la religion Catholique le porta à quitter la cour & à repasser en Irlande, où il travailla si utilement pour l'Eglise, que le pape *Clément XI* le fit archevêque de Dublin. Arrêté & renfermé par les Protestans dans une étroite prison, il y mourut en odeur de sainteté, vers 1682. On a de lui : I. *De natura Fidei & Hæresis*, in-8°. II. *Politicorum Catechismus*, in-4°. III. *Tractatus de Religione & Regimine*, in-4°. IV. *Histoire des Iconoclastes*, Paris, 1674, in-4°. & d'autres ouvrages.

III. TALBOT, (Richard) duc de Tyrconel, frere du précédent, se trouva dès l'âge de 15 ans à une bataille, où il resta 3 jours parmi les morts. Après la mort de *Cromwel*, il s'attacha à *Charles II* roi d'Angleterre, & fut laissé viceroi d'Irlande par *Jacques II*, lorsque ce dernier passa en France. *Talbot* s'opposa à *Guillaume* prince d'Orange, & se préparoit à donner bataille, lorsqu'il mourut en 1692. Son Oraison funèbre, prononcée à Paris par l'abbé *Anselme*, & publiée in-4°, donne une grande idée de sa valeur, & de son zèle pour la religion Catholique & pour les *Stuarts*.

IV. TALBOT, (Guillaume) de la même maison que les précédens, mais d'une branche Protestante, établie en Angleterre, mort en 1730, avoit été successivement évêque d'Oxford, puis de Sarisbury, & enfin de Durham. On a de

lui un volume de *Sermons*, & quelques autres écrits, qui n'ont qu'un mérite médiocre.

V. TALBOT, (Charles) fils du précédent, & lord grand-chancelier d'Angleterre, naquit en 1686, & mourut en 1736, après avoir montré beaucoup de talent pour les affaires d'état & pour la politique.

TALHOUET, (N.) maître des requêtes, convaincu de prévarication à l'égard de la Banque & de la compagnie des Indes, fut condamné à mort l'an 1723, sous M. le Régent; mais la peine de mort fut commuée en une prison perpétuelle à l'isle Ste-Marguerite. Il mourut fort âgé. C'étoit un homme de plaisir, que ses concussions n'avoient point enrichi. Dans sa vieillesse, il avoit conservé son esprit & sa mémoire; mais son imagination frappée lui avoit laissé un tic singulier. Comme on l'avoit accusé d'avoir ordonné des choses répréhensibles, sa tête s'étoit échauffée de cette idée, & à chaque phrase il plaçoit ces mots : *d'ordonner des choses*. Ce refrein causoit quelquefois des équivoques plaisantes.

TALLARD, (Camille d'Hostun, comte de) maréchal de France, naquit le 14 Février 1652, d'une ancienne & illustre maison de Provence. Il eut, à l'âge de 16 ans, le régiment royal des Cravates, à la tête duquel il se signala pendant dix ans. Il suivit *Louis XIV* en Hollande l'an 1672. *Turenne*, instruit de son mérite, lui confia en 1674 le corps de bataille de son armée au combat de Mulhausen & de Turkéim. Après s'être distingué en diverses occasions, il fut élevé au grade de lieutenant-général en 1693. Egalement propre aux armes & à la négociation, il fut envoyé l'an 1697, en qualité d'ambassadeur, en Angleterre où il conclut le traité de partage pour la fucceffion de *Charles II.* La guerre s'étant rallumée, il commanda fur le Rhin en 1702. Le bâton de maréchal de France lui fut accordé l'année d'après. Il prit le vieux Brifach, foûs les ordres du duc de *Bourgogne*, & mit le fiége devant Landau. Les Impériaux, commandés par le prince de Heffe-Caffel, étant venus l'attaquer dans fes lignes, il alla au-devant d'eux, les joignit fur les bords du Spirback, les attaqua la bayonnette au bout du fufil, les battit, & obtint tous les trophées qui fuivent la victoire la plus décidée. Son caractére avantageux lui fit gâter une action fi brillante, par une Lettre follement hyperbolique. *Nous avons pris plus de drapeaux & d'étendards*, écrivit-il à Louis *XIV*, *que votre Majefté n'a perdu de foldats*. La prife de Landau fut le fruit de cette victoire. Le maréchal de *Tallard* fut envoyé, en 1704, avec un corps d'environ 30,000 hommes, pour s'oppofer à *Marleborough*, & fe joindre à l'électeur de Bavière. Les deux armées fe rencontrèrent à-peu-près dans les mêmes campagnes, où le maréchal de *Villars* avoit remporté une victoire un an auparavant, c'eft-à-dire dans la plaine d'Hochftet. Le général Anglois, auquel s'étoit joint le prince *Eugène*, eut tout l'honneur de cette journée. Le maréchal de *Tallard* courant pour rallier quelques efcadrons, la foibleffe de fa vue lui fit prendre un corps ennemi pour un corps de nos troupes ; il fut fait prifonnier & mené au général Anglois, qui n'oublia rien pour le confoler. Le maréchal, fatigué de tous les lieux-communs qu'on lui débitoit fur l'inconftance de la fortune, dit à *Maleborough* avec une impatience très-déplacée : *Tout cela*

n'empêche pas que votre Grandeur *n'ait battu les plus braves troupes du monde.-- J'efpére*, repliqua Milord, *que votre* Grandeur *exceptera celles qui les ont battues.* Le maréchal de *Tallard* fut conduit en Angleterre, où il fervit beaucoup la France, en détachant la reine *Anne* du parti des Alliés, & en faifant rappeller *Marleborough*. De retour en France en 1712, il fut créé duc. En 1726, il fut nommé fecrétaire-d'état : place qu'il ne conferva pas long-tems, étant mort en 1728, à 76 ans. Il eut un fils, *Marie-Jofeph de Hoftun*, duc de *Tallard*, dont le duché fut érigé en Pairie en 1715 ; & dont l'époufe, *Marie-Ifabelle-Gabrielle* de Rohan, née en 1699, fuccéda à fon aieule Mad^e de *Ventadour* dans la charge de gouvernante des Enfans de France. Le maréchal de *Tallard* avoit des lumiéres. L'académie des fciences l'étoit affocié en 1723. Sa préfomption ternit la gloire qu'il auroit pu retirer de l'ardeur de fon courage & de l'activité de fon efprit.

I. TALLEMANT, (François) abbé du Val-Chrétien, prieur de St Irénée de Lyon, & l'un des Quarante de l'académie Françoife, naquit à la Rochelle vers 1620. Il fut aumônier du roi pendant 24 ans, & enfuite de la Dauphine, à laquelle il plut par fon amour pour les belles-lettres. Il mourut foûs-doyen de l'académie Françoife, en 1693, à 73 ans. L'abbé *Tallemant* poffédoit les langues mortes & les vivantes ; mais il écrivoit avec beaucoup de négligence dans la fienne. Nous avons de lui : I. Une *Traduction* françoife des *Vies* des Hommes illuftres de *Plutarque*, en 8 vol. in-12. L'abbé *Tallemant*, fec traducteur du françois d'*Amyot*, (fuivant l'expreffion de *Boileau*,) n'offre dans cette verfion, ni fidélité, ni élégance. *Louis XIV*, qui avoit quitté *Amyot* pour la lire, revint bientôt à ce naïf écrivain. La verfion de *Tallemant* fut imprimée fept fois du vivant de l'auteur : tant il eft vrai que le débit d'un livre n'en prouve pas le mérite. II. Une *Traduction* de l'Hiftoire de Venife du Procurateur *Nani*, 1682, en 4 vol. in-12, qui vaut mieux que la précédente.

II. TALLEMANT, (Paul) parent du précédent, né à Paris en 1642, devint membre de l'académie Françoife & fecrétaire de celle des Infcriptions. Le grand Colbert lui obtint des penfions & des bénéfices; il eut beaucoup de part à l'*Hiftoire de Louis XIV* par les Médailles. On a encore de lui des *Harangues* & des *Difcours*, qui ne font pas des chef-d'œuvres d'éloquence; & fon *Voyage* de l'*Ifle d'Amour*, 1663, in-12, eft un peu infipide. Il mourut en 1712. Aux richeffes dont il avoit embelli fon efprit, il joignoit le tréfor plus précieux de la vertu. Sa fociété étoit douce & aifée; il fut fe faire des amis & les conferver.

I. TALON, (Omer) avocat-général au parlement de Paris, d'une famille diftinguée dans la robe, en foutint la gloire par fon intégrité autant que par fes talens. Il mourut en 1652, à 57 ans, regardé comme l'oracle du barreau, & refpecté même de fes ennemis. On a de lui 8 vol. in-12 de *Mémoires* fur différentes affaires qui s'étoient préfentées au parlement, pendant les troubles de la *Fronde*. Ils commencent à l'an 1630, & finiffent en Juin. 1653.

II. TALON, (Denys) fils du précédent, lui fuccéda dans la charge d'avocat-général. Il fut digne de fon pere, & il fe fignala par les mêmes vertus & les mêmes

talens. Il mourut en 1698; préfident-à-mortier. Nous avons de lui quelques Pièces, imprimées avec les *Mémoires* de fon pere, qu'elles ne déparent point. Le *Traité de l'autorité des Rois dans le gouvernement de l'Eglife*, qu'on lui attribue, n'eft point de lui. Ce Traité eft de *Roland* le *Vayer* de *Boutigny*, mort intendant de Soiffons en 1685.

TAMAYO, (Martin) foldat Efpagnol, fervoit en Allemagne dans l'armée de l'empereur *Charles-Quint*, l'an 1546. Il fe rendit célèbre par une action de bravoure, & par la fédition dont il penfa être la caufe innocente. L'armée de l'empereur, plus foible que celle des Proteftans, commandée par le landgrave de Heffe, étoit campée en préfence des ennemis près d'Ingolftad; un rebelle d'une taille de géant, & qui fe croyoit le héros de fon fiécle, s'avançoit chaque jour entre les deux camps, armé d'une hallebarde, & provoquoit au combat les plus braves des Impériaux. *Charles-Quint* fit faire des défenfes, fous peine de la vie, à tous les fiens d'accepter le défi. Ce fanfaron revenoit tous les jours, & s'approchant du quartier des Efpagnols, leur reprochoit leur lâcheté dans les termes les plus injurieux. *Tamayo*, fimple fantaffin dans un régiment de fa nation, ne put fouffrir l'infolence de ce nouveau *Goliath*. Il prit la hallebarde d'un de fes camarades, & fe laiffant couler le long des retranchemens, il alla l'attaquer; & fans avoir été bleffé, lui porta un coup de hallebarde dans la gorge & le jetta fur le carreau. Il prit enfuite l'épée de ce malheureux, dont il lui coupa la tête & l'apporta dans le camp. Il la fut préfenter à Sa Majefté, & fe jettant à fes pieds, il lui demanda la vie. *Charles-Quint* la lui refufa, malgré les priéres des principaux officiers de l'armée; mais voyant les troupes Efpagnoles prêtes à en venir aux derniéres extrémités pour qu'on leur rendît leur illuftre camarade, il le remit entre les mains du duc d'*Albe*, qui lui accorda fa grace.

TAMBURINI, & en françois TAMBOURIN, (Thomas) naquit en Sicile d'une famille illuftre, fe fit Jéfuite, exerça divers emplois dans cette compagnie, & mourut vers 1675. Ses Ouvrages, qui roulent tous fur la *Théologie Morale*, ont été recueillis à Lyon, 1659, in-fol. Il y explique le Décalogue & les Sacremens. Beaucoup de théologiens y ont trouvé des propofitions répréhènfibles.

TAMERLAN, appellé par les fiens *Teimur-Lenc* ou *Teimur le Boiteux*, étoit fils d'un berger fuivant les uns; & iffu du fang royal, fuivant les autres. Il naquit en 1335 dans la ville de Kefch, territoire de l'ancienne Sogdiane, où les Grecs pénétrérent autrefois fous *Alexandre*, & où ils fondèrent des colonies. Son courage éclata de bonne heure. Sa première conquête fut celle de Balk, capitale du Korafan, fur les frontières de la Perfe. De-là il alla fe rendre maître de la province de Candahar. Il fubjugua toute l'ancienne Perfe, & retournant fur fes pas pour foumettre les peuples de la Tranfoxane, il prit Bagdad. Il paffa enfuite aux Indes, les foumit, & fe faifit de Deli qui en étoit la capitale. Vainqueur des Indes, il fe jette fur la Syrie, il prend Damas. Il revole a Bagdad qui vouloit fecouer a joug, il la livre au pillage & au glaive. On dit qu'il y périt plus de 800,000 habitans; elle fut entiéremçnt détruite. Les villes de ces contrées étoient aifément rafées, & fe rebâtiffoient de même; elles n'étoient que de briques féchées au foleil. Ce fut au milieu du cours de fes victoires, que l'empereur Grec, qui ne trouvoit aucun fecours chez les Chrétiens, s'adreffa au héros Tartare. Cinq princes Mahométans, que *Bajaçet* avoit dépoffédés vers les rives du Pont-Euxin, imploroient dans le même tems fon fecours. *Tamerlan* fut fenfible à ce concours d'ambaffadeurs; mais il ne les reçut pas également. Ennemi déclaré du nom Chrétien, & admirateur de *Bajaçet*, il ne voulut le combattre qu'après lui avoir envoyé des députés, pour le fommer d'abandonner le fiége de Conftantinople, & de rendre juftice aux princes Mufulmans dépoffédés. Le fier *Bajaçet* reçut ces propofitions avec colére & avec mépris. *Tamerlan*, furieux de fon côté, fe prépara à marcher contre lui. Après avoir traverfé l'Arménie, il prit la ville d'Arcingue, & fit paffer au fil de l'épée les habitans & les foldats. De-là il alla fommer la garnifon de Sébafte de fe rendre; mais cette ville ayant refufé, il l'abandonna à la fureur du foldat. Il permit de maffacrer tout, à la réferve des principaux citoyens, qu'il ordonna de lui amener pour les punir comme les premiers auteurs de la réfiftance. Après qu'on leur eut lié la tête aux cuiffes, on les jetta dans une foffe piofonde, que l'on couvrit de poutres & de planches, fur lefquelles on jetta de la terre, afin qu'ils fouffriffent plus long-tems en cet affreux abyme, & qu'ils fentiffent toutes les horreurs du défefpoir & de la mort. Après avoir rafé Sébafte, il s'avança vers Damas & Alep qu'il traita de la même manière, enlevant des richeffes infinies, & emmenant une multitude innombrable de captifs. Ayant demandé inutilement au fultan d'Egypte de lui abandonner la Syrie & la Paleſtine, il s'en empara à main armée. Il entra enfuite dans l'Egypte, porta ſes armes victorieuſes juſqu'à Memphis, alors nommée Alcaïr *ou* le Caire, dont il tira des tréſors immenſes. Cependant il s'approchoit de *Bajaʒet* : les deux héros ſe rencontrérent dans les plaines d'Ancyre en Phrygie en 1402. On livre bataille qui dure 3 jours, & *Bajaʒet* eſt vaincu & fait priſonnier. Le vainqueur l'ayant enviſagé attentivement, dît à ſes ſoldats : *Eſt-ce-là ce* Bajazet *qui nous a inſultés ? — Oui*, répondit le captif, *c'eſt moi, &... il vous ſied mal d'outrager ceux que la fortune a humiliés... Tamerlan* lui ayant demandé comment il l'auroit traité, ſi la fortune lui avoit été favorable ? *Je vous aurois renfermé*, lui répondit-il, *dans une cage de fer* ; & auſſi-tôt il le condamna à la même peine, ſi l'on en croit les Annales Turques. Les auteurs Arabes prétendent que ce prince ſe faiſoit verſer à boire par l'épouſe de *Bajaʒet* à demi nue ; & c'eſt ce qui a donné lieu à la fable reçue, que les ſultans ne ſe marièrent plus depuis cet outrage. Il eſt difficile, dit *Voltaire*, de concilier la cage de fer & l'affront brutal fait à la femme de *Bajaʒet*, avec la généroſité que les Turcs attribuent à *Tamerlan*. Ils rapportent que le vainqueur étant entré dans Burſe, capitale des Etats Turcs Aſiatiques, écrivit à *Soliman*, fils de *Bajaʒet*, une lettre qui eût fait honneur à *Alexandre*. *Je veux oublier*, dit *Tamerlan* dans cette lettre, *que j'ai été l'ennemi de* Bajazet ; *je ſervirai de pere à ſes enfans, pourvu qu'ils attendent les*

effets de ma clémence. Mes conquêtes me ſuffiſent., & de nouvelles faveurs de l'inconſtante fortune ne me tentent point. Suppoſé qu'une telle lettre ait été écrite, elle pouvoit n'être qu'un artifice. Les Turcs diſent encore que *Tamerlan*, n'étant pas écouté de *Soliman*, déclara ſultan un autre fils de *Bajaʒet* & lui dît : *Reçois l'héritage de ton pere ; une ame royale fait conquérir les royaumes & les rendre.* Les hiſtoriens Orientaux, ainſi que les nôtres, mettent ſouvent dans la bouche des hommes célèbres, des paroles qu'ils n'ont jamais prononcées. La prétendue magnanimité de *Tamerlan* n'étoit pas ſans doute de la modération. On le voit bientôt après piller la Phrygie, l'Ionie, la Bithynie. Il repaſſa enfuite l'Euphrate, & retourna dans Samarkande, qu'il regardoit comme la capitale de ſes vaſtes états. Ce fut dans cette ville qu'il reçut l'hommage de pluſieurs princes de l'Aſie, & l'ambaſſade de pluſieurs ſouverains. Non ſeulement l'empereur Grec, *Manuel Paléologue*, y envoya ſes ambaſſadeurs ; mais il en vint de la part de *Henri III*, roi de Gaſtille. Il y donna une de ces fêtes qui reſſemblent à celles des premiers rois de Perſe. Tous les ordres de l'Etat, tous les artiſans paſſérent en revue, chacun avec les marques de ſa profeſſion. Il maria tous ſes petits-fils & toutes ſes petites-filles le même jour. Enfin, réſolu d'aller faire la conquête de la Chine, il mourut l'an 1405, en ſa 71e année, à Otrar dans le Turqueſtan, après avoir régné 36 ans : plus heureux par ſa longue vie & par le bonheur de ſes deſcendans, qu'*Alexandre* auquel les Orientaux le comparent ; mais fort inférieur au Macédonien, en ce qu'il naquit chez une nation barbare , & qu'il détruisît beaucoup de villes , comme *Gengiskan* , fans en bâtir. Je ne crois point d'ailleurs , (dit l'hiftorien déja cité ,) que *Tamerlan* fût d'un naturel plus violent qu'*Alexandre*. Un fameux poète Perfan , étant dans le même bain que lui avec plufieurs courtifans , & joüant à un jeu d'efprit qui confiftoit à eftimer en argent ce que valoit chacun d'eux : *Je vous eftime trente afpres* , dit-il au grand Kan. --*La ferviette dont je m'effuie les vaut* , repondit le monarque. --*Mais c'eft auffi en comptant la ferviette*, répartit *Homédi*... Peut-être qu'un prince qui laiffoit prendre ces innocentes libertés , n'avoit pas un fond de naturel entièrement féroce ; mais on fe familiarife avec les petits , & on égorge les autres. Ses fils partagèrent entr'eux fes conquêtes. Nous avons une *Hiftoire* de *Tamerlan* , compofée en perfan par un auteur contemporain ; & traduite par *Petis* de la *Croix* , 1722 , en 4 tom. in-12.

TANAQUESIUS , *Voyez* I. **THOMASIUS**.

TANAQUILLE , appellée auffi *Cécilie* , femme de *Tarquin* l'*Ancien* , née à Tarquinie ville de Tofcane , fut mariée à *Lucumon* , fils d'un homme qui s'étoit réfugié dans cette ville , après avoir été chaffé de Corinthe fa patrie. Les deux époux , dévorés l'un & l'autre d'une ambition égale , allèrent tenter fortune à Rome. *Lucumon* y prit le nom de *Tarquin*. Il gagna l'eftime & l'amitié des Romains , & s'infinua tellement dans les bonnes-graces du roi , qu'il fut revêtu des plus grands emplois , & qu'il devint roi lui-même. Ce prince ayant été affaffiné la 38e année de fon règne, *Tanaquille* fit tomber la couronne fur *Servius-Tullius,*

fon gendre. Elle l'aida dans l'adminiftration des affaires , & fut fon confeil , ainfi qu'elle avoit été celui de fon époux. La mémoire de cette femme illuftre fut en fi grande vénération dans Rome pendant plufieurs fiécles , qu'on y confervoit précieufement les ouvrages qu'elle avoit filés , fa ceinture , & une robe royale qu'elle avoit faite pour *Servius-Tullius.* C'eft elle qui fit la première de ces tuniques tiffues , que l'on donnoit aux jeunes-gens , quand ils fe défaifoient de la *Prætexta* pour prendre la robe virile ; & de celles dont on revêtoit les filles qui fe marioient.

TANCHELIN , *ou* **TANCHELME** , fanatique du XIIe fiécle , né à Anvers , prêcha publiquement dans les Pays-Bas & dans la Hollande contre les Sacremens, les prêtres , les évêques , les papes & la dîme. Cet impofteur avoit tellement fafciné les efprits, qu'il abufoit des filles en préfence de leurs meres , & des femmes en préfence de leurs maris. Bien loin que les uns & les autres le trouvaffent mauvais , ils fe croyoient tous honorés de l'amour du prétendu prophète. Il paroiffoit en public , efcorté de 3000 hommes armés qui le fuivoient par-tout. Il marchoit avec la magnificence d'un roi , & il fe fervoit de fon fanatifme même pour fubvenir à fes dépenfes. Un jour qu'il prêchoit à une grande foule de peuple , il fit placer à côté de lui un tableau de la Ste Vierge , & mettant fa main fur celle de l'Image , il eut l'impudence de dire à la Mere de Dieu : *Vierge Marie , je vous prends aujourd'hui pour mon époufe* ; puis fe tournant vers le peuple : *Voilà* , dit-il , *que j'ai époufé la Ste Vierge ; c'eft à vous à* *fournir aux frais des fiançailles & des noces.* En même tems il fait placer à côté de l'Image deux troncs, l'un à droite & l'autre à gauche : *Que les Hommes,* dit-il, *mettent dans l'un ce qu'ils veulent me donner, & les Femmes dans l'autre ; je verrai lequel des deux sexes a le plus d'amitié pour moi & pour mon époufe.* Les femmes s'arrachérent jufqu'à leurs colliers & leurs pendans d'oreille pour les lui donner. Cet enthoufiafte d'une efpèce finguliére, fit de grands ravages dans la Zélande, à Utrecht, & dans plufieurs villes de Flandres, fur-tout à Anvers. Malgré le zèle de St. *Norbert*, qui le confondit plufieurs fois. Il s'avifa d'aller à Rome en habit de moine, prêchant par-tout fes erreurs ; mais à fon retour, il fut arrêté, & mis en prifon par *Fréderic*, archevêque de Cologne. Il s'échapa de fa prifon, & un prêtre crut faire une bonne œuvre de lui donner la mort, en 1125.

I. TANCRÈDE DE HAUTE-VILLE, feigneur Normand, vaffal de *Robert* duc de Normandie, fe voyant chargé d'une grande famille, avec peu de biens, envoya plufieurs de fes fils, entre autres *Guifcard* & *Roger*, tenter fortune en Italie. Ils prirent Palerme en 1070, & fe rendirent maître de la Sicile, où leurs defcendans régnérent dans la fuite avec beaucoup de gloire.

II. TANCRÈDE, archidiacre de Bologne au XIII* fiécle, eft auteur d'une *Collection* de Canons. *Ciron* l'a donnée au public, avec des notes utiles.

III. TANCRÈDE, prétendu *Duc de Rohan*, fut porté jeune en Hollande par un capitaine, qui le donna à un payfan. On en eut enfuite fi peu de foin, que man-

quant de tout, il fut fur le point d'apprendre un métier. Mais en 1645, *Marguerite de Bethune*, ducelfe de *Rohan*, voulant déshériter fa fille, qui s'étoit mariée malgré elle à *Henri Chabot*, reconnut *Tancrède* pour fon fils. Le foi-difant duc de *Rohan* vint à Paris, où le parlement le déclara fuppofé par un célèbre arrêt rendu en 1646. Cet impofteur fut tué fort jeune en 1649, d'un coup de piftolet, pendant la guerre civile de Paris ; il avoit donné des marques de bravoure finguliéres.

TANEVOT, (Alexandre) ancien premier-commis des finances naquit à Verfailles en 1691, & mourut à Paris en 1773. Il joignit les calculs de *Plutus* à l'harmonie d'*Apollon*. Ses ouvrages, recueillis en 3 vol. in-12 en 1766, confiftent en deux Tragédies non repréfentées, & qui n'auroient guéres fait d'effet au théâtre, quoiqu'il y ait des tirades bien verfifiées. L'une eft intitulée, *Sethos*, l'autre *Adam & Eve*. On trouve encore dans fon Recueil, des *Fables*, des *Contes*, des *Epitres*, des *Chanfons*, &c. Son mérite principal eft la pureté & la douceur du ftyle qui dégénère quelquefois en foibleffe, & l'attachement aux bons principes de la morale & du goût. Quoiqu'il eût occupé des places qui enrichiffent, il ne laiffa précifément que ce qu'il falloit pour payer fes dettes, & pour récompenfer fes domeftiques. Plus il avoit eu de facilité d'obtenir des graces, plus il s'étoit tenu en garde contre la cupidité baffe & injufte qui porte à les demander. C'étoit un homme fincérement, religieux, & un véritable philofophe Chrétien.

TANNEGUY DU CHATEL, *Voyez* I. & II. CHATEL.

TANNER, (Adam) Jéfuite d'Infpruck, enfeigna la théologie à Ingolftad & à Vienne en Autriche. Son favoir lui procura la place de chancelier de l'univerfité de Prague ; mais l'air de cette ville étant contraire à fa fanté, il réfolut de retourner dans fa patrie. Il mourut en chemin le 25 Mai 1632, à 60 ans. On a de lui : I. Une *Relation* de la difpute de Ratisbonne en 1601, à laquelle il s'étoit trouvé ; Munich 1602, in-fol. II. Et un grand nombre d'autres ouvrages en latin & en allemand, parmi lefquels on diftingue fon *Aftrologia facra*, Ingolftad 1621, in-fol. Il montre dans cet ouvrage comment un Chrétien peut juger, par les aftres, des chofes cachées. *Tanner* étoit un favant laborieux & ardent.

TANQUELIN, *Voyez* TANCHELIN.

TANSILLO, (Louis) né à Nole vers l'an 1510, acquit très-jeune la réputation d'excellent poëte ; mais ayant fait un ouvrage où les mœurs & la décence étoient bleffées, fous le titre de *Il Vendemiatore*, (le *Vendangeur*) Naples 1534, in-4°, & Venife 1549, in-4°. fon livre fut mis à l'Index. C'eft pour réparer en quelque forte fa faute, qu'il fit depuis un Poëme intitulé *le Lagrime di San Pietro*, ou *les Larmes de St Pierre*. Ce Poëme a été donné en françois par *Malherbe*, & en efpagnol par *Jean Gedendo* & par *Damien Alvarès*. Nous avons encore de *Tanfillo* des *Comédies*, des *Sonnets*, des *Chanfons*, des *Stances*, &c. genre de poëfie où il a tellement réuffi, que plufieurs prétendent qu'il a furpaffé *Pétrarque*. Mais ce n'eft pas le fentiment des gens de goût. *Tanfillo* eft plein de *Concetti* & de ces pointes qu'on reproche avec raifon aux poëtes Ita-

liens modernes. Quoi qu'il en foit, on a réuni fes *Poefies diverfes* à Bologne, 1711, in-12. *Tanfillo* étoit juge à Gayette en 1569 ; on croit qu'il y mourut.

TANTALE, fils de *Jupiter* & d'une Nymphe appelle *Plota*, étoit roi de Phrygie, & felon quelques-uns de Corinthe. Il enleva *Ganimède*, pour fe venger de *Tros*, qui ne l'avoit point appellé à la première folemnité qu'on fit à Troie. Pour éprouver les Dieux qui vinrent un jour chez lui, il leur fervit à fouper les membres de fon fils *Pelops*, (*Voyez* ce mot) & *Jupiter* condamna ce barbare à une faim & à une foif perpétuelle. *Mercure* l'enchaîna, & l'enfonça jufqu'au menton au milieu d'un lac dans les Enfers, dont l'eau fe retiroit, lorfqu'il en vouloit boire. Il plaça auprès de fa bouche une branche chargée de fruits, laquelle fe redreffoit lorfqu'il en vouloit manger. Il y eut un autre *TANTALE*, à qui *Clytemneftre* avoit été promife en mariage, ou même mariée avant qu'elle époufât *Agamemnon*.

TAPHIUS, ou TAPHUS, fils de *Neptune* & d'*Hyppothoé*, fut chef d'une troupe de brigands, avec lefquels il alla s'établir dans une ifle qu'il appella *Taphiufe* de fon nom.

TAPPEN, (Silveftre) miniftre Proteftant, né à Hildesheim en 1670, mort en 1747, eft auteur de divers Ecrits en allemand fur la *Théologie*, la *Morale* & l'*Hiftoire*. Le plus connu eft une petite *Géographie* en vers latins, fous le titre de *Poëta Geographus*.

TAPPER, (Ruard) d'Enchuyfen en Hollande, mort à Bruges en 1559, fut docteur de Louvain. Il y enfeigna la théologie avec réputation, & y fut fait chancelier de l'univerſité, & doyen de l'Egliſe de St Pierre. L'empereur *Charles-Quint*, & *Philippe II* roi d'Eſpagné, l'employèrent dans les affaires de religion. On a de lui pluſieurs *Ouvrages de Théologie*, Cologne 1582, in-fol. qu'on ne lit plus.

- TARAISE, fils d'un des principaux magiſtrats de Conſtantinople ; fut élevé à la dignité de conſul ; puis choiſi pour être premier ſecrétaire d'état ſous le règne de *Conſtantin* & d'*Irène*, qui le firent enſuite élire patriarche de Conſtantinople en 784. Il n'accepta cette place, qu'à condition qu'on aſſembleroit un concile général contre les Iconoclaſtes. En effet, après avoir écrit au pape *Adrien*, il fit célébrer le IIᵉ concile général de Nicée, l'an 787, en faveur des ſaintes Images. Il étoit la bonne odeur de ſon Egliſe & la lumière de ſon clergé, lorſqu'il mourut en 806. Nous avons de lui, dans la Collection des Conciles, une *Epître* écrite au pape *Adrien*.

TARAUDET, *Voy.* FLASSANS.

- TARDIF, (Guillaume) originaire du Puy en Velai, profeſſeur en belles-lettres & en éloquence au collège de Navarre, & lecteur de *Charles VIII*, a vécu juſqu'à la fin du XVᵉ ſiécle. Il s'eſt fait connoître par pluſieurs ouvrages, dont le plus curieux eſt un Traité de la Chaſſe, ſous ce titre : *L'Art de Faulconnerie & déduyt des Chiens de chaſſe*, réimprimé en 1567, avec celui de *Jean de Françiéres*. La 1ʳᵉ édition eſt ſans date.

TARENTE, (*Louis* prince de) *Voyez* LOUIS, n° XXVII... & v JEANNE.

TARIN, (Pierre) médecin, né à Courtenai, mort en 1761, eſt connu par des *Elémens de Phyſiologie*, ou *Traité de la ſtructure, des uſages & des différentes parties du* Corps humain, traduit du latin de *Haller*, 1752, in-8°. On a encore de lui : I. *Adverſaria Anatomica*, 1750, in-8°. fig. II. *Dictionnaire Anatomique*, 1753, in-4°. III. *Oſtéographie, Myographie*, chacune in-4°. IV. *Anthropotomie*, 1750, 2 vol. in-12. V. *Deſmographie*, ou *Traité des ligamens du Corps humain*, in-8°. VI. *Obſervations de Médecine & de Chirurgie*, 1758, 3 vol. in-4°. Ce médecin rappelle l'idée de *Jean Tarin*, profeſſeur de Paris & précepteur de l'infortuné *de Thou*, que *Gui Patin* appelle *un abîme de ſcience*, & qu'il regardoit comme *un des plus ſavans hommes du monde*. Il étoit d'Angers.

TARISSE, (Dom Jean-Grégoire) né en 1575, à Pierre-Rue, près de Ceſſenon, petite ville du bas Languedoc, fut le premier général de la congrégation de *S. Maur*, qu'il gouverna depuis 1630 juſqu'en 1648, année de ſa mort. On a de lui des *Avis aux Supérieurs* de ſa congrégation, in-12, 1632. Ils ſont d'autant plus judicieux, que l'auteur avoit connu le fort & le foible de ſon ordre. Il l'éclaira par ſes lumières, & l'édifia par ſes exemples. Rien n'égala ſon zèle pour rétablir les études. Il eut beaucoup de part à la publication des *Conſtitutions* de ſa congrégation, imprimées par ſon ordre en 1645.

TARPA, (*Spurius-Metius*, ou *Mæcius*) critique à Rome du tems de *Jules-Céſar* & d'*Auguſte*, avoit ſon tribunal dans le temple d'*Apollon*, où il examinoit les pièces des poëtes avec quatre autres critiques. On ne repréſentoit aucune Piéce de théâtre, qui n'eut été approuvée de *Tarpa*, ou de l'un de ſes quatre collègues. Les connoiſſeurs n'étoient pas toujours ſatisfaits de ſon jugement, & les auteurs encore moins. *Cicéron* & *Horace*

race en font cependant une mention honorable.

TARPEIA, fille de *Tarpeïus*, gouverneur du Capitole fous *Romulus*, livra cette place à *Tatius*, général des Sabins, « à condition » que fes foldats lui donneroient » ce qu'ils portoient à leurs bras » gauches, » défignant par-là leurs braffelets d'or. Mais *Tatius*, maître de la fortereffe, jetta fur *Tarpeïa* fes braffelets & fon bouclier qu'il avoit au bras gauche ; & ayant été imité par fes foldats, *Tarpeia* fut accablée fous le poids des boucliers l'an 746 avant J. C. Elle fut enterrée fur ce Mont, qui, de fon nom, fut appellé Mont *Tarpeïen*. Il fut enfuite deftiné au fupplice de ceux qui étoient coupables de trahifon ou de faux-témoignage. On les précipitoit du haut de la Roche *Tarpeïenne*.

I. TARQUIN l'*Ancien*, roi des Romains, monta fur le trône après le roi *Ancus-Martius*, l'an 615 avant J. C. Il étoit originaire de Grèce ; mais né en Etrurie dans la ville de Tarquinium, d'où il prit fon nom. Une grande ambition, foutenue d'immenfes richeffes, l'avoit conduit à Rome. Il fe diftingua tellement fous le règne d'*Ancus - Martius*, qu'on le jugea digne de devenir fon fucceffeur. On remarque que *Tarquin* fut le premier qui introduifit dans Rome la coutume de demander les charges, & de faire des démarches publiques pour les obtenir. Pour fe faire des créatures & récompenfer ceux qui l'avoient fervi en cette occafion, il créa cent nouveaux Sénateurs. Il les choifit parmi les familles plébéïennes, & par cette raifon ils furent nommés Sénateurs du fecond ordre, *Patres minorum gentium* ; afin de les diftinguer de ceux de l'an-

Tome VI.

cienne création, qu'on nommoit Sénateurs du premier ordre, *Patres majorum gentium* : mais ils étoient parfaitement égaux en autorité. Après s'être fignalé par ces établiffemens, il fe diftingua contre les Latins & les Sabins, fur qui il remporta une grande victoire aux bords de l'Anio. Un ftratagême la lui procura. Les Sabins avoient derrière eux un pont de bois, par lequel ils tiroient leur fubfiftance, & qui favorifoit leur retraite. *Tarquin* fit mettre le feu pendant la bataille à une grande quantité de bois qu'il fit jetter dans la rivière, & qui, portée contre le pont, le mit bientôt en flammes. Les Sabins effrayés voulurent prévenir fa ruine ; mais le plus grand nombre fe noya. Plufieurs autres avantages lui procurérent trois triomphes. Il profita du loifir de la paix, pour faire reconftruire magnifiquement les murs de Rome. Il environna la place publique de galeries, & l'orna de Temples & de Salles deftinées aux tribunaux de juftice & aux écoles publiques. Rome, dans fes tems les plus faftueux, ne trouva prefque qu'à admirer dans ces ouvrages. *Pline*, qui vivoit 800 ans après *Tarquin*, ne parle qu'avec étonnement de la beauté des Aqueducs foûterreins qu'il fit, conftruire pour purger Rome de fes immondices, & procurer un écoulement aux eaux des montagnes que cette ville renfermoit dans fes murs. Il introduifit auffi la coutume des faifceaux de verges qu'on lioit autour des haches des magiftrats, les robes des Rois & des Augures, les chaires d'ivoire des Sénateurs, avec les anneaux & les ornemens des Chevaliers & des enfans des familles nobles. Il fut affafliné par les deux fils d'*Ancus-Martius*, l'an 577 avant J. C, à 80

Gg

ans, après en avoir régné 38. *Voyez*
TANAQUILLE.

II. TARQUIN *le Superbe*, parent
du précédent, épousa *Tullia*, fille
du roi *Servius - Tullius*. La soif de
régner lui fit ôter la vie à son
beau-pere, l'an 533 avant J. C. Il
s'empara du trône par violence,
& sans aucune forme d'élection. Il
se défit, sous divers prétextes, de
la plus grande partie des sénateurs
& des riches citoyens. Son orgueil & sa cruauté lui firent donner le nom de *Superbe*. *Tarquin*
s'appuya de l'alliance des Latins,
par le mariage de sa fille avec *Ma-
nilius*, le plus considérable d'entr'eux. On renouvella les traités
faits avec ces peuples. *Tarquin* signala son règne par la construction d'un Temple de *Jupiter*, dont
Tarquin l'*Ancien* avoit jetté les fondemens. Il étoit situé sur un mont
ou colline. Dans le tems qu'on y
travailloit, les ouvriers trouvèrent la tête d'un certain *Tolus*,
encore teinte de sang : ce qui fit
donner le nom de *Capitole* (*Caput
Toli*) à tout l'édifice. Les dépenses de *Tarquin* ayant épuisé le trésor public & la patience du peuple, il se flatta que la guerre feroit cesser les murmures. Il la déclara aux Rutules. Il étoit occupé
au siège d'Ardée, capitale du pays,
lorsque la violence que fit *Sextus* à
Lucrèce souleva les Romains. Ils
fermèrent les portes de leur ville,
renversèrent le trône l'an 509 av.
J. C., & *Tarquin* n'y put jamais
remonter. Il se retira chez les Etru-
riens, dont les armes lui furent
inutiles. Après une guerre de 13
ans, la paix fut conclue, & le tyran se vit abandonné de tous ceux
qui l'avoient secouru. Il seroit mort
errant & vagabond, si *Aristodéme*,
prince de Cumes dans la Campanie, ne l'eût enfin reçu chez lui.

Il mourut bientôt après, âgé de
90 ans. Il en avoit régné 24.

III. TARQUIN - COLLATIN,
Voyez COLLATINUS.

TARTAGLIA, *ou* TARTALEA,
(Nicolas) mathématicien de Bref-
se, dans l'Etat de Venise, mort
fort vieux en 1557, passoit avec
raison pour un des plus grands
géomètres de son tems. Nous avons
de lui une *Version* italienne d'*Euclide*, avec des Commentaires, Venise 1543, in-folio; un *Traité des
Nombres & des Mesures*; & d'autres
ouvrages imprimés en 3 vol. in-
4°, 1606. Il s'est fait un nom par
l'invention de la méthode de résoudre les Equations cubiques, que
l'on attribue ordinairement à *Cardan*. C'est aussi le premier auteur
qui a écrit expressément sur la
théorie du mouvement des bombes & des boulets : sujet qu'il examine dans sa *Nova Scientia*, imprimée à Venise en 1537; & dans
ses *Quesiti ed inventione diverse*, Venise 1546.

TARTAGNI, (Alexandre) ju-
risconsulte, surnommé d'*Imola*,
parce qu'il étoit natif de cette
ville, enseigna le droit à Bologne
& à Ferrare avec tant de réputation, qu'on le nomma le *Monarque du Droit* & le *Pere des Juris-
consultes*. On a de lui des *Commentaires* sur les *Clementines* & sur le
Sexte, & d'autres ouvrages dont
il y a eu plusieurs éditions autrefois. Ce jurisconsulte mourut à
Bologne en 1587, à 53 ans.

TARTERON, (Jérôme) Jésuite
de Paris, mort dans cette ville en
1720 à 75 ans, professa avec distinction au collège de *Louis - le-
Grand*. Il est auteur, I. D'une *Traduction* françoise des *Œuvres d'Horace*, dont la meilleure édition est
celle d'Amsterdam en 1710, 2 vol.
in-12. II. D'une *Traduction* des *Sa-*

ires de Perse & *de Juvenal*, dont la dernière édition eft celle de 1752, in-12. Le Pere *Tarteron* a fupprimé les obfcénités groffiéres, dont il eft étrange que *Juvenal* & furtout *Horace* aient fouillé leurs ouvrages. Il a ménagé en cela la jeuneffe pour laquelle il croyoit travailler ; mais fa verfion n'eft pas affez littérale pour elle : le fens eft rendu, mais non pas la valeur des mots.

TARTINI, (Jofeph) l'un des plus grands muficiens de notre fiécle, naquit au mois d'Avril 1692, à Pirano en Iftrie. Après différentes aventures, qui prouvoient une jeuneffe bouillante, il fe fixa à la mufique vers l'an 1714. Il y fit des progrès étonnans. En 1721, il fut mis à la tête de la mufique de St *Antoine* de Padoue. Son nom étoit très célèbre en Europe, lorfqu'il mourut en Février 1770. On a de lui : I. Des *Sonates*, publiées en 1734 & 1745, & reçues avec tranfport par tous les maîtres de l'art. II. Un *Traité de Mufique*, imprimé en 1754, dans lequel il y a un fyftême qui fait autant d'honneur à fon favoir dans la théorie de la mufique, que celui de la baffe fondamentale en fait a l'illuftre *Rameau*.

I. TASSE, (Le) *Torquato* TASSO, poëte Italien, né à Sorrento, ville du royaume du Naples, en 1544, compofa des vers n'étant encore âgé que de 7 ans. Le pere du *Taffe* étoit attaché au prince de Salerne, qui s'étant chargé de repréfenter à *Charles-Quint* l'injuftice du viceroi de Naples, lequel vouloit établir l'Inquifition dans le royaume, fut obligé de prendre la fuite. *Bernardo Taffo* (c'étoit le nom de fon pere, *Voyez* II. TASSE,) fuivit ce prince, & fut condamné à mort comme lui. La même fentence fut

prononcée contre fon fils, quoiqu'il n'eût que 9 ans, & ils n'échàpérent au fupplice que par la fuite. Rome fut leur premier afyle. Le jeune *Taffo* fut envoyé enfuite à Padoue étudier le droit. Il reçut même fes dégrés en philofophie & en théologie. Mais entrainé par l'impulfion irréfiftible du génie, il enfanta, à l'âge de 17 ans, fon poëme de *Renaud*, qui fut comme le précurfeur de fa *Jérufalem*. Il commença ce dernier ouvrage à l'âge de 22 ans. Enfin pour accomplir la deftinée que fon pere avoit voulu lui faire éviter, il alla fe mettre fous la protection du duc de Ferrare. A l'âge de 27 ans il alla en France, à la fuite du cardinal d'*Eft*. Il fut reçu du roi *Charles IX* avec des diftinctions dues à fon mérite. De retour en Italie, il fut amoureux, à la cour de Ferrare, de la fœur du duc. Cette paffion, jointe aux mauvais traitemens qu'il reçut dans cette cour, fut la fource de cette humeur mélancolique qui le confuma pendant 20 années. Le refte de fa vie ne fut plus qu'une chaine de calamités & d'humiliations. Perfécuté par les ennemis que lui fufcitoient fes talens ; plaint, mais négligé par ceux qu'il appelloit fes amis ; il fouffrit l'exil, la prifon, la plus extrême pauvreté, la faim même : & ce qui devoit ajoûter un poids infupportable à tant de malheurs, la calomnie l'attaqua & l'opprima. Il s'enfuit de Ferrare, où fe protecteur qu'il avoit tant célébré, l'avoit fait mettre en prifon. Il alla à pied, couvert de haillons, depuis Ferrare jufqu'à Surrento dans le royaume de Naples, trouver une fœur qu'il y avoit. Il en efpéroit quelque fecours ; mais probablement il n'en reçut point, puifqu'il fut obligé de retourner à pied à

Gg ij

Ferrare, où il fut encore emprifonné. Le défefpoir altéra fa conftitution robufte, & le jetta dans
des maladies violentes & longues,
qui lui ôtérent quelquefois l'ufage
de la raifon. Il prétendit un jour
avoir été guéri par le fecours de
la *Ste Vierge* & de *Ste Scholaftique*,
qui lui apparurent dans un grand
accès de fiévre. Sa gloire poëtique, cette confolation imaginaire
dans des malheurs réels, fut attaquée de tous côtés. Le nombre de
fes ennemis éclipfa pour un tems
fa réputation : il fut prefque regardé comme un mauvais poëte.
Enfin après 20 années, l'envie fut
laffe de l'opprimer, fon mérite
furmonta tout. Il fut appellé à
Rome par le pape *Clément VIII*,
qui, dans une congrégation de
cardinaux, avoit réfolu de lui donner la couronne de laurier & les
honneurs du triomphe. *Le Taffe*
fut reçu à un mille de Rome par
les deux cardinaux neveux, & par
un grand nombre de prélats &
d'hommes de toutes conditions. On
le conduifit à l'audience du pape :
Je defire, lui dit le pontife, *que
vous honoriez la Couronne de Laurier,
qui a honoré jufqu'ici tous ceux qui
l'ont portée.* Les deux cardinaux
Aldobrandins, neveux du pape,
qui aimoient & admiroient *le Taffe*,
fe chargérent de l'appareil de ce
couronnement. Il devoit fe faire
au Capitole. *Le Taffe* tomba malade dans le tems de ces préparatifs, & comme fi la fortune avoit
voulu le tromper jufqu'au dernier
moment, il mourut la veille du
jour deftiné à la cérémonie, le 15
Avril 1595, à 51 ans. Ses principaux ouvrages font : I. La *Jérufalem délivrée*, dont *Mirabaud* & M.
le Brun nous ont donné de bonnes *Traductions* : le 1er en 2 vol.
in-12, (*Voyez* MIRABAUD;) & le

fecond en 2 vol. in-12 & in-8°.
Ce Poëme offre autant d'intérêt que
de grandeur : il eft parfaitement
bien conduit, prefque tout y eft
lié avec art. L'auteur amène adroitement les aventures; il diftribue
fagement les lumiéres & les ombres. Il fait paffer le lecteur des
alarmes de la guerre aux délices
de l'amour, & de la peinture des
voluptés il le ramène aux combats. Son ftyle eft par-tout clair
& élégant; & lorfque fon fujet
demande de l'élévation, on eft
étonné comment la molleffe de la
langue Italienne prend un nouveau caractére fous fes mains, &
fe change en majefté & en force.
Mais avec de grandes beautés, ce
poëme a de grands défauts. Le for-
cier *Ifmène* qui fait un talifman avec
une image de la Vierge *Marie*;
l'hiftoire d'*Olinde* & de *Sophronie*,
perfonnages qu'on croiroit les
principaux du poëme, & qui n'y
tiennent point du tout; les dix
princes Chrétiens métamorphofés
en poiffons; le Perroquet chan-
tant des chanfons de fa compofition; ce mélange d'idées païennes & chrétiennes; ces jeux de
mots & les *Concetti* puérils, tout
cela dépare fans doute ce beau
Poëme. II. La *Jérufalem Conquife*,
1593, in-4°. III. *Renaud*, 1562,
in-4, poëme en douze chants,
plein de faux-brillans, de tours
affectés, d'images recherchées.
Nous en avons une plate traduction en profe, par le fleur de *la
Ronce*, en 1620, réimprimée fans
changement en 1624. III. *Aminte*,
Paftorale, qui refpire cette molleffe, cette douceur & ces graces propres à la poëfie Italienne.
On a reproché à l'auteur d'avoir
chargé fon Poëme de trop de récits, qui ne laiffent prefque rien
à la repréfentation; mais on ou-

blie facilement ce défaut en faveur des beautés touchantes de l'ouvrage. *Pequet* l'a traduit en profe françoife en 1734. IV. *Les Sept Journées de la Création du Monde*, 1607, in-8°. V. La *Tragédie* de *Torifmond*, 1587, in-8°. mauvais ouvrage, indigne de l'auteur. Les productions du *Taffe* ont été imprimées en 6 vol. in-fol. à Florence en 1724, avec les Ecrits faits pour & contre fa *Jérufalem délivrée*. La conteftation qui s'étoit émue fur la fin du XVIᵉ fiécle & au commencement du XVIIᵉ, entre les partifans du *Taffe* & ceux de l'*Ariofte*, touchant leur préférence fur le Parnaffe Italien, femble être entiérement finie. Malgré le jugement des académiciens de la *Crufca*, & de quelques rimailleurs jaloux & inquiets, *le Taffe* eft aujourd'hui en poffeffion du premier rang fur tous les poetes de fa langue. On peut voir l'hiftoire de la difpute dont nous parlons, dans le 4ᵉ volume des *Querelles littéraires*. Les éditions les plus recherchées de la *Jérufalem*, font : Celle de Gênes, 1590, in-4°, avec les figures de *Bernard Caftelli*, & les notes de. divers auteurs ; celle de l'Imprimerie royale, à Paris, 1644, grand in-fol., avec les planches de *Tempefta* ; celle de Londres 1724, 2 vol. in-4°, avec les notes de plufieurs littérateurs Italiens, celle de Venife 1745, in-fol. avec figures ; & enfin l'édition portative & élégante des *Elzevir*, 1678, 2 vol. in-32, avec les figures de *Sébaftien* le *Clerc*. L'*Aminte* a été donnée par les mêmes, 1678 in-24. La Vie de ce grand poëte a été écrite en Italien par le marquis *Manfo*, & publiée à Venife en 1621. Nous en avons une en françois, par *de Charmes*, à Paris en 1690, in-12.

II. TASSE, (Le) *Bernardo* TASSO, pere de *Torquato*, fe fit auffi beaucoup de réputation par fes oúvrages poétiques : le plus connu & le plus recherché eft l'*Amadis*, poëme en 100 chants, dont la 1ᵉ édition, faite à Venife par *Giolito* en 1560, in-4°. eft très-eftimée, & peu commune. Les Italiens font auffi beaucoup de cas du recueil de fes *Lettres*, imprimées à Venife 1574, in-8°. L'édition la plus complette eft celle de Padoue 1733, en 3 vol. in-8°. On y a joint fa Vie par *Leghezzi*. Bernard *Taffo* mourut à Rome en 1575, au couvent de S. Onufre, où il s'étoit retiré fur la fin de fes jours. On a encore de lui : *Il Floridante*, 1560, in-12.

III. TASSE, (Auguftin) peintre Bolonois du XVIIᵉ fiécle, réuffit dans le Payfage, dans les Perfpectives & dans les Tempêtes.

TASSONI, (Alexandre) né à Modène en 1565, membre de l'académie des Humoriftes, fuivit en Efpagne, l'an 1600, le cardinal *Afcagne-Colonne*, en qualité de prémier fecrétaire ; mais fes traits fatyriques contre les Efpagnols, lui firent perdre fa place. Il fe retira à Rome, où il partagea fon tems entre la culture des fleurs de fon jardin & des fruits du Parnaffe. *François I*, duc de Modène, l'appella à fon fervice & l'honora dès titres de gentilhomme ordinaire & de confeiller-d'état. *Taffoni* brilloit dans cette cour, lorfqu'il mourut en 1635, à 71 ans. Ce poëte avoit un caractére enjoué & un efprit aimable ; mais il étoit trop porté à la fatyre. On le regardoit comme un des premiers favans de fon fiécle, & le favoir (dit M. *Grofley*) étoit fon moindre mérite. On a de lui quelques ouvrages. Les principaux font : I. Un *Poëme* Héroi-Comique, fur la guerre entre la

Modenois & les Bolonois, au fujet d'un Sceau qui avoit été pris,
& qu'il intitula : *La Secchia rapita.*
L'édition la plus recherchée eſt
celle de *Ronciglione* , 1624 ; & la
plus recente, celle de 1768 , in-12.
Ce Poëme a été traduit en françois par. *Pierre Pérrault* , 1678 , 2
vol. in-12 ; & par M. de *Cedors* ,
1759 , 3 vol. in-12. L'une & l'autre verſion ſont avec le texte Italien. Ce Poëme eſt un agréable
mêlange de comique, d'héroïque
& de ſatyrique ; mais la décence
n'y eſt pas toujours obſervée. II.
Des *Obſervations* ſur *Pétrarque*, dont
quelques-unes ſont curieuſes. III.
Une *Hiſtoire Eccléſiaſtique*, dans laquelle il contredit ſouvent *Baronius*. IV. Son *Teſtament*. C'eſt une
pièce pleine de ſel & d'enjouement ; en voici un échantillon.
« Je ſouſſigné , *dit-il* , ſain de corps
» & d'eſprit , ſi l'on excepte la fié-
» vre.commune de l'ambition hu-
» maine qui porte ſes vues au-delà
» du trépas , voulant déclarer ma
» derniére volonté : I. Je laiſſe mon
» *Ame* au principe qui l'a créée.
» Pour mon *Corps* , il ne ſeroit
» bon qu'à être brûlé ; mais com-
» me l'uſage de la Religion dans
» laquelle je ſuis né , ne le per-
» met pas , je prie les maîtres de
» la maiſon où je mourrai , (n'en
» ayant aucune à moi) ; ou ſi je
» mourois en plein air , je prie les
» voiſins ou les paſſans , de me
» faire enterrer en lieu ſaint , dé-
» clarant que pour tout appareil
» d'enterrement , je ſerai content
» d'un ſac , d'un porte-faix , d'un
» prêtre , d'une Croix & d'une
» chandelle. II. Je laiſſe à l'Egliſe
» où je ſerai inhumé 12 écus d'or,
» ſans exiger , ni obligation , ni
» reconnoiſſance pour une ſi pe-
» tite ſomme , que je ne laiſſerai
» d'ailleurs , de même que tout

» mon bien , que parce que je ne
» pourrai pas l'emporter. III. Je
» laiſſe à *Marzio* , mon fils-natu-
» rel , né de *Lucie Grafaguina* , cent
» écus en carlins , afin qu'il puiſſe
» s'en faire honneur au cabaret.,
» &c. » Ce fils-naturel du *Taſſoni*
étoit un libertin , qui lui donna
beaucoup de chagrin , & qui le
voloit de tems en tems. La *Vie*
de ce poëte a été écrite par le
ſavant *Muratori.*

TASTE , (Dom Louis la) fameux Bénédiĉtin , né à Bordeaux
de parens obſcurs , fut élevé comme domeſtique dans le monaſtére
des Bénédiĉtins de *Ste Croix* de la
même ville. On lui trouva de l'eſprit & on le revêtit de l'habit de
St. Benoît. Devenu prieur des
Blancs-Manteaux à Paris , il écrivit contre les fameuſes convulſions
& contre les miracles attribués à
Pâris , Ceux de ſes confréres qui
reſpeĉtoient la mémoire de cepieux
diacre , ſe préparoient à faire flétrir ſon ennemi , lorſqu'il fut élevé
à l'évêché de Bethléem en 1738.
On le nomma , environ dix ans
après , viſiteur - général des Carmelites. Sa conduite , tour-à-tour
artificieuſe & violente envers les
divers monaſtéres de cet ordre ,
ſouleva pluſieurs perſonnes contre lui. On le regardoit comme un
homme faux , qui avoit fait ſervir
la religion à ſa fortune ; comme un
caraĉtére tortueux , qui ſavoit plier
ſa façon de penſer ſuivant le tems
& les circonſtances. Nous n'avons
pas aſſez connu Dom *la Taſte*, pour
décider ſi ce portrait n'eſt pas
trop chargé. Ce prélat mourut à
St-Denys en 1754 , à 69 ans. Ses
ouvrages ſont : I. *Lettres Théologiques* contre les convulſions & les
miracles attribués à *Pâris* , in-4°.
2 vol. Cet ouvrage contient *xxi*
Lettres ; on y trouve des faits cu-

rieux, mais peu de critique pour démêler les vrais d'avec les faux, & point de faine théologie fur l'article des miracles. Dom la Tafle y foutient que les Diables peuvent faire des miracles bienfaifans & des guérifons miraculeufes ; pour introduire ou autorifer l'erreur ou le vice : fentiment contraire à la religion & au bon-fens. L'abbé de Prades l'ayant adopté dans fa fameufe thèfe, elle fut cenfurée par la Sorbonne. La 19e Lettre de la Tafle contre le livre de Montgeron fut fupprimée par Arrêt du parlement. Les 18 premières furent attaquées par les Anti-Conftitutionnaires, qui dans leurs écrits appellent honnêtement l'auteur : *Bête de l'Apocalypfe*, *Blafphémateur*, *Diffamateur*, *mauvaife Bête de l'ifle de Crète*; *Moine impudent*, *bouffi d'orgueil*; *Ecrivain forcené*; *Auteur abominable d'impoftures atroces* & *d'ouvrages monftrueux* : voilà le fel délicat qu'on a répandu fur les productions de l'*Anti-Convulfionnaire*. II.Des *Lettres* contre les Carmelites de *St Jacques* à Paris. III. Une *Réfutation* des fameufes *Lettres Pacifiques*.

· TATIEN, difciple de *St Juftin*. Après avoir utilement fervi l'Eglife, il enfeigna des erreurs dangereufes, & devint le chef de la fecte des *Encratites* ou *Continens*. Il condamnoit l'ufage du vin, défendoit le mariage, & donnoit encore dans d'autres excès. C'étoit un homme très-favant, & qui écrivoit aifément. Ses talens, joints à l'auftérité de fes maximes, donnérent à fon école beaucoup de réputation. De Méfopotamie elle fe répandit à Antioche, dans la Cilicie, dans l'Afie-Mineure & même en Occident. *Tatien* étoit auteur d'une *Harmonie* des iv Evangéliftes, & d'un grand nombre d'autres ouvrages ; mais · il ne nous refte

que fon *Difcours* contre les Gentils en faveur des Chrétiens; car là *Concorde* qui porte fon nom, n'eft point de lui, non plus que les autres écrits qu'on lui attribue. L'édition la plus eftimée de fon *Apologie* eft celle d'Oxford, 1700, in-8°.

I. TATIUS, roi des Sabins, fit la guerre à *Romulus*, pour venger l'enlevement des Sabines. Dans un combat où *Romulus* étoit prêt de fuccomber, ces femmes fe jettant au milieu des combattans, qui étoient leurs peres ou leurs freres & leurs époux, vinrent à bout de les féparer. La paix fut conclue l'an 750 avant J. C., à condition qu'il partageroit le trône de Rome avec le fondateur de cette ville, qui, fâché de ce partage, fit tuer *Tatius* 6 ans après.

II. TATIUS, (Achilles) d'Alexandrie, renonça au Paganifme, & devint Chrétien & évêque. Nous avons de lui deux ouvrages fur les *Phénomènes* d'*Aratus*, traduits par le P. *Petau*, & imprimés en grec & en latin dans l'*Uranologium*. On lui attribue encore le Roman grec des *Amours de Leucippe* & *de Clitophon*, dont *Saumaife* a donné une belle édition en grec & en latin, avec des notes, Leyde 1540, in-12; que *Baudoin* a platement traduit en françois en 1635, in-8°. & qui l'a été beaucoup mieux par *du Perron de Caftera*, 1733, in-12. Cet ouvrage eft écrit d'un ftyle peu naturel. Il y règne une morale licencieufe, & en général c'eft une production médiocre.

I. TAVANES, (Gafpar de Saulx de) né en 1509, fut appellé *Tavanes*, du nom de *Jean de Tavanes*, fon oncle maternel, qui avoit rendu à l'Etat des fervices fignalés. Il fut élevé à la cour en

Gg iv.

qualité de page du roi, & fait prifonnier avec *François I*, à la malheureufe journée de Pavie. Devenu guidon de la compagnie du grand-écuyer de France, il fervit dans les guerres de Piémont où il fe diftingua. Le duc d'*Orléans*, fecond fils de *François I*, charmé des agrémens de fon caractére, le nomma lieutenant de fa compagnie, & fe l'attacha particuliérement. Comme ils étoient l'un & l'autre vifs, hardis & entreprenans, ils fe livrérent à toute l'impétuofité de leur âge, & firent différentes folies, dans lefquelles ils couroient ordinairement rifque de la vie. Ils paffoient à cheval à travers des bûchers ardens ; ils fe promenoient fur les toits des maifons, & fautoient quelquefois d'un côté de la rue à l'autre. Une fois, on dit que *Tavanes*, en préfence de la cour qui étoit alors à Fontainebleau, fauta à cheval d'un rocher à un autre, qui en étoit diftant de 33 pieds. Tels étoient les amufemens de *Tavanes*, & en général, des jeunes-gens de qualité qui étoient attachés au duc d'*Orléans*. La guerre mit fin à ces extravagances, dignes des héros des fiécles barbares. *Tavanes* fe fignala par des actions plus nobles. Il fut envoyé à la Rochelle, qui s'étoit révoltée en 1542 à l'occafion de la Gabelle, & il ramena les rebelles à leur devoir. En 1544, il eut beaucoup de part au gain de la bataille de Cérifoles. Le duc d'*Orléans* étant mort l'année fuivante, le roi donna à *Tavanes* la moitié de la compagnie de ce prince, & le fit fon chambellan. *Henri II*, héritier des fentimens de *François I* pour *Tavanes*, le nomma en 1552 maréchal-de-camp : place d'autant plus honorable, qu'alors

il n'y en avoit que deux dans une armée. Notre héros fe montra digne de fon emploi dans les différentes guerres qu'eut le roi avec l'emp^r *Charles-Quint*, fur-tout à la bataille de Renti en 1554. Le roi le voyant venir tout couvert de fang & de pouffiére à la fin de cette bataille, arracha le collier de St Michel qu'il portoit à fon cou, & le jetta fur celui de *Tavanes*, après l'avoir embraffé. Il fe trouva, en 1558, au fiége & à la prife de Calais & de Thionville. Pendant les règnes orageux de *François II* & de *Charles IX*, *Tavanes* appaifa les troubles du Dauphiné & de la Bourgogne, & montra en toute occafion beaucoup d'averfion pour les Proteftans. Il forma même contre eux, en 1567, une Ligue, qui fut appellée *la Confrérie du St-Efprit* ; mais cette Ligue fut fupprimée par la cour, comme une innovation dangereufe. Il fut enfuite chef du confeil du duc d'*Anjou*, & décida de la victoire à Jarnac, à Moncontour, & en pluf. autres rencontres. Le bâton de maréchal de France fut la récompenfe de fes fervices, en 1570. *Tavanes* s'oppofa, 2 ans après, au deffein que l'on avoit d'envelopper le roi de Navarre & le prince de *Condé* dans le cruel maffacre de la *St-Barthélemi* ; & l'on a eu raifon de dire que « c'eft à lui que la maifon de » *Bourbon* a l'obligation d'être au- » jourd'hui fur le trône. » Peu de tems après, il dirigea les opérations du fiége de la Rochelle qui s'étoit révoltée. Le fiége traînant en longueur, le roi l'engagea à s'y tranfporter. Il obéit, quoique convalefcent ; mais s'étant mis en marche, il retomba malade, & mourut en chemin dans fon château de Sulli, le 29 Juin 1575, gouverneur de Provence & amiral des Mers du Levant. *Tavanes* eut une jeuneffe emportée, & une vieilleffe fage. Il ne lui refta du feu de fes prem. années, qu'une activité de courage toujours prête à éclater, mais à qui la prudence fut impofer un frein. *Voy.* les *Hommes illuftres de France* par l'abbé *Pérau*, tome 16.

II. TAVANES, (Guillaume de Saulx, feigneur de) fils du précédent, étoit lieutenant-de-roi en Bourgogne. Nous avons des *Mémoires* in-fol. fous fon nom, & d'autres fous le nom de fon pere le maréchal de *Tavanes*. Il raconte dans les uns, ce qui s'eft paffé en Bourgogne pendant la Ligue ; & dans les autres beaucoup plus amples, ce que fon pere a fait de glorieux. On a peu de plaifir à lire les uns & les autres, non feulement parce qu'ils font écrits d'un ftyle fec & languiffant ; mais encore parce qu'on n'y apprend rien de confidérable. L'auteur eft un *Caton* qui moralife à tout moment, & qui voudroit par fes préceptes apprendre aux rois à gouverner & aux fujets à obéir. Mais dans ce qui le regarde, il n'eft point du tout *Caton* : car il fe loue fouvent, & ne ceffe d'exalter fon pere & fa famille. Elle defcend, à ce qu'il croit, d'un feigneur appellé *Fauftus*, qui vivoit l'an 214 ; & d'un autre *Fauftus*, qui, environ 2 fiécles après, reçut chez lui les faints Martyrs qui plantérent la foi en Bourgogne. En mémoire de ce fervice, continue l'auteur, « il ne meurt perfonne » de fa maifon, qu'on ne voie des » bluettes de feu dans la chapelle » du château de Saulx ». Sa poftérité fubfifte.

TAUBMAN, (Fréderic) de Franconie, mort en 1613, profeffa la poëfie & les belles-lettres à Wittemberg, avec réputation. Son érudition le fit rechercher par les favans, & l'enjoument de fon efprit par les princes. Naturellement porté à la raillerie, il fut renfermer ce dangereux penchant dans de juftes bornes. Il étoit d'ailleurs officieux & bon ami. On a de lui : I. Des Commentaires fur *Plaute*, in-4°. & fur *Virgile*, in-4°. qui font eftimés & fur-tout le premier. II. Des *Poéfies*, 1622, in-8°. III. Des *Saillies*, fous le titre de *Taubmaniana*, Lipfiæ, 1703, in-8°.

TAVERNIER, (Jean-baptifte) naquit à Paris en 1605, où fon pere, qui étoit d'Anvers, étoit venu s'établir, & faifoit un bon trafic de Cartes Géographiques. Le fils contracta une fi forte inclination pour les voyages, qu'à 22 ans il avoit déja parcouru la France, l'Angleterre, les Pays-Bas, l'Allemagne, la Pologne, la Suiffe, la Hongrie & l'Italie. La curiofité le porta bientôt au delà de l'Europe. Pendant l'efpace de 40 ans il fit fix voyages en Turquie, en Perfe, & aux Indes, par toutes les routes que l'on peut tenir. Il faifoit un grand commerce de pierreries, & ce commerce lui procura une fortune confidérable. Il voulut en jouir dans un pays libre ; il acheta en 1688 la baronie d'Aubonne, proche le lac de Genève. La malverfation d'un de fes neveux qui dirigeoit dans le Levant une cargaifon confidérable, l'efpérance de remédier à ce défordre, le defir de voir la Mofcovie, l'engagérent à entreprendre un feptiéme voyage. Il partit pour Mofcow, & à peine y fut-il arrivé, qu'il y termina fa vie ambulante en 1689, à 84 ans. *Louis XIV* lui donna des lettres de nobleffe, quoiqu'il fût de la Religion prétendue-Réformée ; mais il regardoit moins en lui le Chrétien, que l'homme qui

avoit porté son nom aux extrémités de l'Afie. Nous avons de
Tavernier un *Recueil de Voyages*,
réimprimé en 6 vol. in-12. On y
trouve des chofes curieufes, &
il eft plus exact qu'on ne penfe.
Nous n'ignorons pas qu'il ment
quelquefois ; mais quel voyageur
dit toujours vrai ? Ses Voyages
font fur-tout précieux aux joail-
liers, pour le détail qu'ils renferment fur le commerce des pierreries. Comme il n'avoit point de
ftyle, *Samuel Chappuʒeau*, lui prêta
fa plume pour les 2 premiers vol.
in-4°. de fes Voyages, & la *Chapel-*
le, fecrétaire du premier préfident
de *Lamoignon*, pour le 3ᵉ ; & avec
tous ces fecours ils ne font pas
bien écrits.

TAULERE, *Voyeʒ* THAULERE.

TAVORA, *Voyeʒ* AVEIRO.

TAUVRI, (Daniel) né en
1669 d'un médecin de Laval, qui
fut fon précepteur, fit des progrès fi rapides, que dès l'âge de
18 ans, il donna au public fon
Anatomie raifonnée, & à 21 fon
Traité des Médicamens, 2 volumes
in-12. Affocié à l'académie des
Sciences en 1699, il s'engagea
contre *Meri* en la fameufe difpute de la circulation du fang
dans le Fœtus. Il compofa à cette
occafion fon *Traité de la généra-*
tion & de la nourriture du Fœtus.
Cette difpute abrégea fes jours.
L'application que demandoient les
réponfes qu'il préparoit à fon adverfaire, augmenta la difpofition
qu'il avoit à devenir afthmati-
que, & le jetta dans une phtifie
dont il mourut l'an 1701, en fa
32ᵉ année. Outre les ouvrages
dont nous avons parlé, on a dé
lui une *Nouvelle Pratique de Mala-*
dies aigues, & *de toutes celles qui*
dépendent de la fermentation des Li-
queurs. C'étoit un homme d'un ef-

prit vif & pénétrant, qui avoit
le talent d'imaginer des idées nouvelles, dont la plûpart étoient
fyftématiques. Il ne fut pas auffi
répandu qu'il auroit pu l'être,
parce qu'il n'avoit pas le talent
de fe faire valoir, & l'homme
d'étude faifoit tort en lui au médecin praticien.

I. TAYLOR, (Jérémie) fils
d'un barbier de Cambridge, devint
profeffeur de théologie à Oxford.
Il fouffrit beaucoup pour la caufe
du roi *Charles I*, auquel il demeura toujours fidèle, & dont il étoit
chapelain. A l'avènement de *Char-*
les II à la couronne, *Taylor* fut
fait évêque de Downe & de Connor en Irlande : place qu'il remplit avec édification. On a de lui,
I. Un livre intitulé : *Ductor Du-*
bitantium. II. Une *Hiftoire des An-*
tiquités de l'Univerfité d'Oxford, &
d'autres ouvrages où l'on trouve
des recherches. Ce favant prélat
mourut en 1667.

II. TAYLOR, (Jean) appellé
le *Poëte d'Eau*, naquit dans le comté de Glocefter, & ne pouffa jamais plus loin fes études qu'à la
grammaire. Son pere le mit en
apprentiffage chez un cabaretier
de Londres, & au milieu du tumulte & des goûts de fon art, il
compofa des Piéces de poëfie
affez agréables. Après la mort de
Charles I, à qui il les avoit dé-
diées, il exerça fon métier à Londres, & prit pour enfeigne de
fon cabaret une *Couronne noire* ou *de*
deuil ; mais pour ne pas fe rendre
fufpect, il mit au-deffus fon Portrait, avec 2 vers Anglois dont le
fens étoit : *On voit pendre aux Caba-*
rets, pour enfeignes, des Têtes de Rois
& même de Saints ; pourquoi n'y met-
trois-je pas la mienne? Il mourut vers
1654, avec la réputation d'un bon
aubergifte & d'un poëte médiocre.

TEISSIER, (Antoine) né à Montpellier en 1632, fut élevé dans le Calvinisme, & se retira en Prusse après la révocation de l'édit de Nantes. L'électeur de Brandebourg lui donna le titre de conseiller d'ambassade & le nomma son historiogaphe, avec une pension annuelle de 300 écus, qui fut augmentée dans la suite. Cet écrivain mourut à Berlin en 1715, à 83 ans. Sa probité & ses mœurs lui firent un nom respectable dans son parti ; son érudition ne le fit pas moins connoître. On a de lui plusieurs ouvrages, dans lesquels on trouve des recherches ; mais le style n'en est pas assez pur. Les principaux sont : I. *Les Eloges des Hommes Savans*, tirés de l'Histoire du président *de Thou*, dont on a 4 editions. La derniére est de Leyde, 1715, en 4 vol. in-12, par les soins de *la Faye*, qui a joint des remarques & des additions aux Eloges. Ce livre, qui pouvoit être utile avant que le P. *Niceron* donnât ses Mémoires, n'est presque plus d'aucun usage. Il est d'ailleurs écrit pesamment. II. *Catalogus Auctorum qui Librorum Catalogos, Indices, Bibliothecas, Virorum Litteratorum Elogia, Vitam aut Orationes funebres scriptis consignârunt*, à Genève, en 1686, in-4°. III. Des *Devoirs de l'Homme & du Citoyen*, traduit du latin de *Puffendorf*, 1690. IV. *Instructions de l'Empereur* Charles-Quint à Philippe II, & de Philippe II au Prince Philippe *son fils* ; *avec la Méthode tenue pour l'éducation des Enfans de France*. V. *Instructions Morales & Politiques*, 1700. VI. *Abrégé de l'Histoire des Quatre Monarchies du monde*, de *Sleidan*, 1700. VII. *Lettres choisies* de *Calvin*, traduites en françois, 1702, in-8°. VIII. *Abrégé de la Vie de*

divers Princes illustres, 1700, in-12. Le grand défaut de *Teissier* dans ses livres historiques est de n'avoir pas su discerner les choses essentielles, éclaircir les faits en les débrouillant, raccourcir & resserrer sa prose traînante & incorrecte.

TEISSIER, (Jean) *Voy.* TIXIER.

TEKELI, (Emeric comte de) né, en 1658, d'une famille illustre de Hongrie. Son pere, *Etienne Tekeli*, avoit été mêlé dans la funeste affaire des comtes de *Serin* & de *Frangipani*, qui périrent par les derniers supplices en 1671. Le général *Spark*, à la tête des troupes de l'empereur, l'alla assiéger dans ses forteresses ; il capitula, après avoir fait évader son fils déguisé en paysan, & mourut peu de tems après. *Emmeric Tekeli* sortit alors de sa retraite de Pologne, pour passer en Transilvanie avec quelques autres chefs des mécontens de Hongrie. Son esprit & son courage le rendirent si agréable au prince *Abaffi*, qu'il devint en peu de tems son premier ministre. On l'envoya au secours des mécontens, qui le reconnurent pour généralissime : ses armes eurent un succès heureux. La cour de Vienne fut alarmée ; mais n'ayant pas voulu satisfaire à toutes les demandes de *Tekeli*, les mécontens recommencérent la guerre en 1680. Les étendards de ce héros rebelle portoient cette inscription : *Comes* TEKELI, *qui pro Deo & Patria pugnat*. Son armée fut renforcée par les Turcs & les Transilvains. Il se lia avec le bassa de Bude, qui lui fit ôter son bonnet à la Hongroise, & lui en fit mettre un à la Turque, enrichi de pierreries, dont il le gratifia de la part du grand-seigneur, avec un sabre, une massed'armes & un drapeau. Quelques-uns difent qu'il lui mit la couronne de Hongrie fur la tête, & le revêtit des habits royaux par ordre de *Mahomet IV*, qui fe croyoit en droit de difpofer de cet état. *Tekeli*, ayant ainfi fatisfait fon ambition, fongea à contenter fon amour. Il époufa la princeffe *Ragotzki*, fille du comte de *Serin*, au commencement d'Août 1682. Il fe joignit aux Turcs armés contre l'Empire, & répandit la terreur par-tout. Après avoir tenté dans une diète, tenue l'année d'après à Caffovie, de fe raccommoder avec l'empereur, il unit fes armes à celles du grand-vifir *Muftapha*, qui avoit affiégé Vienne. Ce miniftre fut vaincu & obligé de fe retirer. Dans fon défefpoir il attribua le mauvais fuccès de la campagne au comte de *Tekeli*, qu'il rendit fufpect à *Mahomet*. *Tekeli* part pour Andrinople, fe juftifie, & s'affûre de plus en plus la protection du grand-feigneur, qui le nomma prince de Tranfilvanie, après la mort de *Michel Abaffi* arrivée en 1690. Ce nouveau prince ne put jamais fe faire reconnoître, quoiqu'il fît des prodiges de valeur contre le général *Heufler*, qui défendoit cette province pour la cour de Vienne. Il fe retira alors à Conftantinople, où il vécut en particulier jufqu'au 13 Septembre 1705, qu'il mourut Catholique Romain, près de Nicomédie. Le comte de *Tekeli* avoit plus de courage que de conduite.

§. TELAMON, fils d'*Eaque*, époufa *Péribée*, dont il eut le fameux *Ajax*. Il monta le premier à l'affaut, lorfqu'*Hercule* prit la ville de Troie fous le règne de *Laomédon*; & il eut pour récompenfe *Héfione*, qui fut mere de *Teucer*. Il

fut auffi du nombre des *Argonautes*.

TELCHINS: C'étoient des magiciens & des enchanteurs, à qui on attribuoit l'invention de plufieurs arts. On les mit au nombre des Dieux, après leur mort. On croit que c'eft d'eux qu'*Apollon* a eu le furnom de *Telchinius*. Leur culte étoit célèbre fur-tout dans l'ifle de Rhodes, qui a été auffi nommée *Telchinia*.

TELEGONE, fils d'*Ulyffe* & de *Circé*. L'Oracle ayant prédit qu'*Ulyffe* périroit de la main de *Télégone*, il céda fon trône à *Télémaque*, & fe confina dans un défert. *Télégone* étant devenu grand, obtint de *Circé* la permiffion d'aller voir fon pere; & lorfqu'il débarquoit, *Ulyffe* ramaffa dans la campagne quelques gens, à la tête defquels il fe mit, pour s'oppofer à la defcente de *Télégone*, qu'il croyoit être un ennemi qui venoit furprendre l'ifle d'Ithaque. Ce malheureux prince ne put éviter fa deftinée; car il fut tué par fon propre fils, qui ne connut fon crime qu'après avoir époufé *Pénélope* fa belle-mere, fans la connoître auffi.

TELEMAQUE, fils unique d'*Ulyffe* & de *Pénélope*, n'étoit encore qu'au berceau, lorfque fon pere partit pour le fiége de Troie. Dès qu'il eut atteint l'âge de 15 ans, il alla courir les mers, accompagné de *Minerve*, fous la figure de *Mentor*, fon gouverneur, pour chercher fon pere. Pendant ce voyage, il courut beaucoup de rifques, & retrouva enfin *Ulyffe* lorfqu'il arriva dans l'ifle d'Itaque. Quelque tems après que fon pere fe fut démis de la couronne, il alla voir *Circé*, & l'époufa à-peu-près dans le tems que *Télégone* époufoit *Pénélope*, après avoir tué fon pere. *Voyez* l'art. précéd.

TELEPHE, fils d'*Hercule* & d'*Augé*, ayant été abandonné par fa mere auffi-tôt après fa naiffance, fut trouvé fous une biche qui l'alaitoit. *Teuthras*, roi des Myfiens, l'adopta pour fon fils; & lorfqu'il fut en âge de porter les armes, il fe mit en devoir de s'oppofer aux Grecs qui alloient à Troie; mais *Achille* le bleffa, & l'Oracle lui confeilla de faire alliance avec ce héros, & l'affûra qu'enfuite il guériroit, en fuivant les remèdes de *Chiron*.

TELESILLE, femme illuftre d'Argos dans le Péloponnèfe, fe fignala, l'an 557 avant J. C., envers fa patrie, par un fervice pareil à celui que la fameufe *Jeanne Hachette* rendit long-tems après à Beauvais. La ville d'Argos étant affiégée par *Cléomène*, roi de Sparte, cette héroïne fit armer toutes les femmes à la place des hommes, & les pofta fur les remparts pour réfifter aux ennemis. Les Spartiates, plus furpris qu'effrayés d'avoir affaire à de tels combattans, & perfuadés qu'il leur feroit également honteux de les vaincre ou d'en être vaincus, levérent le fiége fur le champ. C'eft ainfi que *Téléfille* délivra fa patrie d'un ennemi puiffant & redoutable; & fes concitoyens par reconnoiffance, lui érigérent une ftatue dans une des places publiques d'Argos. Cette femme forte manioit la lyre des Mufes avec autant de dextérité que l'arc de *Bellone*. On poffède des fragmens de fes *Poefies* dans le recueil *Carmina novem Poetarum Fœminarum*, Hambourg 1734, in-4°.

TELESIUS, *Voyez* TILESIO.

I. TELESPHORE, ou *Evémerion*, médecin, qui fut célèbre dans fon art & dans celui de deviner. Les Grecs en firent un Dieu.

II. TELESPHORE, (Saint) né dans la Grèce, monta fur le trône de *St Pierre*, après le pape *Se Sixte I*, fur la fin de l'an 127 & fut martyrifé le 2 Janvier 139.

TELL, (Guillaume) eft l'un des principaux auteurs de la révolution des Suiffes en 1307. *Grifler*, gouverneur de ce pays pour l'empereur *Albert*, l'obligea, dit-on, fous peine de mort, d'abattre d'affez loin, d'un coup de flèche, une pomme placée fur la tête d'un de fes enfans. Il eut le bonheur de tirer fi jufte, qu'il enleva la pomme fans faire de mal à fon fils. Après ce coup d'adreffe, le gouverneur, avant apperçu une autre flèche cachée fous l'habit de *Tell*, lui demanda ce qu'il en vouloit faire : *Je l'avois prife exprès*, répondit-il, *afin de t'en percer*, *fi j'euffe eu le malheur de tuer mon fils.* Il faut convenir que l'hiftoire de la pomme qu'on avoit déja contée d'un foldat Goth, nommé *Tocho*, eft bien fufpecte. Il femble qu'on ait cru devoir orner d'une fable le berceau de la liberté Helvétique; mais on tient pour conftant que *Tell*, ayant été mis aux fers, tua enfuite le gouverneur d'un coup de flèche, & que ce fut le fignal des conjurés. *Voy.* MELCTAL.

TELLEZ, (Emmanuel-Gonzalez) profeffeur de droit à Salamanque, floriffoit au milieu du XVII° fiécle. On a de lui un *Commentaire fur les Décrétales*, en 4 vol. in-fol., dont l'édition la plus eftimée eft de l'an 1693.

TELLIAMED, *Voy.* MAILLET.

I. TELLIAS, poëte & devin de l'Elide, dans le Péloponnèfe, fuggéra un ftratagème nouveau aux Phocéens, lorfqu'ils faifoient la guerre aux Theffaliens. Il leur confeilla de choifir fix cens hommes des plus vaillans, de blanchir leurs habits & leurs armes avec du plâtre, & de les envoyer vers la nuit dans le camp des Thef- faliens, leur ordonnant de tuer tous ceux qui ne leur paroîtroient point blancs. Cet artifice eut un fuccès merveilleux ; car les Thef- faliens, épouvantés par un fpec- tacle fi extraordinaire, ne firent aucune réfiftance, & eurent 3000 hommes tués fur la place.

II. TELLIAS, d'Agrigente, a immortalifé fon nom par une li- béralité prefque incroyable. La porte de fa maifon étoit toujours ouverte aux étrangers, & on n'y refufoit l'entrée à perfonne. Il re- çut un jour en hyver 500 cava- liers, & les voyant mal vêtus, il donna un habit à chacun d'eux. *Athénée*, qui nous a fait connoître cet homme bienfaifant, ne dit pas en quel tems il vivoit.

I. TELLIER, (Michel le) fils d'un confeiller en la cour des Ai- des, naquit à Paris en 1603. Son premier emploi dans la robe, fut celui de confeiller au grand-con- feil, qu'il quitta l'an 1631, pour exercer la charge de procureur du roi au Châtelet de Paris. De ce pofte il paffa à celui de maî- tre-des-requêtes. Nommé inten- dant de Piémont en 1640, il ga- gna les bonnes-graces du cardi- nal *Mazarin*, qui le propofa au roi *Louis XIII* pour remplir la place de fecrétaire-d'état. Les di- vifions qui déchiroient la France après la mort de ce prince, lui donnèrent lieu de fignaler fon zèle pour l'Etat. Tout ce qui fut négocié avec M. le duc d'*Or- léans* & avec M. le Prince, paffa par fes mains. Il eut la plus gran- de part au traité de Ruel ; & ce fut à lui que la reine-régente & le cardinal *Mazarin* donnèrent leur principale confiance, pendant

les brouilleries dont la France fut agitée depuis ce traité. Le parti des factieux ayant prévalu, en 1651, *Mazarin* fe retira, & fut bientôt rappellé. Pendant l'abfen- ce du cardinal, *le Tellier* fut char- gé des foins du miniftére, que la fituation des affaires rendoit très-épineux. Après la mort de ce miniftre, il continua d'exercer la charge de fecrétaire-d'état, juf- qu'en 1666, qu'il la remit entié- rement au marquis de *Louvois*, fon fils aîné, qui en avoit la furvi- vance. Sa démiffion volontaire ne l'éloigna pas du Confeil. En 1677, il fut élevé à la dignité de chan- celier & de garde-des-fceaux. Il avoit pour lors 74 ans ; & en re- merciant *Louis XIV*, il lui dit : *Sire, vous avez voulu couronner mon tombeau.* Son grand âge ne dimi- nua rien de fon zèle vigilant & actif. Ce zèle ne fut pas toujours prudent. *Le Tellier* fervit beau- coup à animer *Louis XIV* contre les Proteftans ; il fut un des prin- cipaux moteurs de la révocation de l'Edit de Nantes ; révocation qui auroit pu être utile, fi elle avoit été faite à propos & accompagnée de moins de cruautés. Il s'écria en fignant l'Edit révocatif : *Nunc di- mittis fervum tuum, Domine, quia viderunt oculi mei falutare tuum.* Il mourut peu de jours après en 1685, à 83 ans. *Boffuet* prononça fon Oraifon funèbre. Si on lit cette pièce, ce chancelier paroît un jufte & un grand-homme. Si on confulte les Annales de l'abbé de *S. Pierre*, c'eft un lâche & dan- gereux courtifan, un calomnia- teur adroit, dont le comte de *Grammont* difoit en le voyant for- tir d'un entretien particulier avec le Roi : *Je crois voir une fouine qui vient d'égorger des poulets, en fe lé- chant le mufeau teint de leur fang.* Il eſt certain que ce miniſtre étoit extrême & dans ſes amitiés & dans ſes haines , & qu'il abuſa ſouvent de la confiance du roi, pour obtenir des places à des amis ſans mérite , ou pour perdre d'illuſtres ennemis.

II. TELLIER , (François - Michel le) marquis de *Louvois*, fils du précédent , naquit à Paris en 1641. Il fut reçu en ſurvivance de la charge de miniſtre de laGuerre l'an 1664. Son activité , ſon application & ſa vigilance lui méritérent la confiance du roi, & lui procurérent tous les jours de nouvelles faveurs. Nommé ſurintendant général des Poſtes en 1668, chancelier des ordres du roi, grand-vicaire des ordres de St Lazare & de Mont-Carmel, il remplit ces diſférentes places en homme ſupérieur. Un grand nombre d'Hôpitaux démembrés de l'ordre de St Lazare , y furent réunis par ſes ſoins , & deſtinés en 1680 à former cinq grands prieurés & pluſieurs commenderies, dont le Roi gratifia près de 200 officiers eſtropiés ou vétérans. Les ſoldats que les diſgraces de la guerre mettoient hors d'état de ſervir , furent aſſez heureux pour reſſentir les effets de la protection du roi , par l'établiſſement de l'Hôtel-royal des Invalides , qui fut bâti par les ſoins du marquis de *Louvois*. Son zèle pour l'éducation de la Nobleſſe lui fit encore obtenir de ſa Majeſté l'inſtitution de quelques académies dans les places frontiéres du royaume, où grand nombre de jeunes gentilshommes, élevés gratuitement , apprenoient le métier de la guerre. Après la mort de *Colbert*, arrivée en 1683, il fut pourvu de la charge de ſurintendant des Bâtimens , Arts & Manufactures de France. La vaſte étendue de ſon génie l'élevoit au-deſ-

ſus de cette multitude d'emplois , qu'il exerça toujours par lui-même ; mais ſes grands talens éclatérent ſur-tout dans les affaires de la guerre. Il introduiſit le premier cette méthode avantageuſe , que la foibleſſe du gouvernement avoit juſqu'alors rendue impraticable , de faire ſubſiſter les armées par magaſins ; quelques ſiéges que le Roi voulût faire, de quelque côté qu'il tournât ſes armes, les ſecours en tout genre étoient prêts, les logemens des troupes marqués, leurs marches réglées. La diſcipline , rendue plus ſévére de jour en jour par l'auſtérité inflexible du miniſtre, enchainoit tous les officiers à leur devoir. Il avoit ſi bien banni la molleſſe des armées Françoiſes , qu'un officier ayant paru à une alerte en robe de chambre , ſon général la fit brûler à la tête du camp , comme une ſuperfluité indigne d'un homme de guerre. L'artillerie, dont il exerça lui-même plus d'une fois la charge de grand-maître , fut ſervie avec plus d'exactitude que jamais ; & des magaſins établis par ſes conſeils dans toutes les places de guerre, furent fournis d'une quantité prodigieuſe d'armes & de munitions, entretenues & conſervées avec le dernier ſoin. Dans ce grand nombre de fortifications que le Roi fit élever ou réparer pendant ſon miniſtére, on n'entendoit plus parler de malverſations. Les plans étoient levés avec toute l'exactitude poſſible , & les marchés exécutés avec une entière fidélité. D'ailleurs , rien de plus juſte & de mieux concerté , que les réglemens publiés pour les étapes , pour les marches , pour les quartiers & pour le détail des troupes. La paie des officiers & des ſoldats étoit conſtamment aſſûrée par des fonds toujours prêts , qui. suivoient & devançoient les armées. La force de son génie & le succès de ses plus hardies entreprises, lui acquirent un ascendant extrême sur l'esprit de *Louis XIV*; mais il abusa de sa faveur. Il traitoit ce prince avec une hauteur qui le rendit odieux. Au sortir d'un conseil où le Roi l'avoit très-mal reçu, il rentra dans son appartement & expira , consumé par l'ambition, la douleur & le chagrin, le 16 Juillet 1691, à 51 ans. Il ne fut regretté ni par le Roi , ni par ses courtisans. Son esprit dur, son caractère hautain avoit indisposé tout le monde contre lui. Les philosophes lui reprochoient les cruautés , les ravages exercés dans le Palatinat ; le projet d'exciter le duc de Savoye & les Suisses à déclarer la guerre à la France , en manquant à tous les traités faits avec eux. Il pensoit faussement qu'il falloit faire une guerre cruelle, si l'on vouloit éviter les représailles. Le seul moyen de faire cesser les incendies & les cruautés, étoit, selon lui, d'enchérir sur celui qui commençoit. Aussi écrivoit-il au maréchal de *Boufflers*: *Si l'ennemi brûle un village de votre Gouvernement, brûlez-en dix du sien*. Mais quelques reproches qu'on ait faits à sa mémoire , ses talens ont été encore plus utiles à la patrie , que ses fautes ne lui ont été funestes. On ne trouva dans aucun des sujets qu'on essaya depuis, cet esprit de détail, qui ne nuit point à la grandeur des vues ; cette prompte exécution, malgré la multiplicité des ressorts ; cette fermeté à maintenir la discipline militaire; ce profond secret, qui avoit fait passer de si cruelles nuits à l'ombrageux *Guillaume*; ces instructions savantes qui dirigeoient un général , & qui ne gênoient que

Turenne ; cette connoissance des hommes qui savoit les approfondir & les employer à propos. En un mot , on ne retrouva plus cet enfant de *Machiavel* , moitié courtisan , moitié citoyen ; né , ce semble , pour l'oppression & pour la gloire de sa patrie. *Louvois* étoit connu de tous les seigneurs de la cour pour un ministre impénétrable. Il étoit près de partir pour un grand voyage , & il feignit de dire où il devoit aller. *Monsieur* , lui dit le comte de *Grammont* , *ne nous dites point où vous allez , aussi bien nous n'en croirons rien.* Nous avons sous son nom un *Testament Politique* , 1695 , in-12 ; & dans le *Recueil de Testamens Politiques* , 4 vol. in-12. C'est *Courtils* qui est l'auteur de cette rapsodie politique, d'après laquelle il ne faut pas juger le marquis de *Louvois*. Après sa mort , il parut une espèce de Drame satyrique contre lui , intitulé: *Le Marquis de Louvois sur la sellette*, Cologne, 1695 , in-12. C'est une piéce pitoyable, qui vaut encore moins que le Testament de *Courtils*. Le marquis de *Louvois* laissa des biens immenses , qui venoient en partie de sa femme, *Anne de Souvré* , marquise de *Courtenvaux* , la plus riche héritière du royaume. Il en eut plusieurs enfans, entr'autres *François-Michel le Tellier* , marquis de *Courtenvaux*, mort en 1721, & pere de *Louis - César* , marquis de *Courtenvaux*. Celui-ci prit le nom & les armes de la maison d'*Estrées*; Voy. *Estrées* , n° VI.

III. TELLIER, (Charles-Maurice le) archevêque de Reims , commandeur de l'ordre du St-Esprit, docteur & proviseur de Sorbonne, conseiller-d'état ordinaire , &c. né à Paris en 1642 , étoit frere du précédent. Il se distingua par son zèle pour les sciences & **pour**

pour l'obſervation de la diſcipline eccléſiaſtique. Il mourut ſubitement à Paris en 1710, à 68 ans. Il défendit qu'on ouvrit ſon corps, ni qu'on lui fît aucune oraiſon funèbre. Il laiſſa aux chanoines-réguliers de l'abbaye de Ste Gèneviéve de Paris, ſa belle bibliothèque compoſée de 50 mille volumes. Ce prélat tenoit beaucoup du caractére dur & inflexible de ſon pere & de ſon frere.

IV. TELLIER, (Michel le) Jéſuite, né auprès de Vire, en baſſe Normandie , l'an 1643 , profeſſa avec ſuccès les humanités & la philoſophie. Il étoit provincial de la province de Paris , lorſque le P. de la *Chaiſe* , confeſſeur du roi, mourut. C'étoit un homme ſombre, ardent, inflexible , couvrant ſes violences ſous un flegme apparent , auſſi attentif à cacher ſes menées qu'à les faire réuſſir. Il fut long-tems le dénonciateur des Janſéniſtes , en attendant d'en être le perſécuteur. C'eſt à lui qu'on attribue la première idée de la fourberie de Douai , ſi reſſemblante à une perfidie. Ce fut à cet homme turbulent qu'on confia le poſte du Pere de la *Chaiſe*. Il fit tout le mal qu'il pouvoit faire dans cette place, où il eſt trop aiſé , (dit un hiſtorien ,) d'inſpirer ce qu'on veut , & de perdre qui l'on hait. On peut voir dans les articles du cardinal de *Noailles* & de *Queſnel* , tous les reſſorts qu'il fit jouer pour perdre cet archevêque, & pour faire recevoir la Bulle lancée contre le livre de cet Oratorien. Il fatigua la foibleſſe de *Louis X I V*, juſques dans ſes derniers momens, pour lui faire donner des édits en faveur de cette Conſtitution. Après la mort de *Louis XIV*, ſon confeſſeur fut exilé à Amiens, puis à la Flèche , où il mourut en 1719, à

76 ans, chargé de l'exécration publique. Ce Jéſuite avoit quelques connoiſſances ; il étoit membre de l'académie des belles-lettres. On a de lui pluſieurs ouvrages : I. Une édition de *Quinte-Curſe* , à l'uſage du Dauphin, in-4°, 1678. II. *Défenſe* des nouveaux Chrétiens & des Miſſionnaires de la Chine, du Japon & des Indes, in-12. Ce livre excita beaucoup de clameurs, fut réfuté par le grand *Arnauld*, & cenſuré à Rome par un décret de l'Inquiſition. III. *Obſervations ſur la Nouvelle Défenſe de la Verſion Françoiſe du Nouveau-Teſtament* , imprimées à Mons & à Rouen, 1684 , in-8°. IV. Pluſieurs *Ecrits Polémiques* , qui ne méritent pas d'être tirés de l'oubli. Le cardinal de *Polignac* contoit une anecdote qui eſt digne d'être rapportée. Le Pere le *Tellier* alla un jour le trouver , & lui dit que , « le Roi étant déterminé ne de faire ſoutenir dans toute » la France l'*Infaillibilité* , il lo » prioit d'y donner la main. » Le cardinal lui répondit : *Mon Pere , ſi vous entreprenez une pareille choſe , vous ferez bientôt mourir le Roi.* Ce qui fit ſuſpendre les démarches & les intrigues du confeſſeur à ce ſujet. C'eſt à ce perſécuteur du mérite , que les Jéſuites doivent attribuer une partie de leurs malheurs. La charrue qu'il fit paſſer ſur les ruines de Port-royal, a produit, (ſuivant un homme d'eſprit ,) les fruits amers qu'ils ont recueillis depuis.

TEMPESTA , (Antonio) peintre & graveur de Florence, né en 1555, & mort en 1630. *Strada*, qui fut ſon maître , lui donna du goût pour peindre les animaux , genre dans lequel il a excellé. Son deſſein eſt un peu lourd ; mais ſes compoſitions prouvent la beauté & la facilité de ſon génie. Sa gravure eſt inférieure à fa peinture. On a de lui, tant en tableaux qu'en eftampes, beaucoup de fujets de *Batailles* & de *Chaffes*.

TEMPLE , (Guillaume) né à Londres en 1628, & petit-fils d'un fecrétaire du comte d'*Effex*, voyagea en France, en Hollande & en Allemagne. De retour dans fa patrie , gouvernée par l'ufurpateur *Cromwel* , il fe retira en Irlande , où il fe confacra à l'étude de la philofophie& de la politique.Après que *Charles II* fut remonté fur le trône de fes peres , le chevalier *Temple* retourna à Londres, & fut employé dans des affaires importantes. Une des négociations qui fit le plus d'honneur à fon habileté, fut celle de la triple alliance qui fut conclue en 1662 , entre l'Angleterre, la Hollande & la Suède. Ces trois puiffances étoient pour lors amies de la France ; cependant, par fes intrigues & fes clameurs, il parvint à les réunir contre elle. Il avoit formé lui-même le plan de cette ligue. Le chevalier *Temple* , qui regardoit cette confédération comme le falut de l'Europe, paffa enfuite en Allemagne,pour inviter l'empereur & les princes à y accéder ; mais il eut bientôt le chagrin de voir que fa cour ne partageoit pas fon zèle , & qu'elle étoit même fur le point de rompre avec la Hollande. Il fut donc rappellé, & on refpeéta fi peu fon ouvrage, que *Charles II* fe ligua avec *Louis XIV* pour écrafer les Provinces-Unies. Il fe trouva , en 1668, aux conférences d'Aix-la-Chapelle , en qualité d'ambaffadeur extraordinaire ; & à celles de Nimègue en 1678. Après avoir conclu ce dernier traité, il retourna en Angleterre, où il fut admis au confeil du roi, & difgracié peu de tems après. N'ayant plus

de rôle à jouer fur la fcène du monde , il fe fit auteur. Il fe retira dans une terre du comté de Suffex, & y mourut en 1698 , âgé de 70 ans. Par une claufe affez bizarre de fon Teftament , il ordonna que fon *Cœur feroit dépofé dans une boëte d'argent , & qu'on l'enterreroit fous le Cadran folaire de fon Jardin.* Il faut convenir que cet homme célèbre , avec de grands talens , des vertus éminentes , du zèle , une rare habileté , avoit de grands défauts. Il étoit fort vain & fort violent, & quoiqu'il fût naturellement vif & gai , fon orgueil rendoit fon humeur fort inégale. Quand il haïffoit quelqu'un , c'étoit au point de ne pouvoir le rencontrer fans fe troubler. S'il étoit ennemi ardent, il étoit ami chaud. Il évitoit les plaintes avec ceux qu'il aimoit : *Elles peuvent fervir* , difoit-il, *entre amans , mais rarement entre amis.* Son amour pour la liberté ne pouvant fe plier à la fervitude des cours, il ne voulut jamais d'autre emploi que celui de miniftre public. Quelques pédans l'attaquérent par des écrits peu mefurés, & il leur répondit dans le même ftyle. Nous avons de lui : I. Des *Mémoires depuis 1672 jufqu'en 1692*, in-12 , 1692. Ils font utiles pour la connoiffance des affaires de fon tems. II. *Remarques fur l'état des Provinces-Unies*, 1697, in-12, affez intéreffantes, mais pleines de penfées libres fur la Religion. III. *Introduction à l'Hiftoire d'Angleterre* , 1695 , in-12. C'eft une ébauche d'une Hiftoire générale. V. Des *Lettres* , qu'il écrivit pendant fes dernières ambaffades. Elles font curieufes, & on les a traduites en françois , 1700, 3 vol. in-12. VI. Des *Œuvres mêlées* , 1693, in-12 , dans lefquelles on trouve quelques bons morceaux. L'auteur penfoit profondément & écrivoit avec force ; mais il ne faut pas juger de son génie, par les traductions françoises : elles sont plates & incorrectes. *Voyez* SWIFT.

TENA, (Louis) de Cadix, docteur & chanoine d'Alcala, puis évêque de Tortose, mourut en 1622. On a de lui : I. Un *Commentaire* sur l'Epitre aux Hébreux. Il excelle particulièrement dans les préludes ; mais le fond de cet ouvrage n'est qu'une compilation indigeste. II. *Isagoge in sacram Scripturam* , in-fol. : ouvrage savant & diffus.

I. TENCIN , (Pierre Guerin de) né à Grenoble en 1679, d'une famille originaire de Romans en Dauphiné , devint prieur de Sorbonne , docteur & grand-vicaire de Sens. Ses liaisons avec le fameux *Law* dont il reçut l'abjuration , furent aussi utiles à sa fortune que nuisibles à sa réputation. Il accompagna , en 1721 , le cardinal de *Bissy* à Rome , en qualité de conclaviste ; & après l'élection d'*Innocent XIII* , il fut chargé des affaires de France à Rome. Ses services le firent nommer archevêque d'Embrun en 1724 ; il y tint en 1727 un fameux concile contre *Soanen*, évêque de Senez : concile qui lui a fait donner tant d'éloges par un parti, & tant de malédictions par l'autre. Ayant obtenu la pourpre en 1739, sur la nomination du roi *Jacques*, il devint archevêque de Lyon en 1740, ministre-d'état 2 ans après. On croyoit qu'il avoit été appellé à la cour, pour remplacer le cardinal de *Fleury* ; mais ses espérances & celles du public ayant été trompées , il se retira dans son diocèse , où il se fit aimer par d'abondantes aumônes. Il y mourut en 1758, à 80 ans. Qui croire sur le compte de ce zèlé défenseur de la Bulle ? Les uns en font un génie, un homme-d'état, un politique consommé ; d'autres lui disputent ces talens , & attribuent son élévation moins à son mérite , qu'à celui d'une sœur ambitieuse & bel-esprit. Vers la fin de ses jours, les choses pour lesquelles il avoit montré le plus d'ardeur, se présentérent à lui sous un autre point de vue. Ses sentimens allérent jusqu'à la tolérance. On l'a cru du moins, sur la conduite qu'il tint dans un tems de trouble , & sur quelques propos qui lui ont échapé , mais qu'on n'a pas manqué de répandre. On a de lui des *Mandemens* & des *Instructions Pastorales.*

II. TENCIN, (Claudine-Alexandrine Guerin de) sœur du précédent, prit l'habit religieux dans le monastére de Montfleury , près de Grenoble. Dégoûtée du cloitre , elle rentra dans le monde & vint à Paris. Les graces de son esprit lui firent des amis illustres ; elle prit part à la folie épidémique du systême, & cette folie fut avantageuse à sa fortune , ainsi qu'à celle de son frere. Elle songea dès-lors à demander à la cour de Rome un Bref, qui la rendit au monde qu'elle avoit quitté. Elle l'obtint en effet par le crédit de *Fontenelle* ; mais comme le bref avoit été rendu sur un faux exposé , il ne fut point fulminé. Madame de *Tencin* n'en resta pas moins dans la capitale, où sa maison devint le rendez-vous des gens les plus ingénieux. On la voyoit , au milieu d'un cercle de beaux-esprits & de gens du monde, qui composoient sa cour , donner le ton & se faire écouter avec attention. Sa petite société fut troublée de tems en tems par quelques aventures assez tristes. *La Fresnaye*, conseiller au grand-conseil , fut

tué dans son appartement ; & elle
fut pourſuivie, comme ayant trem-
pé dans ce meurtre. On la tranſ-
féra d'abord au Châtelet, enſuite
à la Baſtille ; enfin elle eut le
bonheur d'être déchargée de l'accuſation intentée contre elle. Cette
dame illuſtre mourut à Paris en
1749, vivement regretté par pluſieurs gens-de-lettres, qu'elle appelloit ironiquement ſes Bêtes.
Nous avons d'elle : I. Le Siége de
Calais, in-12. C'eſt un Roman écrit
avec beaucoup de délicateſſe, &
plein de penſées fines. Certaines
idées d'une licence enveloppée,
des portraits aimables de l'un &
de l'autre ſexe, mais qui auroient
dû être plus contraſtés ; beaucoup
de tendreſſe dans les expreſſions,
le ton de la bonne compagnie :
voilà ce qui en fit le ſuccès. On
ferma les yeux ſur ſes défauts ;
ſur la multitude des épiſodes &
des perſonnages ; ſur la compli-
cation des événemens, la plupart
peu vraiſemblables ; enfin ſur la
conduite, moins judicieuſe que
ſpirituelle, de ce Roman. II. Mémoires de Comminges, in-12 ; qui ne
ſont bons que pour la forme. M.
de Pont-de-veſle, ſon neveu, eut
part à cet ouvrage, ainſi qu'au
précédent. III. Les Malheurs de l'A-
mour, 2 vol. in-12 : Roman dans lequel on a prétendu qu'elle traçoit ſa
propre hiſtoire. IV. Les Anecdotes
d'Edouard II, in-12, 1776 : ouvrage poſthume.

TENDE, (Gaſpard de) petit-
fils de Claude de Savoie, comte de
Tende & gouverneur de Provence, ſervit avec diſtinction en France dans le régiment d'Aumont. Il
fit enſuite deux voyages en Pologne, où il acquit beaucoup de
connoiſſance des affaires. On a de
lui : I. Un Traité de la Traduction,
ſous le nom de l'Eſtang, in-8°.

II. Relation hiſtorique de Pologne, ſous
le nom de Hauteville, in-12. Ces
deux ouvrages eurent quelque
cours. L'auteur mourut à Paris en
1697, à 79 ans. Il deſcendoit de
René de Savoie & de Villars, comte de TENDE, fils naturel de Philippe duc de Savoie. Le comte de
Tende s'attacha à François I, qui le
fit grand-maître de France. Il mourut des bleſſures qu'il avoit reçues
à la funeſte journée de Pavie en
1525. Il eut d'Anne Laſcaris comteſſe de Tende, ſa femme, Honorat
maréchal de France, & pourvu
de la charge d'amiral en 1572. Il
mourut en 1580, laiſſant une fille,
mariée au duc de Mayenne. Son frere
Claude, gouverneur de Provence,
mort en 1566, eut un fils légitime,
Honorat, qui mourut en 1572 : &
un fils-naturel, Annibal, qui ſervit
dans les troupes de France ; & qui
fut pere de celui qui fait l'objet
de cet article.

TENÈS ou TENNÈS, fils de Cygnus, où ſelon d'autres d'Apollon.
Ayant été accuſé d'inceſte par ſa
belle-mere Philonomé, il fut expo-
ſé dans un coffre ſur la mer avec
ſa ſœur Hemithée, qui ne voulut
jamais l'abandonner. Le coffre aborda dans l'iſle de Leucophrys, où
Tenès, prit le nom de Tenedos.
Tenès y régna, & y établit des loix
très-ſévéres, telle qu'étoit celle
qui condamnoit les adultères à perdre la tête : loix qu'il fit obſerver en la perſonne de ſon propre fils. Tenès fut tué par Achille,
avec ſon pere Cygnus, pendant
la guerre de Troie ; & après ſa
mort, il fut honoré comme un
Dieu dans l'iſle de Tenedos.

I. TENIERS, dit le Vieux, (David) peintre, né à Anvers en
1582, mort dans la même ville en
1649, apprit les principes de la
peinture ſous Rubens. Le deſir de

voyager le fit fortir de cette école, & il alla à Rome, où il demeura durant dix années. Ce peintre a travaillé en Italie ídans le grand & dans le petit. Il a peint dans le goût de ses deux maîtres ; mais à son retour à Anvers, il prit pour fujets de ses tableaux, des *Buveurs*, des *Chymistes* & des *Paysans*, qu'il rendoit avec beaucoup de vérité.

II. TENIERS *le Jeune*, (David) né à Anvers en 1610, mort dans la même ville en 1694, étoit fils du précédent & son élève : mais il furpassa son père par son goût & par fes talens. *Teniers le Jeune* jouit, de son vivant, de toute la réputation, des honneurs & de la fortune dûs à son mérite & à fes bonnes qualités. L'archiduc *Léopold-Guillaume* lui donna son portrait attaché à une chaîne d'or, & le fit gentilhomme de sa chambre. La reine de Suède donna auffi son portrait à *Teniers*. Les fujets ordinaires de fes tableaux, font des fcènes réjouiffantes. Il a représenté des Buveurs & des Chymistes, des Noces & Fêtes de village, plufieurs Tentations de *S. Antoine*, des Corps-de-gardes, &c. Ce peintre manioit le pinceau avec beaucoup de facilité. Ses ciels font très-bien rendus, & d'une couleur gaie & lumineuse. Il touchoit les arbres avec une grande légèreté, & donnoit à ses petites fig. une ame, une expreffion & un caractère admirables. Ses tableaux font comme le miroir de la nature ; elle ne peut être rendue avec plus de vérité. On estime singulièrement fes petits tableaux ; il y en a qu'on appelle des *Après-foupers*, parce que ce peintre les commençoit & les finiffoit le foir même. On ne doit pas oublier son talent à imiter la manière des meilleurs maîtres, qui l'a fait furnommer le *Singe* de la Peinture. Il a quelquefois donné dans le gris & dans le rougeâtre ; on lui reproche auffi d'avoir fait des figures trop courtes, & de n'avoir pas affez varié fes compofitions. *Louis XIV* n'aimoit point son genre de peinture. On avoit un jour orné sa chambre de plufieurs tableaux de *Teniers* ; mais auffi-tôt que ce prince les vit : *Qu'on m'ôte*, dit-il, *ces Magots de devant les yeux*. On a beaucoup gravé d'après les ouvrages de *Teniers*. Il a lui-même gravé plufieurs morceaux.

I. TENTZELIUS, (André) fameux médecin Allemand du XVIIe fiécle, publia un *Traité* curieux, dans lequel il décrit fort au long non feulement la matière des *Momies*, leur vertu & leurs propriétés, mais auffi la manière de les compofer & de s'en fervir dans les maladies.

II. TENTZELIUS, (Guillaume-Erneft) né à Arnftad en Thuringe, en 1659, mourut en 1707 à 49 ans. C'étoit un homme entièrement livré à l'étude & à la littérature, & qui fe confoloit avec les Mufes, des rigueurs de la fortune. Quoiqu'il fût affez pauvre, il parut toujours content de son fort. On a de lui un grand nombre d'ouvrages, parmi lefquels on diftingue : I. *Saxonia Numifmatica*, 1705, in-4°. 4 vol., en latin & en allemand. II. *Supplementum Hiftoriæ Gothanæ*, 1701 & 1716, 3 vol. in-4°. Il y a beaucoup d'érudition dans ces deux livres ; mais l'auteur n'a pas l'art d'être précis & de ne choifir que l'utile.

TERAMO, (Jacques de) *Voyez* PALLADINO.

TERBURG, (Gerard) peintre, né en 1608, à Zwol dans la pro-

vince d'Over-Yſſel, mort à Deventer en 1681, voyagea dans les
royaumes les plus floriſſans de
l'Europe. Le Congrès pour la paix,
qui ſe tenoit à Munſter, l'attira en
cette ville, où ſon mérite le produiſit auprès des miniſtres. On le chargea de pluſieurs tableaux, qui ajoûtérent à ſa fortune & à ſa réputation. L'ambaſſadeur d'Eſpagne l'emmena avec lui à Madrid, & *Terburg*
y fit des ouvrages qui charmèrent
le roi & toute la cour. Ce maître
reçut de riches préſens & fut fait
chevalier. Londres, Paris, Deventer, lui fournirent de nouvelles occaſions de ſe ſignaler. Sa réputation, & ſur-tout ſa probité &
ſon eſprit, le firent choiſir pour
être un des principaux magiſtrats
de cette derniére ville. *Terburg*
conſultoit toujours la nature : ſa
touche eſt précieuſe & très-finie.
On ne peut porter plus loin que ce
peintre l'intelligence du clair-obſcur. On lui reproche quelques
attitudes roides & contraintes. Les
ſujets qu'il a traités ſont, pour
l'ordinaire, des *Bambochades* & des
Galanteries ; il excelloit encore à
peindre le portrait. *Netſcher* a été
ſon diſciple.

TERCIER, (Jean-Pierre) né à
Paris en 1704, ſuivit le marquis
de *Monti* dans ſon ambaſſade de
Pologne, & connut particulièrement le roi *Staniſlas* à Dântzick,
où l'ambaſſade de France & ſon ſecrétaire furent retenus priſonniers
pendant 18 mois. Les ſervices qu'il
rendit dans cette occaſion, & ſur-
tout au congrès d'Aix-la-Chapelle
en 1748, lui méritèrent la place
de premier commis des affaires
étrangéres : place qu'il perdit pour
avoir approuvé, en qualité de cenſeur royal, le dangereux livre de
l'*Eſprit*. Il mourut en 1766, laiſſant quelques *Mémoires* dans ceux

de l'académie des belles-lettres
dont il étoit membre. C'étoit un
homme doux, poli & éclairé, qui
jouit de l'eſtime publique, même
après ſa diſgrace. On a de lui en
manuſcrit, dans le dépôt des affaires étrangères, des *Mémoires* hiſtoriques ſur les négociations, qu'il
avoit compoſés pour l'inſtruction
de M. le Dauphin.

TERENCE, (*Publius Terentius
Afer*) né à Carthage, fut enlevé
par les Numides dans les courſes
qu'ils faiſoient ſur les terres des
Carthaginois. Il fut vendu à *Terentius Læcanus*, ſénateur Romain,
qui le fit élever avec beaucoup
de ſoin, & l'affranchit fort jeune.
Ce ſénateur lui donna le nom de
Térence, ſuivant la coutume qui
vouloit que l'affranchi portât le
nom du maître dont il tenoit ſa
liberté. Son eſprit le lia étroitement avec *Lælius* & *Scipion* l'Africain. On les ſoupçonna même d'a-
voir travaillé à ſes Comédies ; en
effet ils pouvoient donner lieu à
ces ſoupçons avantageux, par leur
rare mérite, par la fineſſe de leur
eſprit, & la délicateſſe exquiſe de
leur goût. Nous avons ſix *Comédies*
de *Térence* ; on admire dans ce
poëte l'art avec lequel il a ſu peindre les mœurs & rendre la nature. Rien de plus ſimple & de plus
naïf que ſon ſtyle ; rien, en même tems, de plus élégant &, de
plus ingénieux. De tous les auteurs Latins, c'eſt celui qui a le
plus approché de l'*Atticiſme*, c'eſt-
à-dire, de ce qu'il y a de plus
délicat & de plus fin chez les Grecs,
ſoit dans le tour des penſées, ſoit
dans le choix de l'expreſſion ;
mais on lui reproche de n'avoir
été le plus ſouvent que leur traducteur. *Térence* ſortit de Rome
n'ayant pas encore 35 ans ; on ne le
vit plus depuis. Il mourut vers

l'an 159 avant J. C. Il s'étoit, dit-on, amufé dans fa retraite, à traduire les Piéces de *Ménandre*, & à compofer de fon propre fonds; & ce fut, dit-on, la douleur d'avoir perdu ces différentes piéces qui lui caufa la mort. Nous avons une *Vie* de *Térence*, écrite par *Suétone*. Les éditions les plus recherchées des VI *Comédies* de ce poëte font les fuiv.: Milan 1470, in-f. -- Venife 1471, in-fol. --*Elzevir* 1635, in-12. (à l'édition originale, la page 104 eft cottée 108.) --Au Louvre, 1642, in-fol. --*Ad ufum Delphini*, 1671, in-4°. --*Cum notis Varior*. 1686, in-8°. --Cambridge 1701, in-4°. Londres 1724, in-4°. --La Haye 1726, 2 v. in-4°. --Urbin 1736, in-fol., fig. -- Londres, *Sandby*, 1751, 2 vol. in-8°. fig. Celle de Birmingham, *Baskerville*, 1772, in-4°. eft d'une grande beauté. *Dacier* en donna en 1717, une belle édition latine, avec fa Traduction françoife & des Notes, en 3 vol. in-8°. M. l'abbé le *Monier* en a publié une nouvelle traduction, 1771, 3 vol. in-8°. & 3 vol. in-12, qui a eu du fuccès.

TERENTIANUS MAURUS, *V.* MAURUS.

TERME, Divinité qui préfidoit aux limites des champs. Lorfque les Dieux voulurent céder la place du Capitole à *Jupiter*, ils fe retirèrent dans les environs par refpect; mais le Dieu *Terme* demeura à fa place fans bouger. On le repréfentoit fous la forme d'une *tuile*, ou d'une *pierre* quarrée, ou d'un *pieu* fiché dans la terre.

TERPANDRE, *Voyez* THERPANDRE.

TERPSICHORE, l'une des neuf *Mufes*, déeffe de la Mufique & de la Danfe. On la repréfente fous la fig. d'une jeune fille couronnée de guirlandes, tenant une har-

pe & des inftrumens de mufique autour d'elle.

I. TERRASSON, (André) prêtre de l'Oratoire, étoit fils aîné d'un confeiller en la fénéchauffée & préfidial de Lyon fa patrie. Il parut avec éclat dans la chaire; il prêcha le Carême de 1717 devant le roi, puis à la cour de Lorraine, & enfuite deux Carêmes dans l'Eglife métropolitaine de Paris, & toujours avec le fuccès le plus flatteur. Il joignoit à une belle déclamation, une figure agréable. Son dernier Carême dans cette cathédrale lui caufa un épuifement, dont il mourut à Paris en 1723. On a de lui des *Sermons*, imprimés en 1726, & réimprimés en 1736, en 4 vol. in-12. Son éloquence a autant de nobleffe que de fimplicité, & autant de force que de naturel. Il plaît d'autant plus, qu'il ne cherche point à plaire. On ne le voit point employer ces penfées qui n'ont d'autre mérite qu'un faux-brillant; ni ces tours recherchés, fi fréquens dans nos orateurs modernes, & plus dignes d'un Roman que d'un Sermon.

II. TERRASSON, (Jean), frere du précédent, né à Lyon en 1670, fut envoyé par fon pere à la maifon de l'Inftitution de l'Oratoire, à Paris. Il quitta cette congrégation prefque auffitôt qu'il y fut entré; il y rentra de nouveau, & il en fortit pour toujours. Son pere, irrité de cette inconftance, le réduifit par fon teftament à un revenu très-médiocre. *Terraffon*, loin de s'en plaindre, n'en parut que plus gai. L'abbé *Bignon*, inftruit de fon mérite, lui obtint une place à l'académie des Sciences en 1707, & en 1721 la chaire de philofophie grecque & latine. L'abbé *Terraffon* s'enrichit par la

H h iv

fameux Syſtême ; mais cette opulence ne fut que paſſagére. La fortune étoit venue à lui ſans qu'il l'eût cherchée ; elle le quitta ſans qu'il ſongeât à la retenir. Quoiqu'il eût conſervé , au milieu des richeſſes, la ſimplicité des mœurs qu'elles ont coutume d'ôter, il n'étoit pas ſans défiance de lui-même : *Je réponds de moi*, diſoit-il , *juſqu'à un million* ; ceux qui le connoiſſoient auroient répondu de lui par-delà. Un homme qui penſoit comme lui, ne devoit guéres ſolliciter de graces , même purement littéraires. Son mérite ſeul avoit brigué pour lui celles qu'on lui avoit accordées. Ce qui l'occupoit le moins , étoit les démêlés des princes & les affaires d'état. Il avoit coutume de dire , qu'*il ne faut point ſe mêler du gouvernail dans un vaiſſeau où l'on n'eſt que paſſager*. L'ignorance où étoit l'abbé *Terraſſon* ſur la plupart des choſes de la vie, lui donnoit une naïveté que bien des gens taxoient de ſimplicité ; ce qui a fait dire qu'*il n'étoit homme d'eſprit que de profil*. Mad[e] la marquiſe de *Laſſai*, qui étoit de ſa ſociété, répétoit volontiers qu'*il n'y avoit qu'un homme de beaucoup d'eſprit , qui pût être d'une pareille imbécillité*. Ce philoſophe mourut en 1750. Ses ouvrages ſont : I. *Diſſertation* critique ſur l'*Iliade* d'*Homére*, en 2 vol. in-12 , pleine de paradoxes & d'idées bizarres. Egaré par une fauſſe métaphyſique , il analyſe froidement ce qui doit être ſenti avec tranſport. II. Des *Réflexions en faveur du Syſtême de Law.* III. *Sethos* , Roman moral ; en 2 vol. in-12. Cet ouvrage , quoique bien écrit , & eſtimable par beaucoup d'endroits, ne fit cependant qu'une fortune médiocre. Le mélange de phyſique & d'érudition , que l'auteur y avoit répandu , ne fut point

du goût des François , quoique plein d'un grand nombre de caractéres, de traits de morale, de réflexions fines, & de diſcours quelquefois ſublimes. Il n'y a rien de plus beau peut-être, que le Portrait de la Reine d'Egypte, qui ſe trouve dans le 1er vol. IV. Une *Traduction* de *Diodore de Sicile* , en 7 vol. in-12 , accompagnée de préface , de notes & de fragmens , qui ont paru depuis 1737 juſqu'en 1744. Cette verſion eſt auſſi fidelle qu'élégante. On prétend que l'abbé *Terraſſon* ne l'entreprit que pour prouver combien les anciens étoient crédules.

III. TERRASSON , (Gaſpar) frere d'*André* & de *Jean* , naquit à Lyon en 1680. A l'âge de 18 ans. Il entra à l'Oratoire , où il s'appliqua d'abord à l'étude de l'Ecriture & des Peres. Après avoir profeſſé les humanités & la philoſophie, il ſe conſacra à la prédication , & s'acquit bientôt une réputation ſupérieure à celle dont ſon frere avoit joui. Il prêcha à Paris, pendant 5 années. Il brilla ſur-tout pendant un Carême dans l'Egliſe métropolitaine , & il ne brilla que par l'Evangile & les Peres. Il ne cherchoit pas les applaudiſſemens. Le ſeul éloge qu'il exigeoit de ſes auditeurs , étoit qu'ils ſe corrigeaſſent. Différentes circonſtances l'obligérent enſuite de quitter en même tems la congrégation de l'Oratoire & la prédication. Ses ſentimens excitèrent contre lui le zèle perſécuteur des Conſtitutionnaires outrés ; mais ſes vertus auroient mérité plus d'égards. Il mourut à Paris en 1752. On a de lui : I. Des *Sermons* , en 4 vol. in-12 , publiés en 1749. Ce recueil contient XXIX Diſcours pour le Carême, des Sermons détachés ; trois Panégyriques , & l'Oraiſon funèbre du grand Dauphin. Tout y respire la sublime simplicité de l'Evangile. II. Un livre anonyme, intitulé : *Lettres sur la Justice Chrétienne*, censurées par la Sorbonne.

IV. TERRASSON, (Matthieu) né à Lyon en 1669, de parens nobles, & de la même famille que les précédens, vint à Paris, où il se fit recevoir avocat en 1691. Il plaida quelques causes d'éclat, qui furent le premier fondement de sa grande réputation. Profondément versé dans l'étude du Droit-écrit, il devint en quelque forte l'Oracle du Lyonnois, & de toutes les autres provinces qui suivent ce Droit. La jurisprudence n'éteignit point en lui le goût de la littérature. Il fut associé pendant 5 ans au travail du *Journal des Savans*, & il exerça pendant quelques années les fonctions de Censeur-royal. Cet homme, aussi estimable par ses connoissances que par sa douceur & son désintéressement, mourut à Paris en 1734, à 66 ans. On a de lui un *Recueil* de ses *Discours*, *Plaidoyers*, *Mémoires* & *Consultations*, sous le titre d'*Œuvres de Matthieu Terrasson*, &c. in-4°. Il a été donné au public par son fils unique, *Antoine Terrasson*, avocat au parlement de Paris, & auteur de l'*Histoire de la Jurisprudence Romaine*, imprimée à Paris en 1750, in-fol. ouvrage plein de recherches savantes. Les Plaidoyers de *Matthieu* sont d'un homme qui avoit de l'imagination & de l'esprit; mais il prodiguoit trop l'une & l'autre. Il est quelquefois plus fleuri que solide, & les agrémens de son style font tort à la force de ses raisonnemens.

TERRIDE, (Antoine de Lomagne, vicomte de) d'une des plus illustres maisons du royaume, se distingua au siége de Turin, prit Montauban, & fut capitaine de cent hommes-d'armes, & chevalier de l'ordre du roi en 1549. Son attachement à la religion Catholique l'arma contre la reine de Navarre, dont il étoit né sujet. Il entra en 1569 dans ses états, & les conquit au nom du roi de France. Il fut fait gouverneur & commandant du Béarn & de la Navarre. *Montgommeri* l'assiégea dans Orthès, & le fit prisonnier de guerre. On mit à mort en sa présence, contre la foi des traités, les officiers de la garnison. Il eut la douleur de voir égorger sous ses yeux un de ses cousins-germains. On a de lui des *Mémoires*, qui n'ont point été imprimés. Ce guerrier mourut en 1569.

TERRIEN, (Guillaume) étoit lieutenant-général à Dieppe, vers le milieu du XVIᵉ siécle. C'est le plus ancien jurisconsulte Normand que l'on connoisse. Il donna un *Commentaire sur les Coutumes anciennes de Normandie*, avant leur rédaction, c'est-à-dire en 1574, à Rouen, in-4°.

TERTIUS DE LANIS, (Pierre-François) est auteur d'un livre qui a pour titre : *Magisterium Naturæ & Artis*, Brixiæ, 1684, 3 vol. in-fol. fig. rare & curieux.

I. TERTRE, (Jean-baptiste du) né à Calais en 1610, quitta ses études pour entrer dans les troupes, & fit divers voyages sur terre & sur mer. De retour en France, il se fit Dominicain à Paris en 1635. Son zèle pour la conversion des ames le fit envoyer en mission dans les Isles de l'Amérique, où il travailla avec fruit. Il en revint en 1658, & mourut à Paris en 1687, après avoir publié son *Histoire générale des Antilles*, habitées par les François, en 4 vol. in-4°, 1667 & 1671 : ouvrage écrit avec plus d'exactitude, que de précision, de chaleur & d'agrément. Le Ier volume renferme ce qui s'est passé dans l'établissement des Colonies Françoises; le IIe, l'Histoire naturelle; le IIIe & le IVe, l'Etablissement & le gouvernement des Indes Occidentales depuis la paix de Breda.

II. TERTRE, (François-Joachim Duport du) de la société littéraire-militaire de Besançon, & membre de l'académie d'Angers, vit le jour à St-Malo. Il entra chez les Jésuites, où il professa les humanités pendant quelque tems. Rendu au monde, il travailla aux feuilles périodiques avec MM. Freron & de la Porte. Il se fit connoître ensuite par plusieurs ouvrages. Les principaux sont : I. *Abrégé de l'Histoire d'Angleterre*, en 3 vol. in-12. Cet ouvrage se peut lire avec plaisir sans interruption, & il a les avantages d'un Abrégé Chronologique sans en avoir la sécheresse. La narration est fidelle, simple, claire & assez rapide; le style un peu froid, mais en général pur & de bon goût; les portraits d'après nature, & non d'imagination. Mais comme ce n'est au fond qu'une compilation où l'auteur a mis peu de chose, on lui préfère l'*Abrégé de l'Histoire d'Angleterre* donné par M. l'abbé *Millot*. II. *Histoire des Conjurations & des Conspirations célèbres*, en 10 vol. in-12. C'est encore une compilation, dans laquelle tout n'est pas égal, mais qui offre des choses intéressantes. III. Les deux derniers volumes de la *Bibliothèque amusante*. On y desireroit plus de choix, & ils ne sont pas dignes du premier. IV. L'*Almanach des Beaux-Arts*, connu depuis sous le nom de *La France Littéraire*. Cet ouvrage, dont il donna une esquisse très-imparfaite en 1752, est

aujourd'hui en 3 vol. in-8°. V. Cet auteur a publié les *Mémoires* du *Marquis de Choupes*, 1753, in-12, & a eu part à l'*Abrégé de l'Histoire d'Espagne*, en 5 vol. in-12, donné par M. *Desormeaux*. Il mourut en 1759, à 44 ans, avec la réputation d'un écrivain qui devoit plus au travail qu'à la nature.

III. TERTRE, (Du) *Voy.* THORENTIER.

TERTULLIEN, (*Quintus Septimius Florens Tertullianus*) prêtre de Carthage, étoit fils d'un centenier dans la milice, sous le proconsul d'Afrique. La constance des Martyrs lui ayant ouvert les yeux sur les illusions du Paganisme, il se fit Chrétien, & défendit la Foi de J. C. avec beaucoup de courage. Ses vertus & sa science le firent élever au sacerdoce. De Carthage il passa à Rome. Ce fut dans cette ville qu'il publia, durant la persécution de l'empereur *Sévère*, son *Apologie* pour les Chrétiens, qui est un chef-d'œuvre d'éloquence & d'érudition en son genre. *Tertullien* avoit un génie vif, ardent & subtil. Quoiqu'il parle peu avantageusement de ses études, ses livres prouvent assez qu'il avoit étudié toutes sortes de sciences. Son élocution est un peu dure, ses expressions obscures, ses raisonnemens quelquefois embarrassés; mais il y brille une noblesse, une vivacité & une force qu'on ne peut s'empêcher d'admirer. On voit qu'il avoit beaucoup lu St *Justin* & St *Irenée*. Il rendit son nom célèbre dans toutes les Eglises par ses ouvrages. Il confondit les Hérétiques de son siécle; il en ramena plusieurs à la Foi, il encouragea par ses exhortations les Chrétiens à souffrir le martyre. *Tertullien* avoit une sévérité naturelle, qui le portoit toujours à ce qu'il y avoit de plus rigoureux. Il trouva que *Proclus*, difciple de *Montan*, vivoit d'une manière conforme à fon humeur. Ces apparences de piété le féduifirent, & il embraffa le *Montanifme*. Il donna aveuglément dans les vifions ridicules de cette fecte. Il devint alors auffi nuifible à l'Eglife qu'il lui avoit été utile, & les ouvrages qu'il compofa contre les Catholiques cauférent de grands troubles. Il ne paroît point qu'il foit revenu de fes égaremens. Il laiffa quelques fectateurs, auxquels on donna le nom de *Tertullianiftes*. St *Auguftin*, qui en parle, dit que de fon tems cette fecte étoit prefque entièrement éteinte, & que le petit nombre qui en reftoit, rentra dans le fein de l'Eglife Catholique. Cet homme, à la fois fi illuftre & fi dangereux, mourut fous le règne d'*Antonin-Caracalla*, vers l'an 216. Les ouvrages de *Tertullien* font de deux genres : ceux qu'il a faits avant fa chute, & ceux qu'il a enfantés depuis. Les écrits du premier genre font : I. Les Livres de la *Prière*, du *Baptême* & de l'*Oraifon*. II. Son *Apologétique* pour la Religion Chrétienne. III. Les *Traités* de la *Patience*. IV. L'*Exhortation au Martyre*. V. Le Livre à *Scapula*. VI. Celui du *Témoignage de l'Ame*. VII. Les *Traités* des *Spectacles* & de l'*Idolâtrie*. VIII. L'excellent Livre des *Prefcriptions* contre les Hérétiques... Ceux du fecond genre font : I. Les quatre *Livres* contre *Marcion*. II. Les *Traités* de l'*Ame*, de la *Chair de Jefus-Chrift* & de la *Réfurrection de la Chair*. III. Le *Scorpiaque*. IV. Le Livre de la *Couronne*. V. Celui du *Manteau*. VI. Le *Traité* contre les Juifs. VII. Les Ecrits contre *Praxée* & contre *Hermogène*, où il foutient que la matière ne peut être éternelle, mais que Dieu l'a produite

de rien, *de nihilo*. VIII. Les Livres de la *Pudicité*; de la *Fuite* dans la perfécution ; des *Jeûnes* contre les Pfychiques; de la *Monogamie*, & de l'*Exhortation à la Chafteté*. Tous les autres ouvrages qu'on lui attribue font fuppofés. Les PP. Latins, qui ont vécu après *Tertullien*, ont déploré fon malheur, & ont admiré fon efprit & aimé fes ouvrages. St *Cyprien* les lifoit affiduement ; & lorfqu'il demandoit cet auteur, il avoit coutume de dire : *Donnez-moi le Maître...Vaffoult* a donné, en 1714 & 1715, une Traduction de l'Apologétique pour les Chrétiens, avec des notes. *Maneffier* a auffi mis en notre langue les Livres du *Manteau*, de la *Patience*, & de l'*Exhortation au Martyre*. La *Vie de Tertullien* eft à la tête de fes ouvrages. La meilleure édition des écrits de cet illuftre Pere, eft celle qu'on en a donnée en 1746, à Venife, in-fol., fous ce titre : *Q. Septimii Florentis* TERTULLIANI *Opera, ad vetuftiffimorum Exemplarium fidem fedulò emendata, diligentiâ Nicolai Rigaltii Jur. Conf. cum ejufdem adnotationibus integris, & Variorum Commentariis feorfim antehac editis.... Accedunt* Novatiani *Tractatus de Trinitate, & de Cibis Judaïcis cum Notis...* Et Tertulliani *Carmina de Jonâ & Ninive*, &c. Il y en a une autre par le même *Rigault*, 1664, in-fol. *Thomas*, feigneur du *Foffé*, a donné les *Vies de Tertullien* & d'*Origène*, fous le nom du fleur de *la Motte* : c'eft un ouvrage eftimé... Il ne faut pas confondre *Tertullien* avec un SAINT de ce nom, qui fcella l'Evangile de fon fang vers l'an 260.

TESAURO, (Emmanuel) philofophe & hiftorien Piémontois du xvie fiécle. Il mérita par fes talens la confiance de fes maîtres, & ce fut par leur ordre qu'il entreprit l'*Hiftoire de Piémont*, & enfuite cel-

le de la capitale de ce petit Etat.
La 1ʳᵉ parut à Bologne en 1643., in-4°; & celle de *Turin*, en cette ville, 1679, 2 vol. in-fol. Les études qu'il fit pour ces deux ouvrages, lui fournirent l'occasion de ramasser des matériaux pour une Histoire générale de toute l'Italie. Il la réduisit & en forma un *Abrégé* pour les tems seulement où ce pays fut soumis à des rois barbares. Il fut imprimé à Turin en 1664, in-fol., avec des notes de *Valerio Castiglione.* Les Histoires de *Tesauro* sont utiles; mais elles ne seront jamais comparables pour la fidélité à celles de *Guichardin.*

TESSÉ, (René Froulai comte de) d'une famille ancienne, servit de bonne heure & avec distinction. Ayant fait lever le blocus de Pignerol en 1693, il commanda en chef dans le Piémont pendant l'absence du maréchal de *Catinat*, & devint maréchal lui-même en 1703. Il se rendit l'année d'après en Espagne, où il échoua devant Gibraltar & devant Barcelone. La levée de ce dernier siége fut très-avantageuse aux ennemis; il laissa dans son camp des provisions immenses, &-il prit la fuite avec précipitation, abandonnant 1500 blessés à l'humanité du général Anglois, le comte de *Peterborough.* Plus heureux en 1707, il chassa les Piémontois du Dauphiné. Le dégoût du monde lui inspira, en 1722, le dessein de se retirer aux Camaldules; mais il fut obligé de quitter sa retraite pour se charger des affaires de France en Espagne. De retour en 1725, il rentra dans sa solitude, & y mourut le 10 Mai de la même année, avec la réputation d'un courtisan aimable & d'un négociateur ingénieux. Les sentimens de piété qui animèrent ses derniers jours, prouvent que le tumulte des armes & des affaires

n'avoient point affoibli sa religion. Il laissa plusieurs enfans.

TESTAS, (Abraham) auteur François, réfugié en Angleterre pour y professer plus librement le Calvinisme auquel il étoit attaché, exerça le ministére dans une Eglise Françoise à Londres, & mourut vers 1748. Il s'est fait connoitre par quelques ouvrages dogmatiques, dont le principal parut sous ce titre: *La Connoissance de l'Ame par l'Ecriture*, 2 vol. in-8°. Il considére l'ame sous les différens états d'union, de séparation & de réunion avec le corps. On a trouvé dans cet ouvrages des textes dont l'explication est forcée.

TESTE, (Pierre) peintre & graveur, natif de Lucques, alla jeune encore à Rome, sous l'habit de pélerin, pour apprendre le dessin; mais son humeur sauvage & son caractère timide, s'opposérent longtems à son avancement. Il vivoit misérable, passant presque tout son tems à dessiner des ruines autour de Rome. *Sandrart*, peintre & graveur comme lui, le voyant dans cet état, le recueillit & lui procura les occasions de faire connoître ses talens. Ce peintre avoit une grande pratique de dessin, & ne manquoit point d'imagination; mais il se laissoit trop aller à son feu. Il a souvent outré les caractéres & les attitudes de ses figures. Son pinceau est dur, & ses couleurs sont mal-entendues; ses dessins, dont il a gravé une partie, sont plus estimés. On y remarque beaucoup d'esprit & de pratique; mais on voudroit qu'il eût eu plus d'intelligence du clair-obscur, & que ses figures fussent plus correctes, & ses expressions plus raisonnées. Son principal talent étoit de dessiner des enfans. Un jour que ce peintre, assis sur le bord du Tibre, étoit occupé à dessiner, le vent emporta son chapeau ; & l'effort qu'il fit pour le retenir, le précipita lui-même dans ce fleuve où il se noya, en 1648.

I. TESTELIN, (Louis) peintre, né à Paris en 1615, mourut dans la même ville en 1655. Les jeux de son enfance manifestérent son inclination pour le dessin. Son pere le fit entrer dans la célèbre école de *Vouet*. *Testelin* ne se produisit au grand jour, qu'après s'être formé sur les tableaux des plus excellens maitres. Le tableau de la Résurrection de *Tabithe* par S. *Paul*, que l'on voit dans l'Eglise de Notre-Dame, fit admirer la fraicheur & le moëlleux de son coloris, les graces & la noblesse de sa composition, l'expression & la hardiesse de sa touche. Personne n'avoit plus approfondi que ce maitre, les principes de la peinture. L'illustre *le Brun* le consultoit souvent ; l'estime & l'amitié qui régnoient entr'eux, font l'éloge de leurs talens & de leur caractère. *Testelin* n'étoit pas favorisé de la fortune ; il reçut plusieurs bienfaits de son ami, qui se faisoit un art de ménager sa délicatesse. On a beaucoup gravé d'après ses desseins.

II. TESTELIN, (Henri) né en 1616, mort en 1695, étoit cadet du précédent. Il se distingua dans la même profession que son frere ainé. Le roi l'occupa quelque tems, & lui accorda un logement aux Gobelins. C'est lui qui a donné les *Conférences de l'Académie*, avec les *Sentimens des plus habiles Peintres sur la Peinture* ; ouvrage qui reçut des applaudissemens dans sa naissance. Ces deux peintres se trouvèrent à la naissance de l'Académie, où ils furent l'un & l'autre nommés professeurs.

TESTI, (Fulvio) poëte Italien, excella sur-tout dans le genre lyrique. On a de lui des *Odes* & d'autres *Poésies*, Venise, 1656, 2 vol. in-12, où il a imité avec succès les meilleurs poëtes d'Athènes & de Rome. On lui reproche seulement d'écrire quelquefois d'un style trop enflé. Il mourut à Modène sa patrie, en 1646. Les agrémens de son esprit le firent regretter par ceux qui le connoissoient.

TESTU, (Jacques) aumônier & prédicateur du roi, reçu à l'académie Françoise en 1665, poëte François, mourut en 1706. Il a mis en vers les plus beaux endroits de l'Ecriture & des Peres, sous le titre de *Stances Chrétiennes*, 1703, in-12. Il a fait aussi diverses autres *Poésies Chrétiennes*, dont le style est foible & lâche. L'abbé *Testu* s'étoit d'abord consacré à la chaire ; mais la foiblesse de sa santé l'obligea de quitter la prédication. Il avoit ruiné son tempérament dans une retraite qu'il fit avec *Rancé* le réformateur de la Trappe. C'étoit un homme tour-à-tour mondain & dévot, que ses vapeurs jettoient tantôt dans la solitude, & tantôt dans le grand monde. On l'appelloit *Testu*, Tais-toi.

TESTZEL, (Jean) religieux Dominicain, & Inquisiteur de la Foi, né à Pirn sur l'Elbe, fut choisi par les chevaliers Teutoniques pour prêcher les Indulgences qu'ils avoient obtenues pour la guerre contre les Moscovites. Il s'acquitta fort bien de cette commission. Quelque tems après, l'archevêque de Mayence, nommé par le pape *Léon X* pour faire publier les Indulgences, l'an 1517, donna cette commission au P. *Testzel*, qui s'associa à cet emploi les religieux de son ordre. Ils exagéroient la vertu des Indulgences, en persuadant au

peuple ignorant, « qu'on étoit af-
» furé d'aller au Ciel, auffi-tôt
» qu'on auroit payé l'argent néceſ-
» faire pour les gagner. » Ils tenoient leurs bureaux dans des cabarets, où ils dépenſoient en débauches une partie des revenus
ſacrés qu'ils recevoient. *Jean Staupitz*, vicaire-général des Auguſtins,
chargea ſes religieux de prêcher
contre le Dominicain. *Luther* choiſit cette occaſion pour mettre au
grand jour les erreurs qu'il enſei-
gnoit en ſecret. Il ſoutint des Thèſes, que *Teſtzel* fit brûler. *Charles
Miltitz*, nonce du pape auprès du
duc de Saxe, ayant reproché à cet
inquiſiteur imprudent, qu'*il étoit
en partie la cauſe des déſaſtres de l'Allemagne*, ce religieux en mourut de
chagrin, l'an 1519.

TETHYS, *ou* TETHIS, fille du
Ciel & de la *Terre*, & femme de
l'*Océan*, qui en eut un grand nombre de Nymphes, appellées *Océa-
nitides*, ou *Océanies*, du nom de
leur pere. On confond cette déeſſe
avec *Amphitrite*, & on la repréſente ordinairement ſur un char
en forme de coquille, traîné par
des dauphins... Il faut diſtinguer
cette *Thétys*, de la nymphe *THETIS*;
(*Voyez* ce mot.) celle-ci étoit fille
de *Nérée*.

TETRICUS, (*Caïus-Piſcuvuius*)
préſident d'Aquitaine, d'une famille
conſulaire, prit la pourpre impériale à Bordeaux en 268, & fut
reconnu empereur des Gaules, de
l'Eſpagne & de l'Angleterre. La ville
d'Autun n'ayant pas tardé à ſe révolter, il la ſoumit après un ſiége mémorable. *Tetricus* ſe maintint
pendant le règne de *Claude II*, &
une partie de celui d'*Aurelien*; mais
les allarmes continuelles où le tenoit l'humeur inquiète & inſolente
des ſoldats, l'engagérent à écrire à
ce dernier, qu'il lui céderoit les

provinces dans leſquelles il régnoit, s'il venoit s'en rendre maître. *Aurelien* s'avança donc avec
une armée juſqu'à Châlons-ſur-
Marne. *Tetricus*, après avoir fait
mine de lui réſiſter, ſe rendit, &
ſes ſoldats furent obligés de ſe ſou-
mettre. Quoiqu'*Aurélien* l'eût fait
ſervir d'ornement à ſon triomphe,
à ſon retour à Rome, il le combla de faveurs. Il le nomma gouverneur de la Lucanie; en lui diſant qu'il ſeroit plus honorable
pour lui de commander à une partie de l'Italie, que de régner par-
delà les Alpes. Il l'appelloit ſouvent ſon collègue, & quelquefois
empereur. *Tetricus*, rentré dans la
tranquillité d'une vie privée, ſe
fit aimer par ſa probité, ſa prudence & ſon équité. Il agiſſoit
envers tout le monde avec cette
ſimplicité qui accompagne le vrai
mérite. Il mourut fort âgé, & il
fut mis au rang des Dieux : c'eſt
une choſe remarquable dans un
homme qui avoit renoncé depuis
pluſieurs années à la pourpre. Il
laiſſa un fils qui fut digne de lui.
Le règne du pere avoit été d'environ 5 ans.

TEUCER, fils de *Télamon* &
d'*Héſione*, roi de Salamine, &
frere d'*Ajax*, accompagna ce héros
au ſiége de Troie. A ſon retour, il
fut chaſſé par ſon pere, pour n'a-
voir point vengé la mort d'*Ajax*,
dont *Ulyſſe* étoit la cauſe. Ce malheur n'ébranla point ſa conſtance ;
il paſſa dans l'iſle de Chypre, où
il bâtit une nouvelle ville de Salamine. Il ne faut pas le confondre
avec *TEUCER*, fils de *Scamandre*,
Crétois. Il régna dans la Troade,
avec *Dardanus* ſon gendre, vers
l'an 528 avant J. C. Il donna le
nom d'*Ida* à la montagne près de
laquelle Troie dans la ſuite fut bâtie. C'eſt de ſon nom que cette

ville fut appellée *Teucrie*,&les peuples de la contrée *Teucriens*.

TEUDAS , *Voyez* THEODAS.

TEUTATÈS , THEUT , *ou* THOT, Dieu des anciens Gaulois, le même , à ce qu'on croit , que *Mercure* chez les Grecs & les Romains. On n'offroit à cette barbare divinité que des victimes humaines , que les Druides lui immoloient au fond des forêts par le fer & plus souvent par le feu. *Jules-César* eut bien de la peine à détruire cet horrible culte , après avoir fait la conquête des Gaules. *Voyez* ce qu'il dit à ce sujet dans ses *Commentaires*.

TEUTHRAS , fils de *Pandion* , roi de Mysie , avoit 50 filles , que *Hercule* épousa toutes , & qu'il rendit en une seule nuit meres d'autant de fils : ce ne fut pas un de ses moindres travaux. *Voyez* TELEPHE. Certains Mythologistes donnent le nom de *Thespius* à ce beau-pere d'*Hercule*.

TEVIUS , (Jacques) professeur de belles-lettres à Bordeaux , puis à Coïmbre en 1547 , étoit natif de Prague. C'est sous son rectorat que les Jésuites prirent possession , l'an 1555 , de l'université de cette derniére ville. Il étoit poète , orateur & historien. Ses *Discours* latins, ses *Poesies*, & son *Histoire* aussi lat. *de la conquête de Diu par les Portugais en 1535*. (Paris 1762 , in-12) prouvent qu'il avoit lu les bons auteurs de l'antiquité.

TEXEIRA , (Joseph) Dominicain Portugais, né en 1543, étoit prieur du couvent de Santaren en 1578 , lorsque le roi *Sébastien* entreprit en Afrique cette malheureuse expédition où il périt. Le cardinal *Henri* qui lui succéda, étant mort peu de tems après , *Texeira* suivit le parti de Don *Antoine* , que le peuple avoit proclamé roi , &

lui demeura toujours attaché. Il vint l'an 1481 avec lui en France , où il jouit de la faveur de *Henri III* & de *Henri IV*. Il mourut en 1604. Il détestoit les Espagnols , & sur-tout le roi d'Espagne *Philippe II*, qui avoit fait la conquête du Portugal. On dit que prêchant un jour sur l'amour du prochain , il dit que « Nous devions aimer tous les » hommes, de quelque secte & de » quelque nation qu'ils fussent , » jusqu'aux *Castillans*. » On a de lui : I. *De Portugalliæ ortu*, Paris 1582, in-4°, assez rare. II. Un *Traité de l'Oriflamme*, 1598, in-12. III. *Aventures de Don Sébastien*, in-8° ; & d'autres ouvrages politiques & théologiques , qui sont trop peu connus aujourd'hui pour en donner la liste.

TEXTOR , (Benoît) médecin du Pont-de-Vaux dans la Bresse , est auteur d'un *Traité sur la Peste*, qu'il fit imprimer à Lyon en 1551, in-8°. On a encore de lui : *De Cancro* , Lyon 1550; & *Stirpium differentiæ*, Strasb. 1552, in-8°.

THADÉE , *Voyez* JUDE.

THAIS , fameuse courtisane Grecque, corrompit la jeunesse d'Athènes : elle suivit *Alexandre* dans ses conquêtes , & l'engagea à détruire la ville de Persépolis. Après la mort du conquérant Macédonien , *Thaïs* se fit tellement aimer de *Ptolomée* roi d'Egypte , que ce prince l'épousa... Il y eut une autre courtisane de ce nom en Egypte , que S. *Paphnuce* , anachorète de la Thébaïde , arracha aux charmes séducteurs du monde.

I. THALÈS , le premier des *Sept Sages* de la Grèce, naquit à Milet vers l'an 640 avant J. C. Pour profiter des lumières de ce qu'il y avoit alors de plus habiles gens , il fit plusieurs voyages selon la coutume des anciens. Il s'arrêta long-tems en Egypte , où il étudia , sous les prêtres de Memphis , la géométrie , l'astronomie & la philosophie. Ses maîtres apprirent de lui le moyen de mesurer exactement leurs immenses pyramides. *Amasis* , alors roi d'Egypte , lui donna des marques publiques de son estime. Mais *Thalès* , avec tous ses grands talens , n'avoit pas celui de se maintenir à la cour. Il étoit grand astronome , grand géomètre , excellent philosophe , mais mauvais courtisan. Sa liberté philosophique déplut à *Amasis* , & *Thalès* prit le parti de se retirer de la cour. Il revint à Milet répandre dans le sein de sa patrie les trésors de l'Egypte. Les grands progrès qu'il avoit faits dans les sciences , le firent mettre au nombre des *Sept Sages* de la Grèce , si vantés dans l'antiquité. De ces Sept Sages , il n'y eut que lui qui fonda une Secte de philosophes , appellée la *Secte Ionique*. Il recommandoit sans cesse à ses disciples de vivre dans une douce union. « Ne vous haïssez point , » (*leur disoit-il*) parce que vous » pensez différemment les uns des » autres ; mais aimez-vous plutôt , » parce qu'il est impossible que , » dans cette variété de senti- » mens , il n'y ait quelque point » fixe où tous les hommes vien- » nent se rejoindre. » On lui attribue plusieurs sentences ; les principales sont : I. *Il ne faut rien dire à personne , dont il puisse se servir pour nous nuire ; & vivre avec ses amis , comme pouvant être nos ennemis.* II. *Ce qu'il y a de plus ancien , c'est Dieu , car il est incréé ; de plus beau , le Monde , parce qu'il est l'ouvrage de Dieu ; de plus grand , le Lieu ; de plus prompt , l'Esprit ; de plus fort , la Nécessité ; de plus sage , le Tems.* III. *La chose la plus difficile du monde est de se connoître soi - même ;*

la plus facile , de conseiller autrui ; *& la plus douce* , l'accomplissement de ses desirs. IV. *Pour bien vivre , il faut s'abstenir des choses que l'on trouve répréhensibles dans les autres.* V. *La félicité du corps consiste dans la santé , & celle de l'esprit dans le savoir.* Il avoit établi , d'après *Homére* , que l'eau étoit le premier principe de toutes choses. L'un & l'autre avoient emprunté cette doctrine des Egyptiens , qui attribuoient au Nil la production de tous les êtres. Ce philosophe parvint à une longue vie. Il mourut l'an 548 avant J. C. à 90 ans , sans avoir été marié. Sa mere le pressa en vain de prendre une femme. Il lui répondit , lorsqu'il étoit encore jeune : *Il n'est pas encore tems* ; & lorsqu'il fut sur le retour : *Il n'est plus tems.* Sa passion pour l'astronomie le jettoit dans des distractions singuliéres. S'étant un jour laissé tomber dans une fosse pendant qu'il étoit occupé à contempler les Astres , une bonne vieille lui dit : *Hé! comment connoîtrez-vous ce qui est dans le Ciel , si vous ne voyez pas ce qui est à vos pieds ?* Il avoit composé divers *Traités* en vers sur les Météores , sur l'Equinoxe , &c. mais ses écrits ne sont point parvenus jusqu'à nous.

II. THALÈS , poëte Grec , ami de *Lycurgue* , à la sollicitation duquel il alla s'établir à Sparte , excelloit sur-tout dans la poësie lyrique. Ses vers étoient remplis de préceptes & de maximes admirables pour diriger la conduite des hommes & leur inspirer le véritable esprit de société.

THALIE , l'une des neuf *Muses* , selon la Fable , préside à la Comédie. On la représente sous la figure d'une jeune fille couronnée de lierres , tenant un masque à sa main , & chaussée avec des brodequins.

quins. L'une des Graces fe nommoit *Thalic.* C'étoit auffi le nom
d'une des *Néréides*, & celui d'une
autre Nymphe : *Voyez* PALIQUES.

I. THAMAR, Cananéenne,
époufa *Her*, fils aîné de *Juda*, qui
mourut fubitement, ainfi que fon
fecond époux *Onan*: (*Voy.* ce mot).
Juda, craignant le même fort pour
Sella fon 3ᵉ fils, ne voulut point
qu'il époufât la veuve de fes deux
freres, quoiqu'il l'eût promis. Ce
refus chagrina *Thamar* ; elle fe
voila le vifage , s'habilla en courtifane , alla attendre *Juda* fur le
grand chemin , & eut un commerce avec lui. Quelque tems après
fa groffeffe ayant éclaté, elle fut
condamnée à être brûlée vive ,
comme adultère ; mais ayant repréfenté à *Juda* les braffelets qu'elle
en avoit obtenus pour gage de
fon amour, ce patriarche étonné
& repentant de lui avoir refufé fon
fils *Sella*, fit caffer l'arrêt de fa
condamnation. Elle accoucha enfuite de deux jumeaux, *Pharès* &
Zara. L'hiftoire de *Thamar* arriva
vers l'an 1664 avant J. C.

II. THAMAR, fille de *David*
& de *Maacha*, princeffe d'une beauté accomplie , infpira une paffion
violente à fon frere *Amnon.* Ce
jeune prince défefpérant de pouvoir la fatisfaire , feignit d'être
malade. Sa fœur *Thamar* vint le
voir, & *Amnon* profita d'un moment où ils fe trouvérent feuls
pour lui faire violence. Ce miférable la chaffa enfuite honteufement, l'an 1032 avant J. C. *Abfalon*, frere de *Thamar*, lava cet
outrage dans le fang d'*Amnon.*

THAMAS, *Voyez* KOULIKAN.

THAMYRIS, petit-fils d'*Apollon*, étoit fi vain, qu'il ofa défier
les *Mufes* à qui chanteroit le mieux.
Il convint avec elles que s'il les

furpaffoit, elles le reconnoîtroient
pour leur vainqueur; qu'au contraire, s'il en étoit vaincu, il s'abandonneroit à leur difcrétion. Il perdit : les *Mufes* lui crevèrent les
yeux, & lui firent oublier tout ce
qu'il favoit.

THARÉ, fils de *Nachor*, & pere
d'*Abraham*, de *Nachor* & d'*Aram*,
demeuroit à Ur en Chaldée, &
il en fortit avec fon fils *Abraham*
pour aller à Haran, ville de Méfopotamie; il mourut âgé de 275
ans. L'Ecriture dit clairement que
Tharé étoit idolâtre , lorfqu'il habitoit dans la Chaldée, mais ayant
appris de fon fils *Abraham* le culte
du vrai Dieu, il renonça à fes idoles pour l'adorer.

THARGELIE, fameufe Milé-
fienne, contemporaine de *Xercès*,
a qui elle gagna beaucoup de partifans dans la Grèce, lorfque ce
prince voulut en faire la conquête. Courtifane à la fois & So-
phifte, elle donna la première l'idée
de cet affortiment inoui que la
célèbre *Afpafie* imita dans la fuite.
Moins belle & moins éloquente
que celle-ci, *Thargelie* fut employer
fes talens & fes charmes avec autant de fuccès. Elle parcourut plufieurs pays, où elle fe fit des amans
& des admirateurs, & termina fes
courfes en Theffalie , dont elle
époufa le fouverain. Elle régna
pendant 30 ans.

THAULERE, (Jean) Domini-
cain Allemand, brilla dans l'exercice de la chaire & de la direction,
fur-tout à Cologne & à Strasbourg,
où il finit fa vie en 1361. On a
de lui : I. Un Recueil de *Sermons*,
en latin, Cologne 1695, in-4°.
II. Des *Inft.tutions*, 1623, in-4°.
III. Une *Vie de J. C.*, 1548, in-
8°. Ces deux derniers ouvrages
font auffi en latin. Il parut une
verfion françoife des *Inftit.* à Paris

1668 , in-12. On lui attribue un grand nombre d'autres ouvrages ; mais ils paroissent être supposés. Ceux qui font certainement de lui, prouvent que son esprit n'étoit point au-dessus de son siécle. La plûpart ont été traduits de l'allemand par *Surius* ; on a une édition de cette version, Paris 1623 , in-4°, & Anvers 1685.

THAUMAS DE LA THAUMASSIERE , (Gaspar) avocat au parlement de Paris , né a Bourges , mort en 1712 , se distingua comme jurisconsulte & comme savant. Il est auteur : I. D'une *Histoire de Berry*, in-fol. 1689. II. De *Notes sur la Coutume de Berry*, 1701, in-fol. III. --*sur celle de Beauvoisis* , 1690 , in-folio , qui sont estimées. IV. D'un *Traité du Franc-Aleu de Berry*. Ces ouvrages sont remplis d'érudition.

THEBUTE , *Voyez* THEOBUTE.

THEGAN , co-évêque de Trèves , du tems de *Louis le Débonnaire* , écrivit l'*Histoire* de ce prince , auprès duquel il avoit beaucoup de crédit. *Pierre Pithou* l'a publiée dans le corps des auteurs de l'*Histoire* de France. Cet historien n'est ni exact, ni fidèle.

THEGLAT-PHALASSAR , roi des Assyriens , succéda à *Phul*, l'an 747 ans avant J. C. *Achaz*, roi des Juifs , se voyant assiégé dans Jérusalem par *Rasin*, roi de Syrie , implora le secours de *Theglat-Phalassar*. Le monarque Assyrien marcha aussi-tôt contre *Rasin*, le tua , ruina Damas ; mais il n'épargna pas davantage le roi des Juifs. Il ravagea son pays , & l'obligea de lui payer annuellement un tribut considérable. *Theglat-Phalassar* prit aussi la plupart des villes de Galilée, & emmena en captivité les tribus de Nephtali, de Gad, de Ruben , & la demi-tribu de Ma-

nassé. Il mourut à Ninive, l'an 728 avant J. C. après un règne de 20 ans.

THEIAS , roi des Goths en Italie, fut élu à la fin de l'an 552 , après la défaite & la mort de *Baduela*. Il eut à combattre le général *Narsès*, capitaine expérimenté , & fut obligé d'en venir aux mains près du mont Vésuve. Cette journée fut une des plus sanglantes qu'il y ait jamais eu. *Theias* se défendit en héros ; & tua presque tous ceux qui s'avançoient pour lui ôter la vie. Enfin ayant voulu changer de bouclier , un soldat ennemi saisit ce moment pour le percer de sa javeline & le renversa mort. C'est ainsi que périt *Theias* à la fin de l'année 553.

THEMINES , (Ponce de Lausiéres, marquis de) chevalier des ordres du roi, maréchal de France , étoit fils de *Jean de Thémines* , seigneur de Lausiéres, d'une famille noble & ancienne. Il servit avec distinct. sous *Henri III* & *Henri IV*, auquel il fut toujours fort attaché , & se signala en 1592 au combat de Villemur. Ayant été honoré du bâton de maréchal de France en 1616, au siége de Montauban, par *Louis XIII* ; il prit plusieurs villes aux Protestans, & échoua devant Caitres & le Mas d'Azil. En 1626, il eut le gouvernement de Bretagne , dont le cardinal de *Richelieu* avoit dépouillé le duc de *Vendôme* , pour s'en revêtir lui-même. Mais comme ce procédé pouvoit paroître odieux , il donna ce gouvernement à *Thémines*, qui ne pouvoit pas pousser sa carriére fort loin. En effet il mourut l'année d'après, à 74 ans. Quoiqu'il eût rendu quelques services à la tête des armées , il étoit encore meilleur courtisan qu'habile guerrier. On prétend qu'il ne parvint au grade

de maréchal de France, que parce qu'il avoit arrêté le prince de *Condé*. « C'étoit un homme géné-
» reux, civil , affable , magnifi-
» qué, grand diffipateur, fe fou-
» ciant fort peu qui paieroit fes
» dettes ; moins habile peut-être
» que brave : fort ou foible , dès
» qu'il avoit jetté fon coup d'œil ,
» il attaquoit. » Sa poftérité mafcu-line finit dans la perfonne de fon petit-fils , mort en 1.646.

THEMIS, fille du *Ciel* & de la *Terre*, & Déeffe de la Juftice. On la repréfente tenant une balance d'u-ne main & un glaive de l'autre , avec un bandeau fur les yeux. Ayant refufé d'époufer *Jupiter*, ce Dieu la foumit à fa volonté, & eut d'elle la *Loi* & la *Paix*. *Jupiter* plaça fa balance au nombre des 12 fignes du Zodiaque.

THEMISEUL, *Voyez* ST-HYA-CINTHE.

THEMISTIUS , fameux philo-fophe , étoit originaire de Paphla-gonie. Son pere , philofophe lui-même , l'envoya de bonne heure dans un petit pays auprès du Pont-Euxin , où il étudia l'éloquence fous un habile maître. Il y fit de fi grands progrès , qu'on lui don-na le furnom de *Beau Parleur*. Il alla à Conftantinople, où il enfeigna la philofophie avec beaucoup d'ap-plaudiffement. *Conftance* le fit féna-teur de cette ville , & 4 ans après il lui érigea une ftatue. *Themiftius* fe rendit à Rome en 376 ; mais comme cette ville n'étoit plus que la feconde de l'empire, il ne vou-lut point y demeurer , quelques offres qu'on lui fit. *Théodofe* le *Grand* conçut pour lui une eftime finguliére , & le fit préfet de Conf-tantinople l'an 384. Il étoit Païen, mais fans fanatifme , & il fut très-lié avec St *Grégoire* de Naziance. On ignore les autres circonftan-ces de fa vie, ainfi que l'année de fa mort. Dès fa jeuneffe il com-pofa des *Notes* fur la philofophie de *Platon* & d'*Ariftote* , & cet ou-vrage fut fort goûté. Ce qu'il avoit fait fur *Ariftote* parut à Venife , 1570 & 1587 , in-folio ; & *Stobée* cite un paffage de fon Livre fur l'*Immortalité de l'Ame*. Il nous refte encore de lui *XXXIII Difcours* grecs , qui font pleins de dignité & de force. Il ofe remontrer dans un de ces Difcours à l'empereur *Valens* , prince qui étant Arien perfécutoit les Orthodoxes , qu'il ne falloit' pas s'étonner de la di-verfité des fentimens parmi les Chrétiens , puifqu'elle n'étoit rien en comparaifon de cette multitude d'opinions qui régnoient chez les Grecs, c'eft-à-dire chez les Païens, & que cette diverfité ne devoit pas fe terminer par l'effufion du fang. *Themiftius* avoit principalement en vue d'engager l'empereur à laiffer la liberté de confcience , & il, y réuffit. Dans fes autres Difcours , *Themiftius* prodigue moins l'en-cens aux princes de fon tems , que les autres déclamateurs ; & il leur donne fouvent des leçons d'humanité, de clémence & de fa-geffe. Nous avons deux éditions de fes *Difcours* ; l'une , par le Pere *Petau*, Jéfuite ; & l'autre par le Pere *Hardouin* : celle-ci parut en grec & en latin au Louvre , en 1684, in-fol.

THEMISTO, femme d'*Athamas*, fut fi piquée de ce que fon mari l'avoit répudiée pour époufer *Ino* , qu'elle réfolut de s'en venger en maffacrant *Léarque* & *Mélicerte* , en-fans d'*Ino*. Mais la nourrice, aver-tie de ce deffein, donna les habits de ces deux princes aux enfans de *Themifto* , qui fit périr ainfi· fes propres fils. Elle fe poignarda dès qu'elle eut reconnu fon erreur.

THEMISTOCLE, célèbre général Athénien, eut pour pere *Néocle*, citoyen d'Athènes, aussi illustre par sa naissance que par ses vertus : son fils ne l'imita point. Son libertinage fut si grand, que son pere le déshérita. Cette infamie, au lieu d'abattre son-courage, ne servit qu'à le relever. Pour effacer cette honte, il se consacra entiérement à la République, travaillant avec un soin extrême à acquérir des amis & de la réputation. Il étoit à la tête d'Athènes, lorsque *Xercès*, roi de Perse, marcha contre cette ville. Il fut élu général. On arrêta que les Lacédémoniens iroient défendre le passage des *Thermopyles*, où ils firent des prodiges de valeur ; & que les Athéniens conduiroient la flotte au détroit d'Artemise, au-dessus de l'Eubée. Il s'éleva une contestation entre les Lacédémoniens & les Athéniens pour le commandement général de l'armée navale. Les alliés voulurent que ce fût un Lacédémonien. *Thémistocle*, qui avoit droit de prétendre à cet honneur, persuada aux Athéniens d'abandonner ces disputes qui auroient pu perdre la Grèce. Il donna le premier l'exemple, en donnant toute l'autorité à *Eurybiade* Spartiate. Ce Lacédémonien, ayant levé le bâton sur lui, & l'accablant d'injures, *Thémistocle* pour toute réponse : *Frappé*, lui dit-il modestement, *mais écoute*. Le courage des Grecs & une tempête furieuse ruinèrent une partie de la flotte ennemie ; mais il n'y eut aucune action décisive. Cependant une armée de terre de *Xercès*, à force de sacrifier des hommes à la valeur des Lacédémoniens, avoit franchi le passage des Thermopyles, & se répandoit dans la Phocide, mettant tout a feu & à sang. Dans ce désastre affreux, *Themisto-*

ele remua tout pour secourir sa patrie : il employa la raison pour persuader les Juges, & fit parler les Oracles pour entraîner la multitude. On rappella tous les citoyens exilés ; *Aristide* alla au-devant de *Themistocle*, qui l'avoit persécuté, (*Voy.* ARISTIDE) & ils travaillèrent tous deux au salut de la République. *Themistocle* fait donner un faux avis à *Xercès* que les Grecs veulent s'échapper, & qu'il doit se hâter de faire avancer sa flotte, s'il veut leur couper la retraite du Péloponnèse ; le Persan donna dans le piége. La petite flotte Grecque, agissant avec tout l'avantage possible contre les Perses, trop resserrés dans ce détroit, porta le désordre dans leurs premiéres lignes, & bientôt toute la flotte est dispersée. Cette victoire si célèbre, sous le nom de la bataille de Salamine, coûta aux Grecs 40 vaisseaux, & les Perses en perdirent 200. *Themistocle* eut tout l'honneur de cette fameuse journée, qu'on place 480 ans avant J. C. Le héros profita du crédit que lui donna cette victoire pour persuader à ses concitoyens d'établir une marine puissante. C'est par ses soins qu'on bâtit le port de Pyrée, & qu'on destina des fonds pour construire des vaisseaux toutes les années. Ses services furent mal récompensés ; on cabala contre lui, & il fut banni par la loi de l'Ostracisme. Après avoir erré de retraite en retraite, il se réfugia auprès du roi de Perse, qui le combla de biens, & qui voulut lui confier le commandement général de ses armées. Le vertueux Athénien, ne voulant ni porter les armes contre sa patrie, ni déplaire à *Artaxercès*, s'empoisonna, l'an 464 avant J. C. à l'âge de 65 ans. *Themistocle*, né avec une ardeur extrême pour la gloire, étoit courageux, entreprenant; mais n'étoit pas exempt des foiblesses de l'envie. Le repos fembloit l'inquiéter. Grand homme-d'état, fon génie toujours prévoyant, toujours fécond en reffources, le rendit fupérieur aux événemens. Perfonne n'a poffédé, à un plus haut dégré, l'art fi fouvent néceffaire de rappeller les hommes à leurs paffions, pour les porter à ce qu'ils doivent faire. On cite de lui plufieurs traits honorables. Le poëte *Simonides*, s'appuyant fur l'étroite liaifon qu'il avoit avec ce grand-homme, lui demanda quelque grace injufte. *Themiftocle* la refufa, & lui dit : *Cher Simonides, vous ne feriez pas un bon Poëte, fi vous faifiez des vers qui péchaffent contre les règles de l'Art Poétique; & moi je ne ferois pas bon Magiftrat, fi je commettois quelque action qui fût oppofée aux Loix de ma Patrie.* Il parut à Francfort en 1629, & à Leipfick en 1710, des *Lettres* in-8° en grec & en latin, fous le nom de *Themiftocle* ; mais on doute qu'elles foient du général Athénien.

THEOBALDE, (*Theobaldo Gatti*) natif de Florence, mort à Paris en 1727, dans un âge avancé; occupa, pendant 50 ans, une place de fymphonifte pour la baffe de violon dans l'orcheftre de l'Opéra. On dit que, charmé de la mufique de *Lully*, qui étoit parvenue jufqu'à lui, il quitta fa patrie pour en féliciter ce célèbre muficien. Enfin il fe montra digne élève de ce grand-homme, par deux Opéra qui ont été joués fur notre théâtre : *Coronis*, Paftorale en 3 actes ; & *Scylla*, Tragédie en 5 actes, celle-ci a été repréfentée à trois reprifes différentes.

THEOBUTE *ou* THEBUTE. Après la mort de *St Jacques*, furnommé le Jufte, *Siméon* fon frere fut élu évêque de Jérufalem, l'an 61 de J. C. *Théobute*, qui afpiroit à cette dignité, fe fépara de l'Eglife Chrétienne, réunit les fentimens des différentes fectes des Juifs, & en forma le corps de fes erreurs.

THEOCRITE de Syracufe, ou de l'ifle de Cô, floriffoit fous *Ptolémée Philadelphe*, roi d'Egypte, vers l'an 285 avant J. C. On dit que ce poëte eut l'imprudence d'écrire des fatyres contre *Hiéron*, tyran de Syracufe, & qu'il fut puni de mort par ce prince. *Théocrite* s'eft fait une grande réputation par fes *Idylles*, qui ont fervi de modèle à *Virgile* dans fes *Eglogues*. *Théocrite* a employé le dialecte Dorien, qui eft très-propre pour ce genre. Les *Idylles* de ce poëte paffent, avec raifon, pour une des plus belles images de la nature; on y trouve cette beauté fimple, ces graces naïves, enfin ce *je ne fais quoi*, qu'il eft plus facile de fentir que d'exprimer. *Longepierre* en a traduit quinze en françois : (*Voyez* fon article.) Les meilleures éditions des *Poéfies* de *Théocrite* font celles d'Oxford in-8°, 1699, qu'on joint aux *Variorum*; & de la même ville 1770, 2 vol. in-4°, mife au jour par *Thomas Warthon*. On eftime auffi celle de Rome 1516, in-8°, en grec. La 1.re édition de ce poëte eft de Venife, 1495, in-fol.

THEODAMAS, pere d'*Hylas*, fut tué par *Hercule*, à qui non feulement il avoit refufé l'hofpitalité, mais qu'il avoit encore ofé attaquer. Le héros prit foin du jeune orphelin qu'il avoit privé de fon pere, & eut pour lui une tendre amitié.

THEODAS & THEUDAS: Ce font les noms de deux impofteurs

qui voulurent chacun fe faire paffer pour le *Meffie*. L'un fut pris par *Saturnin* , gouverneur de Syrie fous l'emp. *Augufte* ; & l'autre par *Cufpius Fadus* , prépofé au même gouvernement fou; *Claude*.

THEODAT , roi des Goths en Italie , étoit fils d'une fœur du roi *Théodoric*. La reine *Amalafonte* ayant perdu fon fils *Atalaric*, mit fur le trône fon neveu *Théodat* en 534, & l'époufa peu de tems après. Ce qui arrive prefque toujours , arriva. *Théodat* fut ingrat; il chaffa fa bienfaitrice du palais de Ravenne, fous prétexte d'adultére , & après l'avoir détenue quelque tems en prifon, il la fit étrangler dans un bain. L'empereur *Juftinien* , indigné de la mort de cette princeffe & de l'ingratitude de fon époux , lui déclara la guerre. *Bélifaire* defcendit en Italie, & lui enleva la Dalmatie & la Sicile. *Théodat* envoya le pape *Agapet* à Conftantinople, pour calmer l'empereur. Mais fes foldats, voyant les progrès de *Bélifaire* , élùrent *Vitigès* , & le proclamérent roi en 536. Le nouveau prince fit pourfuivre fon compétiteur , & dès qu'on l'eut atteint , il fut immolé à la haine des Romains. C'eft ainfi que la Providence fe fervit d'un traître pour en punir un autre. Quoique *Théodat* eût tous les vices d'un ambitieux, il aimoit la philofophie, & fur-tout celle de *Platon*. Mais rien n'eft plus commun que de voir la fageffe dans les paroles, & le crime dans les actions.

I. THEODEBERT I, roi de Metz, fuccéda à fon pere *Thierry* l'an 534, & fut placé fur le trône par fes vaffaux, malgré l'oppofition de fes oncles. Il les aida pourtant dans leur feconde expédition en Bourgogne , & eut au partage qu'ils firent de ce royaume. Il fe joignit à *Childebert* en 537, contre *Clotaire*

fon oncle ; mais cette guerre n'eut pas de fuite. *Théodebert* fecourut en 538 *Vitigès* roi des Oftrogoths , & entra lui-même l'année fuivante en Italie, d'où il revint chargé de dépouilles ; mais la plus grande partie de fon armée périt de maladie. Il mourut lui-même en 547, lorfqu'il fe préparoit à faire la guerre à *Juftinien* , & à la porter jufqu'aux portes de Conftantinople. Sa valeur , fa libéralité, fa prudence & fa clémence lui méritèrent l'éloge de fes contemporains. Il eut affez d'ambition pour prendre le titre d'Augufte, qui lui eft donné dans une de fes monnoies. Sa mort arriva à la chaffe , par la chute d'une groffe branche d'arbre qu'un bœuf fauvage lui fit tomber fur la tête, & qui l'abattit de fon cheval.

II. THEODEBERT II , roi d'Auftrafie , monta fur le trône en 596 , après la mort de fon pere *Childebert* , dont il partagea les états avec fon frere *Thierry* , roi d'Orléans. Il règna d'abord fous la tutelle de *Brunehaud* , fon aieule ; mais les grands d'Auftrafie , laffés de la domination tyrannique de cette princeffe , engagérent fon petit-fils à l'exiler en 599. *Théodebert* , qui avoit joint fes force à celles de fon frere , défit fucceffivement *Clotaire* & les Gafcons. *Brunehaud* , irritée contre lui, excita *Thierry* à lui faire la guerre. Ce prince le vainquit par deux fois , & le prit prifonnier. *Théodebert* fut envoyé à Châlons fur-Saône , où la reine *Brunehaud* lui fit couper les cheveux , & le fit mourir peu après l'an 612.

I. THEODORA, (Flavia Maximiana) étoit fille d'un noble Syrien & d'*Eutropie* , 2ᵉ femme de *Maximien-Hercule*. Cet empereur ayant fait Céfar *Conftance-Chlore* en 292, lui fit époufer *Theodora* ;

& fon époufe Hélène, mere de Conftantin, fut répudiée. Ses médailles
la repréfentent avec une phyfionomie fpirituelle. Sa vie fut fans
doute irréprochable , puifque le
vertueux, Conftance-Chlore la rendit mere de plufieurs enfans.

II. THEODORA ; femme de
l'empereur Juftinien I , étoit fille
d'un homme chargé du foin de
nourrir les bêtes pour les fpectacles. Sa mere immola fa vertu
pour de l'argent ; & la jeune Theodora s'abandonna bientôt à tout le
monde. Un certain Hécébole de
Tyr, gouverneur de la Pentapo-
le , l'entretint pendant quelque
tems ; mais il s'en dégoûta bientôt, & la chaffa de chez lui. Elle
alla à Alexandrie, revint à Conftantinople , n'ayant pour fubfifter
que fes proftitutions. Juftinien en
devint paffionnément amoureux.
Il en fit fa maitreffe, engagea l'emp.
Juftin à abroger la loi qui défendoit à un fénateur d'époufer une
femme débauchée , & l'époufa.
Cette femme fut le fléau du genre
humain, fi l'on en croit Procope,
qui en fait une peinture affreufe
dans fes Anecdotes , après l'avoir
louée dans fon Hiftoire. Elle mourut vers l'an 565.

III. THEODORA DESPUNA ,
née dans la Paphlagonie d'un tri
bun militaire , reçut de la nature
une beauté parfaite & un génie
fuperieur , qui fut perfectionné
par une excellente éducation.
Euphrofine , belle-mere de l'empereur Théophile , ayant fait affembler les plus belles filles de l'empire pour lui donner une époufe,
Theodora eut la préférence fur toutes fes rivales. Elle embellit le
trône par fa piété & fes vertus.
Devenue veuve en 842, elle prit
les rênes de l'empire durant la
minorité de fon fils Michel , &

gouverna pendant 15 ans avec
fageffe. Elle rétablit le culte des
Images , conclut la paix avec les
Bulgares , fit obferver les loix &
refpecter fon autorité ; mais comme elle gênoit les paffions de Michel , ce fils ingrat , indifpofé
d'ailleurs contre fa mere par de
vils courtifans . la fit enfermer en
857 dans un monaftére , où elle
acheva faintement fes jours. Les
Grecs célèbrent fa fête le 11 Février. En quittant l'empire , elle
laiffa dans le tréfor public des
fommes très-confidérables , qu'elle avoit économifées fans fuccer
fes fujets. Voyez DANDERI.

IV. THEODORA , 3ᵉ fille de
Conftantin XI , fut chaffée de la
cour par fon beau-frere Romain
Argyre qu'elle avoit voulu faire
defcendre du trône pour y placer Prufien fon amant. Elle fut
enfermée dans un couvent jufqu'à la fin du règne de Michel
Calafate , en 1042. Elle fut alors
proclamée impératrice avec fa
fœur Zoé , qui époufa Conftantin
Monomaque. Après la mort de ce
prince en 1054 , Theodora gouverna en grand-homme ; elle fé
fit craindre des ennemis de l'empire, qu'elle maintint en paix ,
choifit des miniftres habiles , fit
fleurir le commerce & les arts ,
& diminua les impôts. Une colique l'emporta en 1056, à 76 ans,
après avoir régné environ 19
mois. En elle périt la famille de
Bafile le Macédonien, montée fur
le trône en 867. Il y a encore eu
pluf. autres impératrices de ce nom.

V. THEODORA , dame Ro-
maine , moins célèbre par fa beauté & par fon efprit, que par fa
lubricité & par fes crimes , étoit fi
puiffante à Rome , vers l'an 908;
qu'elle occupoit le château St-Ange, & faifoit élire les papes qu'el-

le vouloit. *Jean*, un de ſes amans, obtint par ſon moyen l'évêché de Bologne, l'archevêché de Ravenne, & enfin la papauté, ſous le nom de *Jean X*. Elle étoit mere de *Maroſie*, qui ne lui céda ni en attraits, ni en débauches.

I. THEODORE I, né à Jéruſalem, ſuccéda au pape *Jean IV*, le 24 Novembre 642. Il condamna *Pyrrhus* & *Paul*, patriarches de Conſtantinople, qui étoient Monothélites, & mourut ſaintement le 13 Mai 649. Sa douceur, ſa charité & ſes vertus laiſſérent des regrets très-vifs. C'eſt le premier pape qu'on ait appelé *Souverain-Pontiſe*, & le dernier que les évêques aient appelé *Frere*.

II. THEODORE II, pape après *Romain* en 898, mourut 20 jours après ſon élection. Il fit reporter ſolemnellement dans la ſépulture des papes, le corps de *Formoſe*, qui avoit été jetté dans le Tibre par ordre d'*Etienne VI*.

III. THEODORE DE CANTORBERY, moine de Tarſe, fut envoyé l'an 668 en Angleterre pour remplir le trône épiſcopal de l'Egliſe de Cantorbery. Il y rétablit la foi & la diſcipline eccléſiaſtique. Ce qui nous reſte de ſon *Pénitenciel* & de ſes autres ouvrages, a été recueilli par *Jacques Petit*, & imprimé à Paris en 1677, en 2 vol. in-4°, avec de ſavantes notes. Ce recueil important mérite d'être lu par ceux qui aiment à chercher les traces de l'ancienne diſcipline. *Théodore* mourut en 690, à 88 ans, en odeur de ſainteté, après avoir fondé des écoles pour inſtruire ſes ouailles.

IV. THEODORE DE MOPSUESTE, ainſi nommé parce qu'il étoit évêque de Mopſueſte, ville de Cilicie, fut élevé & ordonné prêtre dans un monaſtére, &

mourut l'an 428. On peut le regarder, (dit l'abbé *Racine*,) comme le premier auteur de l'héréſie qui diſtingua deux perſonnes en *Jeſus-Chriſt*. Quand on étudie ſes ouvrages, on voit qu'il avoit dans l'eſprit le principe qu'ont eu depuis les Sociniens, « qu'il faut » déférer tout au tribunal de la » raiſon, & n'admettre que ce » qu'elle approuve. » *Théodore* avoit une grande réputation de ſcience & de vertu, & paſſoit pour un des plus illuſtres docteurs de tout l'Orient. Il avoit écrit contre *St Jérôme*, pour défendre l'héréſie de *Pélage*. Le fameux *Julien* d'Eclane, un des ſectateurs de cet héréſiarque, ayant été chaſſé de ſon ſiége, ſe réfugia chez lui, & augmenta le nombre de ſes diſciples. *Théodore* cacha long-tems ſa doctrine; mais lorſque le Neſtorianiſme éclata, elle étoit déja répandue dans bien des eſprits. Les Neſtoriens ſe ſervirent, en 531, après la tenue du Concile d'Epheſe, des ouvrages de cet hérétique pour appuyer leurs erreurs. Dans le ve Concile général, tenu en 553, la perſonne & les ouvrages de *Théodore* de *Mopſueſte* furent anathématiſés. Ses principaux ouvrages ſont : I. Un *Commentaire ſur les Pſeaumes*, dans la *Chaîne* du Pere *Corder*. II. Un *Commentaire*, en manuſcrit, ſur les XII petits Prophètes. Ce Commentaire prouve que l'auteur étoit un Déiſte. III. Pluſieurs fragmens dans la *Bibliothèque* de *Photius*.

V. THEODORE-STUDITE fut ainſi nommé, parce qu'il fut abbé du monaſtére de Stude, fondé par *Studius*, conſul Romain, dans un des fauxbourgs de Conſtantinople. Il vit le jour en 759, & embraſſa la vie monaſtique à l'âge de 22 ans. La liberté avec laquelle il blâma l'empereur *Conftantin*, fils de *Léon IV*, qui avoit répudié l'impératrice *Marie*, pour époufer *Theodora*; & le refus qu'il fit, fous *Léon* l'*Arménien*, *Michel* le *Bègue* & les autres empereurs Iconoclaftes, d'anathématifer les Images, lui attira de violentes perfécutions. Il répondit à *Léon V*, qui le pref- foit d'embraffer fes erreurs: *Vous êtes chargé de l'Etat & de l'Armée ; prenez en foin, & laiffez les affaires de l'Eglife aux Pafteurs & aux Théo- logiens.* A la mort de ce prince, il obtint fa liberté, après 7 ans d'exil. Cet abbé plein de zèle finit fa carrière dans l'ifle de Chalcide, le 11 Novembre 826, à 67 ans. Il nous refte de lui des *Sermons*, des *Epîtres*, & d'autres ouvrages peu lue.

VI. THEODORE le *Lecteur*, ainfi appellé, parce qu'il étoit lecteur de la grande Eglife de Conftantinople, avoit compofé une *Hiftoire de l'Eglife* depuis la 20e année du règne de *Conftantin* le *Grand*, jufqu'à la mort de ce prince. Cet ouvrage étoit divifé en 2 livres. Il l'avoit tiré des Hif- toires de *Socrate*, de *Sozomène*, & de *Théodoret*. Il eft en manufcrit dans quelques bibliothèques, & n'a pas encore été imprimé. *Théo- dore* avoit encore compofé une autre *Hiftoire Eccléfiaftique*, depuis la fin du règne de *Théodore* le *Jeu- ne*, jufqu'au commencement du règne de *Juftin*. Nous n'avons que des extraits de cet ouvrage. *Henri de Valois* nous a donné tout ce qu'il a pu ramaffer de *Théodore*, dans *Suidas*, *Théophane* & *Jean Damafcène*.

THEODORE, *Voyez* METO- CHITE.... BRY..... I. LASCARIS... GAZA..BALZAMON..THEODORUS.

THEODORE, roi des Corfes, *Voyez* NEUHOFF.

THEODORET, né en 386, fut difciple de *Théodore* de Mop- fuefte & de St *Jean-Chryfoftôme*, après avoir été formé à la vertu dans un monaftére. Elevé au fa- cerdoce, & malgré lui à l'évêché de Cyr vers 420, il fit paroître dans fa maifon, à fa table, dans fes habits & dans fes meubles, beau- coup de modeftie ; mais il étoit magnifique à l'égard de la ville de Cyr. Il y fit bâtir deux grands Ponts, des Bains publics, des Fontaines & des Aqueducs. Il travailla avec tant de zèle & de fuccès dans fon diocèfe, compofé de 800 paroiffes, dont un grand nombre étoient infectées de diver- fes héréfies, qu'il eut le bonheur de rendre orthodoxes tous fes diocèfains. Son zèle ne fe börna point à fon Eglife ; il alla prêcher à Antioche & dans les villes voi- fines, où il fit admirer fon élo- quence & fon favoir, & où il convertit des milliers d'hérétiques & de pécheurs. La gloire de ce grand-homme fut néanmoins ob- fcurcie, pendant quelque tems, par l'attachement qu'il eut pour *Jean* d'Antioche & pour *Neftorius*, en faveur duquel il écrivit con- tre les XII Anathèmes de St *Cyrille* d'Alexandrie ; mais il effaça cette tache, en fe réconciliant avec ce prélat & en anathématifant l'hé- réfiarque. Le malheur qu'il avoit eu de le favorifer, étoit bien excu- fable : féduit par l'extérieur mor- tifié des Neftoriens, il s'aveu- gloit fur le fond de leur doctri- ne, jufqu'à croire que le Concile d'Ephèfe & St *Cyrille* enfeignoient l'unité de nature en J. C. ; mais dès qu'il eut ouvert les yeux, il s'éleva avec force contre ces hy- pocrites, Il combattit les Euty- chéens, réfifta aux menaces de l'empereur *Théodofe II*, & fe vit tranquillement dépofer dans le faux fynode d'Ephèfe. Sa vertu triompha en 451, dans le Concile général de Calcédoine, où fes lumiéres & fa fageffe brillérent également. Il termina faintément fa carriére, quelques années après ; il la finit comme il l'avoit commencée, dans la paix & dans la communion de l'Eglife. Sa politeffe, fon humilité, fa modération, fa charité font peintes dans tous fes écrits, qui font en très-grand nombre. I. Une *Hiftoire Eccléfiaftique*, qui renferme des chofes importantes, qu'on ne trouve pas ailleurs, & plufieurs pièces originales. Elle commence où *Eusèbe* a fini la fienne, c'eft-à-dire, à l'an 324 de J. C., & finit à l'an 429. Les favans y remarquent des fautes de chronologie. Son ftyle eft élevé, clair & net ; mais il y emploie des métaphores un peu trop hardies. II. Un *Commentaire*, par demandes & par réponfes, fur les 8 premiers livres de la Bible. III. Un *Commentaire* fur tous les *Pfeaumes*. IV. L'*Explication du Cantique des Cantiques*. V. Des *Commentaires* fur *Jérémie*, fur *Ezéchiel*, fur *Daniel*, fur les XII petits Prophètes & fur les Epîtres de St *Paul*. Ce ne font que des compilations, mais elles font faites avec foin. L'auteur fe compare aux femmes des Juifs, qui n'ayant point d'or ni de pierreries à donner à Dieu pour la conftruction du Tabernacle, ramaffoient les poils, les laines & les lins que les autres avoient donnés, les filoient & les uniffoient enfemble. VI. Cinq Livres des *Fables des Hérétiques*. VII. Dix Livres *fur la Providence*. VIII. Dix *Difcours* fur la guérifon des fauffes opinions des Païens. IX. Un fur *la Charité*. X. Un fur St *Jean*.

XI. Quel. Ecrits contre St *Cyrille.* XII. Des *Sermons.* On y trouve du choix dans les penfées, de la nobleffe dans les expreffions, de l'élégance & de la netteté dans le ftyle, de la fuite & de la force dans les raifonnemens. XIII. Les *Vies des Sts Solitaires.* XIV. Des *Lettres*, fort courtes pour la plûpart ; mais il y peint fon caractére au naturel. La meilleure édition de fes Œuvres, eft celle du P. *Sirmond* en grec & en latin, 1642, 4 v. in-f. auxq. le P. *Garnier* Jéf. a ajoûté un 5e en 1684, qui contient divers autres Traités auffi de *Théodoret.* Quoique ce Pere de l'Eglife eût été lié avec les Neftoriens, il fut reconnu pour orthodoxe par le concile de Calcédoine, & par le pape St *Léon.* Le Ve Concile général, en condamnant fes ouvrages contre St *Cyrille*, ne toucha point à fa perfonne, & St *Grégoire* le Gr. déclara depuis qu'il l'honoroit avec le concile de Calcédoine.

I. THEODORIC, Ier roi des Goths en Italie, fils naturel de *Théodomir*, 2e roi des Oftrogoths, fut donné en ôtage, l'an 461, par *Wélamir*, frere & prédéceffeur de *Théodomir*, à l'empereur *Léon* I. Il rendit de grands fervices à l'empereur *Zénon*, chaffé de fon trône par *Bafilifque.* Ce prince lui fit élever une Statue équeftre vis-à-vis du palais impérial, & l'honora du confulat en 484. Il l'envoya enfuite en Italie contre *Odoacre*, qu'il battit plufieurs fois, & avec lequel il fit la paix en 493. Quelque tems après, ayant fait mourir ce prince fous divers prétextes, il fe vit maître de toute l'Italie. Pour s'affermir dans fes nouveaux états, il époufa une fœur de *Clovis* roi de France, contracta d'autres puiffantes alliances, & fit la paix avec l'empereur *Anaf*-

tafe , & avec les Vandales d'Afrique. *Théodoric* , tranquille après de violentes fecouffes , ne penfa plus qu'à policer fon royaume. Il prit pour fecrétaire-d'état le célèbre *Caffiodore* , qui remplit parfaitement fes vues. Quoique ce prince fût Arien , il protégea les Catholiques. Il ne vouloit pas même qu'ils fe fiffent Ariens pour lui plaire , & il fit couper la tête à un de fes officiers favoris , parce qu'il avoit embraffé l'Arianifme , en lui difant ces paroles remarquables : *Si tu n'as pas gardé la foi à Dieu* , *comment pourras-tu me la garder à moi qui ne fuis qu'un Homme ?* Sa droiture le fit choifir par les Orthodoxes pour juge dans une caufe purement eccléfiaftique. Comme il étoit fouverain de Rome , il devint l'arbitre de l'élection des papes. Après la mort du pape *Anaftafe* , en 498, *Laurent* & *Symmaque* fe difputérent le trône pontifical ; on s'en remit à la décifion de *Théodoric* , qui jugea en faveur de *Symmaque*. Rome lui fut redevable de plufieurs édifices , & de la réparation de fes murailles. Il embellit Pavie & Ravenne. Il ajoûta 150 Loix nouvelles aux anciennes. Il régla l'afyle des Lieux-faints , & la fucceffion des Clercs qui meurent fans tefter. Enfin il fut pendant 37 ans le pere des Italiens & des Goths ; bienfaiteur impartial des uns & des autres , & également cher aux deux nations. Il fit fleurir le commerce dans fes états. La police s'y faifoit avec tant d'exactitude , qu'à la campagne on pouvoit garder fon or comme dans les villes où il y a le plus d'ordre. Il protégea & cultiva les lettres. Les états qu'il s'étoit formés , étoient très-vaftes. Sa domination fur l'Italie , la Sicile , la Dalmatie , la

Norique , la Pannonie , les deux Rhéties , la Provence , le Languedoc & une partie de l'Efpagne. Sa gloire ne fe foutint pas jufqu'à la fin. L'âge, les infirmités le rendirent jaloux , avare , inquiet , foupçonneux. Les adulateurs profitérent de ces difpofitions , pour perdre les deux plus refpectables fujets qu'il y eût dans la République , *Symmaque* , & *Boèce* fon gendre. Ils périrent tous les deux par le dernier fupplice. *Théodoric* ne furvécut pas long-tems à ce double homicide. Un jour qu'on lui fervit à table une tête de poiffon , il s'imagina que c'étoit celle de *Symmaque* , qui le menaçoit ; & fe levant faifi de frayeur , il fe mit au lit , & rendit l'ame le 30 Août de l'an 526, déchiré par des remords que perfonne ne put calmer. C'eft du moins ce que rapporte *Procope*.

II. THÉODORIC, *Voy.* THIERRY , n° IV.

THEODORUS PRODROMUS, auteur Grec, eft connu par le Roman des *Amours de Rhodante & Doficles* , imprimé en grec & en latin , Paris , 1625 , in-8°. & traduit en françois par *Beauchamps* , 1746, in-12. On ne fait en quel tems il floriffoit.

I. THEODOSE LE GRAND , (*Flavius Theodofius Magnus*) empereur, étoit né à Cauca, ville de la Galice en Efpagne. Son pere étoit le fameux comte *Théodofe*, qui avoit fait de fi grands exploits fous *Valentinien I*, & qui fut décapité à Carthage en 373, par ordre de *Valens* prince crédule & barbare. Ce grand-homme avoit illuftré le nom de *Théodofe*. Son fils fe retira dans fa patrie pour pleurer fon pere; mais *Gratien* , connoiffant fon mérite , l'appella à la cour & l'affocia à l'empire en 379. Il lui donna en partage la Thrace, & toutes les provinces que *Valentinien* avoit possédées dans l'Orient. Peu de jours après son élection, *Théodose* marcha vers la Thrace, & ayant formé un corps de troupes, il tomba sur le camp des Goths, leur enleva leurs femmes & leurs enfans, avec 4000 charriots qui servoient pour les conduire. Les barbares furent effrayés par cette défaite. Les Alains & d'autres Goths qui ravageoient les provinces voisines, lui envoyérent faire des propositions de paix, & acceptérent toutes les conditions qu'il leur imposa. L'année d'après (en 380) *Théodose*, malade à Thessalonique, se fit baptiser par *Ascole*, évêque de cette ville. Pour consacrer son entrée dans le Christianisme, il ordonna à tous ses sujets, par une loi du 28 Février, de reconnoître le *Pere*, le *Fils* & le *St-Esprit*, comme un seul Dieu en trois Personnes. A cette loi contre l'erreur, il en joignit d'autres pour le maintien de la police. L'une défendoit aux juges de connoître d'aucune action criminelle durant les 40 jours du Carême. Une autre ordonnoit de très-grandes peines contre les femmes qui contractoient de secondes noces pendant le deuil de leur premier mari, qui étoit de 10 mois. Par une loi plus sage, il ordonna qu'on délivrât les prisonniers à Pâque. Ce fut en portant cette ordonnance qu'il dit ces paroles mémorables : *Plût à Dieu qu'il fût à mon pouvoir de ressusciter les Morts* ! Il couronna tous ces réglemens salutaires, par des édits sévéres contre les délateurs convaincus de mensonges. *Athalaric*, roi des Goths, se refugia vers ce tems-là auprès de *Théodose*, qui le traita en roi, & qui lui fit après sa mort des funérailles magnifi-

ques ; cette générosité n'empêcha pas que plusieurs Barbares ne fissent des irruptions dans la Thrace. *Théodose* marche contre eux, leur livre bataille au mois d'Août 381, les défait & les force à repasser le Danube. Son nom pénétra dans les pays étrangers. *Sapor III*, roi de Perse, lui envoya des ambassadeurs, pour lui demander à faire alliance ensemble. Ces deux princes firent un traité de paix qui dura long-tems. L'an 385 fut célèbre par une conjuration formée contre lui. Il défendit de citer en justice ceux qui, sans en être complices, en avoient été instruits & ne l'avoient pas découverte. Il laissa condamner les conjurés, & leur envoya leur grace lorsqu'on les conduisoit au supplice. Ils furent redevables de la vie à *Ste Flaccille*, sa femme, à qui la religion inspira ce que la politique avoit inspiré à *Livie*, femme d'*Auguste*, à l'égard de *Cinna*. La clémence de *Théodose* se démentit dans une occasion plus importante. Il y eut, en 390, une sédition à Thessalonique, capitale de la Macédoine. *Botheric*, gouverneur de l'Illyrie, avoit fait mettre en prison un cocher accusé du crime infâme de pédérastie. Lorsqu'on donna dans cette ville des spectacles en réjouissance des victoires de *Théodose*, le peuple demanda qu'on mit ce cocher en liberté ; & sur le refus du gouverneur on prit les armes, & l'on tua plusieurs officiers de la garnison. *Botheric* vint en personne pour appaiser ce tumulte, mais il fut lui-même massacré. *Théodose*, à cette nouvelle, n'écouta que sa colére, & fit passer tous les habitans au fil de l'épée. On peut voir dans l'article de *St Ambroise*, comment cet illustre prélat lui fit expier cette horreur, d'autant plus révoltante dans *Théo-dose*, qu'il avoit pardonné à la ville d'Antioche coupable du même crime. Cependant *Maxime*, qui avoit tué *Gratien* & qui s'étoit fait déclarer empereur, preffoit le jeune *Valentinien*. *Théodose* fit la guerre à ce tyran, le défit en deux batailles, dans la Hongrie & en Italie ; & l'ayant pourfuivi jufqu'à Aquilée, il contraignit les foldats de le lui remettre. On l'amena dans le camp de *Théodose*, qui vouloit lui pardonner ; mais les foldats le jugeant indigne de fa clémence, le tuérent hors de fa tente & lui coupèrent la tête. C'eft ainfi que finit cette guerre, 2 ans avant la cruelle fcène de Theffalonique ; & que *Théodose*, ayant pacifié l'Occident pour *Valentinien*, affûra la poffeffion de l'Orient pour lui & pour fes enfans. L'année fuiv. 389, il vint à Rome pour y recevoir les honneurs du triomphe, & y fit abattre les reftes de l'Idolâtrie. Après ce triomphe, *Théodose* retourna à Conftantinople, & défit une troupe de Barbares qui pilloient la Macédoine & la Thrace. *Arbogafte*, Gaulois d'origine, dépouilla l'empereur *Valentinien* de fon autorité, & lui donna la mort. Pour éviter la peine due à fon crime, il choifit *Eugène*, homme de la lie du peuple, qui avoit enfeigné la grammaire, & le fit déclarer empereur à condition qu'il permettroit l'idolâtrie. *Théodose* fe prépara à lui faire la guerre, & après avoir été battu, il défit l'ufurpateur le 6 Septembre, à Aquilée, l'an 394. *Eugène* eut la tête tranchée, & *Arbogafte* fe tua lui-même. On faifoit de grands préparatifs à Conftantinople pour recevoir *Théodose* en triomphe. Il tomba malade à Milan, & il y mourut d'hydropifie, le 17 Janvier 395. Il étoit âgé de 50 ans, & en avoit régné 16. Son corps fut porté à Conftantinople, où *Arcadius* fon fils le fit mettre dans le maufolée de *Conftantin*. *Théodose* doit être mis au nombre des rois qui font honneur à l'humanité. S'il eut des paffions violentes, il les réprima par de violens efforts. La colère & la vengeance furent fes premiers mouvemens ; mais la réflexion le ramenoit à la douceur. On connoit cette Loi fi digne d'un prince Chrétien, portée en 393, au fujet de ceux qui attaquent la réputation de leur monarque : *Si quelqu'un*, dit-il, *s'échape jufqu'à diffamer notre Nom, notre gouvernement & notre conduite ; nous ne voulons point qu'il foit fujet à la peine ordinaire portée par les Loix, ou que nos Officiers lui faffent fouffrir aucun traitement rigoureux. Car fi c'eft par légéreté qu'il ait mal parlé de Nous, il faut le méprifer ; fi c'eft par une aveugle folie, il eft digne de compaffion ; & fi c'eft par malice, il faut lui pardonner.* Plufieurs écrivains l'ont comparé à *Trajan* dont il defcendoit, & à qui il reffembloit par la figure & par le caractére ; l'un & l'autre étoient bienfaifans, magnifiques, juftes, humains. Tel *Théodose* avoit été à l'égard de fes amis dans l'état de fimple particulier ; tel il fut envers tout le monde, après être monté fur le trône. Sa règle étoit d'*en agir avec fes Sujets, comme il avoit autrefois fouhaité d'être traité lui-même par l'Empereur.* Il n'avoit rien de la fierté qu'infpire le fceptre. S'il accordoit quelque préférence honorable, c'étoit aux favans & aux gens-de-lettres. Jamais le peuple ne fut moins chargé d'impôts que fous fon règne. Il appelloit une heure perdue, celle où il n'avoit pu faire du bien. Les libéralités qu'il fit aux habitans de Constantinople y attirérent un si grand nombre de citoyens, qu'on délibéra sur la fin de son règne, si l'on ne feroit point une seconde enceinte, quoique dix ans auparavant les maisons n'occupassent qu'une très petite partie de la ville, le reste n'étant que des jardins ou des terres labourables. C'est le dernier prince qui ait possédé l'empire Romain en entier. Il laissa trois enfans, *Arcade*, *Honorius*, & *Pulcherie*. *Arcade* fut empereur d'Orient, & *Honorius* d'Occident.

II. THEODOSE II, *le Jeune*, petit-fils du précédent, né le 11 Avril 401, succéda à *Arcade* son pere le 1ᵉʳ Mai 408. S*te Pulcherie*, sa sœur, gouverna sous son nom. C'est elle qui lui fit épouser *Athénaïs*, fille du philosophe *Léonce*, laquelle reçut au baptême le nom d'*Eudocie*. *Théodose*, placé sur le trône, ne prit presque aucune part aux événemens de son règne. Les Perses armèrent contre lui en 421; il leva des troupes pour s'opposer à leurs conquêtes. Les deux armées qui se cherchoient l'une & l'autre, furent toutes les deux saisies de crainte lorsqu'elles s'approchérent, & fuirent chacune de leur côté. Les Perses se précipitérent dans l'Euphrate, où il en périt près de cent mille. Les Romains abandonnérent le siége de Nisibe, brûlérent leurs machines & rentrérent dans les terres de l'empire. Il envoya ensuite une armée en Afrique contre *Genseric*, roi des Vandales, qui fut encore plus malheureuse. Il fut obligé de la rappeller pour l'opposer aux Huns qui ravageoient la Thrace sous la conduite d'*Attila*. Ses troupes n'ayant pu arrêter les courses de ces barbares, ce ne fut qu'à force d'argent qu'il les fit retirer. *Théodose II* se rendit méprisable

par la confiance qu'il donna à ses eunuques. Sa foiblesse alloit jusqu'à signer ce qu'on lui présentoit, sans prendre même la peine de le lire. La vertueuse *Pulcherie*, sa sœur, l'avoit corrigé de plusieurs défauts; elle le corrigea encore de celui-là. Un jour elle lui présenta un acte à signer, par lequel « il abandonnoit l'Impéra- » trice, sa femme, pour être es- » clave. » Il le signa sans le lire, & lorsque *Pulcherie* lui eut fait connoître ce que c'étoit, il en eut une telle confusion, qu'il ne retomba jamais dans la même faute. Ce prince, particulier estimable, mais monarque méprisé, avoit d'abord favorisé les *Nestoriens* & les *Eutychéens*; mais il les condamna sur la fin de sa vie. Il mourut le 28 Juillet 450, à 49 ans, ne laissant que *Licinia Eudoxia*, femme de *Valentinien III*. C'est lui qui publia, le 15 Janvier 438, le Code dit *Théodosien* de son nom, publié à Lyon en 1665, 6 tomes in-fol: c'est un recueil des Loix choisies entre celles que les empereurs légitimes avoient faites. Après la mort de ce prince, *Pulcherie* fit élire *Marcien*.

III. THEODOSE III, surnommé l'*Adramitain*, fut mis malgré lui sur le trône d'Orient l'an 716. Il étoit receveur des impôts de la ville d'Adramite en Natolie, sa patrie, lorsque l'armée d'*Anastase II* s'étant révoltée, le proclama empereur. Il fut couronné par le patriarche de Constantinople. Mais n'ayant ni assez de fermeté, ni assez de génie pour tenir le sceptre impérial dans des tems difficiles, il le céda à *Léon* l'*Isaurien*, vers le mois de Mars 717; & se retira dans un monastére d'Ephèse. Il y mourut saintement. Son caractére modéré, & la noblesse de ses fentimens, le rendoient un particulier eftimable ; mais il falloit un héros pour repouffer les Barbares qui inondoient l'empire.

THEODOSE, *Voy.* GERASIME.

I. THEODOTE, *le Valentinien*, n'eft connu que par fes *Eglogues*, que le Pere *Combefis* nous a données fur le manufcrit de la *Bibliothèque des Peres*. Ces Eglogues ne contiennent qu'une application de l'Ecriture au fyftême de *Valentin*. *Théodote* prétend y prouver les différens points de la doctrine de *Valentin* par quelques paffages de l'Ecriture. Cet ouvrage a été commenté par le Pere *Combefis*, & fe trouve dans la *Bibliothèque* Grecque de *Fabricius*.

II. THEODOTE DE BIZANCE, furnommé *le Corroyeur*, du nom de fa profeffion. Pendant la perfécution qui s'éleva fous *Marc-Aurèle*, *Théodote* fut arrêté avec beaucoup de Chrétiens qui confefférent J. C. & remportérent la couronne du martyre. Ce miférable renonça à fon Dieu ; les fidèles lui firent tous les reproches que méritoit fon crime, & pour s'excufer, il voulut prouver que *Jefus - Chrift* n'étoit qu'un homme. Sa doctrine fouleva tout le monde, & *Théodote* fut excommunié par le pape *Victor* ; il trouva cependant des difciples qu'on nomma *Théodotiens*. Ils prétendoient que la doctrine de leur maitre avoit été enfeignée par les Apôtres, jufqu'au pontificat de *Zéphirin*, qui avoit corrompu la doctrine de l'Eglife en faifant un dogme de la Divinité de J. C.

THEODOTION, natif d'Ephèfe, fut difciple de *Tatien*, puis fectateur de *Marcion*. Il paffa enfuite dans la fynagogue des Juifs, où il fut reçu à condition qu'il traduiroit l'Ancien-Teftament en

grec. Il remplit fa promeffe l'an 185, fous le règne de *Commode*. Il ne nous refte de lui que des fragmens de cette Verfion. Elle étoit plus hardie que celle des Septante, & que celle d'*Aquila*, qui avoient été faites auparavant ; & l'auteur s'étoit permis d'ajoûter ou de retrancher des paffages entiers.

THEODULE, *Voyez* I. NIL.

THEODULPHE, étoit originaire de la Gaule Cifalpine. *Charlemagne* qui l'avoit amené d'Italie, à caufe de fon favoir & de fon efprit, lui donna l'abbaye de Fleuri, puis l'évêché d'Orléans vers l'an 793. Ce prince le choifit pour figner fon teftament en 811. *Louis* le *Débonnaire* hérita de l'eftime que fon pere avoit pour lui. Mais *Théodulphe*, ayant été accufé d'avoir eu part à la conjuration de *Bernard* roi d'Italie, fut mis en prifon à Angers. C'eft-là qu'il compofa l'Hymne *Gloria, laus & honor*, dont l'on chante le commencement au jour des Rameaux. On prétend que l'ayant chantée d'une fenêtre de la prifon dans le tems que l'empereur paffoit, ce prince fut fi charmé de cette piéce, dont le mérite eft pourtant très - médiocre, qu'il lui rendit la liberté. *Théodulphe* en profita pour écrire différens ouvrages. On a de lui un *Traité du Baptême* ; un autre *du St-Efprit* ; deux *Capitulaires* adreffés à fes curés, qu'on peut regarder comme des monumens de la difcipline de fon tems. Ce favant prélat mourut vers 821. Le Pere *Sirmond*, Jéfuite, publia en 1646, in-8°, une bonne édition de fes Œuvres.

THEOGNIS, poëte Grec, natif de Mégare, floriffoit 544 ans avant J. C. Nous n'avons de lui que des *Fragmens*, Leipfick 1576, in-8° ; & dans le *Corpus Poetarum*

Græc. à Genève, 1606 & 1614, 2 vol. in-fol.

I. THEON, fophifte Grec, eft avantageufement connu dans le monde littéraire par un *Traité de Rhétorique*, écrit avec goût & avec élégance. Les meilleures éditions de ce livre font celles d'Upfal, 1670, in-8°; & de Leyde, 1726, in-8°, en grec & en latin.

II. THEON D'ALEXANDRIE, philofophe & mathématicien du tems de *Théodofe* le *Grand*, fut pere de la favante *Hypacie.* Il compofa divers *Ouvrages de Mathématiques*, Paris 1644, in-4°.

I. THEOPHANE, fille que *Neptune* époufa, & qu'il métamorphofa en brebis. Elle fut mere du fameux bélier à la *Toifon-d'or.*

II. THEOPHANE, (George) d'une des plus nobles & des plus riches maifons de Conftantinople, fut marié très-jeune, & vécut en continence avec fa femme. Il embraffa enfuite l'état monaftique, & fe fit un nom refpectable par fes vertus. S'étant trouvé, en 787, au VII° concile général, il reçut des Peres de cette affemblée les honneurs les plus diftingués. L'empereur *Léon l'Arménien* l'exila dans l'ifle de Samothrace, où il mourut en 818. On a de lui une *Chronique* qui commence où finit celle de *Syncelle*, & qui va jufqu'au règne de *Michel Curopalate.* Elle fut imprimée au Louvre en 1655, in-fol. en grec & en latin, avec des notes. On y trouve des chofes utiles; mais on rencontre fouvent les traces d'un efprit crédule & d'un critique fans jugement...Il y a eu un autre *THÉOPHANE Cerameus*, c'eft-à-dire, *le Potier*, évêque de Taurominc en Sicile, dans le XI° fiécle. On a de lui des *Homélies*, impiimées en grec & en latin à Paris en 1644.

THEOPHANIE, fille d'un cabaretier, parvint par fes intrigues & fon adreffe à fe faire donner la couronne impériale. *Romain* le *Jeune*, empereur d'Orient, l'époufa en 959. Après la mort de ce prince en 963, elle fut déclarée régente de l'empire; & malgré ce titre, elle donna la main à *Nicéphore Phocas*, qu'elle plaça fur le trône, après en avoir fait defcendre *Etienne* fon fils aîné. Laffe bientôt de fon nouvel époux, elle le fit affaffiner par *Jean Zimifcès*, en Décembre 969. Le meurtrier ayant été reconnu empereur, exila *Théophanie* dans l'ifle de Proté, où il la laiffa languir pendant le cours de fon règne. Ce prince étant mort en 975, l'impératrice fut rappellée à Conftantinople par fes fils *Bafile* & *Conftantin*, qui lui donnèrent beaucoup de part au gouvernement. On ignore l'année de fa mort; mais on fait qu'elle étoit d'un efprit ferme, & que fon cœur étoit capable de tous les crimes.

I. THEOPHILE, 6° évêque d'Antioche, fut élevé fur ce fiége l'an 176 de J. C. Il écrivit contre *Marcion* & contre *Hermogène*, & gouverna fagement fon Eglife jufques vers l'an 186. Il nous refte de lui 3 *Livres* en grec, adreffés à *Autolycus*, contre les calomniateurs de la religion Chrétienne. C'eft dans cet ouvrage qu'on trouve pour la première fois le mot de *Trinité.* Il a été imprimé en grec & en latin, avec les Œuvres de *S. Juftin*, 1642, in-fol. L'auteur s'attache à y montrer la vérité du Chriftianifme & l'abfurdité de l'Idolâtrie.

II. THEOPHILE, fameux patriarche d'Alexandrie, après *Timothée*, l'an 385, acheva de ruiner les reftes de l'Idolâtrie en Egypte,

pte, en faisant abattre le temple & les idoles des faux Dieux. Il pacifia les différends survenus entre *Evagre* & *Flavien*, tous deux ordonnés évêques d'Antioche. Mais l'ambition ternit toutes ses vertus. Meilleur politique que bon évêque, il se déclara ouvertement contre *S. Jean-Chryfoftôme*, le fit déposer dans le concile du Chêne, & refusa de mettre son nom dans les diptyques. Ce prélat intrigant mourut en 412. On prétend qu'étant près d'expirer & faisant attention à la longue pénitence de *S. Arsène*, il s'écria : *Que vous êtes heureux*, Arsène, *d'avoir toujours eu cette heure devant les yeux !* Il nous reste de lui quelques écrits, dont on ne fait pas beaucoup de cas. On les trouve dans la Bibliothèque des Peres.

III. THEOPHILE, empereur d'Orient, monta sur le trône en Octobre 829, après son pere *Michel le Bègue*, qui l'avoit déja associé à l'empire, & lui avoit inspiré son horreur pour les saintes Images. Cette longue & funeste dispute divisoit toujours l'empire : *Théophile* eut la foiblesse de s'en mêler, & la cruauté de persécuter ceux qui ne pensoient pas comme lui. Il commença son règne par le châtiment des assassins de *Léon l'Arménien* ; il songea ensuite sérieusement à repousser les Sarasins. Il leur livra cinq fois bataille, & fut presque toujours malheureux. Le chagrin que lui causa la perte de la dernière, le toucha si vivement, qu'il en mourut de douleur en Janvier 842. On a dit beaucoup de bien & beaucoup de mal de ce prince. Suivant les uns, il étoit bon politique & aimoit la justice ; suivant d'autres, il n'avoit que des vertus feintes & des vices réels :

Tome VI,

ils le font colère, emporté, vindicatif, soupçonneux. Les Catholiques l'accusérent d'impiété. Si l'on en croit quelques historiens, il rejettoit non seulement le culte des Images, mais encore la Divinité de J. C., l'existence des Démons, & la Résurrection des corps. Il est probable que, s'il avoit pensé ainsi, il auroit pris avec moins de chaleur la dispute des Iconoclastes, pour laquelle il ne craignit point de répandre le sang des Catholiques. *Michel* son fils lui succéda, sous la tutelle de l'impératrice *Theodora Despuna*, qui rétablit l'honneur des Images. (*Voyez* THÉOPHOBE... III. THEODORA... & DANDERI.)

IV. THEOPHILE, surnommé *Viaud*, poëte François, naquit vers l'an 1590, au village de Bouffière-Sainte-Radegonde dans l'Agénois, d'un avocat, & non pas d'un cabaretier, comme dit le déclamateur *Garasse*. Sa conduite & ses écrits trop libres lui attirérent bien des chagrins. Il fut obligé de passer en Angleterre en 1619. Ses amis lui ayant obtenu son rappel, il abjura le Calvinisme. Sa conversion ne changea ni ses mœurs peu réglées, ni son esprit porté au libertinage. Le *Parnasse Satyrique*, recueil sali par la lubricité la plus dégoûtante & par l'impiété la plus effrénée, ayant paru en 1622, on l'attribua généralement à *Théophile*. L'ouvrage fut flétri, l'auteur déclaré criminel de lèse-majesté divine, & condamné à être brûlé ; ce qui fut exécuté en effigie. On le poursuivit vivement ; il fut arrêté au Câtelet en Picardie, ramené à Paris, & renfermé dans le même cachot où *Ravaillac* avoit été mis. Son affaire fut examinée de nouveau, & sur les protestations réitérées de fon innocence, le parlement fe contenta de le condamner à un banniffement. Ce poëte mourut à Paris en 1626, à 36 ans, dans l'hôtel du duc de *Montmorency* qui lui avoit donné un afyle. Les vers de *Théophile* font pleins d'irrégularités & de négligences; mais on y remarque du génie & de l'imagination. Il eft un des premiers auteurs qui ait donné des ouvrages mêlés de profe & de vers. On a de lui un Recueil de *Poëfies*, qui confiftent en *Elégies*, *Odes*, *Sonnets*, &c.; un *Traité de l'Immortalité de l'Ame*, en vers & en profe; *Pyrame & Thisbé*, Tragédie; *Socrate mourant*, Trag.; *Pafiphaë*, Trag. 1618, très-médiocre; trois *Apologies*; des *Lettres*, Paris 1662, in-12; fes Nouvelles *Œuvres*, Paris 1642, in-8°. &c. Ce poëte avoit des *Inpromptus* fort heureux.

THÉOPHOBE, général des armées de *Théophile* empereur d'Orient, étoit né à Conftantinople d'un ambaffadeur Perfan du fang royal. Pour fe l'attacher plus étroitement, *Théophile* lui fit époufer fa fœur. *Théophobe* rendit à fon beau-frere des fervices importans. Son courage & fa bonté lui gagnoient les troupes, qui furent quelquefois victorieufes fous lui. Les Perfes qui étoient à la folde de l'empire, le proclamèrent deux fois empereur; mais *Théophobe* refufa le diadème. *Théophile*, craignant qu'il ne l'acceptât enfin, & qu'il n'enlevât le trône à fon fils, le fit arrêter; & fe voyant près d'expirer, il lui fit trancher la tête, quoiqu'il fût innocent du crime des foldats. On dit que l'empereur mourant s'étant fait apporter fur le lit cette tête, fit un dernier effort pour la prendre par les cheveux. Puis la regardant

avec fureur: *Hé bien*, dit-il, *je ne ferai plus* Théophile; *mais toi-même tu ne feras plus* Théophobe... C'eft ainfi que périt, en 842, un général digne d'un meilleur fort.

THEOPHRASTE, philofophe Grec, natif d'Erèfe, ville de Lefbos, étoit fils d'un foulon. *Platon* fut fon premier maître. De cette école il paffa dans celle d'*Arifote*, où il fe diftingua finguliérement. Son nouveau maître, charmé de la facilité de fon efprit & de la douceur de fon élocution, lui changea fon nom qui étoit *Tyrtame*, en celui d'*Euphraste*, qui fignifie Celui qui parle bien; & ce nom ne répondant point affez à la haute eftime qu'il avoit de la beauté de fon génie & de fes expreffions, il l'appella *Théophrafte*, c'eft-à-dire un Homme dont le langage eft divin. *Arifote* difoit de lui & de *Callifthène* (un autre de fes difciples,) ce que *Platon* avoit dit la 1re fois d'*Arifote* même & de *Xénocrate*, que " *Callifthène* étoit lent à con-» cevoir & avoit l'efprit tardif; » & que *Théophrafte* au contraire » l'avoit vif, perçant, pénétrant, » & qu'il comprenoit d'abord d'u-» ne chofe, tout ce qui en pou-» voit être connu. *Arifote* obligé de fortir d'Athènes, où il craignoit le fort de *Socrate*, abandonna fon école l'an 322 avant J. C. à *Théophrafte*, lui confia fes écrits à condition de les tenir fecrets: & c'eft par le difciple que font venus jufqu'à nous les ouvrages du maître. Son nom devint fi célèbre dans toute la Grèce, qu'il compta dans le Lycée jufqu'à 2000 élèves. Ses rares qualités ne lui acquirent pas feulement la bienveillance du peuple, mais encore l'eftime & la familiarité des rois. Il fut ami de

Caſſandre, qui avoit ſuccédé à *Aridée*, frere d'*Alexandre* le *Grand*, au royaume de Macédoine ; & *Ptolomée* fils de *Lagus*, & 1ᵉʳ roi d'Egypte, entretint toujours un commerce étroit avec ce philoſophe. *Théophraſte* mourut accablé d'années & de fatigues, & ne ceſſa de travailler qu'en ceſſant de vivre. *Cicéron* dit qu'il ſe plaignit, en mourant, de la Nature, « de ce qu'elle avoit accordé aux » cerfs & aux corneilles une vie » ſi longue, tandis qu'elle n'a- » voit donné aux Hommes qu'une ». vie très - courte » ; mais cette plainte n'étoit fondée que ſur une erreur : il ſeroit très-difficile de citer des cerfs nonagénaires. Parmi les maximes de ce philoſophe, on diſtingue celles-ci : I. *Il ne faut pas aimer ſes Amis pour les éprouver, mais les éprouver pour les aimer.* II. *Les Amis doivent être communs entre les freres, comme tout eſt commun entre les amis.* III. *L'on doit plutôt ſe fier à un Cheval ſans frein, qu'à l'Homme qui parle ſans jugement.* IV. *La plus forte dépenſe que l'on puiſſe faire eſt celle du Tems.* Il dit un jour à un particulier qui ſe taiſoit à table dans un feſtin : *Si tu es un habile homme, tu as tort de ne pas parler ; mais ſi tu ne l'es pas, tu fais beaucoup en ſachant te taire.* La plupart des Ecrits de *Théophraſte* ſont perdus pour la poſtérité ; ceux qui nous reſtent de lui, ſont : I. Une *Hiſtoire des Pierres*, dont *Hill* a donné une belle édition à Londres, en 1746, in-fol. en grec & en anglois, avec de ſavantes notes. II. Un *Traité des Plantes*, curieux & utile, Amſterdam 1644, in-fol. III. Ses *Caractéres* ; ouvrage qu'il compoſa à l'âge de 99 ans, & que *la Bruyére* a traduit en françois. *Iſaac Caſaubon* a fait de ſavans Commentaires ſur ce petit

Traité, Cambridge 1712, in-8°, qui ſe joint aux Auteurs *cum notis Variorum.* Il renferme des leçons de morale fort utiles, & des détails bas & minucieux, mais qui peignent l'homme.

I. THEOPHYLACTE, archevêq. d'Acride, métropole de toute la Bulgarie, naquit & fut élévé à Conſtantinople. Il travailla avec zèle à établir la Foi de *Jeſus-Chriſt* dans ſon diocèſe, où il y avoit encore un grand nombre de Païens. Il ſe fit connoître des ſavans par quelques ouvrages. Les principaux ſont : I. Des *Commentaires* ſur les Evangiles & ſur les Actes des Apôtres, Paris 1631, in-folio ; --ſur les Epitres de *S. Paul*, & ſur *Habacuc*, *Jonas*, *Nahum* & *Oſée*, Paris 1636, in-fol. Ces Commentaires ne ſont preſque que des extraits des écrits de *S. Jean-Chryſoſtôme.* II. Des *Epitres* peu intéreſſantes, dans la Bibliothèque des Peres. III. *Inſtitutio Regia*, au Louvre, 1651, in-4°, réimpr. dans l'*Imperium Orientale* de *Banduri*, &c. Ce prélat mourut après l'an 1701.

II. THEOPHILACTE SIMOCATTA, hiſtorien Grec, floriſſoit vers l'an 612, ſous *Heraclius.* Nous avons de lui une *Hiſtoire* de l'empereur *Maurice*, imprimée au Louvre, 1647, in-fol. Elle fait partie de la Byzantine. Le P. *Schott* en avoit donné une édition grecque & lat. 1599, in-8°.

THEOPOMPE, célèbre orateur & hiſtorien de l'iſle de Chio, eut *Socrate* pour maître. Il remporta le prix qu'*Artémiſe* avoit décerné à celui qui feroit le plus bel éloge funèbre de *Mauſole* ſon époux. Tous ſes ouvrages ſe ſont perdus. On regrette ſes *Hiſtoires* ; elles étoient, ſuivant les anciens auteurs, écrites avec exactitude, quoique l'auteur eût du penchant

Kk ij

à la fatyre. *Jofephe* rapporte que *Théopompe* ayant voulu inférer dans un de fes ouvrages hiftoriques quelques endroits des Livres faints, eut l'efprit troublé pendant 30 jours ; & que, dans un intervalle lucide ayant réfolu de quitter fon deffein, il fut guéri de fa maladie. Mais il y a apparence que ce conte n'eft qu'une fiction du faux *Ariftée.*

THÉOXÈNE, fe fignala par un courage & une fermeté héroïques. *Tite-Live*, de qui nous empruntons cet article, avoue qu'en écrivant fon Hiftoire, il étoit pénétré d'amour & d'admiration pour cette femme illuftre. Après que *Philippe*, roi de Macédoine, eut fait mourir les principaux feigneurs de Theffalie ; plufieurs, pour éviter fa cruauté, fuyoient dans les pays étrangers. *Poris* & *Théoxène* prirent le chemin d'Athènes, pour trouver la fûreté qu'ils ne pouvoient avoir dans leur province ; mais ils voguèrent fi malheureufement, qu'au lieu d'avancer, les vents les repouflèrent dans le port même d'où ils avoient fait voile. Les gardes les ayant découverts au lever du foleil, en avertirent le prince ; & s'efforcèrent de leur ôter cette liberté qu'ils eftimoient plus que leur vie. Dans cette cruelle extrémité, *Poris* emploie fes prières pour appaifer les foldats, & pour appeller les Dieux à fon fecours ; mais *Théoxène* voyant la mort inévitable, & ne voulant pas tomber entre les mains de ce tyran, fauva fes enfans de la captivité par une réfolution extraordinaire. Elle préfenta un poignard aux plus âgés, & aux plus jeunes un vafe de poifon, afin qu'ils fe donnaffent la mort. Ses enfans lui ayant obéi, elle les jet-

ta dans l'eau à demi morts. Puis ayant embraffé fon cher *Poris*, elle fe précipita dans la mer avec lui, à la vue des foldats attendris & admirateurs de fon courage.

THÉRAIZE, (Michel) docteur de Sorbonne, de Chauni en Picardie, mourut en 1726, à 58 ans, après avoir été chanoine de *S. Etienne* de Hombourg, diocèfe de Metz, puis grand-chantre, chanoine & official de *S. Furfi* de Péronne, & curé de la paroiffe *S. Sauveur* de la même ville. On a de lui un ouvrage plein de recherches, imprimé en 1690, fous le titre de *Queftions fur la Meffe publique folemnelle.* On y trouve une explication littérale & hiftorique des cérémonies de la Meffe & de fes rubriques.

THÉRAMENE, illuftre Athénien, fe fignala par la grandeur d'ame, avec laq. il méprifa la mort. Ayant été conduit en prifon par l'ordre des 30 *Tyrans* d'Athènes, il fut condamné à boire la ciguë. Après l'avoir avalée comme s'il eût voulu éteindre une grande foif, il en jetta le refte fur la table, de façon qu'il rendit un certain fon, & dit en riant : *Ceci eft à la fanté du beau Critias.* C'étoit l'un des tyrans, le plus acharné contre lui. Il fe conforma ainfi à la coutume obfervée chez les Grecs dans les repas de réjouiffance, de nommer celui à qui l'on devoit tendre le verre. Enfuite il donna la coupe de poifon au valet qui le lui avoit préparé, pour la préfenter à *Critias.* Ce héros fe joua, jufqu'au dernier moment, de la mort qu'il portoit déjà dans fon fein, & prédit celle de *Critias*, qui fuivit de près la fienne.

THERESE, (Sainte) née à Avila dans la vieille Caftille le 28

Mars 1515, étoit la cadette de trois filles d'*Alphonse - Sanchez* de *Cepède* & de *Béatrix* d'*Ahumade*, tous deux auffi illuftres par leur piété que par leur nobleffe. La lecture de la Vie des Saints qu'*Alphonfe* faifoit tous les jours dans fa famille, infpira à *Thérèfe* une grande envie de répandre fon fang pour J. C. Elle s'échapa un jour avec un de fes freres, pour aller chercher le martyre parmi les Maures. On les ramena, & ces jeunes-gens ne pouvant être martyrs, réfolurent de vivre en hermites. Ils drefférent de petites cellules dans le jardin de leur pere, où ils fe retirérent fouvent pour prier. *Thérèfe* continua de fe porter ainfi à la vertu jufqu'à la mort de fa mere, qu'elle perdit à l'àge de 12 ans. Cette époque fut celle de fon changement. La lecture des Romans la jetta dans la diffipation, & l'amour d'elle-même & du plaifir auroient bientôt éteint toute fa ferveur, fi fon pere ne l'eût mife en penfion dans un couvent d'Auguftines. Elle apperçut le précipice auquel la grace de Dieu venoit de l'arracher, & pour l'éviter à l'avenir, elle fe retira dans le monaftére de l'Incarnation de l'ordre du Mont-Carmel, à Avila, & y prit l'habit le 2 Novembre 1536, à 21 ans. Ce couvent étoit un de ces monaftéres, où le luxe & les plaifirs dumonde font pouffés auffi loin que dans le monde même. *Thérèfe* entreprit de le réformer. Après avoir effuyé une infinité de traverfes, elle eut la confolation de voir le premier monaftére de fa Réforme fondé dans Avila en 1562. Le fuccès de la réformation des Religieufes l'engagea à entreprendre celle des Religieux. On en vit les premiers fruits en 1568,

par la fondation d'un monaftére à Dorvello, diocèfe d'Avila, où le bienheureux *Jean* de *la Croix* fit profeffion à la tête des religieux qui embraffoient la Réforme. C'eft l'origine des Carmes déchauffés. Dieu répandit des bénédictions fi abondantes fur la famille de *Thérèfe*, que cette fainte vierge laiffa trente monaftéres réformés, 14 d'hommes & 16 de filles. Après avoir vécu dans le cloitre 47 ans, les 27 premiers dans la maifon de l'Incarnation, & les 20 autres dans la Réforme, elle mourut à Alve, en retournant de Burgos, où elle venoit de fonder un nouveau monaftére, le 4 Octobre 1582, à 68 ans. Son inftitut fut porté de fon vivant jufqu'au Mexique, dans les Indes Occidentales, & s'étendit en Italie. Il paffa enfuite en France, aux Pays-Bas, & dans tous les pays de la Chrétienté. *Gregoire XV* la canonifa en 1621. L'ouverture de fon tombeau fut faite le 2 Octobre 1750, 128 ans & 6 mois depuis fa canonifation. Tendre & affectueufe jufqu'aux larmes les plus abondantes, vive & toute de flâme fans délire & fans emportement, cette Sainte portâ l'amour divin au plus haut dégré de fenfibilité dont foit fufceptible le cœur humain. On connoît fa fentence favorite dans fes élans de tendreffe : *Ou fouffrir, Seigneur, ou mourir !* & fa belle penfée au fujet du Démon : *Ce malheureux*, difoit-elle, *qui ne fauroit aimèr.* On a de Ste *Thérèfe* plufieurs ouvrages, où l'on admire également la piété, l'énergie des fentimens, la beauté & l'agrément du ftyle. Les principaux font : I. Un volume de *Lettres*, publiées avec les notes de D. *Juan* de *Palafox*, évèque d'Ofma. II. Sa *Vie*, compofée par elle-même. III. La *Ma-*

K k üj

niére de visiter les Monastéres des Religieux. IV. Les Relations de son esprit & de son intérieur, pour ses Confesseurs. V. Le Chemin de laPerfection...Arnaud d'Andilly a traduit presque tous ses ouvrages en notre langue, 1670, in·4°. La Monnoie a mis en vers françois l'Action de graces que· faisoit cette Sainte après la Communion.

THERMES, (Paul de la Barthe, seigneur de) né à Conserans, d'une famille ancienne, mais pauvre, éprouva des revers aux premiers pas de, sa carrière. Une affaire d'honneur l'obligea de sortir de France en 1528.Une nouv. disgrace l'en éloigna encore pour quelque tems. Au moment qu'il alloit revenir en France, il fut pris par des corsaires, & souffrit beaucoup dans sa captivité. S'étant consacré aux. armes dès sa jeunesse, il les porta avec distinction sous François I, Henri II & François II. La victoire de Cerisoles en 1544, où il combattit en qualité de colonel-général de la cavalerie légère, fut due en partie à sa valeur; mais son cheval ayant été tué sous lui, il fut fait prisonnier, & on ne put le racheter qu'en donnant en échange trois des plus illustres prisonniers ennemis. La prise du marquisat de Saluces & du château de Ravel, l'une des plus fortes places du Piémont, lui acquit en 1547 une nouvelle gloire. Envoyé en Ecosse 2 ans après, il répandit la terreur en Angleterre, & la paix fut le fruit de cette terreur. On l'envoya à Rome en 1551, en qualité d'ambassadeur; mais n'ayant pas pu porter Jules III à se concilier Farnèse, duc de Parme, que le roi protégeoit, il commanda les troupes Françoises en Italie, & s'y signala jusqu'en 1558. Ce fut dans cette année qu'il obtint le bâton de ma-

réchal de France & qu'il prit Dunkerque d'assaut. Il fut moins heuréux à la journée de Gravelines. Il perdit la bataille, fut blessé & fait prisonnier. Le maréchal de Thermes ayant recouvré sa liberté à la paix de Càteau - Cambrésis l'an 1559, continua de se distinguer contre les ennemis de l'Etat. Il mourut à Paris en 1562, âgé de 80 ans, sans laisser de postérité, & après avoir institué son héritier Roger de St-Lary, seigneur de Bellegarde. Le maréchal de Thermes essuya des revers: mais sa valeur, son intrépidité, son zèle pour l'Etat, couvrirent ses fautes, ou plutôt ses malheurs. Il dut à l'adversité qu'il éprouva dans ses prem. années, la sagesse qui le distingua toute sa vie. C'étoit un proverbe, reçu même chez les ennemis, de dire : Dieu nous garde de la sagesse de Thermes!

THERPANDRE, poëte & musicien Grec de l'isle de Lesbos, florissoit vers l'an 650 avant J. C. Il fut le premier qui remporta le prix de musique aux Jeux Carniens, institués à Lacédémone. Il sut aussi calmer une sédition dans cette ville, par ses chants mélodieux, accompagnés des sons de la cithare. Therpandre, pour étendre le jeu de la lyre, l'avoit augmentée d'une corde; mais les Ephores le condamnérent à l'amende, à cause de cette innovation, & confisquérent son instrument. On proposoit des prix de poësie & de musique dans les quatre grands Jeux de la Grèce, sur-tout dans les Pythiques. Ce fût dans ces jeux que Therpandre remporta 4 fois le prix de musique, qui se distribuoit avec une grande solemnité. Ses Poësies ne font pas parvenues jusqu'à nous.

THERSITE, le plus difforme de tous les Grecs qui allèrent au siége de Troie, osa dire des injures à *Achille*, & fut tué par ce héros d'un coup de poing.

· THESÉE, que la Fable met au nombre des demi-Dieux, étoit fils d'*Egée* roi d'Athènes, & d'*Æthra* fille de *Pithée*. Il fit la guerre aux Amazones, prit leur reine prisonniére, l'épousa ensuite & en eut un fils nommé *Hippolyte*. Il battit *Oréon* roi de Thèbes, tua les brigands & plusieurs monstres, comme le Minotaure, & trouva l'issue du Labyrinthe, par le secours d'*Ariadne*, fille de *Minos* roi de Crète. Ce héros, après avoir marché sur les traces d'*Hercule* dans ses travaux guerriers, l'imita dans ses amours volages. Il enleva plusieurs femmes, comme *Hélène*, *Phèdre*, *Ariadne* sa bienfaitrice, qu'il abandonna ensuite ; mais il les rendoit, lorsqu'elles ne consentoient pas à leur enlèvement. Il se signala ensuite par divers établissemens. Il institua les Jeux Isthmiques en l'honneur de *Neptune*. Il réunit les douze villes de l'Attique, & y jetta les fondemens d'une République vers l'an 1236 avant J. C. Quelque tems après étant allé faire un voyage en Epire, il fut arrêté par *Aidoneus*, roi des Molosses ; & pendant ce tems-là, *Mnesthée* se rendit maître d'Athènes. *Thesée* ayant recouvré sa liberté, se retira à Scyros, où l'on dit que le roi *Lycomèdes* le fit périr en le précipitant du haut d'un rocher. On connoît son amitié pour *Pirithoüs*.

THESPIS, poëte tragique Grec, introduisit dans la Tragédie un acteur, qui récitoit quelques discours entre deux chants du chœur. Cette nouveauté le fit regarder comme l'inventeur de la Tragédie, genre de poësie très-grossier & très-imparfait dans son origine. *Thespis* barbouilloit de lie le visage de ses acteurs ; & les promenoit de village en village sur un tombereau, d'où ils représentoient leurs piéces. Ce poëte florissoit l'an 536 avant J. C. Ses Poësies ne sont pas venues jusqu'à nous.

THESSALUS, médecin de *Néron*, naquit à Tralles en Lydie, d'un cardeur de laine. Il sut s'introduire chez les grands par son impudence, sa bassesse, & ses lâches complaisances. Un malade vouloit-il se baigner ? il le baignoit : avoit-il envie de boire frais ? il lui faisoit donner de la glace. Autant étoit-il rampant avec les grands, autant il étoit fier avec ses confrères. Sa présomption étoit extrême ; il se vantoit d'avoir seul trouvé le véritable secret de la médecine. Cet entêtement le porta à traiter d'ignorans tous les médecins qui l'avoient devancé, sans épargner même *Hippocrate*. Il écrivit, contre les Aphorismes de cet auteur, un ouvrage qui est cité par *Galien* & par les anciens. Il est cependant sûr que *Thessalus* n'avoit rien inventé de nouveau dans la médecine : tout ce qu'il fit, fut de renchérir sur les principes de *Thémison*, chef des Méthodiques, qui vivoit environ 50 ans avant lui. Il mourut à Rome, où l'on voit son tombeau dans la voie Appienne, & sur lequel il avoit fait graver ce titre : *Vainqueur des Médecins*.

THETIS, fille de *Nérée* & de *Doris*, étoit si belle, que *Jupiter* vouloit l'épouser ; mais il ne le fit pas, parce que *Prométhée* avoit prédit qu'elle seroit mere d'un fils qui devoit être un jour plus illustre que son pere. On la maria avec *Pélée*, dont cette Déesse eut *Achille*. Jamais noces ne furent plus brillantes ni plus belles : tout l'Olympe, les Divinités infernales, aquatiques & terrestres, s'y trouvérent, excepté la *Difcorde* qui ne fut pas invitée. Cette Déeffe s'en vengea en jettant fur la table une pomme d'or, avec cette infcription : *A LA PLUS BELLE.* Junon, *Pallas* & *Vénus* la difputérent, & s'en rapportèrent à *Paris* : (*Voyez* I. PARIS.) Lorfqu'*Achille* fut contraint d'aller au fiége de Troie, *Thetis* alla trouver *Vulcain*, & lui fit faire des armes & un bouclier, dont elle fit préfent elle-même à fon fils. Elle le garantit fouvent de la mort pendant le fiége. On confond fouvent cette Nymphe, avec la Déeffe *TE-THYS*; *Voyez* ce mot.

I. THEVENOT, (Jean) voyageur, mort en 1667, eft auteur d'un *Voyage en Afie*, Amfterdam, 1727, 5 vol. in-12. Il y en a une ancienne édition, en 3 vol. in-4°. Ce Recueil eft eftimé, & quelques auteurs l'ont attribué à *Melchifedech Thevenot*, qui eft l'objet de l'article fuivant. La pureté de la diction n'eft pas ce qu'il faut rechercher dans ces deux voyageurs.

II. THEVENOT, (Melchifedech) naquit avec une paffion extrême pour les voyages, & dès fa jeuneffe il quitta Paris fa patrie, pour parcourir l'univers. Il ne vit néanmoins qu'une partie de l'Europe; mais l'étude des langues, & le foin qu'il prit de s'informer avec exactitude des mœurs & des coutumes des différens peuples, le rendirent peut-être plus habile dans la connoiffance des pays étrangers, que s'il y eût voyagé lui-même. Une autre inclination de *Thevenot* étoit de ramaffer de toutes parts les livres & les manufcrits les plus rares. La garde de la bibliothèque du roi lui ayant été confiée, il l'augmenta d'un nombre confidérable de volumes qui manquoient à ce riche tréfor. *Thevenot* affifta au conclave tenu après la mort d'*Innocent X*; il

fut chargé de négocier avec la république de Gênes, en qualité d'envoyé du roi. Il remplit cet emploi avec fuccès. Une fièvre double-tierce, qu'il rendit continue par une diette opiniâtre, l'emporta en 1692, à 71 ans. On a de lui : I. Des *Voyages*, 1696, 2 vol. in-fol., dans lefquels il a inféré la *Defcription d'un Niveau* de fon invention, qui eft plus fûr & plus jufte que les autres niveaux dont on s'étoit fervi auparavant. II. L'*Art de nager*, 1696, in-12. Il faut joindre au recueil intéreffant & curieux de fes *Voyages*, un petit vol. in-8°, imprimé à Paris en 1861.

THEVET, (André) d'Angoulême, fe fit Cordelier, & voyagea en Italie, dans la Terre-fainte, en Egypte, dans la Grèce & au Bréfil. De retour en France en 1556, il quitta le cloître pour prendre l'habit eccléfiaftique. La reine *Catherine* de *Medicis* le fit fon aumônier, & lui procura les titres d'hiftoriographe de France & de cofmographe du roi. On a de lui : I. Une *Cofmographie*. II. Une *Hiftoire des Hommes Illuftres*, Paris 1584, in-fol., & 1671, in-12, 8 vol. : compilation mauffade, pleine d'inepties & de menfonges. III. *Singularités de la France Antarctique*, Paris 1558, in-4°, livre peu commun. IV. Plufieurs autres ouvrages peu eftimés. L'auteur s'y montre le plus crédule des hommes; il y entaffe, fans choix & fans goût, tout ce qui fe préfente à fa plume. Ce pitoyable écrivain mourut en 1590, à 88 ans.

THEUTOBOCUS, *V.* HABICOT.

I. THIARD, *ou* TYARD DE BISSY, (Ponthus de) naquit à Biffy, dans le diocèfe de Mâcon, en 1521, du lieutenant-général du Mâconnois. Les belles-lettres, les mathématiques, la philofophie & la théologie, l'occupérent tour-à-tour. Il fut nommé à l'évêché de Châlons par le roi *Henri III*, en 1578. On a de lui : I. Des *Poefies Françoifes*, in-4°, Paris, 1573. II. Des *Homélies*, & divers autres ouvrages en latin, in-4°. *Ronfard* dit qu'il fut l'introducteur des *Sonnets* en France ; mais il ne fut pas celui de la bonne poëfie. Ses vers, fi applaudis autrefois ; font infupportables aujourd'hui. Ce prélat mourut en 1605, à 84 ans. Il conferva jufqu'a la fin de fa vie, la vigueur de fon corps & la force de fon efprit. Il foutenoit cette force par le meilleur vin, qu'il buvoit toujours fans eau.

II. THIARD DE BISSY, (Henri de) de la même famille que le précèdent, devint docteur de la maifon & fociété de Sorbonne, puis évêque de Toul en 1687, enfuite de Meaux en 1704, cardinal en 1715, & enfin commandeur des ordres du roi. Son zèle pour la défenfe de la Conftitution *Unigenitus*, ne fut pas inutile à fa fortune. On a de lui plufieurs ouvrages en faveur de cette Bulle. Ce cardinal mourut en 1737, à 81 ans, avec une réputation de piété. On a parlé de lui fi diverfement, qu'il eft bien difficile de le peindre au naturel. Son *Traité Théologique fur la Conftitution* Unigenitus, en 2 vol. in-4°, paffe pour un des plus eftimés & des plus complets fur cette matiére. Ses *Inftructions Paftorales*, in-4°, n'eurent pas le même fuccès : *Voyez* GERMON.

THIARINI, (Alexandre) dit *l'Expreffif*, peintre de l'école de Bologne, enrichit cette ville de fes tableaux. Sa manière eft grande, mais quelquefois indécife ; fon coloris eft ferme & vigoureux. Il a rendu heureufement les différentes paffions. Ce peintre, né à Bo-

logne en 1577, mourut âgé de 91 ans, en 1668.

THIBALDEI, *Voy.* TIBALDEI.

I. THIBAULT, (St) ou THIBAUD, prêtre, né à Provins d'une famille illuftre, fe fanctifia par les exercices de la vertu & de la mortification. Il mourut l'an 1066, auprès de Vicenze en Italie, où il étoit allé fe cacher pour fervir Dieu avec plus de liberté.

II. THIBAULT IV, comte de Champagne, & roi de Navarre, né pofthume en 1205, mort à Pampelune en 1253, monta fur le trône de Navarre après la mort de *Sanche le Fort*, fon oncle maternel, en 1234. Il s'embarqua quelques années après pour la Terre-fainte. De retour dans fes états, il cultiva les belles-lettres. Il aimoit beaucoup la poëfie, & répandit fes bienfaits fur ceux qui fe diftinguoient dans cet art. Il a réuffi lui-même à faire des Chanfons. Ses vertus lui méritérent le furnom de *Grand*, & fes ouvrages celui de *Faifeur de Chanfons*. « *Il fit même pour la reine* Blanche, *des Verstendres*, (dit M. de Meaux) *qu'il eut la folie de publier.* » Cependant *Lévefque* de La Ravaliére, qui a publié fes *Poëfies* avec des obfervations, en 2 vol. in-12, 1742, y foutient que ce que l'on a débité fur les amours de ce prince pour la reine, eft une fable. On trouve dans cette curieufe édition un gloffaire pour l'explication des termes qui ont vieilli.

THIBOUST, (Claude-Charles) né à Paris en 1706, fut imprimeur du roi & de l'univerfité. Dégoûté du monde, il entra au noviciat des Chartreux ; & s'il ne fit pas profeffion dans la règle de *St Bruno*, il conferva toute fa vie pour cet inftitut l'attachement le plus tendre. Cette inclination le porta à faire une traduction en profe françoife, des vers latins. qu'on lit dans leur petit cloître de Paris. Ces vers renferment la vie de *St Bruno*, peinte par *le Sueur* dans 21 tableaux, qui font l'admiration des artiftes & des connoiffeurs. *Thibouft* fit deux éditions de fon ouvrage. La 1ʳᵉ eft in-4°, en 1756, fans gravures. Cet imprimeur travailloit à une Traduction d'*Horace*, lorfqu'il mourut le 27 Mai 1757, à Bercy, âgé de 51 ans. On a encore de lui la Traduction du Poëme de l'*Excellence de l'Imprimerie*, qu'avoit compofé fon pere: il la fit paroître en 1754, avec le latin à côté. Son pere (*Claude-Louis*) s'occupa particuliérement de l'impreffion des livres de claffes, & il y travailla avec beaucoup de fuccès. Il poffédoit les langues grecque & latine.

I. THIERRI Iᵉʳ, roi de France, 3ᵉ fils de *Clovis II*, & frere de *Clotaire III* & de *Childebert II*, monta fur le trône de Neuftrie & de Bourgogne, par les foins d'*Ebroin* maire du palais en 670. Mais peu de tems après, il fut rafé par ordre de *Childeric* roi d'Auftrafie, & renfermé dans l'abbaye de *St Denys*. Après la mort de fon perfécuteur, en 673, il reprit le fceptre, & fe laiffa gouverner par *Ebroin*, qui facrifia plufieurs têtes illuftres à fes paffions. *Pepin* maître de l'Auftrafie, lui déclara la guerre, & le vainquit à Teftri en Vermandois, l'an 687. Ce prince, que le préfident *Hénaut* nomme *Thierri III*, mourut en 691, à 39 ans. Il fut pere de *Clovis III* & de *Childebert III*, rois de France.

II. THIERRI II *ou* IV, roi de France, furnommé *de Chelles*, parce qu'il avoit été nourri dans ce monaftére, étoit fils de *Dagobert III*, roi de France. Il fut tiré de fon cloître pour être placé fur le trône par *Charles Martel*, en 720. Il ne porta que le titre de roi, & fon

miniftre en eut toute l'autorité. *Thierri* mourut en 737, à 25 ans. Après fa mort il y eut un interrègne de 5 ans, jufqu'en 742.

III. THIERRI Iᵉʳ, *ou* THEODORIC, roi d'Auftrafie, fils de *Clovis I* roi de France, eut en partage, l'an 511, la ville de Metz capitale du royaume d'Auftrafie, l'Auvergne, le Rouergue, & quelques autres provinces qu'il avoit enlevées aux Wifigoths pendant la vie de *Clovis* fon pere. En 515, une flotte de Danois ayant débarqué à l'embouchure de la Meufe, pénétra jufques dans fes terres. *Théodebert* fon fils, qu'il envoya contre eux, les vainquit, & tua *Clochilaïc* roi de ces barbares. Il fe ligua en 528 avec fon frere *Clotaire I*, roi de Soiffons, contre *Hermenfroi*, qu'ils dépouillérent de fes états, & qu'ils firent précipiter du haut des murs de Tolbiac, où ils l'avoient attiré fous la promeffe de le bien traiter. Dans ces entrefaites, *Childebert* fon frere, roi de Paris, fe jetta fur l'Auvergne. *Thierri* courut à fa défenfe, & obtint la paix les armes à la main. Il mourut au bout de quelque tems en 534, après un règne de 23 ans, âgé d'environ 51. *Thierri* étoit brave à la tête des armées, & fage dans le confeil; mais il étoit dévoré par l'ambition, & fe fervoit de tout pour la fatisfaire. Il fut le premier qui donna des loix aux Boïens, peuples de Bavière, après les avoir fait dreffer par d'habiles jurifconfultes. Ces loix fervirent de modèle à celles de l'empereur *Juftinien*.

IV. THIERRI II, *ou* THEODORIC *le Jeune*, roi de Bourgogne & d'Auftrafie, 2ᵉ fils de *Childebert*, naquit en 587. Il paffa avec *Théodebert II*, fon frere, les premières années de fa vie, fous la régence de la reine *Brunehaut*, leur aïeule. *Théodebert* lui ayant ôté le gouvernement du royaume, cette princesse irritée se retira à Orléans vers *Thierri*, à qui elle persuada de prendre les armes contre son frere, l'assûrant qu'il n'étoit point fils de *Childebert*, & qu'elle l'avoit supposé a la place de son fils aîné qui étoit mort. *Thierri* obligea *Théodebert* de se renfermer dans Cologne, où il alla l'assiéger. Les habitans lui livrérent ce malheureux prince qui fut envoyé.à *Brunehaut*, & mis à mort par les ordres de cette princesse inhumaine. *Thierri* fit périr tous ses enfans, à la réserve d'une fille d'une rare beauté, qu'il voulut épouser. Mais *Brunehaut*, craignant qu'elle ne vengeât sur elle la mort de son pere, dit à son petit-fils qu'il ne lui étoit pas permis d'épouser la fille de son frere. Alors *Thierri*, furieux de ce qu'elle lui avoit fait commettre un fratricide, voulut la percer de son épée ; mais on l'arrêta, & il se réconcilia avec sa mere, qui le fit empoisonner en 613. Cette mort d'un prince foible & cruel n'excita aucuns regrets.

. V. THIERRI DE NIEM, natif de Paderborn en Westphalie, secrétaire de plusieurs papes, passa environ 30 ans à la cour de Rome. Il accompagna *Jean XXIII* au concile de Constance, & il mourut peu de tems après vers l'an 1417, dans un âge avancé. On a de lui, I. Une *Histoire du Schisme des Papes*, Nuremberg 1592, in-fol. Cet ouvrage divisé en 3 livres s'étend depuis la mort de *Grégoire XI*, jusqu'à l'élection d'*Alexandre V* ; il y a joint un traité intitulé : *Nemus unionis*, qui contient les piéces originales écrites de part & d'autre touchant le schisme. II. Un autre livre qui renferme la *Vie du Pape Jean XXIII*, à Francfort 1620, in-4°. III. Le *Journal* de ce

qui se passa au concile de Constance, jusqu'à la déposition de ce pape. IV. Une *Invective* véhémente contre cet infortuné pontife, son bienfaiteur. V. Un *Livre* touchant les privilèges & les droits des Empereurs aux investitures des Evêques, dans *Schardii Syntagma de Imperiali Jurisdictione*, Argentor. 1609, in-fol. *Thierri*, homme austére & un peu chagrin, fait un portrait affreux de la cour de Rome & du clergé de son tems. Il écrit d'un style dur & barbare ; mais il ne dit malheureusement que trop vrai sur les désordres de son siécle.

THIERS, (Jean-baptiste) savant bachelier de Sorbonne, naquit à Chartres vers 1636, d'un cabaretier. Après avoir professé les humanités dans l'université de Paris, il fut curé de Champrond au diocèse de Chartres, où il eut quelques démêlés avec l'archidiacre, pour les droits des Curés de porter l'étole dans le cours de la visite. Cette affaire n'eut pas le succès qu'il souhaitoit. L'abbé *Thiers* se brouilla avec le chapitre. Le sujet de ce démêlé vint de l'avarice des chanoines de Chartres, qui louoient les places du porche de l'Eglise, pour y vendre des chapelets & des chemises d'argent. L'abbé *Thiers* désapprouva cet usage, & se fit des ennemis. Il fut obligé de quitter ce diocèse, & il permuta sa cure avec celle de Vibraie au diocèse du Mans, où il mourut âgé de 65 ans, en 1703. Cet écrivain avoit de l'esprit, de la pénétration, une mémoire prodigieuse & une érudition très-variée ; mais son caractére étoit bilieux, satyrique & inquiet. Il avoit beaucoup de goût pour le genre polémique, & il se plaisoit à étudier & à traiter des matiéres singuliéres. Il a exprimé dans ses li-

vres le fuc d'une infinité d'autres ;
mais il ne choifit pas toujours les
auteurs les plus autorifés , les plus
folides & les plus exacts. Ses principaux ouvrages font : I. Un *Traité des fuperftitions qui regardent les
Sacremens*, en 4 vol. in-12 ; ouvrage très-utile & très-agréable à
lire, même pour ceux qui ne font
pas théologiens. L'auteur auroit
pu fe difpenfer de ramaffer toutes
les pratiques fuperftitieufes répandues dans les livrés défendus ; auffi
lui reproche-t-on d'avoir fait plus
de malades qu'il n'en a guéris. II.
*Traité de l'expofition du Saint-Sacre-
ment de l'Autel*, Paris 1663, in-12 ;
& en 1677, 2 vol. in-12. III. L'*A-
vocat des Pauvres, qui fait voir les
obligations qu'ont les Bénéficiers de
faire un bon ufage des biens de l'E-
glife*, Paris 1676, in-12. IV. *Differtations fur les Porches des Eglifes*, Orléans 1679 , in-12. V. *Traité de la Clôture des Religieufes ;* Paris
1681 , in-12. Ce n'eft qu'un recueil de Décrets des conciles &
de Statuts fynodaux fur cette matiére. L'auteur , qui n'a prefque
fait que compiler , interdit aux médecins & aux évêques mêmes l'entrée des Maifons des filles. VI.
*Exercitatio adverfus Joannem de Lau-
noy*. VII. *De retinendâ in Ecclefiafti-
cis libris voce PARACLITUS* : (Voy.
SANREY.) VIII. *De Feftorum die-
rum imminutione' liber*. IX. *Differtation fur l'Infcription du grand Portail du Couvent des Cordeliers de
Reims*, conçue en ces termes: *DEO
HOMINI, & B. FRANCISCO, utrique Crucifixo*; 1670, in-12. X. *Traité des Jeux permis & défendus*, Paris
1686, in-12. XI. *Differtations fur
les principaux Autels des Eglifes, les
Jubés des Eglifes & la clôture du
Chœur des Eglifes*, Paris 1688 , in-
12. XII. *Hiftoire des Perruques, où
l'on fait voir leur origine , leur ufage ,*

*leur forme, l'abus & l'irrégularité dé
celles des Eccléfiaftiques*, Paris 1690,
in-12. XIII. *Apologie de M. l'Abbé
de la Trappe contre les calomnies du
P. de Ste-Marthe*, Grenoble 1694,
in-12. XIV. *Traité de l'Abfolution
de l'Héréfie*. XV. *Differtation de la
fainte Lárme de Vendôme*, Paris 1699,
in-12. XVI. *De la plus folide, de la
plus néceffaire & de la plus négligée
des Dévotions*, 1702, 2 vol. in-12.
XVII. Des *Obfervations* fur le noü-
veau Bréviaire de Cluni, 1704 ,
2 vol. in-12. XVIII. Une *Critique* du livre des *Flagellans*, par l'abbé Boileau. XIX. Un *Traité des
Cloches*, 1721, in-12. XX. *Factum*
contre le Chapitre de Chartres ,
in-12. XXI. *La Sauce-Robert*, ou
*Avis falutaire à Meffire Jean-Robert
grand Archidiacre*, 1re partie, 1676,
in-8° ; 2e partie, 1678 , in-8°. *La
Sauce-Robert juftifiée*, à *M. de Riantz*,
Procureur du Roi au Châtelet ; ou
*Piéces employées pour la juftification
de la Sauce-Robert*, 1679, in-8. Ces
trois brochures fe relient en un
feul volume, qui eft recherché par
les amateurs des piéces fatyriques.

THIL, *Voyez* GUERRE.

THIMOTHÉE, *Voyez* TIMO-
THÉE.

THIOUT , (Antoine) habile
horloger de Paris , mort en 1767,
s'eft fait un nom par un favant
Traité d'Horlogiographie 1741, 2 vol.
in-4°. avec figures. Il fut le rival de *Julien le Roy*, pour les connoiffances théoriques, & pour l'art
de les mettre en pratique.

THISBÉ, *Voyez* PYRAME.

THOAS, *Voyez* IPHIGÉNIE.

THOINOT ARBEAU , *Voyez*
TABOUROT.

THOLA, de la tribu d'*Iffachar*,
fut établi juge du peuple d'Ifraël
l'an 1232 avant J. C. , & le gouverna pendant 28 ans. C'eft fous
ce juge qu'arriva l'hiftoire de *Ruth*,

THOMÆUS, furnom donné à *Nicolas Leonic*, Voy. LEONIC.

THOMAN, (Jacques - Erneſt) habile peintre, né à Hagelſtein en 1588, fut élève d'*Elshaimer*. Il imita ſa manière, au point de tromper les connoiſſeurs. Il travailla pour l'empereur au ſervice duquel il s'étoit mis, & termina ſes jours à Landau, on ne ſait en quelle année.

I. THOMAS, ſurnommé DYDIME, qui veut dire *Jumcau*, Apôtre, étoit de Galilée. Il fut appellé à l'apoſtolat la 2ᵉ année de la prédication de J. C. Le Sauveur après ſa réſurrection s'étant fait voir à ſes Diſciples, *Thomas* ne ſe trouva pas avec eux lorſqu'il vint, & ne voulut rien croire de cette apparition. Il ajoûta qu'*il ne croirout point que Jeſus-Chriſt fût reſſuſcité, qu'il ne mît ſa main dans l'ouverture de ſon côté, & ſes doigts dans les trous des cloux.* Le Sauveur confondit ſon incrédulité en lui accordant ce qu'il demandoit. Après l'Aſcenſion, les Apôtres s'étant diſperſés pour prêcher l'Evangile par toute la terre, *Thomas* porta ſa lumière dans le pays des Parthes, des Perſes, des Mèdes, & même, ſuivant une ancienne tradition, juſques dans les Indes. On croit qu'il y ſouffrit le martyre dans la ville de Calamine, d'où ſon corps fut tranſporté à Edeſſe où il a toujours été honoré. D'autres prétendent que ce fut à Meliapour ou St-Thomé, autre ville des Indes, que ce Saint fut mis à mort. Les Portugais ſoutiennent que ſon corps y ayant été trouvé dans les ruines d'une ancienne Egliſe qui lui étoit dédiée, on le tranſporta à Goa, où on l'honore encore aujourd'hui. Mais cette découverte eſt appuyée ſur des raiſons trop peu déciſives pour mé-

riter le moindre dégré de certitude.

II. THOMAS, né d'une famille obſcure, parvint de l'état de ſimple ſoldat, à celui de commandant des troupes de l'empire ſous *Léon* l'*Arménien*. Cette élévation ineſpérée lui donna l'idée d'aſpirer au trône des Céſars. *Léon* ayant été aſſaſſiné l'an 820, il prit les armes ſous prétexte de venger ſa mort. Soutenu par les troupes qu'il commandoit, & par l'armée navale qu'il avoit eu l'adreſſe de gagner, cet ambitieux ſe fit paſſer pour le fils de l'impératrice *Irène*, & ſe fit couronner, à Antioche par le patriarche *Job*. De-là il vint mettre le ſiége devant Conſtantinople; mais ayant été battu à diverſes repriſes par mer & par terre, il ſe ſauva à Andrinople, où les habitans le livrèrent à *Michel* le *Bègue*, ſucceſſeur de *Léon*, qui le fit mourir après lui avoir fait ſouffrir des tourmens horribles l'an 822. Telle fut la fin cruelle, mais bien méritée, de cet uſurpateur.

III. THOMAS DE CANTORBERY, (Saint) dont le nom de famille étoit *Becquet*, vit le jour à Londres en 1117. Après avoir fait ſes études à Oxford & à Paris, il retourna dans ſa patrie, & s'y livra à tous les plaiſirs d'une jeuneſſe diſſipée; mais un danger qu'il courut à la chaſſe, le fit rentrer en lui-même. La juriſprudence des affaires civiles, auxquelles il s'appliqua avec aſſiduité, lui fit un nom célèbre. *Thibaud*, archevêque de Cantorberi, lui donna l'archidiaconé de ſon égliſe, & lui obtint la dignité de chancelier d'Angleterre ſous *Henri II*, qui l'éleva en 1162, après bien des réſiſtances de ſa part, ſur le ſiège de Cantorberi. *Thomas* ne vécut pas long-tems en paix avec ſon ſouverain, comme il le lui

avoit prédit. Les Anglois prétendent que les premiéres brouilleries vinrent d'un prêtre qui com-
mit un meurtre, & que l'archevêque ne punit pas affez rigoureufement ; mais la véritable origine fut fon zèle pour les priviléges de fon Eglife. Ce zèle, qui
paroiffoit trop ardent au roi & à
fes principaux fujets, lui fit bien
des ennemis. On l'accufa devant
les pairs d'avoir malverfé pendant
qu'il occupoit la charge de chancelier, dont il venoit de fe démettre ; mais il refufa de répondre à ces imputations injuftes,
fous prétexte qu'il étoit archevêque. Condamné à la prifon par
les pairs eccléfiaftiques & féculiers, il fe retira à l'abbaye de
Pontigni, & enfuite auprès de
Louis le Jeune, roi de France. Il
excommunia la plupart des feigneurs qui compofoient le confeil de *Henri*. Il lui écrivoit : *Je
vous dois, à la vérité, révérence
comme à mon Roi ; mais je vous
dois châtiment, comme à mon fils
fpirituel.* Il le menaça dans fa lettre d'être changé en bête comme
Nabuchodonofor. Henri II travailla
à affoupir ces querelles ; & après
quelques difficultés, la paix fe fit
entre le roi & le prélat. *S. Thomas* revint en Angleterre l'an 1170,
& la guerre ne tarda pas d'être
rallumée. Il excommunia tous les
eccléfiaftiques, évêques, chanoines, curés, qui s'étoient déclarés
contre lui. On fe plaignit au roi,
qui ne put rien gagner fur l'archevêque, parce qu'il croyoit foutenir la caufe de Dieu. *Henri II*
étoit alors en Normandie dans fon
château de Bures près de Caen, &
non près de Bayeux, comme le
dit *Smolett*. Fatigué par ces différends, & perfonnellement irrité
contre *Thomas*, il s'écria dans un

excès de colére : *Eft-il poffible
qu'aucun de ceux que j'ai comblés de
bienfaits, ne me venge d'un Prêtre qui
trouble mon royaume ?* Auffi-tôt quatre de fes gentilshommes paffent
la mer, & vont affommer le prélat à coups de maffue au pied de
l'autel, le 29 Décembre 1170 ;
en la 53ᵉ année de fon âge, &
la 9ᵉ de fon épifcopat. Sa piété
tendre, fon zèle, fes vertus épifcopales le firent mettre au nombre des Saints par *Alexandre III*.
On a abufé de fon exemple pour
excufer les entreprifes téméraires & les démarches inconfidérées
de quelques prélats ; ou auroit dû
faire, attention que la principale
gloire de *S. Thomas* ne vient pas
d'avoir foutenu quelques droits,
fur lefquels il auroit pu fe relâ-
cher, mais d'avoir fait éclater
dans tout le cours de fa vie la
charité la plus ardente & la vertu la plus pure. On a de lui : I.
Divers *Traités*, pleins des préjů-
gés de fon fiécle. II. Des *Epitres*.
III. Le Cantique à la Vierge, fi
mal écrit & fi mal rimé, fous le
titre de *Gaude flore Virginali*. Du
Foffé a écrit fa Vie, in-8°. La *Relation de fa Mort*, par un témoin
oculaire, fe trouve dans le *Thefaurus* de *Martenne*.

IV. THOMAS D'AQUIN, (St)
naquit en 1227, d'une famille illuftre, à Aquin, petite ville de
Campanie au royaume de Naples.
Landulphe fon pere l'avoit envoyé
dès l'âge de 5 ans au Mont-Caffin, & de-là à Naples, où il étudia la grammaire & la philofophie.
Thomas commençoit à y faire paroître fes talens, quand il entra
chez les Freres Prêcheurs au couvent de St Dominique de Naples,
l'an 1243. Ses parens s'oppoférent
à fa vocation ; pour l'arracher à
leur perfécution, fes fupérieurs

l'envoyérent à Paris. Comme il 'étoit en chemin, & qu'il fe repofoit auprès d'une fontaine, fes freres l'enlevérent & l'enfermérent dans un château de leur pere, où il fut captif pendant plus d'un an. On employa tout pour le rendre au monde. Une fille pleine d'attraits & d'enjouement, fut introduite dans fa chambre; mais *Thomas*, infenfible à fes careffes, la pourfuivit avec un tifon ardent. Enfin quand on vit qu'il étoit inébranlable dans fa réfolution; on fouffrit qu'il fe fauvât par la fenêtré de fa chambre. Son général, glorieux d'une telle conquête, l'amena avec lui à Paris & le conduifit peu après à Cologne, pour faire fes études fous *Albert* le *Grand*, qui enfeignoit avec un fuccès diftingué. La profonde méditation du jeune Dominicain le rendoit fort taciturne; fes compagnons le croyant ftupide, l'appelloient le *Bœuf muet*; mais *Albert* ayant bientôt reconnu fa grande capacité, leur dît : *Que les doctes mugiffemens de ce Bœuf retentiroient un jour dans tout l'Univers.* L'an 1246, fon maître fut nommé pour expliquer les Sentences à Paris, où il fut fuivi du jeune *Thomas*, qui étudia dans l'univerfité de cette ville jufqu'en 1248. *Albert* alors docteur en théologie, étant retourné à Cologne pour y enfeigner cette fcience, fon difciple enfeigna en même tems la philofophie, l'Ecriture-fainte & les Sentences, & parut en tout digne de fon maître. Les différends qui furvinrent entre les Séculiers & les Réguliers dans l'univerfité, retardèrent fon doctorat. Il retourna alors en Italie & fe rendit à Anagni auprès du pape. *Albert* le *Grand* y étoit déja depuis un an avec S. *Bonaventure.* Ils y travaillérent tous trois

à défendre leur ordre contre *Guillaume* de *St-Amour*; & à faire condamner fon livre des *Périls des derniers Tems.* Elevé au doctorat en 1257, le pape *Clément IV* lui offrit l'archevêché de Naples; mais le faint docteur ne voulut point fe charger d'un fardeau fi pefant. *S. Louis*, auffi fenfible à fon mérite que le pontife Romain, l'appella fouvent à fa cour: *Thomas* y portoit une extrême humilité & un efprit préoccupé de fes études. Un jour qu'il avoit la tête remplie des objections des nouveaux Manichéens, il fe trouva à la table du roi, l'efprit entièrement abforbé dans cet objet. Après un long filence, frapant de la main fur la table, il dit affez haut : *Voilà qui eft décifif contre les Manichéens.* Le prieur des Freres Prêcheurs, qui l'accompagnoit, le fit fouvenir du lieu où il étoit, & *Thomas* demanda pardon au roi de cette diftraction; mais S. Louis en fut édifié; & voulut qu'un de fes fecrétaires écrivît auffi-tôt l'argument. On peut placer une réponfe que fit ce Saint à *Innocent IV.* Il entra un jour dans la chambre du pape, pendant que l'on comptoit de l'argent. Le pape lui dît : *Vous voyez que l'Eglife n'eft plus dans le fiécle où elle difoit,* JE N'AI NI OR NI ARGENT. A quoi le docteur angélique répondit: *Il eft vrai, faint Pere; mais auffi elle ne peut plus dire au Paralytique,* LÈVE-TOI ET MARCHE.... *Thomas* fut toujours dans une grande confidération auprès des pontifes Romains. Le pape *Grégoire X*, devant tenir un concile à Lyon l'an 1274, l'y appella. *Thomas* s'étoit fixé à Naples, où il avoit été envoyé en 1272, après le chapitre général de l'ordre, tenu à la Pentecôte, à Florence. L'univerfité de Paris écrivit à ce chapitre , demandant inftamment qu'on lui renvoyât le faint docteur ; mais *Charles* , roi de Sicile , l'emporta , & obtint que *Thomas* vînt enfeigner dans fa ville capitale , dont il avoit refufé l'ar-chevêché. Ce prince lui affigna une penfion d'une once d'or par mois. Le faint docteur partit donc de Naples pour fe rendre à Lyon , fuivant l'ordre du pape ; mais il tomba malade dans la Campanie. Comme il ne fe trouvoit point dans le voifinage de couvent de Freres Prêcheurs , il s'arrêta à Foffe-neuve , abbaye célèbre de l'ordre de Citeaux dans le diocè-fe de Terracine. Ce fut dans ce monaftére qu'il rendit l'ame , le 7 Mars 1274 , âgé de 48 ans. *Jean XXII* le mit au nombre des Saints en 1313. *Thomas* d'Aquin fut pour la théologie , ce que *Defcartes* a été pour la philofophie dans le fié-cle dernier. De tous les fcholafti-ques des tems de barbarie , il eft fans contredit le plus profond , le plus judicieux & le plus net. Les titres d'*Ange de l'Ecole* , de *Docteur angélique* , & d'*Aigle des Théologiens* , qu'on lui donna , ne durent pas paroître outrés à fes contemporains. Tous fes Ouvra-ges ont été imprimés plufieurs fois , & entre autres en 1570 , à Rome , 18 tomes en 17 vol. in-fol. ; mais il y en a quelques-uns qui ne font pas du Saint , & on en a oublié d'autres qu'on trouve imprimés féparément. On a deux autres éditions de fes Œu-vres , l'une en 12 vol. à Anvers , & l'autre dirigée par le P. *Ni-colaï* , en 19 vol. On a imprimé fous fon nom , *Secreta Alchymiæ magnalia* , Cologne 1579 , in-4° : ouvrage qui n'eft ni de lui , ni digne de lui. Parmi ceux qu'on ne lui contefte pas , fa *Somme* confer-

ve encore aujourd'hui la grande réputation qu'elle eut d'abord , & qu'elle mérite en effet. Solide dans l'établiffement des principes , exact dans les raifonnemens , clair dans l'expreffion , il pourroit être le meilleur modèle des théologiens , s'il avoit traité moins de queftions inutiles , s'il avoit eu plus de foin d'écarter quelques preuves peu folides ; enfin s'il étoit plus exact fur le temporel des Rois , fur la puiffance du pape , fur le droit de dépofer un prince infidèle à l'E-glife , & fur celui de fe défaire d'un Tyran. Il faut avouer auffi que fon ftyle manque de pureté & d'é-légance , & ce n'eft pas de ce cô-té-là qu'il faudroit l'imiter. Ses *Opufcules* fur des queftions de Mo-rale , montrent la jufteffe de fon fens & fa prudence chrétienne. On le reconnoît encore dans fes *Commentaires* fur les *Pfeaumes* , fur les *Epîtres* de *S. Paul* aux Romains , aux Hébreux , & fur la 1re aux Corinthiens ; & dans fa *Chaîne do-rée* fur les Evangiles. Pour les *Commentaires* fur les autres *Epîtres* de *S. Paul* , fur *Ifaïe* , *Jérémie* , *S. Matthieu* , *S. Jean* , ce ne font que des extraits de fes leçons , faits par des écoliers. Ses *Sermons* ne font auffi que des copies faites par fes auditeurs après l'avoir enten-du. Son *Office du St-Sacrement* eft un des plus beaux du Bréviaire Romain.

THOMAS , archevêq. d'Yorck , *Voy.* DOUVRES , n° I. & II.

V. THOMAS DE CATIMPRÉ , *ou* DE CANTINPRÉ , (*Cantipratanus*) né en 1201 à Leuves près de Bruxelles , fut d'abord chanoine-régulier de S. Auguftin dans l'ab-baye de Catimpré près de Cam-brai , puis religieux de l'ordre de S. Dominique. Il eft connu par un *Traité* des devoirs des Supé-rieurs

rieurs & des Inférieurs , publié fous ce titre fingulier : *Bonum univerfale de Apibus*. La meilleure édition eft celle de Douai, en 1627, in-8°. Ce favant Jacobin mourut en 1280.

VI. THOMAS DE VILLENEU-VE, (St) prit le nom de *Villeneuve* du lieu de fa naiffance , qui eft un village ainfi nommé dans le diocèfe de Tolède. Il fut élevé à Alcala, où il devint profeffeur en théologie. On lui offrit une chaire à Salamanque ; mais il aima mieux entrer dans l'ordre de St Auguftin. Ses fermons , fes directions, fes leçons de théologie lui firent bientôt un nom célèbre. L'empereur *Charles-Quint* & *Ifabelle* fon époufe, voulurent l'avoir pour leur prédicateur ordinaire. Ce prince le nomma à l'archevêché de Grenade, qu'il ne voulut point accepter ; mais celui de Valence étant venu à vaquer , *Charles-Quint* le lui donna , & fes fupérieurs, le contraignirent de le recevoir. *Thomas* eut toutes les vertus épifcopales ; mais il brilla fur-tout par la charité envers les pauvres. Il leur fit diftribuer , avant que de mourir , tout ce qu'il avoit , jufqu'au lit même fur lequel il étoit couché : car il le donna au geolier des prifons épifcopales , le priant de le lui prêter pour le peu de tems qui lui reftoit à vivre. Il finit faintement fa carrière en 1555 , à 67 ans. On a de lui un vol. de *Sermons* , publié à Alcala en 1581.

VII. THOMAS DE VALENCE, Dominicain Efpagnol, dont on a un livre en fa langue, intitulé : *Confolation dans l'adverfité* , &c. vivoit dans le XVIe fiécle.

VIII. THOMAS DE JESU, né en Portugal d'une maifon illuftre , embraffa l'ordre des Hermites de *Tome VI.*

St Auguftin à l'âge de 15 ans. Ne pouvant engager fes confréres à accepter la réforme qu'il vouloit mettre parmi eux, il fuivit le roi *Sébaftien*, l'an 1378 , dans fa malheureufe expédition d'Afrique. Tandis qu'il exhortoit les foldats à combattre avec valeur contre les infidèles dans la bataille d'Alcacer , il fut percé d'une flèche à l'épaule , & fut fait prifonnier par un Maure , qui le vendit à un prêtre Mufulman. Il en fut traité d'une manière barbare , pour n'avoir pas voulu renoncer à fa religion. Les feigneurs Portugais, la comteffe de *Signarès* fa fœur, le roi d'Efpagne, voulurent en vain le délivrer de fa captivité ; il préféra de demeurer avec les Chrétiens compagnons de fon infortune , auxquels il fit des biens infinis , en les inftruifant & les confolant dans leurs afflictions. Enfin après avoir paffé 4 ans dans ce faint exercice, il mourut en 1582 âgé de 53 ans. Il avoit compofé dans fa prifon un livre , traduit en françois fous ce titre : *Les Souffrances de N. S. Jefus-Chrift* , 4 vol. in-12; bien capable d'infpirer à fes lecteurs les fentimens de zèle & de charité dont il étoit animé... Il faut le diftinguer de THOMAS DE JESU, plus connu fous le nom d'*Andrada* : *Voy.* ce dern. mot.

IX. THOMAS, (Artus) fleur d'*Embry*, poète littérateur, eft connu , I. Par des *Epigrammes* fur les Tableaux de *Philoftrate* , que *Blaife* de *Vigenère* a placées dans fa Traduction de cet auteur & de *Calliftrate* , imprimée chez l'*Angelier* , in-fol. II. Par des *Commentaires* fur la Vie d'*Apollonius de Thyanes* par *Philoftrate* , inférés dans la Verfion du même *Vigenère*, l'*Angelier* , 2 vol. in-4°. III. Par une mauvaife fuite de la Traduction de l'Histoire de *Chalcon-dyle*, in-fol. l'*Angelier*. Cet auteur vivoit dans le XVIᵉ siécle.

X. **THOMAS DU FOSSÉ**, (Pierre) né à Rouen en 1634, d'une famille noble, originaire de Blois, fut élevé à Port-royal des Champs, où *le Maître* prit soin de lui former l'esprit & le style: *Pompone*, ministre-d'état, instruit de sa capacité, le sollicita vainement de prendre part aux travaux de ses ambassades: son amour pour la vie cachée l'empêcha d'accepter. Il entretenoit peu de commerce avec les savans, de peur de perdre en conversations inutiles, les momens qu'il destinoit à la prière & à l'étude des Livres saints: il craignoit sur-tout d'altérer par de vaines disputes cette paix qui lui étoit si chére. Sa charité n'étoit pas moins grande que son amour pour la paix. Non content de retrancher de son nécessaire, pour fournir au besoin des pauvres, il avoit encore fait quelques études particulières, pour leur servir de médecin dans le besoin. Ce pieux solitaire mourut dans le célibat, en 1698, à 64 ans. On a de lui : I. *La Vie de St Thomas de Cantorbery*, in-4° & in-12. II. Celles de *Tertullien* & *d'Origène*, in-8°. III. Deux volumes in-4°. des *Vies des Saints*. Il avoit dessein d'en donner la suite ; mais il interrompit ce projet, pour continuer les *Explications de la Bible de Sacy*. Il est encore auteur des petites *Notes* de cette même Bible, des *Mémoires de Port-royal*, in-12. & d'autres ouvrages écrits avec exactitude & avec noblesse. Il rédigea les *Mémoires de Pontis* : (Voy. PONTIS.) Il fit imprimer ces ouvrages sans y mettre son nom ; mais on en reconnut bientôt l'auteur à la pureté de son style & à l'onction qui lui étoit particuliére.

XI. THOMAS, (François de) seigneur de la *Valette* en Provence, porta les armes avec distinction sous *Louis XIV*. Il avoit 80 ans, lorsque le duc de Savoie vint former le siége de Toulon ; il eut la fermeté d'attendre l'armée ennemie dans son château de la Valette. Les Hussards en y arrivant mirent le feu aux maisons, & allèrent ensuite, le pistolet à la main, à la porte du château pour le faire ouvrir. Mais *la Valette*, sans s'épouvanter, dit à l'officier: *Tu feras bien, non de me menacer, mais de me faire tuer ; sans quoi, dès que ton Prince sera arrivé, je te ferai pendre.* Le duc de Savoie étant arrivé peu après : *Je vous fais bon gré,* dit-il à ce vénérable vieillard, *de ne vous être pas méfié de mon arrivée.* En effet il eut pour lui, durant & après le siége, des sentimens d'estime & des attentions d'autant plus flatteuses, qu'elles furent approuvées par *Louis XIV*. La bravoure de *la Valette* & la supériorité de son esprit avoient éclaté dans plusieurs autres occasions. Ses vertus ont passé au Pere de la *VALETTE* son fils, prêtre de l'Oratoire, dont il fut élu 7ᵉ supérieur général en 1733, & qui le perdit en 1773, dans un âge très-avancé. Il avoit d'abord servi dans la marine ; ayant quitté le monde malgré ses parens, il entra dans une congrégation qu'il édifia & qu'il instruit. Sa piété étoit tendre, ses lumières étendues, & son caractére doux & modeste.

THOMAS A KEMPIS, *Voyez* KEMPIS.

THOMAS WALDENSIS, *Voy.* NETTER.

THO

THOMAS CAJETAN ; *Voyez* VIO.

THOMAS, (Paul) *Voyez* GIRAC.

THOMAS, *Voyez* THAUMAS.

THOMASINI , *Voyez* TOMASINI.

I. THOMASIUS , (Michel) qu'on nommoit aussi *Tanaquetius*, né à Majorque, secrétaire & conseiller de *Philippe II* roi d'Espagne, fut élevé à l'évêché de Lérida. Il joignoit à la science du droit, la connoissance de la philosophie. On lui est redevable de la correction du *Décret* de *Gratien*, & de l'édition du *Cours canonique* que fit *Grégoire XIII* avant que d'être pape. *Thomasius* a laissé quelques autres ouvrages, tels que, *Disputes Ecclésiastiques*, à Rome, 1585, in-4° ; *Commentarius de ratione Conciliorum celebrandorum*. Il vivoit encore en 1560.

II. THOMASIUS , (Jacques) professeur en éloquence à Leipsick, étoit d'une bonne famille de cette ville. Il y fut élevé avec soin, & y enseigna les belles-lettres & la philosophie. Le célèbre *Leibnitz*, qui avoit été son disciple en cette dernière science, disoit que « si son » Maître avoit osé s'élever contre » la Philosophie de l'Ecole, il l'au- » roit fait ; » mais il avoit plus de lumière que de courage. C'étoit un homme doux, tranquille, & incapable de troubler son repos & celui des autres par de vaines querelles. Il ne concevoit pas comment les hommes passoient leur vie à s'entre-déchirer , eux qui sont appellés à la vertu & à la paix. Il mourut dans sa patrie en 1684, à 62 ans. Ses principaux ouvr. sont : I. Les *Origines de l'Hist. Philosophique & Ecclésiastique*. II. Plusieurs *Dissertations*, (Hall 1700 &

années suiv. 11 vol. in-8°,) dans l'une desquelles il traite du Plagiat littéraire, & donne une liste de cent Plagiaires. Ces ouvrages sont en latin, & renferment beaucoup de recherches.

III. THOMASIUS, (Christian) fils du précédent, né à Leipsick en 1655, prit le bonnet de docteur à Francfort-sur-l'Oder en 1676. Un Journal Allemand qu'il commença à publier en 1688, & dans lequel il semoit plusieurs traits satyriques contre les scholastiques , lui fit beaucoup d'ennemis. On excita *Mazius* à l'accuser publiquement d'hérésie , & même du crime de lèse-majesté. *Thomasius* avoit réfuté un Traité de son dénonciateur, où il prétendoit qu'il n'y avoit que la religion Lúthérienne, qui fût propre à maintenir la paix & la tranquillité de l'Etat : ce fut la semence des persécutions qu'on lui suscita. Il fut obligé de se retirer à Berlin, où le roi de Prusse se servit de lui pour fonder l'université de Hall. La 1ʳᵉ chaire de droit lui fut accordée en 1710. Trois ans après il fit soutenir des *Thèses* (Anvers, 1713, in-4°,) dans lesquelles il avança que le concubinage n'a rien de contraire au droit divin, & qu'il est seulement un état moins parfait que celui du mariage. Cette opinion dangereuse fit naître beaucoup d'écrits. *Thomasius* mourut en 1728, regardé comme un esprit bizarre & un homme inquiet. On a de lui un grand nombre d'ouvrages en latin & en allemand. Les principaux sont : I. Une *Introduction à la Philosophie de la Cour*. II. L'*Histoire de la Sagesse & de la Folie*. III. Deux *Livres des Défauts de la Jurisprudence Romaine*. IV. Les *Fondemens du Droit naturel & des Gens*. V. *Hist.*

Llij

toire des *Disputes entre le Sacerdoce & l'Empire*, jusqu'au XVI° fiécle.

I. THOMASSIN, (Louis) né à Aix en Provence l'an 1629, d'une famille ancienne & diftinguée dans l'Eglife & dans la robe, fut reçu dans la congrégation de l'Oratoire dès fa 14° année. Après y avoir enfeigné les humanités & la philofophie, il fut fait profeffeur de théologie à Saumur. L'Ecriture, les Peres, les Conciles prirent dans fon école la place des vaines fubtilités fcholaftiques. Appellé à Paris en 1654, il y commença, dans le Séminaire de *St Magloire*, des Conférences de théologie pofitive, felon la méthode qu'il avoit fuivie a Saumur. Ses fuccès dans cet emploi lui firent des amis illuftres. *Perefixe*, archevêque de Paris, l'engagea à faire imprimer fes *Differtations latines fur les Conciles*, dont il n'y a eu que le 1er volume qui ait paru, en 1667, in-4° ; & fes *Mémoires fur la Grace*, qui furent imprimés en 1668, en 3 vol. in-8°. Ils reparurent en 1682, in-4°, augmentés de deux Mémoires, fous les aufpices de *Harlay*, fucceffeur de *Perefixe*. Il publia auffi trois tomes de *Dogmes Théologiques*, en latin, le 1er en 1680, le 2° en 1684, le 3° en 1689 : trois autres tomes, en franç. de la *Difcipline Eccléfiaftique* fur les Bénéfices & les Bénéficiers ; le 1er en 1678, le 2° en 1679, le 3° en 1681. Cet ouvrage, le plus eftimé de ceux du P. *Thomaffin*, fut réimprimé en 1725, & traduit par luimême en latin, 1706, 3 vol. in-f. Il donna div. Traités fur la *Difcipline de l'Eglife & la Morale Chrétienne* : de l'*Office Divin*, in-8°. des *Fêtes*, in-8°. des *Jeûnes*, in-8°. de la *Vérité & du Menfonge*, in-8°. de l'*Aumône*, in-8°. du *Négoce* & de l'*Ufure*, in-8°. Celui-ci ne fut imprimé qu'après fa

mort, auffi bien que le *Traité dogmatique des moyens dont on s'eft fervi dans tous les tems pour maintenir l'Unité de l'Eglife*, 1703, 3 vol. in-4°. Ce ne fut pas feulement fur ces matiéres que brilla le favoir du Pere *Thomaffin*. Il poffédoit parfaitement les belles-lettres, & il voulut enfeigner aux autres l'ufage qu'on en pouvoit faire. Ainfi il donna au public des *Méthodes d'étudier & d'enfeigner chrétiennement la Philofophie*, in-8°. les *Hiftoriens profanes*, 2 vol. in 4°. les *Poëtes*, 3 vol. in-8°. Le pape *Innocent XI* témoigna quelque defir de fe fervir de fon ouvrage de la *Difcipline* pour le gouvernement de l'Eglife, & voulut même attirer l'auteur à Rome. L'archevêque de Paris en parla au roi, de la part du cardinal *Cafanata*, bibliothécaire de fa Sainteté ; mais la réponfe fut, qu'un tel fujet ne devoit pas fortir du royaume. *Thomaffin* témoigna au St-Pere fa gratitude & fon zèle, en traduifant en latin les 3 vol. de la *Difcipline*. Ce travail fatigant ne fut pas plutôt fini, qu'il en reprit un autre non moins pénible. Comme il s'étoit appliqué à l'hébreu pendant 50 années, il crut devoir faire fervir cette étude à prouver l'antiquité & la vérité de la religion. Ainfi il entreprit de faire voir que la langue Hébraïque eft la mere de toutes les autres, & qu'il falloit par conféquent chercher dans l'Ecriture, qui conferve ce qui nous en refte, l'Hiftoire de la vraie Religion, auffi-bien que la première langue. Ce fut ce qui l'engagea de compofer une *Méthode d'enfeigner chrétiennement la Grammaire ou les Langues, par rapport à l'Ecriture-Sainte*, 2 vol. in-8°. Elle fut fuivie d'un *Gloffaire univerfel Hébraïque*, dont l'impreffion qui fe faifoit au Louvre, ne fut achevée qu'après fa mort. Cet ouvrage vit le jour in-folio en 1697, (par les foins du Pere *Bordes*, de l'O-ratoire, & de *Barat*, membre de l'académie des Infcriptions & bel-les-lettres,) & ne répondit pas à la réputation de l'auteur. Le Pere *Thomaffin* mourut la nuit de Noel de 1695, âgé de 77 ans. Ce favant avoit la modeftie d'un homme qui ne l'auroit pas été. Son efprit étoit fage & fon caractére modéré. Il gémiffoit des difputes de l'Ecole, & n'entroit dans aucune. Sa cha-rité étoit fi grande, qu'il donnoit aux pauvres la moitié de la pen-fion que lui faifoit le Clergé. Il employoit chaque jour fept heures à l'étude ; mais il ne tra-vailloit jamais la nuit , ni après les repas. Nulle vifite, fi elle n'é-toit indifpenfable , ne dérangeoit l'uniformité de fa vie. Il ne vou-lut ni charges , ni emplois. La na-ture & la retraite lui avoient inf-piré une telle timidité , que lorf-qu'il tenoit fes Conférences à *St Magloire*, il faifoit mettre une ef-pèce de rideau entre fes auditeurs & lui. On ne peut lui refufer beau-coup d'érudition ; mais il la puife moins dans les fources,que dans les auteurs qui ont copié les originaux. Sa *Difcipline Eccléfiaftique* offre beau-coup de fautes, dans tous les en-droits où il s'agit de citations d'au-teurs Grecs. Son ftyle eft un peu pefant ; il n'arrange pas toujours fes matériaux d'une manière agréa-ble, & en général il eft trop diffus.

1 I. THOMASSIN , (Philippe) graveur célèbre, prit à Troyes en Champagne , lieu de fa naiffance, les premiers principes du deffin. Il voyagea enfuite en Italie, où après s'être perfectionné fous les grands-maîtres qui illuftrérent la fin du XVIe fiécle, il fe fixa à la gravu-re, s'établit à Rome & s'y maria. Il donna en 1600 un Recueil in-4° de *Portraits des Souverains* les plus diftingués , & des plus grands *Capitaines* des XVe & XVIe fiécles. Ces Portraits, au nombre de cent , gravés d'après les originaux , font accompagnés d'un fommaire latin des actions les plus mémorables de chacun des Princes & des Capitai-nes qu'ils repréfentent. Cette 1re édition , ornée d'un frontifpice de bon goût, a été fuivie d'un grand nombre d'éditions poftérieures. *Thomaffin* la dédia à *Henri IV*. Sa dédicace eft remarquable par une noble fimplicité , qui, en Italie fur-tout, fe rencontre rarement dans ce genre de compofition. *Thomaf-fin* s'exerça principalement fur des fujets de dévotion,d'après *Raphaël*, *Salviati*, le *Baroche* & autres pein-tres célèbres. Il fit un grand nom-bre d'élèves , parmi lefquels on compte le premier des *Cochins*, & *Michel Dorigny* fes compatriotes ; mais aucun ne lui fit autant d'hon-neur que le fameux *Callot*, qui ap-prit de lui à manier le burin. *Callot* travailla d'abord fous fes yeux, d'après les *Sadeler* ; il copia enfuite quelques piéces des *Baffans* & d'autres peintres. Enfin il donna une fuite des plus beaux Autels de Rome , au nombre de vingt-huit. Ces premiers effais ne font pas merveilleux ; mais ils annoncent la rapidité des progrès du jeune artifte , & le maître en partage l'honneur. Ces travaux furent in-terrompus par un événement auffi défagréable pour le maître que pour l'élève. Jeune , bien fait , d'une phyfionomie agréable, auffi enjoué que fes compofitions, *Callot* plut à Mad^e *Thomaffin* , & il s'établit entr'eux une familiarité qui ne fut pas fans doute conduire avec toute la difcrétion qu'impofent les

mœurs Italiennes. *Callot* fut forcé de quitter fa maifon, & même de s'éloigner de Rome. Cela arriva vers l'année 1612. *Thomaffin* paffa le refte de fa vie à Rome, où il mourut âgé de 70 ans. La date de fa mort eft ignorée.

III. THOMASSIN, (N.) fils d'un graveur habile, de la même famille que le précédent, entra chez le célèbre *Picard*, dit le Romain, où il acheva de fe perfectionner. Ce grand artifte s'étant retiré en Hollande en 1710, fon élève le fuivit & y demeura jufqu'en 1713, qu'il revint à Paris, où il fut reçu de l'académie royale en 1728. Sa maniére de graver étoit belle & favante. Il entroit parfaitement dans l'efprit du peintre dont il vouloit rendre le caractére, & il avoit l'art d'en faire connoître avec fineffe la touche & le goût des contours. On cite, entr'autres productions de fon burin : I. La *Mélancolie* du *Feti*, célèbre peintre Florentin. II. Le *Magnificat* de *Jouvenet*. III. Le *Coriolan*, d'après la *Foffe*. IV. Le *Retour du Bal*, de *Wateau*. V. Les *Noces de Cana*, d'après *Paul Véronèfe*.... *Thomaffin* étoit né avec beaucoup de jugement & d'efprit ; l'enjouement & la fincérité faifoient le fond de fon caractére ; fa converfation étoit légére & amufante, & fes faillies avoient le fel de l'épigramme, fans en avoir jamais l'aigreur. Il mourut le 1er Janvier 1741, âgé de 53 ans.

THOMIN, (Marc) habile opticien de Paris, s'occupa principalement à régler les Lunettes fur différentes vues. Il a donné fur ce fujet un vol. in-12 en 1749 ; & un *Traité d'Optique*, 1749, in-8°. Il mourut en 1752, à 45 ans.

THOMPSON, (Jacques) poëte Anglois, naquit en 1700, à Ednan en Ecoffe, d'un pere minif-tre. Son *Poëme fur l'Hiver*, publié en 1726, le fit connoître des littérateurs, & rechercher des perfonnes du plus haut rang. Le lord *Talbot*, chancelier du royaume, lui confia fon fils. Il lui fervit de guide dans fes voyages. Le poëte parcourut, avec fon illuftre élève, la plupart des cours & des villes princip. de l'Europe. De retour dans fa patrie, le chancelier le nomma fon fecrétaire. La mort lui ayant enlevé ce généreux protecteur, il fut réduit à vivre des fruits de fon génie. Il travailla pour le théâtre jufqu'à fa mort, arrivée en 1748. *Thompfon* emporta dans le tombeau les regrets des citoyens & des gens de goût. Sa phyfionomie annonçoit la gaieté, & fa converfation l'infpiroit. Bon ami, bon parent, excellent patriote, philofophe paifible, il ne prit aucune part aux querelles de fes confrères. La plupart l'aimérent, & tous le refpectérent. L'automne étoit fa faifon favorite pour compofer. Il reffembloit en cela à *Milton*, dont il étoit admirateur paffionné. La poëfie ne fut ni fon feul goût, ni fon feul talent. Il fe connoiffoit en mufique, en peinture, en fculpture, en architecture ; l'Hiftoire naturelle & l'antiquité ne lui étoient pas non plus inconnues. La meilleure édition de fes Ouvrages eft celle de Londres en 1762, en 2 vol. in-4°. Le produit en fut deftiné à lui conftruire un maufolée dans l'abbaye de Weftminfter. M. *Murdoch*, qui a dirigé cette magnifique édition, l'a ornée de la vie de l'auteur. On y trouve : I. *Les Quatre Saifons*, Poëme auffi philofophique que pittorefque, traduit en françois en 1759, in-8°, par Madᵉ *Bontemps*, avec de très-belles eftampes. C'eft le tableau de la nature dans les différens tems de l'année ; il eſt ſemé d'images preſque toujours riantes , & quelquefois un peu outrées. II. Le *Château de l'Indolence* , plein de bonne poëſie & d'excellentes leçons de morale. III. Le *Poëme de la Liberté* , auquel il travailla pendant deux ans , & qu'il mettoit au-deſſus de ſes autres productions. IV. Des *Tragédies* , qui furent repréſentées avec beaucoup de ſuccès en Angleterre , & qui en auroient peut-être moins en France. Nos oreilles , accoutumées aux chef-d'œuvres de *Corneille* & de *Racine* , ne pourroient guères entendre avec plaiſir des pièces qui pèchent par le plan & ſouvent par la verſification : M. *Saurin* en a mis une ſur notre Théâtre , ſous le titre de *Blanche & Guiſçard* , qui a réuſſi ; mais il n'a pas ſuivi dans bien des endroits le poëte Anglois. V. Des *Odes* , au-deſſous de celles de notre *Rouſſeau* pour la poëſie , & de celles de *la Motte* pour la fineſſe.

THORENTIER , (Jacques) docteur de Sorbonne , puis prêtre de l'Oratoire , mort en 1713 , avoit eu le titre de grand - pénitencier de Paris , ſous *de Harlai* ; mais il n'en avoit jamais exercé les fonctions. La chaire & la direction l'occupérent principalement , & il opéra de grands fruits dans la capitale & en province. On a de lui : I. Les *Conſolations contre les frayeurs de la Mort* , in-12. II. Une *Diſſertation ſur la Pauvreté Religieuſe* , 1726 , in-8°. III. L'*Uſure expliquée & condamnée par les Ecritures-ſaintes* , &c. Paris 1673 , in-12 , ſous le nom de *du Tertre* , ouvrage aſſez bien raiſonné. IV. Des *Sermons* , in-8° , plus ſolides que brillans.

I. THORILLIERE , (N. le Noir de la) gentilhomme , d'officier de caval. ſe fit comédien pour les rôles de *Roi* & de *Payſan* en 1658 , & mourut en 1679 , après avoir donné au public une trag. de *Marc-Antoine*. L'illuſtre Moliére étant mort en 1673, *la Thorilliére* paſſa dans la troupe de l'Hôtel de Bourgogne, où il continua de jouer ſes deux rôles avec le même ſuccès.

II. THORILLIERE , (Pierre le Noir de la) fils du précédent , embraſſa la profeſſion de ſon pere , & fit pendant très long-tems l'agrément du théâtre dans les rôles de *Valet* & autres comiques. Il mourut doyen des comédiens en 1731 , âgé de 75 ans. Il avoit épouſé *Catherine Biancolelli* , connue ſous le nom de *Colombine* , fille de *Dominique* , excellent Arlequin de l'ancien théâtre. Il en eut pour fils *Anne-Maurice* le *Noir de la Thorilliére* , comédien médiocre , mort en 1759 , âgé de 60 ans.

THORIUS , (Raphaël) médecin , mort de la peſte en 1629 à Londres , ſe fit eſtimer en-Angleterre , ſous le règne de *Jacques-I* , plutôt par ſes connoiſſances que par ſes mœurs , car il aimoit exceſſivement le vin. On a de lui : I. Un *Poëme* eſtimé ſur le Tabac , Utrecht 1644 , in-12. II. Une Lettre *De cauſa morbi & mortis Iſaaci Caſauboni*.

THORNIL , (Jacques) peintre , né en 1676 dans la province de Dorſet , mourut en 1732 , dans la même maiſon où il reçut le jour. Il étoit le fils d'un gentilhomme , qui l'ayant laiſſé fort jeune & ſans bien , le mit dans la néceſſité de chercher dans ſes talens de quoi ſubſiſter. Il entra chez un peintre médiocre , où le deſir de ſe perfectionner , & ſon goût , le rendirent en peu de tems habile dans ſon art. La reine *Anne* l'employa à pluſieurs grands ouvrages de peinture. Son mérite lui fit donner la place de premier peintre de la

Majefté, avec le titre de chevalier. Il acquit de grands biens, & racheta les terres que fon pere avoit vendues. Il fut élu membre du parlement ; mais les richeffes ni les honneurs ne l'empêchoient point d'exercer la peinture. Il avoit un génie qui embraffoit tous les genres ; il peignoit également bien l'Hiftoire, l'Allégorie, le Portrait, le Payfage & l'Architecture. Il a même donné plufieurs Plans qui ont été exécutés.

I. THOU, (Nicolas de) de l'illuftre maifon de *Thou*, originaire de Champagne, fut confeiller-clerc au parlement, archidiacre de l'Eglife de Paris, abbé de St Symphorien de Beauvais, puis évêque de Chartres. Il facra le roi *Henri IV* en 1594, & fut diftingué parmi les prélats de fon tems par fon favoir & par fa piété. Il prêcha avec zèle & avec fruit, & mourut en 1598, à 70 ans. On a de lui : I. Un *Traité de l'Adminiftration des Sacremens*. II. Une *Explication de la Meffe & de fes Cérémonies*. III. D'autres ouvrages peu connus.

II. THOU, (Chriftophe de) frere aîné du précédent, feigneur de Bonnœil, de Celi, &c. premier préfident au parlement de Paris, chancelier des ducs d'Anjou & d'Alençon, fervit *Henri II*, *Charles IX* & *Henri III*, avec un zèle actif dans le berceau des malheureux troubles de la France. Ce dernier prince le regretta, le pleura même à fa mort arrivée en 1584, à 74 ans ; il lui fit faire des obféques folemnelles, & on lui entendit fouvent dire avec gémiffement : « Que Paris ne fe fût jamais révolté, fi Chriftophe de Thou » avoit été à la tête du Parlement.»

III. THOU, (Jacques - Augufte de) 3e fils du précédent, né à Paris en 1553, voyagea de bonne heure en Italie, en Flandre & en Allemagne. Son pere l'avoit deftiné à l'état eccléfiaftique, & *Nicolas* de *Thou* fon oncle, évêque de Chartres, lui avoit même réfigné fes bénéfices ; mais la mort de fon frere aîné l'obligea de s'en démettre. Il prit le parti de la robe, & fut reçu confeiller au parlement, enfuite préfident-à-mortier. En 1586, après la funefte journée des Barricades, il fortit de Paris & fe rendit à Chartres auprès de *Henri III*, qui l'envoya en Normandie & en Picardie, & enfuite en Allemagne. *De Thou* paffa de-là à Venife, où il reçut la nouvelle de la mort de ce prince, affaffiné par un Jacobin fanatique. Ce fut ce qui l'obligea de revenir en France. *Henri IV* étoit alors à Châteaudun ; le préfident de *Thou* fe rendit auprès de lui. Ce monarque, charmé de fon favoir & de fon intégrité, l'appella plufieurs fois dans fon confeil, & l'employa dans plufieurs négociations importantes, comme à la conférence de Surène. Après la mort de *Jacques Amyot*, grand-maître de la bibliothèque du roi, le préfident de *Thou* obtint cette place, digne de fon érudition. Le roi voulut qu'il fût un des commiffaires Catholiques dans la célèbre conférence de Fontainebleau, entre *du Perron* & *du Pleffis-Mornai*. Pendant la régence de la reine *Marie de Médicis*, il fut un des directeurs-généraux des Finances. On le députa à la conférence de Loudun, & on l'employa dans d'autres affaires très-épineufes, dans lefquelles il ne fit pas moins éclater fes vertus que fes lumiéres. Commis avec le cardinal du *Perron* pour trouver les moyens de réformer l'Univerfité de Paris,

& pour travailler à la construction du collège - royal qui fut commencé par ses soins, il s'en acquitta avec zèle. Enfin après avoir rempli tous les devoirs du citoyen, du magistrat & de l'homme de lettres, il mourut à Paris le 8 Mai 1617, à 64 ans. Il avoit composé pour lui-même une Epitaphe latine, dont voici une foible imitation françoise :

Ici j'attens le jour où l'éternelle Voix
Doit commander aux Morts de revoir
la lumiére,
Jour où le juste Juste à la nature entiére
Donnera ses derniéres loix.
Ma docile raison conserva la Foi pure,
La Foi de mes Aieux & leur simplicité;
Combattit sans orgueil, & souffrit sans
murmure
* Les défauts de l'humanité.*
Contredit & persécuté,
Je n'oposai jamais le reproche à l'injure.
Sectateur de la Vérité,
Et ma plume & ma voix lui servirent
d'organe ;
Sans mêler à son culte ou l intérêt pro-
fane,
Ou la haine indiscrette, ou la timidité.
France, si je n'eus rien de plus cher que
ta gloire.
Du nom de Citoyen si mon cœur fut
épris ,
Donne tes pleurs à ma mémoire,
Ta confiance à mes Ecrits.

Le présid. de *Thou* s'étoit nourri des meilleurs auteurs Grecs & Latins, & avoit puisé dans ses lectures & dans ses voyages la connoissance raisonnée des mœurs, des coutumes, & de la géographie de tous les pays différens. Nous avons de lui une *Histoire de son Tems*, en 138 livres, (depuis 1545 jusqu'en 1607,) dans laquelle il parle également bien de la politique, de la guerre & des lettres. Les intérêts de tous les peuples de l'Europe y sont développés avec beaucoup d'impartialité & d'intelligence. Il ne peint

ni comme *Tacite*, ni comme *Salluste*; mais il écrit comme on doit écrire une Histoire générale. Ses réflexions, sans être fines, sont nobles & judicieuses. Il entre souvent dans de trop grands détails; il fait des courses jusqu'aux extrémités du Monde, au lieu de se renfermer dans son objet principal ; mais la beauté de son style empêche presque qu'on ne s'apperçoive de ce défaut. Le jugement domine dans cette Histoire, à quelques endroits près, où l'auteur ajoûte trop de foi à des bruits publics &.à des prédictions d'astrologues. On lui a encore reproché de latiniser d'une maniére étrange les noms propres d'hommes, de villes, de pays : il a fallu ajoûter à la fin de son Histoire un Dictionnaire, sous le titre de *Clavis Historiæ Thuanæ*, où tous ces mots sont traduits en françois. La liberté avec laquelle l'illustre historien parle sur les papes, sur le clergé, sur la maison de *Guise*, & une certaine disposition à adoucir les fautes des Huguenots, & à faire valoir les vertus & les talens de cette secte, firent soupçonner qu'il avoit des sentimens peu orthodoxes ; mais il trouva bien des défenseurs pendant sa vie & après sa mort. La meilleure édition de son *Histoire* est celle de Londres en 1733, en 7 vol. infol. On la doit à *Thomas Carte*, Anglois, connu à Paris sous le nom de *Philips*, homme recommandable par son savoir & par sa probité, qui se donna des peines extrêmes pour embellir cet ouvrage. Ses compatriotes, charmés du zèle qu'il faisoit paroître pour un historien qui leur est cher, le déchargérent de toutes les impositions qui se lèvent en Angleterre, sur le papier & sur l'imprimerie.

C'eft fur cette nouvelle édition que l'abbé *des Fontaines*, aidé de plufieurs favans, en donna une Traduction françoife, en 16 vol. in-4°, Paris 1749 ; & Hollande, 11 vol. in-4°. Après une préface judicieufe, on y trouve les *Mémoires* de la vie de l'illuftre hiftorien, compofés par lui-même. Ces Mémoires avoient déja paru en françois à Roterdam en 1731, in-4°, avec une traduction de la Préface qui eft au-devant de la grande Hiftoire de cet auteur. C'eft cette verfion que l'on redonne ici un peu retouchée dans ce qui eft en profe, & on y a feulement ajoûté à la fin les *Poëfies latines* de M. de *Thou*, rapportées en françois dans les Mémoires. On a de lui des Vers latins, où l'on trouve beaucoup d'élégance & de génie. Il a fait un *Poëme* fur la Fauconnerie : *De re accipitrariâ*, 1584, in-4° ; des Poëfies diverfes fur le *Chou*, la *Violette*, le *Lis*, 1611, in-4° ; des *Poëfies Chrétiennes*, Paris 1599, in-8°, &c. *Durand* a écrit fa *Vie*, in-8°.

IV. THOU, (François-Augufte de) fils aîné du précédent, hérita des vertus de fon pere. Nommé grand-maître de la bibliothèque du roi, il fe fit aimer de tous les favans par fon efprit, par fa douceur & par fa profonde érudition. Le fecret d'une confpiration contre le cardinal de *Richelieu*, que lui avoit confié *Henri* d'*Effiat*, marquis de *Cinq-Mars*, fut la caufe de fa mort. Il eut la tête tranchée à Lyon en 1642, à 35 ans. Tout le monde pleura un homme, qui périffoit pour n'avoir pas voulu dénoncer fon meilleur ami. On crut, avec affez de raifon, que *Richelieu* avoit été charmé de fe venger fur lui, de ce que le préfident *de Thou*, fon pere, avoit dit dans

fon Hiftoire, d'un des grands-oncles du cardinal, en parlant de la Conjuration d'Amboife, à l'année 1560 : *Antonius Pleffiacus Richelius, vulgò dictus Monachus, quòd eam vitam profeffus fuiffet ; dein voto ejurato, omni licentiæ ac libidinis genere contaminaffet.* On prétend que le miniftre vindicatif dit à cette occafion : *De Thou le pere a mis mon nom dans fon Hiftoire ; je mettrai le fils dans la mienne.* On peut confulter le *Journal du Cardinal de Richelieu* ; fa *Vie*, par *le Clerc*, 1753, 5 vol. in-12 ; les *Mémoires* de *Pierre Dupuy* ; & les autres Piéces imprimées à la fin du XV° volume de la Traduction de l'Hiftoire de *Jacques-Augufte* de *Thou*. On y trouve une relation circonftanciée du procès criminel fait à *Franç. Augufte* de *Thou*, le détail des chefs d'accufation, les moyens pris pour le condamner à mort, &c. *Dupuy* tâche de juftifier fon ami, & tout ce qu'il dit en fa faveur eft plein de force & de raifon.

THOYNARD, (Nicolas) né à Orléans en 1629, d'une des meilleures familles de cette ville, s'appliqua dès fa première jeuneffe à l'étude des langues & de l'hiftoire, & en particulier à la connoiffance des Médailles, dans laquelle il fit de très-grands progrès. Les favans le confultérent comme leur oracle, & il fatisfaifoit à leurs queftions avec autant de plaifir que de fagacité. Le cardinal *Noris* tira de lui de grandes lumières pour fon ouvrage des *Epoques Syro-Macédoniennes*. *Thoynard* ne fe diftingua pas moins par la douceur de fes mœurs, que par l'étendue de fes connoiffances. Il mourut à Paris en 1706, à 77 ans. Son principal ouvrage eft une excellente *Concorde* des IV Evangéliftes, 1707, in-fol. en grec & en latin, avec de favantes *Notes* fur la chronologie & fur l'hiftoire.

THOYRAS, *Voyez* RAPIN-THOIRAS n° III, & TOIRAS.

THRASIBULE, *V.* TRASYBULE.

THRASIMOND, ou TRASA-MOND, roi des Vandales en Afrique, étoit Arien, & un des plus ardens perfécuteurs des Catholiques. Il fe déchaîna fur-tout contre les eccléfiaftiques, & pour attirer les fidèles à fa croyance il empêcha l'élection des évêques par des Edits très-rigoureux. Ce prince obtint le fceptre en 496, & mourut en 523.

THRASIUS, célèbre augure, qui étant allé à la cour de *Bufiris*, tyran d'Egypte, dans le tems d'une extrême féchereffe, lui dît qu'on auroit de la pluie, s'il faifoit immoler les étrangers à *Jupiter*. *Bufiris* lui ayant demandé de quel pays il étoit, & ayant connu qu'il étoit étranger : *Tu feras le premier*, lui dit-il, *qui donneras de l'eau à l'Egypte* ; & auffitôt il le fit immoler.

THRASYLE, célèbre aftrologue, fe trouva un jour fur le port de Rhodes avec *Tibére*, qui avoit été exilé dans cette ifle; il ofa lui prédire qu'un vaiffeau qui arrivoit dans le moment, lui apportoit d'heureufes nouvelles. Il reçut effectivement des lettres d'*Augufte* & de *Livie*, qui le rappelloient à Rome. *Thrafyle* fit quelques autres prédictions que le hazard fit trouver vraies. Les hiftoriens les ont rapportées comme des chofes merveilleufes. Nous les paffons fous filence, comme des chofes ridicules. Ce charlatan vivoit encore l'an 37 de J. C.

THUCYDIDE, célèbre hiftorien Grec, fils d'*Olorus*, naquit à Athènes l'an 475 avant J. C. Il comptoit parmi fes ancêtres *Miltiade*. Après s'être formé dans les

exercices militaires qui convenoient à un jeune-homme de fa naiffance, il eut de l'emploi dans les troupes, & fit quelques campagnes qui lui acquirent un nom. A l'âge de 47 ans, il fut chargé de conduire & d'établir à Thurinus une nouvelle colonie d'Athéniens. La guerre du Péloponnèfe s'étant allumée peu de tems après dans la Grèce, y excita de grands mouvemens & de grands troubles. *Thucydide*, qui prévoyoit qu'elle feroit de longue durée, forma dès-lors le deffein d'en écrire l'Hiftoire. Comme il fervoit dans les troupes d'Athènes, il fut lui-même témoin oculaire d'une partie de ce qui fe paffa dans l'armée des Athéniens, jufqu'à la 8e année de cette guerre, c'eft-à-dire jufqu'au tems de fon exil. *Thucydide* avoit été commandé pour aller au fecours d'Amphipolis, place forte des Athéniens fur les frontiéres de la Thrace, & ayant été prévenu par *Brafidas*, général des Lacédémoniens, ce trifte hazard lui mérita cet injufte châtiment. Exilé de fon pays par la faction de *Cléon*, il ne put oublier une patrie qu'il avoit fervie. C'eft pendant fon éloignement, qu'il compofa fon *Hiftoire de la Guerre du Péloponnèfe*, entre les républiques d'Athènes & de Sparte. Il ne la conduifit que jufqu'à la 21e année inclufivement. Les fix années, qui reftoient, furent fuppléées par *Théopompe* & *Xénophon*. Il employa dans fon Hiftoire le dialecte Attique, comme le plus pur, le plus élégant, & en même tems le plus fort & le plus énergique. *Demofthène* faifoit un fi grand cas de cet ouvrage, qu'il le copia plufieurs fois. On prétend que *Thucydide* fentit naître fes talens pour l'Hiftoire, en entendant lire celle d'*Hé-*

rodote à Athènes, pendant la fête des *Panathenées*. On a souvent comparé ces deux historiens. *Hérodote* plus doux, plus clair & plus abondant ; *Thucydide* plus concis, plus serré, plus preffé d'arriver à fon but. L'un a plus de graces ; l'autre plus de feu. Le premier réufit dans l'expofition des faits ; l'autre dans la manière forte & vive de les rendre. Autant de mots, autant de penfées ; mais fa précision le rend quelquefois un peu obfcur, fur-tout dans fes harangues, là plupart trop longues & trop multipliées. Quant à la vérité des faits, *Thucydide*, témoin oculaire, doit l'emporter fur *Hérodote*, qui fouvent adoptoit les Mémoires qu'on lui fourniffoit fans les examiner. Cet illuftre hiftorien mourut à Athènes où il avoit été rappellé, l'an 411 avant J. C. De toutes les éditions de fon *Hiftoire*, les meilleures font celle d'Amfterd. 1731, in-fol. en grec & en latin ; celles d'Oxford, 1696, in-fol. & de Glafgou, 1759, 8 vol. in-8°. D'*Ablancourt* en a donné une Traduction en françois affez fidelle, impr. chez *Billaine*, en 3 vol. in-12.

THUILERIES, (Claude deMoulinet, abbé des) né Sèes, d'une famille noble, alla achever à Paris fes human. qu'il avoit commencées en province. A l'étude des mathématiques, il joignit celles du Grec & de l'Hébreu ; mais quelque tems après il renonça à ces divers genres de connoiffances, pour ne plus s'occuper que de l'Hiftoire de France, dont les recherches ont rempli le cours de fa vie. Il mourut à Paris, d'une hydropifie de poitrine, en 1728. Outre quantité de *Mémoires* fur différens fujets, & une *Hiftoire du diocèfe de Sèes* en manufcrit, on a de lui : I. *Differtation fur la mouvance de Bretagne*

par rapport à *la Normandie*, Paris 1711, in-12 ; à laquelle eft jointe une autre '*Differtation* touchant quelques points de l'Hiftoire de Normandie. II. *Examen de la charge de Connétable de Normandie*. III. *Differtations* dans le *Mercure* de France & dans le *Journal* de Trevoux. IV. Les *Articles* du diocèfe de Sèes dans le *Dictionnaire univerfel de la France*, 1726, &c.

THUILLERIE, (Jean-Juvenon de la) comédien comme fon pere, au fiécle dernier, ambitionna à la fois la palme de *Rofcius*, & celles d'*Euripide* & d'*Ariftophanes*. Il fut emporté en 1688, à 35 ans, d'une fièvre chaude, qu'il dut à fes excès d'incontinence ; après avoir donné 4 piéces dramatiques, qui furent réunies en un vol. in-12. On y trouve : I. *Crifpin Précepteur*, & *Crifpin Bel-efprit*, Comédies en un acte en vers, où il y a quelques grains de fel. II. Deux Tragédies, *Soliman*, & *Hercule*, dont on connoîtra le mérite en fachant qu'elles ont été attribuées à l'abbé *Abeille*.

THUILLIER, (Dom Vincent) naquit à Coucy, au diocèfe de Laon, en 1685. Il entra dans la congrégation de S. Maur en 1703, & s'y diftingua de bonne heure par fes talens. Après avoir profeffé long-tems la philofophie & la théologie dans l'abbaye de *St Germain* des Prés, il en devint fous-prieur. Il occupoit cet emploi, lorfqu'il mourut en 1736. Dom *Thuillier*, écrivoit affez bien en latin & en françois ; il poffédoit les langues & l'hiftoire. A une imagination vive, il joignoit une vafte littérature. Son caractére étoit porté à la fatyre, & il a fait voir, par diverfes piéces qu'il montroit volontiers à fes amis, qu'il pouvoit réuffir dans ce déteftable genre. On a de lui des ouvrages plus importans ; les principaux font : I. L'*Hif-toire de Polybe* , trad. du grec en fr., avec un *Commentaire fur l'Art Mili-taire* , par le chev. de *Folard* en 6 v. in-4°. Elle eſt auſſi élégante que fidelle. II. *Hiſtoire* de la nouvelle édition de *St Auguſtin*, donnée par les Bénédictins de la congrégation de S. Maur, 1736, in-4°. III. *Let-tres d'un ancien Profeſſeur de Théo-logie de la Congrégation de St Maur*, *qui a révoqué ſon appel de la Conſti-tution* Unigenitus. Dom *Thuillier*, ardent adverſaire de cette Bulle, devint un de ſes 'plus zèlés dé-fenſeurs ; il ſe ſignala par pluſieurs écrits en faveur de ce décret, qui lui firent beaucoup d'ennemis dans ſa congrégation. Les fanatiques du parti qu'il attaquoit, ont même voulu que ſa mort ait été marquée par des ſignes funeſtes. L'auteur du *Dictionnaire, Critique* dit, « que ſe »ſentant ſubitement preſſé de quel-» que beſoin, il ſe mit ſur le ſié-» ge, & expira avec un grand » mouvement d'entrailles ». On a dit la même choſe d'*Arius* ; mais l'un avoit ravagé l'Egliſe, & l'au-tre avoit montré ſeulement un zèle inconſidéré.

THUMNE, (Théodore) profeſ-ſeur Luthérien de théologie à Tu-binge, s'eſt fait connoître par quel-ques ouvrages. Le plus recherché eſt le Traité, hiſtorique & théolo-gique, des *Fêtes des Juifs, des Chré-tiens & des Païens*, in-4°. Cet écri-vain mourut en 1730.

THUROT, (N.) fameux arma-teur François, naquit à Boulogne en Picardie. Il commença par être mouſſe. Ses talens ſe développérent dans l'école de l'adverſité. Pen-dant la guerre de 1741, il ſervit en qualité de garçon-chirurgien ſur les Corſaires de Dunkerque, & fut fait priſonnier. Le maréchal de *Belle-Iſle* ſe trouvoit en ce tems-

là en Angleterre. *Thurot*, à qui on laiſſoit apparemment une certaine liberté, fit ſon poſſible pour ſe cacher dans le yacht qui devoit reconduire ce ſeigneur en Fran-ce ; mais il fut découvert. Ne pou-vant s'embarquer avec le maré-chal, il forma ſur le champ le projet de paſſer la mer dans un bateau. Il en voit un qui n'étoit gardé de perſonne, il s'en empare, s'éloigne du port ſans autre gui-de que lui-même, & arrive heureu-ſement à Calais. Le bruit de cet-te aventure parvint au maréchal de *Belle-Iſle*, qui ſe déclara dès-lors ſon protecteur. Dans la guer-re de 1756, *Thurot* ſe ſignala par pluſieurs expéditions glorieuſes. On lui confia, dans le mois d'Oc-tobre 1760, cinq frégates pour al-ler faire une deſcente en Irlande. Le capitaine *Elliot* l'ayant atteint avec une flotte Angloiſe, le com-bat fut engagé, & *Thurot* y fut tué au milieu de ſa carrière. Il n'a-voit que 35 ans. Intelligence, ac-tivité, prudence, courage, fer-meté, amour de la gloire & de la patrie, voilà les qualités qui le diſtinguérent. Lorſqu'il perdit la vie, il étoit déja deſcendu en Ir-lande & y avoit eu des ſuccès, que l'approche de la flotte An-gloiſe l'obligea d'interrompre. On a la *Relation* d'une de ſes campa-gnes, 1 vol. in-12.

THYESTE, fils de *Pelops* & d'*Hippodamie*, & frere d'*Atrée*, fut inceſtueux avec ſa belle-ſœur *Erope*, femme d'*Atrée*, qui, pour s'en venger, mit en pièces l'enfant qui étoit né de ce crime, & en ſervit le ſang à boire à *Thyeſte*. Le Soleil ne parut pas ce jour-là ſur l'ho-riſon, pour ne point éclairer une action auſſi détestable. *Thyeſte* par un ſecond inceſte, mais involon-taire, eut un autre fils de ſa propre fille *Pelopée* : *Voyez* EGISTHE.

THYRÉE, (Pierre) Jéfuite de Nuys dans le diocèfe de Cologne, naquit vers 1600, & mourut en 1673, après s'être diftingué dans fa fociété par l'emploi de profef-feur en théologie qu'il exerça long-tems en différentes maifons. On a de lui quelques Traités théo-logiques fur diverfes matières, dont le plus curieux eft celui fur les *Apparitions des Spectres*. L'auteur y a réfuté plufieurs fables, & en a adopté quelques-unes.

THYSIUS, (Antoine) Alle-mand, vivoit dans le XVIIᵉ fié-cle. Il s'attacha avec fuccès à ex-pliquer les anciens auteurs, & nous donna de bonnes éditions, dites DES *Variorum*. I. De *Velleius-Paterculus*, à Leyde, in-8°, 1658. II. De *Sallufte*, à Leyde, 1659, in-8°. III. De *Valére-Maxime*, à Leyde, in-8°. IV. D'*Aulugelle*, in-8°, 2 vol. à Leyde, 1661. Il fut aidé dans ce dernier travail par *Oifelius...Fréd.* & *Jacques Gronovius* donnèrent une édition d'*Aulugelle* en 1706, in-4°, dans laquelle ils inférèrent les notes & les com-mentaires raffemblés en celle de *Thyfius*. Le *Sallufte* de cet auteur fut auffi réimprimé à Leyde en 1677; & cette édition, quoique conforme en tout à celle de 1659, eft préférée par les connoiffeurs, à caufe de la beauté de l'impreffion.

TIARINI, *Voyez* THIARINI.

TIBALDEI, (Antoine) natif de Ferrare, poëte Italien & La-tin, mort en 1537, âgé de 80 ans, cultiva d'abord la poëfie Italien-ne; mais *Bembo* & *Sadolet*, fes ri-vaux, l'ayant éclipfé, il fe livra à des Mufes étrangères, & obtint les fuffrages du public. Ses *Poëfies Latines* parurent à Modène en 1500, in-4°; les *Italiennes* avoient été imprimées ibid, en 1498, in-4°.

I. TIBERE, (*Claudius Tiberius Nero*) empereur Romain, defcen-doit en ligne directe d'*Appius Clau-dius*, cenfeur à Rome. Sa mere étoit la fameufe *Livie*, qu'*Augufte* époufa, lorfqu'elle étoit enceinte de lui. Ce fut par les intrigues de cette femme artificieufe qu'*Augufte* l'adopta. Ce prince crut fe l'at-tacher, en l'obligeant de répudier *Vipfania*, pour époufer *Julie* fa fille, veuve d'*Agrippa*; mais ce lien fut très-foible. *Tibére* avoit des talens pour la guerre; *Augufte* fe fervit de lui avec avantage. Il l'en-voya dans la Pannonie, dans la Dalmatie & dans la Germanie, qui menaçoient de fe révolter, & qu'il réduifit. Après la mort d'*Au-gufte*, qui l'avoit nommé fon fuc-ceffeur à l'empire, il prit en main les rênes de l'Etat; mais ce rufé politique n'accepta le fouverain pouvoir qu'après s'être beaucoup fait folliciter. Ce fut l'an 14 de J. C. On fe repentit bientôt de le lui avoir accordé. Son caractère vindicatif & cruel fe développa dès qu'il eut la puiffance en main. *Augufte* avoit fait des legs au peu-ple, que *Tibére* ne fe preffoit pas d'acquitter. Un particulier, voyant paffer un convoi fur la place pu-blique, s'approcha du mort & lui dit : *Souvenez-vous, quand vous ferez aux Champs Elyfées, de dire à Augufte, que nous n'avons encore rien tou-ché des legs qu'il nous a faits. Tibére,* informé de cette raillerie, fait tuer le railleur, en lui adreffant ces pa-roles : *Va lui apprendre toi-même qu'ils font acquittés*. Il donna de nouvelles preuves de fa cruauté à l'égard d'*Archelaüs*, roi de Cap-padoce. Ce prince ne lui avoit rendu aucun devoir pendant cette efpèce d'exil où il avoit été à Rhodes, fous le règne d'*Augufte*: (*Voyez* THRASYLE). *Tibére* l'invita de venir à Rome, & employa les plus flatteuses promesses pour l'y attirer. A peine ce prince est-il arrivé, qu'on lui intente deux frivoles accusations, & qu'on le jette dans une obscure prison, où il meurt accablé de chagrin & de misére. Ces barbaries ne furent que le prélude de plus grands forfaits. Il fit mourir *Julie* sa femme, *Germanicus*, *Agrippa*, *Drusus*, *Néron*, *Séjan*. Ses parens, ses amis, ses favoris, furent les victimes de sa jalouse méfiance. Il eut honte à la fin de rester a Rome, où tout lui retraçoit ses crimes, où chaque famille lui reprochoit la mort de son chef, où chaque ordre pleuroit le meurtre de ses plus illustres membres. Il se retira dans l'isle de Caprée l'an 27, & s'y livra aux plus infâmes débauches. A l'exemple des rois barbares, il avoit une troupe de jeunes garçons qu'il faisoit servir à ses honteux plaisirs. Il inventa même des espèces nouvelles de luxure, & des noms pour les exprimer; tandis que d'infâmes domestiques étoient chargés du soin de lui chercher de tous côtés des objets nouveaux, & d'enlever les enfans jusques dans les bras de leurs peres. Pendant le cours d'une vie infâme, il ne pensa ni aux armées, ni aux provinces, ni aux ravages que les ennemis pouvoient faire sur les frontières. Il laissa les Daces & les Sarmates s'emparer de la Mœsie, & les Germains désoler les Gaules. Il se vit impunément insulter par *Artaban*, roi des Parthes, qui après avoir fait des incursions dans l'Arménie, lui reprocha par des lettres injurieuses ses parricides, ses meurtres & sa lâche oisiveté, en l'exhortant à expier par une mort volontaire la haine de ses sujets. La 23ᵉ année de son règne, il nomma pour son

successeur à l'empire *Caïus Caligula*. Il fut déterminé à ce choix par les vices qu'il avoit remarqués en lui, & qu'il jugeoit capables de faire oublier les siens. Il avoit coutume de dire qu'*il élevoit en la personne de ce jeune Prince un Serpent pour le peuple Romain, & un Phaëton pour le reste du Monde*. Ce prince détestable mourut à Mizène, dans la Campanie, le 16 Mars, l'an 37 de J. C., âgé de 78 ans, après en avoir régné 23. On accusa *Caligula* de l'avoir étouffé. *Tibére* étoit un des plus grands génies qui aient paru; mais il avoit le cœur dépravé, & ses talens devinrent des armes dangereuses, dont il ne se servit que contre sa patrie. Il avoit d'abord montré le germe de l'indulgence. Il ne répondit pendant quelque tems que par le mépris aux invectives, aux bruits injurieux & aux vers mordans que la satyre répandit contre lui. Il se contentoit de dire : *Que dans une ville libre, la langue & la pensée devoient être libres*. Il dit un jour au sénat, qui vouloit qu'on procédât à l'information de ces faits, & à la recherche des coupables : *Nous n'avons point assez de tems inutile pour nous jetter dans l'embarras de ces sortes d'affaires. Si quelqu'un a parlé indiscrettement sur mon compte, je suis prêt à lui rendre raison de mes démarches & de mes paroles.* *Tibére*, dans ces premiers tems, souffroit la contradiction avec plaisir. On connoit la réplique hardie qu'il entendit sans colère au sujet d'un mot barbare qu'un flatteur lui arrogeoit le droit de latiniser. *Tibére* changea bientôt de façon de penser. Quelqu'un lui ayant dit : *Vous souvenez-vous, Prince ?* L'emp', sans permettre à cet homme de lui donner des époques plus sûres de l'ancienne connoissance qu'il vouloit lui rappeller, répliqua brusquement : *Non , je ne me souviens plus de ce que j'ai été.* Quoique cruel a Rome ; il ménagea cependant quelquefois ses autres sujets. Il répondit aux gouverneurs des provinces , qui lui écrivirent qu'il falloit les surcharger d'impositions : *Qu'un bon Maitre devoit tondre , & non pas écorcher son troupeau.*

II. TIBERE-ABSIMARE , *Voyez* ABSIMARE.

III. TIBERE - CONSTANTIN , originaire de Thrace , se distingua par son esprit & par sa valeur , & s'éleva par son merite aux premiéres charges de l'empire. *Justin* le *Jeune* , dont il étoit capitaine-des-gardes, le choisit pour son collègue & le créa César en 574. Il donna , par ses qualités extérieures, de l'éclat au trône & aux ornemens impériaux. Sa taille étoit majestueuse , & son visage régulier. Devenu seul maître de l'empire par la mort de *Justin* , il défit , par ses généraux , *Hormisdas* fils de *Chosroès*. L'impératrice *Sophie* , veuve du dernier empereur, n'ayant pas pu partager le lit & le trône du nouveau , forma une conjuration contre lui. *Tibére* en fut instruit, & pour toute punition il priva les complices de leursbiens & de leurs dignités. Ce prince mourut en 582. Les pleurs que les peuples verférent sur son tombeau , sont des trophées plus glorieux à sa mémoire, que l'éloquence des plus habiles écrivains.

IV. TIBERE , fameux imposteur , prit ce nom en 726, & voulut faire croire qu'il étoit de la famille des empereurs pour pouvoir monter sur le trône. Il avoit déja séduit quelques peuples de la Toscane qui l'avoient proclamé Auguste , lorsque l'exarque, secouru des Romains , assiégea ce

fourbe dans un château où il s'étoit retiré, & lui fit trancher la tête, qu'il envoya à *Léon* l'*Isaurien.*

TIBERGE , (Louis) abbé d'Andres , directeur du Séminaire des Missions étrangères à Paris, mourut dans cette ville en 1730. Il se signala avec *Brisacier* , supérieur du même Séminaire, lors des différends sur l'affaire de la Chine , entre les Jésuites & les autres Missionnaires. Ses ouvrages sont : I. Une *Retraite spirituelle* , en 2 vol. in-12. II. Une *Retraite pour les Ecclésiastiques* , en 2 vol. in-12. III. *Retraite & Méditations à l'usage des Religieuses & des personnes qui vivent en Communauté* , in-12. Ces ouvrages, écrits avec une simplicité noble, sont lus dans plusieurs Séminaires. C'est ce pieux ecclésiastique qui joue un rôle si touchant dans le roman des *Amours* du chevalier des *Grieux.*

TIBULLE, (*Aulus Albius Tibullus*) chevalier Romain , naquit à Rome l'an 43 avant J. C. *Horace, Ovide, Macer,* & les autres grands-hommes du tems d'*Auguste* , furent liés avec lui. Il suivit *Messala Corvinus* dans la guerre de l'isle de Corcyre ; mais les fatigues de la guerre n'étant point compatibles avec la foiblesse de son tempérament, il quitta le métier des armes , & retourna à Rome, où il vécut dans la mollesse & dans les plaisirs. Sa mort arriva peu de tems après celle de *Virgile* , l'an 17 de J. C. Les grands biens de sa famille lui furent enlevés par les soldats d'*Auguste* & ne lui furent point restitués, parce qu'il négligea de faire sa cour à cet empereur , prince bienfaisant , mais qui vouloit être encensé. Son premier ouvrage fut pour célébrer son généreux protecteur *Messala* ; il consacra ensuite sa lyre aux **Amours**

Amours. Il eut pour première inclination une áffranchie. *Horace*
devint fon rival ; ce qui donna
lieu à une difpute agréable entre
ces deux hommes célèbres. *Tibulle* a compofé quatre livres d'E-
légies , remarquables par l'élégance & la pureté du ftyle , & par
la délicateffe avec laquelle le fentiment y eft exprimé. On peut
cependant lui reprocher de mettre de l'efprit dans des endroits
où il ne faudroit que de la tendreffe. *Ovide*, fon ami, a fait fur
fa mort une très-belle *Elégie*.
L'abbé de *Marolles* a traduit *Tibulle* ; mais fa verfion eft très-foible ;
& , pour nous fervir de la comparaifon de l'ingénieufe *Sévigné* ,
ce traducteur reffemble aux *Domeftiques qui vont faire un meffage de
la part de leur Maître. Ils difent trop ou
trop peu, & fouvent même tout le contraire de ce qu'on leur a ordonné.* M.
l'abbé de *Longchamps* en a donné
une bonne traduction, 1777, in-
8°. Il en paru une autre par M.
de *Pezai*, 2 vol. in-8°, avec *Catulle* & *Gallus*. L'édition de ce
poëte , donnée par *Broukhufius* ,
Amfterd. 1708, in-4°, eft eftimée.
On trouve ordinairement les Poëfies de *Tibulle* à la fuite de celles de
Catulle. Voyez CATULLE... & III.
CHAPELLE.

TIBURTUS, l'aîné des fils
d'*Amphiaras*, vint avec fes freres
en Italie, où ils bâtirent une
ville qui fut appellée Tibur. On
lui érigea un autel dans le temple
d'*Hercule* en cette ville, un des
plus célèbres d'Italie.

TICHO-BRAHÉ, ou TYCO-
BRAHÉ, fils d'*Othon-Brahé*, feigneur de Knud-Strup en Danemarck, d'une illuftre maifon originaire de Suède, naquit en 1546.
Une inclination extraordinaire
pour les mathématiques, qui pa-

rut en lui dès l'enfance, annonça ce qu'il feroit. A 14 ans, ayant
vu une éclipfe de foleil arriver
au même moment que les aftronomes l'avoient prédite, il regarda auffi-tòt l'aftronomie comme une fcience divine, & s'y
confacra tout entier. On l'envoya à Leipfick pour y étudier
en droit ; mais il employa, à l'infçu de fes maitres, une partie
de fon tems à faire des obfervations aftronomiques. De retour
en Danemarck, il fe maria à une
payfanne de Knud-Strup. Cette
méfalliance lui attira l'indignation de fa famille, avec laquelle
néanmoins le roi de Danemarck
le réconcilia. Après divers voyages en Italie & en Allemagne,
où l'empereur, & plufieurs autres princes voulurent l'arrêter
par des emplois confidérables, il
obtint de *Fréderic II*, roi de Danemarck, l'ifle de Ween, avec
une groffe penfion. Il y bâtit à
grands frais le château d'Ura-
niembourg, c'eft-à-dire *Ville du
Ciel*, & la Tour merveilleufe de
Stellebourg, pour fes obfervations aftronomiques & fes divers
inftrumens & machines. *Chriftiern*
roi de Danemarck, & *Jacques VI*
roi d'Écoffe, l'honorèrent de leurs
vifites. C'eft dans cette retraite
qu'il inventa le fyftême du monde qui porte fon nom ; fyftême
rejetté aujourd'hui par les philofophes, parce qu'il fait revivre
une partie des abfurdités de celui de *Ptolomée* : c'eft, tout au
plus, une chimère ingénieufe.
Ce qui doit immortalifer *Ticho-
Brahé*, c'eft fon zéle pour le progrès de l'aftronomie, qui lui fit
dépenfer plus de cent mille écus.
Il détermina la diftance des Etoiles à l'équateur, & la fituation des
autres. Il en obferva ainfi 777,

dont il forma un catalogue. Il fournit au calcul les réfractions aftronomiques, & forma dès Tables de réfraction pour différentes hauteurs. Mais une obligation essentielle que nous lui avons, est d'avoir découvert trois mouvemens dans la Lune, qui servent à expliquer sa marche. Il fit encore quelques découvertes fur les Comètes. Ce favant astronome fut aussi un habile chymiste ; il fit de si rares découvertes, qu'il guérit un grand nombre de maladies qui passoient pour incurables. Sa grande application à l'aftronomie & aux sciences abstraites, ne l'empêchoit point de cultiver les belles-lettres, fur tout la poësie, & les Muses le délassoient des travaux aftronomiques, Ce qui ternit sa gloire, c'est qu'avec tant de lumiéres, il eut le foible de l'aftrologie judiciaire. Cet esprit si éclairé étoit paitri de mille petites superstitions. Un liévre traversoit-il fon chemin ? il croyoit que la journée seroit malheureuse pour lui. Mais malgré ces erreurs alors si communes, il n'en étoit ni moins bon astronome, ni moins habile méchanicien. Sa deftinée fut celle des grands hommes ; il fut perfécuté dans sa patrie. Les ennemis que son caractére moqueur & colére lui avoit faits, l'ayant deffervi auprès de *Chriftiern*, roi de Danemarck, il fut privé de ses penfions. Il quitta alors son pays pour aller en Hollande ; mais fur les vives inftances de l'empereur *Rodolphe II*, il fe retira à Prague. Ce prince le dédommagea de toutes fes pertes & de toutes les injuftices des cours. *Ticho* mourut en 1601, à 55 ans, d'une rétention d'urine, maladie qu'une fotte timidité lui avoit fait contrac-

tet à la table d'un grand. Sa taille étoit médiocre, mais sa figure étoit agréable. Il avoit le caractére-bienfaifant, & il guérit plufieurs malades fans exiger aucune rétribution. Le feu de fon imagination lui donnoit du goût pour la poësie ; il faifoit des vers, mais fans s'affujettir aux règles. Il aimoit à railler, &, ce qui eft affez ordinaire, il n'entendoit point raillerie. Attaché opiniâtrément à fes fentimens, il fouffroit avec peine la contradiction. Ses principaux ouvrages font : I. *Progymnafmata Aftronomiæ inftaurata*, 1598, in-fol. II. *De Mundi Ætherei recentioribus Phænomenis*, 1589, in-4°. III. *Epiftolarum aftronomicarum Liber*, 1596, in-4°. *Sophie* BRAHÉ, fa sœur, excelloit dans la poesie ; & l'on a d'elle une *Epitre* en vers latins.

TICHONIUS, écrivain Donatifte fous l'empire de *Théodofe le Grand*, avoit beaucoup d'esprit & d'érudition. Nous avons de lui le *Traité des VII Règles* pour expliquer l'Ecriture-fainte, dont *S. Auguftin* a fait l'Abrégé dans fon LIVRE III° *de la Doctrine Chrétienne*. On le trouve dans la *Bibliothèque des PP.* *Tichonius* eft reconnu aujourdhui pour le véritable auteur du *Commentaire fur S. Paul*, que l'on avoit attribué à *S. Ambroife*. (*Voyez* Hift. Littér. de France, To. 12, Avertiffement, pag. 7.)

TIFERNAS, *ou* TIPHERNAS, (Grégoire) natif de Tiferno en Italie, fe rendit très-habile dans la connoiffance du Grec, & profeffa cette langue avec fuccès à Paris & à Venife. Il mourut dans cette dern. ville, âgé de 50 ans, vers 1469, empoifonné (dit-on) par des envieux de fa gloire. On a de lui : I. Des *Poéfies Latines*, à la fuite d'un *Aufone*, &c. Venife, à472, in-fol., & féparément, in-4°. II. La *Traduction* des VII derniers livres de *Strabon* , dont les x premiers font de *Guarino* ; Lyon 1559, 2 vol. in-16.

TIGRANE, roi d'Arménie ; ajoûta la Syrie à fon empire. Les Syriens, laiſſés des diverſes révolutions qui déſoloient leur pays, s'étoient donnés a lui , l'an 85 avant J. C. Il ſoutint la guerre contre les Romains en faveur de *Mithridate* , fon gendre ; mais ayant été vaincu par *Lucullus* & par *Pompée* , il céda aux vainqueurs une partie de fes états , & s'en fit des protecteurs. Il vécut enſuite dans une profónde paix juſqu'à ſa mort. Le ſecond de ſes fils, nommé auſſi TIGRANE, ſe révolta contre lui ; & ayant été vaincu , il ſe réfugia chez *Phraate* , roi des Parthes, dont il avoit épouſé la fille. Ce jeune prince, avec le ſecours de fon beau-pere, porta les armes contre fon pere ; mais craignant les ſuites de ſa révolte, il ſe mit ſous la protection des Romains. *Tigrane* ſuivit fon exemple. *Pompée* lui conſerva le trône d'Arménie , à condition de payer un tribut pour les frais de la guerre , & donna à fon fils la province de Sophène ; mais ce jeune prince, mécontent de fon partage, s'attira par fes murmures la colére de *Pompée* , qui le fit mettre dans les fers. *Tigrane* le pere paſſoit pour un prince courageux , mais cruel.

TIL, (Salomon Van-) né en 1644 à Weſop, à deux lieues d'Amſterdam , ſe fit connoître par ſon habileté dans la philoſophie, dans l'hiſtoire naturelle, dans la médecine, dans la théologie, & dans les antiquités ſacrées & profanes. On lui donna en 1664 une chaire

de théologie à Leyde, où il lia une étroite amitié avec *Cocceius* , qui l'imbut de ſa doctrine. Van-*Til* s'appliqua avec ardeur à l'étude de l'Ecriture-ſainte ; ſelon la méthode des *Coccéiens*. Comme ſa mémoire n'étoit pas aſſez bonne pour retenir ſes fermons, il prêchoit par analyſe : méthode qu'il rendit publique. Cet habile Proteſtant mourut à Leyde en 1713 , après avoir publié pluſ. écrits. Sa maiſon étoit toujours ouverte aux ſavans ; qui trouvoient des reſſources dans ſes lumières. Il avoit cultivé la phyſique , la botanique, l'anatomie, &c. Parmi ſes ouvrages , les uns font en flamand & les autres en latin. Les principaux font : I. Sa *Méthode d'étudier*, & celle *de prêcher*. II. Des *Commentaires* ſur les *Pſeaumes*. III. -- ſur les Prophéties de *Moyſe*, d'*Habacuc* & de *Malachie*. IV. Un *Abrégé de Théologie*. V. Des *Remarques* ſur les *Méditations* de *Deſcartes*.

TILEMANNUS, *V.* HESHUSIUS.

TILESIO , (Bernardin) en latin *Teleſius* , philoſophe de Cofence au royaume de Naples, mourut dans cette ville en 1588, à 79 ans. Il fut l'un des premiers ſavans qui ſecouérent le joug d'Ariſtote. *Paul IV* , inſtruit de ſon mérite, voulut lui donner l'évêché de Coſence ; mais il le refuſa , aimant mieux cultiver la raiſon en paix, que de jouer un rôle dans le monde. On a de lui : I. *De naturâ Rerum juxtâ propria principia*, Rome 1565, in-4°, & 1588, in-fol. II. *Varii Libelli de rebus naturalibus*, 1590, in-4°. Ces *Traités* font regretter qu'il ne fût pas venu dans un tems plus éclairé. Il y fait revivre la Philoſophie de *Parménide*. On a ôſé publier que les Moines, qui pou-

Mm ij

voient fouffrir le mépris qu'il faifoit d'*Ariftote* dans fes leçons &
fes écrits, lui ôtèrent le repos &
la vie.

TILINGIUS, (Matthieu) fa-
vant médecin Allemand du XVII°
fiécle, eft auteur de divers ouvrages. Les principaux font : I. *De
Rhabarbaro*, 1679, in-4°. II. *Lilii
albi defcriptio*, 1671, in-8°. III.
De Laudano opiate, in-8°. IV.
Opiologia nova, in-4°, 1697. V.
L'Anatomie de la Rate, in-12, 1673.
VI. Un *Traité des Fiévres malignes*,
1677, in-12.

TILLADET, (Jean-Marie de
la Marque de) né au château de
Tilladet en Armagnac, vers 1650,
fit deux campagnes, l'une dans
l'arriére-ban, l'autre à la tête d'u-
ne compagnie de cavalerie. Après
la paix de Nimègue, il quitta les
armes pour entrer chez les Peres
de l'Oratoire, où il fe confacra
à la prédication & à la littérature. Il en fortit enfuite & mourut
à Verfailles en 1715, à 65 ans,
membre de l'académie des belles-
lettres. La douceur de fes maniéres, fa modeftie, fa circonfpection, fa droiture, fon caractère fenfible & officieux, lui firent
des amis illuftres. Son goût &
fon talent pour les matiéres de la
métaphyfique, le jettoient dans
des diftractions, dont il fe tiroit
avec beaucoup de franchife &
de politeffe. On a de lui un *Recueil de Differtations*, 1712, 2 vol.
in-12, fur diverfes matiéres de
religion & de philologie, qui
font prefque toutes du favant
Huet, évêque d'Avranches, avec
une longue Préface hiftorique qui
n'annonce qu'un médiocre talent
pour le bel art d'écrire.

TILLEMONT, *Voy.* I. NAIN.

I. TILLET, (Jean du) évêque
de St-Brieux, puis de Meaux,
mort en 1570, fe diftingua par
fon érudition, & par fon zèle
pour la religion Catholique, à
laquelle il ramena *Louis* du *Tillet*, fon frere, chanoine d'Angoulême, qui l'avoit abandonnée. Ses
principaux ouvrages font : I. Un
Traité de la Religion Chrétienne. II.
Une *Réponfe aux Miniftres*, 1566,
in-8°. III. Un *Avis aux Gentilshommes féduits*, 1567, in-8°. IV.
Un *Traité de l'Antiquité & de la
Solemnité de la Meffe*, 1567, in-16.
V. Un *Traité fur le Symbole des
Apôtres*, 1566, in-8°. VI. Une
*Chronique latine des Rois de Fran-
ce*, depuis *Pharamond*, jufqu'en
1547; elle a été mife en françois,
& continuée depuis jufqu'en 1604.
C'eft un des plus favans ouvrages que nous ayons fur notre
Hiftoire. Les faits y font bien digérés, & dans un ordre méthodique; mais ils manquent quelquefois d'exactitude. On trouve
cet ouvrage dans le *Recueil des
Rois de France*, 1618, in-4°. VII.
*Les Exemples des actions de quelques
Pontifes, comparés avec celles des
Princes Païens*, en latin, Amberg
1610, in-8°. Son ftyle ne manque
ni de pureté, ni d'une certaine
élégance.

II. TILLET, (Jean du) frere
du précédent, & greffier en chef
du parlement de Paris, montra
beaucoup d'intelligence & d'intégrité dans cette charge, qui étoit
depuis long-tems dans fa maifon.
Sa poftérité la conferva jufqu'à
Jean-François du *Tillet*, qui y fut
recu en 1689. Cette famille a eu
auffi pluf. confeillers au parlement,
& maîtres-des-requêtes. On a de
Jean du *Tillet*, mort en 1570, plufieurs ouvrages. Les plus connus
font : I. Un *Traité pour la majori-
té du Roi de France* (François II)
contre le légitime confeil malicieufement

Inventé par les Rebelles, Paris 1560, in-4°. II. Un *Sommaire de l'Histoire de la Guerre faite contre les Albigeois*, 1590, in-12 : ouvrage rare & recherché. III. Un *Discours sur la Séance des Rois de France en leurs Cours de Parlement*, dans le second tome de *Godefroi*. IV. L'*Institution du Prince Chrétien*, Paris, 1563, in-4°. V. *Recueil des Rois de France* : ouvrage, fort exact, & fait avec beaucoup de soin sur la plupart des titres originaux de notre Histoire. La meilleure édition de ce livre est celle de Paris, en 1618, in-4°. *Du Tillet* écrit en homme qui ne s'attache qu'à l'exactitude des recherches, & qui se soucie fort peu de la pureté & de l'élégance du style.

TILLET, *Voy.* TITON du *Tillet*.

I. TILLI, (Jean Tzerclaës, comte de) d'une illustre maison de Bruxelles, porta d'abord l'habit de Jésuite, qu'il quitta pour prendre les armes. Après avoir signalé son courage en Hongrie contre les Turcs, il eut le commandement des troupes de Bavière sous le duc *Maximilien*, & se distingua à la bataille de Prague en 1620. Il défit ensuite *Mansfeld*, un des chefs des rebelles, & le contraignit d'abandonner le haut-Palatinat l'an 1622. Il mit son armée en déroute près de Darmstat, & le poussa hors d'Allemagne. Il avoit auparavant secouru l'archiduc *Léopold* à la prise de Bréda, & avoit pris Heidelberg, ville capitale du Palatinat du Rhin. Sa valeur éclata sur-tout contre le duc d'*Halberstad*, qu'il défit à Statlo. Il fallut que *Tilli* dans cette bataille envoyât des trompettes par-tout, pour faire cesser le carnage : 2000 ennemis restèrent sur la place, & 4 ou 5000 furent faits prisonniers. Cette victoire lui fut d'autant plus glorieuse, qu'il n'eut que 200 hommes de tués & presqu'autant de blessés. Il donna quelque tems après un second combat, qui ne lui fut guéres moins avantageux que le 1ᵉʳ ; il y périt beaucoup d'ennemis, & quantité de leurs officiers, illustres par leur valeur & par leur naissance. Il prit ensuite Minden & plusieurs autres villes ; & obligea le landgrave de Hesse de garder la foi à l'Empire. L'an 1626, il défit l'armée de Danemarck, à la journée de Lutter, dans le duché de Brunfwick, & se rendit maître de 22 canons, de 80 drapeaux, de plusieurs étendards & de tout le bagage des ennemis. Le pape *Urbain VIII* lui écrivit pour lui marquer la joie que toute l'Eglise avoit d'une victoire si avantageuse à tous les Catholiques. *Tilly*, né avec les talens de la guerre & de la négociation, alla à Lubeck en 1629, en qualité de plénipotentiaire, pour la conclusion de la paix avec le Danemarck. On lui donna l'année d'après le commandement général des armées de l'Empire, à la place de *Walstein*. Après avoir secouru Francfort-fur-l'Oder contre les Suédois, il prit Brandebourg d'assaut, puis Magdebourg, qui fut pillé par ses soldats, & presque ruiné par un incendie. Ayant jetté la terreur dans la Thuringe, il prit Leipsick l'an 1631 ; mais il y fut défait, 3 jours après, par *Gustave Adolphe* roi de Suède. Il rallia ses troupes, prit quelques villes dans la Hesse, & repoussa *Horn*, chef du parti Protestant. Enfin il fut blessé mortellement, en défendant le passage du Lech, à Ingolstad, le 30 Avril de l'an 1632. Il fit un legs de 60,000 richsdales aux vieux régimens qui avoient servi sous lui, afin que sa mémoire leur fût toujours chère. On a remarqué qu'il n'avoit point connu de femme, & n'avoit jamais bu de vin. Au commencement du XVII⁵ fiecle, il paſſoit pour le plus grand capitaine de l'Empire ; il avoit encore cette réputation un an avant ſa mort ; *Guſtave* la lui fit perdre.

II. TILLI , (Ange) profeſſeur de botanique à Piſe , & membre de la ſociété royale de Londres, vit lé jour à Caſtro dans le Florentin , l'an 1655. On a de lui en latin le *Catalogue des Plantes du Jardin de Piſe* , Florence 1723 , in-fol. , avec 50 figures. Cet ouvrage eſt eſtimé.

TILLOTSON , (Jean) né dans le comté d'Yorck, d'une famille peu relevée, reçut une éducation au-deſſus de ſa naiſſance. Il fut d'abord Presbytérien ; mais le livre du docteur *Chilingworth* lui étant tombé entre les mains , il embraſſa la communion Anglicane , en conſervant cependant toujours l'eſtime qu'il avoit conçue pour ſon ancien parti. La force de ſes raiſonnemens & la clarté de ſes principes ramenérent pluſieurs Non-Conformiſtes dans le bercail de l'Egliſe Anglicane. *Tillotſon* les y attacha plus que bien d'autres docteurs , qui avoient plus de zèle que de prudence. Il ne les traita jamais avec mépris , ni d'une maniére qui ſentit l'animoſité. Ce qui acheva de perfectionner ſes talens , ce fut l'amitié longue & étroite qu'il eut avec l'évêque *Wilkins*. Dès qu'il ſe fut conſacré au ſervice de l'Egliſe , il ſe forma à une éloquence ſimple, que la plûpart des prédicateurs ont ſuivie en Angleterre. Il commença à étudier profondément l'Ecriture, & il ne dédaignoit pas de la citer comme nos Orateurs petits-maîtres pour qui l'Evangile ſemble avoir vieilli. Il lut enſuite tous les anciens philoſophes , & les Traités de morale, *St*

Baſile & *St Chryſoſtôme* furent les Peres auxquels il s'attacha de préférence. Après avoir fait une ample moiſſon dans ces champs fertiles , il compoſa un grand nombre de Sermons : modèles de cette ſimplicité noble , dont nos prédicateurs François s'éloignent trop. Pluſieurs écrivains Anglois jettoient alors les fondemens de l'Athéiſme. Il s'oppoſa à ce torrent autant qu'il le put, & il publia en 1665 ſon *Traité de la Règle de la Foi*. Les fanatiques , voyant qu'il n'avançoit point que des principes fondés ſur le ſimple raiſonnement, voulurent le faire paſſer pour un homme qui ne croyoit rien que ce qui étoit à la portée de la raiſon ; mais il mépriſa leurs plates critiques , & ils furent réduits au ſilence. Il fut fait doyen de Cantorberi , puis de St Paul , clerc du cabinet du roi. Il n'aſpiroit point à une plus haute fortune , lorſqu'il fut inſtallé, en 1691 , ſur le ſiège de Cantorberi. Cet illuſtre archevêque , le premier orateur de ſon pays , ſe diſtingua également par ſa piété & par ſa modération. Il mourut à Lambeth , en 1694 , à 65 ans. « *Tilotſon* (dit *Burnet*) avoit les idées » nettes, l'eſprit brillant, le ſtyle » plus pur qu'aucun de nos théolo- » giens. A une rare prudence il » joignoit tant de candeur, qu'il n'y » a point eu de miniſtre plus uni- » verſellement chéri & eſtimé. » Paroiſſant avec éclat contre la » Religion Romaine , ennemi de » la perſécution , terraſſant les » Athées , perſonne ne contribua » davantage à ramener les bour- » geois de Londres au culte An- » glican. » On a de lui : I. Un *Traité de la Règle de la Foi*, contre les Athées & les Incrédules. II. Un vol. in-fol. de *Sermons* , publiés pendant ſa vie. *Barbeyrac* & *Beau-*

sobre les traduifirent d'anglois en françois, en 7 vol. in-8°, avec plus de fidélité que d'élégance. III. *Des Sermons* pofthumes, en 14 vol, in-8°. Les Anglois regardent *Tillotfon* comme un homme avec lequel les orateurs François ne peuvent pas être mis en parallèle ; mais il ne feroit pas peut-être difficile de montrer l'injuftice de cette prétention. Du moins les verfions françoifes ont fouvent rendu fon éloquence féche, trifte & monotone. Ses *Sermons* attendent encore un traducteur.

TIMANDRIDE, Spartiate, célèbre par fa vertu. En partant pour un voyage, il abandonna le gouvernement de fa maifon & de fes biens à fon fils. De retour, ayant reconnu que par fon économie il avoit augmenté fon héritage, il lui dit : Qu'*il avoit commis une grande injuftice contre les Dieux, fes proches, fes amis, fes hôtes, & les pauvres, puifqu'il devoit, à l'exception des befoins de la vie, partager entr'eux tout ce qui reftoit de fuperflu.*

TIMANTHE, peintre de Sicyone, & felon d'autres de Cythne, l'une des Cyclades, contemporain de *Pamphile*, vivoit fous le règne de *Philippe* pere d'*Alexandre le Grand.* Ce peintre avoit le talent de l'invention. C'eft lui qui eft l'auteur de ce fameux tableau d'*Iphigénie*, regardé comme un chef-d'œuvre de l'art. Le peintre avoit repréfenté *Iphigénie* avec toutes les graces attachées à fon fexe, à fon âge, à fon rang ; avec le caractére d'une grande ame qui fe dévoue pour le bien public ; & avec l'inquiétude que l'approche du facrifice devoit naturellement lui caufer. Elle étoit debout devant l'autel. Le grand-prêtre *Calchas* avoit une douleur majeftueufe, telle qu'elle convenoit à fon miniftère. *Ulyffe*

paroiffoit auffi pénétré de la plus vive douleur. L'art s'étoit épuifé à peindre l'affliction de *Menelas*, oncle de la princeffe, d'*Ajax*, & d'autres perfonnages préfens à ce trifte fpectacle. Cependant il reftoit encore à marquer la douleur d'*Agamemnon*, pere d'*Iphigénie*. Le peintre, par un trait également ingénieux & frappant, couvrit fon vifage d'un voile. Cette idée a été heureufement employée plufieurs fois depuis, & fur-tout dans le *Germanicus* du *Pouffin*.

I. TIMÉE DE LOCRES, vit le jour à Locres en Italie. *Pythagore* fut fon maître. Il fuppofa avec lui une matiére capable de prendre toutes les formes, une force motrice qui en agitoit les parties, & une intelligence qui dirigeoit la force motrice. Il reconnut, comme fon maître, que cette intelligence avoit produit un Monde régulier & harmonique. Il jugea qu'elle avoit vu un plan fur lequel elle avoit travaillé, & fans lequel elle n'auroit fu ce qu'elle vouloit faire. Ce plan étoit l'idée, l'image ou le modèle qui avoit repréfenté à l'Intelligence fuprême le Monde avant qu'il exiftât, qui l'avoit dirigée dans fon action fur la force motrice, & qu'elle contemploit en formant, les élémens, les corps & le monde. Ce modèle étoit diftingué de l'Intelligence productrice du monde, comme l'architecte l'eft de fes plans. *Timée* de Locres divifa donc encore la caufe productrice du monde, en un efprit qui dirigeoit la force motrice, & en une image qui la déterminoit dans le choix des directions qu'elle donnoit à la force motrice, & des formes qu'elle donnoit à la matiére. La force motrice n'étoit, felon *Timée*, que le feu. Une portion de ce feu dardée par les aftres fur la

M m iv.

terre, s'infinuoit dans des organes, produifoit des êtres animés. Une portion de l'Intelligence univer-felle s'uniſſoit à cette force mo-trice, & formoit une ame, qui te-noit, pour ainſi dire, le milieu entre la matière & l'eſprit. Ainſi l'ame humaine avoit deux parties: une qui n'étoit que la force mo-trice, & une qui étoit purement intelligente. La 1re étoit le principe des paſſions; l'autre étoit répandue dans tout le corps, pour y entre-tenir l'harmonie. Tous les mouve-mens qui entretiennent cette har-monie, cauſent du plaiſir; & tout ce qui la détruit, de la douleur, felon *Timée*. Les paſſions dépen-doient donc du corps; & la vertu, de l'état des humeurs & du fang. Pour commander aux paſſions, il falloit, felon *Timée*, donner au fang le dégré de fluidité néceſſaire pour produire dans le corps une harmo-nie générale. Alors la force mo-trice devenoit flexible, & l'intel-ligence pouvoit la diriger. Il fal-loit donc éclairer la partie raifon-nable de l'ame, après avoir calmé la force motrice, & c'étoit l'ou-vrage de la philofophie. *Timée* ne croyoit point que les ames fuſſent punies ou recompenſées après la mort. Les Génies, les Enfers, les Furies, n'étoient, felon ce philo-fophe, que des erreurs utiles à ceux que la raifon feule ne pou-voit conduire à la vertu. On ne fait précifément en quelle année mourut *Timée*; mais il eft certain qu'il vivoit avant *Socrate*. Il nous refte de lui un petit *Traité de la nature & de l'ame du Monde*, écrit en dialecte Dorique. On le trouve dans les Œuvres de *Platon*, auquel ce Traité donna l'idée de fon *Ti-mée*. Le marquis d'*Argens* l'a traduit en françois avec de longues no-tes, 1763, in-12. On avoit enco-

re du philofophe Locrien l'*Hiſtoire de la Vie de Pythagore*, dont parle *Suidas*, qui eft perdue.

II. TIMÉE, rhéteur de Tauro-mine en Sicile, 285 ans avant J. C., fut chaſſé de la Sicile par le tyran *Agathocles*. Il fe fit un nom célé-bre par fon *Hiſtoire générale de Si-cile*, & par fon *Hiſtoire* particulière *de la Guerre de Pyrrhus*. *Diodore* de Sicile loue fon exactitude dans les chofes où il ne pouvoit fatisfaire fa malignité contre *Agathocles* & contre fes autres ennemis. On avoit encore de lui des ouvrages fur la Rhétorique; mais toutes ces pro-ductions font perdues pour la pof-térité.

III. TIMÉE, fophiſte, laiſſa un *Lexicon vocum Platonicarum*, qui pa-rut à Leyde, 1754, in-8°, par les foins de *David Ruhnkenius*.

TIMOCRATE, philofophe Grec, parut véritablement digne de ce nom par l'auſtérité de fes mœurs. Il s'étoit d'abord interdit les fpec-tacles; mais il fe réconcilia enfui-te avec eux. On ignore le tems où il vivoit.

TIMOCREON, poëte comique, Rhodien, vers l'an 476 avant J. C., eft connu par fa gourmandife, & par fes vers mordans contre *Simo-nide* & *Themiſtocle*. On n'a de ce fa-tyrique que quelques fragmens dans le *Corps des Poëtes Grecs*, Genève, 1606 & 1614, 2 vol. in-fol. On lui fit cette Epitaphe:

Multa bibens, & multa vorans, malè
denique dicens
Multis, hic jacet Timocreon Rho-
dius.

Ci gît fous ce tombeau moins un
Homme qu'un Chien:
Avec voracité mordre, manger &
boire,
Telle eft en quatre mots l'hiſtoire
De *Timocreon* le Rhodien.

TIMOLEON, capitaine Corinthien, voyant que son frere *Timophane* vouloit usurper le pouvoir souverain, lui fit perdre la vie, aidé par son autre frere *Satyrus* : (*Voyez* TIMOPHANE.) Les Syracusains tyrannisés par *Denys le Jeune* & par les Carthaginois, s'adressérent, vers l'an 343 avant J. C., aux Corinthiens, qui leur envoyérent *Timoléon*, avec dix vaisseaux seulement & mille soldats au plus. Ce généreux citoyen marcha hardiment au secours de Syracuse, sut tromper la vigilance des généraux Carthaginois, qui, avertis de son départ & de son dessein par lettres, voulurent s'opposer à son passage. Les Carthaginois étoient pour lors maîtres du port, *Icetas* de la ville, *Denys* de la citadelle ; mais *Denys* se voyant sans ressource, remit à *Timoléon* la citadelle avec toutes les troupes, les armes & les vivres qui y étoient, & se sauva à Corinthe. *Magon*, général Carthaginois, le suivit bientôt après. *Annibal* & *Amilcar*, chargés du commandement après lui, résolurent d'aller d'abord attaquer les Corinthiens ; mais *Timoléon*, marcha lui-même à leur rencontre, avec une poignée de soldats, qui défirent les Carthaginois, & qui s'emparérent de leur camp, où ils trouvérent un butin immense. Cette victoire fut suivie de la prise de plusieurs villes, ce qui obligea les Carthaginois à demander la paix. Les conditions furent, qu'ils ne posséderoient que les terres qui sont au-delà du fleuve Halicus près d'Agrigente ; que ceux du pays auroient la liberté de s'établir à Syracuse avec leur famille & leurs biens, & qu'ils n'auroient aucune intelligence avec les tyrans. *Timoléon* passa le reste de sa vie à Syracuse avec sa femme & ses enfans. Il vécut en homme privé,

sans aucune envie de dominer, se contentant de jouir tranquillement de sa gloire. Après sa mort, on lui éleva un superbe monument dans la place de Syracuse, qui fut appellée *la Place Timoléonte*.

TIMON, *le Misanthrope*, c'est-à-dire *qui hait les hommes*, fameux Athénien, vers l'an 420 avant J. C., étoit l'ennemi de la société & du genre humain, & il ne s'en cachoit pas. Il fuyoit la société, comme on évite un bois rempli de bêtes féroces. Il alla néanmoins un jour dans l'assemblée du peuple, auquel il donna cet avis impertinent : *J'ai un figuier auquel plusieurs se sont déja pendus ; je veux le couper pour bâtir en sa place. Ainsi, s'il y en a quelqu'un parmi vous qui s'y veuille pendre, qu'il se dépêche.* Cet ennemi du genre humain ne laissa pas d'avoir un ami intime, qui se nommoit *Apemante*, auquel il s'étoit attaché à cause de la conformité du caractére. Soupant un jour chez *Timon*, & s'étant écrié : *Cher Timon, que ce repas me paroît doux !--Sans doute*, lui repartit-il, *si tu n'y étois pas.* Le même *Apemante* lui demanda un jour pourquoi il aimoit si tendrement *Alcibiade*, jeune-homme hardi & entreprenant ? *C'est*, lui répondit-il, *parce que je prévois qu'il sera la cause de la ruine des Athéniens.* Un tel original, à sa mort, ne dut pas être beaucoup pleuré. On lui fit une Epitaphe, où son caractére étoit heureusement rendu, & qui se trouve dans l'Anthologie ; la voici en vers françois :

Passant, laisse ma cendre en paix ;
Ne cherche point mon nom, apprens que
*   je te hais :*
Il suffit que tu sois un homme.
Tiens, tu vois ce tombeau qui me couvre
*   aujourd'hui ;*
Je ne veux rien de toi : ce que je veux
*   de lui,*
C'est qu'il se brise & qu'il t'assomme.

TIMOPHANE, frere du célèbre Timoléon, exerça la tyrannie dans Athènes, vers l'an 343 avant J. C. Celui-ci auroit pu partager avec son frere la souveraine autorité; mais bien loin d'entrer dans son complot, il préféra le salut de ses compatriotes à celui de son sang. Après avoir employé à plusieurs reprises, mais en vain, ses prières & ses remontrances, pour engager Timophane à rendre la liberté à ses citoyens, il le fit assassiner. Plusieurs admirérent cette action, comme le plus noble effort de la vertu humaine; les autres jugérent que Timoléon avoit violé les droits les plus sacrés de l'amitié fraternelle. Le caractére de cet inflexible républicain est dévelopé avec force dans la Tragédie de son nom, par M. de la Harpe.

I. TIMOTHÉE, capitaine Athénien, fils de Conon célèbre-général, marcha sur les traces de son pere pour le courage, & le surpassa en éloquence & en politique. Il s'empara de Corcyre, & remporta sur les Lacédémoniens une célèbre bataille navale, l'an 376 avant J. C. Il prit ensuite Torne & Potidée, délivra Cysique, & commanda la flotte des Athéniens avec Iphicrate & Charès. Ce dernier général ayant voulu attaquer les ennemis pendant une violente tempête, & Timothée ayant refusé, il le fit condamner par le peuple à une amende de cent talens. L'illustre opprimé, hors d'état de payer une si forte amende, se retira à Chalcide, où il mourut. Ce général étoit aussi prudent que courageux. Charès montrant un jour aux Athéniens les blessures qu'il avoit reçues pendant qu'il commandoit les armées; Timothée lui répondit: Et moi j'ai toujours rougi de ce qu'un trait étoit venu tomber assez près de moi, comme m'étant exposé en jeune-

homme, & plus qu'il ne convenoit au Chef d'une si grande armée. Son désintéressement étoit extrême; il rapporta à sa patrie 1200 talens pris sur les ennemis, sans en rien réserver pour lui-même.

II. TIMOTHÉE, poëte-musicien, né a Milet, ville Ionienne de Carie, excelloit dans la poësie Lyrique & Dithyrambique; mais ce fut à la musique qu'il s'appliqua principalement. Ses premiers essais ne réussirent pas; ayant joué en présence du peuple, il fut sifflé. Un tel début l'avoit totalement découragé; il songeoit à renoncer à la musique, pour laquelle il ne se croyoit aucune disposition. Mais Euripide, dont la vue étoit plus juste que celle de la multitude, remarqua le talent de Timothée au milieu de sa disgrace; il l'encouragea, & l'assura d'un succès éclatant que l'avenir justifia. En effet, Timothée devint le plus habile joueur de cithare; il ajoûta même des cordes à cet instrument, à l'imitation de Therpandre; ce qui fut de nouveau condamné par un décret des Lacédémoniens, que Boëce nous a conservé. On dit que ce fut Timothée qui introduisit dans la musique le genre Chromatique, & qui changea l'ancienne manière de chanter simple & unie, en une nouvelle maniére fort composée. Il florissoit vers l'an 340 avant J. C.

III. TIMOTHÉE, Ammonite, général des troupes d'Antiochus Epiphane, qui ayant livré plusieurs combats à Judas Machabée, fut toujours vaincu par ce grand capitaine. Après la perte de la derniére bataille, où son armée fut taillée en piéces, Timothée s'enfuit à Gazara avec Chereas son frere, & il y fut tué... Il y en avoit un autre de même nom, aussi général des troupes d'Antiochus, qui ayant assemblé une puissante armée au-delà du Jourdain, fut vaincu par Judas Machabée & par Jonathas, son frere, qui défirent entiérement son armée. Timothée, étant tombé entre les mains de Dosithée & de Sosipatre, les conjura de lui sauver la vie, & s'engagea à renvoyer libres tous les Juifs qu'on rêtenoit captifs: ils le laisserent aller.

IV. TIMOTHÉE, disciple de St Paul, étoit de Lystres, ville de Lycaonie, né d'un pere Païen & d'une mere Juive. L'Apôtre étant venu à Lystres, prit Timothée sur le témoignage qu'on lui en rendit, & le circoncit afin qu'il pût travailler au salut des Juifs. Le disciple travailla avec ardeur à la propagation de l'Evangile sous son maitre. Il le suivit dans tout le cours de sa prédication, & lui rendit de très-grands services. Lorsque l'Apôtre des Gentils revint de Rome en 64, il le laissa à Ephèse pour avoir soin de cette Eglise, dont il fut le premier évêque. Il lui écrivit de Macédoine la 1re Epître qui porte son nom, vers l'an 66, dans laquelle il lui prescrit en général les devoirs de sa charge. L'Apôtre peu de tems après étant arrivé à Rome, & se voyant près de la mort, écrivit à son cher disciple la 2e Epître, que l'on regarde comme son testament. Elle est remplie, comme la précédente, d'excellens préceptes pour tous les ministres de l'Eglise. On croit que Timothée vint à Rome où St Paul l'appelloit, & fut témoin du martyre de ce saint Apôtre. Il revint ensuite à Ephèse, dont il continua de gouverner l'Eglise en qualité d'évêque, sous l'autorité de St Jean, qui avoit la direction de toutes les Eglises d'Asie. On pense qu'il fut lapidé par les Païens, lorsqu'il vouloit s'opposer à la célébration d'une fête impie en

l'honneur de Diane, vers l'an 97.

V. TIMOTHÉE, Ir. du nom, patriarche d'Alexandrie l'an 380, mort cinq ans après, est connu principalement par une Epître canonique: Balsamon nous l'a conservée. On lui attribue aussi quelques Vues de Saints.

VI. TIMOTHÉE, patriarche de Constantinople dans le VIe siécle, nous a laissé un bon Traité sur les moyens de rappeller les Hérétiques à la Foi, & sur la manière de se comporter avec ceux qui se sont convertis. Cottelier a inséré cet ouvrage dans ses Monumenta Græca.

TINDALL, (Matthieu) né dans la province de Devon en Angleterre, l'an 1656, étudia sous son pere qui étoit ministre dans le lieu de sa naissance, & fut envoyé, à l'âge de 17 ans, au collège de Lincoln à Oxford. Après s'être fait recevoir docteur en droit, il prit le parti des armes dans les troupes du roi Jacques. Lorsque ce monarque eut été détrôné, Tindall publia un grand nombre d'Ouvrages en faveur du Gouvernement, qui lui procurérent une pension de 200 livres sterlings, dont il jouit jusqu'à sa mort, arrivée à Londres en Août 1733. C'étoit une ame vénale, qui prenoit toujours le parti du plus fort; tour-à-tour Catholique & Protestant; partisan de Jacques lorsqu'il régnoit, & son détracteur quand on lui eut enlevé le sceptre. On a de lui un livre impie, intitulé: Le Christianisme aussi ancien que le Monde, ou l'Evangile, seconde Publication de la Religion de Nature, 1730, in-4° & in-8°. de Jean Conybéare, Jacques Foster & Jean Leland ont écrit fortement contre cet ouvrage, assez mal raisonné & aussi mal écrit. Pope a encore plus maltraité l'auteur dans sa Dunciade. Il avoit en Tindall un censeur important, qui ne lui accordoit que le mérite de mettre en œuvre l'efprit des autres. *Tindall* étoit d'ailleurs, ou affeétoit d'être un royalifte ardent, & *Pope* étoit Jacobite.

· I. TINTORET, (Jacques Robufti, *dit* le) très - célèbre peintre Italien, naquit à Venife en 1512, & fut nommé *le Tintoret*, parce que fon pere étoit Teinturier. Il s'amufoit, dans fon enfance, à crayonner des figures ; fes parens jugérent, par cet amufement, des talens que la nature avoit mis en lui, & le deftinérent à la peinture. Le *Tintoret* fe propofa dans fes études, de fuivre *Michel-Ange* pour le deffin, & *Titien* pour le coloris : *il defegno di Michel Angelo, il colorito di Titiano.* Ce plan lui fit une maniére où il y avoit beaucoup de nobleffe, de liberté & d'agrément. Ce maître étoit fort attaché à fon art, & n'étoit jamais fi fatisfait que lorfqu'il avoit fes pinceaux à la main ; jufques - là qu'il propofoit de faire des tableaux pour le débourfé de fes couleurs, & qu'il alloit aider gratuitement les autres peintres. Le *Tintoret* fut employé par le fénat de Venife, préférablement au *Titien* & à *François Salviati.* Ce peintre a excellé dans les grandes ordonnances. Ses touches font hardies, fon coloris eft frais. Il a, pour l'ordinaire, réuffi à rendre les carnations, & il a parfaitement entendu la pratique du clair-obfcur. Il mettoit beaucoup de feu dans fes idées. La plûpart de fes fujets font bien caraétérifés. Ses attitudes font quelquefois un grand effet ; mais fouvent auffi elles font contraftées à l'excès, & même extravagantes. Ses figures de femmes font gracieufes, & fes têtes deffinées d'un grand goût. Sa prodigieufe facilité à peindre lui a fait entreprendre un grand nombre

d'ouvrages, qui tous ne font pas également bons ; ce qui a fait dire de lui, qu'*il avoit trois pinceaux, un d'or, un d'argent, & un de fer.* Le *Tintoret* mourut en 1594, à 82 ans. Il fut aimé & eftimé par toutes les perfonnes recommandables de fon tems. On a gravé d'après lui. Ses principaux ouvrages font à Venife. *Voyez* ARETIN.

II. TINTORET, (Dominique) fils du précédent, mort à Venife en 1637, âgé de 75 ans, réuffiffoit dans le Portrait ; mais il étoit inférieur à fon pere pour les grands fujets.

III. TINTORET, (Marie) fille du célèbre peintre de ce nom, naquit en 1560, & mourut en 1590. Née avec de grandes difpofitions pour la peinture, *Marie* reçut de fon pere, qui l'aimoit tendrement, tous les fecours qu'elle pouvoit défirer. Elle réuffiffoit finguliérement dans le portrait, & fut fort employée dans ce genre ; mais la mort la ravit à la fleur de fon âge, & laiffa fon pere & fon époux inconfolables de fa perte. Sa touche eft facile & gracieufe, elle faififfoit parfaitement la reffemblance ; fon coloris étoit admirable. Elle excelloit auffi en mufique. On rapporte que fon pere la faifoit habiller dans fon bas-âge en garçon, pour pouvoir la promener par-tout avec lui.

TIPHAIGNE DE LA ROCHE, (Charles-François) médecin de la faculté de Caen, & de l'académie de Rouen, étoit natif de Montebourg, au diocèfe de Coutances, & il mourut l'an 1774, dans la 53ᵉ année de fon âge. Il connoiffoit bien fon art, & aux lumières du médecin, il joignoit les agrémens d'un littérateur ingénieux & enjoué. Il paffa une partie de fa vie dans la capitale, où il publia di-

vers écrits. Les principaux font :
I. *L'Amour dévoilé*, ou *le Syſtême des Sympathiſtes*, 1751, in-12. II. *Amilée*, ou *la Graine d'hommes*, 1754, in-12. III. *Bigarrures Philoſophiques*, 1759, 2 vol. in-12. IV. *Eſſai ſur l'Hiſtoire œconomique des Mers occidentales de France*, 1760, in-8°. V. *Giphanthie*, 1760, 2 vol. in-8°, traduite en Anglois & imprimée à Londres en 1761. Il a donné auſſi une nouvelle édition du *Dictionnaire* de *Furetiére*, fameux par les débats qu'il excita autrefois dans la république des lettres. Les ouvrages de cet eſtimable auteur ſont écrits d'un ſtyle élégant & facile. Ils reſpirent une philoſophie ſaine & aimable. Il s'étoit retiré depuis quelques années dans ſa patrie, & il y vécut plus pour les autres que pour lui.

TIPHAINE, (Claude) Jéſuite, né à Paris en 1571, enſeigna la philoſophie & la théologie dans ſa ſociété. Ses vertus & ſa capacité le rendirent digne des premiéres places de ſon ordre. Il fut recteur des collèges de Reims, de Metz, de la Flèche, & de Pont-à-Mouſſon, & provincial de la province de Champagne. Il eſt connu par quelques ouvrages ſavans : I. *Avertiſſement aux Hérétiques de Metz*. II. *Declaratio & Defenſió Scholaſticæ Doctrinæ SS. Patrum & Doctoris Angelici de Hypoſtaſi, ſeu Perſona*, &c, à Pont-à-Mouſſon, 1634, in-4°. III. Un Traité *De Ordine, ſeu de Priori & Poſteriori*, à Reims, 1640, in-4°. Quoique Jéſuite, il ſoutenoit le ſentiment des *Thomiſtes* ſur la Grace, & il n'en fut pas moins eſtimé dans ſa compagnie, qui le perdit en 1641. Il mourut à Sens, avec la réputation d'un homme plein de piété & de douceur.

TIPHERNAS, *Voy*. TIFERNAS.

TIRAQUEAU, (André) lieutenant-civil de Fontenai-le-Comte, ſa patrie, devint conſeiller au parlement de Bordeaux, puis enfin au parlement de Paris. Il travailla avec zèle à purger le barreau des chicanes qui s'y étoient introduites, & adminiſtra la juſtice avec une intégrité peu commune. *François I* & *Henri II* ſe ſervirent de lui dans pluſieurs affaires très-intéreſſantes. Ses occupations ne l'empêchérent point de donner au public un grand nombre de ſavans ouvrages. Il eut 20 enfans ſelon les uns, & 30 ſelon d'autres, & l'on diſoit de lui « qu'il donnoit tous » les ans à l'Etat un enfant & un » livre. » Il mourut dans un âge très-avancé, en 1558, après avoir honoré ſa patrie & ſon état. Ses ouvrages forment 5 vol. in-fol., 1574. On a de lui : I. Un Traité *des Prérogatives de la Nobleſſe*, 1543, in-fol. II. Un autre *du Retrait lignager*. III. Des Commentaires ſur *Alexander ab Alexandro*, Leyde, 1673, 2 vol. in-fol. IV. Un Traité des *Loix du Mariage*, 1515, in-4°, & pluſieurs autres Livres dont le chancelier de l'*Hôpital*, ſon ami, faiſoit cas. On lui fit cette Epitaphe : *Hîc jacet qui, aquam bibendo, viginti liberos ſuſcepit, viginti libros edidit. Si merum bibiſſet, totum orbem impleſſet.*

" *Tiraqueau*, fécond à produire,
» A mis au monde trente Fils ;
» *Tiraqueau*, fécond à bien dire,
» A fait pareil nombre d'Ecrits.
» S'il n'eût point noyé dans les eaux
» Une ſemence ſi féconde,
» Il eût enfin rempli le monde
» De Livres & de *Tiraqueaux*. »

TIRESIAS, fameux devin, qui vivoit avant le ſiège de Troie, étoit fils d'*Evére* & de la nymphe *Chariclo*. Ayant un jour vu deux ſerpens accouplés ſur le mont Cithéron, il tua la femelle, & fut ſur le champ

métamorphofé en femme. Sept ans
après, il trouva deux autres ferpens
de même, tua le mâle, & redevint
homme auffitôt. *Jupiter* & *Junon* dif-
putant un jour fur les avantages de
l'homme & de la femme, prirent
Tirefias pour juge, qui décida en
faveur des hommes; mais il ajouta
que les femmes étoient cependant
plus fenfibles. *Jupiter*, par reconnoiffance, lui donna la faculté de
lire dans l'avenir. Ce devin ayant
un jour regardé *Pallas* pendant
qu'elle s'habilloit, devint aveugle
fur le champ. Son hiftoire fabuleufe eft détaillée avec élégance
dans le Poëme de *Narciffe* par *Mal-
fillâtre*. *Strabon* rapporte que le fé-
pulchre de *Tirefias* étoit auprès de
la fontaine de Tilphufe, où il mourut fort âgé, fuyant de Thèbes, ville
de Béotie. On le regardoit comme
l'inventeur des Aufpices, & on
l'honora comme un Dieu à Orco-
mene, où fon oracle avoit beaucoup de célébrité.

TIRIN, (Jacques) Jéfuite d'Anvers, entra dans la fociété en 1580;
& mourut en 1636, dans un âge
avancé. Il travailla avec beaucoup
de zèle dans les miffions de Hollande. Il eft principalement connu
par un *Commentaire* latin fur toute
la Bible, dans lequel il a recueilli
ce qu'il a trouvé de meilleur dans
les autres interprètes. Ce Commentaire forme 2 vol. in-fol. Il eft plus
étendu que celui de *Menochius*, &
quoique moins eftimé, il eft utile à
ceux qui, fans s'attacher aux variantes, veulent feulement entendre le fens du texte, tel qu'il a été
expliqué par les Peres & les Commentateurs.

TIRON, (*Tullius-Tiro*) affranchi
de *Cicéron*, mérita l'amitié de fon
maître par fes excellentes qualités;
il nous refte plufieurs Lettres de
cet orateur, où il fait bien voir

l'inquiétude dans laquelle le mettoit la fanté de *Tiron*, qu'il avoit
laiffé malade à Patris, ville d'A-
chaïe; combien il ménageoit peu
la dépenfe pour lui, & avec quel
zèle il le recommandoit à fes amis.
« Je vois avec plaifir, (écrit-il à
Atticus,) » que vous vous inté-
» reffez à ce qui regarde *Tiron*.
» Quoiqu'il me rende toutes fortes
» de fervices, & en grand nombre,
» je lui fouhaite néanmoins une
» prompte convalefcence, plutôt
» à caufe de fon bon naturel & de
» fa modeftie, qu'à caufe des avan-
» tages qu'il me procure ». Il inventa chez les Latins la manière
d'écrire en abrégé. Il paffe pour le
premier auteur de ces caractéres
que les Romains appelloient *Notæ*,
par le moyen defquels on écrivoit
auffi vite qu'on parloit. Ceux qui
écrivoient de cette manière, s'appelloient *Notarii*, d'où nous eft
venu le nom de *Notaires*. *Tiron*
avoit auffi compofé la Vie de *Cicéron*, dont il étoit le confident &
le confeil, & plufieurs autres ouvrages qui ne font point parvenus
jufqu'à nous. Pour faire connoitre
l'art d'écrire en notes, l'abbé *Car-
pentier*, de l'académie des Infcriptions, nous a donné d'anciens Monumens écrits fuivant cette méthode, auxquels il a joint fes remarques & un Alphabet, fous ce
titre : *Alphabetum Tironianum, feu
Notas Tironis explicandi Methodus :
cum pluribus notis ad Hiftoriam &
Jurifdictionem tum ecclefiafticam, tum
civilem pertinentibus*, Paris, 1747, in-
fol. (*Voyez* RAMSAI, n° 1.) C'eft ce
qu'a voulu rendre *Martial* dans ce
diftique énergique fi connu:*Currant*
verba, &c. dont voici une foible
imitation :

Je ris, trifte conteur, de ta fougue
empreffée ;
Ta langue eft engourdie, & mes doigts
fans effort

Devancent en jouant ta voix embarassée:
Elle a beau se hâter; plus vive en son
    essor,
Ma main volé, & tandis que ta voix
    bronche encor,
Ma plume prévoyante a tracé ma pensée.

TISIPHONE , l'une des trois
Furies : *Voyez* EUMENIDES.

TISSAPHERNE , *Tissaphernes* ,
un des principaux satrapes de Perse
du tems d'*Artaxercès* : *Mnémon* commandoit dans l'armée de ce prince ,
quand *Cyrus* frere d'*Artaxercès* lui livra bataille à Cunaxa. Il eut l'honneur de la victoire ; son maître lui
donna le gouvernement de tous les
pays dont *Cyrus* étoit auparavant
gouverneur , & sa fille en mariage.
Sa faveur ne dura pas. *Tissapherne*
ayant été battu par *Agésilas* , général
des Lacédémoniens , dans la guerre
d'Asie , encourut la disgrace d'*Arta-*
xercès , excité contre lui par sa mere
Parisatis , & fut tué par ordre de ce
prince , à Colosse en Phrygie.

TISSARD ; (Pierre) prêtre de
l'Oratoire , né à Paris en 1666 ,
mort dans cette ville en 1740 ,
enseigna les humanités & la théologie. On a de lui plusieurs *Piéces*
de vers , les unes en latin & les
autres en françois ; & quelques
Ecrits anonymes sur les contestations qui agitoient l'Eglise.

TITAN , fils du *Ciel* & de *Vesta* :
(*Voyez* SATURNE.) Ses enfans
étoient des géans qu'on appelloit
aussi *witans* , du nom de leur pere.
Ils escaladerent le ciel & voulurent
détrôner *Jupiter* : Voy. ce mot.

I. TITE , disciple de *St Paul* ,
Grec & Gentil , fut converti par
cet apôtre , à qui il servit de secrétaire & d'interprète. Il le mena
avec lui au concile de Jérusalem ,
& l'Apôtre ne voulut point que
Tite se fit circoncire , pour marquer
que la Circoncision n'étoit point

nécessaire ; quoique dans la suite
il fit circoncire *Timothée* , en l'envoyant à Jérusalem , parce que les
Juifs l'auroient regardé , sans cette
précaution , comme impur & comme profane. *St Paul* l'envoya depuis à Corinthe pour calmer les
disputes qui partageoient cette
Eglise ; & *Tite* alla ensuite le joindre en Macédoine , pour lui rendre
compte de sa négociation. Peu après
il porta aux Corinthiens la 2ᵉ Lettre
que *St Paul* leur adressoit ; & vers
l'an 63 de J. C. , l'Apôtre l'ayant
établi évêque de l'isle de Crète , il
lui écrivit l'année suiv. de Macédoine une Lettre dans laquelle il
expose les devoirs du ministére
sacré. *Tite* mourut dans l'isle de
Crète , fort âgé.

II. TITE , auteur ecclésiastique
du IVᵉ siècle , après avoir passé par
tous les dégrés de la hiérarchie ,
s'éleva par son mérite à l'évêché
de Bostre dans l'Arabie. La Bibliothèque des Peres nous offre de
cet auteur un *Traité contre les Mani-*
chéens. Il fait honneur à son zèle.

III. TITE ; (*Titus Vespasianus*)
né le 30 Décembre l'an 40 de J. C. ,
étoit fils de *Vespasien* son prédécesseur , & de *Flavia Domitilla*. Il
servit sous son pere , & se fit estimer par une valeur jointe à une
modestie rare. Il obtint le sceptre
impérial l'an 79 , après s'être signalé par la ruine de Jérusalem. Le
premier acte public qu'on vit de
lui , fut une confirmation des gratifications & des privilèges accordés au peuple par les autres empereurs. Sa haine pour la calomnie
le rendit très-rigoureux à l'égard
des *Délateurs*. Il condamna tous
ces accusateurs de profession à être
fustigés dans la principale des places publiques , à être traînés de-là
devant les théâtres , & enfin à être
vendus comme esclaves & relégués

dans des ifles défertes. Pour remédier plus efficacement que fon pere n'avoit fait, à la corruption des Juges & à la longueur des procédures, il ordonna qu'une même caufe ne feroit jugée qu'une fois, & qu'il ne feroit plus permis, après un nombre d'années déterminé, de plaider pour les fucceffions. Il eut, comme *Vefpafien*, un foin particulier de réparer les anciens édifices ou d'en conftruire de nouveaux. Après la dédicace du fameux amphithéâtre bâti par fon pere, il fit achever, avec une incroyable diligence, les Bains qui étoient auprès. Il donna de magnifiques fpectacles, entr'autres un combat naval dans l'ancienne Naumachie. Cinq mille bêtes fauvages furent employées en un feul jour à divertir le peuple, qu'il confultoit toujours avant que de lui donner une fête. Sa popularité étoit telle, qu'il voulut que ceux qui tenoient quelque rang parmi le peuple, puffent venir à fes bains, & s'y trouver en même tems que lui. Il étoit fi porté à faire du bien en tout tems, que s'étant fouvenu un jour, qu'il ne s'étoit rencontré aucune occafion pour lui d'obliger quelqu'un dans la journée, il dit ce beau mot fi connu : *Mes amis, voilà un jour que j'ai perdu!* .. S'il avoit fujet de fe plaindre de quelqu'un, il étoit toujours en garde contre les accufations intentées fur cette même perfonne, lorfqu'elles avoient rapport à lui : *Si je ne fais rien*, difoit-il, *qui foit digne de repréhenfion, pourquoi la calomnie me mettroit-elle en colère ?* ... *Tite* ne fe fervit jamais de fon autorité pour faire mourir aucun de fes fujets. Il ne fe fouilla point de leur fang, quoiqu'il ne manquât pas de juftes fujets de vengeance. Il affûroit, qu'*il aimeroit mieux périr lui-même, que de caufer*

la perte d'un homme. Deux fénateurs ayant confpiré contre lui, & ne pouvant nier le crime dont ils étoient accufés ; il les avertit de renoncer à leur deffein, leur promit de leur accorder tout ce qu'ils fouhaiteroient, envoya fur le champ fes couriers à la mere de l'un, pour la tirer d'inquiétude & lui annoncer que fon fils vivoit. Il les admit tous deux à fa table, le foir même de la découverte de leur abominable complot. Le lendemain il les plaça auprès de lui à un combat de gladiateurs, & leur demanda publiquement leur fentiment fur le choix des épées, lorfqu'on les lui apporta, felon la coutume, avant que de commencer. On attribue un pareil trait de clémence à l'emp. *Nerva.* Il tint à-peu-près la même conduite envers *Domitien*, fon frere, qui excitoit les légions à la révolte. Sous le règne de ce bon prince, l'empire fut expofé à plufieurs calamités. La première fut l'embrâfement de la plupart des villes de la Campanie par les éruptions du Mont-Véfuve ; la feconde, l'incendie de Rome ; la derniére enfin, une pefte, qui emporta jufqu'à mille perfonnes en un jour. Durant tous ces malheurs, *Tite* fe comporta comme un prince généreux & comme un pere tendre ; il vendit les ornemens de fon Palais, pour faire rebâtir les édifices publics. Rome ne jouit pas longtems de fon bienfaiteur. *Tite*, fe fentant malade, fe retira au pays des Sabins ; mais il fut furpris, en y allant, d'une fièvre violente. Alors levant fes yeux languiffans au ciel, il fe plaignit de mourir dans un âge fi peu avancé, lui qui ne jouiffoit de la vie que pour faire du bien. Il expira le 13 Septembre, l'an 81 de J. C. âgé de 41 ans, après un règne de deux ans, 2 mois & 20 jours.

On dit que, lorfque fon frere *Domitien* le vit à l'agonie, il le fit mettre dans une cuve pleine de neige, fous prétexte de le rafraîchir ; il y rendit le dernier foupir. L'idée attachée au nom de *Tite* eft fupérieure à tous les éloges.

TITE-LIVE , (*Titus-Livius*) de Padoue, & felon d'autres d'Apone, paffa une partie de fa vie, tantôt à Naples, tantôt à Rome, où *Augufte* lui fit un accueil très-gracieux. Il eft un de ces auteurs qui ont rendu leur nom immortel , mais dont la vie & les actions font peu connües. *Tite-Live* mourut à Padoue , après la mort d'*Augufte* , le même jour qu'*Ovide*, l'an 17 de J. C., la 4ᵉ année du règne de *Tibére*. Son *Hiftoire Romaine* , qui commence à la fondation de Rome , & qui finiffoit à la mort de *Drufus* en Allemagne, l'a fait mettre au premier rang des grands écrivains. On rapporte qu'un Efpagnol, après la lecture de cette Hiftoire , vint exprès de fon pays à Rome pour en voir l'auteur, & qu'après s'être entretenu avec lui, il s'en retourna fans faire attention aux beautés de cette capitale du monde. Cet ouvr. renfermoit 140 livres, dont il ne nous refte que 35, encore ne font-ils pas d'une même fuite. Ce n'eft pas la 4ᵉ partie de fon Hiftoire. *Jean Freinshemius* a tâché de confoler le public de cette perte, & il y a réuffi autant que la chofe étoit poffible. Il règne dans toutes les parties de l'ouvrage de *Tite-Live* une élégance continue. Il excelle également dans les récits, les defcriptions & les harangues. Le ftyle, quoique varié à l'infini, fe foutient toujours également: fimple fans baffeffe, orné fans affeétation, noble fans enflure : étendu ou ferré,

plein de douceur & de force, felon l'exigence des matières ; mais toujours clair & intelligible. « On » reproche cependant, (dit l'abbé *des Fontaines*) » quelques défauts à *Tite-Live*. Le premier, c'eft » de s'être laiffé trop éblouir de » la grandeur de Rome, maîtreffe » de l'Univers. Parle-t-il de cette » ville encore naiffante ? Il la fait » la capitale d'un grand empire, » bâtie pour l'éternité, & dont l'a- » grandiffement n'a point de bornes. Il tombe quelquefois dans » de petites contradiétions ; & ce » qui eft moins pardonnable ; il » omet fouvent des faits célèbres » & importans. » On lui a reproché encore d'avoir employé quelques expreffions provinciales dans fon Hiftoire. Mais *Pignorius* croit que cette *Patavinité* dont on a tant parlé, regardoit feulement l'orthographe de certains mots, où *Tite-Live*, comme Padouan, employoit une lettre pour une autre, à la mode de fon pays, écrivant *Sibe* & *Quafe* pour *Sibi* & *Quafi*. Quelques-uns penfent qu'elle confiftoit fimplement dans la répétition de plufieurs fynonymes en une même période : redondance de ftyle, qui déplaifoit à Rome & qui faifoit connoître les étrangers. Il eft peu d'hiftoriens qui aient raconté autant de prodiges que *Tite-Live*. Tantôt un bœuf a parlé ; tantôt une mule a engendré ; tantôt les hommes & les femmes ont changé de fexe. Ce ne font que pluies de cailloux, de chair, de craie, de fang & de lait ; mais *Tite-Live* ne rapportoit, fans doute, toutes ces vaines croyances, que comme les opinions du peuple & des bruits incertains, dont lui-même fe moquoit le premier. Il protefte fouvent qu'il n'en fait mention, qu'à caufe de l'impreſſion qu'ils faiſoient ſur la plupart des eſprits. L'édition de *Tite-Live* à Veniſe, 1470, eſt fort rare. Les meilleures ſont les ſuiv. *Elzévir*, 1634, 3 vol. in 12, auxq. on joint les Notes de *Gronovius*, 1 vol... *Cum notis Variorum*, 1665, ou 1679, 3 v. in-8°... *Ad uſum Delphini*, 1676 & 1680, 6 vol. in-4°... Celle de *Drakenborg*, 1738, 7 vol. in-4°... de *le Clerc*, Amſterdam, 1710, 10 vol. in-12... d'*Héarne*, Oxford, 1708, 6 vol. in-8°. Enfin *Crevier* a publié une édition de cet hiſtorien en 6 volumes, in-4°. 1735, enrichie de notes ſavantes & d'une préface écrite avec élégance. On l'a réimprimée en 6 vol. in-12. *Guerin* en a donné une Traduction : (*Voyez* ſon article.)

TITELMAN, (François) né à Aſſel dans le diocèſe de Liége, de Cordelier ſe fit Capucin à Rome en 1535, & mourut quelques années après. Ses ouvrages ſont : I. Une *Apologie* pour l'édition vulgaire de la Bible. II. Des *Commentaires* ſur les *Pſeaumes*, Anvers, 1573, in-fol. III. - ſur les *Evangiles*, Paris 1546, in-fol. IV. Un *Ecrit* ſur l'*Epitre* de *S. Paul* aux Romains, contre *Eraſme*.

TITI, (Robert) né en Toſcane vers le milieu du XVIᵉ ſiécle, ſe fit connoître de bonne heure par ſon amour pour les lettres & par ſes ſuccès. Padoue & Piſe l'appellérent ſucceſſivement pour y profeſſer les belles-lettres, & il s'acquitta de ſon emploi avec diſtinction. Il nous reſte de lui, des *Poéſies* eſtimées de leur tems, peu connues aujourd'hui, quoiqu'elles ne ſoient pas ſans mérite. On les trouve avec celles de *Gherard*, 1571, in-8°. On a encore de cet auteur des *Notes* aſſez bonnes ſur quelques auteurs claſſiques ; dix *Livres* ſur des paſſages d'anciens auteurs, ſur leſquels les littérateurs ne ſont pas d'accord. Il mourut en 1609, à 58 ans.

TITIANE, (*Flavia Titiana*) femme de l'empereur *Pertinax*, étoit fille du ſénateur *Flavius Sulpicianus*. Il y a apparence qu'elle étoit belle ; car elle eut un grand nombre d'adorateurs & elle paſſa ſa vie dans une ſuite non interrompue d'attachemens criminels. Ses amours avec un bateleur furent le ſcandale de Rome ; mais *Pertinax*, très-déréglé lui-même, n'oſa s'y oppoſer. *Titiane* ne jouit pas longtems du rang ſuprême. *Pertinax* fut tué par les ſoldats Prétoriens en Mars 193, & l'impératrice le vit poignarder ſous ſes yeux, 87 jours après ſon élection. Cette cataſtrophe la précipita du trône dans l'obſcurité d'une vie privée, où elle finit ſes jours.

TITIEN, (Le) peintre dont le nom de famille eſt *Vecelli*, né à Cadore dans le Frioul en 1477, mort en 1576, montra dès ſon enfance une forte inclination pour ſon art. Il entra à l'âge de 10 ans chez *Gentil*, & enſuite chez *Jean Bellin*, où il demeura long-tems. La réputation du *Giorgion* excita dans le *Titien* une heureuſe émulation, & l'engagea à lier une étroite amitié avec lui, pour être à portée d'étudier ſa manière. Beaucoup de talens & de ſoins le mirent bientôt en état de balancer ſon maître. Le *Giorgion* s'appercevant des progrès rapides de ſon diſciple, & de l'objet de ſes viſites, rompit tout commerce avec lui. Le *Titien* ſe vit peu de tems après ſans rival par la mort du *Giorgion*. Il étoit deſiré de tous côtés ; on le chargea de faire les ouvrages les plus importans, à Vicence, à Padoue, à Veniſe & à Ferrare. Le talent ſingulier qu'il avoit pour le Portrait, le mit encore dans une haute réputation auprès des grands & des souverains, qui tous ambitionnoient d'être peints de la main de ce grand-homme. *Charles-Quint* s'eſt fait peindre juſqu'à 3 fois par le *Titien*. Ce prince le combla de biens & d'honneurs ; il le fit chevalier, comte Palatin, & lui aſſigna un penſion conſidérable. Les poëtes ont beaucoup célébré ſes talens ſupérieurs, & il eſt un des hommes qui a le plus joui de la vie. En effet, ſon opulence le mettoit en état de recevoir à ſa table les grands & les cardinaux avec ſplendeur. Si ſon caractére doux & obligeant, & ſon humeur gaie & enjouée, le faiſoient aimer & rechercher, ſon mérite le rendoit reſpectable. Une ſanté robuſte qu'il conſerva juſqu'à 99 ans, ſema de fleurs tous les inſtans de ſa vie. Ce grand peintre traitoit également tous les genres ; il rendoit la nature dans toute ſa vérité. Chaque choſe recevoit ſous ſa main l'impreſſion convenable à ſon caractére. Son pinceau, tendre & délicat, a peint merveilleuſement les femmes & les enfans. Ses figures d'hommes ne ſont pas ſi bien traitées. Il a poſſédé, dans un dégré ſupérieur, tout ce qui regarde le coloris, & perſonne n'a mieux entendu le payſage ; il a eu auſſi l'intelligence du clair - obſcur. Les reproches qu'on fait à ce peintre, ſont de n'avoir pas aſſez étudié l'antique, d'avoir manqué ſouvent l'expreſſion des paſſions de l'ame, de s'être répété quelquefois, enfin d'avoir mis beaucoup d'anachroniſmes dans ſes ouvrages. Le *Titien* laiſſoit ſon cabinet ouvert à ſes élèves, pour copier ſes tableaux qu'il corrigeoit enſuite. On rapporte que ſa vue,

ſur la fin de ſa vie, s'étant affoiblie, il vouloit retoucher ſes premiers tableaux qu'il ne croyoit pas d'un coloris aſſez vigoureux. Mais ſes élèves s'en étant apperçus, mirent de l'huile d'olive, qui ne ſéche point, dans ſes couleurs, & effaçoient ce nouveau travail pendant ſon abſence : c'eſt par ce moyen que pluſieurs de ſes chef-d'œuvres admirables ont été conſervés. *Voyez* VECELLI.

TITINIUS, *Voyez* FANNIA.

TITIUS, (Gérard) théologien Luthérien, né à Quedlimbourg en 1620, fut diſciple de *George Calixte*, & devint profeſſeur en hébreu & en théologie à Helmſtadt, où il mourut en 1681, à 60 ans. On a de lui : I. Un *Traité des Conciles.* Helmſtad, 1656, in-4°. II. Un autre *De l'Inſuffiſance de la Religion purement naturelle & de la néceſſité de la Révélation*, 1667, in-4°.

TITYUS, géant énorme fils de *Jupiter* & d'*Elara*, naquit dans un antre ſoûterrein, où ſa mere s'étoit cachée pour ſe dérober à la colére de *Junon*, & paſſa pour fils de la *Terre. Apollon* & *Diane* le tuérent à coups de flèches, ou ſelon d'autres il fut foudroyé, pour avoir voulu faire violence à *Latone* leur mere. Il étoit attaché comme *Prométhée* dans les Enfers, où un vautour inſatiable rongeoit ſans relâche ſes entrailles renaiſſantes : ce géant couvroit 9 arpens de terre, de ſon corps étendu.

TITON DU TILLET, (Evrard) né à Paris en 1677 d'un ſecrétaire du roi, fit ſes études au collége des Jéſuites de la rue St Jacques à Paris. Il en ſortit avec un goût vif pour les belles-lettres, qu'il conſerva juſqu'à la fin de ſes jours. Deſtiné à l'état militaire, il eut, à l'âge de 15 ans, une compagnie de cent Fuſiliers, qui porta fon nom. Il fut enfuite capitaine de Dragons. Ayant été réformé après la paix de Ryfwick, il acheta une charge de maître-d'hôtel de la Dauphine, mere de *Louis XV.* La mort prématurée de cette princeffe, le rendit à lui-même. Il fit le voyage d'Italie , & faifit les beautés des chef-d'œuvres fans nombre de peinture & de fculpture qui égalent l'Italie moderne à l'ancienne. A fon retour il fut commiffaire-provincial des guerres; il exerça cette charge avec une rare générofité. Son attachement pour *Louis XIV*, & fon admiration pour les hommes de génie , lui infpirérent, dès 1708 , l'idée d'élever un Parnaffe en bronze à la gloire de ce roi, & des poëtes & muficiens qui avoient illuftré fon règne. Ce beau monument fut achevé en 1718. C'eft un *Parnaffe* , repréfenté par une montagne d'une belle forme & un peu efcarpée. *Louis XIV*, y paroît fous la figure d'*Apollon*, couronné de laurier, & tenant une lyre à la main. On voit fur une terraffe , au-deffous de l'*Apollon*, les trois Graces du Parnaffe François, Mefd^{es} de la *Suze* & des *Houliéres*, Mll^e de *Scuderi*. Huit poëtes célèbres & un excellent muficien, du règne de *Louis le Grand*, occupent une grande terraffe qui règne autour du Parnaffe. Ils y tiennent la place des neuf *Mufes.* Ces hommes font *Pierre Corneille*, *Moliére* , *Racan* , *Ségrais*; la *Fontaine* , *Chapelle* , *Racine* , *Defpréaux* & *Lulli.* Les poëtes moins célèbres ont des médaillons. *Du Tillet* fuivit exactement , dans l'ordonnance de fon Parnaffe, les avis de *Boileau* , fon illuftre ami. Il auroit été à fouhaiter que ce poëte eût préfidé au choix des favans auxquels *du Tillet* a donné l'immortalité : on y trouveroit moins

dé fujets médiocres, & on ne verroit pas dans le même endroit, de grands génies & de plats rimailleurs, les *Verriére* & les *Defpréaux* , les *Folard* & les *Racine*. Encouragé par le fuccès de fon entreprife , *du Tillet* projetta de faire exécuter ce monument dans une Place ou Jardin public. Il propofa cette idée à *Desforts*, qui étoit à la tête des finances, en lui demandant un *bon* de Fermier-général pour l'exécution. Celui-ci fe contenta d'amirer fon défintéreffement. En 1727, il donna la *Defcription* du Monument poëtique qu'il avoit érigé , avec l'extrait de la vie & le catalogue des ouvrage des poëtes qu'il y avoit placés , en un vol. in-12. Cet ouvrage fut bien accueilli du public. Il le fit réimprimer en 1732, in-folio, & le dédia au roi. Depuis cette époque il donnoit des Supplémens tous les 10 ans, des hommes morts pendant ces intervalles: ces Supplémens viennent jufqu'en 1760. *Du Tillet*, né avec le tempérament le plus robufte, fut exemt des infirmités de la vieilleffe. Il mourut d'un catarrhe, le 26 Décembre 1762, âgé de près de 86 ans. Cet illuftre citoyen étoit d'une fociété & d'une converfation auffi utiles qu'agréables. Il fe faifoit un plaifir & un devoir d'accueillir tous ceux qui cultivoient les lettres, & de fecourir, fans fafte & fans oftentation , ceux d'entr'eux qui étoient dans le befoin. Il favoit le Latin , l'Efpagnol & l'Italien. Prefque toutes les académies de l'Europe fe l'étoient affocié, fans qu'il l'eût follicité. On peut voir dans le dernier *Supplément du Parnaffe*, le nombre des Souverains auxquels il a fait hommage de fes livres, de fes eftampes, de fes médaillons, ainfi que le détail des riches préfens qui lui ont été envoyés. On a encore de *du Tillet* un *Essai sur les honneurs accordés aux Savans* , in-12, où l'on trouve des recherches ; mais dont le style est négligé & monotone, ainsi que celui de sa *Description*.

TIXIER, (Jean) en latin *Ravisius Textor*, de St-Saulge dans le Nivernois, & seigneur de Ravisy dans la même province, tira une partie de son nom de cette terre. Il enseigna les belles-lettres, avec un succès distingué , au collège de Navarre à Paris. Il fut recteur de l'université de cette ville en 1500, & mourut en 1522 , à l'hôpital , suivant quelques auteurs. On a de lui : I. Des *Lettres* 1560 , in-8°. II. Des *Dialogues*. III. Des *Epigrammes*. IV. *Officinæ Epitome*, 1663 , in-8°. V. Une édition de *Opera Scriptorum de claris Mulieribus* , Paris 1651 , in-folio. Ces différens ouvrages sont assez bien écrits en latin, & on peut le mettre au rang des habiles humanistes de son siécle.

TOBIE, de la tribu de Nephtali, demeuroit à Cadès , capitale de ce pays, & avoit épousé *Anne* de la même tribu, dont il eut un fils qui portoit son nom. Emmené captif à Ninive avec sa femme & son fils , il ne se souilla jamais en mangeant , comme les autres Israëlites, des viandes défendues par la loi. Dieu, pour récompenser sa fidélité, lui fit trouver grace auprès de *Salmanasar*, qui le combla de biens & d'honneurs. *Tobie* ne profita des bontés du roi, que pour soulager ses freres captifs. Il alloit les visiter , & leur distribuoit chaque jour ce qu'il pouvoit avoir. Un jour à Ragès , ville des Mèdes , *Gabelus* son parent ayant besoin de dix talens , *Tobie*, qui avoit reçu ces dix mille écus de la libéralité du roi, les lui prêta, sans

exiger de lui d'autre sûreté qu'une obligation par écrit. Sa charité fut récompensée dès cette vie ; Dieu l'éprouva par les souffrances. Un jour , après avoir enseveli plusieurs morts , il s'endormit fatigué au pied d'une muraille, & il lui tomba , d'un nid d'hirondelle, de la fiente chaude sur les yeux, qui le rendit aveugle. *Tobie*, se croyant près de mourir , chargea son fils d'aller à Ragès retirer l'argent qu'il avoit prêté à *Gabelus*. Le jenne-homme partit aussitôt avec l'Ange *Raphaël* qui avoit pris la figure d'*Azarias*. Son guide lui fit épouser *Sara*, sa cousine, veuve de 7 maris que le Démon avoit étranglés. *Tobie* se mit en priéres , & chassa l'Ange des ténèbres. *Raphael* le ramena ensuite chez son pere , à qui il rendit la vue avec le fiel d'un poisson que l'Ange lui avoit indiqué. Le saint vieillard mourut l'an 663 avant J. C. , à 102 ans. Son fils parvint aussi à une longue vieillesse. On croit assez communément que les deux *Tobies* ont écrit eux-mêmes leur Histoire , ou que du moins le Livre qui porte leur nom a été composé sur leurs mémoires. Nous n'avons plus l'original de cet ouvrage , qui étoit Hébreu ou Chaldéen. St *Jérôme* le traduisit en latin sur la Chaldaïque , & c'est sa Traduction que l'Eglise a adoptée , comme la plus simple , la plus claire, & la plus dégagée de circonstances étrangéres. Les Juifs ne reconnoissent pas ce livre pour canonique ; mais ils le lisent avec respect, comme contenant une histoire vénérable , & pleine de sentimens touchans & d'excellentes leçons de morale. C'est le parfait modèle d'un pere & d'un fils religieux.

TOCHO , Goth très-adroit à tirer de l'arc, ne manquoit jamais d'abattre d'un coup de flèche une pomme au bout d'un bâton, dans quelque éloignement qu'on la mît à la portée de l'arc. Cette répu-tation le fit connoître à *Haraud*, fon roi, qui voulut en voir une expérience, & qui lui comman-da d'abattre une pomme de deffus la tête de fon fils. Il obéit, après s'être armé de trois flèches, & perça la pomme de part en part. Le roi lui ayant demandé enfuite pourquoi il s'étoit armé de trois flèches ? *Tocho* lui répondit que « c'étoit pour décocher les deux » autres contre lui, en cas qu'il » eût le malheur de bleffer ou de » tuer fon fils. » On conte auffi la même chofe de *Tell*, qui eut tant de part aux premiers foulèvemens de la Suiffe contre la maifon d'Au-triche; mais on fait quelle foi il faut ajoûter à tous ces petits con-tes, dont les hiftoriens graves ont chargé leurs compilations.

TOD, (André) né à Dieppe, docteur en droit, prêtre de l'Ora-toire, mort en 1630, eft connu par la *Traduction* des Annales de *Baronius*, dont le 1er vol. parut à Paris en 1614, in-fol. Son ftyle eft fort pur pour le tems où il écri-voit. Il avoit efpéré d'en donner la continuation; mais fes voyages, fes emplois, & les occupations qui en font inféparables, ne lui en laifférent pas le loifir.

TOINARD, *Voyez* THOYNARD.

TOIRAS, (Jean du Caylar de *St-Bonnet*, marquis de) né à St. Jean de Cardonnenques en 1585, étoit d'une ancienne maifon du Languedoc. Après avoir été page du prince de *Condé*, il fervit fous *Henri IV*, puis fous *Louis XIII*, qui le fit lieutenant de fa Véne-rie, puis capitaine de fa Voliére. Il excelloit dans tout ce qui re-garde la chaffe; il n'y avoit point

d'homme qui tirât plus jufte, & c'eft par ce talent qu'il fe fit con-noître à la cour. Son emploi l'em-pêchant de fatisfaire fa principale paffion, celle des armes, il prit une compagnie dans le régiment des Gardes, & il donna des mar-ques de fa bravoure aux fiéges de Montauban & de Montpellier. Elevé au pofte de maréchal-de-camp, il fe trouva à la prife de l'ifle de Rhé, dont il eut le gou-vernement, & qu'il défendit con-tre les Anglois qui furent obli-gés de lever le fiége. Il fut en-fuite envoyé en Italie, où il cueil-lit de nouveaux lauriers. Il com-manda dans le Montferrat, & dé-fendit en 1630 Cafal contre le mar-quis de *Spinola*, général Efpagnol, digne de le combattre. Ses fervi-ces furent récompenfés par le bâ-ton de maréchal de France. La défenfe de Cafal lui avoit fait tant de réputation, qu'étant à Rome 4 ans après, le peuple crioit après lui : *Vive* TOIRAS, *le Libérateur de l'Italie* ! Ses freres ayant embraf-fé le parti du duc d'*Orléans*, en-nemi du cardinal de *Richelieu*, il fut difgracié en 1633, privé de fes penfions & de fon gouverne-ment. Les ennemis de la France, plus éclairés fur fon mérite que les François, voulurent l'attirer à leur fervice; mais *St-Bonnet* aima mieux être malheureux, qu'infidèle. Il adoucit les chagrins de fa difgrace par un voyage en Italie. Son méri-te reçut à Rome, à Naples, à Venife, &c. tous les honneurs dont il étoit digne. *Victor-Amedée*, duc de Sa-voye, lié d'intérêt avec l'Efpagne, le fit lieutenant - général de fon armée. Il rempliffoit ce pofte avec fa valeur ordinaire, lorfqu'il fut tué en 1636, devant la forterefse de Fontanette dans le Milanez. Après qu'il eut expiré, les foldats trempérent leurs mouchoirs dans le fang de fa plaie, en difant. que, « tant qu'ils le porte- » roient fur eux, ils vaincroient » leurs ennemis. » Le maréchal de *Toiras* fut fans contredit un des plus grands-hommes de guerre de fon tems. Son mérite fut fon feul crime auprès de *Richelieu*, qui mécontent de la faveur que lui donnoient fes fervices, n'oublia rien pour le noircir auprès de *Louis XIII*. Il fe fignala fur-tout, comme nous avons dit, en défendant Cafal. *Spinola* qui l'attaquoit, enchanté de fa bravoure, s'écria avec admiration : *Qu'on me donne cinquante mille hommes auffi vaillans & auffi bien difciplinés que les troupes que* Toiras *a formées, & je me rendrai Maître de l'Europe entiére.* Sa modeftie étoit encore fupérieure à fa valeur; lorfqu'il racontoit fes exploits, il parloit toujours de lui - même à la troifiéme perfonne, en difant : *Celui qui commandoit*, &c. Le feul défaut qu'on lui reproche, eft d'avoir été d'un emportement exceffif; *Mais*, comme difoit le duc de Savoye, *il avoit tant d'excellentes qualités, qu'on pouvoit bien lui paffer une chaleur de fang, qui fouvent n'étoit pas volontaire.* Les curieux qui voudront connoître plus particuliérement ce grand-homme, pourront confulter l'Hiftoire de fa vie par *Michel Baudiére*, in-12.

TOLAND, (Jean) né l'an 1670 dans le village de Redcaftle en Irlande, fut élevé dans la religion Catholique. Il fit fes études en l'univerfité de Glasgow, puis dans celle d'Edimbourg, où il embraffa la religion Proteftante. Après avoir paffé quelque tems à Leyde, il fe retira à Oxford, y recueillit un grand nombre de matériaux fur divers fujets. Son goût pour les paradoxes & les nouveautés le tira de l'obfcurité où il avoit croupi jufqu'alors. Il publia divers ouvrages fur la religion & fur la politique, dans lefquels l'impiété, le Déifme, l'Athéifme même paroiffent à découvert. Cet impie fit divers voyages dans les cours d'Allemagne, où il fut reçu mieux qu'il ne méritoit. De-là étant allé en Hollande, il fut préfenté au prince *Eugène*, qui lui donna diverfes marques de libéralité. *Toland* retourna la même année en Angleterre, où il fe ruina par fes folles dépenfes & par fes débauches. Sa conduite auroit dû faire beaucoup de tort à fes opinions : elles fe répandirent pourtant dans fa patrie. *Toland* plaifoit aux Anglois, par les endroits même qui le rendoient ridicule aux yeux des autres nations : par fon animofité contre les François, les Catholiques & les *Stuarts*. Cet homme fingulier mourut à Londres en 1722, à 52 ans, après s'être fait l'Epitaphe fuivante :

H. S. E.
JOANNES TOLANDUS,
Qui in Hibernia prope Deriam natus,
In Scotia & Hibernia ftuduit ,
Quod Oxonii quoquè fecit adolefcens ;
Atque Germaniâ plus femel petitâ ,
Virilem circa Londinum tranfegit ætatem.
Omnium Litterarum excultor,
Et Linguarum plus decem fciens.
Veritatis propugnator ,
Libertatis affertor ,
Nullius autem fectator aut cliens;
Nec minis, nec malis eft inflexus;
Quin quam elegit viam perageret ,
Utili honeftum anteferens.
Spiritus cum æthereo Patre ,
A quo prodiit olim , conjungitur.
Ipfe verò æternum eft refurrecturus ;
At idem futurus Tollandus nunquam.
Natus Nov. 30.
Cætera ex Scriptis pete.

Cette Epitaphe n'eft pas un tableau

fidèle du caractére de *Toland*. Il étoit vain, bizarre, singulier; rejettant un sentiment, précisément parce qu'un auteur célèbre l'avoit soutenu ou embrassé. Opiniâtre dans la dispute, il la soutenoit avec l'effronterie & la grossiéreté d'un Cynique. Ses principaux ouvrages sont : I. *La Religion Chrétienne sans Mystéres*, publiée en anglois à Londres, en 1696, in-8°. Ce livre impie fut condamné au feu en Irlande l'année suivante : ce châtiment n'empêcha point *Toland* d'en donner une *Apologie*. II. *Amyntor, & Défense de la Vie de Milton*, à Londres, 1699, in-8° : ouvrage aussi dangereux que le précédent. III. *L'Art de gouverner par parties*, 1701, in - 8°. IV. *Le Nazaréen*, ou *le Christianisme Judaïque, Païen & Mahométan*, &c. 1718, in-8°. V. *Pantheisticon*, seu *Formula eelebrandæ societatis Socraticæ*, in-8°. Cosmopoli (Londres) 1720. Ce livre est le triomphe de l'impiété la plus téméraire. VI. *Adeisidemon*, sive *Titus-Livius à superstitione vindicatus*: annexæ sunt origines Judaïcæ; à la Haye, en 1709, in-8°. Il y soutient que les Athées sont moins dangereux à l'Etat que les superstitieux, & que *Moyse* & *Spinosa* ont eu à-peu-près les mêmes idées de la Divinité. Cette impiété fut réfutée par *Huet* évêque d'Avranches, sous le nom de *Morin*, & par *Elie Benoît*. Les livres de *Toland*, excepté les deux derniers, sont en anglois. La plupart ont, comme l'on a vu, des titres extravagans, & renferment des idées encore plus extravagantes. Il écrivoit d'une manière confuse, embrouillée & fatigante: aussi, en voulant nuire à la religion, il ne se fit du mal qu'à lui-même, & il eut encore moins d'admirateurs que de disciples. VII. *L'Angleterre libre*,

1701, in - 8°. VIII. Divers *Ecrits contre les François*, 1726, 2 vol. in-8°. & quelques autres livres de politique, moins mauvais que ses ouvrages sur la religion.

I. TOLÈDE, (Ferdinand-Alvarez de) duc d'Albe, né en 1508, d'une des plus illustres familles d'Espagne, dut son éducation à *Fréderic* de *Tolède*, son grand-pere, qui lui apprit l'art militaire & la politique. Il porta les armes à la bataille de Pavie, & au siége de Tunis, sous l'empereur *Charles-Quint*. Devenu général des armées d'Espagne en 1538, il servit sa nation avec succès contre la France, dans la Navarre & dans la Catalogne. Elevé au poste de généralissime des armées Impériales, il marcha contre les Protestans d'Allemagne en 1546. Il gagna l'année suivante la fameuse bataille de Mulberg, où les Protestans furent entièrement défaits. L'électeur de Saxe, leur général, y fut fait prisonnier, avec *Ernest* duc de Brunswick, & plusieurs autres chefs. Cette victoire fut suivie de la prise de Torgau, de Wittemberg, & de la réduction de tous les rebelles. Après s'être signalé en Allemagne, il suivit l'empereur au siége de Metz, où il fit des prodiges de valeur, que le courage des assiégés rendit inutiles. *Philippe II*, successeur de *Charles-Quint*, se servit de lui avec le même avantage que son pere. En 1567, les habitans des Pays-Bas, aigris de ce qu'on attentoit continuellement à leur liberté, & de ce qu'on vouloit gêner leurs opinions, parurent disposés à prendre les armes. *Philippe II* envoya le duc d'*Albe* pour les contenir. Ce choix annonça les plus grandes barbaries. On se souvenoit que *Charles-Quint*, délibérant sur le traitement qu'il

feroit aux Gantois, qui fe révol-
térent en 1539 , avoit voulu favoir le fentiment du duc, qui répondit qu'*une Patrie rebelle devoit
être ruinée.* Les premiéres démarches du duc d'*Albe* confirmérent
l'opinion qu'on avoit de lui. Il
fit périr fur un échafaud les comtes
d'*Egmont* & de *Horn.* Comme quelques perfonnes lui parurent éton-
nées de cette réfolution fanguinaire , il leur dit que *peu de têtes
de Saumons valoient mieux que plufieurs milliers de Grenouilles.* Après
ce trait de févérité, il marche aux
Confédérés & les bat. Le plaifir
d'avoir remporté une victoire fignalée eft empoifonné par le chagrin de voir un village réduit en
cendres , après l'action , par un
régiment de Sardaigne. Ce crime
fut puni comme il le méritoit. Il
fit pendre fur le champ les auteurs de l'incendie, & dégrada toutes les compagnies, excepté une
qui n'étoit point coupable. Le
prince d'*Orange*, chef des Confédérés, parut bientôt à la tête d'une
armée confidérable. Le jeune *Fréderic* de Tolède , chargé de l'obferver, envoya conjurer le duc
d'*Albe* , fon pere , de lui permettre d'aller attaquer les rebelles.
Le duc , qui eft perfuadé avec
raifon , que les fubalternes ne
doivent pas fe mêler de juger s'il
faut ou s'il ne faut pas combattre , répond : *Allez dire à mon fils,
que fa demande ne lui eft pardonnée
qu'à caufe de fon inexpérience & de
fa jeuneffe. Qu'il fe garde bien de
me preffer davantage de m'approcher
des ennemis ; car il en coûteroit la vie
à celui qui fe chargeroit de ce meffage.* Ses fuccès augmentèrent tous
les jours , ainfi que fa cruauté.
Après la prife de Harlem , le duc
d'*Albe* quitta les Pays-Bas. Il y
avoit commencé fon adminiftra-

tion , en faifant conftruire à Anvers une Citadelle qui avoit 5
baftions. Par une vanité jufqu'alors
inconnue , il en avoit nommé 4
de fon nom & de fes qualités, *le
Duc, Ferdinand, Tolède, d'Albe.* On
donna au 5ᵉ le nom de l'ingénieur ;
il n'étoit fait nulle mention du
roi d'Efpagne. Lorfque cette citadelle fut achevée , l'orgueilleux
duc d'*Albe*, qui avoit remporté de
grands avantages fur les Confédérés , y fit placer fa Statue en
bronze. Il étoit repréfenté avec
un air menaçant, le bras droit étendu vers la ville ; à fes pieds étoit
la Nobleffe & le Peuple, qui prof-
ternés fembloient lui demander
grace. Les deux ftatues allégoriques avoient des écuelles pendues
aux oreilles, des befaces au cou,
pour rappeller le nom de *Gueux*
que l'on avoit donné aux mécontens. Elles étoient entourées de
ferpens, de couleuvres & d'autres
fymboles deftinés à défigner la
fauffeté , la malice & l'avarice :
vices reprochés par les Efpagnols
aux vaincus. On lifoit au-devant
du piédeftal cette infcription faftueufe : *A la gloire de Ferdinand-Alvarez de* Tolède, *Duc d'*Albe......
*pour avoir éteint les féditions, chaffé
les Rebelles , mis en fureté la Religion , fait obferver la juftice , & affermi la paix dans ces Provinces.* Ce
vainqueur fanguinaire laiffa le gouvernement des Pays-Bas à Don
Louis de *Requefens* , grand-com-
mandeur de Caftille, en 1574. Le
duc d'*Albe* jouit d'abord , à la cour,
de la faveur que méritoient fes fervices ; mais s'étant oppofé au mariage de fon fils, le roi *Philippe II*,
qui avoit projetté cet hymen, l'envoya prifonnier à Uzeda. Il obtint fa liberté 2 ans après , & fut
mis à la tête d'une armée que l'on
fit entrer en Portugal l'an 1581.

Cet habile général y fit autant de conquêtes que d'entreprises. Il défit Don *Antoine* de *Crato*, qui avoit été élu roi, & se rendit maître de Lisbonne. Il y fit un butin inestimable, qui fut encore augmenté par l'arrivée de la flotte des Indes dans le port de cette ville. Mais les Espagnols y commirent tant d'injustices & de violences, que *Philippe II* nomma des commissaires pour rechercher la conduite du général, des officiers & des soldats. On accusoit le duc d'*Albe* d'avoir détourné à son usage l'argent des vaincus : comme on lui en demandoit compte, il répondit qu'il n'avoit à en rendre qu'au roi. *S'il me le demande, je lui mettrai en ligne de compte des Royaumes conservés ou conquis, des victoires signalées, des sièges très-difficiles, & soixante & dix ans de service... Philippe,* craignant une sédition, fit cesser les poursuites ; mais le duc d'*Albe* mourut peu de tems après en 1582, à 74 ans, sans avoir eu le tems de jouir du fruit de ses nouvelles victoires : (*Voyez* sa *Vie,* Paris 1698, 2 vol. in-12.) Il laissa la réputation d'un général expérimenté & d'un politique habile ; mais d'un homme cruel, vindicatif & vain à l'excès. Il donna d'abord peu d'idée de ses talens. *Charles - Quint* lui-même en avoit si mauvaise opinion, que lui ayant accordé les premiers grades par des considérations particulières, il ne lui confia de long-tems aucune sorte de commandement. L'opinion de son incapacité étoit si bien établie, qu'un Espagnol très-considérable osa lui adresser une lettre avec cette suscription ! *A Monseigneur le Duc d'Albe, Général des Armées du Roi dans le duché de Milan en tems de paix, & Grand-Maître de la Maison de Sa Majesté en tems*

de guerre. Ce trait de mépris perça le cœur du duc d'*Albe,* le tira de son assoupissement, & lui fit faire des choses dignes de la postérité.

II. TOLÈDE, (Don Pèdre de) homme aussi fier que le duc d'*Albe,* & de la même famille. Il fut ambassadeur de *Philippe III* vers *Henri IV.* Ce prince lui dit un jour, que s'il vivoit encore quelques années, il iroit reprendre la partie du royaume de Navarre envahie par l'Espagne. Don *Pèdre* répondit que *Philippe III* avoit hérité de ce royaume ; que la justice avec laquelle il le possédoit, lui aideroit à le défendre. Le roi lui répliqua : *Bien, bien, votre raison est bonne, jusqu'à ce que je sois devant Pampelune* ; *mais alors nous verrons qui entreprendra de la défendre contre moi.* L'ambassadeur se leva là-dessus, & s'en alla avec précipitation vers la porte : le roi lui demanda *où il alloit si vîte? --Je m'en vais,* dit Don *Pèdre, attendre Votre Majesté à Pampelune, pour la défendre.* (Voy. l'art. d'HENRI IV)... Un autre Don *Pèdre* de TOLEDE, d'une famille bien moins illustre que celle des ducs d'*Albe,* fut nommé gouverneur de Milan par *Philippe IV.* A peine fut-il arrivé dans son gouvernement, qu'un seigneur lui envoya un beau présent de tout ce qu'il y avoit de plus rare en gibier. Don *Pèdre* le fit bien apprêter, & le renvoya tout prêt d'être servi à celui qui le lui avoit envoyé ; & par cette adresse généreuse il prouva aux Milanois, qu'il ne seroit pas facile de le corrompre par des dons.

TOLET, (François) né à Cordoue en Espagne l'an 1532, eut pour professeur dans l'université de Salamanque, *Dominique Soto,* qui l'appelloit un *prodige d'esprit.* Il entra dans la société des Jésuites, & fut envoyé à Rome, où il en-

feigna la philofophie & la théologie , & où il plut au pape *Pie
V.*, qui le nomma pour être fon
prédicateur. Le Jéfuite exerça auffi
cet emploi fous les pontifes fes fuc-
cefleurs. *Grégoire XIII* le fit lui-
même juge & cenfeur de fes propres ouvrages. *Grégoire XIV* , *Innocent IX* & *Clément VIII* qui l'é-
leva au cardinalat, lui conférent
plufieurs affaires importantes. Les
Jéfuites n'avoient point encore eu
de cardinal de leur fociété avant
lui. *Tolet*, quoique Jéfuite & Efpagnol , travailla ardemment à fa
réconciliation de *Henri IV* avec
le S. Siège , malgré *Philippe II* qui
n'oublioit rien pour s'y oppofer.
Henri faifit toutes les occafions de
lui témoigner fa reconnoiffance.
Lorfqu'il eut appris fa mort, arrivée en 1596 , dans la 64ᵉ année
de fon âge, il lui fit faire un fervice folemnel à Paris & à Rouen.
Les emplois du cardinal *Tolet* ne
l'attachérent pas fi fortement, qu'il
.ne fe réfervât toujours quelque
tems pour travailler à fes favans
ouvrages. Les principaux font : I.
Des *Commentaires* fur *St Jean* , Lyon
1614 , in-fol.; fur *St Luc*, Rome
1600, in-f.; fur l'Epître de *St Paul*
aux Romains, Rome 1602, in-4°.
II. Une *Somme des Cas de Confcience*, ou l'*Inftruction des Prêtres* ,
Paris 1619, in-|4°; traduite en
françois in-4°. Il y foutient que les
fujets ne doivent point obéir à
un prince excommunié. Il y enfeigne encore l'équivoque & les
reftrictions mentales.

I. TOLLIUS , (Jacques) natif
d'Inga dans le territoire d'Utrecht,
mort en 1696 , étoit docteur en
médecine & profeffeur ordinaire
en éloquence & en grec dans l'u-
.niverfité de Duisbourg. On a de
lui : I. *Epiftolæ Itinerariæ*, Amfterdam 1700, in-4°. Recueil curieux ,

qui avoit été précédé 4 ans auparavant d'un autre, intit. *Tollu in-
fignia Itinerarii Italici*, Utrecht, in-
.4°. L'auteur y raconte ce qu'il a
obfervé de plus remarquable dans
fes voyages d'Italie, d'Allemagne &
de Hongrie. II. *Fortuita facra*, Amfterdam 1687 , in-8°. III. Une *Edition de Longin* , en 1694 , in-4°,
plus eftimée que l'ouvrage précédent , lequel eft rempli d'idées
vaines fur la Pierre philofophale.
Il avoit plus d'érudition que de
jugement.

II. TOLLIUS, (Corneille)
frere du précédent, fut fecrétaire
d'*Ifaac Voffius*, qui fut obligé, dit-
on, de le chaffer de chez lui. Il
devint enfuite profeffeur en grec
& en éloquence à Hardewick , &
fecrétaire des curateurs de l'univerfité de cette ville. On a de lui:
I. Un Traité *De infolicitate Litteratorum*, que Jean *Burchard Mencke* a
fait réimprimer à Leipfick , en
1707, dans le Recueil intitulé :
Analecta de calamitate Litteratorum.
II. Une *Edition de Palephate* , &
quelques autres écrits où l'on trouve , ainfi que dans les précédens,
des chofes curieufes & recherchées. Nous ne favons pas l'année de fa mort.

III. TOLLIUS, (Alexandre)
frere des précédens, mort en 1675 ,
eft connu par fon *Edition d'Appien* ,
en 2 v. in-8°: elle eft eftimée, par la
fidélité & la beauté de l'impreffion.

TOMASI , (Jofeph-Marie) fils
de *Jules Tomafi* duc de Parme, naquit à Alicate en Sicile l'an 1649.
Quoiqu'il fût l'aîné d'une famille
illuftre , il fe confacra à la Ste
Vierge dès fa plus tendre jeuneffe,
fit vœu de chafteté, & entra dans
l'ordre des Théatins. Sa modeftie
& fes autres vertus le rendirent
le modèle de fes confrères, & fon
vafte favoir, l'admiration des lit-

térateurs Italiens. Il apprit le grec, l'hébreu, le chaldéen ; se rendit habile dans la théologie, & sur-tout dans la connoissance de l'E-criture-sainte, & dans cette partie de la science ecclésiastique qui rè-gle l'Office Divin. Le pape *Clé-ment XI* l'honora de la pourpre Romaine en 1712, & il fallut lui faire violence pour la lui faire ac-cepter. Le nouveau cardinal ré-pandit dans Rome d'abondantes aumônes, & contribua beaucoup par ses sermons & par son zèle à la réforme des mœurs de cette ville. Il mourut saintement en 1713, à 64 ans. Modeste jusqu'au tom-beau, il avoit voulu être enterré sans pompe dans un cimetière ; mais ce désir ne fut point écouté, & on lui érigea dans une église un monument de marbre, digne de son rang & de ses vertus. On a de lui : I. *Theologia Patrum*, 1709, 3 vol. in-8°. II. *Codices Sacramento-rum nongentis annis vetustiores*, in-4°, 1680. III. *Psalterium juxta du-plicem Edit. Romanam & Gallica-nam*, 1633, in-4°. IV. *Psalterium cum Canticis*, *versibus prisco more di-stinctum*, 1697, in-4°; & plusieurs ouvrages de *Liturgie* ancienne, réu-nis à Rome en 1741, 2 tomes in-f. qui prouvent beaucoup d'érudi-tion, & une érudition très-variée.

TOMASINI, (Jacques-Philippe) né à Padoue en 1597, mourut à Citta-Nova en Istrie, dont il étoit évêque, en 1654, à 57 ans. Les lettres dont il fit presque son occupation journalière, furent en quelque sorte la cause de son élé-vation à la dignité épiscopale. Il eut le courage de s'opposer au mauvais goût de son tems, & sur-tout à celui de *Marini*, pour rappeller celui de *Pétrarque*. Il recueillit sans choix & avec peu d'ordre tout ce qu'il trouva sur

cet auteur célèbre, & le publia sous ce titre : *Petrarcha redivivus*, en un vol. in-4°. Il présenta son travail à *Urbain VIII*. Ce pontife l'agréa, & regardant *Tomasini* com-me son parent, le récompensa par l'évêché de Citta-Nova. L'auteur corrigea son ouvrage, & en don-na une nouv. édition en 1650. Nous avons encore de lui : I. Une bonne édit. des *Epitres de Cassandre Fidèle* avec sa *Vie*. II. Les *Vies* de plus. per-sonnages illustres, 1630 & 1644, vol. in-4°. III. Les *Annales des Chanoines de S. George in alga*, congrégation de Prêtres séculiers dont il avoit été membre : ce li-vre est en latin. IV. *Agri Patavini Inscriptiones*, 1696, in-4°. V. *Gym-nasium Patavinum*, 1654, in-4°.

TONSTAL, (Cutbert) docteur d'Oxford, naquit à Tacford, dans l'Hertfodshire, en 1476, d'une famille illustre. Après avoir forti-fié son esprit par l'étude des ma-thématiques, de la philosophie & de la jurisprudence, il devint secré-taire du cabinet du roi d'Angle-terre. *Henri VIII* l'ayant envoyé dans plusieurs ambassades, fut si satisfait de ses services, qu'il lui donna l'évêché de Londres en 1522, & celui de Durham en 1530. *Ton-stal*, approuva d'abord la dissolu-tion du mariage de son bienfaiteur avec *Catherine* d'Espagne, & fit même un livre en faveur de cette dissolution ; mais dans la suite il condamna son ouvrage, & finit ses jours dans une prison pour la dé-fense de la Foi, en 1559, à 84 ans. On a de lui : I. Un Traité de l'*Art de compter*, Londres 1522, in-fol. II. Un autre de la *Réalité du Corps & du Sang de J. C. dans l'Eucharistie*, Paris 1554, in-4°. III. Un *Abrégé de la Morale d'Aristote*, Paris 1554, in-8°. IV. *Contra impios Blasphematores Dei Prædestinationis*

Antuerpiæ , 1555 , in-4°.

TORBERN, *Voyez* FEBOURG.

TORELLI , (Jacques) gentil-homme de la ville de Fano , & chevalier de l'ordre de St Etienne , naquit en 1608. Ses rares talens pour l'architecture & la décora-tion théâtrale , le firent appeller en France par *Louis XIV* , qui lui donna le titre de son architecte & de son machiniste. Il exécuta plu-sieurs piéces à machines , entr'au-tres l'*Andromède* de *Corneille* , & il étonna les spectateurs. On crut voir des prodiges ; mais *Servan-doni* a fait depuis des choses plus merveilleuses. *Torelli* s'étant enrichi à Paris & à la cour , alla mourir en 1678 à Fano , où il construisit le magnifique Théâtre qu'on y voit.

- TORFÉE, (Thormond) de Mis-nie, vivoit dans le XVIIe siécle. Il est connu par son *Histoire des Orcades* , 1715 , in-fol. ; & par celle *de la Norwége* , en 4 vol. in-fol. , 1711. Ces deux ouvrages estimés sont en latin. L'auteur mourut vers l'an 1720, âgé de 81 ans.

- TORNHILL , *Voy.* THORNILL.

. I. TORNIEL , homme cruel , plus redouté par ses barbaries que par sa valeur , défendit Novare sa patrie, en 1522, contre le maré-chal de *Lescun*. Ce misérable man-geoit, dit-on, le foie des Fran-çois qui tomboient entre ses mains. La ville ayant été prise , il fut pendu avec les bourreaux qu'il employoit à ses exécutions.

II. TORNIEL , (Augustin) reli-gieux Barnabite , né à Novare en 1543 , mort en 1622 , est avanta-geusement connu par des *Annales Sacri & Profani* , depuis le commen-cement du monde jusqu'à J. C. en 2 volumes in-fol. à Anvers , 1620. On peut les regarder com-me un bon Commentaire des livres

historiques de l'Ancien-Testament. Il est un des premiers qui ont éclairci les difficultés de chronolo-gie & de géographie qui se trou-vent dans les Livres-saints & dans les Historiens profanes. Son ou-vrage est fait avec méthode , & écrit avec autant de clarté que de naturel. On peut lui reprocher seulement d'être quelquefois trop crédule.

TORQUATO-TASSO, *Voyez* TASSE.

TORQUATUS , *Voyez* MAN-LIUS-TORQUATUS , n° III.

TORQUEMADA , (Jean de) religieux Dominicain , plus connu sous le nom de *Turrecremata* , na-quit à Valladolid , d'une famille illustre. Il eut divers emplois im-portans dans son ordre , devint maître du sacré Palais , & fut en-voyé par le pape *Eugène IV* au concile de Bâle. Il avoit déja assisté à celui de Constance en 1417. Il se signala dans l'un & dans l'autre par son zèle contre les Héréti-ques. Il n'en montra pas moins pour les intérêts de la cour de Rome , qui lui donna le chapeau de cardinal en 1439. On a de lui : I. Des *Commentaires* sur le *Décret* de *Gratien* , Venise 1578 , 5 tomes. II. Un *Traité de l'Eglise & de l'au-torité du Pape* , Venise 1562 , in-fol. III. *Expositio in Psalmos* , Mo-guntiæ 1474 , in-fol. IV. Divers autres ouvrages en latin , écrits avec sécheresse & pleins de maxi-mes Ultramontaines. Ce cardinal mourut à Rome en 1468 , à 80 ans, avec la réputation d'un hom-me habile dans la théologie de l'E-cole & dans le droit canonique.

TORRE , (Philippe de la) né à Ciudad de Frioul en 1657 , mon-tra beaucoup de goût pour l'étude des monumens de l'antiquité. Il le satisfit à Rome , où il se fixa. Son favoir lui concilia l'eſtime & la bienveillance des cardinaux *Imperiali* & *Noris*, & des papes *Innocent XII* & *Clément XI*: ce dern. lui donna, en 1702, l'évêché d'Adria. Le peu de reſſources qu'il avoit pour la littérature dans une petite ville, ne purent diminuer ſon zèle pour l'étude. On a de lui: I. *Monumenta veteris Antii*, 1700, in-4°, liv. très-ſavant. II. *Taurobollium antiquum*, *Lugduni anno 1704 repertum, cum explicatione*. Il ſe trouve dans la *Bibliothèque choiſie*, tom. XVII°. III. *De annis imperii M. Antonii Aurelii Heliogabali*, 1714, in-4°. *La Torre* avoit les connoiſſances d'un érudit profond & les vertus d'un évêque. Il mourut en odeur de ſainteté en 1717.

I. TORRENTIUS, (*Lævinus*) connu auſſi ſous le nom de *Vander-Beken* & de *Torrentin*, né à Gand vers 1520, fut ſecond évêque d'Anvers, puis transféré à l'archevêché de Malines. Il mérita ces deux dignités, par la maniére dont il s'acquitta d'une ambaſſade auprès de *Philippe II*, roi d'Eſpagne. Ce prélat mourut en 1595, après avoir légué ſon cabinet & ſa bibliothèque aux Jéſuites, pour leſquels il fonda un collège à Louvain. Les devoirs de ſon état & la littérature remplirent tout le cours de ſa vie, & la poëſie en fit l'agrément. Les *Vers Latins* qu'il a laiſſés, 1594 in-8°, ſont eſtimés. Ses *Commentaires ſur Horace* & ſur *Suétone*, 1610, in-fol. tiennent un rang parmi ceux des meilleurs philologues.

II. TORRENTIUS, (*Jean*) peintre, natif d'Amſterdam en 1589, peignoit ordinairement en petit, & mettoit dans ſes ouvrages beaucoup de force & de vérité. Il auroit pu vivre par ſon mérite dans une fortune honnête & avec l'eſ-

time des honnêtes-gens, ſi ſon goût pour la débauche, & le libertinage de ſon eſprit, ne l'euſſent perdu. En effet il faiſoit des peintures ſi diſſolues, qu'elles furent brûlées par la main du bourreau en 1640. Il devint auſſi l'auteur d'une héréſie, qui le fit arrêter, & mourir dans les tourmens de la queſtion la même année.

TORRICELLI, (*Evangéliſte*) né à Faënza en 1608, montra beaucoup de génie pour les mathématiques. Envoyé à Rome pour s'y perfectionner, il y fut diſciple du Pere *Bénoît Caſtelli*, abbé du Mont-Caſſin, qui le fit connoitre à *Galilée*. Ce célèbre mathématicien, ayant vu le *Traité du Mouvement* du jeune *Torricelli*, l'appella auprès de lui à Florence. *Galilée* étant mort en 1641, *Torricelli* eut une chaire de profeſſeur en mathématiques à Florence, & il cultiva également la géométrie & la phyſique. Il perfectionna les lunettes d'approche; il fit le premier des microſcopes, avec de petites boules de verre travaillées à la lampe; il inventa les expériences du vif-argent, avec le tuyau de verre dont on ſe ſert pour les faire, & qui porte ſon nom; enfin on attendoit de nouvelles merveilles de ce grand homme, lorſque la mort l'enleva aux ſciences en 1647, à 39 ans. Outre ſon *Traité du Mouvement*, on a de lui: I. Ses *Leçons Académiques*, en italien, in-4°, 1715. II. *Opera Geometrica*, Florence 1644, in-4°.

TORTEBAT, (*François*) fameux peintre de Portraits du dernier ſiécle, a auſſi gravé à l'eau-forte, entr'autres les figures anatomiques d'après les tailles de bois de l'*Anatomie* de *Veſal*. Il étoit gendre de *Voüet*.

TORY, (Geoffroi) imprimeur à Paris, natif de Bourges, & mort en 1550, avoit d'abord été profeffeur de philofophie au collège de Bourgogne à Paris. Il contribua beaucoup à perfectionner les caractéres d'imprimerie. Il donna, fur la proportion des lettres, un livre fous le titre de *Champ Fleury*, Paris 1529, in-4°, & depuis in-8°, qui fut très-utile aux typographes. Il eft encore auteur d'une *Traduction* des *Hiéroglyphes* d'*Horus-Apollo*, in-8°; & d'un ouvrage intitulé : *Ædiloquium*, feu *Digefta circà Ædes afcribenda*, in-8°.

TOSTAT, (Alfonfe) docteur de Salamanque, devint enfuite évêque d'Avila, parut avec éclat au concile de Bâle, & mourut en 1454, à 40 ans. On a de lui : I. Des *Commentaires* fur la Chronique d'*Eusèbe*, Salamanque 1506, 5 v. in-f. II. D'autres *Commentaires* fur l'Ecriture-fainte. III. Tous fes Ouvrages furent imprimés à Venife 1596, en 13 vol. in-fol. On ne peut nier qu'il n'ait entaffé beaucoup de paffages ; mais il feroit difficile de fe perfuader qu'il les ait bien digérés. On lui fit pourtant cette Epitaphe :

Hic ftupor eft mundi, qui fcibile difcutit omne.

Des favans à la fois prodige & défefpoir,
Ci gît qui difcuta tout ce qu'on peut favoir.

TOT, (Charles de Ferrare du) confeiller au parlement de Rouen, joignoit à une vivacité d'imagination & à une étendue d'efprit furprenante, une vafte lecture, que fa mémoire fidelle lui rendoit toujours préfente. Il aimoit & connoiffoit les beaux-arts. Ses talens lui acquirent le commerce de prefque tous les favans de fon tems. Il mourut en 1694. On a de lui plufieurs *Piéces* inférées dans divers Journaux; & féparément la *Relation de la Cour de Rome*, qu'il donna fous le nom de *Angelo Corraro*, ambaffadeur de Venife à Rome.

TOTILA, dit auffi *Baduilla*, roi des Goths en Italie, fut mis fur le trône après la mort d'*Evariè*, vers 541. Son courage éclata contre les troupes de *Juftinien*, fur lefquelles il remporta deux victois fignalées. Il fe rendit maître de toute la baffe Italie, & des ifles de Corfe, de Sardaigne & de Sicile. Son entrée dans Naples ne fut pas marquée par des barbaries, comme on devoit s'y attendre, mais par des actes de clémence & de bonté. Comme la faim avoit épuifé les forces des affiégés, & qu'il étoit à craindre qu'ils ne s'incommodaffent en prenant tout-à-coup de la nourriture, il mit des gardes aux portes, pour les empêcher de fortir; & après avoir diftribué lui-même des vivres avec une fage économie, il leur permit d'aller où ils voudroient. Il tourna enfuite fes armes vers Rome, qu'il prit en 546, & qu'il traita avec beaucoup moins de douceur que Naples. Les fénateurs & les plus riches citoyens furent obligés d'aller, couverts de haillons, demander du pain à la porte des Goths. *Rufticienne*, femme du célèbre *Boëce*, qui avoit diftribué tous fes biens aux pauvres durant le fiége, fut réduite à cette extrémité. *Totila* quitta Rome qu'il ne pouvoit garder, & fut défait par *Bélifaire* en fe retirant; mais dès que ce général eut été rappellé à Conftantinople, *Totila* affiégea Rome de nouveau, y entra par ftratagême en 549, & répara les maux de la guerre. *Juſtinien* envoya contre lui *Narsès*, qui le rencontra au pied de l'Apennin. La bataille s'engage, & quelques ſoldats de l'armée impériale ayant rencontré *Totila*, un d'entr'eux lui porta un coup de lance, dont il mourut peu de jours après, l'an 552, après 11 ans de règne. Ce prince avoit du courage, de la hardieſſe & de l'activité; & ce qui eſt bien plus précieux, autant d'amour pour le genre humain, que pouvoit en avoir un Goth & un conquérant.

TOUCHE, Claude Guymond de la) né en 1719, jeune-homme auſſi eſtimable par ſon caractére, que par ſes talens pour la poëſie, porta pendant quelque tems l'habit de Jéſuite ; mais les déſagrémens que lui attira de la part de ces religieux une Comédie qu'il fit jouer en 1748, l'indiſpoſa contre eux. Dans les premiers momens de ſon reſſentiment, il produiſit ſon Epître, publiée en 1766, ſous ce titre : *Les Soupirs du Cloître*, ou *le Triomphe du Fanatiſme*. La poëſie en eſt noble & énergique ; mais les Jéſuites y ſont peints ſous des couleurs biens noires. L'auteur ne tarda pas de les quitter, & il réſolut de ſe conſacrer au Théâtre, pour lequel il avoit du talent & du goût. Il donna en 1757 une Tragédie ſans amour, intitulée : *Iphigénie en Tauride*, qui eut un grand ſuccès, & qui eſt reſtée au Théâtre, quoique la verſification & le ſtyle n'en ſoient pas corrects, & que le dénoument en ſoit manqué: (*Voy.* III. *GRANGES.*) On excuſe ces défauts en faveur d'une conduite régulière, d'une éloquence vive & ſéduiſante, d'une ſcène remplie de grandeur, de tendreſſe & de pathétique entre *Oreſte* & *Pilade* ; & ſurtout en

faveur du grand intérêt réſultant d'une action ſimple, & du naturel qui règne dans le dialogue & les ſentimens. Notre poëte préparoit une Tragédie de *Regulus*, lorſque la mort l'enleva à la fleur de ſon âge, le 14 Février 1670. Il mourut d'une fluxion de poitrine. Quelques momens avant qu'il expirât, il dît à ceux qui l'environnoient, ces deux vers de *Voltaire* :

Et le riche & le pauvre, & le foible & le fort,
Vont tous également des douleurs à la mort.

On a de lui quelques Piéces fugitives manuſcrites, & on a donné au public ſon *Epître à l'Amitié*, qui, quoiqu'un peu longue, eſt agréable à lire. On y trouve pluſieurs vers heureux.

TOUCHES, *Voy.* DESTOUCHES.

I. TOUR, (Frédéric Maurice de la) duc de *Bouillon*, frère aîné du vicomte de *Turenne*, commença à porter les armes en Hollande ſous le prince d'*Orange* ſon oncle, & s'acquit un nom en peu d'années par ſes talens militaires. Ayant enlevé un convoi conſidérable, & fait priſonnier le commandant de l'eſcorte, il contraignit Bois-le-Duc à ſe rendre peu de jours après. Etant gouverneur de Maſtricht, il força les Eſpagnols à en lever le ſiége, par des ſorties fréquentes & meurtrières. Il s'attacha au ſervice de France en 1635. Ce royaume étoit alors rempli de mécontens, que le miniſtére impérieux du cardinal de *Richelieu* avoit ſoulevés ; le duc de *Bouillon* ſe laiſſa entrainer au torrent, & contribua beaucoup à la victoire qu'ils remportèrent au combat de la Marfée. Réconcilié avec la cour, il fut nommé lieutenant-général de l'armée d'Italie ; mais ayant été accufé d'avoir favorifé le complot de *Cinq-Mars* contre le cardinal, il fut arrêté à Cafal, & n'obtint fa liberté qu'en cédant fa fouveraineté de Sédan. L'efpoir de la recouvrer peut-être, le rengagea bientôt après dans la guerre civile, fous la régence de la reine-mere. Il devint l'ame de fon parti. Soit dégoût, foit amour du repos, il mit bas les armes au bout de quelque tems, & fit fa paix avec le roi, qui, en échange de Sédan, lui donna en propriété les duchés-pairies d'Albret & de Château-Thierri, les comtés d'Auvergne & d'Evreux, &c. Il mourut l'an 1652, dans fa 48e année. Brave, actif, vigilant, le duc de *Bouillon* étoit digne, par fon mérite perfonnel & par fa naiffance, de parvenir au faîte des honneurs militaires ; mais fon attachement aux intérêts des princes l'empêcha d'y monter. Un de fes fils joua auffi un rôle, fous le nom de *Cardinal de Bouillon* : *Voyez* ce mot.

II. TOUR, (Henri de la) *Voyez* TURENNE.

III. TOUR, (George de la) profeffeur de botanique dans l'univerfité de Padoue, mort en 1688 à 81 ans, eft connu par deux ouvrages recherchés. I. Une Hiftoire des Plantes fous ce titre : *Dryadum, Hamadryadum, Chloridifque Triumphus*, Patavii, 1685, in-fol. II. *Catalogus Plantarum horti Patavini*, 1662, in-12.

TOUR-BRULÉE, *Voyez* TORQUEMADA.

TOUR-DUPIN, (Jacques-François-René de la) né en Dauphiné en 1721, abbé d'Ambournai & grand-vicaire de Riez, fe fignala de bonne heure dans la chaire. Il prêcha l'Avent à la cour en 1755. Son action étoit noble & affectueufe. Elle auroit eu plus de dignité, peut-être, s'il y étoit entré moins de jeu ; mais

c'étoit le ton de l'auteur. Il avoit commencé à publier fes *Panégyriques*, 6 vol. in-12, lorfqu'une attaque d'apoplexie l'emporta au mois de Juin 1765, à 44 ans. Son ftyle ne manque ni d'élégance, ni de brillant ; mais ces qualités fe font peut-être trop fentir. Il emploie trop fouvent l'antithèfe. Ses applications de l'Ecriture font ingénieufes ; mais elles ne font pas toujours juftes. Cet orateur avoit prêché le Panégyrique de St *Louis* devant l'academie Françoife en 1751, & avoit fatisfait cette compagnie. Il étoit de l'academie de Nanci.

TOUREIL, *Voy.* TOURREIL.

TOURNEFORT, (Jofeph Pitton de) né à Aix en Provence, l'an 1656, d'une famille noble, fe fentit botanifte, dit *Fontenelle*, dès qu'il vit des plantes. Quelquefois il manquoit à fa claffe pour aller herborifer à la campagne, & pour étudier la nature au lieu de la langue des anciens Romains. Ses parens le deftinérent à l'état eccléfiaftique ; mais la mort de fon pere, arrivée en 1677, le laiffa entièrement maître de fuivre fon inclination. Il profita auffitôt de fa liberté, & parcourut en 1678 les montagnes du Dauphiné & de Savoye. En 1679 il alla a Montpellier, où il fe perfectionna beaucoup dans l'anatomie & dans la medecine. Un Jardin des plantes, établi dans cette ville par *Henri IV*, lui fut d'un grand fecours. De Montpellier il paffa aux Pyrenées, où il fut dépouillé 2 fois par les Miquelets Efpagnols, fans que ces accidens puffent diminuer fon ardeur. Les rochers affreux & prefque inacceffibles qui l'environnoient de toutes parts, s'étoient changés pour lui en une magnifique bibliothèque, où il avoit le plaifir de trouver tout ce que fa curiofité demandoit. Un jour, une méchante cabane où il couchoit, tomba tout-à-coup. Il fut 2 heures enféveli fous les ruines, & y auroit péri, fi on eût tardé encore quelque tems à le retirer. Il revint à Montpellier à la fin de 1681, & de-là il alla chez lui à Aix, où il rangea dans fon Herbier toutes les Plantes qu'il avoit ramaffées de Provence, de Languedoc, de Dauphiné, des Alpes & des Pyrenées. *Fagon*, premier médecin de la reine, l'appella à Paris en 1683, & lui procura la place de profeffeur en botanique au Jardin royal des Plantes. Cet emploi ne l'empêcha pas de faire plufieurs voyages en Efpagne, en Portugal, en Hollande & en Angleterre. Il trouva par-tout des amis & des admirateurs. *Herman*, profeffeur de botanique à Leyde, voulut lui réfigner fa place, & pour l'engager à l'accepter, il lui fit entrevoir une penfion de 4000 liv. des Etatsgénéraux. Mais *Tournefort* préféra fa patrie à des offres fi flatteufes. La France ne fut pas ingrate ; l'académie des fciences lui ouvrit fon fein en 1692, & le roi l'envoya l'an 1700 en Grèce, en Afie, non feulement pour chercher des Plantes, mais encore pour y recueillir des obfervations fur toute l'Hiftoire naturelle, fur la Géographie ancienne & moderne, & même fur les mœurs, la religion & le commerce des peuples. Il vouloit aller en Afrique ; mais la pefte qui étoit en Egypte, le fit revenir de Smyrne en France au bout de 2 ans. Ses courfes & fes travaux avoient beaucoup altéré fa fanté, & ayant reçu par hazard un coup fort violent dans la poitrine, il en mourut le 28 Décembre 1708. Il laiffa par fon teftament fon Cabinet de curiofités au roi, pour l'ufage des favans, & fes livres de botanique à l'abbé *Bignon*. C'étoient deux

préfens confidérables. *Tournefort* étoit d'un tempérament vif, laborieux, robufte. Un grand fond de gaieté naturelle le foutenoit dans le travail, & fon corps auffi-bien que fon efprit, avoit été formé pour la botanique. Ses principaux ouvrages font : I. *Elémens de Botanique*, ou *Méthode pour connoître les Plantes*, imprimés au Louvre, en 3 vol. in-8°, 1694, avec 451 figures. Cet ouvrage, fait pour mettre de l'ordre dans ce nombre prodigieux de Plantes femées fi confufément fur la face de la terre, les réduit toutes à 14 claffes, par le moyen defquelles on defcend à 673 genres, qui comprennent fous eux 8846 efpèces de Plantes, foit de terre, foit de mer. *Tournefort* en donna, l'an 1700, une édition plus ample, en latin, fous le titre de *Inftitutiones rei Herbariæ*, en 3 vol. in-4° ; mais la 1re édition eft plus recherchée, parce que les figures font moins ufées que dans la feconde. II. *Corollarium Inftitutionum rei Herbariæ*, imprimé en 1703, dans lequel il fait part au public des découvertes qu'il avoit faites fur les Plantes dans fon voyage rient. III. Ses *Voyages*, imprimés au Louvre, 1717, 2 vol. in-4° ; & réimprimés à Lyon, 3 vol. in-8°. IV. *Hiftoire des Plantes des environs de Paris*, imprimée au Louvre, 1698, in-12 ; réimprimée en 1725, 2 vol. in-12. V. *Traité de matiére Médicale*, 1717, 2 vol. in-12.

TOURNELY, (Honoré) docteur de la maifon & fociété de Sorbonne, naquit à Antibes en 1658, de parens obfcurs. Il gardoit des cochons comme *Sixte-Quint*, lorfqu'ayant apperçu un caroffe dans la route de Paris, il lui prit envie d'aller voir un de fes oncles, qui avoit une petite place à S. Germainl'Auxerrois. Ce fut à ce bon prêtre qu'il dut fon éducation. La vivacité de fon efprit & fes talens lui firent des protecteurs. Il fut reçu docteur de Sorbonne en 1686, & devint profeffeur de théologie à Douai en 1688. La complaifance qu'il eut (dit-on) de fe charger de tout l'opprobre de l'intrigué du faux *Arnauld*, lui mérita la protection des Jéfuites. Ils lui procurèrent un canonicat à la Ste-Chapelle de Paris, une abbaye,& enfin une chaire de profeffeur en Sorbonne. L'abbé *Tournely* la remplit pendant 24 ans avec beaucoup de fuccès, & il ne la quitta qu'en 1716. Ce docteur joua un grand rôle dans les querelles de la Conftitution *Unigenitus*, à la défenfe de laquelle il confacra fa plume. Il travailloit pour elle, lorfqu'une attaque d'apoplexie le priva de la vue, & le conduifit au tombeau en 1729, à 71 ans. Ce théologien avoit de l'efprit, de la facilité, du favoir, & il s'en fervit pour faire fa fortune. Ses ennemis l'ont accufé, & ce n'eft pas peut-être fans raifon, d'avoir eu un caractére ambitieux & fouple, qui favoit donner aux chofes la tournure qu'il lui plaifoit. Ils prétendent même, peut-être fans fondement, qu'il ne fe faifoit pas une difficulté d'écrire contre fa penfée. On a de lui un *Cours de Théologie* en latin, en 16 vol. in-8°, dans lequel on trouve 2 vol. fur la Grace, 2 fur les Attributs, 2 fur les Sacremens, 2 fur l'Eglife, 2 fur la Pénitence & l'Extrême-Onction, 2 fur l'Euchariftie, un fur le Baptême, un fur l'Incarnation, un fur l'Ordre, un fur le Mariage. Cette Théologie, une des plus méthodiques & des plus claires que nous ayons, a été réimprimée à Venife en 16 vol. in-4°. On en a trois Abrégés : L'un eft de *Montagne*, docteur de Sorbonne, pretre de St Sulpice, qui n'a

travaillé que fur quelques Traités. Le fecond, moins étendu, eft de *Robbe*. Le 3ᵉ a paru depuis 1744; on le doit à *Collet*, prêtre de la Congrégation de St *Lazare* : c'eft le plus en ufage dans les Séminaires.

TOURNEMINE, (René-Jofeph de) Jéfuite, né en 1661, à Rennes, d'une des plus anciennes maifons de Bretagne, travailla longtems au *Journal de Trévoux*, & fut bibliothécaire des Jéfuites de la maifon-profeffe à Paris. La plûpart des favans de cette capit. le regardoient commé leur oracle. Tout étoit de fon reffort : Ecriture-fainte, théologie, belles-lettres, antiquités facrée & profane, critique, éloquence, poéfie même. Il eft certain qu'à une imagination vive, il joignoit une érudition peu commune & variée. Il étoit d'un caractére fort communicatif, fur-tout à l'égard des étrangers; mais la plûpart de fes confréres l'accufoient d'être vain, fier, rempli de prétentions. Elles lui venoient de fon vafte favoir & de fa haute naiffance. Il fe plaignoit quelquefois qu'on le confondit avec un fimple religieux. Le préfident de *Montefquieu* ayant eu à fe plaindre de lui, ne s'en vengea qu'en demandant : *Qu'eft-ce que le P. de* Tournemine? *Je ne le connois pas*. Ce Jéfuite mourut à Paris en 1739, à 78 ans. On a de lui : I. Un grand nombre de *Differtations* répandues dans le *Journal de Trévoux*. Il illuftra cet ouvrage, non feulement par fes Differtations, mais encore par de favantes analyfes. On fe plaignit cependant, de fon tems, que la louange & le blâme n'étoient pas difpenfés avec équité; qu'on revenoit trop fouvent fur les matières polémiques, & qu'on y voyoit trop les préventions d'un Jéfuite & celles d'un théologien de parti. Le *Journal de Trévoux* a eu le fort des Jésuites ; il est tombé avec eux, & les efforts que quelques écrivains avoient faits jusqu'à présent pour le ressusciter, n'avoient abouti qu'à lui donner une vie foible, pire que la mort. Mais M. l'abbé *Aubert*, MM. *Castilhon*, & ceux qui en ont été chargés depuis eux, l'ont remis dans son premier état. II. Une excellente édition de *Menochius*, en 2 vol. in-fol., 1719. III. Une édition de l'*Histoire des Juifs* de *Prideaux*, en 6 vol. in-12. IV. Un *Traité*, manuscrit, contre les rêveries du Pere *Hardouin*, qui avoit voulu le choisir pour être un de ses apôtres ; & dont il fut un des plus ardens adversaires.

TOURNET, (Jean) avocat Parisien, se distingua moins par son éloquence que par des compilations utiles. Les principales sont les suivantes : I. La réduction du Code d'*Henri III*, 1622, in-fol. II. II. Un Recueil d'*Arrêts* sur les matiéres Bénéficiales, en 1631, 2 vol. in-fol. III. Des *Notes* sur la Coutume de Paris. I V. Une *Notice* des Diocèses en 1625, qui avoit déja paru avec sa *Police Ecclésiastique*. V. Il traduisit en françois les Œuvres de *Chopin* ; & sa traduction, publiée en 1635, fut réimprimée avec plus de soin & des augmentations en 1662, 5 vol. in-fol. Il se piquoit aussi de poësie, & on a quelques vers de lui.

TOURNEUX, (Nicolas le) naquit à Rouen en 1640, de parens obscurs. L'inclination qu'il fit paroître dès son enfance pour la vertu & pour l'étude, engagea *du Fossé*, maître-des-comptes à Rouen, de l'envoyer à Paris au collège des Jésuites. Il y fit des progrès si rapides, qu'on le donna pour émule à *le Tellier*, depuis archevêque de Reims. Après avoir fait sa philosophie au collège des Grassins sous *Herscent*, il devint vicaire de la paroisse de St Etienne des Tonneliers à Rouen, où il se distingua par ses talens pour la chaire & pour la direction. En 1675 il remporta le prix de l'académie Françoise, & ce triomphe lui fit d'autant plus d'honneur, qu'il ne composa son Discours que la veille du jour qu'on devoit examiner les piéces. Il quitta bientôt la province pour la capitale, où il obtint un bénéfice à la Ste-Chapelle & une pension du roi de 300 écus. Son éloquence le lui mérita. *Louis XIV* demandant un jour à *Boileau*, quel étoit un prédicateur qu'on nommoit *le Tourneux*, & auquel tout le monde court ? *Sire*, ré ondit ce poëte, *Votre Maj. sait qu'on court toujours à la nouveauté : c'est un Prédicateur qui prêche l'Evangile.* Le roi lui ayant ordonné de lui en dire sérieusement son avis, il ajoûta : *Quand il monte en chaire, il fait si peur par sa laideur, qu'on voudroit l'en voir sortir ; & quand il a commencé à parler, on craint qu'il n'en sorte.* L'éclat des applaudissemens lui suscita des envieux & ne lui inspira que de l'humilité. Pour se dérober à ces applaudissemens, il passa les dernières années de sa vie dans son prieuré de Villers-sur-Fére, en Tardenois, dans le diocèse de Soissons. Ce pieux écrivain mourut subitement à Paris en 1689, à 47 ans. Son attachement à M" de Port-Royal, lui avoit attiré des tracasseries, que ses vertus auroient dû lui épargner. Ses ouvrages sont : I. *Traité de la Providence sur le miracle des Sept Pains.* II. *Principes & Règles de la Vie Chrétienne*, avec des *Avis* salutaires & très-importans pour un Pécheur converti à Dieu. III. *Instructions & Exercices*

de piété durant la fainte Messe. IV. La
Vie de J. C. V. L'Année Chrétienne,
1683 & fuiv.; 13 vol. in-12. VI.
Traduction du Bréviaire Romain en
françois, 4 vol. in-8°. VII. Explication littérale & morale fur l'Epitre de St Paul aux Romains. VIII.
Office de la Vierge en latin & en
françois. IX. L'Office de la Semaine
Sainte en latin & en françois, avec
une Préface, des Remarques & des
Réflexions. X. Le Caréchifme de la
Pénitence, &c. Sa Traduction françoife du Bréviaire fut cenfurée par
une Sentence de Cheron, official
de Paris, en 1688 ; mais Arnauld
en prit la défenfe. On attribue encore à le Tourneux un Abrégé des
principaux Traités de Théologie, in 4°.
Ces différens ouvrages font dignes
d'un prêtre nourri de l'Evangile.
Il ne dit que ce que la force de fon
fujet lui infpire, & il le dit avec cette fimplicité noble qui vaut plus que
tous les ornemens.

TOURNIERES, (Robert) peintre, né à Caen en 1676, vint jeune
à Paris, & fe mit fous la conduite de Bon de Boullongne, pour fe
perfectionner dans fon art. Il s'attacha principalement au Portrait,
& le fit avec un fuccès merveilleux. Il s'appliqua enfuite à peindre en pétit des Portraits hiftoriés,
ou des Sujets de caprice, dans le
goût de Schalken & de Gérard-
Dow. Dans fes portraits en grand
la reffemblance égale le coloris,
& l'harmonie de l'enfemble y eft
des mieux obfervée. Dans les petits, il imite très-bien le beau
ton de couleur de fes modèles,
leurs reflets féduifans, & ce précieux fini qu'on ne peut trop eftimer. M. le duc d'Orléans, régent,
l'honoroit de tems en tems de fes
vifites. Je m'amufe auffi à peindre
quelquefois, lui difoit ce prince,
mais je ne fuis pas fi habile que vous...

Tournières étant vieux, & n'ayant
pas d'enfans de deux mariages qu'il
avoit contractés, fe retira dans fa
patrie en 1750, & y mourut deux
ans après d'une manière très-édifiante.

I. TOURNON, (François de)
d'une famille illuftre, entra dans
l'ordre de S. Antoine de Viennois, & s'y fignala par fa capacité dans les affaires & par fon
zèle pour la religion Catholique.
Son mérite lui fraya le chemin
de la fortune. Il fut l'un des principaux confeillers du roi François
I; archevêque d'Embrun, d'Auch,
de Bourges, de Lyon; abbé de
Tournus, d'Ambournay, de la Chaife-Dieu, d'Ainay; de S. Germain-
des-Prés, de S. Antoine, &c.
Clément VII l'honora de la pourpre en 1530, & le roi l'envoya
ambaffadeur en Italie, en Efpagne
& en Angleterre. Il ne fe diftingua pas moins par fes fuccès dans
les négociations, que par fon
amour pour les fciences. Il avoit
toujours auprès de lui ou Muret,
ou Lambin, ou quelques autres
hommes doctes. Il fonda à Paris le
College de Tournon, qu'il donna
depuis aux Jéfuites. Ce prélat mourut en 1562, à 73 ans, après avoir
préfidé au colloque de Poiffy, où
fon éloquence éclata contre Bèze, qui fe permettoit de mauvaifes plaifanteries fur le facrement
de l'Euchariftie.

II. TOURNON, (Charles-Thomas Maillard de) iffu d'une ancienne famille originaire de Savoie, naquit à Turin en 1668.
Clément XI, inftruit de l'éminence de fes vertus, le facra patriarche d'Antioche en 1701, & l'envoya a la Chine en qualité de légat apoftolique, pour y régler
les différends furvenus entre les
Miffionnaires. Il arriva dans cet

empire en 1705. Son premier foin fut de défendre, par un Mandement, de mettre dans les Eglifes de tableaux avec cette infcription : *Adorez le Ciel* ; & de pratiquer le culte que les Chinois rendent à leurs ancêtres, à *Confucius* & aux Planètes. Il alla enfuite à Pékin, où l'empereur lui fit un accueil favorable, & eut même la bonté de lui expliquer le fens des paroles qu'il avoit défendu de placer dans les Eglifes ; mais cette faveur ne fut que paffagére. Peu de tems après il fut conduit à Macao, & l'évêque de Conon, fon vicaire apoftolique, fut banni. *Tournon* publia un Mandement le 25 Janvier 1707, pour fervir de Réglement à la conduite que devoient garder les Miffionnaires quand ils font interrogés fur le culte des Chinois, & ce Mandement ne raccommoda pas fes affaires. *Clément XI* lui envoya le chapeau de cardinal la même année ; mais il n'en mourut pas moins en prifon, en 1710. C'étoit un homme d'une piété fervente, d'un zèle ardent : il avoit des intentions pures ; mais les bonnes intentions n'excufent pas les démarches précipitées. Les fiennes le furent, & on ne peut nier qu'il garda trop peu de ménagement avec les Jéfuites, dont le crédit étoit au-deffus du fien. On prétend qu'il difoit, que *Quand l'Efprit infernal feroit venu à la Chine, il n'y auroit pas fait plus de mal qu'eux.* A fa mort il parut une eftampe, où l'on repréfentoit un Jéfuite qui, auprès du cardinal mourant, s'emparoit de la barette, avec cette infcription :

> La dépouille, de droit, appartient au Bourreau.

Il faut favoir qu'on accufoit les Jéfuites de l'avoir empoifonné ; mais le poifon qui l'enleva à l'Eglife, fut la difette, & les défagrémens de la captivité la plus dure.

TOURREIL, (Jacques de) né à Touloufe en 1656, du procureur-général du parlement, fit paroître, dès fa jeuneffe, beaucoup d'inclination pour l'éloquence. La capitale lui fembla la plus propre à le perfectionner dans le droit & dans les belles-lettres. Il s'y rendit, & remporta le prix de l'académie Françoife en 1681 & en 1683. Cette compagnie lui ouvrit fes portes, à l'exemple de l'académie des belles-lettres qui l'avoit déja reçu dans fon fein. *Pontchartrain*, contrôleur-général, l'attira chez lui, comme un homme de mérite & de confiance, dont le commerce & les foins pouvoient être utiles au comte fon fils. Lorfque l'académie Françoife préfenta au roi fon Dictionnaire, *Tourreil* étoit à la tête de ce corps ; il fit à cette occafion 28 Complimens différens, qui eurent tous des graces particuliéres. Son principal ouvrage eft une *Traduction* françoife de plufieurs *Harangues de Démofthènes*, qu'on a imprimée avec fes autres ouvrages, en 1721, en 2 vol. in-4°, & en 4 vol. in-12. Il eft le premier qui ait fait fentir aux François ce que valoit ce grand orateur. Il eft fâcheux qu'en voulant lui donner les ornemens de l'art, il ait quelquefois étouffé les graces fimples & naives de la nature. Il tâche de donner de l'efprit à un homme qui brilloit principalement par fon génie : c'eft ce que l'auteur d'*Athalie* lui reprochoit, en le traitant de *Bourreau*. Si *Tourreil* ne rendit pas exactement fon modèle dans fes écrits, il en prit du moins les mœurs & les fentimens : Ame droite & fincére, à l'épreuve de la crainte & de l'intérêt, fans autre plaifir que celui de l'amour des lettres, fans autre ambition que celle de remplir les devoirs d'une exacte probité. On l'accufoit d'être un peu rude & trop brufque; mais fes défauts tenoient de près au caractére de fes vertus. Il empêcha par fes intrigues la réception de l'abbé de *Chaulieu* à l'académie Françoife. *Tourreil* eft un de ceux qui ont le plus contribué au *Recueil de Médailles fur les principaux événemens du règne de Louis XIV*, réimprimé en 1702. Cette édition lui valut une augmentation de la penfion que la cour lui avoit accordée. Il mourut en 1714, à 58 ans.

- TOURVILLE, (Anne-Hilarion de Coftentin de) né au château de Tourville, diocéfe de Coutances, en 1642, fut reçu chevalier de Malte à 4 ans; mais il n'en fit point les vœux, quoiqu'il eût fait fes caravanes avec beaucoup de diftinction. Ayant armé un vaiffeau en courfe avec le chevalier d'*Hocquincourt*, ils firent des prifes confidérables, & ce qui eft encore plus glorieux, ils donnérent des preuves du courage le plus intrépide. Ils mirent en fuite fix navires d'Alger ; & contraignirent à une honteufe retraite 36 galères. Le roi l'attacha à la Marine-royale, en lui donnant le titre de capitaine de vaiffeau. Il commanda fous le maréchal de *Vivonne* au combat de Palerme, où il fe fignala. Honoré du titre de chef-d'efcadre en 1677, il combattit fous *du Quefne*, & mérita de remplacer ce grand-homme. Lieutenant-général en 1681, il pofta en plein jour la première galiotte pour bombarder Alger :

opération qui ne s'étoit encore faite que de nuit. Il cueillit de nouveaux lauriers en forçant au falut, en 1689, l'amiral d'Efpagne, quoiqu'il n'eût que 350 hommes & 54 canons, & que fon ennemi eût 500 hommes fort de 70 piéces de canon. L'année d'après il paffa le détroit de Gibraltar avec une efcadre de 20 vaiffeaux de guerre, pour fe joindre au refte de l'armée navale qui étoit à Breft ; & il fit cette jonction importante, à la vue même des ennemis. On le chargea du commandement de toute l'armée navale; il chercha la flotte ennemie pour la combattre, mais elle prit le parti de la retraite. Enfin le roi le fit vice-amiral & général de fes armées navales, l'an 1690, avec une permiffion d'arborer le pavillon d'amiral. Ce fut cette même année qu'il remporta une victoire fignalée fur les Anglois & les Hollandois jufqu'alors maitres de l'Océan. Dix-fept de leurs vaiffeaux, brifés & démâtés, allèrent échouer &. fe brûler fur les côtes ; le refte alla fe cacher vers la Tamife, ou entre les bancs de la Hollande. L'illuftre vainqueur fut vaincu à fon tour, en 1692, à la funefte journée de la Hogue, & cette défaite ajoûta à fa gloire. Il ne lui reftoit plus à defirer que le bâton de maréchal : il en fut honoré en 1701 ; mais ce héros ne furvécut guéres à cette nouvelle diguité, étant mort le 28 Mai de la même année, à Paris, âgé de 59 ans. On a imprimé fous fon nom des *Mémoires*, en 3 vol. in-12, qui ne font ni de lui, ni dignes de lui.

I. TOUSSAINT DE St-Luc (le Pere) Carme-réformé des Billètes, de la province de Bretagne, s'occupa toute fa vie de recherches d'hiftoire & de généalogies.

On a de lui : I. *Mémoires sur l'état du Clergé & de la Noblesse de Bretagne*, 1691, 2 vol. in-8°, en 3 parties : une pour le Clergé, deux pour la Noblesse ; ouvrage curieux & peu commun. II. *L'Histoire de l'Ordre du Mont-Carmel & de S. Lazare*, Paris, 1666, in-12. III. *Mémoires sur le même*, 1681, in-8°. IV. *Histoire de Conan Mériadec*, souverain de Bretagne, 1664, in-12. V. *Vie de Jacques Cochois, dit Jasmin, ou le Bon Laquais*, 1675, in-12. Ce savant mourut en 1694.

II. TOUSSAINT, (François-Vincent) avocat de Paris sa patrie, mort à Berlin en 1772, à 57 ans, abandonna le barreau pour cultiver la littérature. Il ne produisit que des ouvrages médiocres en ce genre, si l'on en excepte son livre des *Mœurs* qui parut en 1748, in-12, & qu'on lui a contesté. Ce livre, plein de choses hazardées en métaphysique & en morale, est en général bien écrit, & se fait lire avec plaisir. Il n'en est pas de même de l'apologie, ou plutôt de la rétractation que l'auteur en publia en 1764, in-12, sous le titre d'*Eclaircissemens sur les Mœurs*. Le style de cet ouvrage ressemble peu à celui des *Mœurs*. Quoi qu'il en soit, cette derniére production fut condamnée par le parlement de Paris à être brûlée par la main du bourreau. L'auteur ayant quitté Paris pour se retirer à Bruxelles, y travailloit aux Nouvelles publiques, lorsque le roi de Prusse l'attira à Berlin en 1764, pour être professeur d'éloquence dans l'académie de la Noblesse. Il y publia la Traduction des *Fables* de *Gellert*, qui, à bien des égards, peut être regardée comme un original. On a de lui plusieurs Mémoires dans les derniers volumes de l'académie de Berlin. Il a traduit de l'anglois quelques plats Romans, tels que le *Petit Pompée*, in-12, qui n'est guéres plus intéressant que le *Petit Poucet* ; les Aventures de *Williams Pickle*, 4 vol. in-12. *Histoire des Passions*, 2 vol. in-12. Il a fourni à l'*Encyclopédie* les articles de Jurisprudence des 2 premiers vol. Il a eu part au *Dictionnaire de Médecine*, 6 vol. in-fol. Il travailloit à un *Dictionnaire de la Langue Françoise*, lorsqu'il mourut. Il avoit dans la conversation, comme dans ses livres, un tour d'esprit qui lui étoit propre ; il lui échapoit des saillies qui amusoient, quoiqu'elles ne fussent pas toujours à leur place.

TOUSTAIN, (Charles - François) Bénédictin de la congrégation de St Maur, naquit en 1700 dans le diocèse de Sèes, d'une famille noble & ancienne. Après avoir appris l'Hébreu & le Grec, il voulut acquérir des notions de toutes les autres langues orientales. Il étudia même assez l'Italien, l'Allemand, l'Anglois & le Hollandois, pour se mettre en d'état d'entendre les auteurs de ces différens pays. Ses supérieurs, instruits de ses talens, le chargérent de travailler, conjointement avec son ami Dom *Tassin*, à une édition des Œuvres de S. *Théodore Studite*, qu'il abandonna pour ne s'occuper que de sa nouvelle Diplomatique, dont le premier volume parut en 1750, in-4°. Après sa mort arrivée en 1754, Dom *Tassin* entreprit la continuation de cet ouvrage important. Il en a fait imprimer, en 1755, le IIe volume ; en 1757, le IIIe ; en 1759, le IVe ; en 1762, le Ve ; en 1765, le VIe & le dernier, sans s'écarter du plan tracé dans la Pré-

face. On a encore de Dom *Toutain*, en faveur de la Conftitution,
la Vérité perfécutée par l'Erreur,
1733, 2 vol. in-12. Une piété
éclairée, une modeftie profonde,
une grande douceur de mœurs,
& beaucoup de politeffe & de
patience, malgré un grand fonds
de vivacité ; toutes ces grandes
parties formoient le portrait de
ce pieux & favant Bénédiétin.

· TOUTAIN DE LA MAZURIE,
(Charles) lieutenant-général de
la vicomté de Falaife, vivoit encore en 1584. Les fonétions de
fa charge ne l'empêchérent pas de
cultiver auffi les fleurs de la poëfie. Il fit imprimer un livre des
Chants de la Philofophie, & un des
Chants d'Amour. Ce dernier ouvrage étoit le fruit de la jeuneffe
de ce poëte, & le premier fut le
fruit de fon âge mûr. On a encore de lui une Tragédie d'*Agamemnon*, Paris 1557, in-4°. Toutes ces piéces ne font bonnes qu'à
occuper une place dans la *Bibliothèque bleue.*

· TOUTIN, (Jean) habile orfê-
vre de Châteaudun dans le Blai-
fois, découvrit en 1632 le fecret
de peindre en émail.

· TOUTTÉE, (D. Antoine-Au-
guftin) Bénédiétin de la congrégation de S. Maur, né à Riom en
Auvergne vers 1650, mort à Paris en 1718, fe rendit recommandable dans fa compagnie par fa
piété & fon application. Il apprit
les langues avec ardeur, & donna
des preuves de fon favoir & de
fon érudition par une édition en
grec & en latin, des Œuvres de
S. Cyrille de Jérufalem, imprimée
à Paris en 1727 in-fol., où l'on
trouve beaucoup d'exaétitude.

TOZZI, (Luc) né à Averfa
dans le royaume de Naples vers
1640, fe rendit habile dans la médecine, à laquelle il s'appliqua

uniquement & qu'il exerça avec
fuccès. Il mourut en 1717, âgé
de 77 ans, avec le titre de premier médecin général du royaume de Naples. *Charles II*, roi
d'Efpagne, le fit appeller pour le
fecourir dans fa derniére maladie ; mais il mourut lorfque *Tozzi*
étoit en chemin. *Clément XI* voulut le fixer à Rome par des places avantageufes ; ce célèbre médecin aima mieux facrifier fa fortune à l'amour de la patrie. On a
publié fes divers *Ouvrages* à Venife, 1721, en 5 vol. in-4°. On
trouve de plus grands détails fur
ce favant dans les Mémoires du
P. *Niceron*, tome 17.

· TRABEA, (*Quintus*,) poëte co-
miqué de l'ancienne Rome, floriffoit du tems d'*Attilius Regulus.*
Il ne refte plus de fes ouvrages
que quelques fragmens dans le
Corpus Poetarum de *Maittaire.*

· TRAGON, *Voy.* METEZEAU.

TRAJAN, (*Ulpius-Trajanus-Cri-
nitus*) empereur Romain, naquit
à Italica près de Séville en Efpagne, le 18 Septembre de l'an
52 de Jef. Chr. Sa famille, originaire de la même ville, étoit fort
ancienne; mais elle ne s'étoit point
illuftrée. Le pere de *Trajan* avoit
eu les honneurs du triomphe fous
Vefpafien, qui l'avoit mis au nombre des fénateurs, & l'avoit admis à la dignité de conful. Son
fils fut digne de lui. Ses fervices
militaires, les talens de fon efprit & les qualités de fon cœur,
engagérent *Nerva* à l'adopter. Cet
empereur étant mort quelque tems
après, l'an 98, dans le tems que
Trajan étoit à Cologne, il fut unanimement reconnu par les armées
de la Germanie & de la Mœfie.
Il fit fon entrée à Rome à pied,
pour montrer aux Romains le mépris qu'il faifoit des vaines grandeurs. Ses premiers foins furent

de gagner le peuple ; il fit diftribuer des fommes d'argent , &
abolit tous les crimes de lèfe-majefté. Il alloit au-devant de ceux
qui le venoient faluer, & les embraffoit , au lieu que fes prédéceffeurs ne ſe levoient pas de
leur fiége. Ses amis lui reprochant un jour qu'il étoit trop
bon & trop civil, il leur répondit : *Je veux faire ce que je voudrois*
qu'un Empereur fît à mon égard ſi j'é-
tois particulier. Son but étoit de
fe faire aimer de fes fujets, & il
y réuffit. Il haïffoit le fafte & les
diftinctions, ne permettoit qu'a-
vec peine qu'on lui érigeât des
ftatues, & fe moquoit des honneurs qu'on rendoit à des morceaux de bronze ou de marbre.
Lorfqu'il fortoit , il ne vouloit
pas qu'on allât devant lui , pour
faire retirer le monde. Il n'étoit
point fâché d'être quelquefois arrêté dans les rues par des voitu-
res. Son humeur gaie , & fa converfation fpirituelle & polie , faifoient les principaux affaifonne-
mens de fa table. Ses délaffemens
ordinaires confiftoient à changer
de travail, à aller à la chaffe, à
conduire un vaiffeau, ou à ramer
lui-même fur une galère. Il prenoit ces divertiffemens avec fes
amis; car il en avoit, tout prince
qu'il étoit. Fidèle à tous les devoirs
de l'amitié, il leur rendoit fouvent
vifite, les faifoit monter dans fon
char, & montoit dans le leur. Il
alloit manger chez eux, affiftoit
même aux affemblées où ils
ne traitoient que de leurs affaires domeftiques. Sa confiance pour
eux étoit extrême. Quelques courtifans, jaloux du crédit de *Sura*
fon favori, l'accuférent de tramer
des deffeins contre fa vie. Il arriva que, ce jour-là même , *Su-*
ra invita l'empereur à fouper

chez lui ; *Trajan* y alla , & renvoya fes gardes. Il demanda auffi-
tôt le chirurgien & le barbier de
Sura , & il fe fit exprès couper les
fourcils par le premier & rafer la
barbe par l'autre. Il defcendit enfuite aux bains , puis fe plaça tranquillement à table au milieu de
Saru & des autres convives. Le
monarque ne fut pas moins grand
en lui que le particulier. Dès qu'il
eut mis ordre aux affaires publiques, il tourna fes armes l'an
102 contre *Décébale* , roi des Daces , qui fut vaincu après une bataille long-tems difputée. Elle fut
fi meurtrière , que dans l'armée
Romaine on manqua de linge pour
bander les plaies des bleffés. Les
Daces furent obligés de fe foumettre , & leur roi *Décébale* fe tua
de défefpoir, l'an 105 de J. C.
Trajan entra enfuite dans l'Arménie , & s'avança dans l'Orient pour
faire la guerre aux Parthes. Il
foumit fans beaucoup de peine la
Diabène , l'Affyrie, & le lieu nommé Arbelles , fi célèbre par les
victoires qu'*Alexandre* y avoit autrefois remportées fur les Perfes.
Les Parthes, épuifés par leurs divifions continuelles , n'avoient
point de troupes à lui oppofer ;
Trajan entra l'an 112 dans leur
pays fans prefque trouver de réfiftance, prit Séleucie, Ctéfiphon,
capitale du royaume des Parthes ,
& obligea *Chofroës* à quitter fon
trône & fon pays, l'an 115 de
J. C. Il foumit enfuite toutes les
contrées des environs , & pouffa
fes conquêtes jufqu'aux Indes. Il
affiégeoit Atra , fituée près du Tigre ; mais les chaleurs exceffives
de ce pays le forcérent à lever le
fiége, quoiqu'il eût déja fait brèche à la muraille. *Trajan* eut à
combattre vers le même tems les
Juifs de la Cyrénaïque, qui, irri-

tés contre les Romains & contre-
les Grecs, poussérent la rage jufqu'à dévorer leur chair & leurs
entrailles, à se teindre de leur
sang & à se couvrir de leurs peaux.
On dit qu'ils en firent mourir
plus de 200 mille ; & les Juifs
d'Egypte, en proie à la même fureur, exercèrent des barbàries
non moins attroces. Ces horreurs
furent punies comme elles le méritoient. On ne souffrit plus de
Juifs fur ces côtes, &, on y égor-
geoit même ceux que la tempête
y jettoit. *Trajan*, usé par les fatigues, mourut quelque tems après
à Sélinunte, appellée depuis *Tra-
janopolis*, vers le commencement
d'Août de l'an 117 de J. C. Ses
cendres furent portées à Rome,
où on les plaça fous la *Colonne
Trajanne*, élevée des dépouilles.
faites fur les Daces. *Trajan* n'étoit
pas exemt de défauts. Il aima le
vin, les femmes, & fut sujet à des
habitudes monstrueuses, qu'on ne
peut exprimer sans voile ; mais
ses vices furent cachés fous l'éclat
de ses vertus. Il mérita le nom de
Père de la Patrie. Il ne pouvoit
souffrir ni approuver les exactions
outrées. Il difoit, que *le Fisc royal
ressembloit à la rate, qui, à mésure
qu'elle enfle, fait sécher les autres
membres du corps*. (*Voy*. une autre
belle parole de ce prince à l'article
SABURANUS.) Le métier de délà-
teur fut non seulement déclaré
infâme fous fon règne, mais il fut
encore défendu fous les peines les
plus rigoureuses. Rome, l'Italie,
& les principales villes de l'empire reçurent, par tous les édifices
publics que *Trajan* y fit faire, des
beautés qu'elles n'avoient point
encore eues. Il bâtit des villes,
& accorda des privilèges à celles
qu'il en jugea dignes. Le grand
Cirque, renouvellé par lui, de-

vint plus beau & plus vaste, &
on y mit pour inscription : *Afin
qu'il soit plus digne du Peuple Romain*. Il est impossible de marquer
en détail les ponts, les grands chemins, les levées qu'il fit faire pour
faciliter la communication des villes entr'elles, ou pour les affûrer contre les inondations des riviéres & des torrens. Ce fut fous
lui qu'on bâtit à Rome, en 114,
cette fameuse place, au milieu de
laquelle on mit la *Colonne Trajanne*.
Pour la former, on abattit une
montagne de 144 pieds de haut,
dont on fit une plaine unie. La
Colonne *Trajanne* marque par fa
hauteur celle de cette montagne.
Ce fut le fameux *Apollodore* qui
en fut l'architecte. Rome avoit
extrêmement souffert par les incendies, il falloit rebâtir les édifices détruits ; mais afin que ces
réparations fussent moins à charge
au public, il ordonna qu'aucun
particulier ne pourroit donner
plus dè 60 pieds de hauteur à chaque maison. Nous ne nous arrê-
terons point à réfuter un conte
qu'on a fait au sujet de ce prince.
On a dit que *St Grégoire le Grand*,
ayant vu une statue de *Trajan*, qui
descendoit de cheval au milieu
de ses expéditions militaires pour
rendre justice à une femme, demanda à Dieu de retirer des Enfers l'ame d'un prince si équitable :
grace qu'il obtint, à condition de
ne plus en demander de pareille.
Cette fable, crue dans les siécles
d'ignorance, est rejettée aujour-
d'hui par les hommes les moins
éclairés.

TRAJAN-DECE, *Voy*. DECE.

TRALLIEN, *Voyez* XIV. ALE-
XANDRE.... & PHLEGON.

TRANQUILLINE, (*Furia Sabi-
nia Tranquillina*) femme de *Gordien
le Jeune*, étoit fille de *Misithée*,

homme auffi recommandable par fon éloquence que par fa probité. La figure de cette impératrice étoit très-belle, fon caractére doux, fes mœurs pures. Comme elle ne cherchoit qu'à obliger, les dames Romaines lui élevèrent une ftatue, & les provinces divers monumens. *Gordien* ayant été tué par ordre de *Philippe* en 244, *Tranquilline* rentra dans la vie privée, avec la confolation de n'avoir occupé le trône que pour faire des heureux.

TRANSTAMARE, (Henri comte de) fils naturel d'*Alphonfe XI*, roi de Caftille, & d'*Éléonore* de *Gufman*, fa maitreffe, fut un prince plein de feu & de courage, brave guerrier & excellent politique. Après la mort de fon pere arrivée en 1350, *Pierre le Cruel*, fon frere, monta fur le trône, & aliéna tous les cœurs par fon naturel féroce. *Tranftamare* réfolut de mettre en œuvre la haine publique pour lui enlever la couronne. Il forma plufieurs entreprifes, que *Pierre le Cruel* eut le bonheur de diffiper par le fecours du fameux *Prince Noir*. Enfin il fuccomba à la derniére. *Tranftamare*, fecondé de la France, de l'Aragon & de plufieurs rebelles de Caftille, ayant le fameux du *Guefclin* à la tête de fes troupes, vainquit fon frere auprès de Tolède en 1368. *Pierre* retiré & affiégé dans un château après fa défaite, fut pris, en voulant s'échapper, par un gentilhomme François nommé le *Bègue de Vilaines*. On le conduit dans la tente de ce chevalier. Le premier objet qu'il y voit, eft le comte de *Tranftamare*. On dit que tranfporté de fureur il fe jetta, quoique défarmé, fur fon frere, qui lui arracha la vie d'un coup de poignard. Alors le vainqueur

fut reconnu roi de Caftille fous le nom de *Henri II*. Il gagna les grands par des largeffes & le peuple par des maniéres affables. Il mourut en 1379, après un règne de dix ans. C'eft de lui que font defcendus les rois de Caftille qui ont régné en Efpagne jufqu'à *Jeanne*, qui fit paffer ce fceptre dans la maifon d'Autriche, par fon mariage avec *Philippe le Beau*, pere de l'empereur *Charles-Quint*.

TRAP, (Jofeph) écrivain Anglois, fut profeffeur en poëfie à Oxford. Ses talens lui méritérent les places de recteur à Harlington & de prédicateur de l'Eglife de Chrift, & de S. Laurent a Londres. Ce favant mourut en 1747, a 66 ans, cinq jours après s'être marié. Il eft connu par une Traduction en vers latins du *Paradis perdu* de *Milton*, & par quelques ouvrages fur l'Art poetique, qui ne donnent pas une grande idée de fes talens.

TRASYBULE, ou THRASIBULE, général des Athéniens, chaffa les 30 *Tyrans* & rétablit la liberté dans fa patrie. Il mit enfuite le dernier fceau à la tranquillité publique, en faifant prononcer dans une affemblée du peuple, que perfonne ne pourroit être inquiété au fujet des derniers troubles, excepté les Trente & les Decemvirs. Par ce fage décret, il éteignit toutes les étincelles de divifion. Il réunit toutes les forces de la République auparavant divifées, & mérita la couronne d'olivier, qui lui fut décernée comme au reftaurateur de la paix. Sa valeur éclata enfuite en Thrace; il prit plufieurs villes dans l'ifle de Métélin, & tua en bataille rangée *Thrimaque*, capitaine des Lacédémoniens, l'an 394 avant J. C. Douze ans après il fut tué dans la Pamphylie par les Afpen-

diens qui favorifoient les Lacédémoniens. Il faut le diftinguer de
TRASYBULE , fils & fucceffeur
d'*Hiéron* roi de Syracufe, qui fut
à fon pere, ce que l'emp. *Tibére*
fut à *Augufte*.

TREBATIUS - TESTA , (C.)
favant jurifconfulte, fut exilé par
Jules-Céfar , pour avoir pris le parti de *Pompée* ; mais *Cicéron* , fon
ami, obtint fon rappel. *Céfar* cón-
nut fon mérite, le prit en affection, au point qu'il lui demandoit prefque toujours fon avis ,
avant de porter aucun jugement.
Augufte n'eut pas moins d'eftime
pour ce jurifconfulte, & par fon
confeil, introduifit l'ufage des
Codiciles. *Horace* lui adreffa deux
de fes Satyres. Ce favant homme
avoit compofé plufieurs ouvrages
fur le Droit. Il eft cité en divers
endroits du *Digefte*.

TREBELLIEN , (*Caïus Annius
Trebellianus*) fameux pirate, fe fit
donner la poupre impériale dans
l'Ifaurie au commencement de l'an
264. Il conferva la fouveraine
puiffance jufqu'au tems où *Gallien*,qui régnoit alors, envoya contre lui *Caufifolée* avec une armée.
Ce général ayant eu l'adreffe d'attirer *Trebellien* hors des montagnes & des détroits de l'Ifaurie,
lui livra dans la plaine une bataille fanglante. Le brigand la perdit & y fut tué, après avoir régné
env. un an... Il ne faut pas le confondre avec *RufusTREBELLIEN*,qui
ayant été accufé du crime de lèfe-
maj. fous *Tibére* , fe tua lui-même.

TREBELLIUS-POLLIO, hifto-
rien Latin , floriffoit vers l'an 298
de J. C. Il avoit compofé la *Vie des
Empereurs* ; mais le commencement
en eft perdu, & il ne nous en eft refté que la fin du règne de *Valerien*, avec la *Vie* des deux *Galliens*
& des 30 *Tyrans* : c'eft-à-dire, des

ufurpateurs. de l'empire , depuis
Philippe inclufivement , jufqu'à
Quintille , frere & fucceffeur de
Claude II. On trouve ces fragmens
dans l'*Hiftoriæ Auguftæ Scriptores*.
On accufe cet écrivain d'avoir
rapporté avec trop de détail des
faits peu intéreffans, & d'avoir
paffé trop rapidement fur d'autres
beaucoup plus importans. On lui
reproche encore, comme aux autres auteurs de l'Hiftoire d'*Augufte* ,
d'avoir un ftyle plat & rampant.

TREMELLIUS, (Emmanuel)
né à Ferrare de parens Juifs, fe
rendithabile dans la langue Hébraïque. Il embraffa eu fecret la religion Proteftante, & devint profeffeur d'hébreu à Heidelberg , d'où
il paffa à Metz, puis à Sedan. Il
fe fit connoître par une *Verfion*
latine du *Nouveau-Teftament* fyriaque, & par une autre de l'ancien
Teftament, faite fur l'hébreu. Il
avoit affocié à ce dernier travail
François Junius, ou *du Jon* , qui le
publia in-fol. après la mort de
Tremellius, arrivée en 1580, avec
des changemens qui ne firent que
le rendre plus mauvais. Le ftyle
de *Tremellius* eft lourd, plat, affecté, & fa verfion fent le Judaïfme.

TREMOILLE , ou TRIMOUILLE ,
(Louis de la) vicomte de Thouars ,
prince de Talmond , &c. naquit en
1460 , d'une des plus anciennes &
des plus illuftres maifons du
royaume, féconde en grands-hommes. Il fit fes premiéres armes fous
George de la *Trimouille* , fire de
Craon , fon oncle. Il fe fignala tellement, que dès l'âge de 18 ans
il fut nommé général de l'armée
du roi , contre *François* duc de
Bretagne , qui avoit donné retraite dans fes états à *Louis* duc d'Orléans, & à d'autres princes liguées.
La *Trimouille* remporta fur eux une
victoire fignalée à St-Aubin-du-

Cormier, le 28 Juillet 1488. Il y fit prifonnier le duc d'Orléans, depuis *Louis XII*, & le prince d'Orange. La prife de Dinant & de St-Malo furent les fuites de cette glorieufe journée. Egalement habile dans le cabinet & à la tête des armées , il contribua beaucoup à la réunion de la Bretagne à la couronne , en faifant conclure le mariage de la ducheffe, *Anne de. Bretagne* , avec le roi *Charles VIII.* Il fut envoyé en ambaffade vers *Maximilien*, roi des Romains , & vers le pape *Alexandre VI.* Il avoit été fait chevalier de l'ordre du roi & fon premier chambellan ; & la bataille de Fornoue, en 1495, lui mérita la charge de lieutenant-général des provinces de Poitou , Angoumois, Saintonge, Aunis, Anjou, & Marche de Bretagne. *Louis XII*, à fon avénement à la couronne, lui ayant donné le commandement de fon armée en Italie, il conquit toute la Lombardie, & obligea les Vénitiens de lui remettre entre les mains *Louis Sforce*, duc de Milan, & le cardinal fon frere. Le roi récompenfa fes fervices en lui donnant le gouvernement de Bourgogne, puis la charge d'amiral de Guienne en 1502, & peu après celle d'amiral de Bretagne. Il le choifit encore pour commander le corps de bataille où il étoit à la journée d'Aignadel, l'an 1509. *La Trimouille* fut malheureux au combat de Navarre, donné contre les Suiffes l'an 1515, où il fut battu & bleffé ; mais il foutint vaillamment contre eux le fiège de Dijon, l'efpace de fix femaines. Il fe trouva encore la même année à la bataille de Marignan, donnée contre les Suiffes, défendit la Picardie contre les forces Impériales & Angloifes ; & s'étant ren-

du en Provence , il fit lever le fiége de Marfeille, que le connétable de *Bourbon*, général de l'armée de l'empereur, y avoit mis, l'an 1523. Enfin ayant fuivi le roi *François I* dans fon malheureux voyage d'Italie, il finit glorieufement fes jours à la bataille de Pavie , le 24 Février 1525, âgé de 65 ans. Son corps fut apporté dans l'Eglife collégiale de Notre-Dame de Thouars qu'il avoit fondée. On l'honora du beau nom de *Chevalier fans reproche...* Guichardin lui donne celui de *premier Capitaine du monde* ; & *Paul Jove* ajoûte qu'il fut *la gloire de fon fiécle , & l'ornement de la Monarchie Françoife.* Ce grand - homme pour devife une roue, avec ces mots : *Sans fortir de l'orniére.* Il avoit époufé *Gabrielle* de *Bourbon* : Voyez GABRIELLE.

TREMOLLIÈRE, (Pierre-Charles) peintre, né en 1603 à Chollet en Poitou , mort à Paris en 1739 , remporta plufieurs prix à l'académie , & jouit de la penfion que le roi accorde aux jeunes élèves qui fe diftinguent. Il partit donc pour l'Italie , & y refta fix années. On remarque de l'élégance & du génie dans fes compofitions , de là correction dans fes deffins , un beau choix dans fes attitudes. Il vécut trop peu de tems. Ses derniers tableaux font d'un coloris plus foible.

TRENCHARD, (Jean) d'une maifon ancienne d'Angleterre, naquit en 1669, & exerça des emplois importans. Il mourut en 1723, avec la réputation d'un homme habile dans le droit civil & dans la politique ; il avoit des fentimens hardis en matière de religion. Ses principaux ouvrages font : I. *Argument qui fait voir qu'une Armée fubfiftante eft incompatible avec un Gouvernement libre , &*

détruit absolument la constitution de la Monarchie Angloise. II. Une petite Histoires des Armées subsistantes en Angleterre. III. Une suite de Lettres sous le nom de Caton, conjointement avec Th. Gordon son ami. Tous ces écrits sont en angl.

TRESSAN, Voy. VERGNE.

TREVIÈS, (Bernard de) Bernardus de Tribus Viis, chanoine de Maguelone, sa patrie, dans le XIIᵉ siécle, s'occupa à des ouvrages frivoles peu dignes de son état ; mais conformes au goût de son siécle, & que la même frivolité fait renaître dans le nôtre. Nous voulons parler de son Roman, imprimé sans indication de ville en 1490, in-4°. sous ce titre: Le Roman du vaillant Chevalier, PIERRE DE PROVENCE, & de la belle MAGUELONE. Les amateurs de ces bagatelles les trouveront dans les Bibliothèques à papier bleu. ·

TREVILLE, (Henri-Joseph de Peyre, comte de) étoit fils du comte de Troisville, (que l'on prononce Tréville,)capitaine-lieutenant des Mousquetaires sous Louis XIII. Il fut élevé avec Louis XIV, devint cornette de la premiére compagnie des Mousquetaires, puis colonel d'infanterie, & gouverneur du comté de Foix. Il servit en Candie sous le commandement de Coligny ; il y reçut deux coups de feu. Henriette d'Angleterre, 1ʳᵉ femme de Monsieur, frere unique de Louis XIV, goûta beaucoup son esprit, & l'admit dans sa confidence & dans son amitié. Tréville fut si frapé de la mort subite de cette princesse, qu'il quitta le monde. Il vécut jusqu'en 1708, uniquement occupé de la priére & de l'étude. C'étoit un homme de beaucoup d'esprit ; il parloit avec tant de justesse & d'exactitu-

de, qu'on disoit que ce proverbe, Il parle comme un Livre, sembloit être fait pour lui. Tréville fut en grande liaison avec Rancé, abbé de la Trappe ; avec Boileau-Despréaux ; avec Arnauld, Nicole, Lalane, Ste-Marthe, Sacy, qui trouvoient en lui un juge sévére & délicat de leurs productions.

TREUL, (Sébastien du) prêtre de l'Oratoire, né à Lyon en 1684, mort le 30 Juillet 1754, laissa des Sermons qu'on a publiés après sa mort, en 2 vol. in-12, & qui n'ont pas eu beaucoup de lecteurs.

TREUVÉ, (Simon-Michel) docteur en théologie, fils d'un procureur de Noyers en Bourgogne, entra, l'an 1668, dans la congrégation de la Doctrine Chrétienne, qu'il quitta en 1673. Après s'être formé pendant quelque tems en province, il vint à Paris, où il fut aumônier de Madᵉ de Lesdiguiéres. Il devint ensuite vicaire de la paroisse de S. Jacques du Haut-Pas, puis de S. André des Arcs. Il se livroit sans réserve aux fonctions du ministére, lorsque le grand Bossuet l'attira à Meaux, & lui donna la théologale & un canonicat de son Eglise. Le cardinal de Bissy, (si l'on en croit M. Ladvocat,) ayant eu des preuves que Treuvé étoit Flagellant, même à l'égard des religieuses ses pénitentes, l'obligea de sortir de son diocèse, après y avoir demeuré 22 ans. Quoi qu'il en soit de cette anecdote qui paroît calomnieuse, l'abbé Treuvé se retira à Paris, où il mourut en 1730, à 77 ans. On a de lui: I. Discours de Piété, 1696 & 1697, 2 vol. in-12. II. Instructions sur les dispositions qu'on doit apporter aux Sacremens de Pénitence & d'Eucharistie, vol. in-12: ouvrage qu'il enfanta à 24 ans, &

dont les principes ne font point relâchés. III. Le *Directeur Spirituel pour ceux qui n'en ont point*, in-12. IV. La *Vie* de M. *Duhamel* , curé de S. Méri , in-12. *Treuvé* étoit un homme auftére , partifan des Solitaires de Port-royal ; & très-oppofé à la conftitution *Unigenitus* : ce fut-là fans doute la véritable raifon qui l'obligea de quitter le diocèfe de Meaux.

TRIBBECHOVIUS , (Adam) natif de Lubeck , & mort en 1687, devint confeiller eccléfiaftique du duc de *Saxe-Gotha* , & furintendant général des Eglifes de ce duché. On a de lui un grand nombre d'ouvrages eftimés en Allemagne. Le principal eft : *De Doctoribus Scholafticis , deque corruptâ per eos divinarum humanarumque rerum fcientiâ*. On l'a reimprimé en 1719. On cite auffi fon *Hiftoria Naturalifmi* , Iennæ , 1700 , in-4°.

TRIBONIEN , étoit de Side en Pamphylie ; *Juftinien* conçut tant d'eftime pour lui , qu'il l'éleva aux premières dignités , & le chargea de diriger & de mettre en ordre le Droit-Romain. Cet ouvrage eft eftimé en général ; mais les jurif-confultes y trouvent de grands défauts. On le fuit encore aujourd'hui , dans ce qu'on appelle en France le Pays de Droit-écrit. *Tribonien* ternit l'éclat de fa réputation par fon avarice , par fes baf-feffes & par fes lâches flatteries. Chrétien au dehors , il étoit Païen dans le fond du cœur ; & il refte quelques traces de fes fentimens dans le *Digefte* , qu'il entreprit par ordre du même empereur , vers l'an 531.

TRIBUNUS , médecin renommé dans le VIIe fiécle , du tems de *Chofroes I* , roi de Perfe , étoit de la Paleftine. Il eut tant de part à l'amitié de ce prince , qu'ayant

été fait prifonnier par les trou-pes de *Juftinien* , *Chofroës* ne vou-lut accorder aucune trêve , à moins que *Tribunus* ne lui fût ren-du. Elle fut conclue à cette con-dition ; mais ce favant homme ne demeura qu'un an à la cour. Pendant le tems qu'il y refta , *Chof-roës* voulut l'enrichir par des pré-fens confidérables ; *Tribunus* , par une fupériorité d'ame digne de fon grand cœur , les refufa , & ne demanda pour toute récom-penfe de fes fervices a fon libé-rateur , que la délivrance des Ro-mains détenus en captivité. Sa prié-re lui fut accordée ; on renvoya les foldats de *Juftinien* , de quelque nation qu'ils fuffent.

TRICALET , (Pierre-Jofeph) prêtre , docteur en théologie de l'univerfité de Befançon , directeur du féminaire de *S. Nicolas* du Char-donnet à Paris , naquit à Dole en Franche-Comté le 30 Mars 1696, d'une famille honorable , alliée à des confeillers , &c. Il eut une jeuneffe orageufe ; mais la lectu-re de quelques bons livres le ra-mena à une vie plus réglée. Sa converfion fut vraie & durable. Ayant reçu les ordres facrés , il vint à Paris , où fes talens & fes vertus lui firent une réputation qu'il ne cherchoit pas. La duchef-fe d'*Orléans* , douairière , le choi-fit pour fon confeffeur ; elle lui offrit une abbaye , & le preffa inu-tilement de l'accepter. *Tricalet* ne fut pas moins confidéré du duc d'*Orléans* ; ce prince l'honora di-verfes fois de fes lettres & de fes vifites. L'abbé *Tricalet* , accablé d'in-firmités , fe retira en 1746 à Ville-Juif. Il y vécut , ou plutôt il y fouffrit pendant 15 ans les dou-leurs les plus violentes. Au mi-lieu de ces tourmens , il compo-fa plufieurs livres utiles , à l'aide

d'un

d'un copiste qui n'avoit point de mains. C'est quelque chose de singulier, qu'un homme qui ne pouvoit pas parler un quart-d'heure de suite, ait dicté tant d'ouvrages ; & qu'ils aient été écrits par un malheureux qui écrivoit avec les deux moignons & qui portoit l'adresse jusqu'à tailler ses plumes. Il étoit retiré à Bicêtre, & il en sortoit tous les matins pour se rendre à Ville-Juif auprès de son protecteur. L'abbé *Tricalet* mourut le 30 Octobre 1761, dans la 66ᵉ année de son âge. Ses principaux ouvrages sont : I. *Abrégé du Traité de l'Amour de Dieu*, de S. François *de Sales*, 1756, in-12. II. *Bibliothèque portative des Peres de l'Eglise*, 9 vol. in-8°. 1758 à 1761. III. *Précis historique de la Vie de Jesus-Christ*, in-12, 1760. IV. *Année Spirituelle*, *contenant*, *pour chaque jour*, *tous les exercices d'une Ame Chrétienne*, 1760, 3 vol. in-12. V. *Abrégé de la Perfection Chrétienne de Rodriguez*, 1761, 2 vol. in-12. VI. *Le Livre du Chrétien*, 1762, in-12. Tous ces ouvrages ne sont que des abrégés, ou des compilations ; mais on y remarque de l'ordre & de l'exactitude.

TRIGAN, (Charles) docteur de Sorbonne, curé de Digoville, à 3 lieues de Valognes, né à Querqueville près Cherbourg en basse-Normandie le 20 Août 1694, mourut à sa cure le 12 Février 1764, dans la 70ᵉ année de son âge. L'étude fut sa passion : mais ce fut sur-tout à sa patrie & à son état qu'il consacra ses veilles. Plein de zèle & de charité, il aima tendrement sa paroisse, & il en fit rebâtir à ses dépens l'église, une des plus régulières du canton. Les ouvrages qu'il a donnés au public, sont : I. La *Vie d'Antoine* Paté, *Curé de Cherbourg*, *mort en odeur de*

sainteté, petit in-8°. II. L'*Histoire Ecclésiastique de la province de Normandie*, 4 vol. in-4°. Cet ouvrage finit au XIIᵉ siècle. L'auteur en a laissé la continuation jusqu'au XIVᵉ Ces écrits manquent de grace du côté du style ; ils sont d'ailleurs remplis d'une judicieuse critique & de recherches profondes.

TRIGLAND, (Jacques) né à Harlem en 1652, se rendit habile dans les langues Orientales & dans la connoissance de l'Ecriture-sainte, qu'il professa à Leyde où il mourut en 1705, à 54 ans. On a de lui divers ouvrages, qui peuvent intéresser la curiosité des érudits, entr'autres des *Dissertations* sur la Secte des *Caraïtes* : *Voy.* SCALIGER (Joseph).

TRIMOSIN, (Salomon) précepteur de *Paracelse*, se fit un nom par ses connoissances au commencement du XVIᵉ siécle. On a de lui quelques ouvrages, entr'autres la *Toison d'Or*, Paris 1602 & 1612, in-8°. C'est un traité d'alchymie, recherché pour sa rareté.

TRIMOUILLE, *Voy.* TREMOELLE... URSINS... & OLONNE.

TRIPTOLÊME, fils de *Celeus*, roi d'Eleusis, & de *Méhaline*, vivoit vers l'an 1600 avant J. C. *Cerès*, en reconnoissance des bons offices de *Celeus*, donna de son lait à *Triptoléme*, qu'elle voulut rendre immortel en le faisant passer par les flammes ; mais *Méhaline*, effrayée de voir son fils dans le feu, l'en retira avec précipitation. Cette imprudence empêcha l'effet de la bonne volonté de la Déesse, qui par dédommagement lui apprit l'art de cultiver la terre. *Triptoléme* l'enseigna le premier dans la Grèce, en donnant aux Athéniens des loix, qui se réduisoient au *culte des Dieux*, à l'a-

mour des Parens, & à l'abstinence de
la Chair.

TRISMEGISTE, Voy. HERMÈS.

. TRISSINO, (Jean-George)
poëte Italien, natif de Vicence,
mort en 1550 âgé de 72 ans, étudia de bonne heure les principes de
littérature des grands maîtres de
l'antiquité ; & il consigna leurs
leçons dans une Pratique, Vicence 1589, in-4°. qui n'est pas com
mune. Mais ce qui lui donna le
plus de célébrité, fut un Poëme
Epique en 27 chants. Le sujet est
l'Italie délivrée des Goths par Beli-
faire, sous l'empire de Justinien.
Son plan est sage & bien dessiné ;
on y trouve du génie & de .l'invention, un style pur & délicat,
une narration simple, naturelle &
élégante. Il a saisi le vrai goût de
l'antiquité, & n'a point donné
dans les pointes & les jeux de
mots, si ordinaires à la plupart
des auteurs Italiens. Il s'est proposé Homére pour modèle, sans
être un servile imitateur ; mais ses
détails sont trop longs, & souvent
bas & insipides ; sa poësie languit
quelquefois. Le Trissino étoit un
homme d'un savoir très-étendu,
& habile négociateur. Léon X &
Clément VII l'employèrent dans
plusieurs affaires importantes. Il
fut le premier moderne de l'Europe, qui ait fait un Poëme Epique régulier. Il a inventé les vers
libres, Versi sciolti, c'est-à-dire,
les vers affranchis du joug de la
rime. Il est encore auteur de la
première & de la plus belle Tragédie des Italiens, intitulée Sophonisbe, 1524, in-4°. Cette piéce,
que le pape Léon X fit représenter à Rome, est dans le goût du
Théâtre Grec, qui depuis la naissance du Théâtre François, adopté aujourd'hui dans toute l'Europe, n'est guéres supportable. L'é-

dition de toutes ses Œuvres a été
donnée par le marquis Maffei vers
1729, 2 vol. in-fol. La première
édition de son Poëme Epique,
donnée à Venise en 1547 & 1548,
est très rare. Elle est en 3 tomes
in 8°, divisés chacun en IX chants.
On doit y trouver le Camp de Belisaire au Ier vol. & le Plan de
Rome au 2e, l'un & l'autre gravés en bois. Ce Poëme a été réimprimé à Paris en 1729, 3 volumes
in-8°.

I. TRISTAN, (François) surnommé l'Hermite, né au château
de Souliers dans la province de
la Marche, en 1601, comptoit
parmi ses aieux le fameux Pierre
l'Hermite, auteur de la 1re Croisade.
Placé auprès du marquis de Verneuil, bâtard de Henri IV, il eut
le malheur de tuer un garde-du-
corps, avec lequel il se battit en
duel. Il passa en Angleterre, & de-
là dans le Poitou, où Scévole de
Ste-Marthe le prit chez lui. C'est
dans cette école qu'il puisa le goût
des lettres. Le maréchal d'Humié-
res l'ayant vu à Bordeaux, le
présenta à Louis XIII, qui lui accorda sa grace, & Gaston d'Orléans
le prit pour un de ses gentilshommes ordinaires. Le jeu, les
femmes & les vers remplirent ses
jours ; mais ces passions, comme
on l'imagine bien, ne firent pas
sa fortune. Il fut toujours pauvre,
& si l'on en croit Boileau, il passoit l'été sans linge & l'hiver sans
manteau. Ce poëte mourut en 1655,
à 54 ans, après avoir mené une vie
agitée & remplie d'événemens, dont
il a fait connoître une grande partie dans son Page disgracié, 1643,
in-8°: Roman qu'on peut regarder
comme ses Mémoires. Tristan s'est
sur-tout distingué par ses Piéces
dramatiques. Elles eurent toutes,
de son tems, beaucoup de succès,

mais il n'y a que la tragédie de *Mariamne*, qui soutienne aujourd'hui la réputation de son auteur. *Mondori*, célèbre comédien, jouoit le rôle d'*Hérode* avec tant de passion, que le peuple sortoit toujours de ce spectacle, rêveur & pensif, pénétré de ce qu'il venoit de voir. On dit aussi que la force du rôle causa la mort à l'acteur. Nous avons de *Tristan* 3 vol. in-4°. de vers françois : le Ier contient ses *Amours*, le IIe sa *Lyre*, le IIIe ses *Vers Héroïques*. Il a fait encore des *Odes* & des *Vers* sur des sujets de dévotion. Ses Pièces de théâtre sont *Mariamne*, *Panthée*, la *Mort de Senèque*, celle du Grand *Osman*, tragédies ; la *Folie du Sage*, tragi-comédie ; le *Parasite*, comédie. La *Mariamne* de *Tristan* a été retouchée par le célèbre *Rousseau*. Voici son Epitaphe qu'il composa lui-même :

*Eblouï de l'éclat de la splendeur
   mondaine,
Je me flattai toujours d'une espérance vaine ;
Faisant le chien couchant auprès
   d'un grand Seigneur,
Je me vis toujours pauvre, & tâ-
   chai de paroître.
Je vécus dans la peine, attendant
   le bonheur,
Et mourus sur un coffre en attendant
   mon Maître.*

II. TRISTAN L'HERMITE-SOU-LIERS, (Jean-baptiste) gentil-homme de la chambre du roi, avoit du goût pour l'histoire & la science héraldique. On a de lui : I. L'*Histoire généalogique de la Noblesse de Touraine*, 1669, in-fol. ; la *Toscane Françoise*, 1661, in-4° ; les *Corses François*, 1662, in-12 ; *Naples Françoise*, 1663, in-4°. &c. C'est l'histoire de ceux de ces pays

qui ont été affectionnés à la France. Il étoit frere du précédent. III. TRISTAN, (Jean) écuyer, fleur de St-Amand & du Puy-d'A-mour, fils d'un auditeur des comptes à Paris, s'attacha à *Gaston* de France, duc d'Orléans. Cet écrivain mourut après l'an 1656. On a de lui un *Commentaire Historique sur les Vies des Empereurs*, 1644, 3 vol. in-fol. ouvrage qui marque une grande connoissance de l'antiquité & des médailles. *Angeloni* & le P. *Sirmond* ont relevé plusieurs fautes de cet ouvrage, & *Tristan* leur répondit avec l'emportement d'un érudit qui n'a point eu d'éducation.

TRITHÊME, (Jean) né dans un village de ce nom près de Trè-ves en 1462, & mort en 1516, fut abbé de *S. Jacques* de Wirtz-bourg, ordre de S. Benoît. Quoique chargé du temporel de son monastére, il ne négligea point la discipline, cultiva l'étude & la fit cultiver. Il avoit une vaste érudition, & possédoit les langues grecque & latine. Il a composé un très-grand nombre d'ouvrages d'histoire, de morale & de philosophie. Les plus connus sont : I. Un *Catalogue des Ecrivains Ecclésiastiques*, Cologne 1546, in-4°. Il contient la vie & la liste des Œuvres de 870 auteurs, que *Trithême* ne juge pas toujours avec goût. II. Un autre des *Hommes illustres d'Allemagne*, & un troisiéme de ceux de l'*Ordre de S. Benoît*, 1606, in 4°, traduit en françois, 1625, in-4°. III. *Six Livres de Polygraphie*, 1601, in-fol. traduit en françois: (*Voyez* COLLANGE.) IV. Un Traité de *Steganographie*, c'est-à-dire, des diverses maniéres d'écrire en chiffres, 1621, in-4°. Nuremberg 1721. Il y a sur cet ouvrage un livre attribué à *Auguste* duc de Brunſwick , qui n'eſt pas commun, intitulé : *Guſtavi Seleni Enodatio Steganographiæ J. Trithemii* , 1624, in-fol. V. Des *Chroniques*, dans *Trithemii Opera hiſtorica*, 1601 , in-folio, 2 parties. VI. *Ses Ouvrages de piété* , 1605 , in-fol. Parmi ceux-ci , on trouve un *Commentaire ſur la Règle de S. Benoît*, des *Gémiſſemens* ſur la décadence de cet ordre, & des *Traités* ſur les différens devoirs de la vie religieuſe. On a auſſi de lui les *Annales Hirſaugienſes* , 2 vol. infol. ouvrage qui renferme dans un aſſez grand détail pluſieurs faits importans de l'Hiſtoire de France & de celle d'Allemagne. On lui a attribué encore un Traité , intitulé : *Veterum Sophorum ſigillaj & imagines magicæ.* Quoiqu'on ait prouvé que cette piéce n'étoit pas de lui , quelques auteurs ſans jugement n'ont pas laiſſé de le ſoupçonner de magie , & de ſoutenir qu'il avoit commerce avec les Démons.

TRITON , Dieu Marin , fils de *Neptune* & d'*Amphitrite* , ſervoit de trompette à ſon pere. Il eſt peint avec une coquille ou une conque en forme de trompette. Il avoit la partie ſupérieure du corps ſemblable à l'homme , & le reſte ſemblable à un poiſſon. La plûpart des Dieux Marins ſont auſſi appellés *Tritons* , & ſont peints de la ſorte avec des coquillages.

TRIVERIUS , *Voyez* DRIVERE.

I. TRIVULCE, (Jean-Jacques) marquis de Vigevano , d'une ancienne famille de Milan , montra tant de paſſion pour les *Guelfes* , qu'il fut chaſſé de ſa patrie. Il entra au ſervice de *Ferdinand I* d'Aragon, roi de Naples , & paſſa depuis à celui de *Charles VIII* roi de France , lorſque ce prince fut à la conquête de Naples. Ce fut lui

qui lui livra Capoue l'an 1495 , & qui eut le commandement de l'avant-garde de l'armée , avec le maréchal de *Gié* , à la bataille de Fornoue. L'ordre de *St Michel* fut la récompenſe de ſa valeur , & on ajoûta à cette grace celle de le nommer lieutenant-général de l'armée Françoiſe en Lombardie. Il prit Alexandrie de la Paille , & défit les troupes de *Louis Sforce* , duc de Milan. *Louis XII* étant entré en Italie l'an 1499 , fut ſuivi par *Trivulce* à la conquête du duché de Milan. Il ſe ſignala auprès de ce prince , qui l'en établit gouverneur en 1500 , & qui l'honora du bâton de maréchal de France ; *Trivulce* acccompagna le monarque ſon bienfaiteur à l'entrée ſolemnelle qu'il fit dans Gènes le 19 Août 1504 , & acquit beaucoup de gloire à la bataille d'Aignadel en 1509. Quatre ans après il fut cauſe que les François furent battus devant Novare , pendant que *Louis* de la *Trimouille* , homme d'une grande réputation , faiſoit le ſiége de cette place. Il avoit été arrêté dans le conſeil de guerre , que *Trivulce* iroit avec la cavalerie au-devant d'un ſecours qu'on appréhendoit ; mais ce n'étoit point l'avis de cet homme vain & jaloux. Il ſe poſta ſi mal , qu'il laiſſa paſſer le renfort , & ne put arriver à tems pour ſoutenir les aſſiégeans , lorſqu'ils furent attaqués d'un côté par la garniſon , & de l'autre par les nouvelles troupes. Une ſi grande faute diminua beaucoup la réputation & la faveur de *Trivulce* ; mais il recouvra l'une & l'autre ſous *François I* , par les ſervices qu'il rendit au paſſage des Alpes en 1515. Ce fut lui qui , avec des peines incroyables , fit guinder le canon par le haut des montagnes. Il ſe ſurpaſſa à la journée de Marignan.

Il difoit que *Vingt autres actions où il s'étoit trouvé n'étoient que des jeux d'enfans auprès de celle-là , qu'il appelloit une Bataille de Géans.* Sa faveur ne fe foutint pas , & il mourut à Châtre, aujourd'hui Arpajon , en 1518, des fuites de quelques tracafferies de cour. Accufé auprès de *François I*, par *Lautrec*, d'être d'intelligence avec les ennemis de l'Etat , il paffa les Alpes en hiver & à 80 ans , pour fe juftifier. Lorfqu'il fe préfenta devant *François I*, ce prince détourna la tête , & ne répondit rien. Ce trait de mépris fut un coup mortel, que le repentir du monarque ne put jamais guérir. Le maréchal répondit à celui qui le vifita enfuite de fa part, qu'*il n'étoit plus tems. Le dédain que le Roi m'a témoigné*, ajoûta-t-il, *& mon efprit*, *ont déja fait leur opération*; *je fuis mort*. Il ordonna qu'on gravât fur fon tombeau cette courte Epitaphe,qui exprimoit bien fon caractére : *Hic quiefcit , qui nunquam quievit*; Ici repofe , qui ne fe repofa jamais. *Louis XII* voulant faire la guerre au duc de Milan , demandoit à *Trivulce* , ce qu'il falloit pour la faire avec fuccès ? *Trois chofes font abfolument néceffaires*, lui répondit le Maréchal : *premiérement de l'argent*, *fecondement de l'argent*, *troifiémement de l'argent*. Ce héros s'étoit fait naturalifer Suiffe. Il étoit fur le point de fe faire recevoir auffi noble Vénitien : voilà, dit-on , les caufes du refroidiffement de *François I* à fon égard. C'étoit le particulier le plus riche d'Italie , le plus avare d'inclination, & quelquefois le plus prodigue par oftentation. *Louis XII* étant à Milan en 1507 , le fompteux *Trivulce* lui donna un feftin d'une dépenfe énorme. Il s'y trouva 1200 dames , qui eurent chacune un écuyer tranchant pour les fervir.

Il y avoit , pour ordonner un fi prodigieux repas , 160 maîtres-d'hôtel , qui portoient à la main un bâton couvert de velours bleu , femé de fleurs-de-lis d'or. Le Roi fut fervi en vaiffelle d'or , & les autres convives en vaiffelle d'argent: vaiffelle toute neuve , & toute aux armes du maréchal. Le Roi & 4 cardinaux mangèrent dans des chambres à part , & toutes les dames dans une falle que *Trivulce* avoit fait faire dans la rue où il demeuroit. Il y eut bal dans cette falle , avant que de fe mettre à table. La preffe y étoit fi grande , que n'y ayant plus de place pour pouvoir danfer , le Roi fe leva de fon fauteuil, prit la hallebarde d'un de fes gardes, & fit lui-même ranger le monde en frapant à droite & à gauche.

II. TRIVULCE , (Théodore) parent du précédent , maréchal de France , mérita le bâton par le courage qu'il montra à la bataille d'Aignadel en 1509 , & à la journée de Ravenne en 1512. *François I* le pourvut du gouvernement de Gênes , dont il défendit le château contre les habitans en 1528. Obligé de fe rendre , faute de vivres , il alla mourir en 1531 à Lyon , dont il étoit gouverneur.

III. TRIVULCE, (Antoine) frere du précédent , fe déclara pour les François lorfqu'ils fe rendirent maîtres du Milanès. Il fut honoré du chapeau de cardinal , à la priére du roi , par le pape *Alexandre VI*, en 1500. Il mourut en 1508, à 51 ans , de douleur d'avoir perdu un de fes freres. Il y a eu 4 autres cardinaux de cette maifon , dont nous parlerons dans les articles fuivans.

IV. TRIVULCE , (Scaramutia) mort en 1527, & neveu de Jean-Jacques , fut confeiller - d'état en

France fous *Louis XII*, & fucceffivement· évêque de Côme & de Plaifance. Son mérite lui valut la pourpre.

V. TRIVULCE , (Auguftin) abbé de Froidmont ,en France, & camerier du pape *Jules II*, puis fucceffivement évêque de Bayeux, de Toulon, de Novare & archevêque de Reggio , mourut à Rome en 1548. Après la prife de cette ville par les troupes de *Charles-Quint*, il fut emmené en ôtage à Naples, où il fe fignala par une fermeté héroïque. *Bembo* &. *Sadolet* faifoient grand cas de fes talens & de fes vertus , dont le cardinalat fut la récompenfe. Il avoit compofé une *Hiftoire des Papes & des Cardinaux*, que la mort ne lui permit pas de faire imprimer.

VI. TRIVULCE, (Antoine) évêque de Toulon , &. enfuite·vicelégat d'Avignon , s'oppofa avec vigueur à l'entrée des Hérétiques dans le comtat. Envoyé légat en France, il fit conclure le Traité de Cateau-Cambrefis. Il mourut d'apoplexie; à une journée de Paris , le 26 Juin 1559, comme il retournoit en Italie. Il fut élevé à la dignité de cardinal.

VII. TRIVULCE,(Jean-Jacques-Théodore) étoit de l'illuftre famille des précédens. Après avoir fervi avec gloire dans les armées du roi *Philippe III* , il embraffa l'état eccléfiaftique , & fut honoré de la pourpre Romaine en 1629. Il mourut à Milan en 1657, après avoir été vice-roi d'Aragon, puis de Sicile & de Sardaigne , gouverneur général du Milanez , & ambaffadeur extraordinaire d'Efpagne à Rome. C'étoit un prélat éclairé & un homme éloquent. ¶

TROGUE - POMPÉE , natif du pays des Voconces, dont la capitale étoit Vaifon, eft compté par mi les bons hiftoriens Latins. Il avoit mis au jour une Hiftoire en 44 livres , qui comprenoit tout ce qui s'étoit paffé de plus important dans l'Univers jufqu'à *Augufte*. *Juftin* en fit un abrégé, fans y changer ni le nombre des livres , ni le titre d'*Hiftoire Philippique*. On croit que c'eft cet abrégé qui nous a fait perdre l'ouvrage de *Trogue-Pompée*, dont le ftyle étoit digne des meilleurs écrivains. Le pere de *Trogue-Pompée*, après avoir porté les armes fous *Céfar*, devint fon fecrétaire & le garde de fon fceau ; le fils eut fans doute auffi des emplois honorables.

TROILE , fils de *Priam* & d'*Hécube*. Le deftin avoit réfolu que *Troie* ne feroit jamais prife tant qu'il vivroit. Il fut affez téméraire pour attaquer *Achille*,qui le tua ; & peu de tems après la ville fut prife.

TROMMIUS, (Abraham) théologien Proteftant, né à Groningue en 1633, fut pafteur dans fa patrie, où il mourut en 1719. On a de lui, une *Concordance Grecque* de l'Ancien-Teftament, de la verfion des *Septante*, 1718, 2 vol. in-fol. ; & une autre *Concordance* du même, en flamand, qu'il continua après *J. Martinius* de Dantzick.

I. TROMP, (Martin Happertz) amiral Hollandois, natif de la Brille , s'éleva par fon mérite. Il s'embarqua à huit ans pour les Indes , fut pris fucceffivement par des pirates-Anglois & Barbarefques , & apprit fous eux toutes les rufes des combats de mer. Il fignala furtout fon courage à la journée de Gibraltar en 1607. Elevé à la place d'amiral de Hollande , de l'avis même du prince d·*Orange*, il défit , en cette qualité , la nombreufe flotte d'Efpagne en 1639 , & gagna 32 autres batailles navales. Il fut tué fur fon tillac, dans un combat contre les Anglois, le 10 Août 1653. Les Etats-généraux ne se contentérent pas de le faire enterrer solemnellement dans le Temple de Delft, avec les héros de la Republique ; ils firent encore fraper des médailles pour honorer sa mémoire. Le mérite & les prospérités de l'amiral *Tromp* lui avoient attiré des envieux ; mais il avoit su les dompter par ses bons offices & ses bienfaits. Il fut modeste au milieu de sa fortune. De tous les titres d'honneur dont on voulut le qualifier, il n'accepta que celui de *Grand-Pere des Matelots* ; & parmi ceux de son pays, il ne prit jamais que la qualité de *Bourgeois*.

II. TROMP, (Corneille, *dit* le comte de) fils du précédent, marcha dignement sur les traces de son pere. Il devint lieutenant-amiral-général des Provinces-Unies, & mourut le 21 Mai 1691, à 62 ans. Il étoit né à Roterdam le 9 Septembre 1629. Sa *Vie* a été donnée au public, à la Haye, 1694, in-12, & quoique moins brillante que celle de son pere, elle ne laisse pas d'intéresser.

TRONSON, (Louis) né à Paris d'un secrétaire du cabinet, obtint une place d'aumônier du roi, qu'il quitta en 1655, pour entrer au Séminaire de *St Sulpice*, dont il fut élu supérieur en 1676, & mourut en 1700, à 79 ans. C'étoit un homme d'un grand sens, d'un savoir assez étendu & d'une piété exemplaire. Il assista, en 1694, avec les évêques de Meaux & de Châlons, aux conférences d'Issy, où les livres de Madame *Guyon*, & ceux de l'abbé de *Fénelon* son ami, furent examinés. On a de lui deux ouvrages assez estimés, quoiqu'il y ait quelques petitesses dans le premier. Celui-ci, qui a pour titre : *Examens particuliers*, fut imprimé

in-12, en 1690, à Lyon, pour la 1ʳᵉ fois. Il y en a aujourd'hui 2 vol. Le second, intitulé : *Forma Cleri*, est une collection tirée de l'Ecriture, des Conciles & des Peres, touchant la vie & les mœurs des ecclésiastiques. Il n'en avoit d'abord paru que 3 vol. in-12 ; mais on a imprimé, en 1724, à Paris, l'ouvrage entier, in-4°.

TROPHIME, né à Ephèse, ayant été converti à la Foi par *St Paul*, s'attacha à lui, & ne le quitta plus. Il le suivit à Corinthe, & de-là à Jérusalem. On croit que *Trophime* suivit l'Apôtre à Rome, en son 1ᵉʳ voyage ; & *St Paul* dit dans son Epitre à *Timothée*, qu'il avoit laissé *Trophime* malade à Milet. Ce fut l'an 65. C'est tout ce qu'on sait sur ce Saint, & tout ce qu'on a raconté de plus sur lui paroît fabuleux.

TROPHONIUS, fils d'*Apollon*, rendoit des oracles dans un antre affreux. Ceux qui vouloient le consulter, devoient se purifier. Après bien des cérémonies, ils entroient dans la caverne, & s'y étant endormis, ils voyoient ou entendoient en songe ce qu'ils demandoient... *Voyez* AGAMEDE.

TROUIN, *Voy.* GUAY-TROUIN.

I. TROY, (François de) peintre, né à Toulouse en 1645, mort à Paris en 1730, apprit les premiers principes de son art sous son pere. Il s'appliqua sur-tout au Portrait, qui est un genre lucratif, & fut reçu à l'académie en 1674. Il devint successivement professeur, adjoint du recteur, & enfin directeur. Ce maitre donnoit beaucoup d'expression & de noblesse à ses figures. Son dessein étoit correct ; il étoit grand coloriste, & finissoit extrêmement ses ouvrages. La famille royale & les grands seigneurs de la cour, occupérent son pinceau. *Louis XIV* l'envoya en Baviére pour peindre Madᵉ la Dauphine. Ce célèbre artiste savoit ajoûter à la beauté des dames qu'il repréſentoit, ſans altérer leurs traits. Il avoit en cela un ſi grand talent, que l'on diſoit de lui ce que *Boileau* a dit d'*Homére*, qu'*il ſembloit avoir dérobé la ceinture de Vénus*. Ce talent, joint à une probité exacte, à une belle phyſionomie & à un eſprit enjoué, le mit dans un grand crédit. Ses deſſins, comparables pour la beauté à ceux de *Van-Dyck*, ſont très-recherchés.

II. TROY, (Jean-François de) fils du précédent, chevalier de l'ordre de *St Michel*, ſecrétaire du roi, mourut à Rome en 1752, âgé de 76 ans. Son mérite le fit choiſir pour être recteur de l'académie de peinture de Paris, & depuis directeur de celle que Sa Majeſté entretient à Rome. Il eſt un des bons peintres de l'école Françoiſe. On admire dans ſes ouvrages, un grand goût de deſſin, un beau fini, un coloris ſuave & piquant, une magnifique ordonnance, des penſées nobles & heureuſement exprimées, beaucoup d'art à rendre le ſentiment & les diverſes paſſions de l'ame, des fonds d'une ſimplicité majeſtueuſe ; enfin un génie créateur, qui communique ſon feu & ſon activité à toutes ſes compoſitions.

TRUAUMONT, (N. la) né à Rouen d'un auditeur des comptes, étoit un jeune-homme perdu de dettes & de débauches. Il fut l'inſtigateur, en 1674, d'une révolte contre *Louis XIV*. Cette conjuration n'auroit eu aucun effet, ſi elle n'avoit été embraſſée par le chevalier *Louis* de *Rohan*, fils du duc de *Montbaçon*. Il avoit été exilé par *Louis XIV*, qui le ſoupçonnoit d'entraîner dans la débauche le duc d'*Orléans* ſon frere ; il étoit mécon-

tent du marquis de *Louvois*. Il crut pouvoir ſe venger, en ſe mettant à la tête d'un parti. On fit entrer dans ce complot un chevalier de *Préau*, neveu de *la Truaumont* : ſéduit par ſon oncle, il ſéduiſit ſa maîtreſſe, *Louiſe* de *Belleau*, fille d'un ſeigneur de *Villars*. Les conjurés s'aſſociérent un certain *Boudeville* & un maître d'école nommé *Vanden-Ende*. Leur but étoit de livrer au comte de *Monterey* Honfleur, le Havre, & quelques autres places de Normandie. Cette trame mal-ourdie fut découverte. Le ſupplice de tous les coupables fut le ſeul événement que produiſit ce crime inſenſé & inutile, dont à peine on ſe ſouvient aujourd'hui. Ils furent tous décapités, à l'exception de *Vanden-Ende* qui fut pendu, & de *la Truaumont* qui ſe fit tuer par ceux qui vinrent l'arrêter.

TRUBLET, (Nicolas-Charles-Joſeph) de l'académie Françoiſe & de celle de Berlin, tréſorier de l'Egliſe de Nantes, & enſuite archidiacre & chanoine de St-Malo ſa patrie, naquit en 1697. Il étoit parent du célèbre *Maupertuis*, qui lui dédia le 3ᵉ vol. de ſes Œuvres. Dès 1717, il oſa être auteur. Il fit imprimer dans le *Mercure* de Juin des *Réflexions ſur Télémaque*, qui le firent connoître de *la Motte* & de *Fontenelle*. Ces aimables philoſophes trouvérent en lui ce qu'ils cherchoient dans leurs amis, un eſprit très-fin, & un caractére très-doux. L'abbé *Trublet* fut attaché pendant quelque tems au cardinal de *Tencin*, & il fit avec lui le voyage de Rome. Mais préférant la liberté aux avantages que la protection du cardinal lui faiſoit eſpérer, il revint à Paris, où il vécut juſques vers l'an 1767. Accablé des vapeurs qu'on contracte dans preſque toutes les grandes villes, il ſe retira à St-Malo,

pour y jouir de la fanté & du repos , mais il mourut quelque tems
après, au mois de Mars 1760. Une
conduite irreprochable, des principes vertueux, des mœurs douces,
lui avoient affûré les fuffrages de
tous les honnêtes-gens. (*Voy.* III.
PALME.) Sa converfation étoit in-
ftruétive ; quoiqu'il penfât finement , il s'exprimoit avec fimplicité. Ses principaux ouvrages
font, I. *Effais de Littérature & de
Morale* , en 4 vol. in-12 , plufieurs
fois réimprimés,& traduits en plufieurs langues. L'auteur a laiffé
des matériaux pour un 5ᵉ volume.
Quelques critiques qu'on ait faites
de cet ouvrage , où il y a quelquefois des chofes communes dites
d'un air de découverte , on ne
peut s'empêcher d'y reconnoître
l'efprit d'analyfe , la fagacité , la
fineffe , la précifion, qui caraétéri-
fent tous les écrits de l'abbé *Trublet.*
Plufieurs de fes réflexions font
neuves, & toutes infpirent la probité , l'humanité , la fociabilité. II.
Panégyriques des Saints , languiffamment écrits ; *précédés de Réflexions
fur l'Eloquence* , pleines de chofes
bien vues & finement rendues.
Dans la feconde édition, de 1764,
en deux vol. , l'auteur a ajoûté
divers extraits de livres d'éloquence. Ces analyfes avoient été
faites pour le *Journal des Savans* &
pour le *Journal Chrétien* , auxquels
il avoit travaillé pendant quelque
tems. La manière dont il s'exprima
fur *Voltaire* en ce dernier ouvrage , lui attira (dans la piéce fûr-
tout , intitulée *le Pauvre Diable*)
des épigrammes très-mordantes de
la part de ce célèbre poëte , qui
lui avoit écrit auparavant des lettres très-flatteufes. III. *Mémoires
pour fervir à l'Hiftoire de Meffieurs de
la Motte* & de *Fontenelle* , à Amfterdam, 1761, in-12. Ces Mémoires,

fouvent minutieux, offrent tout ce
qu'on peut favoir fur la vie & les
ouvrages de ces deux illuftres
amis de l'abbé *Trublet.* Il y a des
anecdotes intéreffantes & des réflexions ingénieufes.

TRUCHET, (Jean) né à Lyon
en 1657 d'un marchand, entra dans
l'ordre des Carmes. Il fut envoyé
à Paris pour y étudier en philofophie & en théologie ; mais il s'y
livra tout entier à la méchanique,
pour laquelle la nature l'avoit fait
naître. *Charles II* , roi d'Angleterre ,
ayant envoyé à *Louis XIV* deux
montres à répétition, les premières
qu'on ait vues en France ; ces montres fe dérangèrent , & il n'y eut
que le Perc *Truchet* qui pût les raccommoder. *Colbert* , charmé de fes
talens & de fon adreffe, lui donna 600 livres de penfion, dont la
1ʳᵉ année lui fut payée le même
jour. Il n'avoit alors que 19 ans.
Le P. *Sébaftien* (c'étoit fon nom
de religion) s'appliqua dès-lors à
la géométrie & à l'hydraulique ,
& il ne s'eft guéres fait de grand
canal en France pour lequel on
n'ait pris fon avis. Sa réputation
fe répandit dans toute l'Europe.
Il fut employé dans tous les ouvrages importans, reçut la vifite
du duc de Lorraine, de *Pierre* le
Grand , czar de Mofcovie , & de
plufieurs autres princes , & enrichit les manufaétures de plufieurs
belles découvertes. Il travailla
pour perfeétionner les filiéres des
tireurs d'or de Lyon , le blanchif-
fage des toiles à Senlis , les machines des monnoies , &c. C'eft
lui qui a inventé la machine à
tranfporter de gros arbres tout entiers fans les endommager. Ses
Tableaux mouvans ont été encore
un des ornemens de Marly. Le premier , que le roi appella *fon petit
Opéra* , changeoit 3 fois de déco-

ration à un coup de fifflet; car ces tableaux avoient auffi la propriété des réfonnans ou fonores. Le deuxiéme tableau qu'il préfenta au roi, plus grand & encore plus ingénieux, repréfentoit un payfage où tout étoit animé. Le Roi nomma le Pere *Sébaftien* pour être un des honoraires de l'académie des Sciences, au renouvellement de cette académie en 1699, & l'on trouve plufieurs Mémoires de fa compofition dans le recueil de cette fociété. Les derniéres années de fa vie fe font paffées dans des infirmités continuelles, qui l'enlevérent aux fciences en 1729. Quoique fort répandu au dehors, le Pere *Sébaftien* fut un très-bon religieux, très-fidèle à fes devoirs, extrêmement défintéreffé, doux, modefte, & felon l'expreffion dont fe fervit feu M. le Prince en parlant de lui au Roi, *auffi fimple que fes machines*. Il conferva toujours, dans la derniére rigueur, tout l'extérieur convenable à fon habit.

TRYPHON, *ou* DIODOTE, de la ville d'Apamée, général des troupes d'*Alexandre Balès*, fervit bien fon maitre dans les guerres qu'il eut contre *Demetrius Nicanor*. Après la mort de *Balès*, il alla en Arabie chercher le fils de ce prince, & le fit couronner roi de Syrie, malgré les efforts de *Demetrius* fon compétiteur, qui fut vaincu & mis en fuite. Mais le perfide *Tryphon*, qui méditoit de s'emparer de la couronne, ne penfa plus qu'à fe défaire d'*Antiochus*; & craignant que *Jonathas Machabée* ne mit obftacle à fes deffeins, il chercha l'occafion de le tuer. Il vint pour cela à Bethfan, où *Jonathas* le joignit avec une nombreufe efcorte. *Tryphon* le voyant fi bien accompa-

gné, n'ofa exécuter fon deffein, & eut recours à la rufe. Il reçut *Jonathas* avec de grands honneurs, lui fit des préfens, & ordonna à toute fon armée de lui obéir comme a lui-même. Quand il eut ainfi gagné fa confiance, il lui perfuada de renvoyer fa troupe, & de le fuivre à Ptolémaïde, lui promettant de remettre cette place entre fes mains. *Jonathas*, qui ne foupçonnoit aucune trahifon, fit tout ce que *Tryphon* lui propofoit. Mais étant entré dans la ville de Ptolémaïde, il y fut arrêté, & les gens qui l'accompagnoient furent paffés au fil de l'épée. Après cette infigne trahifon, *Tryphon* paffa dans le pays de Juda avec une nombreufe armée, & vint encore à bout de tirer des mains de *Simon* les deux fils de *Jonathas*, avec cent talens d'argent, fous prétexte de délivrer leur pere. Mais mettant le comble à fa perfidie, il tua le pere & les deux fils, & reprit le chemin de fon pays. Ces meurtres n'étoient que les préludes d'un plus grand, qui devoit lui mettre fur la tête la couronne de Syrie. Il ne tarda pas à achever fon barbare projet, en affaffinant le jeune *Antiochus*, dont il prit la place, & il fe fit déclarer roi d'un pays qu'il défola par fes cruautés. Mais il ne garda pas long-tems le royaume que fes crimes lui avoient acquis. Le fucceffeur légitime du trône entra dans fon héritage, & toutes les troupes, laffes de la tyrannie de *Tryphon*, vinrent auffi-tôt fe rendre au premier. L'ufurpateur fe voyant ainfi abandonné, s'enfuit à Dora, ville maritime, où le nouveau roi le pourfuivit, & l'affiégea par mer & par terre. Cette place ne pouvant tenir long-tems contre une auffi puiffante armée,

Tryphon trouva le moyen de s'enfuir à Orthofiade , & de-là il gagna Apomée fa patrie , où il
croyoit trouver un afyle ; mais
y ayant été pris , il fut mis à
mort.

TSCHIRNAUS, (Ernfroi Wal-
ter de) habile mathématicien, naquit à Kiflingfwald, feigneurie de
fon pere , dans la Luface , en
1651 , d'une famille ancienne.
Après avoir fervi dans les troupes de Hollande , en qualité de
volontaire , l'an 1672 , il voyagea
en Allemagne, en Angleterre, en
France & en Italie. Il vint à Paris pour la 3ᵉ fois en 1682, & il
propofa à l'académie des Sciences
la découverte de ces fameufes
Cauftiques , fi connues. fous le
nom de *Cauftiques de M. de Tfchir-
naüs*. Cette compagnie, en les approuvant , mit l'inventeur parmi
fes membres. De retour en Allemagne , il voulut perfectionner
l'optique , & établit trois Verre-
ries d'où l'on vit fortir des nouveautés merveilleufes de dioptri-
que & de phyfique, & entr'autres,
le Miroir ardent qu'il préfenta à
M. le duc d'*Orléans* , régent du
royaume. C'eft à lui auffi que la
Saxe eft principalement redevable de fa porcelaine. Content de
jouir de fa gloire littéraire, il refufa tous les honneurs auxquels
on vouloit l'élever. Les lettres
étoient fon feul plaifir. Il cherchoit
des gens qui euffent des talens ,
foit pour les fciences utiles , foit
pour les arts. Il les tiroit des ténèbres , & étoit en même tems
leur compagnon , leur guide &
leur bienfaiteur. Il fe chargea affez fouvent de la dépenfe de faire imprimer les livres d'autrui ,
dont il efpéroit de l'utilité pour
le public. Cette générofité ne venoit point d'oftentation ; il fai-

foit du bien à fes ennemis avec
chaleur & fans qu'ils le fuffent.
Ce favant eftimable mourut en
1708. Le roi *Augufte* fit les frais
de fes funérailles. On a de lui un
livre intitulé : *De Medicina mentis
& corporis* , à Amfterdam , 1687 ,
in-4°. ' Cet ouvrage eft à peine
connu aujourd'hui.

TUBAL-CAIN , fils de *Lamech*
le Bigame & de *Sella* , fut l'inventeur de l'art de battre & de
forger le fer, & toutes fortes d'ouvrages d'airain. On pourroit croire que le *Vulcain* des Païens a été
calqué fur ce patriarche.

TUBI , dit le *Romain* , (Jean-
baptifte) fculpteur de l'académie
royale de peinture & de fculpture,
mort à Paris en 1700 , âgé de 70
ans, tient un rang diftingué parmi
les excellens artiftes qui ont paru fous le règne de *Louis XIV*.
On voit de lui , dans les Jardins
de Verfailles , une *Figure* repréfentant le Poëme Lyrique. Il a
encore embelli le Jardin de Tria-
non , par une belle copie du fameux grouppe de L'*ocoon*.

TUCCA , (Plautius) ami d'*Horace* & de *Virgile* , cultiva la poëfie latine, & revit l'Enéide avec *Varius*, par ordre d'*Augufte*.

TUDESCHI, (Nicolas) plus
connu fous le nom de *PANOR-
ME* , & appellé auffi *Nicolas de Sicile* , l'*Abbé de Palerme* & l'*Abbé
Panormitain* , étoit de Catane en
Sicile. Il fe rendit fi habile dans
le Droit-canonique, qu'il fut furnommé *Lucerna Juris*. Son mérite
lui valut l'abbaye de *Ste Agathe* ,
de l'ordre de *St Benoît* ; puis l'archevêché de Palerme. Il affifta au
concile de Bâle , & à la création
de l'anti-pape *Félix* , qui le fit
cardinal en 1440 , & fon légat
à latere en Allemagne. Il perfifta
quelque tems dans le fchifme ,

mais y ayant renoncé, il fe retira à Palerme en 1443, & y mourut en 1445. On a de lui un grand nombre d'ouvrages, principalement fur le Droit-canon, dont l'édition la plus recherchée eft celle de Venife en 1617, 9 vol. in-fol. Son ftyle eft barbare, & fes matériaux font en trop grand nombre pour être bien digérés.

TUILLERIE, TUILLIER, *Voy.* THU. &c.

TULDEN, *Voy.* VAN-TULDEN.

I. TULLIE, fille de *Servius Tullius*, 6ᵉ roi des Romains, fut mariée à *Tarquin* le *Superbe*, après avoir donné la mort à fon premier époux. *Tarquin* ayant voulu monter fur le trône de *Servius-Tullius*, elle confentit au meurtre de fon pere, l'an 533 avant Jefus-Chrift. Après cette action déteftable, elle fit paffer fon char par-deffus le corps tout fanglant de fon pere. Ce monftre fut chaffé de Rome avec fon mari, auprès duquel elle finit fa déteftable vie.

II. TULLIE, (*Tullia*) fille de *Cicéron*, fut le premier fruit de fon mariage avec *Terentia*. Son pere l'éleva avec beaucoup de foin, & elle répondit parfaitement à fon éducation. Elle fut mariée trois fois: d'abord à *Caius Pifon*, homme d'un grand mérite, plein d'efprit & d'éloquence, très-attaché à fon beau-pere; puis elle époufa *Furius Craffipes*; & enfin *Publius Cornelius Dolabella*, pendant que *Cicéron* étoit gouverneur de Cilicie. Ce troifiéme mariage ne fut point heureux; & les troubles que *Dolabella*, dont les affaires étoient fort dérangées, excita dans Rome, cauférent de grands chagrins à *Cicéron* & à *Tullie*. Cette femme illuftre mourut l'an 44 avant J. C. *Cicéron*, inconfolable d'une telle perte, fit éclater

une douleur fi vive, que les malins difoient qu'il y avoit eu plus que de la tendreffe paternelle entre le pere & la fille; mais cette conjecture odieufe fut rejettée par les gens de bien. C'eft à l'occafion de la mort de *Tullie*, que *Cicéron* compofa un Traité *de Confolatione* que nous n'avons plus. On a prétendu que fous le pape *Paul III*, on trouva dans la Voie Appienne un ancien tombeau avec cette infcription: *Tulliolæ filiæ meæ*. Il y avoit, dit-on, un corps de femme, qui au premier fouffle d'air fut réduit en pouffiére, avec une lampe encore allumée, qui s'éteignit à l'ouverture du tombeau, après avoir brûlé près de 1500 ans; mais c'eft un conte ridicule. *Voyez*-en la réfutation dans l'ouvrage d'*Octave Ferrari*, intitulé *De Lucernis fepulchralibus*.

TULLIUS-SERVIUS, *Voyez* SERVIUS-TULLIUS.

TULLUS-HOSTILIUS, 3ᵉ roi des Romains, fuccéda à *Numa Pompilius*, l'an 671 avant J. C. Ce prince guerrier fit ouvrir le temple de *Janus*, fit marcher devant lui des gardes qui portoient des faifceaux de verges, & tâcha d'infpirer à fes peuples du refpect pour la majefté royale. Les habitans d'Albe furent les premiers qui reffentirent l'effort de fes armes. Après le combat des *Horaces* & des *Curiaces*, il fit rafer la ville d'Albe, & en tranfporta les richeffes & les habitans dans celle de Rome. Enfuite il fit la guerre aux Latins & à d'autres peuples, qu'il défit en diverfes rencontres, & dont il triompha. Il périt avec toute fa famille, d'une manière tragique, l'an 640 avant J. C. Quelques hiftoriens prétendent qu'ayant tenté une opération magique, dans laquelle il n'obferva pas les céré-

monies néceffaires , le ciel irrité lança la foudre fur lui &' fur fa maifon. D'autres , avec plus de vraifemblance, rejettent le foupçon de fa mort fur Ancus-Martius, *petit-fils de* Numa , *qui fut fon fucceffeur au trône. Selon eux,le coup de foudre ne fut qu'un incendie , procuré par* Ancus , *qui efpéroit faire tomber l'élection fur lui , fi* Tullus *mouroit fans poftérité : ce qui arriva en effet.*

TURENNE, (Henri de la TOUR, vicomte de) maréchal-général des camps & armées du roi , colonel-général de la cavalerie · légère , étoit 2ᵉ fils de *Henri de la Tour d'Auvergne*, duc de Bouillon , & d'*Elizabeth de Naffau* , fille de *Guillaume I de Naffau* , prince d'Orange. Il naquit à Sedan le 11 Septembre 1611. La nature & l'éducation concoururent également à former ce grand-homme. Ayant , dès l'âge de dix ans , entendu répéter plufieurs fois que fa conftitution étoit trop foible pour qu'il pût jamais foutenir les travaux de la guerre , il fe détermina , pour faire tomber cette opinion , à paffer une nuit d'hiver fur le rempart de Sédan. Comme il n'admit perfonne dans fa confidence, on le chercha long-tems inutilement; on le trouva enfin fur l'affût d'un canon, où il s'étoit endormi. Son goût pour les armes , augmenta par l'étude de la vie des grands capitaines. Il étoit fur-tout frappé de l'héroïfme d'*Alexandre* , & lifoit avec tranfport *Quinte - Curce*. On l'envoya apprendre le métier de la guerre fous le prince *Maurice de Naffau* , fon oncle maternel, un des plus grands généraux de fonfiécle.Après s'être formé dans cette école, il fut mis à la tête d'un régiment François , avec lequel il fervit , en 1634 , au fiége de la Motte. Cette

ville de Lorraine fut vaillamment & favamment défendue. Le maréchal de *la Force* , qui commandoit les affiégeans , fit attaquer un baftion qui devoit décider du fort de la place. *Tonneïns*, fon fils , chargé de cette opération , échoua. *Turenne* , nommé pour le remplacer , réuffit par des coups de génie qui étonnérent tout le monde. *La Force* eut la probité de rendre à la cour un compte exact de tout ce qui s'étoit paffé : action difficile & généreufe, dont *Turenne* lui fut tant de gré, que pour cette raifon il époufa dans la fuite fa fille. Ce goût pour la vertu fe manifeftoit dans toutes les occafions. Le vicomte , chargé en 1637 de réduire le port de Solre dans le Hainaut, l'ataqua fi vivement, qu'en peu d'heures il réduifit une garnifon de 20,000 hommes à fe rendre à difcrétion. Les premiers foldats qui entrérent dans la place & ayant trouvé une très-belle perfonne, la lui amenèrent, comme la plus précieufe portion du butin. *Turenne*, feignant de croire qu'ils n'avoient cherché qu'à la dérober à la brutalité de leurs compagnons, les loua beaucoup d'une conduite fi honnête. Il fit tout de fuite chercher fon mari, & la remit entre fes mains , en lui difant publiquement : *Vous devez à la retenue de mes foldats l'honneur de votre femme.* L'année fuiv.1638 il prit Brifach,& mérita que le cardinal de *Richelieu* lui offrît une de fes nièces en mariage ; mais *Turenne*, né au fein du Calvinifme, ne voulut pas l'accepter. Envoyé en Italie l'an 1659 , il fit lever le fiége de Cafal, & fervit beaucoup à celui de Turin , que le maréchal d'*Harcourt* entreprit par fon confeil. *Turenne* défit les ennemis à Montcalier , tandis qu'on preffoit la ville affiégée ;

mais une blessure qu'il reçut, pensa faire manquer l'entreprise. Il ne se signala pas moins à la conquête du Roussillon en 1642, & en Italie en 1643. Il avoit été fait maréchal - de - camp à 23 ans, & il obtint le bâton de maréchal de France à 32, en 1644, après avoir servi dix-sept ans sous différens généraux. Ce fut alors qu'on lui confia le commandement de l'armée d'Allemagne, qui manquoit de chevaux & d'habits; il la mit en état à ses dépens. Il passa le Rhin avec 7000 hommes, défit le frere du général *Merci*, & seconda le duc d'*Enguien*, depuis le *Grand Condé*. Il eut le malheur d'être battu au combat de Mariendal, l'an 1645; mais il eut sa revanche à la bataille de Nortlingue 3 mois après. Ce fut cette même année qu'il rétablit l'électeur de Trèves dans ses états; l'année suiv. il fit la fameuse jonction de l'armée de France avec l'armée Suédoise, commandée par le général *Wrangel*, après une marche de 140 lieues, & obligea le duc de Bavière à demander la paix. Lorsque ce prince eut rompu le traité qu'il avoit fait avec la France, le vicomte de *Turenne* gagna contre lui la bataille de Zumartshausen, & le chassa entièrement de ses états, en 1648. La guerre civile commença à éclater alors en France. Le duc de *Bouillon* l'engagea dans le parti du parlement; mais las de combattre contre son roi, il passa en Hollande, d'où il revint en France, dans le dessein de servir la cour. *Mazarin* lui ayant refusé le commandement de l'armée d'Allemagne, il se tourna du côté des Princes, & fut sur le point de les tirer de leur prison de Vincennes. On lui opposa le maréchal du *Plessis-Praslin*, qui le battit en 1650, près de Rhetel. Le maré-

chal de *Turenne*, interrogé longtems après, par un homme également borné & indiscret, comment il avoit perdu cette bataille? répondit simplement : *Par ma faute. Mais quand un homme n'a pas fait de fautes à la guerre, il ne l'a pas faite long-tems... Turenne*, quoique vaincu à Rhetel, paroissoit si grand aux Espagnols, qu'ils lui donnèrent pouvoir de nommer à tous les emplois qui vaquoient à la mort des officiers tués dans le combat, & lui envoyèrent cent mille écus à compte de ce qu'ils lui avoient promis. Mais cet homme, vertueux jusques dans ses égaremens, averti qu'on travailloit efficacement à la liberté des Princes, renvoya les cent mille écus, ne croyant pas devoir prendre l'argent d'une Puissance avec laquelle il voit que son engagement va finir. Il fit effectivement sa paix avec la cour en 1651. Devenu général de l'armée royale, il empêcha les troupes de *Condé* de passer la Loire sur le Pont de Gergeau. Le maréchal d'*Hocquincourt* avec qui il commandoit, ayant laissé enlever ses quartiers à Gien, quoiqu'il l'eût averti du danger qu'il couroit de les laisser éloignés, on voulut parler de ce conseil dans la relation de cette journée; mais *Turenne* s'y opposa, en disant qu'*un homme aussi affligé que le Maréchal, devoit avoir au moins la liberté de se plaindre.* Le vainqueur poursuivit ensuite le prince de *Condé* jusqu'au fauxbourg St Antoine où il l'attaqua, & il alloit le suivre jusques dans Paris, si *Mademoiselle* n'eût fait tirer sur l'armée du roi le canon de la Bastille, qui l'obligea de faire retraite. Le prince de *Condé* tenta d'enfermer l'armée royale à Villeneuve-St-George entre la Seine & la Marne; mais *Turenne* sut lui échaper.

L'année 1654, il fit lever le fiége d'Arras aux Efpagnols, prit Condé, St-Guillain, & plufieurs autres places en 1655. L'année fuivante il fit une retraite honorable au fiége de Valencienne ; il fe rendit maître enfuite de la Capelle. La prife de St-Venant & du fort de Mardick furent fes exploits de l'an 1657, avec *Cromwel*, protecteur de l'Angleterre. *Turenne* fut chargé d'entreprendre, avec les troupes des deux nations, le fiége de Dunkerque. Les Efpagnols furent entiérement défaits aux Dunes, & cette victoire fut fuivie de la prife de Dunkerque. Après une action fi glorieufe. *Turenne* écrit fimplement à fa femme : *Les ennemis font venus à nous ; ils ont été battus : Dieu en foit loué ! J'ai un peu fatigué toute la journée ; je vous donne le bon foir, & je vais me coucher.* La victoire des Dunes & la prife de Dunkerque eurent un fi grand éclat, que *Mazarin*, premier miniftre de France, voulut que le vainqueur écrivît une Lettre pour lui en attribuer toute la gloire. Le vicomte refufa, en répondant qu'*il lui étoit impoffible d'autorifer une fauffeté par fa fignature.* La prife des villes d'Oudenarde, d'Ypres, & de prefque tout le refte de la Flandres, furent la fuite des victoires de *Turenne*; & ce qui eft encore plus avantageux, elles procurérent, en 1659, la paix des Pyrénées entre l'Efpagne & la France. Les deux rois de ces grandes monarchies fe virent dans l'ifle des Faifans, & fe préfentérent mutuellement les gens confidérables de leur cour. Comme *Turenne*, toujours modefte, ne fe montroit pas & étoit confondu dans la foule, *Philippe* demanda à le voir. Il le regarda avec attention, & fe tournant vers *Anne d'Autriche* fa fœur :

Voilà, lui dit-il, *un homme qui m'a fait paffer bien de mauvaifes nuits.* La guerre s'étant renouvellée en 1667, le roi fe fervit de lui par préférence à tout autre, pour faire fon apprentiffage de l'art militaire. Il l'avoit honoré du titre de maréchal-général de fes armées ; *Turenne* en parut digne par de nouveaux fuccès. Il prit tant de places en Flandres, que les Efpagnols furent obligés l'année fuivante de demander la paix. Ce fut alors qu'il fit abjuration du Calvinifme, plus par conviction que par intérêt : car on n'avoit jamais pu le lui faire abandonner auparavant, même en lui faifant entrevoir la charge de Connétable. *Louis XIV* ayant réfolu la guerre en Hollande, lui confia le commandement de fes armées. On prit 40 villes fur les Hollandois en 22 jours, en 1672. L'année fuivante il pourfuivit jufques dans Berlin l'électeur de Brandebourg, qui étoit venu au fecours des Hollandois ; & ce prince, quoique vaincu, n'en prit pas moins d'intérêt à fon vainqueur. Inftruit qu'un fcélérat étoit paffé dans le camp de *Turenne* à deffein de l'empoifonner, il lui en donna avis. On reconnut ce miférable, que le vicomte fe contenta de chaffer de fon armée. Ce ne fut pas le feul exemple de générofité qu'il donna. Un officier-général lui propofa un gain de 400,000 francs, dont la cour ne pouvoit rien favoir : *Je vous fuis fort obligé*, répondit-il. *Mais comme j'ai fouvent trouvé de ces occafions, fans en avoir profité, je ne crois pas devoir changer de conduite à mon âge.* A-peuprès dans le même tems une ville fort confidérable lui offrit 100 écus, pour qu'il ne pafsât point fur fon territoire. *Comme votre*

Ville, dit-il aux députés, *n'eſt point ſur la route où j'ai réſolu de faire marcher l'Armée ; je ne puis pas en conſcience prendre l'argent que vous m'offrez*...Après que *Turenne* eut forcé l'électeur de Brandebourg à demander la paix, il favoriſa en 1674 la conquête de la Franche-Comté, & empêcha les Suiſſes, par le bruit de ſon ſeul nom, de donner paſſage aux Autrichiens. La conquête de la Franche-Comté par *Louis XIV*, & ſes autres ſuccès, furent l'occaſion d'une Ligue redoutable contre ce monarque dans l'Empire. Pour prévenir la réunion de tant de forces diſperſées, *Turenne*, qui étoit en Alſace, paſſa le Rhin à la tête de dix mille hommes, fit 30 lieues en 4 jours, attaqua à Seintzim, petite ville du Palatinat, les Allemands commandés par le duc de Lorraine & par *Caprara*, les battit, & les pouſſa juſqu'au-delà du Mein. Après l'action, on s'aſſembla autour de lui pour le féliciter d'une victoire qui étoit viſiblement le fruit de ſes ſavantes manœuvres. *Avec des gens comme vous, Meſſieurs, on doit*, leur répondit-il, *attaquer hardiment, parce qu'on eſt ſûr de vaincre*...Quoique *Turenne* fût dans l'uſage de viſiter ſouvent ſon camp, ſa vigilance redoubloit lorſque les ſoins devenoient plus néceſſaires. Durant l'expédition rapide dont nous parlons, il s'aproche un jour d'une tente où pluſ. jeunes ſoldats, qui mangeoient enſemble, ſe plaignoient de la pénible & inutile marche qu'ils venoient de faire. *Vous ne connoiſſez pas notre pere*, leur dit un vieux grenadier, tout criblé de coups; *il ne nous auroit pas expoſés à tant de fatigues, s'il n'avoit pas de grandes vues que nous ne ſaurions pénétrer encore*. Ce diſcours fit ceſſer toutes les plaintes, & on ſe mit à boi-

re à la ſanté du général. *Turenne* avoua depuis, qu'il n'avoit jamais ſenti de plaiſir plus vif... Les fatigues inſéparables d'une ſi rude guerre cauſérent de grandes maladies dans l'armée Françoiſe. On voyoit par-tout *Turenne* tenant aux ſoldats des diſcours paternels, & toujours la bourſe à la main. Lorſque l'argent étoit fini, il empruntoit du premier officier qu'il rencontroit, & le renvoyoit à ſon intendant pour être payé. Celui-ci, qui ſoupçonnoit qu'on exigeoit quelquefois plus qu'on n'avoit prêté à ſon maître, lui inſinua de donner à l'avenir des billets de ce qu'il empruntoit. *Non, non*, dît le Vicomte, *donnez tout ce qu'on vous demandera. Il n'eſt pas poſſible qu'un Officier aille vous demander une ſomme qu'il n'a point prêtée, à moins qu'il ne ſoit dans un extrême beſoin; & dans ce cas, il eſt juſte de l'aſſiſter*... Les Allemands ayant reçu des renforts très-conſidérables après leur défaite de Sinthzeim, paſſérent le Rhin & prirent des quartiers d'hiver en Alſace. *Turenne*, qui s'étoit retiré en Lorraine, rentra au mois de Décembre par les Voſges, dans la province qu'il feignoit d'abandonner, battit les Impériaux à Mulhauſen, les défit encore mieux à Turkem quelques jours après, & les força de repaſſer le Rhin le 6 Janvier 1675. Un événement ſi peu attendu étonna l'Europe. La ſurpriſe fit place à l'admiration, lorſqu'on ſut que tout ce qui étoit arrivé, avoit été prémédité 2 mois auparavant, & qu'il avoit tout fait malgré la cour & les ordres réitérés de *Louvois*, animé d'une baſſe jalouſie contre le héros qui faiſoit triompher la France. Le conſeil de Vienne lui oppoſa un rival digne de lui, *Montecuculli*. Les deux généraux étoient prêts d'en venir aux **mains**,

mains , & de commettre leur réputation au fort d'une bataille auprès du village de Saltzbach , lorsque *Turenne*, en allant choifir une place pour, dreffer une batterie , fut tué d'un coup de canon, le 27 Juillet 1675 , à 64 ans. On fait les honneurs que le roi fit rendre à fa mémoire. Il fut enterré à St-Denys comme le connétable du *Guefclin*, au-deffus duquel la voix publique l'élève , autant que le fiécle de *Turenne* eft fupérieur au fiécle du connétable. (*Voy*. GUESCLIN.) Ce héros n'avoit pas toujours eu des fuccès à la guerre, Il avoit été battu à Mariendal , à Rhetel , à Cambrai. Il ne fit jamais de conquêtes éclatantes , & ne donna point de ces grandes batailles rangées , dont la décifion rend une nation maîtreffe de l'autre. Mais ayant toujours réparé fes défaites , & fait beaucoup avec peu, il paffa pour le plus habile capitaine de l'Europe dans un tems où l'art de la guerre étoit plus approfondi que jamais. De même , quoiqu'on lui eût reproché fa défection dans les guerres de la Fronde ; quoiqu'à l'âge de près de 60 ans, l'amour lui eût fait révéler le fecret de l'Etat ; quoiqu'il eût exercé dans le Palatinat des cruautés qui ne fembloient pas néceffaires : il conferva la réputation d'un homme de bien , fage & modéré. Ses vertus & fes grands talens, qui n'étoient qu'à lui , firent oublier des foibleffes & des fautes qui lui étoient communes avec tant d'autres hommes. Si on pouvoit le comparer à quelqu'un , on oferoit dire que , de tous les généraux des fiécles paffés , *Gonzague de Cordoue*, furnommé *le Grand Capitaine*, eft celui auquel il reffembloit davantage. On va recueillir quelques faits propres à achever de peindre les

Tome VI.

mœurs militaires de *Turenne*. Quoiqu'il ne fût pas riche , il étoit né généreux. Voyant plufieurs régimens fort délabrés, & s'étant fecrettement affûré que le défordre venoit de la pauvreté & non de la négligence des capitaines, il leur diftribua les fommes. néceffaires pour l'entier rétabliffement des corps. Il ajoûta à ce bienfait l'attention délicate de laiffer croire qu'il venoit du roi... Un officier étoit au défefpoir d'avoir perdu dans un combat , deux chevaux , que la fituation de fes affaires ne lui permettoit pas de remplacer. *Turenne* lui en donna deux des fiens, en lui recommandant fortement de n'en rien dire à perfonne. *D'autres* , lui dît-il, *viendroient m'en demander , & je ne fuis pas en état d'en donner à tout le monde*. Cet homme modefte , fous un air d'économie , vouloit cacher le mérite d'une bonne action... *Condé* averti qu'on étoit mécontent de la boucherie horrible de Sénef : *Bon* , dît-il , *c'eft tout au plus une nuit de Paris*. Turenne penfoit avec plus d'humanité , quand il difoit qu'il falloit 30 ans pour faire un foldat. Selon lui , *une Armée qui paffoit 50 mille hommes étoit incommode au Général qui la commandoit & aux foldats qui la compofoient...* Turenne étoit parvenu à être le maître abfolu de fes plans de campagne. *Louis XIV* dît à un officiergénéral, qui alloit joindre l'armée en Alface : *Dites à M. de* Turenne *que je ferois charmé d'apprendre un peu plus fouvent de fes nouvelles , & que je le prie de m'inftruire de ce qu'il aura fait*. Ce n'eft qu'avec ce pouvoir fans bornes qu'on peut faire de grandes chofes à la guerre. Le grand *Condé* demandoit un jour à *Turenne* , quelle conduite il voudroit tenir dans la guerre de Flandres ? *Faire peu de fiéges* , répondit

Q q

cet illuſtre général, & donner beaucoup de combats. *Quand vous aurez
rendu votre Armée ſupérieure à celle
des ennemis par le nombre & par la
bonté des troupes ; quand vous ſerez
maître de la-campagne , les Villages
vous vaudront des places. Mais on
met ſon honneur à prendre une Ville
forte , bien plus qu'à chercher le moyen
de conquérir aiſément une Province.
Si le Roi d'Eſpagne avoit mis en troupes ce qu'il a dépenſé en hommes & en
argent pour faire des ſiéges & fortifier des places , il ſeroit le plus conſidérable de tous les Rois.* Nous avons
ſa *Vie* par *Ramſay.* *Voyez* l'article
de cet écrivain.

TURINI ; (André) médecin des
papes *Clément VII* & *Paul III* , &
des rois *Louis XII* & *François I* ,
étoit né dans le territoire de Piſe ,
& vivoit encore vers le milieu du
X V I[e] ſiécle ; mais on ignore le
tems de ſa mort. Il s'acquit une
grande réputation par ſa pratique
& par ſes Ouvrages, publiés en
1544 ; à Rome, in-fol.

I. TURNEBE, (Adrien) né en
1512 à Andeli, près de Rouen ,
fut profeſſeur royal en langue
grecque à Paris. Il ſe fit imprimeur ,
& eut pendant quelque tems la direction de l'Imprimerie Royale ,
ſur-tout pour les ouvrages grecs.
La connoiſſance qu'il avoit des
belles-lettres, des langues & du
droit, une mémoire prodigieuſe,
un jugement admirable & une grande pénétration lui firent des admirateurs à Toulouſe & a Paris ; où
il profeſſa. Ce ſavant mourut dans
cette derniére ville, en 1565, âgé
de 53 ans. La douceur de ſon viſage témoignoit celle de ſon ame.
Ses actions étoient innocentes ,
ſes mœurs irrepréhenſibles , &
toutes ſes vertus étoient accompagnées d'une modeſtie ſans exemple. *Henri Etienne* a dit de lui :

*Hic placuit cunctis , quòd ſibi non plá-
cuit.* Son cabinet avoit tant de charmes pour lui , que le jour de ſes
nôces il y paſſa pluſieurs heures.
Les Italiens , les Eſpagnols , les
Anglois & les Allemands lui offrirent des avantages conſidérables
pour l'attirer chez eux. Mais il
aima mieux vivre pauvrement dans
ſon pays , que d'être riche ailleurs.
Ses principaux ouvrages ont été
imprimés à Straſbourg, en 3 vol.
in-fol. 1606. On y trouve : I. Des
Notes ſur *Cicéron* , ſur *Varron* , ſur
Thucydide , ſur *Platon.* II. Ses *Ecrits*
contre *Ramus.* III. Ses *Traductions*
d'*Ariſtote* , de *Théophraſte* , de *Plutarque* , de *Platon* , &c. IV. Ses
Poéſies Latines & Grecques. V. Des
Traités particuliers. On a encore
de lui un *Recueil* important , intitulé : *Adverſaria,* 1580, in-fol.
en 30 livres , dans lequel il a ra-
maſſé tout ce qu'il a trouvé d'intéreſſant dans ſes lectures.

II. TURNEBE, (Odet) fils du
précédent, fut avocat au parlem. de
Paris, & prem. préſident de la cour
des Monnoies. Il eſt auteur d'une
Comédie, pleine d'obſcénités, intitulée : *Les Contens,* Paris , 1584,
in-8°. Il mourut en 1581 , à 28
ans.

I. TURNER , (Robert) théologien Anglois , quitta ſon pays
pour la Foi Catholique, & trouva un aſyle auprès de *Guillaume* ,
duc de Bavière, qui l'employa dans
pluſieurs négociations importantes ; mais il perdit dans la ſuite
la faveur de ce prince. Il devint
chanoine de Breſlaw , & mourut
à Gratz en 1597. On a de lui des
Commentaires ſur l'Ecriture-ſainte ,
& d'autres ouvrages.

II. TURNER , (François) théologien Anglois, fut élevé par ſon
mérite à l'évêché de Rocheſter en
1683, puis l'année ſuivante à ce-

lui d'Ely; mais les intrigues l'àyant brouillé avec la cour d'Angleterre, il fut privé de fon évêché. On a de lui quelques ouvrages.

TURNUS, roi des Rutules, à qui *Lavinie* avoit été promife, fut tué par *Enée* fon rival, dans un combat fingulier.

TURPIN, moine de St-Denys, fut fait archevêque de Reims, au plus tard vers l'an 760, & reçut du pape *Adrien I* le *Pallium* en 774, avec le titre de Primat. Il mit en 786 des Bénédictins dans l'Eglife de St-Remi, abbaye cèlèbre, au lieu des chanoines qui y étoient; & mourut vers l'an 800, après avoir gouverné fon églife plus de 40 ans. On lui attribue le livre intitulé: *Hiftoria & Vita Caroli Magni & Rollandi*; mais cette Hiftoire, ou plutôt cette fable eft l'ouvrage d'un moine du XVIᵉ fiécle, qui a pris le nom de *Jean Turpin*. C'eft de ce miférable Roman qu'on a tiré tous les contes qu'on a faits fur *Roland* & fur *Charlemagne*. On le trouve dans *Schardii rerum Germanicarum quatuor vetuftiores Chronographi*, Francfort 1556, in-fol. & il y en a une verfion françoife, Lyon 1583, in-8°.

TURRECRÉMATA, *Voy.* TOR-QUEMADA.

I. TURRETIN, (Benoît) étoit d'une illuftre & ancienne famille de Lucques. Son pere ayant embraffé l'héréfie Calvinienne, fe retira à Genève. *Benoît Turretin* y naquit en 1588, & devint, à l'âge de 33 ans, pafteur & profeffeur en théologie. Sa fcience, fa modération & fa prudence lui firent des admirateurs & des amis. On a de lui: I. Une *Défenfe des Verfions de Genève*, contre le Pere *Cotton*, in-fol. II. Des *Sermons*, en françois, fur l'*Utilité des Châtimens*, in-8°; & d'autres ouvrages aujour-

d'hui peu connus. Il mourut en 1631.

II. TURRETIN, (François) fils du précédent, né en 1623; voyagea en Hollande & en France, où il augmenta fes connoiffances, & où il fe lia avec divers favans. A fon retour il devint profeffeur de théologie à Genève en 1653, & fut député l'an 1661 en Hollande, où il obtint la fomme de 75050 florins, qui fervirent à la conftruction du baftion de la ville, qu'on appelle encore aujourd'hui *le Baftion de Hollande*. Ce favant mourut en 1687, après avoir publié divers ouvrages. Les plus connus font: I. *Inftitutio Theologiæ Elenchticæ*, 3 vol. in-4°. II. *Thefes de fatisfactione J. C.*, 1667, in-4°. III. *De feceffione ab Ecclefia Romana*, 2 vol. IV. Des *Sermons* & d'autres ouvrages.

III. TURRETIN, (Jean-Alfonfe) fils du précédent, né à Genève en 1671, fe livra tout entier à l'étude de l'Hiftoire de l'Eglife. Ce fut en fa faveur qu'on érigea à Genève une chaire d'Hiftoire eccléfiaftique. Il avoit voyagé en Hollande, en Angleterre & en France, pour converfer avec les favans, & avoit eu l'art de profiter de leurs entretiens. Ses ouvrages font: I. Plufieurs volumes de *Harangues* & de *Differtations*, 1737, 3 vol. in-4°. II. Plufieurs *Ecrits* fur la vérité de la religion Judaïque, diffus, mais folides, traduits en partie du latin par M. *Vernet*, 5 part. in-8°. III. Des *Sermons*. IV. Un *Abrégé de l'Hiftoire Eccléfiaftique*, dont la 2ᵉ édition eft de 1736, in-8°; ouvrage favant & méthodique, mais fouillé par des déclamations emportées contre l'Eglife Romaine. *Turretin* mourut en 1737, dans fa 66ᵉ année. Il étoit l'ornement de fon Eglife & la lumière de fes con-

Q qij

frères. Il gémissoit sur les funestes querelles qui ont souvent divisé les Protestans entr'eux, querelles aussi opposées à la charité qu'à la saine politique.

IV. TURRETIN, (Michel) né en 1646, mort en 1721, pasteur & professeur en langues Orientales à Genève, étoit de la même famille que les précédens. On a de lui plusieurs *Sermons* estimés des Protestans, deux entr'autres sur l'*Utilité des afflictions*. Sa piété & sa candeur le faisoient chérir & respecter.

V. TURRETIN, (Samuel) fils du précédent, professeur en Hébreu & en théologie à Genève, né en 1688, mort en 1727, a donné des *Thèses* sur lesquelles a été composé le *Traité* intitulé : *Préservatif contre le Fanatisme & les prétendus Inspirés du dernier siécle*, à Genève, 1723, in-8°. Il fut regretté comme pasteur & comme professeur. Les lumières, le jugement, l'affabilité & le zèle, faisoient de lui un savant aimable, & un ministre respectable.

TURRIEN, (François) dont le vrai nom est *Torrès*, né à Herrera en Espagne, vers l'an 1504, parut avec éclat au concile de Trente. Il se fit ensuite à l'âge de plus de 60 ans, & alla en Allemagne, où il continua d'écrire avec plus d'assiduité que de succès. Il mourut à Rome en 1584. C'étoit un homme d'une grande lecture ; mais il n'avoit pas le goût sûr, & étoit assez mauvais critique, traducteur & controversiste. On l'a accusé de citer quantité de fausses pièces pour défendre ses opinions, & d'avoir forgé des manuscrits. Ses ouvrages sont en grand nombre ; ils roulent tous sur la théologie, & sont infectés des préjugés Ultramontains.

TURSELIN, (Horace) Jésuite naquit à Rome, où il enseigna pendant 20 ans. Il auroit continué encore plus long-tems l'exercice pénible de cet emploi, si l'on n'eût jugé à propos de le lui faire quitter, pour lui donner le gouvernement de quelques maisons. Il fut donc recteur du séminaire de Rome, ensuite du collège de Florence, & enfin de celui de Lorette. Il mourut à Rome en 1599, à 54 ans. Ses principaux ouvrages sont : I. *De vitâ Francisci Xaverii*, in-4°, Rome 1596, en six livres. II. *Historia Lauretana*, in-8°, écrite avec élégance, mais sans critique. III. Un *Traité* des Particules de la Langue Latine. IV. Un *Abrégé de l'Histoire Universelle*, depuis le commencement du Monde jusqu'en 1598, in-8° ; continué par le Pere *Philippe Briet*, jusqu'en 1665. On lit cet Abrégé avec plaisir, quand on aime la belle latinité ; mais cette lecture dégoûte bientôt, lorsqu'on veut dè l'exactitude dans la chronologie, du discernement dans les faits, de la justesse & de la finesse dans les réflexions. On voit que *Turselin* n'étoit qu'un rhéteur, qu'un Jésuite, & non un historien & un philosophe. On en a une traduction françoise en 4 vol. in-12, par M. l'abbé *Lagneau*. Le IVᵉ vol. n'est pas de *Turselin*. Cette version offre des notes abondantes & instructives.

TURSTIN, archevêque d'Yorck, *Voyez* CONDÉ (Turstin de).

TUSCO, (Dominique) né à Reggio en Calabre, commença sa carriére par les armes, en qualité de capitaine, la continua dans le sacerdoce & les dignités ecclésiastiques, & l'eût finie par la tiare, sans les vives oppositions de *Baronius*. Il mourut en 1620, à 90 ans, après avoir publié 8 vol. in-

fol. où il a rédigé alphabétique-
ment toutes les matières du Droit
civil & canonique.

TUTELA. C'étoit le nom qu'on
donnoit chez les Romains à la ftatue du Dieu ou de la Déeffe, qu'on
mettoit fur la proue d'un vaiffeau,
pour en être la divinité tutélaire :
de même que TUTELINA étoit
celle qui préfidoit à la confervation des grains recueillis & ferrés.

TUTIA, Veftale Romaine, étant
accufée d'un crime, prouva,ldit-on,
fon innocence en portant, du Tibre au Temple de *Vefta*, de l'eau
dans un crible.

TUTOLE, jeune Romaine, s'eft
illuftrée par un confeil prudent
qu'elle donna au fénat de Rome.
Les Latins demandoient des filles
Romaines en mariage, les armes
à la main, pour fe venger fi on
les leur refufoit. Le fénat fort embarraffé ne favoit que répondre là-
deffus. Il prévoyoit que le refus
feroit naître une guerre affûrée ;
& que d'un autre côté le confentement mettroit leurs Etats en danger, parce que cette alliance n'é-
toit qu'un prétexte pour fe rendre
les maîtres de Rome. *Tutole*, quoique fort jeune, fe préfente, &
ayant remarqué beaucoup d'irréfolution dans les difcours de tant
de vieux fénateurs, elle leur donne un avis auquel tout le monde
adhéra. Elle leur dit, qu'*il falloit
accorder à ces Etrangers ce qu'ils
demandoient, & donner en toute fûreté
les habits nuptiaux des Dames Romaines à leurs Servantes, afin que les Latins s'amufant à fatisfaire leurs defirs
déréglés, fuffent diftraits du deffein
qu'ils avoient de faire la guerre.* Cela
réuffit à merveille. Ces efclaves
voyant leurs prétendus maris plongés dans un profond fommeil, leur
dérobérent fubitement leurs armes,
& avertirent les foldats Romains

par un flambeau allumé, afin qu'ils
vinffent furprendre leurs ennemis
qui étoient hors d'état de fe défendre. On ne fauroit affez louer
la conduite, le courage & l'affection patriotique de *Tutole*, qui
trouva des moyens fûrs pour fauver la république, lors même que
tant d'illuftres perfonnages flot-
toient dans l'incertitude.

TYARD, *Voyez* THIARD.

TYDÉE, fils d'*Œnée* & d'*Althée*,
fut envoyé par *Polynice* auprès
d'*Ethéocle*, roi de Thèbes, pour le
fommer de lui rendre fon royaume ; mais en ayant été mal reçu,
il le défia en toutes fortes de combats, où il eut toujours l'avantage. *Etheocle* indigné de fe voir toujours vaincu, lui tendit plufieurs
pièges, dont il eut l'art de fe tirer. Quelque tems après, *Tydée* fut
enfin tué au fiége de Thèbes.

TYNDARE, roi d'*Œbalie*, &
mari de.*Léda*, paffa pour pere de
Caftor & de *Pollux*, qui furent
gratuitement appellés *Tyndarides*.

TYPHON, *ou* TYPHÉE, Géant,
étoit fils du *Tartare* & de la *Terre*,
felon *Héfiode*, ou plutôt de *Junon*
feule. Cette Déeffe, indignée de
ce que *Jupiter* avoit enfanté *Mi-
nervè* fans aide, ni compagnie,
frapa la Terre de fa main, &
reçut les plus fortes vapeurs qui
en fortirent : ce fut de ces vapeurs
que naquit (dit-on) *Typhon*. Sa
taille étoit prodigieufe ; car d'une
main il touchoit l'Orient, & de
l'autre l'Occident. Sa tête s'élevoit jufqu'aux étoiles ; fes yeux
étoient tout de feu ; il vomiffoit
des flammes par la bouche & par
les narines ; fon corps étoit couvert de plumes entortillées de ferpens, & fes cuiffes & fes jambes
avoient la figure de deux gros
dragons. Ce monftre fe préfenta
avec les autres Géans, pour com-

battre & pour détrôner les Dieux ,
auxquels il fit fi grande peur , qu'ils
furent contraints de s'enfuir en
Egypte, où ils prirent de nouvelles formes. Enfin *Apollon* le tua à
coups de flèches , & felon d'autres, *Jupiter* le foudroya & le précipita fous le mont Gibel , ou
Ethna. C'étoit, aux efforts terribles , mais impuiffans de *Typhon*
pour s'affranchir de cette maffe
énorme , que les anciens attribuoient les éruptions de flammes
& de cendres calcinées qui en fortoient.

TYPOT, (Jacques) de Dieftem
ville de Brabant, né d'une bonne
famille , enfeigna le droit en Italie.
Il alla s'établir enfuite à Wirtz-
bourg , d'où *Jean III*, roi de Suède , l'appella auprès de lui. Ce
prince s'étant laiffé prévenir contre lui , le fit mettre en prifon.
Il ne fut élargi que fous *Sigifmond*.
Typot fe retira enfuite à la cour
de l'empereur *Rodolphe II*, qui le
fit fon hiftoriographe. On a de lui,
I. *Hiftoria Gothorum*, in-8°. II. *Hiftoria rerum in Sueciâ geftarum* , in-
8°. III. *Symbola divina & humana
Pontificum , Imperatorum , Regum ,
cum iconibus*, Pragæ, 1613 , 3 tom.
in-°. & d'autres ouvrages qui font
écrits avec plus d'érudition que
d'élégance. *Typot* mourut à Prague
en 1602.

TYRANNION , grammairien ,
natif d'Amife dans le royaume
de Pont, s'appelloit d'abord *Théophrafte* ; mais fa méchanceté envers
fes condifciples le fit nommer *Tyrannion*. Il fut difciple de *Denys* de
Thrace à Rhodes. Il tomba entre
les mains de *Lucullus* , lorfque ce
général eut mis en fuite *Mithridate* , & fe fut emparé de fes états.
Murena l'affranchit. La captivité de
Tyrannion ne lui fut point défa-
vantageufe. Elle lui procura l'oc-

cafion d'aller à Rome, où *Cicéron* ,
dont il arrangea la bibliothèque ,
l'honora de fon amitié. Il fe rendit illuftre par fes leçons : il amaffa
de grands biens, qu'il employa à
dreffer une bibliothèque de plus
de 30,000 volumes. Sa paffion pour
les livres contribua beaucoup à la
confervation des ouvrages d'*Ariftote*. Il mourut fort vieux à Rome ,
miné par la goutte. Il ne faut pas le
confondre avec un autre humanifte
nommé d'abord *Dioclès* , & qui
ayant été difciple de *Tyrannion*, prit
le nom de fon maitre.

TYRANNUS , *Voyez* l'article de
JUCUNDUS.

TYRCONEL , (le duc de) *Voy.*
II. TALBOT.

TYRO , l'une des Néréides ,
fut mere de *Nélée*, de *Pélias*, d'*Efon*,
d'*Amithaon* & de *Pherès*. Voyez
ENIPÉE.

TYRRHUS , gardien des troupeaux du roi *Latinus*. Un cerf qu'il
avoit apprivoifé , ayant été tué
par *Afcagne*, fut la première caufe
de la guerre entre les Troïens &
les Latins : leçon que les potentats devroient fans ceffe avoir fous
les yeux.

TYRTHÉE , poëte Grec, né, à
ce que l'on croit , à Athènes , fit
une grande figure dans la feconde
guerre de Meffène. Il excelloit à
célébrer la valeur guerrière. Les
Spartiates avoient reçu plufieurs
échecs, qui leur avoient abattu
le courage. L'Oracle de Del-
phes leur ordonna de demander
aux Athéniens , un homme capable de les aider de fes avis &
de fes lumières. *Tyrthée* leur fut
envoyé. A peine les Lacédémoniens eurent-ils entendu fes vers ,
qui ne refpiroient que l'amour de
la patrie & le mépris de la mort,
qu'ils attaquérent les Mefféniens
avec fureur ; & la victoire qu'ils

remportérent en cette occasion, termina à leur avantage une guerre qu'ils ne pouvoient plus soutenir. Ils accordérent à *Tyrthée* le droit de bourgeoisie, titre qui ne se prodiguoit pas à Lacédémone, & qui par-là devenoit infiniment honorable. Le peu qui nous reste de ses Poësies dans le Recueil des *Poetes Grecs* de *Plantin*, Anvers, 1568, in-8°. fait connoître que son style étoit plein de force & de noblesse. Il paroît lui-même transporté de l'ardeur dont il vouloit enflammer l'esprit de ses auditeurs :

Tyrtæusque mares animos in Martia bella
Versibus exacuit.

Horat. in Art. Poët.

Voyez la trad. en vers françois des fragmens de *Tyrtée* par M. *Poinsinet* de *Sivry*.

I. TZETZÈS, (Isaac) littérateur Grec, vivoit vers l'an 1170. Il publia sous son nom un ouvrage dont son frere *Jean* l'avoit gratifié. Ce sont les Commentaires sur le *Lycophron*, que *Potter* a inférés tout au long dans la belle édition qu'il donna de ce poëte à Oxford en 1697, in-fol. & dont nous parlons dans l'article suivant, n° v.

II. TZETZÈS, (Jean) poëte Grec, frere du précédent, mourut vers la fin du XIIᵉ siécle. A l'âge de 15 ans, on le mit sous des maîtres qui lui apprirent les belleslettres, la philosophie, la géométrie, & même la langue hébraïque. On assûre qu'il savoit par cœur toute l'Ecriture-sainte. Il dit lui-même, que « Dieu n'avoit pas » créé un homme qui eût été doué » d'une mémoire plus excellente » que la sienne; » mais peût-être y a-t-il là un peu d'enthousiasme ou de vanité poëtique. On a de lui, I. Des *Allégories sur Homére*, Paris 1616, in-8°. qu'il dédia à *Irène*, femme de l'empereur *Manuel Comnène*. II. *Histoires mélées*, Bâle 1546, in-fol. en 13 chiliades, en vers libres, pleines d'inutilités insipides, écrites d'un style emphatique. III. Des *Epigrammes* & d'autres *Poësies* en Grec, dans le Recueil des *Poëtes Grecs*, Genève, 1606 & 1614, 2 vol. in-fol. IV. Des *Ouvrages* de Grammaire & de Critique, & des *Scholies sur Hésiode*. V. Des *Commentaires* sur le Poëme de *Lycophron*, appellé l'*Alexandre* ou *la Cassandre*. Il a renfermé dans cet ouvrage une infinité de choses utiles pour entendre l'Histoire & la Fable. Ils peuvent servir même à l'intelligence de divers endroits obscurs & difficiles, qui se rencontrent dans les autres auteurs.

U.

UBALDIS, (Balde *DE*) *Voyez* BALDE.

UBERTI, (*Fasio*, c'est-à-dire *Bonifacio* de gli) poëte & géographe Florentin du XIVᵉ siécle, a fait un Poëme géographique Italien, sous ce titre : *Ditta mundo*, ou *Dicta mundi*. Il fut imprimé à Vicence, 1474, in-fol. à Venise 1501, in-4°. & plusieurs fois depuis; mais il n'y a que la 1ʳᵉ édition qui soit rare & recherchée.

UDALRIC, *Voyez* ULRIC.

UDEN, *Voyez* VAN-UDEN.

UDINE, (Jean d') *Voyez* JEAN, n° LXXXIV.

UGHELLI , (Ferdinand) né à Florence en 1595 , d'une bonne famille, entra chez les Cisterciens. Il eut divers emplois honorables dans son ordre, & devint abbé de Trois-Fontaines à Rome, procureur de la province, & consulteur de la congrégation de l'*Index*. Son humilité lui fit refuser les évêchés qui lui furent offerts par les souverains pontifes ; mais il accepta les pensions qu'*Alexandre VII* & *Clément IX* lui donnèrent. Ce savant mourut à Rome en 1670, à 75 ans, aussi estimé pour ses connoissances que pour ses vertus. On a de lui un ouvrage important , & plein de recherches, sous le titre d'*Italia sacra*, dans lequel il a exécuté sur les évêques d'Italie ce que *Ste-Marthe* avoit fait pour les Églises de France. Il y en a deux éditions : l'une de Rome, in-fol. en 9 vol. imprimés depuis 1641 jusqu'en 1662 ; l'autre de Venise, in-fol. 10 vol. dont le 1er est de l'an 1717, & le dernier de 1722. Cette édition est fort augmentée & perfectionnée , & on y a ajoûté une Table dans le x° vol. ; mais elle est remplie de fautes d'impression.

UGONIUS , (Matthias) évêque de Famagouste en Chypre , au commencement du XVI° siécle. On a de lui, I. Un *Traité de la dignité Patriarchale* , en forme de Dialogue, imprimé à Basle en 1507. II. Un *Traité des Conciles* , appellé *Synoda Ugonia*, imprimé à Venise l'an 1563 , in-fol. approuvé par un Bref de *Paul III*, du 16 Décembre de l'an 1553. C'est un des meilleurs ouvrages & des plus rares qui se soient faits dans le XVI°siécle sur ce sujet. On prétend qu'il fut supprimé secrettement par la cour de Rome, parce qu'elle crut apercevoir dans ce livre des maximes quelquefois opposées à ses usages , & des passages favorables aux libertés de l'Eglise de France. Plusieurs bibliographes l'ont annoncé sous ces différentes dates , 1531 , 32 , 34 , 1565 & 68 ; mais c'est la même édition. Le feuillet seul du titre a été changé pour des raisons particuliéres que l'on ignore.

ULACQ, (Adrien) mathématicien de Gand , a donné : I. Une Trigonométrie latine , *Goudæ* 1633, in-fol. II. *Logarithmorum Chiliades, centum*, 1628 , in-fol. traduites en françois in-8°. & dont *Oçanam* a beaucoup profité.

ULADISLAS , *Voy.* LADISLAS.

ULFELD , (Cornifix , *ou* Corfits , comte d') étoit le dixième fils du grand-chancelier de Danemarck, d'une des premières maisons du royaume: *Christiern IV* le fit grand-maître de sa maison & viceroi de Norvège, & lui fit épouser sa fille naturelle ; mais *Frédéric III*, fils & successeur de *Christiern IV* , craignant son ambition, lui fit essuyer plusieurs désagrémens. Le comte sortit secrettement de Danemarck , & se retira en Suède. La reine *Christine* le reçut très-bien, & l'employa dans plusieurs négociations importantes. Mais lorsque cette princesse eut abdiqué le trône, il tomba dans la disgrace des Suédois, & fut mis en prison. Ayant trouvé le moyen de s'évader , il se retira à Copenhague, avant que d'avoir obtenu l'abolition de ce qu'il avoit fait contre son souverain. *Frédéric III* le fit alors arrêter, & l'envoya, avec la comtesse sa femme, dans l'isle de Bernholm ; mais peu de tems après, il leur permit de voyager. A peine étoient-ils partis, qu'on prétendit avoir découvert une horrible confpiration que le comte avoit tramée contre fon prince. Il avoit, dit-on, propofé à l'électeur de Brandebourg de détrôner le roi de Danemarck, & de faire paffer la couronne fur la tête de ce monarque. Quoi qu'il en foit de cette accufation, *Ulfeld* fut condamné à être écartelé le 24 Juillet de l'an 1663, comme atteint du crime de lèfe-majefté au premier chef. L'arrêt fut exécuté fur une ftatue de cire en effigie. Il en reçut la nouvelle à Bruges, d'où il partit auffi-tôt pour fe rendre à Bafle. Il vécut quelque tems inconnu, avec 3 de fes fils & une fille ; mais une querelle furvenue entre un de ces fils, & un bourgeois de la ville, le fit reconnoître. Contraint d'abandonner cet afyle, quoique tourmenté par la fiévre, il defcendoit le Rhin dans un batteau, lorfqu'ayant été faifi du froid, il en mourut, âgé de 60 ans, en 1664, & fut enterré au pied d'un arbre. Ses talens auroient pu le rendre utile à fon roi & à fa patrie ; mais il ne s'en fervit que pour perdre l'un & l'autre, & pour fe perdre lui-même par fon ambition, fon orgueil & fon humeur inquiette.

. ULLOA DE TAURO, (Louis d') poëte Caftillan, floriffoit fous le roi *Philippe IV*. *Baillet* dit dans fes *Jugemens des Savans*, que c'étoit un de ces poëtes facétieux & plaifans, dont la cour de *Philippe* étoit remplie. Son talent pour le comique ou le burlefque, ne l'empêchoit pas de s'exercer quelquefois dans le férieux & d'y réuffir. Ses ouvrages ont été imprimés en Efpagne, in-4°. *Voyez* la *Bibliothèque de Nicolas Antoine*; & les *Jugemens des Savans*, édition de Paris, in-4°, avec les notes de *la Monnoye*, tome V, pag. 215.

ULOLA, (D. Antonio) *Voyez* III. JUAN.

ULPHILAS, *ou* GULPHILAS[1], évêque des Goths qui habitoient dans la Mœfie, partie de la Dacie, floriffoit vers l'an 370, fous l'empire de *Valens*. On croit qu'il a été l'inventeur des lettres gothiques ; au moins il eft certain qu'il a été le premier qui ait traduit la Bible en langue des Goths ; & c'eft peut-être ce qui a donné lieu de lui attribuer cette invention, parce qu'avant cette traduction, les lettres gothiques n'étoient connues que de très-peu de perfonnes. On eft perfuadé qu'il n'exifte de cette traduction d'*Ulphilas* que les feuls Evangiles : c'eft ce qu'on nomme le *Codex Argenteus* d'*Ulphilas*, parce qu'il eft écrit en lettres d'or & d'argent. Ce rare & précieux manufcrit eft confervé dans la bibliothèque du roi de Suède. Le célèbre *Junius* en a donné une édition en caractéres pareils à ceux de ce manufcrit. Ce fut *Ulphilas* qui obtint l'an 376 de l'emp.r *Valens* la permiffion, pour les Goths, d'habiter la Thrace, & afin de l'obtenir, il embraffa l'Arianifme.

ULPIEN, (*Domitius Ulpianus*) célèbre jurifconfulte, fut tuteur, & depuis fecrétaire & miniftre de l'empereur *Alexandre-Sévère*. Il s'éleva jufqu'à la dignité de préfet du Prétoire, qui étoit la plus confidérable de l'empire. Son attachement aux fuperftitions Païennes lui infpira une haine violente contre les Chrétiens, qu'il perfécuta cruellement. Il fut tué par les foldats de la garde Prétorienne l'an 226. Il nous refte de lui 29 titres de *Fragmens* recueillis par *Anien*, qui fe trouvent dans quelques éditions du Droit Civil ; ils font curieux pour connoître les mœurs des Romains.

I. ULRIC, (St) évêque d'Augs-bourg, d'une maifon illuftre d'Allemagne, mort en 973 à 83 ans, fe fignala dans fon diocèfe par un zèle apoftolique. Jean XV le mit dans le catalogue des Saints au concile de Latran, tenu en 993 ; & c'eft le premier exemple de canonifation faite par les papes.

II. ULRIC, ou UDALRIC, moine de Cluni, né à Ratisbonne vers l'an 1018, & mort au monaftére de la Celle en 1093, fut l'une des plus grandes lumières de l'ordre monaftique. Il nous refte de lui, dans le Spicilége de D. d'Acheri, un recueil des Anciennes Coutumes de Cluni, qui peut fervir à faire connoître quelques ufages de fon fiécle.

ULRIQUE-ÉLÉONORE DE BAVIÉRE, feconde fille de Charles XI, roi de Suède, & fœur de Charles XII, naquit en 1688. Elle gouverna la Suède, pendant l'abfence de fon frere, avec une fageffe que ce monarque ne put s'empêcher d'admirer. Après la mort de l'Alexandre du Nord, elle fut proclamée reine l'an 1719, par les fuffrages unanimes de la nation. Elle céda la couronne à fon mari Fréderic, prince héréditaire de Heffe-Caffel, l'année d'après ; mais elle régna avec lui. Les Etats affemblés à Stockholm, engagérent cette princeffe à renoncer folemnellement à tout droit héréditaire fur le trône, afin qu'elle ne parût le tenir que des fuffrages libres de la nation. Le pouvoir arbitraire fut alors aboli ; les Etats prefcrivirent une forme de gouvernement qu'ils firent ratifier par la princeffe ; l'autorité du trône fut tempérée par celle des Etats & du Sénat ; & le peuple fut rétabli dans fes anciens

droits, que Charles XII avoit tous violés. Ulrique-Eléonore employa les reffources de fon génie, pour appeller dans fon royaume la paix, & avec elle les arts, le commerce & l'abondance. Elle mourut le 6 Décembre 1741, à 54 ans, chérie & adorée de fes fujets qui la regardoient comme leur mere.

ULUG-BEIG, prince Perfan, s'attacha à l'aftronomie. Son Catalogue des Etoiles fixes, rectifié pour l'année 1434, fut publié par le favant Thomas Hyde, à Oxford en 1665, in-4°, avec des notes pleines d'érudition. Ce prince fut tué par fon propre fils en 1449, après avoir régné à Samarcand environ 40 ans. Outre l'ouvrage dont nous avons parlé, on lui en attribue un autre fur la chronologie, intitulé : Epochæ celebriores Chataïorum, Syro-Græcorum, Arabum, Perfarum & Charafmiorum. Il a été traduit en latin par Jean Gréaves, & publié à Londres avec l'original Arabe, 1650, in-4°.

ULUZZALI, Voy. LOUCHALI.

ULYSSE, roi de l'ifle d'Ithaque, fils de Laërte & d'Anticlée, contrefit l'infenfé pour ne point aller au fiège de Troie. Mais Palamède découvrit cette rufe, en mettant fon fils Télémaque, encore enfant, devant le foc d'une charrue qu'il faifoit tirer par des bœufs. Ulyffe, de crainte de bleffer fon fils, leva la charrue. Cette attention découvrit fa feinte, & il fut contraint de partir ; mais gardant au fond du cœur une haine implacable pour Palamède, (Voyez cet article.) qu'il ne tarda pas de fatisfaire. Il rendit de grands fervices aux Grecs par fa prudence & fes artifices. Ce fut lui qui alla chercher Achille chez Lycomède, où il le trouva déguifé en femme. Il le découvrit, en préfentant aux dames de la cour des bijoux, parmi lefquels il y avoit des armes, fur lefquelles ce jeune prince fe jetta auſſitôt. *Ulyſſe* enleva le *Palladium* avec *Diomède*, fut un de ceux qui s'enfermérent dans le Cheval de bois, & contribua par fon courage à la priſe de Troie. Pour prix de ſes exploits & de ſon éloquence, les capitaines Grecs lui adjugérent, après la mort d'*Achille*, les armes de ce héros, qu'il diſputa à *Ajax* : (*Voyez* ce mot.) En retournant à Ithaque, il courut pluſieurs dangers ſur mer, & lutta pendant dix années contre ſa mauvaiſe fortune. Il fit naufrage dans l'iſle de *Circé*, où cette enchantereſſe eut un fils de lui, appellé *Télégone*. Pour le retenir, elle changea tous ſes compagnons en bêtes ſauvages. Mais il ſortit enfin de cette iſle, & fit naufrage dans celle de *Calypſo*, qui voulut en vain ſe l'attacher ; enfin ſon vaiſſeau ſe briſa auprès de l'iſle des Cyclopes, où *Polyphéme* dévora 4 de ſes compagnons, l'enferma avec le reſte dans ſon antre, d'où ce prince ſortit heureuſement. *Ulyſſe* évita par ſon adreſſe l'enchantement des *Sirénes* ; & lorſqu'il quitta l'Eolie, *Eole*, pour marque de ſa bienveillance, lui donna des outres où les vents étoient enfermés. Mais ſes compagnons les ayant ouverts par curioſité, les vents s'échappérent & firent un déſordre épouvantable. L'orage jetta *Ulyſſe* ſur les côtes d'Afrique, lorſqu'il étoit ſur le point de rentrer dans ſa patrie. Il fit enfin naufrage pour la derniére fois, perdit ſes vaiſſeaux & ſes compagnons, ſe ſauva ſur un morceau de bois, & arriva à Ithaque dans un état ſi triſte, qu'il ne fut reconnu de perſonne. Il ſe mit cependant parmi les amans de *Pénélope*, pour tendre l'arc qu'on avoit propoſé, & dont *Pénélope* de-

voit être le prix. Il en vint à bout, ſe fit reconnoitre, rentra dans le ſein de ſa famille, & tua tous ſes rivaux. Quelque tems après il ſe démit de ſes états entre les mains de *Télémaque*, parce qu'il avoit appris de l'Oracle qu'il mourroit de la main de ſon fils. Il fut en effet tué par *Télégone*, qu'il avoit eu de *Circé* : (*Voyez* TÉLÉGONE.) Il fut mis au nombre des demi Dieux. Les aventures d'*Ulyſſe* font le ſujet de l'*Odyſſée* d'*Homére*.

UPTON, (Nicolas) Anglois, ſe trouva au ſiége d'Orléans en 1428. Il fut depuis chanoine & précenteur de Sarisbery. *Edouard Biſſæus* publia un Traité de ce chanoine : *De Studio militari*, joint à d'autres ouvrages de même eſpèce, Londres, 1654, in-fol. *Upton* vivoit encore en 1453.

URANIE, l'une des *IX Muſes*, préſide à l'aſtronomie. On la repréſente ſous la figure d'une jeune fille, vêtue d'une robe couleur d'azur, couronnée d'étoiles, ſoutenant un globe avec les deux mains, & ayant autour d'elle pluſieurs inſtrumens de mathématiques. *URANIE* fut auſſi le nom de pluſieurs Nymphes, & un ſurnom célèbre de *Vénus*. Sous le nom d'*Uranie*, c'eſt-à-dire *céléſte*, on adoroit *Vénus* comme la Déeſſe des plaiſirs innocens de l'eſprit ; & on l'appelloit par oppoſition *Vénus terreſtre*, quand elle étoit l'objet d'un culte infâme & groſſier.

URANUS, *Voyez* SATURNE.

I. URBAIN, (St) diſciple de l'Apôtre de St *Paul*, fut évêque de Macédoine ; mais on ne fait rien de particulier ſur ſa vie.

II. URBAIN I, (St) pape après *Calixte I*, le 21 Octobre 223 ; eut la tête tranchée pour la Foi de J. C., ſous l'empire d'*Alexandre Sévère*, le 25 Mai de l'an 230. Il avoit rempli fon miniftére en homme apoftolique.

III. URBAIN II, appellé auparavant *Otton* ou *Oddon*, religieux de Cluni, natif de Châtillon-fur-Marne, parvint aux premiers emplois de fon ordre. *Grégoire VII*, Bénédiftin comme lui, ayant connu fa piété & fes lumières, l'honora de la pourpre Romaine. Après la mort du pape *Viftor III*, il fut placé fur la chaire de *St Pierre* le 12 Mars 1088. Il fe conduifit avec beaucoup de prudence pendant le fchifme de l'anti-pape *Guibert*. Il tint, en 1095, le célèbre concile de Clermont en Auvergne. Il y fut ordonné de communier en recevant féparément le Corps & le Sang de J. C.: ce qui prouve que l'ufage ordinaire étoit encore de communier fous les deux efpèces. On y fit aufli la publication de la 1re Croifade pour le recouvrement de la Terre-fainte. Les pèlerinages des Chrétiens d'Occident aux Lieux-faints furent l'occafion de cette confédération. Les pèlerins marchoient à la Terre-fainte en grandes troupes, & bien armés; on le voit par l'exemple de 7000 Allemands qui firent ce voyage en 1064, & qui fe défendirent fi vaillamment contre les voleurs Arabes. Les Mufulmans laiffoient, à la vérité, aux Chrétiens leurs fujets, le libre exercice de la religion; ils permettoient les pèlerinages, faifoient eux-mêmes celui de Jérufalem, qu'ils nomment la *Maifon-Sainte*, & qu'ils ont en vénération; mais leur haine pour les Chrétiens éclatoit en mille maniéres; ils les accabloient de tributs, leur interdifoient l'entrée des charges & des emplois, & les obligeoient de fe diftinguer en portant un habit qui paffoit pour méprifable parmi eux; enfin

ils leur défendoient de conftruire de nouvelles Eglifes, & les tenoient dans une contrainte qui pouvoit être regardée comme une perfécution perpétuelle. Ce furent ces mauvais traitemens qui excitérent le zèle d'*Urbain II*; mais les Croifades ne fervirent pas beaucoup aux Chrétiens de l'Orient, & elles corrompirent ceux de l'Occident. (*Voyez* le Difcours de l'abbé *Fleuri* fur les Croifades.) *Urbain* mourut à Rome le 29 Juillet 1099. On a de lui LIX *Lettres*, dans les *Conciles* de *Labbe*. Dom *Ruinart* a écrit fa *Vie* en latin: elle eft aufli curieufe qu'intéreffante. On la trouve dans les Œuvres Pofthumes de D. *Mabillon*.

IV. URBAIN III, appellé auparavant *Hubert Crivelli*, archevêque de Milan, fa patrie; fut élu pape après *Lucius III*, à la fin de Novembre 1185. Il eut de grandes conteftations avec l'empereur, touchant les terres laiffées par la comteffe *Mathilde* à l'Eglife de Rome. Il l'auroit excommunié, fi on ne lui avoit fait fentir l'imprudence de cette démarche. Ce pontife mourut à Ferrare le 19 Oftobre 1187, après avoir appris la funefte nouvelle de la prife de Jérufalem par *Saladin*. Ce fut cette perte qui avança fa dernière heure. Son zèle étoit ardent, mais il ne fut pas toujours éclairé.

V. URBAIN IV, (Jacques Pantaléon, *dit de Court-Palais*) natif de Troyes en Champagne, d'un favetier, s'éleva par fon mérite. Après la mort d'*Alexandre IV*, il fut placé fur la chaire pontificale le 29 d'Août 1261. Il publia une Croifade contre *Mainfroi*, ufurpateur du royaume de Sicile, en 1263, inftitua la fête du S. Sacrement, qu'il célébra pour la 1re fois le Jeudi d'après l'Oftave de la

Pentecôte 1264. Il fit compofer l'Office de cette Fête par *St Thomas* d'Aquin ; c'eft le même que nous récitons encore. Mais le pape *Ur-bain* étant mort cette même année à Péroufe, la célébration de cette folemnité fut interrompue pendant plus de 40 ans. Elle avoit été ordonnée dès l'année 1246 par *Robert* de *Torote*, évêque de Liége, à l'occafion des révélations fréquentes qu'une fainte religieufe Hofpitaliére, nommée *Julienne*, recevoit depuis long-tems. On a d'*Urbain IV* une Paraphrafe du *Miferere* dans la Bibliothèque des Peres, & *LXI* *Lettres* dans le *Tréfor des Anecdotes* du P.*Martenne*.Elles peuvent fervir à l'Hiftoire eccléfiaftique & profane de ce tems-là.

VI. URBAIN V, (Guillaume de *Grimoald*) fils du baron du Roure, & d'*Emphelife* de *Sabran*, fœur de *St Elzéar*, né à Grifac, diocèfe de Mende, dans le Gevaudan, fe fit Bénédiétin, & fut abbé de S. Germain d'Auxerre, puis de S. Viétor de Marfeille. Après la mort d'*Innocent VI* en 1362, il obtint la papauté. Le faint-fiége étoit alors à Avignon ; *Urbain V* le transféra à Rome en 1367. Il y fut reçu avec d'autant plus de joie, que depuis 1304 que *Benoît XI* fortit de cette ville, aucun pape n'y avoit réfidé. L'an 1370 *Urbain* quitta Rome pour revenir à Avignon. Ste *Brigitte* lui fit dire de ne pas entreprendre ce voyage, parce qu'il ne l'acheveroit pas. Il partit cependant, & arriva le 24 Septembre à Avignon, où il fut auffitôt attaqué d'une grande maladie qui l'emporta le 19 Décembre. Le pape *Urbain V* avoit bâti plufieurs Eglifes & fondé divers chapitres de chanoines, & fignalé fon pontificat en réprimant la chicane, l'ufure, le déréglement des eccléfiaftiques, la fimonie, &

la pluralité des bénéfices. Il entretint toujours mille écoliers dans diverfes univerfités, & il les fourniffoit des livres néceffaires. Il fonda à Montpellier un Collège pour 12 étudians en médecine. On a de lui quelques *Lettres*, peu importantes.

VII. URBAIN VI, (Barthélemi *Prignano*,) natif de Naples, & archevêque de Bari, fut élevé fur la chaire de *St Pierre* contre les formes ordinaires, n'étant pas cardinal, & dans une efpèce de fédition du peuple, le 9 Avril 1378. Les cardinaux, élurent, peu de tems après, le card. *Robert de Genève*, qui prit le nom de *Clément VII*. Cette double éleétion fut l'origine d'un fchifme auffi long que fâcheux, qui déchira l'Eglife. *Urbain* fut reconnu par la plus grande partie de l'Empire, en Bohême, en Hongrie, en Angleterre. L'an 1383, le pontife fit prêcher une Croifade en Anglet. contre la France, & contre le pape *Clément VII*, fon compétiteur ; & pour la foutenir, il ordonna la levée d'une décime entière fur toutes les Eglifes d'Angleterre : *Car*, dit Froiffard, *les gens de guerre ne fe paient pas de pardons.* Un évêque fut chargé de cette armée eccléfiaftique, qui fe battit également contre les Clémentins & les Urbaniftes, & qui finit par être diffipée. *Urbain* au défefpoir fit arrêter fix de fes cardinaux, qui avoient, difoit-on, confpiré de le faire dépofer & brûler comme hérétique. Ce complot étoit réel ; *Urbain* fit mourir les coupables, après leur avoir fait fubir la queftion la plus cruelle. Il n'excepta qu'un cardinal-évêque de Londres, qu'il délivra à la prière du roi d'Angleterre. Une telle conduite n'étoit guéres propre à lui attirer des amis ; fes plus intimes l'abandonnérent de jour en jour. Sa cour étoit un défert. Il n'en devint que plus dur & inflexible. Auffi fa mort, arrivée en 1389, fut une fête pour le peuple. Il avoit fait le 11 Avril précédent trois inftitutions mémorables. La 1re fut de diminuer encore l'intervalle du Jubilé ; il le fixa à 33 ans, fe fondant fur l'opinion que *Jefus-Chrift* a vécu ce même nombre d'années fur la terre. La 2e inftitution fût la fête de la Vifitation de la *Ste Vierge.* Enfin il ftatua qu'à la fête du S. Sacrement on pourroit célébrer nonobftant l'interdit ; & que ceux qui accompagneroient le Viatique depuis l'Eglife jufques chez un malade, & de chez le malade à l'Eglife, gagneroient cent jours d'indulgence.

VIII. URBAIN VII, Romain, appellé auparavant *Jean - Baptifte Caftagna,* & cardinal fous le titre de *St Marcel,* obtint la tiare après *Sixte-Quint,* le 15 Septembre 1590. Sa piété & fa fcience faifoient attendre de grandes chofes de fon gouvernement; mais il mourut 12 jours après fon élection, le 27 du même mois. Sa réfignation éclata dans fes derniers momens. *Le Seigneur,* dit-il avant que d'expirer, *me dégage des liens qui auroient pu m'être funeftes.*

IX. URBAIN VIII, de Florence, (*Maffeo Barberino*) monta fur le trône pontifical après le pape *Grégoire XV,* le 6 Août 1623. Il réunit le duché d'Urbin au faint-fiége ; il approuva l'ordre de la Vifitation, & fupprima celui des Jéfuiteffes. Il donna en 1642 une Bulle qui renouvelle celles de *Pie V* contre *Baïus,* & les autres qui défendent de traiter des matières de la Grace. La même Bulle d'*Urbain* déclare que l'*Auguftin* de *Janfenius* renferme des propofitions déja condamnées. Ce pontife mourut en 1644, après

avoir rempli tout ce qu'on eft en droit d'attendre d'un pape vertueux & éclairé. Il entendoit fi bien le Grec, qu'on l'appelloit l'*Abeille Attique,* & il réuffiffoit dans la poëfie Latine. Il corrigea les Hymnes de l'Eglife. Ses *Vers Latins facrés* ont été imprimés à Paris au Louvre in-fol. avec beaucoup d'élégance, fous ce titre : *Maffei Barberini Poëmata.* Les plus confidérables de ces Piéces font, I. Des *Paraphrafes* fur quelques *Pfeaumes* & fur quelques *Cantiques* de l'Ancien & du Nouveau Teftament. II. Des *Hymnes* & des *Odes* fur les Fêtes de Notre-Seigneur, de la Ste Vierge & de plufieurs Saints. III. Des *Epigrammes* fur divers hommes illuftres. Ces différens ouvrages ont de la nobleffe ; mais ils manquent de chaleur & d'imagination. On a encore de lui des *Poefies Italiennes,* Rome, 1640, in-12. Ce fut *Urbain VIII* qui donna le titre d'*Eminentiffime* aux cardinaux, aux trois électeurs eccléfiaftiques, & au grand-maître de Malte.

X. URBAIN DE BELLUNO, (*Urbanus Valerianus* ou *Bolzanus*) Cordelier & précepteur du pape *Léon X,* mort en 1524 à 84 ans, eft le premier, felon *Voffius,* qui ait donné une *Grammaire* Grecque en latin, qui mérite quelque eftime, in-4°. Paris 1543. Il a donné auffi une Collection d'anciens Grammairiens, fous le titre de *Thefaurus Cornucopiæ,* Venife 1496, in-fol.

URBIN, *Voyez* BRAMANTE.

URCEUS, (Antoine) furnommé *Codrus,* né en 1446 à Herberia ou Rubiera, ville du territoire de Reggio, enfeigna les belles-lettres à Forli, avec des appointemens confidérables. De-là il paffa à Bologne, où il fut profeffeur des langues grecque & latine, & de rhétorique. L'irreligion & le li-

bertinage déshonorérent fa ·jeu-
neffe, & quoiqu'il fît l'efprit-fort,
il ajoûtoit foi aux préfages les plus
ridicules ; mais il fe repentit de fes
impiétés & de fes égaremens, & il
mourut à Bologne, dans de grands
fentimens de piété, en 1500, à 54
ans. On mit fur fon tombeau pour
toute épitaphe : *CODRUS ERAM.* Sa
fanté avoit été toujours très-foible.
Avec un extérieur doux, il avoit
l'humeur bilieufe & févére. Il étoit
avare de louanges, & prodiguoit
les critiques, fur-tout à l'égard des
auteurs modernes. On a de lui,
I. Des *Harangues.* II. Des *Sylves*,
des *Satyres*, des *Epigrammes* & des
Eglogues en latin, dont il y a eu
plufieurs éditions, quoique le mauvais l'emporte fur l'excellent. *Urceus* étoit cependant un homme
d'efprit, plein de gaieté & de
faillies. Le prince de Forli s'étant
un jour recommandé à lui : *Les
affaires vont bien*, répondit *Urceus*,
Jupiter fe recommande à Codrus ; depuis ce mot, le nom de *Codrus* lui
fut donné. Ses Ouvrages font affez
rares, fur-tout de l'édition de Bologne 1502, in-fol. *Bayle*, qui n'a-
voit pas eu occafion de les voir, a
commis beaucoup de fautes dans
l'article d'*Urceus Codrus.*

URÉE, (Olivier) en latin *Uredius*,
jurifconfulte des Pays-Bas, mort
en 1642, connoiffoit l'hiftoire auffi
bien que la jurifprudence. On a
de lui : I. La *Généalogie des Comtes de
Flandre*, en latin, Bruges, 1642 &
1643, 2 v. in-f. II. *Les Sceaux des
Comtes de Flandre*, 1639, in-f. L'un
& l'autre ont été mauffadement
traduits en françois, & imprimés
à Bruges, 1641 & 1643, 3 v. in-f.
III. Une *Hiftoire de Flandre* en latin,
Bruges 1650, 2 vol. in-fol. Le dernier tome eft le plus rare à trouver. Voyez la *Méthode pour étudier
l'Hiftoire*, de *Lenglet*, T. XIV, p. 262.

I. URFÉ, (Honoré d') comte de
Château-neuf, marquis de Valro-
mery, naquit à Marfeille en 1567,
de *Jacques* d'*Urfé*, d'une illuftré
maifon de Forez, originaire de
Suabe. Il fut le 5ᵉ de fix fils, & le
frere de fix fœurs. Après avoir fait
fes études à Marfeille & à Tournon, il fut envoyé à Malte, d'où
il retourna dans le Forez, ne pouvant pas fupporter les privations
du célibat. *Anne* d'*Urfé*, fon frere,
avoit époufé, en 1574, *Diane de
Chevillac* de *Château-Morand*, riche
& feule héritiére de fa maifon. Ce
mariage ayant fubfifté pendant 22
ans, fut rompu pour cauƒe d'im-
puiffance, en 1596. *Anne* embraffa
l'état eccléfiaftique. *Diane* refta libre pendant quelques années ; enfuite cédant aux pourfuites d'*Honoré*, qui ne vouloit pas laiffer fortir de fa maifon les grands biens
qu'elle y avoit apportés, elle confentit à l'époufer. Ce mariage n'é-
tant fondé que fur l'intérêt, les
deux époux ne vécurent pas long-
tems dans une parfaite intelligence.
La malpropreté de *Diane*, toujours
environnée de grands chiens, qui
caufoient dans fa chambre & même
dans fon lit une faleté infupportable, dégoûtérent bientôt fon
mari. D'ailleurs d'*Urfé* avoit efpéré
qu'il naitroit de ce mariage des enfans, qui puffent conferver dans fa
maifon les biens que *Diane* y avoit
apportés ; mais au lieu d'enfans,
elle accouchoit, tous les ans de
moles informes. Il fe retira donc
en Piémont, où il coula des jours
heureux, débarraffé des épines de
l'hymen & de l'ennui du ménage.
Il mourut à Ville-Franche en 1625,
âgé de 58 ans. Sa maifon eft éteinte.
Ce fut vraifemblablement pendant
fa retraite en Piémont qu'il compofa fon *Aftrée*, 4 vol. in-8°j, augmentés d'un 5ᵉ par *Baro*, fon fe-

crétaire. Cette ingénieuse Paſtorale a été la folie de toute l'Europe, dit *Garlencas*, pendant plus de 50 années. C'eſt un tableau de toutes les conditions de la vie humaine, qui laiſſe peu à deſirer du côté de l'invention, des mœurs & des caractéres. Ce tableau n'eſt point fait à plaiſir, & tous les faits, couverts d'un voile très-ingénieux, ont un fondement véritable dans l'hiſtoire de l'auteur, ou dans celle des galanteries de la cour de *Henri IV*. Il eſt vrai que les caractéres ne ſont pas toujours aſſortis au genre paſtoral, & que les bergers de l'*Aſtrée* jouent le rôle tantôt d'un courtiſan délicat & poli, & tantôt d'un ſophiſte très-pointilleux. La meilleure édition de cet ouvrage eſt celle de Paris 1753, en 10 vol. in-12, par l'abbé *Souchai* : (*Voyez* SOUCHAI.) On a encore de d'*Urfé* : I. Un Poëme intitulé *la Sirène*, 1611, in-8°. II. Un autre Poëme ſous le titre de *la Savoyſiade*, dont il n'y a qu'une partie d'imprimée. III. Une Paſtorale en vers non rimés, intitulée *la Sylvanire*, in-8°. IV. Des *Epîtres morales*, in-12, 1620.

II. URFÉ, (Anne d') frere aîné du précédent, fut comte de Lyon, & mourut en 1621 à 66 ans. C'étoit un homme de lettres, qui avoit autant de vertu que d'eſprit. On a de lui des *Sonnets*, des *Hymnes* & d'autres *Poëſies*, 1608, in-4°, qui étoient médiocrement bonnes même pour ſon tems.

I. URIE, mari de *Bethſabée*. Sa femme étant enceinte de l'adultère qu'elle avoit commis avec *David*, en donna avis à ce prince, qui, pour cacher ſon crime, engagea *Urie* à revoir ſa femme. Mais comme il refuſa d'aller à ſa maiſon, *David* le renvoya au ſiége de Reblath, d'où il venoit, avec des lettres pour *Joab*, qui eut ordre

de le mettre dans l'endroit le plus périlleux, puis de l'y abandonner pour y périr. Cet ordre cruel fut fidellement exécuté, & le vertueux *Urie* fut la victime de l'impudicité de ſa femme & de ſon roi.

II. URIE, ſucceſſeur de *Sadoc II*, dans la grande ſacrificature des Juifs, vivoit ſous le roi *Achaz*. Ce prince étant allé à Damas au-devant de *Teglath-Phalaſſar*, & ayant vu dans cette ville un autel profane dont la forme lui plut, en envoya auſſitôt le deſſin au grand prêtre *Urie*, en lui ordonnant de faire un autel pour le Temple ſur ce modèle. Le grand-prêtre exécuta ponctuellement l'ordre du roi, & ſe couvrit d'un opprobre éternel, en trahiſſant ainſi ſon miniſtére.

III. URIE, fils de *Semei*, prophétiſoit au nom du Seigneur en même tems que *Jérémie*, & prédiſoit, contre *Jéruſalem* & tout le pays de Juda, les mêmes choſes que ce prophète. Le roi *Joakim* & les grands de ſa cour l'ayant entendu, voulurent ſe ſaiſir de lui & le faire mourir : *Urie*, qui en fut averti, ſe ſauva en Egypte. Mais *Joakim* l'ayant fait pourſuivre, il fut pris & mené à Jéruſalem, où le roi le fit mourir par l'épée, & ordonna qu'on l'enterrât ſans honneur dans les ſépulchres des derniers du peuple.

UROOM, (Henri-Corneille) peintre, né à Harlem en 1566, paſſa la plus grande partie de ſa vie à voyager. L'Italie ne fut pas oubliée. Il fit, dans cette grande école, les études néceſſaires pour ſe perfectionner. *Paul Bril*, qu'il rencontra à Rome, lui fut ſur-tout d'un grand ſecours. *Uroom* s'étant embarqué avec un grand nombre de ſes tableaux pour l'Eſpagne, eut à eſſuyer une affreuſe tempête, qui le jetta ſur des côtes in-

con-

plu

! fut
jeux
crié

des
Ce
de-
vant
pro-

nt de
le fur
exé-
u roi,
rnal,
re.
pro-
r en

nt le

cie &
nt en-
ce lui
en fut
. Mais
re, il
n, où
epée,
r fans
s des

reille)
1566,

pas cu-
le éco-
pour fe
l'il ren-
tur-tout
- s'étant
nombre
pagne,
la tempé-
ces in-
620-

connues, & lui enleva tout son
tréfor pittorefque. Quelques Hermites, habitans de ces demeures
fauvages, exercérent énvers lui
l'hofpitalité, & lui fournirent bientôt l'occafion de retourner dans fa
patrie. Le peintre, par reconnoiffance, fit plufieurs tableaux
pour orner leur Eglife. Ce maitre
avoit un rare talent pour repréfenter des *Marines* & des *Combats
fur mer*. L'Angleterre & les princes de *Naffau* l'occupérent à confacrer, par fon pinceau, les victoires maritimes que ces deux Puiffances avoient remportées. On
exécuta même des tapifferies d'a-
près fes ouvrages. Nous ignorons
l'année de fa mort.

URSATUS, *Voyez* ORSATO.

URSICIN *ou* URSIN, antipape,
fut élu évêque de Rome par une
faction en 384, le même jour que
fut ordonné *S. Damafe*. Ces deux
élections cauférent un fchifme.
Les deux partis prirent les armes, & il y eut plufieurs Chrétiens tués de part & d'autre. *Ur-
ficin* fut banni de Rome par l'empereur *Gratien*; mais étant revenu, il excita de nouveaux troubles.
Enfin il fut exilé pour toujours, &
Damafe maintenu fur le trône pontifical.

I. URSINS, (Guillaume Jouvenel des) fe fignala à l'exemple
des anciens Romains dans prefque
tous les emplois de la robe & de
l'épée. Succeffivement confeiller
au parlement, capitaine des Gen-
darmes, lieutenant - général du
Dauphiné, bailli de Sens, il fut
nommé chancelier de France en
1445. *Louis XI* formant fur lui des
foupçons injuftes, le dépofa &
l'emprifonna en 1461; mais ayant
reconnu fon innocence, il le rétablit avec éloge en 1465. Ce miniftre mourut en 1472, avec la réputation d'un homme plus propre
pour la guerre que pour la robe.
Son pere étoit un avocat de Paris, qui étant devenu prévôt des
marchands en 1388, réprima l'infolence des gens de guerre, &
maintint les priviléges des bourgeois de Paris. On lui donna par
reconnoiffance l'Hôtel nommé des
Urfins, dont il prit le nom. Jouvenel n'a été ni le premier, ni le
dernier qui a altéré fon nom ro-
turier, pour s'enter fur une famille
noble. Celle des *Urfins* en Italie,
dont quelques ignorans l'ont cru,
eft une des plus illuftres de l'Europe. Elle a donné à l'Eglife cinq
papes, & plus de 30 cardinaux.

II. URSINS, (Jean Jouvenel
des) frere du précédent, s'éleva
par le crédit du chancelier. Il
exerça la charge de maitre-des-
requêtes & divers autres emplois,
avec une intégrité peu commune.
Son goût pour la piété le porta à
embraffer l'état eccléfiaftique, &
il fut fucceffivement évêque de
Beauvais, de Laon, & archevêque
de Reims en 1449. Ce prélat, également illuftre par fes vertus épifcopales & par fes connoiffances
littéraires, mourut en 1473 à 85
ans, après s'être fignalé parmi les
évêques qui revirent la fentence
injufte prononcé par les Anglois
contre la *Pucelle d'Orléans*. On a
de lui une *Hiftoire* du règne de
Charles VI, depuis l'an 1380 jufqu'en 1422; elle paffe pour affez
exacte, & elle eft écrite avec naïveté. L'auteur penche beaucoup plus
pour le parti des Orléanois, que
pour celui des Bourguignons. Il
ne ménage point ceux-ci, & il
encenfe les autres. Son Hiftoire
eft écrite année par année, fans
autre liaifon que celle des faits.
Les événemens y font affez détaillés; cependant, à l'exception

de quelques circonftances, il n'y a rien de bien particulier. *Théodore Godefroi* la fit imprimer in-4°. & *Denys* fon fils la donna depuis in-fol. avec des augmentations.

III. URSINS, (Anne-Marie de la *Trimouille*, époufe en fecondes nôces de *Flavio* des) duc de Bracciano ; femme de beaucoup d'efprit & d'ambition, joua un rôle à Rome, & ne contribua pas peu à la difgrace du cardinal de *Bouillon.* Devenue veuve, elle fut nommée *Camerera-Mayor* de *Louife-Marie* de *Savoie,* reine d'Efpagne & 1ʳᵉ femme de *Philippe V.* Ce titre répond à celui de Dame-d'honneur en France. Elle prit un tel empire fur l'efprit du roi & de la reine, que *Louis XIV,* craignant qu'elle n'engageât par fes intrigues fon petit-fils dans de fauffes démarches, la fit renvoyer en 1704. La reine d'Efpagne, qu'elle gouvernoit, fut inconfolable ; & fa dame-d'honneur lui fut rendue, & eut plus de pouvoir que jamais. Elle préfidoit à toutes les délibérations, fans être admife dans les confeils où elles fe prenoient. Les ambaffadeurs traitoient avec elle, les miniftres lui rendoient compte de leurs deffeins, & les généraux d'armée même la confultoient. Ceux qui ne plioient pas fous elle, étoient ou congédiés ou tracaffés. Elle rendit les plus mauvais offices au duc d'*Orléans*, qui faifoit triompher les armes de France en Efpagne. La reine étant morte en 1712, *Philippe* époufa en fecondes nôces *Elizabeth-Farnèfe*, fille & héritière du duc de Parme, qui commença fon règne en chaffant la princeffe des *Urfins*, accourue au-devant d'elle. Forcée de fortir du royaume, fans même qu'elle fût la raifon d'une fi prompte difgrace, elle ne put trouver un afyle

ni à Paris, ni à Gênes. Enfin elle fe retira dans la ville d'Avignon, & de-là à Rome, où le pape avoit d'abord refufé de la recevoir. Elle y mourut en 1722. « Les hiftó-
» riens, (dit M. l'abbé *Millot*,)
» ont trop flétri fa mémoire, &
» trop peu connu ce qu'elle pof-
» fedoit de qualités refpectables.
» Elle avoit le talent des affaires
» avec celui de l'intrigue ; de l'é-
» lévation dans les fentimens,
» avec les petiteffes de la vanité ;
» beaucoup de zèle pour fes maî-
» tres, avec la jaloufie de la fa-
» veur ; moins de vertu & d'agré-
» mens que Madᵉ de *Maintenon*,
» mais plus de force d'efprit & de
» caractére. Si elle fit quelques
» fautes, elle rendit auffi de grands
» fervices ; car elle fut le con-
» feil, le foutien d'une jeune rei-
» ne fans expérience, qui fe fit
» adorer de fes peuples, qui ani-
» ma le roi dans les circonftan-
» ces les plus orageufes, qui le
» rendit fupérieur à toutes les
» tempêtes, & qui fans ceffe fut
» expofée avec lui a fe perdre
» par de fatales imprudences. L'Ef-
» pagne étoit alors fi difficile à
» gouverner, qu'une grande par-
» tie des reproches faits à la prin-
» ceffe des *Urfins*, femblent de-
» voir retomber fur les conjonc-
» tures. Elle fut intrigante, al-
» tiére, ambitieufe. Combien de
» miniftres célèbres l'ont été de
» même ? Mais fon courage & fa
» réfolution au milieu des périls
» extrêmes du monarque, con-
» tribuérent beaucoup à le main-
» tenir fur le trône. » Le roi &
la reine d'Efpagne avoient voulu, à fa follicitation, réferver un petit territoire dans les Pays-Bas, qu'ils auroient fait ériger en fouveraineté pour la princeffe des *Urfins* ; mais ce fut une chimère

qui l'occupa long-tems , & que fa mauvaife fortune diffipa.

URSINUS , ou ORSINI , Voyez FULVIUS-URSINUS , n° II.

I. URSINUS , (Zacharie) théologien Proteftant , né à Breflaw en 1534 , fe fit un nom en Allemagne , & fut ami intime de Melanchton. Après la mort de cet homme célèbre , Urfinus étant perfécuté par les théologiens de la confeffion d'Ausbourg , fortit de Breflaw. Il fe retira à Zurich , & mourut à Neuftadt en 1583 , à 49 ans. On a de lui plufieurs Ouvrages eftimés des Proteftans , Heidelberg 1611 , 3 tomes in-folio. Ils roulent prefque tous fur la controverfe... Il ne faut pas le confondre avec George URSINUS , théologien Danois , qui s'eft fait un nom par fes Antiquités Hébraïques.

II. URSINUS , (Jean-Henri) théologien Luthérien furintendant des Eglifes de Ratisbonne , où il mourut le 14 Mai 1667 , étoit un homme d'une grande érudition facrée & profane. Ses principaux ouvrages font : I. Exercitationes de Zoroaftre , Hermete , Sanchoniatone , Norimbergæ 1661 , in-8°. II. Sylvæ Theologiæ fymbolicæ , 1685 , in-12. III. De Ecclefiarum Germanicarum origine & progreffu , 1664, in-8°.

III. URSINUS , (George-Henri) fils du précédent , philologue & littérateur , mourut le 10 Septembre 1707 , à 60 ans. On a de lui : I. Diatribe de Taprobana , Cerne & Ogyride veterum. II. Difputatio de Locuftis. III. Obfervationes philologicæ de variis vocum etymologiis & fignificationibus. IV. De primo & proprio Aoriftorum ufu. V. Des Notes critiques fur les Eglogues de Virgile , fur la Troade de Senèque le Trag. VI. Grammatica Græca. VII. Dionyfii Terræ orbis Defcriptio cum notis. Ces ouvrages prouvent qu'il

avoit hérité du fçavoir de fon pere.

I. URSULE , intendant des largeffes fous l'empereur Conftance ; fut mis à mort au commencement du règne de Julien l'Apoftat , en 325. Conftance , en envoyant Julien dans les Gaules , avoit expreffément recommandé qu'on lui ôtât le moyen de faire des largeffes aux troupes. Urfule , qui affectionnoit ce prince , avoit donné des ordres fecrets , pour lui remettre autant d'argent qu'il voudroit ; & par-là il lui avoit facilité l'accompliffement de fes deffeins. Son fupplice expofa Julien à l'exécration publique. L'empereur , affectant une compaffion politique , fe défendit , en proteftant qu'Urfule avoit été exécuté à fon infçu , & qu'on l'avoit immolé au reffentiment des foldats , irrités de la hauteur. avec laquelle ce miniftre les avoit traités au fiége d'Amide. Ammien avoue que l'apologie étoit frivole , & que l'empereur démentit en cette occafion, ce caractère d'équité & de douceur qu'il avoit montré jufqu'alors.

II. URSULE , (Ste) fille d'un prince de la Grande Bretagne , fut couronnée de la palme du martyre par les Huns , auprès de Cologne fur le Rhin , avec plufieurs autres filles qui l'accompagnoient , vers l'an 384, felon la plus commune opinion. Plufieurs écrivains ont dit que les compagnes de Ste. Urfule étoient au nombre de onze mille , & les appellent les Onze mille Vierges. Mais Ufuard , qui vivoit au IXᵉ fiécle , dit feulement qu'elles étoient en grand nombre ; & d'autres prétendent qu'elles n'étoient qu'onze en tout. Cette opinion eft la plus probable ; mais ce n'eft pas la plus fuivie par les au-

teurs des Légendes. On prétend
que l'erreur des onze mille Vierges vient de l'équivoque du chiffre Romain XI. M. V. qu'on a mal
interprété ; ou du mot *Undecimilla*,
compagne de *Ste Urfule*. Il y a
dans l'Eglife un ordre de Religieufes qui prennent le nom de
cette Sainte. La bienheureufe *An-
• gele de Breffe* , établit cet inftitut
en Italie , l'an 1537. *Voy.* ANGELE-
MERICI , & BUS.

URSUS, (Nicolas - Raymarus)
mathématicien Danois , garda les
pourceaux dans fa jeuneffe. Il ne
commença d'apprendre à lire qu'à
18 ans ; mais fes progrès furent
rapides , & il devint, prefque fans
maître , l'un des plus favans aftronomes & des plus habiles mathématiciens de fon tems. Il enfeigna les mathématiques à Straf-
bourg avec réputation, & fut enfuite appellé par l'empereur pour
enfeigner la même fcience à Prague , où il mourut vers l'an 1600.
On a de lui quelques *Ecrits* mathématiques. Il avoit eu l'imprudence de lutter contre *Ticho-Brahé*,
qui le réduifit au filence.

USPERG , (l'Abbé) *Voyez* CON-
RAD , n° III.

USSERIUS, (Jacques) en anglois USHER , né à Dublin en 1580,
d'une famille ancienne , étudia
dans l'univerfité de Dublin , établie par *Henri de Usher* , fon oncle , archevêque d'Armach. La pénétration de fon efprit lui facilita l'étude de toutes les fciences.
Langues , poëtique , éloquence ,
mathématiques , chronologie , hiftoire facrée & profane , théologie , il n'oublia rien pour orner
fon efprit. En 1615 , il dreffa ,
dans une affemblée du clergé d'Irlande , les articles touchant la religion & la difcipline eccléfiaftique ; & ces articles furent approu-

vés par le roi *Jacques* , quoiqu'ils
fuffent différens de ceux de l'E-
glife Anglicane. Ce monarque ,
pénétré de fon mérite , lui donna
l'évêché de Méath en 1620 , puis
l'archevêché d'Armach en 1626.
Ufferius paffa en Angleterre en
1640 , & ne pouvant plus retourner en Irlande déchirée par les
guerres civiles , il fit tranfporter
fa bibliothèque à Londres. Tous
fes biens lui furent enlevés dans
ce flux & reflux de factions. L'u-
niverfité de Leyde , inftruite de
fon état , lui offrit une penfion
confidérable , avec le titre de profeffeur honoraire, s'il vouloit fe
rendre en Hollande. Le cardinal
de *Richelieu* lui envoya fa médaille , & ajoûta à ce préfent des
offres avantageufes s'il venoit en
France , où il auroit la liberté de
profeffer fa religion. *Ufferius* aima mieux demeurer en Angleterre , où il continua de mettre au
jour plufieurs ouvrages , qui ont
fait un honneur infini à l'étendue
de fon érudition & à la juteffe
de fa critique. Les principaux font:
I. Son *Hiftoire Chronologique* , ou
fes *Annales de l'Ancien & du Nouveau
Teftament* , Genève 1722 , en 2 v.
in-fol. dans lefq. il concilie l'hiftoire facrée & profane , & racon-
fe les principaux événemens de
l'une & de l'autre , en fe fervant
des propres termes des auteurs originaux : fes calculs n'ont rien d'incroyable. Il fit paroître la chronologie des Affyriens fous une forme plus régulière , en réduifant
à cinq cens ans avec *Hérodote* la
durée de leur empire , que la plupart des hiftoriens , trompés par
Diodore de Sicile , faifoient aller à
1400. II. L'*Antiquité des Eglifes Bri-
tanniques* , Londres 1687 , in-fol.
qu'il fait remonter jufqu'au tems
de la miffion des Apôtres ; mais

les Actes qu'il produit pour appuyer cette prétention, font fort fufpects. III. L'*Hiftoire de Gotef-chalc*, Dublin 1631, in-4°. IV. Une édition des *Epîtres* de *S. Ignace*, de *S. Barnabé*, & de *S. Polycarpe*, avec des notes pleines d'érudition, Oxford 1644, & Londres 1647, 2 tom. en 1 vol. in-4°. Ce recueil eft auffi rare qu'eftimé. V. Un *Traité* de l'édition des *Septante*, Londres, 1655, in-4°. dans lequel il a foutenu des opinions particulières, que tout le monde n'adopte point. Ce prélat eut'toutes les qualités d'un bon citoyen. Inviolablement attaché au roi *Charles I*, il tomba en défaillance au premier appareil du fupplice de ce monarque. Sa'vertu fut refpectée par l'ufurpateur, qui avoit mis ce roi à mort en 1649. *Cromwel* le fit venir à fa cour, & lui promit de le dédommager d'une partie des pertes qu'il avoit faites en Irlande. Il l'affura auffi qu'on ne tourmenteroit plus le clergé épifcopal; mais il ne lui tint pas parole. *Uf-ferius* tomba malade bientôt après, & mourut d'une pleuréfie en 1655, âgé de 75 ans. Sa conduite fut toujours marquée au coin de la modération: auffi les Anglicans fanatiques l'accuférent de pencher vers la religion Catholique. Le roi de Danemarck & le cardinal *Mazarin* voulurent acheter fa bibliothèque; mais *Cromwel* la fit vendre à un prix fort médiocre, pour en faire un préfent à l'univerfité de Dublin. Voyez fa *Vie* par *Richard Part*, à la tête de fes *Lettres*, Londres 1686, in-fol.

USUARD, Bénédictin du IX° fiécle, eft auteur d'un *Martyrologe* qu'il dédia à *Charles* le *Chauve*. Cet ouvrage eft fort célèbre; mais on ignore les particularités de la vie de fon auteur. Les meilleures édi-

tions font celles de *Molanus*, à Louvain, 1568, in-8°. & du P. *Sollier* Jéfuite, in-fol. Anvers 1714, qui eft très-curieufe & faite avec beaucoup de foin. *Molanus* a donné plufieurs éditions du même ouvrage; mais celle de 1568 eft la plus ample, parce que dans les autres, fes cenfeurs l'obligérent de retrancher beaucoup de notes qui méritoient d'être confervées. Il y a une édition du même *Martyrologe*, à Paris 1718, in-4°. par Dom *Bouillart*, Béné dictin de St Maur ; mais elle eft moins recherchée que celle de *Sollier*.

USUM-CASSAN, dit auffi OZUM-ASEMBÉC, de la famille des Affambléens, étoit fils d'*Alibec*, & devint roi de Perfe. On affûre qu'il defcendoit de *Tamerlan*, & qu'il fortoit de la branche nommée du *Bélier blanc*. Il étoit gouverneur de l'Arménie, lorfqu'il leva l'étendard de la révolte contre le roi de Perfe *Joancha*. Après lui avoir ôté la vie, il monta fur le trône, & fit la guerre aux Turcs, uni avec les Chrétiens ; mais fes exploits n'apportérent aucun avantage à ceux-ci. Ce prince mourut en 1572, avec la réputation d'un homme remuant, ambitieux & cruel. Quoique Mahométan, il avoit époufé la fille de l'empereur de Trébizonde, qui étoit Chrétienne.

UTENHOVE, (Charles) né à Gand en 1536, fut élevé avec foin dans les belles-lettres & dans les fciences par fon père, homme diftingué par fa vertu & par fon éloquence, non moins que par l'ancienneté de fa famille. Envoyé à Paris pour y achever fes études, il s'y lia avec *Turnèbe*, qui lui fit précepteur des trois favantes filles de *Jean Morel*. De Paris *Utenhove* paffa en Angleterre, où il

R r iij

écrivit en faveur de la reine *Eli-zabeth*, qui lui donna des marques de sa libéralité. Enfin, s'étant retiré à Cologne, il y mourut d'apoplexie en 1600. On a de lui des *Poéfies* latines &d'autres ouvrages; les principaux font : I. *Epigrammata*, *Epitaphia*, *Epithalamia græca & latina*. II. *Xeniorum Liber*, Bâle, 1564, in-8°. III. *Epiftolarum Centuria*. IV. *Mythologia Æfopica*, *metro elegiaco'*, Steinfurt, 1607, in-8°. Tous ces ouvrages marquent un esprit orné ; mais le latin n'en est pas toujours affez pur & affez élégant.

UXELLES, (Nicolas Châlon du Blé, marquis d') porta d'abord le petit collet ; mais son frere aîné étant mort en 1669, il se confacra aux armes. Plufieurs belles ac-

tions le diftinguérent, & il fe fignala furtout dans Mayence, dont il foutint le fiége pendant 56 jours, & qu'il ne rendit que par ordre du roi. Propre à négocier comme à combattre, il fut plénipotentiaire à Gertruidemberg & à Utrecht, & il fit refpecter la France aux yeux des étrangers. Il mourut fans avoir été marié, en 1730. Il avoit obtenu le bâton de maréchal de France en 1703, & avoit été en 1718 du confeil de régence, où il n'ouvrit que de bons avis, qui ne furent pas tous fuivis. C'étoit un homme froid, taciturne, mais plein de fens. Son efprit étoit plus fage, qu'élevé & hardi.

UZEDA, (le Duc d') *Voyez* I. GIRON, & LERME.

V

VACE, *Voy.* WACE (Robert).

I. VACHET, (Jean-Antoine le) prêtre, inftituteur des Sœurs de l'*Union Chrétienne*, & directeur des Dames Hofpitaliéres de S. Gervais, étoit natif de Romans en Dauphiné, d'une famille noble. Après avoir diftribué fon bien aux pauvres, il fe retira à St Sulpice, s'appliqua aux Miffions dans les villages, & visita les Prifons & les Hôpitaux. Ses mortifications & fes travaux lui cauférent une maladie dont il mourut en 1681, âgé de 78 ans. L'abbé *Richard* donna fa *Vie* en 1692. Nous avons de lui : I. *L'Exemplaire des Enfans de Dieu.* II. *La Voie de Jefus-Chrift.* III. *L'Artifan Chrétien.* IV. *Réglemens pour les Filles & les Veuves qui vivent dans le Séminaire des Sœurs de l'Union Chrétienne.* Ces ouvrages font écrits

avec plus d'onction que de pureté.

II. VACHET, (Pierre-Jofeph de) prêtre de l'Oratoire, natif de Beaune, & curé de S. Martin de Sablon au diocèfe de Bordeaux, mort vers 1655, laiffa des *Poéfies latines*, Saumur 1664, in-12.

VACQUERIE, *ou* VAQUERIE, (Jean de la) premier préfident du parlement de Paris, fous *Louis XI*, fe fit admirer par fa probité, par fa fermeté, par fon zèle à foutenir les intérêts des citoyens. Le roi avoit donné des édits, dont le peuple auroit été incommodé ; *la Vacquerie* vint, à la tête du parlement, trouver *Louis XI*, & lui dit : *SIRE, nous venons remettre nos Charges entre vos mains, & fouffrir tout ce qu'il vous plaira, plutôt que d'offenfer nos confciences.* Le roi, touché de la généreufe intrépidité de

&c magiftrat, révoqua fes édits. *La Vacquerie* mourut en 1497. Le chancelier de l'*Hôpital* fait de ce préfident cet éloge : *Qu'il étoit beaucoup plus recommandable par fa pauvreté, que* Rolin, *chancelier du Duc de Bourgogne, par fes richeffes.*

VACQUETTE, *ou* VAQUETTE, (Jean) ecuyer, feigneur du *Cardonnoy*, né à Amiens en 1658, fut confeiller au préfidial de cette ville. On reconnut en lui une fcience profonde des loix, dirigée par une parfaite intégrité : double mérite, auquel il dut la mairie & lieutenance-générale de police, que lui déférérent 2 fois tous les fuffrages. Il remplit ces places avec autant de zèle que d'intelligence. Il eut l'honneur de complimenter *Jacques* II, roi d'Angleterre, lorfqu'allant à Calais, il paffa par Amiens, le 29 Février 1696. Il fe forma dans cette ville, en 1700, une fociété de gens-de-lettres ; M*r* du *Cardonnoy* en conçut la premiére idée. Elle étoit compofée des amateurs de ce tems-là, dont fa maifon étoit le *Lycée*. Cette fociété ne fubfifta que jufqu'à 1720, & fut reffufcitée 30 ans après par cette Académie des fciences, belles-lettres & arts, établie à Amiens par lettres-patentes de 1750, dont quelques membres fe font rendus célèbres. M*r* du *Cardonnoy* faifoit particuliérement fes délices de la poéfie & de la mufique ; il cultivoit les belles-lettres & la fcience des médailles antiques & modernes, dont il avoit un cabinet curieux & riche. Ses Poéfies font quelques *Contes* en vers libres, & d'une poéfie plus facile qu'énergique ; tels que : *L'Exilé à Verfailles* ; *Les Religieufes qui vouloient confeffer* ; *Le Singe libéral* ; La *Précaution inutile...* M*r* du *Cardonnoy* mourut au mois d'Octobre 1739, regretté de tous

ceux qui fe connoiffoient en vrai mérite. Il étoit dans la 81*e* année de fon âge.

VADÉ, (Jean-Jofeph) né en 1720 à Ham en Picardie, fut amené à Paris, à l'âge de 5 ans, par fon pere qui vivoit d'un petit commerce. Il eut une jeuneffe fi fougueufe & fi diffipée, qu'il ne fut jamais poffible de lui faire faire fes études. Il ne fut jamais que très-peu de latin ; mais il corrigea le défaut d'éducation par la lecture de tous nos bons livres françois. *Vadé* eft le créateur d'un nouveau genre de Poéfie, qu'on nomme *le genre Poiffard*. Ce genre ne doit point être confondu avec le Burlefque. Celui-ci ne peint rien. Le Poiffard au contraire peint la nature, baffe à la vérité, mais qui n'eft point fans agrémens. Un tableau qui repréfente, avec vérité, une guinguette, des gens du peuple danfans, des foldats buvans & fumans, n'eft point défagréable à voir. *Vadé* eft le *Teniers* de la poefie ; & *Teniers* eft compté parmi les plus grands artiftes, quoiqu'il n'ait peint que des Fêtes flamandes. Les Œuvres de *Vadé*, contenant fes *Opéra-Comiques*, fes *Parodies*, fes *Chanfons*, fes *Bouquets*, fes *Lettres de la Grenouillére*, fon Poëme de *la Pipe caffée*, fes *Complimens des clôtures des Foires de St Germain & de St Laurent*, ont été recueillies en 4 vol. in-8°, chez *Duchefne*. On a encore de lui un vol. de *Poéfies Pofthumes*, contenant des *Contes* en vers & en profe, des *Fables*, des *Epitres*, où il y a du naturel & de la facilité ; des *Couplets*, des *Pot-pourris*, &c. *Vadé* étoit doux, poli, plein d'honneur, de probité, généreux, fincére, peu prévenu en fa faveur, exemt de jaloufie, incapable de nuire, bon parent, bon ami, bon

R r iv

citoyen. Il avoit cette gáieté franche qui décèle la candeur de l'ame. Il étoit defiré par-tout. Son caractére facile & fon goût particulier, ne lui permettoient pas de refufer aucune des parties qu'on lui propofoit. Il y portoit la joie. Il amufoit par fes propos, par fes chanfons, & fur-tout par le ton poiffard qu'il avoit étudié, & qu'il poffédoit bien. Ce n'étoit point une imitation, c'étoit la nature. Jamais on n'a joué fes Piéces auffi bien qu'il les récitoit, & l'on perdoit beaucoup à ne pas l'entendre lui-même ; mais fa complaifance exceffive, fes veilles, fes travaux, & les plaifirs de toute efpèce auxquels il s'abandonnoit fans retenue, prenoient fur fa fanté. Il aimoit les femmes avec paffion, le jeu & la table ne lui étoient point indifférens, & il abufoit de fon tempérament qui étoit robufte. Il commença enfin à connoître les égaremens & les dangers de fa conduite, & il mourut dans des fentimens très-chrétiens, le lundi 4 Juillet 1757, âgé de 37 ans.

VADIAN, (Joachim) *Vadianus*, né à St-Gal en Suiffe l'an 1484, fe rendit habile dans les belles-lettres, la géographie, la philofophie, les mathématiques & la médecine. Il profeffa les belles-lettres à Vienne en Autriche, & mérita la couronne de laurier que les empereurs donnoient alors à ceux qui excelloient dans la poéfie. Il mourut en 1551, à 66 ans, après avoir exercé les premières charges dans fa patrie. On a de lui des *Commentaires* fur *Pomponius Mela*, 1577, in-fol. ; un traité de *Poétique*, 1518 in-4°. & d'autres ouvrages en latin, écrits pefamment.

VADING, *Voyez* WADING.

VÆNIUS, *Voyez* VENIUS.

I. VAILLANT DE GUELLIS, (*Germanus* VALENS *Guellius*, *Pimpontius*) abbé de Paimpont, puis évêque d'Orléans fa patrie, mort à Meun fur-Loire en 1587, mérita par fon goût pour les belles-lettres la protection de *François I.* On a de lui, I. Un *Commentaire* fur *Virgile*, Anvers 1575, in-fol. II. Un *Poeme* qu'il compofa à l'âge de 70 ans, & qu'on trouve dans *Deliciæ Poëtarum Gallorum.* Il y prédit l'horrible attentat commis deux ou trois ans après, fur le roi *Henri III*, & les défordres qui fuivirent ce forfait.

II. VAILLANT, (Jean-Foy) né à Beauvais en 1632, fut élevé avec foin dans les fciences, par fon oncle maternel, & deftiné à l'étude de la médecine ; mais fon goût ne fe tourna point de ce côté-là. Un laboureur ayant trouvé dans fon champ, près de Beauvais, un petit coffre plein de Médailles anciennes, les porta au jeune médecin, qui dès ce moment fe livra tout entier à la recherche des monumens de l'antiquité. Il fe forma, en peu de tems, un cabinet curieux en ce genre, & fit plufieurs voyages dans les pays étrangers, d'où il rapporta des Médailles très-rares. Le défir d'augmenter fes richeffes littéraires l'engagea de s'embarquer à Marseille, pour aller à Rome ; mais il fut pris par un corfaire, conduit à Alger, & mis à la chaîne. Environ 4 mois après, on lui permit de revenir en France, pour folliciter fa rançon. Il s'embarqua donc fur une frégate, qui fut à fon tour attaquée par un corfaire de Tunis. *Vaillant*, à la vue de ce nouveau malheur, afin de ne pas tout perdre, comme il avoit fait dans le premier vaiffeau, avala une quinzaine de Médailles d'or qu'il avoit fur lui; & après avoir failli périr plufieurs fois, il trouva enfin le moyen de fe fauver avec l'efquif. Quelque tems après, la nature lui rendit le dépôt qu'il lui avoit confié. De retour à Paris, il reçut des ordres de la cour pour entreprendre un nouveau voyage. *Vaillant* pouffa fes recherches jufques dans le fond de l'Egypte & de la Perfe, & y trouva les Médailles les plus précieufes & les plus rares. Au renouvellement de l'académie des Infcriptions & belles-lettres, *Vaillant* y fut d'abord reçu en qualité d'affocié, & peu de tems après il obtint la place de penfionnaire. Il avoit été marié 2 fois, & par une difpenfe particuliére du pape, il avoit époufé fucceffivement les deux fœurs. Il mourut en 1706, âgé de 74 ans. Ses ouvrages font : I. L'*Hiftoire des Céfars*, jufqu'à la chute de l'empire Romain 1594, 2 vol. in-4°. Cette Hiftoire a été réimprimée à Rome fous ce titre : *Numifmata Imperatorum*, &c. 1743, en 3 vol. in-4°, avec beaucoup d'augmentations qui font de l'éditeur, le Pere *François Baldini*. II. *Seleucidarum Imperium*, five *Hiftoria Regum Syriæ, ad fidem Numifmatum accommodata*; à Paris, 1681, in-4°. III. *Hiftoria Ptolemæorum Egypti Regum, ad fidem Numifmatum accommodata*; à Amfterdam, 1701, in-fol. IV. *Nummi antiqui familiarum Romanarum perpetuis illuftrationibus illuftrati*; à Amfterdam, 1703, 2 vol. in-fol. V. *Arfacidarum Imperium, five Regum Parthorum Hiftoria, ad fidem Numifmatum accommodata*; à Paris, 1725, in-4°. VI. *Achæmenidarum Imperium, five Regum Ponti, Bofphori, Thraciæ & Bithyniæ Hiftoria, ad fidem Numifmatum accommodata*; à Paris, 1725, in-4°. VII. *Numifmata ærea Imperatorum*, 1688, 2 vol. in-fol. VIII. *Numifmata Græca*, Amfterdam 1700,

in-fol. IX. Une feconde édition du *Cabinet de Seguin*, 1684, in-4°. X. Plufieurs *Differtations* fur différentes Médailles. Tous ces ouvrages font honneur à fon érudition, & ont beaucoup fervi à éclaircir l'Hiftoire. On difoit de lui, « qu'il lifoit auffi facilement la lé-» gende des plus anciennes Mé-» dailles, *qu'un Manceau lit un Ex-*» *ploit.* » L'auteur étoit non feulement eftimable par fon favoir, mais encore par fon caractére.

III. VAILLANT, (Jean-François-Foy)·fils du précédent, naquit à Rome en 1665. Son pere l'emmena à Paris, & lui fit faire un voyage en Angleterre, dans lequel il prit beaucoup de goût pour la fcience numifmatique. De retour à Paris, il fit fon cours de médecine, & pendant qu'il étoit fur les bancs, il compofa un *Traité de la nature & de l'ufage de Café.* En 1691 il fut reçu docteur-régent de la faculté de Paris. En 1702, on l'admit dans l'académie royale des Infcriptions. Il donna plufieurs *Differtations* curieufes fur des Médailles; il compofa auffi une Explication de certains mots abrégés ou lettres initiales, qui fe trouvent à l'exergue de prefque toutes les Médailles d'or du bas Empire, au moins depuis les enfans du grand *Conftantin* jufqu'à *Léon l'Ifaurien.* Il fit encore une Differtation fur les Dieux *Cabires*, par laquelle il termina fa carriére littéraire. Il n'eut, pendant les 2 ans qu'il furvécut à fon pere, qu'une fanté fort dérangée, & mourut en 1708, à 44 ans.

IV. VAILLANT, (Sébaftien) né à Vigny, près de Pontoife, en 1669, fit paroître dès fa plus tendre jeuneffe une paffion extrême pour la connoiffance des Plantes. Il fut d'abord organifte chez les religieufes Hofpitaliéres de Pontoife, puis chirurgien, & enfuite fecrétaire de *Fagon*, premier médecin de *Louis XIV*. Cet habile médecin, ayant connu les talens de *Vaillant* pour la botanique, lui donna entrée dans tous les Jardins du roi. Ce ne fut pas le feul bienfait qu'il reçut de fon maître. *Fagon* lui obtint la direction du Jardin royal, qu'il enrichit de plantes curieufes, & les places de profeffeur & fous-démonftrateur des plantes du Jardin royal, & de garde des drogues du cabinet du roi. Le czar *Pierre* ayant voulu voir les raretés de ce cabinet précieux, *Vaillant* répondit à toutes les queftions de ce monarque philofophe avec autant d'efprit que de fagacité. L'académie des Sciences fe l'affocia en 1716. Il méritoit cet honneur par fes ouvrages. Les principaux font : I. D'excellentes Remarques fur les *Inftitutions de Botanique* de *Tournefort*. II. Un *Difcours* fur la ftructure des Fleurs & fur l'ufage de leurs différentes parties. III. Un *Livre* des Plantes qui naiffent aux environs de Paris, imprimé à Leyde, par les foins de *Boerhaave*, en 1727, in-fol. fous le titre de *Botanicon Parifienfe*, ou *Dénombrement par ordre alphabétique, des Plantes qui fe trouvent aux environs de Paris*, &c. avec plus de 300 figures. Cet ouvrage, fruit de 40 années de recherches, eft très-eftimé. IV. Un petit *Botanicon*, Leyde 1743, in-12. *Vaillant* mourut en 1722, de l'afthme.

VAIR, (Guillaume du) fils de *Jean du Vair*, chevalier & procureur-général de la reine *Catherine de Médicis*, naquit à Paris en 1556. Il fut fucceffivement confeiller au parlement, maître-des-requêtes, premier préfident au parlement de Provence, & enfin garde-des-fceaux en 1616. Il embraffa enfuite l'état eccléfiaftique, & fut facré évêque de Lifieux en 1618. Il gouverna fon diocèfe avec beaucoup de fageffe. La fermeté parut d'abord former fon caractére ; il aima mieux quitter les fceaux, que de fe prêter aux vues du maréchal d'*Ancre*, qui abufoit de fa faveur. Mais il fut plus complaifant fous le miniftére du duc de *Luynes*, qui lui faifoit efpérer la pourpre Romaine : il n'eut plus de volonté que celle du nouveau miniftre. Ce changement fit beaucoup de tort à fa réputation, & plus il avoit affecté une vertu auftére, plus on le méprifa quand on le vit courir après la fortune. Il finit fa carriére à Tonneins en Agenois, où il étoit à la fuite du roi durant le fiége de Clerac en 1621, à 65 ans. *Du Vair* étoit d'une fagacité furprenante, & d'une éloquence peu commune pour fon fiécle. Il eut de fon tems la même réputation que le chancelier d'*Agueffeau* a eu de nos jours. L'un & l'autre ont compofé des ouvrages ; mais le mérite en eft différent. Ceux de *du Vair* forment un gros volume in-fol. Paris, 1641. On y trouve des *Harangues*, des *Traductions*, qui font moins infectées, que les autres productions de fon tems, du mauvais goût qui régnoit alors mais qui n'en font pas tout-à-fait exemtes.

VAISSETTE, (Dom Jofeph) né à Gaillac en Agenois en 1685, exerça pendant quelque tems la charge de procureur du roi du pays Albigeois. Dégoûté du monde, il fe fit Bénédictin de la congrégation de *St Maur*, dans le prieuré de la Daurade à Touloufe, en 1711. Son goût pour l'Hiftoire le fit appeller à Paris en 1713 par fes fupérieurs, qui le chargérent, avec Dom *Claude* de *Vic*, de travailler à celle de Languedoc. Le 1ᵉʳ volume de cette Hiftoire parut en

1730, in-fol. Peu d'Hiſtoires générales, dit l'abbé *des Fontaines*, ſont mieux écrites en notre langue : l'érudition y eſt profonde & agréable. On a ajoûté, à la fin, des notes très-ſavantes ſur différens points de l'Hiſtoire de Languedoc; ces notes ſont autant de diſſertations ſur des matiéres curieuſes. Dom de *Vic* étant mort en 1734, Dom *Vaiſſette* reſta ſeul chargé de ce grand ouvrage, qu'il exécuta avec ſuccès, & dont il publia les 4 autres volumes. Ce ſavant mourut à St-Germain des Prés en 1756, regretté par ſes confrères & par le public. Ses autres ouvrages ſont : I. Un *Abrégé* de ſon *Hiſtoire de Languedoc*, en 6 vol. in-12, 1740. Il peut ſuffire à ceux qui ne ſont pas de cette province ; mais les Languedociens le trouvent trop ſec & trop décharné. II. Une *Géographie univerſelle*, en 4 vol. in-4°, & en 12 vol. in-12. Quoiqu'elle ne ſoit pas exempte de fautes, on la regarde, avec raiſon, comme une des plus détaillées, des plus méthodiques & des plus exactes que nous ayons,

VAL, (Du) *Voyez* DUVAL.

VALBONAIS, *V.* BOURCHENU.

VALDIVIESO, (Pierre BARAHONA, *ou*) théologien Eſpagnol, de l'ordre de *St François*, vivoit encore en 1606. Il ſe rendit très-habile dans la théologie ; & il la profeſſa long-tems. Il a laiſſé divers ouvrages qui ſont la preuve de ſon ſavoir.

VALDO, (Pierre) héréſiarque, né au bourg de Vaud en Dauphiné, d'où il prit ſon nom, commença à dogmatiſer à Lyon vers 1180. Ses diſciples furent appellés *Vaudois*, du nom de leur maître ; ou *Gueux de Lyon*, de la ville où cette ſecte prit naiſſance ; ou *Sabatés*, à cauſe de leur chauſſure

ſinguliére. La mort d'un ami de *Valdo*, qui expira ſubitement en ſa préſence, le frappa tellement, qu'il diſtribua auſſitôt aux pauvres une grande ſomme d'argent. Cette généroſité en attira une prodigieuſe quantité à ſa ſuite. Leur bienfaiteur voulut bientôt devenir leur maître. Comme il étoit un peu lettré, il leur expliquoit le Nouveau - Teſtament en langue vulgaire, & leur prêchoit l'eſtime de la pauvreté oiſive. Les Eccléſiaſtiques ayant blâmé ſa témérité, il ſe déchaîna contre eux & contre leur autorité, en leur égalant les Laïcs. Il y a des auteurs qui prétendent que *Valdo* ne pouſſa pas plus loin ſes erreurs ; mais que ſes diſciples s'étant répandus en Dauphiné, en Languedoc & en Catalogne, &c. & s'étant mêlés avec les Arnaldiſtes & les Albigeois, adoptérent pluſieurs erreurs de ceux-ci. D'autres aſſùrent que le mépris de *Valdo* pour les Eccléſiaſtiques, fut porté juſqu'à celui pour les Sacremens, dont ils ſont les miniſtres légitimes. Quoiqu'il en ſoit, il eſt certain qu'on a quelquefois confondu tous ces hérétiques.

VALDRADE, *Voyez* IV. LOTHAIRE.

VALEMBOURG, *Voyez* WALLEMBOURG.

VALENÇAI, *Voy.* ESTAMPES.

VALENCE, *V.* PARÉS, *&* VII. THOMAS.

I. VALENS, (*Flavius*) empereur, étoit fils puîné de *Gratien* ſurnommé *le Cordier* : (Voyez I. GRATIEN.) Il naquit près de Cibale en Pannonie vers l'an 328, & fut aſſocié à l'empire l'an 364 par ſon frere *Valentinien I*, qui lui donna le gouvernement de l'Orient en 365. Effrayé par la révolte de *Procope*, il voulut d'abord quitter la pourpre ; mais il fut plus heu-

reux l'année fuivante : car il défit
fon ennemi , & lui fit couper
la tête. Après avoir pacifié l'empire , il fe fit conférer le baptême par *Eudoxe* de Conftantinople , Arien , qui l'obligea par ferment de foutenir fes erreurs. Sa
femme , *Albia Dominica* , qui étoit
hérétique , l'y engagea auffi , & le
rendit complice de fon héréfie ,
& perfécuteur de la Foi orthodoxe , dont il s'étoit montré jufqu'alors un des plus zèlés défen-
feurs. Il publia un édit pour exiler les prélats Catholiques , édit
qui fut exécuté avec la derniére
rigueur. Il alla lui-même à Céfarée de Cappadoce , pour en chaffer St *Bafile* ; à Antioche , où il
exila *Mélece* ; à Edeffe , & ailleurs , où il perfécuta cruellement
les Orthodoxes. C'étoit après la
guerre contre les Goths que *Valens* fe déclara contre l'Eglife.
Cette guerre avoit eu le plus heureux fuccès. Les Barbares , effrayés
des victoires de *Valens* , forcérent
Athalaric leur roi à demander la
paix. *Valens* voulut bien la leur
accorder en 370 ; mais il en pref-
crivit les conditions. Il fut défendu aux Goths de paffer le Danube , & de mettre le pied fur les
terres des Romains , à moins que
ce ne fût pour le commerce. Ils
n'eurent plus la liberté , comme
auparavant , de trafiquer indifféremment dans tous les lieux foumis à l'obéiffance de l'empereur.
On leur marqua deux villes frontiéres , où ils pourroient apporter leurs marchandifes , & acheter
celles dont ils auroient befoin.
Tous les tributs qu'on leur payoit
furent fupprimés ; mais on confirma la penfion d'*Athalaric*. *Valens* ,
plus complaifant qu'il n'auroit dû
l'être , permit aux Goths de s'é-
tablir dans la Thrace : ils y furent

fuivis de divers autres Barbares ,
& comme la province ne pouvoit
fuffire pour leur entretien , ils
commencérent à ravager les pays
voifins. *Lupicin* , général de l'armée Romaine , ayant été battu ,
Valens marcha en perfonne contre les ennemis. On engagea une
bataille près d'Andrinople en 378 ,
& il eut le malheur de la perdre.
La nuit le furprit avant qu'il fe
fût décidé fur le parti qu'il avoit
à prendre ; & les foldats , qui s'é-
toient rangés autour de lui , l'en-
lèvent & le portent dans une maifon , où les Goths mirent le feu ,
& où il fut brûlé vif , à l'âge
de 50 ans , après en avoir régné
15. *Valens* fut un prince timide ,
cruel & avare. Ses défauts furent
plus pernicieux à l'Etat , que fes
vices. Il étoit ignorant , & il laiffoit languir les fciences. Incapable de juger du mérite , il n'élevoit aux grands emplois que ceux
qui applaudiffoient à fes foibleffes.
Sa fuperftition étoit telle , qu'il
fit mourir tous ceux , dont le nom
commençoit par *Théod* , parce
qu'un magicien lui avoit dit que
fon fceptre tomberoit entre les
mains d'un homme dont le nom
commenceroit ainfi ; & le nom de
Théodofe , pere de *Théodofe* le Gr. fe
trouva de ce nombre malheureufement. Protecteur de l'Arianifme ,
il fit autant de mal aux fidèles que
les plus ardens perfécut. de l'Eglife.

II. VALENS , (*Valerius*) étoit
proconful d'Achaïe , lorfqu'une partie de l'Orient fe fouleva contre
Gallien & reconnut *Macrien*. Le
nouvel empereur , craignant que
Valens n'armât contre lui , envoya
une petite armée commandée par
Pifon pour le furprendre & lui ôter
la vie. *Valens* fe voyant pourfuivi , fe fit reconnoître empereur
dans la Macédoine , & fe défit de

Pifon. Cette mort fut fuivie de la fienne ; puifqu'il fut tué peu de jours après par fes foldats, en Juin 261, après 6 femaines de règne.

III. VALENS, (Pierre) dont le vrai nom eft *Sturck*, né à Groningue en 1561, s'appliqua avec fuccès à la poéfie, à l'éloquence, & à toutes les parties des belles-lettres. Il fit un voyage à Paris, où fes talens lui méritèrent une place de profeffeur au collége-royal. Il mourut en 1641, âgé de 80 ans. On a imprimé fes *Harangues* & fes *Poéfies* latines, in-8°, in-4°. Ces dern. offrent quelq. vers heureux, mais peu de cette imagination qui conftitue le vrai poéte.

VALENTIA, (Grégoire) Jéfuite, né à Medina-del-Campo, dans la vieille Caftille, profeffa la théologie dans l'univerfité d'Ingolftad, & mourut à Naples en 1603, à 54 ans, après avoir eu de vives difputes avec *Lemos* fur la Prédeftination. Ses adverfaires dirent de lui, que « s'il n'avoit pas » eu d'autre Grace que celle qu'il » avoit défendue, il n'étoit fûre-» ment pas en Paradis. » On a de lui des *Livres* de controverfe, & des *Commentaires* fur la Somme de *St Thomas*. Ses Ouvrages recueillis en 5 gros v. in-f. demandent beaucoup de patience de la part du lecteur.

I. VALENTIN, Romain, pape après *Eugène II*, mourut le 21 Septembre 827, le 40e jour après fon élection.

II. VALENTIN, fameux héréfiarque du 2e fiécle, étoit Egyptien & fectateur de la philofophie de *Platon*. Il fe diftingua d'abord par fon favoir & par fon éloquence; mais indigné de ce qu'on lui avoit refufé l'épifcopat, il fe fépara de l'Eglife, après avoir enfanté mille erreurs. Il les fema à Rome fous le pontificat du pape *Hygin*, & con-

tinua de dogmatifer jufqu'à celui d'*Anicet*, depuis l'an 140, jufqu'à 160. Il avoit imaginé une généalogie d'*Æons*, dont il compofoit la Divinité qu'il appelloit *Plerome* ou *Plénitude*, au-deffous de laquelle étoit le fabricateur de ce monde, & les Anges auxquels il en attribuoit le gouvernement. Ces *Æons* étoient mâles & femelles, & il les partageoit en différentes claffes. *Valentin* eut beaucoup de difciples, qui répandirent fa doctrine, & formérent des fectes qui étoient fort nombreufes, & furtout dans les Gaules du tems de *St Irenée*, qui nous a donné le plus de lumières fur ces hérétiques.

III. VALENTIN (Bafile): C'eft fous ce mafque que fe cacha un habile chymifte du XVIe fiécle, que quelques-uns ont préfumé être un Bénédictin d'Erford, mais dont on ignore le vrai nom. Ses Ouvrages, écrits en haut Allemand, ont été imprimés à Hambourg en 1677, 1717, ou 1740, in-8°. La plupart font traduits en latin & en françois. Parmi les latins, le plus connu eft, *Currus triumphalis Antimonii*, Amfterdam 1671, in-12. On cite parmi les françois : I. L'*Azoth des Philofophes*, avec les *XII Clefs de Philofophie*, Paris 1660, in-8°, & la figure de ces 12 Clefs. II. *Révélation des Myftéres des Teintures effentielles des fept Métaux*, & de leurs *Vertus médicinales*, Paris 1646, in-4°. III. *Teftament de Bafile Valentin*, Londres 1671, in-8°.

IV. VALENTIN, peintre, né à Colomiers en Brie, l'an 1600, mort aux environs de Rome en 1632, entra fort jeune dans l'école de *Vouet*, & peu de tems après fe rendit en Italie. Les tableaux du *Caravage* le frappérent, & il l'imita. Il s'attacha fur-tout à repréfenter des *Concerts*, des *Joueurs*,

des *Soldats* & des *Bohémiens*. On.
voit auſſi de ce maître des tableaux
d'hiſtoire & de dévotion ; mais ils
ſont en petit nombre, &, pour l'ordinaire, inférieurs a ſes autres ouvrages. Le *Valentin* trouva un protecteur dans le cardinal *Barberin*.
C'eſt à ſa recommandation qu'il
peignit, pour l'Egliſe de St Pierre
à Rome, le Martyre des *SS. Proceſſe
& Martinien*, morceau très-eſtimé.
Il ſe lia d'amitié avec le *Pouſſin*,
& l'on remarque qu'il a quelquefois ſuivi la manière de cet excellent artiſte. Le *Valentin* a toujours conſulté la nature ; ſa touche eſt légère, ſon coloris vigoureux, ſes figures bien diſpoſées.
Il exprimoit tout avec force ; mais
il n'a guéres conſulté les graces ;
& entraîné par la rapidité de ſa
main, il a ſouvent péché contre
la correction. Ce peintre s'étant
baigné imprudemment, fut ſaiſi
d'un friſſon, qui lui cauſa peu de
tems après la mort.

V. VALENTIN, (Michel-Ber-
nard) profeſſeur en médecine à
Gieſſen, de l'académie des *Curieux
de la Nature*, cultiva la botanique
avec beaucoup de ſuccès. On a de
lui : I. *Hiſtoria Simplicium reformata*,
Francfort, 1716, in-fol. 16 pl. ;
1723, in-fol. 23 pl. II. *Amphitheatrum Zootomicum*, Francfort 1720,
in-fol. fig. Ces deux ouvrages ſont
eſtimés.

VALENTIN GENTILIS, *Voyez*
GENTILIS, n° IV.

VALENTINE, femme de *Louis*
de France, duc d'Orléans, étoit
fille de *Jean Galeas*, duc de Milan.
Cette princeſſe hautaine mourut
le 5 Décembre 1408, de douleur
de n'avoir pû venger la mort du
duc ſon mari. *Charles VI*, dans les
accès de ſa folie, ne ſe laiſſoit gouverner que par elle. De-là vint le
bruit qu'elle l'avoit enſorcelé. Les

gens de bon-ſens étoient bien per-
ſuadés que ſi elle l'avoit charmé,
ce n'étoit que par ſa beauté & ſon
enjouement. Cependant, pour n'ê-
tre point expoſée aux inſultes de
la populace, elle fut obligée de
quitter la cour pour quelque tems.

I. VALENTINIEN, 1ᵉʳ empe-
reur d'Occident, fils aîné de *Gratien* ſurnommé *le Cordier*, de Cibale en Pannonie, s'éleva, par ſa
valeur & par ſon mérite, ſur le
trône impérial. Il fut proclamé empereur à Nicée, après la mort de
Jovin, le 26 Février 364. Il aſſo-
cia *Valens* ſon frere à l'empire, lui
donna l'Orient, & garda pour lui
l'Occident, où il ſe rendit redoutable par ſon courage. Il repouſſa
les Germains qui ravageoient les
Gaules, pacifia l'Afrique révoltée, dompta les Saxons qui s'é-
toient avancés juſques ſur le bord
du Rhin, & bâtit un grand nombre de forts en différens endroits
de ce fleuve & du Danube. Les
Quades ayant pris les armes en
374, il paſſa dans leur pays pour
les châtier. Il met tout à feu & à
ſang, raſe les campagnes, brûle
les villages, renverſe les villes,
laiſſe partout des traces de ſa fureur. Il repaſſe le Danube, & va
ſe repoſer à Bregetion, petit château de la Pannonie. Là les Quades lui envoient des ambaſſadeurs
pour implorer ſa clémence. Ces
envoyés étoient des hommes groſ-
fiers, pauvres & mal vêtus. *Valentinien*, croyant qu'on les lui
avoit envoyés pour l'inſulter, entra en fureur, & leur parla avec
tant d'emportement, qu'il ſe caſſa
une veine. Il expira peu de tems
après, le 17 Novembre 375. Il
étoit alors âgé de 55 ans, & en
avoit régné 12, moins quelques
mois. Si l'on excepte quelques occaſions particulières où ſa grande

vivacité l'emportoit au-delà des bornes de la modération, *Valentinien* montra dans toute sa conduite de l'esprit, du courage, de la politesse & de la grandeur. Il étoit zèlé pour la religion Catholique, & l'avoit confessée généreusement sous *Julien* au péril de sa fortune & de sa vie.

II. VALENTINIEN II, fils du précédent, né en 371, fut salué empereur à Cinque en Pannonie, le 22 Novembre 375. Il succéda à *Gratien*, son frere en 383, & fut dépouillé de ses états en 387 par le tyran *Maxime*. Il eut recours à *Théodose*, qui défit *Maxime*, lui fit couper la tête en 388, rétablit *Valentinien*, & entra triomphant dans Rome avec lui. Le jeune empereur, formé par les avis, les instructions & l'exemple de *Théodose*, quitta de bonne heure les impressions que sa mere *Justine* lui avoit données contre la Foi Catholique. On le soupçonna de quelques déréglemens ordinaires à la jeunesse ; aussitôt qu'il le fut, il se priva de tout ce qui pouvoit donner occasion à ces faux bruits. On trouvoit qu'il se plaisoit trop aux jeux du Cirque ; pour s'en corriger, il retrancha ceux mêmes qui se donnoient à la naissance des empereurs. Ayant su que quelques-uns le blâmoient d'aimer trop les combats des bêtes, il fit tuer dans le même jour toutes celles qui étoient destinées à cet usage. Ce ne furent pas ses seules vertus. Les chefs d'une famille distinguée, ayant été accusés d'une conspiration, il en examina lui-même les preuves ; & sa clémence lui en ayant dissimulé la force, il fit élargir les coupables, méprisant ces défiances & ces soupçons, *qui ne tourmentent, disoit-il, que les Tyrans*. Plus occupé du bien de ses sujets que du

sien propre, il modéra extrêmement les impôts ; & comme ses officiers vouloient qu'il les augmentât, afin d'en profiter eux-mêmes, il leur répondit : *Quelle apparence y a-t-il que j'impose des nouvelles charges à ceux qui ont bien de la peine à payer les anciennes ?* Il faisoit jouir l'empire de la paix, de la justice & de l'abondance, lorsqu'*Arbogaste*, Gaulois d'origine, à qui il avoit confié le commandement de ses armées, se révolta. Ce général s'étoit acquis, par sa valeur, sa science dans l'art militaire & son désintéressement, la confiance des troupes, au point qu'il régloit tout, & tenoit *Valentinien* sous sa dépendance. Le prince ouvrit enfin les yeux, & craignant les suites de son pouvoir, il lui ôta le commandement des armées. Mais ce traître mit le comble à ses crimes, & fit périr ce prince qu'il avoit déja dépouillé de son autorité. Il fut étranglé à Vienne en Dauphiné, le samedi 15 Mai 392, âgé seulement de 20 ans, après un règne de neuf.

III. VALENTINIEN III, (*Flavius Placidus Valentinianus*) empereur d'Occident, fils du général *Constance* & de *Placidie*, fille de *Théodose* le Grand, naquit à Rome en 419, & fut honoré du titre de Césfar à Thessalonique ; mais il ne fut reconnu empereur que le 23 Octobre 425 à Rome, après la défaite entière de *Jean*, qui s'étoit emparé de l'empire. Ce fut d'abord *Placidie* qui eut toute l'autorité, & la sagesse de cette princesse ne put prévenir la perte de l'Afrique, que le comte *Boniface* livra en 428 aux Vandales, qui y fondèrent un état très-puissant. Le général *Aëtius* conserva par sa valeur les autres provinces. Les Bourguignons, les Goths, les Alains,

les Francs furent battus en diverses rencontres, & forcés à demander la paix ; il n'y eut que les
Suèves de la Galice qui ne purent
être comptés. *Valentinien* reconnut
mal de si grandes obligations. Il
immola ce général, de sa propre
main, à la haine d'un de ses eunuques ; mais il périt bientôt après
lui. Ayant violé la femme de *Pétrone Maxime*, ce mari outragé le
fit tuer au milieu de Rome en 455.
Il avoit alors 36 ans, & il fut le
dernier de la race de *Théodose*. *Valentinien* étoit un prince stupide,
qui sacrifioit sa gloire & ses intérêts à ses passions, & ses passions
l'emportoient toujours de crime
en crime. Il n'excita aucun sentiment d'amour pendant sa vie, ni
aucun regret après sa mort.

VALENTINOIS, (*Voyez*
I. Borgia, duc de)... & Poitiers,
duchesse de).

I. **VALERE-MAXIME**, (*Vale-
rius-Maximus*) historien Latin, sortoit de la famille des *Valéres* & de
celle des *Fabiens*. Son goût pour
la littérature ne lui ôta point celui des armes ; il suivit *Sexte Pompée* à la guerre. A son retour, il
composa un *Recueil* des actions &
des paroles remarquables des Romains & des autres hommes illustres. Son travail est en ix livres ;
il le dédia à *Tibére*. Plusieurs croient
que l'ouvrage que nous avons n'est
qu'un abrégé du sien, composé par
Nepotien d'Afrique. Son style est
barbare ; à quelques endroits près.
Il intéresse plus par le fond des
choses, que par la manière dont
il les rend. La meilleure édition
de cet auteur est celle de Leyde
1670, in-8°. *cum notis Variorum* ;
& 1726, in-4°. On estime aussi celle de Paris, 1679, in-4°, à l'usage
du Dauphin. Nous en avons une
Traduction françoise, en 2 v. in-12.

II. **VALERE**, (Cyprien de) auteur Protestant. Nous avons de lui
une *Verfion* Espagnole de toute la
Bible, que l'on peut regarder comme une seconde édition de la Version de *Cassiodore Reyna*, Amsterdam
1602, in-fol.

III. **VALERE**, (Luc) enseigna
à la fin du xvi° siécle, la géométrie dans le collège de Rome avec
tant de réputation, qu'il fut nommé l'*Archimède* de son tems, par
le célèbre *Galilée*. On le connoît
à peine aujourd'hui, quoiqu'il ait
publié deux ouvrages assez bons,
l'un *De Centro gravitatis solidorum*,
in-4°, 1604 ; & un autre *De Quadra-
tura Parabolæ per simplex falsum*.

VALERE, (André) *Voyez* André Valere, n° xii.

I. **VALERIEN**, (*Publius-Lici-
nius Valerianus*) empereur Romain,
proclamé l'an 253 de J. C., associa à l'empire son fils *Gallien*, avec
lequel il régna 7 ans. Dans les
premiéres années de son gouvernement, il témoigna quelque affection pour les Chrétiens ; mais
Macrien, un de ses généraux, changea ses dispofitions, & il s'alluma
une persécution violente dans tout
l'empire. *Valerien*, obligé de résister aux Goths & aux Scythes,
se relâcha un peu de sa fureur.
Une autre guerre l'occupa bientôt : il fallut qu'il tournât ses forces contre *Sapor*, roï de Perse,
qui faisoit des progrès prodigieux
en Syrie, en Cilicie & en Cappadoce. Les deux armées se rencontrérent en Mésopotamie, & *Valerien* fut fait prisonnier en 260. Le
roi *Sapor* le mena en Perse, où il
le traita avec indignité, jusqu'à
le faire servir de marche-pied lorsqu'il montoit à cheval. Il mourut
en captivité l'an 263, âgé de 71
ans, après en avoir régné 7. *Sapor*
le fit écorcher tout vif, & fit jetter
du

du fel fur fa chair fanglante. Après qu'il fut mort, il fit corroyer fa peau, la fit teindre en rouge, & la mit dans un temple, pour être un monument éternel de la honte des Romains. *Valerien* parut mériter les honneurs de la République,tant qu'il fut particulier ; mais lorfque, parvenu à la puiffance fuprême, il fut en fpectacle à tout le monde, il parut avoir moins de vertus & plus de défauts. Il ne favoit pas juger du mérite, & eut toujours de mauvais miniftres. Il abufoit fouvent de fa puiffance. Ses lauriers furent flétris par plufieurs traits de lâcheté. Son imprudence fut la fource de fon malheur, & fit une tache à la gloire des Romains, qu'ils n'ont jamais pu effacer... Il ne faut pas confondre *Valerien*,le vieux, avec VALERIEN le Jeune, fon petit fils, fur lequel on peut voir l'article de GALLIEN, (*Publius Licinius Gallienus*.

II. VALERIEN, évêque de Cemèle, dont l'évêché a été tranffé à Nice, affifta au concile de Riez l'an 439, & à celui d'Arles en 455. Il nous refte de lui XX *Homélies*, avec une Epitre adreffée aux Moines, Paris 1612, in-8°. Il avoit autant de favoir que de piété.

VALERIEN MAGNI, *Voyez* MAGNI.

I. VALERIO, *ou plutôt* VALIERIO, (Auguftin) né à Venife en 1531, d'une des meilleures familles de cette ville, devint docteur en théologie & en droit-canon, & fut fait profeffeur de morale dans fa patrie en 1558. Défabufé des vains plaifirs du monde, il prit l'habit eccléfiaftique, & fut nommé évêque de Vérone en 1565, fur la démiffion du cardinal *Bernard Navagero*, fon oncle. Son zè-

le apoftolique, fa vigilance active & fes connoiffances le lièrent d'une étroite amitié avec *S. Charles Borromée*. Grégoire XIII l'appella à Rome, où il le mit à la tête de plufieurs congrégations, après l'avoir honoré de la pourpre Romaine. *Valerio* mourut faintement dans cette ville en 1606, à 75 ans. Ses ouvrages les plus eftimés font : I. La *Rhétorique du Prédicateur*, compofée par l'avis & fur le plan de *S. Charles Borromée*. Cet ouvrage folide & inftructif renferme des réflexions judicieufes fur l'art d'exciter les paffions des auditeurs, fur celui d'orner ou de fortifier la diction, fur les défauts dans lefquels les orateurs Chrétiens peuvent tomber ; il eft en latin. Nous en avons une Traduction françoife par M. l'abbé *Dinouart*, à Paris, chez *Nyon*, 1750, in-12. II. *De cautione adhibenda in edendis libris*, 1719, in-4°. On trouvera dans ce dernier livre le catalogue de tous les autres ouvr. d'*Auguftin Valerio*, tant imprimés que manufcrits : ils font en grand nombre.

II. VALERIO VINCENTINI, dont le vrai nom eft *Valerio le Belli*, graveur fur pierres fines, natif de Vicence, mourut en 1546. C'eft un des graveurs modernes qui a le plus approché des anciens qui fe font diftingués dans ce genre. On remarque dans fes ouvrages une dextérité & une propreté qui ne laiffent rien à defirer. Plus de fineffe dans le deffin & plus de génie l'auroient rendu un artifte parfait. Il avoit une facilité prodigieufe, & l'on a de lui une grande quantité de pierres précieufes embellies par fon travail. Il s'eft auffi exercé fur les cryftaux, & il a gravé beaucoup de poinçons pour les Médailles. Cid-

Tome VI.   S f

ment VII, qui l'eſtimoit', l'occupa long-tems : entr'autres ouvrages, il grava pour ce pape, un beau coffre de cryſtal de roche, dont ſa ſainteté fit préſent à *François I*. Ce graveur avoit amaſſé de grands biens, qu'il employoit à acquérir des chef-d'œuvres que l'art offre en tout genre.

I. VALERIUS - PUBLICOLA, (*Publius*) fut l'un des fondateurs de la République Romaine. Il triompha avec *Brutus* de *Tarquin* & des Toſcans, l'an 507 avant J. C. Il fut 4 fois conſul, & mourut ſi pauvre, qu'il fallut faire une quête pour fournir aux frais de ſes funérailles.

II. VALERIUS-SORANUS, poëte Latin du tems de *Jules-Céſar*, l'an 50 avant J. C., fut mis à mort, pour avoir divulgué des choſes qu'il étoit défendu de dire. On préſume qu'il ne reconnoiſſoit point d'autre Dieu que le Monde, ou l'aſſemblage de tous les êtres de cet univers. *Varron* cite de lui deux vers ſur la nature de Dieu, qui ſemblent le prouver :

Jupiter omnipotens , Regum Rex
*   ipſe , Deuſque ,*
Progenitor genitrixque Deûm, Deus
*   unus & omnis.*

III. VALERIUS-CORVINUS - MESSALA, (*Marcus*) citoyen Romain, également recommandable par ſa naiſſance & par ſon génie, fut conſul avec *Auguſte* l'an 5ᵉ de J. C. Il perdit tellement la mémoire 2 ans avant ſa mort, qu'il ne ſe ſouvenoit pas même de ſon nom, ſi l'on en croit *Pline*. *Meſſala* étoit connu par pluſieurs ouvrages qui ſont perdus.

IV. VALERIUS-FLACCUS, (*C. Val. Fl. Setinus Balbus*) poëte Latin, floriſſoit ſous le règne de *Veſpaſien*. Nous avons de lui un *Poëme* héroïque du voyage des *Argonautes*, diviſé en VIII livres, Bologne 1474, in-folio, & Leyde 1724, in-4°. Ce Poëme eſt adreſſé à *Veſpaſien* ; une mort prématurée empêcha l'auteur de l'achever. Son ſtyle eſt froid & languiſſant, & les règles de l'art y ſont très-ſouvent violées.

V. VALERIUS, (*Cornelius*) né à Utrecht en 1512, mort en 1578 à 66 ans, profeſſa les belles-lettres dans ſa patrie & à Louvain. Il forma d'excellens diſciples. On a de lui une *Rhétorique*, in - 4° ; une *Grammaire*, in-4° ; une *Philoſophie*, in-fol., écrites avec clarté & méthode ; mais que de meilleurs livres, enfantés depuis, ont rendues inutiles. On a encore de lui d'autres ouvrages.

VALERIUS - PROBUS, *Voyez* PROBUS.

VALESIO, (*François*) médecin de *Philippe II* roi d'Eſpagne, obtint cette place pour avoir conſeillé à ce prince de mettre ſes pieds dans un baſſin d'eau tiède, afin d'être ſoulagé de la goutte : remède ſimple, qui eut un heureux ſuccès. On a de lui un Traité, *De Methodo medendi*, à Louvain 1647, in-8°, qui paſſe pour excellent; & pluſieurs autres ouvr.

VALETTE PARISOT, (Jean de la) grand-maître de Malte, après *Claude* de *la Sangle*, en 1557, donna tellement la chaſſe aux Turcs, qu'en moins de cinq ans il leur prit plus de 50 vaiſſeaux. *Soliman II*, irrité de ces ſuccès, entreprit de ſe rendre maître de Malte, & y envoya une armée de plus de 80,000 hommes, qui formèrent le ſiège au mois de Mai 1565. *La Valette* leur réſiſta pendant 4 mois avec tant de courage, qu'ils furent obligés de ſe retirer, après avoir perdu plus de 20,000 hommes. Il fut tiré pendant le siége 70,000 coups de canon sur Malte, aussi fut elle entiérement ruinée ; mais le grand-maître répara tout. On bâtit une Cité nouvelle, qui fut nommée la *Cité Valette.* Il y eut tous les jours 8000 ouvriers employés, jusqu'en 1568 qu'il mourut, avec autant de piété, qu'il avoit fait éclater de courage & de prudence pendant sa vie. *Pie V* avoit voulu l'honorer de la pourpre ; mais il l'avoit refusée, regardant cette dignité comme incompatible avec la profession des armes.

I. VALETTE, (Jean-Louis de *Nogaret* de la) duc d'Epernon, naquit en 1554, d'une maison dont l'origine n'étoit pas fort ancienne. *Busbec* le fait petit-fils d'un notaire ; mais l'abbé *le Gendre* dit qu'il descendoit d'un capitoul de Toulouse. Il commença à porter les armes au siége de la Rochelle en 1573, & s'attacha à *Henri IV,* alors roi de Navarre, qu'il quitta peu de tems après. La guerre s'étant allumée entre les Huguenots & les Catholiques, il se distingua sous le duc d'*Alençon* aux prises de la Charité, d'Issoire & de Brouage. *Henri III,* dont il étoit devenu le favori, le créa duc & pair en 1582, & le nomma 5 ans après amiral. Il possédoit tant de charges, qu'on l'appelloit *la Garderobe du Roi.* Il avoit alors le gouvernement de l'Angoumois, de la Saintonge, de l'Aunis, du Limousin, du Boulonois, du Pays Messin. On le nomma gouverneur de Normandie en 1588. Le roi lui avoit promis de le rendre si puissant, qu'*il ne pourroit pas lui ôter ce qu'il lui avoit donné.* Envoyé contre les Ligueurs, il prit sur eux quelques places, entr'autres Montereau & Pontoise. Après

la mort de *Henri III,* il abandonna le parti de *Henri IV,* qui lui pardonna dans la suite. Ce monarque l'envoya en Provence, avec le titre de gouverneur. D'*Epernon* soumit bientôt toutes les villes de sa province ; mais la haine qu'il inspira aux Provençaux fut si forte, qu'on attenta sur sa vie. *Henri IV* lui ayant promis le gouvernement du haut & du bas Limousin, il quitta la Provence. D'*Epernon* fut employé dans le Languedoc & dans le Béarn. Il soumit les villes de St-Jean d'Angéli, de Lunel & de Montpellier. Pendant les querelles qui arrivérent à la cour après la mort funeste de *Henri IV,* il favorisa le parti de la reine *Marie* de *Médicis,* à laquelle il avoit fait donner la régence. Cette princesse ayant été exilée, il alla la tirer du château de Blois où elle étoit reléguée, & la mena dans ses terres à Angoulême, comme un souverain qui donneroit du secours à son alliée. Il fallut que *Louis XIII* traitât avec lui comme de couronne à couronne, sans oser faire éclater son ressentiment. Le duc d'*Epernon* fut moins ménagé sur la fin de ses jours. Un démêlé qu'il eut avec *Sourdis,* archevêque de Bordeaux, remplit sa vieillesse d'amertume. Ils étoient très-épineux l'un & l'autre, & très-jaloux des prérogatives attachées à leurs places. A la suite de beaucoup de petits démêlés, le duc d'*Epernon* aussi fier, mais plus entreprenant que l'archevêque, fit arrêter son carrosse par ses gardes. L'archevêque en sort aussi-tôt, excommunie les gardes, & indique à l'archevêché une assemblée des principaux ecclésiastiques de la ville, pour aviser aux moyens de fulminer ses censures. D'*Epernon* moins allarmé qu'irrité de cette assemblée, fait inveftir l'archevêché, pour empêcher qu'elle ne fe tienne. L'archevêque fort auffi-tôt en criant : *A moi, mon Peuple, à moi ! On fait violence à l'Eglife !* D'*Epernon* marche à la rencontre de l'archevêque, lui donne deux ou trois fois du poing dans l'eftomach, & de fa canne lui jette fon chapeau à bas. Pendant ce tems l'archevêque criôit : *Frappe, frappe, Tyran ! Tes coups font des fleurs pour moi ! Tu es excommunié !* Dès qu'on fut à la cour cette étrange nouvelle, on interdit à d'*Epernon* l'exercice de toutes fes charges, jufqu'à ce qu'il eût été abfous. Ses amis obtinrent fon pardon, mais à des conditions bien dures pour un efprit fi haut. Il fut obligé de donner la démiffion de fon gouvernement des Trois-Evêchés, d'écrire une lettre fort foumife à l'archevêque, & d'écouter à genoux la réprimande vive & févére qu'il lui fit avant de l'abfoudre, devant la grande Eglife de Coutras, où il étoit relégué. Le Maire, les Jurats de Bordeaux, & 25 préfidens ou confeillers, qui étoient préfens, en dreffèrent procès-verbal. Il mourut à Loches en 1642, à 88 ans. Il étoit gouverneur de la Guienne, & il retiroit de cette province plus d'un million de revenu. Tout chez lui étoit fplendeur & fafte. Sa vanité étoit fans bornes, ainfi que fon ambition ; mais fes talens étoient au-deffous de fes prétentions. Ses gardes étoient obligés de faire les mêmes preuves que les chevaliers de Malte. Sa poftérité mafculine finit dans la perfonne de *Bernard* fon fils, mort en 1661.

II. **VALETTE**, (Bernard de *Nogaret*, feigneur de la), frere du duc d'*Epernon*, fe fignala fur terre & fur mer. Il fut amiral de France. Il reçut un coup de moufquet au fiége de Roquebrune, dont il mourut le 11 Février 1592, à 39 ans. Le roi le regretta, comme un homme qui avoit fait beaucoup & qui promettoit davantage.

III. **VALETTE**, (Louis de *Nogaret* de la) fils du duc d'*Epernon*, naquit avec une forte inclination pour les armes ; mais fes parens le deftinérent à l'Eglife, & lui obtinrent l'abbaye de *S. Victor* de Marfeille & l'archevêché de Touloufe. *Paul V* l'honora de la pourpre en 1621, fans que cette dignité pût lui faire perdre fes inclinations guerrières. Il contribua à l'enlèvement de la reine *Marie de Médicis*, du château de Blois ; mais il abandonna enfuite fon parti, pour fe livrer entièrement au cardinal de *Richelieu*. Ce miniftre lui donna les premiers emplois de la guerre, le pourvut du gouvernement d'Anjou, de celui de Metz ; & l'envoya commander en Allemagne avec le duc de *Weimar*, puis en Franche-Comté contre le général *Galas*, enfuite en Picardie & en Italie, où il mourut à Rivoli, près de Turin, en 1639, à l'âge de 47 ans. Ainfi on vit un archevêque, un prince de l'Eglife Romaine, mourir les armes à la main. Envain le pape *Urbain VIII* l'avoit menacé de le dépouiller du cardinalat, s'il ne quittoit ce métier de fang ; il fut infenfible à tout. Il avoit tous les vices de fon père, la fierté, la cupidité, la prodigalité, l'amour des plaifirs. Il aimoit éperduement la princeffe de Condé, *Charlotte de Montmorenci*, & lui faifoit des préfens confidérables. *Jacques Talon*, fon fecrétaire, nous a donné des *Mémoires* intéreffans, fur la vie de ce cardinal, imprimés à Paris chez *Pierres*, 1772, 2 vol. in-12.

VALETTE, *Voy.* XI. THOMAS.

VALGULIO, (Charles) natif de Breffe en Italie , publia en 1507 dans cette ville, chez *Angelus Britannicus* , une Traduction latine qu'il avoit faite du *Traité de la Mufique* de *Plutarque* , petit in-4°, à la tête duquel fe lit une efpèce de préambule prefqu'auffi long que l'ouvrage , & qui eft adreffé à un *Titus Pyrrhinus*. Ce traducteur Latin a échapé à l'exact M. *Fabricius* , qui, dans fa Bibliothèque Grecque fait paffer en revue tous ceux qui fe font acquis le titre d'interprètes de *Plutarque* par la verfion latine de quelqu'un de fes écrits. Il a traduit encore en la même langue l'ouvrage de *Plutarque* des *Opinions des Philofophes*, recueillies avec d'autres morceaux du même auteur Grec, & imprimées à Paris en 1514. *Gefner*, dans fa Bibliothèque , & *Simler* fon abbréviateur, parlent de *Valgulio*, fans nous apprendre autre chofe, finon qu'il avoit traduit du grec de *Plutarque*, les *Préceptes conjugaux*, le livre *De la Vertu morale*, & celui de *la Mufique*, auquel il avoit joint des remarques : toutes ces Verfions ont été imprimées, conjointement avec le refte de fes *Opufcules*, à Bâle chez *Cratander*.

VALIDÉ, (la Sultane) *Voyez* CARA... & II. MUSTAPHA.

VALIN, (René-Jofué) Rochellois, avocat, procureur du roi de l'Amirauté & de l'Hôtel-deville, membre de l'académie de fa patrie, fe diftingua par fon favoir & fa probité. On a de lui :
I. Un *Commentaire* fur la *Coutume de la Rochelle*, 1768, imprimé en cette ville, 3 vol. in-4°. II. L'*Ordonnance de la Marine* de 1681; 2 vol. in-4°, 1760. III. *Traité des Prifes*, 1763, 2 vol. in-8°. Cet eftimable écrivain mourut en 1765.

VALINCOUR, (Jean-baptifte-Henri du Trouffet de) naquit en 1653, d'une famille noble, originaire de St-Quentin en Picardie. Il fut fecrétaire-général de la Marine, académicien de la Crufca', honoraire de l'académie des fciences, & reçu à l'académie Françoife en 1699. Il fit fes études chez les Jéfuites de Paris avec affez peu de fuccès; mais fes humanités finies, fon génie fe dévelopa & fa pénétration parut avec éclat. *Boffuet* le fit entrer, en 1685, chez le comte de *Toulouf*, amiral de France. Il étoit fecrétaire-général de fes commandemens, & même, fecrétaire de la Marine, lorfqu'en 1704 ce prince gagna la bataille de Malaga contre les flottes Angloife & Hollandoife. *Valincour* fut toujours à fes côtés, & y reçut une bleffure. *Louis XIV* l'avoit nommé fon hiftorien, à la place de *Racine* fon ami. Il travailla avec *Boileau* à l'Hiftoire de ce prince, qui fut fouvent commencée & jamais finie ; mais l'incendie qui confuma fa maifon de St-Cloud, en 1725, fit périr les fragmens de cet ouvrage, ainfi que plufieurs autres manufcrits. Il fupporta cette perte avec la réfignation d'un Chrétien & d'un Philofophe. *Je n'aurois guères profité de mes Livres*, difoit-il, *fi je ne favois pas les perdre*. Cet homme illuftre mourut à Paris en 1730, à 77 ans, regretté de tous les gens-de-lettres. Ami paffionné du mérite & des talens, encore plus ami de la paix entre les favans, *Valincour* étoit le conciliateur de ceux qu'a-

voit pu défunir la diverfité d'o-
pinions. La candeur, la probité
formoient fon caractére, & quoiqu'il eût été à la cour, il ne favoit ni feindre, ni flatter. On a
de lui : I. *Lettre à Madame la Mar-*
quife de... fur la *Princeffe de Clè-*
ves ; à Paris, 1678, in-12. Cette
critique eft le modèle d'une cenfure raifonnable ; l'auteur blâme
avec modération & loue avec
plaifir. II. *La Vie de* François de
Lorraine, *Duc de Guife*, 1681, in-
12 : elle eft écrite avec affez d'impartialité. III. Des *Obfervations cri-*
tiques fur l'*Œdipe* de *Sophocle*, in-
4°. *Valincour*, malgré des occupations férieufes, s'eft fait quelquefois un amufement de la poëfie,
pour laquelle il avoit du goût &
du talent. On a de lui des *Tra-*
ductions en vers de quelques Odes
d'*Horace*, des *Stances* & plufieurs
Contes, où l'on remarque une imagination enjouée.

I. V A L L A, (Georges) né à
Plaifance, médecin & profeffeur
de belles - lettres à Venife, fut
emprifonné pour la caufe des *Tri-*
vulces. Ayant été mis en liberté,
il mourut vers l'an 1460. Son livre *De expetendis & fugiendis rebus*,
Venife 1501, 2 vol. in-fol. eft curieux & peu commun.

II. VALLA *ou* VALLE, (Laurent) né à Plaifance en 1415, fut
l'un de ceux qui contribuérent le
plus à renouveller la beauté de la
langue Latine, & à chaffer la barbarie Gothique. Son féjour à Rome
lui valut le droit de citoyen ; mais
fon humeur cauftique l'obligea de
quitter cette ville. Il fe retira à la
cour d'*Alfonfe* roi de Naples, protecteur des lettres, qui voulut bien apprendre de lui le Latin à l'âge de 50
ans. *Valle* ne fut pas plus retenu à
Naples qu'il avoit été à Rome ; il
s'avifa de cenfurer le clergé & de

dogmatifer fur le myftére de la
Trinité, fur le *Franc-arbitre*, fur
les *Vœux* de continence, & fur
plufieurs autres points importans. Ses ennemis le déférérent
à l'Inquifition, qui le condamna
à être brûlé vif ; mais le roi *Al-*
fonfe modéra la rigueur de cette
fentence. Les Inquifiteurs fe contentérent de fouetter le coupable
autour du cloître des Jacobins. *Val-*
la, ne pouvant demeurer à Naples
après cet outrage, retourna à Rome, où le pape *Nicolas V* lui fit un
accueil favorable. Il y vécut avec
plus de prudence qu'auparavant ;
mais ce n'eft pas une raifon qui
le juftifie de la mechanceté dont *le*
Pogge l'accufa à la face de l'Europe. Ces deux favans, la lumière
de leur fiécle, fe déchirérent comme les plus vils des hommes. Ils
s'imputérent mutuellement un caractére vain, inquiet, fatyrique ;
ils avoient tous deux raifon, &
c'eft bien en vain que l'abbé *Vige-*
rini a cherché à juftifier *Valla*. Cet
auteur mourut à Rome en 1457,
à 50 ans, après avoir enfeigné les
belles-lettres & la rhétorique avec
réputation à Gènes, à Pavie, à
Milan, à Naples, & dans les autres principales villes d'Italie. Il
fut enterré dans l'Eglife de *S. Jean*
de Latran, dont on dit qu'il étoit
chanoine. On a de lui : I. Six livres des *Elégances de la Langue La-*
tine : ouvrage eftimable, impr. à Venife en 1471, in f. à Paris en 1575,
in-4°.& à Cambridge, in-8°. On l'accufa fauffement de l'avoir volé.
II. Un *Traité contre la fauffe Dona-*
tion de Conftantin. III. L'*Hiftoire du*
règne de Ferdinand, *Roi d'Arragon*,
1521, in-4°. Cette Hiftoire prouve
que *Laurent Valle* étoit plus propre à donner aux autres des préceptes pour écrire, qu'à les pratiquer ; il écrit en rhéteur. IV. Des

Traductions de *Thucydide*, d'*Hérodote*, & de l'*Iliade* d'*Homére*. Ces
Traductions font des Paraphrafes
infidelles. *Valla* n'entendoit pas fi
bien le grec que le latin. V. Des
Notes fur le Nouveau-Teftament,
qui valent un peu mieux que fes
Verfions. VI. Des *Fables*, traduites
en françois & imprimées fans date
en lettres gothiques in-fol. VII.
Des *Facéties*, avec celles du *Pogge*,
in-4°, fans date. VIII. Un Traité
Du Faux & du Vrai, qui offre quelques bonnes réflexions. L'auteur,
partifan d'*Epicure*, fut l'ennemi déclaré d'*Ariftote*. Ses Ouvrages furent recueillis à Bâle 1540, in-fol.

VALLADIER, (André) né près
de Montbriffon en Forez, paffa 23
ans chez les Jéfuites, que des
tracafferies forcèrent de quitter.
Il fut enfuite abbé de *St Arnoul* de
Metz, où il introduifit la réforme, non fans des traverfes qu'il
a décrites dans fa *Tyrannomanie
étrangére*, 1626, in-4°. On a encore de lui 5 vol. in-8° de *Sermons*, & une *Vie de Dom* Bernard *de Montgaillard*, abbé d'Orval,
in-4°. *Valladier* mourut en 1638, à
68 ans.

VALLE, (Pierre della)
gentilhomme Romain, voyagea
pendant 12 ans (depuis 1614 jufqu'en 1626,) en Turquie, en Egypte, dans la Terre-fainte, en
Perfe & dans l'Inde, & fe rendit habile dans les langues Orientales. De retour à Rome, il publia fes *Voyages*, dont la Relation
forme une fuite de 54 Lettres, écrites des lieux mêmes à un médecin
Napolitain fon ami. Ces Lettres,
quoique retouchées en quelques
endroits lors de l'impreffion, font
d'un ftyle vif, aifé & naturel, qui
plait & qui attache le lecteur ;
elles n'ont ni la féchereffe d'un
Journal, ni l'apprêt d'une Rela-

tion qui auroit été rédigée fur
des Mémoires. Il eft peu de *Voyages* auffi intéreffans & auffi variés.
Ils font fur-tout très-curieux pour
ce qui regarde la Perfe, où l'auteur (homme d'ailleurs fort inftruit & rempli de connoiffances)
avoit fait un féjour de plus de 4
ans. Il paroit croire trop facilement au pouvoir de la magie &
des enchantemens ; mais il vivoit
dans un tems où les tribunaux
condamnoient des forciers au feu.
Pierre della Valle fe maria dans le
cours de fes voyages, & époufa à
Bagdad une jeune Syrienne, née
de parens Chrétiens, & d'une famille diftinguée. Il la perdit à
Mina, fur le Golphe Perfique,
après cinq ans de mariage. Une
circonftance finguliére qui prouve
fon attachement pour elle, c'eft
qu'il fit embaumer fon corps, dans
le deffein de le tranfporter à Rome,
& de le dépofer dans la chapelle
de fa famille ; & en effet, après
l'avoir emballé de façon à éviter
les embarras que ce cadavre auroit
pu lui caufer, il le tranfporta par-
tout avec lui pendant 4 ans que
durèrent encore fes voyages ; il
eut la fatisfaction de lui donner la
fépulture à Rome, dans le caveau
où repofoient fes ancêtres. Ce célèbre voyageur mourut en 1652,
âgé de 66 ans, après avoir époufé en fecondes noces, malgré les
oppofitions de fa famille : une jeune
Géorgienne qui avoit été attachée
à fa première femme, & qu'il avoit
conduite à Rome. La meilleure
édition de f s *Voyages* eft celle de
Rome 1662, en 4 vol. in-4°. Le
P. *Carneau*, Céleftin, en donna une
Traduction françoife, imprimée en
1663, auffi en 4 vol. in-4°, peu
eftimée. Elle fut cependant réimprimée, à Rouen, 1745, 8 vol. in-12.

VALLE, *Voyez* II. VALLA.

S f iv

VALLÉE, (Geofroi) fameux
Déifte d'Orléans, né au commencement du XVIᵉ fiécle, fut brûlé
en place de Grève à Paris, pour
avoir publié un livre impie, en
8 feuillets feulement, fous ce titre:
La Béatitude des Chrétiens, ou *le
Fléau de la Foi*. Il y débite un Déifme commode qui apprend à connoître un Dieu, fans le craindre,
& fans appréhender des peines
après la mort. Cet ouvrage eft fort
rare. *Géoffroi Vallée* étoit grand-
oncle du fameux *des Barreaux* : ainfi
l'incrédulité étoit héréditaire dans
cette famille.

VALLEMONT, (Pierre de)
prêtre & laborieux écrivain, fe
nommoit *le Lorrain*, & prit le nom
d'abbé de *Vallemont*. Il naquit à
Pont-audemer en 1649, & y mourut en 1721. Il avoit été chargé
d'enfeigner l'Hiftoire à *Courcillon*,
fils du marquis de *Dangeau*, & c'eft
pour lui qu'il fit fes Elémens. L'abbé
de *Vallemont* étoit un homme inquiet, qui fe fit plufieurs affaires,
& qui ne fut conferver aucun emploi. On lui doit quelques livres
qui ont du cours. I. *La Phyfique
occulte*, ou *Traité de la Baguette divi-
natoire* : ouvrage qui montre que
l'auteur n'entendoit rien en cette
matière, non plus que le Pere le
Brun qui l'a réfuté. II. Les *Elémens
de l'Hiftoire*. La meilleure édition
eft celle de 1758, en 5 vol. in-
12, avec plufieurs additions confidérables. Les principes de l'Hiftoire, de la Géographie & du Blafon font expofés dans cet ouvrage avec affez de clarté, de méthode & d'exactitude ; mais l'auteur a fait plufieurs fautes fur les
Médailles, dont il n'entendoit pas
quelquefois les légendes, fi l'on
en croit *Baudelot*. Son ftyle pourroit être plus pur & plus élégant.

III. *Curiofités de la Nature & de l'Art
fur la Végétation des Plantes*, réimprimées en 1753, in-12, 2 v. IV.
*Differtations Théologiques & Hifto-
riques touchant le fecret des Myftères*, ou l'*Apologie de la Rubrique
des Miffels*, qui ordonne de dire fecrettement le Canon de la Meffe,
2 vol. in-12.

VALLES, (François) *Voyez* VA-
LESIO.

I. VALLIERE, (François de la
Baume le Blanc, de la) chevalier
de Malte, defcendoit de l'ancienne maifon de *la Baume*, originaire
du Bourbonnois. Il porta les armes de bonne heure, & fut maréchal de bataille à 26 ans, fous
le maréchal de *Gramont*. Il remplit
cet emploi avec tant de fuccès, que
le grand-maître de Malte, & les
Vénitiens, firent tous leurs efforts
pour l'attirer à leur fervice. Il fe
fignala dans plufieurs fiéges & combats, fur-tout à Lérida, où il reçut la mort en 1644. Il étoit lieutenant-général des armées du roi.
On a de lui : I. Un Traité intitulé :
Pratiques & Maximes de la Guerre.
II. *Le Général d'Armée*. Ces deux ouvrages prouvent qu'il étoit auffi
profond dans la théorie de l'art militaire, qu'habile dans la pratique.
Son pere *Laurent*, feigneur de la
Valliére & de Choifi, avoit été
tué au fiége d'Oftende.

I I. VALLIERE, (Gilles de la
Baume le Blanc, de la) naquit au
château de la Valliére en Touraine, en 1616. Il fut d'abord chanoine de St Martin de Tours, &
il fut élevé enfuite à l'évêché de
Nantes, dont il fe démit en 1677.
Il mourut en 1709, à 98 ans, avec
une grande réputation de favoir &
de vertu. On a de lui un Traité
intitulé : *La Lumière du Chretien*,
réimprimé à Nantes en 1693 ; 2
vol. in-12.

III. VALLIERE, (Louife-Fran-
çoife de la Baume le Blanc, ducheffe de la) étoit de la même maifon que les précédens. Elle fut élevée fille-d'honneur d'*Henriette* d'Angleterre, 1ʳᵉ femme de *Philippe* duc
d'Orléans. Dès fes premières années, elle fe diftingua par un
caractére de fageffe marqué. Dans
une occafion où des jeunes perfonnes de fon âge montrèrent beaucoup de légèreté, *Monfieur* dit tout
haut : « Pour Mllᵉ de la *Valliére* ,
» je fuis affûré qu'elle n'y aura pas
» de part; elle eft trop fage pour ce-
» la ». Elle fe fit aimer & eftimer à
la cour, moins encore par fes qualités extérieures, que par un caractére
de douceur, de bonté & de naïveté
qui lui étoit comme naturel. Quoique vertueufe, elle avoit le cœur extrêmement tendre & fenfible. Cette
fenfibilité la trahit; elle vit *Louis*
XIV, & elle l'aima avec tranfport. Le roi, inftruit de fes fentimens, lui donna tout fon amour.
Elle fut, pendant deux ans, l'objet
caché de tous les amufemens galans & de toutes les fêtes que
Louis XIV donnoit. Enfin, lorfque
leurs fentimens eurent éclaté, il
créa pour elle la terre de Vaujour
en duché-pairie, fous le nom de
la *Valliére.* La nouvelle ducheffe,
recueillie en elle-même & toute
renfermée dans fa paffion, ne fe
mêla point des intrigues de la cour,
ou ne s'en mêla que pour faire du
bien. Elle n'oublia jamais qu'elle
faifoit mal; mais elle efpéroit toujours de faire mieux. C'eft ce qui
lui fit recevoir avec beaucoup de
joie le remerciement d'un pauvre
Religieux qui lui dit, après avoir
reçu d'elle l'aumône : *Ah ! Mada-*
me, vous ferez fauvée ; car il n'eft
par poffible que Dieu laiffe périr une
perfonne qui donne fi libéralement pour
l'amour de lui. Dieu fe fervit de l'in-

conftance du roi pour la ramener.
La ducheffe de la *Valliére* s'apperçut dès 1669, que Madᵉ de *Mon-*
tefpan prenoit de l'afcendant fur
le cœur de ce monarque. Elle fupporta avec une tranquillité admirable le chagrin d'être témoin long-
tems du triomphe de fa rivale. Enfin en 1675, elle fe fit Carmelite
à Paris, & perfévéra. Se couvrir
d'un cilice, marcher pieds nuds,
jeûner rigoureufement, chanter la
nuit au chœur dans une langue
inconnue ; tout cela ne rebuta
point la délicateffe d'une femme
accoutumée à tant de gloire, de
molleffe & de plaifirs. Elle vécut
dans ces auftérités depuis 1675
jufqu'en 1710, année de fa mort,
fous le nom de *Sœur Loʋise de*
la Miféricorde. On avoit voulu la
retenir dans le monde pour l'é-
difier par fes exemples. *Ce feroit à*
moi, répondit-elle, *une horrible pré-*
fomption, de me croire propre à aider
le prochain. Quand on s'eft perdu foi-
même, on n'eft ni digne ni capable de
fervir les autres. En entrant dans le
cloitre, elle fe jetta aux genoux
de la fupérieure, en lui difant : *Ma*
Mere, j'ai toujours fait un fi mau-
vais ufage de ma volonté, que je viens
la remettre entre vos mains, pour ne
la plus reprendre. Lorfque le duc de
Vermandois fon fils mourut, elle
répondit avec courage à ceux qui
lui annoncérent cette perte: Qu'*elle*
n'avoit pas trop de larmes pour foi,
& que *c'étoit fur elle-même qu'elle*
devoit pleurer. Elle ajoûta cette parole fi fouvent imprimée : *Il faut*
que je pleure la naiffance de ce fils
encore plus que fa mort ! Ce fut avec
la même conftance & la même réfignation qu'elle apprit depuis la
mort du prince de *Conti*, qui avoit
époufé Mllᵉ de *Blois* fa fille. Ce
qu'on raconte de fa patience dans
fes maladies eft admirable, & fe-

roit incroyable, si l'on ne savoit ce que peut la grace. Une érésipelle violente, qui s'étoit jettée sur sa jambe, la fit beaucoup souffrir, sans qu'elle en voulût rien dire. Le mal devint si considérable, qu'on s'en apperçut & qu'on l'obligea d'aller à l'infirmerie. Elle répondit aux reproches que lui fit la mere-prieure, de cette espèce d'excès : « Je ne savois pas ce que c'étoit ; » je n'y avois pas regardé. » On a d'elle des *Réflexions sur la miséri-corde de Dieu*, in-12, qui sont pleines d'onction. On sait que le Tableau de la *Madeleine pénitente*, l'un des chef-d'œuvres de *le Brun*, fut peint d'après cette femme illus-tre, qui imita si sincérement la Pécheresse dans ses austérités, com-me elle l'avoit fait dans ses foi-blesses.

IV. VALLIERE, (Jean-Florent de) lieutenant-général des armées du roi, de l'académie des sciences, né à Paris le 7 Septembre 1667, mort en 1759 à 92 ans, avoit ac-quis une telle expérience dans l'Artillerie, qu'il en étoit regardé comme le meilleur officier.

VALLIS, *Voyez* WALLIS.

VALLISNIERI, (Antoine) né en 1661, dans le château de Trésilico près de Reggio, fut reçu docteur en médecine dans sa patrie. La ré-publique de Venise l'appella pour remplir une première chaire extra-ordinaire de professeur en médeci-ne-pratique dans l'université de Pa-doue. Les académies d'Italie & la société royale de Londres se l'asso-ciérent, & le duc de *Modène* le créa, de son propre mouvement, che-valier, lui & tous ses descendans aînés à perpétuité. Cet illustre savant mourut en 1730, à 69 ans, regretté de plusieurs savans de l'Europe, avec lesquels il étoit en commerce. Son fils a recueilli ses

ouvrages, en 3 vol. in-fol., dont le 1er parut à Venise en 1733. Les principaux sont : I. *Dialogue sur l'origine de plusieurs Insectes*, in-8°. II. *Considérations & Expériences sur la génération des Vers ordinaires dans le corps humain*, contre *Andri*, mé-decin de Paris, qui a écrit sur la même matière. III. Un *Traité sur l'origine des Fontaines*. Ces ouvrages sont en italien.

VALOIS, (le Comte de) *Voyez* CHARLES, n° XXII... & I. MARI-GNY.

VALOIS, (Félix de) *Voyez* VER-MANDOIS, & XIV. JEAN.

VALOIS, (Marguerite de) rei-ne de Navarre, *Voyez* MARGUE-RITE, n° VII.

I. VALOIS, (Henri de) né à Paris en 1603, d'une famille no-ble originaire de Normandie, s'ap-pliqua de bonne heure à la lectu-re des bons auteurs, des poëtes Grecs & Latins, des orateurs & des historiens. Il fut envoyé à Bourges en 1622, pour y apprendre le droit-civil. A son retour il se fit recevoir avocat au parlem. de Paris plutôt par complaisance pour son pere, que par inclination. Après avoir fréquenté 7 ans le palais, il reprit l'étude des belles-lettres & travailla assidûment sur les auteurs Grecs & Latins, ecclésiastiques & profanes. Sa grande application à la lecture lui affoiblit si fort la vue, qu'il perdit l'œil droit, & qu'il ne voyoit presque point de l'autre. Les récompenses que son mérite lui procura, le dédomma-gérent un peu de cette perte. Elle ne l'empêchoit pas de composer, parce que sa mémoire lui rappel-loit les passages de tous les livres qu'il avoit lus. En 1633, le prési-dent de *Mesmes* lui donna une pen-sion de 2000 liv. à condition qu'il lui céderoit ſes collections & ſes remarques, & le Clergé de France une de 600, qui fut depuis augmentée. En 1658 il en obtint une de 1500 du cardinal *Maʒarin*. Deux ans après, il fut honoré du titre d'Hiſtoriographe de Sa Majeſté, avec une penſion conſidérable. Ce ſavant finit ſa carrière en 1676, à 73 ans. Ses principaux ouvrages ſont : I. Une *Edition de l'Hiſtoire Eccléſiaſtique d'Euſèbe*, en grec, avec une bonne Traduction latine & de ſavantes notes. II. L'*Hiſtoire de Socrate & de Soʒomène* en grec & en latin, avec des obſervations dans leſquelles l'érudition eſt répandue à pleines mains. III. L'*Hiſtoire de Théodoret* & celle d'*Evagre le Scholaſtique*, auſſi en grec & en latin, avec des notes ſavantes. IV. Une nouvelle édition d'*Ammien Marcellin*, avec d'excellentes remarques. V. *Emendationum Libri V*, à Amſterdam 1740, in-4°. *Valois* excelloit dans l'art d'éclaircir ce que les anciens ont de plus obſcur. La ſaine critique, le ſavoir éclairé brillent dans ſes ouvrages ; mais l'auteur ſent trop les avantages qu'il avoit ſur les ſavans qui l'avoient précédé. Comme les livres de ſa bibliothèque ne lui ſuffiſoient pas, il en empruntoit de toutes parts. Il avoit coutume de dire à ce ſujet, que *les Livres prêtés étoient ceux dont il tiroit le plus de profit, parce qu'il les liſoit avec plus de ſoin, & qu'il en faiſoit des extraits, dans la crainte de ne pouvoir plus les revoir*. Il ne ſe bornoit pas à faire des recherches dans les livres, il conſultoit auſſi des gens-de-lettres ; mais il ne faiſoit pas toujours aſſez de cas des ſoins qu'ils prenoient pour l'inſtruire. Ayant lu dans un ancien auteur quelque choſe ſur le port de la ville de Smyrne, qu'il n'étoit guère poſſible de comprendre ſans avoir vu la diſpoſition des lieux mêmes, il écrivit au ſavant *Peireſc* ſa difficulté ; ce généreux protecteur des ſciences fit auſſitôt partir un Peintre ſur une vaiſſeau de Marſeille qui alloit à Smyrne, pour prendre le plan & la vue de ſon port. Il envoya le fruit de ſes recherches à *Valois*, qui le remercia de ſes ſoins ; mais qui lui manda en même tèmsqu'*il n'étoit pas entièrement éclairci ſur ce qu'il ſouhaitoit.... Peireſc*, fâché d'avoir fait inutilement une dépenſe conſidérable, lui écrivit qu'*il avoit tâché de le ſatisfaire, & que ſi cela ne ſuffiſoit pas, il ne devoit s'en prendre ni à lui ni à ſon Peintre, mais à ſon propre eſprit qui n'étoit jamais content de rien*.

II. VALOIS, (Adrien de) frere puîné du précédent, ſuivit l'exemple de ſon frere, avec lequel il fut uni par les liens du cœur & de l'eſprit. Il ſe conſacra à l'Hiſtoire de France, dans laquelle il ſe rendit très-habile. Le roi l'honora du titre de ſon Hiſtoriographe, & lui donna un gratification en 1664. Cet auteur mourut en 1692 à 80 ans, laiſſant un fils, qui a publié le *Valeſiana... Valois* employa pluſieurs années à rechercher les monumens les plus certains de notre Hiſtoire, & à en éclaircir les difficultés les plus épineuſes. Il n'étoit pas auſſi habile que ſon frere dans la langue Grecque, & n'avoit pas la même beauté d'eſprit ; mais il étoit laborieux, écrivoit purement en latin, & étoit bon critique. Ses ouvrages les plus eſtimés ſont : I. Une *Hiſtoire de France*, 1658, 3 vol. in-fol. L'exactitude & l'érudition caractériſent cet ouvrage ; mais il ne va que juſqu'à la dépoſition de

Childeric. II. *Notitia Galliarum*, Paris, 1675, in-folio : livre très-utile pour connoître la France fous les deux premières races. L'auteur eft fi exaĉt, qu'on diroit qu'il a vécu dans ces tems-là. III. Une édition in-8°. de deux anciens Poëmes ; le 1ᵉʳ eft le *Panégyrique* de *Berenger*, roi d'Italie ; & le fecond, une efpèce de Satyre, compofée par *Adalberon*, évêque de Laon, contre les vices des Religieux & des Courtifans. IV. Une nouvelle édition d'*Ammien Marcellin*, & d'autres Ecrits excellens en leur genre.

III. VALOIS, (Louis le) Jéfuite, né à Melun en 1639, devint confeffeur des princes petits-fils de *Louis XIV*, & mourut à Paris en 1700, regardé comme un homme de Dieu. On a de lui des *Œuvres fpirituelles*, recueillies à Paris en 1758, en 3 vol. in-12, & un petit Livre contre les fentimens de *Defcartes*. Ses Ouvrages myftiques font pleins de lumière & d'onĉtion.

VALSALVA, (Antoine-Marie) médecin, né à Imola en 1666, mort en 1723, âgé de 57 ans, fut difciple de *Malpighi*, & enfeigna l'anatomie à Bologne avec une réputation peu commune. On a de lui plufieurs Ouvrages en latin, imprimés à Venife, 1740, 2 vol. in-4°. Les Italiens en font beaucoup de cas, & les Anatomiftes eftiment fur-tout fon Traité *De aure humana*, à Bologne, 1707, in-4°.

VALSTEIN, *Voyez* WALSTEIN.

VALTURIUS, (Robert) né à Rimini, dans le xvᵉ fiécle, a donné un Livre latin fur l'*Art Militaire*, Vérone 1472, in-fol. L'édition de Bologne, 1483, moins rare que l'autre, eft auffi plus correcte. La même année il en parut une trad. ital. à Verone, par *Paul Ramufio*, qui n'eft pas commun.

VALVERDI, (Barthélemi) théologien de Padoue, né vers 1540, mort en 1600, s'eft fait connoître dans la république des lettres par un ouvrage fur le Purgatoire, imprimé fous ce titre : *Ignis Purgatorius poft hanc vitam, ex Græcis & Latinis Patribus affertus* ; Patavii, 1581, in-4° : livre très-rare & recherché des bibliomanes curieux. Cet ouvrage eut peu de fuccès lorfqu'il parut ; le propriétaire, voulant y donner cours, réimprima en 1590 le frontifpice, fous le nom de *Valgrifius* de Venife, & la plus grande partie de l'édition fe débita fous ce mafque.

VAN-BUYS, (N.) peintre Hollandois du xvIIᵉ fiécle, a travaillé dans la manière de *Mieris* & de *GerardDow*. Sa compofition eft des plus fpirituelles, & des plus gracieufes. Il rendoit les étoffes avec une vérité frapante. Son deffin eft pur, fa touche unie fans être froide. Ses tableaux ne font guéres connus qu'en Hollande.

VAN-CEULEN, (Ludolphe) mathématicien Flamand, au commencement du xvIIᵉ fiécle, travailla beaucoup pour déterminer le rapport du cercle à la circonférence. Il exprima ce rapport en 36 chiffres, de forte que l'erreur qu'il y a entre le vrai rapport du cercle & celui qu'il trouve, eft moindre qu'une fraĉtion, dont l'unité feroit le numérateur, & le dénominateur un nombre de 36 chiffres. Ce travail eft fans doute étonnant ; car il fallut qu'il fit des extraĉtions, jufqu'à ce qu'il trouvât dans la circonférence du cercle, le nombre de chiffres rapporté. Auffi, pour en conferver la mémoire à la poftérité, & pour immortalifer cet homme laborieux, on a fait graver ces chiffres fur fa tombe, qu'on voit à Leyde dans l'Eglife de *St Pierre* : On a de lui : I. *Fundamenta Geometriæ*, traduits du hollandois en latin par *Snellius*, & imprimés in-4°. en 1615. II. *De circulo & adfcriptis*, 1619, in-4°.

VAN-DALE, (Antoine) né en 1638, fit paroître dans fa jeuneffe une paffion extrême pour les langues ; mais fes parens lui firent quitter cette étude pour le commerce. Il quitta cette profeffion à l'âge de 30 ans, & prit des dégrés en médecine. Il pratiqua cette fcience avec fuccès, & fe fit une réputation dans l'Europe par fa profonde érudition. Il mourut à Harlem, médecin de l'Hôpital de cette ville, en 1708. On a de lui, I. De favantes *Differtations fur les Oracles des Païens*. Il y foutient que ce n'étoit que des tromperies des prêtres. La meilleure édition de ces Differtations eft celle d'Amfterdam en 1700, in-4°. *Fontenelle* en a donné un Abrégé en françois dans fon *Traité des Oracles*. Il a eu foin d'y mettre la méthode, la clarté & les agrémens qui manquent à *Van-Dale*, favant profond, critique habile, mais écrivain lourd & pefant en latin & en françois. II. Un *Traité de l'origine & des progrès de l'Idolâtrie*, 1696, in-4°. III. *Differtations fur des fujets importans*, 1702 & 1743, in-4°. IV. *Differtatio fuper Ariftea de LXX Interpretibus*, à Amfterdam, 1705, in-4°. *Van-Dale* étoit un homme d'un caractère doux & d'une probité exacte. Il entendoit plaifanterie fur fes ouvrages, ce qui n'eft pas une petite qualité dans un érudit.

VANDEN-ECKOUT, (Gerbrant) peintre, né à Amfterdam en 1621, mort dans la même ville en 1674, fut élève de *Rembrant*, dont il a fi bien faifi la manière, que les curieux confondent leurs tableaux. Il a peint avec fuccès le Portrait & des morceaux d'hiftoire. Son pinceau eft ferme, fa touche fpirituelle, fon coloris fuave & d'un grand effet.

I. VANDEN-VELDE, (Adrien) peintre, né à Amfterdam en 1639, mort en 1672, a excellé à peindre des animaux. Il réuffiffoit dans le Payfage ; fon pinceau eft délicat & moelleux, fon coloris fuave & onctueux. Il mettoit tant de goût & d'efprit dans fes petites figures, que plufieurs bons maîtres s'adreffoient à lui pour orner leurs tableaux. Cet aimable artifte a encore traité quelques fujets d'hiftoire. On a de lui une vingtaine d'*Eftampes*.

II. VANDEN-VELDE, (Ifaïe) peintre Flamand, fe diftingua dans le dernier fiécle par fes *Batailles*, peintes avec beaucoup de feu & d'intelligence. Il vivoit à Harlem en 1626 & à Leyde en 1630. *Jean* VANDEN-VELDE, fon frere, s'eft auffi rendu très-célèbre dans l'art de la gravure.

III. VANDEN-VELDE, (Guillaume) furnommé *le Vieux*, frere d'*Ifaïe* & de *Jean*, mort à Londres en 1693, excelloit à repréfenter des *Vues* & des *Combats de mer*. S'étant trouvé dans une bataille fous l'amiral *Ruyter*, il deffinoit tranquillement, durant l'action, ce qui fe paffoit fous fes yeux.

IV. VANDEN-VELDE, (Guillaume) *le Jeune*, né à Amfterdam en 1663, mort à Londres en 1707, étoit fils du précédent. Il apprit la peinture de fon pere, & le furpaffa par le goût & l'art avec lequel il repréfentoit des Marines. *Charles II & Jacq. II*, rois d'Angleterre, lui accordérent des penfions. Aucun peintre n'a fu rendre avec plus de vérité que lui, la tranquillité, le tranfparent, les reflets & le limpide de l'onde, ainfi que fes fureurs. Son talent alloit jufqu'à faire fentir la légèreté de l'air, & les moindres vapeurs. Il étoit auffi très-exact dans les formes & dans les agrêts convenables à chaque efpèce de bâtiment.

VANDEN-ZYPE, *Voy.* ZYPŒUS.

VANDER-AA, *Voyez* AA.

VANDER-BEKEN, *Voyez* TORRENTIUS.

I. VANDER-DOÈS, poëte, *Voyez* DOUSA.

II. VANDER-DOÈS, (Jacob) peintre, né à Amfterdam en 1623, mort à la Haye en 1673, excelloit dans le Payfage & à repréfenter des animaux. Ses deffins font d'un effet très-piquant, & fort recherchés.

VANDER-HELST, (Barthélemi) peintre, né à Harlem en 1631, a peint, avec un égal fuccès, le Portrait, de petits fujets d'Hiftoire, des Payfages. Son coloris eft féduifant, fon deffin eft correct, fon pinceau moëlleux.

VANDER-HEYDEN, (Jean) peintre, né à Gorcum en 1637, mourut à Amfterdam en 1712. Son talent étoit de peindre des *Ruines*, des *Vues*, des *Maifons de plaifance*, des *Temples*, des *Payfages*, des *Lointains*, &c. On ne peut trop admirer l'entente & l'harmonie de fon coloris, fon intelligence pour la perfpective, & le précieux fini de fes ouvrages.

VANDER-HULST, (Pierre) peintre, né à Dort en Hollande l'an 1632, a peint avec beaucoup d'art & de goût des *Fleurs* & des *Payfages*. Sa touche eft d'une vérité féduifante ; il avoit coutume d'enrichir fes tableaux de plantes rares, & de reptiles qui femblent être animés.

VANDER-KABEL, (Adrien) peintre & graveur, né au château de Ryfwick proche la Haye en 1631, mort à Lyon en 1695, a eu beaucoup de talent pour peindre des *Marines* & des *Payfages* qu'il ornoit de figures & d'animaux deffinés d'un bon goût. On remarque plufieurs manières dans fes ouvrages : Le *Benedette*, *Salvator Rofa*, *Mola* & les *Carraches*, font les peintres qu'il a le plus cherché à imiter. Sa manière vague eft oppofée à celle des peintres Flamands, qui eft finie & recherchée. Il fe fervoit de mauvaifes couleurs, que le tems a entiérement noircies. *Adrien* a auffi gravé plufieurs eftampes, furtout des Payfages eftimés. Sa converfation étoit gaie & amufante, fon caractère franc & généreux ; mais fon goût pour la débauche l'égaroit fouvent. On le trouvoit toujours parmi des ivrognes, & l'amateur qui vouloit avoir de fes tableaux, étoit obligé de le fuivre dans fes parties de plaifir.

VANDER-LINDEN, (Jean-Antonides) né en 1609 a Enckuife dans le Nort-Hollande, profeffa avec fuccès la médecine à Franeker & à Leyde. Il mourut dans cette dernière ville en 1664, après avoir formé de favans élèves. Ses ouvrages font : I. Une *Bibliothèque des Livres de Médecine*, Nuremb. 1686, in-4°. II. *Univerfæ Medicinæ Compendium*, Franeker 1630, in-4°. III. Des *Editions* exactes d'anciens Médecins.

I. VANDER-MEER, (Jean) peintre, né à Harlem en 1628, périt dans un petit voyage de mer en 1691. Il excella à peindre des *Payfages* & des *Vues de Mer*, qu'il ornoit de figures & d'animaux deffinés avec beaucoup de goût. Sa touche eft admirable, fes compofitions pleines d'efprit & pour l'ordinaire fort gaies. On lui reproche d'avoir mis trop de bleu dans les fonds de ses tableaux.

II. VANDER-MEER DE JONGHE, frere du précédent, né à Harlem en 1650, avoit un talent supérieur pour peindre le Payſage & des animaux, ſur-tout des moutons, dont il a repréſenté la laine avec un art ſéduiſant; ſes figures, ſes ciels, ſes arbres ſont peints d'une excellente manière. On ne diſtingue point ſes touches; tout eſt fondu & d'un accord parfait dans ſes tableaux.

VANDER-MEULEN, (Antoine-François) peintre, né en 1634 à Bruxelles, mort à Paris en 1690, avoit un talent particulier pour peindre les chevaux; ſon Payſage eſt d'une fraîcheur, & ſon feuiller d'une légéreté admirables; ſon coloris eſt ſuave & des plus gracieux; ſa touche eſt pleine d'eſprit, & approche beaucoup de celle de Teniers. Les ſujets ordinaires de ſes tableaux, ſont des Chaſſes, des Siéges, des Combats, des Marches, ou des Campemens d'armées. Le Mécène de la France, Colbert, le fixa près de lui par les occupations qu'il lui donna. Ce peintre ſuivoit Louis XIV dans ſes rapides conquêtes, & deſſinoit ſur les lieux les villes aſſiégées & leurs environs. Le célèbre le Brun eſtimoit beaucoup cet excellent artiſte; il chercha toujours les occaſions de l'obliger, & lui donna ſa nièce en mariage. On a beaucoup gravé d'après ce maître. Son frere, Pierre VANDER-MEULEN, s'eſt diſtingué dans la ſculpture. Il paſſa en 1670, avec ſa femme, en Angleterre.

VANDER-MONDE, (Charles-Auguſtin) né à Macao dans la Chine, mort à Paris en 1762, d'une ſuper-purgation, ſe fit une réputation par ſon habileté & par ſes ouvrages. Il fut cenſeur-royal & membre de l'Inſtitut de Bologne. Nous avons de lui, I. Un Recueil d'Obſervations de Médecine & de Chirurgie: ouvrage périodique, in-12, 1755. Ce fut le commencement du Journal de Médecine. II. Eſſai ſur la manière de perfectionner l'Eſpèce humaine, 1756, 2 vol. in-12. III. Dictionnaire portatif de Santé, 1761, 2 vol. in-12; ouvrage qui eſt un Cours complet de Médecine-Pratique en abrégé. Il y en a eu pluſieurs éditions, & ce livre méritoit le ſuccès qu'il a eu.

VANDER-MUELEN, (Guillaume) juriſconſulte Allemand du XVIIe ſiècle, fut ſi charmé du Traité de Grotius ſur le Droit de la Guerre & de la Paix, qu'il le commenta amplement. Ses Commentaires, quoiqu'extrêmement longs, ont été mis dans l'édition que Frédéric Gronovius a donnée de ce Traité en 1676 & en 1704, à Utrecht & à Amſterdam, en 3 vol. in-fol.

VANDER-NEER, (Eglon) peintre, né à Amſterdam en 1643, mort à Duſſeldorp en 1697. Son pere, Arnould Vander-Neer, eſt célèbre parmi les payſagiſtes, ſurtout par ſes tableaux, où il a repréſenté un Clair-de-lune. Son fils hérita de ſes talens. Il rendoit la nature avec une préciſion étonnante. Son pinceau eſt moëlleux, ſon coloris piquant, ſa touche légère & ſpirituelle.

VANDER-ULFT, (Jacques) peintre Hollandois, né à Gorcum en 1627, s'adonna à la peinture par amuſement, & ne la fit jamais ſervir à ſa fortune qui étoit d'ailleurs conſidérable. Ses tableaux & ſes deſſins ſont fort rares. On remarque beaucoup de génie & de facilité dans ſes compoſitions. Son coloris eſt ſuave & d'un effet ſéduiſant: ſon deſſin forme celui des peintres Italiens.

VAND-WERFF, *Voy.* WERFF.

VANDRILLE, (St) *Vandrege-filus*, naquit à Verdun, du duc de *Valchife* & de la princeffe *Dode*, fœur d'*Anchife*, aieul de *Charles Martel*. Il parut d'abord fur le théâtre du monde & fe maria ; mais fa femme s'étant retirée dans un monaftére, il l'imita, & choifit pour fa retraite le défert de *Fontenelle*, à fix lieues de Roüen. Il y bâtit un monaftére, & y mourut le 22 Juillet avant l'an 689, à 96 ans. Le monaftére de Fontenelle porte aujourd'hui le nom de fon fondateur.

VAN-DYCK, (Antoine) peintre, naquit à Anvers en 1599. Sa mere qui peignoit le payfage, s'amufoit à le faire deffiner dès fon enfance. Il prit du goût pour cet art, & il entra dans l'école du célèbre *Rubens*, qui l'employoit à travailler à fes tableaux. On a dit même qu'il faifoit la plus grande partie de fes ouvrages. *Van-Dyck* a fait plufieurs tableaux dans le genre hiftorique, qui font fort eftimés, & il a mérité d'être nommé le *Roi du Portrait*. Ce peintre fe fit par fon art une fortune brillante. Il époufa la fille d'un milord ; il avoit des équipages magnifiques; fa table étoit fervie fomptueufement; il avoit à fes gages des muficiens & des alchymiftes. Pour fubvenir à ces dépenfes, il lui fallut augmenter fon gain par fon travail ; la précipitation avec laquelle il peignoit alors, fe fait appercevoir dans fes derniers tableaux, qui ne font pas, à beaucoup près, auffi eftimés que fes premiers, auxquels il donnoit plus de tems & de foin. *Van-Dyck* vint en France & n'y féjourna pas longtems. Il paffa en Angleterre, où *Charles I* le retint par fes bienfaits,

Ce prince le fit chevalier du bain ; lui donna fon portrait enrichi de diamans avec une chaîne d'or, une penfion, un logement, & une fomme fixe & confidérable pour chacun de fes ouvrages. Un jour qu'il faifoit le portrait de *Charles*, ce prince s'entretenoit avec le duc de *Norfolck*, & fe plaignoit affez bas de l'état de fes finances. *Van-Dyck* paroiffoit attentif à cet entretien. Le roi l'ayant remarqué, lui dit en riant : « Et vous, che- » valier, favez-vous ce que c'eft » que d'avoir befoin de cinq ou » fix mille guinées ? »--*Oui, Sire*, répondit le peintre, *un Artifte qui tient table à fes amis, & bourfe ouverte à fes maîtreffes, ne fent que trop fouvent le vuide de fon coffre-fort.* On rapporte de lui une autre réponfe finguliére. La reine, époufe de ce monarque, fe faifoit peindre; elle avoit des mains admirables. Comme *Van-Dyck* s'y arrêtoit long-tems, la reine qui s'en apperçut, lui demanda pourquoi il s'attachoit plus à rendre fes mains, que fa tête ? *C'eft*, dit-il, *Madame, que j'efpére de ces belles mains une récompenfe digne de celle qui les porte.* Un travail trop actif & trop continuel lui caufa des incommodités, qui l'énlevérent aux beaux-arts en 1641. On reconnoît dans les compofitions de *Van-Dyck*, les principes par lefquels *Rubens* fe conduifoit ; cependant il n'étoit ni auffi univerfel, ni auffi favant que ce grand-homme. Ce peintre a quelquefois péché contre la correction du deffin ; mais fes têtes & fes mains font, pour l'ordinaire, parfaites. Aucun peintre n'a fu mieux faifir le moment où le caractére d'une perfonne fe dévelope d'une manière plus avantageufe ; il choififfoit des attitudes convenables. On ne peut rendre

la

la nature avec plus de grace, d'esprit, de nobleffe, & en même tems avec plus de vérité. Son pinceau eft plus coulant & plus pur que celui de fon maître ; il a donné plus de fraîcheur à fes carnations, & plus d'élégance à fon deffin. *Van-Dyck* habilloit fes portraits à la mode du tems, & il entendoit très-bien l'ajuftement.

VAN-EFFEN, (Jufte) né à Utrecht d'un capitaine réformé d'infanterie, mourut en 1735, infpecteur des magazins de Bois-le-Duc, dans un âge peu avancé. On lui avoit confié l'éducation de quelques jeûnes feigneurs, & il s'en étoit acquitté avec fuccès. Cet auteur avoit de la facilité, affez d'imagination ; mais il écrivoit trop vite, & employoit quelquefois des termes recherchés & bas. On a de lui, I. La *Traduction* des Voyages de *Robinfon Crufoé*, fameux roman Anglois, en 2 vol. in-12. II. Celle du *Mentor moderne*, en 3 vol. in-12. III. Celle du Conte du *Tonneau*, du docteur *Swift*, en 2 vol. in-12. I V. *Le Mifanthrope*, 1726, 2 vol. in-8° : ouvrage fait fur le modèle du *Spectateur Anglois*, mais écrit avec moins de profondeur & de juftefle. V. La *Bagatelle*, ou *Difcours ironique*, 3 vol. in-8°. L'ironie n'y eft pas toujours foutenue avec affez de fineffe ; elle eft d'ailleurs monotone. VI. *Parallèle d'Homére* & de *Chapelain*, morceau ingénieux qu'on attribue à *Fontenelle*; on le trouve à la fin du *Chef-d'œuvre d'un Inconnu*. VII. Il avoit beaucoup travaillé au *Journal Littéraire*.

VAN-EICK, *Voyez* EICK.

VAN-ESPEN, *Voyez* ESPEN.

VAN-EVERDINGEN, (Aldert) peintre & graveur Hollandois, né à Alcmaër en 1621, mort en 1675, eft un des meilleurs payfagiftes de

ce pays. Ses tableaux ont, la plupart, un effet très-piquant. L'art, le goût, & une touche libre & aifée les rendent précieux. Ils ne font guéres connus qu'en Hollande. Ses freres *Céfar* & *Jean* VAN-EVERDINGEN fe firent auffi connoître avantageufement dans la peinture.

. VAN-HELMONT, *V.* HELMONT.

VAN-HEURN, *Voy.* HEURNIUS:

VAN-HUYSUM, (Jean) peintre, né à Amfterdam en 1682, mort dans la même ville en 1749. Le goût le plus délicat, le coloris le plus brillant, le pinceau le plus moëlleux, joints à une imitation parfaite de la nature, ont rendu les ouvrages de cet ingénieux artifte d'un prix infini. Il s'étoit d'abord adonné au Payfage avec beaucoup de fuccès, & dans ce genre, on peut l'égaler aux grands maitres qui s'y font diftingués ; mais il n'a point eu de rival dans l'art de repréfenter des fleurs & des fruits. Le velouté des fruits, l'éclat des fleurs, le tranfparent de la rofée, le mouvement qu'il favoit donner aux infectes, tout enchante dans les tableaux de ce peintre admirable. *Van-Huyfum* n'ignoroit point la fupériorité de fes talens. Il ufoit, plus que tout autre, du privilège que les perfonnes d'un mérite diftingué femblent s'arroger trop communément, d'être fantafques & d'une humeur difficile. Ses deffins font recherchés ; pour fes tableaux, il n'y a que les princes ou des particuliers très-opulens, qui puiffent les acquérir.

VANIERE, (Jacques) Jéfuite, naquit à Cauffes, bourg du diocèfe de Beziers, l'an 1664, de parens qui faifoient leurs délices des occupations de la campagne ; il hérita de leur goût. Cet homme célèbre étudia fous le Pere *Jouber* qui ne lui trouva d'abord aucun goût pour les vers, & l'élève lui-même prioit son régent de l'exempter d'un travail qui le rebutoit. Enfin, son génie se dévelopa, & il approfondit en peu de tems l'art des Muses. Les Jésuites le reçurent dans leur congrégation & le dèstinérent à professer les humanités. Son talent s'annonça à la France par deux Poëmes, l'un intitulé *Stagna*, & l'autre *Columbæ*, qu'il incrusta dans la suite en son grand Poëme. *Santeul*, ayant eu occasion de les voir, dit que « ce » nouveau venu les avoit tous dé-» rangés sur le Parnasse. » Mais ce qui mit le comble à la gloire du Pere *Vaniére*, ce fut son *Prædium Rusticum*, Poëme en 16 chants, dans le goût des Géorgiques de *Virgile*. Rien n'est plus agréable que la peinture naïve que le Pere *Vaniére* fait des amusemens champêtres. On est également enchanté de la richesse & de la vivacité de son imagination, de l'éclat & de l'harmonie de sa poësie, du choix & de la pureté de ses expressions. On lui reproche cependant des détails petits & inutiles, des récits hors d'œuvre, des images mal choisies, &c. Le Pere *Vaniére* a trop oublié que, dans nos Poëmes didactiques les plus courts, on trouve un long ennui, suivant l'expression de *la Fontaine*. Il auroit dû, comme *Virgile* & le P. *Rapin*, ne choisir dans son sujet que ce qu'il offroit de gracieux & d'intéressant. Peut-on espérer beaucoup de lecteurs, quand on explique en 16 livres fort étendus d'un Poëme en langue étrangère, tout le détail des occupations de la campagne ? On n'exige pas d'un poète qu'il mette en vers la *Maison Rustique* ; il falloit donc se borner, & c'est ce que le P. *Vaniére*, d'ailleurs si es-

timable, n'a pas su faire : la précision a toujours été l'écueil des imaginations méridionales. La meilleure édition du *Prædium Rusticum* est celle de *Bórdelet*, à Paris, en 1746, in-12. Nous avons encore du P. *Vaniére* un recueil de Vers latins, in-12 : on y trouve des *Eglogues*, des *Epîtres*, des *Epigrammes*, des *Hymnes*, &c. Il a aussi donné un *Dictionnaire Poétique*, latin, in-4°; & il en avoit entrepris un François & Latin, qui devoit avoir 6 vol. in-fol. Le Pere *Vaniére* mourut à Toulouse en 1739, & plusieurs poëtes ornérent de fleurs son tombeau. Son caractére méritoit leurs éloges autant que ses talens. Mr *Berland* de Rennes a publié en 1756 une Traduction du *Prædium Rusticum*, en 2 vol. in-12, sous le titre d'*Economie Rurale*.

VANINA D'ORNANO, *Voyez* SAN-PIETRO.

VANINI, (Lucilio) né à Taurozano, dans la terre d'Otrante, en 1585, s'appliqua avec ardeur à la philosophie, à la médecine, à la théologie, & à l'astrologie judiciaire dont il adopta les rêveries. Après qu'il eut achevé ses études à Padoue, il fut ordonné prêtre, & se mit à prêcher. Mais il quitta bientôt la prédication, à laquelle il n'étoit point appellé, pour se livrer de nouveau à l'étude. Ses auteurs favoris étoient *Ariftote*, *Averroës*, *Cardan* & *Pomponace*. Il abusa des idées de ces philosophes, & après avoir roulé d'incertitudes en incertitudes, il finit par conclure qu'il n'y avoit point de Dieu. De retour à Naples, il y forma, selon le Pere *Merfenne*, le bizarre projet d'aller prêcher l'Athéisme dans le monde, avec 12 compagnons de ses impiétés. Mais cet étrange dessein paroit une chimére, d'autant plus que le président

Cramond ; qui étoit à Touloufe lorfque *Vanini* fut jugé, ne dit point qu'il ait fait cet aveu à fes juges. Quoi qu'il en foit , l'athée Italien parcourut l'Allemagne , les Pays-Bas , & la Hollande , d'où il alla à Genève, & de-là à Lyon. Le poifon de fes erreurs penfa lui mériter la prifon, & il n'évita ce châtiment que par fa fuite en Angleterre, où il fut enfermé en 1614. Après une détention de 49 jours , on le relâcha comme un cerveau foible. Il repaffa la mer & alla à Gènes, où il fe montra toujours le même , c'eft-à-dire , efprit égaré & cœur corrompu. Il tâcha d'infecter la jeuneffe de fes déteftables principes , & cette nouvelle imprudence le fit repaffer à Lyon. Il y joua le bon Catholique, & écrivit fon *Amphitheatrum* contre *Cardan*. Quelques erreurs femées adroitement dans cette production , alloient exciter un nouvel orage contre lui, lorfqu'il retourna en Italie. Cet Athée errant revint enfuite en France, où il fe fit moine dans la Guienne , on ne fait en quel ordre. Le déréglement de fes mœurs le fit chaffer de fon monaftére , & il fe fauva à Paris. Peu de tems après , en 1616 , il fit imprimer dans cette ville fes Dialogues, *De admirandis Naturæ Arcanis* : il les dédia au maréchal de *Baffompierre* , qui l'avoit pris pour fon aumônier. La cenfure que la Sorbonne fit de cet ouvrage inintelligible, l'obligea d'abandonner la capitale. Après avoir promené fon inconftance & fon impiété de ville en ville , il s'arrêta à Touloufe, où il prit des écoliers pour la médecine, la philofophie & la théologie. Il fut même affez adroit pour s'introduire chez le premier préfident , qui le chargea de donner quel-

ques leçons à fes enfans. *Vanini* profita de la confiance qu'on avoit en lui, pour répandre fon Athéifme. Sa fureur dogmatique lui ayant été prouvée , il fut livré aux flammes en 1619 , âgé feulement de 34 ans , après avoir eu la langue coupée. Lorfqu'on lui ordonna de demander pardon à Dieu , au Roi & à la Juftice , on prétend qu'il répondit ; *Qu'il ne croyoit point de DIEU , qu'il n'avoit jamais offenfé le ROI , & qu'il donnoit la JUSTICE au Diable ;* mais s'il tint un difcours fi infenfé, il étoit plus fou que méchant , & dans ce cas, il falloit plutôt l'enfermer que le brûler. On a de *Vanini* : I. *Amphitheatrum æternæ Providentiæ,* in-8°, Lyon, 1615. II. *De admirandis Naturæ, reginæ deæque mortalium, Arcanis*, Paris 1616, in-8°. III. Un *Traité d'Aftronomie,* qui n'a pas été imprimé. Plufieurs favans ont tâché de juftifier *Vanini* fur fon Athéifme. On prétend même qu'au premier interrogatoire qui lui fut fait , on lui demanda s'il croyoit l'exiftence d'un Dieu ? & que s'étant baiffé , il leva de terre un brin de paille , en difant : *Je n'ai befoin que de ce fétu pour me prouver l'exiftence d'un Être Créateur* ; & fit , dit-on , un long difcours fur la Providence. Le préfident *Gramond,* qui parle de ce difcours dit qu'il le prononça plutôt par crainte que par perfuafion ; mais quand il fe vit condamné, il leva le mafque , & mourut comme il avoit vécu. » Je le vis » dans le tombereau , (ajoûte cet hiftorien ») lorfqu'on le menoit » au fupplice, fe moquant du Cordelier qu'on lui avoit donné » pour l'exhorter à la repentance , » & infultant à notre Sauveur par » ces paroles impies : *Il fua de* » *crainte & de foibleffe,& moi je meurs*

T t ij

» intrépide. Ce scélérat n'avoit pas » raison de dire qu'il mouroit sans » frayeur ; je le vis fort abattu, & » faisant très-mauvais usage de la » philosophie dont il faisoit pro- » fession. » Quoi qu'il en soit de ses derniers sentimens, il est certain que ses ouvrages sont pleins d'infamies, & d'impiétés. Cependant ce qui surprend, c'est que son *Amphitheatrum æternæ Providentiæ* passa d'abord à la censure, & ne fut supprimé exactement qu'après une révision plus sérieuse. On fut plus en garde lorsqu'il donna ses Dialogues , *De admirandis* , &c. in-8°, qu'on arrêta dès leur naissance ; ce qui a rendu ce dernier ouvrage bien plus rare que le premier. Les libertins & les impies trouvent également à se satisfaire à la lecture de ses Dialogues. Le 39e sur les devoirs du mariage , est écrit avec une licence effrénée. *Durand* a donné sa *Vie* , Roterd. 1717, in-12. *Fréderic Arpe* a fait imprimer son inutile *Apologie* en latin , ibid. 1712 , in-8°. *Voyez* encore les *Mémoires* de *Nicéron* , tome 26 ; & l'*Anti-Dictionnaire Philosophique* , tome 2.

· VAN-KEULEN, (Jean) savant Hollandois , s'est fait connoître dans le monde littéraire par son édition du fameux *Flambeau de la Mer*, Amsterd. 1687 , 5 vol. in-f. Il a donné depuis une espéce de supplément de ce livre utile, sous le titre du *Grand nouvel Atlas de la Mer* , ou le *Monde Aquatique*, 1699, in-fol. 160 Cartes. Ce recueil est recherché & peu commun.

I. VANLOO , (Jean-baptiste) peintre, d'une famille noble , originaire de Nice, naquit à Aix en 1684, & mourut dans la même ville en 1745 ; jouissant de la plus grande réputation. Plusieurs princes de l'Europe se le disputérent ;

mais *Vanloo* aima mieux se fixer à Paris , où le prince de *Carignan* le logea dans son hôtel. Le duc d'*Orléans* , régent, occupa aussi son pinceau. Cet illustre artiste réussissoit très-bien à peindre l'Histoire ; mais il est, sur-tout, recommandable par ses portraits. On y remarque une touche savante , hardie , un beau choix , une composition d'un style noble & élevé , & un coloris onctueux. Il a eu l'honneur de peindre le roi *Louis XV* , ainsi que le roi *Stanislas* & la reine son épouse , le prince & la princesse de *Galles*, & les princesses ses sœurs. Ce maître joignoit à l'excellence de ses talens, une figure avantageuse , & un caractére doux & bienfaisant ; c'étoit l'obliger, que de lui procurer l'occasion de rendre service. Il travailloit avec une facilité & une assiduité prodigieuses. On a plusieurs morceaux gravés d'après lui. *Louis-Michel* & *Charles-Amédée-Philippe* VANLOO , sont ses fils & ses élèves ; celui-là , premier peintre du roi d'Espagne , & celui-ci du roi de Prusse , ont fait revivre avec distinction les talens de leur pere & leur maître.

II. VANLOO , (Charles-André) frere & élève du précédent , naquit avec un talent supérieur pour la peinture. Après avoir fait le voyage d'Italie, où il étudia les chefs-d'œuvres des peintres anciens & modernes , il vint se fixer à Paris. Ses talens y furent accueillis comme ils méritoient. Il devint peintre du feu roi , gouverneur des élèves protégés par ce monarque , professeur de l'académie de peinture, & chevalier de l'ordre de St Michel. Ses tableaux sont recommandables par l'exactitude du dessin, la suavité, la fraicheur & le brillant du coloris. Quelques artiftes affûrent que, quant à cette derniére partie, fes peintures ne pourront fe foutenir, & qu'on en voit qui déja ont perdu de leur luftre. Ses principaux ouvrages font, I. Un *Boiteux* guéri par St *Pierre*. II. Le *Lavement des pieds.* III. *Théfée* vainqueur du Taureau de Marathon, pour les Gobelins. IV. Les quatre Tableaux de la chapelle de la *Vierge*, à St Sulpice. V. Un Tableau à l'Hôtel-de-ville. VI. La *Vie* de St *Auguftin*, dans le chœur des Petits-Peres. Le tableau qui repréfente la difpute de ce S. Doûeur contre les Donatiftes, eft le plus remarquable. VII. Deux Tableaux 'à St Méderic, l'un repréfentanr :la *Vierge* & fon *Fils*, l'autre St *Charles-Borromée.* VIII. Le tableau 'de Ste *Clotilde*, dans la chapelle du Grand-Commun à Choify. IX. Le Sacrifice d'*Iphigénie*, que le roi de Pruffe a acheté. X. Les *Graces*, & plufieurs aùtres. Ce peintre étoit chargé de travailler aux nouvelles peintures de la coupole des ·Invalides, & il en avoit déja fait ,les efquiffes, lorfque la mort l'enleva, en 1765, à 61 ans. *Voyez* fa *Vie*, imprimée à Paris, in-8°, peu de tems après fa mort. L'auteur, M. *Dandré Bardon*, artifte lui-même, connu par divers écrits fur l'art de la peinture, a rendu cette Vie intéreffante par l'hiftoire très-circonftanciée des travaux, des progrès, des peintures & des fuccès de ce peintre.

VANLOOM, (Gerard) a traduit du Hollandois l'*Hiftoire Métallique des Pays-Bas*, la Haye, 1732 & années fuiv. 5 vol. in-fol. fig. : ouvrage recherché par les curieux.

╪ VANLOON, (Jean) eft l'un des Auteurs du *Flambeau* de la Mer. *Voyez*, VAN-KEULEN.

I. VANNIUS, (Valentin) naquit dans la Suabe vers 1530, & mourut à la fin du même fiécle. Il étoit Luthérien, pafteur de Conftadt, & pour fe rendre recommandable dans fon parti, il compofa quelques Traîtés contre l'Eglife Romaine. Le plus connu eft fon *Judicium de Miffa*, Tubinge 1557, in-8°. Il s'efforce d'y prouver par l'Evangile, les Apôtres & les Peres, la nouveauté prétendue de cet augufte facrifice. Cet ouvrage eft peu commun, & le fiel que l'auteur y a diftillé, l'a fait rechercher de quelques curieux. *Vannius* ayant mérité par cet ouvrage le fuffrage de ceux de fa communion, il en compofa un autre fur la même matiére, fous ce titre : *Miffæ Hiftoria integra*, 1563, in-4°. L'auteur y fuit la même méthode que dans le précédent. Ce Traité eft auffi peu commun que le premier & auffi recherché.

II. VANNIUS, (François) peintre, né à Sienne en 1563, mort à Rome en 1609, s'eft attaché à la manière de *Fréderic Baroche*. C'eft à l'étude de fes ouvrages & de ceux du *Corrége*, qu'il eft redevable de ce coloris vigoureux & de cette touche gracieufe qu'on remarque dans fes tableaux. Il inventoit facilement, & mettoit beaucoup de correûion dans fes deffins. Les fujets de dévotion étoient ceux qui lui plaifoient le plus, & dans lefquels il réuffiffoit davantage. Le cardinal *Baronius* faifoit un cas fingulier de ce peintre, & ce fut par les mains de cette éminence que le pape *Clément VIII* lui donna l'ordre de Chrift. *Vannius* eut encore l'honneur d'être le parrein de *Fabio Chigi*, qui fut dans la fuite le pape *Alexandre VII*, & qui le combla de biens. Ce peintre avoit lié une étroite amitié avec le *Guide*. Il joignit à l'excellence de fes talens, beaucoup de connoissances dans l'architecture & dans la méchanique. Ses dessins sont dans le goût de *Baroche*; il y en a à la plume, à l'encre de la Chine, & au crayon rouge. *Vannius* a gravé quelques morceaux à l'eau-forte.

· VAN-OBSTAL, (Gerard) sculpteur, natif d'Anvers, mourut en 1668 âgé de 73 ans, dans l'exercice de la charge de recteur, dont il avoit été pourvu à l'académie royale de peinture & sculpture de Paris. Cet excellent artiste ayant eu contestation avec une personne, qui lui opposoit la prescription pour ne point lui payer son ouvrage, *Lamoignon*, avocat-général, soutint, avec beaucoup d'éloquence, que les arts libéraux n'étoient pas asservis à la rigueur de cette loi. *Van-Obstal* avoit un talent supérieur pour les bas-reliefs; il travailloit admirablement bien l'ivoire.

. VAN-OORT, (Adam) peintre, né à Anvers en 1557, mort dans la même ville en 1641, a peint des sujets d'Histoire, le Portrait & le Paysage. On remarque du génie dans ses compositions. Il étoit grand coloriste, & donnoit à ses figures de beaux caractéres & une expression vive. Ses tableaux sont recherchés.

VAN-ORLAY, (Bernard) peintre, natif de Bruxelles, mort en 1550, eut pour maître le célèbre *Raphaël*. Ce peintre a fait beaucoup de tableaux, qui ornent les Eglises de son pays. L'empereur *Charles-Quint* lui fit faire plusieurs dessins de tapisseries, & c'étoit lui que le pape & plusieurs autres souverains chargeoient du soin des tapisseries qui s'exécutoient sur les dessins de *Raphaël* & d'autres grands maîtres. Lorsque ce peintre avoit quelque tableau de conséquence, il couchoit des feuilles d'or sur l'impression

de la toile, & peignoit dessus; ce qui n'a pas peu contribué à conserver ses couleurs fraîches, & à leur donner en certains endroits beaucoup d'éclat. Il a sur-tout excellé à représenter des *Chasses*.

I. VAN-OSTADE, (Adrien) peintre & graveur, né à Lubeck en 1610, mort à Amsterdam en 1685. On l'appelle communément le *Bon Ostade*, pour le distinguer de son frere. Ses tableaux représentent ordinairement des *Intérieurs de Cabarets*, de *Tavernes*, d'*Hôtelleries*, d'*Habitations rustiques* & d'*Ecuries*. Cet artiste avoit une parfaite intelligence du clair-obscur: sa touche est légère & très-spirituelle. Il a rendu la nature avec une vérité piquante; mais son goût de dessin est lourd, & ses figures sont un peu courtes.

II. VAN-OSTADE, (Isaac) frere du précédent & son élève, travailla dans le même genre que son maître; mais ses tableaux sont bien inférieurs & de moindre prix.

VAN-RYN, *Voyez* REMBRANT.

VAN-SWIETEN, (Gerard) né à Leyde en 1700 de parens Catholiques, fut l'élève de *Boerhaave*, & un élève distingué. Reçu docteur en médecine, il en donna des leçons que l'envie fit cesser, en alléguant sa religion au magistrat. Les Anglois lui offrirent alors un asyle; mais il aima mieux se rendre à Vienne, où l'impératrice reine l'appella en 1745. Il y professa la médecine jusqu'en 1753 avec un succès peu commun. Les étrangers couroient en foule à ses leçons, & l'exactitude avec laquelle il examinoit les preuves des aspirans, n'en faisoit qu'augmenter le nombre. Il pratiquoit en même tems qu'il enseignoit. L'impératrice l'avoit nommé son premier médecin : place qui lui donnoit celle de bibliothécaire & de directeur général des études des Pays héréditaires. Les sciences y fleurirent bientôt ; *Van-Swieten* se servit de son crédit à la cour, pour procurer aux savans & à ceux qui vouloient le devenir, tous les secours nécessaires. Attaché principalement à l'art de guérir, il en recula les bornes par ses savans *Commentaria in Hermanii* Boerhaave *Aphorismos de cognoscendis & curandis morbis ;* Paris, 5 vol. in-4°, 1771 & 1773. Différentes parties de ce grand ouvrage ont été traduites en françois. M. *Paul* en a traduit les *Fièvres intermittentes*, 1766, in-12 ; les *Maladies des Enfans*, 1769, in-12 ; le *Traité de la Pleurésie*, in-12 ; & M. *Louis*, les *Aphorismes de Chirurgie*, 1748, 7 vol. in-12. On avoit aussi commencé une Traduction des *Aphorismes de Médecine*, 1766, 2 vol. in-12, qui n'a pas été continuée. *Van-Swieten* a encore donné un *Traité de la Médecine des Armées*, in-12. Cet habile homme mourut en 1772, chéri & respecté. A la cour il fut toujours vrai. Élevé aux honneurs, il n'oublia, ni ne dédaigna le mérite. Il a laissé deux fils, l'un employé dans les ambassades, & l'autre auditeur des comptes à Bruxelles.

VAN-TULDEN, (Théodore) peintre & graveur, élève de *Rubens*, né à Bois-le-Duc, vers l'an 1620, a peint l'histoire avec succès. Mais son goût le portoit à représenter des *Foires*, des *Marchés*, des *Fêtes de village*, &c. Il donnoit, dans ces sujets divertissans, beaucoup d'action à ses figures. On admire aussi la belle disposition de ses tableaux d'histoire, la correction de son dessin, & son intelligence du clair-obscur. Ces morceaux ont été depuis entièrement retouchés. Ce peintre étoit d'un caractère complaisant, & avoit un génie fertile : qualités

qui faisoient souvent recourir à lui pour avoir de ses desins. *Van-Tulden* a gravé à l'eau-forte les *Travaux d'Hercule*, peints par *Nicolo* dans la galerie de Fontainebleau, & quelques morceaux d'après *Rubens* son maitre.

VAN-TYL, *Voyez* TYL.

VAN-UDEN, (Lucas) peintre né à Anvers en 1595, mort vers l'an 1660, est au rang des plus célèbres paysagistes. Une touche légère, élégante & précise caractérise sa manière. Il donnoit beaucoup d'éclat à ses ciels ; les sites de ses paysages font agréables & variés. La vue sé perd dans des lointains qu'il a su représenter ; on croit voir les arbres agités par le vent. Des figurines, parfaitement dessinées, donnent un nouveau prix à ses ouvrages. Le célèbre *Rubens* l'employoit souvent à peindre ses fonds & les paysages de ses tableaux : alors *Van-Uden* prenoit le goût & le ton de couleur de ce peintre, enforte que tout paroissoit être du même pinceau.

VAN-VELDE, *Voyez* VELDE.

I. VAN-VIANE, (François) né à Bruxelles en 1615, prit à Louvain le bonnet de docteur, & devint président du collège du pape *Adrien VI*, qu'il fit briller d'un nouvel éclat. L'université le députa à Rome en 1677, avec le P. *Lupus*, Augustin, pour y poursuivre la condamnation de plus. propositions de morale relâchée. Ils obtinrent, au mois de Mars 1679, un décret de l'Inquisition, qui condamna 65 de ces propositions. A peine furent-ils de retour, qu'on les accusa à la cour de Madrid, d'enseigner eux-mêmes des propositions contraires à l'Etat & à la Religion. Mais le pape *Innocent XI* fit écrire à la cour d'Espagne en leur faveur en 1680 & 1681 par son nonce, & le coup qu'on vouloit lui porter fut détourné. Ce docteur, le premier de l'université de Louvain, qui se foit oppofé au fentiment de la *Probabilité*, mourut en 1693, regardé comme un modèle de vertu. Ses ouvrages font : I. *Tractatus triplex de ordine Amoris*, in-8°. II. Un Traité de *Gratia Chrifti*, qui n'a point été imprimé.

II. VAN-VIANE, (Matthieu) frere du précédent, licentié de la faculté de Louvain, mort dans cette ville en 1663 à 40 ans, eut la confiance de l'archevêque de Malines. On ne connoit de lui que deux Ecrits. L'un eft la Défenfe (*Prohibitio*) des livres de *Caramuel*, faite par l'archevêque de Malines en 1655 ; l'autre, intitulé : *Juris naturalis ignorantiæ Notitia*. Cet ouvr. a été traduit en françois par *Nicole*, qui y a mis une préface & des notes.

VARANES, *Voy*. II. HORMISDAS.

VARCHI, (Benoît) natif de Fié-fole, & mort à Florence en 1566, à 63 ans, fut un des principaux membres de l'académie des *Inflammati* à Padoue, où il profefla la morale. *Côme de Médicis*, fon fou-verain, l'appella auprès de lui ; & les offres du pape *Paul III*, qui vouloit lui confier l'éducation de fes neveux, ne purent l'arracher à fa patrie. On a de lui des *Poéfies* latines & ital. ; mais le plus rare & le plus important de fes ouvr. eft une *Hiftoire des chofes les plus remarquables arrivées de fon tems, principalement en Italie & à Florence*, Cologne, 1721, in-fol. Elle renferme des particularités curieufes fur la révolution qui conduifit *Alexandre de Médicis* au trône de Florence, & fur le règne de ce prince. L'auteur écrit avec une liberté qui tient de la licence, & quoiqu'il eût pris la

plume par ordre de *Côme de Médicis*, il ne ménage point cette maifon. Ses Poéfies, appellées *Capitoli*, furent imprimées avec celles du *Berni*, du *Mauro*, & fupprimées à caufe de leur obfcénité. On réimprima cependant ce Recueil à Florence en 1548 & 1555 en 2 vol. in-8°. Les Sonnets du *Varchi*, qui font très-eftimés, furent imprimés à part, 1555 & 1557, aufli en 2 vol. in-8°.

I. VARENIUS, (Augufte) théologien Luthéricn, né dans le duché de Lunebourg en 1620, mort en 1684, fe rendit habile dans la langue hébraïque. On le regarde en Allemagne, après les *Buxtorfs*, comme celui de tous les Proteftans, qui a porté le plus loin l'étude de la fcience de l'Hébreu & des accens hébraïques. Il favoit par cœur tout le texte hébreu de la Bible, & il parloit plus facilement (dit-on) cette langue que la fienne propre. On a de lui un *Commentaire* fur *Ifaïe*, réimprimé à Leipfick en 1708, in-4°, & d'autres ouvrages.

II. VARENIUS, (Bernard) Hollandois, & habile médecin, dont on a une *Defcription du Japon & du royaume de Siam*, Cambridge, 1673, in-8°. Mais il eft plus connu par fa Géographie qui a pour titre : *Geographia Univerfalis, in quâ affectiones generales Telluris explicantur*, à Cambridge, 1672, in-8°. Son livre renferme beaucoup de problèmes géographiques ; il eft cependant moins utile dans ce qui concerne la pratique de cette fcience. *Newton* la jugea digne d'être tranfportée dans fa langue ; & de l'orner de notes de fa façon, auxquelles *Jurin* ajoûta enfuite les fiennes. C'eft fur cette Traduction angloife qu'a été faite, par M. *de Pulfieux*, celle que nous avons en françois, Paris 1755, en 4 vol. in-12 ;

C'eft une bonne Géographie géné- rale phyfique.

VARENNES, (Jacques-Philippe de) licéntié de Sorbonne & cha- pelain du roi, eft auteur du Livre intitulé : *Les Hommes*, 2 vol. in-12, · dont il y a eu 3 ou 4 éditions. On y trouve des vérités bien expri- mées , des moralités folides, un grand nombre de traits d'efprit , mais quelques trivialités & des lieux-communs.

VARET, (Alexandre) naquit à Paris en 1631. Après avoir fait fes études de théologie dans les écoles de Sorbonne, il voyagea en Italie. De retour en France, il s'appliqua à l'étude de l'Ecriture- fainte, & à la lecture de *St Auguftin*. Son mérite le fit choifir par *Gondrin*, archevêque de Sens , pour fon ، grand-vicaire. Il n'accepta cette place qu'avec peine, & refufa tous les bénéfices que fon illuftre bien- faiteur voulut lui conférer. Après la mort de ce prélat , il fe retira dans la folitude de Port-royal des Champs , où il mourut en 1676 à 43 ans. On a de lui : I. *Traité de la première Education des Enfans*, in-12. II. *Défenfe de la Relation de la paix de Clément IX*, 2 vol. III. *Lettres fpirituelles*, en 3 vol. pleines d'on- ction. IV. *Défenfe de la Difcipline de Sens*, *fur la Pénitence publique*, in-8°. V. Préface de la *Théologie Morale des Jéfuites*, imprimée à Mons en 1666 , & celle qui eft au commen- cement du 1er vol. de leur *Morale pratique*. Il ne faut pas le confondre avec *François VARET*, fon frere , auteur d'une Traduction françoife du *Catéchifme du Concile de Trente*.

VARGAS , *Voy.* II. PEREZ.

I. VARGAS, (Alphonfe) reli- gieux Auguftin , natif de Tolède & docteur de Paris , fut fait évêque d'Ofma, puis de Badajox, & enfin archevêque de Séville, où il mou-

rut l'an 1366. On a de lui des *Commentaires* fur le 1er livre du Maitre des Sentences , qu'il avoit dictés à Paris en 1345 ; Venife , 1490, in-fol.

II. VARGAS, (François) jurif- confulte Efpagnol , pofféda plu- fleurs charges de judicature fous les règnes de *Charles-Quint* & de *Phi- lippe II*. Envoyé à Bologne en 1548, il protefta , au nom de l'empereur, contre la tranflation du concile de Trente en cette ville ; 2 ans après il affifta à ce concile, en qualité d'ambaffadeur de *Charles-Quint*. *Philippe II* l'envoya réfider à Rome, à la place de l'ambaffadeur. De retour en Efpagne , il fut nommé confeiller-d'état. Détrompé des plaifirs du monde & des efpérances de la cour, il fe retira au monaftére de Ciffos , près de Tolède. On a de lui : I. Un Traité en latin , *De la jurifdiction du Pape & des Evêques*, in-4°. II. Des *Lettres* & des *Mé- moires* concernant le concile de Trente, que le *Vaffor* donna en françois , en 1700 , in-8°. On y trouve plufieurs traits contre cette fainte affemblée, & contre ceux qui la compofoient. Il mourut vers 1560.

III. VARGAS, (Louis de) pein- tre , né à Seville en 1528 , mort dans cette ville en 1590 , fit en Italie les études néceffaires à fon art. Après 7 années d'un travail affidu , il retourna dans fa patrie ; mais *Antoine Florès* & *Pierre Campa- na*, peintres Flamands, lui étoient fi fupérieurs en mérite , qu'ils l'obligérent de retourner en Ita- lie , pour faire de nouvelles études pendant 7 autres années. Au bout de ce tems, *Vargas* n'eut plus de concurrens à craindre ; il força à fon tour *Perez de Alezio*, peintre célèbre, d'éviter le parallèle avec · lui. Il fe trouva dès-lors en pof-·

feſſion, à Séville, des plus grands ouvrages. Cet artiſte n'excelloit pas moins dans le portrait que dans l'hiſtoire. Il joignit aux plus heureux talens, les vertus les plus auſtéres du Chriſtianiſme ; il s'enfermoit ſouvent dans un cercueil, & exerçoit ſur lui des auſtérités qui hâtérent la fin de ſes jours.

VARIGNON, (Pierre) prêtre, naquit à Caen, paroiſſe de St-Ouen, l'an 1654. Les ouvrages de *Deſcartes* lui étant tombés entre les mains, il fut frappé de cette nouvelle lumière qui ſe répandoit alors dans le monde penſant. Il le lut avec avidité, & conçut une paſſion extrême pour les mathématiques. L'abbé de *St-Pierre* eut occaſion de le connoître ; il le goûta, lui fit une penſion de 300 liv. l'amena avec lui à Paris en 1686, & le logea dans ſa maiſon. *Varignon* ſe livra tout entier à l'étude des mathématiques. Ses ſuccès en ce genre le rendirent membre de l'académie des ſciences, & profeſſeur de mathématiques au collége *Maẓarin*. Il avoit été admis à l'académie de Berlin en 1711, ſur ſa grande réputation. Il mourut ſubitement en 1722. Son caractére étoit auſſi ſimple, que ſa ſupériorité d'eſprit pouvoit le demander. Ses maniéres d'agir nettes, franches, exemtes de tout ſoupçon d'intérêt indirect & caché, auroient ſeules ſuffi pour juſtifier la province dont il étoit, des reproches qu'elle a d'ordinaire à eſſuyer. Il n'en conſervoit qu'une extrême crainte de ſe commettre, qu'une grande circonſpection à traiter avec les hommes, dont effectivement le commerce eſt toujours redoutable. Je n'ai jamais vu, dit *Fontenelle*, perſonne qui eût plus de conſcience, je veux dire, qui fût plus appliqué à ſatisfaire exactement au ſen-

timent intérieur de ſes devoirs ; & qui ſe contentât moins d'avoir ſatisfait aux apparences. La philoſophie n'avoit pas affoibli ſa foi. Dans un *Recueil ſur l'Euchariſtie*, Genève, 1730, in-8°. on trouve un Ouvrage de *Varignon*, pour prouver qu'*une Ame peut animer pluſieurs Corps, & qu'un Être matériel, quelque petit qu'il ſoit, peut contenir un Corps humain.* Il poſſédoit la vertu de reconnoiſſance au plus haut dégré. Il faiſoit le récit d'un bienfait reçu, avec plus de plaiſir, que le bienfaiteur le plus vain n'en eût ſenti à le détailler. On a de lui : I. Un *Projet d'une nouvelle Méchanique*, 1687, in-4°. II. *Nouvelle Méchanique*, 1725, 2 vol. in-4°. III. De *Nouvelles Conjectures ſur la Peſanteur*, 1692, in-12. IV. *Elémens de Mathématiques*, 1731, in-4°. V. Pluſieurs autres *Ecrits* dans les *Mémoires de l'Académie des Sciences.*

VARILLAS, (Antoine) né à Gueret, dans la Haute-Marche, en 1624, fut chargé de l'éducation du marquis de *Carmain*, & s'en acquitta avec applaudiſſement. Il vint enſuite à Paris, où il ſe livra tout entier à l'étude de l'Hiſtoire. *Gaſton de France*, duc d'Orléans, l'honora du titre de ſon Hiſtoriographe, & lui procura une place dans la bibliothèque du roi en 1655. Il y travailla avec beaucoup d'aſſiduité juſqu'en 1662, qu'il obtint une penſion de 1200 liv. dont *Colbert* depuis le fit priver. *Harlay*, archevêque de Paris, lui en procura une autre de la part du Clergé de France. Cet auteur mourut en 1696, laiſſant pluſieurs legs pieux, dont un a ſervi à fonder le Collége que les Barnabites ont à Gueret. Il vécut toujours en philoſophe, ſimple dans ſes habits & dans ſes meubles, quoiqu'il fût d'ailleurs à ſon aiſe. La ſolitude dans laquelle il vécut, le jetta dans quelques bizarreries. Il déshérita un de ses neveux., parce qu'il ne savoit pas l'orthographe. Tous ses ouvrages regardent l'Histoire moderne de France & d'Espagne, & celle des Héréfies des derniers siécles. Son *Histoire de France* comprend, en 15 vol. in-4°, une suite de 176 ans, depuis la naiffance de *Louis XI*, en1423, jusqu'à la mort de *Henri III*, en 1589, & comprend de plus *la Minorité de St Louis*, qui forme un vol. Son *Histoire des Héréfies* est en 6 vol. in-4°, & l'on y trouve l'Histoire des révolutions arrivées en Europe en matière de Religion, depuis l'an 1274, jusqu'en 1569. Lorsque cet ouvrage parut, on y trouva des fautes sans nombre. *Ménage* ayant rencontré l'auteur, lui dit : «Vous avez donné une *Hif- » toire des Héréfies* pleine d'héréfies.» On a encore de lui : I.La *Pratique de l'éducation des Princes*, ou l'*Histoire de Guillaume de Croy*. II. La *Politique de* Ferdinand *le Catholique*. III. La *Politique de la Maifon d'Autriche*, in - 12. IV. Les *Anecdotes de Florence*, in-12. *Varillas* avoit tant lu dans sa jeuneffe, qu'il en perdit la vue. On la lui rétablit à force de remèdes ; mais il l'avoit fi tendre, qu'il ne pouvoit lire qu'au grand jour. Ainfi, dès que le soleil baiffoit, il fermoit ses livres, & s'abandonnoit à la compofition de ses ouvrages. Quelque bonne que fût sa mémoire, il étoit difficile qu'elle ne le trompât pas souvent ; & c'eft-là une des raifonsqu'on peut rendre du nombre prodigieux de fautes qu'il a faites : noms propres défigurés, faits évidemment faux, chronologie inexaête. Il y en a encore une autre, qui n'eft pas fi aiféc à pardonner: c'eft que, plus attentif à donner de l'agrément à

ses Histoires qu'à expofer la vérité, il a fouvent avancé des chofes capables de furprendre le leêteur ; mais la fauffeté en a été reconnue depuis. Il a même affez peu de bonne-foi pour citer des Mémoires qui n'ont jamais exifté. Pour accréditer des anecdotes inconnues aux autres hiftoriens, il difoit que *de dix chofes qu'il favoit, il en avoit appris neuf dans la converfation.* Il étoit cependant trèsfolitaire, & il fe vantoit d'avoir été 34 ans fans avoir mangé une feule fois hors de chez lui.

VARIN, *Voyez* WARIN.

VARIUS, poète Latin, ami de *Virgile* & d'*Horace*, eut beaucoup de part à l'amitié de ces deux illuftres écrivains,& aux bontés de l'empereur *Augufte ;* il compofa des Tragédies qui ne font pas parvenues jufqu'à nous. On trouve quelques fragmens de ses Poèfies dans le *Corpus Poëtarum* de *Maittaire*.

I. VARLET, (Dominique-Marie) né à Paris en 1678, devint doêteur de Sorbonne en 1706, & fe confacra aux Miffions étrangéres. Il travailla avec zèle pendant fix ans, en qualité de miffionnaire dans la Louifiane. *Clément XI* le nomma en 1718 évêque d'Afcalon, & coadjuteur de *Pidou* de *St-Olon*, évêque de Babylone, qui mourut peu de temps après. A peine fut-il arrivé dans le lieu de fa deftination, que la cour de Rome, mécontente de ce qu'il avoit donné la Confirmation aux Janféniftes de Hollande, le fufpendit de tout exercice de fon miniftère. *Varlet* fe voyant inutile en Perfe, fe retira en Hollande, où il vécut avec le petit troupeau des Catholiques de ce pays-là, les édifiant & les inftruifant. Il travailla à fe juftifier auprès d'*Innocent XIII*; mais n'ayant pas pu être écouté, il appella au futur concile général, le 15 Février 1723, de ce déni de juftice, & de la Bulle *Unigenitus* qui en étoit le prétexte. Dans ces circonftances, le chapitre métropolitain d'Utrecht élut un archevêque, & n'ayant pu engager les évêques voifins à le facrer, il s'adreffa à l'évêque de Babylone qui, après avoir fait toutes les démarches de bienféance envers le pape & envers les évêques voifins, facra ce prélat. Ce fut encore lui qui impofa les mains à trois de fes fucceffeurs. Cette conduite effuya des cenfures. *Varlet* fe juftifia par deux favantes *Apologies*, qui, avec les Piéces juftificatives, forment un gros vol. in-4°. Il mourut à Rhynwick, près d'Utrecht, en 1742, regardé comme un rebelle par les Moliniftes, & comme un *Chryfoftôme* par les Janféniftes.

II. VARLET, (Jacques) chanoine de S. Amé de Douai, mourut en 1736. On a de lui des *Lettres* fous le nom d'*un Eccléfiaftique de Flandre*, adreffées à *Languet*, évêque de Soiffons.

VAROLI, (Conftance) habile chirurgien & médecin de Bologne, où il naquit en 1543, mourut à Rome à l'âge de 32 ans, médecin de *Grégoire XIII*, & profeffeur d'anatomie. Quoique mort à la fleur de fon âge, il s'eft immortalifé parmi les Anatomiftes par fa découverte des *Nerfs Optiques*.

VARREGE, *Voy.* POLEMBURG.

I. VARRON, (*Marcus-Terentius*) conful Romain, auffi téméraire qu'imprudent, perdit par fa faute la bataille de Cannes contre *Annibal*, 216 ans avant J. C. Lorfqu'il retourna à Rome, le peuple loin de lui demander compte de cette défaite, lui rendit des actions de graces *de ce qu'il n'avoit pas défefpéré*

du falut de la République après une fi grande perte.

II. VARRON, (*Marcus-Terentius*) né l'an 116 avant J. C., fut lieutenant de *Pompée* dans la guerre contre les Pirates, & mérita une couronne navale. Moins heureux en Efpagne, il fut obligé de fe rendre à *Céfar*. Ce malheur le fit profcrire, mais il reparut enfuite. Sa vie fut de cent ans, & il la paffa dans les travaux de l'étude. On le regarda comme le plus docte des Romains. Il affûre lui-même qu'il avoit compofé plus de 500 volumes fur différentes matiéres. S. *Auguftin* fut un des plus ardens admirateurs du favoir de *Varron*. Ce vafte & profond écrivain étoit lié avec *Cicéron*, auquel il dédia fon *Traité de la Langue Latine*. Il en compofa un autre de la Vie Ruftique, *De re Ruftica*, qui eft fort eftimé. Ces deux derniers ouvrages font parvenus jufqu'à nous. Les meilleures éditions du premier font de Venife, 1474, in-fol., rare; & de Rome 1557, in-8°, avec les Notes d'*Antoine Auguftin*. Le Traité *De re Ruftica* parut à Venife 1472, in-fol., & avec les autres Auteurs Ruftiques, dont l'édition la plus eftimée eft de Leipfick 1735, 2 vol. in-4°. M. *Saboureux* de *la Bonetrie* en a donné une Traduction françoife, Paris, 1771, in-8°, qui fait le fecond vol. de l'*Œconomie rurale*, 6 vol. in-8°.

III. VARRON, le GAULOIS, (*Terentius*) poëte Latin fous *Jules-Céfar*, né à Atace fur la rivière d'Aude, dans la province de Narbonne, compofa un Poëme *De Bello Sequanico*. Il mit auffi en vers latins le Poëme des *Argonautes* d'*Apollonius* de Rhodes. On trouve de lui quelques fragmens dans le *Corpus Poëtarum.*

VARUS, (*Quintilius*) procon-ful Romain, d'une famille plus diftinguée par fes places que par fa nobleffe, fut d'abord gou-verneur de la Syrie, enfuite de la Germanie. Il imagina qu'il pour-roit gagner les Germains par la dou-ceur & la juftice : il les traita plu-tôt en magiftrat équitable, qu'en général vigilant. *Arminius*, chef des Chérufques, faifit cette occa-fion de donner la liberté à fa pa-trie. Il tomba inopinément fur les troupes Romaines, les défit, & *Varus* honteux, fe tua l'an 9 de J. C. Ce général, né avec un ca-ractére doux & un tempérament indolent, étoit plus propre aux re-pos d'un camp, qu'aux fatigues de la guerre. Il aimoit l'argent ; il en-tra pauvre dans le gouvernement de la Syrie, & en fortit riche. Il eft différent d'un autre *Quint.* VARUS, qui remporta une victoire fignalée fur *Magon* frere d'*Annibal*, l'an 203 avant J. C.

VASARI, (George) peintre, né à Arezzo en Tofcane, l'an 1512, mort à Florence en 1574, ne s'eft fait qu'une réputation médiocre dans la peinture. Il n'avoit aucun goût décidé ; la néceffité fut le principal motif qui l'engagea dans l'exercice de ce bel art. Cependant fon affiduité au travail, les avis d'*André del Sarte* & de *Michel-Ange*, fous qui il étudia, & l'étude qu'il fit d'après les plus morceaux anti-ques, lui donnérent de la facilité & du goût pour le deffin ; mais il a trop négligé la partie du coloris. Il entendoit fur-tout les ornemens, & il avoit du talent pour l'architec-ture. La maifon de *Médicis* l'em-ploya long-tems, & lui procura une fortune honnête. Ce peintre avoit plufieurs bonnes qualités qui le faifoient rechercher. Sa memoi-re étoit fi heureufe, qu'à l'âge de

9 ans il favoit par cœur toute l'*Enéide* de *Virgile*. On a de lui les *Vies des meilleurs Peintres*, *Sculpteurs & Architectes Italiens*; à Florence, 1568, 3 vol. in-4°; & Rome 1759, même format & même nombre de vol. Elles font écrites en Italien, avec affez de politeffe ; mais l'au-teur n'eft pas exact ; il a fait plu-fieurs méprifes. Comme il écrivoit dans un tems, où plufieurs pein-tres dont il parle étoient encore vivans, il a plus penfé à les louer, qu'à faire connoître leur véritable mérite. Il affecte d'élever toujours ceux de fon pays & de les préfé-rer aux étrangers, fuivant la cou-tume des Ultramontains. M. *Bot-tari*, qui a dirigé l'édition de Rome, y a ajoûté beaucoup du fien, & a corrigé plufieurs inexactitudes de *Vafari*. Le *Traité de Peinture*, publié à Florence en 1619, in-4°, eft de *George VASARI*, neveu du précé-dent, quoique plus d'un bibliogra-phe l'ait attribué à l'oncle.

VASCONCELLOS, (Michel) Portugais, fecrétaire-d'état auprès de la vice-reine de Portugal, *Mar-guerite de Savoye*, ducheffe de Man-toue, étoit en effet miniftre abfolu & indépendant. Il recevoit direc-tement les ordres du comte-duc d'*Olivarès*, premier miniftre de *Phi-lippe IV* roi d'Efpagne, dont il étoit creature. C'étoit un homme né avec beaucoup de génie pour les affai-res, d'un travail inconcevable, fé-cond à inventer de nouvelles ma-niéres de tirer de l'argent du peu-ple ; au refte impitoyable, inflexi-ble, & dur jufqu'à la cruauté ; fans parens, fans amis, & fans égards ; infenfible même aux plaifirs, & in-capable d'être touché par aucun mouvement de tendreffe. La conf-piration des principaux feigneurs de Portugal, pour mettre le duc de *Bragance* fur le trône, termina fon

bonheur & fa vie. Le jour de l'exécution de ce deffein fut fixé au 1ᵉʳ
Décembre de l'an 1640. Les conjurés s'étant faifis du palais , entrérent dans la chambre de *Vafcon-
cellos*. Ils le trouvèrent dans une
armoire ménagée dans l'épaiffeur
de la muraille, couvert de papiers.
Ce malheureux ayant été percé
de plufieurs coups d'épées , les
conjurés le jettèrent par la fenêtre, en criant : *Le Tyran eſt mort !
Vive la Liberté*, & *Don* Juan, *Roi de
Portugal !*

VASCOSAN, (Michel de) im-
primeur de Paris,né à Amiens,épou-
fa une des filles de *Badius* , & devint ainſi allié de *Robert Etienne*,
qui avoit époufé l'autre. *Vafcofan*
paffe, avec raifon, pour l'un des
premiers maitres de fon art. Prefque tous les livres qui font fortis
de fa preffe , font eſtimés , non-
feulement pour la beauté du caractére, la bonté du papier, la
grandeur des marges, l'exactitude
de l'impreffion ; mais auffi parce
qu'ils ont été compofés par de favans hommes. Les curieux recherchent particulièrement les *Vies des
Hommes Illuſtres*, & les *Œuvres morales* de *Plutarque* , traduites du grec
par *Amyot*,que cet imprimeur donna
au public en 1567, en 13 vol. in-8°.

VASQUEZ, (Luc) *Voy*. AYLON.

VASQUEZ , (Gabriel) Jéfuite
Efpagnol , enfeigna la théologie
à Alcala avec réputation , & y termina fa carrière en 1604. Ses Ouvrages ont été imprimés à Lyon
en 1620 , en 10 tomes in fol. Ses
confrères l'ont appellé le *S. Auguſtin de l'Efpagne* ; mais les favans
ont jugé que ce *S. Auguſtin* ne valoit pas celui de l'Afrique. Ses
gros livres font pleins de propofitions pernicieufes. Il y enfeigne
que le Pape , comme fouverain
juge de la Foi, peut dépofer un

Roi, qui eſt tombé en faute ou dans
l'erreur , le priver de fes états ,
les donner à un autre , & l'en
mettre en poffeffion , s'il eſt befoin , par la force des armes. Il foutient auffi que les Eccléfiaſtiques ne
font pas fujets du Roi.

VASSÉ, (Antoine-François de)
fculpteur du roi, membre de l'a-
cadémie royale de peinture & de
fculpture de Paris, étoit né à Toulon , & mourut à Paris en 1736,
âgé de 53 ans. Il a décoré plufieurs
Eglifes par fes ouvrages , dont on
peut voir le détail dans le *Mercure
de France* , 1736.

VASSÉE, (Jean) *Vaffeus* , de
Bruges , mort à Salamanque en
1560, eſt auteur d'une *Hiſtoire d'Efpagne* en latin, Salamanque 1552 ,
in-fol. qui a très-peu de lecteurs.
On la trouve auffi dans l'*Hiſpania
illuſtrata* du P. *Schotte*.

VASSOR , (Michel le) né à
Orléans , entra dans la congrégation de l'Oratoire , où il fe diftingua par fon favoir & par la
fingularité de fon caractère. Ses
opinions lui ayant attiré quelques
défagrémens, il quitta cette congrégation en 1690 , fe retira en
Hollande l'an 1695 , puis en Angleterre , où il l'embraffa la communion Anglicane , & obtint une penfion du prince d'*Orange* , à la follicitation de *Burnet* , évêque de
Salisbury. Cet apoſtat mourut en
1718 , à 70 ans. Il avoit été méprifé pendant fa vie , & il fut peu
regretté après fa mort. On a de
lui un *Traité de la manière d'examiner les différends de Religion*, in-12.
Mais il eſt principalement connu
par une *Hiſtoire de Louis XIII* ,
pleine de faits finguliers & d'a-
necdotes curieufes , qui parut en
20 vol. in-12, depuis 1710 jufqu'en 1711, à Amſterdam. On l'a
réimprimée en 1756 , en 7 vol.

in-4°. L'auteur étoit chez Milord Portland, lorfqu'il en compofa le 1ᵉʳ volume. Avant que de le publier, il le communiqua à *Jacques Bafnage*, fon ami, qui lui confeilla de ne point faire paroître cet ouvrage, qui eft plutôt une fatyre violente contre les vivans & les morts qu'une hiftoire, & qui eft d'ailleurs extrêmem. diffus, pefant & plein de maximes dangereufes. Le *Vaffor* méprifa cet avis, & publia fon livre. Milord *Portland* indigné le chaffa de fa maifon, & *Bafnage* rompit entiérement avec lui. Ainfi, pour un mauvais ouvrage, il perdit fa fortune, fes protecteurs & fes amis. *Bayle* difoit qu'*il auroit mieux fait de refter où il étoit*. Les productions qu'il avoit enfantées étant Catholique, font, un *Traité de la véritable Religion*, in-4° ; & des *Paraphrafes* fur *St Matthieu*, fur *St Jean*, & fur les Epitres de *St Paul*. On lui doit auffi une *Traduction* en françois, avec des remarques, des Lettres & des Mémoires de *Vargas*, de *Malvenda* & de quelques évêques d'Efpagne, touchant le concile de Trente, in-8°.

VASSOULT, (Jean - baptifte) aumônier de Madᵉ la Dauphine, né au village de Bagnolet près Paris, fe diftingua par fon favoir & fa piété. Il mourut à Verfailles en 1745, âgé de 78 ans. On a de lui une *Traduction* de l'Apologétique de *Tertullien*, imprimée in-4° & in-12. Elle eft eftimée pour fa fidélité.

VAST, (St) *Voyez* WAST.

VATABLE, *ou* plutôt WATEBLED *ou* GASTEBLED, (François) profeffeur en langue Hébraïque, étoit natif, non pas d'Amiens, comme l'a cru le préfident de *Thou*, mais d'une petite ville de Picardie nommée *Gammache*. Fran-

çois I le fit, en 1530 ou 1531, profeffeur en Hébreu au collége-royal qu'il venoit d'établir. Il avoit une fi grande connoiffance de cette langue, que les Juifs même affiftoient fouvent à fes leçons publiques. Le Grec n'étoit pas moins familier à *Vatable*. Il s'adonna à l'étude de l'Ecriture-fainte, & l'expliqua avec beaucoup de fuccès. *Robert Etienne* ayant recueilli les Notes qu'il avoit faites fur l'Ecriture dans fes leçons publiques, les imprima l'an 1545, dans fon édition de la Bible de *Léon de Juda*, en 2 vol. in-8° ; mais ces Notes ayant été altérées, comme on le croit, par cet imprimeur, elles furent condamnées par la faculté de théologie de Paris. Les docteurs de Salamanque leur furent plus favorables,& les firent imprimer en Efpagne avec approbation. *Robert Etienne* les défendit contre les théologiens de Paris, qui ne les avoient cenfurées qu'à caufe de l'endroit d'où elles fortoient. Il eft certain que, malgré leurs anathêmes, les Explications de *Vatable* ont été très-eftimées; elles font claires, précifes & naturelles. La derniére édition eft de 1729, 2 vol. in-fol. Cet illuftre favant mourut en 1547, laiffant vacante l'abbaye de Bellozane, qui fut donnée au célèbre *Amyot*. Sa piété égaloit fon érudition. On a encore de lui une *Traduction* latine de quelques livres d'*Ariftote*, qu'on trouve dans l'édition de ce philofophe donnée par *Duval*. Ce fut *Vatable* qui confeilla à *Marot* de traduire les Pfeaumes en vers. Il l'aida même dans ce travail, qui ne fait guère d'honneur aujourd'hui ni à l'un ni à l'autre.

VATACE, *Voyez* JEAN DUCAS, n° LI.

VATEAU, *Voyez* WATTEAU.

VATER, (Abraham) né en 1684, devint par son mérite professeur d'anatomie, de botanique, & de médecine à Wittemberg, sa patrie. Il avoit voyagé en Allemagne, en Angleterre & en Hollande, où le célèbre *Ruysch*, professeur à Amsterdam, lui donna des instructions particulières sur l'anatomie. Il lui apprit sur-tout l'art de ces belles injections, qui étoit son grand talent. *Vater* profita si bien des leçons de *Ruysch*, qu'après avoir été son disciple, il devint son émule. Cet habile homme mourut dans sa patrie en 1751, membre de l'académie des *Curieux de la Nature*, de la société royale de Londres & de celle de Prusse. On a de lui plusieurs ouvrages estimables. Il a laissé des Préparations anatomiques, qui ne cèdent en rien à celles de *Ruysch*, & qui composent un cabinet magnifique. On en a donné la description sous ce titre : *Vateri Musæum Anatomicum proprium*, in-4°.

VAU, (Louis de) architecte François, mort à Paris en 1670, âgé de 58 ans, apportoit au travail une assiduité & un génie actif, qui lui firent entreprendre & exécuter de grandes choses. Il remplit avec distinction la place de premier architecte du roi. Ce fut sur ses desseins qu'on éleva une partie des Tuileries, la porte de l'entrée du Louvre, & les deux grands corps de bâtimens qui sont du côté du Parc de Vincennes. Il donna les plans de l'Hôtel de *Colbert*, de l'Hôtel de *Lionne*, du Château de Vau-le-Vicomte, & les desseins du Collège des Quatre-Nations, exécutés par *Dorbay*, son élève, &c.

VAVASSEUR, (François) Jésuite, né en 1605 à Paray, dans le diocèse d'Autun, devint inter-

prête de l'Ecriture-sainte dans le collège des Jésuites à Paris, où il finit ses jours en 1681, à 76 ans, avec la réputation d'un religieux plein d'une piété solide & sans grimace. Le P. *Vavasseur* s'est principalement distingué sur le Parnasse latin; mais il est plus recommandable par l'élégance & la pureté du style, que par la vivacité des images & l'élévation des pensées. Le Pere *Lucas*, son confrère, publia le recueil de ses Poësies en 1683. On y trouve : I. Le *Poëme* héroïque de *Job*. II. Plusieurs *Poësies* saintes. III. Le *Theurgicon*, en 4 livres, ou les *Miracles de Jesus-Christ*. IV. Un livre d'*Elégies*. V. Un autre de *Piéces Epiques*. VI. Trois livres d'*Epigrammes*, dont plusieurs manquent de sel. Les bons critiques lui reprochent une exactitude trop scrupuleuse, & qui est plus d'un grammairien que d'un poëte. Ses vers sentent quelquefois la contrainte. Ses autres ouvrages ont été recueillis à Amsterdam, 1705, in-fol. Ils renferment : I. Un *Commentaire* sur *Job*. II. Une *Dissertation* sur la beauté de *Jesus - Christ*, où l'on trouve quelques puérilités. III. Un Traité *De ludicra dictione*, ou du style burlesque, contre lequel il s'éleva avec force. IV. Un Traité de l'*Epigramme*, qui offre quelques bonnes réflexions. V. Une *Critique* de la *Poétique* du P. *Rapin*, pleine d'humeur & même de mauvaise foi.

VAUBAN, *Voyez* PRESTRE.

VAUCEL, (Louis Paul du) fils d'un conseiller d'Evreux, avoit été avocat avant que d'embrasser l'état ecclésiastique. Ses connoissances dans les langues, dans le droit & dans les affaires, lui firent un nom. *Pavillon*, évêque d'Aleth, voulu l'avoir auprès de lui en qualité de chanoine & de théologal

de

de fa cathédrale. *Vaucel* fut d'un grand fecours à ce prélat, & lui fervit comme de fecrétaire ; mais tandis qu'il l'aidoit dans fes dépêches & dans les Mémoires touchant l'affaire de la Régale, il reçut une lettre de cachet qui le reléguoit à St-Pourçain, dans l'extrémité de l'Auvergne. Après 4 années de captivité, il paffa en Hollande l'an 1681, auprès d'*Arnauld*, qui l'envoya à Rome, où il fut fort utile à ce doéteur & à fes amis. Le pape le chargea, en 1694, des affaires de la Miffion de Hollande. *Du Vaucel* quitta Rome après y avoir demeuré près de dix ans. Il parcourut la plupart des villes d'Italie, & alla mourir à Maftricht en 1715. On a de lui : I. Un *Traité de la Régale*,qu'il envoya à*Favoriti*, qui le fit traduire en italien, puis en latin fous ce titre : *Traélatus generalis de Regaliâ, è gallico latinè redditus, auélior & emendatior*, 1689, in-4°. II. *Breves Confiderationes in doélrinam Michaëlis* de *Molinos*, in-12. III. Plufieurs *Lettres, Mémoires* &c. fous le nom de *Pavillon*, évêque d'Aleth, dans le tems qu'il fervoit de fecrétaire à ce prélat. IV. Plufieurs *Ecrits* fous des noms fuppofés dans des recueils d'autres auteurs, &c.

VAUGE, (Gilles) prêtre de l'Oratoire, natif de Beric au diocèfe de Vannes, enseigna les humanités & la rhétorique avec diftinétion, puis la théologie au féminaire de Grenoble. Le cardinal le *Camus*, évêque de cette ville, & *Mont-Martin*, fon fucceffeur, firent un cas particulier de fes lumiéres & de fes vertus. Le P. *Vauge*, accablé par le travail & les années, fe retira en la maifon de l'Oratoire de Lyon, où il mourut dans un âge avancé en 1739. Ses ouvrages font : I. Le *Catéchifme de Tom: VI.*

Grenoble. II. Le *Direéleur des Ames Pénitentes*, 2 vol. in-12. III. Deux *Dialogues* fur les affaires du tems. IV. Un *Traité de l'Efpérance Chrétienne*, contre l'efprit de pufillanimité & de défiance, & contre la crainte exceffive, in-12. Cet ouvrage, profond & folide, a été traduit en italien par *Louis Riccoboni*.

VAUGELAS, *Voye*{ FAVRE.

VAUGIMOIS, (Claude Fyot de) fupérieur du féminaire de *St Irenée* de Lyon, de la fociété littéraire-militaire, mort en 1759, étoit d'une bonne famille de Bourgogne. On a de lui quelques *Ouvrages de piété*,qui ont affez de cours. C'étoit un homme d'un caraétére doux & d'une piété folide.

VAULUISANT,*V.*PRÉ (Cl. du).

VAUMORIERE, (Pierre Dortigue, fleur de) gentilhomme d'Apt en Provence, vint à Paris, où fon efprit lui mérita la place de fous-direéteur d'une académie, ou plutôt d'un tripot littéraire formé par l'abbé d'*Aubignac*. Il mourut en 1693, fort pauvre. Sa probité, fa politeffe & fon enjouement lui firent plus de partifans que fes livres. On a de lui : I. *L'Art de plaire dans la converfation*, in-12, affez bon. II. Un Recueil affez mal choifi en 4 vol. in-12, de *Harangues fur toutes fortes de fujets*, avec l'*Art de les compofer*. III. Un Recueil de *Lettres*, avec la *Manière de les écrire*, 2 vol. in-12. IV. Un grand nombre de *Romans* verbeux & fans vraifemblance.*Le Grand Scipion*, 4 vol. in-8° ; les cinq derniers volumes du *Pharamond*, qui en a 12 in-8°. *Diane de France*, in-12. La *Galanterie des Anciens*, 2 vol. in-12. *Adélaïde de Champagne*, 2 vol. in-12. *Agiatis*, 2 vol. in-12. Ce rival du fécond *Scuderi* n'a pas autant de réputation que lui. Il avoit deffein de mettre l'hiftoire de France-

V v

ce en dialogues, & de faire parler chaque perfonnage fuivant fon caractére; mais pour un tel projet, il falloit un écrivain moins plat que *Vaumoriére*.

VAUQUELIN, *Voyez* FRESNAYE (la), & IVETEAUX.

VAUVENARGUES, (le Marquis de) d'une famille noble de Provence, fervit de bonne heure, &/fut long-tems capitaine au régiment du Roi. La retraite de Prague, pendant 30 lieues de glaces, lui caufa des maladies cruelles, qui lui firent perdre la vue, & lui cauférent la mort en 1747 ou 1748. Dès l'âge de 25 ans, il poffédoit la vraie philofophie & la vraie éloquence, fans autre étude que le fecours de quelques bons livres. Nous avons de lui une *Introduction à la connoiffance de l'Efprit humain, fuivie de réflexions & de maximes*: ouvrage qui vit le jour en 1746, in-12, à Paris. La folidité & la profondeur font le caractére de ce livre. Il eft plein d'excellentes chofes, à quelques réflexions près qui tiennent du paradoxe, ou qui, mal-'entendues, pourroient être contraires à la religion.

VAUX-CERNAY, (Pierre de) religieux de l'ordre de Citeaux, dans l'abbaye de *Vaux-Cernay* près de Chevreufe, écrivit, vers l'an 1216, l'*Hiftoire des Albigeois*. Nicolas *Camufat*, chanoine de Troyes, donna une bonne édition en 1615 de cet ouvrage, qui ne donne pas une grande idée de l'hiftorien. Il peut cependant être utile pour les événemens du XIII° fiécle.

VAUZELLE, (Pierre) *Voyez* HONORÉ de *Ste-Marie*, n° III.

VAYER, *Voyez* MOTHE.

VECCHIETTI, (Jérôme) favant Florentin du XVII° fiécle, embraffa l'état eccléfiaftique, étudia la théologie avec ardeur, & en

prit les dégrés;la chronologie l'occupa enfuite. Il eft principalement connu dans la répub. des lettres par un livre dont voici le titre : *Opus de anno primitivo*, in-fol. Cet ouvrage rare & plein de recherches favantes, fut imprimé à Ausbourg en 1621 : il eft divifé en 8 livres. L'auteur tâche d'accorder la Chronologie Sainte avec la Période Julienne. Il mourut à l'âge de 80 ans, en prifon, pour n'avoir pas voulu fe rétracter de ce qu'il avoit avancé dans fon ouvrage, que *J. C. ne fit pas la Pâque la dernière année de fa vie*.

VECCUS, (Jean) *Cartophylax*, c'eft-à-dire, Garde du tréfor des Chartes de *Ste Sophie*, fut envoyé par l'empereur *Michel Paléologue* au concile de Lyon, où la réunion de l'Eglife Grecque & de l'Eglife Romaine fut terminée en 1274. Il contribua beaucoup à la conclufion de ce grand ouvrage, par fon éloquence & fon efprit conciliant. *Jofeph*, patriarche de Conftantinople, qui fomentoit le fchifme, ayant été dépofé, *Veccus* fut élevé fur le fiège patriarchal en 1275. Son zèle pour le maintien de la réunion lui attira la haine des fchifmatiques Grecs, qui intentérent contre lui des accufations calomnieufes. Cette perfécution le porta, en 1279, à envoyer la démiffion de fon patriarchat à l'empereur, & à fe retirer dans un monaftére; mais ce prince le rappella peu après. *Michel Paléologue* étant mort, *Andronic*, qui lui fuccéda, fe laiffant conduire par la princeffe *Eulogia* fa tante, s'oppofa à l'union, fit dépofer *Veccus*, & le fit enfermer dans une étroite prifon, où ce grand prélat mourut de mifére en 1298. Il avoit compofé plufieurs *Ecrits* pour la défenfe de la vérité, & il inféra dans fon Teftament une déclaration de sa croyance, sur l'article du *St-Esprit*, conforme à la doctrine de l'Église Latine. *Voy.* le Recueil d'*Allatius* sur la Procession du *St-Esprit*, Rome, 1652 & 1659, 2 vol. in-4°.

VECELLI, *Voyez* TITIEN.

I. VECELLI, (François) frere du *Titien*, peintre, mourut dans un âge fort avancé, mais avant son frere. *François Vecelli* s'adonna d'abord à la profession des armes; il vint ensuite à Venise, où il apprit la peinture sous son frere. Il y fit des progrès rapides. Le *Titien*, craignant en lui un rival qui le surpassât, ou du moins qui l'égalât, tâcha de le dégoûter de ce bel art, & lui persuada d'embrasser le commerce. *François Vecelli* s'appliqua à faire des cabinets d'ébène, ornés de figures & d'architecture. Il peignoit cependant encore pour ses amis. Plusieurs de ses ouvrages ont été attribués au *Giorgion*.

II. VECELLI, (Horace) fils du *Titien*, peintre, mort fort jeune de la peste en 1576, faisoit des Portraits, qu'il étoit souvent difficile de ne pas confondre avec ceux de son pere. Mais l'état d'opulence où il étoit, & sur-tout sa folle passion pour l'alchymie, lui firent négliger la peinture.

VEDELIUS, (Nicolas) du Palatinat, enseigna la philosophie à Genève, puis la théologie & l'Hébreu à Deventer & à Franeker, & fut enlevé à ces sciences en 1642, laissant un fils ministre comme lui, mort en 1705. On a de lui un *Traité* contre les Arminiens, intitulé: *De Arcanis Arminianismi*, 1632 & 1634, 4 parties in-4°.

VEENHUSEN, (Jean) littérateur Hollandois, vivoit sur la fin du dernier siécle. Il professa les belles-lettres avec succès, & travailla sur divers auteurs classiques. Les principales éditions, que nous lui devons,sont celles de *Stace* & de *Pline* le Jeune, dites de *Variorum*. Le *Stace* fut imprimé à Leyde,in-8°, en 1661; & le *Pline*, en 1669, ibid. aussi in-8°.

VEENINX, (Jean - baptiste) peintre, né à Amsterdam en 1621, mort près d'Utrecht en 1660, avoit une facilité étonnante: son pinceau suivoit en quelque sorte la rapidité de son génie. Il s'adonna à tous les genres, histoire, portrait, paysage, marines, fleurs, animaux. Il réussissoit principalement dans les grands tableaux; cependant il en a fait de petits, avec la patience & le talent de *Gerard-Dow* & de *Mieris*. On desireroit plus d'élégance dans ses figures, & de correction dans son dessin.

I. VEGA, (André) théologien scholastique Espagnol, de l'ordre de St *Dominique*, mourut en 1570, après avoir assisté au concile de Trente. On a de lui les Traités, *De Justificatione*; *de Gratia*; *de Fide, operibus & meritis*, Compluti, 1564, in-fol. Ces ouvrages sont peu lus.

II. VEGA, (Lopès de) poëte Espagnol, appellé aussi *Lope Felix de Vega Carpio*, naquit à Madrid en 1562, d'une famille noble. Ses talens lui méritèrent des places & des distinctions. Il fut secrétaire de l'évêque d'Avila, puis du comte de *Lemos*, du duc d'*Albe*, &c. Après la mort de sa 2e femme, il embrassa l'état ecclésiastique, reçut l'ordre de prêtrise, & se fit chevalier de Malte. Ce poëte se fit rechercher,à cause de la douceur de ses mœurs & de l'enjouement de son esprit. Jamais génie ne fut plus fécond pour compofer des *Comédies.* Celles qu'on a raffemblées, compofent 25 vol. dont chacun renferme 12 Piéces de théâtre. L'on affûre même que ce poete avoit fait jufqu'à 1800 Piéces en vers. On a encorè de cet auteur d'autres ouvrages, comme *Voga del Parnaffo* ; diverfes Nouvelles ; *Laure del Apóllo.* Un auteur fi fécond n'a pas dû donner toujours de l'excellent. Auffi fes Piéces dramatiques ont plufieurs défauts ; mais on y trouve de l'invention, & elles ont été fort utiles à plufieurs de nos poëtes François. Lopès *de Vega* mourut en 1635, à 73 ans.

III. VEGA, *Voyez* II. GARCIAS.

VEGECE, (*Flavius - Vegetius-Renatus*) auteur qui vivoit dans le IVᵉ fiécle, du tems de l'empereur *Valentinien*, à qui il dédia fes *Inftitutions militaires*, ouvrage où il traite d'une manière fort méthodique & fort exaête de ce qui concernoit la milice Romaine. Cet ouvrage eft d'une latinité pure. M. *Bourdon*, qui l'a traduit, dit que plufieurs manufcrits donnent à l'auteur la qualité de *Comte,* & que *Raphaël* de *Volterre* le fait *Comte de Conftantinople* ; mais le même traduêteur ajoûte qu'il ne fait fur quel fondement. Sa Verfion a paru en un volume in-12 en 1743, à Paris, avec une Préface & des remarques ; & a été réimprimée à Amfterdam, in-8°, en 1744. *Vegèce* a donné auffi un Art Vétérinaire, dans *Rei Rufticæ Scriptores*, Leipfick 1735, 2 vol. in-4°, qui a été traduit par M. *Saboureux* de *la Bonetrie*, Paris 1775, in-8°. & qui forme le tome VIᵉ de l'*Œconomie Rurale*, 6 vol. in-8°. On a imprimé fes *Inftitutions militaires* avec les autres Ecrivains fur l'Art Militaire, *cum notis Variorum*,

Vefel 1670, 2 vol. in-8°. & féparément à Paris, 1762, in-12.

VEGIO, *Voyez* I. MAFFÉE.

VEIL, (Charles-Marie de) fils d'un Juif de Metz, fut converti par le grand *Boffuet.* Il entra dans l'ordre des Auguftins, & enfuite chez les chanoines - réguliers de Ste Geneviève. On l'envoya à Angers, où il prit le bonnet de doêteur, & où il profeffa la théologie dans les Ecoles publiques. Il quitta enfuite fa chaire pour la cure de St Ambroife de Melun, & cette cure pour le féjour de l'Angleterre, où il abjura la religion Catholique vers l'an 1679. Il fe maria bientôt après avec la fille d'un Anabaptifte, & fe fit connoître par plufieurs écrits. On a de lui de favans *Commentaires* fur St *Matthieu* & St *Marc*, Paris 1674, in-4°. fur les Aêtes des *Apôtres*, 1684, in-8°. fur *Joël*, 1676, in-12. fur le *Cantique des Cantiques*, Londres 1679, in-8°. & fur les XII pêtits *Prophètes*, Londres 1680, in-12. Cet apoftat mourut à la fin du XVIIᵉ fiécle.

I. VELASQUEZ, (Jean - Antoine) Jéfuite, né à Madrid en Efpagne l'an 1585, mourut en 1669. Après avoir été plufieurs fois reêteur, il fut fait provincial. Le roi *Philippe IV* le fit venir à fa cour, & le fit confeiller de la congrég. de la Conception immaculée. On a de lui, I. Un *Commentaire* latin fur l'*Epître aux Philipiens*, en 2 vol. in-fol. auffi diffus que favant. II. Divers *Ecrits* en faveur de l'*Immaculée Conception* de la Ste Vierge.

II. VELASQUEZ, (Don Diego de Silva) peintre, né à Séville en 1594, mourut à Madrid en 1660. Un génie hardi & pénétrant, un pinceau fier, un coloris vigoureux , une touche énergique , ont fait de *Velafquez* un artifte célèbre. Les tableaux de *Caravage* le frapérent vivement. Il tâcha de l'imiter , & peut lui être comparé pour fon art à peindre le portrait. Il fe rendit à Madrid , où fes talens furent pour lui une puiffante protection auprès de la famille-royale. Le roi d'Efpagne *Philippe I V.* le nomma fon premier peintre , lui accorda le logement & les penfions attachées à ce titre , le décora de plufieurs charges, & lui fit préfent de la Clef d'or : diftinction confidérable , qui donne , à toutes heures, les entrées dans le Palais. *Velafquez* voyagea en Italie. L'ambaffadeur du roi d'Efpagne le reçut à Venife dans fon Hôtel , & lui donna des gens pour l'efcorter. Le roi l'ayant chargé d'acheter des tableaux de prix & des antiques pour orner fon cabinet , cette commiffion lui fit entreprendre un fecond voyage en Italie, où tous les princes lui firent un grand accueil. C'étoit faire fa cour au roi d'Efpagne , que d'honorer *Velafquez*. Ce prince l'aimoit , il fe plaifoit à la compagnie, & prenoit un plaifir fingulier à le voir peindre. Il ajoûta aux honneurs dont il l'avoit comblé , la dignité de chevalier de *St Jacques*, & lui fit faire à fa mort de magnifiques funérailles.

VELD , (Jacques) favant religieux Auguftin de Bruges en Flandre , mort à St-Omer en 1583 ou 1588, a compofé un *Commentaire* fur le Prophète *Daniel* , auquel il a joint une Chronologie , qui fert à faire entendre les Prophéties de *Jérémie* , d'*Ezéchiel* & de *Daniel*. Cet ouvrage prouve que fon auteur ne manquoit ni d'érudition , ni de fagacité.

VELDE, *Voy*. Vanden-Velde.

VELEZ, *Voyez* Guevara.

VELLEIUS - PATERCULUS , né d'une famille illuftre , originaire de Naples, fut tribun des foldats, puis préteur l'année de la mort d'*Augufte* , fous lequel il avoit fervi. Il fit des campagnes dans différens pays , & fuivit *Tibére* dans toutes fes expéditions : il fut fon lieutenant en Allemagne. Nous avons de lui un *Abrégé* de l'Hiftoire de la Grèce , de l'Orient , de Rome & de l'Occident. Cet ouvrage ne nous eft pas parvenu tout entier. Nous n'avons qu'un fragment de l'ancienne Hiftoire Grecque , avec l'Hiftoire Romaine, depuis la défaite de *Perfée* jufqu'à la 6ᵉ année de *Tibére*. Cet auteur eft inimitable dans fes portraits ; il peint d'un feul trait. Il a écrit avec une fineffe & un agrément qu'il eft difficile d'égaler ; mais on lui reproche d'avoir trop flatté *Tibére* & *Séjan*. Il ne voyoit en eux que les bienfaiteurs de *Paterculus* , tandis que le refte du genre humain y voyoit des monftres. *Rhenanus* publia cet auteur en 1520., & depuis ce tems, il y en a eu un grand nombre d'édit. *Elzevir*, 1639 , in-12. -- *Ad ufum Delph.*1765,in-4°.--*Cum notis Varior.* Leyde , 1668, 1719 , 1744,in-8°.- Oxford , 1711 , in-8°. La jolie édition de *Barbou* qui parut en 1746 , in-12 , eft due aux foins de M. *Philippe* , qui l'enrichit d'une Table géographique , & d'un Catalogue des éditions précédentes , & d'autres ornemens littéraires. *Doujat* le traduifit en françois,avec des Supplémens qui n'ont pas confolé les gens de goût. On préfére à fa verfion celle de l'abbé *Paul* , publiée à Avignon en 1768 , in-8° & in-12.

VELLUTELLO , (Alexandre) naquit à Lucques vers l'an 1519,

& mourut dans la même ville ; fur la fin du xvi° fiécle. Il com-pofa,fur les Poëfies du *Dante*, des *Commentaires* dont on fait cas en Italie , & qui font utiles pour en pénétrer le fens. On les imprima avec ceux de *Chriftophe Landini* , à Venife , in-fol. en 1578. Il lut enfuite les ouvrages de *Pétrarque*, & tout ce qu'on avoit écrit fur cet auteur célèbre. Il crut que le comté d'Avignon lui fourniroit des mémoires pour éclaircir l'Hif. toire de fa vie & de fes ouvrages. C'eft fur des recherches fuperfi-cielles & fur des oui-dires, qu'il compofa la Vie de *Petrarque* & des Commentaires fur fes Poefies. Ils ont été imprimés plufieurs fois. *Vellutello* eft fort inexa6t , mais moins que ceux qui l'avoient pré-cédé dans la même carrière. L'édi-tion qu'on eftime le plus de fes *Commentaires*, eft celle de Venife, in-4°, 1545. On lui doit quel-ques autres ouvrages dans le mê-me genre.

VELLY , (Paul-François) né près de Fifmes en Champagne , en-rra dans la Société des Jéfuites , & en étant forti onze ans après ; il fe livra tout entier aux recher-ches hiftoriques. Son *Hiftoire de France*, dont il n'a pu donner que 8 vol. publiés par *Deffaint* & *Sail-lant* , lui affigne un rang parmi nos hiftoriens. Il s'eft principale-ment propofé de remarquer les commencemens de certains ufa-ges, les principes de nos liber-tés, les vraies fources & les di-vers fondemens de notre droit public, l'origine des grandes di-gnités, l'inftitution des Parlemens, l'établiffement des Univerfités, la fondation des Ordres Religieux ou Militaires, enfin les découver-tes utiles à la fociété. Son ftyle , fans être d'une force & d'une élé-

gance à fe faire remarquer, eft aifé , fimple, naturel & affez cor-re6t. Il refpire un air de candeur & de vérité, qui plaît dans le gen-re hiftorique. *Villaret* a conti-nué avec fuccès cet ouvrage juf-qu'au 16° volume : (*Voyez* VILLA-RET.) L'abbé *Velly* mourut d'un coup de fang , le 4 Septembre 1759, à 48 ans. C'étoit un hom-me réglé dans fa conduite, fincére & folide dans l'amitié, ferme dans les vrais principes de la religion & de morale, aimable dans le com-merce de la vie. Il étoit même d'une gaieté finguliére , préfent que la nature fait rarement. Il rioit prefque toujours, & de bon cœur. Cet écrivain s'étoit annoncé dans la littérature par une *Traduc-tion* françoife de la Satyre du doc-teur *Swift* , intitulée : *Jonh Bul* , ou *le Procès fans fin*, in-12. Elle rou-le fur la guerre terminée par le traité d'Utrecht.

VELSEN , (Gérard) *Voyez* FLO-RENT V , comte de Holl. n° 1.

VELSER , (Marc) *V.* WELSER.

VELTHUYSEN, (Lambert) *Vel-thuyfius*, né à Utrecht en 1622, fe fit recevoir doct. en médecine ; mais il n'exerça jamais cette profeffion. Livré à l'étude de la philofophie & de la théologie , il défendit avec zèle les opinions de *Defcartes* con-tre *Voëtius*, ridicule ennemi de ce grand philofophe. *Velthuyfen* fut pendant quelques années dans la magiftrature d'Utrecht ; mais la chaleur avec laquelle il défendit les droits des magiftrats aux affem-blées eccléfiaftiques, lui fit des en-nemis, qui trouvèrent le moyen de le dépofféder. Il vécut depuis dans la retraite jufqu'à fa mort , arrivée en 1685, à 63 ans. Ses Ouvrages ont été réunis en 2 vol. in-4°. Le premier contient plufieurs *Trai-*

tés théologiques ; le fecond volume renferme différens Ecrits de philofophie , d'aftronomie , de phyfique & de médècine.

VENANCE-FORTUNAT, (*Venantius Honorius Clementianus Fortunatus*) évêque de Poitiers, étoit Italien. Après avoir étudié à Ravenne , il alla à Tours. Ses talens & fes vertus le liérent d'une étroite amitié avec *Grégoire*, évêque de cette ville. La reine *Radegonde* l'ayant pris à fon fervice, il donna des préceptes de politique à *Sigebert*, qui en faifoit beaucoup de cas. *Fortunat* finit faintement fes jours vers 609 , & l'on célèbre fa fête à Poitiers le 14 Décembre. On a de lui un *Poëme* en 4 livres de la vie de St Martin , & d'autres ouvrages, que le Pere *Brower* publia en 1616 , in - 4°. *Venance-Fortunat* dit qu'il compofa ce Poëme , (qu'on trouve auffi dans le *Corpus Poëtarum*), pour remercier St *Martin* de ce qu'il avoit été guéri d'un mal d'yeux par fon interceffion. Cet ouvrage fait plus d'honneur à fa piété , qu'à fon efprit & à fon difcernement.

VENCE , (Henri de) prêtre , docteur de Sorbonne , & prévôt de l'Eglife primatiale de Nancy , eft auteur de plufieurs *Differtations* fur la Bible , inférées dans la *Bible de Calmet* , à Paris, 1748, 14 vol. in-4° ; réimprimée en 1774 en 17 vol. par les foins de M. *Rondet:* Ces Differtations font favantes , folides & écrites avec netteté. L'auteur avoit bien médité les Livres faints , & fes lumières s'étendoient à plufieurs fciences. Il mourut à Nanci en 1749.

VENCESLAS , *V.* WENCESLAS.

I. VENDOME, (Céfar duc de) fils de *Henri IV* & de *Gabrielle* d'*Eftrées* , mort en 1665 , fut gouverneur de Bretagne, chef & furin-

tendant de la navigation. Le duché de Vendôme , ancien appanage d'une branche de la maifon de *Bourbon* , ayant été réuni à la couronne dans la perfonne de *Henri IV*, ce prince le donna à fon fils, qu'il chériffoit , & comme le fruit de fes amours , & comme l'héritier de fon courage. Voici la fuite généalogique de la famille ducale de Vendôme. *Céfar* eut trois enfáns de fon mariage avec la fille de *Philippe-Emmanuel* de *Lorraine*, duc de Mercœur : I. *Louis* , mort en 1669, qui époufa *Laure Mancini* , morte en 1657 , après lui avoir donné deux fils, *Louis-Jofeph* & *Philippe* qui fuivent, morts l'un & l'autre fans poftérité. II. *François* duc de *Beaufort*, dont nous avons parlé fous ce dernier mot , dans un art. particulier. III. *Ifabelle* , mariée à *Charles-Amédée* duc de Nemours , mort en 1664. *Louis* de *Vendôme* embraffa l'état eccléfiaftique après la mort de fa femme , obtint la pourpre Romaine , & devint légat à *latere*. Voyez le Dictionnaire de MORERI.

II. VENDOME, (Louis-Jofeph duc de) arriére-petit-fils de *Henri IV*, étoit fils de *Louis* duc de Vendôme, puis cardinal , & de *Laure Mancini*. Il naquit en 1654 , & fit fa première campagne à 18 ans en Hollande , où il fuivit *Louis XIV* en qualité de volontaire. Il fe fignala à la prife de Luxembourg en 1684, de Mons en 1691, de Namur l'année fuivante, au combat de Steinkerque & à la bataille de la Marfaille. Après avoir paffé par tous les grades comme un foldat de fortune , il parvint au généralat ; & fut envoyé en Catalogne, où il gagna un combat & prit Barcelone en 1697. Le roi le nomma, en 1702, pour aller commander en Italie à la place de *Vil-*

V. v. iv.

leroy qui n'avoit effuyé que des échecs. *Vendôme* parut, & nous eûmes des avantages. Il remporta deux victoires fur les Impériaux à Santa-Vittoria & à Luzara, fit lever le blocus de Mantoue, chaffa les Impériaux de Seraglio, s'avança dans le-Trentin. & y prit plufieurs places. La défection du duc de Savoie l'ayant obligé de marcher vers le Piémont, il fe rendit maître d'Aft, de Verceil, d'Yvrée, de Verrue, après avoir défait l'arriére-garde du duc près de Turin, le 7 Mai 1704. Il battit le prince *Eugène* à Caffano en 1705, & le comte de *Reventlau* à Calcinato en 1706. Il étoit fur le point de fe rendre maître de Turin, lorfqu'on l'envoya en Flandres pour réparer les pertes de *Villeroy*. Après avoir tenté vainement de rétablir les affaires, il paffa en Efpagne, & y porta fon courage & fon bonheur. Les grands délibérent fur le rang qu'ils lui donneront. *Tout rang m'eft bon*, leur dit-il, *je ne viens pas vous difputer le pas, je viens fauver votre Roi.* Il le fauva effectivement. *Philippe V* n'avoit plus ni troupes, ni général; la préfence dé *Vendôme* lui valut une armée : fon nom feul attira une foule de volontaires. On n'avoit point d'argent; les communautés des villes, des villages, des religieux en fournirent. Un efprit d'enthoufiafme faifit la nation. Le duc de *Vendôme*, profitant de cette ardeur, pourfuivent les ennemis, ramène le roi à Madrid, oblige les vainqueurs de fe retirer vers le Portugal, paffe le Tage à la nage, fait prifonnier *Stanhope* avec 5000 Anglois, atteint le général *Staremberg*, & le lendemain, (10 Décembre 1710) remporte fur lui la célèbre victoire de Villaviciofa. Cette journée affermit pour jamais la cou-

ronne d'Efpagne fur la tête de *Philippe V.* On prétend qu'après la bataille, ce roi n'ayant point de lit, le duc de *Vendôme* lui dit : *Je vais vous faire donner le plus beau lit fur lequel jamais Souverain ait couché;* & il fit faire un matelas des étendards & des drapeaux pris fur les ennemis. *Vendôme* eut, pour prix de fes victoires, les honneurs de Prince du Sang. *Philippe V* lui dit : *Je vous dois la couronne... Vendôme*, qui avoit des jaloux, quoiqu'il ne méritât que des amis, lui répond : *Votre Majefté a vaincu fes ennemis, j'ai vaincu les miens... Louis XIV* s'écria, en apprenant la nouvelle de cette victoire : *Voilà ce que c'eft qu'un homme de plus !* Il écrivit tout de fuite au général victorieux, une lettre remplie des expreffions les plus honorables. Un officier-général a la lâche imprudence de dire que de tels fervices doivent être récompenfés d'une autre manière. *Vous vous trompez,* replique vivement *Vendôme, les hommes comme moi ne fe payent qu'en paroles & en papiers.* Ce grand général continuoit de chaffer les Impériaux de plufieurs poftes qu'ils occupoient encore en Catalogne, lorfqu'il mourut en 1712 à Vignaros d'une indigeftion, à 58 ans. *Philippe V* voulut que la nation Efpagnole prît le deüil; diftinction qui étoit encore au-deffous de ce qu'il méritoit. Il fut enterré au monaftére de l'Efcurial, dans le tombeau des infans & infantes d'Efpagne. Le duc de *Vendôme*, arriérepetit-fils de *Henri IV*, étoit (dit l'auteur du *Siécle de Louis XIV*) intrépide comme lui, doux, bienfaifant, fans fafte ; ne connoiffant ni la haine, ni l'envie, ni la vengeance. Il n'étoit fier qu'avec des princes; il fe rendoit l'égal de tout le refte. Pere des foldats, ils

VEN

VEN 681

auroient donné leur vie pour le tirer d'un mauvais pas, lorfque fon génie ardent l'y précipitoit. Il ne méditoit point fes deſſeins avec aſſez de profondeur, négligeoit trop les détails, & laiſſoit périr la diſcipline militaire. Sa molleſſe le mit plus d'une fois en danger d'être enlevé ; mais un jour d'action il réparoit tout, par une préſence d'eſprit & par des lumières que le péril rendoit plus vives. Ce déſordre & cette négligence qu'il portoit dans les armées, il l'avoit à un excès ſurprenant dans dans ſa maiſon & ſur ſa perſonne même. A force de haïr le faſte, il en vint à une mal-propreté cynique dont il n'y a point d'exemple. Son déſintéreſſement, la plus noble des vertus, devint en lui un défaut, qui lui fit perdre par ſon dérangement beaucoup plus qu'il n'eût dépenſé en bienfaits. Le duc de *Vendôme* avoit épouſé, en 1710, une des filles du prince de *Condé*, dont il n'eut point d'enfans, & qui mourut en 1718. Le chevalier de *Bellerive* a donné l'*Hiſtoire de ſes Campagnes*, Paris 1714, in-12.

III. VENDOME, (Philippe de) grand-prieur de France, & frere du précédent, naquit à Paris en 1655. Il ſe ſignala d'abord ſous le duc de *Beaufort*, ſon oncle, qu'il accompagna à ſon expédition de Candie. Il ſuivit enſuite *Louis XIV*, en 1672, à la conquête de la Hollande, & ſe diſtingua au paſſage du Rhin, aux ſiéges de Maëſtricht, de Valenciennes & de Cambrai, à la bataille de Fleurus, à celle de la Marſaille où il fut bleſſé, & en pluſieurs autres occaſions. Elevé au poſte du lieutenant-général en 1693, il eut en 1695 le commandement de la Provence, à la place du duc de *Vendôme* ſon frere, qui paſſoit en Catalogne. Il le ſui-

vit quelque tems après, & il ſe montra un héros au ſiége de Barcelone en 1697, & à la défaite de Don *François* de *Velaſco*, viceroi de Catalogne. Dans la guerre de la ſucceſſion, il fut envoyé en Italie, où il prit pluſieurs places ſur les Impériaux ; mais après la bataille de Caſſano, donnée le 16 Août 1705, où il ne s'étoit point trouvé par un défaut de conduite, il fut diſgracié. Il ſe retira à Rome, après avoir remis la plupart de ſés nombreux bénéfices. Le roi lui aſſigna une penſion de 24000 liv. Après un voyage à Veniſe ; il revint en France par les terres des Griſons. *Thomas Maſner*, conſeiller de Coïre, le fit arrêter le 28 Octobre 1710, (en *repréſailles*, diſoit-il, *de ce que ſon fils étoit retenu priſonnier en France*,) & le fit paſſer ſur les terres de l'empereur. L'ambaſſadeur de France en Suiſſe ſe plaignit de cette inſulte; faite par un particulier à un prince du Sang. Les Griſons firent le procès à *Maſner*, qui s'étoit ſauvé en Allemagne, & ils le condamnérent à mort, par contumace en 1712. Le grand-prieur élargi revint en France, & s'y livra à tous les plaiſirs. Il aimoit ſur-tout ceux de l'eſprit, & ſa cour étoit compoſée de ce qu'il y avoit de plus délicat & de plus ingénieux à Paris. Les Turcs ayant menacé Malte en 1715, il vola à ſon ſecours & fut nommé généraliſſime des troupes de la Religion. Mais le ſiége de cette iſle n'ayant pas eu lieu, il revint en France au mois d'Octobre de la même année. Il ſe démit du grand-prieuré en 1719, prit le titre de *Prieur de Vendôme*, & mourut à Paris le 24 Janvier 1727, à 72 ans. Les deux freres ſe reſſembloient parfaitement dans leurs vertus & dans leurs défauts. En peignant l'un, nous

. avons tracé le portrait de l'autre ; comme le lecteur peut s'en convaincre par l'art. de *Louis-Joseph*.

IV. VENDOME, (Matthieu de) *Voyez* MATTHIEU, n° III.

VENEL, (Madeleine de Gaillard de) sœur de *Gaillard* de *Lonjumeau*, évêque d'Apt, d'une ancienne famille de Provence, (*Voy.* GAILLARD) naquit à Marseille le 24 Janvier 1720. Elle épousa, à l'âge de 16 ans, *Venel*, d'abord conseiller au parlement de Provence, ensuite maître-des-requêtes du palais de la. Reine, & conseiller-d'état. Ayant mérité la confiance d'*Anne d'Autriche*, cette princesse lui fit, en 1648, don des Glacières de Provence, qui appartenoient au Domaine, & lui accorda le privilège exclusif de faire débiter la glace par bureau dans toute cette province ; ce qui lui valoit 20,000 liv. de rente. Elle eut beaucoup de part à la rupture de *Louis XIV* avec Mll* *Mancini*, qu'elle conduisit à Rome, lorsqu'elle eut épousé le connétable *Colonne*. Elle devint ensuite dame de la Reine, & sous-gouvernante des ducs de *Bourgogne*, de *Berri* & d'*Anjou*. Elle mourut au château de Versailles, le 24 Novembre 1687, à 67 ans. C'étoit une femme d'un caractére insinuant, pleine d'esprit, de jugement & de vertu.

VENERONI, (Jean) né à Verdun, s'appelloit *Vigneron ;* mais comme il avoit étudié l'italien, & qu'il vouloit en donner des leçons à Paris, il se dit Florentin, & il italianisa son nom. La clarté de ses principes lui procura beaucoup d'écoliers. Il est un des auteurs de sa nation, qui ont le plus contribué, dans le XVII* siécle, à répandre en France le goût de la littérature italienne. Ses ouvrages sont :

I. *Méthode pour apprendre l'Italien*, Paris 1770, in-12. Cette Grammaire, dont on a fait plusieurs éditions en différens formats, est claire, mais un peu prolixe. On prétend que ce livro n'est point de lui, mais du fameux *Roselli*, dont on a imprimé les aventures en forme de Roman. A son passage en France, il alla prendre un dîner chez *Veneroni*, qui, ayant vu qu'il raisonnoit juste sur la langue italienne, l'engagea à faire une Grammaire ; pour laquelle il lui donna cent francs. *Veneroni* ne fit qu'y ajoûter quelque chose à son gré, & la donna sous son nom. II. *Dictionnaire Italien-François & François-Italien*, 1768, in-4°. Il a été effacé par celui de M. *Alberti.* III. *Fables choisies*, avec la Traduction italienne de cet auteur. On en a une édition avec une version allemande & des figures, Ausbourg 1709, in-4°. IV. *Lettres de Loredano*, traduites en françois. V. *Lettres du Cardinal Bentivoglio*, traduites de même. Son style est plus facile que pur.

VENETTE, (Nicolas) docteur en médecine, mourut en 1698, âgé de 65 ans, à la Rochelle, sa patrie. Il avoit étudié à Paris sous *Gui-Patin* & *Pierre Petit*, & après avoir voyagé en Italie & en Portugal, il s'étoit retiré dans son pays natal, où il se consacra tout entier à l'exercice de la médecine. On a de lui divers ouvrages : I. *Traité du Scorbut*, la Rochelle 1671, in-12. II. *Traité des Pierres qui s'engendrent dans le corps humain*, Amsterdam, 1701, in-12. III. *Tableau de l'Amour Conjugal*, &c. 2 vol. in-12, avec figures. Cet ouvrage est celui qui a donné le plus de renommée à son auteur ; mais la lecture en est dangereuse pour les jeunes personnes, insuffisante pour celles qui veulent s'instruire, &c.

VENIERO, (Dominique) noble Vénitien, mort en 1581, se distingua parmi les poëtes Italiens de son.tems. Ses Poèsies ont été d'abord impr.' dans les Recueils de *Dolce* & de *Ruscelli*, & depuis à Bergame en 1750, in-8°, avec celles de *Louis* & *Maffée Veniero* ses neveux. *Dominique* étoit frere de *Jérôme*, *François* & *Louis*, connus ainsi que lui par divers ouvrages en prose & en vers. *Louis* déshonora sa plume par un Poëme d'une licence effrénée, en 3 chants, intitulé : La *Putana errante*; à la suite duquel en est un autre, non moins obscène, en un seul chant, qui a pour titre : *Il Trent'uno*; le tout imprimé à Venise en 1531, in-8°. Ces deux productions infâmes ont été mal-à-propos attribuées à l'*Aretin* par quelques bibliographes, & calomnieusement à *Maffée Veniero*, archevêque de Corfou, fils de ce même *Louis*, par un éditeur Protestant qui les fit imprimer à Lucerne en 1651 : imputation aisée à détruire, car ce prélat n'étoit pas encore né en 1531, lorsque son pere les mit au jour. *Louis Veniéro* mourut en 1550.

VENIUS, (Othon) peintre de Leyde, naquit en 1556. Il fut envoyé à Rome avec des lettres de recommandation qui le firent bien accueillir. Il travailla dans cette ville sous *Fréderic Zuccharo*, & consulta l'antique & les tableaux des excellens peintres modernes, pendant 7 ans qu'il demeura en Italie, où il fit plusieurs beaux ouvrages. L'empereur, le duc de Baviére & l'électeur de Cologne, occupèrent ensuite tour-à-tour son pinceau. *Venius* s'étant retiré à Anvers, orna les églises de cette ville de plusieurs magnifiques tableaux. Enfin ce peintre fut appellé par l'archiduc *Albert* à Bruxel-

les, & nommé intendant de la monnoie. *Louis XIII*, roi de France, voulut l'avoir à son service; mais l'amour de son pays lui fit refuser les offres de ce monarque. *Venius* avoit une grande intelligence du clair-obscur; il mettoit beaucoup de correction dans son dessin, & jettoit bien ses draperies; ses figures ont une belle expression, il est gracieux dans ses airs de tête; enfin l'on remarque dans ses tableaux une veine facile & abondante, réglée par un jugement sain & éclairé. On estime singuliérement son Triomphe de *Bacchus*, & la *Cène* qu'il peignit pour la cathédrale d'Anvers. *Venius* mourut en 1634, laissant deux filles qui ont aussi excellé dans la peinture. Il a illustré sa plume aussi bien que son pinceau, par divers Ecrits, qu'il a enrichis de figures & de portraits dessiné par lui-même. Ces ouvrages sont : *Bellum Batavicum cum Romanis, ex Cornelio Tacito*, 1612, in-4°, avec 36 figures gravées par *Tempesta*. II. *Historia Hispaniarum Infantum, cum iconibus*. III. *Conclusiones Physicæ & Theologicæ, notis & figuris dispositæ*. IV. *Horatii Flacci emblemata, cum notis*, 1607, in-4°. V. *Amorum emblemata*, 1608, in-4°. VI. *Vita S. Thomæ Aquinatis, 32 imaginibus illustrata*. VII. *Amoris divini emblemata*, 1615, in-4°. Le célèbre *Rubens* fut son élève. *Gilbert* & *PierreVENIUS*, ses freres, s'appliquérent l'un à la gravure, l'autre à la peinture, & s'y distinguérent.

VENTADOUR, *Voyez* MOTHE-HOUDANCOURT.

VENTIDIUS-BASSUS, Romain, de basse naissance, fut d'abord muletier. Il se tira de l'obscurité par son courage. Il brilla tellement sous *Jules-César* & sous *Marc-Antoine*, qu'il devint tribun, du peuple, préteur, pontife, & enfin conful. Il vainquit les Parthes en 3 grandes batailles, & en triompha l'an 38 avant J. C. Sa mort fut un deuil pour Rome, & fes funérailles furent faites aux dépens du public.

VENTS, Divinités poëtiques, enfans du Ciel & de la Terre, ou felon d'autres d'*Aftræus* & d'*Heribée*. *Eole* étoit leur roi, & les tenoit enchaînés dans des cavernes. Il y en avoit quatre principaux : *Borée*, *Eurus*, *Notus* & *Zéphire*. Les autres étoient *Corus*, *Circius*, *Favonius*, *Africus*, *Aquilon*, *Vulturne* & *Subfolanus*.

VENUS, Déeffe de l'Amour, des Grâces & de la Beauté, felon la Fable, étoit fille de *Dioné* & de *Jupiter* ; ou felon d'autres, elle naquit de l'écume de la Mer. Il y a plufieurs *Vénus*, fi l'on veut avoir égard à l'hiftoire ; & il eft vraifemblable que toutes les débauches qu'on n'attribue qu'à une feule, étoient de plufieurs femmes à qui on donnoit ce nom. Quoi qu'il en foit, dès que la *Vénus* de la Fable eut vu le jour, les *Heures* l'emportérent avec pompe dans le ciel, où tous les Dieux la trouvérent fi belle, qu'ils la nommérent *Déeffe* de l'Amour. *Vulcain* l'époufa, parce qu'il avoit forgé des foudres à *Jupiter* contre les Géans. Cette Déeffe ne pouvant foufrir fon mari, qui étoit d'une laideur horrible, eut une infinité de courtifans, entr'autres *Mercure*, *Mars*, &c. *Vulcain* l'ayant furprife avec ce dernier, entoura l'endroit d'une petite grille imperceptible, & appella enfuite tous les Dieux, qui fe moquérent de lui. Elle en eut *Cupidon*, & aima dans la fuite *Adonis*. Elle époufa auffi *Anchife*, prince Troïen, dont elle eut *Enée*, pour qui elle fit faire

des armes par *Vulcain*, lorfque ce prince alloit fonder un nouvel empire en Italie. Cette Déeffe avoit une ceinture, qui infpiroit fi infailliblement de la tendreffe, que *Junon* la lui emprunta pour fe faire aimer de *Jupiter*. *Vénus* étoit toujours accompagnée des Grâces, des Ris, des Jeux, des Plaifirs & des Attraits. *Páris*, devant qui elle fe montra dans toute fa beauté, lui donna la pomme que *Junon* & *Pallas* difputoient avec elle, & que la *Difcorde* avoit jettée fur la table aux noces de *Thétis* & de *Pélée*. Elle préfidoit à tous les plaifirs, & fes fêtes fe célébroient par toutes fortes de débauches. On lui bâtit des Temples par - tout. Les plus fuperbes étoient ceux d'Amathónte, de Lesbos, de Paphos, de Gnide, de Cythére & de Chypre. Elle voulut que la colombe lui fût confacrée : (*Voy.* PERISTÉRE.) On la repréfente ordinairement avec *Cupidon* fon fils, fur un char traîné par des pigeons ou par des cygnes ou des moineaux, & quelquefois montée fur un bouc. Il n'y a rien de plus abominable que toutes les débauches que les poëtes racontent de cette infâme Déeffe.

VERAN, *Voyez* SALONIUS.

VERARDO, (Charles) né à Céfène dans la Romagne en 1440, mort en 1500, fut camerier & fecrétaire-des-Brefs des papes *Paul II*, *Sixte IV*, *Innocent VIII* & *Alexandre VI*. On a de lui un ouvrage fingulier, intitulé : *Hiftoria Caroli* VERARDI *de urbe Granata, fingulari virtute, felicibufque aufpiciis Ferdinandi & Elizabeth Regis & Reginæ expugnatá*, Rome 1493, in-4°. Cette Hiftoire, en forme de Dramé, eft dans un goût bürlefque : ainfi elle mérite peu d'attention.

I. VERDIER, (Antoine du) feigneur de Vauprivas, né en 1544.

à Montbrifon en Forez, mort en 1600 à 56 ans, fut hiſtoriographe de France, & gentilhomme ordinaire du roi. Il inonda le public de compilations, dont la moins mauvaiſe eſt ſa *Bibliothèque des Auteurs François*, quoiqu'il n'y ait pas beaucoup de critique ni d'exactitude. Elle fut imprimée pour la première fois à Lyon en 1585. M. *Rigolei* de *Juvigni* en a donné une nouvelle édition, ainſi que de la *Bibliothèque* de *la Croix*-du-*Maine*, à Paris, 1772 & 1773, 5 vol. in-4°. Les notes du ſavant éditeur reſtifient les erreurs de l'original, & rendent ce livre néceſſaire à ceux qui veulent connoître notre ancienne littérature. *Claude* DU VERDIER, fils d'*Antoine*, avocat au parlement de Paris, chercha à ſe procurer du pain par ſa plume. Il publia pluſieurs ouvrages mal accueillis, & il traîna une vie longue & obſcure après avoir diſſipé les grands biens que ſon pere lui avoit laiſſés. Il mourut en 1649, à 80 ans; il étoit favant, mais mauvais critique.

II. VERDIER, (N.) auteur inconnu du *Roman des Romans*, en 7 vol. in-8°. produſtion auſſi plate qu'inſipide.

III. VERDIER, (Céſar) chirurgien & démonſtrateur royal à St-Côme à Paris, étoit né à Moliéres près d'Avignon. Ses leçons & ſes cours d'anatomie lui attirérent un grand nombre d'auditeurs, & il forma de bons diſciples. Cet homme eſtimable vécut dans le célibat, & fut toujours animé par une piété ſincére & ſans affeſtation. Plein de probité & de politeſſe, il cherchoit par ſes égards à ne déplaire à perſonne. Il prononçoit volontiers ce mot, qui étoit comme ſa déviſe : *Ami de tout le monde*; mais cette amitié géné-

rale l'empêchoit de prendre quelquefois le parti de ſes amis particuliers. *Verdier* mourut à Paris en 1759. Il eſt auteur d'un excellent *Abrégé d'Anatomie*, Paris 1770, 2 vol. in-12; & avec les Notes de M. *Sabatier*, 1775, 2 vol. in-8°. & des Notes ſur l'*Abrégé de l'Art des Accouchemens*, compoſé pour Madᵉ *Bourſier* du *Coudray*. On a encore de lui, (dans les *Mémoires* de l'académie de chirurgie,) des *Recherches* ſur les Hernies de la veſſie; des *Obſervations* ſur une Plaie au ventre, & ſur une autre à la gorge.

I. VERDUC, (Laurent) chirurgien-juré de S. Côme à Paris, étoit de Toulouſe. C'étoit un homme plein de candeur & de charité. Il employa un grand nombre d'années à profeſſer la chirurgie, & il eſt ſorti de ſon école beaucoup de diſciples habiles, qui avoient profité de ſes lumières & de ſon expérience. Ce fut en leur faveur que *Verduc* publia à Paris en 1689, ſon excellent Traité intitulé : *La Manière de guérir, par le moyen des bandages, les fraſtures & les luxations qui arrivent au Corps humain.* Il y remonte juſqu'aux principes de la chirurgie & à l'hiſtoire des Os. Cet ouvrage a été traduit en hollandois, & imprimé à Amſterdam, en 1691, in-8°. *Verduc* mourut à Paris en 1695.

II. VERDUC,(Jean-bapt.) fils du précéd.,doſteur en médecine, confirma l'idée, avantageuſe qu'on avoit de ſa ſcience par l'ouvr. qu'il intitula : *Les Opérations de Chirurgie, avec une Pathologie*, 1739, 3 v.in-8°. Ce livre fut traduit en allemand, & imprimé à Leipſick en 1712, in-4°. Il avoit entrepris auſſi un Traité de l'*Uſage des Parties*, dans lequel il vouloit expliquer les fonſtions du corps par les principes les plus

clairs. Mais étant mort fans achever ce Traité, *Laurent* VERDUC,
fon frere, mort en 1703; chirurgien de la communauté de St-Côme, revit ce qu'il avoit fait, fuppléa à teut ce qui manquoit, en
fit un excellent ouvrage, & le
publia à Paris en 1696, en deux
vol. in-12. On a de ce dernier *le
Maître en Chirurgie*, ou *la Chirurgie
de Gui de Chauliac*, 1704, in-12.

VERDURE, (Nicolas-Joseph
de la) né à Aire, mort à Douai
en 1717 à 83 ans, étoit docteur
de l'université de cette ville, premier professeur en théologie, &
doyen de l'église de St-Amé. C'é-
toit un homme d'un savoir profond, & d'un désintéressement encore plus rare. L'illustre *Fénélon*
l'honoroit de son amitié. On a
de lui un *Traité de la Pénitence*, en
latin, dont la meilleure édition est
de 1698.

VERDUSSEN, (Jean-Pierre)
membre de l'académie de peinture de Marseille, mort le 31 Mars
1763, a été un des plus célèbres
peintres dans le genre des batailles. Ses talens l'ayant attiré à la
cour du roi de Sardaigne en 1744,
il accompagna ce prince dans ses
campagnes d'Italie, & immorta-
lisa la gloire qu'il s'étoit acquise
à Parme & à Guastalla. Rendu à
la France depuis plus de 16 ans,
après avoir parcouru diverses
cours de l'Europe, il se fixa à
Avignon, & s'y signala par de nouveaux chef-d'œuvres. La vivacité
& le moëlleux de ses dernières
productions, l'emportèrent sur
celles dont il avoit embelli l'Italie & l'Angleterre.

VERGER DE HAURANE, (Jean
du) naquit à Bayonne en 1581,
d'une famille noble. Après avoir
fait ses études avec le plus grand
succès en France & à Louvain,

il fut pourvu en 1620, de l'abbaye
de St-Cyran, (ou *plutôt* St-Siran,
Strigannus, selon l'abbé *Châtelain*)
par la résignation de *Henri-Louis
Châteignier de la Roche-Posai*, évêque de Poitiers, dont il étoit.
grand-vicaire. L'abbé de *St-Cyran*
s'appliqua à la lecture des Peres
& des Conciles, & crut y trouver le germe nouveau d'un système
sur la Grace, qu'il s'efforça d'inspirer à *Janfenius*, & à un grand
nombre de théologiens. Ce systême n'étoit point de lui; il croyoit
pouvoir, après *Baïus*, assigner
un fil dans le labyrinthe de la
Toute-puissance divine & de la
liberté. Après la mort de *Janfenius*, l'abbé de *St-Cyran*, incon-
solable de la perte de son ami,
tâcha de répandre sa doctrine, ou
plutôt ce qu'il croyoit être la doctrine des Peres. Paris lui parut
le théâtre le plus convenable à
son zèle. Il y fit usage de ses talens pour accréditer l'*Augustin* de
l'évêque d'Ypres. Son air simple
& mortifié, ses paroles douces &
insinuantes, son savoir, ses vertus, lui firent beaucoup de partisans. Des prêtres, des laïcs, des
femmes de la ville & de la cour,
des religieux & sur-tout des religieuses, adoptèrent ses idées.
Quoique ses disciples ne se dif-
tinguassent que par des bonnes
œuvres, l'abbé de *Saint-Cyran*
passa pour un homme dangereux;
& le cardinal de *Richelieu*, fâché,
dit-on, d'ailleurs de ce qu'il ne
vouloit pas se déclarer pour la
nullité du mariage de *Gaston d'Orléans* avec *Marguerite de Lorraine*,
le fit renfermer en 1638. Après
la mort de ce ministre, il sortit
de prison; mais il ne jouit pas
long-tems de sa liberté, étant
mort à Paris en 1643 à 62 ans.
On a de lui: I. *La Somme des fau-*

tes & fauʃʃetés capitales contenues en la Somme Théologique du P. François Garaʃʃe. Il devoit y avoir 4 vol.; mais il n'en a paru que les 2 premiers, & l'abrégé du 4ᵉ, 1626, 3 vol. in-4°. II. Des Lettres ʃpirituelles, 2 vol. in-4°, ou in-8°; réimprimée à Lyon en 1679, en 3 vol. in-12. On y ajoûta un 4ᵉ vol. qui renferme pluʃieurs petits Traités de M. de St-Cyran, impr. ʃéparément: ʃavoir la Théologie familière, ou Brièƒe Explication des principaux Myʃtéres de la Foi : les Penʃées Chrétiennes ʃur la Pauvreté. Wallon de Beaupuis a extrait de ces Lettres les Maximes principales, qu'il a fait imprimer in-12. Arnaud d'Andilly a augmenté ce Recueil, & l'a publié, in-8° & in-12, ʃous le titre d'Inʃtruciions tirées des Lettres de M. de St-Cyran. III. Apologie pour M. de la Roche-Poʃay, contre ceux qui diʃent qu'il n'eʃt pas permis aux Écléʃiaʃtiques d'avoir recours aux armes en cas de néceʃʃité, impr. en 1615, in-8°. IV. Un petit Traité publié en 1609, ʃous le titre de Queʃtion Royale, où on examine en quelle extrémité le Sujet pourroit être obligé de conʃerver la vie du Prince aux dépens de la ʃienne; 1609, in-12, contrefait ʃous la même date. Ces deux ouvrages firent grand bruit, le dernier ʃur-tout. Les Jéʃuites l'annoncérent partout comme un apôtre du ʃuicide ; & d'Avrigni donna un extrait fort malin de ce livre dans ʃes Mémoires. Mais il eʃt évident que St-Cyran veut prouver ʃeulement, qu'il eʃt des occaʃions où l'on peut ʃacrifier ʃa vie à ʃes amis ou a ʃa patrie. V. Un gros vol. in-ʃol. imprimé aux dépens du Clergé de France, ʃous le nom de Petrus Aurelius. L'Aʃʃemblée de 1641 en fit faire une édition en 1642,

que les Jéʃuites firent ʃaiʃir ; mais qui n'a pas laiʃʃé d'être diʃtribuée ʃur les remontrances du Clergé. On a dans cette édition deux Ecrits : Confutatio collectionis Locorum quos Jeʃuitæ compilârunt, & Convitia petulantiæ, qui ne ʃe trouvent pas dans la 3ᵉ édition, laq. parut auʃʃi aux frais du Clergé en 1646. Mais à la tête de cette même édition, on lit l'Eloge que Godeau évêque de Vence a fait de l'auteur par ordre du Clergé. Ce livre d'ailleurs auroit pu être meilleur & mieux fait... A ʃon talent près pour la parole & la direction, l'abbé de St-Cyran étoit un homme ordinaire. Ecrivain foible & diffus, en latin comme en françois, ʃans agrément, ʃans correction & ʃans clarté : il avoit quelque chaleur dans l'imagination ; mais cette chaleur n'étant pas dirigée par le goût, le jettoit quelquefois dans le phébus. Il y en a beaucoup dans ʃes Lettres. La plupart de ceux qui le louent tant aujourd'hui, ne voudroient pas être condamnés à le lire. Sa plus grande gloire eʃt d'avoir fait du monaʃtére de Port-Royal, une de ʃes conquêtes ; & d'avoir eu les Arnaud, les Nicole & les Paʃcal pour diʃciples.

I. VERGERIO, (Pierre-Paul) philoʃophe, juriʃconʃulte & orateur, né à Capo-d'Iʃtria, ʃur le golfe de Veniʃe, aʃʃiʃta au concile de Conʃtance. Les qualités de ʃon cœur & de ʃon eʃprit le firent aimer & eʃtimer de l'empereur Sigiʃmond, à la cour duquel il mourut en 1431, à l'âge d'environ 80 ans. Muratori a publié, dans ʃa grande Collection des Ecrivains de l'Hiʃtoire d'Italie, tom. XVI in-fol. l'Hiʃtoire des Princes de la Maiʃon de Carrari, écrite par Vergerio, avec pluʃieurs Diʃcours & Lettres du

même favant. Il a compofé d'autres ouvrages, dont quelques-uns
font encore manuscrits. On a donné des éloges à son Traité, *De
ingenuis moribus & liberalibus Ado-
lefcentiæ ftudiis* , 1493 , in-4°; &
il les mérite à quelques égards.

II. VERGERIO, (Pierre-Paul)
parent du précédent, fut envoyé
en Allemagne par les papes *Clément VII & Paul III*, au fujet de
la tenue d'un concile général. Il
eut pour récompenfe l'évêché de
Capo-d'Iftria, fa patrie, qu'il abdiqua pour embraffer le Proteftantifme. Cet apoftat finit fes jours à
Tubinge en 1565. Il eft auteur de
plufieurs ouvrages que les Proteftans mêmes méprifent. Le fiel
qu'il y a répandu contre l'Eglife
Romaine, qu'il abandonna de défefpoir de n'avoir pu obtenir le
chapeau de cardinal, les fait rechercher des malins. La fuppreffion qui en fut faite, les rend précieux aux bibliomanes qui cou-
rent après les raretés. Les principaux font : I. *Ordo eligendi Pontificis*, 1556, in-4°. II. *Quomodo Con-
cilium Chriftianum debeat effe libe-
rum*, 1537, in-8°. L'édition de
1557 n'eft pas recherchée. III.
Operum adversùs Papatum, *Tomus I*,
1563, in- 4°. IV. *De Natura Sa-
cramentorum*, 1559, in-4°. V. Et
d'autres *Ecrits* en italien, moins
connus... J. B. VERGERIO, fon
frere, évêque de Pola dans l'Iftrie,
apoftafia comme lui.

I. VERGI, (Alix de) iffue d'u-
ne des plus illuftres maifons de
Bourgogne, époufa en 1199 *Eudes III* duc de *Bourgogne*, & mourut le 3 Mai 1251. C'eft à la cour
de ce prince que l'auteur du Roman de la comteffe de *Vergi* fuppofe que fes aventures fe font
paffées. L'héroïne du Roman eft
Laure, fille de *Matthieu II* duc de

Lorraine, qui avoit été mariée à
Guillaume de *Vergi*, fénéchal de
Bourgogne, mort après 1272 fans
poftérité ; mais l'auteur n'étoit
guéres au fait des époques, puifqu'il fuppofe cette dame veuve
avant fon mariage.

II. VERGI, (Antoine de) comte de Dammartin, fut très-attaché à *Jean* duc de *Bourgogne* &
aux Anglois. Il étoit avec ce prince, quand il contraignit le Dauphin & les partifans du duc d'Or-
léans à fortir de Montreau-Faut-
Yonne, où ce même prince fut
affaffiné en 1419. Créé l'année
fuivante maréchal de France par
le roi d'Angleterre, fe difant régent du royaume, il défit les troupes Françoifes à la journée de
Crevant près d'Auxerre. Il fut
fait chevalier de la Toifon-
d'or, & mourut en 1439, fans
laiffer de poftérité de fes femmes,
Jeanne de *Rignei* & *Guillemette* de
Vienne.

III. VERGI, (Gabrielle de) *Voy.*
FAÏEL.

VERGIER, (Jacques) né à
Lyon en 1657, vint fort jeune
à Paris, où fon efprit agréable &
fes maniéres polies le firent rechercher. Il portoit alors l'habit
eccléfiaftique ; mais cet état étant
peu conforme à fon génie & à
fon inclination pour les plaifirs,
il le quitta pour prendre l'épée.
Le marquis de *Seignelai*, (*Colbert*)
fecrétaire-d'état de la Marine, lui
donna, en 1690, une place de
commiffaire-ordonnateur, qu'il
remplit pendant plufieurs années.
Il fut enfuite préfident du confeil de commerce à Dunkerque ;
mais cette voluptueufe nonchâlance qui fit toujours fes délices,
l'empêcha de monter à de plus
hauts emplois, & lui fit négliger
même d'amaffer de grands biens.
Loin

Loin de s'occuper des affaires, il ne s'occupoit pas même à la poëfie qu'il aimoit beaucoup, de peur que fes divertiffemens ne devinffent une occupation. Il menoit une vie libre & tranquille, lorfqu'il fut affaffiné d'un coup de piftolet dans la rue du Bout-du-Monde à Paris, fur le minuit, en revenant de fouper chez un de fes amis : c'étoit le 23 Août 1720. Il étoit âgé de 63 ans. L'auteur de cet affaffinat étoit un voleur, connu fous le nom de Chevalier le *Craqueur*, avec deux autres complices, tous camarades du fameux *Cartouche*. Le Chevalier le *Craqueur* fut rompu à Paris, le 10 Juin 1722, & avoua ce meurtre avec plufieurs autres. Son deffein étoit de voler *Vergier*; mais il en fut empêché par un carroffe. C'eft donc fans fondement qu'on a attribué cette mort à un prince qui vouloit fe venger d'une Satyre que le poëte avoit enfantée contre lui. *Vergier* n'étoit pas capable de faire des vers contre perfonne : « C'étoit un philofophe, homme » de fociété, ayant beaucoup d'a- » grément dans l'efprit, fans au- » cun mélange de mifanthropie, » ni d'amertume. » *Rouffeau*, qui parle ainfi de ce poëte, qu'il avoit fort connu, ajoûte : « Nous n'a- » vons peut-être rien dans notre » langue, où il y ait plus de » naïveté, de nobleffe & d'élé- » gance que fes *Chanfons* de table, » qui pourroient le faire paffer, à » bon droit, pour l'*Anacréon Fran- » çois*. » A l'égard de fes Contes & de fes autres ouvrages, la poëfie en eft négligée. Il a fait des *Odes*, des *Sonnets*, des *Madrigaux*, des *Epithalames*, des *Epigrammes*, des *Fables*, des *Epitres*, des *Cantates*, des *Parodies*. La meilleure édition de ces différens ouvrages eft celle

de 1750, en 2 vol. in-12. « *Ver- » gier*, (dit *Voltaire*,) eft à l'égard » de *la Fontaine*, ce que *Campif- » tron* eft à *Racine*, imitateur foi- » ble, mais naturel. » On a encore de lui *Zeïla*, ou l'*Africaine*, en vers; & une Hiftoriette en profe & en vers, intitulée *Don Juan* & *Ifabelle*, Nouvelle Portugaife.

VERGNE, (Pierre de Treffan de la) né en 1618, d'une ancienne maifon de Languedoc, fut élevé dans la religion Prétendue-Réformée, qu'il abjura à l'âge de 20 ans. Après avoir paffé quelques années à la cour, il fe retira auprès de *Pavillon*, évêque d'Alet. Il fit, avec l'agrément de ce prélat, un voyage dans la Paleftine. Les miffions & la direction des ames l'occupérent entiérement à fon retour. La part qu'il prit au livre de la *Théologie Morale*, le fit exiler; mais peu de tems après le roi lui rendit la liberté, dont il ne jouit pas longtems. Il fe noya près du château de Terargues, en venant à Paris, le 5 Avril 1684. Son principal ouvrage eft intitulé : *Examen général de tous les Etats & conditions, & des péchés qu'on y peut commettre*, 2 vol. in-12, 1670, fous le nom du fieur de *St-Germain*, avec un 3ᵉ volume concernant les marchands & les artifans. Ce livre, fort utile à ceux qui fe confacrent à la direction des ames, eut beaucoup de fuccès.

VERGNE, *Voyez* FAYETTE.

VERHEYEN, (Philippe) fils d'un laboureur du village de Verrebroucq, au pays de Waës, vit le jour en 1648. Il travailla à la terre avec fes parens jufqu'à l'âge de 22 ans, que le curé du lieu, lui trouvant beaucoup d'efprit, lui apprit le Rudiment, & lui procura une place dans un collége de la Trinité à Louvain. Le jeune laboureur, y fit tant de progrès', qu'il fut déclaré le premier de fes condifciples. Après avoir reçu le bonnet de docteur en médecine, il obtint la chaire de profeffeur. On a de lui : I. Un excellênt Traité, *De Corporis humani Anatomia*, Bruxelles 1710, 2 vol. in-4°; & Amfterdam 1731, 2 vol. in-8°. Cet ouvrage fut traduit en allemand. II. Un Traité *De Febribus*, & d'autres favantes productions. Cet habile homme mourut à Louvain en 1710, à 62 ans, après avoir rempli, durant le cours de fa vie, tous les devoirs du chrétien, de l'honnête-homme & du médecin. Il ne laiffa guères d'autre bien que fa réputation. Il voulut être enterré dans le cimetiére de fa paroiffe, *ne Templum dehoneftaret, aut nocivis halitibus inficeret*, comme il le dit dans fon Epitaphe.

I. VERIN, (Hugolin) né à Florence en 1442, mort vers l'an 1505, poëte Latin, a compofé différens ouvrages, qui ne lui ont acquis qu'une réputation médiocre. Nous avons de ce poète, les *Expéditions de Charlemagne*, la *Prife de Grenade*, une *Sylve* en l'honneur de *Philippe Benita*. Les trois livres qu'il a faits à la louange de fa patrié, *De illuftratione Florentiæ*, Paris 1583, in-4°, font parmi fes ouvrages ce qu'il y a de plus eftimé.

II. VERIN, (Michel) fils de *Hugolin*, natif de Florence, mourut l'an 1487, âgé d'environ 19 ans. On dit que ce jeune-homme ne voulut point fuivre le confeil des médecins, qui lui ordonnoient de fe marier s'il vouloit recouvrer fa fanté, facrifiant ainfi fa vie à l'amour de la chafteté.

Ce poëte s'eft rendu célèbre par fes *Diftiques moraux*, dans lefquels il a fu renfermer les plus belles fentences des philofophes Grecs & Latins, & particuliérement celles de *Salomon*. Sa verfification eft facile & élégante. Ses *Diftiques*, Florence, 1487, ont été réimprimés en France, in-8°, & traduits en vers françois & en profe.

VERINE, (*Ælia Verina*) fœur de *Bafilifque* & époufe de l'empereur *Léon*, ne s'occupa que de fes devoirs tant que fon mari vécut ; mais après fa mort, elle fe livra à l'ambition & à l'amour. Ayant fait élire en 474 fon gendre *Zénon* empereur, elle confpira enfuite contre lui, pour mettre *Patrice* fon amant à fa place. Elle ne put réuffir. *Zénon*, à la vérité, perdit l'empire ; mais *Bafilifque*, frere de *Vérine*, qui fut élu, fit donner la mort à *Patrice*. Alors cette princeffe intriguante fe vengea de la mort de fon amant, en faifant exiler *Bafilifque*, & replacer *Zénon* fur le trône. Celui-ci la laiffa d'abord gouverner ; mais *Vérine* ayant cabalé de nouveau, il l'exila dans le fond de l'Ifaurie. C'eft-là qu'elle mourut en 484, après avoir tenté plufieurs fois de jouer quelque nouveau rôle.

VÉRITÉ, Divinité allégorique, fille de *Saturne*, & mere de la *Vertu*. On la repréfente fous la figure d'une femme, ayant un air majeftueux, & habillée fimplement, ou même toute nue ; & quelquefois fortant du fond d'un puits qui eft fon emblème. Elle a pour ennemie la *Fable*, autre Divinité beaucoup plus encenfée qu'elle, avec qui cependant elle fait fouvent alliance, pour l'engager à adoucir fes traits auftérès & rebutans. *Voyez* l'*Allégorie* de la *Vérité*, du fameux lyrique *Rousseau*.

VERKOLIE, (Jean) peintre & graveur Hollandois, fils d'un ferrurier, né à Amsterdam en 1550, mort à Delft en 1693, est surtout très célèbre pour ses morceaux en *manière noire*. Il fut heureux, parce qu'il fut sage, & qu'il sût profiter d'un grand talent.

VERMANDER, (Charles) peintre & poëte, né à Meulebeck en Flandre l'an 1548, mort en 1607, a fait beaucoup de tableaux, dont les sujets sont la plupart tirés de l'Histoire-sainte. C'est lui qu'on chargea à Vienne de faire les Arcs-de-triomphe pour l'entrée de l'empereur *Rodolphe*. Ce peintre a composé un *Traité de Peinture*, & il a donné la *Vie des Peintres Italiens & Flamands*. On a aussi des *Comédies* & beaucoup de *Poésies* de *Vermander*. Il y a dans ces ouvrages, en général, beaucoup de feu & de génie, mais trop peu de correction.

I. VERMANDOIS, (Herbert II, comte de) arriére-petit-fils de *Bernard* roi d'Italie, fut un prince distingué par son courage. Il fit *Charles le Simple* prisonnier à St-Quentin, & l'envoya prisonnier à Péronne où il finit ses jours. *Herbert* mourut en 943. La branche de *Vermandois* dont il étoit la tige, finit par *Adèle*, qui épousa *Hugues* de France, 3ᵉ fils de *Henri I*, qui se signala dans les Croisades, & mourut de ses blessures à Tarse, l'an 1102. Son fils fut *Raoul* de *Vermandois*, sénéchal de France, qui eut la régence du royaume pendant le voyage d'Outremer de *Louis VII*, en 1147, & mourut en 1152. Il avoit été excommunié en 1142, pour avoir répudié *Aliénor* de *Champagne*, sa première femme, dont il avoit eu

Hugues, qui fonda l'Ordre de la Trinité de la Rédemption des Captifs, sous le nom de *Félix* de *Valois*. De son second mariage avec *Alix* de *Guienne*, naquirent des filles, & un fils mort sans postérité.

II. VERMANDOIS, (Louis de Bourbon, comte de) *Voyez* MASQUE DE FER, & III. VALLIÈRE.

VERMEYEN, (Jean-Corneille) peintre, né dans un village près d'Harlem; mort à Bruxelles en 1559, âgé de 59 ans. Cet artiste avoit une barbe si longue, qu'elle traînoit à terre, lors même qu'il étoit debout, ce qui l'a fait surnommer *Charles le Barbu*. L'empereur *Charles Quint* l'aimoit, & il le prit à sa suite dans plusieurs voyages, entr'autres, lors de son expédition de Tunis, que *Vermeyen* a peinte en plusieurs tableaux, depuis exécutés en tapisseries, qu'on voit encore en Portugal.

VERMIGLI, *Voyez* PIERRE MARTYR.

VERNEGUE, (Pierre de) gentilhomme & poëte Provençal du XIIᵉ siécle, passa ses premiéres années au service du Dauphin d'Auvergne. L'envie de revoir sa patrie l'obligea de se retirer sur la fin de ses jours en Provence, au près de la comtesse femme d'*Alphonse*, fils de *Raimond*, qui lui fit dresser un superbe mausolée après sa mort. *Vernègue* a fait un *Poëme* en rimes provençales *sur la prise de Jérusalem par Saladin*. C'est une production très-médiocre.

VERNEUIL, (Catherine-Henriette de Balzac-d'Entragues, marquise de) fille de *François de Balzac-d'Entragues*, gouverneur d'Orléans, & de *Marie Touchet*, qui avoit été maîtresse de *Charles IX*. La fille ressembla à la mere. Elle avoit de la beauté, de l'esprit & une co-

X x ij

quctterie adroite. Après la mort
de la duchesse de *Beaufort*, Henri
IV en devint éperduement amoureux. Elle irrita sa passion par des
refus, & déclara qu'elle ne pouvoit
la satisfaire sans une promesse de
mariage. La promesse fut signée ;
mais le duc de *Sulli*, à qui *Henri IV*
la montra, prit ce papier & le déchira pour toute réponse. Le roi,
dominé par son amour, eut la foiblesse de faire une autre promesse
de mariage, & d'acheter à sa maitresse le marquisat de Verneuil.
Cependant il épousa *Marie* de *Médicis*. La marquise en fut si irritée,
que, de concert avec le duc d'*Angoulême* son frere utérin, elle se ligua avec le roi d'Espagne pour détrôner *Henri IV*, & faire proclamer roi le fils que la marquise
avoit eu de lui, qu'ils traitoient
de Dauphin. Ce fils fut dans la
suite duc de *Verneuil*, & mourut
sans enfans en 1682. Sa mère &
ses complices obtinrent leur pardon. Cette conspiration (suivant
le président *Henault*) avoit été conduite par un Capucin, confesseur
de la marquise. Elle lui avoit persuadé qu'elle ne s'étoit livrée aux
désirs du roi, qu'en considération
de sa promesse de mariage, & ce
bon-homme croyoit que son salut
étoit intéressé à la faire tenir. Cette femme intriguante & hautaine
mourut en 1633, à 54 ans, peu
estimée & peu regrettée.

VERNEY, (Guichard - Joseph
du) membre de l'académie, professeur d'anatomie au Jardin-royal,
naquit à Feurs en Forez, l'an 1648,
d'un médecin. Son fils vint de bonne heure à Paris, & fut produit
à la cour, où il donna des leçons
d'anatomie au grand Dauphin. Ses
protecteurs lui procurérent des
places qu'il remplit avec soin. Il
mourut à Paris en 1730, à 82 ans.

On a de lui un excellent *Traité de
l'organe de l'Ouie*, réimprimé à
Leyde en 1713, in-12. C'étoit un
homme très-vif, mais très-bon. Il
étoit passionné pour son art. Quelque tems avant sa mort, il avoit
entrepris un ouvrage *sur les Insectes*, qui l'obligeoit à des soins très-
pénibles. Malgré son grand âge,
il passoit des nuits dans les endroits
les plus humides du jardin, couché sur le ventre, sans oser faire
aucun mouvement, pour découvrir les allures & la conduite des
limaçons. Sa santé en souffroit ;
mais il auroit encore plus souffert
de rien négliger. Sa religion alloit jusqu'à la piété la plus fervente, & il se reprochoit d'être
trop occupé de sa profession, de
crainte de ne l'être pas assez de
l'Auteur de la nature.

VERNULÆUS, (Nicolas) né
dans le duché de Luxembourg en
1570, mort à Louvain vers 1649,
obtint une place de professeur en
l'université de cette derniére ville.
Il y fit fleurir le goût des belles-
lettres, pour lesquelles il en avoit
assez lui-même. Il a laissé beaucoup
d'ouvrages, dont la plupart ne respirent guéres ni la délicatesse, ni
l'exactitude. Les principaux sont :
une *Histoire* latine de *l'Université de
Louvain*, 1667, in-4°, où l'on trouve bien des recherches. Elle vaut
mieux que son *Historia Austriaca*,
in-8°, qui manque de méthode &
d'ordre. Ses *Tragédies* latines,1635
in-8°, offrent assez de pureté, mais
presque point de génie. Ses *Insti-
tutionesPoliticæ*, 1647 in-fol. renferment beaucoup d'idées communes.

VERON, (François) mission-
naire de Paris, entra chez les Jésuites, & en sortit quelque tems
tems après. Il se consacra aux missions, & fut l'instrument du salut de
plusieurs pécheurs. Il mourut sain-

VER

VER 69?

tement en 1649, curé de Charenton. On rapporte qu'après la fameuse conférence qu'il eut à Caen sur la religion avec le ministre *Bochart*, (l'un & l'autre ayant un second bien inférieur en force,) un Catholique, qui étoit présent, fit cette réponse à des Huguenots qui lui en demandoient des nouvelles : *Pour vous dire la vérité, on ne peut pas affûrer que votre Savant soit plus savant que notre Savant ; mais en récompenfe, notre Ignorant eft dix fois plus ignorant que votre Ignorant.* On a de lui une excellente *Méthode de Controverfes*, & fur-tout une *Règle de la Foi Catholique*, & d'autres ouvrages, dont la plûpart ont été imprimés en 2 vol. in-fol. *Veron* s'étoit d'abord annoncé par un livre fingulier, intitulé : *Le Bâillon des Janféniftes* ; ouvrage qui fit dire à un mauvais plaifant, que « l'auteur méritoit le bâillon qu'il vouloit mettre aux autres. »

VERONESE, (Le) peintre célèbre, *Voyez* I. CALIARI.

VERRAT, (Jean-Marie) Carme natif de Ferrare, & mort en 1563, a compofé une *Concorde des Evangiles* & d'autres Ecrits latins, recueillis en 2 vol. in-fol.

VERRIUS FLACCUS, *Voy.* FESTUS, n° I.

VERROCHIO, (André) peintre, mort en 1488, âgé de 56 ans, réuniffoit en lui plus d'une forte de talens. Il étoit très-habile dans l'orfévrerie, la géométrie, la perfpective, la mufique la peinture, la fculpture & la gravure. Il avoit auffi l'art de fondre & de couler les métaux. Il faififfoit fort bien la reffemblance des chofes, & il mit en vogue l'ufage de mouler avec du plâtre les vifages des perfonnes mortes & vivantes, pour en faire les portraits. Ce fut à lui que les Vénitiens s'adreffèrent pour ériger une ftatue équeftre de bronze à *Barthélemi* de *Bergame*, qui leur avoit fait remporter plufieurs avantages dans une guerre. *Verrochio* en fit le modèle de cire ; mais comme on lui préféra un autre artifte pour fondre l'ouvrage, il gâta fon modèle & s'enfuit. Le pinceau de *Verrochio* étoit dur, & il entendoit très-mal le coloris ; mais ce peintre poffédoit parfaitement la partie du deffin. Il y mit une grande correction, & donna à fes airs de tête beaucoup de grace & d'élégance.

VERSCURING, (Henri) peintre, né à Gorcum en 1627, paffa à Rome pour y faire une étude férieufe de fon art. Son goût le portoit à peindre des Animaux, des Chaffes & des Batailles. Il réuffiffoit dans le Payfage, & favoit l'orner de belles fabriques. *Henri* fuivit l'armée des Etats en 1672, y fit une étude de tous fes divers campemens, de ce qui fe paffe dans les armées, dans les déroutes, dans les retraites, dans les combats ; & il tira de ces connoiffances les fujets ordinaires de fes tableaux. Son génie étoit vif & facile ; il mettoit un grand feu dans fes compofitions, il varioit à l'infini les objèts ; fes figures ont du mouvement & de l'expreffion, & il a rendu très-bien la nature. Ce peintre étoit recommandable, non feulement pour fes talens, mais encore pour fon efprit & pour fes mœurs. On lui propofa d'occuper une place de magiftrature dans fa patrie ; honneur qu'il n'accepta, qu'après s'être affûré que cela ne l'obligeroit point de quitter la peinture. *Verfcuring* périt fur mer, d'un coup de vent, à 2 lieues de Dort, en 1690.

VERSÉ, (Noël-Aubert de) né au Mans de parens Catholiques fe

X x iij

fit Calviniste, & fut quelque tems ministre de la religion Prétendue-Réformée à Amsterdam. De Protestant il devint Socinien ; mais il rentra enfin dans l'Eglise Catholique vers 1690. Le clergé de France lui donna une pension pour le récompenser de ses ouvrages, qui sont très-médiocres. On a de lui : I. *Le Protestant pacifique*, ou *Traité de paix de l'Eglise*, dans lequel on fait voir, par les principes des Réformés, que *la Foi de l'Eglise Catholique ne choque point les fondemens du salut, & qu'ils doivent tolérer dans leur Communion tous les Chrétiens du monde, les Sociniens & les Quakers mêmes*; in-12. II. Un *Manifeste* contre *Jurieu*, qui avoit attaqué par un *Factum* l'ouvrage précédent; publié en 1687 in-4°, & qui est le meilleur livre qu'ait fait *Aubert de Versé*. III. *L'Impie convaincu*, ou *Dissertation contre Spinosa*, Amsterdam, 1684, in-8°. IV. *La Clef de l'Apocalypse de St Jean*, 2 vol. in-12. Cette Clef n'a pas pu ouvrir ce livre mystérieux. V. *L'Anti-Socinien*, ou *Nouvelle Apologie de la Foi Catholique contre les Sociniens*. VI. Le *Tombeau du Socinianisme*, &c. *Versé* mourut en 1714, avec la réputation d'un esprit ardent, sujet à prendre des travers. Quelques-uns lui attribuent un livre impie, imprimé à Cologne en 1700, in-8°, sous ce titre : *Le Platonisme dévoilé*, ou *Essai touchant le Verbe Platonicien*; mais cet ouvrage est plus vraisemblablement de *Souverain*. (*Voyez* SOUVERAIN.)

VERSORIS ou VERSOIS, (Jourdain Faure, *dit*) religieux Dauphinois, abbé de St Jean d'Angeli, fit périr *Charles* de *France*, duc de Guyenne, dont il étoit aumônier & confesseur, avec la dame de *Monsoreau*, maîtresse de ce prince : (*Voy.* LOUIS XI, n° XVI.) On assûre

que ce fut par une pêche empoisonnée qu'il leur présenta ; mais on pourroit douter (dit, l'historien moderne de Languedoc,) s'il y avoit alors des pêches en France. Quoi qu'il en soit, cité par *Artur* de *Montauban*, archevêque de Bordeaux & commissaire de *Sixte IV*, cet abbé refusa de comparoître, & fut déposé par contumace. Il mourut en prison à Nantes, l'an 1472, avec tous les symptômes de poison, la veille du jour où il devoit être jugé. « Louis XI, qu'on soupçonna (dit *d'Argentré*) d'être » l'auteur de la mort de son frere, » fit périr ainsi l'instrument de son » crime, pour en assûrer le se- » cret. »

VERSOSA, (Jean) né à Saragosse en 1528, professa la langue Grecque à Paris, & parut avec éclat au concile de Trente. Il fut ensuite envoyé à Rome pour faire la recherche des Piéces & des principes qui établissoient les droits du roi d'Espagne sur les divers royaumes dont ce prince étoit en possession. Il mourut dans cette ville en 1574, à 46 ans. Il avoit du goût & du talent pour la poësie latine. On a de lui des *Vers héroïques* & des *Vers lyriques*, dans lesquels on ne voit rien de fort extraordinaire. Ses *Epitres* ont été plus estimées ; mais il ne faut pas les comparer, comme on a fait, à celles d'*Horace*, qui laisse loin derrière lui tous nos versificateurs modernes.

VERT, (Dom Claude de) religieux de l'ordre de Cluni, naquit à Paris en 1645. Après son cours d'études qu'il fit à Avignon, la curiosité lui fit entreprendre le voyage d'Italie. Frappé de l'éclat avec lequel les cérémonies ecclésiastiques se font à Rome, il résolut dès-lors d'en chercher l'origine

& c'eſt aux réflexions qu'il fit dès ce tems-là, qu'on doit ſon travail ſur cette matière. De retour en France, il acquit l'eſtime & la confiance des premiers ſupérieurs de ſon ordre, par une piété exemplaire, jointe à une érudition rare. Il contribua beaucoup au rétabliſſement des chapitres généraux, & parut avec éclat dans celui de 1676. Il y fut élu tréſorier de l'abbaye de Cluni, & nommé avec Dom *Paul Rabuſſon*, ſous-chambrier de la même abbaye, pour travailler à réformer le Bréviaire de leur ordre: (*Voyez* RABUSSON.) Cet ouvrage parut en 1686, & malgré les critiques de *Thiers*, il a été une ſource abondante où les auteurs des Bréviaires poſtérieurs ont puiſé. Les ſervices de Dom de *Vert* lui méritérent, en 1694; le titre de vicaire-général du cardinal de *Bouillon*, & l'année d'après on le nomma au prieuré de *St Pierre* d'Abbeville. Ce ſavant avoit publié, en 1689, la Traduction de la *Règle de St Benoît*, faite par *Rancé*, abbé & réformateur de la Trappe; & il y joignit une Préface & des notes courtes, mais ſavantes. Son deſſein étoit de faire un plus long commentaire. Cet ouvrage même étoit preſque achevé & imprimé in-4° à Paris, chez *Muguet*, juſqu'à l'explication du 48ᵉ chapitre de la Règle, lorſque l'auteur fut obligé de quitter Paris pour les affaires de ſon ordre. Il fut longtems ſans donner de ſes nouvelles à ſon libraire, qui, le croyant mort, déchira les feuilles déja imprimées, & c'eſt par-là que le public s'en eſt trouvé privé. En 1690, Dom de *Vert* publia ſa *Lettre* à *Jurieu*, où il défend les cérémonies de l'Egliſe contre le mépris que ce miniſtre avoit montré pour elles. Enfin l'ouvrage, par lequel il eſt le

plus connu, eſt ſon *Explication ſimple, littérale & hiſtorique des Cérémonies de l'Egliſe*, en 4 vol. in-8°. Le 1ᵉʳ volume parut en 1697, & le 11ᵉ en 1698; mais les 111ᵉ & 1vᵉ n'ont été publiés qu'après la mort de l'auteur. Quoique preſque toutes ſes explications ſoient auſſi ingénieuſes que naturelles, quelques-unes paroiſſent tirées de trop loin, & on deſireroit plus d'ordre dans l'arrangement des matériaux. Son ſtyle eſt ſimple & net. Les deux prem. volumes furent réimprimés en 1720, avec des corrections. L'auteur termina ſa carriére en 1708., à 63 ans. C'étoit un homme d'un caractére grave & d'un eſprit ſolide. Il avoit de la douceur & de la politeſſe. Il n'étoit tyran ni dans le cloître, ni dans la ſociété. Son air ouvert & ſes manières polies le faiſoient aimer même de ceux qu'il étoit obligé de reprendre & de contredire. Ses ouvrages prouvent ſes profondes recherches.

VERTH, (Jean de) capitaine partiſan Allemand, qui fut quelquetems redoutable. *Turenne* le fit priſonnier, & il fut le ſujet des Vaudevilles de Paris. Ces Chanſons l'ont rendu célèbre.

VERTOT D'AUBŒUF, (René-Aubert de) né au château de Bennetot en Normandie, l'an 1655, d'une famille bien alliée, entra chez les Capucins malgré l'oppoſition de ſes parens. Sa ſanté ayant été dérangée par les auſtérités de cet ordre, il paſſa en 1677 chez les chanoines-réguliers de Prémontré. Las de vivre dans des ſolitudes, il vint à Paris en 1701, & prit l'habit eccléſiaſtique. On appelloit ces différens changemens, *les révolutions de l'Abbé de Vertot*. Il fut aſſocié en 1705 à l'académie des belles-lettres. Ses talens lui firent de puiſſans protecteurs. Il fut hono-

X x iv

ré des titres de fecrétaire dés commandemens de Mad' la ducheffe
d'*Orléans Bade-Baden*, de fecrétaire
des langues chez M' le duc d'*Orléans*, & il eut un logement au
Palais-royal. Le grand-maitre de
Malte le nomma en 1715 Hiftoriographe de l'ordre, l'affocia à tous
fes privilèges, & lui donna la permiffion de porter la Croix. Il fut
enfuite pourvu de la commandé-
rie de Santeny. On affûre qu'il avoit
été nommé pour être fous-précepteur du roi *Louis XV* ; mais que
des raifons particulières le privé-
rent de cet honneur , dont il
étoit fi digne par fes connoiffances & fon efprit. L'abbé de *Vertot*
paffa les dernières années de fa
vie dans de grandes infirmités, au
milieu defquelles il mourut , âgé
de près de 80 ans, en 1735. C'é-
toit un homme d'un caractére aimable , qui avoit cette douceur de
mœurs, qu'on puife dans le commerce des compagnies choifies &
des efprits ornés. Son imagination
étoit brillante dans fa converfation comme dans fes écrits. Ami
fidèle ,fincère , officieux , empreffé
à plaire , il avoit autant de chaleur dans le cœur que dans l'éf-
prit. Ses principaux ouvrages font:
I. *L'Hiftoire des Révolutions de Portugal* , Paris 1689 , 1 vol. in-12 ;
bien écrite , mais compofée fur des
Mémoires infidèles. II. *L'Hiftoire
des Révolutions de Suède* , où l'on
voit les changemens arrivés dans
ce royaume au fujet de la Religion & du gouvernement ; 1696 ,
en 2 vol. in-12. On ne fauroit
mieux peindre, que l'abbé de *Vertot*
le fait dans ce livre ; mais fes couleurs & fes portraits tiennent du
roman. III. *L'Hiftoire des Révolutions Romaines*, en 3 vol. in-12. C'eft
le chef-d'œuvre de l'auteur. IV.
L'Hiftoire de Malte, 1727 , en 4 vol.

in-4°, & en 7 vol. in-12. Le ftyle
en eft plus languiffant , moins pur ,
moins naturel que celui de fes autres ouvrages , & on l'a attaqué
folidement fur plufieurs points qui
manquent d'exactitude. V. *Traité de
la Mouvance de Bretagne* , plein de
paralogifmes & d'erreurs. VI. *Hiftoire critique de l'établiffement des Bretons dans les Gaules* , 2 vol. in-12.
VII. Plufieurs favantes *Differtations* dans les *Mémoires* de l'académie des belles-lettres. L'abbé de
Vertot peut être regardé comme notre *Quinte-Curfe*. Il a le ftyle brillant & léger, une narration vive &
ingénieufe. Il poffède l'art d'attacher le lecteur, & d'intéreffer en
faveur de fes perfonnages ; mais
comme la connoiffance qu'il avoit
des hommes & des affaires étoit
fort bornée , fes portraits font
peu réfléchis , & il manque prefque toujours du côté des recherches.

VERTU, Divinité allégorique,
fille de la *Vérité*. On la repréfente fous la figure d'une femme fimple, vêtue de blanc , affife fur une
pierre quarrée. Et lorfqu'on la confidére comme la *Force* , on la repréfente fous la figure d'un vieillard
grave , tenant en fa main une
maffue.

VERTUMNE , Dieu de l'Automne , & felon d'autres , des penfées
humaines & du changement. Il
pouvoit prendre toutes fortes de
figures. Il s'attacha fort à la déeffe
Pomone , & prit la figure d'une
vieille , pour lui confeiller d'aimer.
L'ayant perfuadée , il fe nomma.
Lorfqu'ils furent dans un âge avancé , il fe rajeunit avec elle , & ne
viola jamais la foi qu'il lui avoit
promife.

VERTUS, (Jean de) fecrétaire-
d'état, fous *Charles V*, eft un de ceux
à qui on attribue le *Songe du Ver-*

fier, 1491 , in-fol. , & dans les _Li-bertés de l'Eglife Gallicane_ , 1731, 4 vol. in-fol. Mais il y a de fortes raifons de croire que _Raoul_ de _Prefles_ en eft le véritable auteur. Cet ouvrage fut enfanté contre les entreprifes de la cour de Rome , vers 1374, par ordre de _Charles V_, roi de France , à qui il eft dédié. On croit qu'il fut écrit en latin , ou du moins traduit en cette langue prefqu'auffitôt qu'il parut.

VERVILLE , _Voy._ II. BEROALD.

VERULAM, (le Baron de) _Voy._ BACON , n° IV.

VERULANUS, _Voy._ SULPITIUS.

VERUS, (_Lucius Ceïonius Commodus_) empereur Romain , étoit fils d'_Ælius_ & de _Domitia Lucilla_. Il n'avoit que 7 ans , lorfqu'_Adrien_ qui aimoit fon pere, fit adopter le fils par _Marc-Aurèle_, qui lui donna fa fille _Lucille_ en mariage, & l'affocia à l'empire. Ce prince l'ayant envoyé en Orient contre les Parthes. _Lucius Verus_ les défit l'an 163 de J. C. Six ans après il mourut d'apoplexie à Altino , en 169 , à 39 ans. Après fa mort, _Marc - Aurèle_ affocia _Commode_ à l'empire. _Verus_ n'avoit aucune des bonnes qualités de fon collègue ; il étoit diffolu dans fes mœurs & dans fes difcours. On avoue cependant qu'il étoit doux , fimple , franc & bon ami ; il aimoit affez la philofophie & les lettres , & avoit toujours auprès de lui quelques favans. Quoiqu'il affectât un air grave & févére , & qu'il portât une barbe très-longue , il avoit cependant un penchant extrême aux plaifirs. Son refpect pour _Marc-Aurèle_ retint d'abord ce penchant dans quelques bornes ; mais il éclata enfuite avec excès. Il étoit d'ailleurs gouverné par fes affranchis , dont quelques-uns étoient très - vicieux & très-méchans. _Marc-Aurèle_ étoit chargé

feul du poids des affaires, tandis que fon collègue oifif & voluptueux ne gardoit de l'autorité, que ce qu'il lui en falloit pour fatisfaire fes penchans.

VESAL , (André) célèbre médecin, natif de Bruxelles , & originaire de Vefel , dans le duché de Clèves, fit une étude particuliére de l'anatomie. Il l'enfeigna avec une réputation extraordinaire à Paris , à Louvain , à Bologne, à Pife & à Padoue. L'empereur _Charles-Quint_ & _Philippe II_, rois d'Efpagne , l'honorérent du titre de leur médecin. _Vefal_ ayant fait l'ouverture du corps d'un gentilhomme Efpagnol que l'on croyoit mort , & qui étoit encore vivant, les parens le déférèrent à l'Inquifition ; mais le roi d'Efpagne le délivra de ce danger , à condition que, pour expier fon efpèce de crime, il feroit un pélerinage à la Terre-fainte. _Vefal_ paffa en Chypre , & de-là à Jérufalem. Le fénat de Venife le rappella pour remplir la place de _Fallope_ , profeffeur à Padoue ; mais à fon retour, fon vaiffeau ayant fait naufragé , il fut jetté dans l'ifle de Zante, où il mouru de faim & de mifére en 1564, à 58 ans. On a de lui un _Cours d'Anatomie_ en latin , fous le titre de _Corporis humani Fabrica_, Bâle 1555 , in-fol. , & Leyde 1725 , 2 vol. in-fol. Cette derniére édition, augmentée & corrigée, eft due à _Boerhaave_.

VESPASIEN , (_Titus-Flavius_) empereur Romain , naquit dans une petite maifon de campagne près de Riti, l'an 9° de J. C. , d'une famille fort obfcure. Il ne rougiffoit point d'avouer fa naiffance , & fe moquoit de ceux qui , pour le flater, lui donnoient des ancêtres illuftres. Sa valeur & fa prudence , & fur-tout le crédit de _Narciffe_, affranchi de *Claude*, lui procurérent 1é confulat. Il fuivit *Néron* dans fon voyage de la Grèce; mais il encourut la difgrace de ce prince, pour s'être endormi pendant qu'il récitoit fes vers. Les Juifs s'étant révoltés, l'empereur oublia cette prétendüe faute, & lui donna une armée pour les remettre à leur devoir. Il fit la guerre dans la Paleftine avec fuccès, défit les rebelles en diverfes rencontres; prit Afcalon, Jotapat, Joppé, Gamalà, & diverfes autres places. Il fe prépara à mettre le fiége devant Jérufalem, mais il ne prit point cette ville; la gloire en étoit réfervée à *Titus* fon fils, qui s'en rendit maître quelque tems après. *Vitellius* étant mort, il fut fàlué empereur à Alexandrie par fon armée, l'an 69 de J.C. Il commença par rétablir l'ordre parmi les gens de guerre, dont les excès & les infolences défoloient les villes & les provinces. Il eut foin fur-tout de remédier à la molleffe, l'écueil de la difcipline militaire. Un jeune officier, qu'il avoit honoré d'un emploi confidérable, étant venu l'en remercier, tout parfumé, il lui dit d'un ton févére: *J'aimerois mieux que vous fentiffiez l'ail que l'effence.* La réforme s'étendit fur tous les ordres de l'Etat; il abrégea les procédures, il rendit inutiles les artifices de la chicane par d'excellentes loix. Après avoir travaillé lui-même à cet édifice, il embellit Rome & les autres villes de l'empire. Il répara les murs, fortifia les avenues, & les mit en état de défenfe. Il bâtit auffi quelques villes & fit des grands chemins. Il pourvut à la fûreté des provinces frontières. Mais ce qui le diftingua fur-tout des autres princes, ce fut fa clémence. Loin de faire mourir ceux qui étoient fimplement foupçonnés de

confpirer contre lui, il leur faifoit reffentir fes bienfaits. Ses amis lui ayant dit un jour de prendre garde à *Metius Pompofianus*, parce que le bruit couroit que fon horofcope lui promettoit l'empire, il le fit conful, & ajoûta en riant : *S'il devieht jamais Empereur, il fe fouviendra que je lui ai fait du bien*... *Je plains*, ajoûta-t-il, *ceux qui confpirent contre moi, & qui voudroient occuper ma place ; ce font des foux, qui afpirent à porter un fardeau bien pefant.* Ce fut par cette modération & par fa vigilance, qu'il défarma les confpirateurs qui vouloient lui enlever le trône & la vie. Il n'étoit point ambitieux de ces grands titres, dont plufieurs de fes prédéceffeurs étoient fi jaloux. Il refufa même long-tems celui de *Pere de la Patrie*, qu'il méritoit à fi bon droit. Le roi des Parthes lui ayant écrit avec cette infcription : *Arface, Roi des Rois, à Vefpafien* ; au lieu de réprimer cet orgueil, il lui répondit fimplement : *Flave Vefpafien à Arface, Roi des Rois.* Il permettoit à fes amis de le railler, & lorfqu'on affichoit des plaifanteries fur lui, il en faifoit afficher auffi pour y répondre. Son penchant à pardonner ne prit rien fur fa juftice. Les ufuriers, reffource cruelle de la jeuneffe qui empruntoit d'eux à un intérêt exorbitant, caufoient la ruine de plufieurs maifons. Il ordonna que quiconque auroit prêté à un enfant de famille à un gros intérêt, ne pourroit, quand la fucceffion feroit ouverte, répéter ni l'intérêt, ni le principal. Ennemi du vice, il fut le rémunérateur de la vertu. Il fit fleurir fur-tout les arts & les fciences, par fes libéralités envers ceux qui y excelloient, ou qui y faifoient des progrès ; & il deftina aux feuls profeffeurs de rhétorique 100,000 fefterces, payables annuellement fur le tréfor de l'empire. Il eft vrai qu'il bannit de Rome divers philofophes, dont l'infolence étoit extrême & les principes dangereux; mais il n'en eut ni moins d'amour pour les lettres, ni moins de générofité à l'égard des écrivains diftingués. Il donnoit des penfions, ou accordoit des gratifications à ceux qui faifoient des découvertes, ou qui perfectionnoient les Arts méchaniques, qui étoient auffi précieux à fes yeux que les Arts libéraux. Un habile mathématicien ayant trouvé une manière de faire tranfporter, à peu de frais, dans le Capitole, des colonnes d'une pefanteur prodigieufe; *Vefpafien* paya en prince l'inventeur', fans vouloir pourtant qu'on fe fervît de l'invention : *Il faut*, dit-il, *que les pauvres vivent.* L'émpire fut auffi floriffant au dehors qu'au dedans. Outre la Judée & la Comagène, il affujettit encore les royaumes de Lycie & de Pamphylie en Afie, qui jufqu'alors avoient eu leurs rois particuliers, & les rendit provinces de l'empire. L'Achaïe & la Thrace en Europe eurent un pareil fort. Les villes de Rhodes & de Samos, la ville de Bizance, & d'autres auffi confidérables, furent foumifes aux Romains. Ses grandes qualités furent ternies par une économie qui tenoit de l'avarice. N'étant encore que fimple particulier, il avoit marqué beaucoup d'avidité pour l'argent; il n'en témoigna pas moins fur le trône. Un efclave à qui il refufa de donner la liberté gratuitement, tout empereur qu'il étoit, lui dit : *Le renard change de poil, mais non de caractére.* Les députés d'une ville ou d'une province étant venus lui annoncer que, par délibération publique, on avoit deftiné un million de fefterces (125000 liv.) à lui ériger une ftatue coloffale : *Placez-la ici fans perdre de tems*, leur dit-il, en préfentant fa main formée en creux ; *voici la bafe toute prête...* *Vefpafien* achetoit fouvent des marchandifés pour les revendre plus cher. Mais il fit enforte qu'une partie de fes extorfions fût attribuée à *Cénis*, une de fes concubines. Cette femme avoit l'efprit d'intérêt fi ordinaire aux perfonnes de fon état. Elle vendoit les charges & les commiffions à ceux qui les follicitoient, les abfolutions aux accufés innocens ou coupables, & les réponfes mêmes de l'empereur. On imputoit encore à *Vefpafien* d'employer à deffein dans les finances, les hommes les plus avides, pour les condamner lorfqu'ils fe feroient enrichis. Ce prince ne regardoit les financiers que comme des éponges, qu'il vouloit preffer après qu'elles fe feroient remplies. *Titus* fon fils n'approuvant point je ne fais quel impôt fur les urines, l'empereur lui préfenta la première fomme qu'on en avoit retirée, en lui demandant : *Cet argent fent-il mauvais ?..* La dernière maladie de *Vefpafien*, fut une douleur dans les inteftins. Elle ne l'empêcha point de travailler aux affaires du gouvernement avec vivacité; & il répondoit aux repréfentations qu'on lui faifoit fur cela, *qu'il falloit qu'un Empereur mourût debout.* Comme il fentoit que fa fin approchoit: *Je crois*, dit-il gaiment, *que je vais bientôt devenir Dieu.* Il mourut âgé de 70 ans, l'an 79 de J. C., dans le même lieu où il étoit né, après un règne de dix années. L'hiftoire ne lui reproche que fa paffion pour les femmes & pour l'argent. Il pouffa ce dernier vice jufqu'à la petiteffe; mais 'on l'excufe, en obfervant qu'il ne mit des impôts que pour dégager le tréfor Impérial, fort endetté lorfqu'il fut nommé empereur. *Voy.* ZENODORE.

VESPUCE, *Voy.* AMERIC.

VESTA : La plûpart des auteurs donnent ce nom à *Cybèle*, parce qu'elle étoit auffi la déeffe du feu. Il y en a beaucoup qui croient qu'il y a eu deux *Vefta*, l'une femme du *Ciel*, & l'autre femme de *Saturne*. Si l'on regarde *Cybèle* comme déeffe du feu, on l'appelle *Vefta*. Il n'appartenoit qu'à des Vierges de célébrer fes myftéres, & leur unique foin étoit de ne jamais laiffer éteindre le feu dans fes temples. Quand elles le laiffoient éteindre, ou quand elles manquoient à leur vœu de virginité, elles étoient condamnées à être enterrées toutes vives. On les appelloit *Veftales*.

VETRANION, général de l'armée Romaine fous *Conftance*, né dans la haute Mœfie, avoit vieilli dans le métier des armes. Regardé comme le pere des foldats, il fut revêtu par fon armée de la pourpre impériale à Sirmich dans la Pannonie, le 1ᵉʳ Mai 350. *Magnence* s'étoit révolté dans le même tems. *Conftance* marcha contre l'un & l'autre ; & ayant eu une entrevue avec *Vetranion* dans la Dace, il le traita d'abord en fouverain, & le détermina enfuite à quitter le trône. *Vetranion* obtint de grands biens, pour qu'il pût mener une vie convenable au titre qu'il avoit porté. Il fe retira à Prufe en Bithynie, où il vécut encore fix années dans un exercice continuel de piété & de bonnes œuvres. Il avoit régné environ fix mois. Son abdication prouve affez quel étoit fon caractére. On remarquoit en lui cette fimplicité & cette grandeur

d'ame des anciens Romains, dont il avoit l'air ; mais il étoit fi peu lettré, qu'étant parvenu à l'empire, il fut obligé d'apprendre à écrire pour favoir figner fon nom.

VETTORI, *Voy.* I. VICTORIUS.

VETURIE, mere de *Coriolan*, fut envoyée vers fon fils qui affiégeoit Rome, avec *Volumnia* fa femme & fes 2 enfans. Le vainqueur avoit été jufqu'alors infenfible aux prières ; mais dès qu'il apperçut fa mere : *O Patrie*, s'écria-t-il, *vous m'avez vaincu, & vous avez défarmé ma colére, en employant les prières de ma mere, à qui feule j'accorde le pardon de l'injure que vous m'avez faite*; & auffi-tôt il ceffa fes hoftilités fur le territoire Romain.

. VEZINS, (N. de) lieutenant-deroi dans le Quercy, fe diftingua dans le tems de la *St-Barthélemi*, par une action de générofité, digne d'être confervée dans l'hiftoire. Il étoit prêt de fortir de Paris pour s'en retourner dans fa province, au moment que commença cette tragédie horrible. Ayant appris qu'un gentilhomme Calvinifte de fon pays avec lequel il étoit très-brouillé, alloit être envelopé dans le maffacre, il va le trouver le piftolet à la main : *Il faut obéir*, lui dit-il d'un air farouche, *fuivezmoi*. Ce gentilhomme, plus mort que vif, fuivit jufques dans le Quercy le lieutenant-de-roi, qui ne lui dît pas un mot dans tout le chemin. Alors de *Vezins* rompant le filence : *J'aurois pu me venger de vous*, lui dit-il, *fi j'euffe voulu profiter de l'occafion*; *mais l'honneur & votre vertu m'en ont empêché. Vivez donc par la faveur que je vous fais*; *mais croyez que je ferai toujours prêt à vuider notre querelle par la voie reçue, comme je l'ai été à vous garantir d'une porte inévitable. Et* dans le moment, fans attendre de réponfe, il pique & s'éloigne à toute bride, laiffant au gentilhomme le cheval qu'il lui avoit fourni pour faire la route, fans vouloir le reprendre lorfqu'il lui fut renvoyé, ni même en recevoir le prix.

VIALART , (Charles) *Voyez* CHARLES de *S. Paul*, n° XXXVII.

VIALART , (Felix) évêque de Châlons, né à Paris en 1613, & mort faintement en 1680, fut un des plus illuftres prélats du fiécle de *Louis XIV*. Sa vertu étoit folide, mais fans grimace & fans amertume. La paix de *Clément XI* fe fit en 1669, en partie par fes foins. On a de lui un *Rituel*, des *Mandemens* & des *Inftruttions Paftorales*.

VIARD ou WIARD, Chartreux à Lugny, mort au commencement du XIIIe fiécle, fe retira dans une folitude à 4 lieues de Langres. Un grand nombre de difciples, auxquels il impofa une Règle très-auftére, approuvée par *Innocent III*, vinrent fe ranger fous fa difcipline. Ces Hermites donnèrent à leur monaftére le nom de *Notre-Dame du VAL des Choux*, devenu chef-d'ordre, & réuni depuis quelques années à l'Abbaye de *Sept-Fons*, maifon réformée comme la *Trappe*.

VIAS, (Balthafar de) poëte Latin, né à Marfeille l'an 1587, mourut dans la même ville en 1667. Il marqua dès fon enfance une inclination particuliére pour les Mufes Latines, qu'il cultiva dans toutes les fituations de fa vie. En 1627, il fut fait conful de la nation Françoife à Alger : emploi qu'occupoit fon pere, & qu'il remplit avec le plus grand applaudiffement. Le roi le récompenfa de fon zèle par les places de gentilhomme ordinaire & de confeiller-d'état. Ses ouvrages font : I. Un long *Panégyrique de Henri le Grand*. II. Des Vers

élégiaques. III. Des Piéces intitulées *les Graces*, ou *Charitum libri tres*, Paris, 1660, in-4°. IV. *Sylvæ regiæ*, Paris, 1623, in-4°. V. Un *Poëme* fur le pape *Urbain VIII*, &c. Il y a dans ces différentes piéces, de l'efprit, du goût, de la facilité ; fon ftyle eft quelquefois obfcur par un ufage trop fréquent de la Fable, & l'auteur ne fait pas s'arrêter où il faudroit. A la qualité de poëte, il joignit celles de jurifconfulte & d'aftronome ; il avoit formé un cabinet curieux de Médailles & d'Antiques, qui lui donna la réputation d'*Amateur*.

VIAUD, *Voy.* III. THÉOPHILE.

VIBIUS SEQUESTER, ancien auteur, adreffa à fon fils *Virgilien* un *Dictionnaire Géographique*, où il parloit des fleuves, des fontaines, des lacs, des montagnes, des forêts & des nations. *Bocace* a depuis travaillé fur le même fujet ; & quoique fouvent il ne faffe que tranfcrire ce qu'a dit *Vibius Sequefter*, il ne le cite cependant jamais. On trouve le *Dictionnaire* de *Vibius* avec *Pomponius Mela* ; & féparément 1575, in-12, édition donnée par *Jofias Simler*; & enfin à Roterd. 1711, in-8°.

I. VIC, (Enée) natif de Parme, fe diftingua parmi les antiquaires du XVIe fiécle. On a de lui les *XII Céfars*, & d'autres Médailles gravées proprement, Paris, 1619, in-4°. Cet antiquaire manquoit de difcernement ; il a publié plufieurs Médailles fauffes.

II. VIC, (Dominique de) gouverneur d'Amiens, de Calais, & vice-amiral de France, fe fignala par fon affabilité & par fon humanité, autant que par fa valeur. Il s'informoit dans tous les lieux où il commandoit, des marchands & des artifans qui jouiffoient d'une bonne réputation ; il les vifitoit comme un ami, & alloit lui-même les prier à dîner. L'Hiftoire rapporte de lui deux traits bien touchans. Ayant eu en 1586 le gras de la jambe droite emporté d'un coup de fauconneau, & ne pouvant plus monter à cheval, fans réffentir les douleurs les plus vives, il s'étoit retiré dans fes terres en Guienne. Il y vivoit depuis 3 ans, lorfqu'il apprit la mort de *Henri III*, les embarras où étoit *Henri IV*, & le befoin qu'il avoit de tous fes bons ferviteurs. Il fe fit couper la jambe, vendit une partie de fon bien, alla trouver ce prince, & lui rendit des fervices fignalés à la bataille d'Ivri, &, dans plufieurs autres occafions. Deux jours après l'affaffinat de ce bon roi, *de Vic* paffant dans la rue de la Féronnérie, & regardant l'endroit où cet horrible attentat avoit été commis, fut fi faifi de douleur qu'il tomba prefque mort, & il expira le furlendemain 14 Août 1610... Son frere, *Meri de Vic*, mort en 1622, fut garde-des-fceaux fous *Louis* XIII. *Dominique de Vic* ne laiffa pas de poftérité.

III. VIC, (Dom Claude de) Bénédictin de la congrégation de St Maur, naquit à Sorèze, petite ville du diocèfe de Lavaur. Il profeffa d'abord la rhétorique dans l'abbaye de St-Sever, en Gafcogne. Ses fupérieurs, inftruits de fa capacité, l'envoyérent a Rome en 1701, pour y fervir de compagnon au procureur-général de fa congrégation. Ses connoiffances, fa politeffe, la douceur de fon caractère & la pureté de fes mœurs, lui concilièrent la bienveillance du pape *Clément XI*, de la reine de Pologne & de plufieurs cardinaux. On le rappella en France en 1715, & il fut choifi avec Dom *Vaiffette* pour travailler à l'*Hiftoire de Languedoc*.

Le 1er vol. de ce favant ouvrage étoit imprimé, lorfqu'il mourut à Paris en 1734, à 64 ans, après avoir été nommé procureur-général de fa congrégation à Rome. On a encore de lui une *Traduction* latine de la Vie de Dom *Mabillon*, par *Ruinart*. Cette verfion fut imprimée à Pàdoue en 1714.

VICAIRE, (Philippe) doyen & ancien profeffeur de théologie dans l'univerfité de Caen, fa patrie, curé de S. Pierre de la même ville, naquit le 24 Décembre 1689, & mourt le 7 Avril 1775. Il parut dans l'univerfité, lorfque les triftes querelles à l'occafion des matières de la Grace, y étoient dans la plus grande effervefcence. Son attachement à la Bulle *Unigenitus* ne fut pas équivoque. Il donna lieu, plus d'une fois, au parti oppofé de lui en reprocher l'excès. Il ne fit pas moins paroître de zèle pour la réunion des Proteftans à l'Eglife Catholique, & gouverna fa paroiffe avec prudence. Nous avons de lui : I. *Difcours fur la Naiffance* de Monfeigneur le *Dauphin*, Caen, 1729, in-4°. II. *Oraifon funèbre* de M. le Cardinal de *Fleuri*, 1743, in-4°. III. *Demandes d'un Proteftant faites à M. le Curé de ***, avec les réponfes*, 1766, in-12. IV. *Expofition fidelle & Preuves folides de la Doctrine Catholique, adreffées aux Proteftans*, &c. Caen, 1770, 4 vol. in-12.

VICECOMÈS, ou VICOMTI, (Jofeph) né à Milan vers la fin du XVIe fiécle, fut choifi par le cardinal *Frédéric Borromée* pour travailler dans la fameufe Bibliothèque Ambrofienne, fondée à Milan par ce favant prélat. *Vicecomès, Rufca, Collius*, &c, avoient mérité, par leur capacité, fes regards, & afin que fa Bibliothèque ne fût pas oifive, il leur diftribua à chacun les matières qu'ils devoient traiter.

Le premier eut pour lot les rits ecclésiastiques. Il remplit sa tâche avec érudition, par un ouvrage imprimé à Milan en 4 vol. in-4°, sous ce titre : *Observationes Ecclesiasticæ, de Baptismo , Confirmatione & de Missa.* Cet ouvrage rare, ainsi que tous ceux appellés Ambrosiens, parut en différentes années : le 1er vol. en 1615, le 11e en 1618, le 111e en 1620, & le 1ve en 1626. Le dernier contient ce qui regarde les cérémonies de la Messe. L'auteur a eu soin de rassembler dans cet ouvrage, tout ce qu'on peut dire de plus curieux sur cette matière. Les anciens rits usités pendant le Sacrifice, & ceux qui leur servent de préparation, y sont détaillés avec étendue. Il est auteur de quelques autres ouvrages moins considérables.

VICENTE , (Gilles) fameux dramatiste du xvie siécle, qu'on regarde comme le *Plaute* de Portugal, eut la facilité du poëte Latin. Il a servi de modèle à *Lopès* de *Vega* & à *Quevedo.* Ses Ouvrages dramatiques virent le jour à Lisbonne en 1562, in-fol. par les soins de ses enfans, héritiers des talens poetiques de leur pere. Cette collect.partagée en 5 liv. comprend dans le 1er toutes les *Piéces* dugenre pieux; dans le 11e les *Comédies* ; dans le 111e les *Tragi-Comédies* ; dans le 1ve les *Farces* , & dans le ve les *Pantomimes...* Vicente écrivoit facilement , mais sans correction & sans goût. Son sel étoit fade pour tout ce qui n'étoit pas peuple. On prétend néanmoins qu'*Erasme* apprit exprès le Portugais pour lire ses ouvrages.

VICHARD DE St-REAL , *Voy.* REAL , n° I.

VICOMTI , *Voy.* VICECOMÈS.

VICTOIRE , ou NICÉ, Déesse du Paganisme, avoit un temple à Athènes , & un autre à Rome. Elle étoit fille de la déesse *Stix* & du géant *Pallas.* On la représente sous la fig. d'une jeune fille toujours gaie, avec des ailes , tenant d'une main une couronne d'olivier & de laurier, & de l'autre , une branche de palmier. Les Athéniens ne donnoient point d'ailes à leur déesse *Victoire* , comme pour l'empêcher par-là de s'éloigner d'eux. Les fêtes ou réjouissances qu'on donnoit après ses faveurs, s'appelloient *Nicetéria.*

VICTOIRE, *Voy.* VICTORINE.

VICTOIRE DE BAVIÉRE , Dauphine de France ; *Voy.* MARIE , n° XVIII.

I. VICTOR , (St) d'une illustre famille de Marseille, se signala dans les armées Romaines jusqu'à l'an 303 , qu'il eut la tête tranchée pour la foi de J. C. Les fameuses Abbayes de *S. Victor* à Marseille & à Paris , ont été fondées sous son invocation.

II. VICTOR I, (St) Africain , monta sur la chaire de *S. Pierre* après le pape *Eleuthére* , le 1er Juin 193. Il y eut de son tems un grand différend dans l'Eglise pour la célébration de la fête de Pâque. Il décida qu'on devoit toujours la célébrer le Dimanche après le 14e jour de la Lune de Mars. On ne regarda point comme hérétiques, ni schifmatiques , ceux qui observoient une pratique contraire , jusqu'à ce que la question eût été décidée par le concile de Nicée. Le pape *Victor* scella de son sang la foi de J. C. sous l'empire de *Sévére* , le 28 Juillet 202. Nous avons de lui quelques *Epîtres* , & *S. Jérôme* le compte le premier parmi les auteurs ecclésiastiques qui ont écrit en Latin.

III. VICTOR II , appellé auparavant *Gebehard* , évêque d'Eichſtadt en Allemagne , pape après Léon IX, le 13 Avril 1055 , par la faveur de l'empereur Henri III , n'accepta la tiare que malgré lui ; mais il l'illuſtra par ſes vertus. Il dépoſa pluſieurs évêques, ſimonia-ques , dans un concile qu'il tint à Florence ; envoya Hildebrand en France , en qualité de légat ; & tint un concile à Rome l'an 1057. Le zèle de Victor pour la diſcipli-ne , lui attira des ennemis impla-cables. Un ſoudiacre attenta à ſa vie , & mit du poiſon dans le ca-lice ; mais le pape découvrit ce crime , les uns diſent naturelle-ment , les autres par un miracle. Victor mourut à Florence l'an 1057, laiſſant vacans le trône pontifical & le ſiége d'Eichſtat qu'il avoit auſſi gardé juſqu'à ſa mort.

IV. VICTOR III ', appellé au-paravant Didier , étoit cardinal & abbé du Mont-Caſſin , lorſqu'il fut placé , malgré ſa réſiſtance , ſur la chaire de St Pierre , le 14 Mai 1086. Il aſſembla, au mois d'Août de l'année ſuivante , un concile des évêques de la Pouille & de la Cá-labre à Benevent ; il y prononça la dépoſition de l'anti-pape Gui-bert , qui vouloit toujours ſe main-tenir à Rome , & renouvella le décret contre les inveſtitures. Vic-tor tomba malade pendant ce con-cile ; & il fut obligé de retour-ner promptement au Mont-Caſſin, où il mourut le 16 Septembre 1087. Grégoire l'avoit déſigné par ſon ſuc-ceſſeur. Victor reſſembloit à ce pontife par ſes vertus. Il s'étoit principalement ſignalé par la ma-gnifique Egliſe qu'il fit élever au Mont-Caſſin. On a de lui des Epi-tres , des Dialogues , & un Traité des Miracles de S. Benoît , dans la Bibliothèque des Peres... Il ne faut pas le confondre avec l'antipape VICTOR , nommé l'an 1138, après

la mort d'Anaclet , & qui préſ qu'auſſitôt quitta la triple couron-ne. (Voyez INNOCENT II.)

V. VICTOR DE VITE ou D'U-TIQUE , étoit évêque de Vite en , Afrique. Le roi Hunneric , prince Arien , alluma une perſécution contre les Catholiques , pendant laquelle Victor eut beaucoup à ſouf-frir. Le ſaint évêque écrivit , vers l'an 487 , l'Hiſtoire de cette per-ſécution , avec plus d'exactitude que d'élégance. Son ouvrage (don-né au public par le P. Chifflet , Di-jon 1665 , in-4°. & par Dom Rui-nart , Paris 1694 , in-4°.) peut ſer-vir non ſeulement pour l'Hiſtoire de l'Egliſe , mais même pour celle des Vandales. L'auteur raconte que ce tyran avoit fait couper la lan-gue juſqu'à la racine à pluſieurs Catholiques , qui parlérent encore après l'exécution. Il cite entr'autres un ſoudiacre nommé Reparat.

VI. VICTOR DE CAPOUE, évêque de cette ville , ſe rendit illuſtre par ſa doctrine & par ſes vertus. Il compoſa un Cycle Paſ-chal vers l'an 545 , & une Préfa-ce ſur l'Harmonie des IV Evangé-liſtes par Ammonius. Cet ouvrage ſe trouve dans la Bibliothèque des Peres. Le vénérable Bède nous a conſervé quelques fragmens de ſon Cycle Paſchal.

VII. VICTOR DE TUNONES , évêque de cette ville en Afrique, fut l'un des principaux défenſeurs des Trois Chapitres. La chaleur avec laquelle il les défendit , le fit ex-clure en 555. Après avoir eſſuyé pluſieurs mauvais traitemens , il fut renfermé dans un monaſtére de Conſtantinople , où il mourut en 566. Nous avons de lui une Chro-nique qui renferme les événemens conſidérables arrivés dans l'Egli-ſe & dans l'Etat. Le diſcernement, l'exactitude , le choix des matié-

res

tes n'y préfident pas toujours ;
mais elle peut. fervir pour les v°
& vi° fiécles de l'Eglife. On la
trouve dans le *Thefaurus Temporum*
de *Scaliger* , & dans *Canifius.*

VICTOR ,. (Ambroife) *Voyez*
XI. MARTIN.

VIII. VICTOR-AMEDÉE] II',
duc de Savoye & premier roi de
Sardaigne, naquit en 1666, & fuccéda à fon pere *Charles-Emmanuel*,
à l'âge de 11 ans, en 1675. Son
mariage avec la fille puinée de
Monfieur frere de *Louis XIV*, lui
affûra les armes de la France. Ce
fut en partie le fecours du
roi, qu'il chaffa entiérement les
Vaudois des Vallées de Luzerne
& d'Angrone. Mais à peine jouif-
foit-il de la paix que *Louis XIV*
lui avoit procurée , qu'il fe ligua
contre ce monarque. *Catinat* le
battit en 1690 à Staffarde , & lui
enleva toute la Savoie. *Viator* fe
jetta fur le Dauphiné 2 ans après,
& fe rendit maitre de Gap & d'Embrun ; mais on le força d'abandonner cette province. *Catinat* le défit encore dans la plaine de Marfeille en 1693. Obligé de faire la
paix en 1696 , il entra dans la
guerre de 1701, & il lui en coûta la Savoie & Nice. Le duc de la
Feuillade l'affiégeoit dans fa capitale, lorfque le prince *Eugène* vint
dégager cette place le 7 Septembre 1706. *Viator* étant rentré dans
fes états, alla mettre le fiége devant Toulon, qu'il fut obligé de
lever. Par la paix de 1713, le roi
d'Efpagne lui donna le royaume
de Sicile. Le duc de Savoie s'en
démit depuis en faveur de l'empereur , qui le déclara roi de Sardaigne. *Viator-Amédée*, après avoir
régné 55 ans , laffé des affaires &
de lui-même , abdiqua par un caprice en 1730, à l'âge de 64 ans,
la couronne qu'il avoit portée le

premier de fa famille , & s'en repentit par un autre caprice. Un
an après , il voulut remonter fur
le trône que fon inquiétude lui
avoit fait quitter. Son fils le lui
auroit remis , fi fon pere feul l'a-
voit redemandé , & fi la conjoncture des tems l'eût permis ; mais
c'étoit une maitreffe ambitieufe
qui vouloit régner , & tout le
confeil fut forcé d'en prévenir les
fuites funeftes , & de faire arrêter celui qui avoit été fon fouverain. Ce prince mourut au château de Rivoli près de Turin, en
1732, âgé de 67 ans. C'étoit un
habile politique & un guerrier
plein de courage , conduifant lui-
même fes armées , s'expofant en
foldat : entendant, auffi - bien que
perfonne, cette guerre de chicane,
qui fe fait fur des terreins coupés
& montagneux, tels que fon pays:
aétif , vigilant , aimant l'ordre ;
mais faifant des fautes , & comme
prince , & comme général.

VICTORIA, *Voyez* FRANÇOIS,
n° XIII.

VICTORIN , (*Marcus Piauvo-
nius Viatorinus*) fils de la célèbre
Viatorine, porta les armes de bonne heure , & fe fit généralement
eftimer par fes talens politiques
& militaires. Il fut affocié à l'empire en 265 par *Pofthume* , tyran
des Gaules. *Viatorin* , fe maintint
dans ce haut rang jufqu'en 268 ,
qu'un greffier nommé *Atticius* ,
dont il avoit violé la femme , le
fit poignarder à Cologne. *Victorin* le *Jeune*, fon fils , qu'il avoit
déclaré empereur, fut affaffiné peu
de tems après.

VICTORINE , ou VICTOIRE ,
(*Aurelia Viatorina*) mere du tyran
Viatorin, fut l'héroine de l'Occident. S'étant mife à la tête d'un
certain nombre de légions , elle
leur infpira tant de confiance, qu'el

les lui donnèrent le titre de mere des armées. Elle les conduifoit elle-même avec cette fierté tranquille, qui annonce autant de courage que d'intelligence : *Gallien* n'eut point d'ennemi plus redoutable. Après avoir vu périr fon fils & fon petit-fils *Victorin*, elle fit donner la pourpre impériale à *Marius*, & enfuite au fénateur *Tetricus*, qu'elle fit élire à Bordeaux en 268. *Victorine* ne furvécut que quelques mois à la nomination de ce prince. On a prétendu que *Tetricus*, jaloux de fa trop grande autorité, lui avoit ôté la vie ; mais plufieurs auteurs affûrent que fa mort fut naturelle.

VICTORINUS, (*Marius*) ancien rhéteur ; dont les ouvrages fe trouvent dans *Antiqui Rhetores Latini*, Paris 1599, in-4°. redonnés par l'abbé *Capperonnier*, à Strasb. in-4°.

I. VICTORIUS, (Pierre) favant Florentin, dont le nom Italien eft *Vettori*, étoit très-habile dans les belles-lettres grecques & latines. Il fut choifi par *Côme* de *Médicis*, pour être profeffeur en morale & en éloquence. *Victorius* s'acquit une grande réputation par fes leçons & par fes ouvrages. Il forma d'illuftres difciples, entr'autres le card. *Farnèfe* & le duc d'*Urbin*, qui le comblèrent de bienfaits. *Victorius* ne bornoit pas fes connoiffances à la littérature , il avoit l'efprit des affaires. *Côme* de *Médicis* l'employa utilement dans plufieurs ambaffades ; & *Jules III* le fit chevalier, & lui donna le titre de comte. Il mourut comblé de biens & d'honneurs en 1585 , à 87 ans. Sa réputation étoit fi étendue, qu'on venoit exprès pour le voir à Florence, & plufieurs princes de l'Europe tentèrent de l'attirer chez eux par les offres les plus avantageufes ; mais il préfé-

ra fa patrie aux vaines efpérances des cours. On le regarde comme l'un des principaux reftaurateurs des belles-lettres en Italie. Il avoit un talent partrculier pour corriger le texte des auteurs anciens; il en eft peu fur lefquels il n'ait porté le flambeau de la critique. On a de lui : I. Des *Notes* critiques & des *Préfaces* fur *Cicéron*, & fur ce qui nous refte de *Caton*, de *Varron* & de *Columèle*. II. Trente-huit livres de *diverfes Leçons*, Flor. 1582, in-f. ouvr. dans lequel il compile ce que lui ont offert fes lectures. III. Des *Commentaires* fur les Politiques, la Rhétorique & la Philofophie d'*Ariftote*, le 1er imprimé à Florence 1576, in-fol.; le 2e, 1548 in-fol. ; le 3e, 1584 in-fol. IV. Un *Traité* de la culture des Oliviers, qu'on trouve avec l'ouvrage de *Davanzati* fur la Vigne, Florence 1734, in-4°. Il eft écrit en Tofcan. V. Un *Recueil* d'Epîtres & de Harangues latines. VI. Une *Traduction* & des *Commentaires* en latin fur le Traité de l'Elocution, de *Demetrius* de Phalère.

II. VICTORIUS, *ou* DE VICTORIIS , (Benoît) médecin de Faënza , floriffoit vers l'an 1540. Il poffèda la connoiffance théorique de fon art, & il excella dans la pratique. On le prouve par les ouvrages que nous avons de lui. Les principaux font : I. Sa *Médecine Empyrique*, in-8°. II. La *Grande Pratique* pour la guérifon des maladies, à l'ufage des commençans , in-fol. III. Des *Confeils de Médecine* fur différentes maladies , in-4° & in-8°. IV. *De morbo Gallico Liber*, in-8°. Il étoit neveu du précédent.

III. VICTORIUS, *ou* DE VICTORIIS , (Léonelle) étoit un favant profeffeur de médecine à Bologne , où il mourut en 1520. On a de lui : I. Un bon *Traité des Maladies*

des Enfans, in-8°. & in-16. II. Unè
Pratique de la Médecine , in-4°. &
in-8°. III. Quelques autres ouvrages où il éclaire la théorie in-
certaine par le flambeau lumineux
de la pratique.

VIDA, (Marc-Jérôme) né à
Crémone en 1470, entra fort jeune dans la congrégation des chanoines-réguliers de *St Marc* à Mantoue ; il en fortit quelque tems
après, & fe rendit à Rome, où il
fut reçu dans celle des chanoines-
réguliers de Latran. Son talent
pour la poëfie l'ayant fait connoître à *Léon X*, ce pape lui donna
le prieuré de *St Sylveftre* à Tivoli. Ce fut là qu'il travailla à fa
Chriftiade, que le pape lui avoit
demandée. Ce pontife étant mort
en 1521, *Clement VII* voulut auffi
être fon protecteur, & le nomma
à l'évêché d'Albe fur le Tanaro.
Vida fe retira dans fon diocèfe ,
où il fe fignala par fa vigilance
paftorale , & où il inftruifit fon
peuple autant par fon éloquence
que par l'exemple de fes vertus. Ce
prélat mourut en 1566, à 96.ans.
Parmi les différens morceaux de
Poëfie que nous lui devons, on
diftingue, I. L'*Art Poetique* , qui
parut à Rome en 1527, in-4°, &
qui a été réimprimé à Oxford dans
le même format, en 1723. M. *Bat-*
teux a joint fa Poétique à celles
d'*Ariftote*, d'*Horace* & de *Defpréaux*,
fous le titre des *Quatre Poetiques*,
1771, 2 vol. in-8°. Une imagination riante , un ftyle léger &
facile rendent le Poeme de *Vida*
très-agréable ; on y trouve des détails pleins de jufteffe & de goût
fur les études du Poëte , fur fon
travail , fur les modèles qu'il doit
fuivre. Ce qu'il dit de l'élocution
poétique, eft rendu avec autant de
force que d'élégance ; mais fon ouvrage , ainfi que la Poëtique de

Scaliger , eft plutôt l'art d'imiter
Virgile, que l'art d'imiter la nature.
II. Un *Poëme fur les Vers à foie* ,
imprimé à Lyon en 1537, & à Bâle
la même année. C'eft le meilleur
ouvrage de *Vida*. Il eft plus correct & plus châtié que fes autres
productions, & on y trouve plus
de poéfie. III. Un *Poëme fur les*
Echecs, (*Scacchia Ludus*) qui tient
le fecond rang parmi fes Poëfies :
on le trouve dans l'édition de fa
Poëtique , faite à Rome en 1527.
IV. *Hymni de rebus Divinis*, imprimées à Louvain, in-4° , en 1552.
V. *Chriftiados Libri fex* , à Crémone en 1535 , in-4°. Ce Poëme a
été fort applaudi ; mais on a reproché à l'auteur d'avoir mêlé trop
fouvent le facré avec le profane ,
& les fictions de la Mythologie
avec les oracles des Prophètes.
Ses écrits font : I. Des *Dialogues*,
fur la dignité de la République, Crémone 1556,in-8°. II. *Difcours contre*
les Payfans, Paris 1562, in-8°. rare.
III. Des *Conftitutions Synodales*, des
Lettres & quelq. autres *Ecrits*, moins
intéreffans que fes Vers. L'édition
de fes *Poëfies*, Crémone 1550, 2
vol. in-8°. eft complette ; ainfi que
celles d'Oxford, 1722, 25 & 33 ,
3 vol. in-8°.

VIDEL, (Louis) fecrétaire du
duc de *Lefdiguières*, puis du duc
de *Crequi* , & enfin du maréchal de
l'*Hôpital*, fervit ces feigneurs avec
un fi grand défintéreffement qu'a-
près s'être retiré à Grenoble , il
fut obligé pour fubfifter d'y enfeigner les langues latine , françoife & italienne. Il mourut l'an
1675, à 77 ans. Il a laiffé, I. L'*Hif-*
toire du Duc de Lefdiguières, 1638,
in-fol. II. L'*Hiftoire du Chevalier Ba-*
yard, 1651. III. La *Melantes*, hiftoire amoureufe , 1624, in-8°.

VIEILLEVILLE, (François de
Scepeaux, feigneur de) maréchal

de France, d'une ancienne maifon d'Anjou. Il fut d'abord lieutenant de la compagnie de Gen-
darmes du maréchal de *St-André*,
qui le fit connôitre & le produifit à la cour. Il fit fes premières
armées en Italie , fe trouva aux
prifes de Pavie & de Melphe en
1528 ; aux fiéges de Perpignan ,
de Landrecie, de St-Dizier, Hefdin & Térouanne , & à la bataille de Cerizoles en 1544; & eut
beaucóup de part au fiége & à la
prife·de Thionville par le duc
de *Guife*, en 1558. Il avoit obtenu, en 1553 , le gouvernement
des Trois-évêchés , Metz, Toul
& Verdun. Celui de Bretagne ayant
vaqué depuis par la mort du vicomte de *Martigues*, (*Sébaftien* de
Luxembourg,) il y fut nommé; mais
le duc de *Monpenfier* étant venu le
demander au roi pour lui-même,
ce prince ne put le lui refufer, &
révoqua le don qu'il en avoit fait
à *Vieilleville*, qui *rendit fon Brevet
fans murmurer*, (difent les Mémoires de fa vie) & n'accepta 13000
écus que le roi lui envoya dans
cette occafion, que fur une lettre
de fa main , par laquelle il lui marquoit que s'il ne les acceptoit, *il
ne vouloit plus le voir de fa vie*. Il
fut honoré du bâton de maréchal
de France en 156.... *Vieilleville*
n'étoit pas moins propre pour les
négociations que pour la guerre.
Il fut employé par *Henri II* dans
cinq ambaffades, tant en Allemagne, qu'en Angleterre & en Suiffe.
Il mourut dans fon château de
Durtal en Anjou, le 30 Novembre
1570. Les *Mémoires* de fa vie, compofés par *Vincent Carloix*, fon fecrétaire , qui étoient reftés manufcrits dans les Archives de ce château , furent publiés à Paris en
1757 , en 5 vol. in-8°. par les
foins du P. *Griffet* Jéfuite. Ils con-

tiennent des anecdotes & des particularités intéreffantes pour l'hiftoire de fon tems.

I. VIENNE, (Jean de) en latin *de Viana*, né à Bayeux d'une
ancienne famille, mais différente du
fuivant, fut évêque d'Avranches,
puis de Terouanne, enfin archevêque de Reims en 1334. C'eft le
1er archevêque qui foit parvenu
à ce fiége par les réfervations pa-
pales. Il fe trouva à la funefte bataille de Crecy en 1346, & accompagna fidellement le roi *Philippe*
de *Valois* dans fa retraite. Il facra le roi *Jean* fon fils le 28 Août
1350, & la reine *Jeanne* de *Bologne* fon époufe le 21 Septembre
fuivant, & mourut en 1351.

II. VIENNE, (Jean de) feigneur de Rolans, Clervaux, Mont-
bis, &c. amiral de France & chevalier de l'ordre de l'Annonciade,
d'une des plus anciennes maifons
de Bourgogne. Les rois *Charles V*
& *Charles VI*, fous lefquels il porta les armes, eurent beaucoup à
fe louer de fa bravoure. Il defcendit en Angleterre en 1377, prit &
brûla Rye, faccagea l'ifle de Wigth
& plufieurs autres villes avec dix
lieues de pays, & y fit un très-
grand butin. Il paffa en Ecoffe l'an
1380 avec foixante vaiffeaux, qui
joints à ceux des Ecoffois, entrèrent dans la mer d'Irlande , & brûlérent la ville de Penreth. Une fi
puiffante flotte eût pu faire beaucoup davantage, fi à quelques mois
de-là l'amiral ne fe fût brouillé
avec la cour Ecoffoife. *De Vienne*, amoureux jufqu'à la folie,
d'une parente du roi d'Ecoffe , fit
des préfens & donna une fête à
fa belle maîtreffe. Cette cour, peu
accoutumée à de pareilles galanteries, en fut tellement offenfée,
que l'amant eût couru grand rifque
s'il ne fût retourné en France avec

précipitation. La guerre contre le Turc ayant été réfolue, il fut du nombre des feigneurs François qui allèrent au fecours du roi de Hongrie. Il commanda l'avant-garde à la bataille de Nicopolis, & y périt les armes à la main en 1396, avec 2000 gentilshommes. *Françoife* de VIENNE, époufe de *Charles* de la *Vieuville*, morte en 1669, a été le dernier rejetton de cette famille illuftre.

VIÈTE, (François) maître-des-requêtes de la reine *Marguerite*, né à Fontenai en Poitou l'an 1540, s'eft fait un nom immortel par fon talent pour les mathématiques. Il eft le premier qui fe fervit, dans l'Algèbre, des lettres de l'alphabet pour défigner les quantités connues. Il trouva que les folutions, de propres qu'elles étoient à un cas particulier, devenoient par fa méthode abfolument génerales, parce que les lettres pouvoient exprimer toutes fortes de nombres. Cet avantage étant reconnu, il s'attacha à faciliter l'opération de la comparaifon des quantités inconnues avec les quantités connues, en les arrangeant d'une certaine manière & en faifant évanouir les fractions. Il inventa aussi une règle pour extraire la racine de toutes les équations arithmétiques. Cette découverte le conduifit à une autre : ce fut d'extraire la racine des équations littérales par approximation, ainfi qu'il le faifoit pour les nombres. Il fit plus : Comme l'Algèbre, par la nouvelle forme qu'il venoit de lui donner, étoit extrêmement fimplifiée ; en examinant les problêmes de près, il découvrit l'art de trouver des quantités ou des racines inconnues par les moyens des lignes, ce qu'on appelle *Conftruction Géométrique*. Tou-

tes ces inventions donnèrent une nouvelle forme à l'Algèbre, & l'enrichirent extrêmement. On lui doit encore la Géométrie des fections angulaires, par laquelle on donne la raifon des angles par la raifon des côtés. Il méditoit avec tant d'application, qu'on le voyoit fouvent demeurer trois jours entiers dans fon cabinet fans manger & même fans dormir. *Adrien Romain* ayant propofé à tous les mathématiciens de l'Europe un problême difficile à réfoudre, *Viète* en donna d'abord la folution, & le lui renvoya avec des corrections & une augmentation. Il propofa à fon tour un problême à *Romain*, qui ne put le réfoudre que méchaniquement. Le mathématicien Allemand, furpris de fa fagacité, partit auffitôt de Wirtzbourg en Franconie où il demeuroit, & vint en France pour le connoître & lui demander fon amitié. *Viète* ayant reconnu que dans le Calendrier Grégorien il y avoit plufieurs fautes qui avoient été déja remarquées par d'autres, en fit un nouveau, accommodé aux Fêtes & aux Rits de l'Eglife Romaine. Il le mit au jour en 1600, & le préfenta dans la ville de Lyon au cardinal *Aldobrandin*, qui avoit été envoyé en France par le pape pour terminer les différends mus entre le roi de France & le duc de Savoie. L'habile mathématicien fe fignala bientôt par des découvertes plus utiles que fon Calendrier, qui étoit rempli d'erreurs. Comme les états du roi d'Efpagne étoient fort éloignés les uns des autres, lorfqu'il s'agiffoit de communiquer des deffeins fecrets, on écrivoit en chiffres & en caractéres inconnus, pendant les défordres de la Ligue ; ce chiffre étoit compofé de plus de 500 caractéres différens ; & quoique l'on eût souvent intercepté des lettres, on ne put jamais venir à bout de les déchiffrer. Il n'y eut que *Viète* qui eut ce talent. Son habileté déconcerta d'une telle maniére les Espagnols pendant deux ans, qu'ils publièrent à Rome & dans une partie de l'Europe, que le roi n'avoit découvert leurs chiffres que par le secours de la magie. Ce grand-homme mourut en 1603. Il a donné le Traité de Géométrie d'*Apollonius de Perge*, avec ses Commentaires , sous le nom d'*Apollonius Gallus*, 1610, in-4°. Ses Ouvrages furent réunis en 1646, en un vol. in-f. par *François Schooten.*

VIEUSSENS , (Raymond · de) médecin de Montpellier , devint médecin du roi & membre de l'académie des sciences en 1688 ; il l'étoit déja de la société royale de Londres en 1685. On a de lui: I. *Neurographia universalis*, Lugduni , 1585 , in-fol. II. *De Mixti principiis & de, natura Fermentationis* , ibid. 1686, in-4°. III. *Dissertation sur l'extraction du sel acide du Sang*, 1688 , in-12. IV. *Novum Vasorum Corporis humani Systema* , Amsterd. 1705 , in-12. V. *Traités du Cœur*, de l'*Oreille*, & des *Liqueurs*, chacun in-4°. VI. *Expériences sur les Viscères*, Paris 1755 , in-12. VII. *Traité des Maladies internes*, auquel on a joint sa Névrographie & son Traité des Vaisseaux du corps humain , 4 vol. in-4°. Son petit-fils a été l'éditeur de cet ouvrage, qui n'a paru qu'en 1774. L'auteur, tourmenté par la goutte , avoit quitté Paris, pour vivre à Montpellier loin du fracas de la capitale. Il y mourut en 1715.

VIGAND , (Jean) né à Mansfeld en 1523 , fut disciple de *Luther* & de *Melanchthon*, ministre à Mansfeld , & ensuite sur-intendant des églises de Poméranie en Prusse. On a de lui un grand nombre d'ouvrages, qui lui firent un nom dans son parti. On le compte parmi les auteurs des *Centuries de Magdebourg*, Bâle 1562, 13 tomes in - fol. Ce théologien mourut en 1587, à 64 ans. Il étoit savant ; mais il n'avoit ni l'art de comparer les faits , ni celui de peser les témoignages.

VIGENERE, (Blaise de) secrétaire du duc de *Nevers*, puis du roi *Henri III*, né en 1522 à St-Pourçain en Bourbonnois, mort à Paris en 1596 à 74 ans , est un traducteur aussi maussade que fidèle. Ses versions sont méprisées aujourd'hui ; mais on fait cas des notes qui les accompagnent. Elles manquent d'art & d'esprit , mais l'érudition y est prodiguée. Les ouvrages de *Vigénere* sont : I. Des *Traductions des Commentaires de César*, de l'Histoire de *Tite-Live* , de *Chalcondyle* , &c. avec des notes. II. Un *Traité des Chiffres* , 1586, in-4°. III. Un autre *des Comètes* , in-8°. IV. Un troisiéme, du *Feu & du Sel*, in-4°. Sa Traduction d'*Onosander* , 1605, in-4°. est la plus recherchée.

I. VIGIER , (François) Jésuite de Rouen, mort en 1647 , se fit une juste réputation de savoir par ses ouvrages. On a de lui: I. Une excellente Traduction latine de la *Préparation* & de la *Démonstration Evangélique* d'*Eusebe* avec des notes, Paris 1628, in-fol. 2 vol. II. Un bon Traité *De Idiotismis præcipuis Linguæ græcæ*,1632, in-12 ; & Leyde 1766 , in-8°. Cet auteur étoit habile dans cette derniére langue.

II. VIGIER , (Jean) avocat au parlement de Paris, sorti d'une famille noble d'Angoumois, mourut fort âgé vers l'an 1648. Il laissa un *Commentaire* estimé sur les Coutumes d'Angoumois , Aunis , & gouvernement de la Rochelle , &

augmenté par *Jacques* & *François Vigier*, ses fils & petit-fils, Paris 1720, in-fol.

VIGILANCE, (*Vigilantius*) étoit Gaulois, & natif de Calaguri, petit bourg près de Cominges. Il devint curé d'une paroisse du diocèse de Barcelone, dans la Catalogne. Son savoir & son esprit le liérent avec *St Paulin*, qui le reçut bien & qui le recommanda à *St Jerôme*. Ce Pere de l'Eglise étoit alors en Palestine, où *Vigilance* avoit dessein d'aller pour visiter les saints lieux. Le pieux & illustre solitaire ayant appris qu'il répandoit des erreurs dangereuses, prit la plume contre lui. Voici ce qu'il en dit : « On a vu dans le monde » des monstres de différentes es- » pèces ; *Isaïe* parle des *Centaures*, » des *Syrènes*, & d'autres sembla- » bles. *Job* fait une description » mystérieuse du *Léviathan* & de *Be-* » *hemoth* : les Poetes content des » fables de *Cerbére*, du *Sanglier* de » la forêt d'Erimanthe, de la *Chi-* » *mére*, & de l'*Hydre* à plusieurs » têtes. *Virgile* rapporte l'histoire » de *Cacus* ; l'Espagne a produit » *Gérion* qui avoit trois corps ; » la France seule en avoit été » exemte, & on n'y avoit jamais » vu que des hommes courageux » & éloquens, quand *Vigilance* ou » plutôt *Dormitance* a paru tout » d'un coup, combattant, avec » un esprit impur, contre l'esprit » de Dieu. Il soutient qu'on ne » doit point honorer les sépulcres » des Martyrs, ni chanter *Alle-* » *luia* qu'aux Fêtes de Pâques ; il » condamne les veilles, il appel- » le le célibat une hérésie, & dit » que la virginité est la source » de l'impureté ». *Vigilance* affec- toit le bel-esprit : c'étoit un hom- me qui aiguisoit un trait, & qui ne raisonnoit pas. Il préferoit un

bon-mot à une bonne raison ; il ne cherchoit que la célébrité, & il attaqua tous les objets dans lesquels il remarqua des faces qui fournissoient à la plaisanterie.

I. VIGILE, Pape, & Romain de nation, n'étoit encore que diacre, lorsqu'il fut envoyé à Constantinople par *Agapet*. *Theodora*, femme de l'empereur *Justinien*, lui promit de le mettre sur le siège de *St Pierre*, pourvu qu'il s'engageât de casser les Actes d'un concile tenu à Constantinople contre les prélats séparés de la communion Romaine, qu'elle soutenoit. *Vigile* promit tout, & fut élu pape en 537, du vivant même de *Sylvère*, qui fut envoyé en exil. Après sa mort arrivée en 538, *Vigile* parut d'abord approuver la doctrine d'*Anthime* & des *Acéphales*, pour satisfaire l'impératrice ; mais peu après il alla à Constantinople, où il excommunia les hérétiques & *Theodora*. Sa fermeté se démentit : il assembla un Concile de 70 évêques, & le rompit après quelques sessions ; il aima mieux prier les évêques de donner leur avis par écrit, & envoya tous ces écrits au Palais. Il en agissoit ainsi, disoit-il, *pour éviter qu'on ne trouvât quelque jour dans les Archives de l'Eglise Romaine ces réponses contraires au Concile de Chalcédoine.* On doit remarquer que le pape n'étoit pas libre à Constantinople ; on le voit par une protestation qu'il fit dans une assemblée, où se voyant pressé avec la derniére violence de condamner les Trois Chapitres, il s'écria : *Je vous déclare que, quoi-que vous me teniez captif, vous ne tenez pas S. Pierre.* On appelle les Trois Chapitres, trois fameux Ecrits qui furent déférés au jugement de l'Eglise, comme remplis des blasphèmes de *Nestorius*. I. Les Ecrits.

de *Théodore*, évêque de Mopfuef-
te, le maître de *Neftorius*. II. La
Lettre d'*Ibas*, évêque d'Edeffe, à
Maris. III. Les *Réponfes* de *Théo-*
doret, évêque de Cyr, aux Ecrits
de St *Cyrille* d'Alexandrie contre
Neftorius. Vigile condamna & approuva tour-à-tour ces trois ouvrages, anathématifés par le concile de Conftantinople. L'empereur *Juftinien*, mécontent de fa
conduite, l'envoya en exil ; il n'y
fut pas long-tems : à fon retour
en Italie, il mourut de la pierre à
Syracufe en Sicile, l'an 555. On a de
lui *XVIIIEpîtres*, Paris 1642, in-8°.
II. VIGILE DE TAPSE, évê-
que de cette ville, dans la province de Bizacène en Afrique, au
VIe fiécle, prit le nom des Peres
les plus illuftres, & réfuta fous
ce mafque les hérétiques de fon
tems. Ce pieux artifice produifit
depuis une grande confufion dans
les ouvrages des premiers écrivains eccléfiaftiques, & l'on eut
beaucoup de peine à reconnoître
ceux qui étoient véritablement de
Vigile. Les cinq Livres contre *Eu-*
tychès lui ont toujours été attribués. Il les compofa étant à Conftantinople, & comme il y jouiffoit d'une liberté entière, il ne
crut pas devoir déguifer fon nom.
Le Pere *Quefnel* le fait auteur du
Symbole qui porte le nom de St
Athanafe, & ce n'eft pas fans fondement. Ses *Ouvrages*, & ceux qu'on
lui attribue, furent imprimés à
Dijon, 1665, in-4°.
I. VIGNE, (Gacé de la) *Voyez*
BIGNE, n° I.
II. VIGNE, (André de la) au-
teur François du XVe fiécle, fe
rendit recommandable fous *Char-*
les VIII par les armes & par les
lettres. *Anne* de *Bretagne*, femme
de ce prince, le prit pour fon
fecrétaire. Ses exploits guerriers

font moins connus que fes ouvrages. On lui doit une *Hiftoire* de
Charles VIII, qu'il compofa avec
Jaligni, imprimée au Louvre, in-
fol. par les foins & avec les remarques de *Denys Godefroi*. Il eft auffi
auteur du *Vergier*, d'*honneur*, Paris
1495, in-fol. C'eft une Hiftoire de
l'entreprife fur Naples par *Char-*
les VIII, très-détaillée & exacte.
III. VIGNE, (Anne de la) de
l'académie des *Ricovrati* de Padoue,
naquit d'un médecin de Vernon-
fur-Seine, habile dans fon art.
Elle avoit un frere, d'un génie
affez borné ; auffi fon pere difoit :
Quand j'ai fait ma fille, je penfois
faire mon fils ; & quand j'ai fait mon
fils, j'ai penfé faire ma fille. Cette ingénieufe littératrice mourut
à Paris en 1684, à la fleur de
fon âge, des douleurs de la pierre
que fon application lui avoit procurée. Elle fit éclater, dès fa plus
tendre enfance, fon goût & fes talens pour la poëfie. On remarque
dans fes vers de la grace & des
tournures agréables ; mais ils manquent un peu d'imagination. Ses
principales piéces font : I. Une
Ode intitulée : *Monfeigneur le Dau-*
phin au Roi. Un inconnu lui envoya
pour récompenfe une boète de
coco, où étoit une lyre d'or émail-
lée, avec des vers à fa louange.
II. Une autre *Ode* à Mll^e de *Scudery*,
fon amie. III. Une *Réponfe* à Mll^e
Defcartes, nièce du célèbre Philofophe : Mll^e de la *Vigne* goûtoit
beaucoup fes principes. IV. Quel-
ques autres petites *Piéces de vers*,
qu'on a recueillies à Paris dans un
petit in-8°, & qu'on retrouve dans
le *Parnaffe des Dames* par M. de
Sauvigni.
VIGNEROD, *V.* WIGNEROD.
VIGNES, (Pierre des) s'éleva, de la naiffance la plus baffe,
à la charge de chanceli er de l'em-

pereur *Fréderic II.* On ignore qui étoit fon pere ; la mere mendioit fon pain pour elle & pour fon fils. Le hazard l'ayant conduit auprès de l'empereur, il plut par fon génie, obtint une place dans le palais, & ne tarda pas à s'avancer. Devenu habile dans la jurifprudence & dans l'art des affaires, il gagna entiérement les bonnes-graces de fon maître. Son élévation fut rapide ; il fut protonotaire,confeiller,chancelier, & entra dans toutes les affaires fecrettes de *Fréderic.* Il fervit avec zèle ce prince, dans les différends qu'il eut avec les papes *Grégoire IX* & *Innocent IV*; & fut député, en 1245, au concile de Lyon, pour empêcher que ce prince n'y fût condamné. Il jouit long-tems d'une faveur diftinguée, qui lui fit beaucoup de jaloux. Ils l'accuférent d'avoir voulu empoifonner l'empereur par les mains de fon médecin. Les hiftoriens varient fur l'année de cet événement, & cette variété peut caufer quelque foupçon. Quelques-uns croient que *Pierre des Vignes* étoit véritablement coupable. Eft-il croyable que le premier des magiftrats de l'Europe, vieillard vénérable, le confeil, l'ami de fon maître, ait tramé un auffi abominable complot? Et pourquoi? Pour plaire au pape fon ennemi. Où pouvoit-il efpérer une plus grande fortune ? Quel meilleur pofte le médecin pouvoit-il avoir, que celui de médecin de l'empereur ? Quoi qu'il en foit, il eft certain que *Pierre des Vignes* eut les yeux crevés. Ce n'eft pas-là le fupplice d'un empoifonneur de fon maître. Plufieurs autres Italiens prétendent qu'une intrigue de cour fut la caufe de fa difgrace,& porta *Fréderic II* à cette cruauté ; ce qui eft plus vraifem-

blable. L'infortuné chancelier, las de fe voir dans une dure prifon, s'y donna la mort en 1249. On a de lui : I. *Epiftolæ*, dont la meilleure édition eft celle de Bâle, par *Ifelin*, 1740, 2 vol. in-8° ; & la plus rare, celle de la même ville, 1539, in-8°. II. Un Traité *de Poteftate Imperiali.* III. Un autre *de Confolatione*, &c... On a attribué à *Fréderic II* & à *Pierre des Vignes*, le livre imaginaire *De tribus Impoftoribus.* Ce qui a pu y donner lieu, eft la Lettre de *Grégoire IX*, que nous avons citée (article de *Fréderic II*;) mais ni cet empereur, ni fon chancelier, ni aucun de ceux à qui cette production a été attribuée, n'en eft l'auteur. Du moins elle a échappé à la recherche des favans. Le livre qui a paru fous la date de M. D. II C. in-8°. compofé de 46 pages fans titre, eft une impofture moderne. On attribue cette fraude a *Straubius*, qui fit imprimer ce livre à Vienne en Autriche, en 1753. La prétendue ancienne édition fans date, d'après laquelle celle-là a été faite, n'a jamais été vue de qui que ce foit.

VIGNEUL DE MARVILLE, *Voyez* ARGONNE.

I. VIGNIER, (Nicolas) né en 1530 à Troyes en Champagne, mort à Paris en 1595, s'acquit beaucoup de réputation dans la pratique de la médecine. Il s'appliqua auffi à l'Hiftoire & devint hiftoriographe de France. On a de lui un grand nombre d'ouvrages en latin & en françois, qu'on ne lit plus, mais que les favans confultent avec fruit. Le plus curieux eft fon *Traité de l'origine & demeure des anciens François* ; à Troyes, chez *Garnier*, 1582, in-4°. Le laborieux compilateur *André du Chefne*, traduifit ce livre en latin , pour le mettre à la tête de fa collection des anciens Hiftoriens François. On a encore de lui : I. *Chronique de Bourgogne* , in-4°. II. *Préféance entre la France & l'Efpagne* , in-8°. III. *Faftes des anciens Hébreux , Grecs & Romains*, in-4°. IV. *Bibliothèque hiftoriale*, en 4 vol. in-fol. V. *Recueil de l'Hiftoire de l'Eglife* , in-fol. peu eftimé.

II. VIGNIER , (Nicolas) fils du précédent, fut miniftre à Blois au commencement du XVIᵉ fiécle , & rentra , après l'an 1631 , dans l'Eglife Catholique, comme avoit fait fon pere avant de mourir. Il a fait plufieurs *Ecrits de Controverfe* , entièrement oubliés.

III. VIGNIER , (Jérôme) fils du précédent, né à Blois en 1606 , fut élevé dans le Calvinifme, & devint bailli de Baugency. Ayant enfuite abjuré la religion Proteftante , il entra dans la congrégation de l'Oratoire , & fut fupérieur de différentes maifons, où il édifia autant par fa piété, qu'il étonna par la variété de fes lumiéres. Il excella fur-tout dans la connoiff. des langues , des Médailles, des Antiquités, & de l'origine des Maifons fouveraines de l'Europe. Ce favant mourut à la maifon de S. Magloire à Paris , en 1661 , à 56 ans. Tout ce que nous avons de lui , eft plein de grandes recherches ; mais le ftyle de fes ouvrages eft rebutant. Les principaux font : I. La *Généalogie des Seigneurs d'Alface* , 1649, in-fol. II. Un *Supplément aux Œuvres de St Auguftin* , dont il trouva des manufcrits à Clairvaux , qui n'avoient point encore été imprimés. III. Une *Concordance* françoife des *Evangiles.* IV. L'*Origine des Rois de Bourgogne.* V. La *Généalogie des Comtes de Champagne.* VI. *Stemma Auftriacum* , 1650 , in-fol. On lui

eft encore redevable de deux vol. de l'*Hiftoire Eccléfiaftique Gallicane* ; de plufieurs *Piéces de Poefie* ; de quelques *Paraphrafes* des Pfeaumes en latin , d'une *Oraifon Funèbre* , &c.

VIGNOLE , (Jacques BAROZZIO , furnommé) favant architecte , vit le jour en 1507 à Vignola au duché de Modène , d'un gentilhomme Modenois , que les difcordes civiles avoient obligé de quitter fa patrie. Il s'adonna d'abord à la peinture ; ce fut cet art qui le fit fubfifter dans fa jeuneffe. Entraîné par fon inclination pour l'architecture , il alla à Rome pour y étudier les plus beaux reftes de l'antiquité. Son travail & les leçons qu'il prit des meilleurs architectes de fon tems & des amateurs éclairés , lui donnèrent une intelligence parfaite de l'art de bâtir. Il vint en France fous le règne de *François I* , où il donna des plans pour plufieurs édifices ; quelques - uns même prétendent que le château de Chambord fut conftruit fur fes deffins. *Vignole* s'attacha à *François Primatice* , architecte & peintre Bolonnois , qui étoit au fervice du roi. Il le fecourut dans tous fes ouvrages , & l'aida à jetter en bronze les Antiques qui font à Fontainebleau. Le cardinal *Farnèfe* choifit *Vignole* pour ordonner le bâtiment de fon magnifique palais de Caprarole , à une journée de Rome. *Vignole* mourut dans cette ville en 1573 , à 66 ans , après avoir reçu plufieurs marques d'eftime de la part des. fouverains pontifes. Outre les édifices , foit publics , foit particuliers , que *Vignole* a conduits , & qui font en très-grand nombre ; il a encore compofé un *Traité des cinq Ordres d'Architecture* , qui lui a fait beaucoup d'honneur ; & qui a été traduit & commenté par *Da-viler*, Paris, 1691, 3 vol. in-4°. & 1738, 2 vol. grand in-4°... & un autre dans sa langue sur la *Perspective pratique*, commenté par le *Danti*.

I. VIGNOLES, (Etienne de) plus connu sous le nom de *la Hire*, étoit de l'illustre maison des barons de *Vignoles*, qui étant chassés de leurs terres par les Anglois, s'établirent en Languedoc. Il fut l'un des plus fameux capitaines François du règne de *Charles VII*. Ce fut lui qui fit lever le siége de Montargis au duc de *Bedford*; & qui accompagna la fameuse *Pucelle*, *Jeanne* d'*Arc*, au siége d'Orléans, où il se signala avec cette héroïne. *La Hire* finit ses jours à Montauban en 1447. Il tient un rang distingué parmi les héros qui rétablirent *Charles VII* sur le trône. *Voyez* à l'article de ce monarque une réponse généreuse de *la Hire*.

II. VIGNOLES, (Alphonse de) fils d'un maréchal-de-camp, d'une famille ancienne, naquit au château d'Aubais en Languedoc, en 1649, dans le sein du Calvinisme. Après avoir porté les armes pendant quelque tems, il étudia à Saumur pour pouvoir exercer le ministére. Il fut d'abord ministre à Aubais, puis à Cailar, où il resta jusqu'à la révocation de l'Edit de Nantes en 1685. Réfugié dans le Brandebourg, il fut bien accueilli par l'électeur, & devint successivement ministre de *Schwedt*, de Hall & de Brandebourg, près de Berlin. Son savoir profond le fit mettre dans la liste des membre de l'académie des Sciences de Berlin, lors de l'établissement de cette compagnie en 1701. Le célèbre *Leibnitz*, ami de *Vignoles*, dont il étoit capable de sentir le mérite, engagea le roi de Prusse à le faire venir à Berlin. Il s'y rendit en 1703, & y demeura les 40 dernières années de sa vie, aussi estimé pour les talens de l'esprit, qu'aimé pour les qualités du cœur. Il fut élu directeur de l'académie royale des Sciences de Berlin, en 1727, place qu'il remplit avec distinction. *Vignoles* s'étoit annoncé dans la république des lettres par plusieurs ouvrages. Le plus connu est la *Chronologie de l'Histoire Sainte & des Histoires étrangéres qui la concernent, depuis la sortie d'Egypte, jusqu'à la captivité de Babylone*; Berlin, 1738, en 2 vol. in-4°. Ce livre suppose une lecture prodigieuse, un travail incroyable, & les plus profondes recherches. On en trouve des extraits dans la nouvelle édition des *Tablettes* de l'abbé *Lenglet* du *Fresnoy*. On a encore de *Vignoles* un grand nombre d'*Ecrits* & de *Dissertations* dans la *Bibliothèque Germanique*; dans les *Mémoires* de la société royale de Berlin; dans l'*Histoire critique de la République des Lettres*, par *Masson*, &c. On estime sur-tout son *Epistola Chronologica adversùs Harduinum*, & ses *Conjectures* sur la IV° Eglogue de *Virgile*, intitulée *Pollion*. Cet illustre savant mourut à Berlin en 1744, après avoir fourni une carriére de 95 ans. Quoiqu'il n'eût que des revenus modiques, il trouva dans une sage œconomie le moyen de secourir les indigens. La frugalité étoit son trésor. Le précieux don de la tranquillité d'esprit contribua sans doute à prolonger ses jours. *Voy*. II. LENFANT.

I. VIGOR, (Simon) fit ses études à Paris, & fut recteur de l'université en 1540. Il devint ensuite pénitencier d'Evreux, sa patrie. Il accompagna l'évêque de cette ville au concile de Trente, où il mérita l'estime des Peres par son savoir. Nommé curé de St Paul à Paris, il prêcha avec tant de zèle contre les Calvinistes, qu'il fut fait archevêque de Narbonne en 1570. Il continua de s'y signaler & comme controversiste & comme prédicateur. Ses *Sermons* ont été imprimés en 1584, 4 vol. in-4°. Ils ne servent aujourd'hui qu'à prouver dans quel triste état se trouvoit l'éloquence Françoise au XVIᵉ siécle. C'est lui & *Claude* de *Saintes*, qui eurent, en 1566, une fameuse conférence de controverse avec les ministres de l'*Espine* & *Sureau* du *Rosier*. Les *Actes* de cette conférence parurent en 1568 in-8°. Le savant *Pierre Pithou* fut une des conquêtes de cet illustre prélat, qui mourut à Carcassonne en 1575.

II. VIGOR, (Simon) neveu du précédent, mourut en 1624, conseiller au grand-conseil. On lui attribue une Histoire curieuse & peu commune, imprimée sous ce titre : *Historia eorum quæ acta sunt inter* Philippum *Pulchrum*, *Regem Christianissimum*, & Bonifacium *VIII*, 1613, in-4°. Il se distingua par son zèle pour les libertés de l'Eglise Gallicane. Il prit la défense du docteur *Richer* avec beaucoup de chaleur. On a de lui quelques Ouvrages sur ces deux objets, & sur l'autorité des Conciles généraux & des Papes. On les a recueillis en un vol. in-4°, 1683.

VILLAFAGNE, (Jean Arphe de) auteur Espagnol, est connu par un livre aussi rare que recherché. Il est intitulé : *Quilatador de la Plata, Oro, y Piedras*, Valladolid 1572, in-4°. L'édition de Madrid 1598, in-8°, moins rare, est augmentée d'un livre.

I. VILLALPANDE, (Jean-baptiste) Jésuite de Cordoue, habile

dans l'intelligence de l'Ecriture-sainte, mourut en 1608; après avoir publié un *Commentaire*, aussi savant que diffus, sur *Ezéchiel*, en 3 tom. in-fol. Rome 1596. La *Description* de la ville & du Temple de Jérusalem, est ce qu'il y a de mieux dans cet ouvrage, quoiqu'à cet égard il y ait bien des conjectures hazardées. L'auteur a épuisé sa matiére; mais il est très-difficile d'être aussi patient à le lire, qu'il fut constant à le composer. La figure du Temple ne se trouve pas dans tous les exemplaires.

II. VILLALPANDE, (Gaspar) théologien controversiste de Ségovie, & docteur dans l'université d'Alcala, parut avec éclat au concile de Trente, & mit au jour divers *Ouvrages de Controverse*, dont on ne se souvient plus.

III. VILLALPANDE, (François Torreblanca) est auteur d'un Traité rare, intitulé : *Epitome Delictorum*, feu *De invocatione Dæmonum*, Hispali 1618, in-fol.

VILLAMENE, (François) graveur, élève d'*Augustin Carrache*, naquit à Assise en Italie, vers l'an 1588, & mourut à Rome âgé d'environ 60 ans. Ce maître est recommandable par la correction de son dessin, & par la propreté de son travail; mais on lui reproche d'être trop maniéré dans ses contours. Cela n'empêche pas que ses *Estampes* ne soient très-recherchées.

VILLANI, (*Jean*, *Matthieu* & *Philippe*) auteurs Florentins du XIVᵉ siécle. Les deux premiers étoient freres, & le dernier étoit fils de *Matthieu*. Une même profession, celle du commerce, & un même goût d'étude, celui de l'Histoire, les occupérent tous trois & les rendirent célèbres, sur-tout les deux freres. Nous avons de *Jean* une *Chronique* en italien, en 12 li-

vres, depuis la Tour de Babel juſqu'en 1348. Elle eſt écrite avec
beaucoup de ſimplicité & de candeur; mais l'auteur paroit crédule.
Remigio de Florence y a joint des
notes marginales & des remarques
ſavantes. *Matthieu* la pouſſa juſqu'en 1364. Cette continuation eſt
auſſi diviſée en 12 livres, que *Philippe* augmenta & corrigea. Le tout
fut imprimé par les *Juntes* à Veniſe,
en 1559, 1562, 1581, 3 vol. in-4°.
Il eſt très-difficile de trouver ce
corps d'Hiſtoire, de cette édition,
& il eſt fort cher, même en Italie.
On l'a réimprimé à Milan, 1738, en
2 vol. in-fol. Il mérite d'être conſulté, ſur-tout pour les événemens
des XIIIᵉ & XIVᵉ ſiécles, qui y ſont
détaillés avec aſſez d'ordre.

I. VILLARET, (Foulques de)
grand-maître de l'ordre de St Jean
de Jéruſalem l'an 1307, entreprit
d'exécuter le deſſein que *Guillaume*
de *VILLARET*, ſon frere & ſon prédéceſſeur, avoit formé de s'emparer
de l'iſle de Rhodes. A l'aide d'une
croiſade qu'il obtint de *Clément V*,
il en vint à bout l'an 1310, chaſſa
les Sarraſins, & ſe rendit encore
maître de pluſieurs iſles de l'Archipel. Le couvent de l'ordre fut
transféré à Rhodes, & les Hoſpita-
liers furent depuis appellés *Rho-
diens*, ou Chevaliers de Rhodes.
Les Turcs ayant aſſiégé cette iſle
en 1315, le grand-maître les obligea de ſe retirer. Malgré les ſervices qu'il avoit rendus à l'ordre,
il fut accuſé de négliger les intérêts publics, pour ne ſonger qu'aux
ſiens propres. Les chevaliers in-
dignés de ſon deſpotiſme & de ſon
luxe, l'obligérent à ſe démettre
l'an 1319 entre les mains du pape,
pour éviter la honte d'une dépoſition. On lui donna pour dédommagement le prieuré de Capoue:
il préféra d'aller demeurer en Fran-

ce auprès de ſa ſœur, dame de
Tiran, en Languedoc, où il mourut l'an 1327.

II. VILLARET, (Claude) né à
Paris en 1715 de parens honnêtes,
fit de bonnes études. Les paſſions
de la jeuneſſe, qui l'agitérent aſſez
long-tems, l'empêchérent d'abord
d'en profiter. Il débuta dans le
monde littéraire par un Roman
très-médiocre, intitulé: *La Belle Allemande*. Il fit enſuite en ſociété une
Pièce, qui fut jouée ſans ſuccès au
théâtre François. Des affaires domeſtiques l'obligérent, en 1748, de
s'éloigner de Paris, & de prendre
le parti du théâtre. Il alla à Rouen,
où, ſous le nom de *Dorval*, il débuta
par les rôles d'Amoureux; il y joua
enſuite le *Glorieux*, le *Miſanthrope*,
l'*Enfant prodigue*, &c. Il fut ſouvent
applaudi à Compiégne pendant les
voyages de la cour. Il ſentit bientôt les dégoûts d'un état pour
lequel il n'étoit pas né, & qu'il
n'avoit embraſſé que par néceſſité.
En 1756, il renonça au théâtre à
Liége, où il étoit à la tête d'une
troupe de comédiens, qui ne ſe
ſoutenoit que par ſes talens; & il
ſe retira à Paris, où il avoit arran-
gé ſes affaires qui l'avoient obligé
de s'en éloigner. Il fut nommé premier commis de la chambre des
Comptes, & contribua beaucoup à
mettre de l'ordre dans cet intéreſſant dépôt, qui avoit été la proie
des flammes en 1738. Ce travail
l'arracha à ſes diſſipations, & lui
fit connoître les vraies ſources de
l'Hiſtoire de France. L'abbé *Velly*
étant mort en 1759, *Villaret* fut
choiſi pour continuer ſon ouvrage.
On le nomma preſqu'en même tems
ſecrétaire de la Pairie & des Pairs.
Ces diverſes occupations affoiblirent entiérement ſa complexion
naturellement délicate. Une maladie de l'urèthre, dont il étoit affligé,

l'emporta au mois de Mars 1766. Son caractére étoit excellent. Quoiqu'il fût extrêmement timide, & par conféquent un peu fombre, il étoit avec fes amis doux, honnête, poli & d'un bon commerce. Sa continuation de l'*Hiftoire de France* commence au VIIIe vol. par le règne de *Philippe VI*, & finit à la page 348 du XVIIe. Elle eft pleine de recherches intéreffantes & d'anecdotes curieufes; mais il n'eft pas affez concis. Son ftyle élégant & plein de feu, eft quelquefois trop abondant, trop poëtique, & s'écarte de tems en tems de la grave fimplicité de l'hiftoire. On a encore de lui des *Confidérations fur l'art du Théâtre*,1758, in 8° : ouvrage où il y a peu de réflexions neuves ; & l'*Efprit de Voltaire*, 1759, in-8°.

VILLARS, (Du) *Voy.* I. BOIVIN.

I. VILLARS ; (André de BRANCAS de) d'une famille originaire de Naples, mais établie en France vers le milieu du XIVe fiécle. S'étant laiffé féduire par les partifans de la Ligue & de l'Efpagne, il foutint le fiége de Rouen contre *Henri IV*, en 1592. Mais après l'abjuration de ce prince en 1594, il lui remit la ville. La charge d'amiral fut le prix de fa foumiffion & de fon courage. Ayant été battu & fait prifonnier à la bataille de Dourlens en 1595 par les Efpagnols, il fut tué de fang-froid, felon l'ufage de ce peuple, qui maffacroit alors fans pitié ceux qui les quittoient après avoir été à leur folde. L'amiral n'ayant pas été marié , un de fes freres forma la branche des ducs de *Villars-Brancas*.

I I. VILLARS, (Louis - Hector marquis , puis duc de) pair & maréchal de France, Grand d'Efpagne , chevalier des ordres du roi & de la Toifon d'or , gouverneur

de Provence , &c. naquit à Moulins en Bourbonnois , en 1653 , d'une famille illuftre. Il porta les armes fort jeune ; fon courage & fa capacité annoncèrent dès - lors à la France un défenfeur. Il fut d'abord aide-de-camp du maréchal de *Bellefons*, fon coufin. Il fervit enfuite, l'an 1672, en Hollande, & fe trouva au paffage du Rhin. Il fe fignala l'année d'après au fiége de Maftricht. *Louis XIV*, charmé de fon ardeur naiffante, l'honora de fes éloges. *Il femble ,* dît ce monarque, *que dès que l'on tire en quelque endroit, ce petit garçon forte de terre pour s'y trouver.* La valeur qu'il montra au combat de Senef en 1674, où il fut bleffé, lui valut un régiment de cavalerie. Après s'être trouvé à plufieurs fiéges & à différens combats, il attaqua, fous les ordres du maréchal de *Créqui*, l'arriére - garde de l'armée de l'empereur, dans la Vallée de Quekembacq au paffage de Kinche en 1678. Il fit de fi belles chofes dans cette campagne, que *Créqui* lui dit devant tout le monde : *Jeune-homme , fi Dieu te laiffe vivre , tu auras ma place plutôt que perfonne.* Il fe trouva la même année au fiége & à la prife du fort de Kell , où il juftifia cet éloge. Honoré du titre de maréchal-de-camp en 1690 , il fe diftingua l'année d'après à Leufe , où il avoit 28 de nos efcadrons triomphérent de 60 ; & l'année fuivante à Phortfein , où le duc de *Wirtemberg* fut pris & fon armée défaite. Après la paix de Ryfwick , il alla à Vienne, en qualité d'envoyé extraordinaire ; mais il en fut rappellé en 1701. On l'envoya en Italie, où dès fon arrivée il fe fignala par la défaite d'un corps de troupes qui vouloit l'enlever. De - là il paffa en Allemagne. A peine eft-il arrivé, qu'il

paſſe le Rhin à la vue des ennemis , s'empare de Neubourg, &
remporte à Fridelinghen , par un
mouvement habile , le 14 Octobre
1702 , une victoire complette ſur
le prince de Bade , qui y perdit
trois mille hommes tués ſur la
place. L'année d'après il gagna une
bataille à Hochſtet , de concert
avec l'électeur de Bavière. Cet
électeur n'avoit pas voulu d'abord
combattre. Il vouloit conférer avec
ſes généraux & avec ſes miniſtres. C'eſt moi qui ſuis votre Miniſtre
& votre Général , lui dit Villars :
Vous faut-il d'autre conſeil que moi ,
quand il s'agit de donner bataille? Il
la donna en effet & fut vainqueur.
De retour en France , il fut envoyé au mois de Mars 1704 , commander en Languedoc , où depuis
2 ans les fanatiques, appuyés par
des puiſſances étrangères , avoient
pris les armes & commettoient des
violences extrêmes. Le maréchal
de Villars eut le bonheur de réduire ces malheureux, partie par
la force , partie par la prudence ,
& ſortit de cette province au commencement de 1705 , avec la conſolation d'y avoir remis le calme.
Villars , néceſſaire en Allemagne pᵣ
réſiſter à Marleborough victorieux ,
eut le commandement des troupes
qui étoient ſur la Moſelle , où il déconcerta tous les projets des ennemis. Après les avoir obligés
de lever le blocus du Fort-Louis,
il remporta une victoire en 1707
à Stolhoffen, & y trouva 166 piéces
de canon. Il traverſa enſuite toutes
les gorges des montagnes, & tira de
l'Empire plus de 18 millions de contribution. Le Dauphiné fut, en 1708,
le théâtre de ſes exploits ; l'habile
général fit échouer tous les deſſeins
du duc de Savoye. Il faut , dit un
jour ce prince éclairé, que le Maréchal de Villars ſoit ſorcier , pour

ſavoir tout ce que je dois faire ; jamais homme ne m'a donné plus de
peine , ni plus de chagrin. Rappellé
en Flandres, il battoit les ennemis
à Malplaquet, lorſqu'il fut bleſſé
aſſez dangereuſement pour ſe faire
adminiſtrer le Viatique. On propoſa de faire cette cérémonie en
ſecret. Non, dit le Maréchal , puiſ-
que l'armée n'a pas pu voir mourir
Villars en brave, il eſt bon qu'elle
le voie mourir en Chrétien. On prétend que , lorſqu'il partit pour
rétablir les affaires de la France ,
Madᵉ la dúcheſſe de Villars voulut
le diſſuader de ſe charger d'un fardeau ſi dangereux. Le Maréchal
rejetta ce conſeil timide. Si j'ai ,
dit-il, le malheur d'être battu , j'aurai
cela de commun avec les Généraux qui
ont commandé en Flandres avant moi:
Si je reviens vainqueur , ce ſera une
gloire que je ne partagerai avec perſonne. Il eut bientôt cette gloire ſi
flatteuſe. Il tomba inopinément, le
24 Juillet 1712 , ſur un camp de
17 bataillons retranchés à Denain
ſur l'Eſcaut , pour le forcer. La
choſe étoit difficile ; mais Villars
ne déſeſpéra pas d'en venir à bout.
Meſſieurs , dit-il à ceux qui étoient
autour de lui , les ennemis ſont plus
forts que nous ; ils ſont même retran-
ches. Mais nous ſommes François :
il y va de l'honneur de la Nation :
il faut aujourd'hui vaincre ou mourir , & je vais moi-même vous en
donner l'exemple. Après avoir ainſi
parlé , il ſe met à la tête des troupes , qui , excitées par ſon exemple , font des prodiges , & battent
les Alliés commandés par le prince
Eugène. Villars ſut vaincre & profiter de ſa victoire. Il emporta avec
la plus grande célérité Marchien-
nes , le Fort de Scarpe , Douay , le
Queſnoy, Bouchain. Ses ſuccès hâtérent la paix. Elle fut conclue
à Raſtadt le 6 Mai 1714, & le Ma-

réchal y fut plénipotent^re. Le vainqueur de Dénain jouit tranquillement du repos que lui méritoient
tant de fuccès jufqu'en 1733`, qu'il
fut envoyé en Italie, après avoir
été déclaré général des camps &
armées du roi. Ce titre n'avoit
point été accordé depuis le maréchal de *Turenne*, qui paroît en
avoir été honoré le premier. Le
11 Novembre de cette année, il
arriva au camp de Pifighitone, &
fe rendit maître de cette place par
capitulation, après 12 jours de
tranchée ouverte. Un officier confidérable lui repréfentant, pendant ce fiége, qu'il s'expofoit trop :
*Vous auriez raifon, fi j'étois à votre
âge*, répond le Maréchal ; *mais à
l'âge où je fuis, j'ai fi peu de jours
à vivre, que je ne dois pas les ménager, ni négliger les occafions qui pourroient me procurer une mort glorieufe.*
L'affoibliffement de fes forces ne
lui permit de faire qu'une campagne ; mais cette campagne fraya le
chemin de la victoire. Comme il
s'en retournoit en France, une maladie mortelle l'arrêta à Turin.
Son confeffeur l'exhortant à la mort
lui dit, que Dieu lui avoit fait de
plus grandes graces qu'au maréchal de *Berwick*, qui venoit d'être
tué d'un coup de canon au fiége
de Philisbourg. *Quoi !* répondit le
héros mourant, *il a fini de cette
manière ? Je l'ai toujours dit, qu'il
étoit plus heureux que moi.* Il expira
peu de tems après, le 17 Juin 1734,
à 82 ans. C'eft un bruit populaire,
qu'il foit né & qu'il foit mort dans
la même ville & dans le même appartement. Lorfque le prince *Eugène* apprit cette mort, il dit : *La
France vient de faire une grande perte,
qu'elle ne réparera pas de long-tems.*
Le maréchal de *Villars* étoit un
homme plein d'audace & de confiance, & d'un génie fait pour la

guerre. Il avoit été l'artifan de fa
fortune, par fon opiniâtreté à faire
au-delà de fon devoir. Il déplut
quelquefois à *Louis XIV*, & ce
qui étoit plus dangereux, à *Louvois*, parce qu'il leur parloit avec
la même hardieffe qu'il fervoit.
On lui reprochoit de n'avoir pas
eu une modeftie digne de fa valeur. Il parloit de lui-même, comme
il méritoit que les autres en par-
laffent. Il dit un jour au roi devant toute la cour, lorfqu'il prenoit congé pour aller commander
toute l'armée : « SIRE, je vais
» combattre les ennemis de votre
» Majefté, & je vous laiffe au mi-
» lieu des miens »... Il dit aux courtifans du duc d'*Orléans* régent du
royaume, devenus riches par le
bouleverfement de l'Etat, appellé
Syftême : « Pour moi, je n'ai jamais
» rien gagné fur les ennemis de
» l'Etat »... Ses difcours où il mettoit le même courage que dans
fes actions, rabaiffoient trop les
autres hommes, déja affez irrités
par fon bonheur ; auffi avec de la
probité & de l'efprit, il n'eut jamais l'art de fe faire valoir, ni celui de fe faire des amis. Dès l'entrée au fervice, il s'étoit fait remarquer par une bravoure à toute épreuve. On le preffoit inutilement, en 1677, de prendre une
cuiraffe pour une action qui, felon toutes les apparences, devoit
être vive & meurtrière. *Je ne crois
pas*, répondit-il tout haut en préfence de fon régiment, *ma vie
plus précieufe que celle de ces braves
gens-là... Villars* regarda toujours
comme un devoir de fe trouver
aux endroits les plus dangereux,
pour encourager les autres par fon
exemple. Il dit, en 1703, à quelqu'un qui l'exhortoit à fe ménager,
qu'*un Général devoit s'expofer autant
qu'il expofoit les autres.* Le maréchal

chal de *Villars* étoit de l'académie Françoife, où il fut reçu en 1714. Il avoit été préfident du confeil de Guerre fous la Régence. On a imprimé en Hollande *les Mémoires du Maréchal de Villars*, en 3 vol. in-12. Le 1ᵉʳ eft abfolument de lui, les deux autres font d'une autre main. Le duc de *Villars* fon fils, gouverneur de Provence, eft mort fans poftérité mafculine.

III. VILLARS, (l'abbé de Montfaucon de) d'une famille noble du Languedoc, étoit parent du célèbre Dom de *Montfaucon*. Il embraffa l'état eccléfiaftique, vint à Paris, où fon talent pour la chaire lui donnoit des efpérances. Il y plut par les agrémens de fon caractére & de fon efprit. Il fe fit fur-tout connoître par fon *Comte de Gabalis*, 1742, 2 vol. in-12. *Villars* n'y a mis que la façon ; le fonds a été puifé dans le livre de *Borri*, intitulé : La Chiave del Gabinetto. Cette petite produ&ion eft écrite avec affez de fineffe. L'auteur y dévoile agréablement les myftéres de la prétendue cabale des Freres de la *Rofe-Croix*. Cet ouvrage lui fit interdire la chaire. Cet auteur fut tué d'un coup de piftolet, à l'âge d'environ 35 ans, vers la fin de l'année 1675, par un de fes parens, fur le chemin de Paris à Lyon. On a encore de lui un affez mauvais *Traité de la Délicateffe*, in-12, en faveur du Pere *Bouhours*; & un Roman en 3 vol. in-12, fous le titre d'*Amour fans foibleffe*, qui n'eft pas grand'chofe.

I. VILLE, (Antoine de) né à Touloufe en 1596, chevalier des ordres de St *Maurice* & de St *Lazare*, fe diftingua dans le Génie & dans les fortifications. On a de lui : I. Un *Livre de Fortifications*, in-12. II. Le *Siége de Corbie*, en latin,

Paris 1637, in-fol. III. Le *Siége* d'*Hefdin*, 1639, in-folio, &c. Ces ouvrages étoient fort eftimés avant les découvertes du maréchal de *Vauban*.

II. VILLE, (Jérôme-François, marquis de) Piémontois, fervit fous le duc de Savoie, où il fignala fon courage & fes lumières. Il avoit le grade de lieutenant-général au fervice de France fous le prince *Thomas*, lorfqu'il fut recherché par la république de Venife pour aller commander dans Candie, en 1665. Il foutint les efforts des Turcs jufqu'à ce que le duc de Savoie le rappella en 1678. Il quitta l'ifle le 22 Avril, au grand regret des foldats & des officiers, qui comptoient autant fur fa valeur que fur fa capacité. D'*Alquié* a traduit fes *Mémoires* fur le fiège de Candie, Amfterdam 1671, en 2 vol. in-12. C'eft un Journal intéreffant de ce fiége fameux.

III. VILLE, (Arnold de) du pays de Liège, fit exécuter l'an 1687 la *Machine de Marly*. On prétend qu'il avoit furpris le fecret de cette Machine d'un de fes compatriotes, nommé *Rendequin Sualem*. Ce dernier, mort en 1708 âgé de 64 ans, eft qualifié feul inventeur de la Machine de Marly dans fon épitaphe, qui fe voit en l'églife de Bougival près de Marli. Il peut en avoir conçu les premières idées, qui ont été perfectionnées par *Arnold de Ville*.

VILLEBEON, (Pierre de) d'une maifon illuftre de France, devint chambellan par la mort de fon frere aîné, *Gautier de Villebéon*, & fut enfuite miniftre-d'état du roi St *Louis*. Il rendit à ce prince les fervices les plus importans, le fuivit dans fes voyages d'Outre-Mer, & fut nommé l'un de fes exécuteurs teftamentaires. Il fit des prodiges

de valeur dans les guerres d'Outre-Mer , & mourut à Tunis en
1270, fans avoir été marié.

VILLEDIEU , *Voyez* JARDINS.

VILLEFORE, (Jofeph-François
Bourgcin de) d'une famille noble
de Paris, vit le jour en 1652. Pour
fe livrer plus librement à fon
goût pour la vie tranquille & pour
l'étude, il paffa quelques années
dans la communauté des Gentilshommes établie fur la paroiffe de
S. Sulpice ; mais fon mérite le dé-
cela, & il fut admis en 1706 dans
l'académie des Infcriptions. Il s'en
retira de lui-même en 1708 , fous
prétexte que la foibleffe de fon
tempérament né lui permettoit
pas d'en fuivre les exercices ;
mais réellement parceque ces exercices le gênoient. Il alla enfuite
fe cacher dans un petit appaite-
ment du Cloître de l'Eglife métropolitaine , où il paffa le refte
de fa vie, qu'une mort chrétienne termina en 1737 , à 85 ans.
On a de lui un grand nombre
d'ouvrages hiftoriques, de traductions , d'opufcules. Ses ouvrages
hiftoriques font : I. *La Vie de S.
Bernard* , in-4°. Elle eft écrite
avec une fimplicité noble. II. *Les
Vies des SS. Peres des Déferts d'O-
rient*, en 2 volumes, puis en 3 in-
12. III. *Les Vies des SS. Peres des
Déferts d'Occident*, en 3 vol. in-
12. Ces deux ouvrages n'ont pas
éclipfé celui d'*Arnauld d'Andilly*
dans le même genre. IV. *La Vie
de Ste Thérèfe*, avec des *Lettres* choifies de la même Sainte, in-4°, &
en 2 vol. in-12. V. *Anecdotes* ou
Mémoires fecrets fur la Conftitution
Unigenitus, 3 vol. in-12. Cet ouvrage, entrepris à la prière du cardinal de *Noailles* , eft femé de
pottraits tracés avec affez de fidélité. Les menées du Jéfuite *le Tel-*

lier & de fa cabale y font bien
dévoilées. Le ftyle, quoiqu'un peu
négligé , eft en général agréable
& coulant. Il y a quelques faits
qui paroiffent hazardés , d'autres
trop fatyriques: auffi ces Mémoires
furent-ils fupprimés par Arrêt du
confeil , de même que la *Réfutation* qui en a été faite par *Lafitau* ,
évêque de Sifteron. V I. *La Vie
d'Anne-Gènevièye de* Bourbon, *Ducheffe de Longueville*, dont la meilleure édition eft celle d'Amfterd.
en 1739 , en 2 vol: in-8°... Les
Traductions de *Villefore* font : I.
Celles de plufieurs ouvrages de
S. Auguftin des *Livres de la Doctrine Chrétienne* , in-8° ; de ceux de
l'Ordre & du Libre-arbitre, in-8° ; des
*trois Livres contre les Philofophes Aca-
démiciens*; du *Traité de la Grace &
du Libre-arbitre*, in-12 ; & du *Traité de la vie heureufe*, in-12. II. Celles
de plufieurs ouvrages de St *Bernard* ; des *Lettres*., 2 vol. in-8° ; &
des *Sermons choifis*, in-8°, avec des
Notes qui fervent à éclaircir le texte. III. Celles de plufieurs ouvrages de *Cicéron* ; des *Entretiens fur
les Orateurs illuftres*, in-12 ; & de
toutes les *Oraifons*, en 8 vol. in-
12. Ces differentes verfions ont
été bien accueillies. Elles ont prefque toujours le mérite de la fidélité & de l'élégance ; mais on reproche au traducteur des négligences dans la diction & des périphra-
fes languiffantes.

VILLEFROY, (Guillaume de)
prêtre, docteur en théologie , né
en 1690 , mourut profeffeur d'hébreu au collége-royal en 1777. Il
avoit été fecrétaire du duc d'Orléans , qui lui fit donner l'abbaye
de Blafimont en 1721. C'étoit un
homme d'étude & laborieux. On
a de lui : *Lettres de* M. *l'Abbé de****
à fes Elèves pour fervir d'introduction à l'intelligence des Saintes Ecri-*

tures, Paris 1751, 2 vol. in-12; & d'autres *Ecrits*.

VILLEGAGNON, (Nicolas Durand de) chevalier de Malte, né à Provins en Brie , fe fignala en 1541 à l'entreprife d'Alger. Il ne fe diftingua pas moins à la défenfe de Malte, dont il a donné une *Relation* franç. 1553 , in-8°. ou en latin in-4°. Né pour les entreprifes finguliéres, il tenta de fe former une fouveraineté au Bréfil en Amérique. Ayant annoncé qu'on vouloit en faire une retraite pour les Prétendus-Réformés, il eut d'abord beaucoup de colons ; mais s'étant avifé de les contredire fur leur croyance, ils l'abandonnérent. Les Portugais s'emparérent du fort qu'il avoit fait bâtir pour protéger fa colonie, & le Bréfil fut perdu pour les François. *Villegagnon* revint en France & y mourut en 1571, laiffant plufieurs *Ecrits* contre les Proteftans.

VILLEHARDOUIN, (Géofroi de) chevalier, maréchal de Champagne en 1200, porta les armes avec diftinction, & cultiva les lettres dans un fiécle ignorant & barbare. On a de lui, l'*Hiftoire de la prife de Conftantinople par les François* en 1204 , dont la meilleure édition eft celle de *du Cange*, in-folio , 1657. Les exemplaires en grand papier font préférés au petit. Cet ouvrage eft écrit avec un air de naiveté & de fincérité qui plait ; mais l'auteur n'eft pas affez judicieux dans le choix des faits & des circonftances.

VILLENA , *Voyez* PACHECO.

VILLENEUVE, (Arnauld de) *Voyez* ARNAULD, n° II.

VILLENEUVE, *V.* III. BRANCAS.

I. VILLENEUVE, (Helion de) grand-maître de l'ordre de *S. Jean* de Jérufalem qui réfidoit alors à Rhodes , fut élu à la recomman-

dation du pape *Jean XXII* qui le connoiffoit également courageux & habile. Son élection fe fit à Avignon en 1319. Le premier foin du nouveau grand-maître fut d'affembler un chapitre général à Montpellier. On prétend que ce fut dans cette affemblée qu'on divifa le corps de l'ordre en différentes langues ou nations, & qu'on attacha à chaque langue des dignités particuliéres & les commanderies de chaque nation. *Villeneuve* ayant terminé ce chapitre, fe rendit à Rhodes vers l'an 1332 , & il y vécut en prince qui fait gouverner. La ville & l'ifle entiére lui furent redevables d'un baftion, qu'il fit élever à fes dépens, à la tête d'un fauxbourg. A cette fage précaution, le grand-maître ajoûta le fecours d'une garnifon nombreufe , qu'il entretint toujours de fes propres deniers. D'ailleurs fa préfence & fur-tout fes bienfaits attirérent à Rhodes un grand nombre de chevaliers ; cette ifle devint un boulevart redoutable. Il arma enfuite fix galéres, pour feconder la ligue des princes Chrétiens contre les Infidèles. Différens abus s'étoient gliffés dans l'ordre, & le pape *Clément VI* en avoit été inftruit. *Villeneuve* fit différens réglemens pour la réforme des mœurs. Il fut défendu aux chevaliers de porter de draps qui coûtaffent plus de deux fiorins l'aune & demie. On leur interdit la pluralité des mets & l'ufage des vins délicieux. Il envoya peu de tems après des députés au pape ; ils tinrent un chapitre à Avignon , où les Réglemens faits par le grand maître furent confirmés. L'ordre perdit bientôt *Villeneuve* ; il mourut à Rhodes en 1346. « Prince recommandable (dit *Vertot*) par fon éco-

nomie, & qui pendant fon magif-
tére aquitta toutes les dettes de la
Religion. » Sa prudence fe fignala
pluf. fois autant que fa valeur , &
fur - tout lorfqu'il réduifit l'ifle de
Lango révoltée contre l'ordre. Sa
févérité le fit appeller *Manlius*,
parce qu'il dépouilla de l'habit de
chevalier *Dieu-donné* de *Gozon* ,
qui', contre fa défenfe , avoit combattu & terraffé un monftre qui
infeftoit Rhodes. Il fit éclater fa
magnificence par les édifices qu'il
fit élever dans l'ifle : une églife
où il fonda deux chapelles magif.
trales , &.un château qui porta fon
nom. Il fut auffi le fondateur d'un
monaftére de Chartreufe, dans le
diocèfe de Fréjus, où fa fœur *Ro-
foline* de *Villeneuve*, morte en odeur
de fainteté, fut prieure. L'illuftre
maifon dont étoit le grand - maître de Rhodes ,a produit un grand
nombre de perfonnages diftingués ; tels que *Romée* de *Ville-
NEUVE* , premier miniftre de *Raimond Berenger* comte de Provence,
mort en 1250 ; *Louis* de *Ville-
NEUVE* , feigneur de Sorenon ,
premier marquis de Trans, chambellan de *Charles VIII*, & un des
généraux de fes armées navales.
Enfin l'ordre de Malte lui doit plus
de cent chevaliers, & l'Eglife un
grand nombre de prélats , dont
les lumiéres ont égalé les vertus.

II. VILLENEUVE, (Gabrielle-
Sufanne BARBOT , veuve de J. B.
de GAALLON de) morte en 1755,
avoit de l'efprit & de l'aménité.
Son mari étoit lieutenant-colonel
d'infanterie. Elle s'exerça dans le
genre Romanefque , & elle eut à
cet égard quelques fuccès. On a
d'elle : I. La *Jeune Américaine* , ou
les Contes Marins , 4 parties, in-
12. II. Le *Phénix Conjugal* , in-12.
III. *Le Juge prévenu* , in-12. IV.
Les Contes de cette année , in - 12.

V. Les *Belles Solitaires*, en 3 parties , in-12. VI. Le *Beau-Frere fuppofé* , 4 parties in-12. VII. *Mef-
demoifelles de Marfange* , in-12. VIII.
Le *Tems & la Patience*, 2 v. in-12.
IX. La *Jardiniére de Vincennes*, en 5
brochures in-12. Ce dernier Roman eft le plus lu. C'eft un tableau des caprices de l'amour &
de la fortune, fans force & fans
coloris; mais les fituations atten-
driffantes , la nobleffe des fentimens , la jufteffe des réflexions
rachètent le défaut de la foibleffe
& de l'incorrection du ftyle.

VILLER , (Michel) prêtre du
diocèfe de Laufanne , mort le 30
Mars 1757, âgé de plus de 80 ans,
eft connu par des *Anecdotes fur l'é-
tat de la Religion dans la Chine* , 1732
& 1742 , en 7 vol. in-12 , où il
n'a pas le mérite de la précifion.

VILLEROI , (*Voyez* AUBESPI-
NE , n° IV... & NEUVILLE.

VILLETHIERY , (Jean Girard
de) *Voyez* GIRARD DE VILLETH...

I. VILLIERS DE L'ISLE-ADAM,
(Jean de) chevalier , feigneur de
l'Ifle-Adam, d'une des plus anciennes & des plus illuftres maifons de France, s'engagea dans la
faction de Bourgogne , à laquelle il fut fort utile par fes intrigues & par fon courage Il fut
fait maréchal de France en 1418.
Devenu fufpect à *Henri V* roi d'Angleterre, il fut renfermé à la Baftille par ordre de ce prince , &
n'en fortit qu'en 1422. Il fervit
encore les ducs de *Bourgogne* &
les Anglois jufqu'en 1435 ; mais
peu de tems après , il rentra au
fervice du roi *Charles VII* , prit
Pontoife , & facilita la réduction
de Paris. Ce héros fe préparoit
à d'autres exploits , lorfqu'il fut
tué à Bruges , dans une fédition
populaire , en 1437 , honoré des
regrets de fon roi.

II. VILLIERS DE L'ISLE-ADAM, (Philippe de) élu en 1521 grand-maître de l'ordre de S. Jean de Jérufalem, étoit de la même maifon que le précédent. Il commandoit dans l'ifle de Rhodes, lorfque cette ifle fut affiégée par 200 mille Turcs en 1522. Les efforts de cette multitude ayant été inutiles, *Soliman* vint la commander & preffa le fiége avec tant de vivacité, que le grand-maître, trahi d'ailleurs par *d'Amaral*, chancelier de l'ordre, fut obligé de fe rendre le 20 Décembre de la même année. Le vainqueur, plein d'eftime pour le vaincu, lui fit les offres les plus flatteufes pour l'engager à refter avec lui ; mais l'*Ifle-Adam* préféra les intérêts de fon ordre à fa fortune. Après avoir erré pendant 8 ans, avec fes chevaliers fans retraite affûrée, l'empereur *Charles-Quint* lui donna en 1530 Malte, le Goze & Tripoli de Barbarie ; & le grand-maître de l'*Ifle-Adam* en prit poffeffion au mois d'Octobre de la même année. C'eft depuis ce tems que les chevaliers de S. Jean de Jérufalem ont pris le nom de *Chevaliers de Malte*. L'*Ifle-Adam* mourut en 1534, à 70 ans, pleuré de fes chevaliers, dont il avoit été le défenfeur & le pere. On grava fur fon tombeau ce peu de mots qui renferment un éloge complet : *C'eft ici que repofe la Vertu victorieufe de la Fortune.* Son petit-neveu, *Charles*, mort en 1535, donna toutes fes terres à fon coufin le connétable *Anne* de *Montmorency* en 1527, du confentement de fon frere puiné *Claude*, qui avoit cependant plufieurs enfans.

III. VILLIERS, (Pierre de) né à Cognac fur la Charente en 1648, entra chez les Jéfuites en 1666. Après s'y être diftingué & dans les colléges & dans la chaire, il en fortit en 1689, pour rentrer dans l'ordre de Cluni non-réformé. Il devint prieur de *St-Taurin*, & mourut à Paris en 1728, à 80 ans. Cet écrivain, appellé par *Boileau* le *Matamore de Cluni*, parce qu'il avoit l'air audacieux & la parole impérieufe, étoit d'ailleurs un homme très-eftimable. On a de lui un recueil de *Poëfies*. L'abbé de *Villiers* faifoit peu de cas de fes vers, & il fe rendoit juftice, quoiquè poéte & auteur. Sa poëfie, exacte & naturelle, eft trop languiffante. Ses ouvrages poëtiques recueillis par *Colombat*, 1728, in-12, font : I. *L'Art de prêcher*, Poëme qui renferme les principales règles de l'éloquence. II. *De l'Amitié.* III. *De l'Education des Rois dans leur enfance.* Ces trois Poëmes font fur de grands fujets, remplis de folides préceptes & de fages inftructions ; mais le ftyle eft fimple, dénué d'harmonie & d'images, & plein de petits détails que l'expreffion ne relève jamais : à peine s'élève-t-il jufqu'au rang de verfificateur. IV. Deux Livres d'*Epitres.* V. *Piéces diverfes*, &c. L'abbé de *Villiers* s'eft auffi diftingué par plufieurs beaux *Sermons*, & par différens ouvrages en profe. Les principaux font : I. *Penfées & Réflexions fur les égaremens des hommes dans la voie du falut*, à Paris, 1732, 3 vol. in-12. II. *Nouvelles Réflexions fur les défauts d'autrui, & fur les fiuits que chacun en peut retirer pour fa conduite*, in-12, 4 vol. III. *Vérités fatyriques*, en 50 Dialogues in-12. IV. *Entretiens fur les* Contes des Fées *& fur quelques Ouvrages de ce tems, pour fervir de préfervatif contre le mauvais goût*, 1699, in-12. Il s'élève dans ce livre contre l'ufage de ne mettre que de l'amour dans ces piéces.

Ces différens ouvrages refpirent une bonne morale ; mais ils manquent fouvent de profondeur, de chaleur & d'énergie , & offrent trop d'idées communes. Cependant fa diction , pure & faine , eft bien préférable à l'emphafe pédantefque de nos moraliftes d'aujourd'hui.

VILLIERS, *Voy.*BUCKINGHAM.

VILLIC, *Voyez* WILLIC.

VILLON, *Voyez* CORBUEIL.

I. VINCENT, (Saint) diacre de Sarragoffe, reçut la couronne du martyre à Valence en 305.

II. VINCENT DE LERINS, célèbre religieux du monaftére de ce nom, étoit natif de Toul, felon la plus commune opinion. Après avoir paffé une partie de fa vie dans les agitations du fiécle, il fe retira au monaftére de Lérins, où il ne s'occupa que de la grande affaire du falut. Il compofa en 434 fon *Commonitorium*, dans lequel il donne des principes pour réfuter toutes les erreurs, quoique fon but principal foit d'y combattre l'héréfie de *Neftorius* que l'on venoit de condamner. Sa règle eft de s'en tenir à ce qui a été enfeigné dans tous les lieux & dans tous les tems. Ce Mémoire, plein d'excellentes chofes & de principes rendus avec netteté, étoit divifé en 2 parties, dont la feconde traitoit du Concile d'Ephèfe. Cette partie lui fut volée, & il ne lui réfta que l'Abrégé qu'il en avoit fait, & qu'il a mis à la fin de fon Mémoire. Cet illuftre folitaire mourut en 450. La meilleure édition de fon excellent ouvrage eft celle que *Baluze* en a donnée avec *Salvien*, 1684, in-8°. Cette édition, enrichie de notes, a reparu augmentée à Rome 1731, in-4°. Nous avons une Traduction françoife du *Commonitorium*, in-12.

III. VINCENT DE BEAUVAIS, Dominicain, ainfi appellé du lieu de fa naiffance, s'acquit l'eftime du roi *St Louis* & des princes de fa cour. Ce monarque l'honora du titre de fon lecteur, & lui donna infpection fur les études des princes fes enfans. *Vincent* ayant fort aifément des livres par la libéralité du roi, entreprit, I. L'ouvrage qui a pour titre : *Speculum majus*, à Douai, 1624, 10 tom. en 4 vol. in-f. C'eft un ample recueil contenant des extraits d'écrivains facrés & profanes, où l'on trouve raffemblé dans un feul corps, tout ce qui a paru de plus utile à l'auteur. Cette collection, affez mal choifie & auffi mal digérée, eft pleine d'erreurs les plus groffiéres. L'auteur l'a divifée en 4 parties. La Ire eft intitulée : *Speculum naturale* ; la IIe, *Speculum doctrinale* ; la IIIe, *Speculum morale* ; & la IVe, *Speculum hiftoriale*. L'abrégé de cet ouvrage eft attribué à *Doringck* : (*Voyez* ce mot.) II. Une *Lettre* à *St Louis* fur la mort de fon fils aîné. III. Un Traité de l'*Education des Princes*, & d'autres *Traités* en latin, écrits d'un ftyle barbare. Ce favant religieux mourut en 1264.

IV. VINCENT FERRIER, (St) religieux de l'ordre de *St Dominique*, né à Valence en Efpagne le 23 Janvier 1357, fut reçu docteur de Lerida en 1384. Ses miffions en Efpagne, en France, en Italie, en Angleterre, en Ecoffe, firent éclater fon zèle dans une partie de l'Europe. Il l'exerça fur-tout pendant le fchifme qui déchiroit l'Eglife. Il fit un grand nombre de voyages pour engager les princes & les prélats à travailler à la réunion. Il fut, pendant plufieurs années, confeffeur de *Benoit XIII* & fon plus ardent défenfeur. Mais rebuté par l'opiniàtreté de ce fchifmatique, déclaré ennemi de la paix & de l'union de l'Eglife, il difpofa

le roi d'Efpagne & les autres fouverains à fouftraire tous leurs états
à fon obéiffance ; il s'attacha au
concile de Conftance, & abandonna fon pénitent. En 1417 il alla
prêcher en Bretagne, & mourut à
Vannes en 1419, âgé de 62 ans &
quelques mois, après avoir porté
grand nombre de pécheurs à la pénitence. Nous avons de lui plufieurs ouvrages, publiés à Valence
en Efpagne, 1491, in-fol. On trouve
dans ce recueil : I. Un *Traité de la
Vie fpirituelle*, ou *de l'Homme intérieur.* II. Celui *de la Fin du Monde*,
ou *de la ruine de la Vie fpirituelle*,
*de la dignité Eccléfiaftique, & de la
Foi Catholique.* III. Un Traité intitulé : *Des deux avénemens de l'Ante-
Chrift.* IV. Une *Explication de l'O-
raifon Dominicale.* V. Des *Sermons*,
pleins de faux miracles & d'inepties:
on doute qu'ils foient de lui.

V. VINCENT DE PAUL, (St)
né à Poy au diocèfe d'Acqs en
1576, de parens obfcurs, fut d'a-
bord employé à la garde de leur
petit troupeau ; mais la pénétration
& l'intelligence qu'on remarqua en
lui, engagea fes parens à l'envoyer
à Touloufe. Après avoir fini fes
études, il fut élevé au facerdoce
en 1600. Un modique héritage
l'ayant appellé à Marfeille, le bâtiment fur lequel il s'en revenoit
à Narbonne, tomba entre les mains
des Turcs. Il fut efclave a Tunis
fous trois maîtres différens, dont il
convertit le dernier, qui étoit renégat & Savoyard. S'étant fauvés
tous les deux fur un efquif, ils
abordèrent heureufement à Aigues-
Mortes en 1607. Le vice-légat
d'Avignon, *Pierre Montorio*, inftruit
de fon mérite, l'emmena à Rome.
L'eftime avec laquelle il parloit du
jeune prêtre François, l'ayant fait
connoître à un miniftre d'*Henri IV*,
il fut chargé d'une affaire impor-

tante auprès de ce prince en 1608.
Louis XIII récompenfa dans la fuite
ce fervice par l'abbaye de St Léonard de Chaulme. Après avoir été
quelque tems aumônier de la reine
Marguerite de *Valois*, il fe retira
auprès de *Bérulle* fon directeur, qui
le fit entrer en qualité de précepteur dans la maifon d'*Emmanuel de
Gondy*, général des galères. Mad*
de *Gondy*, mere de ces illuftres
élèves, étoit un prodige de piété.
Ce fut elle qui lui infpira le deffein
de fonder une Congrégation de
Prêtres qui iroient faire des Miffions à la campagne. *Vincent*, connu
à la cour pour ce qu'il étoit, obtint par fon feul mérite la place
d'aumônier-général des galéres en
1619. Le miniftére de zèle & de
charité qu'il y exerça, fut longtems
célèbre à Marfeille, où il étoit déja
connu par de belles actions. Ayant
vu un jour un malheureux forçat
inconfolable d'avoir laiffé fa femme
& fes enfans dans la plus extrême
mifére, *Vincent* de *Paul* avoit offert,
de fe mettre à fa place ; & ce qu'on
aura peine fans doute à concevoir,
l'échange fut accepté. Cet homme
vertueux fut enchaîné dans la
chiourme des galériens, & fes
pieds reftérent enflés, pendant le
refte de fa vie, du poids des fers
honorables qu'il avoit portés. St
François de Sales, qui ne connoiffoit
pas dans l'Eglife un plus digne Prêtre
que lui, le chargea en 1620 de la
fupériorité des filles de la Vifitation. Après la mort de Mad* de
Gondy, il fe retira au collége des
Bons-Enfans, dont il étoit principal, & d'où il ne fortoit que pour
faire des Miffions avec quelques
Prêtres qu'il avoit affociés à ce
travail. Quelques années après, il
accepta la maifon de St Lazare, qui
devint le chef de fa Congrégation.
« Sa vie ne fut plus qu'un tiffu de

» bonnes œuvres, (dit l'abbé *Ladvo-*
» *cat.*) *Miſſions* dans toutes les par-
» ties du royaume, auſſi-bien qu'en
» Italie, en Ecoſſe, en Barbarie, à
» Madagaſcar, &c. *Conférences Ec-*
» *cléſiaſtiques*, où ſe trouvoient les
» plus grands évêques du royaume:
» *Retraites ſpirituelles*, & en même
» tems gratuites : *Etabliſſement pour*
» *les Enfans-Trouvés*; à qui, par un
» diſcours de ſix lignes, il procura
» 40,000 liv. de rente : *Fondation*
» *des Filles de la Charité* pour le
» ſervice des Pauvres malades ; ce
» n'eſt-là qu'une eſquiſſe des ſer-
» vices qu'il a rendus à l'Egliſe &
» à l'Etat. *Les Hôpitaux de Bicêtre*,
» de *la Salpétriére*, de *la Pitié*; ceux
» de *Marſeille* pour les Forçats, de
» *Ste Reine* pour les Pélerins, du
» *St Nom de Jeſus* pour les Vieil-
» lards, lui doivent la plus grande
» partie de ce qu'ils font. Il en-
» voya en Lorraine, dans les tems
» les plus fâcheux, juſqu'à deux
» millions en argent en effets »,
Avant l'établiſſement pour les *En-*
fans-Trouvés, on vendoit ces innocentes créatures dans la rue St Lan-
dri 20 ſols la piéce, & on les donnoit par charité, diſoit-on, aux femmes malades qui en avoient beſoin
pour leur faire ſuccer un lait corrompu. *Vincent* de *Paul* fournit
d'abord des fonds pour nourrir 12
de ces enfans; bientôt ſa charité
ſoulagea tous ceux qu'on trouvoit
expoſés aux portes des Egliſes ;
mais les ſecours lui ayant manqué,
il convoqua une aſſemblée extraordinaire de Dames charitables. Il fit
placer dans l'Egliſe un grand nombre de ces malheureux enfans, &
ce ſpectacle, joint à une exhortation auſſi courte que pathétique,
arracha des larmes ; & le même
jour, dans la même Egliſe, au
même inſtant, l'hôpital des Enfans-
Trouvés fut fondé & doté. Pendant

dix années qu'il fut à la tête du
conſeil de conſcience ſous *Anne*
d'Autriche, il ne fit nommer aux
bénéfices que ceux qui en étoient
les plus dignes. L'attention qu'il
eut d'écarter les partiſans de *Janſe-*
nius, l'a fait peindre par les hiſtoriens de Port-Royal comme un
homme d'un génie borné; mais ils
n'ont pu lui refuſer une vertu peu
commune. Il travailla efficacement
à la *Réforme* de Grammont, de Prémontré, de l'abbaye de Ste Gèneviéve, auſſi bien qu'à l'*Etabliſſement*
des grands Séminaires. *Vincent* accablé d'années, de travaux, de mortifications, finit ſa ſainte carrière
le 27 Septembre 1660, âgé de près
de 85 ans. *Benoît XIII* le mit au
nombre des Bienheureux le 13
Août 1729, & *Clément XII* au nombre des Saints le 16 Juin 1737.
Ceux qui voudront connoître plus
particuliérement *St Vincent de Paul*,
peuvent lire la *Vie* que *Collet* en a
donnée en 2 vol. in-4°. On ne peut
qu'admirer *Vincent* en liſant cet
ouvrage, & quoique ce ſoit le portrait d'un pere fait par un enfant,
il n'eſt que très-peu flatté. Sa Congrégation poſſéde aujourd'hui environ 84 Maiſons diviſées en 9 provinces. Elle ne s'eſt pas illuſtrée,
comme d'autres, dans la littérature : ce n'étoit pas le but de ſon
fondateur, homme plus pieux que
ſavant ; mais elle ſert utilement
l'Egliſe dans les Séminaires & dans
les Miſſions. L'éditeur de *Ladvocat*
cite à la ſuite de l'article de *Vincent*
de Paul, l'*Avocat du Diable*, 3 vol.
in-12; mais il auroit dû avertir que
ce livre eſt un libelle, où le fondateur des Lazariſtes eſt traité d'*infâme*
délateur & d'*exécrable boutefeu*. Il y a
tant d'emportement dans cet ouvrage, que l'auteur paroît réellement avoir été inſpiré par celui
dont il ſe dit l'avocat.

VINCENTINI, *Voy.* VALERIO, n° II.

VINCI, (Léonard de) peintre, vit le jour de parens nobles, dans le château de Vinci, près de Florence, en 1445. Les sciences & les arts étoient familiers à ce peintre ; il avoit inventé une forte de lyre dont il touchoit parfaitement. Il connoissoit l'architecture & l'hydraulique. Peu de tems après avoir commencé à étudier la peinture, *Verrochio*, son maître, le crut en état de travailler à un Ange qui restoit à peindre dans un de ses tableaux, dont le sujet étoit le Baptême de N. S. Le jeune *Léonard* le fit avec tant d'art, que cette figure effaçoit toutes les autres. *Verrochio*, piqué de se voir ainsi surpassé, ne voulut plus manier le pinceau. Un des plus magnifiques ouvrages de *Léonard* est la représentation de la Cêne de N. S. qu'il peignit dans le réfectoire des Dominicains à Milan. Il avoit commencé par les Apôtres ; mais s'étant épuisé par l'expression qu'il leur donna dans les airs de tête, il ne trouva rien d'assez beau pour le Christ, & le laissa ébauché. Cependant le prieur du couvent, homme inquiet, le tourmentoit sans cesse. *Léonard*, pour se venger de ce moine impatient, le peignit à la place de *Judas*, dont la figure restoit aussi à finir. Ce fut avec ce peintre que *Michel-Ange* travailla, par l'ordre du Sénat, à orner la grande salle du conseil de Florence, & ils firent ensemble ces cartons qui sont devenus depuis si fameux. Il est rare que la jalousie ne détruise point l'union qui sembleroit devoir régner entre les personnes à talent. Cette cruelle passion força *Léonard* de quitter l'Italie, où *Michel-Ange* partageoit avec lui l'admiration publique. Il vint donc en France, à la cour de *François I* ;

mais étant déja vieux & infirme, il n'y fit que très-peu d'ouvrages. Il mourut vers l'an 1520 à Fontainebleau, entre les bras du roi, qui l'étoit venu visiter dans sa dernière maladie. Le coloris de ce peintre est foible, ses carnations sont d'un rouge de lie. Il finissoit tellement ce qu'il faisoit, que souvent son ouvrage en devenoit sec. Il avoit aussi une exactitude trop servile à suivre la nature jusques dans ses minuties : mais ce peintre a excellé à donner à chaque chose le caractère qui lui convenoit. Il avoit fait une étude particulière des mouvemens produits par les passions. Il y a une correction & un goût exquis dans son dessin. On remarque aussi beaucoup de noblesse, d'esprit & de sagesse dans ses compositions. Le *Traité de la Peinture*, en Italien, Paris 1651, in-fol. que ce peintre a laissé, est estimé. Nous en avons une Traduction françoise donnée par *Chambray*, Paris, 1651, in-fol. ; & une de 1716, in-12. Nous avons encore de lui, *Des Têtes & des Charges*, 1730, in-4°.

VINET, (Elie) naquit auprès de Barbezieux en Saintonge. *André Govea*, principal du collège de Bordeaux, l'appella dans cette ville, où il lui succéda. Après avoir fait un voyage en Portugal, il remplit cette place avec un succès distingué. C'étoit un homme grave, infatigable au travail, & aimant tellement l'étude, que dans sa dernière maladie il ne cessa de lire & de faire des observations sur ce qu'il lisoit. Ses talens pour l'éducation de la jeunesse égaloient son ardeur laborieuse. Il mourut à Bordeaux en 1587, à 78 ans, regardé dans la république des lettres comme un savant profond & un critique habile. Ses principaux ouvrages sont : I. *L'Antiquité de Bordeaux &*

de *Bourg*, 1574, in-4°. II. Celle *de Saintes & de Barbezieux*, 1571, in-4°. Ces deux livres font eftimés à caufe des recherches. III. *La Maniére de faire des Solaires ou Cadrans*, in-4°. IV. L'*Arpenterie*, in - 4°. V. Des *Traductions françoifes* de la *Sphére de Proclus*, & de la *Vie de Charlemagne* écrite par *Eginard*. VI. De bonnes Editions de *Théognis*, de *Sidonius Apollinaris*, du livre de *Suétone* fur les Grammairiens & les Rhéteurs, de *Perfe*, d'*Eutrope*, d'*Aufone*, de *Florus*, &c. avec des notes & des commentaires pleins d'érudition.

VINGBOONS, (N.) architecte Hollandois du dernier fiécle, s'eft rendu célèbre par le grand nombre de beaux édifices qu'il a fait conftruire dans fa patrie. Ses *Ouvrages* ont été imprimés à la Haye, 1736, in - fol.

VINNIUS, (Arnold) célèbre profeffeur de droit à Leyde, mourut en 1657 à 70 ans. On a de lui un *Commentaire* fur les *Inftitutes de Juftinien*, Elzévir, 1665, in-4° réimprimé fous ce titre : *Arnoldi VINNII Jurifconfulti, in quatuor libros Inftitutionum Imperialium, Commentarius academicus & forenfis*, &c. *Cui accedunt ejufdem* Vinnii *Quæftiones Juris felectæ*, Paris, 1778, 2 vol. in-4°; & un autre *Commentaire* fur les anciens Jurifconfultes, Leyde, 1677, in-8°. Celui-ci fait fuite des Auteurs *cum notis Variorum*.

VINOT, (Modefte) prêtre de l'Oratoire, né à Nogent-fur-Aube d'un avocat, profeffa la rhétorique à Marfeille, où il fe diftingua par fes Harangues & par fes Poèfies latines. La littérature n'étoit pas fon feul talent. Ses fupérieurs l'ayant envoyé à Tours pour y faire des Conférences publiques fur l'Hiftoire eccléfiaftique, il mérita qu≥ d'*Hervaux*, archevêque de

Tours, le nommât chanoine de St Gatien. Le P. *Vinot* conferva ce canonicat le refte de fes jours, fans fortir de la congrégation, qui le regarda toujours comme un de fes plus illuftres membres. On a de lui, I. Une *Traduction*, en beaux vers latins, des Fables choifies de *la Fontaine*, conjointement avec le P. *Tiffard*; & d'autres *Poéfies* latines,imprimées à Troyes en 2 petits vol. in-12, & réimprimées à Rouen fous le nom d'Anvers, par les foins de l'abbé *Saas*, en 1738, in-12. II. Une *Dénonciation raifonnée d'une Thèfe de Théologie* foutenue à Tours le 10 Mai 1717. Le Pere *Vinot* mourut à Tours en 1731, à 59 ans. Il avoit de l'efprit, de l'imagination,& le génie de la Satyre. Quelques écrivains lui ont attribué le *Philotanus* de l'abbé *Grecourt*.

VINTIMILLE, (Charles - Gafpard-Guillaume de) d'une des plus anciennes familles du royaume, fut fucceffivement évêque de Marfeille, archevêque d'Aix en 1708, & de Paris en 1729. Il mourut en 1746, à 94 ans. L'amour de la paix fut fon principal mérite. Les difputes du Janfénifme qui troublérent fon diocèfe, n'altérérent point la tranquillité de fon caractère. Il fut le premier à rire des fatyres que les partifans du diacre *Páris* publiérent contre lui. Son frere le comte du *Luc*, mort en 1740 à 87 ans, laiffa des enfans.

VIO, (Thomas de) célèbre cardinal, plus connu fous le nom de *Cajetan*, naquit à *Gaïete*, dans le royaume de Naples, en 1469. L'ordre de *St Dominique* le reçut dans fon fein en 1484. Il y brilla par fon efprit & par fon favoir, devint docteur & profeffeur en théologie, puis procureur-général de fon ordre, & enfin général en 1508. Il rendit des fervices importans au pape *Jules II* & à *Léon X*, qui l'honora de la pourpre en 1517, & le fit l'année fuiv. fon légat en Allemagne. Le cardinal *Cajetan* eut plufieurs conférences avec *Luther;* mais fon zèle & fon éloquence ne purent ramener dans le bercail cette brebis égarée. Elevé en 1519 à l'évêché de Gaïete, il fut envoyé légat en Hongrie l'an 1523. Après y avoir fait beaucoup de bien, il retourna à Rome, où il mourut en 1534; à 67 ans. Malgré les affaires importantes dont il étoit chargé, il s'étoit fait un devoir de ne laiffer paffer aucun jour fans donner quelques heures à l'étude. C'eft ce qui lui fit compofer un fi grand nombre d'ouvrages. Les principaux font : I, Des *Commentaires* fur l'Ecriture-fainte, imprimés à Lyon en 1639, en 5 vol. in-fol. II. Des *Traités* fur diverfes matières. III. Des *Commentaires* fur la Somme de *St Thomas*, qu'on trouve dans les éditions de cette Somme de 1541 & 1612. Ces différens ouvrages font une fource d'érudition. Le cardinal *Cajetan* avoit beaucoup lu & beaucoup compilé; mais fes livres font trop volumineux pour croire qu'il l'eût toujours fait avec difcernement.

VIOLE, (Le) peintre Italien, mourut à Rome en 1622, âgé de 50 ans. *Annibal Carache* lui donna des leçons & perfeétionna fes talens pour le payfage, dans lequel ce maitre a excellé. Le pape *Grégoire XV*, charmé de fon mérite, l'attacha à fon fervice ; mais les bienfaits de fa fainteté, loin de l'animer au travail, lui firent embraffer une vie oifive. On doit le diftinguer de *VIOLE ZANINI*, qui cultiva l'architeéture & qui écrivit fur cet art.

VIOLETTE, (La) *Voyez* CHESNE, n° III.

VIONNET, (George) Jéfuite

de Lyon, d'un caraétére aimable, étoit un bon littérateur & un poëte foible. Nous avons de lui une Tragédie de *Xercès*, en 5 aétes & en vers, 1749; & quelques *Poëfies Latines* fur différens fujets. Il termina fa carrière en 1754, à 42 ans.

VIPERANI, (Jean-Antoine) chanoine de Girgenti , puis évêque de Giovenazzo en 1588, eft auteur d'une *Poëtique*, de *Poéfies Latines*, & d'autres *Ouvrages*, Naples 1606, 3 vol. in-fol. Ils eurent du fuccès. L'auteur mourut en 1610.

VIRET, (Pierre) miniftre Calvinifte, né à Orbe en Suiffe l'an 1511, s'unit avec *Farel*, pour aller prêcher à Genève les erreurs de *Calvin*. Les Genevois les ayant écoutés avec avidité, chafférent les Catholiques de la ville en 1536. *Viret* fut enfuite miniftre à Laufanne & dans plufieurs autres villes. Il mourut à Pau en 1571, à 60 ans. Le fanatifme lui avoit donné une efpèce d'éloquence; mais elle brille peu dans les ouvrages que nous avons de lui en latin & en françois : I. *Opufcula*, 1553, in-fol. II. *Difputations fur l'état des Trépaffés*, 1552, in-8°. III. *La Phyfique Papale*, 1552, in-8°; que les efprits amis de la fatyre recherchent, ainfi que fa *Nécromance Papale*, Genève, 1553 , in-8°.

VIRGILE, (*Publius Virgilius Maro*) furnommé le *Prince des Poëtes Latins*, naquit à Andès , village près de Mantoue, l'an 70 avant J. C., d'un potier de terre. Les Ides d'Oétobre, qui étoient le 15 de ce mois, devinrent à jamais fameufes par fa naiffance. Sa mufe s'étoit d'abord exercée dans le genre paftoral. Ce poëte, rétabli par *Auguft* dans fon patrimoine, d'où il avoit été chaffé, par la diftribution faite aux foldats vétérans des terres du Mantouan & du Cré-

monois, compofa, pour remercier
fon bienfaiteur, fa 1ʳᵉ Eglogue.
Cette piéce fit connoitre fon grand
talent pour la poëfie, & devint la
fource de fa fortune. Il finit fes
Bucoliques au bout de 3 ans : ouvrage précieux par les graces fimples &·naturelles, par l'élégance
& la délicateſſe, & par la pureté
de langage qui y règnent. Peu de
tems après, Virgile entreprit les
Géorgiques : Poëme le plus travaillé de tous ceux qu'il nous a laiffés, & qu'on peut appeller le chef-
d'œuvre de la poëfie latine. Ces
différens ouvrages lui acquirent
les fuffrages & l'amitié d'Augufte,
de Mécène, de Tucca, de Pollion,
d'Horace, de Gallus. La vénération
qu'on avoit pour lui à Rome étoit
telle, qu'un jour, comme il vint
au théâtre, après qu'on y eut ré-
cité quelques-uns de fes vers, tout
le peuple s'éleva avec des acclamations : honneur qu'on ne rendoit alors qu'à l'empereur. Tant
de gloire lui fit des jaloux, à la
tête defquels étoient Bavius &
Nævius. On attaqua fa naiffance,
on déchira fes ouvrages, on ne
refpeſta pas même fes mœurs ; on
lui prêta des goûts infâmes, ainfi
qu'à Socrate, Platon, &c. Ce qui
encourageoit les critiques, c'étoit
fa modeftie, qui dégénéroit en timidité. Sa gloire l'embarraffoit en
bien des occafions ; quand la multitude accouroit pour le voir, il
fe déroboit en rougiffant. Il négligeoit fes habillemens & fa perfonne. Cette fimplicité cachôit
beaucoup de génie ; mais ce n'é-
toit pas aux fots à le voir. Un
certain Filiftus, bel-efprit de cour,
prenoit plaifir, dit-on, à l'agacer
continuellement, même en préfence d'Augufte. Vous êtes muet, lui
dit-il un jour, & quand vous auriez
une langue, vous ne vous défendriez

pas mieux... Virgile, piqué, fe contenta de répondre : Mes ouvrages
parlent pour moi.--Augufte applaudit
a la répartie, & dît à Filiftus : Si
vous connoiffiez l'avantage du filence,
vous le garderiez toujours..Cornificius,
aùtre Zoile, déchiroit Virgile. On
en avertit le poète, qui répondit
fimplement : Cornificius m'étonne. Je
ne l'ai jamais offenfé, je ne le hais point;
mais il faut que l'Artifte porte envie
à l'Artifte, & le Poëte au Poëte. Je ne
me venge de mes ennemis qu'en m'é-
clairant par leur critique. Un de ceux
dont il fut le moins bleffé, c'eft
Bathille. Virgile avoit attaché pendant la nuit, à la porte du palais
d'Augufte, ce Diftique où il le fait
égal à Jupiter :

Noſte pluit totâ ; redeunt fpeſtacula
manè :
Divifum Imperium cum Jove Cæfar
habet.

L'empereur voulut connoitre l'auteur de cette ingénieufe bagatelle ; perfonne ne fe déclara. Bathille,
profitant de ce filence, fe fait
honneur du Diftique & en reçoit
la récompenfe. Le dépit de Virgile
lui fuggéra une idée heureufe : ce
fut de mettre au bas du Diftique,
ce vers, Hos ego verficulos feci,
tulit alter honores; & le commencement du fuivant, Sic vos non vobis,
répété 4 fois. L'empereur demanda qu'on en achevât le fens; mais
perfonne ne put le faire, que celui qui avoit enfanté le Diftique.
Bathille devint la fable de Rome,
& Virgile fut au comble de fa gloire, fur-tout lorfqu'on eut vu quelques échantillons de fon Enéide.
Virgile employa onze ans à la compofition de cet ouvrage ; mais
voyant approcher fa fin, fans avoir
pu y faire les changemens qu'il
méritoit, il ordonna qu'on le jet-

tât au feu ; ordre rigoureux, qui heureusement ne fut point exécuté. Il mourut à Brindes en Calabre le 22 Septembre de l'an 19 de J. C. à 51 ans, en revenant de Grèce avec *Augufte*. Ce prince se délaffoit quelquefois par la lecture de l'*Enéide*. On fait l'impreffion que fit fur l'empereur & fur *Octavie* l'éloge du jeune *Marcellus*, placé avec tant d'art dans le VIe livre. *Octavie* s'évanouit à ces mots, *TU MARCELLUS ERIS*; & voulant marquer fa reconnoiffance & fon admiration au poëte, elle lui fit compter dix grands fefterces pour chaque vers; ce qui montoit à la fomme de 32500 livres. Quoique *Virgile* ne foit venu qu'après *Homére*, qu'il l'ait imité dans le plan de fon Poëme, & qu'il n'ait pu mettre la dernière main à fon ouvrage; cependant c'eft une queftion indécife, & qui le fera vraifemblablement toujours, de favoir lequel des deux poëtes a le mieux réuffi dans la Poëfie épique : (*Voyez* dans l'article d'*Homére* le Parallèle de ces deux grands-hommes.) Ce Parallèle nous difpenfe de tracer ici le caractére de l'*Eneide* & de fon auteur. Comme les talens font bornés, *Virgile* n'étoit plus le même lorfqu'il écrivoit en profe. *Sénèque* le Philofophe nous apprend, qu'il n'avoit pas mieux réuffi en profe que *Cicéron* en vers. La fanté de ce poëte avoit toujours été foible & chancelante; il étoit fujet aux maux d'eftomac & de tête , & aux crachemens de fang : auffi mourut-il au milieu de fa carrière. Il ordonna par fon teftament qu'on laiffât fon Poème tel qu'il étoit , au cas qu'on le fauvât des flammes, & l'on eut cette attention : delà vient qu'on trouve tant de vers imparfaits dans l'*Enéide*. L'auteur

de cet ouvrage unique mourut affez riche, pour laiffer des fommes confidérables à *Tucca*, à *Varius*, à *Mécène*, à l'empereur même. Son corps fut porté près de Naples; & l'on mit fur fon tombeau ces vers qu'il avoit faits en mourant :

Mantua me genuit , Calabri rapuere,
    tenet nunc
Parthenope : cecini Pafcua , Rura ;
    Duces.

Les éditions les plus recherchées des ouvrages de *Virgile* font celles de 1470 , 1471 , 1472, in-fol. -- du Pere *la Cerda*, Lyon 1619 , 3 vol. in-fol. -- de Sedan , 1625 , in-32.--d'*Elzevir*, 1636, in-12.--du Louvre , 1641 , in - fol. -- de Londres 1663 , in-fol. donnée par *Ogilvi*, avec 102 figures & une carte.--*Cum notis Variorum* , 1680 , 3 vol. in-8°.--*Ad ufum Delphini*, Paris 1682, in-4°.--de Lewarde, 1717, in-4°. --Florence, 1741 , in-4°.--Amfterd. 1746 , 4 vol. in-4°.--Rome, 1741, in-fol. faite fur un ancien manufcrit dont on a figuré l'écriture. -- Ibid. 1763, in 3 vol. in-folio , avec fig. ital. & lat.-- de Londres , *Sandby*, 1750, 2 vol. in-8°. fig.--Birmingham,*Baskerville*, 1757 , in-4°. La plupart de ces éditions & fur-tout la derniére font fuperbes ; mais ceux qui ne cherchent dans les livres que la commodité du format & l'exactitude de l'impreffion, peuvent fe borner à l'édition d'*Elzevir*, en obfervant que dans l'édition originale les *Bucoliques* & l'*Enéide* font précédées d'une page dont les capitales font en rouge ; ou à l'édition de *Conftelier*, 1745 , en 3 vol. in-12 , que M. *Philippe* dirigea. Il la revit exactement fur celle de Florence , donnée en 1741 fur un manufcrit de

1300 ans. Quant aux nombreufes Traductions françoifes, dont on a furchargé notre littérature, il n'y a que celle de l'abbé des Fontaines qui foit fupportable. Voyez fon article, & celui d'*Annibal Caro* à qui nous devons une bonne traduction Italiènne.

VIRGILE; *Voyez* POLYDORE.

VIRGINIE, jeune fille Romaine, dont *Appius Claudius*, l'un des décemvirs, devint paffionnément amoureux. Pour en jouir plus facilement, il ordonna qu'elle feroit remife à *Marcus Claudius*, avec lequel il s'entendoit, jufqu'à ce que *Virginius* fon pere fût de retour de l'armée. Ce vénérable vieillard, ayant été averti de la violence qu'on vouloit faire à fa fille, vint à la hâte à Rome, & demanda à la voir. On le lui permit; alors ayant tiré *Virginie* à part, il prit un couteau qu'il rencontra fur la boutique d'un boucher : *Ma chere Virginie*, lui dit-il, *voilà enfin tout ce qui me refte pour te conferver l'honneur & la liberté*. Il lui porte à l'inftant le couteau dans le cœur & la laiffe expirante. Il s'échappe de la multitude, & vole dans le camp, avec 400 hommes qui l'avoient fuivi. Les troupes, plus indignées contre le raviffeur que contre le pere, prirent les armes, & marchérent à Rome, où elles fe faifirent du Mont-Aventin. Tout le peuple fouleva contre *Appius*, le fit mettre en prifon, où il fe tua pour prévenir l'arrêt de fa mort. *Spurius Opius*, autre décemvir qui étoit à Rome, & qui avoit fouffert le jugement tyrannique de fon collègue, fe donna la mort; & *Marcus Claudius*, confident d'*Appius*, fut condamné au dernier fupplice. Ce crime fit abolir les décemvirs, l'an 449 avant J. C.

VIRGINIUS, (André) favant théologien Luthérien né à Schweffin, d'une famille noble de Poméranie, mort en 1664, évêque d'Efthon, à 68 ans, laiffa divers *Ecrits Théologiques*.

VIRIPLACA, Déeffe qui préfidoit au raccommodement des maris avec leurs femmes, quand il y avoit des brouilleries dans le ménage. Cette divinité avoit un temple à Rome fur le Mont-Palatin.

VIRSUNGUS, *Voy*. WIRSUNG.

VISCA, (Charles de) écrivain Flamand de l'ordre de Citeaux, dans le XVIIe fiécle, a laiffé une *Bibliothèque* des Auteurs de fon ordre, Cologne 1656, in-4°. affez exacte; mais écrite dans un latin barbare, & plein de jugemens faux & d'éloges emphatiques.

VISCLEDE, (Antoine-Louis Chalamont de la) naquit à Tarafcon en Provence, en 1692, d'une famille noble, & mourut à Marfeille en 1760, à 68 ans. Il remplit avec diftinction, pendant plufieurs années, la place de fecrétaire perpétuel de l'académie de cette ville. Il en avoit été pour ainfi dire le fondateur, & c'eft à fes foins & à fon zèle qu'elle dut une partie de fa gloire. La *Vifclède* étoit le *Fontenelle* de Provence par fes talens, autant que par fon caractére. Doux, poli, affable, officieux, fenfible à l'amitié, il eut beaucoup d'amis, & ne mérita aucun ennemi. Les traits qu'on lui lança, ne parvinrent pas jufqu'à lui; il profita de la critique & ignora l'infulte. Son goût n'étoit pas auffi fûr que fon efprit étoit fin ; & il auroit volontiers préféré les Fables de *la Motte* à celles de *la Fontaine*. Avec beaucoup de fineffe dans l'efprit, il en avoit très-peu dans le caractére; & on trouve peu d'hommes de lettres qui aient eu une simplicité de mœurs plus aimable. Sa conversation ne brilloit pas par les saillies; mais son commerce étoit sûr & utile à ceux qui en jouissoient. Les jeunesgens avoient en lui un ami, un conseil & un consolateur. *La Visclède* est principalement connu par le grand nombre de prix littéraires qu'il remporta. L'académie Françoise & les autres compagnies du royaume, le couronnérent plusieurs fois; & (suivant la pensée d'un homme d'esprit) il auroit eu de quoi former un Médailler des différens prix qui lui furent adjugés. Ses ouvrages sont : I. Des *Discours Académiques*, répandus dans les différens recueils des sociétés littéraires de la France. Ils sont bien pensés & bien écrits ; mais il y a plus d'esprit que d'imagination, ainsi que dans ses autres productions. II. Des *Odes* morales, dignes d'un poete philosophe. Les plus estimées sont celles qui ont pour sujet l'*Immortalité de l'Ame*; les *Passions* ; les *Contradictions de l'Homme*. III. Diverses Piéces de Poésie manuscrites, & quelques autres imprimées dans ses *Œuvres diverses*, publiées en 1727, en 2 vol. in-12. Ce Recueil essuya beaucoup de critiques.

VISCONTI, (Matthieu) IIᵉ du nom, souverain de Milan, étant mort sans enfans mâles en 1355 ; ses deux freres, (& non ses fils, comme le dit le continuateur de *Ladvocat*,) partagérent sa succession. *Bernabo* régnoit dans Milan, tandis que *Galeas* régnoit à Pavie. Celui-ci mourut en 1378, laissant pour fils *Jean-Galeas* qui lui succéda. *Bernabo*, génie ambitieux & homme perfide, voulut ,se rendre maître de tout le duché, en mariant *Catherine* sa fille à son neveu, veuf d'*Isabelle* de *France*, & en l'attirant à sa cour, où il espéroit s'en défaire aifément. *Jean-Galeas* de son côté formoit le projet de s'emparer de la succession de son oncle, qu'il égaloit en ambition, & qu'il surpassoit en ruses & en artifices. Il avoit toujours le masque de la religion sur le visage, & ses actions n'eurent jamais un dehors plus pieux que lorsqu'il méditoit quelque crime. Un jour il alla en pélerinage à une chapelle dédiée à la Vierge, auprès de Milan, avec sa garde' ordinaire de 2000 hommes : *Bernabo*, qui ne se méfioit de rien, va au-devant de lui; mais on l'arrêta à l'instant avec ses deux fils, qui finirent leurs jours dans la prison avec leur pere. *Jean-Galeas*, par cette perfidie, étendit sa domination sur tout le Milanois. L'an 1395 il obtint de *Wenceslas*, roi des Romains, le titre de duc de Milan. Ce fut alors qu'il quitta le titre de comte de *Vertus*, qu'il avoit porté jusques-là du chef d'*Isabelle* de *France*, sa première femme, de laquelle sortit une fille unique, (*Valentine*) mariée à *Louis* duc d'*Orléans*, qui devoit succéder au duché de Milan, après l'extinction de la postérité masculine des *Visconti*. Il termina sa carriére en 1402, laissant de sa seconde femme, *Jean-Marie* & *Philippe-Marie*. Le premier gouverna Milan comme *Néron* régnoit à Rome. Il faisoit dévorer par des chiens les malheureux qui lui avoient déplu. Ses peuples l'assassinérent en 1412. *Philippe-Marie* qui régnoit à Pavie, devenu souverain de tout le Milanois, laissa, à sa mort arrivée en' 1447, une fille (*Blanche-Marie*) qu'il maria à *Sforce*. Celui-ci s'empara du duché de Milan, au préjudice du duc d'*Or-*

léans, qui le réclama comme l'héritage de fa mere. Telle fut la fource des guerres du Milanois, qui fut pendant long-tems le tombeau des François.

VISDELOU, (Claude de) né en Bretagne au mois d'Août 1656, d'une famille ancienne, entra fort jeune dans la Société des Jéfuites. Sa vertu & fes connoiffances littéraires, mathématiques & théologiques, le firent choifir en 1685 par *Louis XIV*, pour aller en qualité de Miffionnaire à la Chine , avec cinq autres Jéfuites. Arrivés à Macao en 1687, il apprit avec une facilité furprenante l'écriture & les caraëtéres Chinois. Ses progrès furent fi étonnans & fi rapides, que le fils du grand empereur *Camhi*, héritier préfomptif du trône, furpris de l'aifance finguliére avec laquelle le P. *Vifdelou*-expliquoit- les livres les plus obfcurs des Chinois , lui en donna de lui-même une atteftation des plus authentiques & des plus flatteufes. Pendant plus de 20 ans que le P. *Vif-delou* féjourna dans le vafte empire de la Chine , il y travailla fans relâche à la propagation de l'E-vangile. Le cardinal de *Tournon*, légat du St-Siège, le déclara en 1708 vicaire apoftolique, adminiftrateur de plufieurs provinces, & le nomma à l'évêché de Claudiopolis. Le nouvel évêque fut le difciple , l'ami , le coopérateur de ce célèbre cardinal , partagea fes difgraces , & s'unit avec lui contre les Jéfuites fes confrères, pour former des Chrétiens, non fuivant la politique mondaine, mais felon l'Evangile. Son zèle déplut à fon ordre , & on obtint de *Louis XIV* une lettre de cachet pour le tirer de Pondichery, où le cardinal de *Tournon* l'avoit placé : *Vifdelou* ne crut pas

devoir obéir à cet ordre extorqué par la vengeance ; & le Régent, auprès de qui il fe juftifia après la mort de *Louis XIV*, approuva fa conduite. Cet homme apoftolique mourut faintement à Pondichery en 1737. On a de lui plufieurs ouvrages manufcrits qui mériteroient d'être imprimés. Les principaux font : I. Une *Hiftoire de la Chine* en latin. II. *La Vie* de *Confucius*. III. *Les Eloges des Sept Philofophes Chinois.* IV. Une *Traduëlion* latine *du Rituel Chinois.* V. Un ouvrage fur *les Cérémonies* & fur *les Sacrifices des Chinois.* VI. Une *Chronologie Chinoife.* VII. Une *Hiftoire* abrégée *du Japon.*

VISÉ , (Jean Donneau , fleur de) poëte François , né à Paris en 1640, étoit cadet d'une famille noble. Ses parens le deftinérent à l'état eccléfiaftique. Il en prit l'habit , & obtint quelques bénéfices ; mais l'amour lui fit quitter cet état : il fe maria à la fille d'un peintre , malgré l'oppofition de fes parens. Des Nouvelles galantes & des Comédies l'occupérent dès l'âge de 18 ans. Il commença en 1672, & continua jufqu'au mois de Mai 1710 , un ouvrage périodique , fous le titre de *Mercure Galant* , 488 volumes : Journal qui lui fit quelques admirateurs en province, & qu'on a bien perfeëlionné depuis. Si *la Bruyére* eût vécu de nos jours , il ne fe feroit certainement pas avifé de mettre cet ouvrage *au - deffous du rien.* Le Théâtre fut encore une des reffources de *Vifé*. Il donna plufieurs Comédies, dont on peut voir le catalogue dans le tome VI du *Diëlionnaire des Théâtres.* La 1ʳᵉ fois qu'on repréfenta fa Comédie intitulée , le *Gentilhomme Guefpin* ou *le Campagnard* , il y avoit fur

le

VIT

lé théâtre beaucoup de gens de condition, amis de l'auteur, qui rioient à chaque endroit. Le Parterre ne fut pas de leur avis, & fiffla de toute fa force. Un des rieurs s'avança fur le bord du théâtre, & dit : *Meffieurs, fi vous n'êtes pas contens, on vous rendra votre argent à la porté ; mais ne nous empêchez point d'entendre des chofes qui nous font plaifir.* Un plaifant lui répondit :

· *Prince, n'avez-vous rien à nous dire de plus ?*

Et un autre ajoûta :

. *Non ; d'en avoir-tant dit, il eft même confus.*

Vifé compofa auffi des *Mémoires* fur le règne de *Louis XIV*, depuis 1638 jufqu'en 1688, en 10 vol. in-fol., qui ne font prefque que des extraits de fon *Mercure.* Enfin il embraffa plufieurs genres, toujours avec des talens médiocres. Cet auteur perdit la vue 4 ans avant fa mort, arrivée à Paris en 1710. Il avoit de l'efprit, de la politeffe ; il connoiffoit le monde, & lui plaifoit par les agrémens de fon caractére.

VITAKER, ou WHITAKER, (Guillaume) profeffeur en théologie dans l'univerfité de Cambridge, naquit à Holme en Angleterre, dans le comté de Lancaftre, & mourut à Cambridge en 1595, à 47 ans. Son principal ouvrage eft la *Réfutation de Bellarmin*. On y remarque beaucoup d'érudition, mais trop d'animofité contre les Catholiques & contre l'auteur qu'il réfute. Ses *Œuvres* furent imprimées à Genève, 1610, en 2 vol. in-folio.

VITAL, né à Tierceville en Normandie, fe rendit célèbre à la fin du XII° fiécle par fa piété

Tome VI.

VIT 737

& le fuccès de fes prédications. Ayant quitté un canonicat qu'il avoit dans la collégiale de Mortain, il fe retira en un lieu peu fréquenté. Mais la fainteté de fa vie lui ayant attiré un grand nombre de difciples, il fonda l'abbaye de Savigny l'an 1112, & un nouvel ordre de religieux, nommé, à ce qu'on croit, de la *Ste Trinité*. Cet ordre fe donna depuis à *S. Bernard* ; (Voyez SERLON.) & c'eft ainfi qu'il a paffé dans la filiation de Citeaux, où il fe trouve aujourd'hui. *Vital* mourut en odeur de fainteté en 1119.

VITAL, *Voyez* ORDRIC.

I. VITALIEN, Scythe de nation, & petit-fils du célèbre général *Afpar*, eut le rang de maître de la milice, fous l'emp.ʳ *Anafta-fe*. Ce prince rejettoit le concile de Chalcédoine, & perfécutoit ceux qui l'admettoient. *Vitalien* prit le parti des Orthodoxes, & s'étant rendu maître de la Thrace, de la Scythie & de la Mœfie, il vint jufqu'aux portes de Conftantinople avec une armée formidable, qui ravageoit tout fur fon paffage. *Anaftafe*, dépourvu de fecours & détefté de fon peuple, eut recours à la négociation. Il promit de rappeller les évêques exilés, & de ne plus inquiéter les Catholiques. Ce fut à ces conditions que *Vitalien* renvoya fon armée, & vécut tranquille à la cour. Il jouit d'un grand crédit fous *Juftin* ; mais *Juftinien* ; neveu de ce prince, craignant que fon pouvoir ne l'empêchât de parvenir à l'empire, le fit lâchement affaffiner, après lui avoir prodigué toutes fortes de careffes. On croit que *Juftin*, qu'on avoit prévenu contre lui, confentit à ce meurtre, exécuté en Juillet 520. *Vitalien* étoit alors conful ; & fe

A a a

trouvoit dans le 7ᵉ mois de son confulat.

II. VITALIEN, de Segni en Campanie, pape après S. Eugène I, le 30 Juillet 657, envoya des Millionnaires en Angleterre, s'employa avec zèle à procurer le bien de l'Eglife, & mourut, en odeur de fainteté le 27 Janvier 672. On a de lui quelques Epitres. On célébra divers conciles fous ce pontife aufli fayant que pieux. C'eft aufli de fon tems que commença l'ufage des orgues dans les églifes.

VITELLIO, ou VITELO, Polonois du XIIIᵉ fiécle. On a de lui un Traité d'Optique, dont la meilleure édition eft celle de Bâle, 1572, in-folio. Cet ouvrage ne peut être que d'une utilité médiocre aujourd'hui, quoique l'auteur fût de fon tems un homme très-eftimable. Son livre n'eft proprement que l'Optique d'Alhazen mife dans un meilleur ordre.

VITELLIUS, (Aulus) né l'an 15ᵉ de Jef. Chr., fut proclamé empereur Romain à Cologne, prefque en même tems qu'Othon, l'an 69. C'étoit un monftre de cruauté. Lorfqu'il fut arrivé à Bédriac où l'on venoit de livrer bataille, il voulut s'y arrêter, uniquement pour fe repaitre de la vue des corps morts, des membres épars & déchirés, de la terre encore teinte de fang, & enfin de tout ce qui excite dans les ames fenfibles l'horreur & la pitié. Le plaifir que lui caufa ce fpectacle, l'empêcha de s'appercevoir de l'infection de l'air, fentie vivement par ceux qui l'accompagnoient. Il leur dit, quand ils s'en plaignirent, que l'odeur d'un ennemi mort étoit toujours agréable; & fur le champ il fit diftribuer du vin aux foldats, & s'enivra

avec eux. Il ne croyoit être fouverain que pour bien manger. Il faifoit 4 ou 5 repas par jour, & afin d'y fuffire, il contracta l'habitude de vomir quand il vouloit. Vitellius, à force de boire & de manger, devint fi abruti, que la feule facilité qu'il trouvoit à fatisfaire fes honteufes paffions, pouvoit le faire fouvenir qu'il étoit empereur. Sa cruauté ne fit qu'augmenter avec fa gourmandife. Il fit tuer en fa préfence, fur une fauffe accufation, Junius Blafus, pour affouvir fes yeux de la mort d'un ennemi. Il fit mourir de faim fa mere Sextilia, parce qu'on lui avoit prédit qu'il régneroit long-tems s'il lui furvivoit. Cette femme infortunée le fçavoit, fans doute, capable d'une action dénaturée; car lorfqu'elle avoit appris qu'il étoit proclamé empereur, elle n'avoit pu retenir fes larmes. Les excès de Vitellius étant montés à leur comble, le peuple & les légions fe foulevérent & élurent Vefpafien. Lorfque le monftre vit Primus, lieutenant du nouvel empereur, maître de Rome; il alla fe cacher, chez le portier du palais, dans la loge aux chiens. On l'en tira pour le promener par la ville tout nud, les mains liées derrière le dos, une épée fous le menton pour le faire tenir droit; de-là on le conduifit au lieu des fupplices, où il fut tué à petits coups, l'an 69 de J. C. après un règne de près d'un an. Son corps fut traîné avec un croc, & jetté dans le Tibre. Vitellius étoit fils de Lucius Vitellius, qui avoit été 3 fois conful, & qui étoit parvenu à la fortune par fes baffeffes. Vitellius le pere fut le premier qui adora l'infenfé Caligula comme un Dieu; il prodigua les mêmes hommages à Clau-

2*, & obtint comme une grace particulière de l'impératrice *Mef-faline*, l'honneur de la déchauffer. Il avoit foin de porter fous fa robe un des fouliers de cette princeffe, qù'il baifoit fouvent. A fa mort arrivée vers l'an 49, le fénat lui éleva une ftatue avec cette infcription : *A CELUI qui étoit d'une piété inaltérable à l'égard de fon Prince.*

VITERBE,*V.* ANNIUS...V. GIL-LES... & GODEFROI de *Viterbe.*

VITIGÈS, *Voy.* BELISAIRE.

VITIKIND, *Voy.* WITIKIND.

VITRÉ, (Antoine) imprimeur de Paris, s'eft immortalifé par le fuccès avec lequel il a fait rouler la preffe. C'eft lui qui a imprimé la *Polyglotte* de *le Jay*, le chef-d'œuvre de l'imprimerie. Ses au-tres éditions foutiennent parfai-tement la réputation qu'il s'étoit acquife d'être le premier homme de France pour fon art. Il auroit furpaffé même *Robert Etienne*, s'il eût été auffi favant & auffi exact que lui ; mais à peine favoit-il traduire en françois les auteurs les plus faciles. Il ternit fa gloire, par le caprice qu'il eut de faire fondre en fa préfence les beaux caractéres des langues Orientales, qui avoient fervi à l'impreffion de la Bible de *le Jay*, pour ôter le moyen d'imprimer à Paris, après fa mort, aucuns livres en ces lan-gues. Elle arriva en 1674 ; il étoit alors imprimeur du Clergé. Un défaut de *Vitré* étoit de ne pas diftinguer la confonne d'avec la voyelle dans les lettres J & V. Son *Corps de Droit*, Paris 1638, 2 vol. in-fol... & fa *Bible Latine*, in-fol., in-4°, & 1652, 8 vol. in-12, font au nombre de fes meil-leures éditions.

VITRI, (Jacques de) *Voyez* XVI. JACQUES.

VITRINGA, (Campège) né en 1659 à Lewarde dans la Frife, fut l'ornement de l'univerfité de Franeker, où il mourut en 1722, d'une attaque d'apoplexie. On a de lui : I. Un favant *Commentaire* latin *fur Ifaie*, 2 vol. in-fol. II. *Apocalypfeos anachrifis*, 1719, in-4°. III. *Typus Theologiæ Practicæ*, in-8°. IV. *Synagoga vetus*, in-4°. V. *Archifynagogus*, in-4°. VI. *De Decemviris otiofis Synagogæ*, in-4°. VII. *Obfervationes facræ*, 1711, in-4°. Ces ouvrag. théologiques man-quent de précifion pour la plu-part. Campège VITRINGA, fon fils, né à Franeker en 1693, mort en 1723 à 31 ans, profeffeur en théologie, fe fit auffi connoître avantageufement par un *Abrégé de la Théologie naturelle*, Franeker, 1720, in-4°.

VITRUVE, (M. *Vitruvius Pol-lio*) né à Formie, aujourd'hui le *Mole de Gayette*, non à Vérone, ni à Plaifance, comme l'ont cru quelq* hiftoriens, fut architecte de l'em-pereur *Augufte*. Ce n'eft que par fes écrits qu'il nous eft connu ; ainfi l'on ne fait rien de particulier fur fa vie. L'ouvrage que nous avons de lui fur l'architecture, & qu'il dédia à *Augufte*, eft le feul *Traité* en ce genre qui nous foit venu des anciens. Il donne une idée avantageufe du génie de fon au-teur. La meilleure édition de ce livre eft celle d'Amfterdam, 1649, in-fol. Il y en a une Verfion ital. avec les Commentaires du mar-quis *Galliani*, Naples 1758, in-fol. figures. Nous en avons une bonne Traduction françoife, par *Perrault*, in-fol. Paris, 1684.

VITRY, *Voyez* HOSPITAL (Ni-colas).

VITTEMENT, (Jean) d'une famille obfcure de Dormans en Champagne, l'illuftra par fon ef-

VIT

prit & par fes vertus. Il naquit
en 1655, & après avoir fait fes
études au collège de Beauvais à
Paris, il fuccéda à fon profeffeur
même dans la chaire de philofophie. Il enfeigna enfuite cette
fcience à l'abbé de Louvois, fils
du miniftre-d'état, qui fut diftinguer fon mérite. Ayant eu l'honneur de complimenter Louis XIV,
en qualité de recteur de l'univerfité de Paris, fur la Paix conclue
en 1697, ce monarque en fut fi
fatisfait, qu'il dit : Jamais Harangue, ni Orateur, ne m'ont fait tant
de plaifir... Louis XIV ne fe borna pas à des éloges ; il le nomma,
à la fin de la même année 1697,
fous-précepteur des ducs de Bourgogne, d'Anjou & de Berri, fes
petits-fils. Le duc d'Anjou, devenu roi d'Efpagne en 1700, l'emmena avec lui, & lui offrit l'archevêché de Burgos & une penfion de 8000 ducats pour le fixer
à fa cour ; mais il refufa l'un &
l'autre avec la fermeté d'un philofophe Chrétien, & repaffa en
France. Nommé fous-précepteur
de Louis XV par le duc d'Orléans,
il ne voulut accepter ni abbayes,
ni bénéfices, ni même une place
à l'académie Françoife. Ce prêtre
défintéreffé avoit fait vœu de ne
recevoir aucun bien de l'Eglife,
tant qu'il auroit de quoi fubfifter.
La cour étoit pour lui un exil ;
il la quitta en 1722, & alla mourir dans fa patrie en 1731, à 77
ans. Le célèbre Coffin honora fon
tombeau d'une Epitaphe, où il
célèbre dignement les qualités de
fon ame. L'abbé Vittement a laiffé
plufieurs ouvrages manufcrits. Les
principaux font : I. Des Commentaires fur plufieurs livres de l'Ancien-Teftament. II. Des Entretiens
fur diverfes Queftions théologiques. III. Un Traité fur la Grace.

IV. Des Opufcules fur les affaires
de l'Eglife & fur la Conftitution
Unigenitus, où l'auteur fait voir
que cette Bulle eft une loi dogmatique. V. Une Réfutation du fyftême impie de Spinofa, & quelques Ecrits philofophiques.

VITTORIA, (Alexandre)
né à Trente en 1525, apprit la
fculpture, & l'architecture à l'é-
cole du Sanfovino. Il excella fur-
tout dans la fculpture, & ne le
cédoit de fon tems qu'à l'illuftre
Michel-Ange Buonaroti. On voit
quantité de fes ouvrages à Venife, tant dans les édifices publics,
que dans les palais des nobles de
Padoue, Vérone, Breffe ; d'autres villes d'Italie en poffèdent
auffi plufieurs. Cet artifte a beaucoup travaillé. Il mourut en 1608,
à 83 ans. Ses ouvrages d'architecture n'ont qu'un mérite médiocre.

VITULA, Déeffe de la joie,
felon quelques-uns. D'autres difent qu'elle préfidoit aux alimens
qui fervent à l'entretien de la vie.
Il y en a qui prétendent que ce
n'étoit qu'un furnom de la Victoire.

I. VIVALDI, (Jean-Louis)
Dominicain, natif de Mondovi
en Piémont, d'une famille noble
de Gênes ; devint évêque d'Ar-
be, une des ifles Adriatiques, en
1519. On a de lui : I. Un Traité
eftimé De veritate Contritionis, ou
Veræ Contritionis Præcepta, in-8°.
II. Sept autres petits Traités recueillis & imprimés fous le titre
de Opus regale, Lugduni 1508, in-
4°. Ce pieux & favant prélat mourut dans fon diocèfe, qu'il avoit
édifié & éclairé.

II. VIVALDI, (Antonio) célèbre muficien Italien, mort vers
1743, étoit maitre de mufique de
la Pieta à Venife. Son nom eft

célèbre parmi les *Virtuofes* , par fon talent pour le violon ; & parmi les compofiteurs , par fes *Symphonies*, entr'autres·, par fes *Quatre Saifons*.

VIVANT , (François) docteur de la maifon & fociété de Sorbonne, curé de St-Leu , puis pénitencier , grand-vicaire , chanoine , grand-chantre , & chancelier de l'univerfité de Paris , fa patrie , naquit en 1688. Il contribua beaucoup à la. deftruction de Port-Royal , & à l'établiffement des Prêtres de *S. François de Sales* à Paris. On a de lui : I. *Traité contre la pluralité des Bénéfices*, en latin , 1710, in-12. I I. Un *Traité contre la validité des Oidinations Anglicanes*. III. Il eut auffi beaucoup de part au *Bréviaire* & au *Miffel* du card. de *Noailles*. Il eft auteur de beaucoup de *Profes* , de *Collectes* , & de quelques *Hymnes*. L'abbé *Vivant* mourut à Paris en 1739, à 77 ans, après avoir joui pendant fa vie d'une grande réputation de piété & de favoir.

VIVÈS , (Jean-Louis) né à Valence en Efpagne en 1492 , enfeigna les belles-lettres à Louvain avec un applaudiffement général. De-là il paffa en Angleterre , & eut l'honneur d'enfeigner le latin à *Marie* reine d'Angleterre , fille de *Henri VIII*. Ce prince faifoit tant de cas du favant Efpagnol, qu'il alloit exprès à Oxford avec la reine fon époufe , pour entendre fes leçons ; mais malgré fon eftime , il le retint en prifon pendant fix mois , parce qu'il avoit ofé défapprouver , de vive voix & par écrit , fon divorce avec *Catherine* d'Aragon. *Vivès* ayant recouvré fa liberté , repaffa en Efpagne , fe maria à Burgos, & mourut à Bruges, bon catholique , en 1540., à 48 ans. On a de lui :

I. Des *Commentaires* fur les livres de la *Cité de Dieu* de *S. Auguftin* , dont les docteurs de Louvain cenfurérent quelques endroits trop hardis & trop libres. II. Un *Traité* judicieux & favant fur la *Décadence des Arts & des Sciences*. III. Un *Traité de la Religion*. IV. Plufieurs autres Ouvrages recueillis à Bâle , en 1555 , en 2 vol. in-fol. *Budé* , *Erafme* & *Vivès* paffoient pour les plus favans hommes de leur fiécle , & étoient comme les Triumvirs de la république des Lettres ; mais *Vivès* étoit inférieur au -premier en efprit , & au fecond en érudition. Son ftyle eft affez pur, , mais dur & fec , & fa critique eft fouvent hazardée. Quelques-uns de fes livres. ne font qu'un amas de paffages ramaffés fous différens titres , & de vrais lieux-communs.

VIVIANI , (Vincent) né à Florence en 1622 , d'une famille noble , vécut depuis l'âge de 17 ans jufqu'à 20 , avec *Galilée* qui le regarda comme un difciple digne de lui. Après la mort d'un fi grand maitre , il paffa encore 2 ou 3 ans dans la géométrie fans aucune interruption, & ce fut en ce tems-là qu'il forma le deffein de fa *Divination fur Ariftée*. Cet ancien géomètre avoit compofé 5 Livres fur les Sections coniques, qui fe font perdus , & qu'il entreprit de faire revivre par la force de fon génie. Son nom fe répandit dans toute l'Europe ; il reçut en 1664 une penfion de *Louis XIV*, d'un prince dont il n'étoit point fujet, & à qui il étoit inutile. *Viviani* réfolut de dédier au roi le Traité qu'il avoit autrefois médité fur les lieux folides d'*Ariftée* ; mais il en fut détourné par des ouvrages publics & même par des négociations que fon fouverain

(*Ferdinand II* grand-duc de Toſcane) lui confia. En 1666 , il fut honoré par ce.prince du titre de premier mathématicien de ſon alteſſe. Cet homme illuſtre mourut en1703 à 82 ans , membre de l'acad. des ſciences. « Il avoit, dit *Fontenelle* , » cette innocence & cette ſimpli-, » cité de mœurs que l'on conſer- » ve ordinairement , quand on a » moins de commerce avec les » hommes qu'avec les livres ; & » il n'avoit point cette rudeſſe , » & une certaine fierté ſauvage , » que donne aſſez ſouvent le com- » merce dés livres ſans celui des » hommes. Il étoit affable , mo- » deſté , ami ſûr & fidèle ; & ce » qui renferme beaucoup de ver- » tus en une ſeule , reconnoiſ- » ſant au ſouverain degré. » Pour s'acquitter envers *Louis XIV* , il fit rebâtir ſa maiſon ſur un deſſein très-agréable , & auſſi magnifique qu'il pouvoit convenir à un particulier. Il appella cette maiſon *Ædes à Deo datæ* ; elle porte ce titre ſur ſon frontiſpice : alluſion heureuſe,& au premier nom qu'on avoit donné au roi , & à la maniére dont elle fut acquiſe. Ses ouvrages ſont : I. Un Traité intitulé : *Divination ſur Ariſtée* , 1701 , in-fol. ouvrage plein de recherches profondes ſur les coniques. II. *De Maximis & Minimis Geometrica divinatio , in quintum Conicorum* Apollonii *Pergæi adhuc deſideratum* , 1659 , in-fol. III. *Enodatio Problematum univerſis Geometris propoſitorum à Claudio* Commiers , 1677, in-4°.

VIVIEN , (Joſeph) peintre , né à Lyon en 1657 , mourut à Bonn , ville d'Allemagne dans l'électorat de Cologne , en 1735. Il entra dans l'école de l'illuſtre *le Brun* , qui connut , en peu tems , que le talent de ſon diſciple étoit pour le portrait. *Vivien* ſe rendit à ſes conſeils : cherchant à ſe diſtinguer , il peignit au paſtel. Il mettoit beaucoup de vérité dans ſes ouvr. , il ſaiſiſſoit très-bien la reſſemblance. Son art alloit juſqu'à repréſenter non ſeulement les traits extérieurs , mais encore les impreſſions de l'ame qui animent le viſage & caractériſent une perſonne. Il a peint en paſtel des portraits en pieds. L'on voit quelques tableaux de lui , où l'Hiſtoire , la Fable & l'Allégorie concourent à embellir ſa compoſition. Il eut pluſieurs fois l'honneur de repréſenter la famille royale. L'académie le reçut dans ſon corps , & le roi lui donna un logement aux Gobelins. Les électeurs de Cologne & de Bavière le nommérent leur premier peintre. Ce maitre s'eſt ſouvent exercé à manier le pinceau , & à peindre à l'huile des portraits hiſtoriés , où l'on admire la fécondité & la beauté de ſon imagination , jointes à l'excellence de ſon talent pour l'exécution. On a pluſieurs *Portraits* gravés d'après lui.

VIVIER , (Jean du) né à Liége vers le commencement de ce ſiécle , mort à Paris en 1761, s'eſt rendu recommandable dans la gravure. Son goût pour cet art l'entraîna à Paris , où il le perfectionna. Il s'adonna principalement à la gravure des Médailles , & ſon mérite en ce genre lui mérita bientôt des récompenſes. Il fut nommé graveur du roi , obtint un logement au Louvre, & fut reçu de l'académie de peinture & de ſculpture. C'eſt le graveur qui a le mieux trouvé la reſſemblance de *Louis XV*. La douceur & la force brillent dans ſes gravures. La modération & la bonté formoient ſon caractére.

VIVIERS ; (le Cardinal de)
Voyez BROGNI.

VIVONNE , *Voyez* ROCHE-
CHOUART.

VLEUGHELS , (Nicolas) peintre , natif de Flandres , vint en
France. Ce maître n'a guères peint
que des petits tableaux de chevalet. Ses compofitions font ingénieufes. Il s'eft particulièrement
attaché à la maniére de *Paul Vero-
nèfe.* Ses talens , fon efprit & fon
érudition, qui le mettoient en commerce avec les favans & les gens-
de-lettres , le firent nommer , par
le roi , directeur de l'académie
royale de *S. Luc* établie à Rome,
& chevalier de l'ordre de *S. Michel.* Il mourut dans cette ville en
1737 , âgé de 68 ans. Il eft l'auteur d'une *Traduction*, infidelle &
peu élégante , du *Dialogue* italien
fur la peinture , de *Lodovico Dolce* , intitulé l'*Aretino* ; précédé d'u-
ne Préface , où l'on combat les
jugemens de *Richardfon* , pere &
fils , fur les ouvrages de *Raphaël.*
Vleughels fe prononce *Veugles.*

VOET, (Gisbert) *Voëtius*, né
à Heufden en 1589 , exerça le miniftére dans fa patrie , qu'il quitta
quelquefois , pour fuivre les armées & inftruire les foldats. En
1634 , il fut choifi pour enfeigner
à Utrecht la théologie & les langues Orientales ; il le fit avec fuccès. Après avoir profeffé dans cette ville pendant 42 ans , & y
avoir exercé quelque tems les
fonctions de pafteur , il mourut à
l'âge de 87 ans , en 1677. C'étoit
l'ennemi déclaré de la philofophie
& de la perfonne de *Defcartes*, qu'il
ofa accufer d'Athéifme dans des thè
fes foutenues contre lui. Les magif
trats d'Utrecht furent affez imbécilles pour approuver les impertinences du théologien , & pour con-

damner deuxLettres apologétiques
du philofophe. On a du fanati-
que *Voët* : *Difputationes Theologicæ* ,
à Utrecht , 1648 , 5 vol. in-4°. Ses
ouvrages ne font remarquables que
par des injures groffiéres & des
raifonnemens abfurdes. Ses fectateurs furent appellés *Voëtiens* , &
ont toujours été les plus grands
adverfaires des *Coccéiens*. *Voët* eut
deux fils , *Daniel* & *Paul* , dont
on a auffi plufieurs ouvrages. *Jean*
VOET , fils de *Paul*, docteur & profeffeur en droit à Herborn , laiffa
un *Commentaire fur les Pandectes*
Hagæ 1754 , 2 vol. in-fol. & d'autres ouvrages fur la jurifprudence , remplis d'érudition. Il mourut en 1714. *Voyez* VOUET.

VOGLERUS , (Valentin-
Henri) profeffeur de médecine
à Helmftadt , naquit dans cette
ville l'an 1622 , & y mourut
en 1677, avec la réputation d'un
fçavant profond. Son principal
ouvrage eft une *Notice des bons*
Ecrivains en tout genre. Ce livre eft
imparfait ; mais *Meibomius* en
donné une édition, Helmftadt 1700
in-4°. avec des remarques & des
additions qui peuvent le rendre
utile. Cet ouvrage eft en latin.

VOIGT, (Godefroi) théologien Luthérien , natif de Mifnie ,
fut recteur de l'école de Guftrow ,
puis de celle de Hambourg , &
mourut à la fleur de fon âge en
1682. On a de lui un *Traité fur les*
Autels des anciens Chrétiens , Hambourg , 1709 , in-8°. & plufieurs
autres ouvrages en latin. On voit
qu'il n'avoit rien laiffé échaper
de ce qu'il avoit trouvé dans les anciens auteurs fur les matières qu'il
traite.

VOISENON , (Claude - Henri
de Fufée de) abbé de l'abbaye du
Jar , membre de l'académie Françoife , né en 1708 , mort dans un

château voisin de son abbaye en 1775, étoit ministre plénipotentiaire de l'évêque de Spire. Il fut un de ces esprits délicats & faciles, qui font les ornemens des meilleures sociétés. La littérature ne fut pour lui qu'un amusement. Il donna au public divers Romans, en 4 petits vol. in-12, dont le plus connu est une espèce de conte moral, intitulé l'*Histoire de la Félicité.* Le cadre est peu de chose; mais l'auteur conte joliment, & il mêle à son récit de petites réflexions morales, finement exprimées. L'abbé de *Voisenon* travailla aussi pour le théâtre. Ses Comédies des *Mariages assortis*, publiée en 1744, & de la *Coquette fixée*, en 1746; font du bon genre; c'est-à-dire, de celui que *Molière* n'eût point désapprouvé. Le tour de ses vers est heureux. Il est. fertile en tirades & en maximes; mais il a l'art de les placer & de leur donner de la saillie. La *Coquette fixée* prouve qu'il sçavoit former un plan & tracer des caractères. On a de lui beaucoup d'autres pièces, dont quelques-unes ont été attribuées à d'autres écrivains. L'abbé de *Voisenon* se distingua encore par un grand nombre de *Poësies fugitives*, productions faciles d'un homme répandu dans le grand monde, dont la muse est aussi légère que piquante. Son seul défaut est de tomber quelquefois dans l'affectation en cherchant trop la finesse. Parmi ses pièces, il y en a quelques-unes de chantantes, telles que le Poème lyrique des *Israélites à la montagne d'Oreb*, qui fut mis en musique en 1758, & applaudi.

I. VOISIN, (Joseph de) né à Bordeaux d'une famille noble & distinguée dans la robe, fut d'abord conseiller au parlement de

cette ville. Son goût pour les exercices de piété lui fit embrasser l'état ecclésiastique. Il fut élevé au sacerdoce, & devint prédicateur & aumônier d'*Armand* de *Bourbon*, prince de Conti. On a de lui : I. Une *Théologie des Juifs*, 1647, in-4°. en latin. II. Un *Traité* latin de la *Loi divine*, in-8°. III. *Traité* latin du *Jubilé* selon les Juifs, in-8°. IV. De sçavantes *Notes* sur le *Pugio Fidei* de *Raymond Martin*, 1651. V. Une *Défense* du Traité de M. le Prince de *Conti* contre la Comédie, que l'abbé d'*Aubignac* avoit attaqué, 1672, in-4°. VI. Une *Traduction* françoise du Missel Romain, en 4 vol. in-12, 1660. Elle fut condamnée par l'assemblée du Clergé, & proscrite par un Arrêt du conseil. Cette version n'en a pas moins été réimprimée depuis, & en l'anathématisant on voulut seulement condamner l'intention de l'auteur, qui étoit, dit-on, de faire dire la Messe en françois. C'étoit une calomnie; mais les ennemis de *Voisin* avoient intérêt de la faire valoir. Ce pieux écrivain mourut en 1685; c'étoit un homme d'une grande érudition, & ce qui est plus précieux, il savoit en faire usage. Les langues vivantes & les langues mortes lui étoient familières, & il connoissoit assez bien les finesses de la nôtre. Sa piété égaloit son sçavoir.

II. VOISIN, (Daniel-François) conseiller au parlement de Paris, devint maître-des-requêtes de l'Hôtel en Novembre 1684, intendant des armées de Flandres en Mars 1688, conseiller-d'état en Septembre 1694, ministre & secrétaire-d'état en Juin 1709, enfin garde-des-sceaux & chancelier de France le 15 Juillet 1714. Il mourut subitement la nuit du 1er

au 2 Février 1718 , âgé de 62 ans , avec la réputation d'un magistrat intègre & intelligent.

VOITURE, (Vincent) né à Amiens en 1598 , reçu à l'académie Françoise en 1634 , dut le jour à un marchand de vin; & comme il avoit la petiteffe de rougir de fa naissance , & d'être fensible aux plaisanteries que fa vanité occasionnoit, on le badinoit souvent. Mad⁴ *Desloges* lui dit un jour en jouant aux proverbes : *Celui-là ne vaut rien , percez-nous-en d'un autre.* Un officier lui fit à table cet inpromptu , le verre à la main :

Quoi ! Voiture , *tu dégénere !*
Hors d'ici , maugrebi de toi ;
Tu ne vaudras jamais ton pere,
Tu ne vends du vin , ni n'en boi.

Les agrémens finguliers de l'efprit & du caractére de *Voiture* lui donnérent entrée à l'hôtel de Rambouillet , où il brilla beaucoup par fes faillies. *Gaston d'Orléans* , frere de *Louis XIV*, voulut l'avoir en qualité d'introducteur des ambaffadeurs & de maître des cérémonies. Il fut envoyé en Efpagne pour quelques affaires , d'où il paffa en Afrique , pour obferver les mœurs de cette partie du monde. La cour de Madrid lui donna plufieurs marques d'eftime. Il y compofa des vers efpagnols , que tout le monde crut être de *Lopès de Vega*, tant la diction étoit élégante. *Voiture* ne fut pas moins bien accueilli à Rome dans deux voyages qu'il y fit. De retour en France, il fut maître-d'hôtel chez le roi , & obtint plufieurs penfions qui l'auroient dû mettre dans l'opulence ; mais qui ne fervirent qu'à hâter fa mort , en fourniffant des alimens à fa paffion pour le jeu & pour les femmes. Il fe

vantoit d'en avoir conté à toutes fortes de femmes , *depuis le fceptre jufqu'à la houlette.* Ce poëte mourut en 1648 , à 50 ans. Le commerce des grands l'avoit rendu fort vain , & en lui donnant les agrémens d'un homme de cour , lui en avoit communiqué tous les vices. Il aimoit à railler ; mais il n'aimoit pas les réponfes qu'on oppofoit quelquefois à fes railleries. Ayant offenfé un feigneur de la cour par un trait piquant , celui-ci voulut lui faire mettre l'épée à la main. « La partie n'eft » pas égale, (lui dit *Voiture*); vous » êtes grand , je fuis petit ; vous » êtes brave, je fuis poltron ; vous » voulez me tuer , hé bien je me » tiens pour mort. » Il fit rire fon ennemi & le défarma. *Voiture* avoit d'ailleurs le cœur généreux. *Balzac* lui envoya demander 400 écus à emprunter : *Voiture* prêta galamment la fomme ; & prenant la promeffe de *Balzac* , que lui remit le valet qui faifoit la commiffion , il mit au bas de l'acte : « Je, fouffi- » gné confeffe devoir à M. *Balzac* » la fomme de 800 écus, pour le » plaifir qu'il m'a fait de m'en em- » prunter 400. » Il donna enfuite cette promeffe au valet, afin qu'il la portât à fon maître. Voilà un billet qui fait plus d'honneur à *Voiture* que fes plus belles Lettres. *Defpréaux* difoit qu'il ne faut pas toujours juger du caractére des auteurs par leurs écrits. « La focié- » té de *Balzac* , (ajoûtoit-il) loin » d'être guindée & épineufe com- » me fes Lettres, étoit remplie de » douceur & d'agrémens. » *Voiture* , au contraire , faifoit le *petit Souverain* avec fes égaux. Accoutumé à fréquenter des *Alteffes* , il ne fe contraignoit qu'avec les grands. La feule chofe par où fe reffembloient ces deux auteurs , c'eſt dans la compoſition dé leurs Lettres , dont la plus cóurte leur coûtóit ſouvent 15 jóurs de travail. On a recueilli ſes Ouvrages à Paris , 1729 , eñ 2 vol. in-12. On y trouve des Lettres en proſe , dans leſquelles il y en a quelques-unes d'un caractére délicat & d'un goût très-ſin ; mais elles ſe réduiſent à un très-petit nombre. La contrainte , l'affectation , les jeux de mots puérils , les plaiſanteries froides , les alluſions trop recherchées , en déparent la plupart. Elles ſont plus propres à former un bel-eſprit maniéré , qu'un homme de goût. Ce qu'il y a de plus fâcheux , c'eſt que la petite & mépriſable envie de montrer de l'eſprit , lui fait dire des choſes dont la décence & l'honnêteté même peuvent être alarmées. On peut appliquer ce même jugement à ſes Poëſies Françoiſes , Italiennes & Eſpagnoles ; il y a de la légèreté de tems en tems , mais les règles les plus communes y ſont violées. Elles conſiſtent en Epitres , Elégies , Sonnets , Rondeaux , Ballades & Chanſons... Voy. BENSERADE.

VOLATERRAN, (Raphaël MAFFÉE, dit le) ainſi nommé de la ville de Volterre en Toſcane , où il vit le jour l'an 1450 , ſe fit un nom par ſes propres ouvrages , & par les verſions qu'il fit de ceux des autres. Entre les productions du prem. genre , on diſtingue ſes Commentaria Urbana , Lyon 1599 , in-fol. très-eſtimés. Parmi celles du ſecond genre , on cite ſes Traductions latines de l'Œconomique de Xenophon ; de l'Hiſt. de la Guerre desPerſes & de celle desVandales par Procope de Céſarée ; de x Oraiſons de St Baſile , &c. Maffée paya la dette commune dans ſa ville natale , à l'âge de 71 ans.

I. VOLCKAMER , (Jean Geor-ge) de Nuremberg , membre de l'académie des Curieux de la Nature , mourut en 1693 , à 77 ans. On a de lui : I. Opobalſami examen, 1644 , in-12. II. Flora Noribergenſis , 1718 , in-4°.

II. VOLCKAMER , (Jean-Chriſtophe) botaniſte de Nuremberg , publia , en allemand , Nuremburgenſes Heſperides ,1708, in-fol. qui furent traduites en latin 1713 , 2 vol. in-fol. avec figures : ouvrage eſtimé. L'auteur mourut en 1720.

VOLDER, (Burchel de) né à Amſterdam le 26 Juillet 1643 , devint profeſſeur de philoſophie , puis de mathématiques à Leyde , & s'y acquit une grande réputation. Ce fut le premier qui introduiſit la philoſophie de Deſcartes dans l'univerſité de cette ville. Il réfuta dans des Thèſes la Cenſure de cette philoſophie , qu'en avoit faite Huet. Ce mathématicien mourut en 1709 , avec la réputation d'un bon citoyen , d'un ami fidèle , d'un philoſophe humain & généreux. On a de lui pluſieurs Harangues , & différentes Diſſertations in-8° en latin ſur des ſujets philoſophiques. Elles ſont aſſez bien écrites , & l'on y trouve des raiſonnemens judicieux.

VOLKELIUS, (Jean) miniſtre Socinien, natif de Grimma dans la Miſnie , mourut vers 1630. Il lia amitié avec Socin , embraſſa ſes erreurs , & devint l'un de ſes apôtres. Son principal ouvrage eſt un traité en 5 livres , qu'il a intitulé : De vera Religione. Cette production renferme le ſyſtème complet de la doctrine Socinienne , avec un précis de ce que les Sociniens ont dit de mieux pour l'établir. Il fut brûlé à Amſterdam. La meilleure édition de ce livre eſt celle qui eſt

in - 4° ; imprimée à Cracovie en
1630; précédée du Traité de *Crel-
lius*, *De Deo & ejus attributis*. On
a encore de *Volkelius* une Replique
à *Smiglecius*, intitulée : *Nodi Gordii
à Martino* Smiglecio *nexi Diffolutio*.

VOLKIR DE SERONVILLE,
(Nicolas) fecrétaire d'*Antoine* duc
de Lorraine, au XVI° fiécle, s'eft
fait connoître par divers ouvrages affez rares. I. *Chronique des Rois
d'Auftrafie*, en vers, 1530, in-4°. II.
Traité de la Défacration de Jean Caf-
tellan, *Hérétique*, 1534, in-4°. III.
Hiftoire de la Victoire du Duc Antoine *contre les Luthériens* , Paris
1526, in-fol.

VOLPILIERE, (N. de la) docteur en théologie , étoit d'Auvergne. Né avec des talens pour
la chaire, il fe confacra à la prédication , & mourut au commencement du XVIII° fiécle. On a de
lui : I. Des *Sermons*, 1689, 4 vol.
in-8°. II. Des *Difcours Synodaux* ,
1704 , 2 vol. in-12.

VOLTAIRE , (Marie-François
Arouet de) gentilhomme ordinaire de la chambre du roi , ancien
chambellan du roi de Pruffe ; des
académies de Paris, Rome , Florence, Boulogne , Londres , &c. naquit à Paris le 20 Février 1694 ,
de *François Arouet*, ancien notaire
au Châtelet, tréforier de la chambre des Comptes, & de *Marie-Mar-
guerite Daumart*. A la naiffance de
cet homme célèbre, qui a vécu 85
ans & quelques mois , on defefpé-
ra de fa vie ; & fa fanté fut long-
tems foible. Il annonça, dès fes premiéres années , la facilité de fon
génie & l'activité de fon imagination. Il a dit lui-même qu'*au fortir du berceau il bégayoit des Vers.*
Il fit fes études au collége de *Louis
le Grand*, fous le P. *Porée*, & elles
furent brillantes. On a de lui quelques morceaux écrits à l'âge de

12 à 14 ans, qui ne fe fentent point
de l'enfance. La célèbre *Ninon*, à
qui l'on préfenta cet enfant ingénieux , lui légua une fomme de
2000 liv., pour fe former une petite bibliothèque. Ayant été envoyé aux écoles de Droit au fortir du collége, il fut fi rebuté par
la féchereffe de la jurifprudence,
qu'il fe tourna entiérement du côté
de la poëfie. Admis dans la fociété
de l'abbé de *Chaulieu* , du marquis
de la *Fare* , du duc de *Sulli*, du
grand-prieur de *Vendôme*, du maréchal de *Villars*, du chevalier de
Bouillon, il y puifa ce goût naturel & cette plaifanterie fine, qui
diftinguoit la cour de *Louis XIV.*
Cette fociété ne le corrigea pas
du penchant à la fatyre , qui s'é-
toit développé en lui de bonne
heure : penchant qui lui caufa bien
des défagrémens, des difgraces &
des chagrins. On l'accufa d'avoir
fait des vers contre le gouvernement , & il fut enfermé près d'un
an à la Baftille. Il avoit déja compofé fa Tragédie d'*Œdipe*, qui fut
repréfentée en 1718 , & qui eut le
plus grand fuccès. Son pere, qui
vouloit que fon fils fût avocat, &
qui l'avoit même chaffé de fa maifon parce qu'il vouloit être poëte ,
vint à une des repréfentations de
la nouvelle piéce. Il fut fi touché,
qu'il embraffa fon fils au milieu
des félicitations des femmes de la
cour , & il ne fut plus queftion de
faire du jeune *Arouet* un jurifconfulte. Il donna en 1722 la Tragédie de *Mariamne* empoifonnée par
Hérode. Lorfqu'elle but la coupe ,
un plaifant cria : *La Reine boit*; c'é-
toit vers le tems des Rois, & ce
mot fit tomber la piéce. Ses Tragédies d'*Eriphile* & d'*Artémire* avoient
déja éprouvé le même fort. Ces
mortifications, jointes à celles que
fon génie indépendant , fa façon

de penfer fur la Religion, & fon caractére bouillant & cauftique lui occafionnérent, l'obligérent de paf- fer en Angleterre, où il fit impri- mer la *Henriade.* Le roi *George I*, & fur-tout la princeffe de Galles qui depuis fut reine, lui accordé- rent des gratifications, & lui pro- curérent beaucoup de foufcripteurs. Ce fut le commencement de fa for- tune, augmentée depuis confidé- rablement par les rétributions de fes ouvrages, par la faveur des princes, par le commerce, par l'économie & l'efprit d'ordre. Etant revenu en France en 1728, il mit l'argent qu'il avoit rapporté d'An- gleterre à une lotterie, établie par M. *Desforts*, contrôleur-général des Finances. Il s'affocia, pour cette opération, avec une compa- gnie nombreufe, & fut heureux. Les fpéculations de finance ne l'em- pêchérent pas de cultiver les bel- les-lettres, qui étoient fa paffion dominante. Il donna en 1730 fon *Brutus*, celle de toutes fes Tragé- dies, qui eft la plus fortement écri- te. Cette piéce fut plus eftimée par les connoiffeurs, que fuivie par les fpectateurs. Les plus beaux ef- prits de ce tems-là, *Fontenelle*, *la Motte*, lui confeillérent de renon- cer au génie dramatique, qui, fe- lon eux, n'étoit pas le fien. Il répondit à ce confeil en donnant *Zaire*: *Zaire*, l'ouvrage le plus tou- chant qu'on ait vu au théâtre de- puis *Phèdre*. Ses *Lettres Philofophi- ques*, pleines de traits hazardés & de plaifanteries contre la Religion, ayant été brûlées par arrêt du par- lement de Paris, & l'auteur décré- té de prife-de-corps, *Voltaire* prit le parti de la retraite. Il étoit lié alors avec la marquife du *Châtelet*, & ils étudioient enfemble les fyf- tèmes de *Leibnitz* & les principes de *Newton.* Il fe retira pendant plu-

fieurs années à Cirei, terre de cette dame célèbre, près de Vaffi en Champagne, & y fit bâtir une ga- lerie où l'on fit toutes les expé- riences fur la lumière & l'électri- cité. Ce fut au milieu de ces oc- cupations philofophiques, qu'il donna en 1736 fa Tragédie d'*Al- zire*, qui réuffit au-delà de fes ef- pérances. Il étoit dans la force de fon âge & de fon génie. *Mérope*, jouée quelques années après en 1743, avec prefqu'autant de fuc- cès qu'*Alzire*, donna l'idée d'un genre de Tragédie, dont il exif- toit peu de modèles; elle fut ce- pendant beaucoup critiquée, lorf- qu'elle eut été mife fous preffe, & *Fontenelle* dit finement: *La repré- fentation de* Mérope *a fait beaucoup d'honneur à* Voltaire, & *l'impreffion à* Mll^e *Dumefnil.* C'eft à cette piéce que le parterre & les loges deman- dérent à voir l'auteur: honneur accordé d'abord à un grand écri- vain, & qui a été prodigué jufqu'à *Polichinelle.* C'eft après *Mérope* qu'il obtint, les faveurs de la cour, par le crédit de Mad^e d'*Etiole*, de- puis Madame de *Pompadour.* Il fut chargé de travailler aux fêtes que l'on devoit célébrer pour le maria- ge du Dauphin; il fit la *Princeffe de Navarre*, qui, quoique très-mé- diocre, lui attira de nouvelles récompenfes. On lui donna la char- ge de gentilhomme ordinaire, & la' place d'hiftoriographe de France. Dès qu'il eut ce dernier emploi, il ne voulut pas que ce fût un vain titre, & qu'on dit de lui, ce qu'un commis du Tréfor royal avoit dit de *Boileau* & de *Racine: Nous n'a- vons encore vu de ces Meffieurs que leur fignature.* Il écrivit, fous la di- rection du comte d'*Argenfon*, l'*Hif- toire de la Guerre de 1741*, qui étoit dans toute fa force. L'hiftorien avoit tenté plufieurs fois d'être reçu de l'académie Françoife ; mais les portes ne lui furent ouvertes qu'en 1746. Il fut le premier qui ne fe conforma point à l'ufage faftidieux de ne remplir un Difcours de réception, que des louanges rebattues du cardinal de Richelieu : exemple fuivi & perfectionné depuis par d'autres académiciens. Les fatyres dont cette réception fut l'occafion, l'inquiétérent tellement qu'il fe retira avec Madᵉ la marquife du Châtelet à Lunéville, auprès du roi Staniſlas. Cette dame illuftre étant morte en 1749, il revint à Paris & n'y demeura pas long-tems. Le roi de Pruffe, qui n'avoit ceffé de l'appeller à fa cour, l'y attacha enfin en 1750, par une penfion de 22000 liv. & par l'efpérance de la plus haute faveur. Nous avons raconté dans l'article de Maupertuis & de Kœnig, l'hiftoire du fameux différend du poete François avec le préfident de l'académie de Berlin, fuivi de la difgrace la plus compiette. On a prétendu que le roi de Pruffe, en lui donnant fon congé, l'avoit accablé de ces paroles : Je ne vous chaffe point, parce que je vous ai appellé ; je ne vous ôte point votre penfion, parce que je vous l'ai donnée ; je vous défends de reparoître devant moi. Rien n'eft plus faux. Voltaire fut toujours libre de paroître à la cour. Mais les chofes changérent de face, lorfqu'il fe fut rendu auprès de la ducheffe de Gotha. Maupertuis profita de fon abfence, à ce que difoit Voltaire, pour le deffer#vir auprès du prince ; & il eut foin (ajoûtoit-il) « de répandre à la cour, » qu'un jour, tandis que j'étois, avec » le général Manstein, occupé à re- » voir les Mémoires fur la Ruffie, » compofés par cet officier, le roi » de Pruffe m'envoya une piéce de » vers de fa façon à examiner, &

» que je dis au général : Mon ami, » à une autre fois. Voilà le Roi qui » m'envoie fon linge fale à blanchir ; » je blanchirai le vôtre enfuite. » Quoi qu'il en foit de la vérité de cette anecdote, le roi de Pruffe le fit arrêter à Francfort fur le Mein, jufqu'à ce qu'il eût remis le livre de fes Poëfies. Sa liberté lui ayant été rendue, il tâcha de négocier fon retour à Paris ; mais n'ayant pas pu réuffir, parce qu'un de fes ouvrages, obfcène & impie, commençoit à faire un bruit fcandaleux, il fe détermina, après un féjour de quelques mois à Colmar, de fe retirer à Genève. Il acheta une jolie maifon de campagne auprès de cette ville, & y jouit des hommages des Génevois & des étrangers. Les querelles qui agitérent cette petite république, lui firent encore perdre cet afyle. Il fut accufé de femer fourdement la difcorde, de pencher pour le parti dominant, & de ridiculifer les deux partis. Forcé de quitter les Délices, (c'étoit le nom de fa maifon de campagne) il fe fixa dans une terre à une lieue de Genève, dans le pays de Gex. C'étoit un défert prefque fauvage, qu'il fertilifa. Le village de Ferney, qui ne renfermoit qu'une cinquantaine de payfans, devint par fes foins une colonie de 1200 perfonnes, travaillant avec fuccès pour elles & pour l'Etat. Divers artiftes, & furtout, des horlogers, établirent des manufactures fous les aufpices de Voltaire, qui envoyoit leurs ouvrages en Ruffie, en Efpagne, en Allemagne, en Hollande, en Italie. Il illuftra encore fa retraite, en y appellant la petite-nièce du grand Corneille, en fauvant de l'ignominie & de l'oppreffion Syrven & la famille de Calas, dont il fit réhabiliter la mémoire. Ces actions généreufes , qu'il célébra lui-même plus d'une fois, pour les oppofer aux cris de l'envie , contribuérent autant à fa réputation, que les marques d'eftime & de bonté qu'il reçut de prefque tous les fouverains de l'Europe. Le roi de Pruffe fit exécuter fa ftatue en porcelaine, & la lui envoya avec ce mot gravé fur la bafe : IMMORTALI. L'impératrice de Ruffie lui fit préfent des plus magnifiques peliffes , d'une boëte tournée de fa main même, ornée de fon portrait & de 20 diamans. Ces faveurs ne l'empêchoient point de foupirer vers Paris. Enfin, au commencement de l'année 1778, il fe détermina à quitter le repos & la tranquillité de Fernei, pour l'encens & le fracas de la capitale. Il y reçut l'accueil le plus flatteur ; les académies lui décernérent des honneurs inconnus jufqu'a lui ; il fut couronné en plein théâtre; le public marqua le plus violent enthoufiafme. Mais le philofophe octogénaire fut bientôt la victime de cet empreffement indifcret : la fatigue des vifites & des répétitions théâtrales , le changement dans le régime & dans la façon de vivre, échaufférent fon fang déja très-altéré , & il mourut des fuites d'une hémorragie & d'une rétention d'urine le 30 Mai 1778. Le portrait d'un homme dont on a dit tant de bien & tant de mal , n'eft pas aifé à faire. On l'a peint comme jouant, tour-à-tour, les rôles d'*Ariftippe* & de *Diogène*. Il recherchoit les plaifirs , les goûtoit & les célébroit, s'en laffoit & les frondoit. Par une fuite de ce caractére , il paffoit de la morale à la plaifanterie , de la philofophie à l'enthoufiafme , de la douceur à l'emportement , de la flatterie à la fatyre , de l'amour de l'argent à l'amour du luxe , de la

modeftie d'un fage à la vanité d'un grand feigneur. On a dit que, par fes familiarités avec les grands, il fe dédommageoit de la gêne qu'il éprouvoit quelquefois avec fes égaux; qu'il étoit fenfible fans attachement , voluptueux fans paffion , ouvert fans franchife, & libéral fans générofité. On a dit qu'avec les perfonnes jaloufes de le connoitre , il commençoit par la politeffe ; continuoit par la froideur , & finiffoit par le dégoût. On a dit qu'il ne tenoit à rien par choix , & tenoit à tout par boutade. Ce portrait eft celui d'un homme extraordinaire ; *Voltaire* l'étoit, & , comme tous les perfonnages qui font hors du commun , il a fait des enthoufiaftes ardens & des critiques outrés. Chef d'une fecte nouvelle , ayant furvécu à tous fes rivaux, & éclipfé fur la fin de fa carrière tous les poëtes fes contemporains ; il a eu, par tous ces moyens réunis, la plus grande influence fur fon fiécle , & a produit une révolution dans l'efprit & dans les mœurs. Mais s'il s'eft fervi quelquefois de fes talens pour faire aimer l'humanité & la raifon , il en a abufé bien plus fouvent pour répandre des principes d'irreligion & d'indépendance. Cette fenfibilité vive & prompte , qui anime tous fes ouvrages , l'a dominé dans fa conduite, & il n'a jamais réfifté aux impreffions de fon imagination & aux reffentimens de fon cœur. Comme homme de lettres ,il occupera fans contredit une des premiéres places dans l'eftime de la poftérité , & nous ferons encore mieux connoitre à quel dégré il mérite cette eftime,en détaillant fes productions. Commençons par les ouvrages en vers ; les principaux font, I. La *Henriade*, en X chants : Poëme rempli de beaux & de très-beaux morceaux, de vers très-bien faits, très-harmonieux, de defcriptions touchantes, de portraits brillans. La mort de *Coligni* eft admirable ; la bataille de Coutras eft racontée avec l'exactitude de la profe & toute la nobleffe de la poefie ; le tableau de Rome & de la puiffance pontificale eft digne du pinceau d'un grand maitre ; la bataille d'Ivri mérite le même éloge ; l'efquiffe du fiécle de *Louis XIV*, dans le vii⁰ chant, eft d'un peintre exercé ; le ix⁰ refpire les graces tendres & touchantes : c'eft le pinceau du *Corrége* & de l'*Albane*. Mais malgré ces beautés, on ne mettra jamais *Voltaire* à côté de *Virgile*. Un Poëme franç. en vers Alexandrins qui tombent prefque toujours deux à deux ; un Poëme furchargé d'antithèfes & de portraits monotones ; un Poëme fans fiction, peuplé d'êtres moraux que l'auteur n'a pas perfonnifiés ; un Poëme dont la *Difcorde* eft la courriére éternelle ; un Poëme qui a des morceaux fupérieurement verfifiés, mais qui pèche par l'invention & par l'enfemble ; enfin un Poëme de piéces rapportées, & écrit dans une langue peu favorable à la poëfie, ne fera comparé à l'*Iliade* & à l'*Enéide* que par ceux qui font hors d'état de lire *Homére* & *Virgile*. M. de la *Beaumelle*, qui étoit loin de regarder la *Henriade* comme le chef-d'œuvre de notre poëfie, en préparoit une édition lorfque la mort le furprit. Cette édition a paru en 1775 en 2 vol. in-8°. On trouve dans le 2⁰ vol. un plan de la *Henriade*, qui auroit plus de chaleur, plus de jufteffe, plus d'intérêt que celui de *Voltaire* ; mais il feroit difficile de remplacer les détails brillans de celui-ci... II. Un grand nom-

bre de *Tragédies*, diftinguées par de grandes vues morales & par les fentimens d'humanité dont elles font remplies. On trouve dans le ftyle de *Brutus* & de la *Mort de Céfar*, la manière de *Corneille* perfectionnée. Celle de *Racine* ne pouvoit qu'être égalée. La Mufe tragique n'infpira rien à *Crébillon* de plus mâle & de plus terrible que le iv⁰ acte de *Mahomet*. Semblable à cet ordre d'architecture qui emprunte les beautés de tous les ordres, & qui eft lui-même un ordre à part, *Voltaire* s'approprie les genres différens des poëtes fes prédéceffeurs ; mais il ne doit qu'à lui, (dit M. *Paliffot* qui nous fournit cette comparaifon,) fes belles Tragédies de *Mahomet* & d'*Alzire*. Les critiques lui reprochent cependant que fes perfonnages montrent trop de penchant à débiter des fentences & des maximes qui font illufion, mais qui nuifent à l'intérêt, que fes plans manquent fouvent de jufteffe ; qu'il amène la cataftrophe par de petits moyens ; que le ftyle, quoiqu'impofant par le coloris & par des tirades brillantes, eft non-feulement trop coupé, mais l'eft prefque toujours de la même maniére ; que plufieurs de fes vers ne font que des contrefaçons de ceux de *Corneille* & fur-tout de *Racine* : mais fi ces défauts ne le rendent pas fupérieur à ces deux grands-hommes, il jouit à la repréfentation d'un plus grand nombre de fpectateurs. On joue prefque toutes fes Tragédies ; les principales font *Œdipe*, repréfentée en 1718 ; *Hérode & Mariamne*, 1723 ; *Brutus*, 1730 ; *Zaïre*, 1733 ; *Adélaïde du Guefclin*, 1734 ; *Alzire*, 1736, *Zulime*, 1740, la *Mort de Céfar*, 1742, le *Fanatifme*, ou *Mahomet le Prophète*, 1742 ; *Mérope*, 1743 ; *Sémi*-

ramis, 1748 ; *Orefte*, 1750; *Rome fauvée*, 1750 ; l'*Orphelin de la Chine*, 1755; *Tancrède*, 1760...III. Plufieurs Comédies, dont les meilleures font l'*Indifcret*, l'*Enfant Prodigue* & *Nanine*. Les autres font prefque oubliées : car *Voltaire* ne chauffa pas le brodequin avec le même fuccès que le cothurne. Il ne brode prefque jamais que fur le canevas d'autrui ; il tombe dans le bas & le trivial. Quelques-uns de fes rôles font infipides, ou mauffadement plaifans, comme la baronne de *Croupillac* dans l'*Enfant Prodigue*. Parmi d'excellentes plaifanteries, des détails heureux, des vers très-bien tournés, on y trouve des chofes d'un mauvais ton, des railleries forcées, des maximes hors d'œuvre ou mal amenées...IV. Des *Opéra*, qui ne brillent pas par l'invention,& font d'un ftyle qui n'eft pas celui de *Quinault*. *Samfon, Pandore*, le *Temple de la Gloire*, ne lui ont pas même mérité la 3ᵉ place dans le genre Lyrique. Auffi en convenoit il lui-même. « J'ai fait, « (écrivoit-il à un de fes amis) » j'ai fait une grande fottife de » faire un Opéra ; mais l'envie de » travailler pour un homme com- » me M. *Rameau*, m'avoit emporté : » je ne fongeois qu'à fon génie, » & je ne m'appercevois pas que » le mien n'eft point fait du tout » pour le genre Lyrique...» V. Un grand nombre de *Piéces Fugitives* en vers, d'une poëfie très-fupérieure à celle des *Chapelle*, des *Chaulieu* & des *Hamilton*. Aucun poëte n'a donné une tournure plus ingénieufe à des bagatelles, n'a employé avec autant de grace, de fineffe, de légéreté, les agrémens d'une Mufe toujours naturelle & toujours brillante. Egalement propre à louer & à médire, il donne à fes éloges & à fes fatyres un

tour original, qui n'appartient qu'à lui. Nous parlons ici de fes Épîtres légères, de fes Diatribes en vers; car quant à fes Odes, il fuffit de les lire pour voir combien il eft au-deffous de *Rouffeau* dans ce génre. Nous ne ferons pas mention de quelques autres Poëmes, tels que la *Guerre de Genève*. Quoiqu'ils offrent des détails piquans, nous croyons fervir la gloire de l'auteur, en paffant rapidement fur des ouvrages enfantés par le délire de l'irreligion &, de la débauche, & par la fureür de la vengeance & de la fatyre. Le célèbre citoyen de Genève eft traité, dans le Poëme fur la guerre de fa patrie, d'une maniére atroce. L'auteur lui reproche jufqu'à cette maladie de la dyfurie, dont lui-même eft mort, ou du moins qui a avancé fa mort... Voilà les productions poëtiques de *Voltaire*; fes ouvrages en profe font encore plus nombreux : I. *Effai fur l'Hiftoire Générale*, qui, avec les *Siècles de Louis XIV* & de *Louis XV*, forme 10 vol. in-8°. Cette Hiftoire eft une vafte galerie, dont chaque tableau eft peint d'un pinceau léger, rapide & brillant. Sans détailler tous les événemens, l'auteur offre le réfumé générale, des principaux, & rend ce réfumé intéreffant par les réflexions qu'il y joint & par les couleurs dont il les embellit. Mais on s'eft plaint qu'il ramène trop fouvent les faits à fon fyftême ; qu'il ne préfente la Religion que comme le fléau des peuples ; qu'il s'attache trop à montrer la vertu malheureufe & le vice triomphant ; qu'il y a entaffé un grand nombre d'erreurs, d'inexactitudes ' & de méprifes ; qu'il eft trop fouvent amer dans fes cenfures, injufte dans fes jugemens, fur-tout lorfqu'il eft queftion

tion de l'Eglife, de fes miniftres. Le *Siécle de Louis XIV*, offre les mêmes beautés & les mêmes défauts. C'eft une éfquifle, & non un tableau en grand. L'ouvrage n'eft qu'une fuite de petits chapitres. L'auteur vole fucceffivement en Allemagne, en Efpagne, en Hollande, en Suède, pour raconter quelques traits, qui n'ont fouvent qu'un rapport éloigné au fujet principal. Il préfente aux yeux du lecteur, avec une rapidité incroyable, plufieurs événemens importans qu'on voudroit connoître à fond, & l'on gliffe fur chacun. L'hiftorien eft content, pourvu qu'il ait eu l'occafion de placer une maxime ou une faillie. C'eft une foule d'éclairs, qui éblouiffent & qui laiffent dans les ténèbres. Ce ne font point les Mémoires qui ont manqué à l'hiftorien, ni l'art de les employer; car il y a plufieurs chapitres qui font des chef-d'œuvres d'élégance : c'eft l'efprit de difcuffion néceffaire dans un travail fi long & fi pénible. Son *Siécle de Louis XV*, moins intéreffant que celui *de Louis XIV*, eft écrit avec négligence & fouvent avec partialité. Si quelques événemens y font bien détaillés, plufieurs autres y font préfentés fous un faux jour. L'auteur rend fes peintures infidelles, en voulant les ajufter à fa façon de penfer particuliére, ou au befoin qu'il a de flatter des grands & de fe ménager des protecteurs. Le fonds de l'*Hiftoire du Parlement de Paris* eft prefque tout entier dans l'*Hiftoire Générale*, & dans les *Siécles de Louis XIV* & de *Louis XV*. L'auteur défavoua cet ouvrage, comme *un énorme fatras de dates*, auquel il n'avoit pu, ni voulu travailler. Il y a cependant des chapitres qui offrent des

Tome VI.

difcuffions bien faites fur des points d'hiftoire affez embrouillés; mais ces chapitres font en petit nombre. *Voltaire* dit dans fes défaveux, que le commencement eft fuperficiel & la fin indécente. L'ouvrage lui paroiffoit informe, & l'auteur peu inftruit : le fujet (ajoute-t-il) méritoit d'être approfondi par une très-longue étude & avec une grande fageffe... II. L'*Hiftoire de Charles XII* : bien faite & bien écrite, qui a mérité à l'auteur le titre de *Quinte Curce* François. III. L'*Hiftoire du Czar Pierre I* : double emploi de celle de *Charles XII*; mais moins élégante & plus infidelle, parce que c'eft une production de fa vieilleffe & un ouvrage de commande. La préface eft plus digne d'un bouffon que d'un hiftorien ; l'introduction à paru fort fêche ; la divifion par chapitres a déplu ; les batailles font racontées avec négligence. Mais les chapitres fur les révolutions que le czar *Pierre* a produites dans les arts ' & dans les mœurs, font intéreffans, ainfi que le récit des voyages qu'il fit pour perfectionner fon génie...IV. *Mélanges de Littérature* en plufieurs volumes. On parlera d'abord de fes Romans. Perfonne n'a eu, comme *Voltaire*, l'art de cacher une philofophie fouvent profonde fous des fictions ingénieufes & riantes : à cet égard il étoit intariffable. *Zadig, Memnon*, le *Monde comme il va*, imités de l'Anglois, ont l'air original, par la fineffe des critiques, par la légéreté de la narration, par les agrémens d'un ftyle clair, élégant, ingénieux & naturel. *Candide*, la *Princeffe de Babylone*, & quelques autres fictions de ce genre, n'approchent pas à beaucoup près de *Memnon*, ni de *Zadig*. Elles ne préfentent qu'u-

Bbb

ne fuite d'événemens invraifem-
blables, trop fouvent racontés
avec indécence, & femés de plaifanteries qui ne font pas d'un bon
choix. Les autres ouvr. qui compofent les *Mélanges*, font de petites
Differtations fur différentes matiéres, prefque toutes écrites avec
intérêt & avec goût, des critiques
de différens écrivains, la plùpart
plaifantes ; mais fouillées d'épithètes injurieufes, de farcafmes
révoltans. *Energumène, fanatique,
cuiftre, croquant, poliffon, gueux,
efcroc*, &c. : telles font les expreffions que le philofophe de Fernei
avoit au bout de la plume, toutes
les fois qu'on s'avifoit de toucher
à fes lauriers, ou même qu'on paroiffoit y toucher...V. *Dictionnaire
Philofophique ; Philofophie de l'Hif-
teire*, &c. , &c. & beaucoup d'autres ouvrages impies ; car la fureur
anti-théologique étoit devenue
chez lui une véritable manie. Sa
vieilleffe n'aprefque été occupée
qu'à détruire. Il eft difficile de
bien caractérifer fes ouvrages contre la Religion : il prend tantôt le
ton de *Pafquin*, & tantôt celui de
Pafcal ; mais il revient plus fouvent au premier, parce qu'il lui
eft plus naturel. Ainfi fes livres
anti-chrétiens ne font qu'une éternelle dérifion des prêtres & de
leurs fonctions, des myftéres &
de leur profondeur, des conciles
& de leurs décifions. Il tourne en
ridicule les mœurs des Patriarches, les vifions des Prophètes,
la phyfique de *Moife* ; les hiftoires, le ftyle, les expreffions de
l'Ecriture ; enfin toute la Religion. Non-feulement il attaque le
Chriftianifme : il détruit tous les
fondemens de la Morale, en infinuant les principes du Matérialif-
me. Saillies ingénieufes, bons-
mots piquans, peintures riantes,

réflexions hardies, expreffions
énergiques : il emploie toutes les
graces du ftyle & toutes les reffources du bel-efprit pour mieux
préparer fon poifon. Ce qu'il y
a de plus odieux, c'eft qu'il alté-
re fouvent les faits, tronque les
paffages, fuppofe des erreurs,
imagine des contradictions, pour
donner plus de fel à fes plaifanteries & plus de force à fes raifonnemens... VI. *Théâtre de* Pierre
& Thomas Corneille, *avec des morceaux intéreffans*, 8 vol. in-4°. &
10 vol. in-12. Ce Commentaire,
entrepris pour doter la petite-nié-
ce du grand *Corneille*, eft un fervice rendu à la littérature. On peut
y trouver quelques remarques plus
fubtiles que juftes, quelques analyfes infidelles, des critiques minutieufes, des obfervations grammaticales trop févères ; mais le
fonds de l'ouvrage eft dirigé par
le jugement & le goût. Il eft écrit
d'ailleurs d'un ftyle convenable,
& le commentateur n'a pas la ridicule fureur de nos critiques modernes : celle d'employer de grands
mots pour exprimer de petites
chofes... VII. *Commentaire hiftorique fur les Œuvres de l'Auteur de la*
Henriade, *avec les pièces originales
& les preuves*, in-8°. Monument
élevé à *Vol·aire*, par *Voltaire* lui-
même. Il eft à la fois le facrifica-
teur & le Dieu. Les faits qu'on
y rapporte ne peuvent qu'être honorables ; c'eft le détail des hommages accordés à l'auteur ; c'eft
le tableau des actions généreufes & même des charités qu'il a
faites ; c'eft un Mémoire hiftorique écrit avec fimplicité & avec
grace. On y voit les faits, mais
on n'en voit pas les refforts : ce
fera auffi aux hiftoriens de *Voltaire* à expliquer fes motifs. A la
fuite du Commentaire, on trouve

quelques Lettres dont la plûpart méritoient d'être confervées. On en recueillera fans doute en plus grand nombre ; car l'auteur en a beaucoup écrit , & il avoit un talent marqué pour ce genre. Il n'eſt point d'écrivain , (dit M. *Paliſſot*) qui ne fe fût acquis par les Lettres feules de *Voltaire* une réputation diſtinguée. Nous avons différentes Collections de fes ouvrages , in-4°, in-8° & in-12 ; mais toutes mal rédigées , toutes furchargées d'écrits qui font peut-être de lui , mais indignes de lui ; pleines de répétitions continuelles & de doubles emplois. Ce défaut vient moins des libraires que de l'auteur , qui , dans fes derniers jours , reproduifoit fans ceſſe les mêmes chofes & retournoit continuellement fes vieux habits.

VOLTERRE, (Raphaël de)*Voy.* VOLATERRAN.

VOLTERRE , (Daniel RICCIA-RELLI de) peintre & fculpteur , né en 1609 à Volterre , ville de la Tofcane , mourut à Rome en 1666. Il fut deſtiné par fes parens à la peinture. *Balthaʒar Peruʒʒi* & *Michel-Ange* lui montrèrent les fecrets de leur art. Un travail long & opiniâtre acquit à *Daniel* des connoiſſances & de la réputation. Ce peintre fut très-employé à Rome , & pour la peinture & pour la fculpture. Le cheval qui porte la ſtatue de *Louis XIII* dans la Place-royale à Paris , fut fondu d'un feul jet par *Daniel.* Il a deſſiné dans la manière de *Michel-Ange.* On a gravé fa Defcente de croix, peinte à la Trinité du Mont ; c'eſt fon chef-d'œuvre , & un des plus beaux tableaux qui foient à Rome.

VOLUMNIUS, (*Titus*) chevalier Romain , fe fignala par fon amitié héroïque pour *Marcus Lucullus.* Le triumvir *Antoine* ayant

fait mettre à mort celui-ci , parce qu'il avoit fuivi le parti de *Caſſius* & de *Brutus* ; *Volumnius* ne voulut point quitter fon ami , quoiqu'il pût éviter le même fort par la fuite. Il fe livra à tant de regrets & de larmes , que fes plaintes furent caufe qu'on le traîna aux pieds d'*Antoine.* « Ordonnez » que je fois conduit fur le champ » vers le corps de *Lucullus* , (lui dit-il ,) « & que j'y fois égorgé ; » car je ne peux furvivre à fa mort, » étant moi-même la caufe de ce » qu'il a pris malheureufement les » armes contre vous. » Il n'eut pas de peine à obtenir cette grace de ce tyran fanguinaire. Lorfqu'il fut arrivé à la place du fupplice , il baifa avec empreſſement la main de*Lucullus,* & appliqua fa tête, qu'il ramaſſa par terre , fur fa poitrine , puis préfenta lafienne au bourreau.

VOLUSIEN , (*Caïus Vibius Volufianus*) aſſocié à l'empire par fon pere *Gallus* , fut tué par les foldats, comme nous l'avons raconré dans l'article de *Vibius Trebonianus GALLUS* : *Voyez* ce dern. mot.

VONDEL , (Juſte *ou* Joſſe du) poëte Hollandois, né en 1587 de parens Anabaptiſtes, quitta cette fecte, & mourut dans le fein de l'Eglife Catholique en 1679 à 91 ans. Il dreſſa à Amſterdam une boutique de bas ; mais il en laiſſa le foin à fa femme , pour ne s'occuper prefque que de la poëfie. La nature lui avoit donné beaucoup de talent. *Vondel* n'eut pour maître que fon génie. Il avoit déja enfanté plufieurs pièces en vers , non feulement fans fuivre aucune règle , mais même fans foupçonner qu'il y en eût d'autres que celles de la verfification & de la rime. Inſtruit, à l'âge de 30 ans, de l'avantage qu'on peut retirer des anciens, il apprit le Latin pour pouvoir les lire. Enfuite il s'adonna à la lecture des écrivains François. Les fruits de fa Mufe offrent dans quelques endroits tant de génie & une imagination fi noble & fi poëtique , qu'on fouffre de le voir tomber-fi fouvent dans l'enflure & dans la baffeffe. Toutes fes *Poëfies* ont été imprimées en 9 vol. in-4°. Celles qui ornent le plus ce recueil, font : I. Le *Héros de Dieu*. II. Le *Parc des Animaux*. III. La *Deftruction de Jérufalem*, Tragédie. IV. La *Prife d'Amfterdam* par *Florent V.*, comte de Hollande. Cette piéce eft dans le goût de celles de *Shakefpear*: c'eft une bigarrure brillante. On y voit des Anges , des Evêques, des Abbés, des Moines , des Religieufes qui difent tous de fort belles chofes, mais déplacées. V. La *Magnificence de Salomon*. VI. *Palamède*, ou l'*Innocence opprimée*. C'eft la mort de *Barneveld*, fous le nom de *Palamède* fauffement accufé par *Ulyffe*. Cette piéce irrita le prince *Maurice*, inftigateur de ce meurtre. On voulut faire le procès à l'auteur ; mais il en fut quitte pour une amende de 300 liv. Toutes ces Tragédies pèchent , & du côté du plan, & du côté des règles. L'auteur ne méritoit pas d'être mis en parallèle avec *Sénèque* le Tragique, auquel, on l'a comparé , & encore moins avec *Virgile*. VII. Des *Satyres* , pleines de fiel, contre les miniftres de la religion Prétendue-réformée. VIII. Un *Poëme* en faveur de l'Eglife Catholique, intitulé : Les *Myftéres*, ou *les Secrets de l'Autel*. IX. Des *Chanfons*, &c. Ce poëte négligea fa fortune pour les Mufes, qui lui cauférent plus de chagrins que de gloire.

VOPISCUS, (*Flavius*) hiftorien Latin, né à Syracufe fous *Dioclétien*, fe retira à Rome vers l'an 304. Il

y compofa l'Hiftoire d'*Aurélien*, dé *Tacite* , de *Florien* , de *Probe*, de *Firme* , de *Carus* , de *Carin* & de *Numérien*, &c. &c. Quoique ce ne foit pas un bon auteur, il eft cependant moins mauvais que tous les autres dont on a fait une compilation pour compofer l'*Hiftoriæ Auguftæ Scriptores*, Leyde 1671 , 2 vol. in-8°. avec les remarques *Variorum*.

VORAGINE , *Voyez* JACQUES de VORAGINE , n° XV.

I. VORSTIUS, (Conrad) naquit à Cologne en 1569, d'un teinturier. Après avoir étudié dans les univerfités d'Allemagne & voyagé en France, il s'arrêta à Genève , où *Théodore* de *Beze* lui offrit une chaire de profeffeur qu'il ne voulut point accepter. Il fuccéda en 1610 à *Arminius* , profeffeur dans l'univerfité de Leyde ; mais les miniftres Anti-Arminiens employérent le crédit de *Jacques I* , roi d'Angleterre , & demandérent fon exclufion à la république. *Vorftius* , obligé de céder à leurs perfécutions, fe retira à Goude *ou* Tergow , où il demeura depuis 1612 jufqu'en 1619 , uniquement occupé de fes affaires & de fes études. Le fynode de Dordrecht le déclara indigne de profeffer la théologie, & cet anathème, prononcé par des fanatiques, engagea les Etats de la province à le bannir à perpétuité. Il fut obligé de fe cacher comme un malfaiteur ; enfin il chercha un afyle dans les états du duc de *Holftein* en 1622 , où il mourut le 29 Septembre de la même année. On a de lui un grand nombre d'ouvrages , tant contre les Catholiques Romains, que contre les adverfaires qu'il eut dans le parti Proteftant. Les plus recherchés font celui *De Deo*, Steinfurt 1610, in-4°. que le roi *Jacques*

fit brûler par la main du bourreau;
& son *Amica Collatio cum J. Pifcatore*,
à Goude 1613, in-4°. Sa conduite
& quelques-uns de fes écrits prouvent qu'il penchoit pour le Socinianifme ; & fi fes adverfaires
n'avoient fait valoir que cette raifon, on n'aüroit pas pu les accufer d'injuftice.

II. VORSTIUS, (Guillaume-
Henri) fils du précédent, miniftre des Arminiens à Warmond dans
la Hollande, compofa plufieurs livres. Les plus confidérables font :
I. Sa *Traduction* latine de la *Chronologie* de *David Ganz*. II. Celle du
Pirke Avoth du rabbin *Eliezer*, 1644,
in-4°. III. Celle du livre de *Maimonides*, *Des Fondemens de la Foi*,
1638, in-4°. avec des remarques favantes.

III. VORSTIUS, (Ælius-Ever-
hard) né à Ruremonde en 1565,
mort en 1624 à Leyde, où il occupoit une chaire de profeffeur de
médecine, laiffa divers ouvrages
de littérature, de médecine & d'hiftoire naturelle, qui furent recherchés pour leur érudition. Les principaux font : I. Un Commentaire
De Annulorum origine, dans un Recueil de *Gorlæus* fur cette matiére, 1599, in-4°. II. Un *Voyage
hiftorique & phyfique de la grande
Grèce*, *de la Japigie*, *Lucanie*, *des
Brutiens & des Peuples voifins*, en
latin. III. *Des Poiffons de la Hollande*. IV. Des Remarques latines fur
le livre *De re medica* de *Celfe*.

IV. VORSTIUS, (Adolphe)
fils du précédent, fut auffi profeffeur en médecine à Leyde, où
il mourut en 1663, à 66 ans. Il
a donné un *Catalogue des Plantes* du
Jardin Botanique de Leyde, & de
celles qui naiffent aux environs
de cette ville. Cet ouvrage, imprimé à Leyde 1636 in-4°, eft affez
bien fait.

V. VORSTIUS, (Jean) né dans
le Dithmarfen, embraffa le Calvinifme, fut biliothécaire de l'électeur de Brandebourg, & mourut
en 1676. On a de lui : I. Une *Philologie facrée*, où il traite des *Hébraïf-
mes du Nouveau-Teftament*. II. Une
Differtation *de Synedriis Hebræorum*,
Roftoch, 1658 & 1665, 2 vol. in-
4°. III. Un Recueil intitulé : *Fafciculus Opufculorum hiftoricorum &
philologicorum*, Rotterdam 1693, 8
vol. in-8°. On trouve dans cette
collection les ouvrages fuivans :
De Adagiis Novi Teftamenti; *De voce
Sefach*, *Jerem. XXV*; Des *Differtations*
latines fur le 70 ans de la captivité des Hébreux, fur les 70 femaines de *Daniel*, fur la Prophétie de *Jacob*, &c. Tous ces ouvrages prouvent une grande érudition, facrée & profane. *Vorftius*
étoit trèsverfé dans la connoiffance
des langues & furtout de l'Hébreu.

VOS, (Martin de) peintre, né
vers l'an 1534 à Anvers, mourut
dans la même ville en 1604. C'eft
au foin qu'il prit à Rome de copier les magnifiques ouvrages des
plus célèbres maîtres, & à la liaifon qu'il fit à Venife avec le *Tintoret*, que *Vos* doit la haute réputation où il eft parvenu. Il a
réuffi également à peindre l'hiftoire, le payfage & le portrait. Il
avoit un génie abondant : fon coloris eft frais, fa touche facile ;
mais fon deffin eft froid, quoique
correct & affez gracieux. On a
beaucoup gravé d'après fes ouvrages.

I. VOSSIUS, (Gerard) d'une
famille confidérable des Pays-Bas,
dont le nom eft *Vos*, prévôt de
Tongres, habile dans le Grec &
le Latin, demeura plufieurs années
à Rome. Il profita de ce féjour pour
fouiller dans les bibliothèques Italiennes ; il fut le premier qui en
Bbb iiij

tira & traduifit en latin plufieurs anciens monumens des PP. Grecs, entr'autres les ouvrages de St Grégoire Thaumaturge & de St Ephrem. Il mourut à Liège fa patrie, en 1609, aimé & eftimé.

II. VOSSIUS, (Gerard - Jean) parent du précédent, naquit en 1577, dans le Palatinat, auprès d'Heidelberg. Il fe rendit très-habile dans les belles-lettres, dans l'hiftoire & dans l'antiquité facrée & profane. Son mérite lui valut la direction du collége de Dordrecht, & il remplit cette place avec applaudiffement. On lui confia enfuite la chaire d'éloquence & de chronologie à Leyde; & il la dut plutot à fa réputation & à fon mérite, qu'à fes intrigues. Appellé en 1643 à Amfterdam, pour y remplir une chaire de profeffeur en hiftoire, il s'y fit des admirateurs & des amis. Ses principaux ouvrages font: I. De origine Idololatriæ. II. De Hiftoricis Græcis... De Hiftor. Latinis. III. De Poetis Græcis, De Latinis. IV. De Scientiis Mathematicis. V. De quatuor Artibus popularibus. VI. Hiftoria Pelagiana. VII. Inftitutiones Rhetoricæ, Grammaticæ, Poeticæ. VIII. Thefes Chronologicæ & Theologicæ. IX. Etymologicon Linguæ Latinæ. X. De vitiis Sermonis, &c. Tous ces écrits ont été imprimés à Amfterdam, 1695 à 1789, 6 vol. in-fol. La plupart font remplis d'un favoir profond, & de remarques folides. On eftime furtout ce qu'il a écrit fur l'Hiftoire, fur l'origine de l'Idolâtrie & fur les hiftoriens Latins & Grecs. Ce favant mourut en 1649, à 72 ans, laiffant 5 fils. Voyez les articles fuivans.

III. VOSSIUS, (Denys) fils du précédent, auffi favant que fon pere, mort en 1633 à 22 ans, étoit un prodige d'érudition ; mais fon

favoir lui fut funefte, car il accéléra fa mort. On a de lui de favantes Notes fur le livre de l'Idolâtrie du rabbin Moyfe Ben-Maimon, inférées dans l'ouvrage de fon pere fur la même matière.

IV. VOSSIUS, (François) frere du précédent, mourut en 1645, après avoir publié un Poëme fur une victoire navale remportée par l'amiral Tromp.

V. VOSSIUS, (Gerard) 3e fils de Gerard-Jean, fut l'un des plus favans critiques du XVIIe fiécle. Il mourut en 1640. On a de lui une édition de Velleius Paterculus avec des notes, à Leyde, 1639, in-16.

VI. VOSSIUS, (Matthieu) mort en 1646, frere des précédens, a donné une bonne Chronique de Hollande & de Zélande, en latin; Amfterdam, 1680, in-4°.

VII. VOSSIUS, (Ifaac) le dernier des enfans du célèbre Voffius, & le premier en érudition, né à Leyde en 1618, paffa en Angleterre, où il devint chanoine de Windfor. Ses ouvrages répandirent fon nom par toute l'Europe. Louis XIV, inftruit de fon mérite, chargea Colbert de lui envoyer une lettre-de-change, comme une marque de fon eftime & un gage de fa protection. Ce qui plut le plus flatter Voffius, ce fut la lettre dont ce miniftre accompagna ce préfent. Il lui difoit, que « quoique le Roi ne » fût pas fon Souverain, il vou- » loit néanmoins être fon bien- » faiteur, en confidération d'un » nom que fon pere avoit rendu » illuftre, & dont il confervoit la » gloire. » Voffius fe rendit furtout célèbre par fon zèle pour le fyftême de la chronologie des Septante, qu'il renouvella & qu'il foutint avec chaleur. Il devoit donner une nouvelle édition de la Verfion de ces célèbres interprè-

tes ; mais il en fut empêché par fa
mort', arrivée en 1689, dans fa
71ᵉ année. Ce favant avoit une
mémoire prodigieufe, mais il manquoit de jugement. Son penchant
étoit extrême pour le merveilleux. Rempli de doutes fur les objets de la révélation, il ajoûtoit
foi aux contes les plus ridicules
des voyageurs. *Charles II*, roi d'Angleterre, difoit de lui: *Ce Théologien
eft un homme bien étonnant! il croit à
tout, excepté à la Bible.* On a de lui :
I. Des *Notes* fur les géographes
Scylax & *Pomponius Mela*, & fur
Catulle.. *Voſſius* aimoit les ouvrages, où l'efprit de débauche a répandu des expreffions libres. Ses
Commentaires fur *Catulle*, publiés
en 1684, in-4°, ne font pas exemts
de ce défaut. On prétend même
qu'il y fit entrer le Traité *De Prof-
tibulis veterum* de *Beverland*, avec lequel il étoit très-lié. II. Des *Obſervations* fur l'origine du Nil & des
autres fleuves. III. Un Traité *De
Sibyllinis, aliifque, quæ Chrifti nata-
lem præceſſere, Oraculis*; Londres,
1685, in-4°. IV. Des *Ecrits* contre
Richard Simon. V. *De Poëmatum
cantu & viribus Rithmi*, à Oxford,
1675, in-8°. VI. *Variorum Obſervationum liber.* VII. Une édition des
Lettres de St Ignace, martyr. VIII.
Plufieurs *Differtations* philofophiques & philologiques.

VOSTERMAN, (Lucas) graveur Hollandois, mort à Anvers,
au milieu du XVIIᵉ fiécle. Ses *Eftampes* font très-recherchées, & iui af-
fignent un rang parmi les plus excellens artiftes. Il a beaucoup contribué à faire connoitre le mérite
du célèbre *Rubens*, & à multiplier
fes belles compofitions. On admire,
dans les ouvrages de *Vofterman*,
une manière expreffive & beaucoup d'intelligence. Il ne faut pas
le confondre avec *Lucas VOSTER-*

MAN, furnommé *le Jeune*: c'étoit
le fils du précédent; mais il fut
bien inférieur à fon pere.

VOUET, (Simon) peintre, né
à Paris en 1582, mort dans la même ville vers 1649, âgé de 59 ans,
n'en avoit que 14, lorfqu'on le
chargea d'aller peindre une dame
qui s'étoit retirée en Angleterre.
À l'âge de 20 ans, il accompagna
Harlay baron de *Sancy*, ambaffadeur
à Conftantinople. Ce peintre vit
une fois le grand-Seigneur *Achmet I*,
& cela lui fuffit pour le peindre
de mémoire très-reffemblant. *Vouet*
paffa en Italie, où il demeura plufieurs années. Il y fit une étude particuliére des ouvrages du *Valentin*
& du *Caravage*. Plufieurs cardinaux
voulurent avoir des fiens, & lui
procurèrent la place de peintre de
l'académie de St Luc à Rome. Le roi
Louis XIII, qui lui avoit déja accordé une penfion, le fit revenir,
le nomma fon premier peintre, &
le logea aux galeries du Louvre.
Ce prince goûtoit beaucoup de
plaifir à lui voir manier le crayon,
lorfqu'il peignoit en paftel. Il prit
même des leçons de lui, & il réuffit en peu de tems à faire des portraits reffemblans. *Vouet* s'étoit
fait une manière expéditive. On a
lieu d'être étonné de la prodigieufe quantité d'ouvrages qu'il a laiffés. Accablé de travail, il fe contentoit fouvent de ne faire que
les deffins fur lefquels fes élèves
travailloient, & qu'il retouchoit
enfuite : c'eft pourquoi on voit plufieurs de fes tableaux peu eftimés.
Ce maître inventoit facilement, il
confultoit le naturel. On remarque
dans quelques-uns de fes ouvrages, un pinceau frais & moelleux; mais la trop grande activité
avec laquelle il travailloit, l'a tait,
pour l'ordinaire, tomber dans le
gris. Il peut être regardé comme le

fondateur de l'Ecole Françoife. La plûpart de nos meilleurs maîtres prirent de fes leçons. On compte parmi fes élèves,le *Sueur*, le *Brun*, *Mole*, *Perrier*, *Mignart*, *Dorigny* le pere, *Teftelin*, *Dufrefnoi*, & plufieurs autres: *St-Aubin* VOUET étoit fon frere & fon difciple. Les principaux ouvrages de *Simon Vouet* font à Paris. *Voyez* VOET.

VOUGNY, (Louis-Valentin de) confeiller-clerc au parlement de Paris, fa patrie, & chanoine de Notre-Dame, mort en 1754 à 49 ans, a traduit une partie du *Spaccio della Beftia* de *Jordano Bruni*, fous ce titre : Le Ciel réformé, 1754, in-12. La Traduction ne donne pas grande envie de recourir à l'original, quoique les curieux le recherchent.

VOUWERMANS, *Voyez* WAU-WERMANS.

I. VOYER DE PAULMY, (René de) chevalier, feigneur d'*Argenfon*, étoit fils de *Pierre* de *Voyer*, chevalier, feigneur d'*Argenfon*, gentilhomme ordinaire de la chambre du roi, d'une ancienne maifon originaire de Touraine. Il naquit en 1596, devint confeiller au parlement de Paris en 1619, puis maître-des-requêtes & intendant de plufieurs provinces. Les befoins de l'Etat le firent fouvent changer de pofte, & on lui confia toujours les plus difficiles. Quand la Catalogne fe donna à la France, il fut mis à la tête de cette nouvelle province, dont l'adminiftration demandoit un mélange fingulier & prefque unique, de hauteur & de douceur, de hardieffe & de circonfpection. Dans un grand nombre de marches d'armées, de retraites, de combats, de fiéges, il fervit autant de fa perfonne, & beaucoup plus de fon efprit, qu'un homme de guerre ordinaire. L'enchaînement

des affaires l'engagea auffi dans des négociations délicates avec des Puiffances voifines, fur-tout avec la maifon de Savoie alors divifée. Enfin, après tant d'emplois & de travaux, fe croyant quitte envers fa patrie, il fongea à une retraite qui lui fut plus utile que tout ce qu'il avoit fait. Comme il étoit veuf, il embraffa l'état eccléfiaftique ; mais le deffein que la cour forma de ménager la paix du Turc avec Venife, le fit nommer ambaffadeur extraordinaire vers cette république. Il n'accepta cet emploi que par un motif de religion, à condition qu'il n'y feroit pas plus d'un an, & que quand il en fortiroit, fon fils, que l'on faifoit dès-lors confeiller-d'état, lui fuccéderoit. A peine étoit-il arrivé à Venife en 1651, qu'il fut pris, en difant la Meffe, d'une fièvre violente dont il mourut. On a de lui un *Traité de la Sageffe Chrétienne*, & une Traduction de l'*Imitation de J. C.*

II. VOYER DE PAULMY, (René de) fils du précédent, chevalier, feigneur d'*Argenfon*, comte de Rouffiac, fut confeiller au parlement de Rouen, puis maitre-des-requêtes, confeiller-d'état ordinaire. Il fuccéda à fon pere dans la qualité d'ambaffadeur, qu'il remplit jufqu'en 1655, & mourut en 1700, âgé de 70 ans. Le fénat de Venife lui accorda & à fes defcendans, la permiffion d'ajoûter fur le tour de fes armes celles de la République, avec le lion de *St Marc* pour cimier.

III. VOYER DE PAULMY, (Marc-René de) chevalier & marquis d'*Argenfon*, vicomte de Mouzé, &c., étoit fils du précédent. Il vit le jour à Venife en 1652. La République, qui voulut être fa marreine, le fit chevalier de *St Marc*, & lui donna le nom de cet

Apôtre. Après avoir occupé une charge de maître-des-requêtes, le roi lui donna celle de lieutenant-général de police de Paris. Sous lui la propreté, la tranquillité, l'abondance, la sûreté de la ville furent portées au plus haut dégré. Aussi *Louis XIV* se reposa-t-il entiérement de sa capitale sur ses soins ; il lui auroit rendu compte d'un inconnu qui s'y seroit glissé dans les ténèbres. Pendant la cherté excessive des denrées en 1709, le magistrat fut pourvoir aux besoins du peuple & calmer ses émotions passagéres. Un jour étant assiégé dans une maison à laquelle une troupe nombreuse vouloit mettre le feu, il en fit ouvrir la porte, se présenta, parla, & appaisa tout. Cette action fut récompensée ou suivie de la dignité de conseiller-d'état. Il entra ensuite dans les affaires les plus importantes ; & enfin au commencement de 1718, il fut fait garde-des-sceaux, présidentdu conseil des finances, & en 1720 ministre-d'état. Obligé de remettre les sceaux la même année, il se soulagea, dans la retraite, du poids de la grandeur. Il mourut l'année suivante, membre de l'académie Françoise & de celle des Sciences. Ce ministre avoit une gaieté naturelle, une vivacité d'esprit heureuse, & féconde en traits qui seuls auroient fait une réputation à un homme oisif. Il dictoit à trois ou quatre secrétaires à la fois ; & souvent chaque lettre eût mérité par sa matière d'étre faite à part, & sembloit l'avoir été.

IV. VOYER de Paulmy, (Marc-Pierre) comte d'*Argenson*, fils du précédent, naquit à Paris en 1696. Après avoir passé par différens emplois, où il prouva son exactitude & son intelligence ; il fut nommé lieutenant-général de police, &

chef du conseil du duc d'*Orléans*, régent. Les occupations de cette derniére charge l'obligérent de se démettre de la première, & le roi, en acceptant sa démission, le nomma en 1724 conseiller-d'état. Le chancelier d'*Aguesseau* travailloit alors à la rédaction des Ordonnances & des Loix, avec plusieurs magistrats distingués, au nombre desquels il admit M. d'*Argenson*. L'administration de la Librairie lui fut confiée peu de tems après, & dans cette place il travailla en même tems à sa propre gloire & à celle des lettres. Il passa ensuite au ministére ; il eut le département de la Guerre, la surintendance des Postes. La fameuse campagne de Bohême avoit anéanti, pour ainsi dire, l'armée Françoise. Le nouveau ministre remédia, par ses soins & par son activité, à tous les maux que les troupes avoient éprouvés. Il completta les régimens, il en augmenta le nombre, il forma les Grenadiers royaux, enfin il établit l'Ecole militaire. Disgracié en 1757, il se retira à sa terre des Ormes, où il oublia, dans le sein de la philosophie, les honneurs & les dignités qu'il avoit perdus. Il y mourut en 1764. Son frere *René-Louis*, ministre des Affaires étrangères, étoit mort en 1756.

VRAC du Buisson, (Jean) né à Paris en 1704, d'une famille originaire d'Alsace, étudia d'abord les mathématiques dans la vue d'entrer dans le corps du Génie ; mais il s'attacha ensuite à l'architecture, par le conseil de *Boffrand*, 1er ingénieur des Ponts & chaussées de France. Assûré de la capacité & des talens de son élève, cet habile maître lui confia la conduite du fameux *Puits* de Bicêtre ; il fut si content de son coup d'essai, qu'il le fit nommer à la place d'infpecteur, & peu de tems après à celle d'entrepreneur des bâtimens des Hôpitaux. *Vrac du Buiffon* eut alors lieu de travailler d'après lui-même. Parmi les opérations de ce génie inventif, on ne doit pas oublier la *Citerne* de Port-royal, qu'on regarde comme un chef-d'œuvre en fon genre, par la facilité que l'architecte a donnée aux eaux du ciel de s'y rendre, malgré les inégalités du terrein : fecours d'autant plus important, qu'il feroit très-difpendieux de creufer des puits dans cet endroit le plus élevé de la capitale, & plus difficile encore d'en tirer de l'eau pour les befoins de cette abbaye & de fes jardins. Il fe diftingua fur-tout par la folidité de fa bâtiffe & par fon œconomie, deux parties effentielles dans l'architecture. La folidité de fa bâtiffe fe fait remarquer dans les vaftes édifices ajoûtés à l'Hopital-général, dans ceux des *Enfans-Trouvés*, au Parvis *Notre-Dame* & au fauxbourg *St-Antoine*. Le goût pour l'œconomie dominoit en lui au point, qu'avant de produire au grand jour quelques-unes de fes nouvelles inventions, il en faifoit exécuter les modèles à fes frais. C'eft d'après des effais ainfi répétés, qu'il fit conftruire, dans une forme nouvelle & plus avantageufe, les *Fours* à cuire le pain des Pauvres dans la *Maifon de Scipion* du fauxbourg *St-Marceau*, & les *Moulins* de l'Hôpital-général. Cet habile architecte jouiffoit de la plus brillante réputation parmi les grands maîtres de l'art, lorfque la mort l'enleva l'an 1762, après une faignée légérement demandée.

VULCAIN, *ou* MULCIBER, Dieu du Feu, fils de *Jupiter* & de *Junon*. Comme il étoit extrêmement laid & malfait, auffi-tôt qu'il fut né, *Jupiter* lui donna un coup de pied,

& le jetta du haut en bas du ciel. *Vulcain* fe caffa la jambe en tombant. Cet accident le rendit boiteux; mais il ne l'empêcha pas d'époufer *Vénus*, qui ne lui fut guère fidelle. *Vulcain* fut le forgeron des Dieux : il fourniffoit des foudres à *Jupiter*, des armes à *Mars*, & tenoit fes forges dans les ifles de Lypare, de Lemnos, & au fond du Mont-Ethna. Les *Cyclopes*, fes forgerons, qui n'avoient qu'un œil au milieu du front, travailloient continuellement fous lui. (*Voy.* MARS, VENUS & JUNON.)

VULCANIUS, (Bonaventure) né à Bruges, & mort en 1614, âgé de 77 ans, à Leyde où il étoit profeffeur de Grec, fut un affez bon littérateur pour fon tems. Il fe laiffa entraîner par les erreurs du Luthéranifme, & il employa quelquefois fa plume contre l'Eglife Catholique. Ses principaux ouvrages font : I. Une verfion médiocre de *Callimaque*, de *Mofchus* & de *Bion*, in-12. II. Une bonne édition d'*Arrien*, qui a été enfuite corrigée & augmentée par *Nicolas Blanchard*; c'eft celle qui eft connue fous le nom de *Variorum*. III. Une édition d'*Agathias* le Scholaftique, fur le règne & la vie de *Juftinien*, avec un bon commentaire : elle a été imprimée au Louvre en 1660, in-fol.

VULSON, (Marc de) fleur de la *Colombière*, de la religion Prétendue-réformée, & gentilhomme de la chambre du roi, mourut en 1658. Ayant un jour furpris fa femme en adultère, il la tua elle & fon galant; puis il vint en pofte à Paris folliciter fa grace, qu'il obtint. Cet événement arriva à Grenoble en 1618. Depuis, on menaçoit dans cette ville les femmes coquettes de la *Vulfonade*. Ses ouvrages font : I. *La Science héroïque, traitant de la Nobleffe, de l'ori-*

gine des Armes, &c. in-fol. Paris, chez *Cramoify*, 1644. Cet ouvrage fut augmenté & réimprimé dans la même ville en 1669. C'eſt la plus belle & la meilleure édition de ce livre, l'un des plus ſavans que nous ayons pour la ſcience du Blaſon. II. *Recueil de pluſieurs Piéces & figuies d'Armoiries*, in-fol. Paris 1689. III. *Le Théâtre d'honneur & de Chevalerie*, ou *le Miroir hiſtorique de la Nobleſſe*, contenant les combats, les triomphes, les tournois, les joûtes, les armes, les carrouſels, *les courſes de bagues, les gages des batailles, les cartels, les duels, les dégradations de Nobleſſe*, &c. Paris, 1648, 2 vol. in - folio : ouvrage curieux & très-utile pour connoître le cérémonial de l'ancienne Chevalerie, & pour l'intelligence de nos vieux Romans.

VULTURNE, Vent qu'on croit être le même qu'*Eurus*. C'étoit auſſi le nom d'un Dieu adoré à Rome, en l'honneur de qui il y avoit des fêtes qu'on nommoit *Vulturnales*.

W

WACE, *ou* WAICE, (Robert) poëte François, de l'iſle de Gerſei, fut clerc de la chapelle d'*Henri II*, roi d'Angleterre, & chanoine de Bayeux. Il vivoit vers le milieu du douziéme ſiécle. Il eſt auteur du Roman de *Rou & des Ducs de Normandie*, écrit en vers françois. Ce livre eſt utile pour connoître les uſages, la propriété & la ſignification de beaucoup de termes, enfin pour certains faits hiſtoriques de ſon tems. Il eſt manuſcrit dans la Bibliothèque du roi de France, ſous le titre ci-deſſus déſigné ; & dans celle du roi de la Grande-Bretagne, ſous le titre de *Roman des Rois d'Angleterre*. (Voyez *Bibliotheca Bibliothec. Mſſ.* de Dom de *Montfaucon*, tom. I. pag. 627.)

I. WADING, (Pierre) naquit à Waterford en Irlande en 1586, & ſe fit Jéſuite à Tournai en 1601. Il enſeigna la théologie, partie à Prague, partie à Louvain, pendant 16 ans ; & fut chancelier des univerſités de Prague & de Gratz en Ştyrie. Il vécut long-tems en Bohême, & en d'autres lieux des pays héréditaires de l'empereur, & par-tout ſon ſavoir & ſa piété lui attirèrent une vénération ſinguliére. Il mourut à Gratz en 1644, laiſſant divers ouvrages en latin.

II. WADING, (Luc de) Cordelier Irlandois, mort à Rome en 1655, eſt auteur : I. Des *Annales* de ſon Ordre, dont la meilleure édit. eſt celle de Rome, 1731, & années ſuiv. en 17 vol. in - fol. II. De la *Bibliothèque des Ecrivains qui ont été Cordeliers*, 1650, in-fol. parmi leſquels on en trouve pluſieurs qui n'ont pas porté l'habit de *St François*. Cet ouvrage eſt cependant utile, ainſi que ſes *Annales*, quoiqu'on reproche quelques fautes à l'auteur. L'enthouſiaſme pour ſon ordre lui a fait répéter pluſieurs fables, dignes des ſiécles d'ignorance. Il avoit plus de piété que de critique. Le Pere *Caſtel*, Récollet, a donné un aſſez bon Abrégé des *Annales*, en 4 vol. Le P. *François Harold*, Cordelier, avoit déja donné une Continuation & un Abrégé de cet ouvrage, en 2 v. in-f. Le même écrivain a continué & corrigé la *Biblioth.* de *Wading.*

WAGENSEIL, (Jean-Chriſtophe) né à Nuremberg en 1633, fut choiſi pour gouverneur de quelques gentilshommes. Il voyagea avec eux en France, en Eſpagne, dans les Pays-Bas, en Angleterre & en Allemagne, & partout il ſe fit des amis zélés. *Louis XIV* lui donna, en diverſes occaſions, des marques de ſon eſtime, & lui fit trois préſens conſidérables. De retour en Allemagne, il devint profeſſeur en hiſtoire, en droit & en langues Orientales à Altorf, & bibliothécaire de l'univerſité de cette ville. On a ſa *Vie*, imprimée à Nuremberg, 1719, in-4°. Ses principaux ouvrages ſont : I. Un Traité plein de recherches : *De Urbe Noriberga*, in-4°. II. *Péra Librorum juvenilium*, in-12 : c'eſt un Cours d'Etude pour les Enfans. III. *Tela ignea Satanæ*, Amſterdam 1681, en 2 vol. in-4°. C'eſt un recueil des ouvrages des Juifs contre le Chriſtianiſme, avec la réfutation ; il eſt curieux & utile. Ce ſavant mourut en 1705, à 72 ans.

WAGSTAFFE, (Thomas) chancelier de l'Egliſe cathédrale de Lichfield, & habile médecin Anglois, né en 1645, mort en 1712, devint ſuffragant d'Ipſwich. On a de lui pluſieurs ouvrages eſtimés des Anglois.

WAICE, *Voyez* WACE.

WAKE, (Guillaume) archevêque de Cantorberi, né en 1657, & mort à Lambeth en 1737, eſt connu par divers *Sermons*, & par pluſieurs *Ecrits* de controverſe contre *Boſſuet.* Cet auteur avoit du ſavoir & du zèle.

WALÆUS, (Antoine) né à Gand en 1573, d'une famille illuſtre dans la magiſtrature, mort en 1639, parcourut les principales villes de France, de Suiſſe & d'Al-

lemagne. De retour en Hollande, il y fut paſteur en divers lieux. Il ſe déclara en faveur des *Contre-Remontrans*, & obtint une chaire de profeſſeur de théologie à Leyde. On a de lui pluſieurs ouvrages de théologie & de controverſe. C'eſt lui qui a fait la plus grande partie de la *Traduction* Flamande de la *Bible*; qui fut entrepriſe par ordre des Etats, & qui parut pour la 1ʳᵉ fois en 1637. Preſque tout le Nouveau-Teſtament eſt de la traduction de *Walæus.* On a encore de lui, *Compendium Ethicæ Ariſtotelicæ*, Leyde 1636, in-12.

WALDEMAR, (Marguerite de) *Voyez* MARGUERITE, n° II.

WALDENSIS, (Thomas) *Voyez* NETTER.

WALEMBOURG, WALEMBURCH, *ou* VALEMBOURG, (les freres *Adrien* & *Pierre* de) naquirent à Rotterdam de parens Catholiques. Après avoir pris des dégrés à Paris, ils ſe rendirent à Duſſeldorp, où ils s'appliquérent avec ardeur à l'étude des controverſes. Leur mérite les fit appeller à Cologne. *Adrien*, l'aîné des deux, fut nommé chanoine de l'Egliſe métropolitaine, puis ſacré évêque d'Andrinople pour être ſuffragant de Cologne. A l'égard de *Pierre*, après avoir été le compagnon inſéparable de ſon frere *Adrien*, il le quitta pour aller à Mayence, où il fut fait chanoine & doyen de *St Pierre*, & ſuffragant de cette ville, ſous le titre d'*Evêque de Myſie.* Mais dans la ſuite les infirmités de ſon frere l'obligérent de retourner à Cologne, & d'y exercer les fonctions de ſuffragant à ſa place. *Adrien* mourut à Cologne le 11 Septembre 1669, après avoir mis en ordre le 1ᵉʳ volume de leur important ouvrage. *Pierre* en acheva l'édition, qui parut à

Cologne en 1670, en 2 vol. in-fol. Il fe difpofoit à donner au public 5 autres *Traités* importans, lorfqu'il mourut le 21 Décembre 1675. Ces deux freres, également illuftres par leur piété exemplaire, par leur favoir & par leur union, fondérent fix bourfes à Cologne pour de jeunes Hollandois qu'on jugeroit capables de faire des études folides. *Les deux vol. de leurs Controverfes font dignes*, dit Arnauld, *d'être entre les mains de tous ceux qui étudient la Théologie*. Cet ouvrage eft peu commun, fur-tout avec la *Regula Fidei*, qui doit fe trouver à la fin du fecond volume, & qui y manque quelquefois. On en a un excellent Abrégé fait par eux-mêmes, imprimé à Cologne en 1682, in-12, & réimpr. en 1768.

WALLAFRIDE-STRABON, Bénédictin du IX° fiécle, fut élevé dans le monaftére de Fulde, fous la difcipline d'*Hincmar*. Il devint enfuite abbé de Richenoue dans le diocèfe de Conftance. Sa piété exemplaire & fon favoir profond lui conciliérent l'eftime générale. Les principaux ouvrages qui nous reftent de lui, font : *De Officiis divinis*, feu *De exordiis & incremenis rerum Ecclefiafticarum*. On le trouve dans la Bibliothèque des Peres & autres Recueils. II. *Poemata*, dans le *Canifius* de *Bafnage*, impr. féparément en 1604, in-4°. III. *Gloffa ordinaria in facram Scripturam*, Paris 1590, 7 vol. in-folio; Anvers 1634, 6 vol. in-fol. Ces ouvrages font fort utiles, du moins le premier, pour connoître l'ancienne difcipline de l'Eglife. Il mourut vers l'an 849.

WALLER, (Edmond) naquit en 1605, d'une famille de Buckinghamshire, qui lui laiffa 60,000 liv. de rente. Il fut élevé à Cambridge, & fit paroître de bonne heu-re beaucoup de goût pour les bons écrivains d'Athènes & de Rome. Les talens que la nature lui avoit donnés pour la poëfie, l'ayant fait connoître à la cour, *Charles I* lui fit un accueil favorable. Il s'attacha à ce prince, & entra, en 1643, dans le deffein de réduire la ville & la Tour de Londres en fon pouvoir; mais ce deffein ayant été découvert, il fut mis en prifon & condamné à une groffe amende. Dès qu'il eut obtenu fa liberté, il paffa en France, où, dans le fein des Mufes & loin des orages, il coula des jours héureux pendant plufieurs années. De retour en Angleterre, il flatta le Protecteur & en fut très-bien accueilli. *Charles II* ne lui marqua pas moins de confidération. St-Evremont, la ducheffe de *Mazarin*, & ce que la cour avoit alors de plus poli & de plus ingénieux, fe fit un plaifir d'être lié avec lui. Cet *Anacréon* d'Angleterre mourut en 1687, avec une grande réputation de probité. Mais s'il avoit des fentimens d'honneur, il n'avoit pas l'ame forte ; il changeoit de façon de penfer felon les tems & les circonftances. Il eft peu de poëtes qui aient autant flatté leurs fouverains. Ce défaut eft d'autant plus remarquable en lui, qu'il n'en eft peut-être point qui aient vécu fous tant de princes différens. Dans fes ouvrages, *Jacques I* eft le plus grand des rois ; *Charles I*, fon fils, lui fuccède à peine, qu'il l'efface ; *Cromwel* eft encore plus grand qu'aucun d'eux. *Charles II* eft-il rétabli fur le trône ? Il éclipfe le Protecteur, & eft lui-même éclipfé par *Jacques II* fon frere. *Waller* avoit fait un Eloge funèbre de *Cromwel*, qui avec fes défauts paffe pour un chef-d'œuvre. *Charles II*, qu'il avoit loué dans une piéce faite exprès, lui reprocha qu'il avoit mieux fait pour *Cromwel. Waller* répondit : *SIRE , nous autres Poëtes, nous réuſſiſſons mieux dans les fictions que dans les vérités...* ¿Les ouvrages de *Waller* ne roulent preſque que ſur l'amour & le plaiſir. Il fit cependant, ſur la fin de ſa vie, qui fut très-longue, un *Poëme ſur l'Amour divin* en VI chants, & quelques autres Poëſies pieuſes. Au milieu même de la cour libertine de *Charles II*, il s'éleva avec force contre le duc de *Buckingham* qui prêchoit l'Athéiſme : *Milord ,* (lui dit-il un jour) *je ſuis beaucoup plus âgé que vous , & je crois avoir entendu plus d'argumens en faveur de l'Athéiſme que vous ; mais j'ai vécu aſſez long-tems pour reconnoître qu'ils ne ſignifioient rien , & j'eſpére qu'il en arrivera autant à Votre Grandeur.* Il n'a écrit qu'en anglois : il eut à-peu-près à Londres la même réputation que *Voiture* eut à Paris, & il la méritoit mieux ; mais il n'étoit pas encore parfait. Ses ouvrages galans reſpirent les graces ; mais la négligence les fait languir , & ſouvent des penſées fauſſes les défigurent. On avoue cependant que c'eſt le premier des poëtes Anglois qui ait conſulté l'harmonie dans l'arrangement des mots , & la raiſon dans le choix des idées. Ses *Poéſies* ont été recueillies en 1730 , in-12.

WALLIS, (Jean) né en 1616 à Ashford, dans la province de Kent, fut d'abord miniſtre de l'Egliſe de *St Martin ,* puis d'une autre Egliſe à Londres. Son talent pour les mathématiques lui procura , en 1649 , la chaire de profeſſeur en géométrie à Oxford , & 8 ans après , la charge de garde des archives. Il fut l'un des premiers membres de la ſociété royale de Londres , à l'établiſſement de laquelle il contribua beaucoup. Il réſolut les pro-

blêmes propoſés par *Paſcal* ſur la cycloïde, & s'il n'eut pas les 40 piſtoles que ce célèbre mathématicien avoit promiſes à celui qui les réſoudroit, ce fut parce qu'il ne s'aſſujettit pas, dans l'envoi de ſa ſolution, aux conditions preſcrites. Il ſe ſignala par d'autres découvertes ; il détermina la viteſſe que reçoivent les corps par le choc ; il détermina encore le centre d'oſcillation ; il donna une méthode d'approximation , & paſſant à des connoiſſances encore plus relatives à l'homme, il apprit à parler à pluſieurs ſourds & muets. *Wallis* s'appliqua auſſi à l'art de déchiffrer les Lettres écrites en chiffrés , pour lequel il avoit un talent particulier. L'électeur de Brandebourg, auquel il avoit été utile en ce genre, lui envoya par reconnoiſſance, en 1693, une chaîne d'or avec une médaille. Cet illuſtre mathématicien mourut à Oxford en 1703 , à 87 ans. Il jouit , pendant ſa longue vie , d'une ſanté vigoureuſe & d'un eſprit ferme que rien ne troubloit. Ses ouvrages ont été recueillis à Oxford, 1695 à 1699, en 3 vol. in-f. Les principaux ſont : I. *Arithmetica.* II. *De Sectionibus conicis.* III. *Arithmetica Infinitorum.* Cette production ingénieuſe a conduit aux plus belles découvertes de géométrie. IV. Pluſieurs *Traités de Théologie ,* les plus foibles de ſes écrits. V. Des éditions d'*Archimède ,* de l'*Harmonie* de *Ptolomée ;* du *Traité* de la diſtance du Soleil & de la Lune, par *Ariſtarque* de Samos; des *Commentaires* de *Porphire* ſur l'Harmonie, &c. VI. Une *Grammaire* Angloiſe. VII. Divers *Ecrits* contre *Hobbes.* Ce ſavant embraſſa trop d'objets, & il n'eut une réputation juſtement méritée que dans les mathématiques.

WALLIUS , (Jacques) Jéſuite Flamand, né à Courtrai en 1599, mort vers l'an 1680, se diſtingua par ſes Poëſies latines. On y remarque beaucoup de facilité, un ſtyle pur & élégant, des penſées nobles & bien exprimées. On a recueilli ſes ouvrages en un vol. in-12. Il a compoſé des *Piéces* héroïques ; des *Paraphraſes* en vers hexamètres ſur *Horace*, des *Elégies*, des *Odes*, &c.

WALPOLE , (Robert) connu ſous le nom de Comte d'*Oxford* & pair de là Grande-Bretagne , fut miniſtre principal d'Angleterre ſous les rois *George I* & *George II*. Forcé, au commencement de la guerre de 1741 de ſe démettre de ſes emplois, parce qu'il avoit été pacifique , il mourut en Mars 1745 , à 61 ans. Ses plus grands ennemis convenoient que jamais miniſtre n'avoit mieux remué ces grandes compagnies de commerce , qui font la baſe du crédit des Anglois, ni mieux ménagé les parlemens. Mais ſes plus grands amis étoient forcés d'avouer, que perſonne avant lui ne s'étoit plus ſervi de l'argent de la nation pour gouverner le parlement. Il ne s'en cachoit pas, & on lui a entendu dire: *Il y a une drogue avec laquelle on adoucit toutes les mauvaiſes humeurs ; elle ne ſe vend ici que dans ma boutique.* Ces paroles , qui ne ſont ni d'un eſprit , ni d'un ſtyle élevé, exprimoient ſon caraĉtére. La guerre n'avoit jamais été de ſon goût ; il avoit toujours penſé qu'elle ſeroit l'écueil de ſa fortune. *Je ré-pons*, diſoit - il , *de gouverner un Parlement en tems de paix* ; *je n'en répons pas en tems de guerre.* Le cardinal de Fleury avoit ſouvent profité de cette crainte , & conſervé la ſupériorité dans les négociations : c'é-toit ce que le parti ennemi de *Ro-bert Walpole* lui reprochoit. On ne ceſſoit encore de ſe plaindre des délais qu'il avoit mis à déclarer la

guerre à l'Eſpagne. Le miniſtre *Walpole* , qui s'étoit ſoutenu 20 ans contre tant d'ennemis , vit qu'il étoit tems de céder. Le roi le fit Pair de la Grande-Bretagne , ſous le nom de *Comte d'Oxford* , & trois jours après il ſe démit de tous ſes emplois. On le pourſuivit alors juridiquement. On lui demanda compte d'environ 30 millions de nos livres, dépenſées pendant dix ans pour le ſervice ſecret , parmi leſq. on comptoit 1200 mille francs donnés aux écrivains des Gazettes, ou à ceux qui avoient employé leur plume en faveur du miniſtre. Le roi , outragé par cette accuſation, l'éluda en prorogeant le parlement, c'eſt-à-dire, en ſuſpendant ſes ſéances. *Walpole*, à l'abri de l'orage , paſſa ſes derniers jours dans une retraite honorable , & emporta les regrets de ſes amis. On a publié depuis peu l'*Hiſtoire* de ſon miniſtére.

WALSH, (Guillaume) poëte Anglois, mort âgé de 49 ans, en 1708, apprit au célèbre *Pope* l'art de la verſification. On remarque dans ſes ouvrages beaucoup d'exactitude , jointe à un air libre & négligé , qui donne à ſa poëſie une grace & une douceur ſinguliére. C'eſt le jugement qu'en porte l'abbé *du Reſnel*, dans ſes notes ſur le Poëme de l'*Eſſai ſur la Critique*, par *Pope*. Nous avons deux *Odes* de *Walsh*, traduites en françois, par M. l'abbé *Yart* dans ſon *Idée de la Poëſie Angloiſe*, Paris 1749, 8 vol. in-12. Il y a eu un fameux Socinien Anglois , du parti des *Wighs* , qui portoit le même nom.

I. WALSINGHAM, (Jean) théologien Anglois, mort à Avignon en 1330 , entra dans l'ordre des Carmes , après avoir profeſſé en Sorbonne. On a de lui un Traité çn latin *De la PuiſſanceEccléſiaſtique* contre *Occham*. Ce fut par l'ordre de *Jean XXII* qu'il le compofa.

II. WALSINGHAM, (Thomas) Bénédiétin Anglois du monaftére de St-Alban vers 1440, fut hiftoriographe du roi. On a de lui l'*Hiftoire de Henri VI*, & d'autres ouvrages hiftoriques, dans lefquels on voit qu'il avoit recherché avec foin les antiquités de fon pays. On les trouve dans le Recueil des Hiftoriens Anglois de *Savill*; & féparément, Londres 1574, in-fol.

III. WALSINGHAM, (François) d'une ancienne famille d'Angleterre, ajoûta aux connoiffances qu'on puife dans les colléges, celles qu'on acquiert par les voyages. La reine *Elizabeth* l'envoya 2 fois en France, en qualité d'ambaffadeur. Il eut la douleur d'être témoin, dans fon 1ᵉʳ voyage, du maffacre de la *St-Barthélemi*, & manqua lui-même de s'y trouver envelopé. Il s'acquitta fi bien de fa double ambaffade, que la reine le fit fecrétaire-d'état. *Walfingham* fervit beaucoup à affermir cette princeffe fur le trône, par fes intelligences dans les cours étrangères. Il l'avertit de l'entreprife des Efpagnols 2 ans avant qu'elle n'éclatât. Il trouva moyen de tirer du cabinet du pape la copie de la lettre par laquelle *Philippe II*, roi d'Efpagne, lui confioit le fecret de ce fameux deffein. C'étoit, en un mot, (dit un auteur) le cardinal de *Richelieu* de la reine *Elizabeth*. Il entretint jufqu'à 53 agens & 18 efpions dans les cours étrangères; il en fut toujours fervi éxaétement & avec fidélité. Mais avec de fi grandes qualités, il eut le malheur d'être oppofé aux Catholiques, & de jetter en Angleterre les fondemens du gouvernement Proteftant. Il eut auffi beaucoup de part aux guerres des Pays-Bas, & fit par ce moyen une grande

diverfion des forces des Efpagnols. Ses fervices ne purent empêcher fa chute; il fut difgracié & obligé de fe retirer. Lorfqu'il mourut en 1590, il étoit réduit à une telle pauvreté, qu'à fa bibliothèque près, à peine fe trouva-t-il de quoi faire fes funérailles. Ce miniftre étoit pour la Politique, ce que *Cecill* étoit pour l'Hiftoire. Le principal de fes ouvrages a été traduit en françois fous le titre de *Mémoires & Inftruétions pour les Ambaffadeurs*, 4 vol. in-12, à Amfterdam, en 1725. Le traduéteur *Bonlefteis* de *la Contie* en fait un grand éloge, & les place, avec raifon, à côté des Lettres du cardinal d'*Offat*. On a traduit auffi fes *Maximes politiques*, ou le *Secret des Cours*, Lyon, 1695, in-12. Ce Secret des Cours n'en eft plus un aujourdhui, & fon livre eft du nombre de ceux que le tems a rendus inutiles.

WALSTEIN, (Albert) baron de Bohême, duc de Fridland, naquit en 1584 d'une ancienne maifon. Son averfion pour l'étude le fit placer, en qualité de page, chez le marquis de *Burgaw*, fils de l'archiduc *Ferdinand* d'Infpruck. Après avoir demeuré quelque tems chez ce prince, il embraffa la religion Catholique, & voyagea en Efpagne, en France, en Angleterre & en Italie. Arrivé à Padoue, il y prit du goût pour l'étude, & il s'y appliqua fur-tout à la politique & à l'aftrologie. De retour dans fa patrie, il plut à l'archiduc *Ferdinand*, qui le fit colonel des milices de Poméranie. Les troubles de Bohême étant furvenus, il s'offrit à l'empereur avec une armée de 3000 hommes, à condition qu'il la commanderoit. Le nouveau général fubjugua le diocèfe d'Halberftad & l'évêché de Hall. Il ravagea les terres de Magdebourg & d'Anhalt, défit

Mans-

Mansfeld en deux batailles, réprit toute la Siléfie, vainquit le marquis d'*Urlach*, conquit l'archevêché de Brême & l'Holface, se rendit maître de tout ce qui éft entre l'Océan, la Mer Baltique & l'Elbe, & chaffa de la Poméranie le roi de Danemarck, auquel il ne laiffa que Glukftad. Ses conquêtes ayant fait conclure le traité de Lubeck, l'empereur l'en récompenfa par les titres & la dépouille du duc de *Meckelbourg*, qui s'étoit révolté. Le premier foin de *Walftein* fut de faire rentrer dans fes états les biens eccléfiaftiques enlevés par les Proteftans, qui redoutant fon courage, appellérent à leur fecours *Guftave-Adolphe*, roi de Suède. Cette démarche intimida tellement l'empereur, qu'il accorda la dépofition de *Walftein*, & n'oppofa à *Guftave* que le feul *Tilly*. Ce général ayant été battu par les Suédois à Leipfick, le vainqueur pénétra dans l'Allemagne comme un torrent. L'empereur allarmé rappella *Walftein*, auquel il donna la qualité de généraliffime. Ce héros entra alors en lice avec le roi de Suède; il le battit & en fut battu, lui enleva prefque toute la Bohême par la prife de Prague. Son courage ne put empêcher cependant la perte de la bataille de Lutzen, donnée le 15 Novembre 1632. Les Suédois remportèrent une victoire complette, & *Walftein* fut obligé de fe retirer en Bohême. Ce héros, las de combattre pour un empereur qui étoit toujours en défiance de fes généraux, s'occupa du projet de fe rendre indépendant. On prétend qu'il négocioit, à la fois, avec les princes Proteftans, avec la Suède & la France; mais ces intrigues, dont on l'accufa, ne furent jamais manifeftes. La confpiration de *Walftein* eft au rang des hiftoires

reçues, & on ignore abfolument quelle étoit cette confpiration. Son véritable crime étoit d'attacher fon armée à fa perfonne, & de vouloir s'en rendre le maître abfolu : le tems & les occafions euffent fait le refte. L'empereur, qui craignoit l'exécution de fes deffeins, le déclara déchu de tout fon pouvoir, & donna le commandement à *Galas. Walftein*, allarmé par cette nouvelle, fe fit prêter à Pilfen le ferment de fidélité par les officiers de fes troupes, le 12 Janvier 1634. Ce ferment confiftoit à promettre de défendre fa perfonne & de s'attacher à fa fortune. Quoique cette démarche pût fe juftifier par les amples pouvoirs que l'empereur avoit donnés à *Walftein*; elle devoit alarmer le confeil de Vienne. *Walftein* avoit contre lui, dans cette cour, le parti d'Efpagne & le parti Bavarois. *Ferdinand* prend la réfolution de faire affaffiner ce général & fes principaux amis. On charge de ce meurtre *Butler*, Irlandois, à qui *Walftein* avoit donné un régiment de Dragons; un Ecoffois, nommé *Lafcy*, qui étoit le capitaine de fes gardes; & un autre Ecoffois, nommé *Gordon*. Ces trois étrangers ayant reçu leur commiffion dans Egra, où *Walftein* étoit alors, font égorger d'abord dans un fouper 4 Officiers, qui étoient les principaux amis du duc; & à l'inftant ils montent à l'appartement de *Walftein*, dont ils enfoncent la porte. Ils le trouvent en chemife, & comme la hauteur de l'étage où il étoit, ne lui avoit pas permis de fe jetter par la fenêtre; on le tua d'un coup de pertuifane, le 15 Févr. 1634. Ce meurtre d'un héros, le feul homme qui pût rétablir les armes & le trône de *Ferdinand*, ne fit qu'aigrir davantage les efprits en Bohême & en Siléfie. Les Bohémiens né

C c c

remuérent pas, parce qu'on fut les contenir par une armée ; mais les Siléfiens fe révoltèrent & s'unirent aux Suédois. *Voy.* SARASIN (J. F.)

I. „WALTHER , (N.) célèbre mathématicien , qui floriffoit au commencement du xv 1e fiécle , paffé pour l'auteur de la .découverte de la *Réfraction Aftronomique* ; & cette découverte lui a mérité un rang parmi ceux qui ont cultivé les fciences exactes. C'étoit un riche citoyen de Nuremberg , qui n'étoit qu'amateur ; mais qui devint aftronome par l'exemple de *Regio - Montan*. Il fut touché de fon zèle & de fon ardeur pour les progrès des connoiffances humaines. Il le feconda dans fes obfervations aftronomiques ; & lorfqu'il partit pour Rome, il continua à obferver pendant plus de 30 ans. Les inftrumens dont il fe fervoit étoient fort beaux, & il faifoit ufage, pour mefurer le tems, d'une efpèce d'horloge qui marquoit furtout l'heure du midi très-exactement. Ses foins & fon affiduité au travail lui valurent une découverte ; ce fut la Réfraction de la lumière & des aftres à travers l'atmofphére. Deux mathématiciens avoient déja écrit fur cet écart de la lumière ; mais *Walther* ne connoiffoit point ces écrits. On ne fait à quel âge mourut cet homme de mérite. Ce n'étoit point un mathématicien du premier ordre ; mais perfonne n'a peut-être eu autant de zèle que lui pour l'aftronomie. Après la mort de *Regio-Montan* , il acheta tous fes papiers & fes inftrumens. On s'attendoit qu'il rendroit publics les Ecrits de cet illuftre mathématicien ; mais il en étoit fi jaloux , qu'il ne vouloit les faire voir à perfonne , & ce ne fut qu'après fa mort que ces écrits furent imprimés.

II. WALTHER , (Michel) né à Nuremberg en 1596 , fut profeffeur à Helmftad ,& prédicateur de la ducheffe - douairiéré de *Brunfwick-Lunebourg*. Après la mort de cette princeffe , le comte d'*Ooft-Frife* l'appella à fa cour , pour remplir la place de furintendant général & de prem. prédicateur. Ce favant , mort en 1662, laiffa .plufieurs ouvrages : I. *Harmonia Biblica* , réimprimée pour la 7e fois en 1654 , à Nuremberg, in-4°. II. *Officina Biblica*, 1668 , in-4°. Il y a traité de l'Ecriture-fainte en général , & en particulier de chaque livre canonique & apocryphe. III. *Mofaica Poftilla*. IV. *Mifcellanea Theologica*. V. *Commentarius in Epiftolam ad Hebræos*. VI. *Exercitationes Biblicæ* , 1638 , in-4°. Les différentes difficultés qui peuvent naître fur les Livresfaints font applanies dans ces ouvrages , où le favoir n'eft pas toujours bien ménagé.

III. WALTHER , (Michel) fils du précédent, né le 3 Mars 1638, docteur en théologie à Wittemberg , & profeffeur de mathématiques & de théologie , a compofé plufieurs *Ouvrages* fur les matiéres qu'il profeffoit.

IV. WALTHER , (George-Chriftophe) directeur de la chancellerie de Rofembourg , fa patrie, né en 1601 , mourut en 1656 ; après avoir publié une *Méthode* latine *pour apprendre le Droit* , & quelques autres ouvrages peu connus.

V. WALTHER , Chriftophe-Théodofe) né à Schildberg en 1699 , fut envoyé en qualité de Miffionnaire dans le Tranquebar , vers l'an 1720. Il en revint en 1740. On a de lui *Doctrina temporum Indica*, dans *Hiftoria regni Bactriani* de *Bayer*, Petropoli 1738, in-4°.

fit imprimer à Tranquebar une *Hiſtoire ſacrée* en langue Malabare. Sa ſanté étoit très-dérangée lorſqu'il quitta ce pays. Il mourut peu de tems après à Dreſde, en 1741.

WALTON, (Briand) évêque de Cheſter en Angleterre, mort en 1661, étoit un prélat auſſi ſavant que modéré. Il s'eſt immortaliſé par l'édition de la Bible en pluſieurs langues, connue ſous le nom de *Polyglotte* d'Angleterre, Londres 1657, & années ſuivantes, 6 vol. in-fol. Quoïque pluſieurs autres ſavans y aient travaillé avec lui, on ne laiſſe pas de lui attribuer ce grand ouvrage, à la tête duquel on a mis ſon nom & même ſon portrait. Outre le grand nombre de verſions orientales qui ſont dans ce Recueil, & qui étoient déja dans la grande Bible de *le Jay*, il y a au commencement des Diſſertations ſur toutes ces Bibles ; c'eſt ce qu'on appelle ordinairement les *Prolégomènes* de *Walton*. Ils ont été imprimés ſéparément à Zurich, en 1673. On en a donné à Lyon une *Traduction* libre & abrégée, in-8° ; elle fourmille de fautes. On joint quelquefois à ſa *Polyglotte*, le *Lexicon Heptaglotton* de *Caſtell*, 1686, 2 vol. in-fol.

. WAMBA, *Voyez* BAMBA.

WAMELE, (Jean) jurifconſulte de Liége, enſeigna le droit à Louvain avec réputation. Il mourut en 1590, à 66 ans. Don *Juan d'Autriche* voulut l'attirer dans le conſeil-d'état ; mais ce ſavant préféra à tout, le repos de la vie privée & les douceurs du cabinet. On a de lui des *Remarques* curieuſes ſur divers titres de l'un & de l'autre Droit.

WANBROUCK, (N.) poëte comique Anglois, mourut vers 1705.

Il y a beaucoup de plaiſanteries & de ſaillies dans ſes *Comédies* ; mais il y a peu de ces traits fins & délicats, qui font, s'il eſt permis de s'exprimer ainſi, ſourire l'eſprit en le ſurprenant agréablement. Ce poëte fit en France un voyage, pendant lequel il fut mis à la Baſtille. On n'a jamais ſu le ſujet de ſa diſgrace. *Wanbrouck* ſe mêloit auſſi d'architecture ; mais il bâtiſſoit avec autant de groſſiéreté, qu'il écrivoit avec élégance. Le château de Bleinheim, qu'il a bâti en mémoire de la fameuſe bataille d'Hochſter, ne fait point honneur à ſon goût. Si les appartemens étoient, a-t on dit, auſſi larges que les murailles ſont épaiſſes, alors ce Château ſeroit commode. Ses *Œuvres Poëtiques* ont été imprimées à Londres, 1730, 2 vol. in-12.

WANDELBERT, diacre & moine de l'abbaye de Prum, ſous l'empire de *Lothaire*. Son *Martyrologe* en vers héroïques, imprimé avec celui d'*Uſuard*, Louvain 1568, in-8°, offre plus de faits que de poéſie.

WANLEY, (Humfroi) né à Cowentry, mort en 1726, à 55 ans, parcourut les différentes bibliothèques d'Angleterre, pour y rechercher les livres d'anciennes langues Septentrionales. Il en a fait le Catalogue dans *Antiqua Litteratura Septentrionalis*, à Oxford, 1703 & 1705, 6 parties in-fol.

WANSLEB, (Jean-Michel) né à Erford en Thuringe l'an 1635, de parens Luthériens, fut diſciple de *Ludolf*, & devint habile dans la langue Ethiopienne. Le duc de *Saxe-Gotha* l'envoya en Egypte & en Ethiopie, pour examiner les dogmes & les rits de ces pays-là. *Wanſleb*, les ayant trouvés conformes à ceux de l'Eglife Romaine, alla à Rome en 1665, renonça à l'héréfie, & fe fit Dominicain. Son goût pour les voyages l'ayant amené à Paris en 1670, *Colbert* le renvoya en Egypte pour y faire de nouvelles découvertes. Cette courfe procura à la bibliothèque du roi 334 Manufcrits Arabes, Turcs & Perfans. De retour à Paris, il fe vit réduit à être vicaire d'une paroiffe près de Fontainebleau, où il mourut en 1679. Ce favant auroit pu obtenir des chaires & la mitre même; mais fa mauvaife conduite l'éloigna de tous les emplois que lui méritoit fon profond favoir. Si *Ludolf* fut fon maître pour la langue Ethiopienne, il auroit pu être fon difciple pour bien d'autres chofes. On a de lui : I. Une *Hiftoire de l'Eglife d'Alexandrie*, in-12. II. Une *Relation* de l'Etat de l'Egypte, in-12. III. Une *Defcription* de fon fecond Voyage, in-12. Tous ces ouvrages fatisfont également la curiofité du lecteur ordinaire & celle du favant.

WARD, (Seth) habile mathématicien Anglois, né à Buntington dans le Herefordshire, en 1617, devint fucceffivement profeffeur d'aftronomie, chantre, doyen & évêque d'Excefter, d'où il fut transféré l'an 1667 à l'évêché de Salisburi, où il effuya quelques tracafferies. Il mourut à Londres en 1689, dans fa 67ᵉ année, après avoir contribué à l'établiffement de la fociété royale de cette ville. Il étoit grand politique & théologien médiocre. Son goût pour les mathématiques le fit pénétrer bien avant dans cette fcience. Il donna une Méthode d'approximation qui fut applaudie. Il réuffit moins dans fes autres études. Il eft auteur : I. De quelques Ecrits contre *Hobbes*, Oxford 1656,

in-8°. II. D'un *Traité des Comètes.* III. D'une *Trigonométrie*, Oxford 1654, in-fol. IV. De *Sermons* en anglois, Londres 1670, in-4°.

WARÉ, (Jacques) chevalier de la Jarretiére, mort à Dublin fa patrie en 1667, aimé & eftimé, laiffa : I. Un *Traité des Ecrivains d'Irlande*, en latin, imprimé à Dublin en 1639, in-4°. Ce petit livre eft utile aux Bibliographes; mais l'auteur, peignant fes compatriotes, ne diftribue pas toujours fes éloges avec difcernement. II. Les *Annales d'Irlande*, fous les règnes d'*Henri VIII*, d'*Edouard* & de *Marie*, 1658, in-8°. en latin. III. *L'Hiftoire des Evêques d'Irlande*, 1665, in-fol. &c.

WARHAM, (Guillaume) natif d'Oakley dans le Hampshire en Angleterre, devint docteur en droit à Oxford, puis profeffeur. Son talent pour les affaires le fit envoyer, par le roi *Henri VII*, en ambaffade vers *Philippe* duc de Bourgogne. A fon retour, il fut nommé évêque de Londres, enfuite chancelier d'Angleterre, & enfin archevêque de Canterberi. Il mourut de douleur, en 1532, de voir la religion Catholique renverfée dans fa patrie.

WARIN, (Jean) fculpteur & graveur, né à Liège en 1604, entra comme page au fervice du comte de *Rocheford*, prince du St-Empire. Il fit dès fa jeuneffe fon amufement du deffin, & s'y rendit très-habile; il s'exerça auffi à la gravure & à la fculpture. Plufieurs machines très-ingénieufes qu'il inventa pour monnoyer les Médailles qu'il avoit gravées, lui firent une grande réputation. Le roi *Louis XIII* lui donna la charge de garde des Monnoies de France. Ce fut en ce tems-là que

Warin fit le Sceau de l'académie Françoife, où il a repréfenté le cardinal de *Richelieu* d'une maniére fi frappante, que cet ouvrage paffe, à jufte titre, pour un chef-d'œuvre. Ce fut encore lui qui grava les poinçons des Monnoies, lors de la converfion générale de toutes les efpèces légères d'or & d'argent, que *Louis XIII* fit faire dans tout le royaume. Ce travail mérita à *Warin* une nouvelle charge, celle de graveur général pour les Monnoies. La monnoie fabriquée pendant la minorité du roi *Louis XIV*, eft auffi de cet habile artifte ; il a de plus travaillé à quantité de Médailles eftimées. On lui doit encore des éloges pour fes ouvrages de fculpture. Il a fait deux Buftes de *Louis XIV*, & celui du cardinal de *Richelieu*, qui font dignes d'être mis en parallèle avec ce que l'antiquité nous a laiffé de mieux en ce genre. Cet artifte mourut à Paris, en 1672, du poifon que des fcélérats, à qui il avoit refufé des poinçons de monnoie, lui donnérent. Ce fut du moins alors un bruit public ; mais on ignore s'il étoit fondé. *Warin* étoit d'une avarice fordide. Ayant forcé fa fille à époufer un homme fort riche, mais boiteux, boffu & rongé par les écrouelles, elle s'empoifonna en 1651 avec du fublimé qu'elle avala dans un œuf. Si *Warin* mourut auffi de poifon, comme on le dit, on ne peut s'empêcher de reconnoître un des coups de la Providence.

WARNEFRIDE, *Voyez* XIV. PAUL, qui s'appelloit ainfi de fon nom de famille.

I. WARTHON, (Thomas) né dans le Yorckshire en 1610, mort à Londres en 1673, profeffeur en médecine dans le collège de Gref-ham, eft très-connu des médecins par fon *Adenographia*, in-8°. C'eft une defcription très-exacte des glandes maxillaires, par lefquelles la falive paffe dans la bouche.

II. WARTHON, (Henri) né à Worftéad, dans le comté de Norfolck, vers 1664, mort en 1694, fut curé de Minfter, place qu'il remplit avec zèle. Quoique très-occupé par les fonctions de fon miniftére, il a beaucoup écrit, & la plupart de fes ouvrages contiennent bien des recherches. Les principaux font : I. *Anglia Sacra*, Londres 1691, 2 vol. in-fol. C'eft une favante Hiftoire des Archevêques d'Angleterre, jufqu'en l'année 1540. La mort l'empêcha de pouffer ce bon ouvrage plus loin. II. *Hiftoria de Epifcopis & Decanis Londinenfibus & Affavenfibus, ad annum 1540*; à Londres, 1695, in-4°. III. Deux *Traités* en anglois : un pour défendre le *mariage des Prêtres*, Londres 1688, in-4°; & l'autre la *pluralité des Bénéfices*, Londres 1694, in-8°. Il plaidoit fa propre caufe, car il en avoit plufieurs. *Voy.* LAUD.

WARVICK, *V.* XI. EDOUARD... & BEAUCHAMP.

WASER, (Gafpar) antiquaire Allemand, mort en 1625, à 60 ans, fe fit connoître de fon tems par quelques ouvrages prefqu'oubliés. Le feul dont on faffe quelque mention, quoique inexact, eft intitulé : *De antiquis Nummis-Hebræorum, Chaldæorum & Syrorum, quorum fancta Biblia & Rabbinorum Scripta meminerunt*, in-4°.

WASSEBOURG, (Richard) hiftoriographe François du xvi.e fiécle, paffa la plus grande partie de fa vie à étudier notre Hiftoire, & à parcourir le royaume & les pays circonvoifins. Ses études &

C c c iij

fes voyages furent mis à profit dans les *Antiquités de la Gaule Belgique*, in-fol. Cet ouvrage; curieux & recherché , fut imprimé à Paris en 1549 ; il contient , outre les Antiquités de la Gaule Belgique', celles de France , d'Auftrafie, de Lorraine ; l'origine du Brabant , de la Flandre , &c. depuis *Jules-Céfar* jufqu'à *Henri II:* . , ; ,

WAST , (St) *Vedaflus*, évêque d'Arras , natif de Toul , inftruifit *Clovis* des principes de la religion Chrétienne , après la bataille de Tolbiac , de concert avec *S. Remi.* Il mourut faintement en 540°, pleuré de fes ouailles , qu'il avoit gouvernées avec autant de zèle que de fageffe.

WATERLAND, (Daniel) chanoine de S. Paul, archidiacre du comté de Middlefex, & chapelain ordinaire du roi d'Angleterre, s'eft fignalé par fes Ecrits contre les ennemis de la Confubftantialité du Verbe. On a de lui : I. Une *Défenfe de l'Ecriture* contre *le Chriftianifme* de *Tyndal.* II. L'*Importance du Dogme de la Trinité défendue.* III. *Differtation fur les Articles fondamentaux de la Religion Chrétienne.* Plufieurs autres ouvrages théologiques & moraux. Il fut enlevé à l'Eglife Anglicane en 1742.

WATTEAU, (Antoine) peintre , né à Valenciennes en 1684 , mort au village de Nogent près Paris en 1721, étoit mifanthrope & mélancolique ; cependant fes tableaux ne préfentent , pour l'ordinaire que des fcènes gaies & divertiffantes. Ce goût fi contradictoire avec fes mœurs, peut venir de l'habitude qu'il avoit dans fa jeuneffe d'aller deffiner , fur la place , l'efpèce de fpectacle que les charlatans donnent au peuple, pour l'affembler autour d'eux & vendre leurs marchandifes, *Watteau*

entra dans plufieurs écoles médiocres , plus capables de détruire les talens que de les perfectionner. *Claude Audran*, célèbre pour les ornemens , fut fon dernier maitre. Il forma fur les tableaux de *Rubens* fon goût & fon coloris. Le defir de fe perfectionner lui fit méditer un voyage en Italie. Il follicita pour cela la penfion du Roi, & préfenta, pour l'obtenir , deux de fes tableaux. On fut frappé de fes ouvrages , & on le reçut à l'académie de Peinture , fous le titre de *Peintre des Fêtes galantes.* Vers ce même tems , fon inconftance le fit partir: pour l'Angleterre, où fon mérite ne fut point fans récompenfe. Il revint à Paris ; & fe trouvant fans occupation , il peignit pour le fleur *Gerfaint* fon ami , marchand fur le Pont Notre-Dame, le plafond de fa boutique. *Watteau* a fuivi le goût des Bambochades ; il rendoit la nature avec une vérité frappante. Ses caractéres de tête ont une grace merveilleufe ; fes expreffions font piquantes, fon pinceau coulant , & fa touche légère & fpirituelle. Il mettoit beaucoup d'agrément dans fes compofitions ; fes figures font admirables pour la légèreté, & pour la beauté des attitudes ; fon coloris eft tendre , & il a parfaitement touché le Payfage. Les deffins de fon bon tems font admirables, pour la fineffe , les graces, la légèreté, la correction , la facilité & l'expreffion.

I. WATTS , (Guillaume) littérateur & hiftorien Anglois , vivoit dans le dernier fiécle. Ses ouvrages de philologie ne lui ont pas fait un nom femblable à celui qu'il s'eft acquis par fa belle édition de l'*Hiftoire* de *Matthieu Paris*, imprimée à Londres en 1640, en 2 vol. in-fol. Il ajoûté à cet important ouvrage une *Continuation* dont la fidélité eſt moindre que celle de ſon auteur, des *Variantes* pleines de recherches, & un *Gloſ-ſaire* important pour fixer la ſigni-fication des mots barbares employés par *Matthieu Paris.*

II. WATTS, (Iſaac) docteur en théologie, mérita, par ſes talens & ſes excellentes qualités, la placé, de paſteur ordinaire dans l'Egliſe Preſ-bytérienne deBeryſtréet àLondres, Il la remplit avec autant de zèle que de lumiéres. Il eſt principalement connu en France par un ouvrage judicieux, intitulé *la Culture de l'Eſ-prit*, traduit en françois en 1762, in-12. Il en publia la 1re partie, en 1741 ; mais la mort l'empêcha d'a-chever la ſeconde. Ce livre peut ſervir à faciliter l'acquiſition des connoiſſances utiles, & ce n'eſt pas la ſeule production qui ſoit ſortie de ſa plume. On a publié le recueil de ſes ouvrages en 6 vol. in-4°. On y trouve des *Traités de Morale*, de *Grammaire*, de *Géogra-phie*, d'*Aſtronomie*, de *Logique* & de *Métaphyſique*. Il avoit du talent pour la poéſie, qu'il cultiva dès ſa tendre jeuneſſe. On a de lui une Imita-tion de *Pſeaumes de David*, des *Cantiques* & des *Hymnes* dont l'uſa-ge a été introduit dans l'Office public de pluſieurs Egliſes Presby-tériennes.

WAUWERMANS, (Philippe) peintre, né à Harlem en 1620, mort dans la même ville en 1668, excella dans les payſages. Il les ornoit ordinairement de chaſſes, d'haltes, de campemens d'armée, d'attaques de villages, de petits combats & d'autres ſujets dans leſ-quels il pouvoit placer des che-vaux, qu'il deſſinoit dans la der-niére perfection. Les tableaux de ce maître , quoiqu'en très-grand nombre, ſont remarquables par la

beauté du travail, l'élégance, la cor-rection, le tour fin & ſpirituel des figures, par la fonte, l'accord & la vivacité des couleurs, par un pinceau ſéduiſant, par un beau choix, une touche délicate & moëlleuſe, l'entente du clair-obſ-cur, un coloris onctueux ; enfin, par un précieux fini. Il a pouſſé même ce fini trop loin dans quel-ques-uns de ſes ouvrages. Les ta-bleaux faits dans ſon dernier tems, donnent un peu trop dans le gris ou dans le bleu. *Wauwermans* eut à ſe plaindre de l'oubli de la fortune. Il avoit un fils ; mais il aima mieux lui donner le goût du cloître que celui de la peinture. Il fit même brû-ler en ſa préſence, étant au lit de la mort, une caſſette remplie de ſes études & de ſes deſſins. On a beaucoup gravé d'après lui. Il a auſſi gravé à l'eau-forte. Jean *Grif-fier* fut ſon élève. Pierre & Jean *Wauwermans*, ſes freres, ont peint dans ſon genre, mais avec moins de ſuccès.

WECHEL, (Chrétien & André) célèbres Imprimeurs de Paris & de Francfort, dont les éditions ſont correctes & fort eſtimées. Ils durent la perfection de leur art, princi-palement au ſavant *Fréderic Sylburg*, correcteur de leur Imprimerie. *Chrétien* vivoit encore en 1552. *André* ſon fils mourut en 1581. On imprima à Francfort en 1590, in-8°, le *Catalogue* des Livres ſortis de leurs preſſes.

WEDEL, (George-Wolfgang) né à Goltzen dans la Luſace en 1645, mort en 1721 à 76 ans, de-vint profeſſeur en médecine à Iène en 1672, puis conſeiller & pre-mier médecin des ducs de Saxe. L'académie de Berlin, & celle des *Curieux de la Nature* ſe l'aſſociérent. On a de lui un très-grand nom-bre d'ouvrages, qui offrent des recherches utiles. Les principaux font : I. *Phyſiologia medica*, 1704 ; in-4°. II. *Phyſiologia reformata*, 1688, in-4°. III. *De Sale volatili Plantarum*, in-12. IV. *Theoremata medica*, in - 12. V. *Exercitationum Medico-Philologicarum Decades xx*, 1686 à 1720, in-4°. VI. *Theoria Saporum medica*, in-4°. VII. *De morbis Infantûm*, in-8°. VIII. *Opiologia*, 1682, in - 4°. IX. *Pharmacia in artis formam redacta*, 1693, in-4°. X. *De Medicamentorum facultatibus cognoſcendis & applicandis*, 1696, in - 4°. XI. *De Medicamentorum compoſitione extemporanea*, 1693, in-4°.

WEHLER ou WHELER, (George) ſavant voyageur Anglois du XVII° ſiécle. Son *Voyage de Dalmatie*, *de Grèce & du Levant*, ſe trouve avec celui de *Spon*, la Haie 1724, 2 vol. in-12 ; & ſéparément, 1689, 2, vol. in - 12. Il eſt exact, ſincére, & s'attache aux choſes qui peuvent intéreſſer la curioſité du lecteur.

WEIMAR, (Bernard) duc de Saxe, le dernier fils de *Jean* duc de *Saxe - Veimar*, deſcendoit de l'ancienne branche Electorale dépoſſédée par *Charles-Quint*. Sa haine pour la maiſon d'Autriche le fit ranger ſous les drapeaux de *Guſtave-Adolphe*. Il perdit d'abord la bataille de Nordlingue ; mais ayant été mis à la tête d'une puiſſante armée en Allemagne par le roi *Louis XIII*, il y gagna des victoires ſignalées. Il prit Saverne, chaſſa les Impériaux de Bourgogne, & ſe rendit maître de Jonvelle dans la Franche-Comté. L'an 1638, il força Rheinsfeld, après avoir défait 6500 Impériaux, qui étoient venus au ſecours de cette place. Il alla enſuite aſſiéger Briſſach, & ne l'aſſiégea pas envain. Une victoire importante fut la ſuite de cette conquête ; toute l'Alſace ſe

fournit à lui, & il eût remporté de plus grands avantages, ſans la mort qui le ſurprit en 1639. Il diſpoſa en ſouverain de ce qu'il crut lui appartenir, & déclara ſes freres indignes de lui ſuccéder dans l'héritage des pays conquis, s'ils ne demeuroient dans l'alliance & au ſervice de la France. Elève de *Guſtave-Adolphe*, il étoit auſſi capable de former de grands projets, que de les faire exécuter. Le pouvoir du cardinal de *Richelieu* ne put jamais l'engager a flatter ce miniſtré, ni ſes favoris. Un jour que le Pere *Joſeph* Capucin, qui entendoit la guerre comme un homme de ſon état peut l'entendre, montroit ſur la carte des places qu'il falloit prendre pendant la première campagne de 1636 : *Tout cela ſeroit bien*, *Pere Joſeph*, lui dit Weimar, *ſi on prenoit les Villes avec le bout du doigt*.

WEISS, *Voyez* II. ALBINUS.

WEISSENBORN, (Iſaïe Frédéric) théologien Luthérien, né à Schmalkald en 1673, fut profeſſeur en théologie & ſurintendant à Iène, où il mourut en 1750. On a de lui : I. *Muſæum Philoſophiæ*, in - 4°. II. *Paradoxorum Logicorum Decades*, in-4°. III. *Character veræ Religionis in doctrinâ de fide in CHRISTUM juſtificante*. IV. Des *Sermons* en allemand.

WEITZIUS, (Jean) mort en 1642, eſt connu par des Commentaires ſur *Térence*, ſur les *Triſtes* d'*Ovide*, ſur *Verrius-Flaccus* & ſur *Prudence*. On y trouve plus de ſavoir que de goût.

I. WELLER, (Jérôme) théologien Proteſtant, né à Freyberg en Miſnie l'an 1499, fut très-attaché à *Luther*, qui le garda 8 ans dans ſa maiſon. *Weller* devint enſuite profeſſeur de théologie à Freyberg, où il mourut en 1572, à 73 ans. On a de lui : I. *Commentaria in libros Samuel & Regum*. II. *Conſilium de ſtudio Theologiæ rectè inſtituendo.* III. *Commentaria in Epiſtolas ad Epheſios,* & d'autres Ouvrages imprimés à Leipſick, en 2 vol. in-fol.

II. WELLER, (Jacques) théologien Allemand, naquit à Neukirk dans le Voitgland en 1602. Après avoir quelques années profeſſé la théologie & les langues orientales à Wittemberg, il fut appellé par l'électeur de Saxe pour être ſon prédicateur aulique. Ses principaux ouvrages ſont : *Spicilegium quæſtionum Hebræo-Syrarum* ; & une bonne *Grammaire Grecque.* Il mour. en 1664.

WELLS, (Edmond) littérateur Anglois, ſavant dans la langue Grecque qu'il profeſſa à Oxford, mourut vers 1730. Il eſt connu principalement par une bonne *Edition* de *Xénophon*, revue ſur pluſieurs manuſcrits, ornée de Cartes géographiques & chronologiques, imprimée à Oxford, en 5 v. in-8°.

WELSER, (Marc) né à Ausbourg en 1558, de parens nobles, mourut en 1614. Il fut élevé à Rome ſous le célèbre *Muret*, qui lui inſpira un goût vif pour l'étude des belles-lettres latines & grecques, & pour les antiquités. De retour en ſa patrie, il parut avec éclat dans le barreau. Ses ſuccès lui méritèrent les places de préteur & de ſénateur d'Ausbourg. *Welſer* ſe fit un nom, non ſeulément par la protection qu'il accorda aux ſavans, mais encore par les ouvrages dont il enrichit le monde littéraire. On a de lui : I. *Rerum Auguſto-Vindelicarum libri VIII*, à Veniſe, 1594, in-fol. : ouvrage plein de recherches, & écrit avec aſſez de goût. II. *Rerum Boïarum libri V*, in-4°. à Ausbourg, 1602. On lui attribue encore le *Squittinio della liberta Veneta*, que d'autres donnent à *Alfonſe* de la *Cueva*, marquis de *Bedmar* ; (*Voyez* CUEVA, n° 1.) Tous

les ouvrages de ce ſavant écrivain furent recueillis à Nuremberg en 1682, in-fol.

WENCESLAS, fils de *Charles IV* empereur d'Allemagne, eut le trône impérial après la mort de ce prince, en 1378. Son pere avoit réglé, par la *Bulle d'or*, l'âge néceſſaire au roi des Romains ; il fut le premier à violer ce réglement en faveur de ce fils, qui fut un monſtre de cruauté & de débauches. Ayant voulu défendre les Juifs contre ſes ſujets de Bohême, & s'étant ſignalé par des actes de fureur, les Bohémiens l'enfermérent en une étroite priſon l'an 1394. Dans un de ſes accès de frénéſie, il avoit fait jeter dans la Moldaw *St Jean Népomucène*, parce qu'il n'avoit pas voulu lui révéler là confeſſion de la reine ſon épouſe. On dit qu'il marchoit quelquefois dans les rues accompagné d'un bourreau, & qu'il faiſoit exécuter ſur le champ ceux qui lui déplaiſoient. Ce furent toutes ces raiſons qui forcérent les magiſtrats de Prague de le détenir dans un cachot, d'où il ſe ſauva 4 mois après. Un pêcheur lui fournit une corde avec laquelle il s'échapa, accompagné d'une ſervante dont il fit ſa maîtreſſe. Dès qu'il fut en liberté, un parti ſe forma en ſa faveur dans Prague. Les magiſtrats de cette capitale le traitant toujours comme un prince inſenſé & furieux, l'obligérent de s'enfuir de la ville. C'étoit une occaſion pour *Sigiſmond* ſon frere, roi de Hongrie, de ſe faire reconnoître roi de Bohême : il ne la manqua point ; mais il ne put que ſe faire déclarer régent. Il fit enfermer ſon frere dans une tour à Vienne en Autriche. *Wenceſlas* s'échapa encore de ſa priſon, & de retour à Prague, il ſe fait des partiſans, condamne au dernier ſupplice.

ceux qui l'avoient mis en prifon , & annoblit le pêcheur qui lui avoit donné le moyen de fe. fauver. Cependant les traverfes qu'il effuya le forcèrent d'aliéner le refte des domaines de l'empire en Italie. Les, électeurs en prirent occafion de le dépofer en 1400, comme *négligent*, *inutile*, *diffipateur* & *indigne*. On dit que,quand on lui annonça fa dépofition, il écrivit aux villes impériales d'Allemagne, qu'*il n'exigeoit d'elles d'autres preuves de leur fidélité que quelques tonneaux de leur meilleur vin*. Il ne renonça toutefois au fceptre impérial qu'en 1410, & il mourut roi de Bohême en 1419, âgé de 58 ans.

.,WENDELIN, (Godefroi) naquit dans le Brabant en 1580, voyagea en France, profeffa la philofophie à Digne, & mourut à Tournai · où il étoit chanoine, en 1660. La philofophie & la jurifprudence partagérent fes foins : l'une & l'autre lui firent un nom célèbre. Il donna au public plufieurs ouvrages, parmi lefquels on diftingue une *Edition* des *Loix Saliques*, imprimée à Anvers, 1649, in-fol. Cette édition eft enrichie de favantes · notes &. d'un gloffaire très-utile pour l'intelligence de ces· Loix. *Jacques Chifflet* en a·orné fon *Recueil Politico-hiftorique*.

· WEPPE ,·(Jean-Jacques) mèdecin du duc de.Wittemberg, du marquis de Dourlac & de l'électeur Palatin, mourut en 1695 ,·à 74 ans. On a de.lui : I. *Hiftoria Apoplecticorum*, 1710, in-8°. II. *Cicutæ aquaticæ Hiftoria*, 1716, in-4°. III. *Obfervationes*, 1717, in-4°. Sa *Vie* eft à la tête de ce dernier livre , qui eft eftimé ainfi que les précédens. ·

I. WERENFELS, (Jean-Jacques)· pafteur de Bâle fa patrie, mourut en 1655, après avoir 'publié des *Sermons* en allemand, & des *Homé-*

lies en ·latin fur l'*Eccléfiafte*. Elles offrent plus de favoir que d'élo-. quence.

II. WERENFELS, (Pierre) fils. du précédent, archidiacre de Bâle, né à Liechtal en 1627, fignala fon zèle pendant la pefte qui défola cette ville en 1667 & 1668. Son mérite lui procura la chaire de profeffeur de théologie.en 1675, qu'il remplit avec applaudiffement. Il mourut en 1703, à 76 ans, avec une réputation de piété & de favoir juftement méritée. On a de lui un grand nombre de *Differtations*, des *Sermons*, & quelques autres ouvrages ' · pleins d'érudition.

. III. WERENFELS, (Samuel) fils du précédent, naquit à Bâle en 1657, & fut profeffeur de différentes fciences dans fa patrie. Il voya-· gea en Hollande, en Allemagne & en France.·Pendant 3 mois de fé-. jour qu'il fit. à Paris, il eut de fréquentes converfations avec les Peres *Mallebranche* & de *Montfaucon*,. & avec *Varignon*. Il retourna à Bâle en.1702,.& l'année fuiv. il fuccéda à fon pere dans la chaire de théologie. Il·fut aggrégé en 1706 à la fociété.Angloife.de la propagation de .la Foi; ·&·en 1708 à la fociété royale.des Sciences de Berlin. Sa réputation, qui croiffoit de jour en jour , lui. procura la correfpondance des plus illuftres favans de l'Europe ,. & attira à Bâle une multitude d'étudians,̀ à l'inftruction defquels il s'appliqua avec zèle. Il converfoit familiérement avec eux, · & ;s'attachoit à leur cultiver le jugement beaucoup plus que la mémoire. Son foin principal étoit de leur infpirer les fentimens de douceur, de tolérance & de modération, dont il étoit pénétré, & de les conduire dans les routes de la vertu,& dè la probité, qu'il fuivit lui-même toute fa vie,.Il mourut

& Bâle en 1740. Tous fes Ouvrages ont été recueillis en 2 vol. in-4°. La plus ample édition eft celle de Genève & de Laufanne en 1739. Ils roulent fur la philologie , la philofophie & la théologie. Son Livre le plus connu eft celui *De Logomachiis Eruditorum*, 1702, in-8°. Le Recuéil de fes ouvrages renferme diverfes *Poéfies*, qui montrent que l'auteur n'étoit pas auffi bon poète, qu'habile philofophe & favant théologien. On a encore de lui un volume in-8° de *Sermons.*

WERFF , (Adrien Vander-) peintre, né à Roterdam en 1659, mourut dans cette ville en 1727. Le précieux fini de fes ouvrages, & leur rareté , les rendent très-chers. L'électeur Palatin, qui goûta beaucoup fa manière , le créa chevalier , ainfi que fes defcendans. Il lui permit d'ajoûter à fes armes une' partie des électorales, & lui fit préfent de' fon portrait enrichi de diamans. *Vander - Werff* terminoit fes ouvrages avec un foin étonnant. Son deffin eft affez correct, fa touche ferme & précieufe. Ses figures ont beaucoup de relief; mais fes carnations approchent de l'ivoire , & ne font pas affez vives. Ses compofitions manquent auffi de ce'feu préférable au grand fini. Il a peint des Portraits & des fujets d'hiftoire. Ses principaux ouvrages font à Duffeldorff, dans la riche collection de l'électeur Palatin. On y admire fes *x v Tableaux* touchant les Myftéres de notre religion.

WERNERUS, *Voyez* INNERIUS.

WESEMBEC, (Matthieu) né à Anvers en 1531, fut reçu docteur en droit à Louvain à 19 ans : honneur de perfonne n'avoit eu à cet âge. Il enfeigna la jurifprudence avec réputation à Iène & à Wittem-

berg, où il mourut en 1586 à 55. ans , après avoir embraffé la religion Proteftante. On a de lui un grand nombre d'ouvrages. On eftime fur-tout fes *Obfervations fur les Pandectes* & le *Code* , Amfterdam 1665, in-4°. en latin; & fes *Paratitles*, dans lefquels il explique avec brièveté & clarté ce qu'il y a de plus difficile dans les LX livres du *Digefte.*

WESSELUS, (Jean) né à Groningue. vers 1419; étudia d'abord à Zwol & enfuite à Cologne. Il traverfoit fouvent le Rhin, pour aller lire' les ouvrages de l'abbé *Rupert* dans le monaftére de Duyts. De Cologne il paffa à Paris, où il trouva les difputes de philofophie très-échauffées entre les *Réaux*, les *Formaux* & les *Nominaux.* Comme il falloit opter entre ces infenfés, il fe déclara pour ceux-ci. *Sixte IV*, qui l'avoit connu lorfqu'il étoit général des Cordeliers, lui fit (dit-on) les offres les plus flatteufes, dès qu'il eut obtenu la tiare. *Weffelus* fe-borna à demander un exemplaire de la Bible en hébreu.& en grec. *Pourquoi*, lui dit le Pape, *ne demandez-vous pas plutôt une mitre, ou quelque chofe. de. femblable.?* ---*Parce que je n'en ai pas befoin*, répondit le défintéreffé *Weffelus.* De retour dans fa patrie, il y mourut en 1489. Ce favant eut des opinions particuliéres qui approchoient beaucoup de celles de *Luther*, dont on le regarde comme le précurfeur. La plupart de fes ouvrages furent livrés aux flammes, à l'exception de quelques Traités qui'parurent à Leipfick en 1522, & à Groningue en 1614, in-4°, fous le titre de *Farrago rerum Theologicarum.* Ce Recueil prouve que l'auteur ne méritoit guéres le titre de *Lumiére du Monde*, qu'on lui avoit donné fi libéralement.

WESTPHALE, (Joachim) théologien Luthérien, né à Hambourg
en 1510, mort dans la même ville
en 1574, se signala par ses écrits
contre les deux patriarches d'une
des branches de la Prétendue-Ré-
forme, *Calvin* & *Beze*. On a de lui,
*Epiſtolæ de Religionis pernicioſis mu-
tationibus*, & pluſieurs autres ouvrages.

I. WETSTEIN, (Jean-Rodolphe)
né à Bâle en 1647, d'une famille
fertile en grands-hommes, succéda à son pere de même nom que
lui, dans la chaire de profeſſeur
en grec, puis en celle de théologie, & mourut dans sa patrie l'an
1711. On a de lui pluſieurs ouvrages de littérature; & le *Dialogue*
d'*Origène* contre les Marcionites,
qu'il publia en 1673, avec l'*Exhortation au Martyre*, &c:

II. WETSTEIN, (Jean-Henri)
frere du précédent, se fit auſſi un
nom parmi les savans, par ses connoiſſances des langues grecque &
latine. Il alla s'établir en Hollande, où il devint un imprimeur célèbre. Il y mourut en 1726. Ses deſcendans ſubſiſtent en Hollande, où
leurs preſſes ſont en honneur.

III. WETSTEIN, (Jean-Jacques)
vit le jour à Bâle en 1693, de la
même famille que les précédens. Il
parcourut la Suiſſe, la France,
l'Angleterre & l'Allemagne, recherchant & examinant partout les
manuſcrits du Nouveau-Teſtament,
pour en donner une nouvelle édition avec les variantes. Revenu
dans sa patrie, il fut fait diacre
de l'égliſe de St Léonard; & publia, en 1730, les *Prolegomènes* du
Nouveau-Teſtament qu'il préparoit.
Cet eſſai fut vivement attaqué. On
dénonça l'auteur au conſeil de Bâle,
comme un Socinien, comme un nova-
teur; & il fut dépoſé la même année
par l'aſſemblée eccléſiaſtique, &

contraint de paſſer en Hollande.
Les *Remontrans* lui firent un accueil
diſtingué, & le nommérent à la
chaire de philoſophie de *le Clerc*,
à condition néanmoins qu'il ſe juſ-
tifieroit. Il paſſa à Bâle, où il obtint la caſſation du décret porté
contre lui, & revint à Amſterdam
prendre poſſeſſion de sa chaire;
qu'il remplit avec diſtinction juſqu'à sa mort, arrivée en 1754, à
61 ans. Son *Edition* du Nouveau-
Teſtament grec, avec les variantes
& des remarques critiques, a paru
en 1751 & 1752, en 2 vol. in-fol.
Il y a inſéré deux *Epîtres de St
Clément*, Romain, qui n'avoient pas
encore paru, & dont il prétend
démontrer l'authenticité. Elles ſont
en Syriaque, avec la Verſion latine de l'auteur. Elles ont été traduites en françois par M. de Pré-
magny, de l'académie de Rouen,
& imprimées en 1763, in-8°. Ce
travail lui mérita une place dans
les académies de Berlin & de Londres.

WEYMAR, *Voyez* WEIMAR.

WHARTON, *Voy.* WARTHON.

WHEAR, (Degoreus) né à Ja-
cobſtow, dans la province de Cor-
nouaille, fut le premier profeſſeur
de la chaire d'Hiſtoire, fondée à
Oxford par le célèbre *Cambden*. Ce
ſavant, mort en 1647, eſt auteur
des *Relectiones hyemales de modo legendi Hiſtorias civiles & eccleſiaſti-
cas*: ouvrage qui fut bien reçu,
quoiqu'il manque de préciſion. On
l'a réimprimé pluſieurs fois, & la
meilleure édition eſt celle qu'en
donna *New* à Tubinge, 1700 à
1708, 3 vol. in-8°.

WHICHCOT, (Benjamin) né
dans le Shropshire, en 1609, fit
ſes études à Cambridge & fut enſuite préfet du collège du Roi, à
la place du docteur *Collins*, qui
avoit été dépoſé, & avec lequel

il partagea volontairement le revenu de fa charge. Il s'acquit beaucoup de réputation à Cambridge par fon talent pour inftruire la jeuneffe, & à Londres par fes prédications. Ce double mérite lui procura la cure de Mitthon. Ce favant mourut à Cambrigde en 1683. C'étoit un homme défintéreffé, charitable, modefte, d'un jugement folide, d'une converfation douce & agréable. Il fe fignala furtout par fa modération, qui le portoit à admettre la liberté de confcience. Ses *Sermons* & fes autres *Difcours* ont été recueillis en 4 vol. in-8°.

WHISTON, (Guillaume) né à Norton dans le comté de Leicefter en 1667, montra dès fa jeuneffe beaucoup de goût pour la philofophie & pour la théologie. Les progrès qu'il y fit ne tardérent pas à lui acquérir une grande réputation, fur-tout lorfqu'il eut publié, en 1696, fa nouvelle *Théorie de la Terre*. *Newton*, dont il avoit adopté les principes, conçut tant d'eftime pour lui, qu'il le choifit pour fon fubftitut, & qu'il le recommanda enfuite pour fon fucceffeur au *Profefforat* des mathématiques à Cambridge. *Whifton* fe démit alors d'un bénéfice qu'il avoit poffédé pendant deux ans, & il ne s'occupa plus que des fciences. Il fe montra digne du choix & de la chaire de *Newton*, par fes *Lettres Aftronomiques* qu'il publia en 1701, & qui 3 ans après furent fuivies de fes *Leçons Phyfico - Mathématiques*. Ses occupations philofophiques ne lui firent pas négliger la théologie. En 1702 il publia 1 vol. in-4° fur la *Chronologie* & fur l'*Harmonie* des IV Evangiles, On lui fit l'honneur, en 1707, de le choifir pour prêcher les Sermons de la fondation de *Boyle*. Il choifit pour

fon fujet l'*Accompliffement des Prophéties*, & fon livre fut imprimé la même année en un vol. in-8°. La gloire de *Whifton* fut fans tache jufqu'en 1708, qu'il commença à avoir des doutes fur le dogme de la Trinité. Il fe mit à étudier les anciens Peres, pour éclaircir fes doutes : il crut y découvrir que l'Arianifme avoit été la doctrine des premiers fiécles de l'Eglife. A peine eut-il embraffé le parti qui lui paroiffoit le plus ancien, qu'il réfolut d'en être le reftaurateur ou le martyr. Son enthoufiafme fe répandit bientôt au-dehors. Il écrivit aux archevêques de Cantorberi & d'Yorck, qu'il croyoit devoir s'écarter de l'Eglife Anglicane fur le dogme de la Trinité. Il foutint cette démarche par une multitude de livres, qu'il ne ceffa de publier en faveur de fon fyftême. Son entêtement & la fureur qu'il avoit de vouloir faire des profélytes, le firent enfin exclure du *Profefforat*, chaffer de l'univerfité, & pourfuivre à Londres devant la cour eccléfiaftique du haut & du bas clergé. Ses livres furent condamnés, & l'on vouloit le punir d'une manière exemplaire. Mais quelques amis puiffans firent enforte qu'après 5 ans de procédures, on laiffa tomber toute cette affaire. *Wifthon* ne difcontinua pas de foutenir l'Arianifme, de vive voix & par écrit. Ce n'étoit pas la feule opinion hétérodoxe qu'il eût embraffée. Il n'étoit pas plus orthodoxe fur l'*Eternité des Peines*, & fur le *Baptême des petits Enfans*. Il embraffa auffi l'opinion des *Millenaires*, & s'avifa même de fixer l'époque du retour des Juifs, du rétabliffement de leur Temple, & du règne de mille ans, au 14 Mars 1714. L'événement ayant été contraire à fa prédiction, il marqua l'année 1736 ; & se voyant encore trompé, il fit de nouveaux calculs, & prétendit que la grande révolution devoit se faire infailliblement en 1766. Toutes ces rêveries ne l'empêchérent pas de publier sans interruption un grand nombre d'excellens ouvrages de philosophie, de critique & de théologie. On peut en voir les titres dans les *Mémoires* qu'il fit lui-même, en 1749, de sa vie & de ses écrits. Quoique ces Mémoires se ressentent de la vieillesse de leur auteur, ils ne laissent pas d'être curieux, & ils renferment des particularités, souvent assez hardies, sur plusieurs grands-hommes qu'il avoit connus. Il mourut dans la pauvreté en 1755. Il s'étoit joint 5 ans. auparavant aux Anabaptistes, & avoit montré dans tout le cours de sa vie des vertus dignes d'un meilleur esprit.

WHITAKER, *Voy*. VITAKER.

WHITBY, (Daniel) né à Rusden, dans le Northampton, vers l'an 1638, devint docteur en théologie, & recteur de St Edmond de Salisburi. Son esprit, plein d'idées singuliéres, le jetta dans une haine furieuse contre l'église Romaine. Il se déclara avec la même chaleur contre les Sociniens ; mais son zèle se démentit, & il fut sur la fin de ses jours un des apôtres de l'Arianisme. Il le soutint, de vive voix & par écrit, jusqu'à sa mort arrivée en 1726, à 88 ans. Cet écrivain dangereux ne connoissoit presque que son cabinet. Il avoit cette simplicité de mœurs, que l'éloignement des affaires du monde & du commerce de la vie civile, inspire presque toujours. Ses nombreux ouvrages sont pleins d'érudition & de réflexions judicieuses. Il faut pourtant en excepter ses *Traités* en faveur des

Ariens, & ses *Ecrits* contre l'Église Romaine. On a de lui : I. Un *Traité de la Certitude de la Religion Chrétienne en général*, & *de la Résurrection de* JESUS-CHRIST *en particulier*, 1671, in - 8°. II. *Discours sur la vérité & la certitude de la Foi Chrétienne*. III. *Paraphrases & Commentaire sur le Nouveau-Testament*, en 2 vol. in-fol. IV. *Discours de la nécessité & de l'utilité de la Révélation Chrétienne*, en anglois. V. *Examen variantium lectionum* Joannis Millii *in Novum-Testamentum*, Londres, 1710, in-fol. VI. *Dissertation de S. Scripturarum interpretatione secundùm Patrum commentarios*, à Londres, 1714, in-8°. Il est vraisemblable que l'auteur se proposoit de tourner ses Peres en ridicule ; car il a ramassé dans ce livre tout ce que leurs ouvrages offrent de plus singulier & de plus foible. VII. *Sermons où l'on prouve que la Raison doit être notre guide dans le choix d'une Religion, & qu'on ne doit rien admettre comme article de Foi, qui répugne aux principes communs de la Raison*, in-8° : Discours dont les raisonnemens ont été copiés par plusieurs incrédules modernes. VIII. *Derniéres Pensées de* Whitby, *contenant différentes corrections de divers endroits de ses Commentaires sur le Nouveau-Testament*, avec v *Discours*. Cet auteur impie s'y rétracte de tout ce qu'il avoit dit de sensé, dans ses premiers ouvrages, en faveur du mystére de la sainte Trinité.

WHITELOKE, (Bulstrode) né à Londres en 1605, mort en 1676, se signala dans le parlement d'Angleterre, fut garde de la bibliothèque & des médailles du Roi en 1649, ambassadeur en Suède en 1653, & président du conseil-d'état en 1659. On a de lui : I. Des *Harangues*. II. Des *Mémoires sur les affaires d'Angleterre*. III. Plusieurs autres Ecrits qu'on ne lit plus. WHITGIST, (Jean) né à Grimf- by, dans la province de Lincoln, en 1530, étoit Proteftant & Pro- teftant fanatique. Il ne garda au- cune mefure dans fes leçons ni dans fes thèfes. Son zèle lui fraya le chemin de la fortune; il fut fuc- ceffivement principal du collège de Pembroke, & de celui de la Trinité, profeffeur-royal en théo- logie, prébendaire d'Ely, doyen de Lincoln, puis évêque de Vor- chefter, & enfin archevêque de Cantorbéri en 1583. Il foutint avec chaleur les droits du clergé, con- tre la cour d'Angleterre. Ce pré- lat, ennemi ardent des Puritains & des Catholiques, mourut en 1604, après avoir pouffé le fana- tifme jufqu'à l'emportement. On a de lui : I. Une longue *Lettre* à *Beȝe.* II. Plufieurs autres Ecrits, dans lefquels il traite le Pape d'*An- techrift*, & l'Eglife Romaine de *Proftituée.* Avec ces deux mots, on opéroit alors de grandes chofes fur les fanatiques du parti Protef- tant.

WIARD, *Voyeȝ* VIARD.

WIBALDE *ou* WIBOLDE, évê- que de Cambrai, mort en 966, inventa, dans le deffein de guérir fon clergé de la paffion du jeu de dez, un Jeu compofé de 56 Vertus toutes relatives à la Charité. On trouve ce Jeu dans *Baudry*, avec les notes de *Colvenerius.*

WICELIUS, (George) dit le *Major* ou *Senior* pour le diftinguer de fon fils, naquit à Fulde en 1501, & fe fit religieux fort jeune; mais à l'âge de 30 ans, il quitta la vie monaftique pour embraffer les er- reurs de *Luther.* Rentré dans la communion de l'Eglife, il fut pour- vu d'une cure, & devint confeil- ler des empereurs *Ferdinand* & *Maximilien.* Il travailla toute fa vie

avec zèle, mais en vain, pour réu- nir les Catholiques & les Protef- tans. On a de lui : I. *Via Regia*, Helmftad 1550. II. *Methodus Con- cordiæ*, Leipfick, 1537, in-12. III. Un très-grand nombre d'autres *Li- vres*, la plûpart en allemand, qu'on a traduits en latin, & imprimés plufieurs fois. *Wicelius* mourut à Mayence en 1593. George WICE- LIUS, fon fils, donna auffi quelques ouvrages au public, tels que l'*Hif- toire de St Boniface* en vers latins, Cologne 1553, in-4°.

WICHCOT, *Voy.* WHICHCOT.

VICKAM, (Guillaume) naquit au village de *Wickam*, dans le comté de Southampton, en 1324. Son efprit cultivé par les belles- lettres, lui donna la facilité de par- ler & d'écrire avec autant de pu- reté que d'élégance. *Edouard III* le prit à fon fervice, & l'honora de l'intendance des bâtimens, & de la charge de grand-foreftier. Ce fut lui qui dirigea la conftruction du palais de Windfor. Quelque tems après il devint premier fecré- taire-d'état, évêque de Winchef- ter, grand-chancelier, puis préfi- dent du confeil-privé. Il veilla au- tant fur la pureté des mœurs que fur l'adminiftration de la juftice. Sa févérité lui fit des ennemis, & fon crédit des jaloux. *Edouard*, pré- venu contre lui par le duc de *Lan- caftre*, le difgracia. Après la mort de ce prince, il fut rappellé à la cour en 1389. De nouvelles tra- cafferies l'obligérent de fe retirer 3 ans après. Rendu à fon diocèfe, & à l'abri des agitations qui fé- couoient alors l'Angleterre, il tra- vailla à perfectionner les deux Col- lèges qu'il avoit fondés, l'un à Oxford, & l'autre à Winchefter. Une cathédrale, prefque auffi fu- perbe que celle de *St Paul* de Lon- dres, fut élevée à grands frais. Il fonda des retraites pour les pauvres & pour les orphelins ; enfin il ne s'occupoit que du bien de l'humanité, lorfque fes ennemis l'accuférent de crime d'Etat en plein parlement, l'an 1397; mais il fe lava de cette imputation odieufe. Cet illuftre prélat, accablé d'années & epuifé par fes immenfes travaux, termina en paix une carriére trop long-tems agitée, en 1404. Il montra un zèle ardent contre *Wiclef*, qu'il fit chaffer de l'univerfité d'Oxford. On a publié dans cette derniére ville en 1690, in-4°, la *Vie* de ce digne évêque.

WICLEF,(Jean) *ou* DE WICLIF, naquit à Wiclif, dans la province d'Yorck, vers l'an 1324. Il étudia au collège de la reine à Oxford, & y fit de grands progrès dans l'étude de la philofophie & de la théologie. Il occupoit dans cette univerfité une petite place, qu'on ôta à des moines pour la lui donner, & qu'on lui enleva à fon tour pour la rendre à ceux à qui on l'avoit prife. *Wiclef* en appella au pape, qui décida en faveur des religieux. Il fe déchaîna dès-lors contre la cour de Rome, dont il attaqua d'abord le pouvoir temporel, & enfuite le fpirituel. Les démêlés vifs & fréquens des pontifes Romains & des rois d'Angleterre, depuis *Jean Sans-Terre*, avoient indifpofé les efprits contre la première cour. On ne fe rappelloit qu'avec beaucoup de peine l'excommunication & la déppofition de ce prince ; fa couronne mife aux pieds du légat, & remife par ce miniftre fur la tête du roi ; la ceffion de l'Angleterre au pape, & le tribut impofé par le pape fur ce royaume. Enfin les Anglois voyoient avec chagrin les bénéfices de leur ifle, donnés par les pontifes aux étrangers. Com-

me dans ces démêlés le clergé avoit ordinairement pris le parti de la cour de Rome, il s'étoit attiré la haine d'une partie du peuple, qui d'ailleurs regardoit avec envie les richeffes des eccléfiaftiques. *Wiclef* trouva donc dans les efprits des difpofitions favorables ; mais les évêques le dénoncérent à Rome. L'archevêque de Cantorberi le cita à un concile qu'il tint à Londres en 1377. L'héréfiarque y vint, accompagné du duc de *Lancaftre*, qui avoit alors la plus grande part au gouvernement du royaume; il s'y défendit & fut renvoyé abfous. *Grégoire IX*, averti de la protection que *Wiclef* avoit trouvée en Angleterre, écrivit aux évêques de le faire arrêter. On le cita à un concile tenu à Lambeth ; il y comparut, & évita encore d'être condamné. Les évêques, intimidés par les feigneurs & le peuple, fe contentérent de lui impofer filence. Les troubles qui arrivérent en Angleterre fous la minorité de *Richard II*, donnèrent occafion à *Wiclef* de femer fes erreurs. Il prêcha, il écrivit. Ses livres, quoique groffiers & obfcurs, fe répandirent, par la feule curiofité qu'infpiroit le fujet de la querelle & la hardieffe de l'auteur, dont les mœurs irrepréhenfibles donnoient du poids à fes opinions. C'étoit dans ce tems-là qu'*Urbain VI* & *Clément VII* fe difputoient le fiége de Rome. L'Europe étoit partagée entre ces deux pontifes; l'un étoit reconnu par les Anglois, & l'autre par les Fançois. *Urbain* fit prêcher en Angleterre une Croifade contre la France, & accorda aux croifés les mêmes indulgences que l'on avoit accordées pour les guerres de la Terre-fainte. *Wiclef* faifit cette occafion pour foulever les efprits contre l'autorité

du

du pape ; & compofa contre cette Croifade un ouvrage plein d'emportement & de force. « Il eft hon-
» teux , *dit-il*, que la Croix de *Je-*
» *fus-Chrift*, qui eft un monument
» de paix , de miféricorde & de
» charité , ferve d'étendard & de
» fignal à tous les Chrétiens pour
» les intérêts de deux faux Prêtres
» qui font manifeftement des An-
» te-Chrifts, afin de les conferver
» dans la grandeur mondaine , en
» opprimant la Chrétienté plus
» que les Juifs n'opprimérent *J. C.*
» lui-même & fes Apôtres. Pour-
» quoi eft-ce que l'orgueilleux Prê-
» tre de Rome ne veut pas accor-
» der à tous les hommes *Indulgence*
» *pléniére* , à condition qu'ils vi-
» vent en paix & en charité, pen-
» dant qu'il la leur accorde pour
» fe battre & pour fe détruire ? »
Guillaume de *Courtenai* , archevêque de Cantorberi , voulant arrêter ce défordre , affembla à Londres en 1382 un concile , qui condamna XXIV Propofitions , les unes
comme abfolument hérétiques , les
autres comme erronées , & contraires aux décifions de l'Eglife. Voici
celles qui furent jugées hérétiques.
« La fubftance du Pain & du Vin
» demeure au Sacrement de l'Au-
» tel après la confécration; & les
» accidens n'y demeurent point
» fans fubftance. *Jefus-Chrift* n'eft
» point dans ce Sacrement vrai-
» ment & réellement... Si un Evê-
» que ou un prêtre eft en péché
» mortel , il n'ordonne, ne confa-
» cre, ni ne baptife point...La Con-
» feffion extérieure eft inutile à
» un homme fuffifamment con-
» trit... On ne trouve point dans
» l'Evangile que J. *C.* ait ordonné
» la Meffe... Dieu doit obéir au
» Diable... Si le Pape eft un im-
» pofteur & un méchant , & par
» conféquent membre du Diable ,
Tome VI.

» il n'a aucun pouvoir fur les fi-
» dèles, fi ce n'eft peut-être qu'il
» l'ait reçu de l'Empereur... Après
» *Urbain VI* , on ne doit point re-
» connoître de Pape , mais vivre
» comme les Grecs , chacun fous
» fes propres loix... Il eft contrai-
» re à l'Ecriture-fainte que les ec-
» cléfiaftiques aient des biens tem-
» porels. » L'auteur de ces erreurs
mourut peu après , en 1384, d'u-
ne apoplexie, dont il étoit attaqué depuis 2 ans. Il laiffa un grand
nombre d'Ecrits, tant en latin qu'en
anglois. Le principal ouvrage ,
parmi ceux du premier gênre , eft
celui qu'il nomma *Trialogue* ou *Dia-*
logue, en 4 livres in-4°, 1525 , fans
nom de ville ni d'imprimeur , & réimprimé en 1753 in-4°. Dans cet
ouvrage qui eft fort rare , il
fait parler trois perfonnages : la
Vérité , le *Menfonge* & la *Prudence*.
C'eft comme une corps de théologie, qui contient tout le venin de
fa doctrine , dont le fonds confifte
à admettre une *Néceffité abfolue* en
toutes chofes, même dans les actions de Dieu. *Wiclef* foutient cependant que *Dieu eft libre ;* & qu'il
eût pu faire autrement , s'il eût voulu ;
mais il foutient en même tems qu'*il*
eft de fon effence de ne pouvoir vou-
loir autrement. Les livres de cet héréfiarque furent portés en Allemagne , & pénétrérent en Bohême.
Jean Hus adopta une partie de fes
erreurs , & s'en fervit pour foulever les peuples contre le clergé.
Lorfqu'on eut abattu la fecte des
Huffites , on n'anéantit pas dans
les efprits la doctrine de *Wiclef* ,
& cette doctrine produifit ces différentes fectes d'Anabaptiftes qui
défolérent l'Allemagne , lorfque
Luther eut donné le fignal de la
révolte contre l'Eglife. Une des
principales erreurs de *Wiclef* & de
fes enthoufiaftes , étoit de vouloir

établir l'*égalité* & l'*indépendance* entre les hommes. Cette prétention
excita, en 1379 & en 1380, un
soulèvement général de tous les
païsans & des gens de la campagne, qui, suivant les loix d'Angleterre, étoient obligés de cultiver les terres de leurs maîtres. Ils
prirent les armes au nombre de
plus de 100 mille hommes, & commirent une infinité de défordres,
en criant par-tout : *LIBERTÉ, LI-*
BERTÉ! Voyez la *Vie de Wiclef,*
Nuremberg, 1546, in-8°, ou Oxford, 1612.

I. WICQUEFORT, (Abraham)
écrivain Hollandois, plut par son
esprit à l'électeur de Brandebourg,
qui l'envoya à la cour de France,
où il fut son résident pendant 32
ans. Le cardinal *Mazarin* lui marqua d'abord une considération distinguée. Mais ses ennemis l'ayant
accusé auprès de ce ministre d'a-
voir écrit en Hollande plusieurs
historiettes de la cour, il le fit
mettre à la Baftille en 1658. Son
plus grand crime étoit son attachement à la maison de *Condé*, que le
cardinal n'aimoit pas. *Wicquefort*
ne sortit de sa prison, que sous
la promesse qu'il quitteroit le
royaume. Mais *Mazarin* ayant eu
besoin de lui, le rappella 3 mois
après, & lui accorda une pension
de mille écus. La guerre qui s'alluma entre la France & la Hollande, l'obligea de retourner dans sa
patrie, où il fut utile au ministére François. Accusé d'une correspondance secrette avec les Anglois, il fut condamné à une prison perpétuelle en 1675. Il soulagea l'ennui de sa solitude en com-
posant l'*Histoire des Provinces-Unies,*
dont il n'a paru que le 1er vol.
in-fol. 1719. Son esprit, irrité
contre les auteurs de sa disgrace,
& contre le prince d'*Orange* qui

y avoit beaucoup de part, sema
son ouvrage de traits satyriques
contre ce prince & ses partisans.
Il demeura en prison jusqu'en
1679, qu'une de ses filles le délivra, en lui donnant ses habits &
prenant les siens. *Wicquefort* se refugia alors à la cour du duc de
Zell, qu'il quitta en 1681 pour
retourner en Hollande. Il y vécut
libre, mais privé des postes qu'il
occupoit auparavant. Ces places
étoient celles de Résident des ducs
de Brunswick-Lunebourg, & de
secrétaire-interprète des Etats-généraux. *Wicquefort* avoit de l'activité dans le génie ; mais sa conduite, souvent équivoque, prouve
qu'il n'avoit pas autant de prudence dans le caractére. On a de
lui : I. *L'Ambassadeur & ses Fonc-*
tions, dont la meilleure édition
est celle de la Haye, 1724, 2 vol.
in-4°. ouvrage intéressant, mais
peu méthodique, mal digéré; &
qui doit être lu avec discernement. II. *Traduction* françoise du
Voyage de Moscovie & de Perse,
écrit en allemand par *Adam Olea-*
rius, dont la meilleure édition est
celle de Hollande, 1727, en 2
vol. in-fol. III. *Traduction* françoise de la *Relation* allemande du
Voyage de Jean-Albert de Mandeflo,
aux *Indes Orientales*. On la trouve
à la suite de l'ouvrage précédent,
dont elle compose le 2e volume.
IV. Celle du *Voyage de Perse & des*
Indes Orientales, par *Thomas Her-*
bert, 1663, in-4°. V. Enfin, celle
de *l'Ambassade* de Dom *Garcias de*
Silva-Figueroa en Perse, 1667,
in-4°.

II. WICQUEFORT, (Joachim
de) chevalier de l'ordre de *S. Mi-*
chel, conseiller du landgrave de
Hesse, & son résident auprès des
Etats-généraux des Provinces-
Unies, est connu par sa *Correspon-*

dance avec *Gafpar Barlée*, c'eſt-à-
dire, par un Recueil de leurs *Lettres* réciproques, imprimées à Amſterdam en 1696, in-12.

WIDMANSTADIUS, furnom
donné à *Jean Alberti*, célèbre juriſconſulte Allemand. *Voy.* III. AL-
BERTI (Jean).

WIER, (Jean) dit *Pifcinarius*,
né en 1515, à Grave ſur la Meu-
ſe dans le duché de Brabant, fit
divers voyages, & pouſſa même
juſqu'en Afrique. De retour en
Europe, il devint médecin du duc
de *Clèves*: place qu'il exerça avec
beaucoup de ſuccès pendant 30
ans. Son tempérament étoit ſi robuſte, que, quoiqu'il paſſât ſouvent 3 ou 4 jours ſans boire ni
manger, il n'en étoit nullement
incommodé. Il mourut ſubitement
en 1588, à Teklembourg. Ses Œuvres ont été imprimées à Amſterdam en 1660, en un vol. in-4°.
On y trouve ſon Traité *de Præſ-
tigiis & Incantationibus*, traduit en
françois par *Jacques Grevin*, Paris
1577, in-8°. Il y prétend que
ceux qu'on accuſoit de ſortilége,
étoient des perſonnes à qui la mélancolie avoit troublé le cerveau;
mais en rejettant les opinions populaires ſur les ſorciers, il adopte
pluſieurs autres contes indignes
d'un philoſophe.

WIGAND KAHLER, *Voyez* ce
dernier mot.

WIGGERS, (Jean) docteur de
Louvain, né à Dieſt en 1571, profeſſa la philoſophie dans le collége du Lys à Louvain. Il fut appellé à Liège pour préſider au ſéminaire de cette ville, & pour y enſeigner la théologie. Il ſe fit tant
d'honneur dans ce double emploi,
qu'il fut rappellé à Louvain, où
il fut d'abord préſident du collége d'Arras, puis ſecond préſident
du ſéminaire ou collége de Lié-

ge, fondé à Louvain. *Wiggers* t
fleurir la ſcience & la vertu, &
finit par une mort ſainte une vie
laborieuſe, en 1639, à 68 ans.
On a de lui des *Commentaires* latins ſur la Somme de *S. Thomas*,
4 vol. in-fol. Les éditeurs y ont
corrigé quelques opinions fauſſes
ſur la Probabilité. Ces Commentaires ſont écrits avec plus de ſolidité que d'agrément ; l'auteur ſe
contente de mettre dans ſon ſtyle
de la clarté & de la netteté.

I. WIGNEROD, *ou* VIGNEROD,
(François de) marquis de *Pont-
Courlai* en Poitou & gouverneur
du Havre-de-Grace ; étoit fils de
René de *Wignerod*, ſeigneur de
Pont-Courlai & de *Glainai*, gentilhomme ordinaire de la chambre
du roi, mort en 1625, & de *Françoiſe du Pleſſis*, ſœur du cardinal
de *Richelieu*. Le crédit de ce miniſtre ſervit autant à ſa fortune,
que ſon mérite perſonnel. Il devint chevalier des ordres du roi
en 1633, & général des galères
de France en 1635. Il remporta
une victoire ſur la flotte d'Eſpagne, près de Gênes, le 1er Septembre 1638. Ce ſeigneur mourut
à Paris en 1646, à 37 ans, laiſſant de *Marie-Françoiſe* de *Guema-
deuc*, ſon épouſe, *Armand - Jean*
de *Wignerod*, qui fut ſubſtitué au
nom & aux armes de *Pleſſis-Ri-
chelieu*, par le cardinal de *Richelieu*, ſon grand-oncle. Il mourut
en 1715, à 86 ans. C'eſt ce ſeigneur qui fit imprimer la *Bible* latine de *Richelieu*, 1656, in-
12. *Voyez* PLESSIS-RICHELIEU.

II. WIGNEROD, (Marie-Ma-
deleine de) ducheſſe d'*Aiguillon*,
ſœur du précédent, fut produite
à la cour par ſon oncle le cardinal
de *Richelieu*. Elle devint dame-d'a-
tours de la reine *Marie* de *Médicis*,
& fut mariée à *Antoine* de *Beauvoir*

D d dij

du *Roure* de *Combalet*, dont elle n'eut point d'enfans. Mais son oncle s'étant brouillé avec la reine *Marie* de *Médicis*, elle perdit en 1630 ses places & sa faveur auprès de cette princesse vindicative. Pour perdre le cardinal & sa nièce, elle tâcha de persuader au roi que le cardinal vouloit lui ôter sa couronne, pour la donner au comte de *Soissons* qui épouseroit Mad^e du *Combalet*. *Louis XIII* n'en voulut rien croire, & se livra entièrement aux insinuations du cardinal. Il fut toujours persuadé au contraire que sa mere même avoit voulu faire passer sa couronne sur la tête de *Gaston* son frere, en faisant épouser *Anne* d'*Autriche* à ce dernier, préférablement à lui-même à qui sa main étoit destinée. Le cardinal aimoit beaucoup sa nièce, parce qu'elle avoit comme lui de la hauteur, de la générosité, le goût des plaisirs & des arts. Ayant tenté en vain de la marier au frere du duc de *Lorraine*, il lui acheta le duché d'Aiguillon, & l'en fit recevoir duchesse & pairie en 1638. Elle mourut en 1675, & légua son duché d'Aiguillon à sa nièce *Marie-Thérèse*, sœur du duc de *Richelieu*, qui mourut en 1704 à 68 ans, sans alliance. Ce duché a passé dans la branche cadette des ducs de *Richelieu*.

WILDENS, (Jean) peintre, né à Anvers en 1600, mort vers 1644, est un des plus fameux paysagistes. *Rubens* employoit souvent son pinceau. Ses Paysages sont précieux par les sites agréables, les belles fabriques, les animaux & les figures dont ils sont la plupart ornés. Il a représenté les XII Mois de l'année, d'une manière ingénieuse & élégante. Ces sujets ont été gravés par plusieurs artistes. On estime aussi beaucoup ses dessins, faits

ordinairement à la pierre noire, ensuite arrêtés à la plume & lavés à l'encre de la Chine.

I. WILKINS, (Jean) fils d'un orfèvre d'Oxford, naquit à Fausley dans le Northampton, en 1614. Il se rendit habile dans les mathématiques & dans la théologie. Sa réputation lui mérita la place de principal du collége de la Trinité à Cambridge. Il devint ensuite membre de la société royale de Londres, puis évêque de Chester. Ce prélat avoit épousé une sœur de *Cromwel*. Il mourut en 1672, à 58 ans. Ses ouvrages principaux sont : I. *La Lune habitable*, Londres 1638, in-4°, livre très-médiocre. II. Plusieurs *Sermons*. III. Deux livres sur les *Devoirs & les Principes de la Religion naturelle*. IV. *Essai sur le Langage Philosophique*, 1668, in-fol. avec un Dictionnaire conforme à cet Essai. La folie de l'auteur étoit de former une langue universelle. Tous ces ouvrages ont été imprimés à Londres en anglois, en 1708, in-8°, & ils ne renferment guères, suivant *Niceron*, que des choses communes. On y trouve cependant quelques opinions singulières.

II. WILKINS, (David) chanoine de Cantorberi, & archidiacre de Suffolck, étoit un savant profondément versé dans les antiquités profanes & ecclésiastiques. On a de lui : I. Les *Conciles de la Grande-Bretagne*, Londres 1737, 4 vol. in-fol. II. *Leges Anglo-Saxonicæ*, Londres 1721, in-fol. Ces deux collections sont estimées.

WILLEMANN, *V.* GUILLIMAN.

WILLIAMS, (Filtz) fit paroître une ame grande & reconnoissante lors de la disgrace du cardinal de *Wolsey* son bienfaiteur. (*Voyez* WOLSEY.

WILLIS, (Thomas) médecin, né en 1622 à Gréat-Bedwin dans

le comté de Wilt, fit fes études à Oxford, où il prit les armes avec plufieurs autres écoliers en faveur du roi. Il fe livra enfuite tout entier à l'étude de la médecine. *Charles II* étant monté fur le trône en 1660, lui procura la place de profeffeur de philofophie naturelle dans la chaire fondée par *Guill. Sedley. Willis* fut l'un des premiers membres de la fociété royale de Londres. Il quitta Oxford en 1666, & vint exercer fon art dans la capitale, où il donna la fanté & excita l'envie. Les tracafferies que fes ennemis lui fufcitèrent, abrégérent fes jours. Il mourut à Londres en 1675, à 54 ans. On a de lui : Un Traité anglois, intitulé : *Moyen fûr & facile pour préferver & guérir de la Pefte, & de toute maladie contagieufe*; ouvrage pofthume, compofé en 1666 & imprimé en 1690. Il ne fe trouve pas dans la colleftion de fes Œuvres en latin, recueillies & imprimées à Amfterdam en 1682, en 2 vol. in-4°, dont les médecins font cas. Elles embraffent prefque tous les objets de l'art.

WILLUGHBEI, (François) naturalifte Anglois du XVIIᵉ fiécle, s'eft fait connoître par deux bons ouvrages d'Hiftoire naturelle en latin. Le 1ᵉʳ eft intitulé : *Ornithologiæ Libri tres*, Londres 1676, in-fol. ; le IIᵉ *De Hiftoria Pifcium Libri quatuor*, Oxford 1686, in-fol. Ces deux Traités, qui font peu communs & ornés de figures bien exécutées, ont été publiés par *Ray*, qui les revit,& qui y corrigea quelques fautes échapées à l'auteur.

WILMOT, *Voy.* ROCHESTER.

WIMPHELINGE, (Jacques) né à Scheleftat en 1450, prêcha à Spire en 1494 avec réputation. Il fe retira enfuite à Heidelberg, où il s'appliqua à étudier les Livres

faints & à inftruire de jeunes clercs. L'envie l'y pourfuivit. Les Auguftins, fâchés de ce qu'il avoit dit que *St Auguftin* n'avoit jamais été Moine ou Frere Mendiant, le citèrent à Rome. Il fe défendit par une apologie, & le pape *Jules II* affoupit ce différend ridicule. *Wimphelinge* étoit un efprit libre, qui rejettoit les préjugés,&qui cenfuroit les vices fans refpeft humain. Il fit une mort fainte à Scheleftat en 1528, à 79 ans. On a de lui : I. *Catalogus Epifcoporum Argentinenfium*, 1651, in-4°. II. Des *Poëfies latines*, 1492 & 1494, in-4°. III. Un *Traité fur l'Education de la Jeuneffe*, Argentor. 1500, in-4°. IV. *Libellus Grammaticalis*, 1497, in-4°. V. *Rhetorica*,1515, in-4°. VI. Un *Traité* fur les Hymnes, in-4°. VII. Un excellent Traité *De Integritate*, ou De la Pureté, 1503, in-4°, & un grand nombre d'autres ouvrages qui contiennent des réflexions judicieufes, appuyées fur les autorités les plus refpeftables.

WIMPINA, *ou* WYMPNA, (Conrad) natif de Buchen. Son mérite lui procura un canonicat dans l'Eglife cathédrale de Brandebourg. L'électeur le nomma à la chaire de premier profeffeur de théologie en l'univerfité qu'il avoit fondée à Francfort l'an 1506. *Wimpina* donna beaucoup d'éclat à cette école. Lorfque l'héréfiarque *Luther* eut publié fes erreurs, on le choifit pour les réfuter. Ce favant théologien mourut en 1531. On a de lui, I. Différens *Traités Théologiques*, dont les plus connus font ceux *De Sectis, Erroribus ac Schifmatibus*, Francfort 1528, 3 tom. in-fol. & *de Divinatione*, Coloniæ 1531, in-f. II. Diverfes *Harangues*, qui ne difent rien. III. Des *Poëfies* affez plates. IV. Des *Epîtres*, qui intéreffent fort peu.

WINCHELSEA, (Anne comtesse de) dame-d'honneur de la duchesse d'*Yorck*, seconde femme de *Jacques II*, mourut sans postérité en 1720. Elle eut quelque réputation sur le Parnasse Anglois, où elle peut occuper une place au second ou au troisiéme rang. On estime sur-tout son *Poême sur la Rate*, qu'on trouve dans le recueil de ses *Poésies*, publié à Londres en 1713.

WINCHESTER, (le Cardinal de) *Voyez* BEAUFORT.

I. WINCKELMANN, (Jean) né à Homberg en Hesse, mort en 1626, est auteur de différens ouvrages polémiques, qu'on laisse aujourd'hui dans la poudre des bibliothèques. On a encore de lui, I. Un *Commentaire* in-fol. sur les Evangiles de *St Marc* & de *St Luc.* II. Un *Commentaire* sur les petits Prophètes, & d'autres ouvrages.

II. WINCKELMANN, (l'Abbé Jean) président des antiquités à Rome, membre de la société royale & des antiquités de Londres, de l'académie de peinture de St-Luc à Rome, de l'académie Etrusque de Cortone, étoit un amateur plein de goût, de sentiment & de chaleur. Il revenoit de Vienne où l'empereur & l'impératrice reine l'avoient accueilli d'une manière distinguée, lorsqu'il fut assassiné en 1767 à Trieste, par un scélérat qui se disoit connoisseur, & auquel il avoit montré imprudemment diverses médailles d'or & d'argent. Nous avons de lui: L'*Histoire de l'Art chez les Anciens*, traduite de l'allemand en *françois*, 1766, 2 vol. in-8° avec figures. Ce livre, l'un des meilleurs qu'on ait écrits depuis long-tems sur les arts du dessin, a été reçu avec un égal empressement en Allemagne, en Angleterre & en Hollande par les curieux & les ar-

tistes qui y ont perfectionné leurs talens & leurs lumières. On a donné une édition très-augmentée de l'original, à Vienne 1776, in-4°, sur un manuscrit laissé par l'auteur. Ce qu'il y a de touchant, c'est que ce manuscrit est teint de son sang. L'auteur étoit occupé à le revoir, lorsque son assassin lui porta le coup mortel. L'abbé *Winckelmann* étoit un homme droit, sincére, confiant, capable de sentiment & d'amitié.

WINSLOW, (Jacques-Bénigne) Danois, & petit-neveu du célèbre *Stenon*, soutint la réputation de son oncle. Il vit le jour en 1669, à Odenzée dans la Fionie, d'un ministre Luthérien. L'envie de se perfectionner le conduisit à Paris, où il étudia sous le célèbre *du Verney*, maître habile, qui trouva dans ce jeune-homme un disciple digne de lui. *Winslow* avoit le malheur d'être Protestant, & il dut au grand *Bossuet* sa conversion. Sa réputation se répandant de plus en plus, il devint médecin de la faculté de Paris, démonstrateur au Jardin du roi, interprète de la langue Teutonique à la Bibliothèque du roi, & membre de l'académie des Sciences. Ses ouvrages sont: I. Un *Cours d'Anatomie*, sous ce titre: *Exposition anatomique du Corps humain*, in-4°, & 4 vol. in-12: livre élémentaire qui est très-recherché. II. Une *Dissertation sur l'incertitude des signes de la Mort*, 1742, 2 vol. in-12. Ce livre est très-bien raisonné. III. Une *Lettre* sur un Traité des maladies des Os. IV. Des *Remarques sur la Mâchoire.* V. Plusieurs savans *Ecrits* dans les *Mémoires* de l'académie des Sciences. *Winslow* mourut en 1760, à 91 ans, avec la réputation d'un des plus honnêtes hommes & d'un des plus habiles anatomistes de la France.

WINTER , (George - Simon)
écuyer Allemand du dernier fiécle,
fit une étude profonde de fon art.
Il en, donna des leçons à divers
feigaeurs & princes d'Allemagne,
& en publia deux Traités eftimés
& peu communs en France. Le 1ᵉʳ
parut à Nuremberg en 1672 , in-
fol. en latin , en allemand & en
françois , fous ce titre : *Tractatio
nova de re Equaria*. L'auteur y traite
en détail des écuries, du régime,
de l'âge, du pays, des qualités &
des marques des chevaux ; de la
maniére de les dreffer , de les élever & de les dompter ; de leurs
haras , de leurs maladies , & des
remèdes qui leur font propres ;
des devoirs & des qualités des pale-
freniers & des écuyers. Le fecond,
imprimé dans la même ville en
1678, 2 vol. in-fol. en latin & en
allemand , ne traite que de l'art
de monter à cheval. Il eft intitulé :
Eques peritus , & Hippiator expertus.

WION, (Arnould) Bénédictin ,
né à Douai en 1554, prit l'habit
dans l'abbaye d'Ardembourg au
diocèfe de Bruges. Pendant les
guerres civiles de religion il fe
retira en Italie, & fut reçu parmi les Bénédictins de *Ste Justine* de
Padoue , dits du *Mont-Caffin*. Il s'y
fignala par quelques ouvrages, où
les abfurdités & les fables, font
éntaffées. Les principaux font : I.
La *Généalogie* de la famille des *Ani-
ces*, d'où il faifoit defcendre *St Benoît* & la maifon d'*Autriche*. II. Une
Hiftoire des Hommes illuftres de
fon Ordre , fous le titre de *Li-
gnum vita*. C'eft dans ce fecond ouvrage, imprimé à Venife en 1595,
2 vol. in-4°. qu'on trouve les im-
pertinentes prédictions fur les élections des Papes, atribuées à *St Malachie* , évêque d'Irlande. L'oubli
du fens-commun s'y fait fentir à
chaque page.

WIRLEM-BAUR , *Voyez* BAUR.
WIRSUNGUS, *ou* WIRSUNGIUS,
(Jean-George) Bavarois, profeffeur d'anatomie à Padoue , découvrit en 1642 le *Conduit pancréati-
que*. Son mérite lui fufcita des envieux, qui, à ce que l'on croit ,
gagnèrent par argent un Italien
pour l'affaffiner. *Wirfungus* fut tué
dans fon étude par ce fcélérat, d'un
coup de piftolet, avant que d'a-
voir fait imprimer aucun de fes
ouvrages.

WISCHER, *ou* VISSCHER, (Corneille) deffinateur & graveur Hollandois du XVIIᵉ fiécle, laiffa des
fujets & des portraits, d'après des
peintres Flamands. On ne, peut
graver avec plus de fineffe , de
goût, d'efprit & de vérité. Son burin eft en même tems favant, pur
& gracieux. Les Eftampes qu'il
a inventées lui-même, font honneur à fon goût & à fon génie,
Jean *WISCHER* fon frere , ainfi
que *Lambert* & *Nicolas WISCHER*
de la même famille , fans avoir
des talens éminens, font admirer
leur goût & leur mérite , dans les
Eftampes qu'ils ont gravées d'après
Berghem & *Wauwermans.*

WISSOWATIUS, (André) né
en 1608 , à Philippovie, dans la
Lithuanie , d'une famille noble ,
étoit petit-fils , par fa mère , de
Faufte Socin. Il hérita des erreurs
de fon grand-perc., & les répandit en Hollande, en France & en
Angleterre. De retour en Pologne , il fut l'un des principaux
chefs des Sociniens, & foutint les
intérêts de cette fecte au péril de
fa vie. Enfin contraint de fe retirer en Hollande par l'arrêt qui
profcrivit, en 1658, les Unitai-
res , il y travailla à l'édition de
la *Bibliothèque des Freres Polonois*,
qu'il mit au jour peu de tems après
en 9 vol. in-fol. On a encore de

lui un Traité intitulé : *Religio rationalis* ; feu *De Rationis judicio, in Controverſiis etiam theologicis ac religioſis adhibendo, Traɛtatus*, 1685 , in-16 ; & pluſieurs autres ouvrages très-dangereux qu'il fit pour ſes proſélytes. Ce ſeɛtaire mourut en Hollande en 1668.

WISTON, *Voyez* WHISTON.

WIT, (Jean de) fils de *Jacob* de *Wit*, bourguemeſtre de Dordrecht, naquit en 1625 d'une famille noble & ancienne. Après s'être perfeɛtionné dans la juriſprudence, les mathématiques & la théologie, la curioſité le porta à voyager dans les cours étrangeres. Il s'y fit des amis par les qualités de ſon cœur & de ſon eſprit. De retour en ſa patrie, il s'éleva de grade en grade juſqu'à celui de Penſionnaire de Hollande : emploi qu'il exerça dans des tems très-difficiles. La guerre avec les Anglois, qui ne fut pas toujours heureuſe pour la République, exerça ſon habileté. On admira ſur-tout avec quelle promptitude il travailla au rétabliſſement de la flotte, preſque ruinée dans un combat contre les Anglois ; & la réſolution qu'il prit & qu'il exécuta, de ſe mettre lui même ſur la flotte avec d'autres députés de l'Etat. Cependant les malheurs de la patrie en faiſoient ſoupirer pluſieurs après un Stathouder. Quoique *Guillaume III* fût encore enfant , on faiſoit de grands efforts pour l'élever à cette charge. *Jean de Wit* s'oppoſoit de tout ſon pouvoir à cette éleɛtion , contraire ſelon lui à la liberté de ſon pays. Ce zèle pour la patrie fut la ſource de ſes malheurs. Soupçonné d'être d'intelligence avec l'ennemi, il fut attaqué par 4 aſſaſſins qui manquérent leur coup , & dont l'un fut puni de mort. La crainte d'un pa-

reil danger lui fit demander ſa retraite,& il l'obtint. Le parti du prince d'*Orange* ayant prévalu en 1672 dans le tems que la France preſſoit la Hollande, on accuſa *Corneille* de *Wit*, frere de *Jean*, d'avoir voulu faire aſſaſſiner ce prince , & on le mit en priſon à la Haye. Faute de preuves, il ne put être condamné qu'au banniſſement ; mais comme le Penſionnaire le faiſoit ſortir de priſon pour ſatisfaire à la ſentence de banniſſement, la populace effrénée les maſſacra tous deux , parce qu'ils avoient voulu la paix. Ainſi périrent deux freres, dont l'un avoit gouverné l'Etat pendant 19 ans avec vertu, & l'autre l'avoit ſervi de ſon épée. On exerça ſur leurs corps ſanglans toutes les fureurs dont le peuple eſt capable. *Jean de Wit* s'étoit ſignalé autant par ſes talens que par ſa modération. Aſſujetti à la frugalité & à la modeſtie de ſa République, il n'avoit qu'un laquais & une ſervante. Il alloit à pied dans la Haye , tandis que dans les négociations de l'Europe ſon nom étoit compté avec les noms des plus puiſſans Rois : homme infatigable dans le travail , plein d'ordre , de ſageſſe , d'induſtrie dans les affaires , excellent citoyen , grand politique , & digne d'un meilleur ſort. On a de lui : I. Des *Négociations*, Amſterdam 1725 , 5 v. in-12. II. Des *Mémoires* , Ratisbonne 1709 , in-12. Ces ouvrages renferment des faits intéreſſans , & méritent d'être lus. *Voyez* ſa *Vie* en 2 vol. in-12 , Utrecht, 1709.

WITASSE, (Charles) né à Chauny dans le dioceſe de Noyon en 1660, fut élevé à Paris , où il ſe rendit habile dans les humanités , dans la théologie & dans les langues. Devenu prieur de Sorbonne en 1689, & doɛteur en 1690, il obtint tous les fuffrages pour la chaire de profeffeur-royal en théologie, à laquelle il fut nommé en 1696. Il rempliffoit cette charge avec autant d'exactitude que d'applaudiffement, lorfque la Bulle *Unigenitus* parut. Le refus qu'il fit de recevoir ce décret, lui attira une lettre de cachet qui l'exiloit à Noyon; mais il échapa à la perfécution par la fuite. Après la mort de *Louis XIV*, il reparut à Paris, où il mourut d'apoplexie en 1716. Son caractère répondoit à fes lumières. Plein de douceur & de gravité, il eut toujours un nombreux concours de difciples, qui le préféroient à la plûpart des autres profeffeurs. Quoiqu'il pût attendre de fa réputation & de l'eftime générale qu'elle lui avoit acquife, des places confidérables, il borna fon ambition à fervir le public dans fon emploi. C'eft à lui qu'on doit l'établiffement de la maifon des Prêtres de *St François de Sales*, où les pauvres Curés & les prêtres invalides fur-tout du diocèfe de Paris, trouvent une retraite & une fubfiftance honnête. Lorfque le cardinal de *Noailles* demanda des lettres-patentes pour cette fondation à *Louis XIV*, le roi les lui accorda auffi-tôt, en difant : « Il eft bien » jufte que, mes foldats ayant une » retraite, ceux de *Jefus-Chrift* n'en » manquent pas. » Il étoit fort lié avec ce cardinal, & on lui attribua communément les fentimens que ce prélat fit paroître contre la Bulle. Les ouvrages de cet illuftre docteur font : I. Plufieurs *Lettres fur la Pâque*. II. L'*Examen* de l'édition des Conciles du P. *Hardouin*. Il fit cet Examen à la follicitation du parlement de Paris. III. Une partie des *Traités* qu'il avoit dictés en Sorbonne ; favoir ceux de la Pénitence, de l'Ordre, de l'Eucha-

riftie, des Attributs, de la Trinité & de l'Incarnation. Celui de la Confirmation, qu'on lui a attribué, n'eft point de lui, mais d'un Pere de l'Oratoire. Chacun de ces Traités eft en 2 vol. in-12, excepté celui des Attributs qui eft en trois. L'érudition & la netteté les caractérifent. Son ftyle convenoit parfaitement au genre didactique : pur fans affectation, fimple fans barbarie, net & concis fans féchereffe. Il ne lui manquoit qu'un peu plus de délicateffe dans le choix de fes preuves, & plus de foin à ne pas s'affujétir aux formes & aux queftions que la tyrannie de l'ufage a introduites.

WITHBY, *Voyez* WHITBY...&c.

I. WITIKIND, prince Saxon, généreux défenfeur des reftes de la Germanie, excita fes compatriotes à foutenir leur liberté contre *Charlemagne*, qui arma pour les réduire, & qui ne pouvoit en venir à bout. Enfin ce monarque, las de faire la guerre aux Saxons, & de répandre du fang, envoya à *Witikind* un de fes feigneurs, pour l'exhorter à rentrer dans fon devoir à des conditions très-avantageufes. Le prince Saxon s'y foumit, & alla trouver l'empereur à Attigny en Champagne. Ce conquérant le reçut avec une douceur extraordinaire, le gratifia du duché d'Angrie, & l'engagea à fe faire inftruire de la religion Chrétienne. *Witikind* en fit profeffion l'an 80, & fut tué, 4 ans après, par *Gerold* duc de Suabe. *Sa poftérité*, (dit *Pafquier*,) *commença fe s'établir en France, & fut deftinée pour la fin & clôture de celle de Charlemagne...* *WITIKIND II*, fon fils, qui prit au baptême le nom de *Robert*, fut pere de *Robert le Fort* marquis de France, bifaïeul de *Hugues Capet*, auteur de la 3ᵉ race de nos rois.

II. WITIKIND, WITUKIND, ou
WITEKINDE, Bénédictin de l'abbaye de Corbie fur le Wefer, au
X^e fiécle, avoit compofé plufieurs
Ecrits, dont il ne nous refte que
l'Hiftoire des *Othons*, publiée par
Meibomius fous ce titre : *Annales*
de geftis Othonum, dans le recueil
des Hiftoriens d'Allemagne, Helmftad, 1688, in-fol. *Witikind* fit fleurir la piété & les lettres dans le
monaftére de Corbie.

WITSIUS, (Herman) docteur
Proteftant, né à Enckhuyfen dans
le Nort-Hollande, en 1626, devint
profeffeur de théologie à Franeker, puis à Utrecht, & enfin à
Leyde, où il mourut en 1708. Ses
principaux ouvrages font : I. *Hiftoria Hierofolymitana*. II. *Egyptiaca*
& *Decaphylon, cum Diatribâ de Le-
gione fulminatricé Chriftianorum*. Il
fait voir dans cet ouvrage, dont
la meilleure édition eft celle de
1683, in-4°, que les Juifs n'ont
point emprunté des Egyptiens leurs
loix & leurs cérémonies, comme
l'avoient prétendu *Spencer* & *Marf-
ham*. III. *Mifcellaneorum Sacrorum
Libri duo*. IV. *Maletemata Leydenfia*,
&c. Ces différens ouvrages déno-
tent une érudition peu commune.
On y fouhaiteroit plus de choix.

WITTICHIUS, (Chriftophe)
né à Brieg dans la baffe Siléfie,
en 1625, fut profeffeur de mathématiques à Herborn, d'où il fut
appellé à Duysbourg, pour y enfeigner la théologie. De-là il paffa
à Nimègue, où il occupa une chaire
de théologie pendant 16 ans. Enfin, il eut le même emploi à Leyde en 1671, & il y finit fa favante
carrière en 1687. Ses ouvrages
font : I. *Theologia Pacifica*, Leyde
1671, in-4°. II. *Anti-Spinofa*. III.
D: Deo & ejus Attributis, Amfterd.
1690, in-4°. *Wittichius* eft, de tous
les Proteftans, l'un de ceux qui a

le mieux fu accorder les principes
philofophiques de *Defcartes* avec
la théologie, dans fon *Confenfus veritatis*, Leyde 1682, in-4°.

WODVARD, *V.* WOODWARD.

WOLDIKE, (Marc) né l'an
1699 à Sommerfted en Danemarck,
fut miniftre d'une églife, puis profeffeur de théologie en 1731, à
Copenhague, où il mourut en
1750. Il s'eft fait connoître par
plufieurs *Traductions* latines, I. Des
Traités de *Moyfe Maimonides* touchant les viandes défendues, avec
des notes. II. De plufieurs chapitres du *Talmud* de Jérufalem & du
Talmud de Babylone. On a encore
de lui quelq. *Traités de Controverfe.*

I. WOLFF, (Chriftiern de) *Wol-
fius*, né à Breflau en 1679, d'un
braffeur, homme de lettres. Son
pere remarquant dans fon fils les
plus heureufes difpofitions ; les
cultiva avec foin, & lui donna
d'habiles maîtres. L'univerfité d'Iène, où il fe rendit en 1699, fut
le premier théâtre de fes talens.
Après avoir achevé fon cours dans
cette ville, il alla enfeigner à Leipfick en 1703, & s'y annonça par
une *Differtation fur la manière d'enfeigner la Philofophie*. Sa méthode
étoit en partie celle de *Defcartes*,
à laquelle il ajoûta fes propres
idées. Son nom pénétra dans les
différentes parties de l'Allemagne,
& les univerfités de Gieffen & de
Hall le demandérent en mêmetems pour profeffeur de mathématiques. Cette dernière ville éut la
préférence en 1707. Il y enfeigna
avec tant d'affiduité & d'applaudiffement, qu'on l'honora du titre
de confeiller de cour, & on augmenta fes appointemens. La rage
de l'envie & du fanatifme vint
troubler fon bonheur, & voulut
éclipfer fa gloire. Une Harangue
qu'il prononça, en 1721, fur la

morale des Chinois, dans laquelle il comparoit les principes de *Confucius* avec les fiens, excita le faux zèle des théologiens de Hall. La faculté théologique de cette ville réfolut d'examiner tous les ouvrages de notre philofophe. *Wolff* en porta fes plaintes au confeil académique, & obtint même un ordre portant défenfe à qui que ce fût d'écrire contre lui. Cette défenfe tyrannique ne fit qu'échauffer les efprits. On écrivit en cour. Le doyen & plufieurs membres de la faculté philofophique expoférent combien fa doctrine étoit dangereufe. Enfin après de grands flots d'encre & de vives altercations, la cour le condamna, le 15 Novembre 1723, à fortir de Hall & des Etats dans l'efpace de 24 heures, fous les peines les plus rigoureufes. L'illuftre opprimé fe rendit à Caffel, où il obtint la chaire de mathématiques & de philofophie dans l'univerfité de Marpourg, avec le titre de confeiller aulique du landgrave de Heffe & une bonne penfion. Il fe remit auffi-tôt à fes travaux avec une nouvelle ardeur, & c'eft dans ce féjour qu'il a publié la meilleure partie de fes ouvrages. La flétriffure qu'il avoit fubie n'avoit fait qu'augmenter fa réputation. Il fut déclaré, en 1725, profeffeur honoraire de l'académie des fciences de Pétersbourg ; & en 1733, il obtint l'affociation de l'académie des fciences de Paris. Le roi de Suède le déclara auffi confeiller de régence. *Wolff*, attaché à Marpourg par les liens du devoir & de la reconnoiffance, refufa des places très-avantageufes, entr'autres celle de préfident de l'académie à Petersbourg. Le roi de Pruffe, revenu des préjugés qu'on lui avoit fait concevoir contre lui, voulut le rendre à

l'univerfité de Hall en 1733, & fit une feconde tentative à cet égard en 1739, qui fut auffi inutile que la 1re. Ce prince étant mort le 31 Mai 1740, *Charles-Fréderic*, fon fils, philofophe couronné, & ami de *Wolff*, le rappella à Hall en 1741, avec les titres de confeiller-privé, de vice-chancelier & de profeffeur du Droit de la Nature & des Gens. Il l'éleva enfuite à la dignité de chancelier de l'univerfité. L'électeur de Bavière, pendant le vicariat de l'Empire qu'il exerça, le promut à celle de Baron de l'Empire, fans que le philofophe l'eût recherché, ni prévu. Il jouiffoit paifiblement de fa gloire & du fruit de fes travaux, lorfque des attaques fréquentes de goutte le conduifirent par dégrés à un marafme qui lui annonçoit fa fin. Elle arriva le 9 Avril 1754, dans fa 76e année. Il mourut avec l'intrépidité de la philofophie & de la religion. C'étoit un fage. Les honneurs & les difgraces, la fanté & la maladie, altérérent peu la tranquillité de fon ame. Il traitoit ordinairement fes ennemis avec douceur, & quelquefois avec générofité. La fimplicité de fes mœurs le rendoit content de ce qu'il avoit ; il vivoit fobrement, mangeoit peu, & ne buvoit point de vin. Il n'avoit d'autre ambition, que celle de la fcience & de la vertu. Le roi de Suède, qui en faifoit un cas infini, le preffant fouvent de lui demander des graces, il répondoit toujours : *Je n'ai befoin de rien* ; bien différent de tant d'hommes de lettres indignes de ce nom, qui font baffement, & prefque toujours inutilement, la cour aux laquais ou à la maîtreffe d'un grand, pour avoir une pet. penfion, arrachée par l'importunité à une avarice faftueufe. Ses principaux ouvrages font : I. Un *Cours de Mathématiques*, en latin , d'abord en 2 vol. in-4°, puis en 5 in-4°: Genève, 1732 & 1741. C'eſt le Cours de Mathématiques le plus complet que nous ayons juſqu'à préſent. Un Bénédiſtin de la congrégation de St Maur l'a abrégé , en 3 vol. in-8°. & c'eſt un ſervice qu'on devroit rendre à tous les ouvrages de *Wolff*, trop longs au moins de la moitié. Il a noyé , (dit un écrivain illuſtre,) le ſyſ. tême de *Leibnitz* , dans un fatras de volumes , & dans un déluge de paroles , d'argumens , de corollaires & de citations. II. Une *PHILOSOPHIE* , en pluſieurs vol. in-4° , que l'auteur diviſe en *Théorétique* & en *Pratique*. On trouve dans la premiére : 1°. La Logique qu'il a intitulée, *Philoſophia rationalis , ſive Logica* , in-4°. On en a un Abrégé in-8°. plufieurs fois imprimé , ſous le titre de *Penſées ſur les forces de l'Entendement humain* ; traduit par M. *Deſchamps.* 11°. La *Métaphyſique* , dont les parties ſont : *Philoſophia prima*, *ſive Ontologia* , 1735 , in-4°. *Coſmologia generalis* , in-4°. *Pſychologia Empyrica* , in-4°. *Pſychologia rationalis*, in-4°. *Theologia naturalis* , 2 vol. in-4. 111°. La *Phyſique*, dont les parties ſont la *Phyſique expérimentale* & la *Phyſique dogmatique......* Sa *PHILOSOPHIE PRATIQUE* comprend *Philoſophia practica univerſalis*, en 2 vol. in-4°. *Philoſophia moralis , ſive Ethica*, en 5 vol. in-4°. Ces nombreux volumes renferment de bonnes choſes ; mais il faut les chercher à travers beaucoup de choſes médiocres ou allongées. III. *Jus Naturæ*, ou Traité du Droit naturel , en 8 vol. in-4°. IV. *Jus Gentium* , in-4°. L'auteur a abrégé les deux ouvrages précédens ſous ce titre : *Inſtitutiones Juris Naturæ , Gentium* , in-8°.

Nous en avons un autre Abrégé en françois par M. *Formey*, qui a paru en 1758 , ſous ce titre : *Principes du Droit de la Nature & des Gens* , en 3 vol. in-12. V. *Horæ ſubteſſivæ Marburgenſes*, en 9 parties. Ce ſont des Diſſertations ſur diverſes matiéres de Philoſophie, de Droitnaturel & de Théologie. VI. Un grand nombre d'Ecrits dans les *Acta Eruditorum* de Leipſick. VII. Un *Dictionnaire* de Mathématiques , in-8° , en allemand. VIII. *Specimen Phyſicæ ad Theologiam naturalem applicatæ*, in-8°. IX. Une foule d'autres *Ecrits* , dont il feroit trop long de donner la liſte ; car le baron de *Wolff* enfantoit les gros volumes , comme nos auteurs François d'à-préſent produiſent les Romans & les Almanachs. Ce qui cáractériſe principalement les Ecrits philoſophiques de ce ſavant homme , c'eſt ſa méthode. *Deſcartes*, de qui il la tenoit, s'étoit borné aux parties ſpéculatives de la philoſophie, ſans toucher à la partie pratique. *Wolff* ſe propoſa de ſuppléer à cette omiſſion , & de commencer , pour ainſi dire , où le philoſophe François s'étoit arrêté. La méthode des géomètres , qui marchent à pas comptés , & ne poſent un pied qu'après avoir bien affermi l'autre , lui parut la plus propre à le conduire à ſon but. Il a donc entrepris de faire de toutes les connoiſſances philoſophiques un vrai ſyſtême , qui procédât de principes en conféquences , & où toutes les propoſitions fuſſent déduites les unes des autres avec une évidence démonſtrative. Le ſtyle du baron de *Wolff* eſt barbare en latin ; les expreſſions ſont ou louches ou mal choiſies , les phrafes mal conſtruites , les mêmes termes ſouvent répétés. On prétend qu'il écrivoit mieux en allemand , ſi toutefois l'on peut bien écrire dans une langue auſſi rude.

.II. WOLFF, (Jérôme) d'une ancienne famille du pays des Griſons, fit paroître, dès ſon enfance, une inclination finguliére pour l'étude ; mais ſon pere craignant qu'elle n'altérât ſon tempérament naturellement délicat, l'empêcha de s'y appliquer. Le jeune *Wolff* s'échapa de la maiſon paternelle, & s'en alla à Tubinge, où il ſe mit au ſervice des écoliers. Son indigence ne l'empêcha point de ſe rendre habile dans les langues Grecque & Latine. Il les enſeigna quelques années, & devint enſuite bibliothécaire & principal du collège d'Augsbourg, où il mourut de la pierre en 1580, à 64 ans. On a de lui : I. Des Traductions latines de *Demoſthènes*, d'*Iſocrate*, & de quelques autres auteurs. II. Un Traité *De vero & licito Apologiæ uſu.* III. Un autre *De expeditâ utriuſque Linguæ diſcendæ ratione.* IV. *Lectiones memorabiles*, 1600, 2 tomes in-fol.

WOLFHART,*V.* LYCOSTHENES.

WOLKELIUS, *Voy.* VOLKELIUS.

WOLLASTON, (Guillaume) prêtre Anglican, né à Caton-Clanford dans le Staffordshire, en 1659, d'une famille ancienne, ſe vit réduit par la médiocrité de ſa fortune, à accepter la place de ſous-maître, puis celle de ſecond maître dans l'Ecole publique de Birmingham. Une riche ſucceſſion le mit, en 1688, dans une ſituation opulente, dont il fit uſage pour aſſiſter un grand nombre de malheureux. Peu de tems après, il alla s'établir à Londres, & il s'y maria l'année ſuivante. Il refuſa conſtamment toutes les places conſidérables qu'on lui offrit, pour ſe livrer tout entier à l'étude des langues, de la philoſophie, des ma-

thématiques, de la philoſophie naturelle, de l'hiſtoire ancienne & moderne, & de la théologie. L'art de flatter, de diſſimuler, de cacher ſes ſentimens lorſqu'il les croyoit fondés, lui étoit inconnu. Il parloit, il penſoit en philoſophe, & il agiſſoit de même. Son principal ouvrage eſt une *Ebauche de la Religion naturelle*, qui a été traduite en françois, & imprimée à la Haye, en 1726, in-4°. Le traducteur a aſſez bien débrouillé le chaos des notes de l'original ; mais il fait ſouvent dire à l'auteur ce qu'il ne dit point. Au reſte c'eſt en partie la faute de *Wollaſton* ; que ne s'expliquoit-il plus clairément ? Il avoit jetté au feu preſque tous ſes autres écrits avant ſa mort, arrivée en 1724, dans ſa 64ᵉ année. La délicateſſe de ſon goût lui fit faire ce ſacrifice. *Voy.* l'*Hiſtoire des Philoſophes modernes*, par M. Saverien.

WOLMAR, (Melchior) natif de Rotweil en Suiſſe, apprit la langue Grecque à *Calvin* & à *Beʒe*, & leur inſpira l'envie d'être réformateurs. *Ulric*, duc de Wirtemberg, l'attira dans ſes états, & le fit profeſſeur en droit à Tubinge. Après avoir rempli ces emplois avec diſtinction, il ſe retira à Eiſenach, où il mourut d'apoplexie en 1561, à 64 ans. La Préface qu'il a miſe à la tête de la *Grammaire Grecque* de *Demetrius Chalcondyle*, a paſſé autrefois pour un chef-d'œuvre en ce genre ; mais on ne la regarde plus aujourd'hui du même œil. On a auſſi de lui des *Commentaires* ſur les deux premiers livres de l'*Iliade* d'*Homére*.

WOLSEY, (Thomas) fils d'un boucher d'Ipſwich en Angleterre, enſeigna la grammaire dans l'univerſité d'Oxford. Ses talens lui procurérent la place d'aumônier du roi *Henri VIII*, qui le fit entrer dans le conseil, & qui se déchargea sur lui du gouvernement de l'Etat. Après lui avoir donné successivement plusieurs évêchés, il le fit archevêque d'Yorck & grand-chancelier du royaume. Le pape *Léon X* l'honora de la pourpre en 1515, & du titre de légat *à latere* dans tout le royaume. *François I* & *Charles-Quint*, qui le regardoient comme l'arbitre de l'Europe, le comblèrent de caresses & de présens. Le dernier le traitoit tantôt de cousin & tantôt de pere, & le flatta même du trône pontifical. Le St-Siége vaqua deux fois. L'empereur, loin de penser à remplir ses engagemens, fit agir pour d'autres. *Wolsey* rompit aussitôt le lien qu'il avoit formé entre ce prince & son maître ; & il réunit les forces de l'Angleterre & de la France, pour accabler, s'il étoit possible, son ennemi. Il imagina peu après une autre guerre de vengeance, qu'il crut plus propre à humilier *Charles-Quint* : ce fut le divorce de *Henri* avec la reine *Catherine* d'*Aragon*, tante de cet empereur ; ou du moins, s'il n'inspira pas la pensée de ce divorce, il entra dans toutes les vues du prince qui vouloit le faire. *Anne de Boulen*, épouse de *Henri VIII* après *Catherine*, fut la première à aigrir le roi contre un ministre insolent, qui avoit révolté tout le monde par son faste & par ses hauteurs. Le monarque irrité confisqua tous ses biens, le dépouilla de ses charges, & le relégua dans son archevêché d'Yorck. Il se vit tout-à-coup méprisé des grands & haï du peuple. *Filtz Williams*, un de ses protégés, fut le seul qui osa défendre sa cause, & faire l'éloge des talens & des grandes qualités du ministre disgracié. Il fit

plus : il offrit sa maison de campagne à *Wolsey*, & le conjura d'y venir du moins passer un jour. Le cardinal, sensible à ce zèle, alla chez *Filtz Williams*, qui le reçut avec les marques les plus distinguées du respect & de la reconnoissance. Le roi instruit de l'accueil que ce particulier n'avoit pas craint de faire à un homme tel que *Wolsey*, fit venir *Williams*. Il lui demanda d'un air & d'un ton irrités, par quel motif il avoit eu l'audace de recevoir chez lui le cardinal accusé & déclaré coupable de haute trahison ? SIRE, (répondit Williams) *ce n'est point le criminel d'Etat que j'ai reçu chez moi, c'est mon Protecteur, celui qui m'a donné du pain & de qui je tiens la fortune dont je jouis ; j'aurois été le plus ingrat des hommes, si je l'avois abandonné.* Le roi, plein d'admiration, conçut dès cet instant une haute estime pour le généreux *Filtz Williams*. Il le fit chevalier sur le champ, & peu de tems après il le nomma son conseiller-privé. Cependant *Wolsey* n'ayant que cet ami dans sa disgrace, se vit accablé d'une foule d'accusations, d'opprobres & de malheurs. Le duc de *Northumberland* eut ordre de l'arrêter pour crime de lèse-Majesté. On le conduisoit à la Tour de Londres pour lui faire son procès ; mais il succomba à ses infortunes, & mourut en chemin à Leychester, en 1533, à 60 ans. Il dit, un peu avant sa mort, ces paroles remarquables: *Hélas! si j'avois servi avec la même fidélité le Roi du Ciel, que j'ai servi le Roi mon Maître sur la terre, il ne m'abandonneroit pas dans ma vieillesse, comme mon Prince m'abandonne aujourd'hui.* Sa *Vie* a été donnée en anglois, in-4°. On a débité bien des faussetés sur ce fameux cardinal, que l'abbé de

Longuerue a très-bien réfutées dans fes favantes & judicieufes *Remarques* fur la Vie de ce prélat infortuné : (On'les trouve dans le tome VIII des Mémoires de Littérature du P. *Defmolets*). *Wolfey* étoit d'une naiſſance baſſe, mais d'un génie élevé. Si des mœurs dépravées commencèrent fa fortune, il l'augmenta par beaucoup d'audace & d'habileté. Il fe fervit de la confiance des grands qu'il avoit gagnée, pour s'avancer, &-de la connoiſſance qu'il avoit de leur politique, pour les détruire. Heureux à pénétrer les hommes & les chofes, il fe rendit abfolu en flatant les paſſions de fon maître, & il auroit joui long-tems de fon pouvoir, fi un favori pouvoit tenir contre une maîtreſſe. Son principal talent étoit celui de préparer les événemens, & de profiter de ceux que le hazard lui préfentoit. Son caractére ne fut pas auſſi bon que fa politique. Il étoit né jaloux, inquiet, foupçonneux & vindicatif; & ces différens vices furent la première fource de fa chute. Rien n'eſt plus fingulier qu'un des chefs d'accufation qu'on intenta contre *Wolfey* : c'eſt qu'ayant le mal de Naples, il avoit eu l'infolence de prendre fon haleine trop près du roi. Il falloit que la haine fût bien acharnée contre lui, pour lui faire un crime de cette nature. On trouve un petit Recueil des *Lettres* de ce cardinal dans le tome IIIe de la *Collectio ampliſſima* des PP. *Martène* & *Durand*, Bénédictins. Elles peuvent fervir pour l'Hiſtoire de ce tems-là.

WOLZOGUE, *ou* WOLZOGEN, (Louis de) né à Amesford en 1632, de parens nobles, originaires d'Autriche, ne doit pas être confondu avec un écrivain Socinien de même nom dont les ouvr. forment

2 vol. de la Bibliothèque des *Freres Polonois*. Après avoir été élevé fous fon pere, habile mathématicien, & dans l'univerſité de fa patrie, il vint en France pour s'y perfectionner dans la connoiſſance de notre langue. De-là il alla à Genève, parcourut la Suiſſe & l'Allemagne en voyageur curieux & intelligent. De retour dans fa patrie, il fut fucceſſivement miniſtre de l'Eglife Wallonne à Groningue, à Middelbourg en Zélande, à Utrecht & à Amſterdam. Il remplit tous les devoirs de ces différens poſtes, avec autant de zèle que d'intelligence. Il mourut à Amſterdam en 1690, où il occupoit la chaire de profeſſeur en Hiſtoire eccléfiaſtique. Cet écrivain étoit auſſi Socinien, & il eut de vives querelles avec le fanatique *Labadie*. Ses principaux ouvrages font : I. *Orator Sacer, five De ratione concionandi*, Utrecht 1671, in-8°. II. *Diſſertatio Critico-Theologica de correctione Scribarum in octodecim Scripturæ dictionibus adhibita*, Hardewick 1689, in-4°. III. Une *Traduction* françoife du Dictionnaire Hébreu de *Leigh*. Cet ouvrage parut à Amſterdam, en 1730, in-4°. IV. *De Scripturarum Interprete contra Exercitatorem Paradoxum*, 1668, in-12. *Voyez* les *Lettres* fur la vie & la mort de *Wolzogue*, Amſt. 1692, in-8°.

WOOD, (Antoine de) antiquaire Anglois, naquit à Oxford en 1632, & y prit le dégré de maître-ès-arts. Ennemi du fanatifme & des difputes eccléfiaſtiques, il fe renferma dans fon cabinet, étudiant les antiquités, fur-tout celles de fa patrie & de l'univerſité d'Oxford, tandis que des enthoufiaſtes défoloient l'Angleterre. Il avoit fait paroître beaucoup de penchant pour la religion Catho-

lique; mais il mourut zélé Anglican, en 1695, à 63 ans. On a de
lui : I. *Historia & Antiquitates Uni-
versitatis Oxoniensis*; ouvrage plein
de recherches profondes, écrit d'a-
bord en anglois, & que l'univ. fit
trad. & impr. en latin, 1674 & 75,
2 vol. in-f. II. *Athenæ Oxonienses*,
en 2 vol. in-fol. *Vood* y parle de
toutes les personnes illustres qui
font forties de l'université d'Oxford, depuis l'an 1500 jufqu'en
1690. C'eft une excellente Hiftoire
littéraire de l'Angleterre, & les bibliographes y ont beaucoup puifé.

WOODWARD, *ou* WODWARD,
(Jean) naquit en 1665 en Angleterre. S'étant rendu profond dans
l'anatomie & la médecine, il choifit Londres pour le théâtre de fes
talens. Il devint en 1692 profeffeur de médecine dans le collège
de Gresham, à la place du docteur *Stillingflet*. Il mourut après
avoir fondé, dans l'université de
Cambridge, une place pour un
étudiant. Ses principaux ouvrages
font un *Effai fur l'Hiftoire naturelle
de la Terre*, Londres 1714, in-8°.
Cet ouvrage, traduit du latin en
françois par M. *Noguès*, fous le
titre de *Géographie Phyfique*, ou *Effai fur l'Hiftoire naturelle de la Terre*,
Paris 1735, in-4°, jouit de l'eftime des favans.

WOOLSTON, (Thomas) né en
1660 à Northampton, étudia dans
l'université de Cambridge. Il paffa
enfuite au collège de Sidnei, où il
prit des dégrés en théologie, &
d'où il fe fit exclure par fes impiétés. De Cambridge il fe rendit
à Londres, où il étoit connu par
VI *Difcours fur les Miracles de Jefus-Chrift*, 1727 à 1729, in-8°. Sous
prétexte de les faire paffer pour
des allégories, il s'efforce de les
détruire dans cet ouvrage pernicieux. Comme il continuoit d'é-

crire contre les vérités fondamen-
tales de la Foi, il fut déféré au
tribunal féculier. La cour du banc
du roi le condamna, en 1729, à
payer 25 l. fterlings d'amende pour
chacun de fes Difcours, à fubir
une année de prifon, & à donner
caution pour fa bonne conduite
pendant le refte de fes jours. Le
coupable n'ayant pas eu de quoi
fatisfaire à cette fentence, demeura en prifon. Il mourut à Londres
en 1733, du rhume épidémique
qui fe fit fentir cette année dans
prefque toute l'Europe. *Woolfton*
attaqua la Religion autant par
étourderie que par impiété. On
trouve dans le tour de fes penfées & de fes expreffions, un air
de malignité & de vaine joie, qui
décèle une inclination criminelle.
On a de lui plufieurs ouvrages
écrits d'un ftyle clair, fans être
élégant, & dans lefquels il abufe
des paffages des SS. Peres, dont
il paroît qu'il s'étoit nourri. Les
principaux font : I. *Apologie ancienne
pour la vérité de la Religion Chrétienne, renouvellée contre les Juifs &
les Gentils*; réimprimée à Londres
en 1732, in-8°. II. *Défenfe des Difcours de M.* Woolfton, *fur les Miracles de J. C., contre les Evêques de
St-David & de Londres, & contre
fes autres adverfaires*, 1730; bro-
chure in-8°. Cette apblogie d'un
ouvr. qui ne pouvoit être défendu,
ne fit illufion à perfonne. Ceux
qui pouffent trop loin la liberté
de penfer en Angleterre & en France ont prodigué à cet écrivain les
éloges les plus outrés; mais les
gens de bien l'ont eu en horreur.
Parmi les réfutations qu'on a faites
de fes livres impies, on diftingue
celle qui a été traduite en françois
fous ce titre : *Les Témoins de la Réfurrection de J. C. examinés & jugés
felon les règles du Barreau*, in-8°.

L

I. WORMIUS, (*Olaüs*) médecin Danois, né à Arhus en Jutland
l'an 1588 , voyagea en Allemagne, en Suiffe, en Italie & en Angleterre, en homme qui ne court
pas feulement pour voir,mais pour
profiter des fecrets des favans &
de ceux de la nature. De retour
à Copenhague, il obtint en 1624
la chaire de médecine, après *Gafpard Bartholin*. Il poffédoit parfaitement cette fcience, & fon habileté lui mérita la place de médecin du roi *Chriftiern V*. Il fit de
nouvelles découvertes dans l'anatomie, & mourut recteur de l'académie de Copenhague en 1654.
On a de lui plufieurs ouvrages fur
l'Hiftoire' de Danemarck, & d'autres écrits. Les principaux font :
I. Les *Faftes & les Monumens de Danemarck*, in-fol. 1643. II. L'*Hiftoire
de Norwége*, 2 vol. III. *Danica Litteratura antiquiffima*, *five Gothica*,
1651, in-fol. Ces ouvrages font
en latin ; ils font écrits avec plus
d'exactitude que d'élégance.

II. WORMIUS, (Guillaume)
fils aîné du précédent, né à Copenhague en 1633, exerça la médecine comme fon pere, & fes fuccès furent auffi bien récompenfés.
Il devint profeffeur de phyfique
expérimentale, hiftoriographe du
roi & bibliothécaire royal, préfident du tribunal fuprême de juftice, confeiller-d'état, & confeiller
des conférences. C'eft lui qui publia la Defcription des Curiofités
de fon pere, fous le titre de *Mu-
fæum Wormianum*, à Leyde, en
1655, in-fol. Cet ouvrage eft curieux. *Guillaume Wormius* mourut
en 1724, à 71 ans.

III. WORMIUS, (*Olaüs*)
fils aîné du précédent, profeffeur
en éloquence, en hiftoire & en
médecine à Copenhague, finit fa

carriére en 1708 , à 41 ans. On
a de lui :' 1. *De Renum officio in
re Venerea* , imprimé., dans le *Recueil de Bartholin* : Dé *ufu flagro-
rum*, Francfort 1670, in-12. II. *De
Gloffopetris*. III. *De viribus Medicamentorum fpecificis*, & d'autres ouvrages de phyfique & de littérature.

IV. WORMIUS, (Chriftian) 2ᵉ fils
de *Guillaume*, docteur & profeffeur
en théologie , puis évêque de Séé-
lande & de Copenhague, mourut
en 1737. Sa fcience, fa régularité
fon zèle pour le bien public, lui
méritérent tous les fuffrages pendant fa vie & tous les regrets après
fa mort. On a de lui plufieurs favans ouvrages. Les principaux font:
I. *De corruptis Antiquitatum Hebraï-
carum veftigiis* , *apud* Tacitum &
Martialem. II. *Differtationes quatuor
de veris caufis cur delectatos Hominis
carnibus & promifcuo concubitu Chrif-
tianos calumniati fint Ethnici*. III.
Hiftoria Sabellianifmi, in-8°, &c.
Une érudition profonde rend ces
ouvrages très-recommandables. '

I. WOTTON, (Edouard) mé-
decin d'Oxford, mort à Londres
en 1555 , à 63 ans, exerça fon
art avec diftinction. On a de lui un
ouvrage intitulé : *De la différence
des Animaux*. Ce livre rempli d'é-
rudition, écrit en latin, & imprimé
à Paris chez *Vafcofan*, in-fol. 1552,
acquit à *Wotton* une grande réputation parmi les favans.' L'auteur
y ramaffe & y concilie avec art
les paffages des anciens fur la matiére qu'il traite. Il avoit auffi commencé le *Theatrum Infectorum*, que
Moufet donna à Londres en 1634,
in-fol. avec fig.

II. WOTTON, (Antoine) théologien Anglois, natif de Londres,
mort en 1626, avoit été nommé
en 1596 profeffeur de théologie
au collège de *Gresham*. Il eft le

premier qui ait rempli cette chaire, qu'il fut enfuite obligé de quitter ; parce que, contre les réglemens du fondateur, il s'étoit marié. On a de lui quelques ouvrages de controverfe, qu'on eftime, dit-on, en Angleterre, & qu'on ne connoît pas en France.

III. WOTTON, (Henri) né à Bockton-Hall, dans le comté de Kent en Angleterre, en 1568, annonça de bonne heure fon goût pour l'anatomie, & il le perfectionna en France, en Allemagne & en Italie. Revenu en Angleterre après 9 ans, il devint fecrétaire de *Robert* comte d'*Effex*, qui fut déclaré coupable de haute trahifon quelque tems après. *Wotton*, obligé de fe réfugier à Florence, fut envoyé fecrettement en Ecoffe par le grand-duc, pour avertir le roi *Jacques VI* d'une confpiration tramée contre fa vie. Ce monarque, affermi fur le trône d'Angleterre, le fit chevalier, l'honora de fa confiance, & l'envoya dans diverfes cours pour des affaires importantes. *Wotton* mourut en 1639, prévôt d'Exton. On a de lui plufieurs ouvrages dont l'utilité eft fort médiocre, fi l'on en excepte fon *Etat de la Chrétienté* en anglois, qui ne plut pas à tout le monde ; & un Recueil d'autres Ecrits, intitulé : *Reliquiæ Wottonianæ*, Londres 1651, in-8°.

ᵖ IV. WOTTON, (Guillaume) né dans le comté de Suffolck en 1666, mort en 1726, eft moins connu par le projet fingulier qu'il eut de traduire l'*Oraifon Dominicale* dans toutes les langues connues : (projet qu'il étoit cependant, dit-on, en état d'exécuter) que par les ouvr. fuiv. : I. *Loix civiles & eccléfiaftiques du Pays de Galles*, en anglois, avec des notes & un gloffaire. II. *Hiftoire Romaine*, depuis *la mort d'Antonin le Pieux, jufqu'à*

la mort d'Alexandre Sévére, in-8°, en anglois. Les antiquaires en font, cas, parce que l'auteur y fixe l'époque des événemens confidérables par l'autorité des Médailles. III. *Difcours fur les traditions & les ufages des Scribes & des Pharifiens*, 2 vol. in-8°. en latin.

WOUVERMANS, *Voyez* WAUWERMANS.

WOWER, *ou* WOUVER, (Jean) natif de Hambourg, mort en 1612 à 37 ans, fut un guide fûr pour, les littérateurs & les critiques. On a de lui : I. Un Recueil favant, intitulé : *Polymathia*, 1603, in-4°. II. Une bonne *Edition* de *Pétrone*. III. Plufieurs *Lettres*, Hambourg 1609, in-8°, & d'autres ouvrages. Jean WOWER fon parent, mort à Anvers fa patrie en 1635, à 66 ans, fe fit connoître par quelques productions.

WRANGEL, (Charles-Guftave) maréchal-général & connétable de Suède, mort en 1676, fe fignala, fur mer & fur terre. Il brûla les vaiffeaux de l'amiral de Danemarck en 1644, défit près d'Augsbourg les Impériaux & les Bavarois en 1648, & battit l'armée navale des Hollandois au paffage du Sund en 1658. C'étoit un homme de tête & de main.

I. WREN, (Chriftophe) mathématicien Anglois, naquit à Eaft-Knoyle, dans le Wiltshire, en 1632, fit fes études à Oxford, & s'y diftingua tellement, qu'à l'âge de 16 ans, il avoit déja fait des découvertes importantes dans l'aftronomie, dans la gnomonique, dans la ftatique & dans les méchaniques. Il devint profeffeur en aftronomie au collège de *Gresham* à Londres, & enfuite au collège de *Savilien* à Oxford. Son talent pour l'architecture lui mérita, en 1668, la place d'architecte du roi. Il eut :

la direction d'un grand nombre d'édifices publics. Le Théâtre d'Oxford, l'Eglife de St Paul & celle de St Etienne de Londres, le palais de Hamptoncourt, le collége de Chelféa; l'Hôpital de Gréenwich font autant de monumens qui l'immortalifent. Si l'on eût fuivi fon plan lorfqu'on rebâtit Londres après l'incendie de 1666, ç'auroit été une ville fuperbe. En 1680, il fut élu préfident de la fociété royale, & il y a plûfieurs Piéces de lui dans les *Mémoires* de cette compagnie. Cet habile homme n'a jamais rien fait imprimer; mais plufieurs de fes ouvrages ont été publiés par d'autres, & bien reçus du public éclairé. Il finit fa carriére en 1723, à 91 ans, honoré du titre de chevalier qu'il avoit obtenu en 1674. Les Anglois, voulant récompenfer d'une maniére diftinguée le mérite de cet homme célèbre, lui accordèrent le privilége exclufif, ainfi qu'à fa famille, d'être inhumés dans l'Eglife de St Paul.

II. WREN, (Chriftophe) fils du précédent, mort en 1747 à 72 ans, publia en 1708, *Numifmatum antiquorum Sylloge*, in-4° : ouvrage qui lui coûta bien des recherches.

WUILLEMAINN, *Voyez* GUILLIMAN.

WULSON, *Voyez* VULSON.

WYCHERLEY, (Guillaume) poëte Anglois, né en 1640 à Clive en Angleterre, paffa quelques années en France dans fa premiére jeuneffe. Il y embraffa la religion Catholique; mais dès qu'il fut de retour à Londres, il redevint Proteftant, & dans la fuite il quitta l'Héréfie pour la Catholicité, ou plutôt il n'eut point de religion fixe. Après s'être appliqué à l'étude du droit, il fe livra à des occupations plus conformes à fon

génie & à celui du tems. Charles II étoit fur le trône d'Angleterre; c'étoit le règne des plaifirs & de l'efprit. Ce monarque, inftruit du talent de *Wycherley* pour la poefie, lui fit un accueil diftingué. Le poëte lui plaifoit, par la vivacité de fon imagination & par les agrémens de fon caractére. *Wycherley* eut le bonheur de gagner le cœur de la comteffe de *Drogheda*, qu'il époufa, & qui le fit maître de tout fon bien; mais la mort la lui ayant ravie, fon droit lui fut contefté, & les frais du procès, joints a d'autres accidens, le mirent hors d'état de fatisfaire à l'impatience de fes créanciers. Il paffa 7 ans en prifon, & y feroit peut-être demeuré plus long-tems fans la générofité du roi *Jacques II*, qui, au fortir de la repréfentation d'une de fes piéces, ordonna que fes dettes fuffent payées, & accompagna cette grace d'une penfion annuelle de 200 livres fterlings, qui lui fut payée jufqu'au tems de la retraite de ce prince. Ces bienfaits n'acquittérent pas *Wycherley*; il fe maria une feconde fois, en 1715, à l'âge d'environ 80 ans, onze jours feulement avant fa mort. C'étoit un homme d'un commerce aifé, qui n'avoit rien de la mifanthropie dont on auroit pu le foupçonner, fi on avoit jugé de lui par l'efprit fatyrique & dur qui caractérife fes Piéces de Théâtre. Il étoit bon ami, zèlé pour ceux qu'il affectionnoit; mais il avoit beaucoup de penchant pour le libertinage, & fes écrits ne s'en reffentent que trop. *Wycherley* vivoit dans le grand monde; il en connoiffoit parfaitement les vices & les ridicules, & les peignoit du pinceau le plus ferme & des couleurs les plus vraies. On a de lui quatre Piéces de Théâtre, Londres

1731, in-12. I. Le *Mifanthrope*, qu'il a imité de *Moliére*. Tous les traits de *Wycherley* font plus forts & plus hardis que ceux de notre Mifanthrope ; mais auffi ils ont moins de fineffe. L'auteur Anglois a corrigé le feul défaut qui foit dans la piéce de *Moliére*, le manque d'intrigue & d'intérêt. La piéce angloife eft intéreffante , & l'intrigue en eft ingénieufe. II. Une autre Piéce non moins finguliére & non moins hardie , qu'il a auffi imitée du poëte François : c'eft une efpèce d'*Ecole des Femmes*, qui eft bien l'école du bon comique , mais non celle de l'honnêteté & de la décence. Ses deux autres Piéces ont pour titre (en françois) l'*Amour dans un Bois*, & le *Gentilhomme Maître à danfer*. La 1re fut repréfentée en 1672. On imprima à Londres en 1728 , in-12 ,

fes *Œuvres Pofthumes*. On avoit publié, en 1720, un volume fous le même titre. Ses vers manquent en général de douceur & d'harmonie ; on n'y remarque pas affez ce tour vif , original & ingénieux , qui caractérife les vrais poëtes. L'auteur aime à s'exprimer avec force, & fouvent il y réuffit ; mais fouvent auffi l'expreffion , pour être forte , devient outrée, ou trop laconique.

WYMPNA, *Voy.* WIMPINA.

WYNANTS, (Jean) peintre Hollandois, né à Harlem en 1660, a un nom célèbre parmi les payfagiftes. Il uniffoit une touche ferme & vigoureufe à un pinceau délicat & moëlleux. Il auroit porté fes talens plus loin, fi le jeu & la débauche ne lui avoient pas emporté la plus grande partie de fon tems. On ignore l'année de fa mort.

X.

XACCA, philofophe Indien, eft regardé par les Japonois comme leur légiflateur. Il leur perfuada que, pour gagner le Ciel, il fuffifoit de prononcer fouvent ces cinq mots : *Nama*, *Mio*, *Foren*, *Qui*, *Quio* ; mais il n'y a pas eu un feul interprète, qui ait pu encore deviner le fens de ces paroles. Ce peuple, auquel *Xacca* apprit la Métempfycofe & la Théologie idolâtrique des Chinois , lui a donné un rang parmi les Dieux du premier ordre. Il y a même une fecte de Bonzes , dans laquelle *Xacca* eft regardé comme le premier Dieu de l'Empire. L'hiftoire que l'on fait de fa vie , dit que fa mere étant groffe de lui, crut en fonge qu'elle mettoit au monde un élé-

phant blanc par le côté gauche. Cette fable eft le motif de la paffion extraordinaire qu'ont les rois de Siam, de Tonquin & de la Chine pour les éléphans de ce genre. Les Brachmanes difent que ce philofophe a fouffert 80 mille fois la Métempfycofe , & que fon ame a paffé en autant d'animaux de différentes efpèces.

I. XANTIPPE , femme de *Socrate*, étoit d'un caractère auffi emporté, que celui de fon mari étoit doux. Ce philofophe, avant de la prendre pour fa compagne, n'ignoroit pas, *dit-on*, fa mauvaife humeur. *Xenophon*, lui demandant pourquoi donc il l'avoit époufée ? *Parce qu'elle exerce ma patience* , répondit Socrate, *& qu'en la fouffrant je puis* *fupporter tout ce qui peut m'arriver de la part des autres.* *Voyez* l'article de SOCRATE.

II. XANTIPPE, général Lacédémonien, étoit un vrai Spartiate, par l'auftérité de fes mœurs & par la grandeur de fon courage. Il fut envoyé l'an 255 avant J. C., par ceux de fon pays, au fecours des Carthaginois. Les Romains, fous la conduite d'*Attilius - Regulus*, avoient déjà battu *Amilcar* & les deux *Afdrubals*. Ce brave capitaine arrêta la profpérité de leurs armes, & les défit en plufieurs rencontres. Malgré la valeur active de *Regulus*, il remit la république de Carthage fur l'offenfive. Les Carthaginois le renvoyérent, après lui avoir donné de grands témoignages de reconnoiffance. Mais par une ingratitude auffi grande que fes fervices, ils ordonnérent au commandant du vaiffeau fur lequel il s'étoit embarqué, de le précipiter dans la mer.

XAVIER, *Voyez* FRANÇOIS-XAVIER, n° X.

I. XENOCRATE, l'un des plus célèbres philofophes de l'antiquité, naquit à Calcédoine. Il fe mit de très-bonne heure fous la difcipline de *Platon*, qui lui donna fon amitié & fon eftime. Il l'accompagna en Sicile, & comme *Denys* le *Tyran* menaçoit un jour *Platon*, en lui difant que *quelqu'un lui couperoit la tête.--*Perfonne*, répondit Xénocrate, *ne le fera avant que d'avoir coupé la mienne.* Il étudia fous *Platon* en même tems qu'*Ariftote*, mais non pas avec les mêmes talens; car il avoit l'efprit lent & la conception dure, au lieu qu'*Ariftote* avoit l'efprit vif & pénétrant Cette différence dans les difpofitions des deux difciples, faifoit dire au maître, que *le premier avoit befoin d'éperon*, & *l'autre de bride* C,e philofo-

phe fuccéda dans l'académie d'Athènes à *Speufippe*, fucceffeur de *Platon*, l'an 339 avant J. C. Il exigeoit de fes difciples qu'ils fuffent les mathématiques avant que de venir fous lui, & il renvoya un jeune - homme qui ne les favoit point, en difant qu'*il n'avoit pas la clef de la Philofophie.* Le changement qu'il opéra dans fes mœurs de *Polemon*, jeune libertin, (*Voyez* POLEMON) fit tant d'impreffion,que quand ce phil. paroiffoit dans les rues, la jeuneffe débauchée s'écartoit pour éviter fa rencontre. Les Athéniens l'envoyérent en ambaffade vers *Philippe*, roi de Macédoine,& long-tems après vers*Antipater*; ces deux princes ne purent jamais le corrompre par leurs préfens. *Alexandre* le *Grand* eut tant d'eftime pour lui, qu'il lui envoya 50 talens, c'eft-à-dire, plus de 50,000 écus. Les députés du conquérant Macédonien étant arrivés, il les invita à fouper. Le repas fut celui d'un philofophe fobre & auftére. Le lendemain, comme ils lui demandoient à qui il vouloit qu'ils comptaffent les 50 talens? *Le fouper d'hier*, leur répondit-il, *ne vous a-t-il pas fait comprendre que je n'ai pas befoin d'argent? Votre Maître doit le garder pour lui, parce qu'il a plus de monde à nourrir que moi.* Les députés d'*Alexandre* lui firent néanmoins de fi grandes inftances, qu'il prit 30 mines, c'eft-à-dire 15 liv., comme un gage de la protection du monarque, & du cas qu'il faifoit de fes dons. Nous avons vu de nos jours un philofophe (J. J. *Rouffeau*) pouffer auffi loin le défintéreffement. *Xénocrate* mourut vers l'an 314 avant J. C., âgé de 82 ans. Il avoit compofé, à la priére d'*Alexandre*: I. Un *Traité de l'art de régner*. II. Six *Livres de la Nature*. III. Six *Livres de la Philofophie*.

E e e iij

IV. Un des Richeffes. Mais ces ouvrages ont été détruits par le tems. Aldę a imprimé fous fon nom un Traité de la Mort, avec Jamblique, Venife 1497, in-folio. Ce philofophe ne reconnoiffoit point d'autre Divinité que le Ciel & les VII Planètes. Il prit un tel afcendant fur fes paffions, qu'il fembloit être en quelque forte au-deffus de l'humanité. Il étoit grave, & d'un caractère fi férieux & fi éloigné de la politeffe des Athéniens, que Platon l'exhortoit fouvent à facrifier aux Grâces. Il fouffroit très-patiemment les réprimandes de ce philofophe, & lorfqu'on l'excitoit à fe défendre : Il ne me traite ainfi, répondoit-il, que pour mon profit... Xénocrate brilla furtout par fa chafteté. Il avoit acquis un tel empire fur lui-même, que Phryné, la plus belle courtifanne de la Grèce, ayant parié de le faire fuccomber, n'en put jamais venir à bout, quoiqu'elle eût employé tous les moyens imaginables. Comme on fe moquoit d'elle en voulant l'obliger de payer la gageûre, elle répondit : Qu'elle n'avoit point perdu, parce qu'elle avoit parié de faire fuccomber un Homme, & non pas une Statue... Xénocrate fit paroitre dans fa conduite toutes les autres parties de la tempérance. Il n'aima ni les plaifirs, ni les richeffes, ni les louanges. Sa probité étoit tellement reconnue, qu'il fut le feul citoyen que les magiftrats d'Athènes difpenférent de confirmer fon témoignage par le ferment.

II. XENOCRATE, médecin, qui vivoit dans le 1ᵉʳ fiécle fous l'empire de Néron. Nous apprenons de Galien, qu'il étoit d'Aphrodifias en Cilicie, & qu'ayant écrit fur les médicamens, il n'avoit rempli fes ouvrages que de remèdes la plupart impraticables. Xénocra-

te avoit encore rendu publiques, diverfes recettes, également pernicieufes & fuperftitieufes, pour donner de l'amour, pour faire hair, pour envoyer des fonges, &c. Ce n'eft pas que ce médecin n'eût mêlé quelques bons remèdes parmi tant de mauvais ; il avoit trouvé une Thériaque, & quelques autres compofitions utiles. Il nous refte encore aujourd'hui un petit Livre qui porte le nom de Xénocrate, & qui traite De la nourriture des Animaux aquatiques. Cet ouvrage a été imprimé à Zurich, dès l'an 1559, in-8°, avec les notes de Gefner.

XENOPHANES, philofophe Grec, natif de Colophon, difciple d'Archelaüs, étoit contemporain de Socrate, fuivant la plus commune opinion. Sa vie fut de près de cent ans. Il fe fignala par plufieurs Poëmes fur des matières de philofophie, fur la fondation de Colophon, & fur celle de la colonie d'Elée, ville d'Italie. Ses opinions philofophiques lui firent un grand nom. Il croyoit que la Lune eft un pays habité ; qu'il eft impoffible de prédire naturellement les chofes futures, & que le bien furpaffe le mal dans l'ordre de la nature. L'idolâtrie étoit à fes yeux un culte monftrueux. Se trouvant un jour aux Fêtes des Egyptiens, & leur voyant faire des lamentations, il leur dit en plaifantant : Si les objets de votre culte font des Dieux, ne les pleurez pas ; s'ils font des Hommes, ne leur offrez point de facrifices. La liberté avec laquelle il s'exprimoit fur la Divinité, l'ayant fait bannir de fa patrie, il fe retira en Sicile, & demeura à Sancle, (aujourd'hui Meffine,) & à Catane. Il y fonda la Secte Eléatique, fecte qui produifit plufieurs hommes vertueux. Xénophanes ne leur prêcha pas toujours d'exemple. Ce philofophe fe plaignoit de fa pauvreté, &·difant un jour à *Hiéron*, roi de Syracufe, *qu'il étoit fi pauvre*, *qu'il n'avoit pas le moyen d'entretenir deux ferviteurs*; ce prince lui répondit : *Tu devrois donc attaquer moins fouvent* Homére, *qui, tout mort qu'il eft*, *fait vivre plus de dix mille hommes*.... Son fyftême fur la Divinité étoit, à ce qu'on penfe, peu différent du *Spinofifme*. Il compofa des vers contre ce qu'*Homére* & *Héfiode* ont dit des Dieux du Paganifme. *Il n'eft pas moins impie*, difoit-il , *de foutenir que les Dieux naiffent*, *que de foutenir qu'ils meurent*; *puifqu'en l'un & l'autre de ces deux cas*, *il feroit également vrai qu'ils n'exiftent pas toujours*. Les Fragmens de fes *Vers* furent impr. l'an 1573, par *Henri Etienne*.

. I. XENOPHON, fils de Gryllus, né à Athènes, fut quelque tems difciple de *Socrate*, fous lequel il apprit la philofophie & la politique. Il prit le parti des armes, & alla au fecours de *Cyrus* le Jeune, dans fon expédition contre fon frere *Artaxercès*. Ce philofophe guerrier s'immortalifa par la part qu'il eut à la fameufe retraite des Dix mille. De retour dans fa patrie, il fe forma le cœur & l'efprit, & s'attacha enfuite à *Agéfilas* , roi de Lacédémone , qui commandoit pour lors en Afie. Ce prince l'emmena avec lui au fecours de Sparte , où il fe diftingua également par fon efprit & par fon courage. Dès que la guerre fut terminée, il fe retira à Corinthe , où il paffa le refte de fes jours dans les doux travaux de l'efprit. Il y mourut vers l'an 360 avant J. C. *Xénophon*, difciple & ami de *Socrate*, eut les graces d'un Athénien & la force d'efprit d'un Spartiate. C'étoit un

philofophe intrépide , fupérieur à tous les événemens de la vie. Il avoit un fils nommé *Gryllus*, qui, quoique bleffé à mort en combattant vaillamment à la bataille de Mantinée, 363 ans avant J. C., eut le courage, malgré fa bleffure, de porter un coup mortel à *Epaminondas* , général des Thébains, & mourut peu de tems après. La nouvelle de cette mort ayant été portée à *Xénophon* tandis qu'il facrifioit, il ôta la couronne de fleurs qu'il avoit fur la tête. Mais lorfqu'on eut ajoûté que ce fils étoit mort en homme de cœur, il remit auffi-tôt fa couronne fur fa tête, en difant : *Je favois bien que mon fils étoit mortel, & fa mort mérite des marques de joie plutôt que de deuil*. Ses principaux ouvrages font : I. La *Cyropédie*. C'eft l'Hiftoire du grand *Cyrus*, renfermée en 8 livres. Quoique cet ouvrage ne foit pas écrit dans l'exaête vérité, il eft digne d'un homme qui étoit à la fois bon écrivain & homme d'état ; & les préceptes qu'il mêle à fa narration , peuvent être très-utiles. *Xénophon*, (dit *Voltaire*,) fait de la vie de *Cyrus* un roman moral , à-peu-près femblable à notre *Télémaque*. Il commence par fuppofer, pour faire valoir l'éducation mâle & vigoureufe de fon héros , que les Mèdes étoient des voluptueux plongés dans la molleffe ; & que les habitans de l'Hyrcanie, province que les Tartares (alors nommés Scythes) avoient ravagée pendant 30 années, étoient des Sybarites. Tout ce qu'on peut affûrer de *Cyrus*, c'eft qu'il fut un grand conquérant, par conféquent un fléau de la terre. *Charpentier* a donné une traduction françoife de la Cyropédie. II. L'*Hiftoire* de l'expédition de *Cyrus* le *Jeune* contre fon frere *Artaxercès*, & de cette mémorable retraite des Dix mille, dont il eut prefque tout l'honneur. D'*Ablancourt* & M. *Larcher* ont traduit cet ouvrage ; mais la traduction du dernier , Paris 1778, 2 vol. in-12, exacte, élégante , & d'une douceur de ftyle parfaitement analogue à l'original , a fait oublier tout à-fait celle de d'*Ablancourt*. III. L'*Hiftoire Grecque*, en 7 livres. Elle commence où *Thucydide* a fini la fienne ; elle a auffi été traduite en françois par d'*Ablancourt* , & elle forme le 3ᵉ vol. de fon *Thucydide*. IV. Les *Dits mémorables de Socrate*, *en 4 livres*. V. Un excellent petit Traité, intitulé l'*Œconomique*. VI. L'*Eloge d'Agéfilas*. VII. L'*Apologie de Socrate*. VIII. Un Dialogue intitulé, *Hieron* ou *le Tyran*, entre *Hiéron* & *Simonide*. IX. Un petit *Traité des Revenus* ou des *Produits de l'Attique*. X. Un autre de l'*Art de monter & de dreffer les Chevaux*. XI. Un 3ᵉ fur la *Maniére de les nourrir*. XII. Un petit *Traité de la Chaffe*. XIII. Un excellent Dialogue, intitulé : *Le Banquet des Philofophes*. XIV. Deux petits *Traités*, l'un du gouvernement des Lacédémoniens , & l'autre du gouvernement dès Athéniens. Les *Livres des Equivoques* qu'*Annius* de *Viterbe* & d'autres lui ont attribués, ne font ni de lui, ni dignes de lui. Les meilleures éditions de fes Œuvres font celles : de Paris, 1625 , infol. — de Leipfick, 1763 , 4 vol. in-8°. — d'Oxford, 1703 , en grec & en latin , 5 vol. in-8°. — 1727 & 1735 , 2 vol. in-4° : ces deux vol. ne contiennent que la *Cyropédie* , la *Retraite des Dix mille* & l'*Eloge d'Agéfilas*. — & de Glafcow, 1764, 12 vol. in-8°. On a impr. en 1745 , en 2 vol. in-12 , divers

ouvrages de *Xénophon* en françois; la *Retraite* des Dix mille, les *Chofes mémorables* , la *Vie de Socrate* , *Hiéron*... Toutes les productions de ce philofophe militaire font très-propres à former des hommes d'état; *Scipion* l'Africain & *Lucullus* les lifoient fans ceffe. Comme *Céfar*, ce philofophe fut grand capitaine & grand hiftorien ; tous deux fe font exprimés avec autant d'élégance que de pureté, fans art & fans affectation. Le dialecte Attique qu'il emploie , refpire une douceur fi aimable , qu'on diroit (dit un rhéteur) que *les Grâces* repofoient fur fes lèvres. Les Grecs lui donnérent le furnom d'*Abeille Grecque* & de *Mufe Athénienne*. Ce fut *Xénophon* qui publia l'Hiftoire de *Thucydide*.

II. XENOPHON *le Jeune*, écrivain d'Ephèfe, vivoit, felon quelques-uns , avant *Héliodore*; c'eft-à-dire, au plus tard , vers le commencement du IVᵉ fiécle. Il n'eft connu que par fes *Ephéfiaques* , Roman grec en 5 livres , qui contient les amours d'*Abrocôme* & d'*Anthia*. Cé Roman a été imprimé en grec & en latin, à Londres en 1726, in-4° ; & M. *Jourdan* de Marfeille en a donné une Traduction françoife en 1748 , in-12. Il fut long-tems inconnu, & on le découvrit enfin chez les Bénédictins de Florence. Le fentiment y eft affez bien rendu ; mais le tiffu des aventures n'eft pas toujours bien ourdi.

III. XENOPHON , médecin de l'empereur *Claude* , natif de l'ifle de Cos, fe difoit de la race des *Afclépiades*. Il fut fi avant dans la faveur de ce prince , que *Claude*, après avoir fait en plein fénat l'éloge d'*Efculape* & de fes defcendans, dit que « le favoir & la naiffance de *Xénophon* méritòient que les habitans de Cos fuffent, en fa confidération , exemts de tous les impôts ; » ce qui leur fut accordé. *Xénophon*, par une horrible ingratitude , fe laiffa gagner par *Agrippine*, & hâta (dit-on) la mort de l'empereur , en lui mettant dans le gofier , comme pour le faire vomir, une plume enduite d'un poifon très-prompt.

I. XERCÈS Ier, 5e roi de Perfe , & fecond fils de *Darius*, fuccéda à ce prince l'an 485 av. J.C. Il fut préféré à *Artabazane*, fon ainé, parce que celui - ci avoit vu le jour dans le tems que *Darius* n'étoit qu'un homme privé, au lieu que *Xercès* fut mis au monde par fa mere *Atoffa*, petite-fille de *Cyrus*, lorfque *Darius* étoit roi. Son premier foin fut de continuer les préparatifs que fon pere avoit faits contre l'Egypte. Il la réduifit fous fa puiffance , & y laiffa fon frere *Achemène* pour gouverneur. Encouragé par ce premier fuccès, il marcha contre les Grecs avec une armée de 800,000 hommes, & une flotte de 1000 voiles. Il jetta un pont fur le détroit de l'Hellefpont, & fit percer l'ifthme du Mont-Athos. Mais étant arrivé au détroit des Thermopyles, *Léonidas*, roi de Sparte, avec 300 Lacédémoniens feulement, lui en difputa long-tems le paffage, & s'y fit tuer avec les fiens, après avoir fait un horrible carnage d'une multitude de Perfes. Les Athéniens gagnèrent enfuite fur *Xercès* la fameufe bataille navale de Salamine , & cette perte fut fuivie de divers naufrages des Perfes. *Xercès*, contraint de fe retirer honteufement dans fes états , laiffa dans la Grèce *Mardonius* fen général, avec le refte de l'armée. Dégoûté de la

guerre par les fatigues qu'il avoit effuyées dans ces différentes expéditions, il s'abandonna aux charmes du luxe & de la molleffe. *Artaban*, Hyrcanien de naiffance & capitaine de fes gardes, confpira contre fa vie , & ayant gagné fon grand-chambellan, le tua pendant fon fommeil, l'an 465 avant J. C. *Xercès* n'avoit que l'extérieur & l'appareil de la puiffance ; il manquoit de ces qualités perfonnelles qui rendent les rois vraiment puiffans. Maître du plus vafte empire qui fût alors fur la terre , chef d'armées innombrables, il fe regardoit comme le fouverain de la nature. Il prétendoit maîtrifer & punir les élémens ; mais il vit fes forces & fon orgueil fe brifer contre une poignée d'hommes dirigés par un général habile , & finir honteufement une carrière qu'il avoit commencée avec gloire.

II. XERCÈS I I, roi de Perfe après fon pere *Artaxercès Longuemain*, l'an 425 avant J. C., fut affaffiné un an après par fon frere *Sogdien*, qui s'empara du trône. *Xercès* n'avoit tenu le fceptre que d'une main foible.

XI , *Voyez* CHING, n° II.

XILANDER , *Voy*. XYLANDER.

I. XIMENES , (Roderic) Navarrois , archevêque de Tolède, vint en 1247 à Lyon , pour défendre devant le pape *Innocent IX* , au concile général, les droits & les privilèges de fon églife, contre l'archevêque de Compoftelle, qui prétendoit la primatie , par-, ce que fon églife conferve le corps de *S. Jacques*, apôtre des Efpagnes ; mais elle fut adjugée à l'archevêque de Tolède. Il mourut fur le Rhône , en s'en retournant. On lui doit une *Hiftoire d'Efpagne* , divifée en neuf livres, que nous avons dans le Recueil des

Hiftoriens de ce royaume, avec des
remarques du P. *André Schott*. Elle
manque d'exactitude & de critique.
. II. XIMENÈS , (François) né
à Torrelaguna dans la vieille Caftille , en 1437 , fit fes études à
Alcala & à Salamanque. On ne lui
apprit qu'une Scholaftique auffi
fèche qu'infipide. Dégoûté de ce
fatras , il fe rendit à Rome ; mais
ayant été volé dans fon voyage,
il n'en remporta qu'une Bulle pour
la première prébende qui vaque-
roit. L'archevêque de Tolède la
lui refufa , & le fit mettre dans la
tour d'Uzéda en prifon. Un prêtre, qui y étoit détenu , & qui
fe mêloit de prophétifer, lui prédit qu'il feroit un jour archevêque de Tolède. Ayant été mis en
liberté , il obtint un bénéfice dans
le diocèfe de Siguença, & le cardinal *Gonfalez* de *Mendoça* , qui en
étoit évêque, le fit fon grand-vicaire. *Ximenès* , dégoûté du monde, entra quelque tems après chez
les Cordeliers de Tolède & fit fes
vœux. Ses talens lui procurant
une foule de vifites , il fe retira
dans une folitude nommée *Cafta-
nel* , & s'y livra à l'étude des langues Orientales & de la théologie. Ses fupérieurs l'en tirèrent
pour le confacrer à la direction
& à la chaire. La reine *Ifabelle*,
qui l'avoit choifi pour fon confeffeur , le nomma à l'archevêché
de Tolède en 1495. *Ximenès* n'accepta qu'après un ordre exprès
du pape, en 1498. Sa vie ne fut
plus dès ce moment qu'un tiffu
de bonnes œuvres. Les portes de
fon palais furent toujours ouvertes aux indigens ; il les écoutoit
avec bonté , lifoit leurs requêtes,
& les foulageoit avec une charité libérale. Il vifita les Eglifes ,
les Collèges , les Hôpitaux , &
employa fes revenus à les répa-

rer & à les orner. Il purgea fon
diocèfe des ufuriers & des lieux
de débauches, caffa les Iuges qui
rempliffoient mal leurs charges ,
& mit en leur place des perfonnes dont il connoiffoit l'intégrité & le défintéreffement. Il tint
un Synode à Alcala , & un autre
à Talavera , où il fit des réglemens très-fages pour le clergé régulier & féculier. *Ferdinand* & *Ifabelle* lui confièrent le foin de réformer les Ordres Religieux, dont
le défordre étoit extrême. Les
Cordeliers eurent recours à toute
forte de moyens pour perdre le
réformateur, jufqu'à mettre un poignard entre les mains de fon propre frere pour le faire périr. Leur.
général vint de Rome, pour détruire *Ximenès* dans l'efprit de la
reine. Ce moine fougueux , dans
une audience qu'il obtint d'*Ifabelle* , parla avec tant d'impudence ,
que la princeffe lui répondit : *Sa-
vez-vous qui vous êtes & à qui vous
parlez ?* -- *Oui*, *Madame* , répliqua
l'infolent Cordelier : *Je fçais que
je parle à* ISABELLE , *qui comme
moi n'eft que cendre & pouffiére.* Malgré les traverfes qu'on fufcita à
Ximenès , il vint à bout de la réforme , & fon zèle ne tarda pas
d'être récompenfé. Le pape *Jules
II* l'honora de la pourpre Romaine en 1507, & le roi *Ferdinand* le
Catholique lui confia l'adminiftration des affaires d'état. Son premier foin fut de décharger le peuple du fubfide onéreux , nommé
Açavale. Ses vues fe tournèrent
enfuite du côté des Mahométans,
qu'il voulut ramener à la religion
Chrétienne. Il en baptifa plus de
3000 dans une place fpacieufe ,
où il fit brûler tous les livres de
l'*Alcoran.* L'ambition entroit pour
beaucoup dans fon zèle ; il vouloit étendre la domination d'Ef-

pagne chez les Maures : il le fit en effet par la conquête de la ville d'Oran dans le royaume d'Alger, qu'il entreprit en 1509. Comme l'archevêché de Tolède & les emplois qu'il avoit à la cour, produifoient de grands revenus, il réfolut de faire lui - même cette conquête à fes dépens ; mais il eut plus d'un obftacle à furmonter. Les officiers, mécontens d'avoir pour chef un général qui portoit la foutane fous fa cuiraffe, refuférent de s'embarquer. Les efprits étoient difpofés à la révolte : *Ximenès* fort de fa tente pour les ramener ; mais à peine a-t-il commencé de parler aux rebelles, qu'un foldat l'interrompit infolemment, en criant : *De l'argent ! point de harangue !* *Ximenès* s'arrête pour le chercher des yeux. L'ayant reconnu, il le fait arrêter & pendre fur le champ en fa préfence ; puis il continua à parler. La rebellion étant calmée par cet exemple de févérité, fa flotte compofée de 80 vaiffeaux fortit de Carthagène le 16 Mai, & débarqua heureufement fur les côtes d'Afrique. Le jour de l'ouverture du fiége étant arrivé, le cardinal guerrier monta à cheval, revêtu de fes ornemens pontificaux & accompagné des eccléfiaftiques & des religieux qui l'avoient fuivi. Il étoit précédé d'un Cordelier, qui portoit devant lui la croix archiépifcopale, & qui avoit l'épée au côté, de même que tous les autres prêtres féculiers & réguliers. Il y eut un combat. Le cardinal, après avoir harangué fes foldats, alla s'enfermer dans une chapelle, où il demeura proftorné, tant que dura la bataille. Le fuccès de cette comédie héroïque fut plus heureux qu'on ne devoit penfer. Les Efpagnols, après une attaque des

plus violentes, enfoncérent la cavalerie des Infidèles & en firent un horrible carnage. Etant entrés dans la ville, ils pafférent tout au fil de l'épée, fans diftinction d'âge ni de fexe. A fon retour de cette expédition, aufli glorieufe que barbare, le roi *Ferdinand* alla à fa rencontre jufqu'à 4 lieues de Séville, & mit pied à terre pour l'embraffer. Ces marques d'amitié n'étoient guéres fincéres : *Ferdinand* craignoit le pouvoir de *Ximenès* ; il lui avoit refufé *Gonfalve* pour fon général. Le cardinal choifit *Pierre Navarre*, à qui le monarque Efpagnol écrivoit : *Empêchez le bon-homme de repaffer fi-tôt en Efpagne; il faut ufer, autant qu'on le pourra, fa perfonne & fon argent.* Le conquérant d'Oran rendit des fervices plus effentiels à fa nation. Prévoyant une ftérilité extraordinaire, il fit faire des greniers publics à Tolède, à Alcala & à Torrelaguna, & les fit remplir de bled à fes dépens. Ce bienfait fit une telle impreffion fur les cœurs, que pour en conferver la mémoire, on en fit graver l'éloge dans la falle du fénat de Tolède & dans la place publique. Le roi *Ferdinand*, malgré la haine fecrette qu'il avoit pour fon miniftre, le nomma en mourant régent de la Caftille, en 1516. *Ximenès* preffa la guerre de Navarre ; mais il fe déshonora, en ordonnant à *Villalva*, général Efpagnol, de mettre le feu dans ce royaume en cas de malheur, & d'en faire un vafte défert. Doit-on être furpris, qu'avec un caractére fi cruel il s'oppofât à la réforme de l'Inquifition, qu'il fît faire, de tems en tems, des exécutions fanglantes des Juifs & des Mahométans qui renonçoient à la religion Chrétienne, qu'ils avoient embraffée par force ? Son defpotifme étoit extrême. Il fe vantoit de *ranger avec fon cordon tous les Grands à leur devoir*, & *d'écrafer leur fierté fous fes fandales*. Les premiers feigneurs d'Efpagne, révoltés d'une telle conduite, fe liguant contre lui, demandèrent hautement: « De quel droit il gouvernoit le » Royaume ? » *En vertu du pouvoir qui m'a été confié* (répondit-il) *par le Teftament du Roi mort, & qui a été confirmé par le Roi régnant*: [*c'étoit* Charles Quint...] « Mais » Ferdinand, lui *dirent ils*, fimple » adminiftrateur du royaume , » pouvoit-il conférer la qualité » de Régent ? La Reine feule a » ce droit. » --*Eh bien* , (dit *Ximenès* , en les faifant approcher d'un balcon d'où on voyoit une batterie de canons , dont il fit faire une furieufe décharge :) *Voilà les pouvoirs avec lefquels je gouverne & je gouvernerai* : *HÆC EST ULTIMA RATIO REGUM*... Les mécontens députèrent en Flandres pour fe plaindre du régent. *Ximenès*, pour toute juftification , demande au roi des pouvoirs fans bornes , & les obtient. Il s'en fervit , & commanda avec plus de fierté & de hauteur qu'auparavant. L'ufage d'Efpagne n'étoit point d'entretenir des troupes en tems de paix. *Ximenès*, pour humilier les grands & la nobleffe , permit à la bourgeoifie de porter les armes , de faire des compagnies , & l'exercice les jours de fête , & lui accorda de grands priviléges. Ainfi, fans tirer un feul laboureur de la charrue, il eut une armée de 30,000 hommes. Il retrancha les penfions & les officiers inutiles , retira tout ce qui avoit été ufurpé ou aliéné du domaine royal , & fit rendre compte aux financiers. On tira d'eux des fommes immenfes, avec lefquelles il acquitta les dettes de

l'Etat , & fit des établiffemens utiles. Tandis qu'il travailloit pour la gloire de fa patrie , il fut empoifonné , à ce qu'on croit , en mangeant un pâté de truites. On foupçonna les miniftres Flamands d'avoir fait le coup. Il eft certain que le régent avoit écrit au roi contr'eux avec beaucoup de force, & fur tout contre *Chièvre*, qui étoit détefté en Efpagne. *Ximenès* traîna pendant deux mois une vie languiffante , & mourut en 1517, difgracié , à l'âge de 81 ans , avec la réputation du plus grand-homme & du meilleur citoyen qu'eût produit l'Efpagne. Auffi habile que le roi *Ferdinand* dans l'art de gouverner les hommes, il le furpaffa par les qualités du cœur. On vit en fa perfonne un fimple particulier faire plus de bien à fa patrie , que tous les rois qui avoient gouverné. Noble , magnifique , grand , généreux , protecteur de l'innocence , de la vertu & du mérite , il ne conçut & n'exécuta que des projets utiles à l'humanité. Pendant 22 ans qu'il fut archevêque de Tolède, il employa près de 20 millions pour les befoins de l'Etat & du peuple. Perfonne n'ignore qu'il forma dans fa ville archiépifcopale, en faveur des Filles de condition , un établiffement que *Louis XIV* a imité depuis pour le foulagement de la pauvre Nobleffe. *Ximenès* fonda l'univerfité d'Alcala , & fit imprimer dans cette ville la *Bible Polyglotte*, qui a fervi de modèle à tant d'autres. Elle fut commencée (pour l'impreffion) en 1514, & achevée en 1517 , en 6 vol. in-fol. & en 4 langues. Elle eft fort rare. On y trouve le Texte hébreu , tel que les Juifs le lifent; la Verfion grecque des Septante ; la Verfion latine de *S. Jerôme* , que nous appellons *Vulgate*;

& la Paraphrafe Chaldaïque d'*On-kelos* fur les 5 livres de *Moyfe* feulement. On y travailla pendant plus·de 12 ans, car elle fut commencée dès l'an 1502; *Ximenès* s'y appliqua lui-même avec beaucoup de foin & en fit la dépenfe. Il acheta fept exemplaires en hébreu 400 écus, & donna tout ce qu'on voulut pour des anciens manufcrits grecs & latins. Il fit encore imprimer le *Miffel* & le *Bréviaire* Mofarabe, dirigés par *Ortiʒ*; & pour conferver la mémoire de ce rit, il fit bâtir une chapelle auprès de l'Eglife métropolitaine de Tolède, y fonda des chanoines & des clercs, qui célébroient journellement l'Office en cette langue: (*Voyeʒ* ORTIZ.) Quoique *Ximenès* écrasât l'orgueil des grands, il favoit fermer les oreilles à leurs murmures. Il répondit à des perfonnes qui vouloient qu'on recherchât les auteurs de quelques difcours qui avoient été tenus contre lui : *Que lorfqu'on étoit élevé en dignité, & qu'on n'avoit rien à fe reprocher, on devoit laiffer aux inférieurs la miférable confolation de venger leurs chagrins par des paroles.* L'éclat de tant de qualités brillantes fut un peu terni par quelques défauts. Ce prélat fut fier, dur, opiniâtre, ambitieux, & d'une mélancolie fi profonde, qu'il étoit prefque toujours infupportable dans la fociété, & affez fouvent à charge à lui-même. Cette trifteffe pouvoit venir de la conformation de fon crâne, compofé d'un feul os fans future. *Gomès* a écrit fa *Vie* in-fol. *Voyeʒ* FLECHIER & MARSOLIER.

III. XIMENÈS, (Sébaftien) habile jurifconfulte Efpagnol, mort vers 1600, s'eft fait un nom par un bon ouvrage fur l'un & l'au-

tre Droit, fous ce titre : *Concordantiæ utriufque Juris*, à Tolède, 1596 & 1619, en 2 volumes in-folio. Cet ouvrage eft eftimé. Le fecond vol. qui n'eft pas de *Ximenès*, eft le moins commun.

XISITHRUS, *ou* XISUTHRUS: Ayant été averti par *Saturne* d'un Déluge qui devoit inonder toute la terre, il conftruifit un grand vaiffeau, par le moyen duquel il en fut garanti avec fa famille. Quand il fortit de ce vaiffeau, il difparut & fût mis au rang des Dieux. C'eft l'hiftoire de *Noé*, de *Deucalion*, fous d'autres noms.

XYLANDER, (Guillaume) né à Augsbourg en 1532, fe fit une réputation par fon favoir. Il obtint une chaire de profeffeur en Grec à Heidelberg. Son extrême pauvreté & fa grande application à l'étude lui firent contracter une maladie, dont il mourut à Heidelberg en 1576, à 44 ans. On a de lui une *Traduction* latine de *Dion Caffius*, de *Marc-Aurèle*, &c... & un grand nombre d'autres ouvrages fort inexacts, parce qu'il écrivoit pour vivre.

XYPHILIN, (Jean) de Trebizonde, fut élevé dans un monaftére. Sa piété & fon favoir lui obtinrent le patriarchat de Conftantinople en 1064. Il mourut en 1075, & laiffa un neveu qui portoit fon nom. C'eft de ce dernier que nous avons un *Abrégé de l'Hiftoire* de *Dion Caffius*, en grec, Paris 1592, in-fol. traduit en françois par le préfident *Coufin*. Cet Abrégé commence au 34ᵉ livre, & au tems de *Pompée*. Il eft affez bien fait ; mais le ftyle manque de pureté & d'élégance. *Xyphilin* l'oncle n'a laiffé qu'un *Sermon*, dans la *Bibliothèque des Peres*.

Y

YAO, empereur de la Chine, monta, dit-on, fur le trône l'an 2357 avant J.'C. & eût *Chun* pour fon fucceffeur. Les Chinois le regardent comme-leur légifla- teur, & le modèle des princes & des hommes. On prétend que c'eft à *Yao* que l'Hiftoire de la Chine commence à être certaine; & que tout ce qui précède ce prince, eft rempli de fables ou de faits in- certains. Mais c'eft encore trop dire; car il n'y a de certain dans l'Hiftoire, que ce qui nous eft tranf- mis par des écrits & par des mo- numens. Or les écrits & les mo- numens Chinois ne remontent, tout au plus, qu'à l'an 800 avant Jefus-Chrift.

, YOUNG, (Edouard) poëte An- glois, naquit en 1684, à Up-ham dans le comté de Hampt, où fon pere étoit recteur. Après avoir étu- dié en droit, fcience pour laquel- le il avoit très-peu de goût, il fe tourna du côté de la théologie & de la morale, & réuffit beau- coup mieux. Il prit les ordres, fut nommé chapelain du roi, & en- fuite curé de Wettwin dans le Her- fordshire. Sa vie fut fort occupée & affez trifte. Il fe maria en 1731 avec la fille du comte de *Lichtfield*, veuve du colonel *Lée*. Elle avoit deux enfans, qui moururent, ainfi que leur mere, vers 1741. Un fils unique confola *Young* de fes pertes, mais ne le retira pas de cette pro- fonde mélancolie, dont les accès nous ont valu fon beau poëme des *Nuits*, traduit en françois avec tant de force & d'élégance par M. le *Tourneur*, à Paris, chez le *Jai*, 2

vol. in-8° & in-12, 1769; & dont, on a quelques imitations en beaux vers françois par *Colardeau*. Cet ouvrage eft le plus original de ceux qui font fortis de fa plume. On ne fauroit trop admirer le fombre, le terrible d'une partie. de fes tableaux, la hardieffe de fon pin- ceau, la marche rapide de fes idées. Mais le faux bel-efprit; le gigantefque, le trivial, gâtent quelquefois les beautés que ce gé- nie fublime a répandues dans fes Nuits. On a de lui d'autres pro- ductions poëtiques : trois Drames; *Bufiris*, la *Vengeance*, & les *Freres* (*Demetrius* & *Perfée*); des Satyres, des Poëfies morales, dont M. le *Tourneur* nous a donné également, la traduction (Paris 1770, 2 vol. in-8° & in-12) fous le titre d'*Œu- vres diverfes* du docteur *Young*, qui font la fuite de fes *Nuits*. L'au- teur des *Nuits* mourut en 1765, au mois d'Avril, dans fa maifon pres- bytérale de Wettwin. Comme Chré- tien & comme eccléfiaftique, il fe montra toujours fous un jour pro- pre à infpirer le refpect. Il fut un modèle de piété. Il aimoit les hommes & les foulageoit; il ne haïffoit que leurs vices. Il les, reprenoit avec force, & prêchoit la vertu par fon exemple. On ne plaifantoit point impunément de- vant lui fur les mœurs ou fur la religion, & l'on connoît une *Epigramme* fanglante contre un poë- te François très-célèbre, qui avoit pris avec lui ce ton de raillerie im- pie qu'il a dans tous fes ouvrages.

YRIARTE, (Don Jean d') né à l'ifle Teneriffe en 1702, vint

faire fes études à Paris & à Rouen,
& les fit avec fuccès. Après s'être
nourri des fruits de la littérature
ancienne & moderne, il fe retira
à Madrid, y fut bibliothécaire du
roi, membre de l'académie-royale
de la langue Efpagnole, & inter-
prête de la première fecrétairerie-
d'état. Ses principaux ouvrages
font : I. Une *Paléographie Grecque*,
in-4°. II. Des *Œuvres diverfes* en
efpagnol, Madrid 1774, 2 vol.
in - 4°. On y trouve des Poéfies
latines qui ne font pas la partie
principale de ce recueil, ni la plus
diftinguée. III. Le 1ᵉʳ vol. in-fol.
du *Catalogue des Manufcrits Grecs
de la Bibliothèque royale.* IV. Le *Catalogue des Manufcrits Arabes de l'Efcurial*, 2 vol. in - folio. Il mourut en 1771, regretté des favans
& des fes amis.

· YSE, (Alexandre de) de Grenoble, profeffeur Proteftant de théologie à Die en Dauphiné fous *Louis
XIV*, fut privé de fa chaire pour
avoir paru pencher vers la religion Rom. dans un *Difcours* qu'il
compofa pour réunir les Proteftans & les Catholiques. Il fe retira dans le Piémont, où il mourut.
On lui attribue : *Propofition pour la
réunion des deux Religions en France*,
1677, in-4°.

· YVAN, (Antoine) naquit à
Rians, petite ville de Provence,
en 1576, d'une famille très-ob-
fcure. Après avoir fait fes études
avec beaucoup de peine à caufe
de fa pauvreté, il entra dans la
congrégation de l'Oratoire, & alla
demeurer à Aix. C'eft-là qu'il connut *Marie-Magdelène de la Trinité.*
Il fonda avec elle, en 1637, l'*Ordre des Religieufes de Notre-Dame de
la Miféricorde*, dont il fut le premier directeur & le premier confeffeur. Cet homme apoftolique
joignit aux travaux d'un miniftre

de l'Evangile, les auftérités d'un
anachorète. Il contribua beaucoup
à la réformation des mœurs par
fes Sermons & fur-tout par fes
exemples. Sa modeftie étoit telle,
qu'il ne voulut jamais garder aucun bénéfice. Ce faint homme mourut en 1653. On a de lui : I. Des
Lettres. II. Un livre de piété, intitulé : *Conduite à la perfection Chrétienne*. III. Quelques autres ouvrages, qui donnent une foible idée
de fes talens & de fon jugement.

YVAN-BERUDA, (Don Mar-
tin) grand - maître d'Alcantara,
vers la fin du XIVᵉ fiécle, étoit
Portugais. Il prit beaucoup de part
aux guerres d'Efpagne, & fe montra toujours zélé pour le parti de
la Caftille. Vers l'an 1394, trompé par un Hermite vifionnaire
nommé *Jean Sago*, il fe crut deftiné de Dieu pour faire la conquête de Grenade ; & fur cette
folle imagination, il fit une irruption dans le royaume. Il fut défait & tué fur la place, avec un
grand nombre de gens de condition, trompés comme lui. Cependant les Maures permirent que le
corps d'*Yvan* fût porté à Alcantara, où ce feigneur avoit ordonné que l'on gravât fur fon tombeau ces mots, monument de fa
vanité : *Cy gît YVAN, dont le cœur
fut exempt de crainte au milieu des
dangers.* On dit que *Charles-Quint*
ayant oui raconter l'hiftoire de ce
grand - maître, & réciter l'Épitaphe, dit qu'*il ne croyoit pas que ce
fanfaron eût jamais éteint une chandelle avec les doigts.*

YVEL, (Jean) *Voyez* JEWEL.

I. YVES, (Saint) naquit à
Kermartin, à un quart de lieue de
Treguier, en 1253, d'une famille
noble. Il étudia à Paris en philofophie, en théologie & en droit-
canon, & alla enfuite faire fes

études de droit-civil à Orléans. De retour en Bretagne, il se rendit à Rennes pour se mettre sous la discipline d'un pieux & savant religieux, & devint, peu de tems après, official du diocèse de cette ville. Il exerça cet emploi avec tant de sagesse & de désintéressement, que l'évêque de Treguier le rappella, le fit son official, & le chargea de la cure de Tresdrets, puis de celle de Lohanec. *S. Yves* s'y montra un pasteur zèlé & un bienfaiteur libéral. Il termina sa sainte carriére en 1303, à 50 ans, & fut canonisé par *Clément VI* en 1347. Les savans doutent qu'il ait exercé la profession d'avocat.

II. YVES DE PARIS, né dans cette ville, y exerça d'abord la fonction d'avocat. Détrompé des vains plaisirs du siécle, il se fit Capucin, & se consacra à la conversion des pécheurs & des hérétiques. Après avoir rempli pendant 60 ans cette noble & pénible carrière, il mourut en 1678, à 85 ans. Le Pere *Yves* avoit plus de zèle que de lumiéres. Son enthousiasme pour l'état religieux & sur-tout pour celui de Capucin, étoit extrême. On a de lui plusieurs ouvrages de piété dont le style est fort guindé, & quelques autres productions qui firent du bruit dans le tems : I. *Heureux succès de la piété, & Triomphe de la vie Religieuse.* Cet ouvrage, dans lequel l'auteur élève le Clergé régulier sur les débris du

séculier, fut censuré. II. On lui attribue l'*Astrologiæ novæ Methodus*, sous le nom d'*Allæus*, Arabe Chrétien, Rennes 1654, in-fol. III. *Fatum Universi*, sous le même nom & même date. IV. Enfin une *Dissertation* sur le livre *du Destin*,1655, in-fol. Tous ces écrits sont pleins d'idées bizarres & extravagantes. Il prédit dans le second Traité une grande désolation en Angleterre pour l'année 1756. Cette vaine prédiction se trouve dans l'édition de 1654, qui est rare. Il y a des corrections & des retranchemens dans les éditions suivantes, faites sur les plaintes des Puissances maltraitées en cet ouvrage.

YVES, *Voyez* SAINT Yves.

YVES DE CHARTRES, *V.* IVES.

YVETAUX, *Voy.* IVETEAUX.

YVON, (Pierre) étoit de Montauban en Languedoc, où le visionnaire *Labadie* avoit été ministre de l'Eglise Prétendue - réformée. Il le suivit en Hollande, & se trouva à Middelbourg dans le tems que cet insensé y étoit ministre. Celui-ci ayant été chassé de cette Eglise, se retira en Hollande, où *Yvon* le suivit. Après la mort de *Labadie*, il fut chef des *Labadistes*, & s'établit à Wiewert en Frise. Il y prêcha à son petit troupeau, & devint sur la fin de ses jours seigneur de ce village. On ignore l'année de sa mort. Il laissa plus. ouvrages remplis de son fanatisme, & dont aucun ne mérite d'être cité.

Z

I. ZABARELLA, (François) DE ZABARELLIS, plus connu sous le nom de *Cardinal de Florence*, étudia à Bologne le droit-canonique,

qu'il professa à Padoue sa patrie. Cette ville, assiégée par les Vénitiens en 1406, députa *Zabarella* au roi de France, pour lui demander

Mander du fecours ; mais il ne put pas en obtenir. De Padoue il paſſa à Florence. Le ſuccès avec lequel il profeſſa le droit, le fit élire archevêque ; mais le pape prévint cette élection, & *Zabarella* demeura ſimple particulier, juſqu'à ce que *Jean XXIII* l'appella à ſa cour. Ce pontife lui donna ce même archevêché, l'honora de la pourpre, & l'envoya en 1413 vers l'empereur *Sigiſmond*, qui demandoit la convocation d'un concile. On convint qu'il ſe tiendroit à Conſtance. Le cardinal de Florence ſignala ſon zèle & ſes lumiéres dans cette aſſemblée, dont il fut un des plus illuſtres membres. On croit que, s'il eût vécu juſqu'à l'élection d'un pape, on auroit jetté les yeux ſur lui ; mais il mourut dans le cours du Concile en 1417, à 78 ans, un mois & demi avant l'élection de *Martin V.* L'empereur & tout le concile aſſiſtérent à ſes funérailles, & le *Pogge* prononça ſon Oraiſon funèbre. On a de *Zabarella* : I. Des *Commentaires ſur les Décrétales* & ſur les *Clémentines*, en 6 vol. in-fol. II. Des *Conſeils* en un vol. III. Des *Harangues* & des *Lettres* en un vol. in-fol. IV. Un Traité *de Horis canonicis.* V. *De Felicitate libri tres.* VI. *Variæ Legum repetitiones.* VII. *Opuſcula de Artibus liberalibus.* VIII. *De natura Rerum diverſarum.* IX. *Commentarii in naturalem & moralem Philoſophiam.* X. *Hiſtoriæ ſui temporis.* XI. *Acta in conciliis Piſano & Conſtantienſi.* XII. Des *Notes* ſur l'Ancien & le Nouveau - Teſtament. XIII. Un Traité *du Schiſme*, 1565, in-folio. Les Proteſtans ont ſouvent fait imprimer ce Traité du Schiſme, parce que *Zabarella* y parle avec beaucoup de liberté des Papes & de la cour de Rome ; & c'eſt auſſi pour cette raiſon que ce livre a

Tome VI.

été mis à l'*Index*. Il attribue tous les maux de l'Egliſe de ſon tems à la ceſſation des Conciles, & ce dernier déſordre à l'ambition des Papes, qui dans le gouvernement de l'Egliſe, imitant plutôt la conduite des princes temporels que celle des Apôtres, ont voulu tout décider par leurs propres lumières.

II. ZABARELLA, (Barthélemi) neveu du précédent, profeſſa le droit-canon à Padoue avec beaucoup de réputation. Il fut enſuite archevêque de Florence, & référendaire de l'Egliſe ſous le pape *Eugène IV.* Il mourut en 1442, à 46 ans, avec une grande réputation de ſavoir & de piété.

III. ZABARELLA, (Jacques) fils du précédent, vit le jour à Padoue en 1533, & y mourut en 1589, à 56 ans. Il acquit une connoiſſance profonde de la phyſique & de la morale d'*Ariſtote*, & devint profeſſeur de philoſophie à Padoue en 1564. Il refuſa les offres que *Sigiſmond*, roi de Pologne, lui fit pour l'attirer dans ſon royaume. On a de *Zabarella* des *Commentaires* ſur *Ariſtote*, qu'on range dans l'ordre ſuivant : *Logica*, 1597, in-fol. ; *de Animâ*, 1606, in-fol. ; *Phyſica*, 1601, in-fol. ; *de Rebus naturalibus*, 1594, in-4°. *Zabarella* ſoutient dans ces Commentaires, mais plus particulièrement dans un petit Traité *De inventione æternl Motoris*, qui fait partie de ſes Œuvres, Francfort 1618, in-4°. que, par les principes d'*Ariſtote*, on ne peut donner de preuves de l'immortalité de l'ame. Son eſprit étoit capable de débrouiller les grandes difficultés, & de comprendre les queſtions les plus obſcures ; mais il donnoit ſouvent dans le faux, & on ne peut excuſer ſa paſſion pour l'aſtrologie & ſa manie de tirer des horoſcopes.

Fff

ZABATHAI-SCEVI, *ou* SABA-TEI-SEVI, né à Smyrne en 1626, du courtier de la factorerie Angloife, fut élevé avec foin. La lecture de l'Ecriture-fainte lui fit naître des idées finguliéres; il abufa de quelques paffages mal interprétés, pour fe perfuader qu'il étoit le libérateur promis à fa nation depuis tant de fiécles. Il étoit d'une figure avantageufe, favant, éloquent, affectant la modeftie, recommandant la juftice, & citant à propos les Livres faints pour infinuer l'opinion qu'il vouloit répandre. Il alla d'abord à Conftantinople, d'où il fut chaffé par les Rabbins; de-là il fe rendit à Jérufalem, où il reçut un accueil tout contraire. Il fe fit des partifans, qui l'envoyérent dans divers pays pour recueillir les aumônes de leurs freres. En paffant par Gaza, il trouva un Juif nommé *Nathan*, homme de quelque confidération, qui en impofa au peuple & fit reconnoître *Zabathei* vrai Meffie & roi des Hébreux. On prétend qu'il fit alors dreffer deux trônes, un pour lui & l'autre pour fon époufe favorite; qu'il prit le nom de Roi des rois, & qu'il promit aux Juifs la conquête de l'empire Ottoman. Le grand-vifir *Achmet Cuprogli*, craignant que cette folie n'eût des fuites, le fit arrêter en 1666 & mettre en prifon aux Dardanelles. Le grand-feigneur voulut le voir, & après l'avoir interrogé il lui dit « qu'il alloit » le faire attacher tout nud à un » pôteau pour fervir de but à fes » plus habiles archers; & que fi » fon corps étoit impénétrable à » leurs flèches, il reconnoîtroit fa » qualité de Meffie & embraffe- » roit le Judaïfme. » *Zabathei* n'ofant s'expofer à une pareille épreuve, avoua fon impofture & fe fit

Mahométan. Son changement de religion lui procura des honneurs & une penfion; mais le fultan ayant appris qu'il ne laiffoit pas de faire, quoique Mufulman, des fêtes avec les Juifs, le fit conduire au château de Dulcigno, fur les côtes d'Albanie. C'eft dans cette prifon qu'il mourut en 1676, à 50 ans. L'auteur du fameux *Dictionnaire Philofophique* dit, que *Zabathei* eft le dernier faux Meffie qui ait parµ. Il auroit dû dire, que c'eft le dernier qui ait fait un certain bruit; car on vit après lui un autre impofteur de ce genre dans le dernier fiécle, & on en a vu même dans celui-ci.

ZABULON, 6e fils de *Jacob* & de *Lia*, naquit dans la Méfopotamie vers l'an 1748 avant J. C. *Jacob*, donnant au lit de la mort fa derniére bénédiction à fes enfans, dit à *Zabulon*, qu'*il habiteroit fur le bord de la Mer & dans le Port des Vaiffeaux, & qu'il s'étendroit jufqu'à Sidon.* La Tribu de *Zabulon* eut en effet fon partage dans le pays qui s'étend depuis la Mer de Galilée à l'Orient, jufqu'à la Mer Méditerranée à l'Occident.

ZACAGNI, (Laurent-Alexandre) critique & litterateur Italien, mort à Rome vers 1720, eut un goût décidé pour l'étude eccléfiaftique. Il entra de bonne heure dans les ordres, qui, en le débarraffant des foins du fiécle, lui laiffoient plus de loifir pour vaquer à l'étude. Il regarda les langues comme un moyen pour réuffir, les apprit, & ayant fait connoître fon érudition par quelques ouvrages, il fut placé en qualité de garde dans la bibliothèque Vaticane. Cet emploi le mit à portée de déterrer plufieurs monumens eccléfiaftiques, dont il publia le recueil fous ce titre : *Collectanea Monumentorum vete-*

rum Ecclesiæ Græcæ & Latinæ, in-4°,
Romæ; 1698.

ZACCHIAS, (Paul) médecin du
pape *Innocent X*, mort à Rome sa
patrie en 1659, à 75 ans, cultiva
les belles-lettres, la poësie, la
musique, la peinture, & toutes les
sciences. La variété de ses connoissances ne nuisit point à son application à la médecine. On a de lui;
I. Un livre intitulé : *Quæstiones Me-
dico-Legales*, dont il y eut plusieurs
éditions, & l'une entr'autres de
Lyon en 1726, en 3 tom. in-fol.
Cet ouvrage, trop diffus, offre
beaucoup d'érudition, de jugement
& de solidité ; & il est nécessaire
aux théologiens qui s'appliquent
à l'étude des Cas de conscience. II.
Un Traité en italien, intitulé: *La
Vie Quadragésimale*, Rome 1673,
in-8°. Ce livre roule sur les dis-
penses de l'abstinence du Carême.
III. *Trois Livres*, en italien, *sur les
Maladies hypocondriaques*, &c. Venise 1663, in-4°.

I. ZACHARIE, fils de *Jéroboam
II* roi d'Israel, succèda à son pere l'an 770 avant J. C. mais son règne ne dura que six mois. S'étant
rendu criminel aux yeux du Seigneur, comme ses peres, *Sellum*,
fils de *Jabès*, conspira contre lui,
le tua à la vue du peuple, & prit
sa place.

II. ZACHARIE, fils de *Joïada*,
grand-prêtre des Juifs, & de *Joca-
bet*, fille de *Joram* roi de Juda, succéda à son pere dans la souveraine sacrificature. Il fut imitateur du
zèle que cet illustre pontife avoit
pour la gloire de Dieu. Après la
mort de ce saint homme, qui par
sa piété & sa fermeté avoit contenu *Joas* dans son devoir, ce prince, séduit par les discours flatteurs
de ses courtisans, consentit au rétablissement de l'Idolâtrie. *Zacharie*,
rempli de l'Esprit divin, voulut s'op-

poser à ce culte sacrilége; mais le
peuple, excité par *Joas* lui-même,
l'assomma à coups de pierres.

III. ZACHARIE, l'un des XII
petits Prophètes, fils de *Barachias*
& petit fils d'*Addo*, fut envoyé de
Dieu en même tems qu'*Aggée* pour
encourager les Juifs à bâtir le Temple, & ce fut la 12° année du règne de *Darius*, fils d'*Hystaspes*, l'an
520 avant J. C. On ignore le tems
& le lieu de la naissance de *Zacharie*. Le silence de l'Ecriture sur ces
deux points, rend suspect tout ce
que les commentateurs en disent.
La Prophétie de *Zacharie* est divisée en XIV chapitres, & ce qu'il
dit touchant le Messie est si clair,
qu'il en parle en Evangéliste plutôt qu'en Prophète : *Exulta satis
filia Sion, jubila, filia Jerusalem,
Ecce Rex tuus veniet tibi,
justus & Salvator; ipse pauper, & as-
cendens super asinam & super pullum
filium asinæ.*

IV. ZACHARIE, prêtre de la famille d'*Abia*, étoit époux de *Ste Elizabeth*, cousine de la *Ste Vierge*. Ils
n'avoient point eu d'enfans, quoique deja avancés en âge; mais un
jour que *Zacharie* faisoit ses fonctions au Temple, un Ange lui apparut, & lui annonça qu'il auroit
un fils. Comme il faisoit difficulté
de croire à la parole de l'Ange,
celui-ci lui prédit qu'en punition
de son incrédulité, *il alloit devenir muet*, jusqu'à l'entier accomplissement de la promesse qu'il lui faisoit de la part de Dieu. L'événement s'étant accompli, au moment
même sa langue se délia, & il se
servit du prodige qui s'opéroit en
lui pour chanter le sublime Cantique *Benedictus*. Voilà tout ce que
l'Evangile nous apprend du pere
de *Jean-baptiste*. Les autres particularités que l'on ajoûte sur sa vie
& sur sa mort, sont tirées de sour-

F f f ij

ces trop fufpectes pour mériter que l'on en faffe mention. .

V. ZACHARIE, Grec de naiffance, monta fur la chaire de St Pierre après Grégoire III, en 741. Il célébra divers conciles pour rétablir la difcipline eccléfiaftique. Il racheta beaucoup d'efclaves que des marchands Vénitiens vouloient mener en Afrique, pour les vendre aux Infidèles, & établit une diftribution d'aumônes aux pauvres & aux malades. Son amour pour le clergé & le peuple Romain étoit fi vif, qu'il expofa plufieurs fois fa vie dans les troubles qui agitoient alors l'Italie. Ce pontife mourut le 14 Mars 752, & fut pleuré comme un pere. Sa clémence étoit telle, qu'il combla d'honneurs ceux qui l'avoient le plus perfécuté avant fon pontificat. Nous avons de lui : I. Des *Epitres*. II. Quelques *Décrets*. III. Une *Traduction* de latin en grec des *Dialogues de S. Grégoire*, dont la plus belle & la plus ample édition eft celle de *Canifius*, avec des notes utiles.

VI. ZACHARIE DE LISIEUX, Capucin, mort en 1661, âgé de 79 ans, eft auteur de quelques *Traités*, moitié moraux, moitié fatyriques, qui prouvent que les écrivains Latins lui étoient familiers. Trois entr'autres de ces productions font fort connues. I. *Sæculi Genius*, imprimé plufieurs fois. II. *Gyges Gallus*. Dans l'un & l'autre, le P. *Zacharie* a pris le nom de *Petrus Firmianus*. Le *Gyges Gallus* a été imprimé à Paris en 1658, in-4°, avec un autre écrit de lui, intitulé : *Somnia Sapientis*. En 1739, un Allemand, nommé *Gabriel Leibhit*, épris des beautés qu'il crut trouver dans le *Gyges Gallus*, le fit réimprimer avec des notes, à Ratisbonne, in-8°. L'éditeur le regarde dans la préface comme un

chef-d'œuvre de bon-fens, de jugement & de latinité. Il ne manque à cet éloge que d'être dicté par le goût. Il y a quelques agrémens dans le ftyle du Capucin ; mais fes livres ne font pas des chef-d'œuvres. On a encore de lui, *Relation du pays de Janfénie*, Paris 1660, in-8°. Il y a dans ce livre quelques bonnes plaifanteries; il le publia fous le nom de *Louis Fontaines*.

ZACHÉE, prince des Publicains, demeuroit à Jéricho ; il offrit à *Jefus-Chrift* de donner la moitié de fon bien aux pauvres, & de rendre le quadruple à ceux à qui il avoit fait tort. C'eft à quoi les loix Romaines condamnoient les Publicains convaincus de concuffion. L'Ecriture ne nous apprend rien de plus fur *Zachée* ; on ne fait s'il étoit Juif ou Gentil avant fa converfion.

ZACHT-LÉEVEN, (Herman) peintre, né à Roterdam en 1609, mort à Utrecht en 1685. Ce maître, un des meilleurs payfagiftes, fit des tableaux très-piquans, par le choix agréable des fites, par fon coloris enchanteur, par l'art avec lequel il y a repréfenté des lointains clairs & légers qui femblent fuir & s'échaper à la vue. Ses deffins au crayon noir font très-recherchés. Il eut pour élèves Jean Griffier, & Corneille ZACHT-Léeven fon frere, mort à Roterdam.

ZACUTUS, dit *Lufitanus*, parce qu'il étoit de Lisbonne en Portugal, où il naquit en 1575, profeffoit la religion Juive & exerçoit la médecine. Sa nation ayant été bannie de Portugal en 1614, il fe retira en Hollande. Amfterdam & la Haye furent le théâtre de fes talens. Il mourut en 1642, à 67 ans. Nous avons de lui divers *Ouvrages de Médecine* en 2 vol. in-fol. à

fes, la jus
... man-
... dice
... agré-
(...cin;
... des

..., Paris
: .e livre

...kains,
.. ofrit à
... noiré de
... entendre
... avoit
... Ro-
.s Publi-
...ction.
.../ rien
: .s fait
... avant sa

Herman)
... 1623,
.. Ce mal-
.ies,
..., par
...ts, par
...2:- l'art
...uré des
...juin tem-
...rs. Ses
...st tres-
...eves Jean
...: Livres
...um.
...ur, parce
...: en Por-
..., pro-
i creçoit
...avant été
...14, il
Amsterdam
...re de fes
...16e ans.
...rs Ouvra-
.. in-fol. à

Lyon en 1649. On y trouve du favoir & plufieurs obfervations cu- rieufes , dont les médecins peu- vent profiter ; mais il y en a quel- ques-unes de hazardées.

ZAHN , (Jean) Prémontré, pré- vôt de la Celle près Wurtzbourg, s'occupoit d'expériences phyfi- ques dans fes loifirs clauftraux. On a de lui : I. *Specula notabilium ac mirabilium Scientiarum* , Norimber- gæ 1696, 3 vol. in-fol. II. *Oculus Teledioptricus*, 1702 , in-fol. Il re- jettoit follement le fyftême de *Copernic*, & étoit fort attaché aux anciennes idées. Il mourut en 1707.

ZALEUCUS , fameux légiflateur des Locriens , peuple d'Italie, vi- voit l'an 500 avant J. C. Il s'eft fait un nom immortel par la fageffe de fes Loix, dont il ne ' nous refte prefque plus que le préambule. Son but étoit de conduire les hommes plutôt par l'honneur que par la crainte. Il fit auffi plufieurs régle- mens fort fages au fujet des pro- cès & des contrats. *Pythagore* avoit été fon maître , & il avoit en lui un difciple qui enfeignoit la vertu autant par fes exemples que par fes leçons. Une de fes Loix con- damnoit à avoir les yeux crevés pour un adultère. Quelque tems après , fon fils étant convaincu de ce crime, & le peuple voulant lui faire grace, *Zaleucus* s'y oppo- fa. Mais à la fois bon pere & lé- giflateur équitable , il fe priva d'un de fes yeux pour éviter la moitié de la peine à fon fils. Cet exem- ple de juftice fit une fi forte im- preffion dans les efprits , qu'on n'entendit plus parler de ce vice pendant le règne de ce légiflateur. On ajoûte qu'il défendit le vin aux malades , fous peine de mort, à moins que le médecin ne l'ordon- nât. Il fut, dit-on , fi jaloux des Loix qu'il avoit établies , qu'il or-

donna que « Quiconque voudroit » y changer quelque chofe ', fe- » .roit obligé , en propofant fa nou- » velle Loi, d'avoir la corde au » coû, afin d'être étranglé fur le » champ., au cas , que la. fienne » valût beaucoup mieux que ' l'au- » tre. » *Diodore de Sicile* attribue la même chofe à *Charondas*, légif- lateur des Sybarites.

ZALUSKI , (André-Chryfoftô- me) naquit en Pologne & parcou- rut les Pays-Bas , la France & l'I- talie ; à fon retour il obtint un ca- nonicat à Cracovie , puis l'évêché de Plockho. Quelque tems après il fut nommé ambaffadeur en Por- tugal & en Efpagne. Après avoir été employé dans plufieurs affaires auffi épineufes qu'embarraffantes ,il mourut évêque de Varmie & grand chancelier de Pologne én . 1711 , à 61 ans. Ce prélat eft principale- ment célèbre par 3 vol. in-fol. de *Lettres Latines* , imprimées depuis 1709 jufqu'à 1711 , dans lefquel- les on trouve une infinité de faits très-intéreffans fur l'Hiftoire de Po- logne & même fur celle de l'Eù- rope.

I. ZAMBRI , fils de *Salu* & chef de la tribu de *Siméon*, étant entré , à la vue de tout le monde , dans une tente où étoit une femme Madianite, nommée *Cozbi* , y fut fuivi par *Phinées* , fils du grand- prêtre *Eléazar*, qui perça ces deux infames d'un feul coup.

II. ZAMBRI , officier du roi *Ela*, commandoit la moitié de la cava- lerie. S'étant révolté contre fon maître , il l'affaffina pendant qu'il buvoit à Therfa dans la maifon du gouverneur, & s'empara du roÿau- me l'an 928 avant J. C. Dieu , qui l'avoit choifi pour être l'inftrument de fa vengeance contre les impié- tés de *Bafa*, fe fervit de fon mi- niftére pour exterminer tout ce qui reftoit de la famille de ce roi. *Zambri*, après avoir accompli les deffeins de Dieu fur des criminels que fa juftice avoit‑condamnés , ne jouit pas long-tems du fruit de fa ré. volte &‑ de fa trahifon. Sept jours après fon ufurpation , l'armée d'Ifraël établit pour roi *Amri* , & vint affiéger *Zambri* dans la ville de Therfa. Cet ufurpateur fe voyant fur‑le point d'être pris , fe brûla dans le palais avec toutes fes ri. cheffes , & mourut dans fes iniquirés.

ZAMET , (Sébaftien) riche fi. nancier fous le règne de *Henri IV*, étoit de Lucques en Italie. Il fut d'abord le confident du duc de *Mayenne* ; mais il fe rangea enfuite du parti du roi , qui l'aima beaucoup , & qui ne l'appelloit que *Baftien*. On prétend qu'il avoit été cordonnier de *Henri III*. Il fit une fortune rapide & prodigieufe. Dès l'an 1585 , il étoit intéreffé dans le fel pour 70 mille écus. Il mourut à Paris le 14 Juillet 1614, âgé de 62 ans , avec les titres de confeiller du roi en fes confeils , gouverneur de Fontainebleau , furintendant de la maifon de la reine-mere , baron de Murat & de Billy. Il laiffa deux fils de *Magdeleine* le *Clerc* du *Tremblai*. L'aîné *Jean*, maréchal-de-camp, furnommé le grand *Mahomet* par les Huguenôts qu'il perfécutoit , fut tué d'un coup de canon au fiége de Montpellier , le 8 Septembre 1622. Le cadet *Sébaftien* , mourut le 2 Févr. 1655 , évêque-duc de Langres & premier aumônier de la reine. Ce fut *Sébaftien Zamet* leur pere , qui répondit froidement au notaire qui paffoit le contrat de mariage d'une de fes filles , & lui demandoit la qualité qu'il vouloit prendre au contrat ? « Qu'il n'avoit qu'à lui donner celle de *Seigneur de dix-fept*

« cents mille écus. » Ce trait a été fort heureufement copié par *Des Touches* dans fa Comédie du *Glorieux*. *Zamet* faifoit un ufage magnifique de fes richeffes ; il avoit les premiers feigneurs de la cour à fa table , & *Henri IV.* même mangeoit quelquefois chez lui.

ı ZAMOLXIS , efclave de *Pythagore* , Gète de nation, accompagna fon maître en Egypte. Après avoir appris les coutumes des Egyptiens , il revint dans fon pays, où il civilifa les Gètes & les Thraces. Pour leur faire croire ce qu'il leur avoit prêché , il fe bâtit une maifon fôûterreine , dans laquelle il fe cacha pendant 3 ans. On le croyoit mort ; il reparut la 4e année. Les Thraces crurent apparemment qu'il étoit reffufcité , & ils n'oférent douter de tout ce qu'il leur avoit dit. *Hérodote* fait vivre *Zamolxis* avant *Pythagore* ; les auteurs fe contredifent fur l'hiftoire de ce philofophe ; qui paroît un peu fabuleufe.

ZAMORA , (Gafpar) qui a donné une bonne édition de la *Concordance de la Bible* , Rouen 1627, in-fol. eft plus connu par cette édition , que par les particularités de fa vie.

ZAMORA , *Voyez* ALFONSE , nº XII... & SANCIO.

ZAMOSKI , (Jean) fils de *Staniflas* , caftelan de Chelme , ville de la Ruffie Rouge , homme d'un grand mérite fut élevé avec foin par fon pere , envoyé à Paris & enfuite à Padoue. Il y parut avec tant de diftinction, qu'il fut élu recteur de l'univerfité. Ce fut dans cette fonction honorable qu'il compofa , en latin , fes Livres du *Sénat Romain* & du *Sénateur parfait*, De retour en Pologne , il fut élevé aux emplois les plus confidérables de l'Etat, & fut l'un des ambaſſadeurs envoyés à Paris au duc d'*Anjou* en 1573, pour porter à ce prince l'acte de ſon élection à la couronne de Pologne. *Etienne Battori*, prince de Tranſylvanie, étant monté ſur le trône de Pologne, lui donna ſa nièce en mariage, le fit grand chancelier du royaume, & peu après général de ſes armées. *Zamoſki* remplit ces emplois en grand capitaine & en habile miniſtre. Il réprima l'arrogance de *Baſilide*, czar de Moſcovie, délivra la Poléſie, la Voleſie & la Livonie, du joug de ce redoutable voiſin, lui fit une rude guerre, & aſſiégea, dans le plus fort d'un rude hiver, la ville de de Pleskow en Moſcovie. *Etienne Battori* étant mort en 1586, un grand nombre de ſeigneurs Polonois voulurent déférer la couronne à *Zamoſki*; mais il la refuſa; & fit élire *Sigiſmond*, prince de Suède, qu'il établit ſur le trône de Pologne. Il mourut en 1605, honoré du titre de *Déſenſeur de la Patrie* & de *Protecteur des Sciences*. Il établit pluſieurs Collèges, y attira par des penſions les plus ſavans hommes de l'Europe, & fonda lui-même une Univerſité dans la ville qu'il fit bâtir & qui porte ſon nom.

ZAMPIERI, peintre célèbre, *Voyez* DOMINIQUIN.

ZAMPINI, (Matthieu) juriſconſulte Italien, mais établi en France depuis long-tems, dédia au roi *Henri III*, en 1581, un ouvrage intitulé: *De Origine & Atavis Hugonis Capeti*; c'eſt-à-dire, *Des Aïeux des Hugues Capet*. L'auteur prétend y montrer que les rois de la IIIᵉ race deſcendent en ligne maſculine d'*Arnoul*, ſouche de la ſeconde, & qu'*Arnoul* vient en même ligne de la tige d'où eſt ſorti *Clovis*: idée plus belle que

ſolide, à ce que penſent bien des ſavans.

I. ZANCHIUS, *ou* ZANCUS, (Baſile) de Bergame, prit l'habit de chanoine-régulier. Ses connoiſſances dans les humanités, la philoſophie & la théologie, lui méritérent la place de garde de la bibliothèque du Vatican. Après avoir exercé cet emploi avec ſuccès, il mourut à Rome dans de grands ſentimens de piété, l'an 1560. On a de lui pluſieurs ouvrages. Les principaux ſont : I. Des *Poëſies* latines, qui ne ſont pas dans le premier rang. On les trouve dans *Deliciæ Poetarum Italorum*. II. Un *Dictionnaire Poëtique* en latin. III. Des *Queſtions* latines ſur les Livres des *Rois* & des *Paralipomènes*, Rome 1553, in-4°. Ce ſavant, regretté après ſa mort, eſſuya pluſieurs tracaſſeries, qui empoiſonnérent ſa vie.

II. ZANCHIUS, (Jérôme) né en 1516 à Alzano en Italie, entra dans la congrégation des chanoines-réguliers de Latran, à l'âge de 15 ans, & il s'y diſtingua. Mais *Pierre Martyr*, chanoine de la même congrégation, ayant embraſſé les erreurs du Proteſtantiſme, les communiqua à pluſieurs de ſes confrères. *Zanchius* fut du nombre : il ſe retira à Strasbourg en 1553, & il y enſeigna l'Ecriture-ſainte & la philoſophie d'*Ariſtote*. Quoiqu'Apoſtat, il aimoit la paix & déteſtoit les guerres théologiques. Il ne put néanmoins les éviter. Les Proteſtans l'accuſérent d'erreur. Il ſe vit obligé, pour avoir la paix, de quitter Strasbourg en 1563. Il exerça le miniſtére à Chiavène chez les Griſons, juſqu'en 1568, qu'il alla à Heidelberg, où il fut docteur & profeſſeur en théologie. Il mourut en cette ville le 19 Novem-

F ffi

bre 1590, On a de lui un *Commentaire*, fur les Epîtres de *St Paul*, à Neuſtad, 1595., in-folio ; & un gros ouvrage contre les *Anti-Trinitaires*, qu'il compoſa à la follicitation de *Fréderic III*, électeur Palatin. *Zanchius* eſt auteur d'un grand nombre d'autres Livres qui prouvent beaucoup d'érudition. On les a recueillis à Genève, 1613, 8 tomes in-fol. Il n'y parle de l'Egliſe Romaine que comme de ſa mere, prêt à y rentrer, lorſqu'elle aura réformé les abus qu'il croit s'y être gliſſés.

ZANNICHELLI, (Jean-Jérôme) médecin, né à Modène vers 1670, voyagea dans une partie de l'Italie pour s'inſtruire dans ſon art. Il ſe fixa à Veniſe, & l'y exerça avec ſuccès juſqu'à ſa mort, arrivée environ l'an 1729. Dans ſes momens de loiſir, il parcourut les environs de cette République, examina avec ſoin les Plantes qui y croiſſent, & en dreſſa un *Catalogue* exact & détaillé. Son fils, qui ſuivit la route que ſon pere lui avoit tracée, le revit, l'augmenta de ſes nouvelles recherches, & le fit impr. à Veniſe en 1736, in-fol. en italien, ſous le titre de *Muſæum Zannichellianum*.

ZANNONI, (Jacques) né à Bologne vers le commencement du xviie ſiécle, exerça la médecine avec ſuccès, & fut connu pour un des plus habiles botaniſtes Italiens. Sa ſagacité & ſes obſervations lui firent découvrir, que pluſieurs Plantes décrites par divers auteurs ſous des noms différens, ſont les mêmes. Il étudia les anciens & les modernes qui ont écrit fur cet art, les compara enſemble, & les accorda fur pluſieurs points. Il mourut en 1682. Les fruits principaux de ſes veilles ſont : I. *Hiſtoria Botanica*, à Bologne,

in-fol. 1675. II. *Rariorum Stirpium Hiſtoria*, à Bologne, in-fol. 1742. C'eſt *Cajetan Monti* qui a procuré cette édition, la plus complette de cet ouvrage.

ZAPOL, *ou* ZAPOLSKI, (Jean) vaivode de Tranſylvanie, fut élu roi de Hongrie l'an 1526 par les Etats, après la mort funeſte du roi *Louis II*; mais ſon élection fut troublée par *Ferdinand* d'*Autriche*, qu'un parti de Hongrois proclama roi à Presbourg. *Zapol*, obligé de ſe retirer en Pologne, implora le ſecours de *Soliman II*, qui entra dans la Hongrie, & mit *Zapol* en poſſeſſion de la ville de Bude. Enfin, après une guerre de pluſieurs années, mêlée de ſuccès divers, les deux contendans firent entre eux l'an 1736 un accord, qui aſſûra à l'un & à l'autre la poſſeſſion de ce que les armes leur avoient acquis. Il eut pour principal miniſtre le fameux *Martinuſius*, auquel il confia en mourant l'an 1540 la tutelle de ſon fils *Jean-Sigiſmond*, né peu de jours avant ſa mort. Ce prince avoit en partage de] grands talens pour la guerre, qu'il n'eut que trop d'occaſions d'exercer ; mais il n'en poſſédoit pas moins pr le bon gouvernement d'un état.

ZAPPI, (Jean-baptiſte-Félix) né à Imola en 1667 fit naître, au milieu des épines de la juriſprudence, les fleurs de la Poëſie, art pour lequel il avoit beaucoup de talent. Il ſe rendit à Rome pour y exercer la fonction d'avocat, dans laquelle il s'acquit quelque réputation. Il fit connoiſſance en cette ville avec le fameux *Carlo Maratte*, & l'analogie de leurs talens unit le peintre & le poëte. Celui-ci découvrit dans *Fauſtine*, fille du peintre, un talent marqué pour la poëſie : il l'épouſa.

Enfuite il s'unit avec plufieurs beaux-efprits de Rome, & ils fondérent enfemble l'Académie *degli Arcadi*. Il mourut à Rome en 1719. On trouve fes *Vers* dans divers Recueils.

ZARATE, (Auguftin de) Efpagnol fut envoyé au Pérou, en 1543, en qualité de tréforier-général des Indes. A fon retour, il fut employé, aux Pays-Bas, dans les affaires de la Monnoie. Pendant fon féjour aux Indes, il recueillit des Mémoires pour l'*Hiftoire de la Découverte & de la Conquête du Pérou*, dont la meilleure édition, en efpagnol, eft celle d'Anvers en 1555, in-8°. Cette Hiftoire a été traduite en françois, & imprimée à Amfterdam & à Paris, en 2 vol. in-12, 1700. Quoiqu'on ne puiffe pas toujours compter fur l'exactitude de cet auteur Efpagnol, fon ouvr. peut être utile.

ZARINE, monta fur le trône des Scythes-Saces après la mort de *Marmarès*, que *Cyaxare*, roi des Mèdes, fit égorger dans un feftin, pour fecouer le joug fous lequel les Scythes tenoient les Mèdes affervis depuis 28 ans. Cette reine commanda fon armée en perfonne contre celle de *Cyaxare*, conduite par le gendre de ce prince, nommé *Stryangée*, jeune feigneur Mède, bien fait, généreux & bon capitaine. Après deux années d'une guerre contre-balancée, *Zarine* fut vaincue ; & fon vainqueur, devenu amoureux d'elle, fe tua de défefpoir, n'ayant jamais pu corrompre fa vertu, quoiqu'il eût touché fon cœur. Cette princeffe, rendue à fes fujets, fe conduifit en grand-homme. Elle fit défricher des terres, civilifa des nations fauvages, fit bâtir un grand nombre de villes, en embellit d'autres, fe fit crain-

dre au dehors, en fe faifant aimer & refpecter au-dedans.

ZARLINO, (Jofeph) de Chioggia, dans l'Etat de Venife, s'eft rendu célèbre par la connoiffance qu'il avoit de la Mufique. Au jugement du P. *Merfenne* & d'*Albert Bannus*, *Zarlin* eft le plus favant de tous les auteurs qui ont écrit fur cet art ; mais on ne connoiffoit alors ni les *Rameau*, ni les *Rouffeau*. Toutes fes Œuvres ont été imprimées en 4 vol. in-fol. 1589 & 1602, à Venife, où il mourut en 1599.

ZAZIUS, (Hulric) né à Conftance en 1461, fit des progrès fi rapides dans le droit, qu'en peu de tems il fut jugé capable d'en donner des leçons en public, & de remplacer fon maître. Il mourut en 1539, à Fribourg où il profeffoit, âgé de 74 ans. On a de lui : I. *Epitome in ufus Feudales*. II. *Intellectus Legum fingulares*, & d'autres ouvrages recueillis à Francfort en 1590, en 6 tomes in-fol. Jean-Hulric *ZAZIUS*, fon fils, mort en 1565, profeffa à Bâle la jurifprudence, fur laquelle il laiffa quelques ouvrages.

ZEB, prince des Madianites, ayant été vaincu par *Gédéon*, fut trouvé dans un preffoir où il fe cachoit. Les Ephraimites lui ayant coupé la tête, la portèrent au vainqueur.

ZEGEDIN, ou SZEGEDIN, (Etienne de) né en 1505 à Zégédin, ville de la baffe Hongrie, mort à Keven en 1572 à 67 ans, fut un des premiers difciples de *Luther*. Il prêcha le Luthéranifme dans plufieurs villes de Hongrie, & fut fait prifonnier par les Turcs, qui le traitèrent avec inhumanité. Ayant recouvré fa liberté, il devint miniftre à Bude & en diverfes autres villes. On a de lui :

I. *Speculum Romanorum Pontificum hiſtoricum*, 1602, in-8° : ouvrage rempli de fanatiſme & de contes abſurdes. II. *Tabulæ Analyticæ in Prophetas*, *Pſalmos & Novum-Teſtamentum*, &c. 1592, in fol. III. *Aſſertio de Trinitate*, 1573, in-8°.

ZEGERS, (Tacite-Nicolas) Cordelier de Bruxelles, compilateur mauſſade & mauvais critique, mourut à Louvain en 1559. On a de lui : I. Des *Corrections* ſur la Vulgate, 1555, in-8°. II. Des *Notes* ou *Scholies* ſur les endroits les plus difficiles du Nouveau-Teſtament. On les trouve dans les *Critici ſacri* de *Péarſon*. III. Une *Concordance du Nouveau-Teſtament*.

ZEILLER, (Martin) natif de Styrie, d'un miniſtre à Ulm, devint inſpecteur des Ecoles d'Allemagne, & mourut à Ulm en 1661, à 73 ans. Quoiqu'il fût borgne, il compoſa un très-grand nombre d'ouvrages. Les plus eſtimés ſont ceux qu'il a faits ſur la Géographie moderne d'Allemagne : I. *L'Itinéraire d'Allemagne*. II. La *Topographie de Baviére*. III. Celle *de la Suabe*, qui paſſe pour très-exacte. IV. Celle *d'Alſace*. V. Celle *des Etats de Brunſwick & du Pays deHambourg*. Tous ces ouvrages ſont en latin, in-fol., & les difficultés principales y ſont bien diſcutées. On les a raſſemblées dans la *Topographie* de *Merian*, 31 vol. in-fol.

I. ZENO, (Charles) célèbre Vénitien d'une famille ancienne, entra d'abord dans l'état eccléſiaſtique, qu'il quitta pour porter les armes. Il ſignala ſa valeur dans diverſes expéditions ; on récompenſa ſes ſervices par le gouvernement du Milanois. Propre à la guerre de mer comme à celle de terre, il eut pluſieurs fois le commandement de la flotte des Vénitiens, & remporta ſur les Turcs

des avantages conſidérables. Malgré ſes victoires, il fut accuſé d'avoir violé les loix de la république, qui défendent à ſes ſujets de recevoir ni penſion, ni gratification d'un prince étranger. On le mit en priſon ; mais ſon innocence & les murmures des principaux citoyens, lui firent rendre la liberté 2 ans après. *Zeno* continua de ſervir ſa patrie avec le même zèle. Il ſacrifia ſouvent ſa fortune pour payer les ſoldats & les ramener à leur devoir. Il auroit été élevé à la place de Doge, ſi l'on avoit pu le remplacer à la tête des armées. Réſolu enfin de conſacrer le reſte de ſa vie au repos, il paſſa ſes derniers jours à Veniſe, dévoué entièrement à l'étude, à la méditation, recherchant avec empreſſement la ſociété des gens de lettres, & les aidant de ſes conſeils & de ſon crédit. Il mourut en 1418, à 84 ans. *Léonard Juſtininiani*, orateur de la république, prononça ſon *Eloge funèbre*, Veniſe 1731. Il avoit été marié deux fois.

II. ZENO, (Apoſtolo) né en 1669, deſcendoit d'une illuſtre maiſon de Veniſe, mais d'une branche établie depuis long-tems dans l'iſle de Candie. Il s'adonna dès ſa jeuneſſe à la poëſie & l'hiſtoire, & devint un homme illuſtre dans la république des lettres. Il établit à Veniſe l'académie *degli Animoſi* en 1696, & le *Giornale de Litterati* en 1710. Il en publia 30 vol. qui vont juſqu'en 1719 excluſivem. Comme il étoit auſſi alors très-célèbre par ſes Poèſies dramatiques, il fut appellé à Vienne par l'empereur *Charles VI*. Il y reçut d'abord le titre de Poëte, & enſuite celui d'Hiſtoriographe de la cour Impériale : deux emplois qui lui procurérent des penfions & beaucoup de crédit auprès de l'empereur qui l'aimoit. Zeno passa onze ans dans' cette cour, tout occupé de la composition de ses piéces. Chaque année il en donnoit au moins une. Ce n'étoient pas toujours des Tragédies profanes : il publioit de tems en tems des Drames ou Dialogues sur des sujets sacrés, connus sous les noms d'*Azioni sacre*, ou d'*Oratorio*. Apostolo Zeno revint à Venise en 1729, & fut remplacé, peut-être même effacé à la cour de l'empereur, par l'admirable *Metastasio*. Quand nous disons effacé, nous n: voulons pas faire entendre que *Metastasio* obscurcit toute la gloire de *Zeno*; mais seulement que le style enchanteur du premier lui attira plus de partisans, que l'autre n'en avoit jamais eu. L'empereur continua néanmoins d'honorer celui-ci de ses bonnes-graces, & de lui faire payer les pensions dont il jouissoit à titre de Poëte & d'Historiographe Impérial. Zeno passa les 21 dernières années de sa vie à Venise, d'où il entretint un commerce avec tous les savans d'Italie & des pays étrangers. Il étoit grand connoisseur en fait d'antiquités, bon critique, excellent compilateur d'anecdotes littéraires, d'un commerce fort aisé, & d'une candeur d'ame qui rendoit sa société très-agréable. Cet homme si estimable mourut en 1750. On a donné en 1758 une *Traduction françoise des Œuvres dramatiques d'Apostolo Zeno*, en 2 vol. in-12. Ces 2 vol. ne contiennent que 8 piéces. Zeno en a fait un bien plus grand nombre, impr. en 10 vol. in-8°, en italien, Venise 1744. On a encore de *Zeno* un grand nombre d'*Ecrits* sur les Antiquités ; des *Dissertations* sur *Vossius*, 3 vol. in-8° ; des *Lettres*, Venise 1752 ;

des *Dissertatione* sur les Historiens Italiens, 2 vol. in-4°. 1752. Son mérite particulier, comme poëte, est l'invention, la force & le sentiment ; mais il manque de douceur, d'élégance & de graces. Il est le premier poëte Italien, qui ait appris à ses compatriotes à ne regarder la Musique que comme l'accessoire de la Tragédie, & qui leur ait donné les bonnes règles du théâtre tragique.

I. ZENOBIE, femme de *Rhadamiste* roi d'Ibérie, suivit son mari chassé de ses états par les Arméniens ; mais comme l'état de grossesse où elle étoit alors, la forçoit de rester en chemin, son mari la poignarda à sa prière, & la jetta dans la rivière d'Araxe. Quelques-uns disent qu'elle en mourut ; d'autres, que sa blessure n'étant pas mortelle, & que ses habits l'ayant soutenue quelque tems sur l'eau, des bergers qui l'apperçurent, la retirérent de la rivière & pansérent sa plaie. Lorsqu'ils eurent appris son nom & sa triste aventure, ils la menèrent à *Tiridate* qui la traita en reine. Ce fait, qui paroît un peu fabuleux, quoique rapporté par *Tacite*, est de l'an 51 de J. C.

II. ZÉNOBIE, reine de Palmyre, femme d'*Odenat*, se disoit issue d'un des *Ptolomées* & de *Cléopâtre*. Si elle ne leur dut pas son origine, elle hérita de leur courage. Après la mort de son mari, en 267, dont on l'accusa d'être l'auteur, elle prit le titre d'Auguste, & posséda plusieurs années l'empire d'Orient, du vivant de *Gallien* & de *Claude II* son successeur. Elle soutint d'un côté avec gloire la guerre contre les Perses, & se défendit de l'autre contre les forces des Romains. Tous les historiens de son tems ont célébré ses vertus, fur-tout fa chafteté admirable, & fon goût pour les fciences & pour les beaux-arts. Le philofophe *Longin* fut fon maitre, & il lui apprit à placer la philofophie fur le trône. Elle favoit parfaitement l'hiftoire Orientale, & en avoit fait elle-même un *Abrégé* avec l'Hiftoire de la ville d'Alexandrie. L'empereur *Aurelien* ayant réfolu de la réduire, marcha jufqu'à Antioche, où *Zénobie* s'étoit rendue avec la plus grande partie de fes forces, qui montoient à 600,000 hommes. Cette princeffe fe mit à la tête de fes troupes, allant a pied lorfqu'il étoit befoin, comme un fimple foldat. Les deux armées fe rencontrèrent ; on combattit avec fureur de part & d'autre. *Aurélien* eut d'abord du défavantage, & fut fur le point de perdre la bataille ; mais la cavalerie des Palmyriens s'étant trop avancée, l'infanterie Romaine tomba fur l'infanterie Palmyrienne, l'enfonça, & remporta la victoire. *Zénobie*, après avoir perdu une grande partie de fes troupes dans cette bataille, s'alla renfermer dans la ville de Palmyre. Le vainqueur l'affiégea, & elle fe défendit avec le courage d'un homme & la fureur d'une femme. *Aurélien* commençant à fe laffer des fatigues du fiége, écrivit à *Zénobie* pour lui propofer des conditions raifonnables. Cette princeffe lui répondit avec fierté : *C'eft par la valeur & non par une Lettre, qu'on contraint un ennemi à fe rendre. Vous avez été battu par des Voleurs ; que ne devez-vous pas craindre de Citoyens qui fe défendent ? Souvenez-vous que* Cléopâtre *aima mieux mourir, que d'être vaincue...* *Aurélien* outré preffa vivement le fiége, & *Zénobie*, craignant de tomber entre fes mains, fortit fecrettement de la ville en

272. *Aurélien* la fit pourfuivre, & on l'atteignit comme elle alloit paffer l'Euphrate. Les foldats demandèrent fa mort ; mais le vainqueur la réferva pour fon triomphe qui fut fuperbe. On le blâma beaucoup d'avoir triomphé avec tant de fafte d'une femme ; mais cette femme valoit un héros, & il répara cet outrage par la manière dont il la traita. Il lui donna une terre magnifique auprès de Rome, où elle paffa le refte de fes jours, honorée & chérie. Ses vertus furent ternies par fa paffion pour le vin, par fon fafte & par fa cruauté. Quelques auteurs ont cru qu'elle avoit embraffé la religion des Juifs ; mais il eft plus probable que fa religion étoit une efpèce de Déifme. Le Pere *Jouve* a publié en 1758, in-12, une *Hiftoire* intéreffante de cette héroïne.

ZENODORE, fculpteur du tems de *Néron*, fe diftingua par une Statue coloffale de *Mercure*, & enfuite par le coloffe de *Néron*, d'environ 110 pieds de hauteur, qui fut confacré au Soleil. *Vefpafien* fit dans la fuite ôter la tête de *Néron*, & pofer à la place celle d'*Apollon*, ornée de fept rayons.

I. ZENON D'ÉLÉE, autrement *Velie*, en Italie, né vers l'an 504 avant J. C. fut difciple de *Parménide*, & même, felon quelques-uns, fon fils adoptif. Sa modération philofophique fe démentoit quelquefois. On rapporte qu'il entra dans une grande colère contre un homme qui lui difoit des injures ; & comme il vit qu'on trouvoit étrange fon indignation, il répondit : *Si j'étois infenfible aux injures, je le ferois auffi aux louanges.* Il montra plus de courage dans une occafion importante. Ayant entrepris de rendre la liberté à fa patrie opprimée par le tyran *Néarque*, & cette entreprife ayant été découverte, il fouffrit avec une fermeté extraordinaire les tourmens les plus rigoureux. Il fe coupa la langue avec les dents & la cracha au nez du tyran, de peur d'être forcé, par la violence des tourmens, à révéler fes complices. Quelques-uns difent qu'il fut pilé tout vif dans un mortier. *Zénon* paffe pour l'inventeur de la dialectique, mais d'une dialecti-que deftinée à foutenir le *pour* & le *contre*, & à tromper par des fophif-mes captieux. Il avoità-peu-près les mêmes fentimens que *Xenopha-nes* & *Parménide* touchant l'unité, l'incompréhenfibilité & l'immuta-bilité de toutes chofes. Il n'y a ce-pendant aucune apparence qu'il ait foutenu qu'*il n'y a rien dans l'Uni-vers*, comme quelques auteurs le lui reprochent. Quoi qu'il en foit, il propofoit des argumens très-embarraffans fur l'exiftence du mou-vement. Comme il vivoit long-tems avant *Diogène* le Cynique, il eft conftant que tous ceux qui ont dit que ce philofophe avoit réfuté les argumens de *Zénon* en fe prome-nant, ou en faifant un ou deux tours dans fon école, fe font trompés.

II. ZENON, fondateur de la fecte des *Stoïciens* : nom qui fut donné à cette fecte, de celui d'un d'un Portique où ce philofophe fe plaifoit à difcourir. Il vit le jour à *Citium* dans l'ifle de Chypre. Il fut jetté à Athènes par un naufra-ge, & il regarda toute fa vie cet accident comme un grand bon-heur, louant les vents de ce qu'ils l'avoient fait échouer fi heureufe-ment dans le port de Pirée. Après avoir étudié dix ans fous *Cratès* & dix autres fous *Stilpon*, *Xeno-crate* & *Polemon*, il ouvrit une école qui fut très-fréquentée. *Zé-non* ayant fait une chute, fe fit

mourir lui-même, vers l'an 264 avant J. C. Ses difciples fuivirent fouvent cet exemple de fe donner la mort. *Zénon* foutenoit qu'*avec la Vertu on pouvoit être heureux, au milieu même des tourmens les plus af-freux, & malgré les difgraces de la fortune.* Ce philofophe avoit coutu-me de dire : Que *fi un Sage ne de-voit pas aimer, comme quelques-uns le foutiennent, il n'y auroit rien de plus miférable que les perfonnes belles & vertueufes, puifqu'elles ne feroient aimées que des fots.* Il difoit auffi, qu'*une partie de la Science confifte à ignorer les chofes qui ne doivent pas être fues* ; qu'*un Ami eft un autre nous-mêmes* ; que *peu de chofe donne la perfection à un ouvrage, quoique la perfection ne foit pas peu de chofe.* Il comparoit ceux qui parlent bien & qui vivent mal, *à la monnoie d'Ale-xandrie, qui étoit belle, mais compofée de faux métal.* Il faifoit confifter le fouverain bien *à vivre conformément à la Nature, felon l'ufage de la droite raifon.* Il ne reconnoifloit qu'*un Dieu, qui n'étoit autre chofe que l'ame du Monde*, qu'il confidéroit com-me *fon corps*, & les deux enfem-ble comme un *animal parfait.* C'eft ce tout, ou le Monde, qui étoit le Dieu des Stoïciens. Il admettoit en toutes chofes une *Deftinée iné-vitable.* Son valet voulant profiter de cette derniére opinion, & s'é-criant, tandis qu'il le battoit pour un larcin : *J'étois deftiné à dérober.--Oui*, répondit *Zénon*, *& à être battu.* Sa fecte a été féconde en grands-hommes & en grandes vertus.

III. ZENON, philofophe Epi-curien de Sidon, enfeigna la phi-lofopie à *Cicéron* & à *Pomponius Atticus.* Le mérite des élèves prou-ve celui du maitre. Il avoit des lumières, mais encore plus d'or-gueil. Il traitoit fes adverfaires avec beaucoup de mépris.

IV. ZENON, dit l'*Isaurien*, empereur, épousa en 458 *Ariadne*, fille de *Léon I*, empereur d'Orient. Il en eut un fils, qui ne vécut que dix mois après avoir été déclaré Augufte. Le bruit courut que *Zénon*, defirant régner feul, avoit employé le poifon pour s'en délivrer. Dès qu'il commença d'être maître, l'an 474, il fe plongea dans toutes fortes de voluptés. Sa vie déréglée le rendit fi odieux, que *Vérine* fa belle-mere, & *Bafilifque* frere de *Vérine*, travaillèrent à le détrôner. *Zénon* fut chaffé en 475 par *Bafilifque*, qui s'étant emparé du trône, en fut renverfé lui-même l'année fuivante par celui qu'il avoit fupplanté. Cet empereur ainfi rétabli n'en fut pas plus fage. Il devint le perfécuteur des Catholiques. Sous prétexte de rétablir l'union, il publia un fameux édit fous-l. nom d'*Hénotique*, qui ne contenoit rien de contraire à la doctrine Catholique fur l'Incarnation; mais on n'y faifoit aucune mention du Concile de Calcédoine. Il employa toute fon autorité pour faire recevoir fon édit, & maltraita tous ceux qui étoient attachés à ce Concile, qui étoit la dernière règle de la Foi orthodoxe. Sa vie diffolue le jetta dans des dépenfes exceffives, qui furpaffoient de beaucoup les revenus de la couronne. Il fit d'auffi grandes levées d'argent, que s'il eût eu à foutenir une guerre contre toutes les Puiffances de l'Europe & de l'Afie. Il établit le tribut fcandaleux, nommé *Chryfargyrum*, qui s'étendoit fur toutes les perfonnes de l'empire, de tout âge, de tout fexe, de toute condition, nommant dans fon édit les femmes débauchées, celles qui étoient féparées de leurs maris, les efclaves & les mendians. Il n'eut pas honte

de mettre un impôt fur chaque cheval, fur les mulets, les ânes, les bœufs, les chiens, & le fumier même. Par un abus encore plus criant, il rendit toutes les charges vénales. Les tribunaux ne furent remplis que par des ames intéreffées & injuftes, qui cherchoient à fe dédommager du prix de leurs charges fur les opprimés, & vendoient la faveur de leurs jugemens à celui qui la payoit le plus cher. *Zénon* mourut d'une manière digne de fa vie, en 491. *Zonare* dit, qu'un jour qu'il étoit extrêmement affoupi après un excès de vin, *Ariadne* fa femme le fit mettre dans un fépulcre, difant qu'il étoit mort. Lorfqu'il fut revenu de fon affoupiffem. & qu'il vit fon état, il cria qu'on vînt le fecourir. Mais tous fes courtifans furent fourds à fes cris; & ce prince qui avoit fait mourir tant de monde pour s'enrichir, fe vit réduit, en périffant, à n'avoir pour nourriture & pour breuvage que fes membres & fon fang. Il avoit 65 ans, & en avoit régné 17 & 3 mois.

ZENONIDE, femme de l'empereur *Bafilifque*, étoit d'une beauté éclatante & d'une figure pleine de charmes & de graces. Elle favorifa l'Eutychianifme, & aux erreurs elle joignit les vices. Ses amours avec *Hermate* neveu de fon époux, furent le fcandale de Conftantinople. Dangereufe dans fes amours, elle étoit implacable dans fes haines, & elle perfécuta les Catholiques avec fureur. Comme elle avoit été complice des crimes de *Bafilifque*, elle fut envelopée dans fes malheurs. Le peuple de Conftantinople s'étant révolté, elle fe vit arracher du pied des autels où fon mari & elle s'étoient réfugiés, par *Acace* patriarche de Conftantinople, qui les abandonna à la vengeance de *Zénon*.

Ce prince les envoya en exil, où ils terminérent leurs jours en 476, par la faim & le froid. .

ZEPHIR ou ZEPHYRE, Dieu du Paganifme, fils de l'*Aurore*, & amant de la Nymphe *Chloris* felon les Grecs, ou de *Flore* felon les Romains, préfidoit à la naiffance des fleurs & des fruits de la terre, ranimoit la chaleur naturelle des plantes, & par un fouffle doux & agréable, donnoit la vie à tous les êtres. On le repréfentoit fous la forme d'un jeune-homme, d'un air fort tendre, ayant fur la tête une couronne compofée de toutes fortes de fleurs.

ZEPHIRIN, (St) pape après *Victor I*, le 8 Août 202, gouverna faintement l'Eglife, & mourut de même le 20 Décembre 218. Les deux *Epitres* qu'on lui attribue, ont été fabriquées long-tems après lui. Ce fut fous fon pontificat que commença la 5ᵉ perfécution, qui fut fi cruelle, qu'on crut que l'*Ante-Chrift* étoit proche.

I. ZEPPER, (Guillaume) *zepperus*, théologien de la religion Prétendue-Réformée, miniftre à Herborn au XVIIᵉ fiécle, publia un livre intitulé: *Legum Mofaicarum forenfium Explicatio*, réimprimé en 1614, in-8°. Il y examine fi les loix civiles des Juifs obligent encore, & quand elles ont été abolies. Ce livre prouve beaucoup d'érudition.

II. ZEPPER, (Philippe) donna les *Loix civiles de* Moyfe *comparées avec les Romaines*, à Hall en 1632, in-8°: ouvrage plein de profondes recherches. Ce favant étoit contemporain du précédent.

ZEUXIS, peintre Grec, vers l'an 400 avant J. C., étoit natif d'Héraclée; mais comme il y avoit un grand nombre de villes de ce nom, on ne fait point au jufte de

laquelle il étoit. Quelques favans conjecturent néanmoins qu'il étoit d'Héraclée proche Crotone, en Italie. *Zeuxis* fut difciple d'*Apollodore*; mais il porta à un plus haut dégré que fon maître, l'intelligence & la pratique du coloris & du clair-obfcur. Ces parties effentielles, qui font principalement la magie de l'art, firent rechercher fes ouvrages avec empreffement. Ses fuccès le mirent dans une telle opulence, «qu'il ne vendoit plus » fes tableaux, parce que (*difoit-*» *il*) aucun prix n'étoit capable de » les payer ». *Apollodore* fut mauvais gré à *zeuxis* de la réputation qu'il fe faifoit par fes talens, & ce rival indigné ne put s'empêcher de le décrier vivement dans une fatyre. L'élève ne fit que rire de la colère de fon maître. Ayant fait un tableau repréfentant un Athlète avec la derniére vérité, il fe contenta de mettre au bas: *On le critiquera plus facilement qu'on ne l'imitera.* Les anciens ont auffi beaucoup vanté le tableau d'une *Hélène* que ce peintre fit pour les Agrigentins. Cette nation lui avoit envoyé les plus belles filles d'Agrigente. *zeuxis* en retint cinq, & c'eft en réuniffant les graces & les charmes particuliers à chacune, qu'il conçut l'idée de la plus belle perfonne du monde, que fon pinceau rendit parfaitement. Les Crotoniates, jaloux de la belle Grecque que le pinceau de *Zeuxis* avoit fait naître parmi eux, ne la firent d'abord voir que difficilement & pour de l'argent. Ce qui donna lieu à quelque mauvais plaifant d'appeller ce portrait *Hélène la Courtifane*, .. *Nicomaque* ne pouvoit fe laffer d'admirer ce chef-d'œuvre. Il paffoit régulièrement une heure ou deux chaque jour à le confidérer. Un de ces hommes froids, incapable d'éprouver la moindre émotion à l'aspect du beau , remarquoit des défauts dans ce fameux tableau. *Prenez mes yeux*, dit un admirateur au censeur, *& vous verrez que c'est une Divinité.* Ce peintre saisissoit la nature dans toute sa vérité. Il avoit représenté des raisins dans une corbeille, mais avec un tel art, que les oiseaux séduits venoient pour béqueter les grappes peintes. Une autre fois il fit un tableau où un jeune garçon portoit un panier aussi rempli de raisins ; les oiseaux vinrent encore pour manger ce fruit. *zeuxis* en fut mécontent, & ne put s'empêcher d'avouer qu'il falloit que le porteur fût mal représenté, puisqu'il n'écartoit point les oiseaux. *zeuxis* avoit des talens supérieurs, mais il n'étoit pas sans compétiteurs. *Parrhasius* en fut un dangereux pour lui. Il appella un jour ce peintre en défi. *zeuxis* produisit son tableau aux raisins , qui avoit trompé les oiseaux mêmes; mais *Parrhasius* ayant montré son ouvrage, *zeuxis* impatient s'écria : *Tirez donc ce rideau*, & ce rideau étoit le sujet de son tableau. *zeuxis* s'avoua vaincu, « puisqu'il n'avoit » trompé que des oiseaux, & que » *Parrhasius* l'avoit séduit lui-mê- » me ». On reprochoit à *zeuxis* de ne savoir pas exprimer les passions de l'ame, de faire les extrémités de ses figures trop prononcées. Si l'on en croit *Festus* , ce peintre ayant représenté une vieille avec un air extrêmement ridicule, ce tableau le fit tant rire qu'il en mourut : conte extraordinaire & incroyable. *Voyez* sa *Vie* par *Carlo Datti*, Florence 1667, in-4°, avec celles de quelques autres Peintres Grecs.

I. ZIEGLER , (Bernard) théologien Luthérien , né en Misnie l'an 1496 , d'une famille noble ,

mort en 1556, devint professeur de théologie à Leipsick. *Luther* & *Mélanchton* l'estimoient beaucoup, & ne l'aimoient pas moins. On a de lui un *Traité de la Messe* , & d'autres ouvrages latins de théologie & de controverse , qu'on laisse dans la poussière des bibliothèques.

II. ZIEGLER, (Jacques) mathématicien & théologien, natif, suivant le *Ducatiana*, de Lindau en Suabe , mort en 1549 , enseigna long-tems à Vienne en Autriche. Il se retira ensuite auprès de l'évêque de Passau. On a de lui plusieurs ouvrages. I. Des *Notes* sur quelques passages choisis de l'Ecriture-sainte , Bâle 1548 , in-fol. II. *Description de la Terre-sainte* , Strasbourg 1536 , in-fol. ; elle est assez exacte. III. *De constructione solidæ Spheræ* , in-4° , ouvrage estimé. IV. Il a fait un *Commentaire* sur le second livre de *Pline*, qui n'est point à mépriser.

III. ZIEGLER, (Gaspard) né à Leipsick en 1621 , devint professeur en droit à Wittemberg , puis conseiller des Appellations & du consistoire. Il mourut à Wittemberg , en 1690. On a de lui : I. *De Milite Episcopo*. II. *De Diaconis & de Diaconissis* , Vittemberg 1678, in-4°. III. *De Clero Renitente*. IV. *De Episcopis* , Nuremberg 1686, in-4°. V. Des *Notes Critiques* sur le *Traité* de *Grotius , du Droit de la Guerre & de la Paix* , & d'autres ouvrages savans. Cet auteur avoit été employé par la cour de Saxe dans des affaires importantes.

ZIGABENUS , *Voyez* EUTHYMIUS , n° II.

ZILLETTI, (François) savant jurisconsulte du XVIe siécle. Il publia le Recueil des Commentaires sur le Droit canonique , sous le titre

titre de *Tractatus Tractatuum*, Ve-
net. 1548, 16 tomes; 1584, 18 tomes, qui fe relient quelquefois
en 29. On ne les confulte guéres
aujourd'hui.

ZIMISCÈS, *Voyez* JEAN I, empereur, n°.XLIX.

ZINGHA, reine d'Angola,
étoit fœur de *Gola-Bendi*, fouverain de ce royaume dans le dernier fiécle. Ce defpote Africain
avoit immolé à fa défiance prefque toute fa famille. *Zingha*, dont
il avoit fait maffacrer le fils, &
une autre fœur, étoient les feules
qu'il eût épargnées. *Gola-Bendi*
ayant été entiérement défait par
les Portugais, qui ont des établiffemens voifins d'Angola, s'empoifonna, ou fut empoifonné par
Zingha. Quoi qu'il en foit, l'ambitieufe princeffe s'empara du trône après la mort de fon frere; &
pour mieux s'y affermir, elle poignarda fon neveu, fils de *Bendi*,
qui auroit pu le lui difputer. Bientôt détrônée elle-même par les
Portugais, elle fe vit obligée de
fuir, & de s'enfoncer feule dans
des déferts horribles. Après y
avoir refté quelque tems, elle pénétra jufques dans l'intérieur de
l'Afrique Méridionale, chez une
nation féroce & antropophage,
appellée les *Giagues* ou *Jagas*, dont
elle adopta les ufages barbares,
dans la vue de s'en faire reconnoître fouveraine, & de les employer à fes projets de vengeance. En effet elle parvint à fe faire déférer l'autorité fuprême par
les Giagues, en fe dépouillant comme eux de tout fentiment d'humanité, en fe nourriffant de la
chair de fes fujets, & en égorgeant elle-même les victimes humaines qu'ils offroient à leurs idoles. Après les avoir gouvernés
ainfi pendant 30 ans, cette prin.
Tome VI.

ceffe plus que feptuagénaire, fe
repentit des atrocités auxquelles
le defir de fe venger & de régner
l'avoient entrainée comme malgré
elle. Elle réfolut d'abolir les coutumes affreufes, & fur-tout le
culte abominable des Giagues, &
de retourner fincérement au Chriftianifme, [qu'elle avoit autrefois
embraffé par politique. Le viceroi Portugais de Loando, informé de fon changement, lui envoya un Capucin nommé le P.
Antoine de Gaiette. Ce miffionnaire
reçut fon abjuration ; & la détermina à céder au roi de Portugal
fes prétentions fur le royaume
d'Angola. *Zingha* publia enfuite
des édits pour l'abolition des victimes humaines & des autres fuperftitions des Giagues, & s'appliqua avec ardeur à étendre le Chrif.
tianifme dans fes états. Mais fon
grand âge ne lui laiffa pas le tems
d'achever fon ouvrage. Elle mourut avec de grands fentimens de
pénitence, à 82 ans, le 17 Décembre 1664, laiffant fa nation à demi policée, & inconfolable de fa
perte. Tel eft le précis d'un ouvrage moitié hiftorique & moitié
romanefque, traduit en partie de
l'anglois, & publié en 1769 par M.
Caftilhon, fous le titre de : *Zingha Reine d'Angola*, *Nouvelle Africaine*. Les
faits principaux font puifés dans
des *Mémoires* qu'a laiffés le Capucin *Antoine de Gaïette*. En frémif.
fant des forfaits que la vengeance & la barbarie de fa nation lui
firent commettre, on admire dans
Zingha un courage invincible, une
fermeté au-deffus des revers, une
certaine empreinte de grandeur &
d'héroïfme qui règne dans toute
fa conduite. Nous terminerons
cet article par un trait qui la caractérife. *Bendi* fon frere, roi
d'Angola, ayant effuyé plufieurs

Ggg

échecs contre les Portugais, se
vit réduit à desirer la paix. *Zingha*
fut chargée de la négociation auprès du vice-roi Portugais. Celui-
ci lui donna audience, suivant
l'usage, assis sur une espèce de
trône dans une salle où il n'y avoit
point d'autre siège pour elle qu'un
coussin sur un tapis qui couvroit
le parquet. La fière princesse
d'Angola ordonna à une de ses
femmes de se poser sur les genoux & les mains, & se fit un
siège de son dos. C'est à l'occasion, de cette, ambassade que,
pour se concilier la nation
Portugaise, *Zingha* avoit feint de
l'inclination pour le Christianisme, & s'étoit faite baptiser. On
trouve dans le *Moreri* l'article de
cette reine Africaine, sous le nom
défiguré de *Xinga*: il a été composé sur les Relations fabuleuses
de *Daper* & de *Ludolf*.

ZISKA, (Jean) gentilhomme
Bohémien, fut élevé à la cour de
Bohême, du tems de *Wenceslas*.
Ayant pris le parti des armes fort
jeune, il se signala en diverses
occasions, & perdit un œil dans un
combat; ce qui le fit appeller *Zifka*,
c'est-à-d. borgne. Les Hussites, outrés de la mort de *JeanHus*, le mirent
à leur tête pour la venger. Il assembla une armée de paysans, & il
les exerça si bien, qu'en peu de
tems il eut des troupes aussi bien
disciplinées que courageuses. *Wenceslas* étant mort en 1414, il s'opposa à l'empéreur *Sigismond*, à qui
appartenoit le royaume de Bohême. Il assiégea la ville de Rabi,
où il perdit son autre œil d'un
coup de flèche, & ne laissa pas
néanmoins de faire la guerre. Il
se donna un grand combat devant Aussig sur l'Elbe, que *Ziska*
assiégeoit, où neuf mille Catholiques demeurérent sur la place,

Cette victoire le rendit maître de
la Bohême; il y mit tout à feu &
à sang, ruina les monastéres &
brûla les campagnes. Son armée
grossissoit tous les jours. Pour
éprouver la valeur de ses troupes, il les mena à la petite ville
de Rkiékan, qui avoit une forteresse; il emporta l'une & l'autre, & condamna aux flâmes sept
prêtres. De-là il se rendit à Pra-
chaticz, la somma de se rendre,
& de chasser tous les Catholiques.
Les habitans rejettérent ces conditions avec mépris; *Zifka* fit
donner l'assaut, prit la ville, &
la réduisit en cendres. *Sigismond*,
allarmé de ses progrès, lui envoya des ambassadeurs, lui offrit
le gouvernement de la Bohême
avec les conditions les plus honorables & les plus lucratives,
s'il vouloit ramener les rebelles
à l'obéissance. La peste fit échouer
ces négociations; *Zifka* en fut attaqué, & en mourut l'an 1424.
C'est une fable, que l'ordre qu'on
raconte qu'il donna en mourant,
de faire un tambour de sa peau.
Théobalde témoigne qu'on lisoit encore, au tems où il écrivoit, cette
Epitaphe sur son tombeau : « Ci
» gît *Jean* ZISKA, qui ne le céda
» à aucun Général dans l'art mi-
» litaire. Rigoureux vengeur de
» l'orgueil & de l'avarice des Ec-
» cléfiastiques, & ardent défen-
» seur de la patrie. Ce que fit
» en faveur de la République Ro-
» maine *Appius Claudius* l'aveugle
» par ses conseils, & *Marcus Fu-
» rius Camillus* par sa valeur, je
» l'ai fait en faveur de ma patrie.
» Je n'ai jamais manqué à la for-
» tune, & elle ne m'a jamais man-
» qué ; tout aveugle que j'étois,
» j'ai toujours bien vu les occa-
» sions d'agir. J'ai vaincu onze
» fois en bataille rangée ; j'ai pris

à en main la caufe des malheu-
» reux & celle des. indigens,con-
» tre des Prêtres fenfuels & char-
» gés de graiffe, & j'ai éprouvé
» le fecours de Dieu dans cette
» entreprife. Si leur haine & leur
» envie ne m'en. avoient empê-
» ché, j'aurois été mis au rang
» des plus illuftres perfonnages;
» cependant, malgré le Pape
» mes os repofent dans ce lieu
» facré. »

ZIZIM, ou ZEM, fuivant la prononciation Turque, fils de Mahomet II empereur des Turcs, &
frere de Bajajet II, eft l'un des princes Ottomans dont nos hiftoriens
ont le plus parlé. Mahomet II craignoit que l'amitié de ces deux
freres ne les réunît contre lui, ou
que la jaloufie ne mît de la divifion entr'eux. Il donna à Ziajim le
gouvernement de la Lycaonie,
dans l'Afi mineure, & à Bajajet
celui de la Paphlagonie, & les tint
toujours fi éloignés l'un de l'autre, qu'ils ne s'étoient vus qu'une
feule fois, lorfqu'il mourut l'an
1481. Après fa mort, Bajajet, qui
étoit l'aîné, devoit naturellement
lui fuccéder, & fut en effet. déclaré empereur le premier. Mais
Ziajim prétendit que l'empire lui
appartenoit, parce qu'il étoit né
depuis que fon pere avoit pris le
fceptre, au lieu que Bajajet étoit
venu au monde dans le tems que
Mahomet n'étoit encore qu'un homme privé. Il s'empara de Prufe,
ancienne demeure des empereurs
Ottomans, & fe fit un parti confidérable. Mais ayant été défait
par Acomat, général de l'armée
de Bajajet, il fe retira en Egypte;
puis en Cilicie, & de-là en Lycie.
Ne trouvant aucun afyle affûré,
il demanda une retraite au grand-
maitre de Rhodes, où il fut reçu
magnifiquement au mois de Juil-

let 1484. Il en partit le 1er de Septembre fuivant pour venir en France. Il y fut gardé dans la comman-
derie de Bourgneuf, fur les confins du Poitou & de la Marche,
& y demeura jufqu'en l'an 1499,
qu'il fut livré aux députés du pape
Innocent VIII, & conduit à Rome.
Alexandre VI le livra en 1495 à
Charles VIII, & il mourut peu de
tems. après. On dit que ce pape
avoit eu foin de le faire empoifonner, de peur que la France
n'en tirât quelque avantage. On
ajoûte qu'Alexandre avoit reçu de
Bajajet une grande fomme. d'argent, pour faire périr. ce prince.
Il laiffa un fils, nommé Amurat;
qui fe réfugia à Rhodes. Après la
prife de la place, ce prince infortuné s'étoit caché, dans l'efpérance de fe fauver dans le vaiffeau du grand-maitre. Il fut découvert & mené à l'empereur Soliman,
qui le fit auffi-tôt étrangler en
préfence de toute fon armée, avec
fes deux enfans mâle. Deux filles
qu'il avoit, furent conduites au ferrail à Conftantinople. Ziajim avoit
l'efprit vif, l'ame noble & généreufe, de la paffion pour les lettres auffi bien que pour les armes,
& quoique zélé Mufulman, il aimoit les chevaliers de Rhodes que
fon pere déteftoit.

ZIZIME, fut élu l'an 824 par
la nobleffe Romaine pour fuccéder
au pape Pafchal I, tandis que le
clergé & le peuple nommoient
Eugène II; ce qui auroit caufé un
fchifme, fi l'empereur Lothaire n'é-
toit venu à. Rome, où il appuya
l'élection d'Eugène, & obligea Zi-
jime à fe retirer.

I. ZOÉ CARBONOPSINE, 4e femme de l'empereur Léon VI, avois
une vertu mâle, un efprit élevé,
un difcernement jufte, & la connoiffances des affaires. Elle ac-

coucha en 905 de *Conftantin Por-phyrogenète.* Ce prince étant devenu empereur en 912 , *Zoé* chargée de la tutelle de fon fils & de l'adminiftra tion de l'état , choifit des miniftres & des généraux capables de la feconder. Après avoir diffipé la révolte de *Conftantin Ducas,* elle fit la paix avec les Sarrafins , & força les Bulgares par des victoires à rentrer dans leur pays. Elle ne fut pas auffi heureufe contre les cabales des courtifans ; elle fut exilée de la cour par fon fils , & elle mourut dans fa retraite.

II. ZOÉ , fille de *Conftantin XI ,* née en 978 , fut également ambitieufe , débauchée & cruelle. On la donna en mariage à *Argyre ,* qui obtint le trône impérial après la mort de fon beau-pere en 1028. *Zoé* s'étant dégoûtée de fon époux, le fit étrangler dans le bain, & mit fur le trône un orfèvre, nommé *Michel Paphlagonien* qu'elle avoit époufé. Ce prince abandonna le gouvernement de l'empire à fon frere *Jean,* qui le détrôna & le fit enfermer dans un monaftére. *Zoé* eut le même fort. Mais en 1042, elle fut tirée de fa retraite pour régner avec fa fœur *Theodora.* Elle partagea fa couronne avec *Conftantin Monomaque ,* fon ancien amant , l'homme le plus fcélérat & le plus débauché de la cour , & l'époufa en 3ᵉˢ nôces à l'âge de 64 ans. Elle mourut 8 ans après en 1050, après avoir travaillé de concert avec *Monomaque* à ruiner l'empire. Elle égala dans le crime la mere de *Néron ,* & n'effuya point fes malheurs.

ZOILE , rhéteur , natif d'Amphipolis , ville de Thrace , fe rendit fameux par fes critiques des ouvrages d'*Ifocrate* & des vers d'*Homére ,* dont il fe faifoit appeller le *Fléau.* Il vint de Macédoine

à Alexandrie , où il diftribua fes cenfures de l'*Iliade ,* vers l'an 270 avant J. C. Il les préfenta à *Ptolomée ,* qui en fut indigné. *Zoile* lui ayant demandé le prix de fes impertinences , parce qu'il mouroit de faim ; ce prince lui répondit à-peu-près comme *Hiéron* avoit fait au philofophe *Xenophanes* : Que *puifque* Homére, *qui étoit mort depuis mille ans nourriffoit plufieurs milliers de perfonnes ;* Zoile *, qui fe vantoit d'avoir plus d'efprit qu'* Homére , *devoit bien avoir l'induftrie de fe nourrir lui-même.* La mort de ce miférable fatyrique eft racontée diverfement. Les uns difent que *Ptolomée* le fit mettre en croix , d'autres qu'il fut lapidé , & d'autres qu'il fut brûlé tout vif à Smyrne. Le nom de *Zoile* a refté aux mauvais critiques : mais les ouvrages de cet auteur ont difparu , tandis qu'*Homére* fubfiftera éternellement.

ZONARE, (Jean) hiftorien Grec, exerça des emplois confidérables à la cour des empereurs de Conftantinople. Laffé des traverfes du monde , il fe fit moine dans l'ordre de *St Bafile ,* & mourut avant le milieu du XIIᵉ fiécle. On a de lui des *Annales ,* qui vont jufqu'à la mort d'*Alexis Comnène* en 1118. C'eft une compilation indigefte, telle qu'on pouvoit l'attendre d'un moine Grec auffi crédule qu'ignorant. Il eft infupportable lorfqu'il ne copie pas *Dion* ; cependant il peut être utile pour l'hiftoire de fon tems. La meilleure édition de fon ouvrage eft celle du Louvre, 1686 & 1687, 2 vol. in-fol. Le préfident *Coufin* en a traduit en françois ce qui regarde l'hiftoire Romaine. On a encore de *Zonare* des *Commentaires* fur les *Canons des Apôtres & des Conciles ,* Paris 1618, in-fol. ; & quelques *Traités* peu eftimés,

ZONCA , (Victor) habile mathématicien d'Italie, du XVII° siécle, se livra particulièrement à la méchanique & à l'architecture, & y réussit. Il avoit un talent particulier pour inventer de nouvelles machines. On dit que la lecture des ouvrages de *Ramelli* lui inspira ce goût. Il publia ses Inventions dans un ouvrage imprimé à Padoue, 1621 , in-fol. sous ce titre : *Novo Teatro di Machini & Edificii.*

I. Z OP YR E, l'un des courtisans de *Darius* fils d'*Hystaspe*, vers l'an 520 avant J. C. se rendit fameux par le stratagême dont il se servit pour soumettre la ville de Babylone, assiégée par ce monarque. S'étant coupé le nez & les oreilles , il se présenta en cet état aux Babyloniens , en leur disant que « c'étoit son prince qui l'avoit » si cruellement maltraité. » Les Babyloniens , ne doutant point qu'il ne se vengeât , lui confiérent entiérement la défense de Babylone, dont il ouvrit ensuite les portes à *Darius*, après un siège de 20 mois. Ce prince lui donna en récompense le revenu de la province de Babylone, pour en jouir pendant toute sa vie ; ce ne fut pas assez des récompenses, il y ajoûta des distinctions & des caresses. Il dit souvent qu'*il aimeroit mieux avoir* Zopyre *non mutilé*, *que vingt Babylones.*

II. Z OPYR E , médecin, qui communiqua à *Mithridate*, roi de Pont, la description d'un antidote , comme un remède assûré contre toutes sortes de poisons. Ce prince en fit faire diverses expériences sur des criminels condamnés à mort, qui réussirent toutes. *Celse* parle d'un antidote appellé *Ambrosia*, composé par un médecin du même nom pour un roi *Ptolo-*

mée. Quoique cet antidote soit un peu différent du premier , il pourroit être du même médecin qui l'auroit présenté à un des premiers *Ptolomées*, contemporains de *Mithridate*. On trouve un autre Z OPYR E , aussi médecin, qui vivoit dans le 2° siécle, du tems de *Plutarque.*

ZOROASTRE , philosophe de l'antiquité , fut (dit-on) roi des Bactriens. Il s'acquit une grande réputation parmi les Perses , auxquels il donna des loix sur la religion. Quelques auteurs le font plus ancien qu'*Abraham* , & d'autres le reculent jusqu'à *Darius* , qui succéda à *Cambyse*; enfin d'autres distinguent plusieurs *Zoroaſtres.* Quoi qu'il en soit de ces différentes opinions , on ne peut guéres douter qu'il n'y ait eu dans la Perse , long-tems avant *Platon*, un fameux philosophe nommé *Zoroaſtre*, qui devint le chef des *Mages*; c'est-à-dire de ces philosophes qui joignoient à l'étude de la religion, celle de la métaphysique, de la physique & de la science naturelle. Après avoir établi sa doctrine dans la Bactriane & dans la Médie , *Zoroaſtre* alla à Suze sur la fin du règne de *Darius* , dont il fit un prosélyte de sa religion. Il se retira ensuite dans une caverne , & y vécut long-tems en reclus. Les sectateurs de *Zorodſtre* subsistent encore en Asie, & principalement dans la Perse & dans les Indes. Ils ont pour cet ancien philosophe la plus profonde vénération, & le regardent comme le grand Prophète que Dieu leur avoit envoyé pour leur communiquer sa loi. Ils lui attribuent même un livre qui renferme sa doctrine. Cet ouvrage, apporté en France par l'infatigable & savant M. *Anquetil*, a été traduit par le même dans le Recueil qu'il a publié en 1770 , fous le nom de Zend-Avesta, 2 vol. in-4°. L'original a été dépofé à la bibliothèque-royale. Le nom de Gaure ou Guèbre qu'ils portent , eft odieux en Perfe : il fignifie en Arabe Infidèle, & on le donne à ceux de cette fecte comme un nom de nation. Ils ont à Ifpahan un faux-bourg appellé Gaurabard , ou la Ville des Gaures , & ils y font employés aux plus baffes & aux plus viles occupations. Les Gaures font ignorans , pauvres, fimples , patiens , fuperftitieux , d'une morale rigide, d'un procédé franc & fincére , & très-zélés pour leurs rits. Ils croient la Réfurrection des morts , le Jugement dernier , & n'adorent que Dieu feul. Quoiqu'ils pratiquent leur culte en préfence du Feu, en fe tenant vers le Soleil , ils proteftent n'adorer ni l'un ni l'autre. Le Feu & le Soleil étant les fymboles les plus frapans de la Divinité, ils lui rendent hommage en fe tournant vers eux. Les Perfans & les autres Mahométans les perfécutent par-tout, & les traitent à-peu-près comme les Chrétiens traitent les Juifs. Les Guèbres ne fe marient qu'à des femmes élevées & qui perfévérent dans leur Religion. Si dans les 9 premiers mois de mariage elles font ftériles, ils peuvent en prendre une 2e. Ils ont enfin un goût particulier pour les mariages inceftueux.

* ZOROBABEL, de la famille des rois de Juda , fils ou petit-fils de Salathiel, joua un rôle à Babylone où fes freres étoient en captivité. Cyrus, pénétré d'eftime pour Zorobabel, lui remit les vafes facrés du Temple, qu'il renvoyoit à Jérufalem ; & ce vertueux Ifraëlite fut le chef des Juifs qui retournérent en leur pays. Quand ils furent arrivés, Zorobabel commença à jet-

ter les fondemens du Temple, l'an 535 avant J. C.; mais les Samaritains firent tant par leurs intrigues auprès des miniftres de la cour de Perfe, qu'ils vinrent à bout d'interrompre l'ouvrage. Le zèle des Juifs s'étant ralenti, ils furent punis de leur indifférence , par plufieurs fléaux dont Dieu les frappa. La 2e année du règne de Darius fils d'Hyftafpes , il leur envoya les prophètes Aggée & Zacharie , pour leur reprocher le mépris qu'ils faifoient de fon culte , & leur négligence à bâtir fon Temple. Zorobabel & tout le peuple reprirent avec une ardeur admirable ce travail, interrompu depuis 14 ans. Zorobabel préfidoit à l'ouvrage , qui fut achevé l'an 515 avant J. C. La dédicace s'en fit folemnellement la même année.

I. ZOSIME , (St) Grec de naiffance , monta fur la chaire de St Pierre après Innocent I, le 18 Mars 417. Celeftius , difciple de Pelage , lui en impofa d'abord ; mais dans la fuite , ce pape ayant été détrompé par les évêques d'Afrique , il confirma le jugement rendu par fon prédéceffeur contre cet hérétique , & contre Pelage fon maître. Il obtint de l'empereur un refcrit pour chaffer les Pélagiens de Rome. Zofime décida le différend qui étoit entre les Eglifes d'Arles & de Vienne, touchant le droit de métropole fur les provinces Viennoife & Narbonnoife ; & fe déclara en faveur de Patrocle , évêque d'Arles. Ce pontife, également favant & zèlé, mourut le 26 Décembre 418. On a de lui xvi Epîtres , écrites avec chaleur & avec force. Elles fe trouvent dans le recueil des Epiftolæ Romanorum Pontificum de Dom Couftant, in-fol.

II. ZOSIME, comte & avocat du Fifc fous l'empereur Théodofe le

Jeune, vers l'an 410, compofa une *Hiftoire des Empereurs*, en 6 liv. depuis *Augufte*, jufqu'au v.ͤ fiécle, dont il ne nous refte que les 5 prem. liv. & le commencement du 6ͤ. La plus belle édition eft celle d'Oxford, 1679, in-8°. *Cellarius* en donna une bonne en 1696, en grec & en latin, in-8°; & le préfident *Coufin* l'a traduite en françois. *Zofime*, zèlé Païen, peint avec des couleurs fort noires l'empereur *Conftantin*. Il ne laiffe échaper aucune occafion de fe déchaîner contre les Chrétiens. Son ouvrage eft écrit avec plus d'élégance que de vérité.

III. Z O S I M E, fupérieur & abbé d'un monaftére fitué au bord du Jourdain, vers l'an 437, porta l'Euchariftie dans le défert à *Ste Marie* Egyptienne.

ZOUCH, (Richard) de la paroiffe d'Anfley dans le Wilshire, d'une famille ancienne, mort en 1660, devint docteur & profeffeur en droit, & exerça plufieurs autres emplois importans. On a de lui un grand nombre de favans ouvrages, dont la plupart font en latin. On ne les lit prefque plus.

I. ZUCCHARO, (Taddée) peintre, né à *San-Aguolo in vado*, dans le duché d'Urbin, en 1529, mort en 1566. Les ouvrages du célèbre *Raphaël* firent de *Taddée* un excellent artifte. Le cardinal *Farnèfe*, qui l'occupa long-tems, lui faifoit une penfion confidérable. Cet état d'opulence entraina ce peintre dans des parties de débauche, qui jointes à fes pénibles travaux, avancérent fa mort. Cet artifte étoit maniéré. Il a peint de pratique; mais il entendoit parfaitement à difpofer fes fujets; il avoit des idées nobles, & fon pinceau étoit affez moëlleux. Il a mis de l'efprit dans fes deffins arrêtés

à la plume & lavés au biftre; mais y a peu de nobleffe dans fes airs de tête, trop de reffemblance entre elles, & de fingularité dans les extrémités des pieds & des mains de fes figures.

II. ZUCCHARO, (Fréderic) peintre, né dans le duché d'Urbin en 1543, mort à Ancône en 1609, fut élève de *Taddée Zuccharo*, fon frere, qui lui procura bientôt les occafions de fe diftinguer. Il fe fixa à Rome, par l'ordre du pape *Grégoire XIII*. *Fréderic* eut alors quelques différends avec les officiers de ce pontife. Il emprunta de fon art les traits de fa vengeance. Il fit un tableau de la *Calomnie*, où il repréfenta fes ennemis avec des oreilles d'âne, & alla expofer cette peinture fur le portail de *St Luc*, le jour de la fête de ce Saint. Ce trait irrita le pape, qui obligea *Fréderic* de quitter Rome; mais il y retourna quelque tems après. *Fréderic* vint en France, & paffa auffi en Hollande, en Angleterre & en Efpagne. Les ouvrages qu'il fit dans la falle du grand-confeil à Venife, lui méritèrent des éloges du fénat, qui voulant marquer à *Fréderic* fon eftime, le créa chevalier. Enfin, il entreprit d'établir à Rome une Académie de peinture, dont il fut élu chef, fous le nom de Prince. *Fréderic* a compofé des *Livres* fur la peinture. Cet artifte avoit beaucoup de facilité pour inventer; il étoit bon colorifte, & auroit été parfait deffinateur, s'il eût été moins maniéré. Il a coëffé fes têtes d'une manière finguliére; fes figures font roides, elles ont les yeux pochés; fes draperies font mal jettées.

ZUERIUS-BOXHORN, *Voyez* BOXHORN.

ZUINGLE, (Ulric) né à Vildehaufen en Suiffe, le 1ͤͬ de Janvier 1487 , apprit les langues à Berne , & continua fes études à Rome, à Vienne & à Bâle. Après avoir fait fon cours de théologie , il fut curé à Glaris en 1506 , & enfuite dans un gros bourg nommé Notre - Dame des Hermites. C'étoit un lieu de dévotion fort fameux, où les pélerins venoient en foule & faifoient beaucoup d'offrandes. *Zuingle* y découvrit d'étranges abus, & vit que le peuple étoit dans des erreurs groffiéres fur l'efficacité des pèlerinages & fur une foule d'autres pratiques : il fe déchaîna contre ces abus. Tandis qu'il s'occupoit de cette réforme, *Léon X* faifoit publier en Allemagne des Indulgences par les Dominicains , & en Suiffe par un Cordelier Milanois. *Zuingle* , fâché que ce moine lui eût été préféré , commença à déchirer le voile qui couvroit quelques pratiques fuperftitieufes. Il attaqua enfuite non feulement l'autorité du Pape , le facrement de Pénitence , le mérite de la Foi, le Péché originel, l'effet des bonnes œuvres ; mais encore l'invocation des Saints ; le facrifice de la Meffe , les Loix eccléfiaftiques , les vœux , le célibat des Prêtres & l'abftinence des viandes. *Zuingle* s'attira les invectives du clergé de fon pays par ces nouveautés ; mais il avoit pour lui la magiftrature. Il engagea le fénat de Zurich à s'affembler l'an 1523 pour conférer touchant la Religion. On alla aux voix ; la pluralité fut pour la réformation. On attendoit en foule la fentence du fénat , lorfque le greffier vint annoncer que *Zuingle* avoit gagné fa caufe. Tout le peuple fut dans le moment de la religion du Sénat. Ce changement fut confirmé dans plufieurs autres affemblées. Les magiftrats abolirent fucceffivement la Meffe & toutes les cérémonies de l'Eglife Romaine. Ils ouvrirent les cloîtres ; les moines rompirent leurs vœux , les curés fe mariérent, & *Zuingle* lui-même époufa une riche veuve. Voilà le premier effet que produifit , dans le canton de Zurich , la réforme de *Zuingle*. Il étoit fort occupé de la difficulté de concilier le fentiment de *Carloftad* fur l'Euchariftie , avec les paroles de *Jefus-Chrift* , qui dit expreffément : CECI EST MON CORPS. Il eut un fonge , dans lequel il croyoit difputer avec le fecrétaire de Zurich , qui le preffoit vivement fur les paroles de l'inftitution. Il vit paroître tout-à-coup un fantôme blanc ou noir , qui lui dit ces mots : *Lâche , que ne réponds-tu ce qui eft écrit dans l'Exode* : L'AGNEAU EST LA PASQUE , *pour dire qu'il en eft le figne.* Cette réponfe du fantôme lui en triomphe , & *Zuingle* n'eut plus de difficultés fur l'Euchariftie. Il enfeigna qu'elle n'étoit que la figure du Corps & du Sang de J. C. Il trouva dans l'Ecriture d'autres exemples, où le mot EST s'employoit pour le mot SIGNIFIE : tout lui parut alors facile dans le fentiment de *Carloftad*. L'explication de *Zuingle*, favorable aux fens & à l'imagination, fe répandit en Allemagne, en Pologne , en Suiffe, en France , dans les Pays-Bas , & forma la fecte des *Sacramentaires*. Plufieurs Cantons reftérent conftamment attachés à la Religion Romaine , & la guerre fut fur le point d'éclater plus d'une fois entre les Catholiques & les Proteftans. Enfin les Cantons de Zurich , de Schafhoufe, de Berne & de Bâle, défendirent de tranfporter des vivres dans les cinq Cantons Catholiques , & on arma de part & d'autre. *Zuingle* fit tous ses efforts pour éteindre le feu qu'il avoit allumé. Il n'étoit pas brave, & il falloit qu'en qualité de premier Pasteur de Zurich il allât à l'armée. Il sentoit qu'il ne pouvoit s'en dispenser, & il ne doutoit pas qu'il n'y pérît. Une Comète qui parut alors, le confirma dans la persuasion qu'il seroit tué. Il s'en plaignit d'une manière lamentable, & publia que la Comète annonçoit sa mort & de grands malheurs sur Zurich. Malgré les plaintes de *Zuingle*, la guerre fut résolue; & il fut obligé d'accompagner une armée de 20 mille hommes. Les Catholiques se mirent derrière un défilé par où les ennemis ne pouvoient passer que l'un après l'autre. La plus grande partie de l'armée des Zuingliens périt les armes à la main, & l'autre fut mise en fuite. *Zuingle* fut du nombre des morts : ce fut le 11 Octobre 1531 ; il avoit environ 44 ans. Les Catholiques brûlèrent son corps, tandis que son parti le regardoit comme un martyr. Ce réformateur n'étoit ni savant, ni grand théologien, ni bon philosophe, ni excellent littérateur : il avoit l'esprit juste, mais borné : il exposoit avec assez d'ordre ses pensées ; mais il pensoit peu profondément, si l'on en juge par ses ouvr. recueillis à Zurich, 1581, vol. in-fol. *Zuingle* adressa, quelque tems avant sa mort, une Confession de Foi à *François I.* En expliquant l'article de la vie éternelle, il dit à ce prince qu'il doit espérer de voir l'assemblée de tout ce qu'il y a eu d'hommes saints, courageux & vertueux, dès le commencement du monde : « Là vous » verrez, dit-il, les deux *Adams*, » le racheté & le rédempteur ; » vous verrez un *Abel*, un *Enoch*;

» vous y verrez un *Hercule*, un » *Théfée*, un *Socrate*, un *Ariftide*, » un *Antigonus*, &c. » La Réforme introduite en Suisse par *Zuingle*, fut adoptée dans plusieurs autres pays ; on seconda ses efforts à Berne, à Bâle, à Constance, &c. Genève la reçut en partie, & la différence qu'il y avoit entre les dogmes de *Zuingle* & ceux de *Calvin*, n'altéra jamais la communion de leurs partisans,

ZUMBO, (Gaston-Jean) sculpteur, né à Syracuse en 1656, mort à Paris en 1701, demeura longtems à Rome, & passa de-là à Florence, où le grand-duc de Toscane le reçut avec des marques de distinction. Il s'arrêta aussi à Gênes, & y donna des preuves de son rare mérite. Une *Nativité du Sauveur*, & une *Defcente de Croix* qu'il fit dans cette ville, passent pour des chef-d'œuvres de l'art. La France fut le terme de ses voyages ; il travailla à plusieurs pièces d'anatomie. *Philippe*, duc d'Orléans, qui avoit un goût si grand & si éclairé, honora plusieurs fois *Zumbo* de ses visites. On parle d'un sujet exécuté par ce sculpteur, appellé la *Corruzione*, ouvrage admirable pour la vérité, l'intelligence & les connoissances qui s'y font remarquer. Ce sont cinq figures coloriées au naturel. La 1re représente un *Homme mourant* ; la 2e, un *Corps mort* ; la 3e, un *Corps qui commence à se corrompre* ; la 4e, un *Corps qui est corrompu*; la 5e *un Cadavre* plein de pourriture & mangé des vers.

ZUMEL, (François) de Palencia en Espagne, mort en 1607, fut professeur de théologie à Salamanque, & général des religieux de la Merci. Il composa contre *Molina*, qui avoit attaqué sa doctrine, plus. *Ecrits Apologét.*, que *Bannez* s'engagea à défendre devant l'Inquisition.

ZUNCA, *Voyez* ZONCA.

ZURITA, *Voyez* SURITA.

I, ZUR-LAUBEN, (Ofwald de) de l'ancienne maifon de la Tour-Châtillon en Valais, mort à Zug en 1549 à 72 ans, fut capitaine de 300 Suiffes au fervice des papes *Jules II*, *Léon X*, & de *Maximilien Sforce*, & fe fignala aux batailles de Novare, de Ravenne, de Bellinzone, &c. Il paffa en cette qualité dans les armées de *François I*, roi de France, après la bataille de Marignan. Il fut major - général des troupes du Canton de Zug, en 1531, à la bataille de Cappel où *Zuingle* fut tué, & contribua beaucoup à fixer la victoire dans cette mémorable journée.

II. ZUR-LAUBEN, (Antoine de) fils du précédent, capitaine en France, au fervice de *Charles IX*, reçut trois bleffures à la bataille de Dreux. Il fut de la célèbre retraite de Meaux, & fe trouva aux batailles de St-Denys, de Jarnac & de Moncontour. Il termina fa carriére à Zug en 1586, à 84 ans, après avoir rempli les premières charges de fon Canton.

III. ZUR-LAUBEN, (Conrad de) coufin iffu de germain du précèdent, mort à Zug en 1629, à 57 ans, fut chevalier de St Michel, chef du Canton de Zug, & capitaine au régiment des Gardes Suiffes. Il fervit fa patrie & la France comme guerrier & comme négociateur. Il eft auteur d'un Traité imprimé : *De Concordia Fidei*, où il démontre que la tranquillité des Suiffes dépend de l'établiffement de la feule Religion Catholique dans leurs Cantons.

IV. ZUR-LAUBEN, (Béat de) fils du précédent, mort à Zug en 1663, âgé de 66 ans, fut comme lui le chef du Canton de Zug & capi-

taine au régiment des Gardes Suiffes fous *Louis XIII*. Il fut, en 1634, l'un des trois ambaffadeurs Catholiques envoyés à ce monarque. Le canton de Lucerne reconnut fes fervices, en accordant, à lui & à fa poftérité, le droit perpétuel de bourgeoifie dans fa ville capitale. Les Cantons Catholiques lui avoient donné les titres de *Pere de la Patrie*, & de *Colonne de la Religion*. On a de lui le détail de toutes fes *Négociations* depuis 1629 jufqu'en 1659.

V. ZUR-LAUBEN, (Béat-Jacques de) fils aîné du précédent, chef du Canton de Zug, & capitaine-général de la province libre de l'Argew, fervit en France avec diftinction. Il occupa les principales charges de fa patrie, & contribua beaucoup, par fes expéditions, à foumettre les payfans révoltés du canton de Lucerne, en 1653. Ce Canton & fes Confédérés lui durent, en 1656, la victoire de Vilmergen contre les Bernois, fur lefquels il prit lui-même deux drapeaux & trois piéces de canon. Il mourut à Zug en 1690, à 74 ans, avec une réputation bien méritée de valeur & de prudence.

VI. ZUR-LAUBEN, (Béat-Jacques de) neveu du précédent, fut élevé au grade de lieutenant - général des armées du roi de France. Il s'acquit beaucoup de gloire en Catalogne, en Irlande, en Flandres & en Italie. Il contribua à fixer la victoire de Nerwinde ; fit, avec le comte de *Teffé*, lever au prince *Eugène* le long blocus de Mantoue ; & fut le feul des officiersgénéraux qui repouffa les ennemis, à la fameufe bataille de Hochftet en 1704. Il y reçut fept bleffures, & en mourut à Ulm en Suabe, le 21 Septembre, à 48 ans. Le roi l'avoit gratifié, en 1687, de la Baronnie de Villé en haute-Alface, reverſible à la couronne après là mort de *Conrad*, baron de *zur-Làuben*, infpecteur-général de l'infanterie dans le ·département de la Catalogne & du Roufſillon.

VII. ZUR - LAUBEN, (Placidè de) couſin-germain du précédent, fut élu abbé de l'abbaye de Muri, ordre de St Benoît, en Suiffe, l'an 1683. Il mérita par ſes travaux & ſes acquiſitions le titre de *Second Fondateur* de cette abbaye. Il la rebâtit avec magnificence, en accrut conſidérablement les revenus, & ·obtint en 1701 de l'empereur *Léopold*, pour lui & les abbés ſes ſuccefleurs, le rang & le titre de Prince de l'Empire. Il mourut à Sandegg, l'un de ſes châteaux, en Turgovie, l'an 1723, dans ſa 78ᵉ année. On a de lui : I. *Spiritus duplex Humilitatis & Obedientiæ.* II. *Conciones Panegyrico-Morales.* La maiſon de *la Tour Zur-Lauben* a produit un grand nombre d'autres perſonnages diſtingués dans l'Egliſe & dans l'Etat.

ZUSTRUS, (Lambert) peintre Flamand. On ne ſait point préciſément le tems de ſa naiſſance, ni de ſa mort. Il étoit élève de *Chriſtophe Schowarts*, peintre du duc de Baviére, & le *Titien* lui donna des leçons de ſon art. Ce peintre peignoit avec beaucoup de facilité. Il traitoit affez bien l'Hiſtoire, & excelloit dans le Payſage qu'il touchoit d'une grande maniére. L'*Enlévement de Proſerpine* qu'on admire au Palais-royal, eſt un des fruits de ſon pinceau.

ZWICKER, (Daniel) Socinien du XVIIᵉ fiécle, après s'être attaché fortement aux erreurs des Freres Polonois, ſe rapprocha infenfiblement des Remontrans, qui en attaquant pluſieurs dogmes principaux de la Religion, empruntoient le voile de la conciliation & de la paix. Un fond d'humanité & de

douceur, dit-on, jetta *Zwicker* dans le ſyſtême de la Tolérance, tant célébré par les Arminiens. Il crut que la *Raiſon*, l'*Ecriture ſainte* & la *Tradition* devoient être le point de réunion des Chrétiens de tous les partis. Il propoſa ſon ſyſtême dans ſon *Irenicum Irenicorum*, qu'il publia en 1658 in·8°. Cet ouvrage ſouleva tous les Proteſtans. L'auteur défendit ſon ſentiment dans un autre in-8°, publié en 1661 ſous ce titre : *Irenicomaſtix victus & conſtrictus...;* *Comenius*, *Hoornbeck* & les autres à qui il répondoit dans ce dernier ouvrage, ne ſe crurent pas vaincus & répliquérent. Il crut les réduire au ſilence par un 3ᵉ volume qu'il publia en 1677, & qu'il intitula : *Irenicomaſtix victus & conſtrictus, imò obmuteſcens*, in-8°. Ses adverſaires ſe turent en effet, ennuyés apparemment du combat. Ces trois piéces réunies ſont regardées comme le corps de doctrine des conciliateurs. Elles ſont peu communes, ſur-tout la derniére. Elles forment, étant raſſemblées, 2 vol. in-8°.

I. ZWINGER, (Théodore) ſavant médecin, naquit à Bafle d'une ſœur de *Jean Oporin*, fameux imprimeur. Il enſeigna dans ſa patrie le grec, la morale, la politique & la médecine. Son nom a été long-tems célèbre par une énorme compilation intitulée : *Le Théâtre de la Vie humaine*, Lyon 1656, 8 vol. in-fol. Elle avoit été commencée par *Conrad Licoſthène*, ſon beau-pere ; & elle fut augmentée par *Jacques* ZWINGER, ſon fils. Ce ſavant mourut en 1588, à 54 ans, & ſon fils en 1610.

II. ZWINGER, (Théodore) fils de *Jacques*, né en 1597, eut d'abord du goût pour la médecine ; mais après être revenu d'une grande maladie, il ſe détermina à la théologie. En 1627, il fut fait paſ·

teur de *S. Théodore*. Il eut occafion d'allier ces fonctions avec
celles de médecin , durant la pefte qui affligea la ville de Bafle
en 1629. Ce favant mourut en
1651 , après avoir publié plufieurs
ouvrages de controverfe qu'on ne
lit plus. Son fils *Jean* ZWINGER ,
profeffeur en grec & bibliothécaire de Bafle , mort en 1696 , marcha fur les traces de fon pere.

III. ZWINGER, (Théodore) fils
de *Jean* , fut profeffeur d'éloquence , de phyfique & de médecine
à Bafle , où il finit fa carrière en
1724. On a de lui : I. *Theatrum
Botanicum*, Bafileæ 1690 , in-fol.
en allemand. II. *Fafciculus Differtationum*, 1710 , in-4°. III. *Triga
Differtationum* , 1716 , in-4°. IV.
Le *Théâtre de la Pratique Médecina-
le*. V. Un *Dictionnaire* latin & allemand. VI. Une *Phyfique* expérimentale. VII. Un *Abrégé* de la Médecine d'*Etmuller*. VIII. Un *Traité
des Maladies des Enfans*. Ces ouvrages font en latin.

IV. ZWINGER , (Jean-Rodolphe) frere du précédent, né à Bafle
en 1660 , mort en 1708 , profeffa long-tems la théologie. Il étoit
fort verfé dans l'hiftoire, & affez habile théologien , mais très-
prévenu en faveur des opinions
de fa fecte. Outre quelques *Thèfes* & quelques *Sermons* , on a de
lui un Traité allemand intitulé :
L'Efpoir d'Ifraël.

ZUYLICHEM, (Conftantin
Huyghens , feigneur de) mort en
1687, *Voyez* HUYGHENS , n° I.

I. ZYPŒUS , *ou* VANDEN-
ZYPE , (François) naquit à Malines en 1580. Ses fuccès dans l'é-
tude du droit le firent appeller
par *Jean* le *Mire* , évêque d'Anvers , qui le fit fon fecrétaire particulier , enfuite chanoine , offi-

cial , & archidiacre de fa cathédrale. C'étoit un homme d'efprit,
de mœurs douces , & très-pro-
fond dans la connoiffance du droit
civil & canonique. Il a compofé
fur ces matières plufieurs Ouvrages latins , eftimés , que l'on a recueillis en 2 vol. in-fol. à Anvers,
chez *Jerôme* & *Jean-Baptifte Verduf-
fen* , en 1675. *Zypæus* mourut en
1650 , à 75 ans.

II. ZYPŒUS , (Henri) frere
du précédent , né à Malines en
1577 , embraffa la règle de *S. Benoît* dans le monaftére de *S. Jean*
à Ypres. En 1616 , il fut fait abbé de
S. André près de Bruges , avec le
droit de porter la mitre qu'il obtint le premier en 1623. *Zypæus*
rétablit la difcipline dans fon monaftére , & répara les défordres
que les hérétiques y avoient cau-
fés. Sa mort, arrivée en 1659 , dans
la 83ᵉ année de fon âge , fut figne d'un Chrétien & d'un religieux. Son principal ouvrage eft
intitulé : *Sanctus* GREGORIUS *Magnus* , *Ecclefiæ Doctor* , *primus ejus
nominis Pontifex Romanus* , *ex no-
biliffimâ & antiquiffimâ in Ecclefia
Dei familiâ Benedictâ oriundus* ; à
Ypres , 1611 , in-8°. Ce livre en
faveur du monachifme de *S. Grégoire*, eft contre *Baronius*. Il y a
de l'érudition ; mais fes preuves
ne font pas toujours concluantes.
L'auteur s'échauffe autant fur cette
queftion inutile , qu'un gentilhomme campagnard fur les illuf-
trations de fa race. Il importe affez peu que *S. Grégoire* ait été Bénédictin ou non, pourvu qu'il ait
fervi l'Eglife avec zèle & foulagé
l'indigence avec ardeur. Les hommes font recommandables aux
yeux du fage , non par l'habit
qu'ils portent , mais par les vertus
qu'ils pratiquent.

F I N.

SUPPLÉMENT,

ADDITIONS & CORRECTIONS.

On ne doit pas être furpris fi l'on trouve ci-après les renvois multipliés. Ce moyen épargne à la fois , & au Lecteur la difficulté de trouver certains Personnages employés fous des noms peu connus ; & à l'Editeur l'inconvénient de doubler les Articles. Malgré les précautions qu'on a prises , il s'en est gliffé quelques-uns de répétés fous deux noms , tels que ANTOINE n° x & GALATEO... ASINIUS & POLLION... NANNI n° II & REMIGIO ; mais ces petites rédondances font en quelque façon inévitables dans un Ouvrage auffi étendu.

TOME PREMIER.

ABIU ; *Ajoutez à la fin de l'article,* avec fon frere *Nadab.*

ABSIMARE; *Ajoutez* TIBERE.

ACCOLTI, n° II. *Voy.* ARETIN, (François) n° IV.

ACROPOLITE ; *Après* XII fiécle, *fubftituez* ce qui fuit, à ce qu'on lit dans cet article, jufqu'à ces mots : Il eut , &c....

Il vivoit dans le XIII° fiécle , & eut l'emploi de Logothète à la cour de *Michel Paléologue* ; ce qui lui a fait donner le nom de *Logothète*, fous lequel il eft très-connu. C'eft prefque tout ce qu'on fçait de cet auteur. Son *Hiftoire*, découverte en Orient par *Douza* , fut publiée en 1614 ; mais l'édition donnée au Louvre en 1651, in-fol. , eft fort fupérieure & très-rare. Cet ouvrage commence.... en 1265. Il eft d'autant plus exact, que l'auteur a écrit ce qui s'eft paffé fous fes yeux. *Léon....* hiftorien. C'étoit un homme de mérite qui cultiva les mathé-

Tome VI.

matiques avec fuccès. Il eut, &c.

ADRASTÉE, *Voyez* NEMESIS.

ÆETA, ligne 2, fils de *Perfée* ; *lifez* fils du *Soleil* & de *Perfa.*

ÆGIDIUS ROMÆ, *Voyez* COLONNE, n° III.

ÆLIUS SPARTIANUS, *Voyez* SPARTIEN.

ÆMILIANUS, *Voyez* EMILIEN.

ÆMILIUS MACER , *Voyez* MACER.

ÆNOBARBUS, *Voyez* DOMITIEN, n° II.

ÆQUICOLA, *Voy.* IV. MARIUS.

ÆRTSEN (Pierre) ; *Ajoutez ,* furnommé PIETRO LONGO à caufe de fa grande taille.

AIGUILLON , (la Ducheffe d') *Voyez* WIGNEROD, n° II.

ALBERT I , empereur , *Voyez* l'article SUISSE dans la *Chronologie.*

ALBERT DEBRANDEBOURG, *Voir* l'art. PRUSSE dans la *Chronologie.*

III. ALBERTI , (Jean) 8° ligne , *effacez* 1656 , *lifez* 1556.

Hhh

ij SUPPLEMENT.

ALBO, *Voyez* X. JOSEPH.

ALEXANDRE SEVERE, n° VI, Ajoutez : (*Marcus Aurelius Severus Alexander.*)

ALEXANDRE DE MÉDICIS, n° XV, col. 2, lig. 21, Janvier 1563, *lisez* 1537.

ALEXANDRE d'ALEXANDRE, n° XXVII ; *lisez* ALEXANDRI (Alexandre) *Alexander ab Alexandro.*

ALEXANDRE d'IMOLA, *Voyez* TARTAGNI.

XL ALFONSE d'ESTE, *lisez* d'EST.

I. ALLAIS, ligne 1re, Valraffe, *lisez* Valraffe... Ligne 12, *lisez* 1683, au lieu de 1583.... Ligne fuiv. après l'*Hiſtoire des Sévarambes*, lisez : Ouvrage diviſé en 2 parties générales ; la 1re impr. en 1677, en 2 vol. in-12 ; la 2e en 1678 & 79, en 3 vol. in-12. Il fut réimprimé en 1716 à Amſterdam en 2 vol. in-12, petit caractère.

AMBOISE, (Renée d') *Voyez* MONTLUC, n° III.

AMIRA, *Voyez* IV. GEORGE.

AMONTONS, ligne 16, *Alepſydre* ; *lisez*, *Clepſydre.*

ANCHARANO ; *Ajoutez* à la fin de son article : *Jacques de Ancharano* eſt le même que PALLADINO ; *Voyez* ce mot.

ANDRÉ DE PISE, n° VI ; *Ajoutez* : Il mourût à Florence âgé de 60 ans. C'étoit auſſi un peintre, un bon poëte & un excellent muſicien.

III. **ANGE**, p. 159, col. 2, lig. 10, *après le mot* in-fol. *Ajoutez* : Cet ouvrage eſt recommandable par la juſteſſe des remarques & par divers traits hiſtoriques. L'auteur y explique les termes en latin, en françois & en italien, pour que ſon livre fût d'un uſage plus général aux nations les plus éclairées de l'Europe. ll, &c.

XI. **ANNE** ; *Ajoutez* à la fin de l'art. : *Voyez* I. SAXE.

ANTONIO, (Don) prieur de Crato, *Voy.* VIII. ANTOINE.

I. **APIEN**, lig. 6, au lieu de *Charles Quint*, lifez : L'empereur fit, &c.

APOLLO, (Horus) *Voy.* HORAPOLLON.

Page 188, col. 1re, à la fin du 1er alinea, *ajoutez* : Voy. PROTOGÈNE.

ARBAUD, *Voyez* PORCHERES.

ARDENE, *Voyez* ROME.

Page 211, col. 1re, ligne 3, au lieu de ce vers :
Des grands Monarques dont la gloire,
lifez :
Des Monarques de qui la gloire.

Page 224, ligne dern. de la 1re col. *ajoutez* : avec *Ariſtobule*, frere d'HYRCAN II, Voy. ce dern. mot ; ni avec, &c.

VI. **ARMAGNAC**, *Voyez* I. NEMOURS.

ARTAGNAN, *Voyez* MONTESQUIOU, maréchal de France.

ATTICHI, *Voyez* DONI d'.

AVAUX, *effacez* Meſme ; *lisez* Meſmes... *Après* Claude, *ajoutez* de.

AUBETERRE ; *après* BOUCHARD, *ajoutez* : & LUSSAN n° I.

AURIOL, *Voyez* ORIOL.

AUTCAIRE, *Voyez* OGER.

BADUILA, *Voyez* TOTILA.

BALADAN, *ajoutez* ou MERODACH-BALADAN.

BALAGNI, *Voy.* III. MONTLUC.

BALZAC D'ENTRAGUES, *Voyez* VERNEUIL.

BARAHONA, *V.* VALDIVIESO.

IV. **BARBIER**, *Voy.* METIS du.

BARCEPHA, *Voy.* V. MOYSE.

BARWICK, *Voyez* FITZ-JAMES.

BARCÉE, *Voyez* MAGON.

BASSUS, *Voyez* VENTIDIUS.

BAUDOUIN, roi de Jéruſalem, *Voyez* I. PUY, & NORADIN.

BAUME, *Voyez* VALLIERE.

BAUR, (Jean-Guillaume) *ajoutez* ou WIRLEM-BAUR.

BEAU, (Charles le) d'abord profeſſeur de rhétorique au col-

lége des Graffins, enfuite profeffeur au collége Royal, fecrétaire
de M. le duc d'*Orléans*, fecrétaire
perpétuel & penfionnaire de l'académie des Infcriptions, mourut
à Paris le 13 Mars 1778, à 7... ans,
Cet académicien, auffi honnête que
laborieux, l'émule de *Rollin* dans
l'art d'enfeigner, adoré de fes difciples comme ce célèbre profeffeur, avoit peut-être une plus vafte
littérature que lui. Peu d'hommes
en Europe ont mieux connu les
belles-lettres Grecques & Latines.
Son *Hiftoire du Bas-Empire*, en 20
vol. in-12,eft d'autant plus eftimée,
qu'il a fallu, pour la compofer,
concilier fans ceffe des écrivains
qui fe contredifent, remplir des
lacunes, & faire un corps régulier
d'un amas de débris informes. Il
y règne une critique judicieufe,
& un ftyle foigné & élégant. Le
rhéteur s'y fait quelquefois un
peu trop fentir ; mais en général
on la lit avec plaifir & avec fruit.
Les Mémoires de l'académie des
Belles-Lettres font enrichis de
plufieurs differtations favantes du
même auteur, & de divers *Eloges
hiftoriques*, où le caractére des académiciens eft faifi avec juftefie &
peint avec vérité. Les fentimens
de religion, la fageffe des principes, la douceur des mœurs & la
fûreté du commerce de M. *le Beau*,
ont infpiré de vifs regrets à fes
amis & à fes élèves.

BEAUCHAMPS ; ligne 13, *après
ces mots* à la fois, *ajoutez* : II. Les
Amours de Dorante & Doficles, autre
Roman grec de *Théodore Prodrome*,
traduit en françois, 1746, in-12.
III. *Recherches*, &c.

BEAULIEU, *Voy.* PONTAULT.

BEDFORT, *Voyez* RUSSEL.

BENOIT IV, n° VII. *Ajoûtez à
la fin :* Il avoit couronné empereur,
à Rome, *Louis 'III*, dit l'*Aveugle*,

que le cruel *Bérenger* traita fi in-
dignement dans la fuite.

BENOIT DE TOUL, *Voy.* PICARD
n° III.

BÉRENGER, roi d'Italie, *Voyez*
les articles JEAN XII, ... OTHON
I, ... LOUIS l'*Aveugle*, n° III... &
I. LAMBERT.

BERGIER, *Voy.* GEOFFROI.

I. BERNARD DE MENTON, n°
I, ligne 10, *effacez* en Piémont ; *lifez*
en Savoie, ville fituée au pied des
Alpes, capitale d'une petite Vallée,
appellée le *Val d'Aoufte*.

BERNARD, roi d'Italie, *Voyez*
LOUIS I.

XII. BERNARD, (Pierre-Jo-
feph) fecrétaire-général des Dragons, & bibliothécaire du cabinet
de Sa Majefté au château de Choifi-
le-Roi, naquit l'an 1708 d'un fculpteur à Grenoble en Dauphiné.
Envoyé au collège des Jéfuites à
Lyon, il fit des progrès rapides
fous ces habiles maîtres. Ses talens
naiffans les touchérent : ils ne né-
gligérent aucuns moyens pour l'at-
tâcher à leur corps ; mais ce jeune
élève, ami des plaifirs & de la liberté, ne voulut jamais confentir à
s'impofer des chaînes. Attiré à Paris
par l'envie de paroître, & de faire
briller l'heureux talent dont la nature l'avoit favorifé pour la poëfie,
il fut obligé de tenir la plume pendant deux ans chez un notaire en
qualité de clerc. Les Poëfies légéres
qu'il donna par intervalle, & dont
la plus jolie eft fon *Epître à Clau-
dine*, l'arrachérent à la fin au dégoût
& à la pouffière de la pratique. Le
marquis de *Pezay* l'emmena avec lui
en 1734 pour la campagne d'Italie.
Bernard fe trouva aux batailles de
Parme & de Guaftalla, & quoique
poëte, il s'en tira mieux qu'*Horace*.
Ce fut-là l'époque de fa fortune.
Préfenté au maréchal de *Coigni* qui
y commandoit, il fçut lui plaire

par fon efprit & fon caractére agréable. Ce héros le prit pour fon fecrétaire, l'admit dans fa plus grande familiarité, & lui procura quelque tems après la place de fecrétaire-général des Dragons. La reconnoiffance l'attacha conftamment à fon *Mécène*, jufqu'en 1759 que la mort le lui ravit. Il étoit recherché dans toutes les fociétés choifies de la cour & de Paris. Il en faifoit les délices par cette fleur d'efprit, par ce vernis voluptueux, par cet Epicurifme féduifant que refpirent fes vers & fes chanfons, dont quelques-unes font dignes d'*Anacréon*. Il employa auffi avec fuccès ces petits demi-vers, ces *vers nains, vifs & badins* (fuivant l'expreffion de *Voltaire*) qui font en poëfie ce que la miniature & l'émail font en peinture. Il aima les femmes avec excès, & quoique volage & peu libéral, il en fut aimé, parce que les charmes de fon efprit faifoient évanouir auprès d'elles ces défauts. En 1771, fa mémoire, en s'aliénant tout-à-coup, mit fin à fon bonheur. Il traîna depuis dans la démence une ombre de vie pire que la mort, & mourut dans cet état en 1776. Outre fes Poëfies légéres, qui le firent appeller *le Gentil Bernard*, fon Opéra de *Caftor & Pollux*, joué en 1737, ajouta beaucoup à fa réputation. La mufe ingénieufe & tendre de *Quinault* femble avoir infpiré le poëte; les vers s'allient heureufement avec la mufique, & certaines tirades fourniffent au muficien (le célèbre *Rameau*) le moyen de déployer tout fon talent : le plan eft fagement conçu, l'intérêt vif, les fcènes bien diftribuées, les airs habilement amenés, les fentimens variés & naturels. Les *Surprifes de l'Amour*, Ballet donné en 1757, n'eft point fans mérite; mais il eft très-inférieur à l'Opéra de *Caftor &*

Pollux. On a raffemblé les *Poëfies fugitives* de M. *Bernard* en 1776, en 1 vol. in-8°. On y trouve : I. Des *Epîtres*, dont le coloris eft frais, la verfification douce, & les penfées fines & délicates. II. Le célèbre Poëme de l'*Art d'aimer*, fi vanté dans les fociétés où il avoit été lu, & qui, à quelques tableaux près, eft fort au-deffous de fa réputation. L'auteur ayant à fournir une carriére plus longue que dans fes Poëfies légéres, néglige fon ftyle, & ne fait pas lui donner cette foupleffe & ce moëlleux qu'on avoit reconnus dans fes premiers ouvrages. III. *Phrofine & Mélidore*, Poëme auquel on peut appliquer le jugement porté fur le précédent.

III. BERNARDIN DE PEQUIGNY, ajoutez (*Bernardinus à Piçonio*)... & à la 4ᵉ ligne, après le mot *Commentaire*, lifez *fur les Evangiles*, in-fol. en latin; & d'une *Triple Expofition*, auffi en latin, *fur les Epîtres de St Paul*, &c.

II. BERTRAND; *après* Recueil, *ajoutez*, qui contient plufieurs imitations affez bonnes de diverfes Odes d'*Horace*.

BOLZANI, *Voy.* PIERIUS.

BONFILIUS, *Voy.* AURIFICUS.'

BORDIER, *Voyez* PETITOT.

III. BOUILLON, (le Duc de) *Voyez* I. TOUR.

BOURDILLON, *Voy.* PLATRIERE.

BOURGOGNE', (Ducs de) *Voy.* JEAN *Sans-Peur* n° LXVII... LOUIS n°. XXII.... & PHILIPPE n° XXIII & XXIV.

BOUTIGNI, *Voyez* II. TALON.

BRANDEBOURG, *Voyez* l'arti-

clé PRUSSE dans la *Chronologie*... & les art. XIII & XIV FRÉDERIC.

BRASÉE, *Voyez* II. MOREAU.

BRETAGNE; *ajoutez à la fin*... JEAN n° LXIX & LXX.

BRION, *Voyez* II. CHABOT.

BROGLIE, 8ᵉ ligne, *effacez* Victor - Maurice, *lisez* François-Marie.

BRUNETIERE, *Voy.* V. PLESSIS.

BUCKINGHAM, n° III. *effacez* Scheffield, *lisez* Sheffield.

BUISSON, (Du) *Voyez* VRAC.

BUYS, *Voyez* VAN-BUYS.

TOME II.

Cadiere, (La) *Voyez* III. GIRARD.

CALABROIS, *effacez* Peli, *lisez* Preti.

CALABROIS, *Voy.* GIOACHINO & II. GONSALVE.

CALAS, (Jean) négociant de Touloufe, de la religion Prétendue Réfor., fut accufé d'avoir étranglé *Marc-Antoine* fon fils, en haine de la religion Catholique qu'il vouloit, difoit-on, embraffer, ou qu'il profeffoit fecrettement. Ce jeune-homme, d'un efprit fombre, inquiet & violent, s'étoit détruit lui-même; cependant la populace n'accufa pas moins le pere d'être coupable de la mort de ce fuicide. Il fut arrêté, condamné fur des préfomptions de la plus grande force, mais fans aucuns témoins oculaires du crime, appliqué à la queftion ordinaire & extraordinaire, enfin rompu vif le 9 Mars 1762, à l'âge de 68 uns. Il foutint les douleurs de fon fupplice avec une réfignation héroïque. Il ne s'emporta point contre fes juges, & ne leur imputa point fa mort. *Il faut*, dit-il, *qu'ils aient été trompés par de faux témoins; je*

meurs *innocent*; J. C. *qui étoit l'innocence même, a bien voulu mourir par un fupplice plus cruel encore.* La veuve & les enfans de cet infortuné vieillard fe rendirent au pied du trône, pour faire revoir fon procès au confeil du roi. Cinquante maîtres-des-requêtes, affemblés pour cette grande affaire, déclarérent *Calas* & fa famille innocens. Ce fut le 9 Mars 1765 que fut rendu cet arrêt mémorable. Le roi répara par fes libéralités les malheurs arrivés aux *Calas*, fi cependant de tels malheurs font réparables. On recherche encore aujourd'hui les Mémoires que M'' *de Beaumont*, *Loifeau* & *Mariette* publièrent pour faire triompher l'innocence.

CALCULUS, *Voy.* GUILLAUME n° XII.

CALVO-GUALBES, pag. 24, ligne 24 de la 2ᵉ col. *après le mot* fiége, *ajoutez*: Les Ingénieurs le preffant de rendre cette ville: *Meffieurs*, dit-il avec intrépidité, *je n'entens rien à la défenfe d'une place; mais tout ce que je fais, c'eft que je ne veux pas me rendre.* Ses fervices, &c.

CALVUS, *Voyez* III. LICINIUS.

Hhh iij

CAMOUX, (Annibal) le plus célèbre centenaire de ce fiécle, naquit à Nice le 19 Mai 1638, c'eft-à-dire, la même année précifément que *Louis XIV*. Il commença fa longue carriére par être manœuvre. S'étant rendu enfuite à Marfeille en 1650, il fervit fur les galères en qualité de foldat. Après un très-long fervice, & ayant atteint fa centième année, il fut gratifié par le roi d'une penfion de 300 liv. Cet homme vivace n'étoit nullement caffé, & marchoit fort droit. On ne remarquoit fon grand âge qu'à fes rides, à fes cheveux blancs, & à un peu de furdité. Il bêchoit la terre, vivoit d'alimens groffiers, & buvoit beaucoup de vin. Il mâchoit continuellement de la racine d'angélique; il attribuoit à cet ufage, qu'il tenoit d'un vieux hermite, la longue durée de fa vie. Il mourut à Marfeille le 18 Août 1759, âgé de 121 ans & 3 mois, après une légère maladie de dix jours, l'unique peut-être qu'il eût eue. On a publié fa *Vie* in-12.

CANDIAC, *ajoutez après* 1719 : Il étoit frere du célèbre marquis de Montcalm.

CANTARINI, (Simon) *ajoutez* furnommé *le Pezarèfe*, parce qu'il étoit né à Pezaro.

CANTACUZÈNE; *après* JEAN, *ajoutez* : & II. MATTHIEU.

CANUT II, dit *le Grand*, roi de Danemarck, *Voy*. EDMOND n° IV.

CARDONNAY, *Voy*. VAC-QUETTE.

CARIGNAN, *Voyez* SAVOIE.

CARLENCAS, *Voyez* JUVENAL.

III. CARLOMAN, *ajoutez* à la fin de l'*art*., en 884.

CAROUGE, *Voyez* GRIS.

CARTE, (Thomas) *Voy*. THOU, n° III.

CASSAM, *Voy*. USUM-CASSAN.

CATILINA; ligne 8, *effacez* fils; & *lifez* frere (Voy. SYLLA); avoit &c.

CAUMONT, *Voyez* FORCE & LAUZUN.

CELESTIUS, *Voy*. III. PÉLAGE.

CELLARIUS, *Voyez* KELLER.

CELLES, (Pierre de) *Voyez* XV. PIERRE.

CERCEAU, *Voyez* ANDROUET.

CERISY, (l'Abbé de) *Voyez* II. HABERT.

CHAMBRE, n° III. *effacez* Illharrat; *lifez* Illharart.

CHARILAUS, neveu de *Lygur-gue*, lifez *Lycurgue*.

I. CHARLES, ligne 12, *effacez* & le jeune *Pepin*, & *lifez* fon frere.

Page 146, col. 2, ligne 12 du bas, *après* raifon, *ajoutez* : (*Voyez* GI-LEMME & GRINGONNEUR.

CHASTELET, *Voy*. CHATELET.

CHASTENET, *Voy*. PUYSEGUR.

CHATILLON, (le Maréchal de) *Voyez* V. COLIGNY.

III. CHILDEBERT, 2ᵉ ligne, *effacez* I, lifez II.

CHIVERNI, *Voyez* HURAULT.

CHRETIEN DE TROYES, 2ᵉ ligne, *ajoutez* : Orateur & chroniqueur de Madᵉ *Jeanne* comteffe de Flandres.

CHUN; *effacez* les trois 1ʳᵉˢ lignes; *lifez* : CHUN (Yeou-Yu), c'eft-à-dire, *Maître du pays de Yu*, un des premiers empereurs de la Chine, fucceffeur d'*Yao*, dont il époufa les deux filles. *Ajoutez* à la fin de l'article : Il mourut l'an 2208 avant l'ère chrétienne, la 48ᵉ année de fon règne, & la 110ᵉ de fon âge.

CLAVILLE, *Voy*. MAISTRE (le) n° V.

Page 254, *ajoutez* : CLEMENT VII, autre pontife qui prit ce nom en 1378, regardé par quelques-uns comme antipape; *Voyez* GENÈVE (Robert de).

CLERGERIE, *Voyez* II. BRY.

CLODIUS-PUBLIUS, *lifez* CLODIUS (*Publius*).

III CLOTAIRE, ligne 3, *au lieu* de 65, *lifez* 655.

CNOT, CNOX, *Voyez* KN....

COCLÈS, *Voyez* I. HORACE.

COEMPFER, *Voy.* KOEMPFER.

II. COLOMBIERES, ligne 2, *Wulfon*, lifez *Vulfon*.

. COMESTOR, *Voyez* XVI. PIERRE.

. CONDÉ; *au lieu du renvoi aux* n°ˢ XXVII & XXVIII, *lif.* XXXI, XXXII & XXXIII.

III. CONSTANCE, ligne 4, au lieu de *Placidite*, lifez *Placidie*.

CONSTANTIN-TIBERE, *Voy.* ce dernier mot, n° II.

III. CONTI, *Voy.* LOUIS-FRANÇOIS, n° XXXVII.

COSIMO; *après le mot* mafcarades, *ajoutez* : Au refte il apportoit une fi grande application au travail, qu'il oublioit très-fouvent de prendre fes repas. *André del Sarto* fut un de fes élèves.

COURMONT, *Voyez* MARCHE-COURMONT.

COUVREUR ; ajoutez à la fin : (*Voyez* I. SAXE.) On mit au bas du portrait de cette célèbre actrice, gravé par *Coypel*, ces quatre vers d'une vérité frappante :

Ton art, par un effort heureux,
Tranfmet mon air, mes traits, ma
gloire à nos neveux.
Ne t'enorgueillis pas du talent qui
t'honore,
Coypel : quand je jouois, je peignois
mieux encore.

CREBILLON ; *ajoutez* à fon article cette anecdote. Après une repréfentation d'*Atrée*, on demandoit à ce célèbre tragique pourquoi il avoit adopté le genre terrible ? « Je n'avois point à choifir, répon-

» dit-il. *Corneille* avoit pris le Ciel, » *Racine* la Terre ; il ne me reftoit » plus que l'Enfer: je m'y fuis jetté » à corps perdu ».

CREVEL ; *après* cette date 1721, *ajoutez* : Son rectorat eft remarquable par la réparation éclatante des Jéfuites envers cette univerfité, qu'ils avoient outragée d'une manière fignalée dans une de leurs Piéces de théâtre. C'eft à lui qu'elle doit auffi le rétabliffement des proceffions folemnelles qu'elle a coutume de faire dans les occafions d'éclat.

CRITOPULE , *Voyez* METROPHANE n° III.

CROCUS, *Voyez* SMILAX.

DAGOBERT, n° III, 2ᵉ ligne ; *après* Childebert, *ajoutez*, II ou, &c.

DAILLON , *Voyez* LUDE.

Page 436, col. 2, ligne 5, effacez *beaucoup*, lifez *de vers*.... Ligne 8, au lieu de *Contre qui ?* = *C'eft*, &c. lifez, *Contre qui donc ?* = *Contre*.... Ligne 9, lifez : *Hé bien, bien*, achevez, &c.

DAMMARTIN, *Voyez* VERGI, n°. II.

VIII. DENYS; *ajoutez* à la fin : Il eft en 5 liv. Le Traité *De bello inftituendo adversùs Turcas*, fut fupprimé, pour certaines applications forcées & pour plufieurs vifions finguliéres qu'il renfermoit.

DELORME, *Voyez* LORME.

DES-ACCORDS, *Voyez* II. TABOUROT.

DES-AUTELS, *Voy.* AUTÈLS.

II. DESMAHIS, *Voyez* GROSTESTE.

DESMARETTES, *Voyez* BRUN n° V.

DESPRÉS, *Voyez* MONTPEZAT.

DESPINS, *Voyez* PINS.

. I. DESTOUCHES ; *ajoutez* à la fin: On admire dans fes productions un chant gracieux & élégant ; mais on lui reproche de la monotonie & un goût maniéré.

DIACETIUS, *Voy.* JACCETIUS.

DIANE DE POITIERS, *Voyez* POITIERS.

DIODOTE, *Voyez* TRYPHON.

DOEZ, *Voyez* VANDER-DOEZ.

DONDUCCI, *Voyez* MASTEL-LETA.

DORIGNY, *Voyez* ORIGNY.

DORPIUS, *Voy.* X. MARTIN.

DREUX, *Voyez* PHILIPPE de, n° XXIV.

DUDON, à la dern. ligne, *effacez* 1006, *lisez* 1026.

DUJARDIN, ligne 2, *effacez* 1678, *lisez* 1674; *ajoutez*, étant né vers 1640 à Amſterdam. Il fut élève de *Berghem*. On reconnoît dans ſes tableaux la touche ſpirituelle, l'harmonie & le ton de couleur de ſon maître.

II. DUMONT, *ajoutez* à ſon art. : Il mourut vers 1726.

DUNOIS; *lisez* n° LXXII, au lieu du chiffre de renvoi.

DUNS, 2ᵉ col., ligne 12, *mettez* une virgule entre 30 & 33.

DUPARC, *Voyez* II. SAUVAGE.

DUPONT, *Voyez* PONTANUS & BASSAN.

DUPORT, *Voyez* II. TERTRE.

EDOUARD, n° VII, ligne 4 de la 2ᵉ col. *au lieu de* IV, *lisez* VI.

EGMOND, ligne pénult. de la 1ʳᵉ col. *Hotnes*, liſez *Hornes*.

ELÉONORE DE BAVIERE, *Voyez* ULRIQUE.

ELIZABETH, reine de Hongrie, *Voyez* GARA.

EMBRY, *Voyez* IX. THOMAS.

ENGUIEN (Ducs d') *Voyez* FRANÇOIS n° VI, & LOUIS n° XXIII.

EON; *ajoutez* DE L'ETOILE; & à la 24ᵉ ligne, au lieu de 1168, *lisez* 1148.

EPINE, *Voyez* IV. SPINA.

I. ESTOILE, ligne 3, au lieu de 1661, *lisez* 1611.

ETHELRED, *ajoutez* II.

EVERARD, *Voyez* GRUDIUS & SECOND.

TOME III.

FALCONET : cet article, qui devoit être immédiatement après FALCIDIUS, s'eſt trouvé tranſpoſé page ſuivante.

FALCONIA, *Voyez* PROBA.

II. FAUSTINE; *ajoutez* à la fin: Elle mourut l'an 175 au bourg de Halale, ſitué au pied du Mont Taurus. *Jacques Marchand* a tâché de la juſtifier dans une Diſſertation. *Voyez* le *Mercure* de France 1745.

FELIX, *Voyez* MINUTIUS.

FILEPIQUE, *Voy.* PHILIPPIQUE.

III. FISCHER, *Voyez* PISCATOR.

FITADE, *Voyez* PHEBADE.

FLAMAND, (Le) *Voy.* QUESNOY.

FLORENCE, (le Cardinal de), *Voyez* ZABARELLA.

FONTENELLE; page 97, au haut de la 1ʳᵉ col., *ajoutez* : XI. Deux grands Opéra, & une Paſtorale intitulée *Endymion* en 5 actes, 1731... Les Tragédies lyriques ſont : *Thétis & Pélée*, en 5 actes, 1689; *Enée & Lavinie*, en 5 actes, 1690. La premiére eut un grand ſuccès, & s'eſt conſervée au théâtre. XII. Des *Diſcours*, &c.

IV. FORCE, *Voyez* PIGANIOL.

III. FOSSE, *Voyez* II. HAYS.

. FOUCHER, (l'Abbé Paul) de l'académie des Inſcriptions & Belles-Lettres, né à Tours en 1704, mort à Paris en 1778, étoit un ſçavant ſtudieux, & un homme doux & honnête. Il cultiva d'abord les ſciences exactes, & nous avons de lui une *Géométrie métaphyfique*, 1758, in-8°. Il fe tourna enfuite du côté de l'érudition, & eut des fuccès en ce genre. Son Traité hiftorique *De la Religion des anciens Perfes*, divifé en plufieurs Mémoires, imprimés dans différens volumes du Recueil de l'académie des Belles-Lettres, prouve fon favoir & fa fagacité. Ce font des recherches curieufes & neuves fur un fujet traité jufqu'alors très-imparfaitement.

FRANCESCA, *Voy*. II. PIETRO.

FRANCHI; *ajoutez* à la fin: On a imprimé en 1777 la *Vie de Nicolo Franco*, ou *les Dangers de la Satyre*, Paris, in-12, chez les Freres *Debure*.

Page 124, ligne 6 de la 2e col. II. FRANÇOIS, *lifez* III. FRANÇOIS, & augmentez progreffivement d'un chiffre tous les n°s des FRANÇOIS jufqu'à la fin.

FRANGIPANI, 4e ligne, *effacez* I.

FUENTE, *Voyez* II. PONCE.

FUGGER; *au lieu de* Hulderic, *lifez* Ulric.... ligne 12, *effacez* 1684, *lifez* 1584.

FURIES, *Voyez* EUMENIDES.

GABETS, *Voyez* DESGABETS.

GAILLARD; *après* FREGOSE, *ajoutez* & VENEL.

II. GASTON; *ajoutez* à la fin de l'*article*: Il fut tué après le combat, en voulant envelopper un refte d'Efpagnols qui fe retiroient.

III. GASTON; même col. ligne 22, *entre* cardinal & Il fut encore, *ajoutez*: (Voy. III. PLESSIS-RICHE-LIEU.)

Page 242, 1re ligne de la 1re col. *après* ans, *ajoutez*: (Voy. page 672, art. de JEANNE D'ARC.)

GIUNTINO, *Voyez* JUNCTIN.

GIVRI, *Voyez* IV. MESMES.

GLABRIO, *Voyez* ACILIUS,

II. GRACCHUS, (*Sempronius*) fe fit exiler dans l'ifle de Cerine

fur la côte d'Afrique, pour fon commerce avec *Julie* fille d'*Augufte*. Il y fut affaffiné après un exil de 14 ans, par l'ordre de *Tibére*, qui fit mourir auffi *Julie* dans l'ifle Pandataire où elle avoit été confinée. L'amour l'avoit rendu poëte. On croit que c'eft à lui qu'on doit attribuer les Vers inférés dans le *Corpus Poetarum* de *Maittaire*.

III. GRAND, (Lé) né.... à St-Lo, *lifez* à Torigny.

GRANGE, *Voyez* RIVET.

V. GRANGE, ligne 10, *après* 1775, *fubftituez* ceci à ce qu'on y lit: .... à 37 ans, emportant les regrets des bons littérateurs. Un goût perfectionné par la lecture des auteurs anciens & modernes, une critique faine & judicieufe, un caractére doux & honnête, diftinguoient cet écrivain. Il fe fit connoître avantageufement en 1768 par fa Traduction de *Lucrèce*, 2 vol. in-8°, accompagnée de remarques pleines d'érudition. Le fuccès de cette verfion l'encouragea à entreprendre celle de *Sénèque*, qui n'a paru qu'après fa mort, Paris, 1778, 6 vol. in-12. Cette traduction eft, à quelques endroits près, fidelle, élégante & précife. Le ftyle en eft clair, facile, naturel, & prefque toujours correct. On a encore de lui une édition des *Antiquités de la Grèce* de *Lambert Bos*, Paris 1769, in-12.

I. GUEVARA, ligne 3, *effacez* au XVe fiécle; *ajoutez*: né à Icija dans l'Andaloufie, mort en 1646. *Et à la fin de l'article*: L'imagination de *Guevara* ne lui préfentoit que des idées finguliéres & plaifantes. Il imprimoit un caractére de gaieté aux fujets même les plus graves: on peut le nommer *le Scarron d'Efpagne*.

I. GUI, ligne 3, *effacez* emper. d'Allemagne, *lifez* roi d'Italie.... *Et après* 889, *ajoutez* : & couronner empereur en 891.

GUILLAUME LONGUE-ÉPÉE, fils & fuccefieur de *Rollon* premier duc de Normandie, ne fut ni moins brave ni moins courageux que fon pere. Les Bretons n'ayant pas voulu reconnoître fa fuzeraineté, il les contraignit par la force des armes à lui faire hommage. Il le fit peu de tems après lui-même au roi *Raoul*, qui ajouta à fon duché la Terre des Bretons, c'eft-à-dire, l'Avranchin & le Cotentin. *Riulfe*, comte de Cotentin, ayant voulu imiter la révolte des Bretons, n'eut pas un meilleur fuccès. *Guillaume* aïda *Louis d'Outremer*, l'an 936, à monter fur le trône à la place de *Raoul*. Il força enfuite *Arnoul*, comte de Flandre, à rendre à *Helluin* de *Montreuil* la forterefie qu'il lui avoit enlevée. L'an 942 s'étant rendu à Pequigny-fur-Somme pour une entrevue que ce comte lui avoit demandée, il fut affafiné fous la foi du ferment par les gens de ce dernier.

XVI. GUILLAUME DE LINDO-WODE, *lifez* DE LYNDWOODE. Après *Cantorbery*, ajoutez.... fous le titre de *Provinciale feu Conftitutiones Angliæ.* Et· à la fin *ajoutez* encore : Il a paru une édition plus ample de ce Recueil utile, à Londres 1679, in-fol.

Page 396, ligne 3·, après 1621, *ajoutez*, n'étant que foudiacre.... Même col., *après* & guerrière, *fubftituez* à la phrafe, Il laifia, *ce qui fuit* : Il laifia plufieurs enfans (entre autres *Achille* de Lorraine, comte de Romorantin) qu'il avoit eus de *Charlotte* des *Effarts*, comtefie de Romorantin, à laquelle *Moréri* donne le nom de *fon amie*, & qui fut une des maitreffes de *Henri IV. Charlotte-Chriftine*, fille d'*Achille*, & veuve du marquis d'*Affy*; intenta en 1688 un procès·

pour avoir la fuccefiion de la maifon de *Guife*. Elle prétendit que le cardinal de ce nom avoit époufé la comtefie de Romorantin · fon aïeule, le 4 Février 1611, & elle produifit différens papiers pour appuyer fes prétentions. L'affaire ne fut point jugée.... A la fin du même article, *ajoutez* : On le conduifit dans une falle obfcure, où quelques foldats le mafiacrérent à coups de hallebárde. Ses cendres furent jettées au vent, de peur que les Ligueurs n'en fifient des reliques. *Henri III* n'avoit jamais pu pardonner à ce cardinal plufieurs traits de fatyre lancés contre lui. Ce prélat difoit qu'*il ne mourroit point, qu'il n'eût rafé le Roi pour le faire moine* : (Voy. I. BOUCHER.)

GULPHILAS, *Voyez* ULPHILAS.

HALLIFAX, *Voy.* MONTAGUE. HALLUIN, *Voy.* II. SCHOMBERG. III. HARCOURT, page 425, · ligne 6 de la 2ᵉ col., *effacez* Maréchal de France, *lifez* : Lieutenant-général des armées du roi.

IV. HARLAY; *après* bons-mots, · *ajoutez* : Les Comédiens allérent un jour en corps à fon hôtel pour lui demander une grace. L'acteur qui portoit la parole, dit à M. de *Harlay*, qu'*il parloit au nom de fa* COMPAGNIE. Ce magiftrat lui répondit : *Je veux délibérer avec ma* TROUPE, *pour fçavoir fi je dois accorder à votre* COMPAGNIE *ce qu'elle me demande.* Il étoit, &c.

II. HATTON, *Voyez* OTHON, · n° VI.

HAVINGE, *Voyez* PHILIPPE de *Bonne-Efpérance*, n° XXVI.

HELICÉ, *Voyez* CALISTO.

HELIOGABALE, ligne 4, au lieu de ces mots, d'un *Antonin*, &c. *lifez*, de *Varius-Marcellus*.

HENRI D'ECOSSE, *Voyez* SCRINGER.

HERBERT, *Voy.* VERMANDOIS.

SUPPLEMENT. xj

HERCULE, page 493, 2ᵉ col., ligne 13ᵉ du bas, *effacez* Albion, Bergion.... *Et après* d'autres, *lisez* : Il combattit les géans *Albion* & *Bergion*, dompta, &c.

HERMÈS, ligne pénult. de cet art. *effacez* III, *lisez* II.

HERMIONE, *Voy.* I. PYRRHUS.

HERMONDANVILLE; ligne 6, *après* 5 Traités, *lisez* : Il le fit en 1306, & l'intitula *Chirurgia & Antidotarium....* Et ligne 9, *après* d'autres Bibliothèques, *ajoutez* : ainsi que la Traduction angloise qu'on en fit.

HERVÉ le *Breton*, n° IV. C'est le même que HERVÉ NATALIS : (*Voy.* ce dernier mot, n° I.) Il étoit d'une famille noble.

HIERON, page 513, ligne 14 de la 1ʳᵉ col., *après* mœurs, *il faut* ajouter : (*Voyez* une belle parole de ce roi, art. XENOPHANES.)

I. HIRE, (La) ligne 2, *effacez* des, *lisez* de.

HOLYWOOD, *Voyez* SACROBOSCO.

HOPHRA (Pharaon) *Voyez* APRIÈS.

HOUSSAIE, *Voyez* AMELOT.

HUYSUM, *Voy.* VAN-HUYSUM.

HYACINTHE DE L'ASSOMPTION, *Voyez* MONTARGON.

IGNACE, (St) n° II, ligne 18, *après* Michel, ajoutez *dit l'Ivrogne.*

INGELBERGE, *Voyez* ENGELBERGE.

ISAAC LE RABBIN, *Voyez* NATHAN, n° II.

IVON, *Voyez* YVON.

IWANOVA, *Voyez* XI. ANNE.

JACQUES DE VALENCE, *Voyez* PARÈS.

JACQUES DE TERAMO, *après* Palladino, *ajoutez* ou d'Ancharano.

JAHEL, ligne 2, *effacez* Heber & Cifara; *lisez* Haber & Sifara.

JEAN X, ligne 5, *après* Theo-

dora, *ajoutez* la jeune.

JEAN XI, ligne 5, *effacez* niéce de celle du même nom; *lisez* : la même qui fit périr.

JEAN, n° LXXIII, après JEAN, *ajoutez*, PHILOPONON dit... *Ajoutez* à la fin de cet article : C'étoit un des principaux chefs des Trithéïtes, & un auteur très-fécond. *Photius* dit qu'il est pur & élégant dans son style; mais impie dans sa doctrine, & foible dans ses raisonnemens. On a de lui un ouvrage sur la *Création du Monde*, Vienne 1630, in-4°; & plusieurs *Traités* sur *Aristote*, en grec & en latin, Vienne, 1536, 15 tomes in-fol.

Page 666, JEAN EUDEMON, *Voyez* ce dernier mot.

JEAN de *Némocupène*, *Voyez* NEMOCUPÈNE.

JEAN, *Voyez* MAITRE-JEAN.

JEANNE D'ARAGON, *Voyez* ARAGON.

JOANNITZ, *Voy.* CALO-JEAN.

JOIADA, ligne 3, *au lieu de* 878, lisez 883.

JON, (Du) *Voyez* II. JUNIUS.

JOSEPH, n° XI, après JOSEPH, *ajoutez* MEIR.

Page 705, ligne 9 du bas de la 2ᵉ col., *après* ministère, *ajoutez* : (Voy. WEIMAR, & I. RICHER.)

Page 706, col. 1ʳᵉ, ligne 12 du bas, *après* JOSEPH, *rayez* le reste de la ligne, & *lisez* à la place : (*Voyez* ABOU-JOSEPH.)

JUDA, *Voyez* LEON, n° XXVI.

JULIEN, *Voyez* SAINT-JULIEN.

JULIUS-CAPITOLINUS, *Voy.* CAPITOLIN.

JULIUS-PAULUS, *V.* X. PAUL.

JULIUS-POLLUX, *V.* POLLUX.

KABEL, *Voyez* VAN-KABEL.

KEPPEL, *Voy.* II. ALBEMARLE.

KERCADO, *Voyez* MOLAC & SENECHAL.

KEULEN, *Voy.* VAN-KEULEN.

KOBAD, *Voyez* CABADE.

TOME IV.

LARAZE, *Voyez* I. PONCE.

LATINUS-PACATUS, n° II, *effacez* 38, *lisez* 389.

LECKSINSKA, (Marie) *Voyez* XVII. MARIE.

LECKSINKI, *Voyez* II. STANISLAS.

LEON, (Pierre de) antipape, *Voyez* INNOCENT II.

LEON, n° XVII, à la fin de son article, au lieu de 1770, *lisez* 1771.

LEONICUS, *ajoutez* THOMÆUS.... ligne 7, *effacez* 1533, *lisez* 1531.... *Après* 75 ans, *ajoutez*: La philosophie avoit réglé ses mœurs autant que dirigé son esprit.

LEVI, *Voyez* PHILIPPE, n° XXVIII.

LEVIS, *Voyez* QUELUS.

LEYDE (Philippe): *Ajoutez* à la fin : L'auteur ne connoissoit pas assez la politique générale & particuliére : ce qu'il a écrit sur le gouvernement civil, ne vaut pas ce qu'il dit du gouvernement domestique. Il avoit professé le droit à Orléans & à Paris, & laissa d'autres ouvrages, oubliés aujourd'hui.

LINDEN, *Voyez* VANDER-LINDEN.

Page 210, ligne 15 de la 2ᵉ col. *après* tailles, *ajoutez* : (Voy. NOLLET.) Le Dauphin, &c.

LOUIS, page 217, 2ᵉ col. 4ᵉ ligne du bas, n° XXVI, *lis.* XXVIII.

LUCA, *Voyez* SIGNORELLI.

LUCANUS, *Voyez* OCELLUS.

LUCRECE, *Voyez* OBIZZI.

MAISTRE, n° II, après ces mots Gilles & Jean, ajoutez le.

MANTUAN, *Voyez* SPAGNOLI.

MARCELLUS, *Voyez* NONIUS.

XVII. MARTIN, (N.) poëte François, né en 1616, mort en

1705, n'est connu que par une *Traduction* en vers françois des *Géorgiques* de *Virgile*, qui ne vit le jour qu'après la mort de son auteur en 1713. Cet ouvrage, qui offre de la simplicité & quelques bonnes tirades, est en général foible & négligé, & fut attribué par quelques critiques malins à un certain *Pinchesne*, dont le nom étoit passé en proverbe pour désigner un méchant poëte ; mais cette imputation étoit doublement injuste, parce que la version n'étoit ni de *Pinchesne*, ni à la *Pinchesne*. Quoiqu'elle ne soit pas sans mérite, elle ne trouve plus de lecteurs, depuis que M. *Delille*, de l'académie Françoise, a publié la sienne.

MARTIN DE VOS, *Voyez* VOS.

Page 423, col. 2, ligne 8, *effacez* VERMILLI, & *lisez* PIERRE n° XXV.

MASINISSA, ligne 8 de cet article, après *Scipion*, ajoutez l'*Ancien*.... Et à la 8ᵉ ligne de la fin, après *Scipion*, ajoutez le *Jeune*.

MASSÉVILLE, (N.) *lisez* Louis... Gacé, *lisez* Lonlay.... 1525, *lisez* 1526.

MAURUS-HONORATUS, *Voy.* SERVIUS.

MAZURIE, *Voyez* TOUTAIN.

Page 500, ligne 22 de la 1ʳᵉ col. *effacez* fils, *lisez* beau-fils.

I. MERULA, ligne 2, *après* enseigna, *ajoutez* le Latin & le Grec... Et à la fin du même article, *après* maitre, *ajoutez* ainsi que POLITIEN, *Voyez* ce mot.

MESSALA, *Voy.* III. VALERIUS.

METAPHRASTE, *Voy.* SIMON n° VI.

MEULEN, *Voyez* VANDER-MEULEN.

Page 563, ligne 30 de la 2ᵉ col. *après* noble, *ajoutez* : (Voyez WICHERLEY.

MONTAIGNES, (Des) *Voyez* SIRMOND, n° II.

Page 607, col. 1ʳᵉ, ligne 4, *effacez* PHILIPPE roi de France, & *lisez* BERTRADE.

MONTHELON , *Voyez* FERRAND, n° VI.

TOME V.

NICOLAS DE PALERME, *Voyez* TUDESCHI.

NOYERS, (Des) *Voy.* SUBLET.

OXFORD, (le Comte d') *Voyez* WALPOLE.

OZUN-ASEMBEC, *Voy.*USUM-CASSAN.

PANORMITA, à la fin de la 2ᵉ ligne, *ajoutez* & TUDESCHI.

Page 217, immédiatement avant PARISIERE, *placez* ce renvoi : PARIS, *Voyez* XII. JOSEPH de.... & YVES de.

II. PARRHASIUS; *ajoutez* à la fin : *Voyez* ZEUXIS.

PASCHAL; lisez 225 au folio de la page, au lieu de 325 : cette erreur de chifre se continue jusqu'à 355, qu'il faut lire 255.

II. PAYS, à la fin de l'article, *ajoutez*, 2 vol. in-12.

III. PELAGE, ligne 3, *après* embraffa, *ajoutez* l'état.

PETERSBOROUGH, ligne 9, *après* archiduc,*effacez* le point ; met-

tez-le après *Charles*, à la place de la virgule.

PLELI, *effacez* ce faux renvoi.

PLELO, ligne 30, *au lieu de* genre, *lisez* gendre.

I. PONA, ligne 6, *lisez* 1590, au lieu de 17....

VI. PONTANUS, ligne 2 de la 2ᵉ col., placez après *carmina* la virgule qui eft avant.

I. POOLE, ligne 21, *éditions, lisez* édition.

Page 497, ligne 32 de la 2ᵉ col. *fubftituez* l'éloquence à d'éloquence.

Page 520, col. 2, ligne 9, *Praxetas*, lisez *Praxeas*.

Page 522, 8ᵉ ligne du bas, *après* Mémoires, *ajoutez* avec ceux de Berlin. Il mourut, &c.

Page 524, 2ᵉ col., ligne 7, *effacez* France, *lisez* Franche.

PRETEXTAT, ligne 5, *lisez* 576, au lieu de 584.

PROTOGENE; ligne 27 de la 2ᵉ col. *après ce mot* , qu'*Apelles*, lifez *ainfi...* lui reprochoit. On fait la manière dont*Apelles* &*Protogène* firent.

TOME VI.

II. RABUTIN, page 6, ligne 6 de la 1ʳᵉ col., fatiguoit, *lifez* excédoit... *Même page*, 14ᵉ ligne du bas, *après* littérature, *ajoutez* : (Voyez III. RIVIERE.)

RAINAUD, *Voyez* RAYNAUD.

RASPON, *Voyez* VII. HENRI.

REBOULET, dernière ligne de la 1ʳᵉ col., *effacez* fon, *lifez* fes,....

2ᵉ col., ligne 15, *après* au feu, *lifez* : (Voyez JULIARD & MONDONVILLE.)

REMI DE FLORENCE, *Voyez* REMIGIO; & dans ce dernier article, au lieu de *Nannini*, lifez *Nanni*.

REMOND DE SAINTE-ALBINE, (Pierre) cenfeur Royal, membre

de l'académie des Sciences & Belles-Lettres de Berlin, mort à Paris sa patrie le 9 Octobre 1778 , a 84 ans, littérateur estimable & laborieux, a publié les ouvrages suivans : I. *Abrégé de l'Histoire du Président de Thou*, avec des remarques, 1759, 10 vol. in-12 : livre bien fait, purement écrit , & qui cependant n'a pas eu beaucoup de succès, parce qu'il est un peu sec. II. *Le Comédien*, 1749, in-8°. On y trouve d'excellentes réflexions, exposées avec beaucoup de clarté. L'auteur connoissoit bien le théâtre ; il avoit fait même quelques Comédies , quoiqu'il eût plus de talent pour juger la scène que pour l'enrichir de ses Piéces. Il fut chargé pendant quelque tems de la rédaction de la *Gazette de France* & du *Mercure*. Cet auteur étoit un écrivain instruit, un homme de mœurs simples & honnêtes , & un sçavant modeste.

Page 80, col. 1ʳᵉ, ligne 11 du bas, *après* RIZZO, *ajoutez* & CRINITUS.

RETZ , *Voyez* LAVAL , n° 1 & II.
RICHIEUD , *Voyez* MÓUVANS.
ROGER, *Voyez* SCHABOL.
ROHAN , *Voyez* GARNACHE & III. TANCREDE.
ROLIN , *Voyez* RAULIN.
ROMAIN, (le Cardinal) *Voyez* I. BLANCHE... & LOUIS IX , n° XIV.
RONDELET , ligne 20 , *après* mal-digérée , *ajoutez* : que quelques-uns attribuent à *Pellicier*, évêque de Montpellier.
RONSARD, ligne 27ᵉ de cet art., *après* de son tems , *ajoutez* : (Voy. II. SAINT-GELAIS.)
IV. ROUSSEAU, *Voyez* PARISIERE.
ROUSSEVILLE , *effacez* la lettre N. *lisez* (Nicolas de Villiers de). *Ajoutez* : Il eut une partie des connoissances du célèbre *du Cange*, dont il avoit épousé la niéce (*Mar-*

guerite du *Fresne* du *Cange* ;) & fut pere d'*Antoinette* de *Villiers*, qui épousa en 1712 *Jean-Gédéon-André* de *Joyeuse*, lieutenant-général au gouvernement de Champagne.

RUSCA, ligne 4 , *effacez* vice-romes, *lisez* vicecomes.

RUTH ; *ajoutez* à la fin : (*Voyez* NOEMI.

SA, (Correa de) *Voy.* CORREA, n° II.

SAINT-AMAND , *Voyez* TRISTAN , n° III.

Page 194, col. 1ʳᵉ, ligne 6 du bas, *après* MOURGUES, *ajoutez* & VERGNE.

SAINT-VALLIER, *Voyez* POITIERS (Diane de).

SALLES, *Voy.* FRANÇOIS n° XII.
SANCHE , *ajoutez* II.
I. SANCHES, ligne 10, *lisez* in-8°, au lieu de in-4°.

SCHAH-ABBAS ; *ajoutez* à la fin de l'article : (*Voyez* I. SHIRLEY.)

SEGRAIS ; 2ᵉ col. , ligne 2 , *au lieu de* Romains, *lisez* Romans.

SEGUR , *Voyez* PUYSEGUR.
SEMELÉ, *Voyez* BACCHUS.
SEMIRAMIS, ligne 2, *lisez* 2150; au lieu de 250.
SEVIN , *Voyez* QUINCI.
SIENNE, *Voyez* II. CATHERINE, III. GUI, & SIXTE n° VI.

SPIFAME , (Jacques-Paul) n° Iᵉʳ , ligne 17 , *après* en 1559 , *ajoutez* : & prit alors le nom de PASSY , terre dont *Jean Spifame* , son pere , étoit seigneur.

Page 442, 1ᵉʳ alinea , *après* d'Avignon, *ajoutez* : (Voy. VELLY.)

SZEGEDIN , *Voyez* ZEGEDIN.

THUILERIES , ligne 2, *après* né, *ajoutez* à.

Page 551, à la fin du 1ᵉʳ alinea , *ajoutez* : TIMANTHE se couvrit aussi de gloire par la victoire qu'il remporta sur le fameux *Parrhasius*, vainqueur de *Zeuxis*. On avoit pro-

SUPPLEMENT.

poſé un prix p' celui qui exprime roit le mieux la colère d'*Ajax*, furieux de n'avoir pu obtenir les armes d'*Achille*. La ſupériorité fut adjugée à *Timanthe*, & le vaincu exhala ſon dépit contre ſes juges en ces termes: *Pauvre* Ajax!*ton ſort en vérité me touche plus que le mien propre. Te voilà donc encore une fois contraint de céder la palme à un homme qui, à beaucoup près, ne te vaut pas!*
Page 543, ligne 7 de la 2ᵉ col. au bas, *après* latiniſer, *liſez*: (Voy. I. MARULLE.)
TORCY, *Voyez* IV. COLBERT.

USUM-CASSAN, ligne 9, *après* révolte, *ajoutez* en 1467.... Ligne 11, *après* vie, *ajoutez*, ainſi qu'à ſon fils *Acen-Ali*.... Et ligne 16, *effacez* 1572, & *liſez* 1478.

VADÉ, page 632, ligne 3 de la 1ʳᵉ col., *après* l'ame, *ajoutez*: Un jour il s'entretenoit avec une Dame qui avoit la ridicule affectation de cheviller chaque phraſe par des *il a E U*, *elle a E U*, *nous avons E U*. -- Et Jupiter auſſi, Madame,

reprit *Vadé* impatienté, *A E U 10*. Il étoit deſiré, &c.
VARUS, *Voyez* QUINTILIUS.
VAUX, *Voyez* DEVAUX.
VERMOND, *Voyez* II. COLLIN.
Page 708, col. 1ʳᵉ, ligne 35, au lieu de 156..., *liſez* 1562... ligne 43, *liſez* 1571 au lieu de 1570.
VIEUVILLE, *Voyez* CERF.
VILLANDON, *Voyez* HERITIER, n° II.
VILLEGAS, *Voyez* QUEVEDO.
Page 726, col. 1ʳᵉ, ligne 17, *après* BUCKINGHAM, *ajoutez*: & ROUSSEVILLE, fleur de.*Villiers*.

WAERBEK, *Voyez* PERKINS.
WASA, *Voyez* I. GUSTAVE.
I. WITIKIND, ligne 21, au lieu de 80, lifez 807.

ZAPOL, ligne 17, *effacez* 1736, *liſez* 1536.
ZIGABENUS, *Voyez* EUTHYMIUS, n° II.
ZUCCHUS, *Voy.* II. ACCIUS.
N. B. *Dans la* CHRONOLOGIE, page 42, *à la tête de la* 1ʳᵉ col., lifez *Avant J. C.* au lieu de *Depuis J. C.*

PRIVILÉGE DU ROI.

LOUIS, PAR LA GRACE DE DIEU, ROI DE FRANCE ET DE NAVARRE; A nos amés & féaux Conſeillers, les Gens tenant nos Cours de Parlement, Maîtres des Requêtes ordinaires de notre Hôtel, Grand Conſeil, Prévôt de Paris, Baillifs, Sénéchaux, leurs Lieutenans Civils & autres nos Juſticiers qu'il appartiendra: SALUT. Notre amé le fleur LEJAY, Libraire à Paris, Nous a fait expoſer qu'il deſireroit faire imprimer & donner au Public un Ouvrage intitulé: *Dictionnaire Hiſtorique des Hommes Illuſtres;* s'il nous plaiſoit lui accorder nos Lettres de Privilège pour ce néceſſaires. A CES CAUSES, voulant favorablement traiter l'Expoſant, Nous lui avons permis & permettons par ces Préſentes, de faire imprimer ledit Ouvrage autant de fois que bon lui ſemblera, & de le vendre, faire vendre & débiter par tout notre Royaume, pendant le tems de dix années conſécutives, à compter de la date des Préſentes, conformément à l'Arrêt du Conſeil du 30 Août 1777, portant Réglement ſur la durée des Privilèges en Librairie. Faiſons défenſe à tous Imprimeurs, Libraires, & autres perſonnes de quelque qualité & condition qu'elles ſoient, d'en introduire d'impreſſion étrangére dans aucun lieu de notre obéiſſance;

*comme auffi d'imprimer ou faire imprimer, vendre ; faire vendre ; débiter ni contrefaire ledit ouvrage, fous quelque prétexte que ce puiffe être, fans la permiffion expreffe & par écrit dudit Expofant fes hoirs ou ayans-caufe, à peine de faifie & confifcation des exemplaires contrefaits, de fix mille livres d'amende qui ne pourra être modérée pour la première fois, de pareille amende & de déchéance d'état en cas de récidive, & de tous dépens, dommages & intérêts, conformément à l'Arrêt du Confeil du 30 Août 1777, concernant les contrefaçons : A la charge que ces Préfentes feront enregiftrées tout au long fur le Regiftre de la Communauté des Imprimeurs & Libraires de Paris, dans trois mois de la date d'icelles; que l'impreffion dudit ouvrage fera faite dans notre Royaume & non ailleurs, en beau papier & beaux caractéres, conformément aux Réglemens de la Librairie, à peine de déchéance du préfent privilège; qu'avant de l'expofer en venté, le manufcrit qui aura fervi de copie à l'impreffion dudit ouvrage, fera remis dans le même état où l'approbation y aura été donnée, ès mains de notre très-cher & féal Chevalier, Garde des Sceaux de France, le fieur Hue de Miromênil; qu'il en fera enfuite remis deux exemplaires dans notre Bibliothèque publique, un dans celle de notre Château du Louvre, un dans celle de notre très-cher & féal Chevalier Chancelier de France le fleur de Meaupou, & un dans celle dudit fleur Hue de Miromênil. Le tout à peine de nullité des Préfentes : du contenu defquelles vous mandons & enjoignons de faire jouir ledit Expofant & fes ayans-caufe pleinement & paifiblement, fans fouffrir qu'il leur foit fait aucun trouble ou empêchement. Voulons que la copie des Préfentes, qui fera imprimée tout au long au commencement ou à la fin dudit ouvrage, foit tenue pour duement fignifiée, & qu'aux copies collationnées par l'un de nos amés & féaux Confeillers-Secrétaires, foi foit ajoutée comme à l'original. Commandons au premier notre Huiffier ou Sergent fur ce requis, de faire, pour l'exécution d'icelles, tous actes requis & néceffaires, fans demander autre permiffion, & nonobftant clameur de Haro, Charte Normande, & Lettres à ce contraires : CAR tel eft notre plaifir. Donné à Paris le treizième jour du mois de Janvier l'an de grace mil fept cent foixante-dix-neuf, & de notre règne le cinquième.

PAR LE ROI EN SON CONSEIL. LEBEGUE.

J'ai cédé le préfent Privilège à M. Le Roy, Imprimeur de Sa Majefté à Caen, pour en jouir en mon lieu & place, conformément aux claufes & conventions de notre Traité, & pour le tems & efpace portés audit Traité. A Paris ce vingt-fept Janvier mil fept cent foixante-dix-neuf. LEJAY.

Regiftré le préfent Privilége & enfemble la Ceffion, fur le Regiftre XX de la Chambre Royale & Syndicale des Imprimeurs & Libraires de Paris, n° 868, conformément aux difpofitions énoncées dans le préfent Privilége, & à la charge de remettre à lad. Chambre les huit exemplaires prefcrits par l'article CVIII du Réglement de 1723. A Paris ce 28 Janvier 1779.

A. M. LOTTIN l'aîné, Syndic.

Regiftré le préfent Privilége, enfemble la Ceffion qui en a été faite, fur le Regiftre de la Chambre Royale & Syndicale des Imprimeurs Libraires de Caen, fol. 39 verfo, conformément aux difpofitions énoncées dans le préfent. Ce Mars 1779. P. J. POISSON, Syndic.

工厂

PLEASE DO NOT REMOVE
CARDS OR SLIPS FROM THIS POCKET

UNIVERSITY OF TORONTO LIBRARY

Lightning Source UK Ltd.
Milton Keynes UK
UKHW010327120219
337137UK00004B/324/P